W0279316

GOETHES WERKE

Hamburger Ausgabe in 14 Bänden
Herausgegeben von Erich Trunz

Goethes Werke · Hamburger Ausgabe

Band 1
Gedichte und Epen I

Band 2
Gedichte und Epen II

Band 3
Dramatische Dichtungen I

Band 4
Dramatische Dichtungen II

Band 5
Dramatische Dichtungen III

Band 6
Romane und Novellen I

Band 7
Romane und Novellen II

Band 8
Romane und Novellen III

Band 9
Autobiographische Schriften I

Band 10
Autobiographische Schriften II

Band 11
Autobiographische Schriften III

Band 12
Kunst und Literatur

Band 13
Naturwissenschaftliche Schriften I

Band 14
Naturwissenschaftliche Schriften II
Materialien · Register

GOETHES WERKE
BAND VI

ROMANE UND NOVELLEN I

Textkritisch durchgesehen
von Erich Trunz

Kommentiert von Erich Trunz
und Benno von Wiese

VERLAG C.H. BECK MÜNCHEN

Sonderausgabe
zum 250. Geburtstag Goethes
am 28. 8. 1999

Die ‚Hamburger Ausgabe' wurde begründet im Christian Wegner Verlag, Hamburg
Die erste bis neunte Auflage des sechsten Bandes erschien dort in den Jahren 1951 bis 1968

Dieser Band ist identisch mit der 14., überarbeiteten Auflage. 1996

Verantwortlich für den Kommentar:
Erich Trunz: Werther; Unterhaltungen deutscher Ausgewanderten
Benno von Wiese: Die Wahlverwandtschaften; Novelle

ISBN für die 14bändige Sonderausgabe: 3 406 44186 6

Sonderausgabe. 1998
© C.H.Beck'sche Verlagsbuchhandlung (Oscar Beck), München 1981
Druck: C.H.Beck'sche Buchdruckerei, Nördlingen
Gedruckt auf säurefreiem, alterungsbeständigem Papier
(hergestellt aus chlorfrei gebleichtem Zellstoff)
Rikaprint Permanence
von Schoeller & Hoesch, Gernsbach
Printed in Germany

ROMANE UND NOVELLEN

ERSTER BAND

DIE LEIDEN DES JUNGEN WERTHER

Was ich von der Geschichte des armen Werther nur habe auffinden können, habe ich mit Fleiß gesammelt und lege es euch hier vor, und weiß, daß ihr mir's danken werdet. Ihr könnt seinem Geist und seinem Charakter eure Bewunderung und Liebe, seinem Schicksale eure Tränen nicht versagen.

Und du gute Seele, die du eben den Drang fühlst wie er, schöpfe Trost aus seinem Leiden, und laß das Büchlein deinen Freund sein, wenn du aus Geschick oder eigener Schuld keinen nähern finden kannst.

ERSTES BUCH

Am 4. Mai 1771.

Wie froh bin ich, daß ich weg bin! Bester Freund, was ist das Herz des Menschen! Dich zu verlassen, den ich so liebe, von dem ich unzertrennlich war, und froh zu sein! Ich weiß, du verzeihst mir's. Waren nicht meine übrigen Verbindungen recht ausgesucht vom Schicksal, um ein Herz wie das meine zu ängstigen? Die arme Leonore! Und doch war ich unschuldig. Konnt' ich dafür, daß, während die eigensinnigen Reize ihrer Schwester mir eine angenehme Unterhaltung verschafften, daß eine Leidenschaft in dem armen Herzen sich bildete? Und doch – bin ich ganz unschuldig? Hab' ich nicht ihre Empfindungen genährt? hab' ich mich nicht an den ganz wahren Ausdrücken der Natur, die uns so oft zu lachen machten, so wenig lächerlich sie waren, selbst ergetzt? hab' ich nicht – O was ist der Mensch, daß er über sich klagen darf! Ich will, lieber Freund, ich verspreche dir's, ich will mich bessern, will nicht mehr ein bißchen Übel, das uns das Schicksal vorlegt, wiederkäuen, wie ich's immer getan habe; ich will das Gegenwärtige genießen, und das Vergangene soll mir vergangen sein. Gewiß, du hast recht, Bester, der Schmerzen wären minder unter den Menschen, wenn sie nicht – Gott weiß, warum sie so gemacht sind! – mit so viel Emsigkeit der Einbildungskraft sich beschäftigten, die Erinnerungen des vergangenen Übels zurückzurufen, eher als eine gleichgültige Gegenwart zu ertragen.

Du bist so gut, meiner Mutter zu sagen, daß ich ihr Geschäft bestens betreiben und ihr ehstens Nachricht davon geben werde. Ich habe meine Tante gesprochen und bei weitem das böse Weib nicht gefunden, das man bei uns aus ihr macht. Sie ist eine muntere, heftige Frau von dem besten Herzen. Ich erklärte ihr meiner Mutter Beschwerden über den zurückgehaltenen Erbschaftsanteil; sie sagte mir ihre Gründe, Ursachen und die Bedingungen, unter welchen sie bereit wäre, alles herauszugeben, und mehr als wir verlangten – Kurz, ich mag jetzt nichts davon schreiben, sage meiner Mutter, es werde alles gut gehen. Und ich habe, mein Lieber, wieder bei diesem kleinen Geschäft gefunden, daß Mißverständnisse und Trägheit vielleicht mehr Irrungen in der Welt machen als List und Bosheit. Wenigstens sind die beiden letzteren gewiß seltener.

Übrigens befinde ich mich hier gar wohl. Die Einsamkeit ist meinem Herzen köstlicher Balsam in dieser paradiesischen Gegend, und diese Jahrszeit der Jugend wärmt mit aller Fülle mein oft schauderndes Herz. Jeder Baum, jede Hecke ist ein Strauß von Blüten, und man möchte zum Maienkäfer werden, um in dem Meer von Wohlgerüchen herumschweben und alle seine Nahrung darin finden zu können.

Die Stadt selbst ist unangenehm, dagegen rings umher eine unaussprechliche Schönheit der Natur. Das bewog den verstorbenen Grafen von M.., einen Garten auf einem der Hügel anzulegen, die mit der schönsten Mannigfaltigkeit sich kreuzen und die lieblichsten Täler bilden. Der Garten ist einfach, und man fühlt gleich bei dem Eintritte, daß nicht ein wissenschaftlicher Gärtner, sondern ein fühlendes Herz den Plan gezeichnet, das seiner selbst hier genießen wollte. Schon manche Träne hab' ich dem Abgeschiedenen in dem verfallenen Kabinettchen geweint, das sein Lieblingsplätzchen war und auch meines ist. Bald werde ich Herr vom Garten sein; der Gärtner ist mir zugetan, nur seit den paar Tagen, und er wird sich nicht übel dabei befinden.

Am 10. Mai.

Eine wunderbare Heiterkeit hat meine ganze Seele eingenommen, gleich den süßen Frühlingsmorgen, die ich mit ganzem Herzen genieße. Ich bin allein und freue mich meines Lebens in dieser Gegend, die für solche Seelen geschaffen ist wie die meine. Ich bin so glücklich, mein Bester, so ganz in dem Gefühle von ruhigem Dasein versunken, daß meine Kunst darunter leidet. Ich könnte jetzt nicht zeichnen, nicht einen Strich, und bin nie ein größerer Maler gewesen als in diesen Augenblicken. Wenn das liebe Tal um mich dampft, und die hohe Sonne an der Oberfläche der undurchdringlichen Finsternis meines Waldes ruht, und nur einzelne Strahlen sich in das innere Heiligtum stehlen, ich dann im hohen Grase am fallenden Bache liege, und näher an der Erde tausend mannigfaltige Gräschen mir merkwürdig werden; wenn ich das Wimmeln der kleinen Welt zwischen Halmen, die unzähligen, unergründlichen Gestalten der Würmchen, der Mückchen näher an meinem Herzen fühle, und fühle die Gegenwart des Allmächtigen, der uns nach seinem Bilde schuf, das Wehen des Alliebenden, der uns in ewiger Wonne schwebend trägt und erhält; mein Freund! wenn's dann um meine Augen dämmert, und die Welt um mich her und der Himmel ganz in meiner Seele ruhn wie die Gestalt einer Geliebten – dann sehne ich mich oft und denke: Ach könntest du das wieder ausdrücken, könntest du dem Papiere das einhauchen, was so voll, so warm in dir lebt, daß es würde der Spiegel deiner Seele, wie deine Seele ist der Spiegel des unendlichen Gottes! – Mein Freund – Aber ich gehe darüber zugrunde, ich erliege unter der Gewalt der Herrlichkeit dieser Erscheinungen.

Am 12. Mai.

Ich weiß nicht, ob täuschende Geister um diese Gegend schweben, oder ob die warme, himmlische Phantasie in meinem Herzen ist, die mir alles rings umher so paradiesisch macht. Da ist gleich vor dem Orte ein Brunnen, ein Brunnen, an den ich gebannt bin wie Melusine mit ihren Schwestern. – Du gehst einen kleinen Hügel hinunter und findest dich vor einem Gewölbe, da wohl zwanzig Stufen hinabgehen, wo unten das klarste Wasser aus Marmorfelsen quillt. Die kleine Mauer, die oben umher die Einfassung macht, die hohen Bäume, die den Platz rings umher bedecken, die Kühle des Orts; das hat alles so was Anzügliches, was Schauerliches. Es vergeht kein Tag, daß ich nicht eine Stunde da sitze. Da kommen dann die Mädchen aus der Stadt und holen Wasser, das harmloseste Geschäft und das nötigste, das ehemals die Töchter der Könige selbst verrichteten. Wenn ich da sitze, so lebt die patriarchalische Idee so lebhaft um mich, wie sie, alle die Altväter, am Brunnen Bekanntschaft machen und freien, und wie um die Brunnen und Quellen wohltätige Geister schweben. O der muß nie nach einer schweren Sommertagswanderung sich an des Brunnens Kühle gelabt haben, der das nicht mitempfinden kann.

Am 13. Mai.

Du fragst, ob du mir meine Bücher schicken sollst? – Lieber, ich bitte dich um Gottes willen, laß mir sie vom Halse! Ich will nicht mehr geleitet, ermuntert, angefeuert sein, braust dieses Herz doch genug aus sich selbst; ich brauche Wiegengesang, und den habe ich in seiner Fülle gefunden in meinem Homer. Wie oft lull' ich mein empörtes Blut zur Ruhe, denn so ungleich, so unstet hast du nichts gesehn als dieses Herz. Lieber! brauch' ich dir das zu sagen, der du so oft die Last getragen hast, mich vom Kummer zur Ausschweifung und von süßer Melancholie zur verderblichen Leidenschaft übergehen zu sehn? Auch halte ich mein Herzchen wie ein krankes Kind; jeder Wille wird ihm gestattet. Sage das nicht weiter; es gibt Leute, die mir es verübeln würden.

Am 15. Mai.

Die geringen Leute des Ortes kennen mich schon und lieben mich, besonders die Kinder. Eine traurige Bemerkung hab' ich gemacht. Wie ich im Anfange mich zu ihnen gesellte, sie freundschaftlich fragte über dies und das, glaubten einige, ich wollte ihrer spotten, und fertigten mich wohl gar grob ab. Ich ließ mich das nicht verdrießen; nur fühlte ich, was ich schon oft bemerkt habe, auf das lebhafteste: Leute von einigem Stande werden sich immer in kalter Entfernung vom gemeinen Volke halten, als glaubten sie durch Annäherung zu verlieren; und dann gibt's Flüchtlinge und üble Spaßvögel, die sich herabzulassen scheinen, um ihren Übermut dem armen Volke desto empfindlicher zu machen.

Ich weiß wohl, daß wir nicht gleich sind, noch sein können; aber ich halte dafür, daß der, der nötig zu haben glaubt, vom so genannten Pöbel sich zu entfernen, um den Respekt zu erhalten, ebenso tadelhaft ist als ein Feiger, der sich vor seinem Feinde verbirgt, weil er zu unterliegen fürchtet.

Letzthin kam ich zum Brunnen und fand ein junges Dienstmädchen, das ihr Gefäß auf die unterste Treppe gesetzt hatte und sich umsah, ob keine Kamerädin kommen wollte, ihr es auf den Kopf zu helfen. Ich stieg hinunter und sah sie an. – „Soll ich Ihr helfen, Jungfer?" sagte ich. – Sie ward rot über und über. – „O nein, Herr!" sagte sie. – „Ohne Umstände." – Sie legte ihren Kringen zurecht, und ich half ihr. Sie dankte und stieg hinauf.

Den 17. Mai.

Ich habe allerlei Bekanntschaft gemacht, Gesellschaft habe ich noch keine gefunden. Ich weiß nicht, was ich Anzügliches für die Menschen haben muß; es mögen mich ihrer so viele und hängen sich an mich, und da tut mir's weh, wenn unser Weg nur eine kleine Strecke miteinander geht. Wenn du fragst, wie die Leute hier sind, muß ich dir sagen: wie überall! Es ist ein einförmiges Ding um das Menschengeschlecht. Die meisten verarbeiten den größten Teil der Zeit, um zu leben, und das bißchen, das ihnen von Freiheit übrig bleibt, ängstigt sie so, daß sie alle Mittel aufsuchen, um es los zu werden. O Bestimmung des Menschen!

Aber eine recht gute Art Volks! Wenn ich mich manchmal vergesse, manchmal mit ihnen die Freuden genieße, die den Menschen noch gewährt sind, an einem artig besetzten Tisch mit aller Offen- und Treuherzigkeit sich herumzuspaßen, eine Spazierfahrt, einen Tanz zur rechten Zeit anzuordnen, und dergleichen, das tut eine ganz gute Wirkung auf mich; nur muß mir nicht einfallen, daß noch so viele andere Kräfte in mir ruhen, die alle ungenutzt vermodern und die ich sorgfältig verbergen muß. Ach das engt das ganze Herz so ein. – Und doch! mißverstanden zu werden, ist das Schicksal von unsereinem.

Ach, daß die Freundin meiner Jugend dahin ist, ach, daß ich sie je gekannt habe! – Ich würde sagen: Du bist ein Tor! du suchst, was hienieden nicht zu finden ist! Aber ich habe sie gehabt, ich habe das Herz gefühlt, die große Seele, in deren Gegenwart ich mir schien mehr zu sein, als ich war, weil ich alles war, was ich sein konnte. Guter Gott! blieb da eine einzige Kraft meiner Seele ungenutzt? Konnt' ich nicht vor ihr das ganze wunderbare Gefühl entwickeln, mit dem mein Herz die Natur umfaßt? War unser Umgang nicht ein ewiges Weben von der feinsten Empfindung, dem schärfsten Witze, dessen Modifikationen, bis zur Unart, alle mit dem Stempel des Genies bezeichnet waren? Und nun! – Ach ihre Jahre, die sie voraus hatte, führten sie früher ans Grab als mich. Nie werde ich sie vergessen, nie ihren festen Sinn und ihre göttliche Duldung.

Vor wenig Tagen traf ich einen jungen V.. an, einen offnen Jungen, mit einer gar glücklichen Gesichtsbildung. Er kommt erst von Akademien, dünkt sich eben nicht weise, aber glaubt doch, er wisse mehr als andere. Auch war er fleißig, wie ich an allerlei spüre, kurz, er hat hübsche Kenntnisse. Da er hörte, daß ich viel zeichnete und Griechisch könnte (zwei Meteore hierzulande), wandte er sich an mich und kramte viel Wissens aus, von Batteux bis zu Wood, von de Piles zu Winckelmann, und versicherte mich, er habe Sulzers Theorie, den ersten Teil, ganz durchgelesen und besitze ein Manuskript von Heynen über das Studium der Antike. Ich ließ das gut sein.

Noch gar einen braven Mann habe ich kennen lernen, den fürstlichen Amtmann, einen offenen, treuherzigen Menschen. Man sagt, es soll eine Seelenfreude sein, ihn unter seinen Kindern zu sehen, deren er neun hat; besonders macht man viel Wesens von seiner ältesten Tochter. Er hat mich zu sich gebeten, und ich will ihn ehster Tage besuchen. Er wohnt auf einem fürstlichen Jagdhofe, anderthalb Stunden von hier, wohin er nach dem Tode seiner Frau zu ziehen die

Erlaubnis erhielt, da ihm der Aufenthalt hier in der Stadt und im Amthause zu weh tat.

Sonst sind mir einige verzerrte Originale in den Weg gelaufen, an denen alles unausstehlich ist, am unerträglichsten ihre Freundschaftsbezeigungen.

Leb' wohl! der Brief wird dir recht sein, er ist ganz historisch.

Am 22. Mai.

Daß das Leben des Menschen nur ein Traum sei, ist manchem schon so vorgekommen, und auch mit mir zieht dieses Gefühl immer herum. Wenn ich die Einschränkung ansehe, in welcher die tätigen und forschenden Kräfte des Menschen eingesperrt sind; wenn ich sehe, wie alle Wirksamkeit dahinaus läuft, sich die Befriedigung von Bedürfnissen zu verschaffen, die wieder keinen Zweck haben, als unsere arme Existenz zu verlängern, und dann, daß alle Beruhigung über gewisse Punkte des Nachforschens nur eine träumende Resignation ist, da man sich die Wände, zwischen denen man gefangen sitzt, mit bunten Gestalten und lichten Aussichten bemalt – Das alles, Wilhelm, macht mich stumm. Ich kehre in mich selbst zurück, und finde eine Welt! Wieder mehr in Ahnung und dunkler Begier als in Darstellung und lebendiger Kraft. Und da schwimmt alles vor meinen Sinnen, und ich lächle dann so träumend weiter in die Welt.

Daß die Kinder nicht wissen, warum sie wollen, darin sind alle hochgelahrten Schul- und Hofmeister einig; daß aber auch Erwachsene gleich Kindern auf diesem Erdboden herumtaumeln und wie jene nicht wissen, woher sie kommen und wohin sie gehen, ebensowenig nach wahren Zwecken handeln, ebenso durch Biskuit und Kuchen und Birkenreiser regiert werden: das will niemand gern glauben, und mich dünkt, man kann es mit Händen greifen.

Ich gestehe dir gern, denn ich weiß, was du mir hierauf sagen möchtest, daß diejenigen die Glücklichsten sind, die gleich den Kindern in den Tag hinein leben, ihre Puppen herumschleppen, aus- und anziehen und mit großem Respekt um die Schublade umherschleichen, wo Mama das

Zuckerbrot hineingeschlossen hat, und, wenn sie das gewünschte endlich erhaschen, es mit vollen Backen verzehren und rufen: „Mehr!" – Das sind glückliche Geschöpfe. Auch denen ist's wohl, die ihren Lumpenbeschäftigungen oder wohl gar ihren Leidenschaften prächtige Titel geben und sie dem Menschengeschlechte als Riesenoperationen zu dessen Heil und Wohlfahrt anschreiben. – Wohl dem, der so sein kann! Wer aber in seiner Demut erkennt, wo das alles hinausläuft, wer da sieht, wie artig jeder Bürger, dem es wohl ist, sein Gärtchen zum Paradiese zuzustutzen weiß, und wie unverdrossen auch der Unglückliche unter der Bürde seinen Weg fortkeucht, und alle gleich interessiert sind, das Licht dieser Sonne noch eine Minute länger zu sehn – ja, der ist still und bildet auch seine Welt aus sich selbst und ist auch glücklich, weil er ein Mensch ist. Und dann, so eingeschränkt er ist, hält er doch immer im Herzen das süße Gefühl der Freiheit, und daß er diesen Kerker verlassen kann, wann er will.

Am 26. Mai.

Du kennst von alters her meine Art, mich anzubauen, mir irgend an einem vertraulichen Orte ein Hüttchen aufzuschlagen und da mit aller Einschränkung zu herbergen. Auch hier habe ich wieder ein Plätzchen angetroffen, das mich angezogen hat.

Ungefähr eine Stunde von der Stadt liegt ein Ort, den sie Wahlheim*) nennen. Die Lage an einem Hügel ist sehr interessant, und wenn man oben auf dem Fußpfade zum Dorf herausgeht, übersieht man auf einmal das ganze Tal. Eine gute Wirtin, die gefällig und munter in ihrem Alter ist, schenkt Wein, Bier, Kaffee; und was über alles geht, sind zwei Linden, die mit ihren ausgebreiteten Ästen den kleinen Platz vor der Kirche bedecken, der ringsum mit Bauerhäusern, Scheuern und Höfen eingeschlossen ist. So vertraulich, so heimlich hab' ich nicht leicht ein Plätzchen gefunden, und dahin lass' ich mein Tischchen aus dem Wirts-

*) Der Leser wird sich keine Mühe geben, die hier genannten Orte zu suchen; man hat sich genötigt gesehen, die im Originale befindlichen wahren Namen zu verändern.

hause bringen und meinen Stuhl, trinke meinen Kaffee da und lese meinen Homer. Das erstemal, als ich durch einen Zufall an einem schönen Nachmittage unter die Linden kam, fand ich das Plätzchen so einsam. Es war alles im Felde; nur ein Knabe von ungefähr vier Jahren saß an der Erde und hielt ein anderes, etwa halbjähriges, vor ihm zwischen seinen Füßen sitzendes Kind mit beiden Armen wider seine Brust, so daß er ihm zu einer Art von Sessel diente und ungeachtet der Munterkeit, womit er aus seinen schwarzen Augen herumschaute, ganz ruhig saß. Mich vergnügte der Anblick: ich setzte mich auf einen Pflug, der gegenüber stand, und zeichnete die brüderliche Stellung mit vielem Ergetzen. Ich fügte den nächsten Zaun, ein Scheunentor und einige gebrochene Wagenräder bei, alles, wie es hinter einander stand, und fand nach Verlauf einer Stunde, daß ich eine wohlgeordnete, sehr interessante Zeichnung verfertiget hatte, ohne das mindeste von dem Meinen hinzuzutun. Das bestärkte mich in meinem Vorsatze, mich künftig allein an die Natur zu halten. Sie allein ist unendlich reich, und sie allein bildet den großen Künstler. Man kann zum Vorteile der Regeln viel sagen, ungefähr was man zum Lobe der bürgerlichen Gesellschaft sagen kann. Ein Mensch, der sich nach ihnen bildet, wird nie etwas Abgeschmacktes und Schlechtes hervorbringen, wie einer, der sich durch Gesetze und Wohlstand modeln läßt, nie ein unerträglicher Nachbar, nie ein merkwürdiger Bösewicht werden kann; dagegen wird aber auch alle Regel, man rede was man wolle, das wahre Gefühl von Natur und den wahren Ausdruck derselben zerstören! Sag' du: ‚Das ist zu hart! sie schränkt nur ein, beschneidet die geilen Reben' etc. – Guter Freund, soll ich dir ein Gleichnis geben? Es ist damit wie mit der Liebe. Ein junges Herz hängt ganz an einem Mädchen, bringt alle Stunden seines Tages bei ihr zu, verschwendet alle seine Kräfte, all sein Vermögen, um ihr jeden Augenblick auszudrücken, daß er sich ganz ihr hingibt. Und da käme ein Philister, ein Mann, der in einem öffentlichen Amte steht, und sagte zu ihm: ‚Feiner junger Herr! Lieben ist menschlich, nur müßt Ihr menschlich lieben! Teilet Eure Stunden ein, die einen zur Arbeit, und die Erholungsstunden widmet Eurem Mädchen. Berechnet Euer Vermögen, und was Euch von Eurer Notdurft übrig bleibt, davon verwehr' ich Euch nicht, ihr ein Geschenk, nur nicht zu oft, zu machen, etwa zu ihrem Geburts- und Namenstage‘ etc. – Folgt der Mensch, so gibt's einen brauchbaren jungen Menschen, und ich will selbst jedem Fürsten raten, ihn in ein Kollegium zu setzen; nur mit seiner Liebe ist's am Ende und, wenn er ein Künstler ist, mit seiner Kunst. O meine Freunde! warum der Strom des Genies so selten ausbricht, so selten in hohen Fluten hereinbraust und eure staunende Seele erschüttert? – Liebe Freunde, da wohnen die gelassenen Herren auf beiden Seiten des Ufers, denen ihre Gartenhäuschen, Tulpenbeete und Krautfelder zugrunde gehen würden, die daher in Zeiten mit Dämmen und Ableiten der künftig drohenden Gefahr abzuwehren wissen.

Am 27. Mai.

Ich bin, wie ich sehe, in Verzückung, Gleichnisse und Deklamation verfallen und habe darüber vergessen, dir auszuerzählen, was mit den Kindern weiter geworden ist. Ich saß, ganz in malerische Empfindung vertieft, die dir mein gestriges Blatt sehr zerstückt darlegt, auf meinem Pfluge wohl zwei Stunden. Da kommt gegen Abend eine junge Frau auf die Kinder los, die sich indes nicht gerührt hatten, mit einem Körbchen am Arm und ruft von weitem: „Philipps, du bist recht brav.“ – Sie grüßte mich, ich dankte ihr, stand auf, trat näher hin und fragte sie, ob sie Mutter von den Kindern wäre? Sie bejahte es, und indem sie dem ältesten einen halben Weck gab, nahm sie das kleine auf und küßte es mit aller mütterlichen Liebe. – „Ich habe“, sagte sie, „meinem Philipps das Kleine zu halten gegeben und bin mit meinem Ältesten in die Stadt gegangen, um weiß Brot zu holen und Zucker und ein irden Breipfännchen.“ – Ich sah das alles in dem Korbe, dessen Deckel abgefallen war. – „Ich will meinem Hans (das war der Name des Jüngsten) ein Süppchen kochen zum Abende; der lose Vogel, der Große, hat mir gestern das Pfännchen zerbrochen, als er sich mit Philippsen um die Scharre des Breis zankte.“ – Ich fragte nach dem Ältesten, und sie hatte mir kaum gesagt, daß er sich auf der Wiese mit ein paar Gänsen herumjage, als er gesprungen kam und dem Zweiten eine Haselgerte mitbrachte. Ich unterhielt mich weiter mit dem Weibe und erfuhr, daß sie des Schulmeisters Tochter sei, und daß ihr Mann eine Reise in die Schweiz gemacht habe, um die Erbschaft eines Vetters zu holen. – „Sie haben ihn drum betriegen wollen“, sagte sie, „und ihm auf seine Briefe nicht geantwortet; da ist er selbst hineingegangen. Wenn ihm nur kein Unglück widerfahren ist, ich höre nichts von ihm.“ – Es ward mir schwer, mich von dem Weibe los zu machen, gab jedem der Kinder einen Kreuzer, und auch fürs jüngste gab ich ihr einen, ihm einen Weck zur Suppe mitzubringen, wenn sie in die Stadt ginge, und so schieden wir von einander.

Ich sage dir, mein Schatz, wenn meine Sinne gar nicht mehr halten wollen, so lindert all den Tumult der Anblick eines solchen Geschöpfs, das in glücklicher Gelassenheit den engen Kreis seines Daseins hingeht, von einem Tage zum andern sich durchhilft, die Blätter abfallen sieht und nichts dabei denkt, als daß der Winter kommt.

Seit der Zeit bin ich oft draußen. Die Kinder sind ganz an mich gewöhnt, sie kriegen Zucker, wenn ich Kaffee trinke, und teilen das Butterbrot und die saure Milch mit mir des Abends. Sonntags fehlt ihnen der Kreuzer nie, und wenn ich nicht nach der Betstunde da bin, so hat die Wirtin Ordre, ihn auszuzahlen.

Sie sind vertraut, erzählen mir allerhand, und besonders ergetze ich mich an ihren Leidenschaften und simpeln Ausbrüchen des Begehrens, wenn mehr Kinder aus dem Dorfe sich versammeln.

Viel Mühe hat mich's gekostet, der Mutter ihre Besorgnis zu nehmen, sie möchten den Herrn inkommodieren.

Am 30. Mai.

Was ich dir neulich von der Malerei sagte, gilt gewiß auch von der Dichtkunst; es ist nur, daß man das Vortreffliche erkenne und es auszusprechen wage, und das ist freilich mit wenigem viel gesagt. Ich habe heute eine Szene gehabt, die, rein abgeschrieben, die schönste Idylle von der Welt gäbe;

doch was soll Dichtung, Szene und Idylle? muß es denn immer gebosselt sein, wenn wir teil an einer Naturerscheinung nehmen sollen?

Wenn du auf diesen Eingang viel Hohes und Vornehmes erwartest, so bist du wieder übel betrogen; es ist nichts als ein Bauerbursch, der mich zu dieser lebhaften Teilnehmung hingerissen hat. Ich werde, wie gewöhnlich, schlecht erzählen, und du wirst mich, wie gewöhnlich, denk' ich, übertrieben finden; es ist wieder Wahlheim, und immer Wahlheim, das diese Seltenheiten hervorbringt.

Es war eine Gesellschaft draußen unter den Linden, Kaffee zu trinken. Weil sie mir nicht ganz anstand, so blieb ich unter einem Vorwande zurück.

Ein Bauerbursch kam aus einem benachbarten Hause und beschäftigte sich, an dem Pfluge, den ich neulich gezeichnet hatte, etwas zurecht zu machen. Da mir sein Wesen gefiel, redete ich ihn an, fragte nach seinen Umständen, wir waren bald bekannt und, wie mir's gewöhnlich mit dieser Art Leuten geht, bald vertraut. Er erzählte mir, daß er bei einer Witwe in Diensten sei und von ihr gar wohl gehalten werde. Er sprach so vieles von ihr und lobte sie dergestalt, daß ich bald merken konnte, er sei ihr mit Leib und Seele zugetan. Sie sei nicht mehr jung, sagte er, sie sei von ihrem ersten Mann übel gehalten worden, wolle nicht mehr heiraten, und aus seiner Erzählung leuchtete so merklich hervor, wie schön, wie reizend sie für ihn sei, wie sehr er wünsche, daß sie ihn wählen möchte, um das Andenken der Fehler ihres ersten Mannes auszulöschen, daß ich Wort für Wort wiederholen müßte, um dir die reine Neigung, die Liebe und Treue dieses Menschen anschaulich zu machen. Ja, ich müßte die Gabe des größten Dichters besitzen, um dir zugleich den Ausdruck seiner Gebärden, die Harmonie seiner Stimme, das heimliche Feuer seiner Blicke lebendig darstellen zu können. Nein, es sprechen keine Worte die Zartheit aus, die in seinem ganzen Wesen und Ausdruck war; es ist alles nur plump, was ich wieder vorbringen könnte. Besonders rührte mich, wie er fürchtete, ich möchte über sein Verhältnis zu ihr ungleich denken und an ihrer guten Aufführung zweifeln. Wie reizend es war, wenn er von ihrer

Gestalt, von ihrem Körper sprach, der ihn ohne jugendliche Reize gewaltsam an sich zog und fesselte, kann ich mir nur in meiner innersten Seele wiederholen. Ich hab' in meinem Leben die dringende Begierde und das heiße, sehnliche Verlangen nicht in dieser Reinheit gesehen, ja wohl kann ich sagen, in dieser Reinheit nicht gedacht und geträumt. Schelte mich nicht, wenn ich dir sage, daß bei der Erinnerung dieser Unschuld und Wahrheit mir die innerste Seele glüht, und daß mich das Bild dieser Treue und Zärtlichkeit überall verfolgt, und daß ich, wie selbst davon entzündet, lechze und schmachte.

Ich will nun suchen, auch sie ehstens zu sehn, oder vielmehr, wenn ich's recht bedenke, ich will's vermeiden. Es ist besser, ich sehe sie durch die Augen ihres Liebhabers; vielleicht erscheint sie mir vor meinen eigenen Augen nicht so, wie sie jetzt vor mir steht, und warum soll ich mir das schöne Bild verderben?

Am 16. Junius.

Warum ich dir nicht schreibe? – Fragst du das und bist doch auch der Gelehrten einer. Du solltest raten, daß ich mich wohl befinde, und zwar – Kurz und gut, ich habe eine Bekanntschaft gemacht, die mein Herz näher angeht. Ich habe – ich weiß nicht.

Dir in der Ordnung zu erzählen, wie's zugegangen ist, daß ich eins der liebenswürdigsten Geschöpfe habe kennen lernen, wird schwer halten. Ich bin vergnügt und glücklich, und also kein guter Historienschreiber.

Einen Engel! – Pfui! das sagt jeder von der Seinigen, nicht wahr? Und doch bin ich nicht imstande, dir zu sagen, wie sie vollkommen ist, warum sie vollkommen ist; genug, sie hat allen meinen Sinn gefangengenommen.

So viel Einfalt bei so viel Verstand, so viel Güte bei so viel Festigkeit, und die Ruhe der Seele bei dem wahren Leben und der Tätigkeit. –

Das ist alles garstiges Gewäsch, was ich da von ihr sage, leidige Abstraktionen, die nicht einen Zug ihres Selbst ausdrücken. Ein andermal – nein, nicht ein andermal, jetzt gleich will ich dir's erzählen. Tu' ich's jetzt nicht, so geschäh' es niemals. Denn, unter uns, seit ich angefangen habe zu schreiben, war ich schon dreimal im Begriffe, die Feder niederzulegen, mein Pferd satteln zu lassen und hinauszureiten. Und doch schwur ich mir heute früh, nicht hinauszureiten, und gehe doch alle Augenblick' ans Fenster, zu sehen, wie hoch die Sonne noch steht. – – –

Ich hab's nicht überwinden können, ich mußte zu ihr hinaus. Da bin ich wieder, Wilhelm, will mein Butterbrot zu Nacht essen und dir schreiben. Welch eine Wonne das für meine Seele ist, sie in dem Kreise der lieben, muntern Kinder, ihrer acht Geschwister, zu sehen! –

Wenn ich so fortfahre, wirst du am Ende so klug sein wie am Anfange. Höre denn, ich will mich zwingen, ins Detail zu gehen.

Ich schrieb dir neulich, wie ich den Amtmann S.. habe kennen lernen, und wie er mich gebeten habe, ihn bald in seiner Einsiedelei oder vielmehr seinem kleinen Königreiche zu besuchen. Ich vernachlässigte das, und wäre vielleicht nie hingekommen, hätte mir der Zufall nicht den Schatz entdeckt, der in der stillen Gegend verborgen liegt.

Unsere jungen Leute hatten einen Ball auf dem Lande angestellt, zu dem ich mich denn auch willig finden ließ. Ich bot einem hiesigen guten, schönen, übrigens unbedeutenden Mädchen die Hand, und es wurde ausgemacht, daß ich eine Kutsche nehmen, mit meiner Tänzerin und ihrer Base nach dem Orte der Lustbarkeit hinausfahren und auf dem Wege Charlotten S.. mitnehmen sollte. – „Sie werden ein schönes Frauenzimmer kennenlernen." sagte meine Gesellschafterin, da wir durch den weiten, ausgehauenen Wald nach dem Jagdhause fuhren. – „Nehmen Sie sich in acht," versetzte die Base, „daß Sie sich nicht verlieben!" – „Wieso?" sagte ich. – „Sie ist schon vergeben," antwortete jene, „an einen sehr braven Mann, der weggereist ist, seine Sachen in Ordnung zu bringen, weil sein Vater gestorben ist, und sich um eine ansehnliche Versorgung zu bewerben." – Die Nachricht war mir ziemlich gleichgültig.

Die Sonne war noch eine Viertelstunde vom Gebirge, als wir vor dem Hoftore anfuhren. Es war sehr schwül, und die Frauenzimmer äußerten ihre Besorgnis wegen eines

Gewitters, das sich in weißgrauen, dumpfichten Wölkchen rings am Horizonte zusammenzuziehen schien. Ich täuschte ihre Furcht mit anmaßlicher Wetterkunde, ob mir gleich selbst zu ahnen anfing, unsere Lustbarkeit werde einen Stoß leiden.

Ich war ausgestiegen, und eine Magd, die ans Tor kam, bat uns, einen Augenblick zu verziehen, Mamsell Lottchen würde gleich kommen. Ich ging durch den Hof nach dem wohlgebauten Hause, und da ich die vorliegenden Treppen hinaufgestiegen war und in die Tür trat, fiel mir das reizendste Schauspiel in die Augen, das ich je gesehen habe. In dem Vorsaale wimmelten sechs Kinder von eilf zu zwei Jahren um ein Mädchen von schöner Gestalt, mittlerer Größe, die ein simples weißes Kleid, mit blaßroten Schleifen an Arm und Brust, anhatte. Sie hielt ein schwarzes Brot und schnitt ihren Kleinen rings herum jedem sein Stück nach Proportion ihres Alters und Appetits ab, gab's jedem mit solcher Freundlichkeit, und jedes rief so ungekünstelt sein „Danke!", indem es mit den kleinen Händchen lange in die Höhe gereicht hatte, ehe es noch abgeschnitten war, und nun mit seinem Abendbrote vergnügt entweder wegsprang, oder nach seinem stillern Charakter gelassen davonging nach dem Hoftore zu, um die Fremden und die Kutsche zu sehen, darin ihre Lotte wegfahren sollte. – „Ich bitte um Vergebung," sagte sie, „daß ich Sie hereinbemühe und die Frauenzimmer warten lasse. Über dem Anziehen und allerlei Bestellungen fürs Haus in meiner Abwesenheit habe ich vergessen, meinen Kindern ihr Vesperbrot zu geben, und sie wollen von niemanden Brot geschnitten haben als von mir." – Ich machte ihr ein unbedeutendes Kompliment, meine ganze Seele ruhte auf der Gestalt, dem Tone, dem Betragen, und ich hatte eben Zeit, mich von der Überraschung zu erholen, als sie in die Stube lief, ihre Handschuhe und den Fächer zu holen. Die Kleinen sahen mich in einiger Entfernung so von der Seite an, und ich ging auf das jüngste los, das ein Kind von der glücklichsten Gesichtsbildung war. Es zog sich zurück, als eben Lotte zur Türe herauskam und sagte: „Louis, gib dem Herrn Vetter eine Hand." – Das tat der Knabe sehr freimütig, und ich konnte mich nicht enthalten, ihn, ungeachtet seines kleinen Rotznäschens, herzlich zu küssen. – „Vetter?" sagte ich, indem ich ihr die Hand reichte, „glauben Sie, daß ich des Glücks wert sei, mit Ihnen verwandt zu sein?" – „O," sagte sie mit einem leichtfertigen Lächeln, „unsere Vetterschaft ist sehr weitläufig, und es wäre mir leid, wenn Sie der schlimmste drunter sein sollten." – Im Gehen gab sie Sophien, der ältesten Schwester nach ihr, einem Mädchen von ungefähr eilf Jahren, den Auftrag, wohl auf die Kinder acht zu haben und den Papa zu grüßen, wenn er vom Spazierritte nach Hause käme. Den Kleinen sagte sie, sie sollten ihrer Schwester Sophie folgen, als wenn sie's selber wäre, das denn auch einige ausdrücklich versprachen. Eine kleine, naseweise Blondine aber, von ungefähr sechs Jahren, sagte: „Du bist's doch nicht, Lottchen, wir haben dich doch lieber." – Die zwei ältesten Knaben waren hinten auf die Kutsche geklettert, und auf mein Vorbitten erlaubte sie ihnen, bis vor den Wald mitzufahren, wenn sie versprächen, sich nicht zu necken und sich recht fest zu halten.

Wir hatten uns kaum zurecht gesetzt, die Frauenzimmer sich bewillkommt, wechselsweise über den Anzug, vorzüglich über die Hüte ihre Anmerkungen gemacht und die Gesellschaft, die man erwartete, gehörig durchgezogen, als Lotte den Kutscher halten und ihre Brüder herabsteigen ließ, die noch einmal ihre Hand zu küssen begehrten, das denn der älteste mit aller Zärtlichkeit, die dem Alter von fünfzehn Jahren eigen sein kann, der andere mit viel Heftigkeit und Leichtsinn tat. Sie ließ die Kleinen noch einmal grüßen, und wir fuhren weiter.

Die Base fragte, ob sie mit dem Buche fertig wäre, das sie ihr neulich geschickt hätte. – „Nein," sagte Lotte, „es gefällt mir nicht, Sie können's wiederhaben. Das vorige war auch nicht besser." – Ich erstaunte, als ich fragte, was es für Bücher wären, und sie mir antwortete:*) – Ich fand so

*) Man sieht sich genötiget, diese Stelle des Briefes zu unterdrücken, um niemand Gelegenheit zu einiger Beschwerde zu geben. Obgleich im Grunde jedem Autor wenig an dem Urteile eines einzelnen Mädchens und eines jungen, unsteten Menschen gelegen sein kann.

viel Charakter in allem, was sie sagte, ich sah mit jedem Wort neue Reize, neue Strahlen des Geistes aus ihren Gesichtszügen hervorbrechen, die sich nach und nach vergnügt zu entfalten schienen, weil sie an mir fühlte, daß ich sie verstand.

„Wie ich jünger war“, sagte sie, „liebte ich nichts so sehr als Romane. Weiß Gott, wie wohl mir's war, wenn ich mich Sonntags in so ein Eckchen setzen und mit ganzem Herzen an dem Glück und Unstern einer Miß Jenny teilnehmen konnte. Ich leugne auch nicht, daß die Art noch einige Reize für mich hat. Doch da ich so selten an ein Buch komme, so muß es auch recht nach meinem Geschmack sein. Und der Autor ist mir der liebste, in dem ich meine Welt wiederfinde, bei dem es zugeht wie um mich, und dessen Geschichte mir doch so interessant und herzlich wird als mein eigen häuslich Leben, das freilich kein Paradies, aber doch im ganzen eine Quelle unsäglicher Glückseligkeit ist.“

Ich bemühte mich, meine Bewegungen über diese Worte zu verbergen. Das ging freilich nicht weit: denn da ich sie mit solcher Wahrheit im Vorbeigehen vom Landpriester von Wakefield, vom –*) reden hörte, kam ich ganz außer mich, sagte ihr alles, was ich mußte, und bemerkte erst nach einiger Zeit, da Lotte das Gespräch an die anderen wendete, daß diese die Zeit über mit offenen Augen, als säßen sie nicht da, dagesessen hatten. Die Base sah mich mehr als einmal mit einem spöttischen Näschen an, daran mir aber nichts gelegen war.

Das Gespräch fiel aufs Vergnügen am Tanze. – „Wenn diese Leidenschaft ein Fehler ist,“ sagte Lotte, „so gestehe ich Ihnen gern, ich weiß mir nichts übers Tanzen. Und wenn ich was im Kopfe habe und mir auf meinem verstimmten Klavier einen Contretanz vortrommle, so ist alles wieder gut.“

Wie ich mich unter dem Gespräche in den schwarzen Augen weidete – wie die lebendigen Lippen und die frischen,

*) Man hat auch hier die Namen einiger vaterländischen Autoren weggelassen. Wer teil an Lottens Beifalle hat, wird es gewiß an seinem Herzen fühlen, wenn er diese Stelle lesen sollte, und sonst braucht es ja niemand zu wissen.

muntern Wangen meine ganze Seele anzogen – wie ich, in den herrlichen Sinn ihrer Rede ganz versunken, oft gar die Worte nicht hörte, mit denen sie sich ausdrückte – davon hast du eine Vorstellung, weil du mich kennst. Kurz, ich stieg aus dem Wagen wie ein Träumender, als wir vor dem Lusthause stille hielten, und war so in Träumen rings in der dämmernden Welt verloren, daß ich auf die Musik kaum achtete, die uns von dem erleuchteten Saal herunter entgegenschallte.

Die zwei Herren Audran und ein gewisser N. N. – wer behält alle die Namen –, die der Base und Lottens Tänzer waren, empfingen uns am Schlage, bemächtigten sich ihrer Frauenzimmer, und ich führte das meinige hinauf.

Wir schlangen uns in Menuetts um einander herum; ich forderte ein Frauenzimmer nach dem andern auf, und just die unleidlichsten konnten nicht dazu kommen, einem die Hand zu reichen und ein Ende zu machen. Lotte und ihr Tänzer fingen einen Englischen an, und wie wohl mir's war, als sie auch in der Reihe die Figur mit uns anfing, magst du fühlen. Tanzen muß man sie sehen! Siehst du, sie ist so mit ganzem Herzen und mit ganzer Seele dabei, ihr ganzer Körper eine Harmonie, so sorglos, so unbefangen, als wenn das eigentlich alles wäre, als wenn sie sonst nichts dächte, nichts empfände; und in dem Augenblicke gewiß schwindet alles andere vor ihr.

Ich bat sie um den zweiten Contretanz; sie sagte mir den dritten zu, und mit der liebenswürdigsten Freimütigkeit von der Welt versicherte sie mir, daß sie herzlich gern deutsch tanze. – „Es ist hier so Mode," fuhr sie fort, „daß jedes Paar, das zusammen gehört, beim Deutschen zusammenbleibt, und mein Chapeau walzt schlecht und dankt mir's, wenn ich ihm die Arbeit erlasse. Ihr Frauenzimmer kann's auch nicht und mag nicht, und ich habe im Englischen gesehen, daß Sie gut walzen; wenn Sie nun mein sein wollen fürs Deutsche, so gehen Sie und bitten sich's von meinem Herrn aus, und ich will zu Ihrer Dame gehen." – Ich gab ihr die Hand darauf, und wir machten aus, daß ihr Tänzer inzwischen meine Tänzerin unterhalten sollte.

Nun ging's an, und wir ergetzten uns eine Weile an mannigfaltigen Schlingungen der Arme. Mit welchem Reize, mit welcher Flüchtigkeit bewegte sie sich! und da wir nun gar ans Walzen kamen und wie die Sphären um einander herumrollten, ging's freilich anfangs, weil's die wenigsten können, ein bißchen bunt durcheinander. Wir waren klug und ließen sie austoben, und als die Ungeschicktesten den Plan geräumt hatten, fielen wir ein und hielten mit noch einem Paare, mit Audran und seiner Tänzerin, wacker aus. Nie ist mir's so leicht vom Flecke gegangen. Ich war kein Mensch mehr. Das liebenswürdigste Geschöpf in den Armen zu haben und mit ihr herumzufliegen wie Wetter, daß alles rings umher verging, und – Wilhelm, um ehrlich zu sein, tat ich aber doch den Schwur, daß ein Mädchen, das ich liebte, auf das ich Ansprüche hätte, mir nie mit einem andern walzen sollte als mit mir, und wenn ich drüber zugrunde gehen müßte. Du verstehst mich!

Wir machten einige Touren gehend im Saale, um zu verschnaufen. Dann setzte sie sich, und die Orangen, die ich beiseite gebracht hatte, die nun die einzigen noch übrigen waren, taten vortreffliche Wirkung, nur daß mir mit jedem Schnittchen, das sie einer unbescheidenen Nachbarin ehrenhalben zuteilte, ein Stich durchs Herz ging.

Beim dritten englischen Tanz waren wir das zweite Paar. Wie wir die Reihe durchtanzten und ich, weiß Gott mit wieviel Wonne, an ihrem Arm und Auge hing, das voll vom wahrsten Ausdruck des offensten, reinsten Vergnügens war, kommen wir an eine Frau, die mir wegen ihrer liebenswürdigen Miene auf einem nicht mehr ganz jungen Gesichte merkwürdig gewesen war. Sie sieht Lotten lächelnd an, hebt einen drohenden Finger auf und nennt den Namen Albert zweimal im Vorbeifliegen mit viel Bedeutung.

„Wer ist Albert?" sagte ich zu Lotten, „wenn's nicht Vermessenheit ist zu fragen." – Sie war im Begriff zu antworten, als wir uns scheiden mußten, um die große Achte zu machen, und mich dünkte einiges Nachdenken auf ihrer Stirn zu sehen, als wir so vor einander vorbeikreuzten. – „Was soll ich's Ihnen leugnen," sagte sie, indem sie mir die Hand zur Promenade bot. „Albert ist ein braver Mensch, dem ich so gut als verlobt bin." – Nun war mir das nichts Neues (denn die Mädchen hatten mir's auf dem Wege gesagt) und war mir doch so ganz neu, weil ich es noch nicht im Verhältnis auf sie, die mir in so wenig Augenblicken so wert geworden war, gedacht hatte. Genug, ich verwirrte mich, vergaß mich und kam zwischen das unrechte Paar hinein, daß alles drunter und drüber ging und Lottens ganze Gegenwart und Zerren und Ziehen nötig war, um es schnell wieder in Ordnung zu bringen.

Der Tanz war noch nicht zu Ende, als die Blitze, die wir schon lange am Horizonte leuchten gesehn und die ich immer für Wetterkühlen ausgegeben hatte, viel stärker zu werden anfingen und der Donner die Musik überstimmte. Drei Frauenzimmer liefen aus der Reihe, denen ihre Herren folgten; die Unordnung wurde allgemein, und die Musik hörte auf. Es ist natürlich, wenn uns ein Unglück oder etwas Schreckliches im Vergnügen überrascht, daß es stärkere Eindrücke auf uns macht als sonst, teils wegen des Gegensatzes, der sich so lebhaft empfinden läßt, teils und noch mehr, weil unsere Sinne einmal der Fühlbarkeit geöffnet sind und also desto schneller einen Eindruck annehmen. Diesen Ursachen muß ich die wunderbaren Grimassen zuschreiben, in die ich mehrere Frauenzimmer ausbrechen sah. Die klügste setzte sich in eine Ecke, mit dem Rücken gegen das Fenster, und hielt die Ohren zu. Eine andere kniete vor ihr nieder und verbarg den Kopf in der ersten Schoß. Eine dritte schob sich zwischen beide hinein und umfaßte ihre Schwesterchen mit tausend Tränen. Einige wollten nach Hause; andere, die noch weniger wußten, was sie taten, hatten nicht so viel Besinnungskraft, den Keckheiten unserer jungen Schlucker zu steuern, die sehr beschäftigt zu sein schienen, alle die ängstlichen Gebete, die dem Himmel bestimmt waren, von den Lippen der schönen Bedrängten wegzufangen. Einige unserer Herren hatten sich hinabbegeben, um ein Pfeifchen in Ruhe zu rauchen; und die übrige Gesellschaft schlug es nicht aus, als die Wirtin auf den klugen Einfall kam, uns ein Zimmer anzuweisen, das Läden und Vorhänge hätte. Kaum waren wir da angelangt, als Lotte beschäftigt war, einen Kreis von Stühlen zu stellen und, als sich die Gesellschaft auf ihre Bitte gesetzt hatte, den Vortrag zu einem Spiele zu tun.

Ich sah manchen, der in Hoffnung auf ein saftiges Pfand sein Mäulchen spitzte und seine Glieder reckte. – „Wir spielen Zählens!" sagte sie. „Nun gebt acht! Ich geh' im Kreise herum von der Rechten zur Linken, und so zählt ihr auch rings herum, jeder die Zahl, die an ihn kommt, und das muß gehen wie ein Lauffeuer, und wer stockt oder sich irrt, kriegt eine Ohrfeige, und so bis tausend." – Nun war das lustig anzusehen: Sie ging mit ausgestrecktem Arm im Kreise herum. „Eins", fing der erste an, der Nachbar „zwei", „drei" der folgende, und so fort. Dann fing sie an, geschwinder zu gehen, immer geschwinder; da versah's einer: Patsch! eine Ohrfeige, und über das Gelächter der folgende auch: Patsch! Und immer geschwinder. Ich selbst kriegte zwei Maulschellen und glaubte mit innigem Vergnügen zu bemerken, daß sie stärker seien, als sie sie den übrigen zuzumessen pflegte. Ein allgemeines Gelächter und Geschwärm endigte das Spiel, ehe noch das Tausend ausgezählt war. Die Vertrautesten zogen einander beiseite, das Gewitter war vorüber, und ich folgte Lotten in den Saal. Unterwegs sagte sie: „Über die Ohrfeigen haben sie Wetter und alles vergessen!" – Ich konnte ihr nichts antworten. – „Ich war", fuhr sie fort, „eine der Furchtsamsten, und indem ich mich herzhaft stellte, um den andern Mut zu geben, bin ich mutig geworden." – Wir traten ans Fenster. Es donnerte abseitwärts, und der herrliche Regen säuselte auf das Land, und der erquickendste Wohlgeruch stieg in aller Fülle einer warmen Luft zu uns auf. Sie stand auf ihren Ellenbogen gestützt, ihr Blick durchdrang die Gegend; sie sah gen Himmel und auf mich, ich sah ihr Auge tränenvoll, sie legte ihre Hand auf die meinige und sagte: „Klopstock!" – Ich erinnerte mich sogleich der herrlichen Ode, die ihr in Gedanken lag, und versank in dem Strome von Empfindungen, den sie in dieser Losung über mich ausgoß. Ich ertrug's nicht, neigte mich auf ihre Hand und küßte sie unter den wonnevollsten Tränen. Und sah nach ihrem Auge wieder – Edler! hättest du deine Vergötterung in diesem Blicke gesehen, und möcht' ich nun deinen so oft entweihten Namen nie wieder nennen hören!

Am 19. Junius.

Wo ich neulich mit meiner Erzählung geblieben bin, weiß ich nicht mehr; das weiß ich, daß es zwei Uhr des Nachts war, als ich zu Bette kam, und daß, wenn ich dir hätte vorschwatzen können, statt zu schreiben, ich dich vielleicht bis an den Morgen aufgehalten hätte.

Was auf unserer Hereinfahrt vom Balle geschehen ist, habe ich noch nicht erzählt, habe auch heute keinen Tag dazu.

Es war der herrlichste Sonnenaufgang. Der tröpfelnde Wald und das erfrischte Feld umher! Unsere Gesellschafterinnen nickten ein. Sie fragte mich, ob ich nicht auch von der Partie sein wollte; ihrentwegen sollt' ich unbekümmert sein. – „So lange ich diese Augen offen sehe“, sagte ich und sah sie fest an, „so lange hat's keine Gefahr.“ – Und wir haben beide ausgehalten bis an ihr Tor, da ihr die Magd leise aufmachte und auf ihr Fragen versicherte, daß Vater und Kleine wohl seien und alle noch schliefen. Da verließ ich sie mit der Bitte, sie selbigen Tags noch sehen zu dürfen; sie gestand mir's zu, und ich bin gekommen – und seit der Zeit können Sonne, Mond und Sterne geruhig ihre Wirtschaft treiben, ich weiß weder daß Tag noch daß Nacht ist, und die ganze Welt verliert sich um mich her.

Am 21. Junius.

Ich lebe so glückliche Tage, wie sie Gott seinen Heiligen aufspart; und mit mir mag werden was will, so darf ich nicht sagen, daß ich die Freuden, die reinsten Freuden des Lebens nicht genossen habe. – Du kennst mein Wahlheim; dort bin ich völlig etabliert, von da habe ich nur eine halbe Stunde zu Lotten, dort fühl' ich mich selbst und alles Glück, das dem Menschen gegeben ist.

Hätt' ich gedacht, als ich mir Wahlheim zum Zwecke meiner Spaziergänge wählte, daß es so nahe am Himmel läge! Wie oft habe ich das Jagdhaus, das nun alle meine Wünsche einschließt, auf meinen weiten Wanderungen, bald vom Berge, bald von der Ebne über den Fluß gesehn!

Lieber Wilhelm, ich habe allerlei nachgedacht, über die Begier im Menschen, sich auszubreiten, neue Entdeckungen zu machen, herumzuschweifen; und dann wieder über den inneren Trieb, sich der Einschränkung willig zu ergeben, in dem Gleise der Gewohnheit so hinzufahren und sich weder um Rechts noch um Links zu bekümmern.

Es ist wunderbar: wie ich hierher kam und vom Hügel in das schöne Tal schaute, wie es mich rings umher anzog. – Dort das Wäldchen! – Ach könntest du dich in seine Schatten mischen! – Dort die Spitze des Berges! – Ach könntest du von da die weite Gegend überschauen! – Die in einander geketteten Hügel und vertraulichen Täler! – O könnte ich mich in ihnen verlieren! – – Ich eilte hin, und kehrte zurück, und hatte nicht gefunden, was ich hoffte. O es ist mit der Ferne wie mit der Zukunft! Ein großes dämmerndes Ganze ruht vor unserer Seele, unsere Empfindung verschwimmt darin wie unser Auge, und wir sehnen uns, ach! unser ganzes Wesen hinzugeben, uns mit aller Wonne eines einzigen, großen, herrlichen Gefühls ausfüllen zu lassen. – Und ach! wenn wir hinzueilen, wenn das Dort nun Hier wird, ist alles vor wie nach, und wir stehen in unserer Armut, in unserer Eingeschränktheit, und unsere Seele lechzt nach entschlüpftem Labsale.

So sehnt sich der unruhigste Vagabund zuletzt wieder nach seinem Vaterlande und findet in seiner Hütte, an der Brust seiner Gattin, in dem Kreise seiner Kinder, in den Geschäften zu ihrer Erhaltung die Wonne, die er in der weiten Welt vergebens suchte.

Wenn ich des Morgens mit Sonnenaufgange hinausgehe nach meinem Wahlheim und dort im Wirtsgarten mir meine Zuckererbsen selbst pflücke, mich hinsetze, sie abfädne und dazwischen in meinem Homer lese; wenn ich in der kleinen Küche mir einen Topf wähle, mir Butter aussteche, Schoten ans Feuer stelle, zudecke und mich dazusetze, sie manchmal umzuschütteln: da fühl' ich so lebhaft, wie die übermütigen Freier der Penelope Ochsen und Schweine schlachten, zerlegen und braten. Es ist nichts, das mich so mit einer stillen, wahren Empfindung ausfüllte als die Züge patriarchalischen Lebens, die ich, Gott sei Dank, ohne Affektation in meine Lebensart verweben kann.

Wie wohl ist mir's, daß mein Herz die simple, harmlose Wonne des Menschen fühlen kann, der ein Krauthaupt auf seinen Tisch bringt, das er selbst gezogen, und nun nicht den Kohl allein, sondern all die guten Tage, den schönen Morgen, da er ihn pflanzte, die lieblichen Abende, da er ihn begoß, und da er an dem fortschreitenden Wachstum seine Freude hatte, alle in einem Augenblicke wieder mitgenießt.

Am 29. Junius.

Vorgestern kam der Medikus hier aus der Stadt hinaus zum Amtmann und fand mich auf der Erde unter Lottens Kindern, wie einige auf mir herumkrabbelten, andere mich neckten, und wie ich sie kitzelte und ein großes Geschrei mit ihnen erregte. Der Doktor, der eine sehr dogmatische Drahtpuppe ist, unterm Reden seine Manschetten in Falten legt und einen Kräusel ohne Ende herauszupft, fand dieses unter der Würde eines gescheiten Menschen; das merkte ich an seiner Nase. Ich ließ mich aber in nichts stören, ließ ihn sehr vernünftige Sachen abhandeln und baute den Kindern ihre Kartenhäuser wieder, die sie zerschlagen hatten. Auch ging er darauf in der Stadt herum und beklagte, des Amtmanns Kinder wären so schon ungezogen genug, der Werther verderbe sie nun völlig.

Ja, lieber Wilhelm, meinem Herzen sind die Kinder am nächsten auf der Erde. Wenn ich ihnen zusehe und in dem kleinen Dinge die Keime aller Tugenden, aller Kräfte sehe, die sie einmal so nötig brauchen werden; wenn ich in dem Eigensinne künftige Standhaftigkeit und Festigkeit des Charakters, in dem Mutwillen guten Humor und Leichtigkeit, über die Gefahren der Welt hinzuschlüpfen, erblicke, alles so unverdorben, so ganz! – immer, immer wiederhole ich dann die goldenen Worte des Lehrers der Menschen: „Wenn ihr nicht werdet wie eines von diesen!“ Und nun, mein Bester, sie, die unseresgleichen sind, die wir als unsere Muster ansehen sollten, behandeln wir als Untertanen. Sie sollen keinen Willen haben! – Haben wir denn keinen? und wo liegt das Vorrecht? – Weil wir älter sind und gescheiter! – Guter Gott von deinem Himmel, alte Kinder siehst du und junge Kinder, und nichts weiter; und an welchen du mehr Freude hast, das hat dein Sohn schon lange verkündigt.

Aber sie glauben an ihn und hören ihn nicht – das ist auch was Altes! – und bilden ihre Kinder nach sich und – Adieu, Wilhelm! Ich mag darüber nicht weiter radotieren.

Am 1. Julius.

Was Lotte einem Kranken sein muß, fühl' ich an meinem eigenen armen Herzen, das übler dran ist als manches, das auf dem Siechbette verschmachtet. Sie wird einige Tage in der Stadt bei einer rechtschaffnen Frau zubringen, die sich nach der Aussage der Ärzte ihrem Ende naht und in diesen letzten Augenblicken Lotten um sich haben will. Ich war vorige Woche mit ihr, den Pfarrer von St.. zu besuchen; ein Örtchen, das eine Stunde seitwärts im Gebirge liegt. Wir kamen gegen vier dahin. Lotte hatte ihre zweite Schwester mitgenommen. Als wir in den mit zwei hohen Nußbäumen überschatteten Pfarrhof traten, saß der gute alte Mann auf einer Bank vor der Haustür, und da er Lotten sah, ward er wie neu belebt, vergaß seinen Knotenstock und wagte sich auf, ihr entgegen. Sie lief hin zu ihm, nötigte ihn sich niederzulassen, indem sie sich zu ihm setzte, brachte viele Grüße von ihrem Vater, herzte seinen garstigen, schmutzigen jüngsten Buben, das Quakelchen seines Alters. Du hättest sie sehen sollen, wie sie den Alten beschäftigte, wie sie ihre Stimme erhob, um seinen halb tauben Ohren vernehmlich zu werden, wie sie ihm von jungen, robusten Leuten erzählte, die unvermutet gestorben wären, von der Vortrefflichkeit des Karlsbades, und wie sie seinen Entschluß lobte, künftigen Sommer hinzugehen, wie sie fand, daß er viel besser aussähe, viel munterer sei als das letztemal, da sie ihn gesehn. – Ich hatte indes der Frau Pfarrerin meine Höflichkeiten gemacht. Der Alte wurde ganz munter, und da ich nicht umhin konnte, die schönen Nußbäume zu loben, die uns so lieblich beschatteten, fing er an, uns, wiewohl mit einiger Beschwerlichkeit, die Geschichte davon zu geben. – „Den alten", sagte er, „wissen wir nicht, wer den gepflanzt hat; einige sagen dieser, andere jener Pfarrer. Der jüngere aber dort hinten ist so alt als meine Frau, im Oktober funfzig Jahr. Ihr Vater pflanzte ihn des Morgens, als sie gegen Abend geboren wurde. Er war mein Vorfahr im Amt, und wie lieb ihm der Baum war, ist nicht zu sagen; mir ist er's gewiß nicht weniger. Meine Frau saß darunter auf einem Balken und strickte, da ich vor siebenundzwanzig Jahren als ein armer Student zum erstenmale hier in den Hof kam." – Lotte fragte nach seiner Tochter; es hieß, sie sei mit Herrn Schmidt auf die Wiese hinaus zu den Arbeitern, und der Alte fuhr in seiner Erzählung fort: wie sein Vorfahr ihn liebgewonnen und die Tochter dazu, und wie er erst sein Vikar und dann sein Nachfolger geworden. Die Geschichte war nicht lange zu Ende, als die Jungfer Pfarrerin mit dem sogenannten Herrn Schmidt durch den Garten herkam: sie bewillkommte Lotten mit herzlicher Wärme, und ich muß sagen, sie gefiel mir nicht übel; eine rasche, wohlgewachsene Brünette, die einen die kurze Zeit über auf dem Lande wohl unterhalten hätte. Ihr Liebhaber (denn als solchen stellte sich Herr Schmidt gleich dar), ein feiner, doch stiller Mensch, der sich nicht in unsere Gespräche mischen wollte, ob ihn gleich Lotte immer hereinzog. Was mich am meisten betrübte, war, daß ich an seinen Gesichtszügen zu bemerken schien, es sei mehr Eigensinn und übler Humor als Eingeschränktheit des Verstandes, der ihn sich mitzuteilen hinderte. In der Folge ward dies leider nur zu deutlich; denn als Friederike beim Spazierengehen mit Lotten und gelegentlich auch mit mir ging, wurde des Herrn Angesicht, das ohnedies einer bräunlichen Farbe war, so sichtlich verdunkelt, daß es Zeit war, daß Lotte mich beim Ärmel zupfte und mir zu verstehn gab, daß ich mit Friederiken zu artig getan. Nun verdrießt mich nichts mehr, als wenn die Menschen einander plagen, am meisten, wenn junge Leute in der Blüte des Lebens, da sie am offensten für alle Freuden sein könnten, einander die paar guten Tage mit Fratzen verderben und nur erst zu spät das Unersetzliche ihrer Verschwendung einsehen. Mich wurmte das, und ich konnte nicht umhin, da wir gegen Abend in den Pfarrhof zurückkehrten und an einem Tische Milch aßen und das Gespräch auf Freude und Leid der Welt sich wendete, den Faden zu ergreifen und recht herzlich gegen die üble Laune zu reden. – „Wir Menschen beklagen uns oft", fing ich an, „daß der guten Tage so wenig sind und der schlimmen so viel, und, wie mich dünkt, meist mit Unrecht. Wenn wir immer ein offenes Herz hätten, das Gute zu genießen, das uns Gott für jeden Tag bereitet, wir würden alsdann auch Kraft genug haben, das Übel zu tragen, wenn es kommt." – „Wir haben aber unser Gemüt nicht in unserer Gewalt;" versetzte die Pfarrerin; „wie viel hängt vom Körper ab! Wenn einem nicht wohl ist, ist's einem überall nicht recht." – Ich gestand ihr das ein. – „Wir wollen es also", fuhr ich fort, „als eine Krankheit ansehen und fragen, ob dafür kein Mittel ist?" – „Das läßt sich hören," sagte Lotte, „ich glaube wenigstens, daß viel von uns abhängt. Ich weiß es an mir. Wenn mich etwas neckt und mich verdrießlich machen will, spring' ich auf und sing' ein paar Contretänze den Garten auf und ab, gleich ist's weg." – „Das war's, was ich sagen wollte," versetzte ich, „es ist mit der üblen Laune völlig wie mit der Trägheit, denn es ist eine Art von Trägheit. Unsere Natur hängt sehr dahin, und doch, wenn wir nur einmal die Kraft haben, uns zu ermannen, geht uns die Arbeit frisch von der Hand, und wir finden in der Tätigkeit ein wahres Vergnügen." – Friederike war sehr aufmerksam, und der junge Mensch wandte mir ein, daß man nicht Herr über sich selbst sei und am wenigsten über seine Empfindungen gebieten könne. – „Es ist hier die Frage von einer unangenehmen Empfindung", versetzte ich, „die doch jedermann gerne los ist; und niemand weiß, wie weit seine Kräfte gehen, bis er sie versucht hat. Gewiß, wer krank ist, wird bei allen Ärzten herumfragen, und die größten Resignationen, die bittersten Arzeneien wird er nicht abweisen, um seine gewünschte Gesundheit zu erhalten." – Ich bemerkte, daß der ehrliche Alte sein Gehör anstrengte, um an unserm Diskurse teilzunehmen, ich erhob die Stimme, indem ich die Rede gegen ihn wandte. „Man predigt gegen so viele Laster," sagte ich, „ich habe noch nie gehört, daß man gegen die üble Laune vom Predigtstuhle gearbeitet hätte."*) – „Das müßten die Stadtpfarrer tun," sagte er, „die Bauern haben keinen bösen Humor; doch könnte es auch zuweilen nicht schaden, es wäre eine Lektion für seine Frau wenigstens

*) Wir haben nun von Lavatern eine treffliche Predigt hierüber, unter denen über das Buch Jonas.

und für den Herrn Amtmann." – Die Gesellschaft lachte, und er herzlich mit, bis er in einen Husten verfiel, der unsern Diskurs eine Zeitlang unterbrach; darauf denn der junge Mensch wieder das Wort nahm: „Sie nannten den bösen Humor ein Laster; mich deucht, das ist übertrieben." – „Mit nichten," gab ich zur Antwort, „wenn das, womit man sich selbst und seinem Nächsten schadet, diesen Namen verdient. Ist es nicht genug, daß wir einander nicht glücklich machen können, müssen wir auch noch einander das Vergnügen rauben, das jedes Herz sich noch manchmal selbst gewähren kann? Und nennen Sie mir den Menschen, der übler Laune ist und so brav dabei, sie zu verbergen, sie allein zu tragen, ohne die Freude um sich her zu zerstören! Oder ist sie nicht vielmehr ein innerer Unmut über unsere eigene Unwürdigkeit, ein Mißfallen an uns selbst, das immer mit einem Neide verknüpft ist, der durch eine törichte Eitelkeit aufgehetzt wird? Wir sehen glückliche Menschen, die wir nicht glücklich machen, und das ist unerträglich." – Lotte lächelte mich an, da sie die Bewegung sah, mit der ich redete, und eine Träne in Friederikens Auge spornte mich fortzufahren. – „Wehe denen," sagte ich, „die sich der Gewalt bedienen, die sie über ein Herz haben, um ihm die einfachen Freuden zu rauben, die aus ihm selbst hervorkeimen. Alle Geschenke, alle Gefälligkeiten der Welt ersetzen nicht einen Augenblick Vergnügen an sich selbst, den uns eine neidische Unbehaglichkeit unsers Tyrannen vergällt hat."

Mein ganzes Herz war voll in diesem Augenblicke; die Erinnerung so manches Vergangenen drängte sich an meine Seele, und die Tränen kamen mir in die Augen.

„Wer sich das nur täglich sagte:" rief ich aus, „du vermagst nichts auf deine Freunde, als ihnen ihre Freuden zu lassen und ihr Glück zu vermehren, indem du es mit ihnen genießest. Vermagst du, wenn ihre innere Seele von einer ängstigenden Leidenschaft gequält, vom Kummer zerrüttet ist, ihnen einen Tropfen Linderung zu geben?

Und wenn die letzte, bangste Krankheit dann über das Geschöpf herfällt, das du in blühenden Tagen untergraben hast, und sie nun daliegt in dem erbärmlichsten Ermatten, das Auge gefühllos gen Himmel sieht, der Todesschweiß auf der blassen Stirne abwechselt, und du vor dem Bette stehst wie ein Verdammter, in dem innigsten Gefühl, daß du nichts vermagst mit deinem ganzen Vermögen, und die Angst dich inwendig krampft, daß du alles hingeben möchtest, dem untergehenden Geschöpfe einen Tropfen Stärkung, einen Funken Mut einflößen zu können."

Die Erinnerung einer solchen Szene, wobei ich gegenwärtig war, fiel mit ganzer Gewalt bei diesen Worten über mich. Ich nahm das Schnupftuch vor die Augen und verließ die Gesellschaft, und nur Lottens Stimme, die mir rief, wir wollten fort, brachte mich zu mir selbst. Und wie sie mich auf dem Wege schalt über den zu warmen Anteil an allem, und daß ich drüber zugrunde gehen würde! daß ich mich schonen sollte! – O der Engel! Um deinetwillen muß ich leben!

Am 6. Julius.

Sie ist immer um ihre sterbende Freundin, und ist immer dieselbe, immer das gegenwärtige, holde Geschöpf, das, wo sie hinsieht, Schmerzen lindert und Glückliche macht. Sie ging gestern abend mit Marianen und dem kleinen Malchen spazieren, ich wußte es und traf sie an, und wir gingen zusammen. Nach einem Wege von anderthalb Stunden kamen wir gegen die Stadt zurück, an den Brunnen, der mir so wert und nun tausendmal werter ist. Lotte setzte sich aufs Mäuerchen, wir standen vor ihr. Ich sah umher, ach, und die Zeit, da mein Herz so allein war, lebte wieder vor mir auf. – „Lieber Brunnen," sagte ich, „seither hab' ich nicht mehr an deiner Kühle geruht, hab' in eilendem Vorübergehn dich manchmal nicht angesehn." – Ich blickte hinab und sah, daß Malchen mit einem Glase Wasser sehr beschäftigt heraufstieg. – Ich sah Lotten an und fühlte alles, was ich an ihr habe. Indem kommt Malchen mit einem Glase. Mariane wollt' es ihr abnehmen: „Nein!" rief das Kind mit dem süßesten Ausdrucke, „nein, Lottchen, du sollst zuerst trinken!" – Ich ward über die Wahrheit, über die Güte, womit sie das ausrief, so entzückt, daß ich meine Empfindung mit nichts ausdrücken konnte, als ich nahm das Kind von der Erde und küßte es lebhaft, das sogleich zu schreien und zu weinen anfing. – „Sie haben übel getan," sagte Lotte. – Ich war betroffen. – „Komm, Malchen," fuhr sie fort, indem sie es bei der Hand nahm und die Stufen hinabführte, „da wasche dich aus der frischen Quelle geschwind, geschwind, da tut's nichts." – Wie ich so dastand und zusah, mit welcher Emsigkeit das Kleine mit seinen nassen Händchen die Backen rieb, mit welchem Glauben, daß durch die Wunderquelle alle Verunreinigung abgespült und die Schmach abgetan würde, einen häßlichen Bart zu kriegen; wie Lotte sagte: „Es ist genug!" und das Kind doch immer eifrig fortwusch, als wenn Viel mehr täte als Wenig – ich sage dir, Wilhelm, ich habe mit mehr Respekt nie einer Taufhandlung beigewohnt; und als Lotte heraufkam, hätte ich mich gern vor ihr niedergeworfen wie vor einem Propheten, der die Schulden einer Nation weggeweiht hat.

Des Abends konnte ich nicht umhin, in der Freude meines Herzens den Vorfall einem Manne zu erzählen, dem ich Menschensinn zutraute, weil er Verstand hat; aber wie kam ich an! Er sagte, das sei sehr übel von Lotten gewesen; man solle den Kindern nichts weis machen; dergleichen gebe zu unzähligen Irrtümern und Aberglauben Anlaß, wovor man die Kinder frühzeitig bewahren müsse. – Nun fiel mir ein, daß der Mann vor acht Tagen hatte taufen lassen, drum ließ ich's vorbeigehen und blieb in meinem Herzen der Wahrheit getreu: Wir sollen es mit den Kindern machen wie Gott mit uns, der uns am glücklichsten macht, wenn er uns in freundlichem Wahne so hintaumeln läßt.

Am 8. Julius.

Was man ein Kind ist! Was man nach so einem Blicke geizt! Was man ein Kind ist! – Wir waren nach Wahlheim gegangen. Die Frauenzimmer fuhren hinaus, und während unserer Spaziergänge glaubte ich in Lottens schwarzen Augen – ich bin ein Tor, verzeih mir's! du solltest sie sehen, diese Augen. – Daß ich kurz bin (denn die Augen fallen mir zu vor Schlaf): siehe, die Frauenzimmer stiegen ein, da standen um die Kutsche der junge W.., Selstadt und Audran und ich. Da ward aus dem Schlage geplaudert mit den Kerlchen, die freilich leicht und lüftig genug waren. – Ich suchte Lottens Augen; ach, sie gingen von einem zum andern! Aber auf mich! mich! mich! der ganz allein auf sie resigniert dastand, fielen sie nicht! – Mein Herz sagte ihr tausend Adieu! Und sie sah mich nicht! Die Kutsche fuhr vorbei, und eine Träne stand mir im Auge. Ich sah ihr nach und sah Lottens Kopfputz sich zum Schlage herauslehnen, und sie wandte sich um zu sehen, ach! nach mir? – Lieber! In dieser Ungewißheit schwebe ich; das ist mein Trost: vielleicht hat sie sich nach mir umgesehen! Vielleicht! – Gute Nacht! O, was ich ein Kind bin!

Am 10. Julius.

Die alberne Figur, die ich mache, wenn in Gesellschaft von ihr gesprochen wird, solltest du sehen! Wenn man mich nun gar fragt, wie sie mir gefällt? – Gefällt! das Wort hasse ich auf den Tod. Was muß das für ein Mensch sein, dem Lotte gefällt, dem sie nicht alle Sinne, alle Empfindungen ausfüllt! Gefällt! Neulich fragte mich einer, wie mir Ossian gefiele!

Am 11. Julius.

Frau M.. ist sehr schlecht; ich bete für ihr Leben, weil ich mit Lotten dulde. Ich sehe sie selten bei einer Freundin, und heute hat sie mir einen wunderbaren Vorfall erzählt. – Der alte M.. ist ein geiziger, rangiger Filz, der seine Frau im Leben was Rechts geplagt und eingeschränkt hat; doch hat sich die Frau immer durchzuhelfen gewußt. Vor wenigen Tagen, als der Arzt ihr das Leben abgesprochen hatte, ließ sie ihren Mann kommen (Lotte war im Zimmer) und redete ihn also an: „Ich muß dir eine Sache gestehen, die nach meinem Tode Verwirrung und Verdruß machen könnte. Ich habe bisher die Haushaltung geführt, so ordentlich und sparsam als möglich; allein du wirst mir verzeihen, daß ich dich diese dreißig Jahre her hintergangen habe. Du bestimmtest im Anfange unserer Heirat ein Geringes für die Bestreitung der Küche und anderer häuslichen Ausgaben. Als unsere Haushaltung stärker wurde, unser Gewerbe größer, warst du nicht zu bewegen, mein Wochengeld nach dem Verhältnisse zu vermehren; kurz, du weißt, daß du in den Zeiten, da sie am größten war, verlangtest, ich solle mit sieben Gulden die Woche auskommen. Die habe ich denn ohne Widerrede genommen und mir den Überschuß wöchentlich aus der Losung geholt, da niemand vermutete, daß die Frau die Kasse bestehlen würde. Ich habe nichts verschwendet und wäre auch, ohne es zu bekennen, getrost der Ewigkeit entgegengegangen, wenn nicht diejenige, die nach mir das Hauswesen zu führen hat, sich nicht zu helfen wissen würde, und du doch immer darauf bestehen könntest, deine erste Frau sei damit ausgekommen."

Ich redete mit Lotten über die unglaubliche Verblendung des Menschensinns, daß einer nicht argwohnen soll, dahinter müsse was anders stecken, wenn eins mit sieben Gulden hinreicht, wo man den Aufwand vielleicht um zweimal so viel sieht. Aber ich habe selbst Leute gekannt, die des Propheten ewiges Ölkrüglein ohne Verwunderung in ihrem Hause angenommen hätten.

Am 13. Julius.

Nein, ich betriege mich nicht! Ich lese in ihren schwarzen Augen wahre Teilnehmung an mir und meinem Schicksal. Ja ich fühle, und darin darf ich meinem Herzen trauen, daß sie – o darf ich, kann ich den Himmel in diesen Worten aussprechen? – daß sie mich liebt!

Mich liebt! – Und wie wert ich mir selbst werde, wie ich – dir darf ich's wohl sagen, du hast Sinn für so etwas – wie ich mich selbst anbete, seitdem sie mich liebt!

Ob das Vermessenheit ist oder Gefühl des wahren Verhältnisses? – Ich kenne den Menschen nicht, von dem ich etwas in Lottens Herzen fürchtete. Und doch – wenn sie von ihrem Bräutigam spricht, mit solcher Wärme, solcher Liebe von ihm spricht – da ist mir's wie einem, der aller seiner Ehren und Würden entsetzt und dem der Degen genommen wird.

Am 16. Julius.

Ach wie mir das durch alle Adern läuft, wenn mein Finger unversehens den ihrigen berührt, wenn unsere Füße sich unter dem Tische begegnen! Ich ziehe zurück wie vom

Feuer, und eine geheime Kraft zieht mich wieder vorwärts – mir wird's so schwindelig vor allen Sinnen. – O! und ihre Unschuld, ihre unbefangne Seele fühlt nicht, wie sehr mich die kleinen Vertraulichkeiten peinigen. Wenn sie gar im Gespräch ihre Hand auf die meinige legt und im Interesse der Unterredung näher zu mir rückt, daß der himmlische Atem ihres Mundes meine Lippen erreichen kann: – ich glaube zu versinken, wie vom Wetter gerührt. – Und, Wilhelm! wenn ich mich jemals unterstehe, diesen Himmel, dieses Vertrauen –! Du verstehst mich. Nein, mein Herz ist so verderbt nicht! Schwach! schwach genug! – Und ist das nicht Verderben? –

Sie ist mir heilig. Alle Begier schweigt in ihrer Gegenwart. Ich weiß nie, wie mir ist, wenn ich bei ihr bin; es ist, als wenn die Seele sich mir in allen Nerven umkehrte. – Sie hat eine Melodie, die sie auf dem Klaviere spielet mit der Kraft eines Engels, so simpel und so geistvoll! Es ist ihr Leiblied, und mich stellt es von aller Pein, Verwirrung und Grillen her, wenn sie nur die erste Note davon greift.

Kein Wort von der Zauberkraft der alten Musik ist mir unwahrscheinlich. Wie mich der einfache Gesang angreift! Und wie sie ihn anzubringen weiß, oft zur Zeit, wo ich mir eine Kugel vor den Kopf schießen möchte! Die Irrung und Finsternis meiner Seele zerstreut sich, und ich atme wieder freier.

Am 18. Julius.

Wilhelm, was ist unserem Herzen die Welt ohne Liebe! Was eine Zauberlaterne ist ohne Licht! Kaum bringst du das Lämpchen hinein, so scheinen dir die buntesten Bilder an deine weiße Wand! Und wenn's nichts wäre als das, als vorübergehende Phantome, so macht's doch immer unser Glück, wenn wir wie frische Jungen davor stehen und uns über die Wundererscheinungen entzücken. Heute konnte ich nicht zu Lotten, eine unvermeidliche Gesellschaft hielt mich ab. Was war zu tun? Ich schickte meinen Diener hinaus, nur um einen Menschen um mich zu haben, der ihr heute nahe gekommen wäre. Mit welcher Ungeduld ich ihn erwartete, mit welcher Freude ich ihn wiedersah! Ich hätte ihn gern beim Kopfe genommen und geküßt, wenn ich mich nicht geschämt hätte.

Man erzählt von dem Bononischen Steine, daß er, wenn man ihn in die Sonne legt, ihre Strahlen anzieht und eine Weile bei Nacht leuchtet. So war mir's mit dem Burschen. Das Gefühl, daß ihre Augen auf seinem Gesichte, seinen Backen, seinen Rockknöpfen und dem Kragen am Surtout geruht hatten, machte mir das alles so heilig, so wert! Ich hätte in dem Augenblick den Jungen nicht um tausend Taler gegeben. Es war mir so wohl in seiner Gegenwart. – Bewahre dich Gott, daß du darüber lachest. Wilhelm, sind das Phantome, wenn es uns wohl ist?

Den 19. Julius.

„Ich werde sie sehen!" ruf' ich morgens aus, wenn ich mich ermuntere und mit aller Heiterkeit der schönen Sonne entgegenblicke; „ich werde sie sehen!" Und da habe ich für den ganzen Tag keinen Wunsch weiter. Alles, alles verschlingt sich in dieser Aussicht.

Den 20. Julius.

Eure Idee will noch nicht die meinige werden, daß ich mit dem Gesandten nach *** gehen soll. Ich liebe die Subordination nicht sehr, und wir wissen alle, daß der Mann noch dazu ein widriger Mensch ist. Meine Mutter möchte mich gern in Aktivität haben, sagst du, das hat mich zu lachen gemacht. Bin ich jetzt nicht auch aktiv, und ist's im Grunde nicht einerlei, ob ich Erbsen zähle oder Linsen? Alles in der Welt läuft doch auf eine Lumperei hinaus, und ein Mensch, der um anderer willen, ohne daß es seine eigene Leidenschaft, sein eigenes Bedürfnis ist, sich um Geld oder Ehre oder sonst was abarbeitet, ist immer ein Tor.

Am 24. Julius.

Da dir so sehr daran gelegen ist, daß ich mein Zeichnen nicht vernachlässige, möchte ich lieber die ganze Sache übergehen als dir sagen, daß zeither wenig getan wird.

Noch nie war ich glücklicher, noch nie war meine Empfindung an der Natur, bis aufs Steinchen, aufs Gräschen herunter, voller und inniger, und doch – Ich weiß nicht, wie ich mich ausdrücken soll, meine vorstellende Kraft ist so schwach, alles schwimmt und schwankt so vor meiner Seele, daß ich keinen Umriß packen kann; aber ich bilde mir ein, wenn ich Ton hätte oder Wachs, so wollte ich's wohl herausbilden. Ich werde auch Ton nehmen, wenn's länger währt, und kneten, und sollten's Kuchen werden!

Lottens Porträt habe ich dreimal angefangen, und habe mich dreimal prostituiert; das mich um so mehr verdrießt, weil ich vor einiger Zeit sehr glücklich im Treffen war. Darauf habe ich denn ihren Schattenriß gemacht, und damit soll mir g'nügen.

Am 26. Julius.

Ja, liebe Lotte, ich will alles besorgen und bestellen; geben Sie mir nur mehr Aufträge, nur recht oft. Um eins bitte ich Sie: keinen Sand mehr auf die Zettelchen, die Sie mir schreiben. Heute führte ich es schnell nach der Lippe, und die Zähne knisterten mir.

Am 26. Julius.

Ich habe mir schon manchmal vorgenommen, sie nicht so oft zu sehn. Ja wer das halten könnte! Alle Tage unterlieg' ich der Versuchung und verspreche mir heilig: morgen willst du einmal wegbleiben. Und wenn der Morgen kommt, finde ich doch wieder eine unwiderstehliche Ursache, und ehe ich mich's versehe, bin ich bei ihr. Entweder sie hat des Abends gesagt: „Sie kommen doch morgen?" – Wer könnte da wegbleiben? Oder sie gibt mir einen Auftrag, und ich finde schicklich, ihr selbst die Antwort zu bringen; oder der Tag ist gar zu schön, ich gehe nach Wahlheim, und wenn ich nun da bin, ist's nur noch eine halbe Stunde zu ihr! – Ich bin zu nah in der Atmosphäre – Zuck! so bin ich dort. Meine Großmutter hatte ein Märchen vom Magnetenberg: die Schiffe, die zu nahe kamen, wurden auf einmal alles Eisenwerks beraubt, die Nägel flogen dem Berge zu, und die armen Elenden scheiterten zwischen den übereinanderstürzenden Brettern.

Am 30. Julius.

Albert ist angekommen, und ich werde gehen; und wenn er der beste, der edelste Mensch wäre, unter den ich mich in jeder Betrachtung zu stellen bereit wäre, so wär's unerträglich, ihn vor meinem Angesicht im Besitz so vieler Vollkommenheiten zu sehen. – Besitz! – Genug, Wilhelm, der Bräutigam ist da! Ein braver, lieber Mann, dem man gut sein muß. Glücklicherweise war ich nicht beim Empfange! Das hätte mir das Herz zerrissen. Auch ist er so ehrlich und hat Lotten in meiner Gegenwart noch nicht ein einzigmal geküßt. Das lohn' ihm Gott! Um des Respekts willen, den er vor dem Mädchen hat, muß ich ihn lieben. Er will mir wohl, und ich vermute, das ist Lottens Werk mehr als seiner eigenen Empfindung; denn darin sind die Weiber fein und haben recht; wenn sie zwei Verehrer in gutem Vernehmen mit einander erhalten können, ist der Vorteil immer ihr, so selten es auch angeht.

Indes kann ich Alberten meine Achtung nicht versagen. Seine gelassene Außenseite sticht gegen die Unruhe meines Charakters sehr lebhaft ab, die sich nicht verbergen läßt. Er hat viel Gefühl und weiß, was er an Lotten hat. Er scheint wenig üble Laune zu haben, und du weißt, das ist die Sünde, die ich ärger hasse am Menschen als alle andre.

Er hält mich für einen Menschen von Sinn; und meine Anhänglichkeit an Lotten, meine warme Freude, die ich an allen ihren Handlungen habe, vermehrt seinen Triumph, und er liebt sie nur desto mehr. Ob er sie nicht manchmal mit kleiner Eifersüchtelei peinigt, das lasse ich dahingestellt sein, wenigstens würd' ich an seinem Platze nicht ganz sicher vor diesem Teufel bleiben.

Dem sei nun wie ihm wolle, meine Freude, bei Lotten zu sein, ist hin. Soll ich das Torheit nennen oder Verblendung? – Was braucht's Namen! erzählt die Sache an sich! – Ich wußte alles, was ich jetzt weiß, ehe Albert kam; ich wußte, daß ich keine Prätension an sie zu machen hatte, machte auch keine – das heißt, insofern es möglich ist, bei so viel Liebenswürdigkeit nicht zu begehren – Und jetzt macht der Fratze große Augen, da der andere nun wirklich kommt und ihm das Mädchen wegnimmt.

Ich beiße die Zähne auf einander und spotte über mein Elend, und spottete derer doppelt und dreifach, die sagen könnten, ich sollte mich resignieren, und weil es nun einmal nicht anders sein könnte. – Schafft mir diese Strohmänner vom Halse! – Ich laufe in den Wäldern herum, und wenn ich zu Lotten komme, und Albert bei ihr sitzt im Gärtchen unter der Laube, und ich nicht weiter kann, so bin ich ausgelassen närrisch und fange viel Possen, viel verwirrtes Zeug an. – „Um Gottes willen," sagte mir Lotte heut, „ich bitte Sie, keine Szene wie die von gestern abend! Sie sind fürchterlich, wenn Sie so lustig sind." – Unter uns, ich passe die Zeit ab, wenn er zu tun hat; wutsch! bin ich drauß, und da ist mir's immer wohl, wenn ich sie allein finde.

Am 8. August.

Ich bitte dich, lieber Wilhelm, es war gewiß nicht auf dich geredet, wenn ich die Menschen unerträglich schalt, die von uns Ergebung in unvermeidliche Schicksale fordern. Ich dachte wahrlich nicht daran, daß du von ähnlicher Meinung sein könntest. Und im Grunde hast du recht. Nur eins, mein Bester! In der Welt ist es sehr selten mit dem Entweder-Oder getan; die Empfindungen und Handlungsweisen schattieren sich so mannigfaltig, als Abfälle zwischen einer Habichts- und Stumpfnase sind.

Du wirst mir also nicht übelnehmen, wenn ich dir dein ganzes Argument einräume und mich doch zwischen dem Entweder-Oder durchzustehlen suche.

Entweder, sagst du, hast du Hoffnung auf Lotten, oder du hast keine. Gut, im ersten Fall suche sie durchzutreiben, suche die Erfüllung deiner Wünsche zu umfassen: im anderen Fall ermanne dich und suche einer elenden Empfindung los zu werden, die alle deine Kräfte verzehren muß. – Bester! das ist wohl gesagt, und – bald gesagt.

Und kannst du von dem Unglücklichen, dessen Leben unter einer schleichenden Krankheit unaufhaltsam allmählich abstirbt, kannst du von ihm verlangen, er solle durch einen Dolchstoß der Qual auf einmal ein Ende machen? Und raubt das Übel, das ihm die Kräfte verzehrt, ihm nicht auch zugleich den Mut, sich davon zu befreien?

Zwar könntest du mir mit einem verwandten Gleichnisse antworten: Wer ließe sich nicht lieber den Arm abnehmen, als daß er durch Zaudern und Zagen sein Leben aufs Spiel setzte? - Ich weiß nicht! - und wir wollen uns nicht in Gleichnissen herumbeißen. Genug – Ja, Wilhelm, ich habe manchmal so einen Augenblick aufspringenden, abschüttelnden Muts, und da – wenn ich nur wüßte wohin, ich ginge wohl.

Abends.

Mein Tagebuch, das ich seit einiger Zeit vernachlässiget, fiel mir heut wieder in die Hände, und ich bin erstaunt, wie ich so wissentlich in das alles, Schritt vor Schritt, hineingegangen bin! Wie ich über meinen Zustand immer so klar gesehen und doch gehandelt habe wie ein Kind, jetzt noch so klar sehe, und es noch keinen Anschein zur Besserung hat.

Am 10. August.

Ich könnte das beste, glücklichste Leben führen, wenn ich nicht ein Tor wäre. So schöne Umstände vereinigen sich nicht leicht, eines Menschen Seele zu ergetzen, als die sind, in denen ich mich jetzt befinde. Ach so gewiß ist's, daß unser Herz allein sein Glück macht. – Ein Glied der liebenswürdigen Familie zu sein, von dem Alten geliebt zu werden wie ein Sohn, von den Kleinen wie ein Vater, und von Lotten! – dann der ehrliche Albert, der durch keine launische Unart mein Glück stört; der mich mit herzlicher Freundschaft umfaßt; dem ich nach Lotten das Liebste auf der Welt bin! – Wilhelm, es ist eine Freude, uns zu hören, wenn wir spazierengehen und uns einander von Lotten unterhalten: es ist in der Welt nichts Lächerlichers erfunden worden als dieses Verhältnis, und doch kommen mir oft darüber die Tränen in die Augen.

Wenn er mir von ihrer rechtschaffenen Mutter erzählt: wie sie auf ihrem Todbette Lotten ihr Haus und ihre Kinder übergeben und ihm Lotten anbefohlen habe, wie seit der Zeit ein ganz anderer Geist Lotten belebt habe, wie sie, in der Sorge für ihre Wirtschaft und in dem Ernste, eine wahre Mutter geworden, wie kein Augenblick ihrer Zeit ohne tätige Liebe, ohne Arbeit verstrichen, und dennoch ihre Munterkeit, ihr leichter Sinn sie nie dabei verlassen habe. – Ich gehe so neben ihm hin und pflücke Blumen am Wege, füge sie sehr sorgfältig in einen Strauß und – werfe sie in den vorüberfließenden Strom und sehe ihnen nach, wie sie leise hinunterwallen. – Ich weiß nicht, ob ich dir geschrieben habe, daß Albert hier bleiben und ein Amt mit einem artigen Auskommen vom Hofe erhalten wird, wo er sehr beliebt ist. In Ordnung und Emsigkeit in Geschäften habe ich wenig seinesgleichen gesehen.

Am 12. August.

Gewiß, Albert ist der beste Mensch unter dem Himmel. Ich habe gestern eine wunderbare Szene mit ihm gehabt. Ich kam zu ihm, um Abschied von ihm zu nehmen; denn mich wandelte die Lust an, ins Gebirge zu reiten, von woher ich dir auch jetzt schreibe, und wie ich in der Stube auf und ab gehe, fallen mir seine Pistolen in die Augen. – „Borge mir die Pistolen", sagte ich, „zu meiner Reise." – „Meinetwegen," sagte er, „wenn du dir die Mühe nehmen willst, sie zu laden; bei mir hängen sie nur pro forma." – Ich nahm eine herunter, und er fuhr fort: „Seit mir meine Vorsicht einen so unartigen Streich gespielt hat, mag ich mit dem Zeuge nichts mehr zu tun haben." – Ich war neugierig, die Geschichte zu wissen. – „Ich hielt mich", erzählte er, „wohl ein Vierteljahr auf dem Lande bei einem Freunde auf, hatte ein paar Terzerolen ungeladen und schlief ruhig. Einmal an einem regnichten Nachmittage, da ich müßig sitze, weiß ich nicht, wie mir einfällt: wir könnten überfallen werden, wir könnten die Terzerolen nötig haben und könnten – du weißt ja, wie das ist. – Ich gab sie dem Bedienten, sie zu putzen und zu laden; und der dahlt mit den Mädchen, will sie erschrecken, und Gott weiß wie, das Gewehr geht los, da der Ladstock noch drin steckt, und schießt den Ladstock einem Mädchen zur Maus herein an der rechten Hand und zerschlägt ihr den Daumen. Da hatte ich das Lamentieren, und die Kur zu bezahlen obendrein, und seit der Zeit lass' ich alles Gewehr ungeladen. Lieber Schatz, was ist Vorsicht? die Gefahr läßt sich nicht auslernen! Zwar..." – Nun weißt du, daß ich den Menschen sehr lieb habe bis auf seine Zwar; denn versteht sich's nicht von selbst, daß jeder allgemeine Satz Ausnahmen leidet? Aber so rechtfertig ist der Mensch! wenn er glaubt, etwas Übereiltes, Allgemeines,

Halbwahres gesagt zu haben, so hört er dir nicht auf zu limitieren, zu modifizieren und ab- und zuzutun, bis zuletzt gar nichts mehr an der Sache ist. Und bei diesem Anlaß kam er sehr tief in Text: ich hörte endlich gar nicht weiter auf ihn, verfiel in Grillen, und mit einer auffahrenden Gebärde drückte ich mir die Mündung der Pistole übers rechte Aug' an die Stirn. – „Pfui!" sagte Albert, indem er mir die Pistole herabzog, „was soll das?" – „Sie ist nicht geladen." sagte ich. – „Und auch so, was soll's?" versetzte er ungeduldig. „Ich kann mir nicht vorstellen, wie ein Mensch so töricht sein kann, sich zu erschießen; der bloße Gedanke erregt mir Widerwillen."

„Daß ihr Menschen," rief ich aus, „um von einer Sache zu reden, gleich sprechen müßt: ‚das ist töricht, das ist klug, das ist gut, das ist bös!' Und was will das alles heißen? Habt ihr deswegen die innern Verhältnisse einer Handlung erforscht? Wißt ihr mit Bestimmtheit die Ursachen zu entwickeln, warum sie geschah, warum sie geschehen mußte? Hättet ihr das, ihr würdet nicht so eilfertig mit euren Urteilen sein."

„Du wirst mir zugeben," sagte Albert, „daß gewisse Handlungen lasterhaft bleiben, sie mögen geschehen, aus welchem Beweggrunde sie wollen."

Ich zuckte die Achseln und gab's ihm zu. – „Doch, mein Lieber," fuhr ich fort, „finden sich auch hier einige Ausnahmen. Es ist wahr, der Diebstahl ist ein Laster: aber der Mensch, der, um sich und die Seinigen vom gegenwärtigen Hungertode zu erretten, auf Raub ausgeht, verdient der Mitleiden oder Strafe? Wer hebt den ersten Stein auf gegen den Ehemann, der im gerechten Zorne sein untreues Weib und ihren nichtswürdigen Verführer aufopfert? Gegen das Mädchen, das in einer wonnevollen Stunde sich in den unaufhaltsamen Freuden der Liebe verliert? Unsere Gesetze selbst, diese kaltblütigen Pedanten, lassen sich rühren und halten ihre Strafe zurück."

„Das ist ganz was anders," versetzte Albert, „weil ein Mensch, den seine Leidenschaften hinreißen, alle Besinnungskraft verliert und als ein Trunkener, als ein Wahnsinniger angesehen wird."

„Ach ihr vernünftigen Leute!" rief ich lächelnd aus. „Leidenschaft! Trunkenheit! Wahnsinn! Ihr steht so gelassen, so ohne Teilnehmung da, ihr sittlichen Menschen, scheltet den Trinker, verabscheut den Unsinnigen, geht vorbei wie der Priester und dankt Gott wie der Pharisäer, daß er euch nicht gemacht hat wie einen von diesen. Ich bin mehr als einmal trunken gewesen, meine Leidenschaften waren nie weit vom Wahnsinn, und beides reut mich nicht: denn ich habe in meinem Maße begreifen lernen, wie man alle außerordentlichen Menschen, die etwas Großes, etwas Unmöglichscheinendes wirkten, von jeher für Trunkene und Wahnsinnige ausschreien mußte.

Aber auch im gemeinen Leben ist's unerträglich, fast einem jeden bei halbweg einer freien, edlen, unerwarteten Tat nachrufen zu hören: ‚Der Mensch ist trunken, der ist närrisch!' Schämt euch, ihr Nüchternen! Schämt euch, ihr Weisen!"

„Das sind nun wieder von deinen Grillen," sagte Albert, „du überspannst alles und hast wenigstens hier gewiß unrecht, daß du den Selbstmord, wovon jetzt die Rede ist, mit großen Handlungen vergleichst: da man es doch für nichts anders als eine Schwäche halten kann. Denn freilich ist es leichter zu sterben, als ein qualvolles Leben standhaft zu ertragen."

Ich war im Begriff abzubrechen; denn kein Argument bringt mich so aus der Fassung, als wenn einer mit einem unbedeutenden Gemeinspruche angezogen kommt, wenn ich aus ganzem Herzen rede. Doch faßte ich mich, weil ich's schon oft gehört und mich öfter darüber geärgert hatte, und versetzte ihm mit einiger Lebhaftigkeit: „Du nennst das Schwäche? Ich bitte dich, laß dich vom Anscheine nicht verführen. Ein Volk, das unter dem unerträglichen Joch eines Tyrannen seufzt, darfst du das schwach heißen, wenn es endlich aufgärt und seine Ketten zerreißt? Ein Mensch, der über dem Schrecken, daß Feuer sein Haus ergriffen hat, alle Kräfte gespannt fühlt und mit Leichtigkeit Lasten wegträgt, die er bei ruhigem Sinne kaum bewegen kann; einer, der in der Wut der Beleidigung es mit sechsen aufnimmt und sie überwältigt, sind die schwach zu nennen?

Und, mein Guter, wenn Anstrengung Stärke ist, warum soll die Überspannung das Gegenteil sein?“ – Albert sah mich an und sagte: „Nimm mir’s nicht übel, die Beispiele, die du da gibst, scheinen hieher gar nicht zu gehören.“ – „Es mag sein“, sagte ich, „man hat mir schon öfters vorgeworfen, daß meine Kombinationsart manchmal an Radotage grenze. Laßt uns denn sehen, ob wir uns auf eine andere Weise vorstellen können, wie dem Menschen zu Mute sein mag, der sich entschließt, die sonst angenehme Bürde des Lebens abzuwerfen. Denn nur insofern wir mitempfinden, haben wir Ehre, von einer Sache zu reden.

Die menschliche Natur“, fuhr ich fort, „hat ihre Grenzen: sie kann Freude, Leid, Schmerzen bis auf einen gewissen Grad ertragen und geht zugrunde, sobald *der* überstiegen ist. Hier ist also nicht die Frage, ob einer schwach oder stark ist, sondern ob er das Maß seines Leidens ausdauern kann, es mag nun moralisch oder körperlich sein. Und ich finde es ebenso wunderbar zu sagen, der Mensch ist feige, der sich das Leben nimmt, als es ungehörig wäre, den einen Feigen zu nennen, der an einem bösartigen Fieber stirbt.“

„Paradox! sehr paradox!“ rief Albert aus. – „Nicht so sehr, als du denkst.“ versetzte ich. „Du gibst mir zu, wir nennen das eine Krankheit zum Tode, wodurch die Natur so angegriffen wird, daß teils ihre Kräfte verzehrt, teils so außer Wirkung gesetzt werden, daß sie sich nicht wieder aufzuhelfen, durch keine glückliche Revolution den gewöhnlichen Umlauf des Lebens wieder herzustellen fähig ist.

Nun, mein Lieber, laß uns das auf den Geist anwenden. Sieh den Menschen an in seiner Eingeschränktheit, wie Eindrücke auf ihn wirken, Ideen sich bei ihm festsetzen, bis endlich eine wachsende Leidenschaft ihn aller ruhigen Sinneskraft beraubt und ihn zugrunde richtet.

Vergebens, daß der gelassene, vernünftige Mensch den Zustand des Unglücklichen übersieht, vergebens, daß er ihm zuredet! Ebenso wie ein Gesunder, der am Bette des Kranken steht, ihm von seinen Kräften nicht das geringste einflößen kann.“

Alberten war das zu allgemein gesprochen. Ich erinnerte ihn an ein Mädchen, das man vor weniger Zeit im Wasser tot gefunden, und wiederholte ihm ihre Geschichte. – „Ein gutes, junges Geschöpf, das in dem engen Kreise häuslicher Beschäftigungen, wöchentlicher bestimmter Arbeit herangewachsen war, das weiter keine Aussicht von Vergnügen kannte, als etwa Sonntags in einem nach und nach zusammengeschafften Putz mit ihresgleichen um die Stadt spazierenzugehen, vielleicht alle hohen Feste einmal zu tanzen und übrigens mit aller Lebhaftigkeit des herzlichsten Anteils manche Stunde über den Anlaß eines Gezänkes, einer übeln Nachrede mit einer Nachbarin zu verplaudern – deren feurige Natur fühlt nun endlich innigere Bedürfnisse, die durch die Schmeicheleien der Männer vermehrt werden; ihre vorigen Freuden werden ihr nach und nach unschmackhaft, bis sie endlich einen Menschen antrifft, zu dem ein unbekanntes Gefühl sie unwiderstehlich hinreißt, auf den sie nun alle ihre Hoffnungen wirft, die Welt rings um sich vergißt, nichts hört, nichts sieht, nichts fühlt als ihn, den Einzigen, sich nur sehnt nach ihm, dem Einzigen. Durch die leeren Vergnügungen einer unbeständigen Eitelkeit nicht verdorben, zieht ihr Verlangen gerade nach dem Zweck, sie will die Seinige werden, sie will in ewiger Verbindung all das Glück antreffen, das ihr mangelt, die Vereinigung aller Freuden genießen, nach denen sie sich sehnte. Wiederholtes Versprechen, das ihr die Gewißheit aller Hoffnungen versiegelt, kühne Liebkosungen, die ihre Begierden vermehren, umfangen ganz ihre Seele; sie schwebt in einem dumpfen Bewußtsein, in einem Vorgefühl aller Freuden, sie ist bis auf den höchsten Grad gespannt, sie streckt endlich ihre Arme aus, all ihre Wünsche zu umfassen – und ihr Geliebter verläßt sie. – Erstarrt, ohne Sinne steht sie vor einem Abgrunde; alles ist Finsternis um sie her, keine Aussicht, kein Trost, keine Ahnung! denn der hat sie verlassen, in dem sie allein ihr Dasein fühlte. Sie sieht nicht die weite Welt, die vor ihr liegt, nicht die vielen, die ihr den Verlust ersetzen könnten, sie fühlt sich allein, verlassen von aller Welt, – und blind, in die Enge gepreßt von der entsetzlichen Not ihres Herzens, stürzt sie sich hinunter, um in einem rings umfangenden Tode alle ihre Qualen zu ersticken. – Sieh, Albert, das ist die Geschichte so manches Menschen! und sag', ist das nicht der Fall der Krankheit? Die Natur findet keinen Ausweg aus dem Labyrinthe der verworrenen und widersprechenden Kräfte, und der Mensch muß sterben.

Wehe dem, der zusehen und sagen könnte: ‚Die Törin! Hätte sie gewartet, hätte sie die Zeit wirken lassen, die Verzweifelung würde sich schon gelegt, es würde sich schon ein anderer sie zu trösten vorgefunden haben.' – Das ist eben, als wenn einer sagte: ‚Der Tor, stirbt am Fieber! Hätte er gewartet, bis seine Kräfte sich erholt, seine Säfte sich verbessert, der Tumult seines Blutes sich gelegt hätten: alles wäre gut gegangen, und er lebte bis auf den heutigen Tag!'"

Albert, dem die Vergleichung noch nicht anschaulich war, wandte noch einiges ein, und unter andern: ich hätte nur von einem einfältigen Mädchen gesprochen; wie aber ein Mensch von Verstande, der nicht so eingeschränkt sei, der mehr Verhältnisse übersehe, zu entschuldigen sein möchte, könne er nicht begreifen. – „Mein Freund," rief ich aus, „der Mensch ist Mensch, und das bißchen Verstand, das einer haben mag, kommt wenig oder nicht in Anschlag, wenn Leidenschaft wütet und die Grenzen der Menschheit einen drängen. Vielmehr – Ein andermal davon..." sagte ich und griff nach meinem Hute. O mir war das Herz so voll – Und wir gingen auseinander, ohne einander verstanden zu haben. Wie denn auf dieser Welt keiner leicht den andern versteht.

Am 15. August.

Es ist doch gewiß, daß in der Welt den Menschen nichts notwendig macht als die Liebe. Ich fühl's an Lotten, daß sie mich ungern verlöre, und die Kinder haben keinen andern Begriff, als daß ich immer morgen wiederkommen würde. Heute war ich hinausgegangen, Lottens Klavier zu stimmen, ich konnte aber nicht dazu kommen, denn die Kleinen verfolgten mich um ein Märchen, und Lotte sagte selbst, ich sollte ihnen den Willen tun. Ich schnitt ihnen das Abendbrot, das sie nun fast so gern von mir als von Lotten annehmen, und erzählte ihnen das Hauptstückchen von der Prinzessin, die von Händen bedient wird. Ich lerne viel dabei, das versichre ich dich, und ich bin erstaunt, was es auf sie für Eindrücke macht. Weil ich manchmal einen Inzidentpunkt erfinden muß, den ich beim zweitenmal vergesse, sagen sie gleich, das vorigemal wär' es anders gewesen, so daß ich mich jetzt übe, sie unveränderlich in einem singenden Silbenfall an einem Schnürchen weg zu rezitieren. Ich habe daraus gelernt, wie ein Autor durch eine zweite, veränderte Ausgabe seiner Geschichte, und wenn sie poetisch noch so besser geworden wäre, notwendig seinem Buche schaden muß. Der erste Eindruck findet uns willig, und der Mensch ist gemacht, daß man ihn das Abenteuerlichste überreden kann; das haftet aber auch gleich so fest, und wehe dem, der es wieder auskratzen und austilgen will!

Am 18. August.

Mußte denn das so sein, daß das, was des Menschen Glückseligkeit macht, wieder die Quelle seines Elendes würde?

Das volle, warme Gefühl meines Herzens an der lebendigen Natur, das mich mit so vieler Wonne überströmte, das rings umher die Welt mir zu einem Paradiese schuf, wird mir jetzt zu einem unerträglichen Peiniger, zu einem quälenden Geist, der mich auf allen Wegen verfolgt. Wenn ich sonst vom Felsen über den Fluß bis zu jenen Hügeln das fruchtbare Tal überschaute und alles um mich her keimen und quellen sah; wenn ich jene Berge, vom Fuße bis auf zum Gipfel, mit hohen, dichten Bäumen bekleidet, jene Täler in ihren mannigfaltigen Krümmungen von den lieblichsten Wäldern beschattet sah, und der sanfte Fluß zwischen den lispelnden Rohren dahingleitete und die lieben Wolken abspiegelte, die der sanfte Abendwind am Himmel herüberwiegte; wenn ich dann die Vögel um mich den Wald beleben hörte, und die Millionen Mückenschwärme im letzten roten Strahle der Sonne mutig tanzten, und ihr letzter zuckender Blick den summenden Käfer aus seinem Grase befreite, und das Schwirren und Weben um mich her mich auf den Boden aufmerksam machte, und das Moos, das meinem harten Felsen seine Nahrung abzwingt, und das Geniste, das den dürren Sandhügel hinunter wächst, mir das innere, glühende, heilige Leben der Natur eröffnete: wie faßte ich das alles in mein warmes Herz, fühlte mich in der überfließenden Fülle wie vergöttert, und die herrlichen Gestalten der unendlichen Welt bewegten sich allbelebend in meiner Seele. Ungeheure Berge umgaben mich, Abgründe lagen vor mir, und Wetterbäche stürzten herunter, die Flüsse strömten unter mir, und Wald und Gebirg erklang; und ich sah sie wirken und schaffen ineinander in den Tiefen der Erde, alle die unergründlichen Kräfte; und nun über der Erde und unter dem Himmel wimmeln die Geschlechter der mannigfaltigen Geschöpfe. Alles, alles bevölkert mit tausendfachen Gestalten; und die Menschen dann sich in Häuslein zusammen sichern und sich annisten und herrschen in ihrem Sinne über die weite Welt! Armer Tor! der du alles so gering achtest, weil du so klein bist. – Vom unzugänglichen Gebirge über die Einöde, die kein Fuß betrat, bis ans Ende des unbekannten Ozeans weht der Geist des Ewigschaffenden und freut sich jedes Staubes, der ihn vernimmt und lebt. – Ach damals, wie oft habe ich mich mit Fittichen eines Kranichs, der über mich hin flog, zu dem Ufer des ungemessenen Meeres gesehnt, aus dem schäumenden Becher des Unendlichen jene schwellende Lebenswonne zu trinken und nur einen Augenblick in der eingeschränkten Kraft meines Busens einen Tropfen der Seligkeit des Wesens zu fühlen, das alles in sich und durch sich hervorbringt.

Bruder, nur die Erinnerung jener Stunden macht mir wohl. Selbst diese Anstrengung, jene unsäglichen Gefühle zurückzurufen, wieder auszusprechen, hebt meine Seele über sich selbst und läßt mich dann das Bange des Zustandes doppelt empfinden, der mich jetzt umgibt.

Es hat sich vor meiner Seele wie ein Vorhang weggezogen, und der Schauplatz des unendlichen Lebens verwandelt sich vor mir in den Abgrund des ewig offenen Grabes. Kannst du sagen: Das ist! da alles vorübergeht? da alles mit der Wetterschnelle vorüberrollt, so selten die ganze Kraft seines Daseins ausdauert, ach, in den Strom fortgerissen, untergetaucht und an Felsen zerschmettert wird? Da ist kein Augenblick, der nicht dich verzehrte und die Deinigen um dich her, kein Augenblick, da du nicht ein Zerstörer bist, sein mußt; der harmloseste Spaziergang kostet tausend armen Würmchen das Leben, es zerrüttet ein Fußtritt die mühseligen Gebäude der Ameisen und stampft eine kleine Welt in ein schmähliches Grab. Ha! nicht die große, seltne Not der Welt, diese Fluten, die eure Dörfer wegspülen, diese Erdbeben, die eure Städte verschlingen, rühren mich; mir untergräbt das Herz die verzehrende Kraft, die in dem All der Natur verborgen liegt; die nichts gebildet hat, das nicht seinen Nachbar, nicht sich selbst zerstörte. Und so taumle ich beängstigt. Himmel und Erde und ihre webenden Kräfte um mich her: ich sehe nichts als ein ewig verschlingendes, ewig wiederkäuendes Ungeheuer.

Am 21. August.

Umsonst strecke ich meine Arme nach ihr aus, morgens, wenn ich von schweren Träumen aufdämmere, vergebens suche ich sie nachts in meinem Bette, wenn mich ein glücklicher, unschuldiger Traum getäuscht hat, als säß' ich neben ihr auf der Wiese und hielt' ihre Hand und deckte sie mit tausend Küssen. Ach, wenn ich dann noch halb im Taumel des Schlafes nach ihr tappe und drüber mich ermuntere – ein Strom von Tränen bricht aus meinem gepreßten Herzen, und ich weine trostlos einer finstern Zukunft entgegen.

Am 22. August.

Es ist ein Unglück, Wilhelm, meine tätigen Kräfte sind zu einer unruhigen Lässigkeit verstimmt, ich kann nicht müßig sein und kann doch auch nichts tun. Ich habe keine Vorstellungskraft, kein Gefühl an der Natur, und die Bücher ekeln mich an. Wenn wir uns selbst fehlen, fehlt uns doch alles. Ich schwöre dir, manchmal wünschte ich, ein Tagelöhner zu sein, um nur des Morgens beim Erwachen eine Aussicht auf den künftigen Tag, einen Drang, eine Hoffnung zu haben. Oft beneide ich Alberten, den ich über die Ohren in Akten begraben sehe, und bilde mir ein, mir wäre wohl, wenn ich an seiner Stelle wäre! Schon etlichemal ist mir's so aufgefahren, ich wollte dir schreiben und dem Minister, um die Stelle bei der Gesandtschaft anzuhalten, die, wie du versicherst, mir nicht versagt werden würde. Ich glaube es selbst. Der Minister liebt mich seit langer Zeit, hatte lange mir angelegen, ich sollte mich irgendeinem Geschäfte widmen; und eine Stunde ist mir's auch wohl drum zu tun. Hernach, wenn ich wieder dran denke und mir die Fabel vom Pferde einfällt, das, seiner Freiheit ungeduldig, sich Sattel und Zeug auflegen läßt und zuschanden geritten wird – ich weiß nicht, was ich soll. – Und, mein Lieber! ist nicht vielleicht das Sehnen in mir nach Veränderung des Zustands eine innere, unbehagliche Ungeduld, die mich überallhin verfolgen wird?

Am 28. August.

Es ist wahr, wenn meine Krankheit zu heilen wäre, so würden diese Menschen es tun. Heute ist mein Geburtstag, und in aller Frühe empfange ich ein Päckchen von Alberten. Mir fällt beim Eröffnen sogleich eine der blaßroten Schleifen in die Augen, die Lotte vor hatte, als ich sie kennen lernte, und um die ich sie seither etlichemal gebeten hatte. Es waren zwei Büchelchen in Duodez dabei, der kleine Wetsteinische Homer, eine Ausgabe, nach der ich so oft verlangt, um mich auf dem Spaziergange mit dem Ernestischen nicht zu schleppen. Sieh! so kommen sie meinen Wünschen zuvor, so suchen sie alle die kleinen Gefälligkeiten der Freundschaft auf, die tausendmal werter sind als jene blendenden Geschenke, wodurch uns die Eitelkeit des Gebers erniedrigt. Ich küsse diese Schleife tausendmal, und mit jedem Atemzuge schlürfe ich die Erinnerung jener Seligkeiten ein, mit denen mich jene wenigen, glücklichen, unwiederbringlichen Tage überfüllten. Wilhelm, es ist so, und ich murre nicht, die Blüten des Lebens sind nur Erscheinungen! Wie viele gehn vorüber, ohne eine Spur hinter sich zu lassen, wie wenige setzen Frucht an, und wie wenige dieser Früchte werden reif! Und doch sind deren noch genug da; und doch – O mein Bruder! – können wir gereifte Früchte vernachlässigen, verachten, ungenossen verfaulen lassen?

Lebe wohl! Es ist ein herrlicher Sommer; ich sitze oft auf den Obstbäumen in Lottens Baumstück mit dem Obstbrecher, der langen Stange, und hole die Birnen aus dem

Gipfel. Sie steht unten und nimmt sie ab, wenn ich sie ihr herunterlasse.

Am 30. August.

Unglücklicher! Bist du nicht ein Tor? Betriegst du dich nicht selbst? Was soll diese tobende, endlose Leidenschaft? Ich habe kein Gebet mehr als an sie; meiner Einbildungskraft erscheint keine andere Gestalt als die ihrige, und alles in der Welt um mich her sehe ich nur im Verhältnisse mit ihr. Und das macht mir denn so manche glückliche Stunde – bis ich mich wieder von ihr losreißen muß! Ach Wilhelm! wozu mich mein Herz oft drängt! – Wenn ich bei ihr gesessen bin, zwei, drei Stunden, und mich an ihrer Gestalt, an ihrem Betragen, an dem himmlischen Ausdruck ihrer Worte geweidet habe, und nun nach und nach alle meine Sinne aufgespannt werden, mir es düster vor den Augen wird, ich kaum noch höre, und es mich an die Gurgel faßt wie ein Meuchelmörder, dann mein Herz in wilden Schlägen den bedrängten Sinnen Luft zu machen sucht und ihre Verwirrung nur vermehrt – Wilhelm, ich weiß oft nicht, ob ich auf der Welt bin! Und – wenn nicht manchmal die Wehmut das Übergewicht nimmt und Lotte mir den elenden Trost erlaubt, auf ihrer Hand meine Beklemmung auszuweinen, – so muß ich fort, muß hinaus, und schweife dann weit im Felde umher; einen jähen Berg zu klettern ist dann meine Freude, durch einen unwegsamen Wald einen Pfad durchzuarbeiten, durch die Hecken, die mich verletzen, durch die Dornen, die mich zerreißen! Da wird mir's etwas besser! Etwas! Und wenn ich vor Müdigkeit und Durst manchmal unterwegs liegen bleibe, manchmal in der tiefen Nacht, wenn der hohe Vollmond über mir steht, im einsamen Walde auf einen krumm gewachsenen Baum mich setze, um meinen verwundeten Sohlen nur einige Linderung zu verschaffen, und dann in einer ermattenden Ruhe in dem Dämmerschein hinschlummre! O Wilhelm! die einsame Wohnung einer Zelle, das härene Gewand und der Stachelgürtel wären Labsale, nach denen meine Seele schmachtet. Adieu! Ich sehe dieses Elendes kein Ende als das Grab.

Am 3. September.

Ich muß fort! Ich danke dir, Wilhelm, daß du meinen wankenden Entschluß bestimmt hast. Schon vierzehn Tage gehe ich mit dem Gedanken um, sie zu verlassen. Ich muß fort. Sie ist wieder in der Stadt bei einer Freundin. Und Albert – und – ich muß fort!

Am 10. September.

Das war eine Nacht! Wilhelm! nun überstehe ich alles. Ich werde sie nicht wiedersehn! O daß ich nicht an deinen Hals fliegen, dir mit tausend Tränen und Entzückungen ausdrücken kann, mein Bester, die Empfindungen, die mein Herz bestürmen. Hier sitze ich und schnappe nach Luft, suche mich zu beruhigen, erwarte den Morgen, und mit Sonnenaufgang sind die Pferde bestellt.

Ach, sie schläft ruhig und denkt nicht, daß sie mich nie wieder sehen wird. Ich habe mich losgerissen, bin stark genug gewesen, in einem Gespräch von zwei Stunden mein Vorhaben nicht zu verraten. Und Gott, welch ein Gespräch!

Albert hatte mir versprochen, gleich nach dem Nachtessen mit Lotten im Garten zu sein. Ich stand auf der Terrasse unter den hohen Kastanienbäumen und sah der Sonne nach, die mir nun zum letztenmale über dem lieblichen Tale, über dem sanften Fluß unterging. So oft hatte ich hier gestanden mit ihr und eben dem herrlichen Schauspiele zugesehen, und nun – Ich ging in der Allee auf und ab, die mir so lieb war; ein geheimer sympathetischer Zug hatte mich hier so oft gehalten, ehe ich noch Lotten kannte, und wie freuten wir uns, als wir im Anfang unserer Bekanntschaft die wechselseitige Neigung zu diesem Plätzchen entdeckten, das wahrhaftig eins von den romantischsten ist, die ich von der Kunst hervorgebracht gesehen habe.

Erst hast du zwischen den Kastanienbäumen die weite Aussicht – ach, ich erinnere mich, ich habe dir, denk' ich, schon viel davon geschrieben, wie hohe Buchenwände einen endlich einschließen und durch ein daranstoßendes Boskett die Allee immer düsterer wird, bis zuletzt alles sich in ein geschlossenes Plätzchen endigt, das alle Schauer der Einsamkeit umschweben. Ich fühle es noch, wie heimlich mir's ward, als ich zum erstenmale an einem hohen Mittage hineintrat; ich ahnete ganz leise, was für ein Schauplatz das noch werden sollte von Seligkeit und Schmerz.

Ich hatte mich etwa eine halbe Stunde in den schmachtenden, süßen Gedanken des Abscheidens, des Wiedersehens geweidet, als ich sie die Terrasse heraufsteigen hörte. Ich lief ihnen entgegen, mit einem Schauer faßte ich ihre Hand und küßte sie. Wir waren eben heraufgetreten, als der Mond hinter dem buschigen Hügel aufging; wir redeten mancherlei und kamen unvermerkt dem düstern Kabinette näher. Lotte trat hinein und setzte sich, Albert neben sie, ich auch; doch meine Unruhe ließ mich nicht lange sitzen; ich stand auf, trat vor sie, ging auf und ab, setzte mich wieder: es war ein ängstlicher Zustand. Sie machte uns aufmerksam auf die schöne Wirkung des Mondenlichtes, das am Ende der Buchenwände die ganze Terrasse vor uns erleuchtete: ein herrlicher Anblick, der um so viel frappanter war, weil uns rings eine tiefe Dämmerung einschloß. Wir waren still, und sie fing nach einer Weile an: „Niemals gehe ich im Mondenlichte spazieren, niemals, daß mir nicht der Gedanke an meine Verstorbenen begegnete, daß nicht das Gefühl von Tod, von Zukunft über mich käme. Wir werden sein!" fuhr sie mit der Stimme des herrlichsten Gefühls fort; „aber, Werther, sollen wir uns wieder finden? wieder erkennen? Was ahnen Sie? Was sagen Sie?"

„Lotte," sagte ich, indem ich ihr die Hand reichte und mir die Augen voll Tränen wurden, „wir werden uns wiedersehn! Hier und dort wiedersehn!" – Ich konnte nicht weiterreden – Wilhelm, mußte sie mich das fragen, da ich diesen ängstlichen Abschied im Herzen hatte!

„Und ob die lieben Abgeschiednen von uns wissen," fuhr sie fort, „ob sie fühlen, wann's uns wohl geht, daß wir mit warmer Liebe uns ihrer erinnern? O! die Gestalt meiner Mutter schwebt immer um mich, wenn ich am stillen Abend unter ihren Kindern, unter meinen Kindern sitze und sie um mich versammelt sind, wie sie um sie versammelt waren. Wenn ich dann mit einer sehnenden Träne gen Himmel sehe und wünsche, daß sie hereinschauen könnte einen Augenblick, wie ich mein Wort halte, das ich ihr in der

Stunde des Todes gab: die Mutter ihrer Kinder zu sein. Mit welcher Empfindung rufe ich aus: ‚Verzeihe mir's, Teuerste, wenn ich ihnen nicht bin, was du ihnen warst. Ach! tue ich doch alles, was ich kann; sind sie doch gekleidet, genährt, ach, und, was mehr ist als das alles, gepflegt und geliebt. Könntest du unsere Eintracht sehen, liebe Heilige! du würdest mit dem heißesten Danke den Gott verherrlichen, den du mit den letzten, bittersten Tränen um die Wohlfahrt deiner Kinder batest.'" –

Sie sagte das! o Wilhelm, wer kann wiederholen, was sie sagte! Wie kann der kalte, tote Buchstabe diese himmlische Blüte des Geistes darstellen! Albert fiel ihr sanft in die Rede: „Es greift Sie zu stark an, liebe Lotte! ich weiß, Ihre Seele hängt sehr nach diesen Ideen, aber ich bitte Sie..." – „O Albert," sagte sie, „ich weiß, du vergissest nicht die Abende, da wir zusammensaßen an dem kleinen, runden Tischchen, wenn der Papa verreist war, und wir die Kleinen schlafen geschickt hatten. Du hattest oft ein gutes Buch und kamst so selten dazu, etwas zu lesen – War der Umgang dieser herrlichen Seele nicht mehr als alles? Die schöne, sanfte, muntere und immer tätige Frau! Gott kennt meine Tränen, mit denen ich mich oft in meinem Bette vor ihn hinwarf: er möchte mich ihr gleich machen."

„Lotte!" rief ich aus, indem ich mich vor sie hinwarf, ihre Hand nahm und mit tausend Tränen netzte, „Lotte! der Segen Gottes ruht über dir und der Geist deiner Mutter!" – „Wenn Sie sie gekannt hätten," sagte sie, indem sie mir die Hand drückte, – „sie war wert, von Ihnen gekannt zu sein!" – Ich glaubte zu vergehen. Nie war ein größeres, stolzeres Wort über mich ausgesprochen worden – und sie fuhr fort: „Und diese Frau mußte in der Blüte ihrer Jahre dahin, da ihr jüngster Sohn nicht sechs Monate alt war! Ihre Krankheit dauerte nicht lange; sie war ruhig, hingegeben, nur ihre Kinder taten ihr weh, besonders das kleine. Wie es gegen das Ende ging und sie zu mir sagte: ‚Bringe mir sie herauf!' und wie ich sie hereinführte, die kleinen, die nicht wußten, und die ältesten, die ohne Sinne waren, wie sie ums Bette standen, und wie sie die Hände aufhob und über sie betete, und sie küßte nach einander und sie wegschickte und zu mir sagte: ‚Sei ihre Mutter!' – Ich gab ihr die Hand drauf! – ‚Du versprichst viel, meine Tochter', sagte sie, ‚das Herz einer Mutter und das Aug' einer Mutter. Ich habe oft an deinen dankbaren Tränen gesehen, daß du fühlst, was das sei. Habe es für deine Geschwister, und für deinen Vater die Treue und den Gehorsam einer Frau. Du wirst ihn trösten.' – Sie fragte nach ihm, er war ausgegangen, um uns den unerträglichen Kummer zu verbergen, den er fühlte, der Mann war ganz zerrissen.

Albert, du warst im Zimmer. Sie hörte jemand gehn und fragte und forderte dich zu sich, und wie sie dich ansah und mich, mit dem getrösteten, ruhigen Blicke, daß wir glücklich sein, zusammen glücklich sein würden..." – Albert fiel ihr um den Hals und küßte sie und rief: „Wir sind es! wir werden es sein!" – Der ruhige Albert war ganz aus seiner Fassung, und ich wußte nichts von mir selber.

„Werther," fing sie an, „und diese Frau sollte dahin sein! Gott! wenn ich manchmal denke, wie man das Liebste seines Lebens wegtragen läßt, und niemand als die Kinder das so scharf fühlt, die sich noch lange beklagten, die schwarzen Männer hätten die Mama weggetragen!"

Sie stand auf, und ich ward erweckt und erschüttert, blieb sitzen und hielt ihre Hand. – „Wir wollen fort," sagte sie, „es wird Zeit." – Sie wollte ihre Hand zurückziehen, und ich hielt sie fester. – „Wir werden uns wieder sehen," rief ich, „wir werden uns finden, unter allen Gestalten werden wir uns erkennen. Ich gehe," fuhr ich fort, „ich gehe willig, und doch, wenn ich sagen sollte auf ewig, ich würde es nicht aushalten. Leb' wohl, Lotte! Leb' wohl, Albert! Wir sehn uns wieder." – „Morgen, denke ich." versetzte sie scherzend. – Ich fühlte das Morgen! Ach, sie wußte nicht, als sie ihre Hand aus der meinen zog – Sie gingen die Allee hinaus, ich stand, sah ihnen nach im Mondscheine und warf mich an die Erde und weinte mich aus und sprang auf und lief auf die Terrasse hervor und sah noch dort unten im Schatten der hohen Lindenbäume ihr weißes Kleid nach der Gartentür schimmern, ich streckte meine Arme aus, und es verschwand.

ZWEITES BUCH

Am 20. Oktober 1771.

Gestern sind wir hier angelangt. Der Gesandte ist unpaß und wird sich also einige Tage einhalten. Wenn er nur nicht so unhold wäre, wär' alles gut. Ich merke, ich merke, das Schicksal hat mir harte Prüfungen zugedacht. Doch gutes Muts! Ein leichter Sinn trägt alles! Ein leichter Sinn? Das macht mich zu lachen, wie das Wort in meine Feder kommt. O ein bißchen leichteres Blut würde mich zum Glücklichsten unter der Sonne machen. Was! da, wo andere mit ihrem bißchen Kraft und Talent vor mir in behaglicher Selbstgefälligkeit herumschwadronieren, verzweifle ich an meiner Kraft, an meinen Gaben? Guter Gott, der du mir das alles schenktest, warum hieltest du nicht die Hälfte zurück und gabst mir Selbstvertrauen und Genügsamkeit?

Geduld! Geduld! es wird besser werden. Denn ich sage dir, Lieber, du hast recht. Seit ich unter dem Volke alle Tage herumgetrieben werde und sehe, was sie tun und wie sie's treiben, stehe ich viel besser mit mir selbst. Gewiß, weil wir doch einmal so gemacht sind, daß wir alles mit uns und uns mit allem vergleichen, so liegt Glück oder Elend in den Gegenständen, womit wir uns zusammenhalten, und da ist nichts gefährlicher als die Einsamkeit. Unsere Einbildungskraft, durch ihre Natur gedrungen sich zu erheben, durch die phantastischen Bilder der Dichtkunst genährt, bildet sich eine Reihe Wesen hinauf, wo wir das unterste sind und alles außer uns herrlicher erscheint, jeder andere vollkommner ist. Und das geht ganz natürlich zu. Wir fühlen so oft, daß uns manches mangelt, und eben was uns fehlt, scheint uns oft ein anderer zu besitzen, dem wir denn auch alles dazu geben, was wir haben, und noch eine gewisse idealische Behaglichkeit dazu. Und so ist der Glückliche vollkommen fertig, das Geschöpf unserer selbst.

Dagegen, wenn wir mit all unserer Schwachheit und Mühseligkeit nur gerade fortarbeiten, so finden wir gar oft, daß wir mit unserem Schlendern und Lavieren es weiter bringen als andere mit ihrem Segeln und Rudern – und – das ist doch ein wahres Gefühl seiner selbst, wenn man andern gleich oder gar vorläuft.

Am 26. November 1771.

Ich fange an, mich insofern ganz leidlich hier zu befinden. Das beste ist, daß es zu tun genug gibt; und dann die vielerlei Menschen, die allerlei neuen Gestalten machen mir ein buntes Schauspiel vor meiner Seele. Ich habe den Grafen C.. kennen lernen, einen Mann, den ich jeden Tag mehr verehren muß, einen weiten, großen Kopf, und der deswegen nicht kalt ist, weil er viel übersieht; aus dessen Umgange so viel Empfindung für Freundschaft und Liebe hervorleuchtet. Er nahm teil an mir, als ich einen Geschäftsauftrag an ihn ausrichtete und er bei den ersten Worten merkte, daß wir uns verstanden, daß er mit mir reden konnte wie nicht mit jedem. Auch kann ich sein offnes Betragen gegen mich nicht genug rühmen. So eine wahre, warme Freude ist nicht in der Welt, als eine große Seele zu sehen, die sich gegen einen öffnet.

Am 24. Dezember 1771.

Der Gesandte macht mir viel Verdruß, ich habe es vorausgesehn. Er ist der pünktlichste Narr, den es nur geben kann; Schritt vor Schritt und umständlich wie eine Base; ein Mensch, der nie mit sich selbst zufrieden ist, und dem es daher niemand zu Danke machen kann. Ich arbeite gern leicht weg, und wie es steht, so steht es; da ist er imstande, mir einen Aufsatz zurückzugeben und zu sagen: „Er ist gut, aber sehen Sie ihn durch, man findet immer ein besseres Wort, eine reinere Partikel." – Da möchte ich des Teufels werden. Kein Und, kein Bindewörtchen darf außenbleiben, und von allen Inversionen, die mir manchmal entfahren, ist er ein Todfeind; wenn man seinen Period nicht nach der hergebrachten Melodie herabgelt, so versteht er gar nichts drin. Das ist ein Leiden, mit so einem Menschen zu tun zu haben.

Das Vertrauen des Grafen von C.. ist noch das einzige, was mich schadlos hält. Er sagte mir letzthin ganz aufrichtig, wie unzufrieden er mit der Langsamkeit und Bedenklichkeit meines Gesandten sei. „Die Leute erschweren es sich und andern. Doch“, sagte er, „man muß sich darein resignieren wie ein Reisender, der über einen Berg muß; freilich, wäre der Berg nicht da, so wäre der Weg viel bequemer und kürzer; er ist nun aber da, und man soll hinüber!“ –

Mein Alter spürt auch wohl den Vorzug, den mir der Graf vor ihm gibt, und das ärgert ihn, und er ergreift jede Gelegenheit, Übels gegen mich vom Grafen zu reden, ich halte, wie natürlich, Widerpart, und dadurch wird die Sache nur schlimmer. Gestern gar brachte er mich auf, denn ich war mit gemeint: zu so Weltgeschäften sei der Graf ganz gut, er habe viele Leichtigkeit zu arbeiten und führe eine gute Feder, doch an gründlicher Gelehrsamkeit mangle es ihm wie allen Belletristen. Dazu machte er eine Miene, als ob er sagen wollte: „Fühlst du den Stich?“ Aber es tat bei mir nicht die Wirkung; ich verachtete den Menschen, der so denken und sich so betragen konnte. Ich hielt ihm stand und focht mit ziemlicher Heftigkeit. Ich sagte, der Graf sei ein Mann, vor dem man Achtung haben müsse, wegen seines Charakters sowohl als wegen seiner Kenntnisse. „Ich habe“, sagt’ ich, „niemand gekannt, dem es so geglückt wäre, seinen Geist zu erweitern, ihn über unzählige Gegenstände zu verbreiten und doch diese Tätigkeit fürs gemeine Leben zu behalten.“ – Das waren dem Gehirne spanische Dörfer, und ich empfahl mich, um nicht über ein weiteres Deraisonnement noch mehr Galle zu schlucken.

Und daran seid ihr alle schuld, die ihr mich in das Joch geschwatzt und mir so viel von Aktivität vorgesungen habt. Aktivität! Wenn nicht der mehr tut, der Kartoffeln legt und in die Stadt reitet, sein Korn zu verkaufen, als ich, so will ich zehn Jahre noch mich auf der Galeere abarbeiten, auf der ich nun angeschmiedet bin.

Und das glänzende Elend, die Langeweile unter dem garstigen Volke, das sich hier neben einander sieht! die Rangsucht unter ihnen, wie sie nur wachen und aufpassen, einander ein Schrittchen abzugewinnen; die elendesten, erbärmlichsten Leidenschaften, ganz ohne Röckchen. Da ist ein Weib, zum Exempel, die jedermann von ihrem Adel und ihrem Lande unterhält, so daß jeder Fremde denken muß: Das ist eine Närrin, die sich auf das bißchen Adel und auf den Ruf ihres Landes Wunderstreiche einbildet. – Aber es ist noch viel ärger: eben das Weib ist hier aus der Nachbarschaft eine Amtschreiberstochter. – Sieh, ich kann das Menschengeschlecht nicht begreifen, das so wenig Sinn hat, um sich so platt zu prostituieren.

Zwar ich merke täglich mehr, mein Lieber, wie töricht man ist, andere nach sich zu berechnen. Und weil ich so viel mit mir selbst zu tun habe und dieses Herz so stürmisch ist – ach ich lasse gern die andern ihres Pfades gehen, wenn sie mich auch nur könnten gehen lassen.

Was mich am meisten neckt, sind die fatalen bürgerlichen Verhältnisse. Zwar weiß ich so gut als einer, wie nötig der Unterschied der Stände ist, wie viel Vorteile er mir selbst verschafft: nur soll er mir nicht eben gerade im Wege stehen, wo ich noch ein wenig Freude, einen Schimmer von Glück auf dieser Erde genießen könnte. Ich lernte neulich auf dem Spaziergange ein Fräulein von B.. kennen, ein liebenswürdiges Geschöpf, das sehr viele Natur mitten in dem steifen Leben erhalten hat. Wir gefielen uns in unserem Gespräche, und da wir schieden, bat ich sie um Erlaubnis, sie bei sich sehen zu dürfen. Sie gestattete mir das mit so vieler Freimütigkeit, daß ich den schicklichen Augenblick kaum erwarten konnte, zu ihr zu gehen. Sie ist nicht von hier und wohnt bei einer Tante im Hause. Die Physiognomie der Alten gefiel mir nicht. Ich bezeigte ihr viel Aufmerksamkeit, mein Gespräch war meist an sie gewandt, und in minder als einer halben Stunde hatte ich so ziemlich weg, was mir das Fräulein nachher selbst gestand: daß die liebe Tante in ihrem Alter Mangel von allem, kein anständiges Vermögen, keinen Geist und keine Stütze hat als die Reihe ihrer Vorfahren, keinen Schirm als den Stand, in den sie sich verpalisadiert, und kein Ergetzen, als von ihrem Stockwerk herab über die bürgerlichen Häupter wegzusehen. In ihrer Jugend soll sie schön gewesen sein und ihr Leben weggegaukelt, erst mit ihrem Eigensinne manchen armen

Jungen gequält, und in den reifern Jahren sich unter den Gehorsam eines alten Offiziers geduckt haben, der gegen diesen Preis und einen leidlichen Unterhalt das eherne Jahrhundert mit ihr zubrachte und starb. Nun sieht sie im eisernen sich allein und würde nicht angesehn, wär' ihre Nichte nicht so liebenswürdig.

Den 8. Januar 1772.

Was das für Menschen sind, deren ganze Seele auf dem Zeremoniell ruht, deren Dichten und Trachten jahrelang dahin geht, wie sie um einen Stuhl weiter hinauf bei Tische sich einschieben wollen! Und nicht, daß sie sonst keine Angelegenheit hätten: nein, vielmehr häufen sich die Arbeiten, eben weil man über den kleinen Verdrießlichkeiten von Beförderung der wichtigen Sachen abgehalten wird. Vorige Woche gab es bei der Schlittenfahrt Händel, und der ganze Spaß wurde verdorben.

Die Toren, die nicht sehen, daß es eigentlich auf den Platz gar nicht ankommt, und daß der, der den ersten hat, so selten die erste Rolle spielt! Wie mancher König wird durch seinen Minister, wie mancher Minister durch seinen Sekretär regiert! Und wer ist dann der Erste? Der, dünkt mich, der die andern übersieht und so viel Gewalt oder List hat, ihre Kräfte und Leidenschaften zu Ausführung seiner Plane anzuspannen.

Am 20. Januar.

Ich muß Ihnen schreiben, liebe Lotte, hier in der Stube einer geringen Bauernherberge, in die ich mich vor einem schweren Wetter geflüchtet habe. Solange ich in dem traurigen Nest D.. unter dem fremden, meinem Herzen ganz fremden Volke herumziehe, habe ich keinen Augenblick gehabt, keinen, an dem mein Herz mich geheißen hätte, Ihnen zu schreiben; und jetzt in dieser Hütte, in dieser Einsamkeit, in dieser Einschränkung, da Schnee und Schloßen wider mein Fensterchen wüten, hier waren Sie mein erster Gedanke. Wie ich hereintrat, überfiel mich Ihre Gestalt, Ihr Andenken, o Lotte! so heilig, so warm! Guter Gott! der erste glückliche Augenblick wieder.

Wenn Sie mich sähen, meine Beste, in dem Schwall von Zerstreuung! Wie ausgetrocknet meine Sinne werden! Nicht einen Augenblick der Fülle des Herzens, nicht eine selige Stunde! nichts! nichts! Ich stehe wie vor einem Raritätenkasten und sehe die Männchen und Gäulchen vor mir herumrücken, und frage mich oft, ob es nicht optischer Betrug ist. Ich spiele mit, vielmehr, ich werde gespielt wie eine Marionette und fasse manchmal meinen Nachbar an der hölzernen Hand und schaudere zurück. Des Abends nehme ich mir vor, den Sonnenaufgang zu genießen, und komme nicht aus dem Bette; am Tage hoffe ich, mich des Mondscheins zu erfreuen, und bleibe in meiner Stube. Ich weiß nicht recht, warum ich aufstehe, warum ich schlafen gehe.

Der Sauerteig, der mein Leben in Bewegung setzte, fehlt; der Reiz, der mich in tiefen Nächten munter erhielt, ist hin, der mich des Morgens aus dem Schlafe weckte, ist weg.

Ein einzig weibliches Geschöpf habe ich hier gefunden, eine Fräulein von B.., sie gleicht Ihnen, liebe Lotte, wenn man Ihnen gleichen kann. „Ei!" werden Sie sagen, „der Mensch legt sich auf niedliche Komplimente!" Ganz unwahr ist es nicht. Seit einiger Zeit bin ich sehr artig, weil ich doch nicht anders sein kann, habe viel Witz, und die Frauenzimmer sagen, es wüßte niemand so fein zu loben als ich (und zu lügen, setzen Sie hinzu, denn ohne das geht es nicht ab, verstehen Sie?). Ich wollte von Fräulein B.. reden. Sie hat viel Seele, die voll aus ihren blauen Augen hervorblickt. Ihr Stand ist ihr zur Last, der keinen der Wünsche ihres Herzens befriedigt. Sie sehnt sich aus dem Getümmel, und wir verphantasieren manche Stunde in ländlichen Szenen von ungemischter Glückseligkeit; ach! und von Ihnen! Wie oft muß sie Ihnen huldigen, muß nicht, tut es freiwillig, hört so gern von Ihnen, liebt Sie. –

O säß' ich zu Ihren Füßen in dem lieben, vertraulichen Zimmerchen, und unsere kleinen Lieben wälzten sich mit einander um mich herum, und wenn sie Ihnen zu laut würden, wollte ich sie mit einem schauerlichen Märchen um mich zur Ruhe versammeln.

Die Sonne geht herrlich unter über der schneeglänzenden Gegend, der Sturm ist hinüber gezogen, und ich – muß mich wieder in meinen Käfig sperren. – Adieu! Ist Albert bei Ihnen? Und wie –? Gott verzeihe mir diese Frage!

Den 8. Februar.

Wir haben seit acht Tagen das abscheulichste Wetter, und mir ist es wohltätig. Denn so lang ich hier bin, ist mir noch kein schöner Tag am Himmel erschienen, den mir nicht jemand verdorben oder verleidet hätte. Wenn's nun recht regnet und stöbert und fröstelt und taut: Ha! denk' ich, kann's doch zu Hause nicht schlimmer werden, als es draußen ist, oder umgekehrt, und so ist's gut. Geht die Sonne des Morgens auf und verspricht einen feinen Tag, erwehr' ich mir niemals auszurufen: Da haben sie doch wieder ein himmlisches Gut, worum sie einander bringen können! Es ist nichts, worum sie einander nicht bringen. Gesundheit, guter Name, Freudigkeit, Erholung! Und meist aus Albernheit, Unbegriff und Enge und, wenn man sie anhört, mit der besten Meinung. Manchmal möcht' ich sie auf den Knieen bitten, nicht so rasend in ihre eigenen Eingeweide zu wüten.

Am 17. Februar.

Ich fürchte, mein Gesandter und ich halten es zusammen nicht mehr lange aus. Der Mann ist ganz und gar unerträglich. Seine Art zu arbeiten und Geschäfte zu treiben ist so lächerlich, daß ich mich nicht enthalten kann, ihm zu widersprechen und oft eine Sache nach meinem Kopf und meiner Art zu machen, das ihm denn, wie natürlich, niemals recht ist. Darüber hat er mich neulich bei Hofe verklagt, und der Minister gab mir einen zwar sanften Verweis, aber es war doch ein Verweis, und ich stand im Begriffe, meinen Abschied zu begehren, als ich einen Privatbrief*) von ihm erhielt, einen Brief, vor dem ich niedergekniet, und den hohen, edlen, weisen Sinn angebetet habe. Wie er meine allzu große Empfindlichkeit zurechtweiset, wie er meine über-

*) Man hat aus Ehrfurcht für diesen trefflichen Herrn gedachten Brief und einen andern, dessen weiter hinten erwähnt wird, dieser Sammlung entzogen, weil man nicht glaubte, eine solche Kühnheit durch den wärmsten Dank des Publikums entschuldigen zu können.

spannten Ideen von Wirksamkeit, von Einfluß auf andere, von Durchdringen in Geschäften als jugendlichen guten Mut zwar ehrt, sie nicht auszurotten, nur zu mildern und dahin zu leiten sucht, wo sie ihr wahres Spiel haben, ihre kräftige Wirkung tun können. Auch bin ich auf acht Tage gestärkt und in mir selbst einig geworden. Die Ruhe der Seele ist ein herrliches Ding und die Freude an sich selbst. Lieber Freund, wenn nur das Kleinod nicht eben so zerbrechlich wäre, als es schön und kostbar ist.

Am 20. Februar.

Gott segne euch, meine Lieben, geb' euch alle die guten Tage, die er mir abzieht!

Ich danke dir, Albert, daß du mich betrogen hast: ich wartete auf Nachricht, wann euer Hochzeittag sein würde, und hatte mir vorgenommen, feierlichst an demselben Lottens Schattenriß von der Wand zu nehmen und ihn unter andere Papiere zu begraben. Nun seid ihr ein Paar, und ihr Bild ist noch hier! Nun, so soll es bleiben! Und warum nicht? Ich weiß, ich bin ja auch bei euch, bin dir unbeschadet in Lottens Herzen, habe, ja ich habe den zweiten Platz darin und will und muß ihn behalten. O ich würde rasend werden, wenn sie vergessen könnte – Albert, in dem Gedanken liegt eine Hölle. Albert, leb' wohl! Leb' wohl, Engel des Himmels! Leb' wohl, Lotte!

Den 15. März.

Ich habe einen Verdruß gehabt, der mich von hier wegtreiben wird. Ich knirsche mit den Zähnen! Teufel! er ist nicht zu ersetzen, und ihr seid doch allein schuld daran, die ihr mich sporntet und triebt und quältet, mich in einen Posten zu begeben, der nicht nach meinem Sinne war. Nun habe ich's! nun habt ihr's! Und daß du nicht wieder sagst, meine überspannten Ideen verdürben alles, so hast du hier, lieber Herr, eine Erzählung, plan und nett, wie ein Chronikenschreiber das aufzeichnen würde.

Der Graf von C.. liebt mich, distinguiert mich, das ist bekannt, das habe ich dir schon hundertmal gesagt. Nun war ich gestern bei ihm zu Tafel, eben an dem Tage, da abends die noble Gesellschaft von Herren und Frauen bei ihm zusammenkommt, an die ich nie gedacht habe, auch mir nie aufgefallen ist, daß wir Subalternen nicht hineingehören. Gut. Ich speise bei dem Grafen, und nach Tische gehn wir in dem großen Saal auf und ab, ich rede mit ihm, mit dem Obristen B.., der dazu kommt, und so rückt die Stunde der Gesellschaft heran. Ich denke, Gott weiß, an nichts. Da tritt herein die übergnädige Dame von S.. mit ihrem Herrn Gemahl und wohl ausgebrüteten Gänslein Tochter mit der flachen Brust und niedlichem Schnürleibe, machen en passant ihre hergebrachten, hochadeligen Augen und Naslöcher, und wie mir die Nation von Herzen zuwider ist, wollte ich mich eben empfehlen und wartete nur, bis der Graf vom garstigen Gewäsche frei wäre, als meine Fräulein B.. hereintrat. Da mir das Herz immer ein bißchen aufgeht, wenn ich sie sehe, blieb ich eben, stellte mich hinter ihren Stuhl und bemerkte erst nach einiger Zeit, daß sie mit weniger Offenheit als sonst, mit einiger Verlegenheit mit mir redete. Das fiel mir auf. Ist sie auch wie all das Volk, dacht' ich, und war angestochen und wollte gehen, und doch blieb ich, weil ich sie gerne entschuldigt hätte und es nicht glaubte und noch ein gut Wort von ihr hoffte und – was du willst. Unterdessen füllt sich die Gesellschaft. Der Baron F.. mit der ganzen Garderobe von den Krönungszeiten Franz des Ersten her, der Hofrat R.., hier aber in qualitate Herr von R.. genannt, mit seiner tauben Frau etc., den übel fournierten J.. nicht zu vergessen, der die Lücken seiner altfränkischen Garderobe mit neumodischen Lappen ausflickt, das kommt zu Hauf, und ich rede mit einigen meiner Bekanntschaft, die alle sehr lakonisch sind. Ich dachte – und gab nur auf meine B.. acht. Ich merkte nicht, daß die Weiber am Ende des Saales sich in die Ohren flüsterten, daß es auf die Männer zirkulierte, daß Frau von S.. mit dem Grafen redete (das alles hat mir Fräulein B.. nachher erzählt), bis endlich der Graf auf mich losging und mich in ein Fenster nahm. – „Sie wissen", sagt' er, „unsere wunderbaren Verhältnisse; die Gesellschaft ist unzufrieden, merke ich, Sie hier zu sehn. Ich wollte nicht um alles" – „Ihro Exzellenz", fiel ich ein, „ich bitte tausendmal um Verzeihung;

ich hätte eher dran denken sollen, und ich weiß, Sie vergeben mir diese Inkonsequenz; ich wollte schon vorhin mich empfehlen. Ein böser Genius hat mich zurückgehalten." setzte ich lächelnd hinzu, indem ich mich neigte. – Der Graf drückte meine Hände mit einer Empfindung, die alles sagte. Ich strich mich sacht aus der vornehmen Gesellschaft, ging, setzte mich in ein Kabriolett und fuhr nach M.., dort vom Hügel die Sonne untergehen zu sehen und dabei in meinem Homer den herrlichen Gesang zu lesen, wie Ulyß von dem trefflichen Schweinhirten bewirtet wird. Das war alles gut.

Des Abends komm' ich zurück zu Tische, es waren noch wenige in der Gaststube; die würfelten auf einer Ecke, hatten das Tischtuch zurückgeschlagen. Da kommt der ehrliche Adelin hinein, legt seinen Hut nieder, indem er mich ansieht, tritt zu mir und sagt leise: „Du hast Verdruß gehabt?" – „Ich?" sagt' ich. – „Der Graf hat dich aus der Gesellschaft gewiesen." – „Hol' sie der Teufel!" sagt' ich, „mir war's lieb, daß ich in die freie Luft kam." – „Gut," sagt' er, „daß du's auf die leichte Achsel nimmst. Nur verdrießt mich's, es ist schon überall herum." – Da fing mich das Ding erst an zu wurmen. Alle, die zu Tische kamen und mich ansahen, dachte ich, die sehen dich darum an! Das gab böses Blut.

Und da man nun heute gar, wo ich hintrete, mich bedauert, da ich höre, daß meine Neider nun triumphieren und sagen: da sähe man's, wo es mit den Übermütigen hinausginge, die sich ihres bißchen Kopfs überhöben und glaubten, sich darum über alle Verhältnisse hinaussetzen zu dürfen, und was des Hundegeschwätzes mehr ist – da möchte man sich ein Messer ins Herz bohren; denn man rede von Selbständigkeit was man will, den will ich sehen, der dulden kann, daß Schurken über ihn reden, wenn sie einen Vorteil über ihn haben; wenn ihr Geschwätze leer ist, ach da kann man sie leicht lassen.

Am 16. März.

Es hetzt mich alles. Heut' treff' ich die Fräulein B.. in der Allee, ich konnte mich nicht enthalten, sie anzureden und ihr, sobald wir etwas entfernt von der Gesellschaft waren, meine Empfindlichkeit über ihr neuliches Betragen zu zeigen. – „O Werther", sagte sie mit einem innigen Tone, „konnten Sie meine Verwirrung so auslegen, da Sie mein Herz kennen? Was ich gelitten habe um Ihrentwillen, von dem Augenblicke an, da ich in den Saal trat! Ich sah alles voraus, hundertmal saß mir's auf der Zunge, es Ihnen zu sagen. Ich wußte, daß die von S.. und T.. mit ihren Männern eher aufbrechen würden, als in Ihrer Gesellschaft zu bleiben; ich wußte, daß der Graf es mit ihnen nicht verderben darf, – und jetzt der Lärm!" – „Wie, Fräulein?" sagt' ich und verbarg meinen Schrecken; denn alles, was Adelin mir ehegestern gesagt hatte, lief mir wie siedend Wasser durch die Adern in diesem Augenblicke. – „Was hat mich es schon gekostet!" sagte das süße Geschöpf, indem ihr die Tränen in den Augen standen. – Ich war nicht Herr mehr von mir selbst, war im Begriffe, mich ihr zu Füßen zu werfen. – „Erklären Sie sich!" rief ich. – Die Tränen liefen ihr die Wangen herunter. Ich war außer mir. Sie trocknete sie ab, ohne sie verbergen zu wollen. – „Meine Tante kennen Sie," fing sie an, „sie war gegenwärtig und hat – o, mit was für Augen hat sie das angesehen! Werther, ich habe gestern nacht ausgestanden und heute früh eine Predigt über meinen Umgang mit Ihnen, und ich habe müssen zuhören Sie herabsetzen, erniedrigen, und konnte und durfte Sie nur halb verteidigen."

Jedes Wort, das sie sprach, ging mir wie ein Schwert durchs Herz. Sie fühlte nicht, welche Barmherzigkeit es gewesen wäre, mir das alles zu verschweigen, und nun fügte sie noch hinzu, was weiter würde geträtscht werden, was eine Art Menschen darüber triumphieren würde. Wie man sich nunmehr über die Strafe meines Übermuts und meiner Geringschätzung anderer, die sie mir schon lange vorwerfen, kitzeln und freuen würde. Das alles, Wilhelm, von ihr zu hören, mit der Stimme der wahrsten Teilnehmung – ich war zerstört und bin noch wütend in mir. Ich wollte, daß sich einer unterstünde, mir's vorzuwerfen, daß ich ihm den Degen durch den Leib stoßen könnte; wenn ich Blut sähe, würde mir's besser werden. Ach, ich hab' hundertmal ein

Messer ergriffen, um diesem gedrängten Herzen Luft zu machen. Man erzählt von einer edlen Art Pferde, die, wenn sie schrecklich erhitzt und aufgejagt sind, sich selbst aus Instinkt eine Ader aufbeißen, um sich zum Atem zu helfen. So ist mir's oft, ich möchte mir eine Ader öffnen, die mir die ewige Freiheit schaffte.

Am 24. März.

Ich habe meine Entlassung vom Hofe verlangt und werde sie, hoffe ich, erhalten, und ihr werdet mir verzeihen, daß ich nicht erst Erlaubnis dazu bei euch geholt habe. Ich mußte nun einmal fort, und was ihr zu sagen hattet, um mir das Bleiben einzureden, weiß ich alles, und also – Bringe das meiner Mutter in einem Säftchen bei, ich kann mir selbst nicht helfen, und sie mag sich gefallen lassen, wenn ich ihr auch nicht helfen kann. Freilich muß es ihr wehe tun. Den schönen Lauf, den ihr Sohn gerade zum Geheimenrat und Gesandten ansetzte, so auf einmal Halte zu sehen, und rückwärts mit dem Tierchen in den Stall! Macht nun daraus, was ihr wollt, und kombiniert die möglichen Fälle, unter denen ich hätte bleiben können und sollen; genug, ich gehe, und damit ihr wißt, wo ich hinkomme, so ist hier der Fürst **, der vielen Geschmack an meiner Gesellschaft findet; der hat mich gebeten, da er von meiner Absicht hörte, mit ihm auf seine Güter zu gehen und den schönen Frühling da zuzubringen. Ich soll ganz mir selbst gelassen sein, hat er mir versprochen, und da wir uns zusammen bis auf einen gewissen Punkt verstehn, so will ich es denn auf gut Glück wagen und mit ihm gehen.

Zur Nachricht.

Am 19. April.

Danke für deine beiden Briefe. Ich antwortete nicht, weil ich dieses Blatt liegen ließ, bis mein Abschied vom Hofe da wäre; ich fürchtete, meine Mutter möchte sich an den Minister wenden und mir mein Vorhaben erschweren. Nun aber ist es geschehen, mein Abschied ist da. Ich mag euch nicht sagen, wie ungern man mir ihn gegeben hat, und was mir der Minister schreibt – ihr würdet in neue Lamentationen ausbrechen. Der Erbprinz hat mir zum Abschiede fünfundzwanzig Dukaten geschickt, mit einem Wort, das mich bis zu Tränen gerührt hat; also brauche ich von der Mutter das Geld nicht, um das ich neulich schrieb.

Am 5. Mai.

Morgen gehe ich von hier ab, und weil mein Geburtsort nur sechs Meilen vom Wege liegt, so will ich den auch wiedersehen, will mich der alten, glücklich verträumten Tage erinnern. Zu eben dem Tore will ich hinein gehn, aus dem meine Mutter mit mir heraus fuhr, als sie nach dem Tode meines Vaters den lieben, vertraulichen Ort verließ, um sich in ihre unerträgliche Stadt einzusperren. Adieu, Wilhelm, du sollst von meinem Zuge hören.

Am 9. Mai.

Ich habe die Wallfahrt nach meiner Heimat mit aller Andacht eines Pilgrims vollendet, und manche unerwarteten Gefühle haben mich ergriffen. An der großen Linde, die eine Viertelstunde vor der Stadt nach S.. zu steht, ließ ich halten, stieg aus und hieß den Postillon fortfahren, um zu Fuße jede Erinnerung ganz neu, lebhaft, nach meinem Herzen zu kosten. Da stand ich nun unter der Linde, die ehedem, als Knabe, das Ziel und die Grenze meiner Spaziergänge gewesen. Wie anders! Damals sehnte ich mich in glücklicher Unwissenheit hinaus in die unbekannte Welt, wo ich für mein Herz so viele Nahrung, so vielen Genuß hoffte, meinen strebenden, sehnenden Busen auszufüllen und zu befriedigen. Jetzt komme ich zurück aus der weiten Welt – o mein Freund, mit wie viel fehlgeschlagenen Hoffnungen, mit wie viel zerstörten Planen! – Ich sah das Gebirge vor mir liegen, das so tausendmal der Gegenstand meiner Wünsche gewesen war. Stundenlang konnt' ich hier sitzen und mich hinüber sehnen, mit inniger Seele mich in den Wäldern, den Tälern verlieren, die sich meinen Augen so freundlichdämmernd darstellten; und wenn ich dann um die bestimmte Zeit wieder zurück mußte, mit welchem Widerwillen verließ ich nicht den lieben Platz! – Ich kam der Stadt näher, alle die alten, bekannten Gartenhäuschen wurden von mir gegrüßt, die neuen waren mir zuwider, so auch alle Veränderungen, die man sonst vorgenommen hatte. Ich trat zum Tor hinein und fand mich doch gleich und ganz wieder. Lieber, ich mag nicht ins Detail gehn; so reizend, als es mir war, so einförmig würde es in der Erzählung werden. Ich hatte beschlossen, auf dem Markte zu wohnen, gleich neben unserem alten Hause. Im Hingehen bemerkte ich, daß die Schulstube, wo ein ehrliches altes Weib unsere Kindheit zusammengepfercht hatte, in einen Kramladen verwandelt war. Ich erinnerte mich der Unruhe, der Tränen, der Dumpfheit des Sinnes, der Herzensangst, die ich in dem Loche ausgestanden hatte. – Ich tat keinen Schritt, der nicht merkwürdig war. Ein Pilger im heiligen Lande trifft nicht so viele Stätten religiöser Erinnerungen an, und seine Seele ist schwerlich so voll heiliger Bewegung. – Noch eins für tausend. Ich ging den Fluß hinab, bis an einen gewissen Hof; das war sonst auch mein Weg, und die Plätzchen, wo wir Knaben uns übten, die meisten Sprünge der flachen Steine im Wasser hervorzubringen. Ich erinnerte mich so lebhaft, wenn ich manchmal stand und dem Wasser nachsah, mit wie wunderbaren Ahnungen ich es verfolgte, wie abenteuerlich ich mir die Gegenden vorstellte, wo es nun hinflösse, und wie ich da so bald Grenzen meiner Vorstellungskraft fand; und doch mußte das weiter gehen, immer weiter, bis ich mich ganz in dem Anschauen einer unsichtbaren Ferne verlor. – Sieh, mein Lieber, so beschränkt und so glücklich waren die herrlichen Altväter! so kindlich ihr Gefühl, ihre Dichtung! Wenn Ulyß von dem ungemeßnen Meer und von der unendlichen Erde spricht, das ist so wahr, menschlich, innig, eng und geheimnisvoll. Was hilft mich's, daß ich jetzt mit jedem Schulknaben nachsagen kann, daß sie rund sei? Der Mensch braucht nur wenige Erdschollen, um drauf zu genießen, weniger, um drunter zu ruhen.

Nun bin ich hier, auf dem fürstlichen Jagdschloß. Es läßt sich noch ganz wohl mit dem Herrn leben, er ist wahr und einfach. Wunderliche Menschen sind um ihn herum, die ich gar nicht begreife. Sie scheinen keine Schelmen und haben doch auch nicht das Ansehen von ehrlichen Leuten.

Manchmal kommen sie mir ehrlich vor, und ich kann ihnen doch nicht trauen. Was mir noch leid tut, ist, daß er oft von Sachen redet, die er nur gehört und gelesen hat, und zwar aus eben dem Gesichtspunkte, wie sie ihm der andere vorstellen mochte.

Auch schätzt er meinen Verstand und meine Talente mehr als dies Herz, das doch mein einziger Stolz ist, das ganz allein die Quelle von allem ist, aller Kraft, aller Seligkeit und alles Elendes. Ach, was ich weiß, kann jeder wissen – mein Herz habe ich allein.

Am 25. Mai.

Ich hatte etwas im Kopfe, davon ich euch nichts sagen wollte, bis es ausgeführt wäre: jetzt, da nichts draus wird, ist es ebenso gut. Ich wollte in den Krieg; das hat mir lange am Herzen gelegen. Vornehmlich darum bin ich dem Fürsten hierher gefolgt, der General in ***schen Diensten ist. Auf einem Spaziergang entdeckte ich ihm mein Vorhaben; er widerriet mir es, und es müßte bei mir mehr Leidenschaft als Grille gewesen sein, wenn ich seinen Gründen nicht hätte Gehör geben wollen.

Am 11. Junius.

Sage was du willst, ich kann nicht länger bleiben. Was soll ich hier? die Zeit wird mir lang. Der Fürst hält mich, so gut man nur kann, und doch bin ich nicht in meiner Lage. Wir haben im Grunde nichts gemein mit einander. Er ist ein Mann von Verstande, aber von ganz gemeinem Verstande; sein Umgang unterhält mich nicht mehr, als wenn ich ein wohl geschriebenes Buch lese. Noch acht Tage bleibe ich, und dann ziehe ich wieder in der Irre herum. Das Beste, was ich hier getan habe, ist mein Zeichnen. Der Fürst fühlt in der Kunst und würde noch stärker fühlen, wenn er nicht durch das garstige wissenschaftliche Wesen und durch die gewöhnliche Terminologie eingeschränkt wäre. Manchmal knirsche ich mit den Zähnen, wenn ich ihn mit warmer Imagination an Natur und Kunst herumführe und er es auf einmal recht gut zu machen denkt, wenn er mit einem gestempelten Kunstworte dreinstolpert.

Am 16. Junius.

Ja wohl bin ich nur ein Wandrer, ein Waller auf der Erde! Seid ihr denn mehr?

Am 18. Junius.

Wo ich hin will? Das laß dir im Vertrauen eröffnen. Vierzehn Tage muß ich doch noch hier bleiben, und dann habe ich mir weisgemacht, daß ich die Bergwerke im **schen besuchen wollte; ist aber im Grunde nichts dran, ich will nur Lotten wieder näher, das ist alles. Und ich lache über mein eigenes Herz – und tu' ihm seinen Willen.

Am 29. Julius.

Nein, es ist gut! es ist alles gut! – Ich – ihr Mann! O Gott, der du mich machtest, wenn du mir diese Seligkeit bereitet hättest, mein ganzes Leben sollte ein anhaltendes Gebet sein. Ich will nicht rechten, und verzeihe mir diese Tränen, verzeihe mir meine vergeblichen Wünsche! – Sie meine Frau! Wenn ich das liebste Geschöpf unter der Sonne in meine Arme geschlossen hätte – Es geht mir ein Schauder durch den ganzen Körper, Wilhelm, wenn Albert sie um den schlanken Leib faßt.

Und, darf ich es sagen? Warum nicht, Wilhelm? Sie wäre mit mir glücklicher geworden als mit ihm! O er ist nicht der Mensch, die Wünsche dieses Herzens alle zu füllen. Ein gewisser Mangel an Fühlbarkeit, ein Mangel – nimm es, wie du willst; daß sein Herz nicht sympathetisch schlägt bei – o! – bei der Stelle eines lieben Buches, wo mein Herz und Lottens in e i n e m zusammentreffen; in hundert andern Vorfällen, wenn es kommt, daß unsere Empfindungen über eine Handlung eines Dritten laut werden. Lieber Wilhelm! – Zwar er liebt sie von ganzer Seele, und so eine Liebe, was verdient die nicht! –

Ein unerträglicher Mensch hat mich unterbrochen. Meine Tränen sind getrocknet. Ich bin zerstreut. Adieu, Lieber!

Am 4. August.

Es geht mir nicht allein so. Alle Menschen werden in ihren Hoffnungen getäuscht, in ihren Erwartungen betrogen. Ich besuchte mein gutes Weib unter der Linde. Der älteste Junge lief mir entgegen, sein Freudengeschrei führte die Mutter herbei, die sehr niedergeschlagen aussah. Ihr erstes Wort war: „Guter Herr, ach, mein Hans ist mir gestorben!“ – Es war der jüngste ihrer Knaben. Ich war stille. – „Und mein Mann“, sagte sie, „ist aus der Schweiz zurück und hat nichts mitgebracht, und ohne gute Leute hätte er sich heraus betteln müssen, er hatte das Fieber unterwegs gekriegt.“ – Ich konnte ihr nichts sagen und schenkte dem Kleinen was; sie bat mich, einige Äpfel anzunehmen, das ich tat und den Ort des traurigen Andenkens verließ.

Am 21. August.

Wie man eine Hand umwendet, ist es anders mit mir. Manchmal will wohl ein freudiger Blick des Lebens wieder aufdämmern, ach, nur für einen Augenblick! – Wenn ich mich so in Träumen verliere, kann ich mich des Gedankens nicht erwehren: wie, wenn Albert stürbe? Du würdest! ja, sie würde – und dann laufe ich dem Hirngespinste nach, bis es mich an Abgründe führet, vor denen ich zurückbebe.

Wenn ich zum Tor hinausgehe, den Weg, den ich zum erstenmal fuhr, Lotten zum Tanze zu holen, wie war das so ganz anders! Alles, alles ist vorübergegangen! Kein Wink der vorigen Welt, kein Pulsschlag meines damaligen Gefühles. Mir ist es, wie es einem Geiste sein müßte, der in das ausgebrannte, zerstörte Schloß zurückkehrte, das er als blühender Fürst einst gebaut und mit allen Gaben der Herrlichkeit ausgestattet, sterbend seinem geliebten Sohne hoffnungsvoll hinterlassen hätte.

Am 3. September.

Ich begreife manchmal nicht, wie sie ein anderer lieb haben kann, lieb haben darf, da ich sie so ganz allein, so innig, so voll liebe, nichts anders kenne, noch weiß, noch habe als sie!

Am 4. September.

Ja, es ist so. Wie die Natur sich zum Herbste neigt, wird es Herbst in mir und um mich her. Meine Blätter werden gelb, und schon sind die Blätter der benachbarten Bäume abgefallen. Hab' ich dir nicht einmal von einem Bauerburschen geschrieben, gleich da ich herkam? Jetzt erkundigte ich mich wieder nach ihm in Wahlheim; es hieß, er sei aus dem Dienste gejagt worden, und niemand wollte was weiter von ihm wissen. Gestern traf ich ihn von ungefähr auf dem Wege nach einem andern Dorfe, ich redete ihn an, und er erzählte mir seine Geschichte, die mich doppelt und dreifach gerührt hat, wie du leicht begreifen wirst, wenn ich dir sie wiedererzähle. Doch wozu das alles? warum behalt' ich nicht für mich, was mich ängstigt und kränkt? warum betrüb' ich noch dich? warum geb' ich dir immer Gelegenheit, mich zu bedauern und mich zu schelten? Sei's denn, auch das mag zu meinem Schicksal gehören!

Mit einer stillen Traurigkeit, in der ich ein wenig scheues Wesen zu bemerken schien, antwortete der Mensch mir erst auf meine Fragen; aber gar bald offner, als wenn er sich und mich auf einmal wiedererkennte, gestand er mir seine Fehler, klagte er mir sein Unglück. Könnt' ich dir, mein Freund, jedes seiner Worte vor Gericht stellen! Er bekannte, ja er erzählte mit einer Art von Genuß und Glück der Wiedererinnerung, daß die Leidenschaft zu seiner Hausfrau sich in ihm tagtäglich vermehrt, daß er zuletzt nicht gewußt habe, was er tue, nicht, wie er sich ausdrückte, wo er mit dem Kopfe hingesollt. Er habe weder essen noch trinken noch schlafen können, es habe ihm an der Kehle gestockt, er habe getan, was er nicht tun sollen; was ihm aufgetragen worden, hab' er vergessen, er sei als wie von einem bösen Geist verfolgt gewesen, bis er eines Tages, als er sie in einer obern Kammer gewußt, ihr nachgegangen, ja vielmehr ihr nachgezogen worden sei; da sie seinen Bitten kein Gehör gegeben, hab' er sich ihrer mit Gewalt bemächtigen wollen; er wisse nicht, wie ihm geschehen sei, und nehme Gott zum Zeugen, daß seine Absichten gegen sie immer redlich gewesen, und daß er nichts sehnlicher gewünscht, als daß sie ihn heiraten, daß sie mit ihm ihr Leben zubringen möchte. Da er eine Zeitlang geredet hatte, fing er an zu stocken, wie einer, der noch etwas zu sagen hat und sich es nicht herauszusagen getraut; endlich gestand er mir auch mit Schüchternheit, was sie ihm für kleine Vertraulichkeiten erlaubt, und welche Nähe sie ihm vergönnet. Er brach zwei-, dreimal ab und wiederholte die lebhaftesten Protestationen, daß er das nicht sage, um sie schlecht zu machen, wie er sich ausdrückte, daß er sie liebe und schätze wie vorher, daß so etwas nicht über seinen Mund gekommen sei und daß er es mir nur sage, um mich zu überzeugen, daß er kein ganz verkehrter und unsinniger Mensch sei. – Und hier, mein Bester, fang' ich mein altes Lied wieder an, das ich ewig anstimmen werde: Könnt' ich dir den Menschen vorstellen, wie er vor mir stand, wie er noch vor mir steht! Könnt' ich dir alles recht sagen, damit du fühltest, wie ich an seinem Schicksale teilnehme, teilnehmen muß! Doch genug, da du auch mein Schicksal kennst, auch mich kennst, so weißt du nur zu wohl, was mich zu allen Unglücklichen, was mich besonders zu diesem Unglücklichen hinzieht.

Da ich das Blatt wieder durchlese, seh' ich, daß ich das Ende der Geschichte zu erzählen vergessen habe, das sich aber leicht hinzudenken läßt. Sie erwehrte sich sein; ihr Bruder kam dazu, der ihn schon lange gehaßt, der ihn schon lange aus dem Hause gewünscht hatte, weil er fürchtet, durch eine neue Heirat der Schwester werde seinen Kindern die Erbschaft entgehn, die ihnen jetzt, da sie kinderlos ist, schöne Hoffnungen gibt; dieser habe ihn gleich zum Hause hinausgestoßen und einen solchen Lärm von der Sache gemacht, daß die Frau, auch selbst wenn sie gewollt, ihn nicht wieder hätte aufnehmen können. Jetzt habe sie wieder einen andern Knecht genommen, auch über den, sage man, sei sie mit dem Bruder zerfallen, und man behaupte für gewiß, sie werde ihn heiraten, aber er sei fest entschlossen, das nicht zu erleben.

Was ich dir erzähle, ist nicht übertrieben, nichts verzärtelt, ja ich darf wohl sagen, schwach, schwach hab' ich's erzählt, und vergröbert hab' ich's, indem ich's mit unsern hergebrachten sittlichen Worten vorgetragen habe.

Diese Liebe, diese Treue, diese Leidenschaft ist also keine dichterische Erfindung. Sie lebt, sie ist in ihrer größten Reinheit unter der Klasse von Menschen, die wir ungebildet, die wir roh nennen. Wir Gebildeten – zu Nichts Verbildeten! Lies die Geschichte mit Andacht, ich bitte dich. Ich bin heute still, indem ich das hinschreibe; du siehst an meiner Hand, daß ich nicht so strudele und sudele wie sonst. Lies, mein Geliebter, und denke dabei, daß es auch die Geschichte deines Freundes ist. Ja so ist mir's gegangen, so wird mir's gehn, und ich bin nicht halb so brav, nicht halb so entschlossen als der arme Unglückliche, mit dem ich mich zu vergleichen mich fast nicht getraue.

Am 5. September.

Sie hatte ein Zettelchen an ihren Mann aufs Land geschrieben, wo er sich Geschäfte wegen aufhielt. Es fing an: „Bester, Liebster, komme, sobald du kannst, ich erwarte dich mit tausend Freuden." – Ein Freund, der hereinkam, brachte Nachricht, daß er wegen gewisser Umstände so bald noch nicht zurückkehren würde. Das Billett blieb liegen und fiel mir abends in die Hände. Ich las es und lächelte; sie fragte worüber? – „Was die Einbildungskraft für ein göttliches Geschenk ist," rief ich aus, „ich konnte mir einen Augenblick vorspiegeln, als wäre es an mich geschrieben." – Sie brach ab, es schien ihr zu mißfallen, und ich schwieg.

Am 6. September.

Es hat schwer gehalten, bis ich mich entschloß, meinen blauen einfachen Frack, in dem ich mit Lotten zum erstenmale tanzte, abzulegen, er ward aber zuletzt gar unscheinbar. Auch habe ich mir einen machen lassen ganz wie den vorigen, Kragen und Aufschlag, und auch wieder so gelbe Weste und Beinkleider dazu.

Ganz will es doch die Wirkung nicht tun. Ich weiß nicht – Ich denke, mit der Zeit soll mir der auch lieber werden.

Am 12. September.

Sie war einige Tage verreist, Alberten abzuholen. Heute trat ich in ihre Stube, sie kam mir entgegen, und ich küßte ihre Hand mit tausend Freuden.

Ein Kanarienvogel flog von dem Spiegel ihr auf die Schulter. – „Einen neuen Freund," sagte sie und lockte ihn auf ihre Hand, „er ist meinen Kleinen zugedacht. Er tut gar zu lieb! Sehen Sie ihn! Wenn ich ihm Brot gebe, flattert er mit den Flügeln und pickt so artig. Er küßt mich auch, sehen Sie!"

Als sie dem Tierchen den Mund hinhielt, drückte es sich so lieblich in die süßen Lippen, als wenn es die Seligkeit hätte fühlen können, die es genoß.

„Er soll Sie auch küssen." sagte sie und reichte den Vogel herüber. – Das Schnäbelchen machte den Weg von ihrem Munde zu dem meinigen, und die pickende Berührung war wie ein Hauch, eine Ahnung liebevollen Genusses.

„Sein Kuß", sagte ich, „ist nicht ganz ohne Begierde, er sucht Nahrung und kehrt unbefriedigt von der leeren Liebkosung zurück."

„Er ißt mir auch aus dem Munde." sagte sie. – Sie reichte ihm einige Brosamen mit ihren Lippen, aus denen die Freuden unschuldig teilnehmender Liebe in aller Wonne lächelten.

Ich kehrte das Gesicht weg. Sie sollte es nicht tun, sollte nicht meine Einbildungskraft mit diesen Bildern himmlischer Unschuld und Seligkeit reizen und mein Herz aus dem Schlafe, in den es manchmal die Gleichgültigkeit des Lebens wiegt, nicht wecken! – Und warum nicht? – Sie traut mir so! sie weiß, wie ich sie liebe!

Am 15. September.

Man möchte rasend werden, Wilhelm, daß es Menschen geben soll ohne Sinn und Gefühl an dem wenigen, was auf Erden noch einen Wert hat. Du kennst die Nußbäume, unter denen ich bei dem ehrlichen Pfarrer zu St.. mit Lotten gesessen, die herrlichen Nußbäume, die mich, Gott weiß, immer mit dem größten Seelenvergnügen füllten! Wie vertraulich sie den Pfarrhof machten, wie kühl! und wie herrlich die Äste waren! Und die Erinnerung bis zu den ehrlichen Geistlichen, die sie vor vielen Jahren pflanzten. Der Schulmeister hat uns den einen Namen oft genannt, den er von seinem Großvater gehört hatte; und so ein braver Mann soll er gewesen sein, und sein Andenken war mir immer heilig unter den Bäumen. Ich sage dir, dem Schulmeister standen die Tränen in den Augen, da wir gestern davon redeten, daß sie abgehauen worden – abgehauen! Ich möchte toll werden, ich könnte den Hund ermorden, der den ersten Hieb dran tat. Ich, der ich mich vertrauern könnte, wenn so ein paar Bäume in meinem Hofe stünden und einer davon stürbe vor Alter ab, ich muß zusehen. Lieber Schatz, eins ist doch dabei: Was Menschengefühl ist! Das ganze Dorf murrt, und ich hoffe, die Frau Pfarrerin soll es an Butter und Eiern und übrigem Zutrauen spüren, was für eine Wunde sie ihrem Orte gegeben hat. Denn sie ist es, die Frau des neuen Pfarrers (unser alter ist auch gestorben), ein hageres, kränkliches Geschöpf, das sehr Ursache hat, an der Welt keinen Anteil zu nehmen, denn niemand nimmt Anteil an ihr. Eine Närrin, die sich abgibt, gelehrt zu sein, sich in die Untersuchung des Kanons meliert, gar viel an der neumodischen, moralisch-kritischen Reformation des Christentumes arbeitet und über Lavaters Schwärmereien die Achseln zuckt, eine ganz zerrüttete Gesundheit hat und deswegen auf Gottes Erdboden keine Freude. So einer Kreatur war es auch allein möglich, meine Nußbäume abzuhauen. Siehst du, ich komme nicht zu mir! Stelle dir vor: die abfallenden Blätter machen ihr den Hof unrein und dumpfig, die Bäume nehmen ihr das Tageslicht, und wenn die Nüsse reif sind, so werfen die Knaben mit Steinen darnach, und das fällt ihr auf die Nerven, das stört sie in ihren tiefen Überlegungen, wenn sie Kennikot, Semler und Michaelis gegen einander abwiegt. Da ich die Leute im Dorfe, besonders die alten, so unzufrieden sah, sagte ich: „Warum habt ihr es gelitten?" – „Wenn der Schulze will, hier zu Lande," sagten sie, „was kann man machen?" – Aber eins ist recht geschehen. Der Schulze und der Pfarrer, der doch auch von seiner Frauen Grillen, die ihm ohnedies die Suppen nicht fett machen, was haben wollte, dachten es mit einander zu teilen; da erfuhr es die Kammer und sagte: „Hier herein!" Denn sie hatte noch alte Prätensionen an den Teil des Pfarrhofes, wo die Bäume standen, und verkaufte sie an den Meistbietenden. Sie liegen! O, wenn ich Fürst wäre! Ich wollte die Pfarrerin, den Schulzen und die Kammer – Fürst! – Ja wenn ich Fürst wäre, was kümmerten mich die Bäume in meinem Lande!

Am 10. Oktober.

Wenn ich nur ihre schwarzen Augen sehe, ist mir es schon wohl! Sieh, und was mich verdrießt, ist, daß Albert nicht so beglückt zu sein scheinet, als er – hoffte – als ich – zu sein glaubte – wenn – Ich mache nicht gern Gedankenstriche, aber hier kann ich mich nicht anders ausdrücken – und mich dünkt deutlich genug.

Am 12. Oktober.

Ossian hat in meinem Herzen den Homer verdrängt. Welch eine Welt, in die der Herrliche mich führt! Zu wandern über die Heide, umsaust vom Sturmwinde, der in dampfenden Nebeln die Geister der Väter im dämmernden Lichte des Mondes hinführt. Zu hören vom Gebirge her, im Gebrülle des Waldstroms, halb verwehtes Ächzen der Geister aus ihren Höhlen, und die Wehklagen des zu Tode sich jammernden Mädchens, um die vier moosbedeckten, grasbewachsenen Steine des Edelgefallnen, ihres Geliebten. Wenn ich ihn dann finde, den wandelnden grauen Barden, der auf der weiten Heide die Fußstapfen seiner Väter sucht und, ach, ihre Grabsteine findet und dann jammernd nach dem lieben Sterne des Abends hinblickt, der sich ins rollende Meer verbirgt, und die Zeiten der Vergangenheit in des Helden Seele lebendig werden, da noch der freundliche Strahl den Gefahren der Tapferen leuchtete und der Mond ihr bekränztes, siegrückkehrendes Schiff beschien. Wenn ich den tiefen Kummer auf seiner Stirn lese, den letzten verlassenen Herrlichen in aller Ermattung dem Grabe zuwanken sehe, wie er immer neue, schmerzlich glühende Freuden in der kraftlosen Gegenwart der Schatten seiner Abgeschiedenen einsaugt und nach der kalten Erde, dem hohen, wehenden Grase niedersieht und ausruft: „Der Wanderer wird kommen, kommen, der mich kannte in meiner Schönheit, und fragen: ‚Wo ist der Sänger, Fingals trefflicher Sohn?‘ Sein Fußtritt geht über mein Grab hin, und er fragt vergebens nach mir auf der Erde.“ – O Freund! ich möchte gleich einem edlen Waffenträger das Schwert ziehen, meinen Fürsten von der zückenden Qual des langsam absterbenden Lebens auf einmal befreien und dem befreiten Halbgott meine Seele nachsenden.

Am 19. Oktober.

Ach diese Lücke! diese entsetzliche Lücke, die ich hier in meinem Busen fühle! – Ich denke oft, wenn du sie nur einmal, nur einmal an dieses Herz drücken könntest, diese ganze Lücke würde ausgefüllt sein.

Am 26. Oktober.

Ja es wird mir gewiß, Lieber, gewiß und immer gewisser, daß an dem Dasein eines Geschöpfes wenig gelegen ist, ganz wenig. Es kam eine Freundin zu Lotten, und ich ging herein ins Nebenzimmer, ein Buch zu nehmen, und konnte nicht lesen, und dann nahm ich eine Feder, zu schreiben. Ich hörte sie leise reden; sie erzählten einander unbedeutende Sachen, Stadtneuigkeiten: Wie diese heiratet, wie jene krank, sehr krank ist. – „Sie hat einen trocknen Husten, die Knochen stehn ihr zum Gesichte heraus, und kriegt Ohnmachten; ich gebe keinen Kreuzer für ihr Leben." sagte die eine. – „Der N. N. ist auch so übel dran." sagte Lotte. – „Er ist schon geschwollen." sagte die andere. – Und meine lebhafte Einbildungskraft versetzte mich ans Bett dieser Armen; ich sah sie, mit welchem Widerwillen sie dem Leben den Rücken wandten, wie sie – Wilhelm! und meine Weibchen redeten davon, wie man eben davon redet – daß ein Fremder stirbt. – Und wenn ich mich umsehe und sehe das Zimmer an, und rings um mich Lottens Kleider und Alberts Skripturen und diese Möbeln, denen ich nun so befreundet bin, sogar diesem Dintenfaß, und denke: Siehe, was du nun diesem Hause bist! Alles in allem. Deine Freunde ehren dich! Du machst oft ihre Freude, und deinem Herzen scheint es, als wenn es ohne sie nicht sein könnte; und doch – wenn du nun gingst, wenn du aus diesem Kreise schiedest? würden sie, wie lange würden sie die Lücke fühlen, die dein Verlust in ihr Schicksal reißt? wie lange? – O, so vergänglich ist der Mensch, daß er auch da, wo er seines Daseins eigentliche Gewißheit hat, da, wo er den einzigen wahren Eindruck seiner Gegenwart macht, in dem Andenken, in der Seele seiner Lieben, daß er auch da verlöschen, verschwinden muß, und das so bald!

Am 27. Oktober.

Ich möchte mir oft die Brust zerreißen und das Gehirn einstoßen, daß man einander so wenig sein kann. Ach die Liebe, Freude, Wärme und Wonne, die ich nicht hinzubringe, wird mir der andere nicht geben, und mit einem ganzen Herzen voll Seligkeit werde ich den andern nicht beglücken, der kalt und kraftlos vor mir steht.

Am 27. Oktober abends.

Ich habe so viel, und die Empfindung an ihr verschlingt alles; ich habe so viel, und ohne sie wird mir alles zu Nichts.

Am 30. Oktober.

Wenn ich nicht schon hundertmal auf dem Punkte gestanden bin, ihr um den Hals zu fallen! Weiß der große Gott, wie einem das tut, so viele Liebenswürdigkeit vor einem herumkreuzen zu sehen und nicht zugreifen zu dürfen; und das Zugreifen ist doch der natürlichste Trieb der Menschheit. Greifen die Kinder nicht nach allem, was ihnen in den Sinn fällt? – Und ich?

Am 3. November.

Weiß Gott! ich lege mich so oft zu Bette mit dem Wunsche, ja manchmal mit der Hoffnung, nicht wieder zu erwachen: und morgens schlage ich die Augen auf, sehe die Sonne wieder, und bin elend. O daß ich launisch sein könnte, könnte die Schuld aufs Wetter, auf einen Dritten, auf eine fehlgeschlagene Unternehmung schieben, so würde die unerträgliche Last des Unwillens doch nur halb auf mir ruhen. Wehe mir! ich fühle zu wahr, daß an mir allein alle Schuld liegt – nicht Schuld! Genug, daß in mir die Quelle alles Elendes verborgen ist, wie ehemals die Quelle aller Seligkeiten. Bin ich nicht noch ebenderselbe, der ehemals in aller Fülle der Empfindung herumschwebte, dem auf jedem Tritte ein Paradies folgte, der ein Herz hatte, eine ganze Welt liebevoll zu umfassen? Und dies Herz ist jetzt tot, aus ihm fließen keine Entzückungen mehr, meine Augen sind trocken, und meine Sinne, die nicht mehr von erquickenden Tränen gelabt werden, ziehen ängstlich meine Stirn zusammen. Ich leide viel, denn ich habe verloren, was meines Lebens einzige Wonne war, die heilige, belebende Kraft, mit der ich Welten um mich schuf; sie ist dahin! – Wenn ich zu meinem Fenster hinaus an den fernen Hügel sehe, wie die Morgensonne über ihn her den Nebel durchbricht und den stillen Wiesengrund bescheint, und der sanfte Fluß zwischen seinen entblätterten Weiden zu mir herschlängelt, – o! wenn da diese herrliche Natur so starr vor mir steht wie ein lackiertes Bildchen, und alle die Wonne keinen Tropfen Seligkeit aus meinem Herzen herauf in das Gehirn pumpen kann, und der ganze Kerl vor Gottes Angesicht steht wie ein versiegter Brunnen, wie ein verlechter Eimer. Ich habe mich oft auf den Boden geworfen und Gott um Tränen gebeten, wie ein Ackersmann um Regen, wenn der Himmel ehern über ihm ist und um ihn die Erde verdürstet.

Aber, ach, ich fühle es, Gott gibt Regen und Sonnenschein nicht unserm ungestümen Bitten, und jene Zeiten, deren Andenken mich quält, warum waren sie so selig, als weil ich mit Geduld seinen Geist erwartete und die Wonne, die er über mich ausgoß, mit ganzem, innig dankbarem Herzen aufnahm!

Am 8. November.

Sie hat mir meine Exzesse vorgeworfen! Ach, mit so viel Liebenswürdigkeit! Meine Exzesse, daß ich mich manchmal von einem Glase Wein verleiten lasse, eine Bouteille zu trinken. – „Tun Sie es nicht!" sagte sie, „denken Sie an Lotten!" – „Denken!" sagte ich, „brauchen Sie mir das zu heißen? Ich denke! – ich denke nicht! Sie sind immer vor meiner Seele. Heute saß ich an dem Flecke, wo Sie neulich aus der Kutsche stiegen..." – Sie redete was anders, um mich nicht tiefer in den Text kommen zu lassen. Bester, ich bin dahin! sie kann mit mir machen, was sie will.

Am 15. November.

Ich danke dir, Wilhelm, für deinen herzlichen Anteil, für deinen wohlmeinenden Rat und bitte dich, ruhig zu sein. Laß mich ausdulden, ich habe bei aller meiner Müdseligkeit noch Kraft genug durchzusetzen. Ich ehre die Religion, das weißt du, ich fühle, daß sie manchem Ermatteten Stab, manchem Verschmachtenden Erquickung ist. Nur – kann sie denn, muß sie denn das einem jeden sein? Wenn du die große Welt ansiehst, so siehst du Tausende, denen sie es nicht war, Tausende, denen sie es nicht sein wird, gepredigt oder ungepredigt, und muß sie mir es denn sein? Sagt nicht selbst der Sohn Gottes, daß die um ihn sein würden, die ihm der Vater gegeben hat? Wenn ich ihm nun nicht gegeben bin? Wenn mich nun der Vater für sich behalten will, wie mir mein Herz sagt? – Ich bitte dich, lege das nicht falsch aus; sieh nicht etwa Spott in diesen unschuldigen Worten; es ist meine ganze Seele, die ich dir vorlege; sonst wollte ich lieber, ich hätte geschwiegen: wie ich denn über alles das, wovon jedermann so wenig weiß als ich, nicht gern ein Wort verliere. Was ist es anders als Menschenschicksal, sein Maß auszuleiden, seinen Becher auszutrinken? – Und ward der Kelch dem Gott vom Himmel auf seiner Menschenlippe zu bitter, warum soll ich großtun und mich stellen, als schmeckte er mir süß? Und warum sollte ich mich schämen, in dem schrecklichen Augenblick, da mein ganzes Wesen zwischen Sein und Nichtsein zittert, da die Vergangenheit wie ein Blitz über dem finstern Abgrunde der Zukunft leuchtet und alles um mich her versinkt und mit mir die Welt untergeht? Ist es da nicht die Stimme der ganz in sich gedrängten, sich selbst ermangelnden und unaufhaltsam hinabstürzenden Kreatur, in den innern Tiefen ihrer vergebens aufarbeitenden Kräfte zu knirschen: „Mein Gott! mein Gott! warum hast du mich verlassen?“ Und sollt' ich mich des Ausdruckes schämen, sollte mir es vor dem Augenblicke bange sein, da ihm der nicht entging, der die Himmel zusammenrollt wie ein Tuch?

Am 21. November.

Sie sieht nicht, sie fühlt nicht, daß sie ein Gift bereitet, das mich und sie zugrunde richten wird; und ich mit voller Wollust schlürfe den Becher aus, den sie mir zu meinem Verderben reicht. Was soll der gütige Blick, mit dem sie mich oft – oft? – nein, nicht oft, aber doch manchmal ansieht, die Gefälligkeit, womit sie einen unwillkürlichen Ausdruck meines Gefühls aufnimmt, das Mitleiden mit meiner Duldung, das sich auf ihrer Stirne zeichnet?

Gestern, als ich wegging, reichte sie mir die Hand und sagte: „Adieu, lieber Werther!" – Lieber Werther! Es war das erstemal, daß sie mich Lieber hieß, und es ging mir durch Mark und Bein. Ich habe es mir hundertmal wiederholt, und gestern nacht, da ich zu Bette gehen wollte und mit mir selbst allerlei schwatzte, sagte ich so auf einmal: „Gute Nacht, lieber Werther!" und mußte hernach selbst über mich lachen.

Am 22. November.

Ich kann nicht beten: „Laß mir sie!" und doch kommt sie mir oft als die Meine vor. Ich kann nicht beten: „Gib mir sie!" Denn sie ist eines andern. Ich witzle mich mit meinen Schmerzen herum; wenn ich mir's nachließe, es gäbe eine ganze Litanei von Antithesen.

Am 24. November.

Sie fühlt, was ich dulde. Heute ist mir ihr Blick tief durchs Herz gedrungen. Ich fand sie allein; ich sagte nichts, und sie sah mich an. Und ich sah nicht mehr in ihr die liebliche Schönheit, nicht mehr das Leuchten des trefflichen Geistes, das war alles vor meinen Augen verschwunden. Ein weit herrlicherer Blick wirkte auf mich, voll Ausdruck des innigsten Anteils, des süßesten Mitleidens. Warum durft' ich mich nicht ihr zu Füßen werfen? warum durft' ich nicht an ihrem Halse mit tausend Küssen antworten? Sie nahm ihre Zuflucht zum Klavier und hauchte mit süßer, leiser Stimme harmonische Laute zu ihrem Spiele. Nie habe ich ihre Lippen so reizend gesehn; es war, als wenn sie sich lechzend öffneten, jene süßen Töne in sich zu schlürfen, die aus dem Instrument hervorquollen, und nur der heimliche Widerschall aus dem reinen Munde zurückklänge – Ja wenn ich dir das so sagen könnte! – Ich widerstand nicht länger, neigte mich und schwur: Nie will ich es wagen, einen Kuß euch aufzudrücken, Lippen, auf denen die Geister des Himmels schweben. – Und doch – ich will – Ha! siehst du, das steht wie eine Scheidewand vor meiner Seele – diese

Seligkeit – und dann untergegangen, diese Sünde abzubüßen – Sünde?

Am 26. November.

Manchmal sag' ich mir: Dein Schicksal ist einzig; preise die übrigen glücklich – so ist noch keiner gequält worden. – Dann lese ich einen Dichter der Vorzeit, und es ist mir, als säh' ich in mein eignes Herz. Ich habe so viel auszustehen! Ach, sind denn Menschen vor mir schon so elend gewesen?

Am 30. November.

Ich soll, ich soll nicht zu mir selbst kommen! Wo ich hintrete, begegnet mir eine Erscheinung, die mich aus aller Fassung bringt. Heute! o Schicksal! o Menschheit!

Ich gehe an dem Wasser hin in der Mittagsstunde, ich hatte keine Lust zu essen. Alles war öde, ein naßkalter Abendwind blies vom Berge, und die grauen Regenwolken zogen das Tal hinein. Von fern seh' ich einen Menschen in einem grünen, schlechten Rocke, der zwischen den Felsen herumkrabbelte und Kräuter zu suchen schien. Als ich näher zu ihm kam und er sich auf das Geräusch, das ich machte, herumdrehte, sah ich eine gar interessante Physiognomie, darin eine stille Trauer den Hauptzug machte, die aber sonst nichts als einen geraden guten Sinn ausdrückte; seine schwarzen Haare waren mit Nadeln in zwei Rollen gesteckt, und die übrigen in einen starken Zopf geflochten, der ihm den Rücken herunter hing. Da mir seine Kleidung einen Menschen von geringem Stande zu bezeichnen schien, glaubte ich, er würde es nicht übelnehmen, wenn ich auf seine Beschäftigung aufmerksam wäre, und daher fragte ich ihn, was er suchte? – „Ich suche", antwortete er mit einem tiefen Seufzer, „Blumen – und finde keine." – „Das ist auch die Jahrszeit nicht." sagte ich lächelnd. – „Es gibt so viele Blumen." sagte er, indem er zu mir herunterkam. „In meinem Garten sind Rosen und Jelängerjelieber zweierlei Sorten, eine hat mir mein Vater gegeben, sie wachsen wie Unkraut; ich suche schon zwei Tage darnach und kann sie nicht finden. Da haußen sind auch immer Blumen, gelbe und blaue und rote, und das Tausendgüldenkraut hat ein schönes Blümchen.

Keines kann ich finden." – Ich merkte was Unheimliches, und drum fragte ich durch einen Umweg: „Was will Er denn mit den Blumen?" – Ein wunderbares, zuckendes Lächeln verzog sein Gesicht. „Wenn Er mich nicht verraten will," sagte er, indem er den Finger auf den Mund drückte, „ich habe meinem Schatz einen Strauß versprochen." – „Das ist brav." sagte ich. – „O!" sagte er, „sie hat viel andere Sachen, sie ist reich." – „Und doch hat sie Seinen Strauß lieb." versetzte ich. – „O!" fuhr er fort, „sie hat Juwelen und eine Krone." – „Wie heißt sie denn?" – „Wenn mich die Generalstaaten bezahlen wollten," versetzte er, „ich wär' ein anderer Mensch! Ja, es war einmal eine Zeit, da mir es so wohl war! Jetzt ist es aus mit mir. Ich bin nun..." Ein nasser Blick zum Himmel drückte alles aus. – „Er war also glücklich?" fragte ich. – „Ach ich wollte, ich wäre wieder so!" sagte er. „Da war mir es so wohl, so lustig, so leicht wie einem Fisch im Wasser!" – „Heinrich!" rief eine alte Frau, die den Weg herkam, „Heinrich, wo steckst du? Wir haben dich überall gesucht, komm zum Essen." – „Ist das Euer Sohn?" fragt' ich, zu ihr tretend. – „Wohl, mein armer Sohn!" versetzte sie. „Gott hat mir ein schweres Kreuz aufgelegt." – „Wie lange ist er so?" fragte ich. – „So stille", sagte sie, „ist er nun ein halbes Jahr. Gott sei Dank, daß er nur so weit ist, vorher war er ein ganzes Jahr rasend, da hat er an Ketten im Tollhause gelegen. Jetzt tut er niemand nichts, nur hat er immer mit Königen und Kaisern zu schaffen. Er war ein so guter, stiller Mensch, der mich ernähren half, seine schöne Hand schrieb, und auf einmal wird er tiefsinnig, fällt in ein hitziges Fieber, daraus in Raserei, und nun ist er, wie Sie ihn sehen. Wenn ich Ihnen erzählen sollte, Herr ..." – Ich unterbrach den Strom ihrer Worte mit der Frage: „Was war denn das für eine Zeit, von der er rühmt, daß er so glücklich, so wohl darin gewesen sei?" – „Der törichte Mensch!" rief sie mit mitleidigem Lächeln, „da meint er die Zeit, da er von sich war, das rühmt er immer; das ist die Zeit, da er im Tollhause war, wo er nichts von sich wußte." – Das fiel mir auf wie ein Donnerschlag, ich drückte ihr ein Stück Geld in die Hand und verließ sie eilend.

Da du glücklich warst! rief ich aus, schnell vor mich hin nach der Stadt zu gehend, da dir es wohl war wie einem Fisch im Wasser! – Gott im Himmel! hast du das zum Schicksale der Menschen gemacht, daß sie nicht glücklich sind, als ehe sie zu ihrem Verstande kommen und wenn sie ihn wieder verlieren! – Elender! und auch wie beneide ich deinen Trübsinn, die Verwirrung deiner Sinne, in der du verschmachtest! Du gehst hoffnungsvoll aus, deiner Königin Blumen zu pflücken – im Winter – und trauerst, da du keine findest, und begreifst nicht, warum du keine finden kannst. Und ich – und ich gehe ohne Hoffnung, ohne Zweck heraus und kehre wieder heim, wie ich gekommen bin. – Du wähnst, welcher Mensch du sein würdest, wenn die Generalstaaten dich bezahlten. Seliges Geschöpf, das den Mangel seiner Glückseligkeit einer irdischen Hindernis zuschreiben kann! Du fühlst nicht, du fühlst nicht, daß in deinem zerstörten Herzen, in deinem zerrütteten Gehirne dein Elend liegt, wovon alle Könige der Erde dir nicht helfen können.

Müsse der trostlos umkommen, der eines Kranken spottet, der nach der entferntesten Quelle reist, die seine Krankheit vermehren, sein Ausleben schmerzhafter machen wird! der sich über das bedrängte Herz erhebt, das, um seine Gewissensbisse loszuwerden und die Leiden seiner Seele abzutun, eine Pilgrimschaft nach dem heiligen Grabe tut. Jeder Fußtritt, der seine Sohlen auf ungebahntem Wege durchschneidet, ist ein Linderungstropfen der geängsteten Seele, und mit jeder ausgedauerten Tagereise legt sich das Herz um viele Bedrängnisse leichter nieder. – Und dürft ihr das Wahn nennen, ihr Wortkrämer auf euren Polstern? – Wahn! – O Gott! du siehst meine Tränen! Mußtest du, der du den Menschen arm genug erschufst, ihm auch Brüder zugeben, die ihm das bißchen Armut, das bißchen Vertrauen noch raubten, das er auf dich hat, auf dich, du Allliebender! Denn das Vertrauen zu einer heilenden Wurzel, zu den Tränen des Weinstockes, was ist es als Vertrauen zu dir, daß du in alles, was uns umgibt, Heil- und Linderungskraft gelegt hast, der wir so stündlich bedürfen? Vater, den ich nicht kenne! Vater, der sonst meine ganze Seele füllte und nun sein Angesicht von mir gewendet hat, rufe mich zu dir! Schweige nicht länger! Dein Schweigen wird diese dürstende Seele nicht aufhalten – Und würde ein Mensch, ein Vater, zürnen können, dem sein unvermutet rückkehrender Sohn um den Hals fiele und riefe: „Ich bin wieder da, mein Vater! Zürne nicht, daß ich die Wanderschaft abbreche, die ich nach deinem Willen länger aushalten sollte. Die Welt ist überall einerlei, auf Mühe und Arbeit Lohn und Freude; aber was soll mir das? mir ist nur wohl, wo du bist, und vor deinem Angesichte will ich leiden und genießen." – Und du, lieber himmlischer Vater, solltest ihn von dir weisen?

Am 1. Dezember.

Wilhelm! Der Mensch, von dem ich dir schrieb, der glückliche Unglückliche, war Schreiber bei Lottens Vater, und eine Leidenschaft zu ihr, die er nährte, verbarg, entdeckte und worüber er aus dem Dienst geschickt wurde, hat ihn rasend gemacht. Fühle bei diesen trocknen Worten, mit welchem Unsinne mich die Geschichte ergriffen hat, da mir sie Albert ebenso gelassen erzählte, als du sie vielleicht liesest.

Am 4. Dezember.

Ich bitte dich – Siehst du, mit mir ist's aus, ich trag' es nicht länger! Heute saß ich bei ihr – saß, sie spielte auf ihrem Klavier, mannigfaltige Melodien, und all den Ausdruck! all! – all! – Was willst du? – Ihr Schwesterchen putzte ihre Puppe auf meinem Knie. Mir kamen die Tränen in die Augen. Ich neigte mich, und ihr Trauring fiel mir ins Gesicht – meine Tränen flossen – Und auf einmal fiel sie in die alte, himmelsüße Melodie ein, so auf einmal, und mir durch die Seele gehn ein Trostgefühl und eine Erinnerung des Vergangenen, der Zeiten, da ich das Lied gehört, der düstern Zwischenräume des Verdrusses, der fehlgeschlagenen Hoffnungen, und dann – Ich ging in der Stube auf und nieder, mein Herz erstickte unter dem Zudringen. – „Um Gottes willen," sagte ich, mit einem heftigen Ausbruch hin gegen sie fahrend, „um Gottes willen, hören Sie auf!" –

Sie hielt und sah mich starr an. „Werther," sagte sie mit einem Lächeln, das mir durch die Seele ging, „Werther, Sie sind sehr krank, Ihre Lieblingsgerichte widerstehen Ihnen. Gehen Sie! Ich bitte Sie, beruhigen Sie sich." – Ich riß mich von ihr weg und – Gott! du siehst mein Elend und wirst es enden.

Am 6. Dezember.

Wie mich die Gestalt verfolgt! Wachend und träumend füllt sie meine ganze Seele! Hier, wenn ich die Augen schließe, hier in meiner Stirne, wo die innere Sehkraft sich vereinigt, stehen ihre schwarzen Augen. Hier! ich kann dir es nicht ausdrücken. Mache ich meine Augen zu, so sind sie da; wie ein Meer, wie ein Abgrund ruhen sie vor mir, in mir, füllen die Sinne meiner Stirn.

Was ist der Mensch, der gepriesene Halbgott! Ermangeln ihm nicht eben da die Kräfte, wo er sie am nötigsten braucht? Und wenn er in Freude sich aufschwingt oder im Leiden versinkt, wird er nicht in beiden eben da aufgehalten, eben da zu dem stumpfen, kalten Bewußtsein wieder zurückgebracht, da er sich in der Fülle des Unendlichen zu verlieren sehnte?

Der Herausgeber an den Leser

Wie sehr wünscht' ich, daß uns von den letzten merkwürdigen Tagen unsers Freundes so viel eigenhändige Zeugnisse übrig geblieben wären, daß ich nicht nötig hätte, die Folge seiner hinterlaßnen Briefe durch Erzählung zu unterbrechen.

Ich habe mir angelegen sein lassen, genaue Nachrichten aus dem Munde derer zu sammeln, die von seiner Geschichte wohl unterrichtet sein konnten; sie ist einfach, und es kommen alle Erzählungen davon bis auf wenige Kleinigkeiten miteinander überein; nur über die Sinnesarten der handelnden Personen sind die Meinungen verschieden und die Urteile geteilt.

Was bleibt uns übrig, als dasjenige, was wir mit wiederholter Mühe erfahren können, gewissenhaft zu erzählen, die von dem Abscheidenden hinterlaßnen Briefe einzuschalten und das kleinste aufgefundene Blättchen nicht gering zu achten; zumal da es so schwer ist, die eigensten, wahren Triebfedern auch nur einer einzelnen Handlung zu entdecken, wenn sie unter Menschen vorgeht, die nicht gemeiner Art sind.

Unmut und Unlust hatten in Werthers Seele immer tiefer Wurzel geschlagen, sich fester untereinander verschlungen und sein ganzes Wesen nach und nach eingenommen. Die Harmonie seines Geistes war völlig zerstört, eine innerliche Hitze und Heftigkeit, die alle Kräfte seiner Natur durcheinanderarbeitete, brachte die widrigsten Wirkungen hervor und ließ ihm zuletzt nur eine Ermattung übrig, aus der er noch ängstlicher empor strebte, als er mit allen Übeln bisher gekämpft hatte. Die Beängstigung seines Herzens zehrte die übrigen Kräfte seines Geistes, seine Lebhaftigkeit, seinen Scharfsinn auf, er ward ein trauriger Gesellschafter, immer unglücklicher, und immer ungerechter, je unglücklicher er ward. Wenigstens sagen dies Alberts Freunde; sie behaupten, daß Werther einen reinen, ruhigen Mann, der nun eines lang gewünschten Glückes teilhaftig geworden, und sein Betragen, sich dieses Glück auch auf die Zukunft zu erhalten, nicht habe beurteilen können, er, der gleichsam mit jedem Tage sein ganzes Vermögen verzehrte, um an dem Abend zu leiden und zu darben. Albert, sagen sie, hatte sich in so kurzer Zeit nicht verändert, er war noch immer derselbige, den Werther so vom Anfang her kannte, so sehr schätzte und ehrte. Er liebte Lotten über alles, er war stolz auf sie und wünschte sie auch von jedermann als das herrlichste Geschöpf anerkannt zu wissen. War es ihm daher zu verdenken, wenn er auch jeden Schein des Verdachtes abzuwenden wünschte, wenn er in dem Augenblicke mit niemand diesen köstlichen Besitz auch auf die unschuldigste Weise zu teilen Lust hatte? Sie gestehen ein, daß Albert oft das Zimmer seiner Frau verlassen, wenn Werther bei ihr war, aber nicht aus Haß noch Abneigung gegen seinen Freund, sondern nur weil er gefühlt habe, daß dieser von seiner Gegenwart gedrückt sei.

Lottens Vater war von einem Übel befallen worden, das ihn in der Stube hielt, er schickte ihr seinen Wagen, und sie fuhr hinaus. Es war ein schöner Wintertag, der erste Schnee war stark gefallen und deckte die ganze Gegend.

Werther ging ihr den andern Morgen nach, um, wenn Albert sie nicht abzuholen käme, sie hereinzubegleiten.

Das klare Wetter konnte wenig auf sein trübes Gemüt wirken, ein dumpfer Druck lag auf seiner Seele, die traurigen Bilder hatten sich bei ihm festgesetzt, und sein Gemüt kannte keine Bewegung als von einem schmerzlichen Gedanken zum andern.

Wie er mit sich in ewigem Unfrieden lebte, schien ihm auch der Zustand andrer nur bedenklicher und verworrner, er glaubte, das schöne Verhältnis zwischen Albert und seiner Gattin gestört zu haben, er machte sich Vorwürfe darüber, in die sich ein heimlicher Unwille gegen den Gatten mischte.

Seine Gedanken fielen auch unterwegs auf diesen Gegenstand. „Ja, ja," sagte er zu sich selbst, mit heimlichem Zähneknirschen, „das ist der vertraute, freundliche, zärtliche, an allem teilnehmende Umgang, die ruhige, dauernde Treue! Sattigkeit ist's und Gleichgültigkeit! Zieht ihn nicht jedes elende Geschäft mehr an als die teure, köstliche Frau? Weiß er sein Glück zu schätzen? Weiß er sie zu achten, wie sie es verdient? Er hat sie, nun gut, er hat sie – Ich weiß das, wie ich was anders auch weiß, ich glaube an den Gedanken gewöhnt zu sein, er wird mich noch rasend machen, er wird mich noch umbringen – Und hat denn die Freundschaft zu mir Stich gehalten? Sieht er nicht in meiner Anhänglichkeit an Lotten schon einen Eingriff in seine Rechte, in meiner Aufmerksamkeit für sie einen stillen Vorwurf? Ich weiß es wohl, ich fühl' es, er sieht mich ungern, er wünscht meine Entfernung, meine Gegenwart ist ihm beschwerlich."

Oft hielt er seinen raschen Schritt an, oft stand er stille und schien umkehren zu wollen; allein er richtete seinen Gang immer wieder vorwärts und war mit diesen Gedanken und Selbstgesprächen endlich gleichsam wider Willen bei dem Jagdhause angekommen.

Er trat in die Tür, fragte nach dem Alten und nach Lotten, er fand das Haus in einiger Bewegung. Der älteste

Knabe sagte ihm, es sei drüben in Wahlheim ein Unglück geschehn, es sei ein Bauer erschlagen worden! – Es machte das weiter keinen Eindruck auf ihn. – Er trat in die Stube und fand Lotten beschäftigt, dem Alten zuzureden, der ungeachtet seiner Krankheit hinüber wollte, um an Ort und Stelle die Tat zu untersuchen. Der Täter war noch unbekannt, man hatte den Erschlagenen des Morgens vor der Haustür gefunden, man hatte Mutmaßungen: der Entleibte war Knecht einer Witwe, die vorher einen andern im Dienste gehabt, der mit Unfrieden aus dem Hause gekommen war.

Da Werther dieses hörte, fuhr er mit Heftigkeit auf. – „Ist's möglich!" rief er aus, „ich muß hinüber, ich kann nicht einen Augenblick ruhn." – Er eilte nach Wahlheim zu, jede Erinnerung ward ihm lebendig, und er zweifelte nicht einen Augenblick, daß jener Mensch die Tat begangen, den er so manchmal gesprochen, der ihm so wert geworden war.

Da er durch die Linden mußte, um nach der Schenke zu kommen, wo sie den Körper hingelegt hatten, entsetzt' er sich vor dem sonst so geliebten Platze. Jene Schwelle, worauf die Nachbarskinder so oft gespielt hatten, war mit Blut besudelt. Liebe und Treue, die schönsten menschlichen Empfindungen, hatten sich in Gewalt und Mord verwandelt. Die starken Bäume standen ohne Laub und bereift, die schönen Hecken, die sich über die niedrige Kirchhofmauer wölbten, waren entblättert, und die Grabsteine sahen mit Schnee bedeckt durch die Lücken hervor.

Als er sich der Schenke näherte, vor welcher das ganze Dorf versammelt war, entstand auf einmal ein Geschrei. Man erblickte von fern einen Trupp bewaffneter Männer, und ein jeder rief, daß man den Täter herbeiführe. Werther sah hin und blieb nicht lange zweifelhaft. Ja, es war der Knecht, der jene Witwe so sehr liebte, den er vor einiger Zeit mit dem stillen Grimme, mit der heimlichen Verzweiflung umhergehend angetroffen hatte.

„Was hast du begangen, Unglücklicher!" rief Werther aus, indem er auf den Gefangnen losging. – Dieser sah ihn still an, schwieg und versetzte endlich ganz gelassen: „Keiner wird sie haben, sie wird keinen haben." – Man brachte den Gefangnen in die Schenke, und Werther eilte fort.

Durch die entsetzliche, gewaltige Berührung war alles, was in seinem Wesen lag, durcheinandergeschüttelt worden. Aus seiner Trauer, seinem Mißmut, seiner gleichgültigen Hingegebenheit wurde er auf einen Augenblick herausgerissen; unüberwindlich bemächtigte sich die Teilnehmung seiner, und es ergriff ihn eine unsägliche Begierde, den Menschen zu retten. Er fühlte ihn so unglücklich, er fand ihn als Verbrecher selbst so schuldlos, er setzte sich so tief in seine Lage, daß er gewiß glaubte, auch andere davon zu überzeugen. Schon wünschte er für ihn sprechen zu können, schon drängte sich der lebhafteste Vortrag nach seinen Lippen, er eilte nach dem Jagdhause und konnte sich unterwegs nicht enthalten, alles das, was er dem Amtmann vorstellen wollte, schon halblaut auszusprechen.

Als er in die Stube trat, fand er Alberten gegenwärtig, dies verstimmte ihn einen Augenblick; doch faßte er sich bald wieder und trug dem Amtmann feurig seine Gesinnungen vor. Dieser schüttelte einigemal den Kopf, und obgleich Werther mit der größten Lebhaftigkeit, Leidenschaft und Wahrheit alles vorbrachte, was ein Mensch zur Entschuldigung eines Menschen sagen kann, so war doch, wie sich's leicht denken läßt, der Amtmann dadurch nicht gerührt. Er ließ vielmehr unsern Freund nicht ausreden, widersprach ihm eifrig und tadelte ihn, daß er einen Meuchelmörder in Schutz nehme; er zeigte ihm, daß auf diese Weise jedes Gesetz aufgehoben, alle Sicherheit des Staats zugrund gerichtet werde; auch setzte er hinzu, daß er in einer solchen Sache nichts tun könne, ohne sich die größte Verantwortung aufzuladen, es müsse alles in der Ordnung, in dem vorgeschriebenen Gang gehen.

Werther ergab sich noch nicht, sondern bat nur, der Amtmann möchte durch die Finger sehn, wenn man dem Menschen zur Flucht behülflich wäre! Auch damit wies ihn der Amtmann ab. Albert, der sich endlich ins Gespräch mischte, trat auch auf des Alten Seite. Werther wurde überstimmt, und mit einem entsetzlichen Leiden machte er sich auf den Weg, nachdem ihm der Amtmann einigemal gesagt hatte: „Nein, er ist nicht zu retten!“

Wie sehr ihm diese Worte aufgefallen sein müssen, sehn

wir aus einem Zettelchen, das sich unter seinen Papieren fand und das gewiß an dem nämlichen Tage geschrieben worden:

„Du bist nicht zu retten, Unglücklicher! ich sehe wohl, daß wir nicht zu retten sind.“

Was Albert zuletzt über die Sache des Gefangenen in Gegenwart des Amtmanns gesprochen, war Werthern höchst zuwider gewesen: er glaubte einige Empfindlichkeit gegen sich darin bemerkt zu haben, und wenn gleich bei mehrerem Nachdenken seinem Scharfsinne nicht entging, daß beide Männer recht haben möchten, so war es ihm doch, als ob er seinem innersten Dasein entsagen müßte, wenn er es gestehen, wenn er es zugeben sollte.

Ein Blättchen, das sich darauf bezieht, das vielleicht sein ganzes Verhältnis zu Albert ausdrückt, finden wir unter seinen Papieren:

„Was hilft es, daß ich mir's sage und wieder sage, er ist brav und gut, aber es zerreißt mir mein inneres Eingeweide; ich kann nicht gerecht sein.“

Weil es ein gelinder Abend war und das Wetter anfing, sich zum Tauen zu neigen, ging Lotte mit Alberten zu Fuße zurück. Unterwegs sah sie sich hier und da um, eben als wenn sie Werthers Begleitung vermißte. Albert fing von ihm an zu reden, er tadelte ihn, indem er ihm Gerechtigkeit widerfahren ließ. Er berührte seine unglückliche Leidenschaft und wünschte, daß es möglich sein möchte, ihn zu entfernen. – „Ich wünsch' es auch um unsertwillen,“ sagt' er, „und ich bitte dich,“ fuhr er fort, „siehe zu, seinem Betragen gegen dich eine andere Richtung zu geben, seine öftern Besuche zu vermindern. Die Leute werden aufmerksam, und ich weiß, daß man hier und da drüber gesprochen hat.“ – Lotte schwieg, und Albert schien ihr Schweigen empfunden zu haben, wenigstens seit der Zeit erwähnte er Werthers nicht mehr gegen sie, und wenn sie seiner erwähnte, ließ er das Gespräch fallen oder lenkte es woanders hin.

Der vergebliche Versuch, den Werther zur Rettung des Unglücklichen gemacht hatte, war das letzte Auflodern der Flamme eines verlöschenden Lichtes; er versank nur desto tiefer in Schmerz und Untätigkeit; besonders kam er fast außer sich, als er hörte, daß man ihn vielleicht gar zum Zeugen gegen den Menschen, der sich nun aufs Leugnen legte, auffordern könnte.

Alles was ihm Unangenehmes jemals in seinem wirksamen Leben begegnet war, der Verdruß bei der Gesandtschaft, alles was ihm sonst mißlungen war, was ihn je gekränkt hatte, ging in seiner Seele auf und nieder. Er fand sich durch alles dieses wie zur Untätigkeit berechtigt, er fand sich abgeschnitten von aller Aussicht, unfähig, irgendeine Handhabe zu ergreifen, mit denen man die Geschäfte des gemeinen Lebens anfaßt; und so rückte er endlich, ganz seiner wunderbaren Empfindung, Denkart und einer endlosen Leidenschaft hingegeben, in dem ewigen Einerlei eines traurigen Umgangs mit dem liebenswürdigen und geliebten Geschöpfe, dessen Ruhe er störte, in seine Kräfte stürmend, sie ohne Zweck und Aussicht abarbeitend, immer einem traurigen Ende näher.

Von seiner Verworrenheit, Leidenschaft, von seinem rastlosen Treiben und Streben, von seiner Lebensmüde sind einige hinterlaßne Briefe die stärksten Zeugnisse, die wir hier einrücken wollen.

„Am 12. Dezember.

Lieber Wilhelm, ich bin in einem Zustande, in dem jene Unglücklichen gewesen sein müssen, von denen man glaubte, sie würden von einem bösen Geiste umhergetrieben. Manchmal ergreift mich's; es ist nicht Angst, nicht Begier – es ist ein inneres, unbekanntes Toben, das meine Brust zu zerreißen droht, das mir die Gurgel zupreßt! Wehe! wehe! und dann schweife ich umher in den furchtbaren nächtlichen Szenen dieser menschenfeindlichen Jahrszeit.

Gestern abend mußte ich hinaus. Es war plötzlich Tauwetter eingefallen, ich hatte gehört, der Fluß sei übergetreten, alle Bäche geschwollen und von Wahlheim herunter mein liebes Tal überschwemmt! Nachts nach eilfe rannte ich hinaus. Ein fürchterliches Schauspiel, vom Fels herunter die wühlenden Fluten in dem Mondlichte wirbeln zu sehen, über Äcker und Wiesen und Hecken und alles, und das weite Tal hinauf und hinab eine stürmende See im Sausen des Windes! Und wenn dann der Mond wieder hervortrat und über der schwarzen Wolke ruhte, und vor mir hinaus die Flut in fürchterlich herrlichem Widerschein rollte und klang: da überfiel mich ein Schauer, und wieder ein Sehnen! Ach, mit offenen Armen stand ich gegen den Abgrund und atmete hinab! hinab! und verlor mich in der Wonne, meine Qualen, meine Leiden da hinabzustürmen! dahinzubrausen wie die Wellen! O! – und den Fuß vom Boden zu heben vermochtest du nicht, und alle Qualen zu enden! – Meine Uhr ist noch nicht ausgelaufen, ich fühle es! O Wilhelm! wie gern hätte ich mein Menschsein drum gegeben, mit jenem Sturmwinde die Wolken zu zerreißen, die Fluten zu fassen! Ha! und wird nicht vielleicht dem Eingekerkerten einmal diese Wonne zuteil? –

Und wie ich wehmütig hinabsah auf ein Plätzchen, wo ich mit Lotten unter einer Weide geruht, auf einem heißen Spaziergange, – das war auch überschwemmt, und kaum daß ich die Weide erkannte! Wilhelm! Und ihre Wiesen, dachte ich, die Gegend um ihr Jagdhaus! wie verstört jetzt vom reißenden Strome unsere Laube! dacht' ich. Und der Vergangenheit Sonnenstrahl blickte herein, wie einem Gefangenen ein Traum von Herden, Wiesen und Ehrenämtern. Ich stand! – Ich schelte mich nicht, denn ich habe Mut zu sterben. – Ich hätte – Nun sitze ich hier wie ein altes Weib, das ihr Holz von Zäunen stoppelt und ihr Brot an den Türen, um ihr hinsterbendes, freudeloses Dasein noch einen Augenblick zu verlängern und zu erleichtern."

„Am 14. Dezember.

Was ist das, mein Lieber? Ich erschrecke vor mir selbst! Ist nicht meine Liebe zu ihr die heiligste, reinste, brüderlichste Liebe? Habe ich jemals einen strafbaren Wunsch in meiner Seele gefühlt? – Ich will nicht beteuern – Und nun, Träume! O wie wahr fühlten die Menschen, die so widersprechende Wirkungen fremden Mächten zuschrieben!

Diese Nacht! ich zittere, es zu sagen, hielt ich sie in meinen Armen, fest an meinen Busen gedrückt, und deckte ihren liebelispelnden Mund mit unendlichen Küssen; mein Auge schwamm in der Trunkenheit des ihrigen! Gott! bin ich strafbar, daß ich auch jetzt noch eine Seligkeit fühle, mir diese glühenden Freuden mit voller Innigkeit zurückzurufen? Lotte! Lotte! – Und mit mir ist es aus! Meine Sinne verwirren sich, schon acht Tage habe ich keine Besinnungskraft mehr, meine Augen sind voll Tränen. Ich bin nirgend wohl, und überall wohl. Ich wünsche nichts, verlange nichts. Mir wäre besser, ich ginge."

Der Entschluß, die Welt zu verlassen, hatte in dieser Zeit, unter solchen Umständen in Werthers Seele immer mehr Kraft gewonnen. Seit der Rückkehr zu Lotten war es immer seine letzte Aussicht und Hoffnung gewesen; doch hatte er sich gesagt, es solle keine übereilte, keine rasche Tat sein, er wolle mit der besten Überzeugung, mit der möglichst ruhigen Entschlossenheit diesen Schritt tun.

Seine Zweifel, sein Streit mit sich selbst blicken aus einem Zettelchen hervor, das wahrscheinlich ein angefangener Brief an Wilhelm ist und ohne Datum unter seinen Papieren gefunden worden:

„Ihre Gegenwart, ihr Schicksal, ihre Teilnehmung an dem meinigen preßt noch die letzten Tränen aus meinem versengten Gehirne.

Den Vorhang aufzuheben und dahinter zu treten! das ist alles! Und warum das Zaudern und Zagen? Weil man nicht weiß, wie es dahinten aussieht? und man nicht wiederkehrt? Und daß das nun die Eigenschaft unseres Geistes ist, da Verwirrung und Finsternis zu ahnen, wovon wir nichts Bestimmtes wissen."

Endlich ward er mit dem traurigen Gedanken immer mehr verwandt und befreundet und sein Vorsatz fest und unwiderruflich, wovon folgender zweideutige Brief, den er an seinen Freund schrieb, ein Zeugnis abgibt.

„Am 20. Dezember.

Ich danke deiner Liebe, Wilhelm, daß du das Wort so aufgefangen hast. Ja, du hast recht: mir wäre besser, ich ginge. Der Vorschlag, den du zu einer Rückkehr zu euch tust, gefällt mir nicht ganz; wenigstens möchte ich noch gern einen Umweg machen, besonders da wir anhaltenden Frost und gute Wege zu hoffen haben. Auch ist mir es sehr lieb, daß du kommen willst, mich abzuholen; verziehe nur noch vierzehn Tage, und erwarte noch einen Brief von mir mit dem Weiteren. Es ist nötig, daß nichts gepflückt werde, ehe es reif ist. Und vierzehn Tage auf oder ab tun viel. Meiner Mutter sollst du sagen: daß sie für ihren Sohn beten soll, und daß ich sie um Vergebung bitte wegen alles Verdrusses, den ich ihr gemacht habe. Das war nun mein Schicksal, die zu betrüben, denen ich Freude schuldig war. Leb' wohl, mein Teuerster! Allen Segen des Himmels über dich! Leb' wohl!"

Was in dieser Zeit in Lottens Seele vorging, wie ihre Gesinnungen gegen ihren Mann, gegen ihren unglücklichen Freund gewesen, getrauen wir uns kaum mit Worten auszudrücken, ob wir uns gleich davon, nach der Kenntnis ihres Charakters, wohl einen stillen Begriff machen können, und eine schöne weibliche Seele sich in die ihrige denken und mit ihr empfinden kann.

So viel ist gewiß, sie war fest bei sich entschlossen, alles zu tun, um Werthern zu entfernen, und wenn sie zauderte, so war es eine herzliche, freundschaftliche Schonung, weil sie wußte, wie viel es ihm kosten, ja daß es ihm beinahe unmöglich sein würde. Doch ward sie in dieser Zeit mehr gedrängt, Ernst zu machen; es schwieg ihr Mann ganz über dies Verhältnis, wie sie auch immer darüber geschwiegen hatte, und um so mehr war ihr angelegen, ihm durch die Tat zu beweisen, wie ihre Gesinnungen der seinigen wert seien.

An demselben Tage, als Werther den zuletzt eingeschalteten Brief an seinen Freund geschrieben, es war der Sonntag vor Weihnachten, kam er abends zu Lotten und fand sie allein. Sie beschäftigte sich, einige Spielwerke in Ordnung zu bringen, die sie ihren kleinen Geschwistern zum Christgeschenke zurecht gemacht hatte. Er redete von dem Vergnügen, das die Kleinen haben würden, und von den Zeiten, da einen die unerwartete Öffnung der Tür und die Erscheinung eines aufgeputzten Baumes mit Wachslichtern, Zuckerwerk und Äpfeln in paradiesische Entzückung setzte. – „Sie sollen," sagte Lotte, indem sie ihre Verlegenheit unter ein liebes Lächeln verbarg, „Sie sollen auch beschert kriegen, wenn Sie recht geschickt sind; ein Wachsstöckchen und noch was." – „Und was heißen Sie geschickt sein?" rief er aus; „wie soll ich sein? wie kann ich sein? beste Lotte!" – „Donnerstag abend", sagte sie, „ist Weihnachtsabend, da kommen die Kinder, mein Vater auch, da kriegt jedes das Seinige, da kommen Sie auch – aber nicht eher." – Werther stutzte. – „Ich bitte Sie," fuhr sie fort, „es ist nun einmal so, ich bitte Sie um meiner Ruhe willen, es kann nicht, es kann nicht so bleiben." – Er wendete seine Augen von ihr und ging in der Stube auf und ab und murmelte das „Es kann nicht so bleiben!" zwischen den Zähnen. – Lotte, die den schrecklichen Zustand fühlte, worein ihn diese Worte versetzt hatten, suchte durch allerlei Fragen seine Gedanken abzulenken, aber vergebens. – „Nein, Lotte," rief er aus, „ich werde Sie nicht wiedersehen!" – „Warum das?" versetzte sie, „Werther, Sie können, Sie müssen uns wiedersehen, nur mäßigen Sie sich. O warum mußten Sie mit dieser Heftigkeit, dieser unbezwinglich haftenden Leidenschaft für alles, was Sie einmal anfassen, geboren werden! Ich bitte Sie," fuhr sie fort, indem sie ihn bei der Hand nahm, „mäßigen Sie sich! Ihr Geist, Ihre Wissenschaften, Ihre Talente, was bieten die Ihnen für mannigfaltige Ergetzungen dar! Sein Sie ein Mann, wenden Sie diese traurige Anhänglichkeit von einem Geschöpf, das nichts tun kann als Sie bedauern." – Er knirrte mit den Zähnen und sah sie düster an. – Sie hielt seine Hand. „Nur einen Augenblick ruhigen Sinn, Werther!" sagte sie. „Fühlen Sie nicht, daß Sie sich betriegen, sich mit Willen zugrunde richten! Warum denn mich, Werther? just mich, das Eigentum eines andern? just das? Ich fürchte, ich fürchte, es ist nur die Unmöglichkeit, mich zu besitzen, die Ihnen diesen

Wunsch so reizend macht." – Er zog seine Hand aus der ihrigen, indem er sie mit einem starren, unwilligen Blick ansah. „Weise!" rief er, „sehr weise! hat vielleicht Albert diese Anmerkung gemacht? Politisch! sehr politisch!" – „Es kann sie jeder machen." versetzte sie drauf. „Und sollte denn in der weiten Welt kein Mädchen sein, das die Wünsche Ihres Herzens erfüllte? Gewinnen Sie's über sich, suchen Sie darnach, und ich schwöre Ihnen, Sie werden sie finden; denn schon lange ängstigt mich, für Sie und uns, die Einschränkung, in die Sie sich diese Zeit her selbst gebannt haben. Gewinnen Sie es über sich, eine Reise wird Sie, muß Sie zerstreuen! Suchen Sie, finden Sie einen werten Gegenstand Ihrer Liebe, und kehren Sie zurück, und lassen Sie uns zusammen die Seligkeit einer wahren Freundschaft genießen."

„Das könnte man", sagte er mit einem kalten Lachen, „drucken lassen und allen Hofmeistern empfehlen. Liebe Lotte! lassen Sie mir noch ein klein wenig Ruh, es wird alles werden!" – „Nur das, Werther, daß Sie nicht eher kommen als Weihnachtsabend!" – Er wollte antworten, und Albert trat in die Stube. Man bot sich einen frostigen Guten Abend und ging verlegen im Zimmer neben einander auf und nieder. Werther fing einen unbedeutenden Diskurs an, der bald aus war, Albert desgleichen, der sodann seine Frau nach gewissen Aufträgen fragte und, als er hörte, sie seien noch nicht ausgerichtet, ihr einige Worte sagte, die Werthern kalt, ja gar hart vorkamen. Er wollte gehen, er konnte nicht und zauderte bis acht, da sich denn sein Unmut und Unwillen immer vermehrte, bis der Tisch gedeckt wurde, und er Hut und Stock nahm. Albert lud ihn zu bleiben, er aber, der nur ein unbedeutendes Kompliment zu hören glaubte, dankte kalt dagegen und ging weg.

Er kam nach Hause, nahm seinem Burschen, der ihm leuchten wollte, das Licht aus der Hand und ging allein in sein Zimmer, weinte laut, redete aufgebracht mit sich selbst, ging heftig die Stube auf und ab und warf sich endlich in seinen Kleidern aufs Bette, wo ihn der Bediente fand, der es gegen eilfe wagte hineinzugehn, um zu fragen, ob er dem Herrn die Stiefeln ausziehen sollte, das er denn zuließ und dem Bedienten verbot, den andern Morgen ins Zimmer zu kommen, bis er ihm rufen würde.

Montags früh, den einundzwanzigsten Dezember, schrieb er folgenden Brief an Lotten, den man nach seinem Tode versiegelt auf seinem Schreibtische gefunden und ihr überbracht hat, und den ich absatzweise hier einrücken will, so wie aus den Umständen erhellet, daß er ihn geschrieben habe.

„Es ist beschlossen, Lotte, ich will sterben, und das schreibe ich dir ohne romantische Überspannung, gelassen, an dem Morgen des Tages, an dem ich dich zum letzten Male sehen werde. Wenn du dieses liesest, meine Beste, deckt schon das kühle Grab die erstarrten Reste des Unruhigen, Unglücklichen, der für die letzten Augenblicke seines Lebens keine größere Süßigkeit weiß, als sich mit dir zu unterhalten. Ich habe eine schreckliche Nacht gehabt und, ach, eine wohltätige Nacht. Sie ist es, die meinen Entschluß befestiget, bestimmt hat: ich will sterben! Wie ich mich gestern von dir riß, in der fürchterlichen Empörung meiner Sinne, wie sich alles das nach meinem Herzen drängte und mein hoffnungsloses, freudeloses Dasein neben dir in gräßlicher Kälte mich anpackte – ich erreichte kaum mein Zimmer, ich warf mich außer mir auf meine Knie, und o Gott! du gewährtest mir das letzte Labsal der bittersten Tränen! Tausend Anschläge, tausend Aussichten wüteten durch meine Seele, und zuletzt stand er da, fest, ganz, der letzte, einzige Gedanke: ich will sterben! – Ich legte mich nieder, und morgens, in der Ruhe des Erwachens, steht er noch fest, noch ganz stark in meinem Herzen: ich will sterben! – Es ist nicht Verzweiflung, es ist Gewißheit, daß ich ausgetragen habe, und daß ich mich opfere für dich. Ja, Lotte! warum sollte ich es verschweigen? Eins von uns dreien muß hinweg, und das will ich sein! O meine Beste! in diesem zerrissenen Herzen ist es wütend herumgeschlichen, oft – deinen Mann zu ermorden! – dich! – mich! – So sei es denn! – Wenn du hinaufsteigst auf den Berg, an einem schönen Sommerabende, dann erinnere dich meiner, wie ich so oft das Tal heraufkam, und dann blicke nach dem

Kirchhofe hinüber nach meinem Grabe, wie der Wind das hohe Gras im Scheine der sinkenden Sonne hin und her wiegt. – Ich war ruhig, da ich anfing, nun, nun weine ich wie ein Kind, da alles das so lebhaft um mich wird. –"

Gegen zehn Uhr rief Werther seinem Bedienten, und unter dem Anziehen sagte er ihm, wie er in einigen Tagen verreisen würde, er solle daher die Kleider auskehren und alles zum Einpacken zurecht machen; auch gab er ihm Befehl, überall Kontos zu fordern, einige ausgeliehene Bücher abzuholen und einigen Armen, denen er wöchentlich etwas zu geben gewohnt war, ihr Zugeteiltes auf zwei Monate voraus zu bezahlen.

Er ließ sich das Essen auf die Stube bringen, und nach Tische ritt er hinaus zum Amtmanne, den er nicht zu Hause antraf. Er ging tiefsinnig im Garten auf und ab und schien noch zuletzt alle Schwermut der Erinnerung auf sich häufen zu wollen.

Die Kleinen ließen ihn nicht lange in Ruhe, sie verfolgten ihn, sprangen an ihm hinauf, erzählten ihm, daß, wenn morgen, und wieder morgen, und noch ein Tag wäre, sie die Christgeschenke bei Lotten holten, und erzählten ihm Wunder, die sich ihre kleine Einbildungskraft versprach. – „Morgen!" rief er aus, „und wieder morgen! und noch ein Tag!" – und küßte sie alle herzlich und wollte sie verlassen, als ihm der Kleine noch etwas in das Ohr sagen wollte. Der verriet ihm, die großen Brüder hätten schöne Neujahrswünsche geschrieben, so groß! und einen für den Papa, für Albert und Lotten einen und auch einen für Herrn Werther; die wollten sie am Neujahrstage früh überreichen. Das übermannte ihn, er schenkte jedem etwas, setzte sich zu Pferde, ließ den Alten grüßen und ritt mit Tränen in den Augen davon.

Gegen fünf kam er nach Hause, befahl der Magd, nach dem Feuer zu sehen und es bis in die Nacht zu unterhalten. Den Bedienten hieß er Bücher und Wäsche unten in den Koffer packen und die Kleider einnähen. Darauf schrieb er wahrscheinlich folgenden Absatz seines letzten Briefes an Lotten.

„Du erwartest mich nicht! du glaubst, ich würde gehorchen und erst Weihnachtsabend dich wieder sehn. O Lotte! heut oder nie mehr. Weihnachtsabend hältst du dieses Papier in deiner Hand, zitterst und benetzest es mit deinen lieben Tränen. Ich will, ich muß! O wie wohl ist es mir, daß ich entschlossen bin."

Lotte war indes in einen sonderbaren Zustand geraten. Nach der letzten Unterredung mit Werthern hatte sie empfunden, wie schwer es ihr fallen werde, sich von ihm zu trennen, was er leiden würde, wenn er sich von ihr entfernen sollte.

Es war wie im Vorübergehn in Alberts Gegenwart gesagt worden, daß Werther vor Weihnachtsabend nicht wieder kommen werde, und Albert war zu einem Beamten in der Nachbarschaft geritten, mit dem er Geschäfte abzutun hatte, und wo er über Nacht ausbleiben mußte.

Sie saß nun allein, keins von ihren Geschwistern war um sie, sie überließ sich ihren Gedanken, die stille über ihren Verhältnissen herumschweiften. Sie sah sich nun mit dem Mann auf ewig verbunden, dessen Liebe und Treue sie kannte, dem sie von Herzen zugetan war, dessen Ruhe, dessen Zuverlässigkeit recht vom Himmel dazu bestimmt zu sein schien, daß eine wackere Frau das Glück ihres Lebens darauf gründen sollte; sie fühlte, was er ihr und ihren Kindern auf immer sein würde. Auf der andern Seite war ihr Werther so teuer geworden, gleich von dem ersten Augenblick ihrer Bekanntschaft an hatte sich die Übereinstimmung ihrer Gemüter so schön gezeigt, der lange dauernde Umgang mit ihm, so manche durchlebte Situationen hatten einen unauslöschlichen Eindruck auf ihr Herz gemacht. Alles, was sie Interessantes fühlte und dachte, war sie gewohnt mit ihm zu teilen, und seine Entfernung drohete in ihr ganzes Wesen eine Lücke zu reißen, die nicht wieder ausgefüllt werden konnte. O, hätte sie ihn in dem Augenblick zum Bruder umwandeln können, wie glücklich wäre sie gewesen! Hätte sie ihn einer ihrer Freundinnen verheiraten dürfen, hätte sie hoffen können, auch sein Verhältnis gegen Albert ganz wieder herzustellen!

Sie hatte ihre Freundinnen der Reihe nach durchgedacht und fand bei einer jeglichen etwas auszusetzen, fand keine, der sie ihn gegönnt hätte.

Über allen diesen Betrachtungen fühlte sie erst tief, ohne sich es deutlich zu machen, daß ihr herzliches, heimliches Verlangen sei, ihn für sich zu behalten, und sagte sich daneben, daß sie ihn nicht behalten könne, behalten dürfe; ihr reines, schönes, sonst so leichtes und leicht sich helfendes Gemüt empfand den Druck einer Schwermut, dem die Aussicht zum Glück verschlossen ist. Ihr Herz war gepreßt, und eine trübe Wolke lag über ihrem Auge.

So war es halb sieben geworden, als sie Werthern die Treppe heraufkommen hörte und seinen Tritt, seine Stimme, die nach ihr fragte, bald erkannte. Wie schlug ihr Herz, und wir dürfen fast sagen zum erstenmal, bei seiner Ankunft. Sie hätte sich gern vor ihm verleugnen lassen, und als er hereintrat, rief sie ihm mit einer Art von leidenschaftlicher Verwirrung entgegen: „Sie haben nicht Wort gehalten." – „Ich habe nichts versprochen." war seine Antwort. – „So hätten Sie wenigstens meiner Bitte stattgeben sollen," versetzte sie, „ich bat Sie um unser beider Ruhe."

Sie wußte nicht recht, was sie sagte, ebensowenig was sie tat, als sie nach einigen Freundinnen schickte, um nicht mit Werthern allein zu sein. Er legte einige Bücher hin, die er gebracht hatte, fragte nach andern, und sie wünschte, bald daß ihre Freundinnen kommen, bald daß sie wegbleiben möchten. Das Mädchen kam zurück und brachte die Nachricht, daß sich beide entschuldigen ließen.

Sie wollte das Mädchen mit ihrer Arbeit in das Nebenzimmer sitzen lassen; dann besann sie sich wieder anders. Werther ging in der Stube auf und ab, sie trat ans Klavier und fing eine Menuett an, sie wollte nicht fließen. Sie nahm sich zusammen und setzte sich gelassen zu Werthern, der seinen gewöhnlichen Platz auf dem Kanapee eingenommen hatte.

„Haben Sie nichts zu lesen?" sagte sie. – Er hatte nichts. – „Da drin in meiner Schublade", fing sie an, „liegt Ihre Übersetzung einiger Gesänge Ossians; ich habe sie noch nicht gelesen, denn ich hoffte immer, sie von Ihnen zu hören; aber zeither hat sich's nicht finden, nicht machen wollen." – Er lächelte, holte die Lieder, ein Schauer überfiel ihn, als er sie in die Hände nahm, und die Augen standen ihm voll Tränen, als er hineinsah. Er setzte sich nieder und las.

„Stern der dämmernden Nacht, schön funkelst du in Westen, hebst dein strahlend Haupt aus deiner Wolke, wandelst stattlich deinen Hügel hin. Wornach blickst du auf die Heide? Die stürmenden Winde haben sich gelegt; von ferne kommt des Gießbachs Murmeln; rauschende Wellen spielen am Felsen ferne; das Gesumme der Abendfliegen schwärmet übers Feld. Wornach siehst du, schönes Licht? Aber du lächelst und gehst, freudig umgeben dich die Wellen und baden dein liebliches Haar. Lebe wohl, ruhiger Strahl. Erscheine, du herrliches Licht von Ossians Seele!

Und es erscheint in seiner Kraft. Ich sehe meine geschiedenen Freunde, sie sammeln sich auf Lora, wie in den Tagen, die vorüber sind. – Fingal kommt wie eine feuchte Nebelsäule; um ihn sind seine Helden, und, siehe! die Barden des Gesanges: Grauer Ullin! stattlicher Ryno! Alpin, lieblicher Sänger! und du, sanft klagende Minona! – Wie verändert seid ihr, meine Freunde, seit den festlichen Tagen auf Selma, da wir buhlten um die Ehre des Gesanges, wie Frühlingslüfte den Hügel hin wechselnd beugen das schwach lispelnde Gras.

Da trat Minona hervor in ihrer Schönheit, mit niedergeschlagenem Blick und tränenvollem Auge, schwer floß ihr Haar im unsteten Winde, der von dem Hügel herstieß. – Düster ward's in der Seele der Helden, als sie die liebliche Stimme erhob; denn oft hatten sie das Grab Salgars gesehen, oft die finstere Wohnung der weißen Colma. Colma, verlassen auf dem Hügel, mit der harmonischen Stimme; Salgar versprach zu kommen; aber ringsum zog sich die Nacht. Höret Colmas Stimme, da sie auf dem Hügel allein saß.

Colma

Es ist Nacht! – Ich bin allein, verloren auf dem stürmischen Hügel. Der Wind saust im Gebirge. Der Strom heult den Felsen hinab. Keine Hütte schützt mich vor Regen, mich Verlaßne auf dem stürmischen Hügel.

Tritt, o Mond, aus deinen Wolken, erscheinet, Sterne der Nacht! Leite mich irgend ein Strahl zu dem Orte, wo meine Liebe ruht von den Beschwerden der Jagd, sein Bogen neben ihm abgespannt, seine Hunde schnobend um ihn! Aber hier muß ich sitzen allein auf dem Felsen des verwachsenen Stroms. Der Strom und der Sturm saust, ich höre nicht die Stimme meines Geliebten.

Warum zaudert mein Salgar? Hat er sein Wort vergessen? – Da ist der Fels und der Baum und hier der rauschende Strom! Mit einbrechender Nacht versprachst du hier zu sein; ach! wohin hat sich mein Salgar verirrt? Mit dir wollt' ich fliehen, verlassen Vater und Bruder, die stolzen! Lange sind unsere Geschlechter Feinde, aber wir sind keine Feinde, o Salgar!

Schweig eine Weile, o Wind! still eine kleine Weile, o Strom, daß meine Stimme klinge durchs Tal, daß mein Wanderer mich höre. Salgar! ich bin's, die ruft! Hier ist der Baum und der Fels! Salgar! mein Lieber! hier bin ich; warum zauderst du zu kommen?

Sieh, der Mond erscheint, die Flut glänzt im Tale, die Felsen stehen grau den Hügel hinauf; aber ich seh' ihn nicht auf der Höhe, seine Hunde vor ihm her verkündigen nicht seine Ankunft. Hier muß ich sitzen allein.

Aber wer sind, die dort unten liegen auf der Heide? – Mein Geliebter? Mein Bruder? – Redet, o meine Freunde! Sie antworten nicht. Wie geängstet ist meine Seele! – Ach sie sind tot! Ihre Schwerter rot vom Gefechte! O mein Bruder, mein Bruder, warum hast du meinen Salgar erschlagen? O mein Salgar, warum hast du meinen Bruder erschlagen? Ihr wart mir beide so lieb! O du warst schön an dem Hügel unter Tausenden! Es war schrecklich in der Schlacht. Antwortet mir! hört meine Stimme, meine Geliebten! Aber ach, sie sind stumm, stumm auf ewig! Kalt wie die Erde ist ihr Busen!

O von dem Felsen des Hügels, von dem Gipfel des stürmenden Berges, redet, Geister der Toten! redet! mir soll es nicht grausen! – Wohin seid ihr zur Ruhe gegangen? In welcher Gruft des Gebirges soll ich euch finden? – Keine schwache Stimme vernehme ich im Winde, keine wehende Antwort im Sturme des Hügels.

Ich sitze in meinem Jammer, ich harre auf den Morgen in meinen Tränen. Wühlet das Grab, ihr Freunde der Toten, aber schließt es nicht, bis ich komme. Mein Leben schwindet wie ein Traum; wie sollt' ich zurückbleiben! Hier will ich wohnen mit meinen Freunden an dem Strome des klingenden Felsens – Wenn's Nacht wird auf dem Hügel, und Wind kommt über die Heide, soll mein Geist im Winde stehn und trauern den Tod meiner Freunde. Der Jäger hört mich aus seiner Laube, fürchtet meine Stimme und liebt sie; denn süß soll meine Stimme sein um meine Freunde, sie waren mir beide so lieb!

Das war dein Gesang, o Minona, Tormans sanft errötende Tochter. Unsere Tränen flossen um Colma, und unsere Seele ward düster.

Ullin trat auf mit der Harfe und gab uns Alpins Gesang – Alpins Stimme war freundlich, Rynos Seele ein Feuerstrahl. Aber schon ruhten sie im engen Hause, und ihre Stimme war verhallet in Selma. Einst kehrte Ullin zurück von der Jagd, ehe die Helden noch fielen. Er hörte ihren Wettegesang auf dem Hügel. Ihr Lied war sanft, aber traurig. Sie klagten Morars Fall, des ersten der Helden. Seine Seele war wie Fingals Seele, sein Schwert wie das Schwert Oskars – Aber er fiel, und sein Vater jammerte, und seiner Schwester Augen waren voll Tränen, Minonas Augen waren voll Tränen, der Schwester des herrlichen Morars. Sie trat zurück vor Ullins Gesang, wie der Mond in Westen, der den Sturmregen voraussieht und sein schönes Haupt in eine Wolke verbirgt. – Ich schlug die Harfe mit Ullin zum Gesange des Jammers.

Ryno

Vorbei sind Wind und Regen, der Mittag ist so heiter, die Wolken teilen sich. Fliehend bescheint den Hügel die unbeständige Sonne. Rötlich fließt der Strom des Bergs im Tale hin. Süß ist dein Murmeln, Strom; doch süßer die Stimme, die ich höre. Es ist Alpins Stimme, er bejammert den Toten. Sein Haupt ist vor Alter gebeugt und rot sein tränendes Auge. Alpin, trefflicher Sänger, warum allein auf dem schweigenden Hügel? Warum jammerst du wie ein Windstoß im Walde, wie eine Welle am fernen Gestade?

Alpin

Meine Tränen, Ryno, sind für den Toten, meine Stimme für die Bewohner des Grabs. Schlank bist du auf dem Hügel, schön unter den Söhnen der Heide. Aber du wirst fallen wie Morar, und auf deinem Grabe wird der Trauernde sitzen. Die Hügel werden dich vergessen, dein Bogen in der Halle liegen ungespannt.

Du warst schnell, o Morar, wie ein Reh auf dem Hügel, schrecklich wie die Nachtfeuer am Himmel. Dein Grimm war ein Sturm, dein Schwert in der Schlacht wie Wetterleuchten über der Heide. Deine Stimme glich dem Waldstrome nach dem Regen, dem Donner auf fernen Hügeln. Manche fielen von deinem Arm, die Flamme deines Grimmes verzehrte sie. Aber wenn du wiederkehrtest vom Kriege, wie friedlich war deine Stirne! dein Angesicht war gleich der Sonne nach dem Gewitter, gleich dem Monde in der schweigenden Nacht, ruhig deine Brust wie der See, wenn sich des Windes Brausen gelegt hat.

Eng ist nun deine Wohnung, finster deine Stätte! Mit drei Schritten mess' ich dein Grab, o du, der du ehe so groß warst! Vier Steine mit moosigen Häuptern sind dein einziges Gedächtnis; ein entblätterter Baum, langes Gras, das im Winde wispelt, deutet dem Auge des Jägers das Grab des mächtigen Morars. Keine Mutter hast du, dich zu beweinen, kein Mädchen mit Tränen der Liebe. Tot ist, die dich gebar, gefallen die Tochter von Morglan.

Wer auf seinem Stabe ist das? Wer ist es, dessen Haupt weiß ist vor Alter, dessen Augen rot sind von Tränen? Es ist dein Vater, o Morar, der Vater keines Sohnes außer dir. Er hörte von deinem Ruf in der Schlacht, er hörte von zerstobenen Feinden; er hörte Morars Ruhm! Ach! nichts von seiner Wunde? Weine, Vater Morars, weine! Aber dein Sohn hört dich nicht. Tief ist der Schlaf der Toten, niedrig ihr Kissen von Staube. Nimmer achtet er auf die Stimme, nie erwacht er auf deinen Ruf. O wann wird es Morgen im Grabe, zu bieten dem Schlummerer: Erwache!

Lebe wohl, edelster der Menschen, du Eroberer im Felde! Aber nimmer wird dich das Feld sehen, nimmer der düstere Wald leuchten vom Glanze deines Stahls. Du hinterließest keinen Sohn, aber der Gesang soll deinen Namen erhalten, künftige Zeiten sollen von dir hören, hören von dem gefallenen Morar. –

Laut war die Trauer der Helden, am lautesten Armins berstender Seufzer. Ihn erinnerte es an den Tod seines Sohnes, er fiel in den Tagen der Jugend. Carmor saß nah bei dem Helden, der Fürst des hallenden Galmal. ‚Warum schluchzet der Seufzer Armins?' sprach er, ‚was ist hier zu weinen? Klingt nicht Lied und Gesang, die Seele zu schmelzen und zu ergetzen? sie sind wie sanfter Nebel, der steigend vom See aufs Tal sprüht, und die blühenden Blumen füllet das Naß; aber die Sonne kommt wieder in ihrer Kraft, und der Nebel ist gegangen. Warum bist du so jammervoll, Armin, Herrscher des seeumflossenen Gorma?'

‚Jammervoll! Wohl das bin ich, und nicht gering die Ursache meines Wehs. – Carmor, du verlorst keinen Sohn, verlorst keine blühende Tochter; Colgar, der Tapfere, lebt, und Annira, die schönste der Mädchen. Die Zweige deines Hauses blühen, o Carmor; aber Armin ist der Letzte seines Stammes. Finster ist dein Bett, o Daura! dumpf ist dein Schlaf in dem Grabe – Wann erwachst du mit deinen Gesängen, mit deiner melodischen Stimme? Auf, ihr Winde des Herbstes! auf, stürmt über die finstere Heide! Waldströme, braust! Heult, Stürme, im Gipfel der Eichen! Wandle durch gebrochene Wolken, o Mond, zeige wechselnd dein bleiches Gesicht! Erinnre mich der schrecklichen Nacht, da meine Kinder umkamen, da Arindal, der Mächtige, fiel, Daura, die Liebe, verging.

Daura, meine Tochter, du warst schön, schön wie der Mond auf den Hügeln von Fura, weiß wie der gefallene

Schnee, süß wie die atmende Luft! Arindal, dein Bogen war stark, dein Speer schnell auf dem Felde, dein Blick wie Nebel auf der Welle, dein Schild eine Feuerwolke im Sturme!

Armar, berühmt im Kriege, kam und warb um Dauras Liebe; sie widerstand nicht lange. Schön waren die Hoffnungen ihrer Freunde.

Erath, der Sohn Odgals, grollte, denn sein Bruder lag erschlagen von Armar. Er kam, in einen Schiffer verkleidet. Schön war sein Nachen auf der Welle, weiß seine Locken vor Alter, ruhig sein ernstes Gesicht. ‚Schönste der Mädchen,‘ sagte er, ‚liebliche Tochter von Armin, dort am Felsen, nicht fern in der See, wo die rote Frucht vom Baume herblinkt, dort wartet Armar auf Daura; ich komme, seine Liebe zu führen über die rollende See.‘

Sie folgt' ihm und rief nach Armar; nichts antwortete als die Stimme des Felsens. ‚Armar! mein Lieber! mein Lieber! warum ängstest du mich so? Höre, Sohn Arnarths! höre! Daura ist's, die dich ruft!‘

Erath, der Verräter, floh lachend zum Lande. Sie erhob ihre Stimme, rief nach ihrem Vater und Bruder: ‚Arindal! Armin! Ist keiner, seine Daura zu retten?‘

Ihre Stimme kam über die See. Arindal, mein Sohn, stieg vom Hügel herab, rauh in der Beute der Jagd, seine Pfeile rasselten an seiner Seite, seinen Bogen trug er in der Hand, fünf schwarzgraue Doggen waren um ihn. Er sah den kühnen Erath am Ufer, faßt' und band ihn an die Eiche, fest umflocht er seine Hüften, der Gefesselte füllte mit Ächzen die Winde.

Arindal betritt die Wellen in seinem Boote, Daura herüber zu bringen. Armar kam in seinem Grimme, drückt' ab den grau befiederten Pfeil, er klang, er sank in dein Herz, o Arindal, mein Sohn! Statt Eraths, des Verräters, kamst du um, das Boot erreichte den Felsen, er sank dran nieder und starb. Zu deinen Füßen floß deines Bruders Blut, welch war dein Jammer, o Daura!

Die Wellen zerschmettern das Boot. Armar stürzt sich in die See, seine Daura zu retten oder zu sterben. Schnell stürmte ein Stoß vom Hügel in die Wellen, er sank und hob sich nicht wieder.

Allein auf dem seebespülten Felsen hört' ich die Klagen meiner Tochter. Viel und laut war ihr Schreien, doch konnt' sie ihr Vater nicht retten. Die ganze Nacht stand ich am Ufer, ich sah sie im schwachen Strahle des Mondes, die ganze Nacht hört' ich ihr Schreien, laut war der Wind, und der Regen schlug scharf nach der Seite des Berges. Ihre Stimme ward schwach, ehe der Morgen erschien, sie starb weg wie die Abendluft zwischen dem Grase der Felsen. Beladen mit Jammer starb sie und ließ Armin allein! Dahin ist meine Stärke im Kriege, gefallen mein Stolz unter den Mädchen.

Wenn die Stürme des Berges kommen, wenn der Nord die Wellen hochhebt, sitz' ich am schallenden Ufer, schaue nach dem schrecklichen Felsen. Oft im sinkenden Monde seh' ich die Geister meiner Kinder, halb dämmernd wandeln sie zusammen in trauriger Eintracht.' "

Ein Strom von Tränen, der aus Lottens Augen brach und ihrem gepreßten Herzen Luft machte, hemmte Werthers Gesang. Er warf das Papier hin, faßte ihre Hand und weinte die bittersten Tränen. Lotte ruhte auf der andern und verbarg ihre Augen ins Schnupftuch. Die Bewegung beider war fürchterlich. Sie fühlten ihr eigenes Elend in dem Schicksale der Edlen, fühlten es zusammen, und ihre Tränen vereinigten sich. Die Lippen und Augen Werthers glühten an Lottens Arme; ein Schauer überfiel sie; sie wollte sich entfernen, und Schmerz und Anteil lagen betäubend wie Blei auf ihr. Sie atmete, sich zu erholen, und bat ihn schluchzend fortzufahren, bat mit der ganzen Stimme des Himmels! Werther zitterte, sein Herz wollte bersten, er hob das Blatt auf und las halb gebrochen:

„Warum weckst du mich, Frühlingsluft? Du buhlst und sprichst: Ich betaue mit Tropfen des Himmels! Aber die Zeit meines Welkens ist nahe, nahe der Sturm, der meine Blätter herabstört! Morgen wird der Wanderer kommen, kommen der mich sah in meiner Schönheit, ringsum wird sein Auge im Felde mich suchen und wird mich nicht finden. –"

Die ganze Gewalt dieser Worte fiel über den Unglücklichen. Er warf sich vor Lotten nieder in der vollen Verzweifelung, faßte ihre Hände, drückte sie in seine Augen, wider seine Stirn, und ihr schien eine Ahnung seines schrecklichen Vorhabens durch die Seele zu fliegen. Ihre Sinne verwirrten sich, sie drückte seine Hände, drückte sie wider ihre Brust, neigte sich mit einer wehmütigen Bewegung zu ihm, und ihre glühenden Wangen berührten sich. Die Welt verging ihnen. Er schlang seine Arme um sie her, preßte sie an seine Brust und deckte ihre zitternden, stammelnden Lippen mit wütenden Küssen. – „Werther!" rief sie mit erstickter Stimme, sich abwendend, „Werther!", und drückte mit schwacher Hand seine Brust von der ihrigen; „Werther!" rief sie mit dem gefaßten Tone des edelsten Gefühles. – Er widerstand nicht, ließ sie aus seinen Armen und warf sich unsinnig vor sie hin. – Sie riß sich auf, und in ängstlicher Verwirrung, bebend zwischen Liebe und Zorn, sagte sie: „Das ist das letzte Mal! Werther! Sie sehn mich nicht wieder." Und mit dem vollsten Blick der Liebe auf den Elenden eilte sie ins Nebenzimmer und schloß hinter sich zu. – Werther streckte ihr die Arme nach, getraute sich nicht, sie zu halten. Er lag an der Erde, den Kopf auf dem Kanapee, und in dieser Stellung blieb er über eine halbe Stunde, bis ihn ein Geräusch zu sich selbst rief. Es war das Mädchen, das den Tisch decken wollte. Er ging im Zimmer auf und ab, und da er sich wieder allein sah, ging er zur Türe des Kabinetts und rief mit leiser Stimme: „Lotte! Lotte! nur noch *ein* Wort! Ein Lebewohl!" – Sie schwieg. – Er harrte und bat und harrte; dann riß er sich weg und rief: „Lebe wohl, Lotte! Auf ewig lebe wohl!"

Er kam ans Stadttor. Die Wächter, die ihn schon gewohnt waren, ließen ihn stillschweigend hinaus. Es stiebte zwischen Regen und Schnee, und erst gegen eilfe klopfte er wieder. Sein Diener bemerkte, als Werther nach Hause kam, daß seinem Herrn der Hut fehlte. Er getraute sich nicht, etwas zu sagen, entkleidete ihn, alles war naß. Man hat nachher den Hut auf einem Felsen, der an dem Abhange des Hügels ins Tal sieht, gefunden, und es ist unbegreiflich, wie er ihn in einer finstern, feuchten Nacht, ohne zu stürzen, erstiegen hat.

Er legte sich zu Bette und schlief lange. Der Bediente fand ihn schreibend, als er ihm den andern Morgen auf sein Rufen den Kaffee brachte. Er schrieb folgendes am Briefe an Lotten:

„Zum letztenmale denn, zum letztenmale schlage ich diese Augen auf. Sie sollen, ach, die Sonne nicht mehr sehn, ein trüber, neblichter Tag hält sie bedeckt. So traure denn, Natur! dein Sohn, dein Freund, dein Geliebter naht sich seinem Ende. Lotte, das ist ein Gefühl ohnegleichen, und doch kommt es dem dämmernden Traum am nächsten, zu sich zu sagen: das ist der letzte Morgen. Der letzte! Lotte, ich habe keinen Sinn für das Wort: der letzte! Stehe ich nicht da in meiner ganzen Kraft, und morgen liege ich ausgestreckt und schlaff am Boden. Sterben! was heißt das? Siehe, wir träumen, wenn wir vom Tode reden. Ich habe manchen sterben sehen; aber so eingeschränkt ist die Menschheit, daß sie für ihres Daseins Anfang und Ende keinen Sinn hat. Jetzt noch mein, dein! dein, o Geliebte! Und einen Augenblick – getrennt, geschieden – vielleicht auf ewig? – Nein, Lotte, nein – Wie kann ich vergehen? wie kannst du vergehen? Wir sind ja! – Vergehen! – Was heißt das? Das ist wieder ein Wort, ein leerer Schall, ohne Gefühl für mein Herz. – – Tot, Lotte! eingescharrt der kalten Erde, so eng! so finster! – Ich hatte eine Freundin, die mein alles war meiner hülflosen Jugend; sie starb, und ich folgte ihrer Leiche und stand an dem Grabe, wie sie den Sarg hinunterließen und die Seile schnurrend unter ihm weg und wieder herauf schnellten, dann die erste Schaufel hinunterschollerte, und die ängstliche Lade einen dumpfen Ton wiedergab, und dumpfer und immer dumpfer, und endlich bedeckt war! – Ich stürzte neben das Grab hin – ergriffen, erschüttert, geängstet, zerrissen mein Innerstes, aber ich wußte nicht, wie mir geschah – wie mir geschehen wird – Sterben! Grab! ich verstehe die Worte nicht!

O vergib mir! vergib mir! Gestern! Es hätte der letzte Augenblick meines Lebens sein sollen. O du Engel! Zum ersten Male, zum ersten Male ganz ohne Zweifel durch mein innig Innerstes durchglühte mich das Wonnegefühl:

Sie liebt mich! Sie liebt mich! Es brennt noch auf meinen Lippen das heilige Feuer, das von den deinigen strömte, neue, warme Wonne ist in meinem Herzen. Vergib mir! vergib mir!

Ach, ich wußte, daß du mich liebtest, wußte es an den ersten seelenvollen Blicken, an dem ersten Händedruck, und doch, wenn ich wieder weg war, wenn ich Alberten an deiner Seite sah, verzagte ich wieder in fieberhaften Zweifeln.

Erinnerst du dich der Blumen, die du mir schicktest, als du in jener fatalen Gesellschaft mir kein Wort sagen, keine Hand reichen konntest? o, ich habe die halbe Nacht davor gekniet, und sie versiegelten mir deine Liebe. Aber ach! diese Eindrücke gingen vorüber, wie das Gefühl der Gnade seines Gottes allmählich wieder aus der Seele des Gläubigen weicht, die ihm mit ganzer Himmelsfülle in heiligen, sichtbaren Zeichen gereicht ward.

Alles das ist vergänglich, aber keine Ewigkeit soll das glühende Leben auslöschen, das ich gestern auf deinen Lippen genoß, das ich in mir fühle! Sie liebt mich! Dieser Arm hat sie umfaßt, diese Lippen haben auf ihren Lippen gezittert, dieser Mund hat an dem ihrigen gestammelt. Sie ist mein! du bist mein! ja, Lotte, auf ewig.

Und was ist das, daß Albert dein Mann ist? Mann! Das wäre denn für diese Welt – und für diese Welt Sünde, daß ich dich liebe, daß ich dich aus seinen Armen in die meinigen reißen möchte? Sünde? Gut, und ich strafe mich dafür; ich habe sie in ihrer ganzen Himmelswonne geschmeckt, diese Sünde, habe Lebensbalsam und Kraft in mein Herz gesaugt. Du bist von diesem Augenblicke mein! mein, o Lotte! Ich gehe voran! gehe zu meinem Vater, zu deinem Vater. Dem will ich's klagen, und er wird mich trösten, bis du kommst, und ich fliege dir entgegen und fasse dich und bleibe bei dir vor dem Angesichte des Unendlichen in ewigen Umarmungen.

Ich träume nicht, ich wähne nicht! Nahe am Grabe wird mir es heller. Wir werden sein! wir werden uns wieder sehen! Deine Mutter sehen! ich werde sie sehen, werde sie finden, ach, und vor ihr mein ganzes Herz ausschütten! Deine Mutter, dein Ebenbild."

Gegen eilfe fragte Werther seinen Bedienten, ob wohl Albert zurückgekommen sei? Der Bediente sagte: ja, er habe dessen Pferd dahinführen sehen. Darauf gibt ihm der Herr ein offenes Zettelchen des Inhalts:

„Wollten Sie mir wohl zu einer vorhabenden Reise Ihre Pistolen leihen? Leben Sie recht wohl!“

Die liebe Frau hatte die letzte Nacht wenig geschlafen; was sie gefürchtet hatte, war entschieden, auf eine Weise entschieden, die sie weder ahnen noch fürchten konnte. Ihr sonst so rein und leicht fließendes Blut war in einer fieberhaften Empörung, tausenderlei Empfindungen zerrütteten das schöne Herz. War es das Feuer von Werthers Umarmungen, das sie in ihrem Busen fühlte? War es Unwille über seine Verwegenheit? War es eine unmutige Vergleichung ihres gegenwärtigen Zustandes mit jenen Tagen ganz unbefangener, freier Unschuld und sorglosen Zutrauens an sich selbst? Wie sollte sie ihrem Manne entgegengehen, wie ihm eine Szene bekennen, die sie so gut gestehen durfte, und die sie sich doch zu gestehen nicht getraute? Sie hatten so lange gegen einander geschwiegen, und sollte sie die erste sein, die das Stillschweigen bräche und eben zur unrechten Zeit ihrem Gatten eine so unerwartete Entdeckung machte? Schon fürchtete sie, die bloße Nachricht von Werthers Besuch werde ihm einen unangenehmen Eindruck machen, und nun gar diese unerwartete Katastrophe! Konnte sie wohl hoffen, daß ihr Mann sie ganz im rechten Lichte sehen, ganz ohne Vorurteil aufnehmen würde? Und konnte sie wünschen, daß er in ihrer Seele lesen möchte? Und doch wieder, konnte sie sich verstellen gegen den Mann, vor dem sie immer wie ein kristallhelles Glas offen und frei gestanden und dem sie keine ihrer Empfindungen jemals verheimlicht noch verheimlichen können? Eins und das andre machte ihr Sorgen und setzte sie in Verlegenheit; und immer kehrten ihre Gedanken wieder zu Werthern, der für sie verloren war, den sie nicht lassen konnte, den sie – leider! – sich selbst überlassen mußte, und dem, wenn er sie verloren hatte, nichts mehr übrig blieb.

Wie schwer lag jetzt, was sie sich in dem Augenblick nicht deutlich machen konnte, die Stockung auf ihr, die sich unter ihnen festgesetzt hatte! So verständige, so gute Menschen fingen wegen gewisser heimlicher Verschiedenheiten unter einander zu schweigen an, jedes dachte seinem Recht und dem Unrechte des andern nach, und die Verhältnisse verwickelten und verhetzten sich dergestalt, daß es unmöglich ward, den Knoten eben in dem kritischen Momente, von dem alles abhing, zu lösen. Hätte eine glückliche Vertraulichkeit sie früher wieder einander näher gebracht, wäre Liebe und Nachsicht wechselsweise unter ihnen lebendig worden und hätte ihre Herzen aufgeschlossen, vielleicht wäre unser Freund noch zu retten gewesen.

Noch ein sonderbarer Umstand kam dazu. Werther hatte, wie wir aus seinen Briefen wissen, nie ein Geheimnis daraus gemacht, daß er sich diese Welt zu verlassen sehnte. Albert hatte ihn oft bestritten, auch war zwischen Lotten und ihrem Mann manchmal die Rede davon gewesen. Dieser, wie er einen entschiedenen Widerwillen gegen die Tat empfand, hatte auch gar oft mit einer Art von Empfindlichkeit, die sonst ganz außer seinem Charakter lag, zu erkennen gegeben, daß er an dem Ernst eines solchen Vorsatzes sehr zu zweifeln Ursach' finde, er hatte sich sogar darüber einigen Scherz erlaubt und seinen Unglauben Lotten mitgeteilt. Dies beruhigte sie zwar von einer Seite, wenn ihre Gedanken ihr das traurige Bild vorführten, von der andern aber fühlte sie sich auch dadurch gehindert, ihrem Manne die Besorgnisse mitzuteilen, die sie in dem Augenblicke quälten.

Albert kam zurück, und Lotte ging ihm mit einer verlegenen Hastigkeit entgegen, er war nicht heiter, sein Geschäft war nicht vollbracht, er hatte an dem benachbarten Amtmanne einen unbiegsamen, kleinsinnigen Menschen gefunden. Der üble Weg auch hatte ihn verdrießlich gemacht.

Er fragte, ob nichts vorgefallen sei, und sie antwortete mit Übereilung: Werther sei gestern abends dagewesen. Er fragte, ob Briefe gekommen, und er erhielt zur Antwort, daß ein Brief und Pakete auf seiner Stube lägen. Er ging hinüber, und Lotte blieb allein. Die Gegenwart des

Mannes, den sie liebte und ehrte, hatte einen neuen Eindruck in ihr Herz gemacht. Das Andenken seines Edelmuts, seiner Liebe und Güte hatte ihr Gemüt mehr beruhigt, sie fühlte einen heimlichen Zug, ihm zu folgen, sie nahm ihre Arbeit und ging auf sein Zimmer, wie sie mehr zu tun pflegte. Sie fand ihn beschäftigt, die Pakete zu erbrechen und zu lesen. Einige schienen nicht das Angenehmste zu enthalten. Sie tat einige Fragen an ihn, die er kurz beantwortete, und sich an den Pult stellte, zu schreiben.

Sie waren auf diese Weise eine Stunde nebeneinander gewesen, und es ward immer dunkler in Lottens Gemüt. Sie fühlte, wie schwer es ihr werden würde, ihrem Mann, auch wenn er bei dem besten Humor wäre, das zu entdecken, was ihr auf dem Herzen lag; sie verfiel in eine Wehmut, die ihr um desto ängstlicher ward, als sie solche zu verbergen und ihre Tränen zu verschlucken suchte.

Die Erscheinung von Werthers Knaben setzte sie in die größte Verlegenheit; er überreichte Alberten das Zettelchen, der sich gelassen nach seiner Frau wendete und sagte: „Gib ihm die Pistolen.“ – „Ich lasse ihm glückliche Reise wünschen.“ sagte er zum Jungen. – Das fiel auf sie wie ein Donnerschlag, sie schwankte aufzustehen, sie wußte nicht, wie ihr geschah. Langsam ging sie nach der Wand, zitternd nahm sie das Gewehr herunter, putzte den Staub ab und zauderte, und hätte noch lange gezögert, wenn nicht Albert durch einen fragenden Blick sie gedrängt hätte. Sie gab das unglückliche Werkzeug dem Knaben, ohne ein Wort vorbringen zu können, und als der zum Hause hinaus war, machte sie ihre Arbeit zusammen, ging in ihr Zimmer, in dem Zustande der unaussprechlichsten Ungewißheit. Ihr Herz weissagte ihr alle Schrecknisse. Bald war sie im Begriffe, sich zu den Füßen ihres Mannes zu werfen, ihm alles zu entdecken, die Geschichte des gestrigen Abends, ihre Schuld und ihre Ahnungen. Dann sah sie wieder keinen Ausgang des Unternehmens, am wenigsten konnte sie hoffen, ihren Mann zu einem Gange nach Werthern zu bereden. Der Tisch ward gedeckt, und eine gute Freundin, die nur etwas zu fragen kam, gleich gehen wollte – und blieb, machte die Unterhaltung bei Tische erträglich; man zwang sich, man redete, man erzählte, man vergaß sich.

Der Knabe kam mit den Pistolen zu Werthern, der sie ihm mit Entzücken abnahm, als er hörte, Lotte habe sie ihm gegeben. Er ließ sich Brot und Wein bringen, hieß den Knaben zu Tische gehen und setzte sich nieder, zu schreiben.

„Sie sind durch deine Hände gegangen, du hast den Staub davon geputzt, ich küsse sie tausendmal, du hast sie berührt! Und du, Geist des Himmels, begünstigst meinen Entschluß, und du, Lotte, reichst mir das Werkzeug, du, von deren Händen ich den Tod zu empfangen wünschte, und ach! nun empfange. O ich habe meinen Jungen ausgefragt. Du zittertest, als du sie ihm reichtest, du sagtest kein Lebewohl! – Wehe! wehe! kein Lebewohl! – Solltest du dein Herz für mich verschlossen haben, um des Augenblicks willen, der mich ewig an dich befestigte? Lotte, kein Jahrtausend vermag den Eindruck auszulöschen! und ich fühle es, du kannst den nicht hassen, der so für dich glüht."

Nach Tische hieß er den Knaben alles vollends einpacken, zerriß viele Papiere, ging aus und brachte noch kleine Schulden in Ordnung. Er kam wieder nach Hause, ging wieder aus vors Tor, ungeachtet des Regens, in den gräflichen Garten, schweifte weiter in der Gegend umher und kam mit anbrechender Nacht zurück und schrieb.

„Wilhelm, ich habe zum letzten Male Feld und Wald und den Himmel gesehen. Leb wohl auch du! Liebe Mutter, verzeiht mir! Tröste sie, Wilhelm! Gott segne euch! Meine Sachen sind alle in Ordnung. Lebt wohl! wir sehen uns wieder und freudiger."

„Ich habe dir übel gelohnt, Albert, und du vergibst mir. Ich habe den Frieden deines Hauses gestört, ich habe Mißtrauen zwischen euch gebracht. Lebe wohl! ich will es enden. O daß ihr glücklich wäret durch meinen Tod! Albert! Albert! mache den Engel glücklich! Und so wohne Gottes Segen über dir!"

Er kramte den Abend noch viel in seinen Papieren, zerriß vieles und warf es in den Ofen, versiegelte einige Päcke mit den Adressen an Wilhelm. Sie enthielten kleine Aufsätze, abgerissene Gedanken, deren ich verschiedene gesehen habe; und nachdem er um zehn Uhr Feuer hatte nachlegen und sich eine Flasche Wein geben lassen, schickte er den Bedienten, dessen Kammer wie auch die Schlafzimmer der Hausleute weit hinten hinaus waren, zu Bette, der sich dann in seinen Kleidern niederlegte, um frühe bei der Hand zu sein; denn sein Herr hatte gesagt, die Postpferde würden vor sechse vors Haus kommen.

„Nach eilfe.

Alles ist so still um mich her, und so ruhig meine Seele. Ich danke dir, Gott, der du diesen letzten Augenblicken diese Wärme, diese Kraft schenkest.

Ich trete an das Fenster, meine Beste, und sehe, und sehe noch durch die stürmenden, vorüberfliehenden Wolken einzelne Sterne des ewigen Himmels! Nein, ihr werdet nicht fallen! der Ewige trägt euch an seinem Herzen, und mich. Ich sehe die Deichselsterne des Wagens, des liebsten unter allen Gestirnen. Wenn ich nachts von dir ging, wie ich aus deinem Tore trat, stand er gegen mir über. Mit welcher Trunkenheit habe ich ihn oft angesehen, oft mit aufgehabenen Händen ihn zum Zeichen, zum heiligen Merksteine meiner gegenwärtigen Seligkeit gemacht! und noch – O Lotte, was erinnert mich nicht an dich! umgibst du mich nicht! und habe ich nicht, gleich einem Kinde, ungenügsam allerlei Kleinigkeiten zu mir gerissen, die du Heilige berührt hattest!

Liebes Schattenbild! Ich vermache dir es zurück, Lotte, und bitte dich, es zu ehren. Tausend, tausend Küsse habe ich darauf gedrückt, tausend Grüße ihm zugewinkt, wenn ich ausging oder nach Hause kam.

Ich habe deinen Vater in einem Zettelchen gebeten, meine Leiche zu schützen. Auf dem Kirchhofe sind zwei Lindenbäume, hinten in der Ecke nach dem Felde zu; dort wünsche ich zu ruhen. Er kann, er wird das für seinen Freund tun. Bitte ihn auch. Ich will frommen Christen nicht zumuten, ihren Körper neben einen armen Unglücklichen zu legen. Ach, ich wollte, ihr begrübt mich am Wege, oder im einsamen Tale, daß Priester und Levit vor dem bezeichneten Steine sich segnend vorübergingen und der Samariter eine Träne weinte.

Hier, Lotte! Ich schaudre nicht, den kalten, schrecklichen Kelch zu fassen, aus dem ich den Taumel des Todes trinken soll! Du reichtest mir ihn, und ich zage nicht. All! all! So sind alle die Wünsche und Hoffnungen meines Lebens erfüllt! So kalt, so starr an der ehernen Pforte des Todes anzuklopfen.

Daß ich des Glückes hätte teilhaftig werden können, für dich zu sterben! Lotte, für dich mich hinzugeben! Ich wollte mutig, ich wollte freudig sterben, wenn ich dir die Ruhe, die Wonne deines Lebens wiederschaffen könnte. Aber ach! das ward nur wenigen Edeln gegeben, ihr Blut für die Ihrigen zu vergießen und durch ihren Tod ein neues, hundertfältiges Leben ihren Freunden anzufachen.

In diesen Kleidern, Lotte, will ich begraben sein, du hast sie berührt, geheiligt; ich habe auch deinen Vater darum gebeten. Meine Seele schwebt über dem Sarge. Man soll meine Taschen nicht aussuchen. Diese blaßrote Schleife, die du am Busen hattest, als ich dich zum ersten Male unter deinen Kindern fand – O küsse sie tausendmal und erzähle ihnen das Schicksal ihres unglücklichen Freundes. Die Lieben! sie wimmeln um mich. Ach wie ich mich an dich schloß! seit dem ersten Augenblicke dich nicht lassen konnte! – Diese Schleife soll mit mir begraben werden. An meinem Geburtstage schenktest du sie mir! Wie ich das alles verschlang! – Ach, ich dachte nicht, daß mich der Weg hierher führen sollte! – – Sei ruhig! ich bitte dich, sei ruhig! –

Sie sind geladen – Es schlägt zwölfe! So sei es denn! – Lotte! Lotte, lebe wohl! lebe wohl!“

Ein Nachbar sah den Blick vom Pulver und hörte den Schuß fallen; da aber alles stille blieb, achtete er nicht weiter drauf.

Morgens um sechse tritt der Bediente herein mit dem Lichte. Er findet seinen Herrn an der Erde, die Pistole und Blut. Er ruft, er faßt ihn an; keine Antwort, er röchelt nur noch. Er läuft nach den Ärzten, nach Alberten. Lotte hört die Schelle ziehen, ein Zittern ergreift alle ihre Glieder. Sie weckt ihren Mann, sie stehen auf, der Bediente bringt heulend und stotternd die Nachricht, Lotte sinkt ohnmächtig vor Alberten nieder.

Als der Medikus zu dem Unglücklichen kam, fand er ihn an der Erde ohne Rettung, der Puls schlug, die Glieder waren alle gelähmt. Über dem rechten Auge hatte er sich durch den Kopf geschossen, das Gehirn war herausgetrieben. Man ließ ihm zum Überfluß eine Ader am Arme, das Blut lief, er holte noch immer Atem.

Aus dem Blut auf der Lehne des Sessels konnte man schließen, er habe sitzend vor dem Schreibtische die Tat vollbracht, dann ist er heruntergesunken, hat sich konvulsivisch um den Stuhl herumgewälzt. Er lag gegen das Fenster entkräftet auf dem Rücken, war in völliger Kleidung, gestiefelt, im blauen Frack mit gelber Weste.

Das Haus, die Nachbarschaft, die Stadt kam in Aufruhr. Albert trat herein. Werthern hatte man auf das Bett gelegt, die Stirn verbunden, sein Gesicht schon wie eines Toten, er rührte kein Glied. Die Lunge röchelte noch fürchterlich, bald schwach, bald stärker; man erwartete sein Ende.

Von dem Weine hatte er nur ein Glas getrunken. „Emilia Galotti" lag auf dem Pulte aufgeschlagen.

Von Alberts Bestürzung, von Lottens Jammer laßt mich nichts sagen.

Der alte Amtmann kam auf die Nachricht hereingesprengt, er küßte den Sterbenden unter den heißesten Tränen. Seine ältesten Söhne kamen bald nach ihm zu Fuße, sie fielen neben dem Bette nieder im Ausdrucke des unbändigsten Schmerzens, küßten ihm die Hände und den Mund, und der älteste, den er immer am meisten geliebt, hing an seinen Lippen, bis er verschieden war und man den Knaben mit Gewalt wegriß. Um zwölfe mittags starb er. Die Gegenwart des Amtmannes und seine Anstalten tuschten einen Auflauf. Nachts gegen eilfe ließ er ihn an die Stätte begraben, die er sich erwählt hatte. Der Alte folgte der Leiche und die Söhne, Albert vermocht's nicht. Man fürchtete für Lottens Leben. Handwerker trugen ihn. Kein Geistlicher hat ihn begleitet.

UNTERHALTUNGEN DEUTSCHER AUSGEWANDERTEN

In jenen unglücklichen Tagen, welche für Deutschland, für Europa, ja für die übrige Welt die traurigsten Folgen hatten, als das Heer der Franken durch eine übelverwahrte Lücke in unser Vaterland einbrach, verließ eine edle Familie ihre Besitzungen in jenen Gegenden und entfloh über den Rhein, um den Bedrängnissen zu entgehen, womit alle ausgezeichneten Personen bedrohet waren, denen man zum Verbrechen machte, daß sie sich ihrer Väter mit Freuden und Ehren erinnerten und mancher Vorteile genossen, die ein wohldenkender Vater seinen Kindern und Nachkommen so gern zu verschaffen wünschte.

Die Baronesse von C., eine Witwe von mittlern Jahren, erwies sich auch jetzt auf dieser Flucht, wie sonst zu Hause, zum Troste ihrer Kinder, Verwandten und Freunde entschlossen und tätig. In einer weiten Sphäre erzogen und durch mancherlei Schicksale ausgebildet, war sie als eine treffliche Hausmutter bekannt, und jede Art von Geschäft erschien ihrem durchdringenden Geiste willkommen. Sie wünschte vielen zu dienen, und ihre ausgebreitete Bekanntschaft setzte sie instand, es zu tun. Nun mußte sie sich unerwartet als Führerin einer kleinen Karawane darstellen und verstand auch diese zu leiten, für sie zu sorgen und den guten Humor, wie er sich zeigte, in ihrem Kreise auch mitten unter Bangigkeit und Not zu unterhalten. Und wirklich stellte sich bei unsern Flüchtlingen die gute Laune nicht selten ein; denn überraschende Vorfälle, neue Verhältnisse gaben den aufgespannten Gemütern manchen Stoff zu Scherz und Lachen.

Bei der übereilten Flucht war das Betragen eines jeden charakteristisch und auffallend. Das eine ließ sich durch eine falsche Furcht, durch ein unzeitiges Schrecken hinreißen; das andere gab einer unnötigen Sorge Raum, und alles, was dieser zuviel, jener zuwenig tat, jeder Fall, wo sich Schwäche in Nachgiebigkeit oder Übereilung zeigte, gab in der Folge Gelegenheit, sich wechselseitig zu plagen und aufzuziehen, so daß dadurch diese traurigen Zustände lustiger wurden, als eine vorsätzliche Lustreise ehemals hatte werden können.

Denn wie wir manchmal in der Komödie eine Zeitlang, ohne über die absichtlichen Possen zu lachen, ernsthaft zuschauen können, dagegen aber sogleich ein lautes Gelächter entsteht, wenn in der Tragödie etwas Unschickliches vorkommt, so wird auch ein Unglück in der wirklichen Welt, das die Menschen aus ihrer Fassung bringt, gewöhnlich von lächerlichen, oft auf der Stelle, gewiß aber hinterdrein belachten Umständen begleitet sein.

Besonders mußte Fräulein Luise, die älteste Tochter der Baronesse, ein lebhaftes, heftiges und in guten Tagen herrisches Frauenzimmer, sehr vieles leiden, da von ihr behauptet wurde, daß sie bei dem ersten Schrecken ganz aus der Fassung geraten sei, in Zerstreuung, ja in einer Art von völliger Abwesenheit die unnützesten Sachen mit dem größten Ernste zum Aufpacken gebracht und sogar einen alten Bedienten für ihren Bräutigam angesehen habe.

Sie verteidigte sich aber, so gut sie konnte; nur wollte sie keinen Scherz, der sich auf ihren Bräutigam bezog, dulden, indem es ihr schon Leiden genug verursachte, ihn bei der alliierten Armee in täglicher Gefahr zu wissen und eine gewünschte Verbindung durch die allgemeine Zerrüttung aufgeschoben und vielleicht gar vereitelt zu sehen.

Ihr älterer Bruder Friedrich, ein entschlossener junger Mann, führte alles, was die Mutter beschloß, mit Ordnung und Genauigkeit aus, begleitete zu Pferde den Zug und war zugleich Kurier, Wagenmeister und Wegweiser. Der Lehrer des jüngern, hoffnungsvollen Sohnes, ein wohlunterrichteter Mann, leistete der Baronesse im Wagen Gesellschaft; Vetter Karl fuhr mit einem alten Geistlichen, der als Hausfreund schon lange der Familie unentbehrlich geworden war, mit einer ältern und jüngern Verwandten in einem nachfolgenden Wagen. Kammermädchen und Kammerdiener folgten in Halbchaisen, und einige schwerbepackte Brancards, die auf mehr als einer Station zurückbleiben mußten, schlossen den Zug.

Ungern hatte, wie man leicht denken kann, die ganze

Gesellschaft ihre Wohnungen verlassen, aber Vetter Karl entfernte sich mit doppeltem Widerwillen von dem jenseitigen Rheinufer; nicht daß er etwa eine Geliebte daselbst zurückgelassen hätte, wie man nach seiner Jugend, seiner guten Gestalt und seiner leidenschaftlichen Natur hätte vermuten sollen; er hatte sich vielmehr von der blendenden Schönheit verführen lassen, die unter dem Namen Freiheit sich erst heimlich, dann öffentlich so viele Anbeter zu verschaffen wußte und, so übel sie auch die einen behandelte, von den andern mit großer Lebhaftigkeit verehrt wurde.

Wie Liebende gewöhnlich von ihrer Leidenschaft verblendet werden, so erging es auch Vetter Karln. Sie wünschen den Besitz eines einzigen Gutes und wähnen alles übrige dagegen entbehren zu können. Stand, Glücksgüter, alle Verhältnisse scheinen in Nichts zu verschwinden, indem das gewünschte Gut zu Einem, zu Allem wird. Eltern, Verwandte und Freunde werden uns fremd, indem wir uns etwas zueignen, das uns ganz ausfüllt und uns alles übrige fremd macht.

Vetter Karl überließ sich der Heftigkeit seiner Neigung und verhehlte sie nicht in Gesprächen. Er glaubte, um so freier sich diesen Gesinnungen ergeben zu können, als er selbst ein Edelmann war und, obgleich der zweite Sohn, dennoch ein ansehnliches Vermögen zu erwarten hatte. Eben diese Güter, die ihm künftig zufallen mußten, waren jetzt in Feindes Händen, der nicht zum besten darauf hauste. Dessen ungeachtet konnte Karl einer Nation nicht feind werden, die der Welt so viele Vorteile versprach und deren Gesinnungen er nach öffentlichen Reden und Äußerungen einiger Mitglieder beurteilte. Gewöhnlich störte er die Zufriedenheit der Gesellschaft, wenn sie ja derselben noch fähig war, durch ein unmäßiges Lob alles dessen, was bei den Neufranken Gutes oder Böses geschah, durch ein lautes Vergnügen über ihre Fortschritte, wodurch er die andern um desto mehr aus der Fassung brachte, als sie ihre Leiden, durch die Schadenfreude eines Freundes und Verwandten verdoppelt, nur um so schmerzlicher empfinden mußten.

Friedrich hatte sich schon einigemal mit ihm überworfen und ließ sich in der letzten Zeit gar nicht mehr mit ihm ein.

Die Baronesse wußte ihn auf eine kluge Weise wenigstens zu augenblicklicher Mäßigung zu leiten. Fräulein Luise machte ihm am meisten zu schaffen, indem sie, freilich oft ungerechterweise, seinen Charakter und seinen Verstand verdächtig zu machen suchte. Der Hofmeister gab ihm im stillen recht, der Geistliche im stillen unrecht, und die Kammermädchen, denen seine Gestalt reizend und seine Freigebigkeit respektabel war, hörten ihn gerne reden, weil sie sich durch seine Gesinnungen berechtigt glaubten, ihre zärtlichen Augen, die sie bisher vor ihm bescheiden niedergeschlagen hatten, nunmehr in Ehren nach ihm aufzuheben.

Die Bedürfnisse des Tages, die Hindernisse des Weges, die Unannehmlichkeiten der Quartiere führten die Gesellschaft gewöhnlich auf ein gegenwärtiges Interesse zurück, und die große Anzahl französischer und deutscher Ausgewanderten, die sie überall antrafen und deren Betragen und Schicksale sehr verschieden waren, gaben ihnen oft zu Betrachtungen Anlaß, wieviel Ursache man habe, in diesen Zeiten alle Tugenden, besonders aber die Tugend der Unparteilichkeit und Verträglichkeit zu üben.

Eines Tages machte die Baronesse die Bemerkung, daß man nicht deutlicher sehen könne, wie ungebildet in jedem Sinne die Menschen seien, als in solchen Augenblicken allgemeiner Verwirrung und Not. „Die bürgerliche Verfassung“, sagte sie, „scheint wie ein Schiff zu sein, das eine große Anzahl Menschen, alte und junge, gesunde und kranke, über ein gefährliches Wasser auch selbst zu Zeiten des Sturms hinüberbringt; nur in dem Augenblicke, wenn das Schiff scheitert, sieht man, wer schwimmen kann, und selbst gute Schwimmer gehen unter solchen Umständen zugrunde.

Wir sehen meist die Ausgewanderten ihre Fehler und albernen Gewohnheiten mit sich in der Irre herumführen und wundern uns darüber. Doch wie den reisenden Engländer der Teekessel in allen vier Weltteilen nicht verläßt, so wird die übrige Masse der Menschen von stolzen Anforderungen, Eitelkeit, Unmäßigkeit, Ungeduld, Eigensinn, Schiefheit im Urteil, von der Lust, ihrem Nebenmenschen tückisch etwas zu versetzen, überallhin begleitet. Der Leichtsinnige freut sich der Flucht wie einer Spazierfahrt, und der Ungenügsame verlangt, daß ihm auch noch als Bettler alles zu Diensten stehe. Wie selten, daß uns die reine Tugend irgendeines Menschen erscheint, der wirklich für andere zu leben, für andere sich aufzuopfern getrieben wird!“

Indessen man nun mancherlei Bekanntschaften machte, die zu solchen Betrachtungen Gelegenheit gaben, war der Winter vorbeigegangen. Das Glück hatte sich wieder zu den deutschen Waffen gesellt, die Franzosen waren wieder über den Rhein hinübergedrängt, Frankfurt befreit und Mainz eingeschlossen.

In der Hoffnung auf den weitern Fortgang der siegreichen Waffen und begierig, wieder einen Teil ihres Eigentums zu ergreifen, eilte die Familie auf ein Gut, das an dem rechten Ufer des Rheins in der schönsten Lage ihr zugehörte. Wie erquickt fanden sie sich, als sie den schönen Strom wieder vor ihren Fenstern vorbeifließen sahen, wie freudig nahmen sie wieder von jedem Teile des Hauses Besitz, wie freundlich begrüßten sie die bekannten Mobilien, die alten Bilder und jeglichen Hausrat, wie wert war ihnen auch das Geringste, das sie schon verlorengegeben hatten, wie stiegen ihre Hoffnungen, dereinst auch jenseits des Rheines alles noch in dem alten Zustande zu finden!

Kaum erscholl in der Nachbarschaft die Ankunft der Baronesse, als alle alten Bekannten, Freunde und Diener herbeieilten, sich mit ihr zu besprechen, die Geschichten der vergangenen Monate zu wiederholen und sich in manchen Fällen Rat und Beistand von ihr zu erbitten.

Umgeben von diesen Besuchen, ward sie aufs angenehmste überrascht, als der Geheimerat von S. mit seiner Familie bei ihr ankam, ein Mann, dem die Geschäfte von Jugend auf zum Bedürfnis geworden waren, ein Mann, der das Zutrauen seines Fürsten verdiente und besaß. Er hielt sich streng an Grundsätze und hatte über manche Dinge seine eigene Denkweise. Er war genau im Reden und Handeln und forderte das gleiche von andern. Ein konsequentes Betragen schien ihm die höchste Tugend.

Sein Fürst, das Land, er selbst hatten viel durch den Einfall der Franzosen gelitten; er hatte die Willkür der Nation, die nur vom Gesetz sprach, kennengelernt und den Unterdrückungsgeist derer, die das Wort Freiheit immer im Munde führten. Er hatte gesehen, daß auch in diesem Falle der große Haufe sich treu blieb und Wort für Tat, Schein für Besitz mit großer Heftigkeit aufnahm. Die Folgen eines unglücklichen Feldzugs sowie die Folgen jener verbreiteten Gesinnungen und Meinungen blieben seinem Scharfblicke nicht verborgen, obgleich nicht zu leugnen war, daß er manches mit hypochondrischem Gemüte betrachtete und mit Leidenschaft beurteilte.

Seine Gemahlin, eine Jugendfreundin der Baronesse, fand nach so vielen Trübsalen einen Himmel in den Armen ihrer Freundin. Sie waren miteinander aufgewachsen, hatten sich miteinander gebildet, sie kannten keine Geheimnisse voreinander. Die ersten Neigungen junger Jahre, die bedenklichen Zustände der Ehe, Freuden, Sorgen und Leiden als Mütter, alles hatten sie sich sonst teils mündlich, teils in Briefen vertraut und hatten eine ununterbrochene Verbindung erhalten. Nur diese letzte Zeit her waren sie durch die Unruhen verhindert worden, sich einander wie gewöhnlich mitzuteilen. Um so lebhafter drängten sich ihre gegenwärtigen Gespräche, um desto mehr hatten sie einander zu sagen, indessen die Töchter der Geheimerätin ihre Zeit mit Fräulein Luisen in einer wachsenden Vertraulichkeit zubrachten.

Leider ward der schöne Genuß dieser reizenden Gegend oft durch den Donner der Kanonen gestört, den man, je nachdem der Wind sich drehte, aus der Ferne deutlicher oder undeutlicher vernahm. Ebensowenig konnte bei den vielen zuströmenden Neuigkeiten des Tages der politische Diskurs vermieden werden, der gewöhnlich die augenblickliche Zufriedenheit der Gesellschaft störte, indem die verschiedenen Denkungsarten und Meinungen von beiden Seiten sehr lebhaft geäußert wurden. Und wie unmäßige Menschen sich deshalb doch nicht des Weins und schwer zu verdauender Speisen enthalten, ob sie gleich aus der Erfahrung wissen, daß ihnen darauf ein unmittelbares Übelsein bevorsteht, so konnten auch die meisten Glieder der Gesellschaft sich in diesem Falle nicht bändigen; vielmehr gaben sie dem unwiderstehlichen Reiz nach, andern wehe zu tun und sich selbst dadurch am Ende eine unangenehme Stunde zu bereiten.

Man kann leicht denken, daß der Geheimerat diejenige Partei anführte, welche dem alten System zugetan war, und daß Karl für die entgegengesetzte sprach, welche von bevorstehenden Neuerungen Heilung und Belebung des alten, kranken Zustandes hoffte.

Im Anfange wurden diese Gespräche noch mit ziemlicher Mäßigung geführt, besonders da die Baronesse durch anmutige Zwischenreden beide Teile im Gleichgewicht zu halten wußte; als aber die wichtige Epoche herannahete, daß die Blockade von Mainz in eine Belagerung übergehen sollte, und man nunmehr für diese schöne Stadt und ihre zurückgelassenen Bewohner lebhafter zu fürchten anfing, äußerte jedermann seine Meinungen mit ungebundener Leidenschaft.

Besonders waren die daselbst zurückgebliebenen Klubbisten ein Gegenstand des allgemeinen Gesprächs, und jeder erwartete ihre Bestrafung oder Befreiung, je nachdem er ihre Handlungen entweder schalt oder billigte.

Unter die ersten gehörte der Geheimerat, dessen Argumente Karln am verdrießlichsten fielen, wenn er den Verstand dieser Leute angriff und sie einer völligen Unkenntnis der Welt und ihrer selbst beschuldigte.

„Wie verblendet müssen sie sein,“ rief er aus, als an einem Nachmittage das Gespräch sehr lebhaft zu werden anfing, „wenn sie wähnen, daß eine ungeheure Nation, die mit sich selbst in der größten Verwirrung kämpft und auch in ruhigen Augenblicken nichts als sich selbst zu schätzen weiß, auf sie mit einiger Teilnehmung herunterblicken werde! Man wird sie als Werkzeuge betrachten, sie eine Zeitlang gebrauchen und endlich wegwerfen oder wenigstens vernachlässigen. Wie sehr irren sie sich, wenn sie glauben, daß sie jemals in die Zahl der Franzosen aufgenommen werden könnten!

Jedem, der mächtig und groß ist, erscheint nichts lächerlicher als ein Kleiner und Schwacher, der in der Dunkelheit des Wahns, in der Unkenntnis seiner selbst, seiner Kräfte und seines Verhältnisses sich jenem gleichzustellen dünkt. Und glaubt ihr denn, daß die große Nation nach dem Glücke, das sie bisher begünstigt, weniger stolz und übermütig sein werde als irgendein anderer königlicher Sieger?

Wie mancher, der jetzt als Munizipalbeamter mit der Schärpe herumläuft, wird die Maskerade verwünschen, wenn er, nachdem er seine Landsleute in eine neue, widerliche Form zu zwingen geholfen hat, zuletzt in dieser neuen Form von denen, auf die er sein ganzes Vertrauen setzte, niedrig behandelt wird. Ja es ist mir höchst wahrscheinlich, daß man bei der Übergabe der Stadt, die wohl nicht lange verzögert werden kann, solche Leute den Unsrigen überliefert oder überläßt. Mögen sie doch alsdann ihren Lohn dahinnehmen, mögen sie alsdann die Züchtigung empfinden, die sie verdienen, ich mag sie so unparteiisch richten, als ich kann."

„Unparteiisch!" rief Karl mit Heftigkeit aus; „wenn ich doch dies Wort nicht wieder sollte aussprechen hören! Wie kann man diese Menschen so geradezu verdammen? Freilich haben sie nicht ihre Jugend und ihr Leben zugebracht, in der hergebrachten Form sich und andern begünstigten Menschen zu nützen! Freilich haben sie nicht die wenigen wohnbaren Zimmer des alten Gebäudes besessen und sich darinne gepflegt; vielmehr haben sie die Unbequemlichkeit der vernachlässigten Teile eures Staatspalastes mehr empfunden, weil sie selbst ihre Tage kümmerlich und gedrückt darin zubringen mußten; sie haben nicht, durch eine mechanisch erleichterte Geschäftigkeit bestochen, dasjenige für gut angesehen, was sie einmal zu tun gewohnt waren. Freilich haben sie nur im stillen der Einseitigkeit, der Unordnung, der Lässigkeit, der Ungeschicklichkeit zusehen können, womit eure Staatsleute sich noch Ehrfurcht zu erwerben glauben; freilich haben sie nur heimlich wünschen können, daß Mühe und Genuß gleicher ausgeteilt sein möchten! Und wer wird leugnen, daß unter ihnen nicht wenigstens einige wohldenkende und tüchtige Männer sich befinden, die, wenn sie auch in diesem Augenblicke das Beste zu bewirken nicht imstande sind, doch durch ihre Vermittlung das Übel zu lindern und ein künftiges Gutes vorzubereiten das Glück haben; und da man solche darunter zählt, wer wird sie nicht bedauern, wenn der Augenblick naht, der sie ihrer Hoffnungen vielleicht auf immer berauben soll!"

Der Geheimerat scherzte darauf mit einiger Bitterkeit über junge Leute, die einen Gegenstand zu idealisieren geneigt seien; Karl schonte dagegen diejenigen nicht, welche nur nach alten Formen denken könnten und, was dahinein nicht passe, notwendig verwerfen müßten.

Durch mehreres Hin- und Widerreden ward das Gespräch immer heftiger, und es kam von beiden Seiten alles zur Sprache, was im Laufe dieser Jahre so manche gute Gesellschaft entzweit hatte. Vergebens suchte die Baronesse, wo nicht einen Frieden, doch wenigstens einen Stillstand zuwege zu bringen; selbst der Geheimerätin, die als ein liebenswürdiges Weib einige Herrschaft über Karls Gemüt sich erworben hatte, gelang es nicht, auf ihn zu wirken, um so weniger, als ihr Gemahl fortfuhr, treffende Pfeile auf Jugend und Unerfahrenheit loszudrücken und über die besondere Neigung der Kinder, mit dem Feuer zu spielen, das sie doch nicht regieren könnten, zu spotten.

Karl, der sich im Zorn nicht mehr kannte, hielt mit dem Geständnis nicht zurück, daß er den französischen Waffen alles Glück wünsche und daß er jeden Deutschen auffordere, der alten Sklaverei ein Ende zu machen, daß er von der französischen Nation überzeugt sei, sie werde die edlen Deutschen, die sich für sie erklärt, zu schätzen wissen, als die Ihrigen ansehn und behandeln und nicht etwa aufopfern oder ihrem Schicksale überlassen, sondern sie mit Ehren, Gütern und Zutrauen überhäufen.

Der Geheimerat behauptete dagegen, es sei lächerlich zu denken, daß die Franzosen nur irgendeinen Augenblick, bei einer Kapitulation oder sonst, für sie sorgen würden; vielmehr würden diese Leute gewiß in die Hände der Alliierten fallen, und er hoffe sie alle gehangen zu sehen.

Diese Drohung hielt Karl nicht aus und rief vielmehr, er hoffe, daß die Guillotine auch in Deutschland eine gesegnete Ernte finden und kein schuldiges Haupt verfehlen werde. Dazu fügte er einige sehr starke Vorwürfe, welche den Geheimerat persönlich trafen und in jedem Sinne beleidigend waren.

„So muß ich denn wohl", sagte der Geheimerat, „mich aus der Gesellschaft entfernen, in der nichts, was sonst achtungswert schien, mehr geehrt wird. Es tut mir leid, daß ich zum zweitenmal, und zwar durch einen Landsmann, vertrieben werde; aber ich sehe wohl, daß von diesem weniger Schonung als von den Neufranken zu erwarten ist, und ich finde wieder die alte Erfahrung bestätigt, daß es besser sei, den Türken als den Renegaten in die Hände zu fallen."

Mit diesen Worten stand er auf und ging aus dem Zimmer, seine Gemahlin folgte ihm, die Gesellschaft schwieg. Die Baronesse gab mit einigen, aber starken Ausdrücken ihr Mißvergnügen zu erkennen; Karl ging im Saale auf und ab. Die Geheimerätin kam weinend zurück und erzählte, daß ihr Gemahl einpacken lasse und schon Pferde bestellt habe. Die Baronesse ging zu ihm, ihn zu bereden; indessen weinten die Fräulein und küßten sich und waren äußerst betrübt, daß sie sich so schnell und unerwartet voneinander trennen sollten. Die Baronesse kam zurück; sie hatte nichts ausgerichtet. Man fing an, nach und nach alles zusammenzutragen, was den Fremden gehörte. Die traurigen Augenblicke des Loslösens und Scheidens wurden sehr lebhaft empfunden. Mit den letzten Kästchen und Schachteln verschwand alle Hoffnung. Die Pferde kamen, und die Tränen flossen reichlicher.

Der Wagen fuhr fort, und die Baronesse sah ihm nach; die Tränen standen ihr in den Augen. Sie trat vom Fenster zurück und setzte sich an den Stickrahmen. Die ganze Gesellschaft war still, ja verlegen; besonders äußerte Karl seine Unruhe, indem er, in einer Ecke sitzend, ein Buch durchblätterte und manchmal drüber weg nach seiner Tante sah. Endlich stand er auf und nahm seinen Hut, als wenn er weggehen wollte; allein in der Türe kehrte er um, trat an den Rahmen und sagte mit edler Fassung: „Ich habe Sie beleidigt, liebe Tante, ich habe Ihnen Verdruß verursacht, verzeihen Sie meiner Übereilung, ich erkenne meinen Fehler und fühl ihn tief."

„Ich kann verzeihen," antwortete die Baronesse; „ich werde keinen Groll gegen dich hegen, weil du ein edler, guter Mensch bist; aber du kannst nicht wiedergutmachen, was du verdorben hast. Ich entbehre durch deine Schuld in diesen Augenblicken die Gesellschaft einer Freundin, die ich seit langer Zeit zum erstenmal wiedersah, die mir das Unglück selbst wieder zuführte und in deren Umgang ich manche Stunde das Unheil vergaß, das uns traf und das uns bedroht. Sie, die schon so lange auf einer ängstlichen Flucht herumgetrieben wird und sich kaum wenige Tage in Gesellschaft von geliebten alten Freunden in einer bequemen Wohnung, an einem angenehmen Orte erholt, muß schon wieder flüchtig werden, und die Gesellschaft verliert dabei die Unterhaltung ihres Gatten, der, so wunderlich er auch in manchen Stücken sein mag, doch ein trefflicher, rechtschaffener Mann ist und ein unerschöpfliches Archiv von Menschen- und Weltkenntnis, von Begebenheiten und Verhältnissen mit sich führt, die er auf eine leichte, glückliche und angenehme Weise mitzuteilen versteht. Um diesen vielfachen Genuß bringt uns deine Heftigkeit; wodurch kannst du ersetzen, was wir verlieren?"

Karl. „Schonen Sie mich, liebe Tante; ich fühle meinen Fehler schon lebhaft genug; lassen Sie mich die Folgen nicht so deutlich einsehen!"

Baronesse. „Betrachte sie vielmehr so deutlich als möglich! Hier kann nicht von Schonen die Rede sein; es ist nur die Frage, ob du dich überzeugen kannst. Denn nicht das erstemal begehst du diesen Fehler, und es wird das letztemal nicht sein. O ihr Menschen, wird die Not, die euch unter ein Dach, in eine enge Hütte zusammendrängt, euch nicht duldsam gegeneinander machen? Ist es an den ungeheuren Begebenheiten nicht genug, die auf euch und die Eurigen unaufhaltsam losdringen? Könnt ihr so nicht an euch selbst arbeiten und euch mäßig und vernünftig gegen diejenigen betragen, die euch im Grunde nichts nehmen, nichts rauben wollen? Müssen denn eure Gemüter nur so blind und unaufhaltsam wirken und dreinschlagen wie die Weltbegebenheiten, ein Gewitter oder ein ander Naturphänomen?"

Karl antwortete nichts, und der Hofmeister kam von dem Fenster, wo er bisher gestanden, auf die Baronesse zu und sagte: „Er wird sich bessern; dieser Fall soll ihm, soll uns allen zur Warnung dienen. Wir wollen uns täglich prüfen, wir wollen den Schmerz, den Sie empfunden haben, uns vor Augen stellen; wir wollen auch zeigen, daß wir Gewalt über uns haben."

Baronesse. „Wie leicht doch Männer sich überreden können, besonders in diesem Punkte! Das Wort Herrschaft ist ihnen ein so angenehmes Wort, und es klingt so vornehm, sich selbst beherrschen zu wollen. Sie reden gar zu gerne davon und möchten uns glauben machen, es sei wirklich auch in der Ausübung Ernst damit; und wenn ich doch nur einen einzigen in meinem Leben gesehen hätte, der auch nur in der geringsten Sache sich zu beherrschen imstande gewesen wäre! Wenn ihnen etwas gleichgültig ist, dann stellen sie sich gewöhnlich sehr ernsthaft, als ob sie es mit Mühe entbehrten, und was sie heftig wünschen, wissen sie sich selbst und andern als vortrefflich, notwendig, unvermeidlich und unentbehrlich vorzustellen. Ich wüßte auch nicht einen, der auch nur der geringsten Entsagung fähig wäre."

Hofmeister. „Sie sind selten ungerecht, und ich habe Sie noch niemals so von Verdruß und Leidenschaft überwältigt gesehen als in diesem Augenblick."

Baronesse. „Ich habe mich dieser Leidenschaft wenigstens nicht zu schämen. Wenn ich mir meine Freundin in ihrem Reisewagen, auf unbequemen Wegen, mit Tränen an verletzte Gastfreundschaft sich zurückerinnernd denke, so möcht ich euch allen von Herzen gram werden."

Hofmeister. „Ich habe Sie in den größten Übeln nicht so bewegt und so heftig gesehen als in diesem Augenblick."

Baronesse. „Ein kleines Übel, das auf die größeren folgt, erfüllt das Maß; und dann ist es wohl kein kleines Übel, eine Freundin zu entbehren."

Hofmeister. „Beruhigen Sie sich und vertrauen Sie uns allen, daß wir uns bessern, daß wir das mögliche tun wollen, Sie zu befriedigen."

Baronesse. „Keinesweges; es soll mir keiner von euch ein Vertrauen ablocken, aber fordern will ich künftig von euch, befehlen will ich in meinem Hause."

„Fordern Sie nur, befehlen Sie nur!" rief Karl, „und Sie

sollen sich über unsern Ungehorsam nicht zu beschweren haben."

„Nun, meine Strenge wird so arg nicht sein," versetzte lächelnd die Baronesse, indem sie sich zusammennahm; „ich mag nicht gerne befehlen, besonders so freigesinnten Menschen; aber einen Rat will ich geben, und eine Bitte will ich hinzufügen."

Hofmeister. „Und beides soll uns ein unverbrüchliches Gesetz sein."

Baronesse. „Es wäre töricht, wenn ich das Interesse abzulenken gedächte, das jedermann an den großen Weltbegebenheiten nimmt, deren Opfer wir leider selbst schon geworden sind. Ich kann die Gesinnungen nicht ändern, die bei einem jeden nach seiner Denkweise entstehen, sich befestigen, streben und wirken, und es wäre ebenso töricht als grausam zu verlangen, daß er sie nicht mitteilen sollte. Aber das kann ich von dem Zirkel erwarten, in dem ich lebe, daß Gleichgesinnte sich im stillen zueinander fügen und sich angenehm unterhalten, indem der eine dasjenige sagt, was der andere schon denkt. Auf euren Zimmern, auf Spaziergängen und wo sich Übereindenkende treffen, eröffne man seinen Busen nach Lust, man lehne sich auf diese oder jene Meinung, ja man genieße recht lebhaft die Freude einer leidenschaftlichen Überzeugung. Aber, Kinder, in Gesellschaft laßt uns nicht vergessen, wieviel wir sonst schon, ehe alle diese Sachen zur Sprache kamen, um gesellig zu sein, von unsern Eigenheiten aufopfern mußten, und daß jeder, solange die Welt stehen wird, um gesellig zu sein, wenigstens äußerlich sich wird beherrschen müssen. Ich fordere euch also nicht im Namen der Tugend, sondern im Namen der gemeinsten Höflichkeit auf, mir und andern in diesen Augenblicken das zu leisten, was ihr von Jugend auf, ich darf fast sagen, gegen einen jeden beobachtet habt, der euch auf der Straße begegnete.

Überhaupt", fuhr die Baronesse fort, „weiß ich nicht, wie wir geworden sind, wohin auf einmal jede gesellige Bildung verschwunden ist. Wie sehr hütete man sich sonst, in der Gesellschaft irgend etwas zu berühren, was einem oder dem andern unangenehm sein konnte! Der Protestant vermied in Gegenwart des Katholiken, irgendeine Zeremonie lächerlich zu finden; der eifrigste Katholik ließ den Protestanten nicht merken, daß die alte Religion eine größere Sicherheit ewiger Seligkeit gewähre. Man unterließ vor den Augen einer Mutter, die ihren Sohn verloren hatte, sich seiner Kinder lebhaft zu freuen, und jeder fühlte sich verlegen, wenn ihm ein solches unbedachtsames Wort entwischt war. Jeder Umstehende suchte das Versehen wiedergutzumachen – und tun wir nicht jetzo gerade das Gegenteil von allem diesem? Wir suchen recht eifrig jede Gelegenheit, wo wir etwas vorbringen können, das den andern verdrießt und ihn aus seiner Fassung bringt. O laßt uns künftig, meine Kinder und Freunde, wieder zu jener Art zu sein zurückkehren! Wir haben bisher schon manches Traurige erlebt – und vielleicht verkündigt uns bald der Rauch bei Tage und die Flammen bei Nacht den Untergang unsrer Wohnungen und unsrer zurückgelassenen Besitztümer. Laßt uns auch diese Nachrichten nicht mit Heftigkeit in die Gesellschaft bringen, laßt uns dasjenige nicht durch öftere Wiederholung tiefer in die Seele prägen, was uns in der Stille schon Schmerzen genug erregt!

Als euer Vater starb, habt ihr mir wohl mit Worten und Zeichen diesen unersetzlichen Verlust bei jedem Anlaß erneuert? Habt ihr nicht alles, was sein Andenken zur Unzeit wieder hervorrufen konnte, zu vermeiden und durch eure Liebe, eure stillen Bemühungen und eure Gefälligkeit das Gefühl jenes Verlustes zu lindern und die Wunde zu heilen versucht? Haben wir jetzt nicht alle nötiger, eben jene gesellige Schonung auszuüben, die oft mehr wirkt als eine wohlmeinende, aber rohe Hülfe; jetzt, da nicht etwa in der Mitte von Glücklichen ein oder der andere Zufall diesen oder jenen verletzt, dessen Unglück von dem allgemeinen Wohlbefinden bald wieder verschlungen wird, sondern wo unter einer ungeheuren Anzahl Unglücklicher kaum wenige, entweder durch Natur oder Bildung, einer zufälligen oder künstlichen Zufriedenheit genießen?"

Karl. „Sie haben uns nun genug erniedrigt, liebe Tante. Wollen Sie uns nicht wieder die Hand reichen?"

Baronesse. „Hier ist sie, mit der Bedingung, daß ihr Lust habt, euch von ihr leiten zu lassen. Rufen wir eine

Amnestie aus! Man kann sich jetzt nicht geschwind genug dazu entschließen."

In dem Augenblicke traten die übrigen Frauenzimmer, die sich nach dem Abschiede noch recht herzlich ausgeweint hatten, herein und konnten sich nicht bezwingen, Vetter Karln freundlich anzusehen.

„Kommt her, ihr Kinder!" rief die Baronesse. „Wir haben eine ernsthafte Unterredung gehabt, die, wie ich hoffe, Friede und Einigkeit unter uns herstellen und den guten Ton, den wir eine Zeitlang vermissen, wieder unter uns einführen soll; vielleicht haben wir nie nötiger gehabt, uns aneinander zu schließen und, wäre es auch nur wenige Stunden des Tages, uns zu zerstreuen. Laßt uns dahin übereinkommen, daß wir, wenn wir beisammen sind, gänzlich alle Unterhaltung über das Interesse des Tages verbannen! Wie lange haben wir belehrende und aufmunternde Gespräche entbehrt, wie lange hast du uns, lieber Karl, nichts von fernen Landen und Reichen erzählt, von deren Beschaffenheit, Einwohnern, Sitten und Gebräuchen du so schöne Kenntnisse hast! – Wie lange haben Sie", so redete sie den Hofmeister an, „die alte und neue Geschichte, die Vergleichung der Jahrhunderte und einzelner Menschen schweigen lassen! – Wo sind die schönen und zierlichen Gedichte geblieben, die sonst so oft aus den Brieftaschen unsrer jungen Frauenzimmer zur Freude der Gesellschaft hervorkamen? Wohin haben sich die unbefangenen philosophischen Betrachtungen verloren? Ist die Lust gänzlich verschwunden, mit der ihr von euren Spaziergängen einen merkwürdigen Stein, eine uns wenigstens unbekannte Pflanze, ein seltsames Insekt zurückbrachtet und dadurch Gelegenheit gabt, über den großen Zusammenhang aller vorhandenen Geschöpfe wenigstens angenehm zu träumen? Laßt alle diese Unterhaltungen, die sich sonst so freiwillig darboten, durch eine Verabredung, durch Vorsatz, durch ein Gesetz wieder bei uns eintreten! Bietet alle eure Kräfte auf, lehrreich, nützlich und besonders gesellig zu sein! Und das alles werden wir – und noch weit mehr als jetzt – benötigt sein, wenn auch alles völlig drunter oder drüber gehen sollte. Kinder, versprecht mir das!"

Sie versprachen es mit Lebhaftigkeit.

„Und nun geht, es ist ein schöner Abend, genieße ihn jeder nach seiner Weise, und laßt uns beim Nachtessen seit langer Zeit zum erstenmal die Früchte einer freundschaftlichen Unterhaltung genießen!"

So ging die Gesellschaft auseinander; nur Fräulein Luise blieb bei der Mutter sitzen; sie konnte den Verdruß, ihre Gespielin verloren zu haben, nicht so bald vergessen und ließ Karln, der sie zum Spaziergange einlud, auf eine sehr schnippische Weise abfahren. So waren Mutter und Tochter eine Zeitlang still nebeneinander geblieben, als der Geistliche hereintrat, der von einem langen Spaziergange zurückkam und von dem, was in der Gesellschaft vorgekommen war, nichts erfahren hatte. Er legte Hut und Stock ab, ließ sich nieder und wollte eben etwas erzählen; Fräulein Luise aber, als wenn sie ein angefangenes Gespräch mit ihrer Mutter fortsetzte, schnitt ihm die Rede mit folgenden Worten ab: „Manchen Personen wird denn doch das Gesetz, das eben beliebt worden ist, ziemlich unbequem sein. Schon wenn wir sonst auf dem Lande wohnten, hat es manchmal an Stoff zur Unterredung gemangelt, denn da war nicht so täglich wie in der Stadt ein armes Mädchen zu verleumden, ein junger Mensch verdächtig zu machen; aber doch hatte man bisher noch die Ausflucht, von ein paar großen Nationen alberne Streiche zu erzählen, die Deutschen wie die Franzosen lächerlich zu finden und bald diesen bald jenen zum Jakobiner und Klubbisten zu machen. Wenn nun auch diese Quelle verstopft wird, so werden wir manche Personen wohl stumm in unserer Mitte sehen."

„Ist dieser Anfall etwa auf mich gerichtet, mein Fräulein?" fing der Alte lächelnd an. „Nun, Sie wissen, daß ich mich glücklich schätze, manchmal ein Opfer für die übrige Gesellschaft zu werden. Denn gewiß, indem Sie bei jeder Unterhaltung Ihrer fürtrefflichen Erzieherin Ehre machen und Sie jedermann angenehm, liebenswürdig und gefällig findet, so scheinen Sie einem kleinen bösen Geist, der in Ihnen wohnt und über den Sie nicht ganz Herr werden können, für mancherlei Zwang, den Sie ihm antun, auf meine Unkosten gewöhnlich einige Entschädigung zu verschaffen. – Sagen

Sie mir, gnädige Frau," fuhr er fort, indem er sich gegen die Baronesse wandte, „was ist in meiner Abwesenheit vorgegangen, und was für Gespräche sind aus unserm Zirkel ausgeschlossen?"

Die Baronesse unterrichtete ihn von allem, was vorgefallen war. Aufmerksam hörte er zu und versetzte sodann: „Es dürfte auch nach dieser Einrichtung manchen Personen nicht unmöglich sein, die Gesellschaft zu unterhalten und vielleicht besser und sichrer als andere."

„Wir wollen es erleben," sagte Luise.

„Dieses Gesetz", fuhr er fort, „enthält nichts Beschwerliches für jeden Menschen, der sich mit sich selbst zu beschäftigen wußte; vielmehr wird es ihm angenehm sein, indem er dasjenige, was er sonst gleichsam verstohlen trieb, in die Gesellschaft bringen darf. Denn, nehmen Sie mir nicht übel, Fräulein, wer bildet denn die Neuigkeitsträger, die Aufpasser und Verleumder als die Gesellschaft? Ich habe selten bei einer Lektüre, bei irgendeiner Darstellung einer interessanten Materie, die Geist und Herz beleben sollten, einen Zirkel so aufmerksam und die Seelenkräfte so tätig gesehen, als wenn irgend etwas Neues, und zwar eben etwas, das einen Mitbürger oder eine Mitbürgerin heruntersetzt, vorgetragen wurde. Fragen Sie sich selbst und fragen Sie viele andere: was gibt einer Begebenheit den Reiz? Nicht ihre Wichtigkeit, nicht der Einfluß, den sie hat, sondern die Neuheit. Nur das Neue scheint gewöhnlich wichtig, weil es ohne Zusammenhang Verwunderung erregt und unsere Einbildungskraft einen Augenblick in Bewegung setzt, unser Gefühl nur leicht berührt und unsern Verstand völlig in Ruhe läßt. Jeder Mensch kann ohne die mindeste Rückkehr auf sich selbst an allem, was neu ist, lebhaften Anteil nehmen; ja, da eine Folge von Neuigkeiten immer von einem Gegenstande zum andern fortreißt, so kann der großen Menschenmasse nichts willkommener sein als ein solcher Anlaß zu ewiger Zerstreuung und eine solche Gelegenheit, Tücke und Schadenfreude auf eine bequeme und immer sich erneuernde Weise auszulassen."

„Nun," rief Luise, „es scheint, Sie wissen sich zu helfen; sonst ging es über einzelne Personen her, jetzt soll es das ganze menschliche Geschlecht entgelten."

„Ich verlange nicht, daß Sie jemals billig gegen mich sein sollen,“ versetzte jener; „aber soviel muß ich Ihnen sagen: wir andern, die wir von der Gesellschaft abhängen, müssen uns nach ihr bilden und richten, ja wir dürfen eher etwas tun, das ihr zuwider ist, als was ihr lästig wäre, und lästiger ist ihr in der Welt nichts, als wenn man sie zum Nachdenken und zu Betrachtungen auffordert. Alles, was dahin zielt, muß man ja vermeiden und allenfalls das im stillen für sich vollbringen, was bei jeder öffentlichen Versammlung versagt ist.“

„Für sich im stillen mögen Sie wohl allenfalls manche Flasche Wein ausgetrunken und manche schöne Stunde des Tages verschlafen haben,“ fiel Luise ihm ein.

„Ich habe nie“, fuhr der Alte fort, „auf das, was ich tue, viel Wert gelegt, denn ich weiß, daß ich gegen andere Menschen ein großer Faulenzer bin; indessen hab ich doch eine Sammlung gemacht, die vielleicht eben jetzt dieser Gesellschaft, wie sie gestimmt ist, manche angenehme Stunde verschaffen könnte.“

„Was ist es für eine Sammlung?“ fragte die Baronesse.

„Gewiß nichts weiter als eine skandalöse Chronik,“ setzte Luise hinzu.

„Sie irren sich,“ sagte der Alte.

„Wir werden sehen,“ versetzte Luise.

„Laß ihn ausreden,“ sagte die Baronesse; „und überhaupt gewöhne dir nicht an, einem, der es auch zum Scherze leiden mag, hart und unfreundlich zu begegnen! Wir haben nicht Ursache, den Unarten, die in uns stecken, auch nur im Scherze Nahrung zu geben. Sagen Sie mir, mein Freund, worin besteht Ihre Sammlung? Wird sie zu unsrer Unterhaltung dienlich und schicklich sein? Ist sie schon lange angefangen? Warum haben wir noch nichts davon gehört?“

„Ich will Ihnen hierüber Rechenschaft geben,“ versetzte der Alte. „Ich lebe schon lange in der Welt und habe immer gern auf das achtgegeben, was diesem oder jenem Menschen begegnet. Zur Übersicht der großen Geschichte fühl ich weder Kraft noch Mut, und die einzelnen Weltbegebenheiten verwirren mich; aber unter den vielen Privatgeschichten, wahren und falschen, mit denen man sich im

Publikum trägt, die man sich insgeheim einander erzählt, gibt es manche, die noch einen reineren, schönern Reiz haben als den Reiz der Neuheit, manche, die durch eine geistreiche Wendung uns immer zu erheitern Anspruch machen, manche, die uns die menschliche Natur und ihre inneren Verborgenheiten auf einen Augenblick eröffnen, andere wieder, deren sonderbare Albernheiten uns ergetzen. Aus der großen Menge, die im gemeinen Leben unsere Aufmerksamkeit und unsere Bosheit beschäftigen und die ebenso gemein sind als die Menschen, denen sie begegnen oder die sie erzählen, habe ich diejenigen gesammelt, die mir nur irgendeinen Charakter zu haben schienen, die meinen Verstand, die mein Gemüt berührten und beschäftigten und die mir, wenn ich wieder daran dachte, einen Augenblick reiner und ruhiger Heiterkeit gewährten."

„Ich bin sehr neugierig", sagte die Baronesse, „zu hören, von welcher Art Ihre Geschichten sind und was sie eigentlich behandeln."

„Sie können leicht denken," versetzte der Alte, „daß von Prozessen und Familienangelegenheiten nicht öfters die Rede sein wird. Diese haben meistenteils nur ein Interesse für die, welche damit geplagt sind."

Luise. „Und was enthalten sie denn?"

Der Alte. „Sie behandeln, ich will es nicht leugnen, gewöhnlich die Empfindungen, wodurch Männer und Frauen verbunden oder entzweiet, glücklich oder unglücklich gemacht, öfter aber verwirrt als aufgeklärt werden."

Luise. „So? Also wahrscheinlich eine Sammlung lüsterner Späße geben Sie uns für eine feine Unterhaltung? Sie verzeihen mir, Mama, daß ich diese Bemerkung mache; sie liegt so ganz nahe, und die Wahrheit wird man doch sagen dürfen."

Der Alte. „Sie sollen, hoffe ich, nichts, was ich lüstern nennen würde, in der ganzen Sammlung finden."

Luise. „Und was nennen Sie denn so?"

Der Alte. „Ein lüsternes Gespräch, eine lüsterne Erzählung sind mir unerträglich. Denn sie stellen uns etwas Gemeines, etwas, das der Rede und Aufmerksamkeit nicht wert ist, als etwas Besonderes, als etwas Reizendes vor und erregen eine falsche Begierde, anstatt den Verstand angenehm zu beschäftigen. Sie verhüllen das, was man entweder ohne Schleier ansehen oder wovon man ganz seine Augen wegwenden sollte."

Luise. „Ich verstehe Sie nicht. Sie werden uns doch Ihre Geschichten wenigstens mit einiger Zierlichkeit vortragen wollen? Sollten wir uns denn etwa mit plumpen Späßen die Ohren beleidigen lassen? Es soll wohl eine Mädchenschule werden, und Sie wollen noch Dank dafür verlangen?"

Der Alte. „Keins von beiden. Denn erstlich, erfahren werden Sie nichts Neues, besonders da ich schon seit einiger Zeit bemerke, daß Sie gewisse Rezensionen in den gelehrten Zeitungen niemals überschlagen."

Luise. „Sie werden anzüglich."

Der Alte. „Sie sind Braut, und ich entschuldige Sie gerne. Ich muß Ihnen aber nur zeigen, daß ich auch Pfeile habe, die ich gegen Sie brauchen kann."

Baronesse. „Ich sehe wohl, wo Sie hinauswollen, machen Sie es aber auch ihr begreiflich."

Der Alte. „Ich müßte nur wiederholen, was ich zu Anfange des Gesprächs schon gesagt habe; es scheint aber nicht, daß sie den guten Willen hat aufzumerken."

Luise. „Was brauchts da guten Willen und viele Worte! Man mag es besehen, wie man will, so werden es skandalöse Geschichten sein, auf eine oder die andere Weise skandalös und weiter nichts."

Der Alte. „Soll ich wiederholen, mein Fräulein, daß dem wohldenkenden Menschen nur dann etwas skandalös vorkomme, wenn er Bosheit, Übermut, Lust zu schaden, Widerwillen zu helfen bemerkt, daß er davon sein Auge wegwendet, dagegen aber kleine Fehler und Mängel lustig findet und besonders mit seiner Betrachtung gern bei Geschichten verweilt, wo er den guten Menschen in leichtem Widerspruch mit sich selbst, seinen Begierden und seinen Vorsätzen findet, wo alberne und auf ihren Wert eingebildete Toren beschämt, zurechtgewiesen oder betrogen werden, wo jede Anmaßung auf eine natürliche, ja auf eine zufällige Weise bestraft wird, wo Vorsätze, Wünsche und Hoffnungen bald gestört, aufgehalten und vereitelt, bald unerwartet angenähert, erfüllt und bestätigt werden? Da, wo der Zufall mit der menschlichen Schwäche und Unzulänglichkeit spielt, hat er am liebsten seine stille Betrachtung, und keiner seiner Helden, deren Geschichten er bewahrt, hat von ihm weder Tadel zu besorgen noch Lob zu erwarten."

Baronesse. „Ihre Einleitung erregt den Wunsch, bald ein Probestück zu hören. Ich wüßte doch nicht, daß in unserm Leben – und wir haben doch die meiste Zeit in Einem Kreise zugebracht – vieles geschehen wäre, das man in eine solche Sammlung aufnehmen könnte."

Der Alte. „Es kommt freilich vieles auf die Beobachter an, und was für eine Seite man den Sachen abzugewinnen weiß; aber ich will freilich nicht leugnen, daß ich auch aus alten Büchern und Traditionen manches aufgenommen habe. Sie werden mitunter alte Bekannte vielleicht nicht ungern in einer neuen Gestalt wieder antreffen. Aber eben dieses gibt mir den Vorteil, den ich auch nicht aus den Händen lassen werde: man soll keine meiner Geschichten deuten!"

Luise. „Sie werden uns doch nicht verwehren, unsre Freunde und Nachbarn wiederzuerkennen und, wenn es uns beliebt, das Rätsel zu entziffern?"

Der Alte. „Keineswegs. Sie werden mir aber auch dagegen erlauben, in einem solchen Falle einen alten Folianten hervorzuziehen, um zu beweisen, daß diese Geschichte schon vor einigen Jahrhunderten geschehen oder erfunden worden. Ebenso werden Sie mir erlauben, heimlich zu lächeln, wenn eine Geschichte für ein altes Märchen erklärt wird, die unmittelbar in unserer Nähe vorgegangen ist, ohne daß wir sie eben gerade in dieser Gestalt wiedererkennen."

Luise. „Man wird mit Ihnen nicht fertig; es ist das beste, wir machen Friede für diesen Abend und Sie erzählen uns noch geschwind ein Stückchen zur Probe."

Der Alte. „Erlauben Sie, daß ich Ihnen hierin ungehorsam sein darf. Diese Unterhaltung wird für die versammelte Gesellschaft aufgespart. Wir dürfen ihr nichts entziehen, und ich sage voraus: alles, was ich vorzubringen habe, hat keinen Wert an sich; wenn aber die Gesellschaft nach einer ernsthaften Unterhaltung auf eine kurze Zeit ausruhen, wenn sie sich, von manchem Guten schon gesättigt, nach einem leichten Nachtische umsiehet, alsdann werd ich bereit sein und wünsche, daß das, was ich vorsetze, nicht unschmackhaft befunden werde."

Baronesse. „Wir werden uns denn schon bis morgen gedulden müssen."

Luise. „Ich bin höchst neugierig, was er vorbringen wird."

Der Alte. „Das sollten Sie nicht sein, Fräulein; denn gespannte Erwartung wird selten befriedigt."

Abends nach Tische, als die Baronesse zeitig in ihr Zimmer gegangen war, blieben die übrigen beisammen und sprachen über mancherlei Nachrichten, die eben einliefen, über Gerüchte, die sich verbreiteten. Man war dabei, wie es gewöhnlich in solchen Augenblicken zu geschehen pflegt, in Zweifel, was man glauben und was man verwerfen sollte.

Der alte Hausfreund sagte darauf: „Ich finde am bequemsten, daß wir dasjenige glauben, was uns angenehm ist, ohne Umstände das verwerfen, was uns unangenehm wäre, und daß wir übrigens wahr sein lassen, was wahr sein kann."

Man machte die Bemerkung, daß der Mensch auch gewöhnlich so verfahre, und durch einige Wendung des Gesprächs kam man auf die entschiedene Neigung unsrer Natur, das Wunderbare zu glauben. Man redete vom Romanhaften, vom Geisterhaften, und als der Alte einige gute Geschichten dieser Art künftig zu erzählen versprach, versetzte Fräulein Luise: „Sie wären recht artig und würden vielen Dank verdienen, wenn Sie uns gleich, da wir eben in der rechten Stimmung beisammen sind, eine solche Geschichte vortrügen; wir würden aufmerksam zuhören und Ihnen dankbar sein."

Ohne sich lange bitten zu lassen, fing der Geistliche darauf mit folgenden Worten an:

„Als ich mich in Neapel aufhielt, begegnete daselbst eine Geschichte, die großes Aufsehen erregte und worüber die Urteile sehr verschieden waren. Die einen behaupteten, sie sei völlig ersonnen, die andern, sie sei wahr, aber es stecke ein Betrug dahinter. Diese Partei war wieder untereinander selbst uneinig; sie stritten, wer dabei betrogen haben könnte. Noch andere behaupteten, es sei keineswegs ausgemacht, daß geistige Naturen nicht sollten auf Elemente und Körper wirken können, und man müsse nicht jede wunderbare Begebenheit ausschließlich entweder für Lüge oder Trug erklären. Nun zur Geschichte selbst!

Eine Sängerin, Antonelli genannt, war zu meiner Zeit der Liebling des neapolitanischen Publikums. In der Blüte ihrer Jahre, ihrer Figur, ihrer Talente fehlte ihr nichts, wodurch ein Frauenzimmer die Menge reizt und lockt und eine kleine Anzahl Freunde entzückt und glücklich macht. Sie war nicht unempfindlich gegen Lob und Liebe; allein von Natur mäßig und verständig, wußte sie die Freuden zu genießen, die beide gewähren, ohne dabei aus der Fassung zu kommen, die ihr in ihrer Lage so nötig war. Alle jungen, vornehmen, reichen Leute drängten sich zu ihr, nur wenige nahm sie auf; und wenn sie bei der Wahl ihrer Liebhaber meist ihren Augen und ihrem Herzen folgte, so zeigte sie doch bei allen kleinen Abenteuern einen festen, sichern Charakter, der jeden genauen Beobachter für sie einnehmen mußte. Ich hatte Gelegenheit, sie einige Zeit zu sehen, indem ich mit einem ihrer Begünstigten in nahem Verhältnisse stand. Verschiedene Jahre waren hingegangen, sie hatte Männer genug kennengelernt und unter ihnen viele Gecken, schwache und unzuverlässige Menschen. Sie glaubte bemerkt zu haben, daß ein Liebhaber, der in einem gewissen Sinne dem Weibe alles ist, gerade da, wo sie eines Beistandes am nötigsten bedürfte, bei Vorfällen des Lebens, häuslichen Angelegenheiten, bei augenblicklichen Entschließungen meistenteils zu nichts wird, wenn er nicht gar seiner Geliebten, indem er nur an sich selbst denkt, schadet und aus Eigenliebe ihr das Schlimmste zu raten und sie zu den gefährlichsten Schritten zu verleiten sich gedrungen fühlt.

Bei ihren bisherigen Verbindungen war ihr Geist meistenteils unbeschäftigt geblieben; auch dieser verlangte Nahrung. Sie wollte endlich einen Freund haben, und kaum hatte sie dieses Bedürfnis gefühlt, so fand sich unter denen, die sich ihr zu nähern suchten, ein junger Mann, auf den sie ihr Zutrauen warf und der es in jedem Sinne zu verdienen schien.

Es war ein Genueser, der sich um diese Zeit einiger wichtiger Geschäfte seines Hauses wegen in Neapel aufhielt. Bei einem sehr glücklichen Naturell hatte er die sorgfältigste Erziehung genossen. Seine Kenntnisse waren ausgebreitet, sein Geist wie sein Körper vollkommen ausgebildet, sein Betragen konnte für ein Muster gelten, wie einer, der sich keinen Augenblick vergißt, sich doch immer in andern zu vergessen scheint. Der Handelsgeist seiner Geburtsstadt ruhete auf ihm; er sah das, was zu tun war, im großen an. Doch war seine Lage nicht die glücklichste; sein Haus hatte sich in einige höchst mißliche Spekulationen eingelassen und war in gefährliche Prozesse verwickelt. Die Angelegenheiten verwirrten sich mit der Zeit noch mehr, und die Sorge, die er darüber empfand, gab ihm einen Anstrich von Traurigkeit, der ihm sehr wohl anstand und unserm jungen Frauenzimmer noch mehr Mut machte, seine Freundschaft zu suchen, weil sie zu fühlen glaubte, daß er selbst einer Freundin bedürfe.

Er hatte sie bisher nur an öffentlichen Orten und bei Gelegenheit gesehen; sie vergönnte ihm nunmehr auf seine erste Anfrage den Zutritt in ihrem Hause, ja sie lud ihn recht dringend ein, und er verfehlte nicht zu kommen.

Sie versäumte keine Zeit, ihm ihr Zutrauen und ihren Wunsch zu entdecken. Er war verwundert und erfreut über ihren Antrag. Sie bat ihn inständig, ihr Freund zu bleiben und keine Anforderungen eines Liebhabers zu machen. Sie eröffnete ihm eine Verlegenheit, in der sie sich eben befand und worüber er bei seinen mancherlei Verhältnissen den besten Rat geben und die schleunigste Einleitung zu ihrem Vorteil machen konnte. Er vertraute ihr dagegen seine Lage, und indem sie ihn zu erheitern und zu trösten wußte, indem sich in ihrer Gegenwart manches entwickelte, was sonst bei ihm nicht so früh erwacht wäre, schien sie auch seine Ratgeberin zu sein, und eine wechselseitige, auf die edelste Achtung, auf das schönste Bedürfnis gegründete

Freundschaft hatte sich in kurzem zwischen ihnen befestigt. Nur leider überlegt man bei Bedingungen, die man eingeht, nicht immer, ob sie möglich sind. Er hatte versprochen, nur Freund zu sein, keine Ansprüche auf die Stelle eines Liebhabers zu machen, und doch konnte er sich nicht leugnen, daß ihm die von ihr begünstigten Liebhaber überall im Wege, höchst zuwider, ja ganz und gar unerträglich waren. Besonders fiel es ihm höchst schmerzlich auf, wenn ihn seine Freundin von den guten und bösen Eigenschaften eines solchen Mannes oft launig unterhielt, alle Fehler des Begünstigten genau zu kennen schien und doch noch vielleicht selbigen Abend, gleichsam zum Spott des wertgeschätzten Freundes, in den Armen eines Unwürdigen ausruhte.

Glücklicher- oder unglücklicherweise geschah es bald, daß das Herz der Schönen frei wurde. Ihr Freund bemerkte es mit Vergnügen und suchte ihr vorzustellen, daß der erledigte Platz ihm vor allen andern gebühre. Nicht ohne Widerstand und Widerwillen gab sie seinen Wünschen Gehör. ‚Ich fürchte,‘ sagte sie, ‚daß ich über dieser Nachgiebigkeit das Schätzbarste auf der Welt, einen Freund, verliere.‘ Sie hatte richtig geweissagt; denn kaum hatte er eine Zeitlang in seiner doppelten Eigenschaft bei ihr gegolten, so fingen seine Launen an, beschwerlicher zu werden: als Freund forderte er ihre ganze Achtung, als Liebhaber ihre ganze Neigung und als ein verständiger und angenehmer Mann unausgesetzte Unterhaltung. Dies aber war keinesweges nach dem Sinne des lebhaften Mädchens; sie konnte sich in keine Aufopferung finden und hatte nicht Lust, irgend jemand ausschließliche Rechte zuzugestehen. Sie suchte daher auf eine zarte Weise seine Besuche nach und nach zu verringern, ihn seltner zu sehen und ihn fühlen zu lassen, daß sie um keinen Preis der Welt ihre Freiheit weggebe.

Sobald er es merkte, fühlte er sich vom größten Unglück betroffen, und leider befiel ihn dieses Unheil nicht allein: seine häuslichen Angelegenheiten fingen an, äußerst schlimm zu werden. Er hatte sich dabei den Vorwurf zu machen, daß er von früher Jugend an sein Vermögen als eine unerschöpfliche Quelle angesehen, daß er seine Handelsangelegenheiten versäumt, um auf Reisen und in der großen Welt eine vornehmere und reichere Figur zu spielen, als ihm seine Geburt und sein Einkommen gestatteten. Die Prozesse, auf die er seine Hoffnung setzte, gingen langsam und waren kostspielig. Er mußte deshalb einigemal nach Palermo, und während seiner letzten Reise machte das kluge Mädchen verschiedene Einrichtungen, um ihrer Haushaltung eine andere Wendung zu geben und ihn nach und nach von sich zu entfernen. Er kam zurück und fand sie in einer andern Wohnung, entfernt von der seinigen, und sah den Marchese von S., der damals auf die öffentlichen Lustbarkeiten und Schauspiele großen Einfluß hatte, vertraulich bei ihr aus und ein gehen. Dies überwältigte ihn, und er fiel in eine schwere Krankheit. Als die Nachricht davon zu seiner Freundin gelangte, eilte sie zu ihm, sorgte für ihn, richtete seine Aufwartung ein, und als ihr nicht verborgen blieb, daß seine Kasse nicht zum besten bestellt war, ließ sie eine ansehnliche Summe zurück, die hinreichend war, ihn auf einige Zeit zu beruhigen.

Durch die Anmaßung, ihre Freiheit einzuschränken, hatte der Freund schon viel in ihren Augen verloren; wie ihre Neigung zu ihm abnahm, hatte ihre Aufmerksamkeit auf ihn zugenommen; endlich hatte die Entdeckung, daß er in seinen eigenen Angelegenheiten so unklug gehandelt habe, ihr nicht die günstigsten Begriffe von seinem Verstande und seinem Charakter gegeben. Indessen bemerkte er die große Veränderung nicht, die in ihr vorgegangen war; vielmehr schien ihre Sorgfalt für seine Genesung, die Treue, womit sie halbe Tage lang an seinem Lager aushielt, mehr ein Zeichen ihrer Freundschaft und Liebe als ihres Mitleids zu sein, und er hoffte nach seiner Genesung in alle Rechte wieder eingesetzt zu werden.

Wie sehr irrte er sich! In dem Maße, wie seine Gesundheit wiederkam und seine Kräfte sich erneuerten, verschwand bei ihr jede Art von Neigung und Zutrauen, ja er schien ihr so lästig, als er ihr sonst angenehm gewesen war. Auch war seine Laune, ohne daß er es selbst bemerkte, während dieser Begebenheiten höchst bitter und verdrießlich geworden;

alle Schuld, die er an seinem Schicksal haben konnte, warf er auf andere und wußte sich in allem völlig zu rechtfertigen. Er sah in sich nur einen unschuldig verfolgten, gekränkten, betrübten Mann und hoffte völlige Entschädigung alles Übels und aller Leiden von einer vollkommenen Ergebenheit seiner Geliebten.

Mit diesen Anforderungen trat er gleich in den ersten Tagen hervor, als er wieder ausgehen und sie besuchen konnte. Er verlangte nichts weniger, als daß sie sich ihm ganz ergeben, ihre übrigen Freunde und Bekannten verabschieden, das Theater verlassen und ganz allein mit ihm und für ihn leben sollte. Sie zeigte ihm die Unmöglichkeit, seine Forderungen zu bewilligen, erst auf eine scherzhafte, dann auf eine ernsthafte Weise, und war leider endlich genötigt, ihm die traurige Wahrheit, daß ihr Verhältnis gänzlich vernichtet sei, zu gestehen. Er verließ sie und sah sie nicht wieder.

Er lebte noch einige Jahre in einem sehr eingeschränkten Kreise oder vielmehr bloß in der Gesellschaft einer alten, frommen Dame, die mit ihm in einem Hause wohnte und sich von wenigen Renten erhielt. In dieser Zeit gewann er den einen Prozeß und bald darauf den andern; allein seine Gesundheit war untergraben und das Glück seines Lebens verloren. Bei einem geringen Anlaß fiel er abermals in eine schwere Krankheit; der Arzt kündigte ihm den Tod an. Er vernahm sein Urteil ohne Widerwillen, nur wünschte er, seine schöne Freundin noch einmal zu sehen. Er schickte seinen Bedienten zu ihr, der sonst, in glücklichern Zeiten, manche günstige Antwort gebracht hatte. Er ließ sie bitten; sie schlug es ab. Er schickte zum zweitenmal und ließ sie beschwören; sie beharrte auf ihrem Sinne. Endlich, es war schon tief in der Nacht, sendete er zum drittenmal; sie ward bewegt und vertraute mir ihre Verlegenheit, denn ich war eben mit dem Marchese und einigen andern Freunden bei ihr zum Abendessen. Ich riet ihr und bat sie, dem Freunde den letzten Liebesdienst zu erzeigen; sie schien unentschlossen, aber nach einigem Nachdenken nahm sie sich zusammen. Sie schickte den Bedienten mit einer abschläglichen Antwort weg, und er kam nicht wieder.

Wir saßen nach Tische in einem vertrauten Gespräch und waren alle heiter und guten Muts. Es war gegen Mitternacht, als sich auf einmal eine klägliche, durchdringende, ängstliche und lang nachtönende Stimme hören ließ. Wir fuhren zusammen, sahen einander an und sahen uns um, was aus diesem Abenteuer werden sollte. Die Stimme schien an den Wänden zu verklingen, wie sie aus der Mitte des Zimmers hervorgedrungen war. Der Marchese stand auf und sprang ans Fenster, und wir andern bemühten uns um die Schöne, welche ohnmächtig dalag. Sie kam erst langsam zu sich selbst. Der eifersüchtige und heftige Italiener sah kaum ihre wieder aufgeschlagenen Augen, als er ihr bittre Vorwürfe machte. ‚Wenn Sie mit Ihren Freunden Zeichen verabreden,' sagte er, ‚so lassen Sie doch solche weniger auffallend und heftig sein.' Sie antwortete ihm mit ihrer gewöhnlichen Gegenwart des Geistes, daß, da sie jedermann und zu jeder Zeit bei sich zu sehen das Recht habe, sie wohl schwerlich solche traurige und schreckliche Töne zur Vorbereitung angenehmer Stunden wählen würde.

Und gewiß, der Ton hatte etwas unglaublich Schreckhaftes. Seine lange nachdröhnenden Schwingungen waren uns allen in den Ohren, ja in den Gliedern geblieben. Sie war blaß, entstellt und immer der Ohnmacht nahe; wir mußten die halbe Nacht bei ihr bleiben. Es ließ sich nichts weiter hören. Die andere Nacht dieselbe Gesellschaft, nicht so heiter als Tags vorher, aber doch gefaßt genug, und – um dieselbige Zeit derselbe gewaltsame, fürchterliche Ton.

Wir hatten indessen über die Art des Schreies, und wo er herkommen möchte, unzählige Urteile gefällt und unsre Vermutungen erschöpft. Was soll ich weitläufig sein? Sooft sie zu Hause aß, ließ er sich um dieselbige Zeit vernehmen, und zwar, wie man bemerken wollte, manchmal stärker, manchmal schwächer. Ganz Neapel sprach von diesem Vorfall. Alle Leute des Hauses, alle Freunde und Bekannte nahmen den lebhaftesten Teil daran, ja die Polizei ward aufgerufen. Man stellte Spione und Beobachter aus. Denen auf der Gasse schien der Klang aus der freien Luft zu entspringen, und in dem Zimmer hörte man ihn gleichfalls ganz in unmittelbarer Nähe. Sooft sie auswärts aß, vernahm man nichts; sooft sie zu Hause war, ließ sich der Ton hören.

Aber auch außer dem Hause blieb sie nicht ganz von diesem bösen Begleiter verschont. Ihre Anmut hatte ihr den Zutritt in die ersten Häuser geöffnet. Sie war als eine gute Gesellschafterin überall willkommen, und sie hatte sich, um dem bösen Gaste zu entgehen, angewöhnt, die Abende außer dem Hause zu sein.

Ein Mann, durch sein Alter und seine Stelle ehrwürdig, führte sie eines Abends in seinem Wagen nach Hause. Als sie vor ihrer Türe von ihm Abschied nimmt, entsteht der Klang zwischen ihnen beiden, und man hebt diesen Mann, der so gut wie tausend andere die Geschichte wußte, mehr tot als lebendig in seinen Wagen.

Ein andermal fährt ein junger Tenor, den sie wohl leiden konnte, mit ihr abends durch die Stadt, eine Freundin zu besuchen. Er hatte von diesem seltsamen Phänomen reden hören und zweifelte, als ein muntrer Knabe, an einem solchen Wunder. Sie sprachen von der Begebenheit. ‚Ich wünschte doch auch', sagte er, ‚die Stimme Ihres unsichtbaren Begleiters zu hören; rufen Sie ihn doch auf, wir sind ja zu zweien und werden uns nicht fürchten!' Leichtsinn oder Kühnheit, ich weiß nicht, was sie vermochte, genug, sie ruft dem Geiste, und in dem Augenblicke entsteht mitten im Wagen der schmetternde Ton, läßt sich dreimal schnell hintereinander gewaltsam hören und verschwindet mit einem bänglichen Nachklang. Vor dem Hause ihrer Freundin fand man beide ohnmächtig im Wagen, nur mit Mühe brachte man sie wieder zu sich und vernahm, was ihnen begegnet sei.

Die Schöne brauchte einige Zeit, sich zu erholen. Dieser immer erneuerte Schrecken griff ihre Gesundheit an, und das klingende Gespenst schien ihr einige Frist zu verstatten, ja sie hoffte sogar, weil es sich lange nicht wieder hören ließ, endlich völlig davon befreit zu sein. Allein diese Hoffnung war zu frühzeitig.

Nach geendigtem Karneval unternahm sie mit einer Freundin und einem Kammermädchen eine kleine Lustreise. Sie wollte einen Besuch auf dem Lande machen; es war Nacht, ehe sie ihren Weg vollenden konnten, und da noch am Fuhrwerke etwas zerbrach, mußten sie in einem schlechten Wirtshaus übernachten und sich so gut als möglich einrichten.

Schon hatte die Freundin sich niedergelegt, und das Kammermädchen, nachdem sie das Nachtlicht angezündet hatte, wollte eben zu ihrer Gebieterin ins andre Bett steigen, als diese scherzend zu ihr sagte: ,Wir sind hier am Ende der Welt, und das Wetter ist abscheulich, sollte er uns wohl hier finden können?' Im Augenblick ließ er sich hören, stärker und fürchterlicher als jemals. Die Freundin glaubte nicht anders, als die Hölle sei im Zimmer, sprang aus dem Bette, lief, wie sie war, die Treppe hinunter und rief das ganze Haus zusammen. Niemand tat diese Nacht ein Auge zu. Allein es war auch das letztemal, daß sich der Ton hören ließ. Doch hatte leider der ungebetene Gast bald eine andere, lästigere Weise, seine Gegenwart anzuzeigen.

Einige Zeit hatte er Ruhe gehalten, als auf einmal abends zur gewöhnlichen Stunde, da sie mit ihrer Gesellschaft zu Tische saß, ein Schuß, wie aus einer Flinte oder stark geladnen Pistole, zum Fenster herein fiel. Alle hörten den Knall, alle sahen das Feuer, aber bei näherer Untersuchung fand man die Scheibe ohne die mindeste Verletzung. Desungeachtet nahm die Gesellschaft den Vorfall sehr ernsthaft, und alle glaubten, daß man der Schönen nach dem Leben stehe. Man eilt nach der Polizei, man untersucht die benachbarten Häuser, und da man nichts Verdächtiges findet, stellt man darin den andern Tag Schildwachen von oben bis unten. Man durchsucht genau das Haus, worin sie wohnt, man verteilt Spione auf der Straße.

Alle diese Vorsicht war vergebens. Drei Monate hintereinander fiel in demselbigen Augenblicke der Schuß durch dieselbe Fensterscheibe, ohne das Glas zu verletzen, und, was merkwürdig war, immer genau eine Stunde vor Mitternacht, da doch gewöhnlich in Neapel nach der italienischen Uhr gezählt wird und Mitternacht daselbst eigentlich keine Epoche macht.

Man gewöhnte sich endlich an diese Erscheinung wie

an die vorige und rechnete dem Geiste seine unschädliche Tücke nicht hoch an. Der Schuß fiel manchmal, ohne die Gesellschaft zu erschrecken oder sie in ihrem Gespräch zu unterbrechen.

Eines Abends nach einem sehr warmen Tage öffnete die Schöne, ohne an die Stunde zu denken, das bewußte Fenster und trat mit dem Marchese auf den Balkon. Kaum standen sie einige Minuten draußen, als der Schuß zwischen ihnen beiden durch fiel und sie mit Gewalt rückwärts in das Zimmer schleuderte, wo sie ohnmächtig auf den Boden taumelten. Als sie sich wieder erholt hatten, fühlte er auf der linken, sie aber auf der rechten Wange den Schmerz einer tüchtigen Ohrfeige, und da man sich weiter nicht verletzt fand, gab der Vorfall zu mancherlei scherzhaften Bemerkungen Anlaß.

Von der Zeit an ließ sich dieser Schall im Hause nicht wieder hören, und sie glaubte nun endlich ganz von ihrem unsichtbaren Verfolger befreit zu sein, als auf einem Wege, den sie des Abends zu einer Freundin machte, ein unvermutetes Abenteuer sie nochmals auf das gewaltsamste erschreckte. Ihr Weg ging durch die Chiaja, wo ehemals der geliebte genuesische Freund gewohnt hatte. Es war heller Mondschein. Eine Dame, die bei ihr saß, fragte: ‚Ist das nicht das Haus, in welchem der Herr *** gestorben ist?' – ‚Es ist eins von diesen beiden, soviel ich weiß,' sagte die Schöne, und in dem Augenblicke fiel aus einem dieser beiden Häuser der Schuß und drang durch den Wagen durch. Der Kutscher glaubte angegriffen zu sein und fuhr mit aller möglichen Geschwindigkeit fort. An dem Orte ihrer Bestimmung hob man die beiden Frauen für tot aus dem Wagen.

Aber dieser Schrecken war auch der letzte. Der unsichtbare Begleiter änderte seine Methode, und nach einigen Abenden erklang vor ihren Fenstern ein lautes Händeklatschen. Sie war als beliebte Sängerin und Schauspielerin diesen Schall schon mehr gewohnt. Er hatte an sich nichts Schreckliches, und man konnte ihn eher einem ihrer Bewunderer zuschreiben. Sie gab wenig darauf acht; ihre Freunde waren aufmerksamer und stellten wie das vorigemal Posten aus. Sie hörten den Schall, sahen aber vor wie nach niemand, und die meisten hofften nun bald auf ein völliges Ende dieser Erscheinungen.

Nach einiger Zeit verlor sich auch dieser Klang und verwandelte sich in angenehmere Töne. Sie waren zwar nicht eigentlich melodisch, aber unglaublich angenehm und lieblich. Sie schienen den genauesten Beobachtern von der Ecke einer Querstraße her zu kommen, im leeren Luftraume bis unter das Fenster hinzuschweben und dann dort auf das sanfteste zu verklingen. Es war, als wenn ein himmlischer Geist durch ein schönes Präludium aufmerksam auf eine Melodie machen wollte, die er eben vorzutragen im Begriff sei. Auch dieser Ton verschwand endlich und ließ sich nicht mehr hören, nachdem die ganze wunderbare Geschichte etwa anderthalb Jahre gedauert hatte.“

Als der Erzähler einen Augenblick innehielt, fing die Gesellschaft an, ihre Gedanken und Zweifel über diese Geschichte zu äußern, ob sie wahr sei, ob sie auch wahr sein könne.

Der Alte behauptete, sie müsse wahr sein, wenn sie interessant sein solle; denn für eine erfundene Geschichte habe sie wenig Verdienst. Jemand bemerkte darauf, es scheine sonderbar, daß man sich nicht nach dem abgeschiedenen Freunde und nach den Umständen seines Todes erkundigt, weil doch daraus vielleicht einiges zur Aufklärung der Geschichte hätte genommen werden können.

„Auch dieses ist geschehen,“ versetzte der Alte; „ich war selbst neugierig genug, sogleich nach der ersten Erscheinung in sein Haus zu gehen und unter einem Vorwand die Dame zu besuchen, welche zuletzt recht mütterlich für ihn gesorgt hatte. Sie erzählte mir, daß ihr Freund eine unglaubliche Leidenschaft für das Frauenzimmer gehegt habe, daß er die letzte Zeit seines Lebens fast allein von ihr gesprochen und sie bald als einen Engel, bald als einen Teufel vorgestellt habe.

Als seine Krankheit überhandgenommen, habe er nichts gewünscht, als sie vor seinem Ende noch einmal zu sehen, wahrscheinlich in der Hoffnung, nur noch eine zärtliche

Äußerung, eine Reue oder sonst irgendein Zeichen der Liebe und Freundschaft von ihr zu erzwingen. Desto schrecklicher sei ihm ihre anhaltende Weigerung gewesen, und sichtbar habe die letzte, entscheidende abschlägliche Antwort sein Ende beschleunigt. Verzweifelnd habe er ausgerufen: ‚Nein, es soll ihr nichts helfen! Sie vermeidet mich; aber auch nach meinem Tode soll sie keine Ruhe vor mir haben!' Mit dieser Heftigkeit verschied er, und nur zu sehr mußten wir erfahren, daß man auch jenseits des Grabes Wort halten könne."

Die Gesellschaft fing aufs neue an, über die Geschichte zu meinen und zu urteilen. Zuletzt sagte der Bruder Fritz: „Ich habe einen Verdacht, den ich aber nicht eher äußern will, als bis ich nochmals alle Umstände in mein Gedächtnis zurückgerufen und meine Kombinationen besser geprüft habe."

Als man lebhafter in ihn drang, suchte er einer Antwort dadurch auszuweichen, daß er sich erbot, gleichfalls eine Geschichte zu erzählen, die zwar der vorigen an Interesse nicht gleiche, aber doch auch von der Art sei, daß man sie niemals mit völliger Gewißheit habe erklären können.

„Bei einem wackern Edelmann, meinem Freunde, der ein altes Schloß mit einer starken Familie bewohnte, war eine Waise erzogen worden, die, als sie herangewachsen und vierzehn Jahre alt war, meist um die Dame vom Hause sich beschäftigte und die nächsten Dienste ihrer Person verrichtete. Man war mit ihr wohl zufrieden, und sie schien nichts weiter zu wünschen, als durch Aufmerksamkeit und Treue ihren Wohltätern dankbar zu sein. Sie war wohlgebildet, und es fanden sich einige Freier um sie ein. Man glaubte nicht, daß eine dieser Verbindungen zu ihrem Glück gereichen würde, und sie zeigte auch nicht das mindeste Verlangen, ihren Zustand zu ändern.

Auf einmal begab sichs, daß man, wenn das Mädchen in dem Hause Geschäfte halber herumging, unter ihr hier und da pochen hörte. Anfangs schien es zufällig, aber da das Klopfen nicht aufhörte und beinahe jeden ihrer Schritte bezeichnete, ward sie ängstlich und traute sich kaum, aus dem Zimmer der gnädigen Frau herauszugehen, als in welchem sie allein Ruhe hatte.

Dieses Pochen ward von jedermann vernommen, der mit ihr ging oder nicht weit von ihr stand. Anfangs scherzte man darüber, endlich aber fing die Sache an, unangenehm zu werden. Der Herr vom Hause, der von einem lebhaften Geist war, untersuchte nun selbst die Umstände. Man hörte das Pochen nicht eher, als bis das Mädchen ging, und nicht sowohl indem sie den Fuß aufsetzte, als indem sie ihn zum Weiterschreiten aufhob. Doch fielen die Schläge manchmal unregelmäßig, und besonders waren sie sehr stark, wenn sie quer über einen großen Saal den Weg nahm.

Der Hausvater hatte eines Tages Handwerksleute in der Nähe und ließ, da das Pochen am heftigsten war, gleich hinter ihr einige Dielen aufreißen. Es fand sich nichts, außer daß bei dieser Gelegenheit ein paar große Ratten zum Vorschein kamen, deren Jagd viel Lärm im Hause verursachte.

Entrüstet über diese Begebenheit und Verwirrung, griff der Hausherr zu einem strengen Mittel, nahm seine größte Hetzpeitsche von der Wand und schwur, daß er das Mädchen bis auf den Tod prügeln wolle, wenn sich noch ein einzigmal das Pochen hören ließe. Von der Zeit an ging sie ohne Anfechtung im ganzen Hause herum, und man vernahm von dem Pochen nichts weiter."

„Woraus man denn deutlich sieht," fiel Luise ein, „daß das schöne Kind sein eignes Gespenst war und aus irgendeiner Ursache sich diesen Spaß gemacht und seine Herrschaft zum besten gehabt hatte."

„Keinesweges," versetzte Fritz; „denn diejenigen, welche diese Wirkung einem Geiste zuschrieben, glaubten, ein Schutzgeist wolle zwar das Mädchen aus dem Hause haben, aber ihr doch kein Leids zufügen lassen. Andere nahmen es näher und hielten dafür, daß einer ihrer Liebhaber die Wissenschaft oder das Geschick gehabt habe, diese Töne zu erregen, um das Mädchen aus dem Hause in seine Arme zu nötigen. Dem sei, wie ihm wolle, das gute Kind zehrte sich über diesen Vorfall beinah völlig ab und schien einem traurigen Geiste gleich, da sie vorher frisch, munter und die Heiterste im ganzen Hause gewesen. Aber auch eine solche körperliche Abnahme läßt sich auf mehr als eine Weise deuten."

„Es ist schade," versetzte Karl, „daß man solche Vorfälle nicht genau untersucht und daß man bei Beurteilung der Begebenheiten, die uns so sehr interessieren, immer zwischen verschiedenen Wahrscheinlichkeiten schwanken muß, weil die Umstände, unter welchen solche Wunder geschehen, nicht alle bemerkt sind."

„Wenn es nur nicht überhaupt so schwer wäre zu untersuchen", sagte der Alte, „und in dem Augenblicke, wo etwas dergleichen begegnet, die Punkte und Momente alle gegenwärtig zu haben, worauf es eigentlich ankommt, damit man nichts entwischen lasse, worin Betrug und Irrtum sich verstecken könne. Vermag man denn einem Taschenspieler so leicht auf die Sprünge zu kommen, von dem wir doch wissen, daß er uns zum besten hat?"

Kaum hatte er ausgeredet, als in der Ecke des Zimmers auf einmal ein sehr starker Knall sich hören ließ. Alle fuhren auf, und Karl sagte scherzend: „Es wird sich doch kein sterbender Liebhaber hören lassen?"

Er hätte gewünscht, seine Worte wieder zurückzunehmen; denn Luise ward bleich und gestand, daß sie für das Leben ihres Bräutigams zittere.

Fritz, um sie zu zerstreuen, nahm das Licht und ging nach dem Schreibtische, der in der Ecke stand. Die gewölbte Decke desselben war quer völlig durchgerissen; man hatte also die Ursache des Klanges; aber desungeachtet fiel es ihnen auf, daß dieser Schreibtisch von Röntgens bester Arbeit, der schon mehrere Jahre an demselben Platze stand, in diesem Augenblicke zufällig gerissen sein sollte. Man hatte ihn oft als Muster einer vortrefflichen und dauerhaften Tischlerarbeit gerühmt und vorgezeigt, und nun sollte er auf einmal reißen, ohne daß in der Luft die mindeste Veränderung zu spüren war.

„Geschwind," sagte Karl, „laßt uns zuerst diesen Umstand berichtigen und nach dem Barometer sehen!"

Das Quecksilber hatte seinen Stand vollkommen wie seit einigen Tagen; das Thermometer selbst war nicht mehr gefallen, als die Veränderung von Tag auf Nacht natürlich mit sich brachte.

„Schade, daß wir nicht einen Hygrometer bei der Hand haben," rief er aus; „gerade das Instrument wäre das nötigste."

„Es scheint," sagte der Alte, „daß uns immer die nötigsten Instrumente abgehen, wenn wir Versuche auf Geister anstellen wollen."

Sie wurden in ihren Betrachtungen durch einen Bedienten unterbrochen, der mit Hast hereinkam und meldete, daß man ein starkes Feuer am Himmel sehe, jedoch nicht wisse, ob es in der Stadt oder in der Gegend sei.

Da man durch das Vorhergehende schon empfänglicher für den Schrecken geworden war, so wurden alle mehr, als es vielleicht sonst geschehen sein würde, von der Nachricht betroffen. Fritz eilte auf das Belvedere des Hauses, wo auf einer großen horizontalen Scheibe die Karte des Landes ausführlich gezeichnet war, durch deren Hülfe man auch bei Nacht die verschiedenen Lagen der Orte ziemlich genau bestimmen konnte. Die andern blieben nicht ohne Sorgen und Bewegung beieinander.

Fritz kam zurück und sagte: „Ich bringe keine gute Nachricht. Denn höchstwahrscheinlich ist der Brand nicht in der Stadt, sondern auf dem Gute unserer Tante. Ich kenne die Richtung sehr genau und fürchte, mich nicht zu irren." Man bedauerte die schönen Gebäude und überrechnete den Verlust. „Indessen", sagte Fritz, „ist mir ein wunderlicher Gedanke eingekommen, der uns wenigstens über das sonderbare Anzeichen des Schreibtisches beruhigen kann. Vor allen Dingen wollen wir die Minute berichtigen, in der wir den Klang gehört haben." Sie rechneten zurück, und es konnte etwa halb zwölfe gewesen sein.

„Nun, ihr mögt lachen oder nicht," fuhr Fritz fort, „will ich euch meine Mutmaßung erzählen. Ihr wißt, daß unsre Mutter schon vor mehreren Jahren einen ähnlichen, ja man möchte sagen, einen gleichen Schreibtisch an unsre Tante geschenkt hat. Beide waren zu Einer Zeit aus Einem Holze mit der größten Sorgfalt von Einem Meister verfertigt, beide haben sich bisher trefflich gehalten, und ich wollte wetten, daß in diesem Augenblicke mit dem Lusthause unsrer Tante der zweite Schreibtisch verbrennt und daß sein Zwillingsbruder auch davon leidet. Ich will mich morgen selbst aufmachen und dieses seltsame Faktum so gut als möglich zu berichtigen suchen."

Ob Friedrich wirklich diese Meinung hegte oder ob der Wunsch, seine Schwester zu beruhigen, ihm zu diesem Einfall geholfen, wollen wir nicht entscheiden; genug, sie ergriffen die Gelegenheit, über manche unleugbare Sympathien zu sprechen, und fanden am Ende eine Sympathie zwischen Hölzern, die auf Einem Stamm erzeugt worden, zwischen Werken, die Ein Künstler verfertigt, noch ziemlich wahrscheinlich. Ja sie wurden einig, dergleichen Phänomene ebensogut für Naturphänomene gelten zu lassen als andere, welche sich öfter wiederholen, die wir mit Händen greifen und doch nicht erklären können.

„Überhaupt", sagte Karl, „scheint mir, daß jedes Phänomen so wie jedes Faktum an sich eigentlich das Interessante sei. Wer es erklärt oder mit andern Begebenheiten zusammenhängt, macht sich gewöhnlich eigentlich nur einen Spaß und hat uns zum besten, wie zum Beispiel der Naturforscher und Historienschreiber. Aber eine einzelne Handlung oder Begebenheit ist interessant, nicht weil sie erklärbar oder wahrscheinlich, sondern weil sie wahr ist. Wenn gegen Mitternacht die Flamme den Schreibtisch der Tante verzehrt hat, so ist das sonderbare Reißen des unsern zu gleicher Zeit für uns eine wahre Begebenheit, sie mag übrigens erklärbar sein und zusammenhängen mit was sie will."

So tief es auch schon in der Nacht war, fühlte niemand eine Neigung, zu Bette zu gehen, und Karl erbot sich, gleichfalls eine Geschichte zu erzählen, die nicht minder interessant sei, ob sie sich gleich vielleicht eher erklären und begreifen lasse als die vorigen.

„Der Marschall von Bassompierre", sagte er, „erzählt sie in seinen Memoiren; es sei mir erlaubt, in seinem Namen zu reden:

Seit fünf oder sechs Monaten hatte ich bemerkt, sooft ich über die kleine Brücke ging – denn zu der Zeit war der Pont neuf noch nicht erbauet –, daß eine schöne Krämerin, deren Laden an einem Schilde mit zwei Engeln kenntlich war, sich tief und wiederholt vor mir neigte und mir so weit nachsah, als sie nur konnte. Ihr Betragen fiel mir auf, ich sah sie gleichfalls an und dankte ihr sorgfältig. Einst ritt ich von Fontainebleau nach Paris, und als ich wieder die kleine Brücke heraufkam, trat sie an ihre Ladentüre und sagte zu mir, indem ich vorbeiritt: ‚Mein Herr, Ihre Dienerin!' Ich erwiderte ihren Gruß, und indem ich mich von Zeit zu Zeit umsah, hatte sie sich weiter vorgelehnt, um mir so weit als möglich nachzusehen.

Ein Bedienter nebst einem Postillon folgten mir, die ich noch diesen Abend mit Briefen an einige Damen nach Fontainebleau zurückschicken wollte. Auf meinen Befehl stieg der Bediente ab und ging zu der jungen Frau, ihr in meinem Namen zu sagen, daß ich ihre Neigung, mich zu sehen und zu grüßen, bemerkt hätte; ich wollte, wenn sie wünschte, mich näher kennenzulernen, sie aufsuchen, wo sie verlangte.

Sie antwortete dem Bedienten, er hätte ihr keine bessere Neuigkeit bringen können, sie wollte kommen, wohin ich sie bestellte, nur mit der Bedingung, daß sie eine Nacht mit mir unter einer Decke zubringen dürfte.

Ich nahm den Vorschlag an und fragte den Bedienten, ob er nicht etwa einen Ort kenne, wo wir zusammenkommen könnten. Er antwortete, daß er sie zu einer gewissen Kupplerin führen wollte, rate mir aber, weil die Pest sich hier und da zeige, Matratzen, Decken und Leintücher aus meinem Hause hinbringen zu lassen. Ich nahm den Vorschlag an, und er versprach, mir ein gutes Bett zu bereiten.

Des Abends ging ich hin und fand eine sehr schöne Frau von ungefähr zwanzig Jahren mit einer zierlichen Nachtmütze, einem sehr feinen Hemde, einem kurzen Unterrocke von grünwollenem Zeuge. Sie hatte Pantoffeln an den Füßen und eine Art von Pudermantel übergeworfen. Sie gefiel mir außerordentlich, und da ich mir einige Freiheiten herausnehmen wollte, lehnte sie meine Liebkosungen mit sehr guter Art ab und verlangte, mit mir zwischen zwei Leintüchern zu sein. Ich erfüllte ihr Begehren und kann sagen, daß ich niemals ein zierlicheres Weib gekannt habe noch von irgendeiner mehr Vergnügen genossen hätte. Den andern Morgen fragte ich sie, ob ich sie nicht noch einmal sehen könnte, ich verreise erst Sonntag; und wir hatten die Nacht vom Donnerstag auf den Freitag miteinander zugebracht.

Sie antwortete mir, daß sie es gewiß lebhafter wünsche als ich; wenn ich aber nicht den ganzen Sonntag bliebe, sei es ihr unmöglich, denn nur in der Nacht vom Sonntag auf den Montag könne sie mich wiedersehen. Als ich einige Schwierigkeiten machte, sagte sie: ‚Ihr seid wohl meiner in diesem Augenblicke schon überdrüssig und wollt nun Sonntags verreisen; aber Ihr werdet bald wieder an mich denken und gewiß noch einen Tag zugeben, um eine Nacht mit mir zuzubringen.‘

Ich war leicht zu überreden, versprach ihr, den Sonntag zu bleiben und die Nacht auf den Montag mich wieder an dem nämlichen Orte einzufinden. Darauf antwortete sie mir: ‚Ich weiß recht gut, mein Herr, daß ich in ein schändliches Haus um Ihrentwillen gekommen bin; aber ich habe es freiwillig getan, und ich hatte ein so unüberwindliches Verlangen, mit Ihnen zu sein, daß ich jede Bedingung eingegangen wäre. Aus Leidenschaft bin ich an diesen abscheulichen Ort gekommen, aber ich würde mich für eine feile Dirne halten, wenn ich zum zweitenmal dahin zurückkehren könnte. Möge ich eines elenden Todes sterben, wenn ich außer meinem Mann und Euch irgend jemand zu Willen gewesen bin und nach irgendeinem andern verlange! Aber was täte man nicht für eine Person, die man liebt, und für einen Bassompierre? Um seinetwillen bin ich in das Haus gekommen, um eines Mannes willen, der durch seine Gegenwart diesen Ort ehrbar gemacht hat. Wollt Ihr mich noch einmal sehen, so will ich Euch bei meiner Tante einlassen.‘

Sie beschrieb mir das Haus aufs genaueste und fuhr fort: ‚Ich will Euch von zehn Uhr bis Mitternacht erwarten, ja noch später, die Türe soll offen sein. Erst findet Ihr einen kleinen Gang, in dem haltet Euch nicht auf, denn die Türe meiner Tante geht da heraus. Dann stößt Euch eine Treppe sogleich entgegen, die Euch ins erste Geschoß führt, wo ich Euch mit offnen Armen empfangen werde.‘

Ich machte meine Einrichtung, ließ meine Leute und meine Sachen vorausgehen und erwartete mit Ungeduld die Sonntagsnacht, in der ich das schöne Weibchen wiedersehen sollte. Um zehn Uhr war ich schon am bestimmten Orte. Ich fand die Türe, die sie mir bezeichnet hatte, sogleich, aber verschlossen und im ganzen Hause Licht, das sogar von Zeit zu Zeit wie eine Flamme aufzulodern schien. Ungeduldig fing ich an zu klopfen, um meine Ankunft zu melden; aber ich hörte eine Mannsstimme, die mich fragte, wer draußen sei.

Ich ging zurück und einige Straßen auf und ab. Endlich zog mich das Verlangen wieder nach der Türe. Ich fand sie offen und eilte durch den Gang die Treppe hinauf. Aber wie erstaunt war ich, als ich in dem Zimmer ein paar Leute fand, welche Bettstroh verbrannten, und bei der Flamme, die das ganze Zimmer erleuchtete, zwei nackte Körper auf dem Tische ausgestreckt sah. Ich zog mich eilig zurück und stieß im Hinausgehen auf ein paar Totengräber, die mich fragten, was ich suchte. Ich zog den Degen, um sie mir vom Leibe zu halten, und kam nicht unbewegt von diesem seltsamen Anblick nach Hause. Ich trank sogleich drei bis vier Gläser Wein, ein Mittel gegen die pestilenzialischen Einflüsse, das man in Deutschland sehr bewährt hält, und trat, nachdem ich ausgeruhet, den andern Tag meine Reise nach Lothringen an.

Alle Mühe, die ich mir nach meiner Rückkunft gegeben, irgend etwas von dieser Frau zu erfahren, war vergeblich. Ich ging sogar nach dem Laden der zwei Engel; allein die Mietleute wußten nicht, wer vor ihnen darin gesessen hatte.

Dieses Abenteuer begegnete mir mit einer Person vom geringen Stande, aber ich versichere, daß ohne den unangenehmen Ausgang es eins der reizendsten gewesen wäre, deren ich mich erinnere, und daß ich niemals ohne Sehnsucht an das schöne Weibchen habe denken können.“

„Auch dieses Rätsel“, versetzte Fritz, „ist so leicht nicht zu lösen. Denn es bleibt zweifelhaft, ob das artige Weibchen in dem Hause mit an der Pest gestorben oder ob sie es nur dieses Umstands wegen vermieden habe.“

„Hätte sie gelebt,“ versetzte Karl, „so hätte sie ihren Geliebten gewiß auf der Gasse erwartet, und keine Gefahr hätte sie abgehalten, ihn wieder aufzusuchen. Ich fürchte immer, sie hat mit auf dem Tische gelegen.“

„Schweigt!“ sagte Luise; „die Geschichte ist gar zu schrecklich. Was wird das für eine Nacht werden, wenn wir uns mit solchen Bildern zu Bette legen!“

„Es fällt mir noch eine Geschichte ein,“ sagte Karl, „die artiger ist und die Bassompierre von einem seiner Vorfahren erzählt:

Eine schöne Frau, die den Ahnherrn außerordentlich liebte, besuchte ihn alle Montage auf seinem Sommerhause, wo er die Nacht mit ihr zubrachte, indem er seine Frau glauben ließ, daß er diese Zeit zu einer Jagdpartie bestimmt habe.

Zwei Jahre hatten sie sich ununterbrochen auf diese Weise gesehen, als seine Frau einigen Verdacht schöpfte, sich eines Morgens nach dem Sommerhause schlich und ihren Gemahl mit der Schönen in tiefem Schlafe antraf. Sie hatte weder Mut noch Willen, sie aufzuwecken, nahm aber ihren Schleier vom Kopfe und deckte ihn über die Füße der Schlafenden.

Als das Frauenzimmer erwachte und den Schleier erblickte, tat sie einen hellen Schrei, brach in laute Klagen aus und jammerte, daß sie ihren Geliebten nicht mehr wiedersehen, ja daß sie sich ihm auf hundert Meilen nicht nähern dürfe. Sie verließ ihn, nachdem sie ihm drei Geschenke, ein kleines Fruchtmaß, einen Ring und einen Becher, für seine drei rechtmäßigen Töchter verehrt und ihm die größte Sorgfalt für diese Gaben anbefohlen hatte. Man hob sie sorgfältig auf, und die Abkömmlinge dieser drei Töchter glaubten die Ursache manches glücklichen Ereignisses in dem Besitz dieser Gabe zu finden.“

„Das sieht nun schon eher dem Märchen der schönen Melusine und andern dergleichen Feengeschichten ähnlich,“ sagte Luise.

„Und doch hat sich eine solche Tradition", versetzte Friedrich, „und ein ähnlicher Talisman in unserm Hause erhalten."

„Wie wäre denn das?" fragte Karl.

„Es ist ein Geheimnis," versetzte jener; „nur der älteste Sohn darf es allenfalls bei Lebzeiten des Vaters erfahren und nach seinem Tode das Kleinod besitzen."

„Du hast es also in Verwahrung?" fragte Luise.

„Ich habe wohl schon zuviel gesagt," versetzte Friedrich, indem er das Licht anzündete, um sich hinwegzubegeben.

Die Familie hatte zusammen wie gewöhnlich das Frühstück eingenommen, und die Baronesse saß wieder an ihrem Stickrahmen. Nach einem kurzen allgemeinen Stillschweigen begann der geistliche Hausfreund mit einigem Lächeln: „Es ist zwar selten, daß Sänger, Dichter und Erzähler, die eine Gesellschaft zu unterhalten versprechen, es zur rechten Zeit tun; vielmehr lassen sie sich gewöhnlich, wo sie willig sein sollten, sehr dringend bitten und sind zudringlich, wenn man ihren Vortrag gern ablehnen möchte. Ich hoffe daher eine Ausnahme zu machen, wenn ich anfrage, ob Ihnen in diesem Augenblicke gelegen sei, irgendeine Geschichte anzuhören."

„Recht gerne," versetzte die Baronesse, „und ich glaube, es werden alle übrigen mit mir übereinstimmen. Doch wenn Sie uns eine Geschichte zur Probe geben wollen, so muß ich Ihnen sagen, welche Art ich nicht liebe. Jene Erzählungen machen mir keine Freude, bei welchen nach Weise der ‚Tausendundeinen Nacht' eine Begebenheit in die andere eingeschachtelt, ein Interesse durch das andere verdrängt wird, wo sich der Erzähler genötigt sieht, die Neugierde, die er auf eine leichtsinnige Weise erregt hat, durch Unterbrechung zu reizen und die Aufmerksamkeit, anstatt sie durch eine vernünftige Folge zu befriedigen, nur durch seltsame und keineswegs lobenswürdige Kunstgriffe aufzuspannen. Ich tadle das Bestreben, aus Geschichten, die sich der Einheit des Gedichts nähern sollen, rhapsodische Rätsel zu machen und den Geschmack immer tiefer zu verderben. Die Gegenstände Ihrer Erzählungen gebe ich Ihnen ganz frei; aber lassen Sie uns wenigstens an der Form sehen, daß wir in guter Gesellschaft sind. Geben Sie uns zum Anfang eine Geschichte von wenig Personen und Begebenheiten, die gut erfunden und gedacht ist, wahr, natürlich und nicht gemein, soviel Handlung als unentbehrlich und soviel Gesinnung als nötig, die nicht still steht, sich nicht auf einem Flecke zu langsam bewegt, sich aber auch nicht übereilt, in der die Menschen erscheinen, wie man sie gern mag, nicht vollkommen, aber gut, nicht außerordentlich, aber interessant und liebenswürdig. Ihre Geschichte sei unterhaltend, solange wir sie hören, befriedigend, wenn sie zu Ende ist, und hinterlasse uns einen stillen Reiz, weiter nachzudenken."

„Kennte ich Sie nicht besser, gnädige Frau," versetzte der Geistliche, „so würde ich glauben, Ihre Absicht sei, mein Warenlager, noch eh ich irgend etwas davon ausgekramt habe, durch diese hohen und strengen Forderungen völlig in Mißkredit zu setzen. Wie selten möchte man Ihnen nach Ihrem Maßstab Genüge leisten können! Selbst in diesem Augenblicke", fuhr er fort, als er ein wenig nachgedacht, „nötigen Sie mich, die Erzählung, die ich im Sinne hatte, zurückzustellen und auf eine andere Zeit zu verlegen, und ich weiß wirklich nicht, ob ich mich in der Eile vergreife, wenn ich eine alte Geschichte, an die ich aber immer mit einiger Vorliebe gedacht habe, sogleich aus dem Stegreife vorzutragen anfange:

In einer italienischen Seestadt lebte vorzeiten ein Handelsmann, der sich von Jugend auf durch Tätigkeit und Klugheit auszeichnete. Er war dabei ein guter Seemann und hatte große Reichtümer erworben, indem er selbst nach Alexandria zu schiffen, kostbare Waren zu erkaufen oder einzutauschen pflegte, die er alsdann zu Hause wieder abzusetzen oder in die nördlichen Gegenden Europens zu versenden wußte. Sein Vermögen wuchs von Jahr zu Jahr um so mehr, als er in seiner Geschäftigkeit selbst das größte Vergnügen fand und ihm keine Zeit zu kostspieligen Zerstreuungen übrigblieb.

Bis in sein funfzigstes Jahr hatte er sich auf diese Weise

emsig fortbeschäftigt und ihm war von den geselligen Vergnügungen wenig bekannt worden, mit welchen ruhige Bürger ihr Leben zu würzen verstehen; ebensowenig hatte das schöne Geschlecht, bei allen Vorzügen seiner Landsmänninnen, seine Aufmerksamkeit weiter erregt, als insofern er ihre Begierde nach Schmuck und Kostbarkeiten sehr wohl kannte und sie gelegentlich zu nutzen wußte.

Wie wenig versah er sich daher auf die Veränderung, die in seinem Gemüte vorgehen sollte, als eines Tages sein reich beladen Schiff in den Hafen seiner Vaterstadt einlief, eben an einem jährlichen Feste, das besonders der Kinder wegen gefeiert wurde. Knaben und Mädchen pflegten nach dem Gottesdienste in allerlei Verkleidungen sich zu zeigen, bald in Prozessionen, bald in Scharen durch die Stadt zu scherzen und sodann im Felde auf einem großen freien Platz allerhand Spiele zu treiben, Kunststücke und Geschicklichkeiten zu zeigen und in artigem Wettstreit ausgesetzte kleine Preise zu gewinnen.

Anfangs wohnte unser Seemann dieser Feier mit Vergnügen bei; als er aber die Lebenslust der Kinder und die Freude der Eltern daran lange betrachtet und so viele Menschen im Genuß einer gegenwärtigen Freude und der angenehmsten aller Hoffnungen gefunden hatte, mußte ihm bei einer Rückkehr auf sich selbst sein einsamer Zustand äußerst auffallen. Sein leeres Haus fing zum erstenmal an, ihm ängstlich zu werden, und er klagte sich selbst in seinen Gedanken an:

,O ich Unglückseliger! warum gehn mir so spät die Augen auf? Warum erkenne ich erst im Alter jene Güter, die allein den Menschen glücklich machen? Soviel Mühe! soviel Gefahren! Was haben sie mir verschafft? Sind gleich meine Gewölbe voll Waren, meine Kisten voll edler Metalle und meine Schränke voll Schmuck und Kleinodien, so können doch diese Güter mein Gemüt weder erheitern noch befriedigen. Je mehr ich sie aufhäufe, desto mehr Gesellen scheinen sie zu verlangen; ein Kleinod fordert das andere, ein Goldstück das andere. Sie erkennen mich nicht für den Hausherrn; sie rufen mir ungestüm zu: ,Geh und eile, schaffe noch mehr unsersgleichen herbei! Gold erfreut sich nur des Goldes, das Kleinod des Kleinodes.‘ So gebieten sie mir schon die ganze Zeit meines Lebens, und erst spät fühle ich, daß mir in allem diesem kein Genuß bereitet ist. Leider jetzt, da die Jahre kommen, fange ich an zu denken und sage zu mir: Du genießest diese Schätze nicht, und niemand wird sie nach dir genießen! Hast du jemals eine geliebte Frau damit geschmückt? Hast du eine Tochter damit ausgestattet? Hast du einen Sohn in den Stand gesetzt, sich die Neigung eines guten Mädchens zu gewinnen und zu befestigen? Niemals! Von allen deinen Besitztümern hast du, hat niemand der Deinigen etwas besessen, und was du mühsam zusammengebracht hast, wird nach deinem Tode ein Fremder leichtfertig verprassen.

O wie anders werden heute abend jene glücklichen Eltern ihre Kinder um den Tisch versammeln, ihre Geschicklichkeit preisen und sie zu guten Taten aufmuntern! Welche Lust glänzte aus ihren Augen, und welche Hoffnung schien aus dem Gegenwärtigen zu entspringen! Solltest du denn aber selbst gar keine Hoffnung fassen können? Bist du denn schon ein Greis? Ist es nicht genug, die Versäumnis einzusehen, jetzt, da noch nicht aller Tage Abend gekommen ist? Nein, in deinem Alter ist es noch nicht töricht, ans Freien zu denken, mit deinen Gütern wirst du ein braves Weib erwerben und glücklich machen, und siehst du noch Kinder in deinem Hause, so werden dir diese spätern Früchte den größten Genuß geben, anstatt daß sie oft denen, die sie zu früh vom Himmel erhalten, zur Last werden und zur Verwirrung gereichen.‘

Als er durch dieses Selbstgespräch seinen Vorsatz bei sich befestigt hatte, rief er zwei Schiffsgesellen zu sich und eröffnete ihnen seine Gedanken. Sie, die gewohnt waren, in allen Fällen willig und bereit zu sein, fehlten auch diesmal nicht und eilten, sich in der Stadt nach den jüngsten und schönsten Mädchen zu erkundigen; denn ihr Patron, da er einmal nach dieser Ware lüstern ward, sollte auch die beste finden und besitzen.

Er selbst feierte so wenig als seine Abgesandten. Er ging, fragte, sah und hörte und fand bald, was er suchte, in einem Frauenzimmer, das in diesem Augenblick das schönste der ganzen Stadt genannt zu werden verdiente, ungefähr sechzehn Jahr alt, wohlgebildet und gut erzogen, deren Gestalt und Wesen das Angenehmste zeigte und das Beste versprach.

Nach einer kurzen Unterhandlung, durch welche der vorteilhafteste Zustand sowohl bei Lebzeiten als nach dem Tode des Mannes der Schönen versichert ward, vollzog man die Heirat mit großer Pracht und Lust, und von diesem Tage an fühlte sich unser Handelsmann zum erstenmal im wirklichen Besitz und Genuß seiner Reichtümer. Nun verwandte er mit Freuden die schönsten und reichsten Stoffe zur Bekleidung des schönen Körpers, die Juwelen glänzten ganz anders an der Brust und in den Haaren seiner Geliebten als ehemals im Schmuckkästchen, und die Ringe erhielten einen unendlichen Wert von der Hand, die sie trug.

So fühlte er sich nicht allein so reich, sondern reicher als bisher, indem seine Güter sich durch Teilnehmung und Anwendung zu vermehren schienen. Auf diese Weise lebte das Paar fast ein Jahr lang in der größten Zufriedenheit, und er schien seine Liebe zu einem tätigen und herumstreifenden Leben gegen das Gefühl häuslicher Glückseligkeit gänzlich vertauscht zu haben. Aber eine alte Gewohnheit legt sich so leicht nicht ab, und eine Richtung, die wir früh genommen, kann wohl einige Zeit abgelenkt, aber nie ganz unterbrochen werden.

So hatte auch unser Handelsmann oft, wenn er andere sich einschiffen oder glücklich in den Hafen zurückkehren sah, wieder die Regungen seiner alten Leidenschaft gefühlt, ja er hatte selbst in seinem Hause an der Seite seiner Gattin manchmal Unruhe und Unzufriedenheit empfunden. Dieses Verlangen vermehrte sich mit der Zeit und verwandelte sich zuletzt in eine solche Sehnsucht, daß er sich äußerst unglücklich fühlen mußte und zuletzt wirklich krank ward.

‚Was soll nun aus dir werden?‘ sagte er zu sich selbst. ‚Du erfährst nun, wie töricht es ist, in späten Jahren eine alte Lebensweise gegen eine neue zu vertauschen. Wie sollen wir das, was wir immer getrieben und gesucht haben, aus unsern Gedanken, ja aus unsern Gliedern wieder herausbringen? Und wie geht es mir nun, der ich bisher wie ein

Fisch das Wasser, wie ein Vogel die freie Luft geliebt, da ich mich in einem Gebäude bei allen Schätzen und bei der Blume aller Reichtümer, bei einer schönen jungen Frau eingesperrt habe? Anstatt daß ich dadurch hoffte, Zufriedenheit zu gewinnen und meiner Güter zu genießen, so scheint es mir, daß ich alles verliere, indem ich nichts weiter erwerbe. Mit Unrecht hält man die Menschen für Toren, welche in rastloser Tätigkeit Güter auf Güter zu häufen suchen; denn die Tätigkeit ist das Glück, und für den, der die Freuden eines ununterbrochenen Bestrebens empfinden kann, ist der erworbene Reichtum ohne Bedeutung. Aus Mangel an Beschäftigung werde ich elend, aus Mangel an Bewegung krank, und wenn ich keinen andern Entschluß fasse, so bin ich in kurzer Zeit dem Tode nahe.

Freilich ist es ein gewagtes Unternehmen, sich von einer jungen, liebenswürdigen Frau zu entfernen. Ist es billig, um ein reizendes und reizbares Mädchen zu freien und sie nach einer kurzen Zeit sich selbst, der Langenweile, ihren Empfindungen und Begierden zu überlassen? Spazieren diese jungen, seidnen Herren nicht schon jetzt vor meinen Fenstern auf und ab? Suchen sie nicht schon jetzt in der Kirche und in Gärten die Aufmerksamkeit meines Weibchens an sich zu ziehen? Und was wird erst geschehen, wenn ich weg bin? Soll ich glauben, daß mein Weib durch ein Wunder gerettet werden könnte? Nein, in ihrem Alter, bei ihrer Konstitution wäre es töricht zu hoffen, daß sie sich der Freuden der Liebe enthalten könnte. Entfernst du dich, so wirst du bei deiner Rückkunft die Neigung deines Weibes und ihre Treue zugleich mit der Ehre deines Hauses verloren haben.'

Diese Betrachtungen und Zweifel, mit denen er sich eine Zeitlang quälte, verschlimmerten den Zustand, in dem er sich befand, aufs äußerste. Seine Frau, seine Verwandten und Freunde betrübten sich um ihn, ohne daß sie die Ursache seiner Krankheit hätten entdecken können. Endlich ging er nochmals bei sich zu Rate und rief nach einiger Überlegung aus: ‚Törichter Mensch! du lässest es dir so sauer werden, ein Weib zu bewahren, das du doch bald, wenn dein Übel fortdauert, sterbend hinter dir und einem andern lassen mußt. Ist es nicht wenigstens klüger und besser, du suchst das Leben zu erhalten, wenn du gleich in Gefahr kommst, an ihr dasjenige zu verlieren, was als das höchste Gut der Frauen geschätzt wird? Wie mancher Mann kann durch seine Gegenwart den Verlust dieses Schatzes nicht hindern und vermißt geduldig, was er nicht erhalten kann! Warum solltest du nicht den Mut haben, dich eines solchen Gutes zu entschlagen, da von diesem Entschlusse dein Leben abhängt?‘

Mit diesen Worten ermannte er sich und ließ seine Schiffsgesellen rufen. Er trug ihnen auf, nach gewohnter Weise ein Fahrzeug zu befrachten und alles bereit zu halten, daß sie bei dem ersten günstigen Winde auslaufen könnten. Darauf erklärte er sich gegen seine Frau folgendermaßen:

‚Laß dich nicht befremden, wenn du in dem Hause eine Bewegung siehst, woraus du schließen kannst, daß ich mich zu einer Abreise anschicke! Betrübe dich nicht, wenn ich dir gestehe, daß ich abermals eine Seefahrt zu unternehmen gedenke! Meine Liebe zu dir ist noch immer dieselbe, und sie wird es gewiß in meinem ganzen Leben bleiben. Ich erkenne den Wert des Glücks, das ich bisher an deiner Seite genoß, und würde ihn noch reiner fühlen, wenn ich mir nicht oft Vorwürfe der Untätigkeit und Nachlässigkeit im stillen machen müßte. Meine alte Neigung wacht wieder auf, und meine alte Gewohnheit zieht mich wieder an. Erlaube mir, daß ich den Markt von Alexandrien wiedersehe, den ich jetzt mit größerem Eifer besuchen werde, weil ich dort die köstlichsten Stoffe und die edelsten Kostbarkeiten für dich zu gewinnen denke. Ich lasse dich im Besitz aller meiner Güter und meines ganzen Vermögens; bediene dich dessen und vergnüge dich mit deinen Eltern und Verwandten! Die Zeit der Abwesenheit geht auch vorüber, und mit vielfacher Freude werden wir uns wiedersehen.‘

Nicht ohne Tränen machte ihm die liebenswürdige Frau die zärtlichsten Vorwürfe, versicherte, daß sie ohne ihn keine fröhliche Stunde hinbringen werde, und bat ihn nur, da sie ihn weder halten könne noch einschränken wolle, daß er ihrer auch in der Abwesenheit zum besten gedenken möge.

Nachdem er darauf verschiedenes mit ihr über einige Geschäfte und häusliche Angelegenheiten gesprochen, sagte er nach einer kleinen Pause: ‚Ich habe nun noch etwas auf dem Herzen, davon du mir frei zu reden erlauben mußt; nur bitte ich dich aufs herzlichste, nicht zu mißdeuten, was ich sage, sondern auch selbst in dieser Besorgnis meine Liebe zu erkennen.'

‚Ich kann es erraten,' versetzte die Schöne darauf; ‚du bist meinetwegen besorgt, indem du nach Art der Männer unser Geschlecht ein für allemal für schwach hältst. Du hast mich bisher jung und froh gekannt, und nun glaubst du, daß ich in deiner Abwesenheit leichtsinnig und verführbar sein werde. Ich schelte diese Sinnesart nicht, denn sie ist bei euch Männern gewöhnlich; aber wie ich mein Herz kenne, darf ich dir versichern, daß nichts so leicht Eindruck auf mich machen und kein möglicher Eindruck so tief wirken soll, um mich von dem Wege abzuleiten, auf dem ich bisher an der Hand der Liebe und Pflicht hinwandelte. Sei ohne Sorgen; du sollst deine Frau so zärtlich und treu bei deiner Rückkunft wiederfinden, als du sie abends fandest, wenn du nach einer kleinen Abwesenheit in meine Arme zurückkehrtest.'

‚Diese Gesinnungen traue ich dir zu', versetzte der Gemahl, ‚und bitte dich, darin zu verharren. Laß uns aber an die äußersten Fälle denken; warum soll man sich nicht auch darauf vorsehen? Du weißt, wie sehr deine schöne und reizende Gestalt die Augen unserer jungen Mitbürger auf sich zieht; sie werden sich in meiner Abwesenheit noch mehr als bisher um dich bemühen, sie werden sich dir auf alle Weise zu nähern, ja zu gefallen suchen. Nicht immer wird das Bild deines Gemahls, wie jetzt seine Gegenwart, sie von deiner Türe und deinem Herzen verscheuchen. Du bist ein edles und gutes Kind, aber die Forderungen der Natur sind rechtmäßig und gewaltsam; sie stehen mit unserer Vernunft beständig im Streite und tragen gewöhnlich den Sieg davon. Unterbrich mich nicht! Du wirst gewiß in meiner Abwesenheit, selbst bei dem pflichtmäßigen Andenken an mich, das Verlangen empfinden, wodurch das Weib den Mann anzieht und von ihm angezogen wird. Ich werde eine Zeitlang der Gegenstand deiner Wünsche sein; aber wer weiß, was für Umstände zusammentreffen, was für Gelegenheiten sich finden, und ein anderer wird in der Wirklichkeit ernten, was die Einbildungskraft mir zugedacht hatte. Werde nicht ungeduldig, ich bitte dich, höre mich aus!

Sollte der Fall kommen, dessen Möglichkeit du leugnest und den ich auch nicht zu beschleunigen wünsche, daß du ohne die Gesellschaft eines Mannes nicht länger bleiben, die Freuden der Liebe nicht wohl entbehren könntest, so versprich mir nur, an meine Stelle keinen von den leichtsinnigen Knaben zu wählen, die, so artig sie auch aussehen mögen, der Ehre noch mehr als der Tugend einer Frau gefährlich sind. Mehr durch Eitelkeit als durch Begierde beherrscht, bemühen sie sich um eine jede und finden nichts natürlicher, als eine der andern aufzuopfern. Fühlst du dich geneigt, dich nach einem Freunde umzusehen, so forsche nach einem, der diesen Namen verdient, der bescheiden und verschwiegen die Freuden der Liebe noch durch die Wohltat des Geheimnisses zu erheben weiß.'

Hier verbarg die schöne Frau ihren Schmerz nicht länger, und die Tränen, die sie bisher zurückgehalten hatte, stürzten reichlich aus ihren Augen. ,Was du auch von mir denken magst,' rief sie nach einer leidenschaftlichen Umarmung aus, ,so ist doch nichts entfernter von mir als das Verbrechen, das du gewissermaßen für unvermeidlich hältst. Möge, wenn jemals auch nur ein solcher Gedanke in mir entsteht, die Erde sich auftun und mich verschlingen, und möge alle Hoffnung der Seligkeit mir entrissen werden, die uns eine so reizende Fortdauer unsers Daseins verspricht. Entferne das Mißtrauen aus deiner Brust und laß mir die ganze reine Hoffnung, dich bald wieder in meinen Armen zu sehen!'

Nachdem er auf alle Weise seine Gattin zu beruhigen gesucht, schiffte er sich den andern Morgen ein; seine Fahrt war glücklich, und er gelangte bald nach Alexandrien.

Indessen lebte seine Gattin in dem ruhigen Besitz eines

großen Vermögens nach aller Lust und Bequemlichkeit, jedoch eingezogen, und pflegte außer ihren Eltern und Verwandten niemand zu sehen, und indem die Geschäfte ihres Mannes durch getreue Diener fortgeführt wurden, bewohnte sie ein großes Haus, in dessen prächtigen Zimmern sie mit Vergnügen täglich das Andenken ihres Gemahls erneuerte.

So sehr sie aber auch sich stille hielt und eingezogen lebte, waren doch die jungen Leute der Stadt nicht untätig geblieben. Sie versäumten nicht, häufig vor ihrem Fenster vorbeizugehen, und suchten des Abends durch Musik und Gesänge ihre Aufmerksamkeit auf sich zu ziehen. Die schöne Einsame fand anfangs diese Bemühungen unbequem und lästig, doch gewöhnte sie sich bald daran und ließ an den langen Abenden, ohne sich zu bekümmern, woher sie kämen, die Serenaden als eine angenehme Unterhaltung sich gefallen und konnte dabei manchen Seufzer, der ihrem Abwesenden galt, nicht zurückhalten.

Anstatt daß ihre unbekannten Verehrer, wie sie hoffte, nach und nach müde geworden wären, schienen sich ihre Bemühungen noch zu vermehren und zu einer beständigen Dauer anzulassen. Sie konnte nun die wiederkehrenden Instrumente und Stimmen, die wiederholten Melodien schon unterscheiden und bald sich die Neugierde nicht mehr versagen, zu wissen, wer die Unbekannten und besonders wer die Beharrlichen sein möchten. Sie durfte sich zum Zeitvertreib eine solche Teilnahme wohl erlauben.

Sie fing daher an, von Zeit zu Zeit durch ihre Vorhänge und Halbläden nach der Straße zu sehen, auf die Vorbeigehenden zu merken und besonders die Männer zu unterscheiden, die ihre Fenster am längsten im Auge behielten. Es waren meist schöne, wohlgekleidete junge Leute, die aber freilich in Gebärden sowohl als in ihrem ganzen Äußern ebensoviel Leichtsinn als Eitelkeit sehen ließen. Sie schienen mehr durch ihre Aufmerksamkeit auf das Haus der Schönen sich merkwürdig machen als jener eine Art von Verehrung beweisen zu wollen.

‚Wahrlich,‘ sagte die Dame manchmal scherzend zu sich selbst, ‚mein Mann hat einen klugen Einfall gehabt! Durch die Bedingung, unter der er mir einen Liebhaber zugesteht, schließt er alle diejenigen aus, die sich um mich bemühen und die mir allenfalls gefallen könnten. Er weiß wohl, daß Klugheit, Bescheidenheit und Verschwiegenheit Eigenschaften eines ruhigen Alters sind, die zwar unser Verstand schätzt, die aber unsre Einbildungskraft keinesweges aufzuregen noch unsre Neigung anzureizen imstande sind. Vor diesen, die mein Haus mit ihren Artigkeiten belagern, bin ich sicher, daß sie kein Vertrauen erwecken, und die, denen ich mein Vertrauen schenken könnte, finde ich nicht im mindesten liebenswürdig.'

In der Sicherheit dieser Gedanken erlaubte sie sich immer mehr, dem Vergnügen an der Musik und an der Gestalt der vorbeigehenden Jünglinge nachzuhängen, und ohne daß sie es merkte, wuchs nach und nach ein unruhiges Verlangen in ihrem Busen, dem sie nur zu spät zu widerstreben gedachte. Die Einsamkeit und der Müßiggang, das bequeme, gute und reichliche Leben waren ein Element, in welchem sich eine unregelmäßige Begierde früher, als das gute Kind dachte, entwickeln mußte.

Sie fing nun an, jedoch mit stillen Seufzern, unter den Vorzügen ihres Gemahls auch seine Welt- und Menschenkenntnis, besonders die Kenntnis des weiblichen Herzens zu bewundern. ‚So war es also doch möglich, was ich ihm so lebhaft abstritt,' sagte sie zu sich selbst, ‚und so war es also doch nötig, in einem solchen Falle mir Vorsicht und Klugheit anzuraten! Doch was können Vorsicht und Klugheit da, wo der unbarmherzige Zufall nur mit einem unbestimmten Verlangen zu spielen scheint! Wie soll ich den wählen, den ich nicht kenne? Und bleibt bei näherer Bekanntschaft noch eine Wahl übrig?'

Mit solchen und hundert andern Gedanken vermehrte die schöne Frau das Übel, das bei ihr schon weit genug um sich gegriffen hatte. Vergebens suchte sie sich zu zerstreuen; jeder angenehme Gegenstand machte ihre Empfindung rege, und ihre Empfindung brachte, auch in der tiefsten Einsamkeit, angenehme Bilder in ihrer Einbildungskraft hervor.

In solchem Zustande befand sie sich, als sie unter andern Stadtneuigkeiten von ihren Verwandten vernahm, es sei ein junger Rechtsgelehrter, der zu Bologna studiert habe, soeben in seine Vaterstadt zurückgekommen. Man wußte nicht genug zu seinem Lobe zu sagen. Bei außerordentlichen Kenntnissen zeigte er eine Klugheit und Gewandtheit, die sonst Jünglingen nicht eigen ist, und bei einer sehr reizenden Gestalt die größte Bescheidenheit. Als Prokurator hatte er bald das Zutrauen der Bürger und die Achtung der Richter gewonnen. Täglich fand er sich auf dem Rathause ein, um daselbst seine Geschäfte zu besorgen und zu betreiben.

Die Schöne hörte die Schilderung eines so vollkommenen Mannes nicht ohne Verlangen, ihn näher kennenzulernen, und nicht ohne stillen Wunsch, in ihm denjenigen zu finden, dem sie ihr Herz, selbst nach der Vorschrift ihres Mannes, übergeben könnte. Wie aufmerksam ward sie daher, als sie vernahm, daß er täglich vor ihrem Hause vorbeigehe; wie sorgfältig beobachtete sie die Stunde, in der man auf dem Rathause sich zu versammeln pflegte! Nicht ohne Bewegung sah sie ihn endlich vorbeigehen, und wenn seine schöne Gestalt und seine Jugend für sie notwendig reizend sein mußten, so war seine Bescheidenheit von der andern Seite dasjenige, was sie in Sorgen versetzte.

Einige Tage hatte sie ihn heimlich beobachtet und konnte nun dem Wunsche nicht länger widerstehen, seine Aufmerksamkeit auf sich zu ziehen. Sie kleidete sich mit Sorgfalt, trat auf den Balkon, und das Herz schlug ihr, als sie ihn die Straße herkommen sah. Allein wie betrübt, ja beschämt war sie, als er wie gewöhnlich mit bedächtigen Schritten, in sich gekehrt und mit niedergeschlagenen Augen, ohne sie auch nur zu bemerken, auf das zierlichste seines Weges vorbeiging.

Vergebens versuchte sie mehrere Tage hintereinander auf ebendiese Weise, von ihm bemerkt zu werden. Immer ging er seinen gewöhnlichen Schritt, ohne die Augen aufzuschlagen oder da- und dorthin zu wenden. Je mehr sie ihn aber ansah, desto mehr schien er ihr derjenige zu sein, dessen sie so sehr bedurfte. Ihre Neigung ward täglich lebhafter und, da sie ihr nicht widerstand, endlich ganz und gar gewaltsam. ‚Wie!‘ sagte sie zu sich selbst, ‚nachdem dein edler, verständiger Mann den Zustand vorausgesehen, in dem du dich in seiner Abwesenheit befinden würdest, da seine Weissagung eintrifft, daß du ohne Freund und Günstling nicht leben kannst, sollst du dich nun verzehren und abhärmen zu der Zeit, da dir das Glück einen Jüngling zeigt, völlig nach deinem Sinne, nach dem Sinne deines Gatten, einen Jüngling, mit dem du die Freuden der Liebe in einem undurchdringlichen Geheimnis genießen kannst? Töricht, wer die Gelegenheit versäumt, töricht, wer der gewaltsamen Liebe widerstehen will!‘ Mit solchen und vielen andern Gedanken suchte sich die schöne Frau in ihrem Vorsatze zu stärken, und nur kurze Zeit ward sie noch von Ungewißheit hin und her getrieben. Endlich aber, wie es begegnet, daß eine Leidenschaft, welcher wir lange widerstehen, uns zuletzt auf einmal dahinreißt und unser Gemüt dergestalt erhöht, daß wir auf Besorgnis und Furcht, Zurückhaltung und Scham, Verhältnisse und Pflichten mit Verachtung als auf kleinliche Hindernisse zurücksehen, so faßte sie auf einmal den raschen Entschluß, ein junges Mädchen, das ihr diente, zu dem geliebten Manne zu schicken und, es koste nun, was es wolle, zu seinem Besitze zu gelangen.

Das Mädchen eilte und fand ihn, als er eben mit vielen Freunden zu Tische saß, und richtete ihren Gruß, den ihre Frau sie gelehrt hatte, pünktlich aus. Der junge Prokurator wunderte sich nicht über diese Botschaft; er hatte den Handelsmann in seiner Jugend gekannt, er wußte, daß er gegenwärtig abwesend war, und ob er gleich von seiner Heirat nur von weitem gehört hatte, vermutete er doch, daß die zurückgelassene Frau in der Abwesenheit ihres Mannes wahrscheinlich in einer wichtigen Sache seines rechtlichen Beistandes bedürfe. Er antwortete deswegen dem Mädchen auf das verbindlichste und versicherte, daß er, sobald man von der Tafel aufgestanden, nicht säumen würde, ihrer Gebieterin aufzuwarten. Mit unaussprechlicher Freude vernahm die schöne Frau, daß sie den Geliebten nun bald sehen und sprechen sollte. Sie eilte, sich aufs beste anzuziehen, und ließ geschwind ihr Haus und ihre Zimmer auf das reinlichste ausputzen. Orangenblätter und Blumen wurden gestreut, der Sofa mit den köstlichsten Teppichen bedeckt. So ging die kurze Zeit, die er ausblieb, beschäftigt hin, die ihr sonst unerträglich lang geworden wäre.

Mit welcher Bewegung ging sie ihm entgegen, als er endlich ankam, mit welcher Verwirrung hieß sie ihn, indem sie sich auf das Ruhebett niederließ, auf ein Taburett sitzen, das zunächst dabeistand! Sie verstummte in seiner so erwünschten Nähe, sie hatte nicht bedacht, was sie ihm sagen wollte; auch er war still und saß bescheiden vor ihr. Endlich ermannte sie sich und sagte nicht ohne Sorge und Beklommenheit:

,Sie sind noch nicht lange in Ihrer Vaterstadt wiederangekommen, mein Herr, und schon sind Sie allenthalben für einen talentreichen und zuverlässigen Mann bekannt. Auch ich setze mein Vertrauen auf Sie in einer wichtigen und sonderbaren Angelegenheit, die, wenn ich es recht bedenke, eher für den Beichtvater als für den Sachwalter gehört. Seit einem Jahre bin ich an einen würdigen und reichen Mann verheiratet, der, solange wir zusammenlebten, die größte Aufmerksamkeit für mich hatte und über den ich mich nicht beklagen würde, wenn nicht ein unruhiges Verlangen zu reisen und zu handeln ihn seit einiger Zeit aus meinen Armen gerissen hätte.

Als ein verständiger und gerechter Mann fühlte er wohl das Unrecht, das er mir durch seine Entfernung antat. Er begriff, daß ein junges Weib nicht wie Juwelen und Perlen verwahrt werden könne; er wußte, daß sie vielmehr einem Garten voll schöner Früchte gleicht, die für jedermann so wie für den Herrn verloren wären, wenn er eigensinnig die Türe auf einige Jahre verschließen wollte. Er sprach mir daher vor seiner Abreise sehr ernstlich zu, er versicherte mir, daß ich ohne Freund nicht würde leben können, er gab mir dazu nicht allein die Erlaubnis, sondern er drang in mich und nötigte mir gleichsam das Versprechen ab, daß ich der Neigung, die sich in meinem Herzen finden würde, frei und ohne Anstand folgen wollte.'

Sie hielt einen Augenblick inne, aber bald gab ihr ein vielversprechender Blick des jungen Mannes Mut genug, in ihrem Bekenntnis fortzufahren:

‚Eine einzige Bedingung fügte mein Gemahl zu seiner übrigens so nachsichtigen Erlaubnis. Er empfahl mir die äußerste Vorsicht und verlangte ausdrücklich, daß ich mir einen gesetzten, zuverlässigen, klugen und verschwiegenen Freund wählen sollte. Ersparen Sie mir, das übrige zu sagen, mein Herr, ersparen Sie mir die Verwirrung, mit der ich Ihnen bekennen würde, wie sehr ich für Sie eingenommen bin, und erraten Sie aus diesem Zutrauen meine Hoffnungen und meine Wünsche.‘

Nach einer kurzen Pause versetzte der junge, liebenswürdige Mann mit gutem Bedachte: ‚Wie sehr bin ich Ihnen für das Vertrauen verbunden, durch welches Sie mich in einem so hohen Grade ehren und glücklich machen! Ich wünsche nur lebhaft, Sie zu überzeugen, daß Sie sich an keinen Unwürdigen gewendet haben. Lassen Sie mich Ihnen zuerst als Rechtsgelehrter antworten; und als ein solcher gesteh ich Ihnen, daß ich Ihren Gemahl bewundere, der sein Unrecht so deutlich gefühlt und eingesehen hat, denn es ist gewiß, daß einer, der ein junges Weib zurückläßt, um ferne Weltgegenden zu besuchen, als ein solcher anzusehen ist, der irgendein anderes Besitztum völlig derelinquiert und durch die deutlichste Handlung auf alles Recht daran Verzicht tut. Wie es nun dem ersten besten erlaubt ist, eine solche völlig ins Freie gefallene Sache wieder zu ergreifen, so muß ich es um so mehr für natürlich und billig halten, daß eine junge Frau, die sich in diesem Zustande befindet, ihre Neigung abermals verschenke und sich einem Freunde, der ihr angenehm und zuverlässig scheint, ohne Bedenken überlasse.

Tritt nun aber gar wie hier der Fall ein, daß der Ehemann selbst, seines Unrechts sich bewußt, mit ausdrücklichen Worten seiner hinterlassenen Frau dasjenige erlaubt, was er ihr nicht verbieten kann, so bleibt gar kein Zweifel übrig, um so mehr, da demjenigen kein Unrecht geschieht, der es willig zu ertragen erklärt hat.

Wenn Sie mich nun,‘ fuhr der junge Mann mit ganz andern Blicken und dem lebhaftesten Ausdrucke fort, indem er die schöne Freundin bei der Hand nahm, ‚wenn Sie mich zu Ihrem Diener erwählen, so machen Sie mich mit einer Glückseligkeit bekannt, von der ich bisher keinen Begriff hatte. Sein Sie versichert,' rief er aus, indem er die Hand küßte, ,daß Sie keinen ergebnern, zärtlichern, treuern und verschwiegenern Diener hätten finden können!'

Wie beruhigt fühlte sich nach dieser Erklärung die schöne Frau. Sie scheute sich nicht, ihm ihre Zärtlichkeit aufs lebhafteste zu zeigen; sie drückte seine Hände, drängte sich näher an ihn und legte ihr Haupt auf seine Schulter. Nicht lange blieben sie in dieser Lage, als er sich auf eine sanfte Weise von ihr zu entfernen suchte und nicht ohne Betrübnis zu reden begann: ,Kann sich wohl ein Mensch in einem seltsamern Verhältnisse befinden? Ich bin gezwungen, mich von Ihnen zu entfernen und mir die größte Gewalt anzutun in einem Augenblicke, da ich mich den süßesten Gefühlen überlassen sollte. Ich darf mir das Glück, das mich in Ihren Armen erwartet, gegenwärtig nicht zueignen. Ach! wenn nur der Aufschub mich nicht um meine schönsten Hoffnungen betriegt!'

Die Schöne fragte ängstlich nach der Ursache dieser sonderbaren Äußerung.

,Eben als ich in Bologna', versetzte er, ,am Ende meiner Studien war und mich aufs äußerste angriff, mich zu meiner künftigen Bestimmung geschickt zu machen, verfiel ich in eine schwere Krankheit, die, wo nicht mein Leben zu zerstören, doch meine körperlichen und Geisteskräfte zu zerrütten drohte. In der größten Not und unter den heftigsten Schmerzen tat ich der Mutter Gottes ein Gelübde, daß ich, wenn sie mich genesen ließe, ein Jahr lang in strengem Fasten zubringen und mich alles Genusses, von welcher Art er auch sei, enthalten wolle. Schon zehn Monate habe ich mein Gelübde auf das treulichste erfüllt, und sie sind mir in Betrachtung der großen Wohltat, die ich erhalten, keinesweges lang geworden, da es mir nicht beschwerlich ward, manches gewohnte und bekannte Gute zu entbehren. Aber zu welcher Ewigkeit werden mir nun zwei Monate, die noch übrig sind, da mir erst nach Verlauf derselben ein Glück zuteil werden kann, welches alle Begriffe übersteigt! Lassen Sie sich die Zeit nicht lang werden und entziehen Sie mir Ihre Gunst nicht, die Sie mir so freiwillig zugedacht haben!'

Die Schöne, mit dieser Erklärung nicht sonderlich zufrieden, faßte doch wieder bessern Mut, als der Freund nach einigem Nachdenken zu reden fortfuhr: ‚Ich wagte kaum, Ihnen einen Vorschlag zu tun und das Mittel anzuzeigen, wodurch ich früher von meinem Gelübde entbunden werden kann. Wenn ich jemand fände, der so streng und sicher wie ich das Gelübde zu halten übernähme und die Hälfte der noch übrigen Zeit mit mir teilte, so würde ich um so geschwinder frei sein, und nichts würde sich unsern Wünschen entgegenstellen. Sollten Sie nicht, meine süße Freundin, um unser Glück zu beschleunigen, willig sein, einen Teil des Hindernisses, das uns entgegensteht, hinwegzuräumen? Nur der zuverlässigsten Person kann ich einen Anteil an meinem Gelübde übertragen; es ist streng, denn ich darf des Tages nur zweimal Brot und Wasser genießen, darf des Nachts nur wenige Stunden auf einem harten Lager zubringen und muß ungeachtet meiner vielen Geschäfte eine große Anzahl Gebete verrichten. Kann ich, wie es mir heute geschehen ist, nicht vermeiden, bei einem Gastmahl zu erscheinen, so darf ich deswegen doch nicht meine Pflicht hintansetzen, vielmehr muß ich den Reizungen aller Leckerbissen, die an mir vorübergehen, zu widerstehen suchen. Können Sie sich entschließen, einen Monat lang gleichfalls alle diese Gesetze zu befolgen, so werden Sie alsdann sich selbst in dem Besitz eines Freundes desto mehr erfreuen, als Sie ihn durch ein so lobenswürdiges Unternehmen gewissermaßen selbst erworben haben.‘

Die schöne Dame vernahm ungern die Hindernisse, die sich ihrer Neigung entgegensetzten; doch war ihre Liebe zu dem jungen Manne durch seine Gegenwart dergestalt vermehrt worden, daß ihr keine Prüfung zu streng schien, wenn ihr nur dadurch der Besitz eines so werten Gutes versichert werden konnte. Sie sagte ihm daher mit den gefälligsten Ausdrücken: ‚Mein süßer Freund! das Wunder, wodurch Sie Ihre Gesundheit wiedererlangt haben, ist mir selbst so wert und verehrungswürdig, daß ich es mir zur Freude und Pflicht mache, an dem Gelübde teilzunehmen, das Sie dagegen zu erfüllen schuldig sind. Ich freue mich, Ihnen einen so sichern Beweis meiner Neigung zu geben;

ich will mich auf das genaueste nach Ihrer Vorschrift richten, und ehe Sie mich lossprechen, soll mich nichts von dem Wege entfernen, auf den Sie mich einleiten.‘

Nachdem der junge Mann mit ihr aufs genaueste diejenigen Bedingungen abgeredet, unter welchen sie ihm die Hälfte seines Gelübdes ersparen konnte, entfernte er sich mit der Versicherung, daß er sie bald wieder besuchen und nach der glücklichen Beharrlichkeit in ihrem Vorsatze fragen würde, und so mußte sie ihn gehen lassen, als er ohne Händedruck, ohne Kuß, mit einem kaum bedeutenden Blicke von ihr schied. Ein Glück für sie war die Beschäftigung, die ihr der seltsame Vorsatz gab, denn sie hatte manches zu tun, um ihre Lebensart völlig zu verändern. Zuerst wurden die schönen Blätter und Blumen hinausgekehrt, die sie zu seinem Empfang hatte streuen lassen; dann kam an die Stelle des wohlgepolsterten Ruhebettes ein hartes Lager, auf das sie sich, zum erstenmal in ihrem Leben nur von Wasser und Brot kaum gesättigt, des Abends niederlegte. Des andern Tages war sie beschäftigt, Hemden zuzuschneiden und zu nähen, deren sie eine bestimmte Zahl für ein Armen- und Krankenhaus fertig zu machen versprochen hatte. Bei dieser neuen und unbequemen Beschäftigung unterhielt sie ihre Einbildungskraft immer mit dem Bilde ihres süßen Freundes und mit der Hoffnung künftiger Glückseligkeit, und bei ebendiesen Vorstellungen schien ihre schmale Kost ihr eine herzstärkende Nahrung zu gewähren.

So verging eine Woche, und schon am Ende derselben fingen die Rosen ihrer Wangen an, einigermaßen zu verbleichen. Kleider, die ihr sonst wohl paßten, waren zu weit und ihre sonst so raschen und muntern Glieder matt und schwach geworden, als der Freund wieder erschien und ihr durch seinen Besuch neue Stärke und Leben gab. Er ermahnte sie, in ihrem Vorsatze zu beharren, munterte sie durch sein Beispiel auf und ließ von weitem die Hoffnung eines ungestörten Genusses durchblicken. Nur kurze Zeit hielt er sich auf und versprach, bald wiederzukommen.

Die wohltätige Arbeit ging aufs neüe muntrer fort, und von der strengen Diät ließ man keineswegs nach. Aber auch, leider! hätte sie durch eine große Krankheit nicht mehr erschöpft werden können. Ihr Freund, der sie am Ende der Woche abermals besuchte, sah sie mit dem größten Mitleiden an und stärkte sie durch den Gedanken, daß die Hälfte der Prüfung nun schon vorüber sei.

Nun ward ihr das ungewohnte Fasten, Beten und Arbeiten mit jedem Tage lästiger, und die übertriebene Enthaltsamkeit schien den gesunden Zustand eines an Ruhe und reichliche Nahrung gewöhnten Körpers gänzlich zu zerrütten. Die Schöne konnte sich zuletzt nicht mehr auf den Füßen halten und war genötigt, ungeachtet der warmen Jahrszeit sich in doppelte und dreifache Kleider zu hüllen, um die beinah völlig verschwindende innerliche Wärme einigermaßen zusammenzuhalten. Ja sie war nicht länger imstande, aufrecht zu bleiben, und sogar gezwungen, in der letzten Zeit das Bette zu hüten.

Welche Betrachtungen mußte sie da über ihren Zustand machen! Wie oft ging diese seltsame Begebenheit vor ihrer Seele vorbei, und wie schmerzlich fiel es ihr, als zehn Tage vergingen, ohne daß der Freund erschienen wäre, der sie diese äußersten Aufopferungen kostete! Dagegen aber bereitete sich in diesen trüben Stunden ihre völlige Genesung vor, ja sie ward entschieden. Denn als bald darauf ihr Freund erschien und sich an ihr Bette auf eben dasselbe Taburett setzte, auf dem er ihre erste Erklärung vernommen hatte, und ihr freundlich, ja gewissermaßen zärtlich zusprach, die kurze Zeit noch standhaft auszudauern, unterbrach sie ihn mit Lächeln und sagte: ‚Es bedarf weiter keines Zuredens, mein werter Freund, und ich werde mein Gelübde diese wenigen Tage mit Geduld und mit der Überzeugung ausdauern, daß Sie es mir zu meinem Besten auferlegt haben. Ich bin jetzt zu schwach, als daß ich Ihnen meinen Dank ausdrücken könnte, wie ich ihn empfinde. Sie haben mich mir selbst erhalten; Sie haben mich mir selbst gegeben, und ich erkenne, daß ich mein ganzes Dasein von nun an Ihnen schuldig bin.

Wahrlich! mein Mann war verständig und klug und kannte das Herz einer Frau; er war billig genug, sie über eine Neigung nicht zu schelten, die durch seine Schuld in ihrem Busen entstehen konnte, ja er war großmütig genug, seine

Rechte der Forderung der Natur hintanzusetzen. Aber Sie, mein Herr, Sie sind vernünftig und gut; Sie haben mich fühlen lassen, daß außer der Neigung noch etwas in uns ist, das ihr das Gleichgewicht halten kann, daß wir fähig sind, jedem gewohnten Gut zu entsagen und selbst unsere heißesten Wünsche von uns zu entfernen. Sie haben mich in diese Schule durch Irrtum und Hoffnung geführt; aber beide sind nicht mehr nötig, wenn wir uns erst mit dem guten und mächtigen Ich bekannt gemacht haben, das so still und ruhig in uns wohnt und so lange, bis es die Herrschaft im Hause gewinnt, wenigstens durch zarte Erinnerungen seine Gegenwart unaufhörlich merken läßt. Leben Sie wohl! Ihre Freundin wird Sie künftig mit Vergnügen sehen; wirken Sie auf Ihre Mitbürger wie auf mich; entwickeln Sie nicht allein die Verwirrungen, die nur zu leicht über Besitztümer entstehen, sondern zeigen Sie ihnen auch durch sanfte Anleitung und durch Beispiel, daß in jedem Menschen die Kraft der Tugend im Verborgenen keimt; die allgemeine Achtung wird Ihr Lohn sein, und Sie werden mehr als der erste Staatsmann und der größte Held den Namen Vater des Vaterlandes verdienen.‘ “

„Man muß Ihren Prokurator loben,“ sagte die Baronesse; „er ist zierlich, vernünftig, unterhaltend und unterrichtend; so sollten alle diejenigen sein, die uns von einer Verirrung abhalten oder davon zurückbringen wollen. Wirklich verdient die Erzählung vor vielen andern den Ehrentitel einer moralischen Erzählung. Geben Sie uns mehrere von dieser Art, und unsere Gesellschaft wird sich deren gewiß erfreuen.“

Der Alte. „Wenn diese Geschichte Ihren Beifall hat, so ist es mir zwar sehr angenehm, doch tut mir's leid, wenn Sie noch mehr moralische Erzählungen wünschen; denn es ist die erste und letzte.“

Luise. „Es bringt Ihnen nicht viel Ehre, daß Sie in Ihrer Sammlung gerade von der besten Art nur eine einzige haben.“

Der Alte. „Sie verstehn mich unrecht. Es ist nicht die einzige moralische Geschichte, die ich erzählen kann, sondern alle gleichen sich dergestalt, daß man immer nur dieselbe zu erzählen scheint.“

Luise. „Sie sollten sich doch endlich diese Paradoxen abgewöhnen, die das Gespräch nur verwirren; erklären Sie sich deutlicher!“

Der Alte. „Recht gern! Nur diejenige Erzählung verdient moralisch genannt zu werden, die uns zeigt, daß der Mensch in sich eine Kraft habe, aus Überzeugung eines Bessern selbst gegen seine Neigung zu handeln. Dieses lehrt uns diese Geschichte, und keine moralische Geschichte kann etwas anderes lehren.“

Luise. „Und ich muß also, um moralisch zu handeln, gegen meine Neigung handeln?“

Der Alte. „Ja.“

Luise. „Auch wenn sie gut ist?“

Der Alte. „Keine Neigung ist an sich gut, sondern nur insofern sie etwas Gutes wirkt.“

Luise. „Wenn man nun Neigung zur Wohltätigkeit hätte?“

Der Alte. „So soll man sich verbieten, wohltätig zu sein, sobald man sieht, daß man sein eigenes Hauswesen dadurch zugrunde richtet.“

Luise. „Und wenn man einen unwiderstehlichen Trieb zur Dankbarkeit hätte?“

Der Alte. „Dafür ist bei den Menschen schon gesorgt, daß die Dankbarkeit bei ihnen niemals zum Triebe werden kann. Doch gesetzt auch, so würde der zu schätzen sein, der sich lieber undankbar zeigte, als daß er etwas Schändliches aus Liebe zu seinem Wohltäter unternähme.“

Luise. „So könnte es denn also doch unzählige moralische Geschichten geben?“

Der Alte. „In diesem Sinne, ja, doch würden sie alle nichts weiter sagen, als was mein Prokurator gesagt hat, und deswegen kann man ihn einzig dem Geiste nach nennen; denn darin haben Sie recht, der Stoff kann sehr verschieden sein.“

Luise. „Hätten Sie sich eigentlicher ausgedrückt, so hätten wir nicht gestritten.“

Der Alte. „Aber auch nicht gesprochen. Verwirrungen und Mißverständnisse sind die Quellen des tätigen Lebens und der Unterhaltung.“

Luise. „Ich kann doch noch nicht ganz mit Ihnen einig sein. Wenn ein tapferer Mann mit Gefahr seines eigenen Lebens andere rettet, ist das keine moralische Handlung?"

Der Alte. „Nach meiner Art, mich auszudrücken, nicht. Wenn aber ein furchtsamer Mensch seine Furcht überwindet und ebendasselbe tut, dann ist es eine moralische Handlung."

Die Baronesse. „Ich wollte, lieber Freund, Sie gäben uns noch einige Beispiele und verglichen sich gelegentlich mit Luisen über die Theorie. Gewiß, ein Gemüt, das Neigung zum Guten hat, muß uns, wenn wir es gewahr werden, schon höchlich erfreuen; aber Schöneres ist nichts in der Welt als Neigung, durch Vernunft und Gewissen geleitet. Haben Sie noch eine Geschichte dieser Art, so wünschten wir sie zu hören. Ich liebe mir sehr Parallelgeschichten. Eine deutet auf die andere hin und erklärt ihren Sinn besser als viele trockene Worte."

Der Alte. „Ich kann wohl noch einige, die hieher gehören, vorbringen; denn ich habe auf diese Eigenschaften des menschlichen Geistes besonders achtgegeben."

Luise. „Nur eins möchte ich mir ausbitten. Ich leugne nicht, daß ich die Geschichten nicht liebe, die unsre Einbildungskraft immer in fremde Länder nötigen. Muß denn alles in Italien und Sizilien, im Orient geschehen? Sind denn Neapel, Palermo und Smyrna die einzigen Orte, wo etwas Interessantes vorgehen kann? Mag man doch den Schauplatz der Feenmärchen nach Samarkand und Ormus versetzen, um unsere Einbildungskraft zu verwirren. Wenn Sie aber unsern Geist, unser Herz bilden wollen, so geben Sie uns einheimische, geben Sie uns Familiengemälde, und wir werden uns desto eher darin erkennen und, wenn wir uns getroffen fühlen, desto gerührter an unser Herz schlagen."

Der Alte. „Auch darin soll Ihnen gewillfahrt werden. Doch ist es mit den Familiengemälden eine eigene Sache. Sie sehen einander alle so gleich, und wir haben fast alle Verhältnisse derselben schon gut bearbeitet auf unsern Theatern gesehen. Indessen will ichs wagen und eine Geschichte erzählen, von der Ihnen schon etwas Ähnliches bekannt ist und die nur durch eine genaue Darstellung dessen, was in den Gemütern vorging, neu und interessant werden dürfte.

Man kann in Familien oft die Bemerkung machen, daß Kinder sowohl der Gestalt als dem Geiste nach bald vom Vater, bald von der Mutter Eigenschaften an sich tragen, und so kommt auch manchmal der Fall vor, daß ein Kind die Naturen beider Eltern auf eine besondere und verwundernswürdige Weise verbindet.

Hievon war ein junger Mensch, den ich Ferdinand nennen will, ein auffallender Beweis. Seine Bildung erinnerte an beide Eltern, und ihre Gemütsart konnte man in der seinigen genau unterscheiden. Er hatte den leichten und frohen Sinn des Vaters, so auch den Trieb, den Augenblick zu genießen, und eine gewisse leidenschaftliche Art, bei manchen Gelegenheiten nur sich selbst in Anschlag zu bringen. Von der Mutter aber hatte er, so schien es, ruhige Überlegung, ein Gefühl von Recht und Billigkeit und eine Anlage zur Kraft, sich für andere aufzuopfern. Man sieht hieraus leicht, daß diejenigen, die mit ihm umgingen, oft, um seine Handlungen zu erklären, zu der Hypothese ihre Zuflucht nehmen mußten, daß der junge Mann wohl zwei Seelen haben möchte.

Ich übergehe mancherlei Szenen, die in seiner Jugend vorfielen, und erzähle nur eine Begebenheit, die seinen ganzen Charakter ins Licht setzt und in seinem Leben eine entschiedene Epoche machte.

Er hatte von Jugend auf eine reichliche Lebensart genossen, denn seine Eltern waren wohlhabend, lebten und erzogen ihre Kinder, wie es solchen Leuten geziemt, und wenn der Vater in Gesellschaften, beim Spiel und durch zierliche Kleidung mehr, als billig war, ausgab, so wußte die Mutter als eine gute Haushälterin dem gewöhnlichen Aufwande solche Grenzen zu setzen, daß im Ganzen ein Gleichgewicht blieb und niemals ein Mangel zum Vorschein kommen konnte. Dabei war der Vater als Handelsmann glücklich; es gerieten ihm manche Spekulationen, die er sehr kühn unternommen hatte, und weil er gern mit Menschen lebte, hatte er sich in Geschäften auch vieler Verbindungen und mancher Beihülfe zu erfreuen.

Die Kinder, als strebende Naturen, wählen sich gewöhnlich im Hause das Beispiel dessen, der am meisten zu leben und zu genießen scheint. Sie sehen in einem Vater, der sichs wohl sein läßt, die entschiedene Regel, wornach sie ihre Lebensart einzurichten haben, und weil sie schon früh zu dieser Einsicht gelangen, so schreiten meistenteils ihre Begierden und Wünsche in großer Disproportion der Kräfte ihres Hauses fort. Sie finden sich bald überall gehindert, um so mehr, als jede neue Generation neue und frühere Anforderungen macht und die Eltern den Kindern dagegen meistenteils nur gewähren möchten, was sie selbst in früherer Zeit genossen, da noch jedermann mäßiger und einfacher zu leben sich bequemte.

Ferdinand wuchs mit der unangenehmen Empfindung heran, daß ihm oft dasjenige fehle, was er an seinen Gespielen sah. Er wollte in Kleidung, in einer gewissen Liberalität des Lebens und Betragens hinter niemanden zurückbleiben, er wollte seinem Vater ähnlich werden, dessen Beispiel er täglich vor Augen sah und der ihm doppelt als Musterbild erschien: einmal als Vater, für den der Sohn gewöhnlich ein günstiges Vorurteil hegt, und dann wieder, weil der Knabe sah, daß der Mann auf diesem Wege ein vergnügliches und genußreiches Leben führte und dabei von jedermann geschätzt und geliebt wurde. Ferdinand hatte hierüber, wie man sich leicht denken kann, manchen Streit mit der Mutter, da er dem Vater die abgelegten Röcke nicht nachtragen, sondern selbst immer in der Mode sein wollte. So wuchs er heran, und seine Forderungen wuchsen immer vor ihm her, so daß er zuletzt, da er achtzehn Jahr alt war, ganz außer Verhältnis mit seinem Zustande sich fühlen mußte.

Schulden hatte er bisher nicht gemacht, denn seine Mutter hatte ihm davor den größten Abscheu eingeflößt, sein Vertrauen zu erhalten gesucht und in mehreren Fällen das Äußerste getan, um seine Wünsche zu erfüllen oder ihn aus kleinen Verlegenheiten zu reißen. Unglücklicherweise mußte sie in eben dem Zeitpunkte, wo er nun als Jüngling noch mehr aufs Äußere sah, wo er durch die Neigung zu einem sehr schönen Mädchen, verflochten in größere Gesellschaft, sich andern nicht allein gleichzustellen, sondern vor andern sich hervorzutun und zu gefallen wünschte, in ihrer Haushaltung gedrängter sein als jemals; anstatt also seine Forderungen wie sonst zu befriedigen, fing sie an, seine Vernunft, sein gutes Herz, seine Liebe zu ihr in Anspruch zu nehmen, und setzte ihn, indem sie ihn zwar überzeugte, aber nicht veränderte, wirklich in Verzweiflung.

Er konnte, ohne alles zu verlieren, was ihm so lieb als sein Leben war, die Verhältnisse nicht verändern, in denen er sich befand. Von der ersten Jugend an war er diesem Zustande entgegen-, er war mit allem, was ihn umgab, zusammengewachsen; er konnte keine Faser seiner Verbindungen, Gesellschaften, Spaziergänge und Lustpartien zerreißen, ohne zugleich einen alten Schulfreund, einen Gespielen, eine neue, ehrenvolle Bekanntschaft und, was das Schlimmste war, seine Liebe zu verletzen.

Wie hoch und wert er seine Neigung hielt, begreift man leicht, wenn man erfährt, daß sie zugleich seiner Sinnlichkeit, seinem Geiste, seiner Eitelkeit und seinen lebhaften Hoffnungen schmeichelte. Eins der schönsten, angenehmsten und reichsten Mädchen der Stadt gab ihm, wenigstens für den Augenblick, den Vorzug vor seinen vielen Mitwerbern. Sie erlaubte ihm, mit dem Dienst, den er ihr widmete, gleichsam zu prahlen, und sie schienen wechselsweise auf die Ketten stolz zu sein, die sie einander angelegt hatten. Nun war es ihm Pflicht, ihr überall zu folgen, Zeit und Geld in ihrem Dienste zu verwenden und auf jede Weise zu zeigen, wie wert ihm ihre Neigung und wie unentbehrlich ihm ihr Besitz sei.

Dieser Umgang und dieses Bestreben machte Ferdinanden mehr Aufwand, als es unter andern Umständen natürlich gewesen wäre. Sie war eigentlich von ihren abwesenden Eltern einer sehr wunderlichen Tante anvertraut worden, und es erforderte mancherlei Künste und seltsame Anstalten, um Ottilien, diese Zierde der Gesellschaft, in Gesellschaft zu bringen. Ferdinand erschöpfte sich in Erfindungen, um ihr die Vergnügungen zu verschaffen, die sie so gern genoß und die sie jedem, der um sie war, zu erhöhen wußte.

Und in eben diesem Augenblicke von einer geliebten und verehrten Mutter zu ganz andern Pflichten aufgefordert zu werden, von dieser Seite keine Hülfe zu sehen, einen so lebhaften Abscheu vor Schulden zu fühlen, die auch seinen Zustand nicht lange würden gefristet haben, dabei von jedermann für wohlhabend und freigebig angesehen zu werden und das tägliche und dringende Bedürfnis des Geldes zu empfinden, war gewiß eine der peinlichsten Lagen, in der sich ein junges, durch Leidenschaften bewegtes Gemüt befinden kann.

Gewisse Vorstellungen, die ihm früher nur leicht vor der Seele vorübergingen, hielt er nun fester; gewisse Gedanken, die ihn sonst nur Augenblicke beunruhigten, schwebten länger vor seinem Geiste, und gewisse verdrießliche Empfindungen wurden dauernder und bitterer. Hatte er sonst seinen Vater als sein Muster angesehen, so beneidete er ihn nun als seinen Nebenbuhler. Von allem, was der Sohn wünschte, war jener im Besitz; alles, worüber dieser sich ängstigte, ward jenem leicht. Und es war nicht etwa von dem Notwendigen die Rede, sondern von dem, was jeder hätte entbehren können. Da glaubte denn der Sohn, daß der Vater wohl auch manchmal entbehren sollte, um ihn genießen zu lassen. Der Vater dagegen war ganz anderer Gesinnung; er war von denen Menschen, die sich viel erlauben und die deswegen in den Fall kommen, denen, die von ihnen abhängen, viel zu versagen. Er hatte dem Sohne etwas Gewisses ausgesetzt und verlangte genaue Rechenschaft, ja eine regelmäßige Rechnung von ihm darüber.

Nichts schärft das Auge des Menschen mehr, als wenn man ihn einschränkt. Darum sind die Frauen durchaus klüger als die Männer, und auf niemand sind Untergebene aufmerksamer als auf den, der befiehlt, ohne zugleich durch sein Beispiel vorauszugehen. So ward der Sohn auf alle Handlungen seines Vaters aufmerksam, besonders auf solche, die Geldausgaben betrafen. Er horchte genauer auf, wenn er hörte, der Vater habe im Spiel verloren oder gewonnen, er beurteilte ihn strenger, wenn jener sich willkürlich etwas Kostspieliges erlaubte.

‚Ist es nicht sonderbar,‘ sagte er zu sich selbst, ‚daß Eltern, während sie sich mit Genuß aller Art überfüllen, indem sie bloß nach Willkür ein Vermögen, das ihnen der Zufall gegeben hat, benutzen, ihre Kinder gerade zu der Zeit von jedem billigen Genusse ausschließen, da die Jugend am empfänglichsten dafür ist! Und mit welchem Rechte tun sie es? Und wie sind sie zu diesem Rechte gelangt? Soll der Zufall allein entscheiden, und kann das ein Recht werden, wo der Zufall wirkt? Lebte der Großvater noch, der seine Enkel wie seine Kinder hielt, es würde mir viel besser ergehen; er würde es mir nicht am Notwendigen fehlen lassen; denn ist uns das nicht notwendig, was wir in Verhältnissen brauchen, zu denen wir erzogen und geboren sind? Der Großvater würde mich nicht darben lassen, so wenig er des Vaters Verschwendung zugeben würde. Hätte er länger gelebt, hätte er klar eingesehen, daß sein Enkel auch wert ist zu genießen, so hätte er vielleicht in dem Testament mein früheres Glück entschieden. Sogar habe ich gehört, daß der Großvater eben vom Tode übereilt worden, da er seinen letzten Willen aufzusetzen gedachte, und so hat vielleicht bloß der Zufall mir meinen frühern Anteil an einem Vermögen entzogen, den ich, wenn mein Vater so zu wirtschaften fortfährt, wohl gar auf immer verlieren kann.‘

Mit diesen und anderen Sophistereien über Besitz und Recht, über die Frage, ob man ein Gesetz oder eine Einrichtung, zu denen man seine Stimme nicht gegeben, zu befolgen brauche, und inwiefern es dem Menschen erlaubt sei, im stillen von den bürgerlichen Gesetzen abzuweichen, beschäftigte er sich oft in seinen einsamen, verdrießlichsten Stunden, wenn er irgend aus Mangel des baren Geldes eine Lustpartie oder eine andere angenehme Gesellschaft ausschlagen mußte. Denn schon hatte er kleine Sachen von Wert, die er besaß, vertrödelt, und sein gewöhnliches Taschengeld wollte keinesweges hinreichen.

Sein Gemüt verschloß sich, und man kann sagen, daß er in diesen Augenblicken seine Mutter nicht achtete, die ihm nicht helfen konnte, und seinen Vater haßte, der ihm nach seiner Meinung überall im Wege stand.

Zu eben der Zeit machte er eine Entdeckung, die seinen Unwillen noch mehr erregte. Er bemerkte, daß sein Vater nicht allein kein guter, sondern auch ein unordentlicher Haushälter war. Denn er nahm oft aus seinem Schreibtische in der Geschwindigkeit Geld, ohne es aufzuzeichnen, und fing nachher manchmal wieder an zu zählen und zu rechnen und schien verdrießlich, daß die Summen mit der Kasse nicht übereinstimmen wollten. Der Sohn machte diese Bemerkung mehrmals, und um so empfindlicher ward es ihm, wenn er zu eben der Zeit, da der Vater nur geradezu in das Geld hineingriff, einen entschiedenen Mangel spürte.

Zu dieser Gemütsstimmung traf ein sonderbarer Zufall, der ihm eine reizende Gelegenheit gab, dasjenige zu tun, wozu er nur einen dunkeln und unentschiedenen Trieb gefühlt hatte.

Sein Vater gab ihm den Auftrag, einen Kasten alter Briefe durchzusehen und zu ordnen. Eines Sonntags, da er allein war, trug er ihn durch das Zimmer, wo der Schreibtisch stand, der des Vaters Kasse enthielt. Der Kasten war schwer; er hatte ihn unrecht gefaßt und wollte ihn einen Augenblick absetzen oder vielmehr nur anlehnen. Unvermögend, ihn zu halten, stieß er gewaltsam an die Ecke des Schreibtisches, und der Deckel desselben flog auf. Er sah nun alle die Rollen vor sich liegen, zu denen er manchmal nur hineingeschielt hatte, setzte seinen Kasten nieder und nahm, ohne zu denken und zu überlegen, eine Rolle von der Seite weg, wo der Vater gewöhnlich sein Geld zu willkürlichen Ausgaben herzunehmen schien. Er druckte den Schreibtisch wieder zu und versuchte den Seitenstoß: der Deckel flog jedesmal auf, und es war so gut, als wenn er den Schlüssel zum Pulte gehabt hätte.

Mit Heftigkeit suchte er nunmehr jede Vergnügung wieder, die er bisher hatte entbehren müssen. Er war fleißiger um seine Schöne; alles, was er tat und vornahm, war leidenschaftlicher; seine Lebhaftigkeit und Anmut hatten sich in ein heftiges, ja beinahe wildes Wesen verwandelt, das ihm zwar nicht übel ließ, doch niemanden wohltätig war.

Was der Feuerfunke auf ein geladnes Gewehr, das ist die Gelegenheit zur Neigung, und jede Neigung, die wir gegen unser Gewissen befriedigen, zwingt uns, ein Übermaß von physischer Stärke anzuwenden; wir handeln wieder als wilde Menschen, und es wird schwer, äußerlich diese Anstrengung zu verbergen.

Je mehr ihm seine innere Empfindung widersprach, desto mehr häufte Ferdinand künstliche Argumente aufeinander, und desto mutiger und freier schien er zu handeln, je mehr er sich selbst von einer Seite gebunden fühlte.

Zu derselbigen Zeit waren allerlei Kostbarkeiten ohne Wert Mode geworden. Ottilie liebte sich zu schmücken; er suchte einen Weg, sie ihr zu verschaffen, ohne daß Ottilie selbst eigentlich wußte, woher die Geschenke kamen. Die Vermutung ward auf einen alten Oheim geworfen, und Ferdinand war doppelt vergnügt, indem ihm seine Schöne ihre Zufriedenheit über die Geschenke und ihren Verdacht auf den Oheim zugleich zu erkennen gab.

Aber um sich und ihr dieses Vergnügen zu machen, mußte er noch einigemal den Schreibtisch seines Vaters eröffnen, und er tat es mit desto weniger Sorge, als der Vater zu verschiedenen Zeiten Geld hineingelegt und herausgenommen hatte, ohne es aufzuschreiben.

Bald darauf sollte Ottilie zu ihren Eltern auf einige Monate verreisen. Die jungen Leute betrübten sich äußerst, da sie scheiden sollten, und ein Umstand machte ihre Trennung noch bedeutender. Ottilie erfuhr durch einen Zufall, daß die Geschenke von Ferdinanden kamen; sie setzte ihn darüber zu Rede, und als er es gestand, schien sie sehr verdrießlich zu werden. Sie bestand darauf, daß er sie zurücknehmen sollte, und diese Zumutung machte ihm die bittersten Schmerzen. Er erklärte ihr, daß er ohne sie nicht leben könne noch wolle; er bat sie, ihm ihre Neigung zu erhalten, und beschwor sie, ihm ihre Hand nicht zu versagen, sobald er versorgt und häuslich eingerichtet sein würde. Sie liebte ihn, sie war gerührt, sie sagte ihm zu, was er wünschte, und in diesem glücklichen Augenblicke versiegelten sie ihr Versprechen mit den lebhaftesten Umarmungen und mit tausend herzlichen Küssen.

Nach ihrer Abreise schien Ferdinand sich sehr allein. Die Gesellschaften, in welchen er sie zu sehen pflegte, reizten ihn nicht mehr, indem sie fehlte. Er besuchte nur noch aus Gewohnheit sowohl Freunde als Lustörter, und nur mit Widerwillen griff er noch einigemal in die Kasse des Vaters, um Ausgaben zu bestreiten, zu denen ihn keine Leidenschaften nötigten. Er war oft allein, und die gute Seele schien die Oberhand zu gewinnen. Er erstaunte über sich selbst bei ruhigem Nachdenken, wie er jene Sophistereien über Recht und Besitz, über Ansprüche an fremdes Gut, und wie die Rubriken alle heißen mochten, bei sich auf eine so kalte und schiefe Weise habe durchführen und dadurch eine unerlaubte Handlung beschönigen können. Es ward ihm nach und nach deutlich, daß nur Treue und Glauben die Menschen schätzenswert mache, daß der Gute eigentlich leben müsse, um alle Gesetze zu beschämen, indem ein anderer sie entweder umgehen oder zu seinem Vorteil gebrauchen mag.

Inzwischen, ehe diese wahren und guten Begriffe bei ihm ganz klar wurden und zu herrschenden Entschlüssen führten, unterlag er doch noch einigemal der Versuchung, aus der verbotenen Quelle in dringenden Fällen zu schöpfen. Niemals tat er es aber ohne Widerwillen, und nur wie von einem bösen Geiste an den Haaren hingezogen.

Endlich ermannte er sich und faßte den Entschluß, vor allen Dingen die Handlung sich unmöglich zu machen und seinen Vater von dem Zustande des Schlosses zu unterrichten. Er fing es klug an und trug den Kasten mit den nunmehr geordneten Briefen in Gegenwart seines Vaters durch das Zimmer, beging mit Vorsatz die Ungeschicklichkeit, mit dem Kasten wider den Schreibtisch zu stoßen, und wie erstaunte der Vater, als er den Deckel auffahren sah! Sie untersuchten beide das Schloß und fanden, daß die Schließhaken durch die Zeit abgenutzt und die Bänder wandelbar waren. Sogleich ward alles repariert, und Ferdinand hatte seit langer Zeit keinen vergnügtern Augenblick, als da er das Geld in so guter Verwahrung sah.

Aber dies war ihm nicht genug. Er nahm sich sogleich vor, die Summe, die er seinem Vater entwendet hatte und die er noch wohl wußte, wieder zu sammeln und sie ihm auf eine oder die andere Weise zuzustellen. Er fing nun an, aufs genaueste zu leben und von seinem Taschengelde, was nur möglich war, zu sparen. Freilich war das nur wenig, was er hier zurückhalten konnte, gegen das, was er sonst verschwendet hatte; indessen schien die Summe schon groß, da sie ein Anfang war, sein Unrecht wiedergutzumachen. Und gewiß ist ein ungeheurer Unterschied zwischen dem letzten Taler, den man borgt, und zwischen dem ersten, den man abbezahlt.

Nicht lange war er auf diesem guten Wege, als der Vater sich entschloß, ihn in Handelsgeschäften zu verschicken. Er sollte sich mit einer entfernten Fabrikanstalt bekannt machen. Man hatte die Absicht, in einer Gegend, wo die ersten Bedürfnisse und die Handarbeit sehr wohlfeil waren, selbst ein Comptoir zu errichten, einen Kompagnon dorthin zu setzen, den Vorteil, den man gegenwärtig andern gönnen mußte, selbst zu gewinnen und durch Geld und Kredit die Anstalt ins Große zu treiben. Ferdinand sollte die Sache in der Nähe untersuchen und davon einen umständlichen Bericht abstatten. Der Vater hatte ihm ein Reisegeld ausgesetzt und ihm vorgeschrieben, damit auszukommen; es war reichlich, und er hatte sich nicht darüber zu beklagen.

Auch auf seiner Reise lebte Ferdinand sehr sparsam, rechnete und überrechnete und fand, daß er den dritten Teil seines Reisegeldes ersparen könnte, wenn er auf jede Weise sich einzuschränken fortführe. Er hoffte nun auch auf Gelegenheit, zu dem übrigen nach und nach zu gelangen, und er fand sie. Denn die Gelegenheit ist eine gleichgültige Göttin, sie begünstigt das Gute wie das Böse.

In der Gegend, die er besuchen sollte, fand er alles weit vorteilhafter, als man geglaubt hatte. Jedermann ging in dem alten Schlendrian handwerksmäßig fort. Von neuentdeckten Vorteilen hatte man keine Kenntnis, oder man hatte keinen Gebrauch davon gemacht. Man wendete nur mäßige Summen Geldes auf und war mit einem mäßigen Profit zufrieden, und er sah bald ein, daß man mit einem gewissen Kapital, mit Vorschüssen, Einkauf des ersten Materials im großen, mit Anlegung von Maschinen durch die Hülfe tüchtiger Werkmeister eine große und solide Einrichtung würde machen können.

Er fühlte sich durch die Idee dieser möglichen Tätigkeit sehr erhoben. Die herrliche Gegend, in der ihm jeden Augenblick seine geliebte Ottilie vorschwebte, ließ ihn wünschen, daß sein Vater ihn an diesen Platz setzen, ihm das neue Etablissement anvertrauen und ihn so auf eine reichliche und unerwartete Weise ausstatten möchte.

Er sah alles mit größerer Aufmerksamkeit, weil er alles schon als das Seinige ansah. Er hatte zum erstenmal Gelegenheit, seine Kenntnisse, seine Geisteskräfte, sein Urteil anzuwenden. Die Gegend sowohl als die Gegenstände interessierten ihn aufs höchste, sie waren Labsal und Heilung für sein verwundetes Herz; denn nicht ohne Schmerzen konnte er sich des väterlichen Hauses erinnern, in welchem er wie in einer Art von Wahnsinn eine Handlung begehen konnte, die ihm nun das größte Verbrechen zu sein schien.

Ein Freund seines Hauses, ein wackerer, aber kränklicher Mann, der selbst den Gedanken eines solchen Etablissements zuerst in Briefen gegeben hatte, war ihm stets zur Seite, zeigte ihm alles, machte ihn mit seinen Ideen bekannt und freute sich, wenn ihm der junge Mensch entgegen-, ja zuvorkam. Dieser Mann führte ein sehr einfaches Leben teils aus Neigung, teils weil seine Gesundheit es so forderte. Er hatte keine Kinder, eine Nichte pflegte ihn, der er sein Vermögen zugedacht hatte, der er einen wackern und tätigen Mann wünschte, um mit Unterstützung eines fremden Kapitals und frischer Kräfte dasjenige ausgeführt zu sehen, wovon er zwar einen Begriff hatte, wovon ihn aber seine physischen und ökonomischen Umstände zurückhielten.

Kaum hatte er Ferdinanden gesehen, als ihm dieser sein Mann zu sein schien, und seine Hoffnung wuchs, als er soviel Neigung des jungen Menschen zum Geschäft und zu der Gegend bemerkte. Er ließ seiner Nichte seine Gedanken merken, und diese schien nicht abgeneigt. Sie war ein junges, wohlgebildetes, gesundes und auf jede Weise gutgeartetes Mädchen. Die Sorgfalt für ihres Oheims Haushaltung erhielt sie immer rasch und tätig und die Sorge für seine Gesundheit immer weich und gefällig. Man konnte sich zur Gattin keine vollkommnere Person wünschen.

Ferdinand, der nur die Liebenswürdigkeit und die Liebe Ottiliens vor Augen hatte, sah über das gute Landmädchen hinweg oder wünschte, wenn Ottilie einst als seine Gattin in diesen Gegenden wohnen würde, ihr eine solche Haushälterin und Beschließerin beigeben zu können. Er erwiderte die Freundlichkeit und Gefälligkeit des Mädchens auf eine sehr ungezwungene Weise, er lernte sie näher kennen und sie schätzen; er begegnete ihr bald mit mehrerer Achtung, und sowohl sie als ihr Oheim legten sein Betragen nach ihren Wünschen aus.

Ferdinand hatte sich nunmehr genau umgesehen und von allem unterrichtet. Er hatte mit Hülfe des Oheims einen Plan gemacht und nach seiner gewöhnlichen Leichtigkeit nicht verborgen, daß er darauf rechne, selbst den Plan auszuführen. Zugleich hatte er der Nichte viele Artigkeiten gesagt und jede Haushaltung glücklich gepriesen, die einer so sorgfältigen Wirtin überlassen werden könnte. Sie und ihr Onkel glaubten daher, daß er wirklich Absichten habe, und waren in allem um desto gefälliger gegen ihn.

Nicht ohne Zufriedenheit hatte Ferdinand bei seinen Untersuchungen gefunden, daß er nicht allein auf die Zukunft vieles von diesem Platze zu hoffen habe, sondern daß er auch gleich jetzt einen vorteilhaften Handel schließen, seinem Vater die entwendete Summe wiedererstatten und sich also von dieser drückenden Last auf einmal befreien könne. Er eröffnete seinem Freunde die Absicht seiner Spekulation, der eine außerordentliche Freude darüber hatte und ihm alle mögliche Beihülfe leistete; ja er wollte seinem jungen Freunde alles auf Kredit verschaffen, das dieser jedoch nicht annahm, sondern einen Teil davon sogleich von dem Überschusse des Reisegeldes bezahlte und den andern in gehöriger Frist abzutragen versprach.

Mit welcher Freude er die Waren packen und laden ließ, war nicht auszusprechen; mit welcher Zufriedenheit er seinen Rückweg antrat, läßt sich denken. Denn die höchste Empfindung, die der Mensch haben kann, ist die, wenn er sich von einem Hauptfehler, ja von einem Verbrechen durch eigne Kraft erhebt und losmacht. Der gute Mensch, der ohne auffallende Abweichung vom rechten Pfade vor sich hinwandelt, gleicht einem ruhigen, lobenswürdigen Bürger, da hingegen jener als ein Held und Überwinder Bewunderung und Preis verdient, und in diesem Sinne scheint das paradoxe Wort gesagt zu sein, daß die Gottheit selbst an einem zurückkehrenden Sünder mehr Freude habe als an neunundneunzig Gerechten.

Aber leider konnte Ferdinand durch seine guten Entschlüsse, durch seine Besserung und Wiedererstattung die traurigen Folgen der Tat nicht aufheben, die ihn erwarteten und die sein schon wieder beruhigtes Gemüt aufs neue schmerzlich kränken sollten. Während seiner Abwesenheit hatte sich das Gewitter zusammengezogen, das gerade bei seinem Eintritte in das väterliche Haus losbrechen sollte.

Ferdinands Vater war, wie wir wissen, was seine Privatkasse betraf, nicht der Ordentlichste, die Handlungssachen hingegen wurden von einem geschickten und genauen Associé sehr richtig besorgt. Der Alte hatte das Geld, das ihm der Sohn entwendete, nicht eben gemerkt, außer daß unglücklicherweise darunter ein Paket einer in diesen Gegenden ungewöhnlichen Münzsorte gewesen war, die er einem Fremden im Spiel abgewonnen hatte. Diese vermißte er, und der Umstand schien ihm bedenklich. Allein was ihn äußerst beunruhigte, war, daß ihm einige Rollen, jede mit hundert Dukaten, fehlten, die er vor einiger Zeit verborgt, aber gewiß wiedererhalten hatte. Er wußte, daß der Schreibtisch sonst durch einen Stoß aufgegangen war, er sah als gewiß an, daß er beraubt sei, und geriet darüber in die äußerste Heftigkeit. Sein Argwohn schweifte auf allen Seiten herum. Unter den fürchterlichsten Drohungen und Verwünschungen erzählte er den Vorfall seiner Frau; er wollte das Haus um und um kehren, alle Bedienten, Mägde und Kinder verhören lassen, niemand blieb von seinem Argwohn frei. Die gute Frau tat ihr möglichstes, ihren Gatten zu beruhigen; sie stellte ihm vor, in welche Verlegenheit und Diskredit diese Geschichte ihn und sein Haus bringen könnte, wenn sie ruchbar würde, daß niemand an dem Unglück, das uns betreffe, Anteil nehme als nur, um uns durch sein Mitleiden zu demütigen, daß bei einer solchen Gelegenheit weder er noch sie verschont werden würden, daß man noch wunderlichere Anmerkungen machen könnte, wenn nichts herauskäme, daß man vielleicht den Täter entdecken und, ohne ihn auf zeitlebens unglücklich zu machen, das Geld wiedererhalten könne. Durch diese und andere Vorstellungen bewog sie ihn endlich, ruhig zu bleiben und durch stille Nachforschung der Sache näher zu kommen.

Und leider war die Entdeckung schon nahe genug. Ottiliens Tante war von dem wechselseitigen Versprechen der jungen Leute unterrichtet. Sie wußte von den Geschenken, die ihre Nichte angenommen hatte. Das ganze Verhältnis war ihr nicht angenehm, und sie hatte nur geschwiegen, weil ihre Nichte abwesend war. Eine sichere Verbindung mit Ferdinand schien ihr vorteilhaft, ein ungewisses Abenteuer war ihr unerträglich. Da sie also vernahm, daß der junge Mensch bald zurückkommen sollte, da sie auch ihre Nichte täglich wieder erwartete, eilte sie, von dem, was geschehen war, den Eltern Nachricht zu geben und ihre Meinung darüber zu hören, zu fragen, ob eine baldige Versorgung für Ferdinand zu hoffen sei und ob man in eine Heirat mit ihrer Nichte willige.

Die Mutter verwunderte sich nicht wenig, als sie von diesen Verhältnissen hörte. Sie erschrak, als sie vernahm, welche Geschenke Ferdinand an Ottilien gegeben hatte. Sie verbarg ihr Erstaunen, bat die Tante, ihr einige Zeit zu lassen, um gelegentlich mit ihrem Manne über die Sache zu sprechen, versicherte, daß sie Ottilien für eine vorteilhafte Partie halte und daß es nicht unmöglich sei, ihren Sohn nächstens auf eine schickliche Weise auszustatten.

Als die Tante sich entfernt hatte, hielt sie es nicht für rätlich, ihrem Manne die Entdeckung zu vertrauen. Ihr lag nur daran, das unglückliche Geheimnis aufzuklären, ob Ferdinand, wie sie fürchtete, die Geschenke von dem entwendeten Geld gemacht habe. Sie eilte zu dem Kaufmann, der diese Art Geschmeide vorzüglich verkaufte, feilschte um ähnliche Dinge und sagte zuletzt, er müsse sie nicht überteuern, denn ihrem Sohn, der eine solche

Kommission gehabt, habe er die Sachen wohlfeiler gegeben. Der Handelsmann beteuerte: nein! zeigte die Preise genau an und sagte dabei, man müsse noch das Agio der Geldsorte hinzurechnen, in der Ferdinand zum Teil bezahlt habe. Er nannte ihr zu ihrer größten Betrübnis die Sorte; es war die, die dem Vater fehlte.

Sie ging nun, nachdem sie sich zum Scheine die nächsten Preise aufsetzen lassen, mit sehr bedrängtem Herzen hinweg. Ferdinands Verirrung war zu deutlich, die Rechnung der Summe, die dem Vater fehlte, war groß, und sie sah nach ihrer sorglichen Gemütsart die schlimmste Tat und die fürchterlichsten Folgen. Sie hatte die Klugheit, die Entdeckung vor ihrem Manne zu verbergen; sie erwartete die Zurückkunft ihres Sohnes mit geteilter Furcht und Verlangen. Sie wünschte sich aufzuklären und fürchtete, das Schlimmste zu erfahren.

Endlich kam er mit großer Heiterkeit zurück. Er konnte Lob für seine Geschäfte erwarten und brachte zugleich in seinen Waren heimlich das Lösegeld mit, wodurch er sich von dem geheimen Verbrechen zu befreien gedachte.

Der Vater nahm seine Relation gut, doch nicht mit solchem Beifall auf, wie er hoffte, denn der Vorgang mit dem Gelde machte den Mann zerstreut und verdrießlich, um so mehr, als er einige ansehnliche Posten in diesem Augenblicke zu bezahlen hatte. Diese Laune des Vaters drückte ihn sehr, noch mehr die Gegenwart der Wände, der Mobilien, des Schreibtisches, die Zeugen seines Verbrechens gewesen waren. Seine ganze Freude war hin, seine Hoffnungen und Ansprüche; er fühlte sich als einen gemeinen, ja als einen schlechten Menschen.

Er wollte sich eben nach einem stillen Vertriebe der Waren, die nun bald ankommen sollten, umsehen und sich durch die Tätigkeit aus seinem Elende herausreißen, als die Mutter ihn beiseite nahm und ihm mit Liebe und Ernst sein Vergehen vorhielt und ihm auch nicht den mindesten Ausweg zum Leugnen offen ließ. Sein weiches Herz war zerrissen; er warf sich unter tausend Tränen zu ihren Füßen, bekannte, bat um Verzeihung, beteuerte, daß nur die Neigung zu Ottilien ihn verleiten können und daß sich keine anderen Laster zu diesem jemals gesellt hätten. Er erzählte darauf die Geschichte seiner Reue, daß er vorsätzlich dem Vater die Möglichkeit, den Schreibtisch zu eröffnen, entdeckt und daß er durch Ersparnis auf der Reise und durch eine glückliche Spekulation sich imstande sehe, alles wieder zu ersetzen.

Die Mutter, die nicht gleich nachgeben konnte, bestand darauf, zu wissen, wo er mit den großen Summen hingekommen sei, denn die Geschenke betrügen den geringsten Teil. Sie zeigte ihm zu seinem Entsetzen eine Berechnung dessen, was dem Vater fehlte; er konnte sich nicht einmal ganz zu dem Silber bekennen, und hoch und teuer schwur er, von dem Golde nichts angerührt zu haben. Hierüber war die Mutter äußerst zornig. Sie verwies ihm, daß er in dem Augenblicke, da er durch aufrichtige Reue seine Besserung und Bekehrung wahrscheinlich machen sollte, seine liebevolle Mutter noch mit Leugnen, Lügen und Märchen aufzuhalten gedenke, daß sie gar wohl wisse: wer des einen fähig sei, sei auch alles übrigen fähig. Wahrscheinlich habe er unter seinen liederlichen Kameraden Mitschuldige, wahrscheinlich sei der Handel, den er geschlossen, mit dem entwendeten Gelde gemacht, und schwerlich würde er davon etwas erwähnt haben, wenn die Übeltat nicht zufällig wäre entdeckt worden. Sie drohte ihm mit dem Zorne des Vaters, mit bürgerlichen Strafen, mit völliger Verstoßung; doch nichts kränkte ihn mehr, als daß sie ihn merken ließ, eine Verbindung zwischen ihm und Ottilien sei eben zur Sprache gekommen. Mit gerührtem Herzen verließ sie ihn in dem traurigsten Zustande. Er sah seinen Fehler entdeckt, er sah sich in dem Verdachte, der sein Verbrechen vergrößerte. Wie wollte er seine Eltern überreden, daß er das Gold nicht angegriffen? Bei der heftigen Gemütsart seines Vaters mußte er einen öffentlichen Ausbruch befürchten; er sah sich im Gegensatze von allem dem, was er sein konnte. Die Aussicht auf ein tätiges Leben, auf eine Verbindung mit Ottilien verschwand. Er sah sich verstoßen, flüchtig und in fremden Weltgegenden allem Ungemach ausgesetzt.

Aber selbst alles dieses, was seine Einbildungskraft verwirrte, seinen Stolz verletzte, seine Liebe kränkte, war ihm nicht das Schmerzlichste. Am tiefsten verwundete ihn der Gedanke, daß sein redlicher Vorsatz, sein männlicher Entschluß, sein befolgter Plan, das Geschehene wiedergutzumachen, ganz verkannt, ganz geleugnet, gerade zum Gegenteil ausgelegt werden sollte. Wenn ihn jene Vorstellungen zu einer dunkeln Verzweiflung brachten, indem er bekennen mußte, daß er sein Schicksal verdient habe, so ward er durch diese aufs innigste gerührt, indem er die traurige Wahrheit erfuhr, daß eine Übeltat selbst gute Bemühungen zugrunde zu richten imstande ist. Diese Rückkehr auf sich selbst, diese Betrachtung, daß das edelste Streben vergebens sein sollte, machte ihn weich; er wünschte nicht mehr zu leben.

In diesen Augenblicken dürstete seine Seele nach einem höhern Beistand. Er fiel an seinem Stuhle nieder, den er mit seinen Tränen benetzte, und forderte Hülfe vom göttlichen Wesen. Sein Gebet war eines erhörenswerten Inhalts: der Mensch, der sich selbst vom Laster wieder erhebt, habe Anspruch auf eine unmittelbare Hülfe; derjenige, der keine seiner Kräfte ungebraucht lasse, könne sich da, wo sie eben ausgehen, wo sie nicht hinreichen, auf den Beistand des Vaters im Himmel berufen.

In dieser Überzeugung, in dieser dringenden Bitte verharrte er eine Zeitlang und bemerkte kaum, daß seine Türe sich öffnete und jemand hereintrat. Es war die Mutter, die mit heiterm Gesichte auf ihn zukam, seine Verwirrung sah und ihn mit tröstlichen Worten anredete. ‚Wie glücklich bin ich,' sagte sie, ‚daß ich dich wenigstens als keinen Lügner finde und daß ich deine Reue für wahr halten kann. Das Gold hat sich gefunden; der Vater, als er es von einem Freunde wiedererhielt, gab es dem Kassier aufzuheben, und durch die vielen Beschäftigungen des Tages zerstreut, hat er es vergessen. Mit dem Silber stimmt deine Angabe ziemlich zusammen, die Summe ist nun viel geringer. Ich konnte die Freude meines Herzens nicht verbergen und versprach dem Vater, die fehlende Summe wieder zu verschaffen, wenn er sich zu beruhigen und weiter nach der Sache nicht zu fragen verspräche.'

Ferdinand ging sogleich zur größten Freude über. Er

eilte, sein Handelsgeschäft zu vollbringen, stellte bald der Mutter das Geld zu, ersetzte selbst das, was er nicht genommen hatte, wovon er wußte, daß es bloß durch die Unordnung des Vaters in seinen Ausgaben vermißt wurde. Er war fröhlich und heiter, doch hatte dieser ganze Vorfall eine sehr ernste Wirkung bei ihm zurückgelassen. Er hatte sich überzeugt, daß der Mensch Kraft habe, das Gute zu wollen und zu vollbringen; er glaubte nun auch, daß dadurch der Mensch das göttliche Wesen für sich interessieren und sich dessen Beistand versprechen könne, den er soeben unmittelbar erfahren hatte. Mit großer Freudigkeit entdeckte er nun dem Vater seinen Plan, sich in jenen Gegenden niederzulassen. Er stellte die Anstalt in ihrem ganzen Werte und Umfange vor; der Vater war nicht abgeneigt, und die Mutter entdeckte heimlich ihrem Gatten das Verhältnis Ferdinands zu Ottilien. Diesem gefiel eine so glänzende Schwiegertochter, und die Aussicht, seinen Sohn ohne Kosten ausstatten zu können, war ihm sehr angenehm."

„Diese Geschichte gefällt mir," sagte Luise, als der Alte geendigt hatte, „und ob sie gleich aus dem gemeinen Leben genommen ist, so kommt sie mir doch nicht alltäglich vor. Denn wenn wir uns selbst fragen und andere beobachten, so finden wir, daß wir selten durch uns selbst bewogen werden, diesem oder jenem Wunsche zu entsagen; meist sind es die äußern Umstände, die uns dazu nötigen."

„Ich wünschte," sagte Karl, „daß wir gar nicht nötig hätten, uns etwas zu versagen, sondern daß wir dasjenige gar nicht kennten, was wir nicht besitzen sollen. Leider ist in unsern Zuständen alles zusammengedrängt, alles ist bepflanzt, alle Bäume hängen voller Früchte, und wir sollen nur immer drunter weggehen, uns an dem Schatten begnügen und auf die schönsten Genüsse Verzicht tun."

„Lassen Sie uns", sagte Luise zum Alten, „nun Ihre Geschichte weiterhören!"

Der Alte. „Sie ist wirklich schon aus."

Luise. „Die Entwicklung haben wir freilich gehört; nun möchten wir aber auch gerne das Ende vernehmen."

Der Alte. „Sie unterscheiden richtig, und da Sie sich

für das Schicksal meines Freundes interessieren, so will ich Ihnen, wie es ihm ergangen, noch kürzlich erzählen.

Befreit von der drückenden Last eines so häßlichen Vergehens, nicht ohne bescheidne Zufriedenheit mit sich selbst dachte er nun an sein künftiges Glück und erwartete sehnsuchtsvoll die Rückkunft Ottiliens, um sich zu erklären und sein gegebenes Wort im ganzen Umfange zu erfüllen. Sie kam in Gesellschaft ihrer Eltern; er eilte zu ihr, er fand sie schöner und heiterer als jemals. Mit Ungeduld erwartete er den Augenblick, in welchem er sie allein sprechen und ihr seine Aussichten vorlegen könnte. Die Stunde kam, und mit aller Freude und Zärtlichkeit der Liebe erzählte er ihr seine Hoffnungen, die Nähe seines Glücks und den Wunsch, es mit ihr zu teilen. Allein wie verwundert war er, ja wie bestürzt, als sie die ganze Sache sehr leichtsinnig, ja, man dürfte beinahe sagen, höhnisch aufnahm. Sie scherzte nicht ganz fein über die Einsiedelei, die er sich ausgesucht habe, über die Figur, die sie beide spielen würden, wenn sie sich als Schäfer und Schäferin unter ein Strohdach flüchteten, und was dergleichen mehr war.

Betroffen und erbittert kehrte er in sich zurück; ihr Betragen hatte ihn verdrossen, und er ward einen Augenblick kalt. Sie war ungerecht gegen ihn gewesen, und nun bemerkte er Fehler an ihr, die ihm sonst verborgen geblieben waren. Auch brauchte es kein sehr helles Auge, um zu sehen, daß ein sogenannter Vetter, der mitangekommen war, ihre Aufmerksamkeit auf sich zog und einen großen Teil ihrer Neigung gewonnen hatte.

Bei dem unleidlichen Schmerz, den Ferdinand empfand, nahm er sich doch bald zusammen, und die Überwindung, die ihm schon einmal gelungen war, schien ihm zum zweitenmale möglich. Er sah Ottilien oft und gewann über sich, sie zu beobachten; er tat freundlich, ja zärtlich gegen sie und sie nicht weniger gegen ihn; allein ihre Reize hatten ihre größte Macht verloren, und er fühlte bald, daß selten bei ihr etwas aus dem Herzen kam, daß sie vielmehr nach Belieben zärtlich und kalt, reizend und abstoßend, angenehm und launisch sein konnte. Sein Gemüt machte sich nach und nach von ihr los, und er entschloß sich, auch noch die letzten Fäden entzweizureißen.

Diese Operation war schmerzhafter, als er sich vorgestellt hatte. Er fand sie eines Tages allein und nahm sich ein Herz, sie an ihr gegebenes Wort zu erinnern und jene Augenblicke ihr ins Gedächtnis zurückzurufen, in denen sie beide, durch das zarteste Gefühl gedrungen, eine Abrede auf ihr künftiges Leben genommen hatten. Sie war freundlich, ja man kann fast sagen, zärtlich; er ward weicher und wünschte in diesem Augenblicke, daß alles anders sein möchte, als er es sich vorgestellt hatte. Doch nahm er sich zusammen und trug ihr die Geschichte seines bevorstehenden Etablissements mit Ruhe und Liebe vor. Sie schien sich darüber zu freuen und gewissermaßen nur zu bedauern, daß dadurch ihre Verbindung weiter hinausgeschoben werde. Sie gab zu erkennen, daß sie nicht die mindeste Lust habe, die Stadt zu verlassen; sie ließ ihre Hoffnung sehen, daß er sich durch einige Jahre Arbeit in jenen Gegenden in den Stand setzen könnte, auch unter seinen jetzigen Mitbürgern eine große Figur zu spielen. Sie ließ ihn nicht undeutlich merken, daß sie von ihm erwarte, daß er künftig noch weiter als sein Vater gehen und sich in allem noch ansehnlicher und rechtlicher zeigen werde.

Nur zu sehr fühlte Ferdinand, daß er von einer solchen Verbindung kein Glück zu erwarten habe, und doch war es schwer, so vielen Reizen zu entsagen. Ja vielleicht wäre er ganz unschlüssig von ihr weggegangen, hätte ihn nicht der Vetter abgelöst und in seinem Betragen allzuviel Vertraulichkeit gegen Ottilien gezeigt. Ferdinand schrieb ihr darauf einen Brief, worin er ihr nochmals versicherte, daß sie ihn glücklich machen würde, wenn sie ihm zu seiner neuen Bestimmung folgen wollte, daß er aber für beide nicht rätlich hielte, eine entfernte Hoffnung auf künftige Zeiten zu nähren und sich auf eine ungewisse Zukunft durch ein Versprechen zu binden.

Noch auf diesen Brief wünschte er eine günstige Antwort; allein sie kam nicht wie sein Herz, sondern wie sie seine Vernunft billigen mußte. Ottilie gab ihm auf eine sehr zierliche Art sein Wort zurück, ohne sein Herz ganz loszulassen, und eben so sprach das Billet auch von ihren Empfindungen; dem Sinne nach war sie gebunden und ihren Worten nach frei.

Was soll ich nun weiter umständlich sein? Ferdinand eilte in jene friedlichen Gegenden zurück, seine Einrichtung war bald gemacht; er war ordentlich und fleißig und ward es nur um so mehr, als das gute, natürliche Mädchen, die wir schon kennen, ihn als Gattin beglückte und der alte Oheim alles tat, seine häusliche Lage zu sichern und bequem zu machen.

Ich habe ihn in spätern Jahren kennenlernen, umgeben von einer zahlreichen, wohlgebildeten Familie. Er hat mir seine Geschichte selbst erzählt, und wie es Menschen zu gehen pflegt, denen irgend etwas Bedeutendes in früherer Zeit begegnet, so hatte sich auch jene Geschichte so tief bei ihm eingedrückt, daß sie einen großen Einfluß auf sein Leben hatte. Selbst als Mann und Hausvater pflegte er sich manchmal etwas, das ihm Freude würde gemacht haben, zu versagen, um nur nicht aus der Übung einer so schönen Tugend zu kommen, und seine ganze Erziehung bestand gewissermaßen darin, daß seine Kinder sich gleichsam aus dem Stegreife etwas mußten versagen können.

Auf eine Weise, die ich im Anfang nicht billigen konnte, untersagte er zum Beispiel einem Knaben bei Tische, von einer beliebten Speise zu essen. Zu meiner Verwunderung blieb der Knabe heiter, und es war, als wenn weiter nichts geschehen wäre.

Und so ließen die Ältesten aus eigener Bewegung manchmal ein edles Obst oder sonst einen Leckerbissen vor sich vorbeigehen; dagegen erlaubte er ihnen, ich möchte wohl sagen, alles, und es fehlte nicht an Arten und Unarten in seinem Hause. Er schien über alles gleichgültig zu sein und ließ ihnen eine fast unbändige Freiheit, nur fiel es ihm die Woche einmal ein, daß alles auf die Minute geschehen mußte. Alsdann wurden des Morgens gleich die Uhren reguliert, ein jeder erhielt seine Ordre für den Tag, Geschäfte und Vergnügungen wurden gehäuft, und niemand durfte eine Sekunde fehlen. Ich könnte Sie stundenlang von seinen Gesprächen und Anmerkungen über diese sonderbare Art der Erziehung unterhalten. Er scherzte mit mir als einem katholischen Geistlichen über meine Gelübde und behauptete, daß eigentlich jeder Mensch sowohl sich selbst Enthaltsamkeit als andern Gehorsam geloben sollte, nicht um sie immer, sondern um sie zur rechten Zeit auszuüben."

Die Baronesse machte eben einige Anmerkungen und gestand, daß dieser Freund im ganzen wohl recht gehabt habe, denn so komme auch in einem Reiche alles auf die exekutive Gewalt an; die gesetzgebende möge so vernünftig sein, als sie wolle, es helfe dem Staate nichts, wenn die ausführende nicht mächtig sei.

Luise sprang ans Fenster, denn sie hörte Friedrichen zum Hofe hereinreiten. Sie ging ihm entgegen und führte ihn ins Zimmer. Er schien heiter, ob er gleich von Szenen des Jammers und der Verwüstung kam, und anstatt sich in eine genaue Erzählung des Brandes einzulassen, der das Haus ihrer Tante betroffen, versicherte er, daß es ausgemacht sei, daß der Schreibtisch zu eben der Stunde dort verbrannt sei, da der ihrige hier so heftige Sprünge bekommen hatte. „In eben dem Augenblicke," sagte er, „als der Brand sich schon dem Zimmer näherte, rettete der Verwalter noch eine Uhr, die auf eben diesem Schreibtische stand. Im Hinaustragen mochte sich etwas am Werke verrücken, und sie blieb auf halb zwölfe stehen. Wir haben also, wenigstens was die Zeit betrifft, eine völlige Übereinstimmung." Die Baronesse lächelte, der Hofmeister behauptete, daß, wenn zwei Dinge zusammenträfen, man deswegen noch nicht auf ihren Zusammenhang schließen könne. Luisen gefiel es dagegen, diese beiden Vorfälle zu verknüpfen, besonders da sie von dem Wohlbefinden ihres Bräutigams Nachricht erhalten hatte, und man ließ der Einbildungskraft abermals vollkommen freien Lauf.

„Wissen Sie nicht", sagte Karl zum Alten, „uns irgendein Märchen zu erzählen? Die Einbildungskraft ist ein schönes Vermögen, nur mag ich nicht gern, wenn sie das, was wirklich geschehen ist, verarbeiten will. Die luftigen Gestalten, die sie erschafft, sind uns als Wesen einer eigenen Gattung sehr willkommen; verbunden mit der Wahrheit bringt sie meist nur Ungeheuer hervor und scheint mir alsdann gewöhnlich mit dem Verstand und der Vernunft im Widerspruche zu stehen. Sie muß sich, deucht mich, an keinen Gegenstand hängen, sie muß uns keinen Gegenstand aufdringen wollen, sie soll, wenn sie Kunstwerke hervorbringt, nur wie eine Musik auf uns selbst spielen, uns in uns selbst bewegen, und zwar so, daß wir vergessen, daß etwas außer uns sei, das diese Bewegung hervorbringt."

„Fahren Sie nicht fort," sagte der Alte, „Ihre Anforderungen an ein Produkt der Einbildungskraft umständlicher auszuführen. Auch das gehört zum Genuß an solchen Werken, daß wir ohne Forderungen genießen; denn sie selbst kann nicht fordern, sie muß erwarten, was ihr geschenkt wird. Sie macht keine Plane, nimmt sich keinen Weg vor, sondern sie wird von ihren eigenen Flügeln getragen und geführt, und indem sie sich hin und her schwingt, bezeichnet sie die wunderlichsten Bahnen, die sich in ihrer Richtung stets verändern und wenden. Lassen Sie auf meinem gewöhnlichen Spaziergange erst die sonderbaren Bilder wieder in meiner Seele lebendig werden, die mich in frühern Jahren oft unterhielten. Diesen Abend verspreche ich Ihnen ein Märchen, durch das Sie an nichts und an alles erinnert werden sollen."

Man entließ den Alten gern, um so mehr, da jedes von Friedrichen Neuigkeiten und Nachrichten von dem, was indessen geschehen war, einzuziehen hoffte.

DAS MÄRCHEN

An dem großen Flusse, der eben von einem starken Regen geschwollen und übergetreten war, lag in seiner kleinen Hütte, müde von der Anstrengung des Tages, der alte Fährmann und schlief. Mitten in der Nacht weckten ihn einige laute Stimmen; er hörte, daß Reisende übergesetzt sein wollten.

Als er vor die Tür hinaustrat, sah er zwei große Irrlichter über dem angebundenen Kahne schweben, die ihm versicherten, daß sie große Eile hätten und schon an jenem Ufer zu sein wünschten. Der Alte säumte nicht, stieß ab und fuhr mit seiner gewöhnlichen Geschicklichkeit quer über den Strom, indes die Fremden in einer unbekannten, sehr behenden Sprache gegeneinander zischten und mitunter in ein lautes Gelächter ausbrachen, indem sie bald auf den Rändern und Bänken, bald auf dem Boden des Kahns hin und wider hüpften.

„Der Kahn schwankt!" rief der Alte; „und wenn ihr so unruhig seid, kann er umschlagen; setzt euch, ihr Lichter!"

Sie brachen über die Zumutung in ein großes Gelächter aus, verspotteten den Alten und waren noch unruhiger als vorher. Er trug ihre Unarten mit Geduld und stieß bald am jenseitigen Ufer an.

„Hier ist für Eure Mühe!" riefen die Reisenden, und es fielen, indem sie sich schüttelten, viele glänzende Goldstücke in den feuchten Kahn. „Ums Himmels willen, was macht ihr?" rief der Alte. „Ihr bringt mich ins größte Unglück! Wäre ein Goldstück ins Wasser gefallen, so würde der Strom, der dies Metall nicht leiden kann, sich in entsetzliche Wellen erhoben, das Schiff und mich verschlungen haben. Und wer weiß, wie es euch gegangen sein würde! Nehmt euer Geld wieder zu euch!"

„Wir können nichts wieder zu uns nehmen, was wir abgeschüttelt haben," versetzten jene.

„So macht ihr mir noch die Mühe," sagte der Alte, indem er sich bückte und die Goldstücke in seine Mütze las, „daß ich sie zusammensuchen, ans Land tragen und vergraben muß."

Die Irrlichter waren aus dem Kahne gesprungen, und der Alte rief: „Wo bleibt nun mein Lohn?"

„Wer kein Gold nimmt, mag umsonst arbeiten!" riefen die Irrlichter. – „Ihr müßt wissen, daß man mich nur mit Früchten der Erde bezahlen kann." – „Mit Früchten der Erde? Wir verschmähen sie und haben sie nie genossen." – „Und doch kann ich euch nicht loslassen, bis ihr mir versprecht, daß ihr mir drei Kohlhäupter, drei Artischocken und drei große Zwiebeln liefert."

Die Irrlichter wollten scherzend davonschlüpfen, allein

sie fühlten sich auf eine unbegreifliche Weise an den Boden gefesselt; es war die unangenehmste Empfindung, die sie jemals gehabt hatten. Sie versprachen, seine Forderung nächstens zu befriedigen; er entließ sie und stieß ab. Er war schon weit hinweg, als sie ihm nachriefen: „Alter! hört, Alter! wir haben das Wichtigste vergessen!“ Er war fort und hörte sie nicht. Er hatte sich an derselben Seite den Fluß hinabtreiben lassen, wo er in einer gebirgigten Gegend, die das Wasser niemals erreichen konnte, das gefährliche Gold verscharren wollte. Dort fand er zwischen hohen Felsen eine ungeheure Kluft, schüttete es hinein und fuhr nach seiner Hütte zurück.

In dieser Kluft befand sich die schöne grüne Schlange, die durch die herabklingende Münze aus ihrem Schlafe geweckt wurde. Sie ersah kaum die leuchtenden Scheiben, als sie solche auf der Stelle mit großer Begierde verschlang und alle Stücke, die sich in dem Gebüsch und zwischen den Felsritzen zerstreut hatten, sorgfältig aufsuchte.

Kaum waren sie verschlungen, so fühlte sie mit der angenehmsten Empfindung das Gold in ihren Eingeweiden schmelzen und sich durch ihren ganzen Körper ausbreiten, und zur größten Freude bemerkte sie, daß sie durchsichtig und leuchtend geworden war. Lange hatte man ihr schon versichert, daß diese Erscheinung möglich sei; weil sie aber zweifelhaft war, ob dieses Licht lange dauern könne, so trieb sie die Neugierde und der Wunsch, sich für die Zukunft sicherzustellen, aus dem Felsen heraus, um zu untersuchen, wer das schöne Gold hereingestreut haben könnte. Sie fand niemanden. Desto angenehmer war es ihr, sich selbst, da sie zwischen Kräutern und Gesträuchen hinkroch, und ihr anmutiges Licht, das sie durch das frische Grün verbreitete, zu bewundern. Alle Blätter schienen von Smaragd, alle Blumen auf das herrlichste verklärt. Vergebens durchstrich sie die einsame Wildnis; desto mehr aber wuchs ihre Hoffnung, als sie auf die Fläche kam und von weitem einen Glanz, der dem ihrigen ähnlich war, erblickte. „Find ich doch endlich meinesgleichen!“ rief sie aus und eilte nach der Gegend zu. Sie achtete nicht die Beschwerlichkeit, durch Sumpf und Rohr zu kriechen; denn ob sie gleich auf trocknen

Bergwiesen, in hohen Felsritzen am liebsten lebte, gewürzhafte Kräuter gerne genoß und mit zartem Tau und frischem Quellwasser ihren Durst gewöhnlich stillte, so hätte sie doch des lieben Goldes willen und in Hoffnung des herrlichen Lichtes alles unternommen, was man ihr auferlegte.

Sehr ermüdet gelangte sie endlich zu einem feuchten Ried, wo unsere beiden Irrlichter hin und wider spielten. Sie schoß auf sie los, begrüßte sie und freute sich, so angenehme Herren von ihrer Verwandtschaft zu finden. Die Lichter strichen an ihr her, hüpften über sie weg und lachten nach ihrer Weise. „Frau Muhme," sagten sie, „wenn Sie schon von der horizontalen Linie sind, so hat das doch nichts zu bedeuten; freilich sind wir nur von seiten des Scheins verwandt, denn sehen Sie nur" – hier machten beide Flammen, indem sie ihre ganze Breite aufopferten, sich so lang und spitz als möglich –, „wie schön uns Herren von der vertikalen Linie diese schlanke Länge kleidet! Nehmen Sie's uns nicht übel, meine Freundin, welche Familie kann sich des rühmen? Solang es Irrlichter gibt, hat noch keins weder gesessen noch gelegen."

Die Schlange fühlte sich in der Gegenwart dieser Verwandten sehr unbehaglich; denn sie mochte den Kopf so hoch heben, als sie wollte, so fühlte sie doch, daß sie ihn wieder zur Erde biegen mußte, um von der Stelle zu kommen, und hatte sie sich vorher im dunkeln Hain außerordentlich wohlgefallen, so schien ihr Glanz in Gegenwart dieser Vettern sich jeden Augenblick zu vermindern, ja sie fürchtete, daß er endlich gar verlöschen werde.

In dieser Verlegenheit fragte sie eilig, ob die Herren ihr nicht etwa Nachricht geben könnten, wo das glänzende Gold herkomme, das vor kurzem in die Felskluft gefallen sei; sie vermute, es sei ein Goldregen, der unmittelbar vom Himmel träufle. Die Irrlichter lachten und schüttelten sich, und es sprangen eine große Menge Goldstücke um sie herum. Die Schlange fuhr schnell darnach, sie zu verschlingen. „Laßt es Euch schmecken, Frau Muhme," sagten die artigen Herren; „wir können noch mit mehr aufwarten." Sie schüttelten sich noch einige Male mit großer Behendigkeit, so daß die Schlange kaum die kostbare Speise schnell genug hinunterbringen konnte. Sichtlich fing ihr Schein an zu wachsen, und sie leuchtete wirklich aufs herrlichste, indes die Irrlichter ziemlich mager und klein geworden waren, ohne jedoch von ihrer guten Laune das mindeste zu verlieren.

„Ich bin euch auf ewig verbunden,“ sagte die Schlange, nachdem sie von ihrer Mahlzeit wieder zu Atem gekommen war; „fordert von mir, was ihr wollt! was in meinen Kräften ist, will ich euch leisten.“

„Recht schön!“ riefen die Irrlichter; „sage, wo wohnt die schöne Lilie? Führ uns so schnell als möglich zum Palaste und Garten der schönen Lilie! wir sterben vor Ungeduld, uns ihr zu Füßen zu werfen.“

„Diesen Dienst“, versetzte die Schlange mit einem tiefen Seufzer, „kann ich euch sogleich nicht leisten. Die schöne Lilie wohnt leider jenseit des Wassers.“ – „Jenseit des Wassers? Und wir lassen uns in dieser stürmischen Nacht übersetzen? Wie grausam ist der Fluß, der uns nun scheidet! Sollte es nicht möglich sein, den Alten wieder zu errufen?“

„Sie würden sich vergebens bemühen,“ versetzte die Schlange; „denn wenn Sie ihn auch selbst an dem diesseitigen Ufer anträfen, so würde er Sie nicht einnehmen; er darf jedermann herüber-, niemand hinüberbringen.“ – „Da haben wir uns schön gebettet! Gibt es denn kein ander Mittel, über das Wasser zu kommen?“ – „Noch einige, nur nicht in diesem Augenblick. Ich selbst kann die Herren übersetzen, aber erst in der Mittagsstunde.“ – „Das ist eine Zeit, in der wir nicht gerne reisen.“ – „So können Sie abends auf dem Schatten des Riesen hinüberfahren.“ – „Wie geht das zu?“ – „Der große Riese, der nicht weit von hier wohnt, vermag mit seinem Körper nichts, seine Hände heben keinen Strohhalm, seine Schultern würden kein Reisbündel tragen; aber sein Schatten vermag viel, ja alles. Deswegen ist er beim Aufgang und Untergang der Sonne am mächtigsten, und so darf man sich abends nur auf den Nacken seines Schattens setzen: der Riese geht alsdann sachte gegen das Ufer zu, und der Schatten bringt den Wanderer über das Wasser hinüber. Wollen Sie aber um Mittagszeit sich an jener Waldecke einfinden, wo das

Gebüsch dicht ans Ufer stößt, so kann ich Sie übersetzen und der schönen Lilie vorstellen; scheuen Sie hingegen die Mittagshitze, so dürfen Sie nur gegen Abend in jener Felsenbucht den Riesen aufsuchen, der sich gewiß recht gefällig zeigen wird."

Mit einer leichten Verbeugung entfernten sich die jungen Herren, und die Schlange war zufrieden, von ihnen loszukommen, teils um sich in ihrem eignen Lichte zu erfreuen, teils eine Neugierde zu befriedigen, von der sie schon lange auf eine sonderbare Weise gequält ward.

In den Felsklüften, in denen sie oft hin und wider kroch, hatte sie an einem Orte eine seltsame Entdeckung gemacht. Denn ob sie gleich durch diese Abgründe ohne ein Licht zu kriechen genötiget war, so konnte sie doch durchs Gefühl die Gegenstände recht wohl unterscheiden. Nur unregelmäßige Naturprodukte war sie gewohnt überall zu finden; bald schlang sie sich zwischen den Zacken großer Kristalle hindurch, bald fühlte sie die Haken und Haare des gediegenen Silbers und brachte ein und den andern Edelstein mit sich ans Licht hervor. Doch hatte sie zu ihrer großen Verwunderung in einem ringsum verschlossenen Felsen Gegenstände gefühlt, welche die bildende Hand des Menschen verrieten. Glatte Wände, an denen sie nicht aufsteigen konnte, scharfe, regelmäßige Kanten, wohlgebildete Säulen und, was ihr am sonderbarsten vorkam, menschliche Figuren, um die sie sich mehrmals geschlungen hatte und die sie für Erz oder äußerst polierten Marmor halten mußte. Alle diese Erfahrungen wünschte sie noch zuletzt durch den Sinn des Auges zusammenzufassen und das, was sie nur mutmaßte, zu bestätigen. Sie glaubte sich nun fähig, durch ihr eignes Licht dieses wunderbare unterirdische Gewölbe zu erleuchten, und hoffte auf einmal mit diesen sonderbaren Gegenständen völlig bekannt zu werden. Sie eilte und fand auf dem gewohnten Wege bald die Ritze, durch die sie in das Heiligtum zu schleichen pflegte.

Als sie sich am Orte befand, sah sie sich mit Neugier um, und obgleich ihr Schein alle Gegenstände der Rotonde nicht erleuchten konnte, so wurden ihr doch die nächsten deutlich genug. Mit Erstaunen und Ehrfurcht sah sie in eine glänzende Nische hinauf, in welcher das Bildnis eines ehrwürdigen Königs in lauterm Golde aufgestellt war. Dem Maß nach war die Bildsäule über Menschengröße, der Gestalt nach aber das Bildnis eher eines kleinen als eines großen Mannes. Sein wohlgebildeter Körper war mit einem einfachen Mantel umgeben, und ein Eichenkranz hielt seine Haare zusammen.

Kaum hatte die Schlange dieses ehrwürdige Bildnis angeblickt, als der König zu reden anfing und fragte: „Wo kommst du her?" – „Aus den Klüften," versetzte die Schlange, „in denen das Gold wohnt." – „Was ist herrlicher als Gold?" fragte der König. „Das Licht," antwortete die Schlange. „Was ist erquicklicher als Licht?" fragte jener. „Das Gespräch," antwortete diese.

Sie hatte unter diesen Reden beiseitegeschielt und in der nächsten Nische ein anderes herrliches Bild gesehen. In derselben saß ein silberner König von langer und eher schmächtiger Gestalt; sein Körper war mit einem verzierten Gewande überdeckt, Krone, Gürtel und Zepter mit Edelsteinen geschmückt; er hatte die Heiterkeit des Stolzes in seinem Angesichte und schien eben reden zu wollen, als an der marmornen Wand eine Ader, die dunkelfarbig hindurchlief, auf einmal hell ward und ein angenehmes Licht durch den ganzen Tempel verbreitete. Bei diesem Lichte sah die Schlange den dritten König, der von Erz in mächtiger Gestalt dasaß, sich auf seine Keule lehnte, mit einem Lorbeerkranze geschmückt war und eher einem Felsen als einem Menschen glich. Sie wollte sich nach dem vierten umsehen, der in der größten Entfernung von ihr stand, aber die Mauer öffnete sich, indem die erleuchtete Ader wie ein Blitz zuckte und verschwand.

Ein Mann von mittlerer Größe, der heraustrat, zog die Aufmerksamkeit der Schlange auf sich. Er war als ein Bauer gekleidet und trug eine kleine Lampe in der Hand, in deren stille Flamme man gerne hineinsah und die auf eine wunderbare Weise, ohne auch nur einen Schatten zu werfen, den ganzen Dom erhellte.

„Warum kommst du, da wir Licht haben?" fragte der

goldene König. – „Ihr wißt, daß ich das Dunkle nicht erleuchten darf." – „Endigt sich mein Reich?" fragte der silberne König. „Spät oder nie." versetzte der Alte.

Mit einer starken Stimme fing der eherne König an zu fragen: „Wann werde ich aufstehn?" – „Bald." versetzte der Alte. „Mit wem soll ich mich verbinden?" fragte der König. „Mit deinen ältern Brüdern," sagte der Alte. „Was wird aus dem jüngsten werden?" fragte der König. „Er wird sich setzen." sagte der Alte.

„Ich bin nicht müde." rief der vierte König mit einer rauhen, stotternden Stimme.

Die Schlange war, indessen jene redeten, in dem Tempel leise herumgeschlichen, hatte alles betrachtet und besah nunmehr den vierten König in der Nähe. Er stand an eine Säule gelehnt, und seine ansehnliche Gestalt war eher schwerfällig als schön. Allein das Metall, woraus er gegossen war, konnte man nicht leicht unterscheiden. Genau betrachtet war es eine Mischung der drei Metalle, aus denen seine Brüder gebildet waren. Aber beim Gusse schienen diese Materien nicht recht zusammengeschmolzen zu sein; goldne und silberne Adern liefen unregelmäßig durch eine eherne Masse hindurch und gaben dem Bilde ein unangenehmes Ansehn.

Indessen sagte der goldne König zum Manne: „Wieviel Geheimnisse weißt du?" – „Drei," versetzte der Alte. „Welches ist das wichtigste?" fragte der silberne König. „Das offenbare," versetzte der Alte. „Willst du es auch uns eröffnen?" fragte der eherne. „Sobald ich das vierte weiß," sagte der Alte. „Was kümmerts mich!" murmelte der zusammengesetzte König vor sich hin.

„Ich weiß das vierte," sagte die Schlange, näherte sich dem Alten und zischte ihm etwas ins Ohr. „Es ist an der Zeit!" rief der Alte mit gewaltiger Stimme. Der Tempel schallte wider, die metallenen Bildsäulen klangen, und in dem Augenblicke versank der Alte nach Westen und die Schlange nach Osten, und jedes durchstrich mit großer Schnelle die Klüfte der Felsen.

Alle Gänge, durch die der Alte hindurchwandelte, füllten sich hinter ihm sogleich mit Gold; denn seine Lampe hatte die wunderbare Eigenschaft, alle Steine in Gold, alles Holz in Silber, tote Tiere in Edelsteine zu verwandeln und alle Metalle zu zernichten. Diese Wirkung zu äußern, mußte sie aber ganz allein leuchten; wenn ein ander Licht neben ihr war, wirkte sie nur einen schönen, hellen Schein, und alles Lebendige ward immer durch sie erquickt.

Der Alte trat in seine Hütte, die an dem Berge angebauet war, und fand sein Weib in der größten Betrübnis. Sie saß am Feuer und weinte und konnte sich nicht zufrieden geben. „Wie unglücklich bin ich!" rief sie aus; „wollt ich dich heute doch nicht fortlassen!" – „Was gibt es denn?" fragte der Alte ganz ruhig.

„Kaum bist du weg," sagte sie mit Schluchzen, „so kommen zwei ungestüme Wanderer vor die Türe; unvorsichtig lasse ich sie herein, es schienen ein paar artige, rechtliche Leute; sie waren in leichte Flammen gekleidet, man hätte sie für Irrlichter halten können. Kaum sind sie im Hause, so fangen sie an, auf eine unverschämte Weise mir mit Worten zu schmeicheln, und werden so zudringlich, daß ich mich schäme, daran zu denken."

„Nun," versetzte der Mann lächelnd, „die Herren haben wohl gescherzt; denn deinem Alter nach sollten sie es wohl bei der allgemeinen Höflichkeit gelassen haben."

„Was Alter! Alter!" rief die Frau; „soll ich immer von meinem Alter hören? Wie alt bin ich denn? Gemeine Höflichkeit! Ich weiß doch, was ich weiß. Und sieh dich nur um, wie die Wände aussehen; sieh nur die alten Steine, die ich seit hundert Jahren nicht mehr gesehen habe: alles Gold haben sie heruntergeleckt, du glaubst nicht mit welcher Behendigkeit, und sie versicherten immer, es schmecke viel besser als gemeines Gold. Als sie die Wände rein gefegt hatten, schienen sie sehr guten Mutes, und gewiß, sie waren auch in kurzer Zeit sehr viel größer, breiter und glänzender geworden. Nun fingen sie ihren Mutwillen von neuem an, streichelten mich wieder, hießen mich ihre Königin, schüttelten sich, und eine Menge Goldstücke sprangen herum; du siehst noch, wie sie dort unter der Bank leuchten. Aber welch ein Unglück! unser Mops fraß einige davon, und sieh, da liegt er am Kamine tot; das arme Tier! ich kann mich nicht zufrieden geben. Ich sah es erst, da sie fort waren, denn sonst hätte ich nicht versprochen, ihre Schuld beim Fährmann abzutragen." – „Was sind sie schuldig?" fragte der Alte. „Drei Kohlhäupter," sagte die Frau, „drei Artischocken und drei Zwiebeln; wenn es Tag wird, habe ich versprochen, sie an den Fluß zu tragen."

„Du kannst ihnen den Gefallen tun," sagte der Alte; „denn sie werden uns gelegentlich auch wieder dienen."

„Ob sie uns dienen werden, weiß ich nicht; aber versprochen und beteuert haben sie es."

Indessen war das Feuer im Kamine zusammengebrannt, der Alte überzog die Kohlen mit vieler Asche, schaffte die leuchtenden Goldstücke beiseite, und nun leuchtete sein Lämpchen wieder allein in dem schönsten Glanze, die Mauern überzogen sich mit Gold, und der Mops war zu dem schönsten Onyx geworden, den man sich denken konnte. Die Abwechselung der braunen und schwarzen Farbe des kostbaren Gesteins machte ihn zum seltensten Kunstwerke.

„Nimm deinen Korb", sagte der Alte, „und stelle den Onyx hinein; alsdann nimm die drei Kohlhäupter, die drei Artischocken und die drei Zwiebeln, lege sie umher und trage sie zum Flusse! Gegen Mittag laß dich von der Schlange übersetzen und besuche die schöne Lilie, bring ihr den Onyx! Sie wird ihn durch ihre Berührung lebendig machen, wie sie alles Lebendige durch ihre Berührung tötet; sie wird einen treuen Gefährten an ihm haben. Sage ihr, sie solle nicht trauern, ihre Erlösung sei nahe, das größte Unglück könne sie als das größte Glück betrachten, denn es sei an der Zeit."

Die Alte packte ihren Korb und machte sich, als es Tag war, auf den Weg. Die aufgehende Sonne schien hell über den Fluß herüber, der in der Ferne glänzte; das Weib ging mit langsamem Schritt, denn der Korb drückte sie aufs Haupt, und es war doch nicht der Onyx, der so lastete. Alles Tote, was sie trug, fühlte sie nicht; vielmehr hob sich alsdann der Korb in die Höhe und schwebte über ihrem Haupte. Aber ein frisches Gemüs oder ein kleines, lebendiges Tier zu tragen, war ihr äußerst beschwerlich. Verdrießlich war sie eine Zeitlang hingegangen, als sie auf einmal erschreckt stille stand; denn sie hätte beinahe auf den Schatten des Riesen getreten, der sich über die Ebene bis zu ihr hin erstreckte. Und nun sah sie erst den gewaltigen Riesen, der sich im Fluß gebadet hatte, aus dem Wasser heraussteigen, und sie wußte nicht, wie sie ihm ausweichen sollte. Sobald er sie gewahr ward, fing er an, sie scherzhaft zu begrüßen, und die Hände seines Schattens griffen sogleich in den Korb. Mit Leichtigkeit und Geschicklichkeit nahmen sie ein Kohlhaupt, eine Artischocke und eine Zwiebel heraus und brachten sie dem Riesen zum Munde, der sodann weiter den Fluß hinauf ging und dem Weibe den Weg frei ließ.

Sie bedachte, ob sie nicht lieber zurückgehen und die fehlenden Stücke aus ihrem Garten wiederersetzen sollte, und ging unter diesen Zweifeln immer weiter vorwärts, sodaß sie bald an dem Ufer des Flusses ankam. Lange saß sie in Erwartung des Fährmanns, den sie endlich mit einem sonderbaren Reisenden herüberschiffen sah. Ein junger, edler, schöner Mann, den sie nicht genug ansehen konnte, stieg aus dem Kahne.

„Was bringt Ihr?“ rief der Alte. „Es ist das Gemüse, das Euch die Irrlichter schuldig sind,“ versetzte die Frau und wies ihre Ware hin. Als der Alte von jeder Sorte nur zwei fand, ward er verdrießlich und versicherte, daß er sie nicht annehmen könne. Die Frau bat ihn inständig, erzählte ihm, daß sie jetzt nicht nach Hause gehen könne und daß ihr die Last auf dem Wege, den sie vor sich habe, beschwerlich sei. Er blieb bei seiner abschläglichen Antwort, indem er ihr versicherte, daß es nicht einmal von ihm abhange. „Was mir gebührt, muß ich neun Stunden zusammen lassen, und ich darf nichts annehmen, bis ich dem Fluß ein Dritteil übergeben habe.“ Nach vielem Hin- und Widerreden versetzte endlich der Alte: „Es ist noch ein Mittel. Wenn Ihr Euch gegen den Fluß verbürgt und Euch als Schuldnerin bekennen wollt, so nehm ich die sechs Stücke zu mir; es ist aber einige Gefahr dabei.“ – „Wenn ich mein Wort halte, so laufe ich doch keine Gefahr?“ – „Nicht die geringste. Steckt Eure Hand in den Fluß“, fuhr der Alte fort, „und versprecht, daß Ihr in vierundzwanzig Stunden die Schuld abtragen wollt.“

Die Alte tats; aber wie erschrak sie nicht, als sie ihre Hand kohlschwarz wieder aus dem Wasser zog! Sie schalt heftig auf den Alten, versicherte, daß ihre Hände immer das Schönste an ihr gewesen wären und daß sie ungeachtet der harten Arbeit diese edlen Glieder weiß und zierlich zu erhalten gewußt habe. Sie besah die Hand mit großem Verdrusse und rief verzweiflungsvoll aus: „Das ist noch schlimmer! ich sehe, sie ist gar geschwunden, sie ist viel kleiner als die andere."

„Jetzt scheint es nur so," sagte der Alte; „wenn Ihr aber nicht Wort haltet, kann es wahr werden. Die Hand wird nach und nach schwinden und endlich ganz verschwinden, ohne daß Ihr den Gebrauch derselben entbehrt. Ihr werdet alles damit verrichten können, nur daß sie niemand sehen wird." – „Ich wollte lieber, ich könnte sie nicht brauchen und man säh mirs nicht an," sagte die Alte; „indessen hat das nichts zu bedeuten, ich werde mein Wort halten, um diese schwarze Haut und diese Sorge bald loszuwerden." Eilig nahm sie darauf den Korb, der sich von selbst über ihren Scheitel erhob und frei in die Höhe schwebte, und eilte dem jungen Manne nach, der sachte und in Gedanken am Ufer hinging. Seine herrliche Gestalt und sein sonderbarer Anzug hatten sich der Alten tief eingedruckt.

Seine Brust war mit einem glänzenden Harnisch bedeckt, durch den alle Teile seines schönen Leibes sich durchbewegten. Um seine Schultern hing ein Purpurmantel, um sein unbedecktes Haupt wallten braune Haare in schönen Locken; sein holdes Gesicht war den Strahlen der Sonne ausgesetzt so wie seine schöngebauten Füße. Mit nackten Sohlen ging er gelassen über den heißen Sand hin, und ein tiefer Schmerz schien alle äußeren Eindrücke abzustumpfen.

Die gesprächige Alte versuchte ihn zu einer Unterredung zu bringen; allein er gab ihr mit kurzen Worten wenig Bescheid, sodaß sie endlich ungeachtet seiner schönen Augen müde ward, ihn immer vergebens anzureden, von ihm Abschied nahm und sagte: „Ihr geht mir zu langsam, mein Herr; ich darf den Augenblick nicht versäumen, um über die grüne Schlange den Fluß zu passieren und der schönen Lilie das vortreffliche Geschenk von meinem Manne zu überbringen.“ Mit diesen Worten schritt sie eilends fort, und ebenso schnell ermannte sich der schöne Jüngling und eilte ihr auf dem Fuße nach. „Ihr geht zur schönen Lilie!“ rief er aus; „da gehen wir Einen Weg. Was ist das für ein Geschenk, das Ihr tragt?“

„Mein Herr,“ versetzte die Frau dagegen, „es ist nicht billig, nachdem Ihr meine Fragen so einsilbig abgelehnt habt, Euch mit solcher Lebhaftigkeit nach meinen Geheimnissen zu erkundigen. Wollt Ihr aber einen Tausch eingehen und mir Eure Schicksale erzählen, so will ich Euch nicht verbergen, wie es mit mir und meinem Geschenke steht.“ Sie wurden bald einig; die Frau vertraute ihm ihre Verhältnisse, die Geschichte des Hundes und ließ ihn dabei das wundervolle Geschenk betrachten.

Er hob sogleich das natürliche Kunstwerk aus dem Korbe und nahm den Mops, der sanft zu ruhen schien, in seine Arme. „Glückliches Tier!“ rief er aus; „du wirst von ihren Händen berührt, du wirst von ihr belebt werden, anstatt daß Lebendige vor ihr fliehen, um nicht ein trauriges Schicksal zu erfahren. Doch was sage ich ‚traurig‘! Ist es nicht viel betrübter und bänglicher, durch ihre Gegenwart gelähmt zu werden, als es sein würde, von ihrer Hand zu sterben? Sieh mich an!“ sagte er zu der Alten; „in meinen Jahren, welch einen elenden Zustand muß ich erdulden! Diesen Harnisch, den ich mit Ehren im Kriege getragen, diesen Purpur, den ich durch eine weise Regierung zu verdienen suchte, hat mir das Schicksal gelassen, jenen als eine unnötige Last, diesen als eine unbedeutende Zierde. Krone, Zepter und Schwert sind hinweg; ich bin übrigens so nackt und bedürftig als jeder andere Erdensohn, denn so unselig wirken ihre schönen blauen Augen, daß sie allen lebendigen Wesen ihre Kraft nehmen und daß diejenigen, die ihre berührende Hand nicht tötet, sich in den Zustand lebendig wandelnder Schatten versetzt fühlen.“

So fuhr er fort zu klagen und befriedigte die Neugierde der Alten keineswegs, welche nicht sowohl von seinem innern als von seinem äußern Zustande unterrichtet sein wollte. Sie erfuhr weder den Namen seines Vaters noch seines Königreichs. Er streichelte den harten Mops, den die

Sonnenstrahlen und der warme Busen des Jünglings, als wenn er lebte, erwärmt hatten. Er fragte viel nach dem Mann mit der Lampe, nach den Wirkungen des heiligen Lichtes und schien sich davon für seinen traurigen Zustand künftig viel Gutes zu versprechen.

Unter diesen Gesprächen sahen sie von ferne den majestätischen Bogen der Brücke, der von einem Ufer zum andern hinüberreichte, im Glanz der Sonne auf das wunderbarste schimmern. Beide erstaunten, denn sie hatten dieses Gebäude noch nie so herrlich gesehen. „Wie!" rief der Prinz; „war sie nicht schon schön genug, als sie vor unsern Augen wie von Jaspis und Prasem gebaut dastand? Muß man nicht fürchten, sie zu betreten, da sie aus Smaragd, Chrysopras und Chrysolith mit der anmutigsten Mannigfaltigkeit zusammengesetzt erscheint?" Beide wußten nicht die Veränderung, die mit der Schlange vorgegangen war; denn die Schlange war es, die sich jeden Mittag über den Fluß hinüberbäumte und in Gestalt einer kühnen Brücke dastand. Die Wanderer betraten sie mit Ehrfurcht und gingen schweigend hinüber.

Sie waren kaum am jenseitigen Ufer, als die Brücke sich zu schwingen und zu bewegen anfing, in kurzem die Oberfläche des Wassers berührte und die grüne Schlange in ihrer eigentümlichen Gestalt den Wanderern auf dem Lande nachgleitete. Beide hatten kaum für die Erlaubnis, auf ihrem Rücken über den Fluß zu setzen, gedankt, als sie bemerkten, daß außer ihnen dreien noch mehrere Personen in der Gesellschaft sein müßten, die sie jedoch mit ihren Augen nicht erblicken konnten. Sie hörten neben sich ein Gezisch, dem die Schlange gleichfalls mit einem Gezisch antwortete; sie horchten auf und konnten endlich folgendes vernehmen: „Wir werden", sagten ein paar wechselnde Stimmen, „uns erst inkognito in dem Park der schönen Lilie umsehen und ersuchen Euch, uns mit Anbruch der Nacht, sobald wir nur irgend präsentabel sind, der vollkommenen Schönheit vorzustellen. An dem Rande des großen Sees werdet Ihr uns antreffen." – „Es bleibt dabei," antwortete die Schlange, und ein zischender Laut verlor sich in der Luft.

Unsere drei Wanderer beredeten sich nunmehr, in welcher

Ordnung sie bei der Schönen vortreten wollten; denn soviel Personen auch um sie sein konnten, so durften sie doch nur einzeln kommen und gehen, wenn sie nicht empfindliche Schmerzen erdulden sollten.

Das Weib mit dem verwandelten Hunde im Korbe nahte sich zuerst dem Garten und suchte ihre Gönnerin auf, die leicht zu finden war, weil sie eben zur Harfe sang; die lieblichen Töne zeigten sich erst als Ringe auf der Oberfläche des stillen Sees, dann wie ein leichter Hauch setzten sie Gras und Büsche in Bewegung. Auf einem eingeschlossenen grünen Platze, in dem Schatten einer herrlichen Gruppe mannigfaltiger Bäume saß sie und bezauberte beim ersten Anblick aufs neue die Augen, das Ohr und das Herz des Weibes, das sich ihr mit Entzücken näherte und bei sich selbst schwur, die Schöne sei während ihrer Abwesenheit nur immer schöner geworden. Schon von weitem rief die gute Frau dem liebenswürdigsten Mädchen Gruß und Lob zu: „Welch ein Glück, Euch anzusehen! Welch einen Himmel verbreitet Eure Gegenwart um Euch her! Wie die Harfe so reizend in Eurem Schoße lehnt, wie Eure Arme sie so sanft umgeben, wie sie sich nach Eurer Brust zu sehnen scheint und wie sie unter der Berührung Eurer schlanken Finger so zärtlich klingt! Dreifach glücklicher Jüngling, der du ihren Platz einnehmen konntest!"

Unter diesen Worten war sie näher gekommen; die schöne Lilie schlug die Augen auf, ließ die Hände sinken und versetzte: „Betrübe mich nicht durch ein unzeitiges Lob! ich empfinde nur desto stärker mein Unglück. Sieh, hier zu meinen Füßen liegt der arme Kanarienvogel tot, der sonst meine Lieder auf das angenehmste begleitete. Er war gewöhnt, auf meiner Harfe zu sitzen und, sorgfältig abgerichtet, mich nicht zu berühren. Heute, indem ich vom Schlaf erquickt ein ruhiges Morgenlied anstimme und mein kleiner Sänger munterer als jemals seine harmonischen Töne hören läßt, schießt ein Habicht über meinem Haupte hin; das arme kleine Tier, erschrocken, flüchtet in meinen Busen, und in dem Augenblick fühl ich die letzten Zuckungen seines scheidenden Lebens. Zwar von meinem Blicke getroffen, schleicht der Räuber dort ohnmächtig am Wasser hin, aber was kann mir seine Strafe helfen! Mein Liebling ist tot, und sein Grab wird nur das traurige Gebüsch meines Gartens vermehren."

„Ermannt Euch, schöne Lilie!" rief die Frau, indem sie selbst eine Träne abtrocknete, welche ihr die Erzählung des unglücklichen Mädchens aus den Augen gelockt hatte; „nehmt Euch zusammen! Mein Alter läßt Euch sagen, Ihr sollt Eure Trauer mäßigen, das größte Unglück als Vorbote des größten Glücks ansehen, denn es sei an der Zeit. Und wahrhaftig," fuhr die Alte fort, „es geht bunt in der Welt zu. Seht nur meine Hand, wie sie schwarz geworden ist! Wahrhaftig, sie ist schon um vieles kleiner, ich muß eilen, eh sie gar verschwindet! Warum mußt ich den Irrlichtern eine Gefälligkeit erzeigen, warum mußt ich dem Riesen begegnen und warum meine Hand in den Fluß tauchen? Könnt Ihr mir nicht ein Kohlhaupt, eine Artischocke und eine Zwiebel geben? so bring ich sie dem Flusse, und meine Hand ist weiß wie vorher, so daß ich sie fast neben die Eurige halten könnte."

„Kohlhäupter und Zwiebeln könntest du allenfalls noch finden, aber Artischocken suchest du vergebens. Alle Pflanzen in meinem großen Garten tragen weder Blüten noch Früchte; aber jedes Reis, das ich breche und auf das Grab eines Lieblings pflanze, grünt sogleich und schießt hoch auf. Alle diese Gruppen, diese Büsche, diese Haine habe ich leider wachsen sehen. Die Schirme dieser Pinien, die Obelisken dieser Zypressen, die Kolossen von Eichen und Buchen, alles waren kleine Reiser, als ein trauriges Denkmal von meiner Hand in einen sonst unfruchtbaren Boden gepflanzt."

Die Alte hatte auf diese Rede wenig achtgegeben und nur ihre Hand betrachtet, die in der Gegenwart der schönen Lilie immer schwärzer und von Minute zu Minute kleiner zu werden schien. Sie wollte ihren Korb nehmen und eben forteilen, als sie fühlte, daß sie das Beste vergessen hatte. Sie hub sogleich den verwandelten Hund heraus und setzte ihn nicht weit von der Schönen ins Gras. „Mein Mann", sagte sie, „schickt Euch dieses Andenken; Ihr wißt, daß Ihr diesen Edelstein durch Eure Berührung beleben könnt. Das artige, treue Tier wird Euch gewiß viel Freude machen, und die Betrübnis, daß ich ihn verliere, kann nur durch den Gedanken aufgeheitert werden, daß Ihr ihn besitzt."

Die schöne Lilie sah das artige Tier mit Vergnügen und, wie es schien, mit Verwunderung an. „Es kommen viele Zeichen zusammen," sagte sie, „die mir einige Hoffnung einflößen; aber ach! ist es nicht bloß ein Wahn unsrer Natur, daß wir dann, wenn vieles Unglück zusammentrifft, uns vorbilden, das Beste sei nah?

Was helfen mir die vielen guten Zeichen?
Des Vogels Tod, der Freundin schwarze Hand?
Der Mops von Edelstein, hat er wohl seinesgleichen?
Und hat ihn nicht die Lampe mir gesandt?

Entfernt vom süßen menschlichen Genusse,
Bin ich doch mit dem Jammer nur vertraut.
Ach! warum steht der Tempel nicht am Flusse!
Ach! warum ist die Brücke nicht gebaut!"

Ungeduldig hatte die gute Frau diesem Gesange zugehört, den die schöne Lilie mit den angenehmen Tönen ihrer Harfe begleitete und der jeden andern entzückt hätte. Eben wollte sie sich beurlauben, als sie durch die Ankunft der grünen Schlange abermals abgehalten wurde. Diese hatte die letzten Zeilen des Liedes gehört und sprach deshalb der schönen Lilie sogleich zuversichtlich Mut ein.

„Die Weissagung von der Brücke ist erfüllt!" rief sie aus; „fragt nur diese gute Frau, wie herrlich der Bogen gegenwärtig erscheint. Was sonst undurchsichtiger Jaspis, was nur Prasem war, durch den das Licht höchstens auf den Kanten durchschimmerte, ist nun durchsichtiger Edelstein geworden. Kein Beryll ist so klar und kein Smaragd so schönfarbig."

„Ich wünsche Euch Glück dazu," sagte Lilie; „allein verzeihet mir, wenn ich die Weissagung noch nicht erfüllt glaube. Über den hohen Bogen Eurer Brücke können nur Fußgänger hinüberschreiten, und es ist uns versprochen, daß Pferde und Wagen und Reisende aller Art zu gleicher

Zeit über die Brücke herüber- und hinüberwandern sollen. Ist nicht von den großen Pfeilern geweissagt, die aus dem Flusse selbst heraussteigen werden?“

Die Alte hatte ihre Augen immer auf die Hand geheftet, unterbrach hier das Gespräch und empfahl sich. „Verweilt noch einen Augenblick“, sagte die schöne Lilie, „und nehmt meinen armen Kanarienvogel mit! Bittet die Lampe, daß sie ihn in einen schönen Topas verwandle; ich will ihn durch meine Berührung beleben, und er, mit Eurem guten Mops, soll mein bester Zeitvertreib sein; aber eilt, was Ihr könnt! denn mit Sonnenuntergang ergreift unleidliche Fäulnis das arme Tier und zerreißt den schönen Zusammenhang seiner Gestalt auf ewig.“

Die Alte legte den kleinen Leichnam zwischen zarte Blätter in den Korb und eilte davon.

„Wie dem auch sei,“ sagte die Schlange, indem sie das abgebrochene Gespräch fortsetzte, „der Tempel ist erbauet.“

„Er steht aber noch nicht am Flusse,“ versetzte die Schöne.

„Noch ruht er in den Tiefen der Erde,“ sagte die Schlange; „ich habe die Könige gesehen und gesprochen.“

„Aber wann werden sie aufstehn?“ fragte Lilie.

Die Schlange versetzte: „Ich hörte die großen Worte im Tempel ertönen: ‚Es ist an der Zeit‘.“

Eine angenehme Heiterkeit verbreitete sich über das Angesicht der Schönen. „Höre ich doch“, sagte sie, „die glücklichen Worte schon heute zum zweitenmal; wann wird der Tag kommen, an dem ich sie dreimal höre?“

Sie stand auf, und sogleich trat ein reizendes Mädchen aus dem Gebüsch, das ihr die Harfe abnahm. Dieser folgte eine andre, die den elfenbeinernen, geschnitzten Feldstuhl, worauf die Schöne gesessen hatte, zusammenschlug und das silberne Kissen unter den Arm nahm. Eine Dritte, die einen großen, mit Perlen gestickten Sonnenschirm trug, zeigte sich darauf, erwartend, ob Lilie auf einem Spaziergange etwa ihrer bedürfe. Über allen Ausdruck schön und reizend waren diese drei Mädchen, und doch erhöhten sie nur die Schönheit der Lilie, indem sich jeder gestehen mußte, daß sie mit ihr gar nicht verglichen werden konnten.

Mit Gefälligkeit hatte indes die schöne Lilie den wunderbaren Mops betrachtet. Sie beugte sich, berührte ihn, und in dem Augenblicke sprang er auf. Munter sah er sich um, lief hin und wider und eilte zuletzt, seine Wohltäterin auf das freundlichste zu begrüßen. Sie nahm ihn auf die Arme und drückte ihn an sich. „So kalt du bist", rief sie aus, „und obgleich nur ein halbes Leben in dir wirkt, bist du mir doch willkommen; zärtlich will ich dich lieben, artig mit dir scherzen, freundlich dich streicheln und fest dich an mein Herz drücken." Sie ließ ihn darauf los, jagte ihn von sich, rief ihn wieder, scherzte so artig mit ihm und trieb sich so munter und unschuldig mit ihm auf dem Grase herum, daß man mit neuem Entzücken ihre Freude betrachten und teil daran nehmen mußte, so wie kurz vorher ihre Trauer jedes Herz zum Mitleid gestimmt hatte.

Diese Heiterkeit, diese anmutigen Scherze wurden durch die Ankunft des traurigen Jünglings unterbrochen. Er trat herein, wie wir ihn schon kennen; nur schien die Hitze des Tages ihn noch mehr abgemattet zu haben, und in der Gegenwart der Geliebten ward er mit jedem Augenblicke blässer. Er trug den Habicht auf seiner Hand, der wie eine Taube ruhig saß und die Flügel hängen ließ.

„Es ist nicht freundlich," rief Lilie ihm entgegen, „daß du mir das verhaßte Tier vor die Augen bringst, das Ungeheuer, das meinen kleinen Sänger heute getötet hat."

„Schilt den unglücklichen Vogel nicht!" versetzte darauf der Jüngling; „klage vielmehr dich an und das Schicksal und vergönne mir, daß ich mit dem Gefährten meines Elends Gesellschaft mache."

Indessen hörte der Mops nicht auf, die Schöne zu necken, und sie antwortete dem durchsichtigen Liebling mit dem freundlichsten Betragen. Sie klatschte mit den Händen, um ihn zu verscheuchen; dann lief sie, um ihn wieder nach sich zu ziehen. Sie suchte ihn zu haschen, wenn er floh, und jagte ihn von sich weg, wenn er sich an sie zu drängen versuchte. Der Jüngling sah stillschweigend und mit wachsendem Verdrusse zu; aber endlich, da sie das häßliche Tier, das ihm ganz abscheulich vorkam, auf den Arm nahm, an ihren weißen Busen drückte und die schwarze Schnauze mit ihren himmlischen Lippen küßte, verging ihm alle Geduld, und er rief voller Verzweiflung aus: „Muß ich, der ich durch ein trauriges Geschick vor dir, vielleicht auf immer, in einer getrennten Gegenwart lebe, der ich durch dich alles, ja mich selbst verloren habe, muß ich vor meinen Augen sehen, daß eine so widernatürliche Mißgeburt dich zur Freude reizen, deine Neigung fesseln und deine Umarmung genießen kann? Soll ich noch länger nur so hin und wider gehen und den traurigen Kreis den Fluß herüber und hinüber abmessen? Nein, es ruht noch ein Funke des alten Heldenmutes in meinem Busen; er schlage in diesem Augenblick zur letzten Flamme auf! Wenn Steine an deinem Busen ruhen können, so möge ich zu Stein werden; wenn deine Berührung tötet, so will ich von deinen Händen sterben."

Mit diesen Worten machte er eine heftige Bewegung; der Habicht flog von seiner Hand, er aber stürzte auf die Schöne los, sie streckte die Hände aus, ihn abzuhalten, und berührte ihn nur desto früher. Das Bewußtsein verließ ihn, und mit Entsetzen fühlte sie die schöne Last an ihrem Busen. Mit einem Schrei trat sie zurück, und der holde Jüngling sank entseelt aus ihren Armen zur Erde.

Das Unglück war geschehen! Die süße Lilie stand unbeweglich und blickte starr nach dem entseelten Leichnam. Das Herz schien ihr im Busen zu stocken, und ihre Augen waren ohne Tränen. Vergebens suchte der Mops ihr eine freundliche Bewegung abzugewinnen; die ganze Welt war mit ihrem Freunde ausgestorben. Ihre stumme Verzweiflung sah sich nach Hülfe nicht um, denn sie kannte keine Hülfe.

Dagegen regte sich die Schlange desto emsiger; sie schien auf Rettung zu sinnen, und wirklich dienten ihre sonderbaren Bewegungen, wenigstens die nächsten schrecklichen Folgen des Unglücks auf einige Zeit zu hindern. Sie zog mit ihrem geschmeidigen Körper einen weiten Kreis um den Leichnam, faßte das Ende ihres Schwanzes mit den Zähnen und blieb ruhig liegen.

Nicht lange, so trat eine der schönen Dienerinnen Liliens hervor, brachte den elfenbeinernen Feldstuhl und nötigte mit freundlichen Gebärden die Schöne, sich zu setzen; bald darauf kam die zweite, die einen feuerfarbigen Schleier trug und das Haupt ihrer Gebieterin damit mehr zierte als bedeckte; die dritte übergab ihr die Harfe, und kaum hatte sie das prächtige Instrument an sich gedrückt und einige Töne aus den Saiten hervorgelockt, als die erste mit einem hellen, runden Spiegel zurückkam, sich der Schönen gegenüberstellte, ihre Blicke auffing und ihr das angenehmste Bild, das in der Natur zu finden war, darstellte. Der Schmerz erhöhte ihre Schönheit, der Schleier ihre Reize, die Harfe ihre Anmut, und so sehr man hoffte, ihre traurige Lage verändert zu sehen, so sehr wünschte man, ihr Bild ewig, wie es gegenwärtig erschien, festzuhalten.

Mit einem stillen Blick nach dem Spiegel lockte sie bald schmelzende Töne aus den Saiten, bald schien ihr Schmerz zu steigen, und die Saiten antworteten gewaltsam ihrem Jammer. Einigemal öffnete sie den Mund zu singen, aber die Stimme versagte ihr; doch bald löste sich ihr Schmerz in Tränen auf, zwei Mädchen faßten sie hülfreich in die Arme, die Harfe sank aus ihrem Schoße; kaum ergriff noch die schnelle Dienerin das Instrument und trug es beiseite.

„Wer schafft uns den Mann mit der Lampe, ehe die Sonne untergeht?“ zischte die Schlange leise, aber vernehmlich; die Mädchen sahen einander an, und Liliens Tränen vermehrten sich. In diesem Augenblicke kam atemlos die Frau mit dem Korbe zurück. „Ich bin verloren und verstümmelt!“ rief sie aus; „seht, wie meine Hand beinahe ganz weggeschwunden ist! Weder der Fährmann noch der Riese wollten mich übersetzen, weil ich noch eine Schuldnerin des Wassers bin; vergebens habe ich hundert Kohlhäupter und hundert Zwiebeln angeboten, man will nicht mehr als die drei Stücke, und keine Artischocke ist nun einmal in diesen Gegenden zu finden.“

„Vergeßt Eure Not“, sagte die Schlange, „und sucht hier zu helfen; vielleicht kann Euch zugleich mitgeholfen werden. Eilt, was Ihr könnt, die Irrlichter aufzusuchen; es ist noch zu hell, sie zu sehen, aber vielleicht hört Ihr sie lachen und flattern. Wenn sie eilen, so setzt sie der Riese noch über den Fluß, und sie können den Mann mit der Lampe finden und schicken.“

Das Weib eilte, soviel sie konnte, und die Schlange schien ebenso ungeduldig als Lilie die Rückkunft der beiden zu erwarten. Leider vergoldete schon der Strahl der sinkenden Sonne nur den höchsten Gipfel der Bäume des Dickichts, und lange Schatten zogen sich über See und Wiese; die Schlange bewegte sich ungeduldig, und Lilie zerfloß in Tränen.

In dieser Not sah die Schlange sich überall um, denn sie fürchtete jeden Augenblick, die Sonne werde untergehen, die Fäulnis den magischen Kreis durchdringen und den schönen Jüngling unaufhaltsam anfallen. Endlich erblickte sie hoch in den Lüften mit purpurroten Federn den Habicht, dessen Brust die letzten Strahlen der Sonne auffing. Sie schüttelte sich vor Freuden über das gute Zeichen, und sie betrog sich nicht; denn kurz darauf sah man den Mann mit der Lampe über den See hergleiten, gleich als wenn er auf Schlittschuhen ginge.

Die Schlange veränderte nicht ihre Stelle, aber die Lilie stand auf und rief ihm zu: „Welcher gute Geist sendet dich in dem Augenblick, da wir so sehr nach dir verlangen und deiner so sehr bedürfen?"

„Der Geist meiner Lampe", versetzte der Alte, „treibt mich, und der Habicht führt mich hierher. Sie spratzelt, wenn man meiner bedarf, und ich sehe mich nur in den Lüften nach einem Zeichen um; irgendein Vogel oder Meteor zeigt mir die Himmelsgegend an, wohin ich mich wenden soll. Sei ruhig, schönstes Mädchen! Ob ich helfen kann, weiß ich nicht; ein einzelner hilft nicht, sondern wer sich mit vielen zur rechten Stunde vereinigt. Aufschieben wollen wir und hoffen. Halte deinen Kreis geschlossen," fuhr er fort, indem er sich an die Schlange wendete, sich auf einen Erdhügel neben sie hinsetzte und den toten Körper beleuchtete. „Bringt den artigen Kanarienvogel auch her und leget ihn in den Kreis!" Die Mädchen nahmen den kleinen Leichnam aus dem Korbe, den die Alte stehen ließ, und gehorchten dem Manne.

Die Sonne war indessen untergegangen, und wie die Finsternis zunahm, fing nicht allein die Schlange und die Lampe des Mannes nach ihrer Weise zu leuchten an, sondern der

Schleier Liliens gab auch ein sanftes Licht von sich, das wie eine zarte Morgenröte ihre blassen Wangen und ihr weißes Gewand mit einer unendlichen Anmut färbte. Man sah sich wechselsweise mit stiller Betrachtung an, Sorge und Trauer waren durch eine sichere Hoffnung gemildert.

Nicht unangenehm erschien daher das alte Weib in Gesellschaft der beiden muntern Flammen, die zwar zeither sehr verschwendet haben mußten, denn sie waren wieder äußerst mager geworden, aber sich nur desto artiger gegen die Prinzessin und die übrigen Frauenzimmer betrugen. Mit der größten Sicherheit und mit vielem Ausdruck sagten sie ziemlich gewöhnliche Sachen; besonders zeigten sie sich sehr empfänglich für den Reiz, den der leuchtende Schleier über Lilien und ihre Begleiterinnen verbreitete. Bescheiden schlugen die Frauenzimmer ihre Augen nieder, und das Lob ihrer Schönheit verschönerte sie wirklich. Jedermann war zufrieden und ruhig bis auf die Alte. Ungeachtet der Versicherung ihres Mannes, daß ihre Hand nicht weiter abnehmen könne, solange sie von seiner Lampe beschienen sei, behauptete sie mehr als einmal, daß, wenn es so fortgehe, noch vor Mitternacht dieses edle Glied völlig verschwinden werde.

Der Alte mit der Lampe hatte dem Gespräch der Irrlichter aufmerksam zugehört und war vergnügt, daß Lilie durch diese Unterhaltung zerstreut und aufgeheitert worden. Und wirklich war Mitternacht herbeigekommen, man wußte nicht wie. Der Alte sah nach den Sternen und fing darauf zu reden an: „Wir sind zur glücklichen Stunde beisammen, jeder verrichte sein Amt, jeder tue seine Pflicht, und ein allgemeines Glück wird die einzelnen Schmerzen in sich auflösen, wie ein allgemeines Unglück einzelne Freuden verzehrt."

Nach diesen Worten entstand ein wunderbares Geräusch, denn alle gegenwärtigen Personen sprachen für sich und drückten laut aus, was sie zu tun hätten, nur die drei Mädchen waren stille; eingeschlafen war die eine neben der Harfe, die andere neben dem Sonnenschirm, die Dritte neben dem Sessel, und man konnte es ihnen nicht verdenken, denn es war spät. Die flammenden Jünglinge hatten nach einigen vorübergehenden Höflichkeiten, die sie auch den Dienerinnen gewidmet, sich doch zuletzt nur an Lilien als die Allerschönste gehalten.

„Fasse", sagte der Alte zum Habicht, „den Spiegel, und mit dem ersten Sonnenstrahl beleuchte die Schläferinnen und wecke sie mit zurückgeworfenem Lichte aus der Höhe!"

Die Schlange fing nunmehr an, sich zu bewegen, löste den Kreis auf und zog langsam in großen Ringen nach dem Flusse. Feierlich folgten ihr die beiden Irrlichter, und man hätte sie für die ernsthaftesten Flammen halten sollen. Die Alte und ihr Mann ergriffen den Korb, dessen sanftes Licht man bisher kaum bemerkt hatte, sie zogen von beiden Seiten daran, und er ward immer größer und leuchtender, sie hoben darauf den Leichnam des Jünglings hinein und legten ihm den Kanarienvogel auf die Brust; der Korb hob sich in die Höhe und schwebte über dem Haupte der Alten, und sie folgte den Irrlichtern auf dem Fuße. Die schöne Lilie nahm den Mops auf ihren Arm und folgte der Alten, der Mann mit der Lampe beschloß den Zug, und die Gegend war von diesen vielerlei Lichtern auf das sonderbarste erhellt.

Aber mit nicht geringer Bewunderung sah die Gesellschaft, als sie zu dem Flusse gelangte, einen herrlichen Bogen über denselben hinübersteigen, wodurch die wohltätige Schlange ihnen einen glänzenden Weg bereitete. Hatte man bei Tage die durchsichtigen Edelsteine bewundert, woraus die Brücke zusammengesetzt schien, so erstaunte man bei Nacht über ihre leuchtende Herrlichkeit. Oberwärts schnitt sich der helle Kreis scharf an dem dunklen Himmel ab, aber unterwärts zuckten lebhafte Strahlen nach dem Mittelpunkte zu und zeigten die bewegliche Festigkeit des Gebäudes. Der Zug ging langsam hinüber, und der Fährmann, der von ferne aus seiner Hütte hervorsah, betrachtete mit Staunen den leuchtenden Kreis und die sonderbaren Lichter, die darüber hinzogen.

Kaum waren sie an dem andern Ufer angelangt, als der Bogen nach seiner Weise zu schwanken und sich wellenartig dem Wasser zu nähern anfing. Die Schlange bewegte sich bald darauf ans Land, der Korb setzte sich zur Erde nieder, und die Schlange zog aufs neue ihren Kreis umher; der Alte neigte sich vor ihr und sprach: „Was hast du beschlossen?"

„Mich aufzuopfern, ehe ich aufgeopfert werde," versetzte die Schlange; „versprich mir, daß du keinen Stein am Lande lassen willst!"

Der Alte versprachs und sagte darauf zur schönen Lilie: „Rühre die Schlange mit der linken Hand an und deinen Geliebten mit der rechten!" Lilie kniete nieder und berührte die Schlange und den Leichnam. Im Augenblicke schien dieser in das Leben überzugehen; er bewegte sich im Korbe, ja er richtete sich in die Höhe und saß. Lilie wollte ihn umarmen, allein der Alte hielt sie zurück, er half dagegen dem Jüngling aufstehn und leitete ihn, indem er aus dem Korbe und dem Kreise trat.

Der Jüngling stand, der Kanarienvogel flatterte auf seiner Schulter, es war wieder Leben in beiden, aber der Geist war noch nicht zurückgekehrt; der schöne Freund hatte die Augen offen und sah nicht, wenigstens schien er alles ohne Teilnehmung anzusehn, und kaum hatte sich die Verwunderung über diese Begebenheit in etwas gemäßigt, als man erst bemerkte, wie sonderbar die Schlange sich verändert hatte. Ihr schöner, schlanker Körper war in tausend und tausend leuchtende Edelsteine zerfallen; unvorsichtig hatte die Alte, die nach ihrem Korbe greifen wollte, an sie gestoßen, und man sah nichts mehr von der Bildung der Schlange, nur ein schöner Kreis leuchtender Edelsteine lag im Grase.

Der Alte machte sogleich Anstalt, die Steine in den Korb zu fassen, wozu ihm seine Frau behülflich sein mußte. Beide trugen darauf den Korb gegen das Ufer an einen erhabenen Ort, und er schüttete die ganze Ladung nicht ohne Widerwillen der Schönen und seines Weibes, die gerne davon sich etwas ausgesucht hätten, in den Fluß. Wie leuchtende und blinkende Sterne schwammen die Steine mit den Wellen hin, und man konnte nicht unterscheiden, ob sie sich in der Ferne verloren oder untersanken.

„Meine Herren," sagte darauf der Alte ehrerbietig zu den Irrlichtern, „nunmehr zeige ich Ihnen den Weg und eröffne den Gang; aber Sie leisten uns den größten Dienst, wenn Sie uns die Pforte des Heiligtums öffnen, durch die wir diesmal eingehen müssen und die außer Ihnen niemand aufschließen kann."

Die Irrlichter neigten sich anständig und blieben zurück. Der Alte mit der Lampe ging voraus in den Felsen, der sich vor ihm auftat. Der Jüngling folgte ihm gleichsam mechanisch, still und ungewiß hielt sich Lilie in einiger Entfernung hinter ihm, die Alte wollte nicht gerne zurückbleiben und streckte ihre Hand aus, damit ja das Licht von ihres Mannes Lampe sie erleuchten könne. Nun schlossen die Irrlichter den Zug, indem sie die Spitzen ihrer Flammen zusammenneigten und miteinander zu sprechen schienen.

Sie waren nicht lange gegangen, als der Zug sich vor einem großen, ehernen Tore befand, dessen Flügel mit einem goldenen Schloß verschlossen waren. Der Alte rief sogleich die Irrlichter herbei, die sich nicht lange aufmuntern ließen, sondern geschäftig mit ihren spitzesten Flammen Schloß und Riegel aufzehrten.

Laut tönte das Erz, als die Pforten schnell aufsprangen und im Heiligtum die würdigen Bilder der Könige, durch die hereintretenden Lichter beleuchtet, erschienen. Jeder neigte sich vor den ehrwürdigen Herrschern, besonders ließen es die Irrlichter an krausen Verbeugungen nicht fehlen.

Nach einiger Pause fragte der goldne König: „Woher kommt ihr?" – „Aus der Welt," antwortete der Alte. „Wohin geht ihr?" fragte der silberne König. „In die Welt," sagte der Alte. „Was wollt ihr bei uns?" fragte der eherne König. „Euch begleiten," sagte der Alte.

Der gemischte König wollte eben zu reden anfangen, als der goldne zu den Irrlichtern, die ihm zu nahe gekommen waren, sprach: „Hebet euch weg von mir; mein Gold ist nicht für euren Gaum!" Sie wandten sich darauf zum silbernen und schmiegten sich an ihn; sein Gewand glänzte schön von ihrem gelblichen Widerschein. „Ihr seid mir willkommen," sagte er, „aber ich kann euch nicht ernähren; sättiget euch auswärts und bringt mir euer Licht!" Sie entfernten sich und schlichen bei dem ehernen vorbei, der sie nicht zu bemerken schien, auf den zusammengesetzten los. „Wer wird die Welt beherrschen?" rief dieser mit stotternder Stimme. „Wer auf seinen Füßen steht." antwortete der Alte. „Das bin ich!" sagte der gemischte König. „Es wird sich offenbaren," sagte der Alte; „denn es ist an der Zeit."

Die schöne Lilie fiel dem Alten um den Hals und küßte ihn aufs herzlichste. „Heiliger Vater," sagte sie, „tausendmal dank ich dir, denn ich höre das ahnungsvolle Wort zum drittenmal." Sie hatte kaum ausgeredet, als sie sich noch fester an den Alten anhielt, denn der Boden fing unter ihnen an zu schwanken; die Alte und der Jüngling hielten sich auch aneinander, nur die beweglichen Irrlichter merkten nichts.

Man konnte deutlich fühlen, daß der ganze Tempel sich bewegte wie ein Schiff, das sich sanft aus dem Hafen entfernt, wenn die Anker gelichtet sind; die Tiefen der Erde schienen sich vor ihm aufzutun, als er hindurchzog. Er stieß nirgends an, kein Felsen stand ihm in dem Weg.

Wenige Augenblicke schien ein feiner Regen durch die Öffnung der Kuppel hereinzurieseln; der Alte hielt die schöne Lilie fester und sagte zu ihr: „Wir sind unter dem Flusse und bald am Ziel." Nicht lange darauf glaubten sie still zu stehn, doch sie betrogen sich: der Tempel stieg aufwärts.

Nun entstand ein seltsames Getöse über ihrem Haupte. Bretter und Balken, in ungestalter Verbindung, begannen sich zu der Öffnung der Kuppel krachend hereinzudrängen. Lilie und die Alte sprangen zur Seite, der Mann mit der Lampe faßte den Jüngling und blieb stehen. Die kleine Hütte des Fährmanns – denn sie war es, die der Tempel im Aufsteigen vom Boden abgesondert und in sich aufgenommen hatte – sank allmählich herunter und bedeckte den Jüngling und den Alten.

Die Weiber schrien laut, und der Tempel schütterte wie ein Schiff, das unvermutet ans Land stößt. Ängstlich irrten die Frauen in der Dämmerung um die Hütte; die Türe war verschlossen, und auf ihr Pochen hörte niemand. Sie pochten heftiger und wunderten sich nicht wenig, als zuletzt das Holz zu klingen anfing. Durch die Kraft der verschlossenen

Lampe war die Hütte von innen heraus zu Silber geworden. Nicht lange, so veränderte sie sogar ihre Gestalt; denn das edle Metall verließ die zufälligen Formen der Bretter, Pfosten und Balken und dehnte sich zu einem herrlichen Gehäuse von getriebener Arbeit aus. Nun stand ein herrlicher kleiner Tempel in der Mitte des großen oder, wenn man will, ein Altar, des Tempels würdig.

Durch eine Treppe, die von innen heraufging, trat nunmehr der edle Jüngling in die Höhe, der Mann mit der Lampe leuchtete ihm, und ein anderer schien ihn zu unterstützen, der in einem weißen, kurzen Gewand hervorkam und ein silbernes Ruder in der Hand hielt; man erkannte in ihm sogleich den Fährmann, den ehemaligen Bewohner der verwandelten Hütte.

Die schöne Lilie stieg die äußeren Stufen hinauf, die von dem Tempel auf den Altar führten; aber noch immer mußte sie sich von ihrem Geliebten entfernt halten. Die Alte, deren Hand, solange die Lampe verborgen gewesen, immer kleiner geworden war, rief: „Soll ich doch noch unglücklich werden? ist bei so vielen Wundern durch kein Wunder meine Hand zu retten?“ Ihr Mann deutete nach der offenen Pforte und sagte: „Siehe, der Tag bricht an, eile und bade dich im Flusse!“ – „Welch ein Rat!“ rief sie; „ich soll wohl ganz schwarz werden und ganz verschwinden; habe ich doch meine Schuld noch nicht bezahlt!“ – „Gehe“, sagte der Alte, „und folge mir! Alle Schulden sind abgetragen.“

Die Alte eilte weg, und in dem Augenblick erschien das Licht der aufgehenden Sonne an dem Kranze der Kuppel; der Alte trat zwischen den Jüngling und die Jungfrau und rief mit lauter Stimme: „Drei sind, die da herrschen auf Erden: die Weisheit, der Schein und die Gewalt.“ Bei dem ersten Worte stand der goldne König auf, bei dem zweiten der silberne, und bei dem dritten hatte sich der eherne langsam emporgehoben, als der zusammengesetzte König sich plötzlich ungeschickt niedersetzte.

Wer ihn sah, konnte sich ungeachtet des feierlichen Augenblicks kaum des Lachens enthalten; denn er saß nicht, er lag nicht, er lehnte sich nicht an, sondern er war unförmlich zusammengesunken.

Die Irrlichter, die sich bisher um ihn beschäftigt hatten, traten zur Seite. Sie schienen, obgleich blaß beim Morgenlichte, doch wieder gut genährt und wohl bei Flammen; sie hatten auf eine geschickte Weise die goldnen Adern des kolossalen Bildes mit ihren spitzen Zungen bis aufs Innerste herausgeleckt. Die unregelmäßigen leeren Räume, die dadurch entstanden waren, erhielten sich eine Zeitlang offen, und die Figur blieb in ihrer vorigen Gestalt. Als aber auch zuletzt die zartesten Äderchen aufgezehrt waren, brach auf einmal das Bild zusammen und leider gerade an den Stellen, die ganz bleiben, wenn der Mensch sich setzt; dagegen blieben die Gelenke, die sich hätten biegen sollen, steif. Wer nicht lachen konnte, mußte seine Augen wegwenden; das Mittelding zwischen Form und Klumpen war widerwärtig anzusehn.

Der Mann mit der Lampe führte nunmehr den schönen, aber immer noch starr vor sich hinblickenden Jüngling vom Altare herab und gerade auf den ehernen König los. Zu den Füßen des mächtigen Fürsten lag ein Schwert in eherner Scheide. Der Jüngling gürtete sich. „Das Schwert an der Linken, die Rechte frei!" rief der gewaltige König. Sie gingen darauf zum silbernen, der sein Zepter gegen den Jüngling neigte. Dieser ergriff es mit der linken Hand, und der König sagte mit gefälliger Stimme: „Weide die Schafe!" Als sie zum goldenen Könige kamen, drückte er mit väterlich segnender Gebärde dem Jüngling den Eichenkranz aufs Haupt und sprach: „Erkenne das Höchste!"

Der Alte hatte während dieses Umgangs den Jüngling genau bemerkt. Nach umgürtetem Schwert hob sich seine Brust, seine Arme regten sich, und seine Füße traten fester auf; indem er das Zepter in die Hand nahm, schien sich die Kraft zu mildern und durch einen unaussprechlichen Reiz noch mächtiger zu werden; als aber der Eichenkranz seine Locken zierte, belebten sich seine Gesichtszüge, sein Auge glänzte von unaussprechlichem Geist, und das erste Wort seines Mundes war ‚Lilie'.

„Liebe Lilie!" rief er, als er ihr die silbernen Treppen hinauf entgegeneilte, denn sie hatte von der Zinne des Altars seiner Reise zugesehn, „liebe Lilie! was kann der Mann, ausgestattet mit allem, sich Köstlicheres wünschen als die Unschuld und die stille Neigung, die mir dein Busen entgegenbringt? – O! mein Freund," fuhr er fort, indem er sich zu dem Alten wendete und die drei heiligen Bildsäulen ansah, „herrlich und sicher ist das Reich unserer Väter, aber du hast die vierte Kraft vergessen, die noch früher, allgemeiner, gewisser die Welt beherrscht: die Kraft der Liebe." Mit diesen Worten fiel er dem schönen Mädchen um den Hals; sie hatte den Schleier weggeworfen, und ihre Wangen färbten sich mit der schönsten, unvergänglichsten Röte.

Hierauf sagte der Alte lächelnd: „Die Liebe herrscht nicht, aber sie bildet, und das ist mehr."

Über dieser Feierlichkeit, dem Glück, dem Entzücken hatte man nicht bemerkt, daß der Tag völlig angebrochen war, und nun fielen auf einmal durch die offne Pforte ganz unerwartete Gegenstände der Gesellschaft in die Augen. Ein großer, mit Säulen umgebener Platz machte den Vorhof, an dessen Ende man eine lange und prächtige Brücke sah, die mit vielen Bogen über den Fluß hinüberreichte; sie war an beiden Seiten mit Säulengängen für die Wanderer bequem und prächtig eingerichtet, deren sich schon viele Tausende eingefunden hatten und emsig hin und wider gingen. Der große Weg in der Mitte war von Herden und Maultieren, Reitern und Wagen belebt, die an beiden Seiten, ohne sich zu hindern, stromweise hin und her flossen. Sie schienen sich alle über die Bequemlichkeit und Pracht zu verwundern, und der neue König mit seiner Gemahlin war über die Bewegung und das Leben dieses großen Volks so entzückt, als ihre wechselseitige Liebe sie glücklich machte.

„Gedenke der Schlange in Ehren!" sagte der Mann mit der Lampe; „du bist ihr das Leben, deine Völker sind ihr die Brücke schuldig, wodurch diese nachbarlichen Ufer erst zu Ländern belebt und verbunden werden. Jene schwimmenden und leuchtenden Edelsteine, die Reste ihres aufgeopferten Körpers, sind die Grundpfeiler dieser herrlichen Brücke; auf ihnen hat sie sich selbst erbaut und wird sich selbst erhalten."

Man wollte eben die Aufklärung dieses wunderbaren Geheimnisses von ihm verlangen, als vier schöne Mädchen zu der Pforte des Tempels hereintraten. An der Harfe, dem Sonnenschirm und dem Feldstuhl erkannte man sogleich die Begleiterinnen Liliens, aber die Vierte, schöner als die drei, war eine Unbekannte, die scherzend schwesterlich mit ihnen durch den Tempel eilte und die silbernen Stufen hinanstieg.

„Wirst du mir künftig mehr glauben, liebes Weib?" sagte der Mann mit der Lampe zu der Schönen. „Wohl dir und jedem Geschöpfe, das sich diesen Morgen im Flusse badet!"

Die verjüngte und verschönerte Alte, von deren Bildung keine Spur mehr übrig war, umfaßte mit belebten, jugendlichen Armen den Mann mit der Lampe, der ihre Liebkosungen mit Freundlichkeit aufnahm. „Wenn ich dir zu alt bin," sagte er lächelnd, „so darfst du heute einen andern Gatten wählen; von heute an ist keine Ehe gültig, die nicht aufs neue geschlossen wird."

„Weißt du denn nicht," versetzte sie, „daß auch du jünger geworden bist?" – „Es freut mich, wenn ich deinen jungen Augen als ein wackrer Jüngling erscheine; ich nehme deine Hand von neuem an und mag gern mit dir in das folgende Jahrtausend hinüberleben."

Die Königin bewillkommte ihre neue Freundin und stieg mit ihr und ihren übrigen Gespielinnen in den Altar hinab, indes der König in der Mitte der beiden Männer nach der Brücke hinsah und aufmerksam das Gewimmel des Volks betrachtete.

Aber nicht lange dauerte seine Zufriedenheit, denn er sah einen Gegenstand, der ihm einen Augenblick Verdruß erregte. Der große Riese, der sich von seinem Morgenschlaf noch nicht erholt zu haben schien, taumelte über die Brücke her und verursachte daselbst große Unordnung. Er war wie gewöhnlich schlaftrunken aufgestanden und gedachte sich in der bekannten Bucht des Flusses zu baden; anstatt derselben fand er festes Land und tappte auf dem breiten Pflaster der Brücke hin. Ob er nun gleich zwischen Menschen und Vieh auf das ungeschickteste hineintrat, so ward doch seine Gegenwart zwar von allen angestaunt, doch von niemand gefühlt; als ihm aber die Sonne in die Augen schien und er die Hände aufhub, sie auszuwischen, fuhr der Schatten seiner ungeheuren Fäuste hinter ihm so kräftig und ungeschickt unter der Menge hin und wider, daß Menschen und Tiere in großen Massen zusammenstürzten, beschädigt wurden und Gefahr liefen, in den Fluß geschleudert zu werden.

Der König, als er diese Untat erblickte, fuhr mit einer unwillkürlichen Bewegung nach dem Schwerte, doch besann er sich und blickte ruhig erst sein Zepter, dann die Lampe und das Ruder seiner Gefährten an. „Ich errate deine Gedanken," sagte der Mann mit der Lampe; „aber wir und unsere Kräfte sind gegen diesen Ohnmächtigen ohnmächtig. Sei ruhig! er schadet zum letztenmal, und glücklicherweise ist sein Schatten von uns abgekehrt."

Indessen war der Riese immer näher gekommen, hatte vor Verwunderung über das, was er mit offenen Augen sah, die Hände sinken lassen, tat keinen Schaden mehr und trat gaffend in den Vorhof herein.

Gerade ging er auf die Türe des Tempels zu, als er auf einmal in der Mitte des Hofes an dem Boden festgehalten wurde. Er stand als eine kolossale, mächtige Bildsäule von rötlich glänzendem Steine da, und sein Schatten zeigte die Stunden, die in einen Kreis auf dem Boden um ihn her nicht in Zahlen, sondern in edlen und bedeutenden Bildern eingelegt waren.

Nicht wenig erfreut war der König, den Schatten des Ungeheuers in nützlicher Richtung zu sehen; nicht wenig verwundert war die Königin, die, als sie mit größter Herrlichkeit geschmückt aus dem Altare mit ihren Jungfrauen heraufstieg, das seltsame Bild erblickte, das die Aussicht aus dem Tempel nach der Brücke fast zudeckte.

Indessen hatte sich das Volk dem Riesen nachgedrängt, da er still stand, ihn umgeben und seine Verwandlung angestaunt. Von da wandte sich die Menge nach dem Tempel, den sie erst jetzt gewahr zu werden schien, und drängte sich nach der Tür.

In diesem Augenblick schwebte der Habicht mit dem Spiegel hoch über dem Dom, fing das Licht der Sonne auf und warf es über die auf dem Altar stehende Gruppe. Der König, die Königin und ihre Begleiter erschienen in dem dämmernden Gewölbe des Tempels von einem himmlischen

Glanze erleuchtet, und das Volk fiel auf sein Angesicht. Als die Menge sich wieder erholt hatte und aufstand, war der König mit den Seinigen in den Altar hinabgestiegen, um durch verborgene Hallen nach seinem Palaste zu gehen, und das Volk zerstreute sich in dem Tempel, seine Neugierde zu befriedigen. Es betrachtete die drei aufrecht stehenden Könige mit Staunen und Ehrfurcht, aber es war desto begieriger zu wissen, was unter dem Teppiche in der vierten Nische für ein Klumpen verborgen sein möchte; denn, wer es auch mochte gewesen sein, wohlmeinende Bescheidenheit hatte eine prächtige Decke über den zusammengesunkenen König hingebreitet, die kein Auge zu durchdringen vermag und keine Hand wagen darf wegzuheben.

Das Volk hätte kein Ende seines Schauens und seiner Bewunderung gefunden, und die zudringende Menge hätte sich in dem Tempel selbst erdrückt, wäre ihre Aufmerksamkeit nicht wieder auf den großen Platz gelenkt worden.

Unvermutet fielen Goldstücke, wie aus der Luft, klingend auf die marmornen Platten, die nächsten Wanderer stürzten darüber her, um sich ihrer zu bemächtigen, einzeln wiederholte sich dies Wunder, und zwar bald hier und bald da. Man begreift wohl, daß die abziehenden Irrlichter sich hier nochmals eine Lust machten und das Gold aus den Gliedern des zusammengesunkenen Königs auf eine lustige Weise vergeudeten. Begierig lief das Volk noch eine Zeitlang hin und wider, drängte und zerriß sich auch noch, da keine Goldstücke mehr herabfielen. Endlich verlief es sich allmählich, zog seine Straße, und bis auf den heutigen Tag wimmelt die Brücke von Wanderern, und der Tempel ist der besuchteste auf der ganzen Erde.

DIE WAHLVERWANDTSCHAFTEN

EIN ROMAN

ERSTER TEIL

ERSTES KAPITEL

Eduard – so nennen wir einen reichen Baron im besten Mannesalter – Eduard hatte in seiner Baumschule die schönste Stunde eines Aprilnachmittags zugebracht, um frisch erhaltene Pfropfreiser auf junge Stämme zu bringen. Sein Geschäft war eben vollendet; er legte die Gerätschaften in das Futteral zusammen und betrachtete seine Arbeit mit Vergnügen, als der Gärtner hinzutrat und sich an dem teilnehmenden Fleiße des Herrn ergetzte.

„Hast du meine Frau nicht gesehen?" fragte Eduard, indem er sich weiterzugehen anschickte.

„Drüben in den neuen Anlagen," versetzte der Gärtner. „Die Mooshütte wird heute fertig, die sie an der Felswand, dem Schlosse gegenüber, gebaut hat. Alles ist recht schön geworden und muß Euer Gnaden gefallen. Man hat einen vortrefflichen Anblick: unten das Dorf, ein wenig rechter Hand die Kirche, über deren Turmspitze man fast hinwegsieht, gegenüber das Schloß und die Gärten."

„Ganz recht," versetzte Eduard; „einige Schritte von hier konnte ich die Leute arbeiten sehen."

„Dann", fuhr der Gärtner fort, „öffnet sich rechts das Tal, und man sieht über die reichen Baumwiesen in eine heitere Ferne. Der Stieg die Felsen hinauf ist gar hübsch angelegt. Die gnädige Frau versteht es; man arbeitet unter ihr mit Vergnügen."

„Geh zu ihr", sagte Eduard, „und ersuche sie, auf mich zu warten. Sage ihr, ich wünsche die neue Schöpfung zu sehen und mich daran zu erfreuen."

Der Gärtner entfernte sich eilig, und Eduard folgte bald.

Dieser stieg nun die Terrassen hinunter, musterte im Vorbeigehen Gewächshäuser und Treibebeete, bis er ans Wasser, dann über einen Steg an den Ort kam, wo sich der

Pfad nach den neuen Anlagen in zwei Arme teilte. Den einen, der über den Kirchhof ziemlich gerade nach der Felswand hinging, ließ er liegen, um den andern einzuschlagen, der sich links etwas weiter durch anmutiges Gebüsch sachte hinaufwand; da, wo beide zusammentrafen, setzte er sich für einen Augenblick auf einer wohlangebrachten Bank nieder, betrat sodann den eigentlichen Stieg und sah sich durch allerlei Treppen und Absätze auf dem schmalen, bald mehr bald weniger steilen Wege endlich zur Mooshütte geleitet.

An der Türe empfing Charlotte ihren Gemahl und ließ ihn dergestalt niedersitzen, daß er durch Tür und Fenster die verschiedenen Bilder, welche die Landschaft gleichsam im Rahmen zeigten, auf einen Blick übersehen konnte. Er freute sich daran in Hoffnung, daß der Frühling bald alles noch reichlicher beleben würde. „Nur eines habe ich zu erinnern," setzte er hinzu, „die Hütte scheint mir etwas zu eng."

„Für uns beide doch geräumig genug," versetzte Charlotte.

„Nun freilich," sagte Eduard, „für einen Dritten ist auch wohl noch Platz."

„Warum nicht?" versetzte Charlotte, „und auch für ein Viertes. Für größere Gesellschaft wollen wir schon andere Stellen bereiten."

„Da wir denn ungestört hier allein sind", sagte Eduard, „und ganz ruhigen, heiteren Sinnes, so muß ich dir gestehen, daß ich schon einige Zeit etwas auf dem Herzen habe, was ich dir vertrauen muß und möchte, und nicht dazu kommen kann."

„Ich habe dir so etwas angemerkt," versetzte Charlotte.

„Und ich will nur gestehen," fuhr Eduard fort, „wenn mich der Postbote morgen früh nicht drängte, wenn wir uns nicht heut entschließen müßten, ich hätte vielleicht noch länger geschwiegen."

„Was ist es denn?" fragte Charlotte freundlich entgegenkommend.

„Es betrifft unsern Freund, den Hauptmann," antwortete Eduard. „Du kennst die traurige Lage, in die er, wie so mancher andere, ohne sein Verschulden gesetzt ist. Wie schmerzlich muß es einem Manne von seinen Kenntnissen, seinen Talenten und Fertigkeiten sein, sich außer Tätigkeit zu sehen und – ich will nicht lange zurückhalten mit dem, was ich für ihn wünsche: ich möchte, daß wir ihn auf einige Zeit zu uns nähmen."

„Das ist wohl zu überlegen und von mehr als einer Seite zu betrachten," versetzte Charlotte.

„Meine Ansichten bin ich bereit dir mitzuteilen," entgegnete ihr Eduard. „In seinem letzten Briefe herrscht ein stiller Ausdruck des tiefsten Mißmutes; nicht daß es ihm an irgendeinem Bedürfnis fehle, denn er weiß sich durchaus zu beschränken, und für das Notwendige habe ich gesorgt; auch drückt es ihn nicht, etwas von mir anzunehmen, denn wir sind unsre Lebzeit über einander wechselseitig uns so viel schuldig geworden, daß wir nicht berechnen können, wie unser Kredit und Debet sich gegeneinander verhalte – daß er geschäftlos ist, das ist eigentlich seine Qual. Das Vielfache, was er an sich ausgebildet hat, zu andrer Nutzen täglich und stündlich zu gebrauchen, ist ganz allein sein Vergnügen, ja seine Leidenschaft. Und nun die Hände in den Schoß zu legen oder noch weiter zu studieren, sich weitere Geschicklichkeit zu verschaffen, da er das nicht brauchen kann, was er in vollem Maße besitzt – genug, liebes Kind, es ist eine peinliche Lage, deren Qual er doppelt und dreifach in seiner Einsamkeit empfindet."

„Ich dachte doch," sagte Charlotte, „ihm wären von verschiedenen Orten Anerbietungen geschehen. Ich hatte selbst um seinetwillen an manche tätige Freunde und Freundinnen geschrieben, und soviel ich weiß, blieb dies auch nicht ohne Wirkung."

„Ganz recht," versetzte Eduard; „aber selbst diese verschiedenen Gelegenheiten, diese Anerbietungen machen ihm neue Qual, neue Unruhe. Keines von den Verhältnissen ist ihm gemäß. Er soll nicht wirken; er soll sich aufopfern, seine Zeit, seine Gesinnungen, seine Art zu sein, und das ist ihm unmöglich. Je mehr ich das alles betrachte, je mehr ich es fühle, desto lebhafter wird der Wunsch, ihn bei uns zu sehen."

„Es ist recht schön und liebenswürdig von dir," versetzte Charlotte, „daß du des Freundes Zustand mit soviel

Teilnahme bedenkst; allein erlaube mir, dich aufzufordern, auch deiner, auch unser zu gedenken."

„Das habe ich getan," entgegnete ihr Eduard. „Wir können von seiner Nähe uns nur Vorteil und Annehmlichkeit versprechen. Von dem Aufwande will ich nicht reden, der auf alle Fälle gering für mich wird, wenn er zu uns zieht, besonders wenn ich zugleich bedenke, daß uns seine Gegenwart nicht die mindeste Unbequemlichkeit verursacht. Auf dem rechten Flügel des Schlosses kann er wohnen, und alles andere findet sich. Wieviel wird ihm dadurch geleistet, und wie manches Angenehme wird uns durch seinen Umgang, ja wie mancher Vorteil! Ich hätte längst eine Ausmessung des Gutes und der Gegend gewünscht; er wird sie besorgen und leiten. Deine Absicht ist, selbst die Güter künftig zu verwalten, sobald die Jahre der gegenwärtigen Pächter verflossen sind. Wie bedenklich ist ein solches Unternehmen! Zu wie manchen Vorkenntnissen kann er uns nicht verhelfen! Ich fühle nur zu sehr, daß mir ein Mann dieser Art abgeht. Die Landleute haben die rechten Kenntnisse; ihre Mitteilungen aber sind konfus und nicht ehrlich. Die Studierten aus der Stadt und von den Akademien sind wohl klar und ordentlich, aber es fehlt an der unmittelbaren Einsicht in die Sache. Vom Freunde kann ich mir beides versprechen; und dann entspringen noch hundert andere Verhältnisse daraus, die ich mir alle gern vorstellen mag, die auch auf dich Bezug haben und wovon ich viel Gutes voraussehe. Nun danke ich dir, daß du mich freundlich angehört hast; jetzt sprich aber auch recht frei und umständlich und sage mir alles, was du zu sagen hast; ich will dich nicht unterbrechen."

„Recht gut," versetzte Charlotte; „so will ich gleich mit einer allgemeinen Bemerkung anfangen. Die Männer denken mehr auf das Einzelne, auf das Gegenwärtige, und das mit Recht, weil sie zu tun, zu wirken berufen sind, die Weiber hingegen mehr auf das, was im Leben zusammenhängt, und das mit gleichem Rechte, weil ihr Schicksal, das Schicksal ihrer Familien an diesen Zusammenhang geknüpft ist und auch gerade dieses Zusammenhängende von ihnen gefordert wird. Laß uns deswegen einen Blick auf unser gegenwärtiges, auf unser vergangenes Leben werfen, und du wirst mir eingestehen, daß die Berufung des Hauptmannes nicht so ganz mit unsern Vorsätzen, unsern Planen, unsern Einrichtungen zusammentrifft.

Mag ich doch so gern unserer frühsten Verhältnisse gedenken! Wir liebten einander als junge Leute recht herzlich; wir wurden getrennt; du von mir, weil dein Vater, aus nie zu sättigender Begierde des Besitzes, dich mit einer ziemlich älteren, reichen Frau verband; ich von dir, weil ich, ohne sonderliche Aussichten, einem wohlhabenden, nicht geliebten, aber geehrten Manne meine Hand reichen mußte. Wir wurden wieder frei; du früher, indem dich dein Mütterchen im Besitz eines großen Vermögens ließ; ich später, eben zu der Zeit, da du von Reisen zurückkamst. So fanden wir uns wieder. Wir freuten uns der Erinnerung, wir liebten die Erinnerung, wir konnten ungestört zusammenleben. Du drangst auf eine Verbindung; ich willigte nicht gleich ein, denn da wir ungefähr von denselben Jahren sind, so bin ich als Frau wohl älter geworden, du nicht als Mann. Zuletzt wollte ich dir nicht versagen, was du für dein einziges Glück zu halten schienst. Du wolltest von allen Unruhen, die du bei Hof, im Militär, auf Reisen erlebt hattest, dich an meiner Seite erholen, zur Besinnung kommen, des Lebens genießen; aber auch nur mit mir allein. Meine einzige Tochter tat ich in Pension, wo sie sich freilich mannigfaltiger ausbildet, als bei einem ländlichen Aufenthalte geschehen könnte; und nicht sie allein, auch Ottilien, meine liebe Nichte, tat ich dorthin, die vielleicht zur häuslichen Gehülfin unter meiner Anleitung am besten herangewachsen wäre. Das alles geschah mit deiner Einstimmung, bloß damit wir uns selbst leben, bloß damit wir das früh so sehnlich gewünschte, endlich spät erlangte Glück ungestört genießen möchten. So haben wir unsern ländlichen Aufenthalt angetreten. Ich übernahm das Innere, du das Äußere und was ins Ganze geht. Meine Einrichtung ist gemacht, dir in allem entgegenzukommen, nur für dich allein zu leben; laß uns wenigstens eine Zeitlang versuchen, inwiefern wir auf diese Weise miteinander ausreichen."

„Da das Zusammenhängende, wie du sagst, eigentlich

euer Element ist," versetzte Eduard, „so muß man euch freilich nicht in einer Folge reden hören oder sich entschließen, euch recht zu geben; und du sollst auch recht haben bis auf den heutigen Tag. Die Anlage, die wir bis jetzt zu unserm Dasein gemacht haben, ist von guter Art; sollen wir aber nichts weiter darauf bauen, und soll sich nichts weiter daraus entwickeln? Was ich im Garten leiste, du im Park, soll das nur für Einsiedler getan sein?"

„Recht gut!" versetzte Charlotte, „recht wohl! Nur daß wir nichts Hinderndes, Fremdes hereinbringen! Bedenke, daß unsre Vorsätze, auch was die Unterhaltung betrifft, sich gewissermaßen nur auf unser beiderseitiges Zusammensein bezogen. Du wolltest zuerst die Tagebücher deiner Reise mir in ordentlicher Folge mitteilen, bei dieser Gelegenheit so manches dahin Gehörige von Papieren in Ordnung bringen und unter meiner Teilnahme, mit meiner Beihülfe aus diesen unschätzbaren, aber verworrenen Heften und Blättern ein für uns und andere erfreuliches Ganze zusammenstellen. Ich versprach, dir an der Abschrift zu helfen, und wir dachten es uns so bequem, so artig, so gemütlich und heimlich, die Welt, die wir zusammen nicht sehen sollten, in der Erinnerung zu durchreisen. Ja, der Anfang ist schon gemacht. Dann hast du die Abende deine Flöte wieder vorgenommen, begleitest mich am Klavier; und an Besuchen aus der Nachbarschaft und in die Nachbarschaft fehlt es uns nicht. Ich wenigstens habe mir aus allem diesem den ersten wahrhaft fröhlichen Sommer zusammengebaut, den ich in meinem Leben zu genießen dachte."

„Wenn mir nur nicht", versetzte Eduard, indem er sich die Stirne rieb, „bei alle dem, was du mir so liebevoll und verständig wiederholst, immer der Gedanke beiginge, durch die Gegenwart des Hauptmanns würde nichts gestört, ja vielmehr alles beschleunigt und neu belebt. Auch er hat einen Teil meiner Wanderungen mitgemacht; auch er hat manches, und in verschiedenem Sinne, sich angemerkt: wir benutzten das zusammen, und alsdann würde es erst ein hübsches Ganze werden."

„So laß mich denn dir aufrichtig gestehen," entgegnete Charlotte mit einiger Ungeduld, „daß diesem Vorhaben mein Gefühl widerspricht, daß eine Ahnung mir nichts Gutes weissagt."

„Auf diese Weise wäret ihr Frauen wohl unüberwindlich," versetzte Eduard, „erst verständig, daß man nicht widersprechen kann, liebevoll, daß man sich gern hingibt, gefühlvoll, daß man euch nicht weh tun mag, ahnungsvoll, daß man erschrickt."

„Ich bin nicht abergläubisch", versetzte Charlotte, „und gebe nichts auf diese dunklen Anregungen, insofern sie nur solche wären; aber es sind meistenteils unbewußte Erinnerungen glücklicher und unglücklicher Folgen, die wir an eigenen oder fremden Handlungen erlebt haben. Nichts ist bedeutender in jedem Zustande als die Dazwischenkunft eines Dritten. Ich habe Freunde gesehen, Geschwister, Liebende, Gatten, deren Verhältnis durch den zufälligen oder gewählten Hinzutritt einer neuen Person ganz und gar verändert, deren Lage völlig umgekehrt wurde."

„Das kann wohl geschehen", versetzte Eduard, „bei Menschen, die nur dunkel vor sich hinleben, nicht bei solchen, die, schon durch Erfahrung aufgeklärt, sich mehr bewußt sind."

„Das Bewußtsein, mein Liebster," entgegnete Charlotte, „ist keine hinlängliche Waffe, ja manchmal eine gefährliche für den, der sie führt; und aus diesem allen tritt wenigstens soviel hervor, daß wir uns ja nicht übereilen sollen. Gönne mir noch einige Tage, entscheide nicht!"

„Wie die Sache steht," erwiderte Eduard, „werden wir uns auch nach mehreren Tagen immer übereilen. Die Gründe für und dagegen haben wir wechselsweise vorgebracht; es kommt auf den Entschluß an, und da wär es wirklich das Beste, wir gäben ihn dem Los anheim."

„Ich weiß," versetzte Charlotte, „daß du in zweifelhaften Fällen gerne wettest oder würfelst; bei einer so ernsthaften Sache hingegen würde ich dies für einen Frevel halten."

„Was soll ich aber dem Hauptmann schreiben?" rief Eduard aus; „denn ich muß mich gleich hinsetzen."

„Einen ruhigen, vernünftigen, tröstlichen Brief," sagte Charlotte.

„Das heißt soviel wie keinen," versetzte Eduard.

„Und doch ist es in manchen Fällen“, versetzte Charlotte, „notwendig und freundlich, lieber nichts zu schreiben, als nicht zu schreiben.“

ZWEITES KAPITEL

Eduard fand sich allein auf seinem Zimmer, und wirklich hatte die Wiederholung seiner Lebensschicksale aus dem Munde Charlottens, die Vergegenwärtigung ihres beiderseitigen Zustandes, ihrer Vorsätze sein lebhaftes Gemüt angenehm aufgeregt. Er hatte sich in ihrer Nähe, in ihrer Gesellschaft so glücklich gefühlt, daß er sich einen freundlichen, teilnehmenden, aber ruhigen und auf nichts hindeutenden Brief an den Hauptmann ausdachte. Als er aber zum Schreibtisch ging und den Brief des Freundes aufnahm, um ihn nochmals durchzulesen, trat ihm sogleich wieder der traurige Zustand des trefflichen Mannes entgegen; alle Empfindungen, die ihn diese Tage gepeinigt hatten, wachten wieder auf, und es schien ihm unmöglich, seinen Freund einer so ängstlichen Lage zu überlassen.

Sich etwas zu versagen, war Eduard nicht gewohnt. Von Jugend auf das einzige, verzogene Kind reicher Eltern, die ihn zu einer seltsamen, aber höchst vorteilhaften Heirat mit einer viel älteren Frau zu bereden wußten, von dieser auch auf alle Weise verzärtelt, indem sie sein gutes Betragen gegen sie durch die größte Freigebigkeit zu erwidern suchte, nach ihrem baldigen Tode sein eigner Herr, auf Reisen unabhängig, jeder Abwechslung, jeder Veränderung mächtig, nichts Übertriebenes wollend, aber viel und vielerlei wollend, freimütig, wohltätig, brav, ja tapfer im Fall – was konnte in der Welt seinen Wünschen entgegenstehen!

Bisher war alles nach seinem Sinne gegangen, auch zum Besitz Charlottens war er gelangt, den er sich durch eine hartnäckige, ja romanenhafte Treue doch zuletzt erworben hatte; und nun fühlte er sich zum erstenmal widersprochen, zum erstenmal gehindert, eben da er seinen Jugendfreund an sich heranziehen, da er sein ganzes Dasein gleichsam abschließen wollte. Er war verdrießlich, ungeduldig, nahm einigemal die Feder und legte sie nieder, weil er nicht einig mit sich werden konnte, was er schreiben sollte. Gegen die Wünsche seiner Frau wollte er nicht, nach ihrem Verlangen konnte er nicht; unruhig wie er war, sollte er einen ruhigen Brief schreiben; es wäre ihm ganz unmöglich gewesen. Das Natürlichste war, daß er Aufschub suchte. Mit wenig Worten bat er seinen Freund um Verzeihung, daß er diese Tage nicht geschrieben, daß er heut nicht umständlich schreibe, und versprach für nächstens ein bedeutenderes, ein beruhigendes Blatt.

Charlotte benutzte des andern Tags auf einem Spaziergang nach derselben Stelle die Gelegenheit, das Gespräch wieder anzuknüpfen, vielleicht in der Überzeugung, daß man einen Vorsatz nicht sicherer abstumpfen kann, als wenn man ihn öfters durchspricht.

Eduarden war diese Wiederholung erwünscht. Er äußerte sich nach seiner Weise freundlich und angenehm; denn wenn er, empfänglich wie er war, leicht aufloderte, wenn sein lebhaftes Begehren zudringlich ward, wenn seine Hartnäckigkeit ungeduldig machen konnte, so waren doch alle seine Äußerungen durch eine vollkommene Schonung des andern dergestalt gemildert, daß man ihn immer noch liebenswürdig finden mußte, wenn man ihn auch beschwerlich fand.

Auf eine solche Weise brachte er Charlotten diesen Morgen erst in die heiterste Laune, dann durch anmutige Gesprächswendungen ganz aus der Fassung, so daß sie zuletzt ausrief: „Du willst gewiß, daß ich das, was ich dem Ehemann versagte, dem Liebhaber zugestehen soll.

Wenigstens, mein Lieber," fuhr sie fort, „sollst du gewahr werden, daß deine Wünsche, die freundliche Lebhaftigkeit, womit du sie ausdrückst, mich nicht ungerührt, mich nicht unbewegt lassen. Sie nötigen mich zu einem Geständnis. Ich habe dir bisher auch etwas verborgen. Ich befinde mich in einer ähnlichen Lage wie du und habe mir schon eben die Gewalt angetan, die ich dir nun über dich selbst zumute."

„Das hör ich gern," sagte Eduard; „ich merke wohl, im Ehestand muß man sich manchmal streiten, denn dadurch erfährt man was voneinander."

„Nun sollst du also erfahren,“ sagte Charlotte, „daß es mir mit Ottilien geht, wie dir mit dem Hauptmann. Höchst ungern weiß ich das liebe Kind in der Pension, wo sie sich in sehr drückenden Verhältnissen befindet. Wenn Luciane, meine Tochter, die für die Welt geboren ist, sich dort für die Welt bildet, wenn sie Sprachen, Geschichtliches und was sonst von Kenntnissen ihr mitgeteilt wird, so wie ihre Noten und Variationen vom Blatte wegspielt; wenn bei einer lebhaften Natur und bei einem glücklichen Gedächtnis sie, man möchte wohl sagen, alles vergißt und im Augenblicke sich an alles erinnert; wenn sie durch Freiheit des Betragens, Anmut im Tanze, schickliche Bequemlichkeit des Gesprächs sich vor allen auszeichnet und durch ein angebornes herrschendes Wesen sich zur Königin des kleinen Kreises macht, wenn die Vorsteherin dieser Anstalt sie als kleine Gottheit ansieht, die nun erst unter ihren Händen recht gedeiht, die ihr Ehre machen, Zutrauen erwerben und einen Zufluß von andern jungen Personen verschaffen wird, wenn die ersten Seiten ihrer Briefe und Monatsberichte immer nur Hymnen sind über die Vortrefflichkeit eines solchen Kindes, die ich denn recht gut in meine Prose zu übersetzen weiß: so ist dagegen, was sie schließlich von Ottilien erwähnt, nur immer Entschuldigung auf Entschuldigung, daß ein übrigens so schön heranwachsendes Mädchen sich nicht entwickeln, keine Fähigkeiten und keine Fertigkeiten zeigen wolle. Das wenige, was sie sonst noch hinzufügt, ist gleichfalls für mich kein Rätsel, weil ich in diesem lieben Kinde den ganzen Charakter ihrer Mutter, meiner wertesten Freundin, gewahr werde, die sich neben mir entwickelt hat und deren Tochter ich gewiß, wenn ich Erzieherin oder Aufseherin sein könnte, zu einem herrlichen Geschöpf heraufbilden wollte.

Da es aber einmal nicht in unsern Plan geht und man an seinen Lebensverhältnissen nicht soviel zupfen und zerren, nicht immer was Neues an sie heranziehen soll, so trag ich das lieber, ja ich überwinde die unangenehme Empfindung, wenn meine Tochter, welche recht gut weiß, daß die arme Ottilie ganz von uns abhängt, sich ihrer Vorteile übermütig gegen sie bedient und unsre Wohltat dadurch gewissermaßen vernichtet.

Doch wer ist so gebildet, daß er nicht seine Vorzüge gegen andre manchmal auf eine grausame Weise geltend machte! Wer steht so hoch, daß er unter einem solchen Druck nicht manchmal leiden müßte! Durch diese Prüfungen wächst Ottiliens Wert; aber seitdem ich den peinlichen Zustand recht deutlich einsehe, habe ich mir Mühe gegeben, sie anderwärts unterzubringen. Stündlich soll mir eine Antwort kommen, und alsdann will ich nicht zaudern. So steht es mit mir, mein Bester. Du siehst, wir tragen beiderseits dieselben Sorgen in einem treuen, freundschaftlichen Herzen. Laß sie uns gemeinsam tragen, da sie sich nicht gegeneinander aufheben!"

„Wir sind wunderliche Menschen," sagte Eduard lächelnd. „Wenn wir nur etwas, das uns Sorge macht, aus unserer Gegenwart verbannen können, da glauben wir schon, nun sei es abgetan. Im ganzen können wir vieles aufopfern, aber uns im einzelnen herzugeben, ist eine Forderung, der wir selten gewachsen sind. So war meine Mutter. Solange ich als Knabe oder Jüngling bei ihr lebte, konnte sie der augenblicklichen Besorgnisse nicht los werden. Verspätete ich mich bei einem Ausritt, so mußte mir ein Unglück begegnet sein; durchnetzte mich ein Regenschauer, so war das Fieber mir gewiß. Ich verreiste, ich entfernte mich von ihr, und nun schien ich ihr kaum anzugehören.

Betrachten wir es genauer," fuhr er fort, „so handeln wir beide töricht und unverantwortlich, zwei der edelsten Naturen, die unser Herz so nahe angehen, im Kummer und im Druck zu lassen, nur um uns keiner Gefahr auszusetzen. Wenn dies nicht selbstsüchtig genannt werden soll, was will man so nennen! Nimm Ottilien, laß mir den Hauptmann, und in Gottes Namen sei der Versuch gemacht!"

„Es möchte noch zu wagen sein," sagte Charlotte bedenklich, „wenn die Gefahr für uns allein wäre. Glaubst du denn aber, daß es rätlich sei, den Hauptmann mit Ottilien als Hausgenossen zu sehen, einen Mann ohngefähr in deinen Jahren, in den Jahren – daß ich dir dieses Schmeichelhafte nur gerade unter die Augen sage –, wo der Mann erst liebefähig und erst der Liebe wert wird, und ein Mädchen von Ottiliens Vorzügen?"

„Ich weiß doch auch nicht," versetzte Eduard, „wie du Ottilien so hoch stellen kannst! Nur dadurch erkläre ich mir's, daß sie deine Neigung zu ihrer Mutter geerbt hat. Hübsch ist sie, das ist wahr, und ich erinnere mich, daß der Hauptmann mich auf sie aufmerksam machte, als wir vor einem Jahre zurückkamen und sie mit dir bei deiner Tante trafen. Hübsch ist sie, besonders hat sie schöne Augen; aber ich wüßte doch nicht, daß sie den mindesten Eindruck auf mich gemacht hätte."

„Das ist löblich an dir," sagte Charlotte, „denn ich war ja gegenwärtig; und ob sie gleich viel jünger ist als ich, so hatte doch die Gegenwart der ältern Freundin so viele Reize für dich, daß du über die aufblühende, versprechende Schönheit hinaussahest. Es gehört auch dies zu deiner Art zu sein, deshalb ich so gern das Leben mit dir teile."

Charlotte, so aufrichtig sie zu sprechen schien, verhehlte doch etwas. Sie hatte nämlich damals dem von Reisen zurückkehrenden Eduard Ottilien absichtlich vorgeführt, um dieser geliebten Pflegetochter eine so große Partie zuzuwenden; denn an sich selbst in bezug auf Eduard dachte sie nicht mehr. Der Hauptmann war auch angestiftet, Eduarden aufmerksam zu machen; aber dieser, der seine frühe Liebe zu Charlotten hartnäckig im Sinne behielt, sah weder rechts noch links und war nur glücklich in dem Gefühl, daß es möglich sei, eines so lebhaft gewünschten und durch eine Reihe von Ereignissen scheinbar auf immer versagten Gutes endlich doch teilhaft zu werden.

Eben stand das Ehepaar im Begriff, die neuen Anlagen herunter nach dem Schlosse zu gehen, als ein Bedienter ihnen hastig entgegenstieg und mit lachendem Munde sich schon von unten herauf vernehmen ließ: „Kommen Euer Gnaden doch ja schnell herüber! Herr Mittler ist in den Schloßhof gesprengt. Er hat uns alle zusammengeschrieen, wir sollen Sie aufsuchen, wir sollen Sie fragen, ob es not tue. ‚Ob es not tut,' rief er uns nach, ‚hört ihr? aber geschwind, geschwind!'"

„Der drollige Mann!" rief Eduard aus; „kommt er nicht gerade zur rechten Zeit, Charlotte? – Geschwind zurück!" befahl er dem Bedienten; „sage ihm, es tue not, sehr not!

Er soll nur absteigen. Versorgt sein Pferd; führt ihn in den Saal, setzt ihm ein Frühstück vor! Wir kommen gleich. Laß uns den nächsten Weg nehmen!“ sagte er zu seiner Frau und schlug den Pfad über den Kirchhof ein, den er sonst zu vermeiden pflegte. Aber wie verwundert war er, als er fand, daß Charlotte auch hier für das Gefühl gesorgt habe. Mit möglichster Schonung der alten Denkmäler hatte sie alles so zu vergleichen und zu ordnen gewußt, daß es ein angenehmer Raum erschien, auf dem das Auge und die Einbildungskraft gerne verweilten.

Auch dem ältesten Stein hatte sie seine Ehre gegönnt. Den Jahren nach waren sie an der Mauer aufgerichtet, eingefügt oder sonst angebracht; der hohe Sockel der Kirche selbst war damit vermannigfaltigt und geziert. Eduard fühlte sich sonderbar überrascht, wie er durch die kleine Pforte hereintrat: er drückte Charlotten die Hand, und im Auge stand ihm eine Träne.

Aber der närrische Gast verscheuchte sie gleich. Denn dieser hatte keine Ruh im Schloß gehabt, war spornstreichs durchs Dorf bis an das Kirchhoftor geritten, wo er still hielt und seinen Freunden entgegenrief: „Ihr habt mich doch nicht zum besten? Tuts wirklich not, so bleibe ich zu Mittage hier. Haltet mich nicht auf! Ich habe heute noch viel zu tun.“

„Da Ihr Euch so weit bemüht habt,“ rief ihm Eduard entgegen, „so reitet noch vollends herein; wir kommen an einem ernsthaften Orte zusammen; und seht, wie schön Charlotte diese Trauer ausgeschmückt hat!“

„Hier herein“, rief der Reiter, „komm ich weder zu Pferde, noch zu Wagen, noch zu Fuße. Diese da ruhen in Frieden, mit ihnen habe ich nichts zu schaffen. Gefallen muß ich mirs lassen, wenn man mich einmal, die Füße voran, hereinschleppt. Also ists Ernst?“

„Ja,“ rief Charlotte, „recht Ernst! Es ist das erstemal, daß wir neuen Gatten in Not und Verwirrung sind, woraus wir uns nicht zu helfen wissen.“

„Ihr seht nicht darnach aus,“ versetzte er, „doch will ichs glauben. Führt ihr mich an, so laß ich euch künftig stecken. Folgt geschwinde nach! Meinem Pferde mag die Erholung zugut kommen.“

Bald fanden sich die dreie im Saale zusammen; das Essen ward aufgetragen, und Mittler erzählte von seinen heutigen Taten und Vorhaben. Dieser seltsame Mann war früherhin Geistlicher gewesen und hatte sich bei einer rastlosen Tätigkeit in seinem Amte dadurch ausgezeichnet, daß er alle Streitigkeiten, sowohl die häuslichen als die nachbarlichen, erst der einzelnen Bewohner, sodann ganzer Gemeinden und mehrerer Gutsbesitzer zu stillen und zu schlichten wußte. Solange er im Dienste war, hatte sich kein Ehepaar scheiden lassen, und die Landeskollegien wurden mit keinen Händeln und Prozessen von dorther behelliget. Wie nötig ihm die Rechtskunde sei, ward er zeitig gewahr. Er warf sein ganzes Studium darauf und fühlte sich bald den geschicktesten Advokaten gewachsen. Sein Wirkungskreis dehnte sich wunderbar aus; und man war im Begriff, ihn nach der Residenz zu ziehen, um das von oben herein zu vollenden, was er von unten herauf begonnen hatte, als er einen ansehnlichen Lotteriegewinst tat, sich ein mäßiges Gut kaufte, es verpachtete und zum Mittelpunkt seiner Wirksamkeit machte, mit dem festen Vorsatz oder vielmehr nach alter Gewohnheit und Neigung, in keinem Hause zu verweilen, wo nichts zu schlichten und nichts zu helfen wäre. Diejenigen, die auf die Namensbedeutungen abergläubisch sind, behaupten, der Name Mittler habe ihn genötigt, diese seltsamste aller Bestimmungen zu ergreifen.

Der Nachtisch war aufgetragen, als der Gast seine Wirte ernstlich vermahnte, nicht weiter mit ihren Entdeckungen zurückzuhalten, weil er gleich nach dem Kaffee fort müsse. Die beiden Eheleute machten umständlich ihre Bekenntnisse; aber kaum hatte er den Sinn der Sache vernommen, als er verdrießlich vom Tische auffuhr, ans Fenster sprang und sein Pferd zu satteln befahl.

„Entweder ihr kennt mich nicht," rief er aus, „ihr versteht mich nicht, oder ihr seid sehr boshaft. Ist denn hier ein Streit? Ist denn hier eine Hülfe nötig? Glaubt ihr, daß ich in der Welt bin, um Rat zu geben? Das ist das dümmste Handwerk, das einer treiben kann. Rate sich jeder selbst und tue, was er nicht lassen kann. Gerät es gut, so freue er sich seiner Weisheit und seines Glücks; läufts übel ab, dann bin ich bei der Hand. Wer ein Übel los sein will, der weiß immer, was er will; wer was Bessers will, als er hat, der ist ganz starblind – Ja ja! lacht nur – er spielt Blindekuh, er ertappts vielleicht; aber was? Tut, was ihr wollt: es ist ganz einerlei! Nehmt die Freunde zu euch, laßt sie weg: alles einerlei! Das Vernünftigste habe ich mißlingen sehen, das Abgeschmackteste gelingen. Zerbrecht euch die Köpfe nicht, und wenns auf eine oder die andre Weise übel abläuft, zerbrecht sie euch auch nicht! Schickt nur nach mir, und euch soll geholfen werden. Bis dahin euer Diener!"

Und so schwang er sich aufs Pferd, ohne den Kaffee abzuwarten.

„Hier siehst du," sagte Charlotte, „wie wenig eigentlich ein Dritter fruchtet, wenn es zwischen zwei nah verbundenen Personen nicht ganz im Gleichgewicht steht. Gegenwärtig sind wir doch wohl noch verworrner und ungewisser, wenns möglich ist, als vorher."

Beide Gatten würden auch wohl noch eine Zeitlang geschwankt haben, wäre nicht ein Brief des Hauptmanns im Wechsel gegen Eduards letzten angekommen. Er hatte sich entschlossen, eine der ihm angebotenen Stellen anzunehmen, ob sie ihm gleich keineswegs gemäß war. Er sollte mit vornehmen und reichen Leuten die Langeweile teilen, indem man auf ihn das Zutrauen setzte, daß er sie vertreiben würde.

Eduard übersah das ganze Verhältnis recht deutlich und malte es noch recht scharf aus. „Wollen wir unsern Freund in einem solchen Zustande wissen?" rief er. „Du kannst nicht so grausam sein, Charlotte!"

„Der wunderliche Mann, unser Mittler," versetzte Charlotte, „hat am Ende doch recht. Alle solche Unternehmungen sind Wagestücke. Was daraus werden kann, sieht kein Mensch voraus. Solche neue Verhältnisse können fruchtbar sein an Glück und an Unglück, ohne daß wir uns dabei Verdienst oder Schuld sonderlich zurechnen dürfen. Ich fühle mich nicht stark genug, dir länger zu widerstehen. Laß uns den Versuch machen! Das einzige, was ich dich bitte: es sei nur auf kurze Zeit angesehen. Erlaube mir, daß ich mich tätiger als bisher für ihn verwende und meinen Einfluß, meine Verbindungen eifrig benutze und aufrege, ihm eine Stelle zu verschaffen, die ihm nach seiner Weise einige Zufriedenheit gewähren kann.“

Eduard versicherte seine Gattin auf die anmutigste Weise der lebhaftesten Dankbarkeit. Er eilte mit freiem, frohem Gemüt, seinem Freunde Vorschläge schriftlich zu tun. Charlotte mußte in einer Nachschrift ihren Beifall eigenhändig hinzufügen, ihre freundschaftlichen Bitten mit den seinen vereinigen. Sie schrieb mit gewandter Feder gefällig und verbindlich, aber doch mit einer Art von Hast, die ihr sonst nicht gewöhnlich war; und was ihr nicht leicht begegnete, sie verunstaltete das Papier zuletzt mit einem Tintenfleck, der sie ärgerlich machte und nur größer wurde, indem sie ihn wegwischen wollte.

Eduard scherzte darüber, und weil noch Platz war, fügte er eine zweite Nachschrift hinzu: der Freund solle aus diesen Zeichen die Ungeduld sehen, womit er erwartet werde, und nach der Eile, womit der Brief geschrieben, die Eilfertigkeit seiner Reise einrichten.

Der Bote war fort, und Eduard glaubte seine Dankbarkeit nicht überzeugender ausdrücken zu können, als indem er aber- und abermals darauf bestand, Charlotte solle zugleich Ottilien aus der Pension holen lassen.

Sie bat um Aufschub und wußte diesen Abend bei Eduard die Lust zu einer musikalischen Unterhaltung aufzuregen. Charlotte spielte sehr gut Klavier, Eduard nicht ebenso bequem die Flöte; denn ob er sich gleich zuzeiten viel Mühe gegeben hatte, so war ihm doch nicht die Geduld, die Ausdauer verliehen, die zur Ausbildung eines solchen Talentes gehört. Er führte deshalb seine Partie sehr ungleich aus, einige Stellen gut, nur vielleicht zu geschwind; bei andern wieder hielt er an, weil sie ihm nicht geläufig waren, und so wär es für jeden andern schwer gewesen, ein Duett mit ihm durchzubringen. Aber Charlotte wußte sich darein zu finden; sie hielt an und ließ sich wieder von ihm fortreißen und versah also die doppelte Pflicht eines guten Kapellmeisters und einer klugen Hausfrau, die im ganzen immer das Maß zu erhalten wissen, wenn auch die einzelnen Passagen nicht immer im Takt bleiben sollten.

DRITTES KAPITEL

Der Hauptmann kam. Er hatte einen sehr verständigen Brief vorausgeschickt, der Charlotten völlig beruhigte. Soviel Deutlichkeit über sich selbst, soviel Klarheit über seinen eigenen Zustand, über den Zustand seiner Freunde gab eine heitere und fröhliche Aussicht.

Die Unterhaltungen der ersten Stunden waren, wie unter Freunden zu geschehen pflegt, die sich eine Zeitlang nicht gesehen haben, lebhaft, ja fast erschöpfend. Gegen Abend veranlaßte Charlotte einen Spaziergang auf die neuen Anlagen. Der Hauptmann gefiel sich sehr in der Gegend und bemerkte jede Schönheit, welche durch die neuen Wege erst sichtbar und genießbar geworden. Er hatte ein geübtes Auge und dabei ein genügsames; und ob er gleich das Wünschenswerte sehr wohl kannte, machte er doch nicht, wie es öfters zu geschehen pflegt, Personen, die ihn in dem Ihrigen herumführten, dadurch einen üblen Humor, daß er mehr verlangte, als die Umstände zuließen, oder auch wohl gar an etwas Vollkommneres erinnerte, das er anderswo gesehen.

Als sie die Mooshütte erreichten, fanden sie solche auf das lustigste ausgeschmückt, zwar nur mit künstlichen Blumen und Wintergrün, doch darunter so schöne Büschel natürlichen Weizens und anderer Feld- und Baumfrüchte angebracht, daß sie dem Kunstsinn der Anordnenden zur Ehre gereichten. „Obschon mein Mann nicht liebt, daß man seinen Geburts- oder Namenstag feire, so wird er mir doch heute nicht verargen, einem dreifachen Feste diese wenigen Kränze zu widmen."

„Ein dreifaches?" rief Eduard. – „Ganz gewiß!" versetzte Charlotte; „unseres Freundes Ankunft behandeln wir billig als ein Fest; und dann habt ihr beide wohl nicht daran gedacht, daß heute euer Namenstag ist. Heißt nicht einer Otto so gut als der andere?"

Beide Freunde reichten sich die Hände über den kleinen Tisch. „Du erinnerst mich", sagte Eduard, „an dieses jugendliche Freundschaftsstück. – Als Kinder hießen wir beide so; doch als wir in der Pension zusammenlebten und manche Irrung daraus entstand, so trat ich ihm freiwillig diesen hübschen, lakonischen Namen ab."

„Wobei du denn doch nicht gar zu großmütig warst," sagte der Hauptmann. „Denn ich erinnere mich recht wohl, daß dir der Name Eduard besser gefiel, wie er denn auch, von angenehmen Lippen ausgesprochen, einen besonders guten Klang hat."

Nun saßen sie also zu dreien um dasselbe Tischchen, wo Charlotte so eifrig gegen die Ankunft des Gastes gesprochen hatte. Eduard in seiner Zufriedenheit wollte die Gattin nicht an jene Stunden erinnern, doch enthielt er sich nicht zu sagen: „Für ein Viertes wäre auch noch recht gut Platz."

Waldhörner ließen sich in diesem Augenblick vom Schloß herüber vernehmen, bejahten gleichsam und bekräftigten die guten Gesinnungen und Wünsche der beisammen verweilenden Freunde. Stillschweigend hörten sie zu, indem jedes in sich selbst zurückkehrte und sein eigenes Glück in so schöner Verbindung doppelt empfand.

Eduard unterbrach die Pause zuerst, indem er aufstand und vor die Mooshütte hinaustrat. „Laß uns", sagte er zu Charlotten, „den Freund gleich völlig auf die Höhe führen, damit er nicht glaube, dieses beschränkte Tal nur sei unser Erbgut und Aufenthalt; der Blick wird oben freier und die Brust erweitert sich."

„So müssen wir diesmal noch", versetzte Charlotte, „den alten, etwas beschwerlichen Fußpfad erklimmen; doch, hoffe ich, sollen meine Stufen und Steige nächstens bequemer bis ganz hinauf leiten."

Und so gelangte man denn über Felsen, durch Busch und Gesträuch zur letzten Höhe, die zwar keine Fläche, doch fortlaufende, fruchtbare Rücken bildete. Dorf und Schloß hinterwärts waren nicht mehr zu sehen. In der Tiefe erblickte man ausgebreitete Teiche, drüben bewachsene Hügel, an denen sie sich hinzogen, endlich steile Felsen, welche senkrecht den letzten Wasserspiegel entschieden begrenzten und ihre bedeutenden Formen auf der Oberfläche desselben abbildeten. Dort in der Schlucht, wo ein starker Bach den Teichen zufiel, lag eine Mühle halb versteckt, die mit ihren Umgebungen als ein freundliches Ruheplätzchen erschien. Mannigfaltig wechselten im ganzen Halbkreise, den man übersah, Tiefen und Höhen, Büsche und Wälder, deren erstes Grün für die Folge den füllereichsten Anblick versprach. Auch einzelne Baumgruppen hielten an mancher Stelle das Auge fest. Besonders zeichnete zu den Füßen der schauenden Freunde sich eine Masse Pappeln und Platanen zunächst an dem Rande des mittleren Teiches vorteilhaft aus. Sie stand in ihrem besten Wachstum, frisch, gesund, empor und in die Breite strebend.

Eduard lenkte besonders auf diese die Aufmerksamkeit seines Freundes. „Diese habe ich", rief er aus, „in meiner Jugend selbst gepflanzt. Es waren junge Stämmchen, die ich rettete, als mein Vater, bei der Anlage zu einem neuen Teil des großen Schloßgartens, sie mitten im Sommer ausroden ließ. Ohne Zweifel werden sie auch dieses Jahr sich durch neue Triebe wieder dankbar hervortun."

Man kehrte zufrieden und heiter zurück. Dem Gaste ward auf dem rechten Flügel des Schlosses ein freundliches, geräumiges Quartier angewiesen, wo er sehr bald Bücher, Papiere und Instrumente aufgestellt und geordnet hatte, um in seiner gewohnten Tätigkeit fortzufahren. Aber Eduard ließ ihm in den ersten Tagen keine Ruhe; er führte ihn überall herum, bald zu Pferde, bald zu Fuße, und machte ihn mit der Gegend, mit dem Gute bekannt; wobei er ihm zugleich die Wünsche mitteilte, die er zu besserer Kenntnis und vorteilhafterer Benutzung desselben seit langer Zeit bei sich hegte.

„Das erste, was wir tun sollten," sagte der Hauptmann, „wäre, daß ich die Gegend mit der Magnetnadel aufnähme. Es ist das ein leichtes, heiteres Geschäft, und wenn es auch nicht die größte Genauigkeit gewährt, so bleibt es doch immer nützlich und für den Anfang erfreulich; auch kann man es ohne große Beihülfe leisten und weiß gewiß, daß man fertig wird. Denkst du einmal an eine genauere Ausmessung, so läßt sich dazu wohl auch noch Rat finden."

Der Hauptmann war in dieser Art des Aufnehmens sehr geübt. Er hatte die nötige Gerätschaft mitgebracht und fing sogleich an. Er unterrichtete Eduarden, einige Jäger und Bauern, die ihm bei dem Geschäft behülflich sein sollten. Die Tage waren günstig; die Abende und die frühsten Morgen brachte er mit Aufzeichnen und Schraffieren zu. Schnell war auch alles laviert und illuminiert, und Eduard sah seine Besitzungen auf das deutlichste aus dem Papier wie eine neue Schöpfung hervorgewachsen. Er glaubte sie jetzt erst kennenzulernen, sie schienen ihm jetzt erst recht zu gehören.

Es gab Gelegenheit, über die Gegend, über Anlagen zu sprechen, die man nach einer solchen Übersicht viel besser zustande bringe, als wenn man nur einzeln, nach zufälligen Eindrücken, an der Natur herumversuche.

„Das müssen wir meiner Frau deutlich machen," sagte Eduard.

„Tue das nicht!" versetzte der Hauptmann, der die Überzeugungen anderer nicht gern mit den seinigen durchkreuzte, den die Erfahrung gelehrt hatte, daß die Ansichten der Menschen viel zu mannigfaltig sind, als daß sie, selbst durch die vernünftigsten Vorstellungen, auf Einen Punkt versammelt werden könnten. „Tue es nicht!" rief er, „sie dürfte leicht irre werden. Es ist ihr wie allen denen, die sich nur aus Liebhaberei mit solchen Dingen beschäftigen, mehr daran gelegen, daß sie etwas tue, als daß etwas getan werde. Man tastet an der Natur, man hat Vorliebe für dieses oder jenes Plätzchen; man wagt nicht, dieses oder jenes Hindernis wegzuräumen, man ist nicht kühn genug, etwas aufzuopfern; man kann sich voraus nicht vorstellen, was entstehen soll, man probiert, es gerät, es mißrät, man verändert, verändert vielleicht, was man lassen sollte, läßt, was man verändern sollte, und so bleibt es zuletzt immer ein Stückwerk, das gefällt und anregt, aber nicht befriedigt."

„Gesteh mir aufrichtig," sagte Eduard, „du bist mit ihren Anlagen nicht zufrieden."

„Wenn die Ausführung den Gedanken erschöpfte, der sehr gut ist, so wäre nichts zu erinnern. Sie hat sich mühsam durch das Gestein hinaufgequält und quält nun jeden, wenn du willst, den sie hinaufführt. Weder nebeneinander noch hintereinander schreitet man mit einer gewissen Freiheit. Der Takt des Schrittes wird jeden Augenblick unterbrochen; und was ließe sich nicht noch alles einwenden!"

„Wäre es denn leicht anders zu machen gewesen?" fragte Eduard.

„Gar leicht," versetzte der Hauptmann; „sie durfte nur die eine Felsenecke, die noch dazu unscheinbar ist, weil sie aus kleinen Teilen besteht, wegbrechen, so erlangte sie eine schön geschwungene Wendung zum Aufstieg und zugleich überflüssige Steine, um die Stellen heraufzumauern, wo der Weg schmal und verkrüppelt geworden wäre. Doch sei dies im engsten Vertrauen unter uns gesagt; sie wird sonst irre und verdrießlich. Auch muß man, was gemacht ist, bestehen lassen. Will man weiter Geld und Mühe aufwenden, so wäre von der Mooshütte hinaufwärts und über die Anhöhe noch mancherlei zu tun und viel Angenehmes zu leisten."

Hatten auf diese Weise die beiden Freunde am Gegenwärtigen manche Beschäftigung, so fehlte es nicht an lebhafter und vergnüglicher Erinnerung vergangener Tage, woran Charlotte wohl teilzunehmen pflegte. Auch setzte man sich vor, wenn nur die nächsten Arbeiten erst getan wären, an die Reisejournale zu gehen und auch auf diese Weise die Vergangenheit hervorzurufen.

Übrigens hatte Eduard mit Charlotten allein weniger Stoff zur Unterhaltung, besonders seitdem er den Tadel ihrer Parkanlagen, der ihm so gerecht schien, auf dem Herzen fühlte. Lange verschwieg er, was ihm der Hauptmann vertraut hatte; aber als er seine Gattin zuletzt beschäftigt sah, von der Mooshütte hinauf zur Anhöhe wieder mit Stüfchen und Pfädchen sich emporzuarbeiten, so hielt er nicht länger zurück, sondern machte sie nach einigen Umschweifen mit seinen neuen Einsichten bekannt.

Charlotte stand betroffen. Sie war geistreich genug, um schnell einzusehen, daß jene recht hatten; aber das Getane widersprach, es war nun einmal so gemacht; sie hatte es recht, sie hatte es wünschenswert gefunden, selbst das Getadelte war ihr in jedem einzelnen Teile lieb; sie widerstrebte der Überzeugung, sie verteidigte ihre kleine Schöpfung, sie schalt auf die Männer, die gleich ins Weite und

Große gingen, aus einem Scherz, aus einer Unterhaltung gleich ein Werk machen wollten, nicht an die Kosten denken, die ein erweiterter Plan durchaus nach sich zieht. Sie war bewegt, verletzt, verdrießlich; sie konnte das Alte nicht fahren lassen, das Neue nicht ganz abweisen; aber entschlossen wie sie war, stellte sie sogleich die Arbeit ein und nahm sich Zeit, die Sache zu bedenken und bei sich reif werden zu lassen.

Indem sie nun auch diese tätige Unterhaltung vermißte, da indes die Männer ihr Geschäft immer geselliger betrieben und besonders die Kunstgärten und Glashäuser mit Eifer besorgten, auch dazwischen die gewöhnlichen ritterlichen Übungen fortsetzten, als Jagen, Pferdekaufen, -tauschen, -bereiten und -einfahren, so fühlte sich Charlotte täglich einsamer. Sie führte ihren Briefwechsel auch um des Hauptmanns willen lebhafter, und doch gab es manche einsame Stunde. Desto angenehmer und unterhaltender waren ihr die Berichte, die sie aus der Pensionsanstalt erhielt.

Einem weitläufigen Briefe der Vorsteherin, welcher sich wie gewöhnlich über der Tochter Fortschritte mit Behagen verbreitete, war eine kurze Nachschrift hinzugefügt nebst einer Beilage von der Hand eines männlichen Gehülfen am Institut, die wir beide mitteilen.

Nachschrift der Vorsteherin

„Von Ottilien, meine Gnädige, hätte ich eigentlich nur zu wiederholen, was in meinen vorigen Berichten enthalten ist. Ich wüßte sie nicht zu schelten, und doch kann ich nicht zufrieden mit ihr sein. Sie ist nach wie vor bescheiden und gefällig gegen andere; aber dieses Zurücktreten, diese Dienstbarkeit will mir nicht gefallen. Euer Gnaden haben ihr neulich Geld und verschiedene Zeuge geschickt. Das erste hat sie nicht angegriffen, die andern liegen auch noch da, unberührt. Sie hält freilich ihre Sachen sehr reinlich und gut und scheint nur in diesem Sinn die Kleider zu wechseln. Auch kann ich ihre große Mäßigkeit im Essen und Trinken nicht loben. An unserm Tisch ist kein Überfluß; doch sehe ich nichts lieber, als wenn die Kinder sich an schmackhaften und gesunden Speisen satt essen. Was mit Bedacht und Überzeugung aufgetragen und vorgelegt ist, soll auch aufgegessen werden. Dazu kann ich Ottilien niemals bringen. Ja, sie macht sich irgendein Geschäft, um eine Lücke auszufüllen, wo die Dienerinnen etwas versäumen, nur um eine Speise oder den Nachtisch zu übergehen. Bei diesem allen kommt jedoch in Betrachtung, daß sie manchmal, wie ich erst spät erfahren habe, Kopfweh auf der linken Seite hat, das zwar vorübergeht, aber schmerzlich und bedeutend sein mag. Soviel von diesem übrigens so schönen und lieben Kinde."

Beilage des Gehülfen

„Unsere vortreffliche Vorsteherin läßt mich gewöhnlich die Briefe lesen, in welchen sie Beobachtungen über ihre Zöglinge den Eltern und Vorgesetzten mitteilt. Diejenigen, die an Euer Gnaden gerichtet sind, lese ich immer mit doppelter Aufmerksamkeit, mit doppeltem Vergnügen; denn indem wir Ihnen zu einer Tochter Glück zu wünschen haben, die alle jene glänzenden Eigenschaften vereinigt, wodurch man in der Welt emporsteigt, so muß ich wenigstens Sie nicht minder glücklich preisen, daß Ihnen in Ihrer Pflegetochter ein Kind beschert ist, das zum Wohl, zur Zufriedenheit anderer und gewiß auch zu seinem eigenen Glück geboren ward. Ottilie ist fast unser einziger Zögling, über den ich mit unserer so verehrten Vorsteherin nicht einig werden kann. Ich verarge dieser tätigen Frau keinesweges, daß sie verlangt, man soll die Früchte ihrer Sorgfalt äußerlich und deutlich sehen; aber es gibt auch verschlossene Früchte, die erst die rechten, kernhaften sind und die sich früher oder später zu einem schönen Leben entwickeln. Dergleichen ist gewiß Ihre Pflegetochter. Solange ich sie unterrichte, sehe ich sie immer gleichen Schrittes gehen, langsam, langsam vorwärts, nie zurück. Wenn es bei einem Kinde nötig ist, vom Anfange anzufangen, so ist es gewiß bei ihr. Was nicht aus dem Vorhergehenden folgt, begreift sie nicht. Sie steht unfähig, ja stöckisch vor einer leicht faßlichen Sache, die für sie mit nichts zusammenhängt. Kann man aber die Mittelglieder finden und ihr deutlich machen, so ist ihr das Schwerste begreiflich.

Bei diesem langsamen Vorschreiten bleibt sie gegen ihre Mitschülerinnen zurück, die mit ganz andern Fähigkeiten immer vorwärtseilen, alles, auch das Unzusammenhängende, leicht fassen, leicht behalten und bequem wieder anwenden. So lernt sie, so vermag sie bei einem beschleunigten Lehrvortrage gar nichts; wie es der Fall in einigen Stunden ist, welche von trefflichen, aber raschen und ungeduldigen Lehrern gegeben werden. Man hat über ihre Handschrift geklagt, über ihre Unfähigkeit, die Regeln der Grammatik zu fassen. Ich habe diese Beschwerde näher untersucht: es ist wahr, sie schreibt langsam und steif, wenn man so will, doch nicht zaghaft und ungestalt. Was ich ihr von der französischen Sprache, die zwar mein Fach nicht ist, schrittweise mitteilte, begriff sie leicht. Freilich ist es wunderbar: sie weiß vieles und recht gut; nur wenn man sie fragt, scheint sie nichts zu wissen.

Soll ich mit einer allgemeinen Bemerkung schließen, so möchte ich sagen: sie lernt nicht als eine, die erzogen werden soll, sondern als eine, die erziehen will; nicht als Schülerin, sondern als künftige Lehrerin. Vielleicht kommt es Euer Gnaden sonderbar vor, daß ich selbst als Erzieher und Lehrer jemanden nicht mehr zu loben glaube, als wenn ich ihn für meinesgleichen erkläre. Euer Gnaden bessere Einsicht, tiefere Menschen- und Weltkenntnis wird aus meinen beschränkten, wohlgemeinten Worten das Beste nehmen. Sie werden sich überzeugen, daß auch an diesem Kinde viel Freude zu hoffen ist. Ich empfehle mich zu Gnaden und bitte um die Erlaubnis, wieder zu schreiben, sobald ich glaube, daß mein Brief etwas Bedeutendes und Angenehmes enthalten werde."

Charlotte freute sich über dieses Blatt. Sein Inhalt traf ganz nahe mit den Vorstellungen zusammen, welche sie von Ottilien hegte; dabei konnte sie sich eines Lächelns nicht enthalten, indem der Anteil des Lehrers herzlicher zu sein schien, als ihn die Einsicht in die Tugenden eines Zöglings hervorzubringen pflegt. Bei ihrer ruhigen, vorurteilsfreien Denkweise ließ sie auch ein solches Verhältnis, wie so viele andre, vor sich liegen; die Teilnahme des verständigen Mannes an Ottilien hielt sie wert; denn sie hatte in ihrem Leben genugsam einsehen gelernt, wie hoch jede wahre Neigung zu schätzen sei in einer Welt, wo Gleichgültigkeit und Abneigung eigentlich recht zu Hause sind.

VIERTES KAPITEL

Die topographische Karte, auf welcher das Gut mit seinen Umgebungen nach einem ziemlich großen Maßstabe charakteristisch und faßlich durch Federstriche und Farben dargestellt war und welche der Hauptmann durch einige trigonometrische Messungen sicher zu gründen wußte, war bald fertig; denn weniger Schlaf als dieser tätige Mann bedurfte kaum jemand, so wie sein Tag stets dem augenblicklichen Zwecke gewidmet und deswegen jederzeit am Abende etwas getan war.

„Laß uns nun“, sagte er zu seinem Freunde, „an das übrige gehen, an die Gutsbeschreibung, wozu schon genugsame Vorarbeit da sein muß, aus der sich nachher Pachtanschläge und anderes schon entwickeln werden. Nur Eines laß uns festsetzen und einrichten: trenne alles, was eigentlich Geschäft ist, vom Leben! Das Geschäft verlangt Ernst und Strenge, das Leben Willkür; das Geschäft die reinste Folge, dem Leben tut eine Inkonsequenz oft not, ja sie ist liebenswürdig und erheiternd. Bist du bei dem einen sicher, so kannst du in dem andern desto freier sein, anstatt daß bei einer Vermischung das Sichre durch das Freie weggerissen und aufgehoben wird.“

Eduard fühlte in diesen Vorschlägen einen leisen Vorwurf. Zwar von Natur nicht unordentlich, konnte er doch niemals dazu kommen, seine Papiere nach Fächern abzuteilen. Das, was er mit andern abzutun hatte, was bloß von ihm selbst abhing, es war nicht geschieden, so wie er auch Geschäfte und Beschäftigung, Unterhaltung und Zerstreuung nicht genugsam voneinander absonderte. Jetzt wurde es ihm leicht, da ein Freund diese Bemühung übernahm, ein zweites Ich die Sonderung bewirkte, in die das eine Ich nicht immer sich spalten mag.

Sie errichteten auf dem Flügel des Hauptmanns eine Repositur für das Gegenwärtige, ein Archiv für das Vergangene, schafften alle Dokumente, Papiere, Nachrichten aus verschiedenen Behältnissen, Kammern, Schränken und Kisten herbei, und auf das geschwindeste war der Wust in eine erfreuliche Ordnung gebracht, lag rubriziert in bezeichneten Fächern. Was man wünschte, ward vollständiger gefunden, als man gehofft hatte. Hierbei ging ihnen ein alter Schreiber sehr an die Hand, der den Tag über, ja einen Teil der Nacht nicht vom Pulte kam und mit dem Eduard bisher immer unzufrieden gewesen war.

„Ich kenne ihn nicht mehr," sagte Eduard zu seinem Freund, „wie tätig und brauchbar der Mensch ist." – „Das macht," versetzte der Hauptmann, „wir tragen ihm nichts Neues auf, als bis er das Alte nach seiner Bequemlichkeit vollendet hat; und so leistet er, wie du siehst, sehr viel; sobald man ihn stört, vermag er gar nichts."

Brachten die Freunde auf diese Weise ihre Tage zusammen zu, so versäumten sie abends nicht, Charlotten regelmäßig zu besuchen. Fand sich keine Gesellschaft von benachbarten Orten und Gütern, welches öfters geschah, so war das Gespräch wie das Lesen meist solchen Gegenständen gewidmet, welche den Wohlstand, die Vorteile und das Behagen der bürgerlichen Gesellschaft vermehren.

Charlotte, ohnehin gewohnt, die Gegenwart zu nutzen, fühlte sich, indem sie ihren Mann zufrieden sah, auch persönlich gefördert. Verschiedene häusliche Anstalten, die sie längst gewünscht, aber nicht recht einleiten können, wurden durch die Tätigkeit des Hauptmanns bewirkt. Die Hausapotheke, die bisher nur aus wenigen Mitteln bestanden, ward bereichert und Charlotte sowohl durch faßliche Bücher als durch Unterredung in den Stand gesetzt, ihr tätiges und hülfreiches Wesen öfter und wirksamer als bisher in Übung zu bringen.

Da man auch die gewöhnlichen und dessen ungeachtet

nur zu oft überraschenden Notfälle durchdachte, so wurde alles, was zur Rettung der Ertrunkenen nötig sein möchte, um so mehr angeschafft, als bei der Nähe so mancher Teiche, Gewässer und Wasserwerke öfters ein und der andere Unfall dieser Art vorkam. Diese Rubrik besorgte der Hauptmann sehr ausführlich, und Eduarden entschlüpfte die Bemerkung, daß ein solcher Fall in dem Leben seines Freundes auf die seltsamste Weise Epoche gemacht. Doch als dieser schwieg und einer traurigen Erinnerung auszuweichen schien, hielt Eduard gleichfalls an, so wie auch Charlotte, die nicht weniger im allgemeinen davon unterrichtet war, über jene Äußerungen hinausging.

„Wir wollen alle diese vorsorglichen Anstalten loben," sagte eines Abends der Hauptmann; „nun geht uns aber das Notwendigste noch ab, ein tüchtiger Mann, der das alles zu handhaben weiß. Ich kann hiezu einen mir bekannten Feldchirurgus vorschlagen, der jetzt um leidliche Bedingung zu haben ist, ein vorzüglicher Mann in seinem Fache, und der mir auch in Behandlung heftiger innerer Übel öfters mehr Genüge getan hat als ein berühmter Arzt; und augenblickliche Hülfe ist doch immer das, was auf dem Lande am meisten vermißt wird."

Auch dieser wurde sogleich verschrieben, und beide Gatten freuten sich, daß sie so manche Summe, die ihnen zu willkürlichen Ausgaben übrigblieb, auf die nötigsten zu verwenden Anlaß gefunden.

So benutzte Charlotte die Kenntnisse, die Tätigkeit des Hauptmanns auch nach ihrem Sinne und fing an, mit seiner Gegenwart völlig zufrieden und über alle Folgen beruhigt zu werden. Sie bereitete sich gewöhnlich vor, manches zu fragen, und da sie gern leben mochte, so suchte sie alles Schädliche, alles Tödliche zu entfernen. Die Bleiglasur der Töpferwaren, der Grünspan kupferner Gefäße hatte ihr schon manche Sorge gemacht. Sie ließ sich hierüber belehren, und natürlicherweise mußte man auf die Grundbegriffe der Physik und Chemie zurückgehen.

Zufälligen, aber immer willkommenen Anlaß zu solchen Unterhaltungen gab Eduards Neigung, der Gesellschaft vorzulesen. Er hatte eine sehr wohlklingende, tiefe Stimme und war früher wegen lebhafter, gefühlter Rezitation dichterischer und rednerischer Arbeiten angenehm und berühmt gewesen. Nun waren es andre Gegenstände, die ihn beschäftigten, andre Schriften, woraus er vorlas, und eben seit einiger Zeit vorzüglich Werke physischen, chemischen und technischen Inhalts.

Eine seiner besondern Eigenheiten, die er jedoch vielleicht mit mehrern Menschen teilt, war die, daß es ihm unerträglich fiel, wenn jemand ihm beim Lesen in das Buch sah. In früherer Zeit, beim Vorlesen von Gedichten, Schauspielen, Erzählungen, war es die natürliche Folge der lebhaften Absicht, die der Vorlesende so gut als der Dichter, der Schauspieler, der Erzählende hat, zu überraschen, Pausen zu machen, Erwartungen zu erregen; da es denn freilich dieser beabsichtigten Wirkung sehr zuwider ist, wenn ihm ein Dritter wissentlich mit den Augen vorspringt. Er pflegte sich auch deswegen in solchem Falle immer so zu setzen, daß er niemand im Rücken hatte. Jetzt zu dreien war diese Vorsicht unnötig; und da es diesmal nicht auf Erregung des Gefühls, auf Überraschung der Einbildungskraft angesehen war, so dachte er selbst nicht daran, sich sonderlich in acht zu nehmen.

Nur eines Abends fiel es ihm auf, als er sich nachlässig gesetzt hatte, daß Charlotte ihm in das Buch sah. Seine alte Ungeduld erwachte, und er verwies es ihr, gewissermaßen unfreundlich: „Wollte man sich doch solche Unarten, wie so manches andre, was der Gesellschaft lästig ist, ein für allemal abgewöhnen! Wenn ich jemand vorlese, ist es denn nicht, als wenn ich ihm mündlich etwas vortrüge? Das Geschriebene, das Gedruckte tritt an die Stelle meines eigenen Sinnes, meines eigenen Herzens; und würde ich mich wohl zu reden bemühen, wenn ein Fensterchen vor meiner Stirn, vor meiner Brust angebracht wäre, so daß der, dem ich meine Gedanken einzeln zuzählen, meine Empfindungen einzeln zureichen will, immer schon lange vorher wissen könnte, wo es mit mir hinaus wollte? Wenn mir jemand ins Buch sieht, so ist mir immer, als wenn ich in zwei Stücke gerissen würde."

Charlotte, deren Gewandtheit sich in größeren und kleineren Zirkeln besonders dadurch bewies, daß sie jede unangenehme, jede heftige, ja selbst nur lebhafte Äußerung zu beseitigen, ein sich verlängerndes Gespräch zu unterbrechen, ein stockendes anzuregen wußte, war auch diesmal von ihrer guten Gabe nicht verlassen: „Du wirst mir meinen Fehler gewiß verzeihen, wenn ich bekenne, was mir diesen Augenblick begegnet ist. Ich hörte von Verwandtschaften lesen, und da dacht ich eben gleich an meine Verwandten, an ein paar Vettern, die mir gerade in diesem Augenblick zu schaffen machen. Meine Aufmerksamkeit kehrt zu deiner Vorlesung zurück; ich höre, daß von ganz leblosen Dingen die Rede ist, und blicke dir ins Buch, um mich wieder zurechtzufinden."

„Es ist eine Gleichnisrede, die dich verführt und verwirrt hat," sagte Eduard. „Hier wird freilich nur von Erden und Mineralien gehandelt, aber der Mensch ist ein wahrer Narziß; er bespiegelt sich überall gern selbst, er legt sich als Folie der ganzen Welt unter."

„Jawohl!" fuhr der Hauptmann fort; „so behandelt er alles, was er außer sich findet; seine Weisheit wie seine Torheit, seinen Willen wie seine Willkür leiht er den Tieren, den Pflanzen, den Elementen und den Göttern."

„Möchtet ihr mich," versetzte Charlotte, „da ich euch nicht zu weit von dem augenblicklichen Interesse wegführen will, nur kürzlich belehren, wie es eigentlich hier mit den Verwandtschaften gemeint sei?"

„Das will ich wohl gerne tun," erwiderte der Hauptmann, gegen den sich Charlotte gewendet hatte, „freilich nur so gut, als ich es vermag, wie ich es etwa vor zehn Jahren gelernt, wie ich es gelesen habe. Ob man in der wissenschaftlichen Welt noch so darüber denkt, ob es zu den neuern Lehren paßt, wüßte ich nicht zu sagen."

„Es ist schlimm genug," rief Eduard, „daß man jetzt nichts mehr für sein ganzes Leben lernen kann. Unsre Vorfahren hielten sich an den Unterricht, den sie in ihrer Jugend empfangen; wir aber müssen jetzt alle fünf Jahre umlernen, wenn wir nicht ganz aus der Mode kommen wollen."

„Wir Frauen", sagte Charlotte, „nehmen es nicht so genau; und wenn ich aufrichtig sein soll, so ist es mir eigentlich nur um den Wortverstand zu tun; denn es macht in der Gesellschaft nichts lächerlicher, als wenn man ein fremdes, ein Kunstwort falsch anwendet. Deshalb möchte ich nur wissen, in welchem Sinne dieser Ausdruck eben bei diesen Gegenständen gebraucht wird. Wie es wissenschaftlich damit zusammenhänge, wollen wir den Gelehrten überlassen, die übrigens, wie ich habe bemerken können, sich wohl schwerlich jemals vereinigen werden."

„Wo fangen wir aber nun an, um am schnellsten in die Sache zu kommen?" fragte Eduard nach einer Pause den Hauptmann, der, sich ein wenig bedenkend, bald darauf erwiderte:

„Wenn es mir erlaubt ist, dem Scheine nach weit auszuholen, so sind wir bald am Platze."

„Sein Sie meiner ganzen Aufmerksamkeit versichert," sagte Charlotte, indem sie ihre Arbeit beiseitelegte.

Und so begann der Hauptmann: „An allen Naturwesen, die wir gewahr werden, bemerken wir zuerst, daß sie einen Bezug auf sich selbst haben. Es klingt freilich wunderlich, wenn man etwas ausspricht, was sich ohnehin versteht; doch nur indem man sich über das Bekannte völlig verständigt hat, kann man miteinander zum Unbekannten fortschreiten."

„Ich dächte," fiel ihm Eduard ein, „wir machten ihr und uns die Sache durch Beispiele bequem. Stelle dir nur das Wasser, das Öl, das Quecksilber vor, so wirst du eine Einigkeit, einen Zusammenhang ihrer Teile finden. Diese Einung verlassen sie nicht, außer durch Gewalt oder sonstige Bestimmung. Ist diese beseitigt, so treten sie gleich wieder zusammen."

„Ohne Frage," sagte Charlotte beistimmend. „Regentropfen vereinigen sich gern zu Strömen. Und schon als Kinder spielen wir erstaunt mit dem Quecksilber, indem wir es in Kügelchen trennen und es wieder zusammenlaufen lassen."

„Und so darf ich wohl", fügte der Hauptmann hinzu, „eines bedeutenden Punktes im flüchtigen Vorbeigehen erwähnen, daß nämlich dieser völlig reine, durch Flüssigkeit mögliche Bezug sich entschieden und immer durch die

Kugelgestalt auszeichnet. Der fallende Wassertropfen ist rund; von den Quecksilberkügelchen haben Sie selbst gesprochen; ja ein fallendes geschmolzenes Blei, wenn es Zeit hat, völlig zu erstarren, kommt unten in Gestalt einer Kugel an."

„Lassen Sie mich voreilen," sagte Charlotte, „ob ich treffe, wo Sie hinwollen. Wie jedes gegen sich selbst einen Bezug hat, so muß es auch gegen andere ein Verhältnis haben."

„Und das wird nach Verschiedenheit der Wesen verschieden sein," fuhr Eduard eilig fort. „Bald werden sie sich als Freunde und alte Bekannte begegnen, die schnell zusammentreten, sich vereinigen, ohne aneinander etwas zu verändern, wie sich Wein mit Wasser vermischt. Dagegen werden andre fremd nebeneinander verharren und selbst durch mechanisches Mischen und Reiben sich keineswegs verbinden; wie Öl und Wasser, zusammengerüttelt, sich den Augenblick wieder auseinander sondert."

„Es fehlt nicht viel," sagte Charlotte, „so sieht man in diesen einfachen Formen die Menschen, die man gekannt hat; besonders aber erinnert man sich dabei der Sozietäten, in denen man lebte. Die meiste Ähnlichkeit jedoch mit diesen seelenlosen Wesen haben die Massen, die in der Welt sich einander gegenüberstellen, die Stände, die Berufsbestimmungen, der Adel und der dritte Stand, der Soldat und der Zivilist."

„Und doch!" versetzte Eduard; „wie diese durch Sitten und Gesetze vereinbar sind, so gibt es auch in unserer chemischen Welt Mittelglieder, dasjenige zu verbinden, was sich einander abweist."

„So verbinden wir", fiel der Hauptmann ein, „das Öl durch Laugensalz mit dem Wasser."

„Nur nicht zu geschwind mit Ihrem Vortrag!" sagte Charlotte, „damit ich zeigen kann, daß ich Schritt halte. Sind wir nicht hier schon zu den Verwandtschaften gelangt?"

„Ganz richtig," erwiderte der Hauptmann; „und wir werden sie gleich in ihrer vollen Kraft und Bestimmtheit kennenlernen. Diejenigen Naturen, die sich beim Zusammentreffen einander schnell ergreifen und wechselseitig bestimmen, nennen wir verwandt. An den Alkalien und Säuren, die, obgleich einander entgegengesetzt und vielleicht eben deswegen, weil sie einander entgegengesetzt sind, sich am entschiedensten suchen und fassen, sich modifizieren und zusammen einen neuen Körper bilden, ist diese Verwandtschaft auffallend genug. Gedenken wir nur des Kalks, der zu allen Säuren eine große Neigung, eine entschiedene Vereinigungslust äußert! Sobald unser chemisches Kabinett ankommt, wollen wir Sie verschiedene Versuche sehen lassen, die sehr unterhaltend sind und einen bessern Begriff geben als Worte, Namen und Kunstausdrücke."

„Lassen Sie mich gestehen," sagte Charlotte, „wenn Sie diese Ihre wunderlichen Wesen verwandt nennen, so kommen sie mir nicht sowohl als Blutsverwandte, vielmehr als Geistes- und Seelenverwandte vor. Auf eben diese Weise können unter Menschen wahrhaft bedeutende Freundschaften entstehen; denn entgegengesetzte Eigenschaften machen eine innigere Vereinigung möglich. Und so will ich denn abwarten, was Sie mir von diesen geheimnisvollen Wirkungen vor die Augen bringen werden. – Ich will dich", sagte sie, zu Eduard gewendet, „jetzt im Vorlesen nicht weiter stören und, um so viel besser unterrichtet, deinen Vortrag mit Aufmerksamkeit vernehmen."

„Da du uns einmal aufgerufen hast," versetzte Eduard, „so kommst du so leicht nicht los; denn eigentlich sind die verwickelten Fälle die interessantesten. Erst bei diesen lernt man die Grade der Verwandtschaften, die nähern, stärkern, entferntern, geringern Beziehungen kennen; die Verwandtschaften werden erst interessant, wenn sie Scheidungen bewirken."

„Kommt das traurige Wort," rief Charlotte, „das man leider in der Welt jetzt so oft hört, auch in der Naturlehre vor?"

„Allerdings!" erwiderte Eduard. „Es war sogar ein bezeichnender Ehrentitel der Chemiker, daß man sie Scheidekünstler nannte."

„Das tut man also nicht mehr", versetzte Charlotte, „und tut sehr wohl daran. Das Vereinigen ist eine größere Kunst, ein größeres Verdienst. Ein Einungskünstler wäre in jedem Fache der ganzen Welt willkommen. – Nun so laßt mich denn, weil ihr doch einmal im Zug seid, ein paar solche Fälle wissen!“

„So schließen wir uns denn gleich“, sagte der Hauptmann, „an dasjenige wieder an, was wir oben schon benannt und besprochen haben. Zum Beispiel was wir Kalkstein nennen, ist eine mehr oder weniger reine Kalkerde, innig mit einer zarten Säure verbunden, die uns in Luftform bekannt geworden ist. Bringt man ein Stück solchen Steines in verdünnte Schwefelsäure, so ergreift diese den Kalk und erscheint mit ihm als Gips; jene zarte, luftige Säure hingegen entflieht. Hier ist eine Trennung, eine neue Zusammensetzung entstanden, und man glaubt sich nunmehr berechtigt, sogar das Wort Wahlverwandtschaft anzuwenden, weil es wirklich aussieht, als wenn ein Verhältnis dem andern vorgezogen, eins vor dem andern erwählt würde.“

„Verzeihen Sie mir,“ sagte Charlotte, „wie ich dem Naturforscher verzeihe; aber ich würde hier niemals eine Wahl, eher eine Naturnotwendigkeit erblicken, und diese kaum; denn es ist am Ende vielleicht gar nur die Sache der Gelegenheit. Gelegenheit macht Verhältnisse, wie sie Diebe macht; und wenn von Ihren Naturkörpern die Rede ist, so scheint mir die Wahl bloß in den Händen des Chemikers zu liegen, der diese Wesen zusammenbringt. Sind sie aber einmal beisammen, dann gnade ihnen Gott! In dem gegenwärtigen Falle dauert mich nur die arme Luftsäure, die sich wieder im Unendlichen herumtreiben muß.“

„Es kommt nur auf sie an,“ versetzte der Hauptmann, „sich mit dem Wasser zu verbinden und als Mineralquelle Gesunden und Kranken zur Erquickung zu dienen.“

„Der Gips hat gut reden,“ sagte Charlotte; „der ist nun fertig, ist ein Körper, ist versorgt, anstatt daß jenes ausgetriebene Wesen noch manche Not haben kann, bis es wieder unterkommt.“

„Ich müßte sehr irren,“ sagte Eduard lächelnd, „oder es steckt eine kleine Tücke hinter deinen Reden. Gesteh nur deine Schalkheit! Am Ende bin ich in deinen Augen der

Kalk, der vom Hauptmann, als einer Schwefelsäure, ergriffen, deiner anmutigen Gesellschaft entzogen und in einen refraktären Gips verwandelt wird."

„Wenn das Gewissen", versetzte Charlotte, „dich solche Betrachtungen machen heißt, so kann ich ohne Sorge sein. Diese Gleichnisreden sind artig und unterhaltend, und wer spielt nicht gern mit Ähnlichkeiten! Aber der Mensch ist doch um so manche Stufe über jene Elemente erhöht, und wenn er hier mit den schönen Worten Wahl und Wahlverwandtschaft etwas freigebig gewesen, so tut er wohl, wieder in sich selbst zurückzukehren und den Wert solcher Ausdrücke bei diesem Anlaß recht zu bedenken. Mir sind leider Fälle genug bekannt, wo eine innige, unauflöslich scheinende Verbindung zweier Wesen durch gelegentliche Zugesellung eines dritten aufgehoben und eins der erst so schön verbundenen ins lose Weite hinausgetrieben ward."

„Da sind die Chemiker viel galanter," sagte Eduard; „sie gesellen ein viertes dazu, damit keines leer ausgehe."

„Jawohl!" versetzte der Hauptmann; „diese Fälle sind allerdings die bedeutendsten und merkwürdigsten, wo man das Anziehen, das Verwandtsein, dieses Verlassen, dieses Vereinigen gleichsam übers Kreuz wirklich darstellen kann, wo vier bisher je zwei zu zwei verbundene Wesen, in Berührung gebracht, ihre bisherige Vereinigung verlassen und sich aufs neue verbinden. In diesem Fahrenlassen und Ergreifen, in diesem Fliehen und Suchen glaubt man wirklich eine höhere Bestimmung zu sehen; man traut solchen Wesen eine Art von Wollen und Wählen zu und hält das Kunstwort ‚Wahlverwandtschaften' für vollkommen gerechtfertigt."

„Beschreiben Sie mir einen solchen Fall!" sagte Charlotte.

„Man sollte dergleichen", versetzte der Hauptmann, „nicht mit Worten abtun. Wie schon gesagt: sobald ich Ihnen die Versuche selbst zeigen kann, wird alles anschaulicher und angenehmer werden. Jetzt müßte ich Sie mit schrecklichen Kunstworten hinhalten, die Ihnen doch keine Vorstellung gäben. Man muß diese tot scheinenden und doch zur Tätigkeit innerlich immer bereiten Wesen wirkend vor seinen Augen sehen, mit Teilnahme schauen, wie sie einander suchen, sich anziehen, ergreifen, zerstören, verschlingen, aufzehren und sodann aus der innigsten Verbindung wieder in erneuter, neuer, unerwarteter Gestalt hervortreten: dann traut man ihnen erst ein ewiges Leben, ja wohl gar Sinn und Verstand zu, weil wir unsere Sinne kaum genügend fühlen, sie recht zu beobachten, und unsre Vernunft kaum hinlänglich, sie zu fassen."

„Ich leugne nicht," sagte Eduard, „daß die seltsamen Kunstwörter demjenigen, der nicht durch sinnliches Anschauen, durch Begriffe mit ihnen versöhnt ist, beschwerlich, ja lächerlich werden müssen. Doch könnten wir leicht mit Buchstaben einstweilen das Verhältnis ausdrücken, wovon hier die Rede war."

„Wenn Sie glauben, daß es nicht pedantisch aussieht," versetzte der Hauptmann, „so kann ich wohl in der Zeichensprache mich kürzlich zusammenfassen. Denken Sie sich ein A, das mit einem B innig verbunden ist, durch viele Mittel und durch manche Gewalt nicht von ihm zu trennen; denken Sie sich ein C, das sich ebenso zu einem D verhält; bringen Sie nun die beiden Paare in Berührung: A wird sich zu D, C zu B werfen, ohne daß man sagen kann, wer das andere zuerst verlassen, wer sich mit dem andern zuerst wieder verbunden habe."

„Nun denn!" fiel Eduard ein; „bis wir alles dieses mit Augen sehen, wollen wir diese Formel als Gleichnisrede betrachten, woraus wir uns eine Lehre zum unmittelbaren Gebrauch ziehen. Du stellst das A vor, Charlotte, und ich dein B; denn eigentlich hänge ich doch nur von dir ab und folge dir wie dem A das B. Das C ist ganz deutlich der Kapitän, der mich für diesmal dir einigermaßen entzieht. Nun ist es billig, daß, wenn du nicht ins Unbestimmte entweichen sollst, dir für ein D gesorgt werde, und das ist ganz ohne Frage das liebenswürdige Dämchen Ottilie, gegen deren Annäherung du dich nicht länger verteidigen darfst."

„Gut!" versetzte Charlotte. „Wenn auch das Beispiel, wie mir scheint, nicht ganz auf unsern Fall paßt, so halte ich es doch für ein Glück, daß wir heute einmal völlig zusammentreffen und daß diese Natur- und Wahlverwandtschaften unter uns eine vertrauliche Mitteilung beschleunigen. Ich will es also nur gestehen, daß ich seit diesem Nachmittage entschlossen bin, Ottilien zu berufen; denn meine bisherige treue Beschließerin und Haushälterin wird abziehen, weil sie heiratet. Dies wäre von meiner Seite und um meinetwillen; was mich um Ottiliens willen bestimmt, das wirst du uns vorlesen. Ich will dir nicht ins Blatt sehen, aber freilich ist mir der Inhalt schon bekannt. Doch lies nur, lies!" Mit diesen Worten zog sie einen Brief hervor und reichte ihn Eduarden.

FÜNFTES KAPITEL

Brief der Vorsteherin

„Euer Gnaden werden verzeihen, wenn ich mich heute ganz kurz fasse; denn ich habe nach vollendeter öffentlicher Prüfung dessen, was wir im vergangenen Jahr an unsern Zöglingen geleistet haben, an die sämtlichen Eltern und Vorgesetzten den Verlauf zu melden; auch darf ich wohl kurz sein, weil ich mit wenigem viel sagen kann. Ihre Fräulein Tochter hat sich in jedem Sinne als die Erste bewiesen. Die beiliegenden Zeugnisse, ihr eigner Brief, der die Beschreibung der Preise enthält, die ihr geworden sind, und zugleich das Vergnügen ausdrückt, das sie über ein so glückliches Gelingen empfindet, wird Ihnen zur Beruhigung, ja zur Freude gereichen. Die meinige wird dadurch einigermaßen gemindert, daß ich voraussehe, wir werden nicht lange mehr Ursache haben, ein so weit vorgeschrittenes Frauenzimmer bei uns zurückzuhalten. Ich empfehle mich zu Gnaden und nehme mir die Freiheit, nächstens meine Gedanken über das, was ich am vorteilhaftesten für sie halte, zu eröffnen. Von Ottilien schreibt mein freundlicher Gehülfe."

Brief des Gehülfen

„Von Ottilien läßt mich unsre ehrwürdige Vorsteherin schreiben, teils weil es ihr, nach ihrer Art zu denken, peinlich wäre, dasjenige, was zu melden ist, zu melden, teils auch, weil sie selbst einer Entschuldigung bedarf, die sie lieber mir in den Mund legen mag.

Da ich nur allzuwohl weiß, wie wenig die gute Ottilie das zu äußern imstande ist, was in ihr liegt und was sie vermag, so war mir vor der öffentlichen Prüfung einigermaßen bange, um so mehr, als überhaupt dabei keine Vorbereitung möglich ist, und auch, wenn es nach der gewöhnlichen Weise sein könnte, Ottilie auf den Schein nicht vorzubereiten wäre. Der Ausgang hat meine Sorge nur zu sehr gerechtfertigt; sie hat keinen Preis erhalten und ist auch unter denen, die kein Zeugnis empfangen haben. Was soll ich viel sagen? Im Schreiben hatten andere kaum so wohlgeformte Buchstaben, doch viel freiere Züge; im Rechnen waren alle schneller, und an schwierige Aufgaben, welche sie besser löst, kam es bei der Untersuchung nicht. Im Französischen überparlierten und überexponierten sie manche; in der Geschichte waren ihr Namen und Jahrzahlen nicht gleich bei der Hand; bei der Geographie vermißte man Aufmerksamkeit auf die politische Einteilung. Zum musikalischen Vortrag ihrer wenigen bescheidenen Melodien fand sich weder Zeit noch Ruhe. Im Zeichnen hätte sie gewiß den Preis davongetragen; ihre Umrisse waren rein und die Ausführung bei vieler Sorgfalt geistreich. Leider hatte sie etwas zu Großes unternommen und war nicht fertig geworden.

Als die Schülerinnen abgetreten waren, die Prüfenden zusammen Rat hielten und uns Lehrern wenigstens einiges Wort dabei gönnten, merkte ich wohl bald, daß von Ottilien gar nicht und, wenn es geschah, wo nicht mit Mißbilligung, doch mit Gleichgültigkeit gesprochen wurde. Ich hoffte, durch eine offne Darstellung ihrer Art zu sein einige Gunst zu erregen, und wagte mich daran mit doppeltem Eifer, einmal, weil ich nach meiner Überzeugung sprechen konnte, und sodann, weil ich mich in jüngeren Jahren in eben demselben traurigen Fall befunden hatte. Man hörte mich mit Aufmerksamkeit an; doch als ich geendigt hatte, sagte mir der vorsitzende Prüfende zwar freundlich, aber lakonisch: ‚Fähigkeiten werden vorausgesetzt, sie sollen zu Fertigkeiten werden. Dies ist der Zweck aller Erziehung, dies ist die laute, deutliche Absicht der Eltern und Vorgesetzten, die stille, nur halb bewußte der Kinder selbst. Dies ist auch der Gegenstand der Prüfung, wobei zugleich Lehrer und Schüler beurteilt werden. Aus dem, was wir von Ihnen vernehmen, schöpfen wir gute Hoffnung von dem Kinde, und Sie sind allerdings lobenswürdig, indem Sie auf die Fähigkeiten der Schülerinnen genau achtgeben. Verwandeln Sie solche übers Jahr in Fertigkeiten, so wird es Ihnen und Ihrer begünstigten Schülerin nicht an Beifall mangeln.‘

In das, was hierauf folgte, hatte ich mich schon ergeben, aber ein noch Übleres nicht befürchtet, das sich bald darauf zutrug. Unsere gute Vorsteherin, die wie ein guter Hirte auch nicht eins von ihren Schäfchen verloren oder, wie es hier der Fall war, ungeschmückt sehen möchte, konnte, nachdem die Herren sich entfernt hatten, ihren Unwillen nicht bergen und sagte zu Ottilien, die ganz ruhig, indem die andern sich über ihre Preise freuten, am Fenster stand: ‚Aber sagen Sie mir, um ’s Himmels willen! wie kann man so dumm aussehen, wenn man es nicht ist?‘ Ottilie versetzte ganz gelassen: ‚Verzeihen Sie, liebe Mutter, ich habe gerade heute wieder mein Kopfweh, und ziemlich stark.‘ – ‚Das kann niemand wissen!‘ versetzte die sonst so teilnehmende Frau und kehrte sich verdrießlich um.

Nun es ist wahr: niemand kann es wissen; denn Ottilie verändert das Gesicht nicht, und ich habe auch nicht gesehen, daß sie einmal die Hand nach dem Schlafe zu bewegt hätte.

Das war noch nicht alles. Ihre Fräulein Tochter, gnädige Frau, sonst lebhaft und freimütig, war im Gefühl ihres heutigen Triumphs ausgelassen und übermütig. Sie sprang mit ihren Preisen und Zeugnissen in den Zimmern herum und schüttelte sie auch Ottilien vor dem Gesicht. ‚Du bist heute schlecht gefahren!‘ rief sie aus. Ganz gelassen antwortete Ottilie: ‚Es ist noch nicht der letzte Prüfungstag.‘ – ‚Und doch wirst du immer die Letzte bleiben!‘ rief das Fräulein und sprang hinweg.

Ottilie schien gelassen für jeden andern, nur nicht für mich. Eine innere, unangenehme, lebhafte Bewegung, der sie widersteht, zeigt sich durch eine ungleiche Farbe des Gesichts. Die linke Wange wird auf einen Augenblick rot, indem die rechte bleich wird. Ich sah dies Zeichen, und meine Teilnehmung konnte sich nicht zurückhalten. Ich führte unsre Vorsteherin beiseite, sprach ernsthaft mit ihr über die Sache. Die treffliche Frau erkannte ihren Fehler. Wir berieten, wir besprachen uns lange, und ohne deshalb weitläufiger zu sein, will ich Euer Gnaden unsern Beschluß und unsre Bitte vortragen: Ottilien auf einige Zeit zu sich zu nehmen. Die Gründe werden Sie sich selbst am besten entfalten. Bestimmen Sie sich hiezu, so sage ich mehr über die Behandlung des guten Kindes. Verläßt uns dann Ihre Fräulein Tochter, wie zu vermuten steht, so sehen wir Ottilien mit Freuden zurückkehren.

Noch eins, das ich vielleicht in der Folge vergessen könnte: ich habe nie gesehen, daß Ottilie etwas verlangt oder gar um etwas dringend gebeten hätte. Dagegen kommen Fälle, wiewohl selten, daß sie etwas abzulehnen sucht, was man von ihr fordert. Sie tut das mit einer Gebärde, die für den, der den Sinn davon gefaßt hat, unwiderstehlich ist. Sie drückt die flachen Hände, die sie in die Höhe hebt, zusammen und führt sie gegen die Brust, indem sie sich nur wenig vorwärts neigt und den dringend Fordernden mit einem solchen Blick ansieht, daß er gern von allem absteht, was er verlangen oder wünschen möchte. Sehen Sie jemals diese Gebärde, gnädige Frau, wie es bei Ihrer Behandlung nicht wahrscheinlich ist, so gedenken Sie meiner und schonen Ottilien."

Eduard hatte diese Briefe vorgelesen, nicht ohne Lächeln und Kopfschütteln. Auch konnte es an Bemerkungen über die Personen und über die Lage der Sache nicht fehlen. „Genug!" rief Eduard endlich aus; „es ist entschieden, sie kommt! Für dich wäre gesorgt, meine Liebe, und wir dürfen nun auch mit unserm Vorschlag hervorrücken. Es wird höchst nötig, daß ich zu dem Hauptmann auf den rechten Flügel hinüberziehe. Sowohl abends als morgens ist erst die rechte Zeit, zusammen zu arbeiten. Du erhältst dagegen für dich und Ottilien auf deiner Seite den schönsten Raum."

Charlotte ließ sichs gefallen, und Eduard schilderte ihre künftige Lebensart. Unter andern rief er aus: „Es ist doch recht zuvorkommend von der Nichte, ein wenig Kopfweh auf der linken Seite zu haben; ich habe es manchmal auf der rechten. Trifft es zusammen und wir sitzen gegeneinander, ich auf den rechten Ellbogen, sie auf den linken gestützt und die Köpfe nach verschiedenen Seiten in die Hand gelegt, so muß das ein Paar artige Gegenbilder geben."

Der Hauptmann wollte das gefährlich finden. Eduard hingegen rief aus: „Nehmen Sie sich nur, lieber Freund, vor dem D in acht! Was sollte B denn anfangen, wenn ihm C entrissen würde?"

„Nun, ich dächte doch," versetzte Charlotte, „das verstünde sich von selbst."

„Freilich," rief Eduard; „es kehrte zu seinem A zurück, zu seinem A und O!" rief er, indem er aufsprang und Charlotten fest an seine Brust drückte.

SECHSTES KAPITEL

Ein Wagen, der Ottilien brachte, war angefahren. Charlotte ging ihr entgegen; das liebe Kind eilte, sich ihr zu nähern, warf sich ihr zu Füßen und umfaßte ihre Kniee.

„Wozu die Demütigung!" sagte Charlotte, die einigermaßen verlegen war und sie aufheben wollte. „Es ist so demütig nicht gemeint," versetzte Ottilie, die in ihrer vorigen Stellung blieb. „Ich mag mich nur so gern jener Zeit erinnern, da ich noch nicht höher reichte als bis an Ihre Kniee und Ihrer Liebe schon so gewiß war."

Sie stand auf, und Charlotte umarmte sie herzlich. Sie ward den Männern vorgestellt und gleich mit besonderer Achtung als Gast behandelt. Schönheit ist überall ein gar willkommener Gast. Sie schien aufmerksam auf das Gespräch, ohne daß sie daran teilgenommen hätte.

Den andern Morgen sagte Eduard zu Charlotten: „Es ist ein angenehmes, unterhaltendes Mädchen."

„Unterhaltend?" versetzte Charlotte mit Lächeln; „sie hat ja den Mund noch nicht aufgetan."

„So?" erwiderte Eduard, indem er sich zu besinnen schien, „das wäre doch wunderbar!"

Charlotte gab dem neuen Ankömmling nur wenig Winke, wie es mit dem Hausgeschäfte zu halten sei. Ottilie hatte schnell die ganze Ordnung eingesehen, ja, was noch mehr ist, empfunden. Was sie für alle, für einen jeden insbesondre zu besorgen hatte, begriff sie leicht. Alles geschah pünktlich. Sie wußte anzuordnen, ohne daß sie zu befehlen schien, und wo jemand säumte, verrichtete sie das Geschäft gleich selbst.

Sobald sie gewahr wurde, wieviel Zeit ihr übrigblieb, bat sie Charlotten, ihre Stunden einteilen zu dürfen, die nun genau beobachtet wurden. Sie arbeitete das Vorgesetzte auf eine Art, von der Charlotte durch den Gehülfen unterrichtet war. Man ließ sie gewähren. Nur zuweilen suchte Charlotte sie anzuregen. So schob sie ihr manchmal abgeschriebene Federn unter, um sie auf einen freieren Zug der Handschrift zu leiten; aber auch diese waren bald wieder scharf geschnitten.

Die Frauenzimmer hatten untereinander festgesetzt, französisch zu reden, wenn sie allein wären, und Charlotte beharrte um so mehr dabei, als Ottilie gesprächiger in der fremden Sprache war, indem man ihr die Übung derselben zur Pflicht gemacht hatte. Hier sagte sie oft mehr, als sie zu wollen schien. Besonders ergetzte sich Charlotte an einer zufälligen, zwar genauen, aber doch liebevollen Schilderung der ganzen Pensionsanstalt. Ottilie ward ihr eine liebe Gesellschafterin, und sie hoffte, dereinst an ihr eine zuverlässige Freundin zu finden.

Charlotte nahm indes die älteren Papiere wieder vor, die sich auf Ottilien bezogen, um sich in Erinnerung zu bringen, was die Vorsteherin, was der Gehülfe über das gute Kind geurteilt, um es mit ihrer Persönlichkeit selbst zu vergleichen. Denn Charlotte war der Meinung, man könne nicht geschwind genug mit dem Charakter der Menschen bekannt werden, mit denen man zu leben hat, um zu wissen, was sich von ihnen erwarten, was sich an ihnen bilden läßt, oder was man ihnen ein für allemal zugestehen und verzeihen muß.

Sie fand zwar bei dieser Untersuchung nichts Neues, aber manches Bekannte ward ihr bedeutender und auffallender. So konnte ihr zum Beispiel Ottiliens Mäßigkeit im Essen und Trinken wirklich Sorge machen.

Das Nächste, was die Frauen beschäftigte, war der Anzug. Charlotte verlangte von Ottilien, sie solle in Kleidern reicher und mehr ausgesucht erscheinen. Sogleich schnitt das gute, tätige Kind die ihr früher geschenkten Stoffe selbst zu und wußte sie sich mit geringer Beihülfe anderer schnell und höchst zierlich anzupassen. Die neuen, modischen Gewänder erhöhten ihre Gestalt; denn indem das Angenehme einer Person sich auch über ihre Hülle verbreitet, so glaubt man sie immer wieder von neuem und anmutiger zu sehen, wenn sie ihre Eigenschaften einer neuen Umgebung mitteilt.

Dadurch ward sie den Männern, wie von Anfang so immer mehr, daß wir es nur mit dem rechten Namen nennen, ein wahrer Augentrost. Denn wenn der Smaragd durch seine herrliche Farbe dem Gesicht wohltut, ja sogar einige Heilkraft an diesem edlen Sinn ausübt, so wirkt die menschliche Schönheit noch mit weit größerer Gewalt auf den äußern und innern Sinn. Wer sie erblickt, den kann nichts Übles anwehen; er fühlt sich mit sich selbst und mit der Welt in Übereinstimmung.

Auf manche Weise hatte daher die Gesellschaft durch Ottiliens Ankunft gewonnen. Die beiden Freunde hielten regelmäßiger die Stunden, ja die Minuten der Zusammenkünfte. Sie ließen weder zum Essen, noch zum Tee, noch zum Spaziergang länger als billig auf sich warten. Sie eilten, besonders abends, nicht so bald von Tische weg. Charlotte bemerkte das wohl und ließ beide nicht unbeobachtet. Sie suchte zu erforschen, ob einer vor dem andern hiezu den Anlaß gäbe; aber sie konnte keinen Unterschied bemerken. Beide zeigten sich überhaupt geselliger. Bei ihren Unterhaltungen schienen sie zu bedenken, was Ottiliens Teilnahme zu erregen geeignet sein möchte, was ihren Einsichten, ihren übrigen Kenntnissen gemäß wäre. Beim Lesen und Erzählen hielten sie inne, bis sie wiederkam. Sie wurden milder und im ganzen mitteilender.

In Erwiderung dagegen wuchs die Dienstbeflissenheit Ottiliens mit jedem Tage. Je mehr sie das Haus, die Menschen, die Verhältnisse kennenlernte, desto lebhafter griff sie ein, desto schneller verstand sie jeden Blick, jede Bewegung, ein halbes Wort, einen Laut. Ihre ruhige Aufmerksamkeit blieb sich immer gleich, so wie ihre gelassene Regsamkeit. Und so war ihr Sitzen, Aufstehen, Gehen, Kommen, Holen, Bringen, Wiederniedersitzen ohne einen Schein von Unruhe, ein ewiger Wechsel, eine ewige angenehme Bewegung. Dazu kam, daß man sie nicht gehen hörte; so leise trat sie auf.

Diese anständige Dienstfertigkeit Ottiliens machte Charlotten viele Freude. Ein einziges, was ihr nicht ganz angemessen vorkam, verbarg sie Ottilien nicht. „Es gehört", sagte sie eines Tages zu ihr, „unter die lobenswürdigen Aufmerksamkeiten, daß wir uns schnell bücken, wenn jemand etwas aus der Hand fallen läßt, und es eilig aufzuheben suchen. Wir bekennen uns dadurch ihm gleichsam dienstpflichtig; nur ist in der größern Welt dabei zu bedenken, wem man eine solche Ergebenheit bezeigt. Gegen Frauen will ich dir darüber keine Gesetze vorschreiben. Du bist jung. Gegen Höhere und Ältere ist es Schuldigkeit, gegen deinesgleichen Artigkeit, gegen Jüngere und Niedere zeigt man sich dadurch menschlich und gut; nur will es einem Frauenzimmer nicht wohl geziemen, sich Männern auf diese Weise ergeben und dienstbar zu bezeigen."

„Ich will es mir abzugewöhnen suchen," versetzte Ottilie. „Indessen werden Sie mir diese Unschicklichkeit vergeben, wenn ich Ihnen sage, wie ich dazu gekommen bin. Man hat uns die Geschichte gelehrt; ich habe nicht soviel daraus behalten, als ich wohl gesollt hätte; denn ich wußte nicht, wozu ichs brauchen würde. Nur einzelne Begebenheiten sind mir sehr eindrücklich gewesen, so folgende:

Als Karl der Erste von England vor seinen sogenannten Richtern stand, fiel der goldne Knopf des Stöckchens, das er trug, herunter. Gewohnt, daß bei solchen Gelegenheiten sich alles für ihn bemühte, schien er sich umzusehen und zu erwarten, daß ihm jemand auch diesmal den kleinen Dienst erzeigen sollte. Es regte sich niemand; er bückte sich selbst, um den Knopf aufzuheben. Mir kam das so schmerzlich vor, ich weiß nicht, ob mit Recht, daß ich von jenem Augenblick an niemanden kann etwas aus den Händen fallen sehn, ohne mich darnach zu bücken. Da es aber freilich nicht immer schicklich sein mag und ich", fuhr sie lächelnd fort, „nicht jederzeit meine Geschichte erzählen kann, so will ich mich künftig mehr zurückhalten."

Indessen hatten die guten Anstalten, zu denen sich die beiden Freunde berufen fühlten, ununterbrochenen Fortgang. Ja täglich fanden sie neuen Anlaß, etwas zu bedenken und zu unternehmen.

Als sie eines Tages zusammen durch das Dorf gingen, bemerkten sie mißfällig, wie weit es an Ordnung und Reinlichkeit hinter jenen Dörfern zurückstehe, wo die Bewohner durch die Kostbarkeit des Raums auf beides hingewiesen werden.

„Du erinnerst dich," sagte der Hauptmann, „wie wir auf unserer Reise durch die Schweiz den Wunsch äußerten, eine ländliche sogenannte Parkanlage recht eigentlich zu verschönern, indem wir ein so gelegenes Dorf nicht zur Schweizer Bauart, sondern zur Schweizer Ordnung und Sauberkeit, welche die Benutzung so sehr befördern, einrichteten."

„Hier zum Beispiel", versetzte Eduard, „ginge das wohl an. Der Schloßberg verläuft sich in einen vorspringenden Winkel herunter; das Dorf ist ziemlich regelmäßig im Halbzirkel gegenüber gebaut; dazwischen fließt der Bach, gegen dessen Anschwellen sich der eine mit Steinen, der andere mit Pfählen, wieder einer mit Balken und der Nachbar sodann mit Planken verwahren will, keiner aber den andern fördert, vielmehr sich und den übrigen Schaden und Nachteil bringt. So geht der Weg auch in ungeschickter Bewegung bald herauf, bald herab, bald durchs Wasser, bald über Steine. Wollten die Leute mit Hand anlegen, so würde kein großer Zuschuß nötig sein, um hier eine Mauer im Halbkreis aufzuführen, den Weg dahinter bis an die Häuser zu erhöhen, den schönsten Raum herzustellen, der Reinlichkeit Platz zu geben und durch eine ins Große gehende Anstalt alle kleine, unzulängliche Sorge auf einmal zu verbannen."

„Laß es uns versuchen!" sagte der Hauptmann, indem er die Lage mit den Augen überlief und schnell beurteilte.

„Ich mag mit Bürgern und Bauern nichts zu tun haben, wenn ich ihnen nicht geradezu befehlen kann,“ versetzte Eduard.

„Du hast so unrecht nicht,“ erwiderte der Hauptmann; „denn auch mir machten dergleichen Geschäfte im Leben schon viel Verdruß. Wie schwer ist es, daß der Mensch recht abwäge, was man aufopfern muß gegen das, was zu gewinnen ist, wie schwer, den Zweck zu wollen und die Mittel nicht zu verschmähen! Viele verwechseln gar die Mittel und den Zweck, erfreuen sich an jenen, ohne diesen im Auge zu behalten. Jedes Übel soll an der Stelle geheilt werden, wo es zum Vorschein kommt, und man bekümmert sich nicht um jenen Punkt, wo es eigentlich seinen Ursprung nimmt, woher es wirkt. Deswegen ist es so schwer, Rat zu pflegen, besonders mit der Menge, die im Täglichen ganz verständig ist, aber selten weiter sieht als auf morgen. Kommt nun gar dazu, daß der eine bei einer gemeinsamen Anstalt gewinnen, der andre verlieren soll, da ist mit Vergleich nun gar nichts auszurichten. Alles eigentlich gemeinsame Gute muß durch das unumschränkte Majestätsrecht gefördert werden.“

Indem sie standen und sprachen, bettelte sie ein Mensch an, der mehr frech als bedürftig aussah. Eduard, ungern unterbrochen und beunruhigt, schalt ihn, nachdem er ihn einigemal vergebens gelassener abgewiesen hatte. Als aber der Kerl sich murrend, ja gegenscheltend mit kleinen Schritten entfernte, auf die Rechte des Bettlers trotzte, dem man wohl ein Almosen versagen, ihn aber nicht beleidigen dürfe, weil er so gut wie jeder andere unter dem Schutze Gottes und der Obrigkeit stehe, kam Eduard ganz aus der Fassung.

Der Hauptmann, ihn zu begütigen, sagte darauf: „Laß uns diesen Vorfall als eine Aufforderung annehmen, unsere ländliche Polizei auch hierüber zu erstrecken! Almosen muß man einmal geben; man tut aber besser, wenn man sie nicht selbst gibt, besonders zu Hause. Da sollte man mäßig und gleichförmig in allem sein, auch im Wohltun. Eine allzu reichliche Gabe lockt Bettler herbei, anstatt sie abzufertigen, dagegen man wohl auf der Reise, im Vorbeifliegen, einem

Armen an der Straße in der Gestalt des zufälligen Glücks erscheinen und ihm eine überraschende Gabe zuwerfen mag. Uns macht die Lage des Dorfes, des Schlosses eine solche Anstalt sehr leicht; ich habe schon früher darüber nachgedacht.

An dem einen Ende des Dorfes liegt das Wirtshaus, an dem andern wohnen ein Paar alte, gute Leute; an beiden Orten mußt du eine kleine Geldsumme niederlegen. Nicht der ins Dorf Hereingehende, sondern der Hinausgehende erhält etwas; und da die beiden Häuser zugleich an den Wegen stehen, die auf das Schloß führen, so wird auch alles, was sich hinaufwenden wollte, an die beiden Stellen gewiesen."

„Komm," sagte Eduard, „wir wollen das gleich abmachen; das Genauere können wir immer noch nachholen."

Sie gingen zum Wirt und zu dem alten Paare, und die Sache war abgetan.

„Ich weiß recht gut," sagte Eduard, indem sie zusammen den Schloßberg wieder hinaufstiegen, „daß alles in der Welt ankommt auf einen gescheiten Einfall und auf einen festen Entschluß. So hast du die Parkanlagen meiner Frau sehr richtig beurteilt und mir auch schon einen Wink zum Bessern gegeben, den ich ihr, wie ich gar nicht leugnen will, sogleich mitgeteilt habe."

„Ich konnte es vermuten," versetzte der Hauptmann, „aber nicht billigen. Du hast sie irregemacht; sie läßt alles liegen und trutzt in dieser einzigen Sache mit uns; denn sie vermeidet davon zu reden und hat uns nicht wieder zur Mooshütte eingeladen, ob sie gleich mit Ottilien in den Zwischenstunden hinaufgeht."

„Dadurch müssen wir uns", versetzte Eduard, „nicht abschrecken lassen. Wenn ich von etwas Gutem überzeugt bin, was geschehen könnte und sollte, so habe ich keine Ruhe, bis ich es getan sehe. Sind wir doch sonst klug, etwas einzuleiten. Laß uns die englischen Parkbeschreibungen mit Kupfern zur Abendunterhaltung vornehmen, nachher deine Gutskarte! Man muß es erst problematisch und nur wie zum Scherz behandeln; der Ernst wird sich schon finden."

Nach dieser Verabredung wurden die Bücher aufgeschlagen, worin man jedesmal den Grundriß der Gegend und ihre landschaftliche Ansicht in ihrem ersten, rohen Naturzustande gezeichnet sah, sodann auf andern Blättern die Veränderung vorgestellt fand, welche die Kunst daran vorgenommen, um alles das bestehende Gute zu nutzen und zu steigern. Hievon war der Übergang zur eigenen Besitzung, zur eignen Umgebung und zu dem, was man daran ausbilden könnte, sehr leicht.

Die von dem Hauptmann entworfene Karte zum Grunde zu legen, war nunmehr eine angenehme Beschäftigung; nur konnte man sich von jener ersten Vorstellung, nach der Charlotte die Sache einmal angefangen hatte, nicht ganz losreißen. Doch erfand man einen leichtern Aufgang auf die Höhe; man wollte oberwärts am Abhange vor einem angenehmen Hölzchen ein Lustgebäude aufführen; dieses sollte einen Bezug aufs Schloß haben; aus den Schloßfenstern sollte man es übersehen, von dorther Schloß und Gärten wieder bestreichen können.

Der Hauptmann hatte alles wohl überlegt und gemessen und brachte jenen Dorfweg, jene Mauer am Bache her, jene Ausfüllung wieder zur Sprache. „Ich gewinne," sagte er, „indem ich einen bequemen Weg zur Anhöhe hinaufführe, gerade soviel Steine, als ich zu jener Mauer bedarf. Sobald eins ins andre greift, wird beides wohlfeiler und geschwinder bewerkstelligt."

„Nun aber", sagte Charlotte, „kommt meine Sorge. Notwendig muß etwas Bestimmtes ausgesetzt werden; und wenn man weiß, wieviel zu einer solchen Anlage erforderlich ist, dann teilt man es ein, wo nicht auf Wochen, doch wenigstens auf Monate. Die Kasse ist unter meinem Beschluß; ich zahle die Zettel, und die Rechnung führe ich selbst."

„Du scheinst uns nicht sonderlich viel zu vertrauen," sagte Eduard.

„Nicht viel in willkürlichen Dingen," versetzte Charlotte. „Die Willkür wissen wir besser zu beherrschen als ihr."

Die Einrichtung war gemacht, die Arbeit rasch angefangen, der Hauptmann immer gegenwärtig und Charlotte nunmehr fast täglich Zeuge seines ernsten und bestimmten

Sinnes. Auch er lernte sie näher kennen, und beiden wurde es leicht, zusammen zu wirken und etwas zustande zu bringen.

Es ist mit den Geschäften wie mit dem Tanze: Personen, die gleichen Schritt halten, müssen sich unentbehrlich werden, ein wechselseitiges Wohlwollen muß notwendig daraus entspringen, und daß Charlotte dem Hauptmann, seitdem sie ihn näher kennengelernt, wirklich wohlwollte, davon war ein sicherer Beweis, daß sie ihn einen schönen Ruheplatz, den sie bei ihren ersten Anlagen besonders ausgesucht und verziert hatte, der aber seinem Plane entgegenstand, ganz gelassen zerstören ließ, ohne auch nur die mindeste unangenehme Empfindung dabei zu haben.

SIEBENTES KAPITEL

Indem nun Charlotte mit dem Hauptmann eine gemeinsame Beschäftigung fand, so war die Folge, daß sich Eduard mehr zu Ottilien gesellte. Für sie sprach ohnehin seit einiger Zeit eine stille, freundliche Neigung in seinem Herzen. Gegen jedermann war sie dienstfertig und zuvorkommend; daß sie es gegen ihn am meisten sei, das wollte seiner Selbstliebe scheinen. Nun war keine Frage: was für Speisen und wie er sie liebte, hatte sie schon genau bemerkt; wieviel er Zucker zum Tee zu nehmen pflegte und was dergleichen mehr ist, entging ihr nicht. Besonders war sie sorgfältig, alle Zugluft abzuwehren, gegen die er eine übertriebene Empfindlichkeit zeigte und deshalb mit seiner Frau, der es nicht luftig genug sein konnte, manchmal in Widerspruch geriet. Ebenso wußte sie im Baum- und Blumengarten Bescheid. Was er wünschte, suchte sie zu befördern, was ihn ungeduldig machen konnte, zu verhüten, dergestalt daß sie in kurzem wie ein freundlicher Schutzgeist ihm unentbehrlich ward und er anfing, ihre Abwesenheit schon peinlich zu empfinden. Hiezu kam noch, daß sie gesprächiger und offener schien, sobald sie sich allein trafen.

Eduard hatte bei zunehmenden Jahren immer etwas Kindliches behalten, das der Jugend Ottiliens besonders zusagte.

Sie erinnerten sich gern früherer Zeiten, wo sie einander gesehen; es stiegen diese Erinnerungen bis in die ersten Epochen der Neigung Eduards zu Charlotten. Ottilie wollte sich der beiden noch als des schönsten Hofpaares erinnern; und wenn Eduard ihr ein solches Gedächtnis aus ganz früher Jugend absprach, so behauptete sie doch, besonders einen Fall noch vollkommen gegenwärtig zu haben, wie sie sich einmal bei seinem Hereintreten in Charlottens Schoß versteckt, nicht aus Furcht, sondern aus kindischer Überraschung. Sie hätte dazusetzen können: weil er so lebhaften Eindruck auf sie gemacht, weil er ihr gar so wohl gefallen.

Bei solchen Verhältnissen waren manche Geschäfte, welche die beiden Freunde zusammen früher vorgenommen, gewissermaßen in Stocken geraten, so daß sie für nötig fanden, sich wieder eine Übersicht zu verschaffen, einige Aufsätze zu entwerfen, Briefe zu schreiben. Sie bestellten sich deshalb auf ihre Kanzlei, wo sie den alten Kopisten müßig fanden. Sie gingen an die Arbeit und gaben ihm bald zu tun, ohne zu bemerken, daß sie ihm manches aufbürdeten, was sie sonst selbst zu verrichten gewohnt waren. Gleich der erste Aufsatz wollte dem Hauptmann, gleich der erste Brief Eduarden nicht gelingen. Sie quälten sich eine Zeitlang mit Konzipieren und Umschreiben, bis endlich Eduard, dem es am wenigsten vonstatten ging, nach der Zeit fragte.

Da zeigte sich denn, daß der Hauptmann vergessen hatte, seine chronometrische Sekundenuhr aufzuziehen, das erstemal seit vielen Jahren; und sie schienen, wo nicht zu empfinden, doch zu ahnen, daß die Zeit anfange, ihnen gleichgültig zu werden.

Indem so die Männer einigermaßen in ihrer Geschäftigkeit nachließen, wuchs vielmehr die Tätigkeit der Frauen. Überhaupt nimmt die gewöhnliche Lebensweise einer Familie, die aus den gegebenen Personen und aus notwendigen Umständen entspringt, auch wohl eine außerordentliche Neigung, eine werdende Leidenschaft in sich wie ein Gefäß auf, und es kann eine ziemliche Zeit vergehen, ehe dieses neue Ingrediens eine merkliche Gärung verursacht und schäumend über den Rand schwillt.

Bei unsern Freunden waren die entstehenden wechselseitigen Neigungen von der angenehmsten Wirkung. Die Gemüter öffneten sich, und ein allgemeines Wohlwollen entsprang aus dem besonderen. Jeder Teil fühlte sich glücklich und gönnte dem andern sein Glück.

Ein solcher Zustand erhebt den Geist, indem er das Herz erweitert, und alles, was man tut und vornimmt, hat eine Richtung gegen das Unermeßliche. So waren auch die Freunde nicht mehr in ihrer Wohnung befangen. Ihre Spaziergänge dehnten sich weiter aus, und wenn dabei Eduard mit Ottilien, die Pfade zu wählen, die Wege zu bahnen, vorauseilte, so folgte der Hauptmann mit Charlotten in bedeutender Unterhaltung, teilnehmend an manchem neuentdeckten Plätzchen, an mancher unerwarteten Aussicht, geruhig der Spur jener rascheren Vorgänger.

Eines Tages leitete sie ihr Spaziergang durch die Schloßpforte des rechten Flügels hinunter nach dem Gasthofe, über die Brücke gegen die Teiche zu, an denen sie hingingen, soweit man gewöhnlich das Wasser verfolgte, dessen Ufer sodann, von einem buschigen Hügel und weiterhin von Felsen eingeschlossen, aufhörte, gangbar zu sein.

Aber Eduard, dem von seinen Jagdwanderungen her die Gegend bekannt war, drang mit Ottilien auf einem bewachsenen Pfade weiter vor, wohl wissend, daß die alte, zwischen Felsen versteckte Mühle nicht weit abliegen konnte. Allein der wenig betretene Pfad verlor sich bald, und sie fanden sich im dichten Gebüsch zwischen moosigem Gestein verirrt, doch nicht lange; denn das Rauschen der Räder verkündigte ihnen sogleich die Nähe des gesuchten Ortes.

Auf eine Klippe vorwärts tretend, sahen sie das alte, schwarze, wunderliche Holzgebäude im Grunde vor sich, von steilen Felsen sowie von hohen Bäumen umschattet. Sie entschlossen sich kurz und gut, über Moos und Felstrümmer hinabzusteigen, Eduard voran; und wenn er nun in die Höhe sah und Ottilie leicht schreitend, ohne Furcht und Ängstlichkeit, im schönsten Gleichgewicht von Stein zu Stein ihm folgte, glaubte er ein himmlisches Wesen zu sehen, das über ihm schwebte. Und wenn sie nun manchmal an unsicherer Stelle seine ausgestreckte Hand ergriff, ja sich auf seine Schulter stützte, dann konnte er sich nicht verleugnen, daß es das zarteste weibliche Wesen sei, das ihn berührte. Fast hätte er gewünscht, sie möchte straucheln, gleiten, daß er sie in seine Arme auffangen, sie an sein Herz drücken könnte. Doch dies hätte er unter keiner Bedingung getan, aus mehr als einer Ursache: er fürchtete sie zu beleidigen, sie zu beschädigen.

Wie dies gemeint sei, erfahren wir sogleich. Denn als er nun herabgelangt, ihr unter den hohen Bäumen am ländlichen Tische gegenübersaß, die freundliche Müllerin nach Milch, der bewillkommende Müller Charlotten und dem Hauptmann entgegen gesandt war, fing Eduard mit einigem Zaudern zu sprechen an:

„Ich habe eine Bitte, liebe Ottilie; verzeihen Sie mir die, wenn Sie mir sie auch versagen! Sie machen kein Geheimnis daraus, und es braucht es auch nicht, daß Sie unter Ihrem Gewand, auf Ihrer Brust ein Miniaturbild tragen. Es ist das Bild Ihres Vaters, des braven Mannes, den Sie kaum gekannt und der in jedem Sinne eine Stelle an Ihrem Herzen verdient. Aber vergeben Sie mir: das Bild ist ungeschickt groß, und dieses Metall, dieses Glas macht mir tausend Ängste, wenn Sie ein Kind in die Höhe heben, etwas vor sich hintragen, wenn die Kutsche schwankt, wenn wir durchs Gebüsch dringen, eben jetzt, wie wir vom Felsen herabstiegen. Mir ist die Möglichkeit schrecklich, daß irgendein unvorgesehener Stoß, ein Fall, eine Berührung Ihnen schädlich und verderblich sein könnte. Tun Sie es mir zuliebe, entfernen Sie das Bild, nicht aus Ihrem Andenken, nicht aus Ihrem Zimmer; ja geben Sie ihm den schönsten, den heiligsten Ort Ihrer Wohnung; nur von Ihrer Brust entfernen Sie etwas, dessen Nähe mir, vielleicht aus übertriebener Ängstlichkeit, so gefährlich scheint!"

Ottilie schwieg und hatte, während er sprach, vor sich hingesehen; dann, ohne Übereilung und ohne Zaudern, mit einem Blick mehr gen Himmel als auf Eduard gewendet, löste sie die Kette, zog das Bild hervor, drückte es gegen ihre Stirn und reichte es dem Freunde hin mit den Worten: „Heben Sie mir es auf, bis wir nach Hause kommen! Ich vermag Ihnen nicht besser zu bezeugen, wie sehr ich Ihre freundliche Sorgfalt zu schätzen weiß."

Der Freund wagte nicht, das Bild an seine Lippen zu drücken, aber er faßte ihre Hand und drückte sie an seine Augen. Es waren vielleicht die zwei schönsten Hände, die sich jemals zusammenschlossen. Ihm war, als wenn ihm ein Stein vom Herzen gefallen wäre, als wenn sich eine Scheidewand zwischen ihm und Ottilien niedergelegt hätte.

Vom Müller geführt, langten Charlotte und der Hauptmann auf einem bequemeren Pfade herunter. Man begrüßte sich, man erfreute und erquickte sich. Zurück wollte man denselben Weg nicht kehren, und Eduard schlug einen Felspfad auf der andern Seite des Baches vor, auf welchem die Teiche wieder zu Gesicht kamen, indem man ihn mit einiger Anstrengung zurücklegte. Nun durchstrich man abwechselndes Gehölz und erblickte nach dem Lande zu mancherlei Dörfer, Flecken, Meiereien mit ihren grünen und fruchtbaren Umgebungen; zunächst ein Vorwerk, das an der Höhe mitten im Holze gar vertraulich lag. Am schönsten zeigte sich der größte Reichtum der Gegend, vor- und rückwärts, auf der sanfterstiegenen Höhe, von da man zu einem lustigen Wäldchen gelangte und beim Heraustreten aus demselben sich auf dem Felsen dem Schlosse gegenüber befand.

Wie froh waren sie, als sie daselbst gewissermaßen unvermutet ankamen! Sie hatten eine kleine Welt umgangen; sie standen auf dem Platze, wo das neue Gebäude hinkommen sollte, und sahen wieder in die Fenster ihrer Wohnung.

Man stieg zur Mooshütte hinunter und saß zum erstenmal darin zu vieren. Nichts war natürlicher, als daß einstimmig der Wunsch ausgesprochen wurde, dieser heutige Weg, den sie langsam und nicht ohne Beschwerlichkeit gemacht, möchte dergestalt geführt und eingerichtet werden, daß man ihn gesellig, schlendernd und mit Behaglichkeit zurücklegen könnte. Jedes tat Vorschläge, und man berechnete, daß der Weg, zu welchem sie mehrere Stunden gebraucht hatten, wohlgebahnt in einer Stunde zum Schloß zurückführen müßte. Schon legte man in Gedanken unterhalb der Mühle, wo der Bach in die Teiche fließt, eine wegverkürzende und die Landschaft zierende Brücke an, als Charlotte der erfindenden Einbildungskraft einigen Stillstand gebot, indem sie an die Kosten erinnerte, welche zu einem solchen Unternehmen erforderlich sein würden.

„Hier ist auch zu helfen," versetzte Eduard. „Jenes Vorwerk im Walde, das so schön zu liegen scheint und so wenig einträgt, dürfen wir nur veräußern und das daraus Gelöste zu diesen Anlagen verwenden, so genießen wir vergnüglich auf einem unschätzbaren Spaziergange die Interessen eines wohlangelegten Kapitals, da wir jetzt mit Mißmut, bei letzter Berechnung am Schlusse des Jahrs, eine kümmerliche Einnahme davon ziehen."

Charlotte selbst konnte als gute Haushälterin nicht viel dagegen erinnern. Die Sache war schon früher zur Sprache gekommen. Nun wollte der Hauptmann einen Plan zu Zerschlagung der Grundstücke unter die Waldbauern machen; Eduard aber wollte kürzer und bequemer verfahren wissen. Der gegenwärtige Pachter, der schon Vorschläge getan hatte, sollte es erhalten, terminweise zahlen, und so terminweise wollte man die planmäßigen Anlagen von Strecke zu Strecke vornehmen.

So eine vernünftige, gemäßigte Einrichtung mußte durchaus Beifall finden, und schon sah die ganze Gesellschaft im Geiste die neuen Wege sich schlängeln, auf denen und in deren Nähe man noch die angenehmsten Ruhe- und Aussichtsplätze zu entdecken hoffte.

Um sich alles mehr im einzelnen zu vergegenwärtigen, nahm man abends zu Hause sogleich die neue Karte vor. Man übersah den zurückgelegten Weg und wie er vielleicht an einigen Stellen noch vorteilhafter zu führen wäre. Alle früheren Vorsätze wurden nochmals durchgesprochen und mit den neuesten Gedanken verbunden, der Platz des neuen Hauses gegen dem Schloß über nochmals gebilligt und der Kreislauf der Wege bis dahin abgeschlossen.

Ottilie hatte zu dem allen geschwiegen, als Eduard zuletzt den Plan, der bisher vor Charlotten gelegen, vor sie hinwandte und sie zugleich einlud, ihre Meinung zu sagen, und, als sie einen Augenblick anhielt, sie liebevoll ermunterte, doch ja nicht zu schweigen; alles sei ja noch gleichgültig, alles noch im Werden.

„Ich würde", sagte Ottilie, indem sie den Finger auf die

höchste Fläche der Anhöhe setzte, „das Haus hieher bauen. Man sähe zwar das Schloß nicht, denn es wird von dem Wäldchen bedeckt; aber man befände sich auch dafür wie in einer andern und neuen Welt, indem zugleich das Dorf und alle Wohnungen verborgen wären. Die Aussicht auf die Teiche, nach der Mühle, auf die Höhen, in die Gebirge, nach dem Lande zu ist außerordentlich schön; ich habe es im Vorbeigehen bemerkt."

„Sie hat recht!" rief Eduard. „Wie konnte uns das nicht einfallen! Nicht wahr, so ist es gemeint, Ottilie?" – Er nahm einen Bleistift und strich ein längliches Viereck recht stark und derb auf die Anhöhe.

Dem Hauptmann fuhr das durch die Seele, denn er sah einen sorgfältigen, reinlich gezeichneten Plan ungern auf diese Weise verunstaltet; doch faßte er sich nach einer leisen Mißbilligung und ging auf den Gedanken ein. „Ottilie hat recht," sagte er; „macht man nicht gern eine entfernte Spazierfahrt, um einen Kaffee zu trinken, einen Fisch zu genießen, der uns zu Hause nicht so gut geschmeckt hätte? Wir verlangen Abwechselung und fremde Gegenstände. Das Schloß haben die Alten mit Vernunft hieher gebaut, denn es liegt geschützt vor den Winden und nah an allen täglichen Bedürfnissen; ein Gebäude hingegen, mehr zum geselligen Aufenthalt als zur Wohnung, wird sich dorthin recht wohl schicken und in der guten Jahrszeit die angenehmsten Stunden gewähren."

Je mehr man die Sache durchsprach, desto günstiger erschien sie, und Eduard konnte seinen Triumph nicht bergen, daß Ottilie den Gedanken gehabt. Er war so stolz darauf, als ob die Erfindung sein gewesen wäre.

ACHTES KAPITEL

Der Hauptmann untersuchte gleich am frühsten Morgen den Platz, entwarf erst einen flüchtigen und, als die Gesellschaft an Ort und Stelle sich nochmals entschieden hatte, einen genauen Riß nebst Anschlag und allem Erforderlichen. Es fehlte nicht an der nötigen Vorbereitung. Jenes

Geschäft wegen Verkauf des Vorwerks ward auch sogleich wieder angegriffen. Die Männer fanden zusammen neuen Anlaß zur Tätigkeit.

Der Hauptmann machte Eduarden bemerklich, daß es eine Artigkeit, ja wohl gar eine Schuldigkeit sei, Charlottens Geburtstag durch Legung des Grundsteins zu feiern. Es bedurfte nicht viel, die alte Abneigung Eduards gegen solche Feste zu überwinden; denn es kam ihm schnell in den Sinn, Ottiliens Geburtstag, der später fiel, gleichfalls recht feierlich zu begehen.

Charlotte, der die neuen Anlagen, und was deshalb geschehen sollte, bedeutend, ernstlich, ja fast bedenklich vorkamen, beschäftigte sich damit, die Anschläge, Zeit- und Geldeinteilungen nochmals für sich durchzugehen. Man sah sich des Tages weniger, und mit desto mehr Verlangen suchte man sich des Abends auf.

Ottilie war indessen schon völlig Herrin des Haushaltes, und wie konnte es anders sein bei ihrem stillen und sichern Betragen. Auch war ihre ganze Sinnesweise dem Hause und dem Häuslichen mehr als der Welt, mehr als dem Leben im Freien zugewendet. Eduard bemerkte bald, daß sie eigentlich nur aus Gefälligkeit in die Gegend mitging, daß sie nur aus geselliger Pflicht abends länger draußen verweilte, auch wohl manchmal einen Vorwand häuslicher Tätigkeit suchte, um wieder hineinzugehen. Sehr bald wußte er daher die gemeinschaftlichen Wanderungen so einzurichten, daß man vor Sonnenuntergang wieder zu Hause war, und fing an, was er lange unterlassen hatte, Gedichte vorzulesen, solche besonders, in deren Vortrag der Ausdruck einer reinen, doch leidenschaftlichen Liebe zu legen war.

Gewöhnlich saßen sie abends um einen kleinen Tisch auf hergebrachten Plätzen: Charlotte auf dem Sofa, Ottilie auf einem Sessel gegen ihr über, und die Männer nahmen die beiden andern Seiten ein. Ottilie saß Eduarden zur Rechten, wohin er auch das Licht schob, wenn er las. Alsdann rückte sich Ottilie wohl näher, um ins Buch zu sehen, denn auch sie traute ihren eigenen Augen mehr als fremden Lippen; und Eduard gleichfalls rückte zu, um es ihr auf alle Weise bequem zu machen, ja er hielt oft längere Pausen als nötig, damit er nur nicht eher umwendete, bis auch sie zu Ende der Seite gekommen.

Charlotte und der Hauptmann bemerkten es wohl und sahen manchmal einander lächelnd an; doch wurden beide von einem andern Zeichen überrascht, in welchem sich Ottiliens stille Neigung gelegentlich offenbarte.

An einem Abende, welcher der kleinen Gesellschaft durch einen lästigen Besuch zum Teil verloren gegangen, tat Eduard den Vorschlag, noch beisammen zu bleiben. Er fühlte sich aufgelegt, seine Flöte vorzunehmen, welche lange nicht an die Tagesordnung gekommen war. Charlotte suchte nach den Sonaten, die sie zusammen gewöhnlich auszuführen pflegten, und da sie nicht zu finden waren, gestand Ottilie nach einigem Zaudern, daß sie solche mit auf ihr Zimmer genommen.

„Und Sie können, Sie wollen mich auf dem Flügel begleiten?" rief Eduard, dem die Augen vor Freude glänzten. „Ich glaube wohl," versetzte Ottilie, „daß es gehen wird." Sie brachte die Noten herbei und setzte sich ans Klavier. Die Zuhörenden waren aufmerksam und überrascht, wie vollkommen Ottilie das Musikstück für sich selbst eingelernt hatte, aber noch mehr überrascht, wie sie es der Spielart Eduards anzupassen wußte. ‚Anzupassen wußte' ist nicht der rechte Ausdruck; denn wenn es von Charlottens Geschicklichkeit und freiem Willen abhing, ihrem bald zögernden, bald voreilenden Gatten zuliebe hier anzuhalten, dort mitzugehen, so schien Ottilie, welche die Sonate von jenen einigemal spielen gehört, sie nur in dem Sinne eingelernt zu haben, wie jener sie begleitete. Sie hatte seine Mängel so zu den ihrigen gemacht, daß daraus wieder eine Art von lebendigem Ganzen entsprang, das sich zwar nicht taktgemäß bewegte, aber doch höchst angenehm und gefällig lautete. Der Komponist selbst hätte seine Freude daran gehabt, sein Werk auf eine so liebevolle Weise entstellt zu sehen.

Auch diesem wundersamen, unerwarteten Begegnis sahen der Hauptmann und Charlotte stillschweigend mit einer Empfindung zu, wie man oft kindische Handlungen betrachtet, die man wegen ihrer besorglichen Folgen gerade nicht billigt und doch nicht schelten kann, ja vielleicht beneiden muß. Denn eigentlich war die Neigung dieser beiden ebensogut im Wachsen als jene, und vielleicht nur noch gefährlicher dadurch, daß beide ernster, sicherer von sich selbst, sich zu halten fähiger waren.

Schon fing der Hauptmann an zu fühlen, daß eine unwiderstehliche Gewohnheit ihn an Charlotten zu fesseln drohte. Er gewann es über sich, den Stunden auszuweichen, in denen Charlotte nach den Anlagen zu kommen pflegte, indem er schon am frühsten Morgen aufstand, alles anordnete und sich dann zur Arbeit auf seinen Flügel ins Schloß zurückzog. Die ersten Tage hielt es Charlotte für zufällig; sie suchte ihn an allen wahrscheinlichen Stellen; dann glaubte sie ihn zu verstehen und achtete ihn nur um desto mehr.

Vermied nun der Hauptmann, mit Charlotten allein zu sein, so war er desto emsiger, zur glänzenden Feier des herannahenden Geburtsfestes die Anlagen zu betreiben und zu beschleunigen; denn indem er von unten hinauf, hinter dem Dorfe her, den bequemen Weg führte, so ließ er, vorgeblich um Steine zu brechen, auch von oben herunter arbeiten und hatte alles so eingerichtet und berechnet, daß erst in der letzten Nacht die beiden Teile des Weges sich begegnen sollten. Zum neuen Hause oben war auch schon der Keller mehr gebrochen als gegraben und ein schöner Grundstein mit Fächern und Deckplatten zugehauen.

Die äußere Tätigkeit, diese kleinen, freundlichen, geheimnisvollen Absichten bei innern, mehr oder weniger zurückgedrängten Empfindungen ließen die Unterhaltung der Gesellschaft, wenn sie beisammen war, nicht lebhaft werden, dergestalt daß Eduard, der etwas Lückenhaftes empfand, den Hauptmann eines Abends aufrief, seine Violine hervorzunehmen und Charlotten bei dem Klavier zu begleiten. Der Hauptmann konnte dem allgemeinen Verlangen nicht widerstehen, und so führten beide mit Empfindung, Behagen und Freiheit eins der schwersten Musikstücke zusammen auf, daß es ihnen und dem zuhörenden Paar zum größten Vergnügen gereichte. Man versprach sich öftere Wiederholung und mehrere Zusammenübung.

„Sie machen es besser als wir, Ottilie!" sagte Eduard. „Wir wollen sie bewundern, aber uns doch zusammen freuen."

NEUNTES KAPITEL

Der Geburtstag war herbeigekommen und alles fertig geworden: die ganze Mauer, die den Dorfweg gegen das Wasser zu einfaßte und erhöhte, ebenso der Weg an der Kirche vorbei, wo er eine Zeitlang in dem von Charlotten angelegten Pfade fortlief, sich dann die Felsen hinaufwärts schlang, die Mooshütte links über sich, dann nach einer völligen Wendung links unter sich ließ und so allmählich auf die Höhe gelangte.

Es hatte sich diesen Tag viel Gesellschaft eingefunden. Man ging zur Kirche, wo man die Gemeinde im festlichen Schmuck versammelt antraf. Nach dem Gottesdienste zogen die Knaben, Jünglinge und Männer, wie es angeordnet war, voraus; dann kam die Herrschaft mit ihrem Besuch und Gefolge; Mädchen, Jungfrauen und Frauen machten den Beschluß.

Bei der Wendung des Weges war ein erhöhter Felsenplatz eingerichtet; dort ließ der Hauptmann Charlotten und die Gäste ausruhen. Hier übersahen sie den ganzen Weg, die hinaufgeschrittene Männerschar, die nachwandelnden Frauen, welche nun vorbeizogen. Es war bei dem herrlichen Wetter ein wunderschöner Anblick. Charlotte fühlte sich überrascht, gerührt und drückte dem Hauptmann herzlich die Hand.

Man folgte der sachte fortschreitenden Menge, die nun schon einen Kreis um den künftigen Hausraum gebildet hatte. Der Bauherr, die Seinigen und die vornehmsten Gäste wurden eingeladen, in die Tiefe hinabzusteigen, wo der Grundstein, an einer Seite unterstützt, eben zum Niederlassen bereit lag. Ein wohlgeputzter Maurer, die Kelle in der einen, den Hammer in der andern Hand, hielt in Reimen eine anmutige Rede, die wir in Prosa nur unvollkommen wiedergeben können.

„Drei Dinge“, fing er an, „sind bei einem Gebäude zu beachten: daß es am rechten Fleck stehe, daß es wohl gegründet, daß es vollkommen ausgeführt sei. Das erste ist eigentlich die Sache des Bauherrn; denn wie in der Stadt nur der Fürst und die Gemeine bestimmen können, wohin gebaut werden soll, so ist es auf dem Lande das Vorrecht des Grundherrn, daß er sage: hier soll meine Wohnung stehen und nirgends anders."

Eduard und Ottilie wagten nicht, bei diesen Worten einander anzusehen, ob sie gleich nahe gegen einander über standen.

„Das dritte, die Vollendung, ist die Sorge gar vieler Gewerke; ja wenige sind, die nicht dabei beschäftigt wären. Aber das zweite, die Gründung, ist des Maurers Angelegenheit und, daß wir es nur keck heraussagen, die Hauptangelegenheit des ganzen Unternehmens. Es ist ein ernstes Geschäft, und unsre Einladung ist ernsthaft; denn diese Feierlichkeit wird in der Tiefe begangen. Hier innerhalb dieses engen, ausgegrabenen Raums erweisen Sie uns die Ehre, als Zeugen unseres geheimnisvollen Geschäftes zu erscheinen. Gleich werden wir diesen wohlzugehauenen Stein niederlegen, und bald werden diese mit schönen und würdigen Personen gezierten Erdwände nicht mehr zugänglich, sie werden ausgefüllt sein.

Diesen Grundstein, der mit seiner Ecke die rechte Ecke des Gebäudes, mit seiner Rechtwinkligkeit die Regelmäßigkeit desselben, mit seiner wasser- und senkrechten Lage Lot und Waage aller Mauern und Wände bezeichnet, könnten wir ohne weiteres niederlegen; denn er ruhte wohl auf seiner eignen Schwere. Aber auch hier soll es am Kalk, am Bindungsmittel nicht fehlen; denn so wie Menschen, die einander von Natur geneigt sind, noch besser zusammenhalten, wenn das Gesetz sie verkittet, so werden auch Steine, deren Form schon zusammenpaßt, noch besser durch diese bindenden Kräfte vereinigt; und da es sich nicht ziemen will, unter den Tätigen müßig zu sein, so werden Sie nicht verschmähen, auch hier Mitarbeiter zu werden."

Er überreichte hierauf seine Kelle Charlotten, welche damit Kalk unter den Stein warf. Mehreren wurde ein Gleiches zu tun angesonnen und der Stein alsobald niedergesenkt, worauf denn Charlotten und den übrigen sogleich der Hammer gereicht wurde, um durch ein dreimaliges Pochen die Verbindung des Steins mit dem Grunde ausdrücklich zu segnen.

„Des Maurers Arbeit,“ fuhr der Redner fort, „zwar jetzt unter freiem Himmel, geschieht, wo nicht immer im Verborgnen, doch zum Verborgnen. Der regelmäßig aufgeführte Grund wird verschüttet, und sogar bei den Mauern, die wir am Tage aufführen, ist man unser am Ende kaum eingedenk. Die Arbeiten des Steinmetzen und Bildhauers fallen mehr in die Augen, und wir müssen es sogar noch gutheißen, wenn der Tüncher die Spur unserer Hände völlig auslöscht und sich unser Werk zueignet, indem er es überzieht, glättet und färbt.

Wem muß also mehr daran gelegen sein, das, was er tut, sich selbst recht zu machen, indem er es recht macht, als dem Maurer? Wer hat mehr als er das Selbstbewußtsein zu nähren Ursach? Wenn das Haus aufgeführt, der Boden geplattet und gepflastert, die Außenseite mit Zieraten überdeckt ist, so sieht er durch alle Hüllen immer noch hinein und erkennt noch jene regelmäßigen, sorgfältigen Fugen, denen das Ganze sein Dasein und seinen Halt zu danken hat.

Aber wie jeder, der eine Übeltat begangen, fürchten muß, daß, ungeachtet alles Abwehrens, sie dennoch ans Licht kommen werde, so muß derjenige erwarten, der insgeheim das Gute getan, daß auch dieses wider seinen Willen an den Tag komme. Deswegen machen wir diesen Grundstein zugleich zum Denkstein. Hier in diese unterschiedlichen gehauenen Vertiefungen soll verschiedenes eingesenkt werden zum Zeugnis für eine entfernte Nachwelt. Diese metallnen zugelöteten Köcher enthalten schriftliche Nachrichten; auf diese Metallplatten ist allerlei Merkwürdiges eingegraben; in diesen schönen gläsernen Flaschen versenken wir den besten alten Wein, mit Bezeichnung seines Geburtsjahrs; es fehlt nicht an Münzen verschiedener Art, in diesem Jahre geprägt: alles dieses erhielten wir durch die Freigebigkeit unseres Bauherrn. Auch ist hier noch mancher Platz, wenn irgendein Gast und Zuschauer etwas der Nachwelt zu übergeben Belieben trüge.“

Nach einer kleinen Pause sah der Geselle sich um; aber wie es in solchen Fällen zu gehen pflegt: niemand war vorbereitet, jedermann überrascht, bis endlich ein junger, munterer Offizier anfing und sagte: „Wenn ich etwas beitragen soll, das in dieser Schatzkammer noch nicht niedergelegt ist, so muß ich ein paar Knöpfe von der Uniform schneiden, die doch wohl auch verdienen, auf die Nachwelt zu kommen." Gesagt, getan! und nun hatte mancher einen ähnlichen Einfall. Die Frauenzimmer säumten nicht, von ihren kleinen Haarkämmen hineinzulegen; Riechfläschchen und andre Zierden wurden nicht geschont; nur Ottilie zauderte, bis Eduard sie durch ein freundliches Wort aus der Betrachtung aller der beigesteuerten und eingelegten Dinge herausriß. Sie löste darauf die goldne Kette vom Halse, an der das Bild ihres Vaters gehangen hatte, und legte sie mit leiser Hand über die anderen Kleinode hin, worauf Eduard mit einiger Hast veranstaltete, daß der wohlgefugte Deckel sogleich aufgestürzt und eingekittet wurde.

Der junge Gesell, der sich dabei am tätigsten erwiesen, nahm seine Rednermiene wieder an und fuhr fort: „Wir gründen diesen Stein für ewig, zur Sicherung des längsten Genusses der gegenwärtigen und künftigen Besitzer dieses Hauses. Allein indem wir hier gleichsam einen Schatz vergraben, so denken wir zugleich, bei dem gründlichsten aller Geschäfte, an die Vergänglichkeit der menschlichen Dinge; wir denken uns eine Möglichkeit, daß dieser festversiegelte Deckel wieder aufgehoben werden könne, welches nicht anders geschehen dürfte, als wenn das alles wieder zerstört wäre, was wir noch nicht einmal aufgeführt haben.

Aber eben, damit dieses aufgeführt werde: zurück mit den Gedanken aus der Zukunft, zurück ins Gegenwärtige! Laßt uns nach begangenem heutigem Feste unsre Arbeit sogleich fördern, damit keiner von den Gewerken, die auf unserm Grunde fortarbeiten, zu feiern brauche, daß der Bau eilig in die Höhe steige und vollendet werde und aus den Fenstern, die noch nicht sind, der Hausherr mit den Seinigen und seinen Gästen sich fröhlich in der Gegend umschaue, deren aller sowie sämtlicher Anwesenden Gesundheit hiermit getrunken sei!"

Und so leerte er ein wohlgeschliffenes Kelchglas auf einen Zug aus und warf es in die Luft; denn es bezeichnet das Übermaß einer Freude, das Gefäß zu zerstören, dessen man sich in der Fröhlichkeit bedient. Aber diesmal ereignete es sich anders: das Glas kam nicht wieder auf den Boden, und zwar ohne Wunder.

Man hatte nämlich, um mit dem Bau vorwärtszukommen, bereits an der entgegengesetzten Ecke den Grund völlig herausgeschlagen, ja schon angefangen, die Mauern aufzuführen, und zu dem Endzweck das Gerüst erbaut, so hoch, als es überhaupt nötig war.

Daß man es besonders zu dieser Feierlichkeit mit Brettern belegt und eine Menge Zuschauer hinaufgelassen hatte, war zum Vorteil der Arbeitsleute geschehen. Dort hinauf flog das Glas und wurde von einem aufgefangen, der diesen Zufall als ein glückliches Zeichen für sich ansah. Er wies es zuletzt herum, ohne es aus der Hand zu lassen, und man sah darauf die Buchstaben E und O in sehr zierlicher Verschlingung eingeschnitten: es war eins der Gläser, die für Eduarden in seiner Jugend verfertigt worden.

Die Gerüste standen wieder leer, und die leichtesten unter den Gästen stiegen hinauf, sich umzusehen, und konnten die schöne Aussicht nach allen Seiten nicht genugsam rühmen; denn was entdeckt der nicht alles, der auf einem hohen Punkte nur um ein Geschoß höher steht! Nach dem Innern des Landes zu kamen mehrere neue Dörfer zum Vorschein, den silbernen Streifen des Flusses erblickte man deutlich, ja selbst die Türme der Hauptstadt wollte einer gewahr werden. An der Rückseite, hinter den waldigen Hügeln, erhoben sich die blauen Gipfel eines fernen Gebirges, und die nächste Gegend übersah man im ganzen. „Nun sollten nur noch“, rief einer, „die drei Teiche zu einem See vereinigt werden; dann hätte der Anblick alles, was groß und wünschenswert ist.“

„Das ließe sich wohl machen,“ sagte der Hauptmann; „denn sie bildeten schon vorzeiten einen Bergsee.“

„Nur bitte ich, meine Platanen- und Pappelgruppe zu schonen,“ sagte Eduard, „die so schön am mittelsten Teiche steht. Sehen Sie,“ – wandte er sich zu Ottilien, die er einige Schritte vorführte, indem er hinabwies – „diese Bäume habe ich selbst gepflanzt.“

„Wie lange stehen sie wohl schon?“ fragte Ottilie. „Etwa so lange,“ versetzte Eduard, „als Sie auf der Welt sind. Ja, liebes Kind, ich pflanzte schon, da Sie noch in der Wiege lagen."

Die Gesellschaft begab sich wieder in das Schloß zurück. Nach aufgehobener Tafel wurde sie zu einem Spaziergang durch das Dorf eingeladen, um auch hier die neuen Anstalten in Augenschein zu nehmen. Dort hatten sich auf des Hauptmanns Veranlassung die Bewohner vor ihren Häusern versammelt; sie standen nicht in Reihen, sondern familienweise natürlich gruppiert, teils, wie es der Abend forderte, beschäftigt, teils auf neuen Bänken ausruhend. Es ward ihnen zur angenehmen Pflicht gemacht, wenigstens jeden Sonntag und Festtag diese Reinlichkeit, diese Ordnung zu erneuern.

Eine innere Geselligkeit mit Neigung, wie sie sich unter unseren Freunden erzeugt hatte, wird durch eine größere Gesellschaft immer nur unangenehm unterbrochen. Alle vier waren zufrieden, sich wieder im großen Saale allein zu finden; doch ward dieses häusliche Gefühl einigermaßen gestört, indem ein Brief, der Eduarden überreicht wurde, neue Gäste auf morgen ankündigte.

„Wie wir vermuteten," rief Eduard Charlotten zu; „der Graf wird nicht ausbleiben, er kommt morgen."

„Da ist also auch die Baronesse nicht weit," versetzte Charlotte.

„Gewiß nicht!" antwortete Eduard; „sie wird auch morgen von ihrer Seite anlangen. Sie bitten um ein Nachtquartier und wollen übermorgen zusammen wieder fortreisen."

„Da müssen wir unsere Anstalten beizeiten machen, Ottilie!" sagte Charlotte.

„Wie befehlen Sie die Einrichtung?" fragte Ottilie.

Charlotte gab es im allgemeinen an, und Ottilie entfernte sich.

Der Hauptmann erkundigte sich nach dem Verhältnis dieser beiden Personen, das er nur im allgemeinsten kannte. Sie hatten früher, beide schon anderwärts verheiratet, sich leidenschaftlich liebgewonnen. Eine doppelte Ehe war nicht ohne Aufsehn gestört; man dachte an Scheidung. Bei der Baronesse war sie möglich geworden, bei dem Grafen nicht.

Sie mußten sich zum Scheine trennen, allein ihr Verhältnis blieb; und wenn sie Winters in der Residenz nicht zusammen sein konnten, so entschädigten sie sich Sommers auf Lustreisen und in Bädern. Sie waren beide um etwas älter als Eduard und Charlotte und sämtlich genaue Freunde aus früher Hofzeit her. Man hatte immer ein gutes Verhältnis erhalten, ob man gleich nicht alles an seinen Freunden billigte. Nur diesmal war Charlotten ihre Ankunft gewissermaßen ganz ungelegen, und wenn sie die Ursache genau untersucht hätte: es war eigentlich um Ottiliens willen. Das gute, reine Kind sollte ein solches Beispiel so früh nicht gewahr werden.

„Sie hätten wohl noch ein paar Tage wegbleiben können," sagte Eduard, als eben Ottilie wieder hereintrat, „bis wir den Vorwerksverkauf in Ordnung gebracht. Der Aufsatz ist fertig, die eine Abschrift habe ich hier; nun fehlt es aber an der zweiten, und unser alter Kanzellist ist recht krank." Der Hauptmann bot sich an, auch Charlotte; dagegen waren einige Einwendungen zu machen. „Geben Sie mirs nur!" rief Ottilie mit einiger Hast.

„Du wirst nicht damit fertig," sagte Charlotte.

„Freilich müßte ich es übermorgen früh haben, und es ist viel," sagte Eduard. „Es soll fertig sein," rief Ottilie und hatte das Blatt schon in den Händen.

Des andern Morgens, als sie sich aus dem obern Stock nach den Gästen umsahen, denen sie entgegenzugehen nicht verfehlen wollten, sagte Eduard: „Wer reitet denn so langsam dort die Straße her?" Der Hauptmann beschrieb die Figur des Reiters genauer. „So ist ers doch," sagte Eduard; „denn das Einzelne, das du besser siehst als ich, paßt sehr gut zu dem Ganzen, das ich recht wohl sehe. Es ist Mittler. Wie kommt er aber dazu, langsam und so langsam zu reiten?"

Die Figur kam näher, und Mittler war es wirklich. Man empfing ihn freundlich, als er langsam die Treppe heraufstieg. „Warum sind Sie nicht gestern gekommen?" rief ihm Eduard entgegen.

„Laute Feste lieb ich nicht," versetzte jener. „Heute komm ich aber, den Geburtstag meiner Freundin mit euch im stillen nachzufeiern."

„Wie können Sie denn soviel Zeit gewinnen?“ fragte Eduard scherzend.

„Meinen Besuch, wenn er euch etwas wert ist, seid ihr einer Betrachtung schuldig, die ich gestern gemacht habe. Ich freute mich recht herzlich den halben Tag in einem Hause, wo ich Frieden gestiftet hatte, und dann hörte ich, daß hier Geburtstag gefeiert werde. ‚Das kann man doch am Ende selbstisch nennen,‘ dachte ich bei mir, ‚daß du dich nur mit denen freuen willst, die du zum Frieden bewogen hast. Warum freust du dich nicht auch einmal mit Freunden, die Frieden halten und hegen?‘ Gesagt, getan! Hier bin ich, wie ich mir vorgenommen hatte.“

„Gestern hätten Sie große Gesellschaft gefunden, heute finden Sie nur kleine,“ sagte Charlotte. „Sie finden den Grafen und die Baronesse, die Ihnen auch schon zu schaffen gemacht haben.“

Aus der Mitte der vier Hausgenossen, die den seltsamen, willkommenen Mann umgeben hatten, fuhr er mit verdrießlicher Lebhaftigkeit heraus, indem er sogleich nach Hut und Reitgerte suchte: „Schwebt doch immer ein Unstern über mir, sobald ich einmal ruhen und mir wohltun will! Aber warum gehe ich aus meinem Charakter heraus! Ich hätte nicht kommen sollen, und nun werd ich vertrieben. Denn mit jenen will ich nicht unter einem Dache bleiben; und nehmt euch in acht: sie bringen nichts als Unheil! Ihr Wesen ist wie ein Sauerteig, der seine Ansteckung fortpflanzt.“

Man suchte ihn zu begütigen, aber vergebens. „Wer mir den Ehstand angreift,“ rief er aus, „wer mir durch Wort, ja durch Tat diesen Grund aller sittlichen Gesellschaft untergräbt, der hat es mit mir zu tun; oder wenn ich sein nicht Herr werden kann, habe ich nichts mit ihm zu tun. Die Ehe ist der Anfang und der Gipfel aller Kultur. Sie macht den Rohen mild, und der Gebildetste hat keine bessere Gelegenheit, seine Milde zu beweisen. Unauflöslich muß sie sein; denn sie bringt so vieles Glück, daß alles einzelne Unglück dagegen gar nicht zu rechnen ist. Und was will man von Unglück reden? Ungeduld ist es, die den Menschen von Zeit zu Zeit anfällt, und dann beliebt er sich unglücklich zu finden. Lasse man den Augenblick vorübergehen, und man wird sich glücklich preisen, daß ein so lange Bestandenes noch besteht. Sich zu trennen gibts gar keinen hinlänglichen Grund. Der menschliche Zustand ist so hoch in Leiden und Freuden gesetzt, daß gar nicht berechnet werden kann, was ein Paar Gatten einander schuldig werden. Es ist eine unendliche Schuld, die nur durch die Ewigkeit abgetragen werden kann. Unbequem mag es manchmal sein, das glaub ich wohl, und das ist eben recht. Sind wir nicht auch mit dem Gewissen verheiratet, das wir oft gerne los sein möchten, weil es unbequemer ist, als uns je ein Mann oder eine Frau werden könnte?"

So sprach er lebhaft und hätte wohl noch lange fortgesprochen, wenn nicht blasende Postillons die Ankunft der Herrschaften verkündigt hätten, welche wie abgemessen von beiden Seiten zu gleicher Zeit in den Schloßhof hereinfuhren. Als ihnen die Hausgenossen entgegeneilten, versteckte sich Mittler, ließ sich das Pferd an den Gasthof bringen und ritt verdrießlich davon.

ZEHNTES KAPITEL

Die Gäste waren bewillkommt und eingeführt; sie freuten sich, das Haus, die Zimmer wieder zu betreten, wo sie früher so manchen guten Tag erlebt und die sie eine lange Zeit nicht gesehn hatten. Höchst angenehm war auch den Freunden ihre Gegenwart. Den Grafen sowie die Baronesse konnte man unter jene hohen, schönen Gestalten zählen, die man in einem mittlern Alter fast lieber als in der Jugend sieht; denn wenn ihnen auch etwas von der ersten Blüte abgehn möchte, so erregen sie doch nun mit der Neigung ein entschiedenes Zutrauen. Auch dieses Paar zeigte sich höchst bequem in der Gegenwart. Ihre freie Weise, die Zustände des Lebens zu nehmen und zu behandeln, ihre Heiterkeit und scheinbare Unbefangenheit teilte sich sogleich mit, und ein hoher Anstand begrenzte das Ganze, ohne daß man irgendeinen Zwang bemerkt hätte.

Diese Wirkung ließ sich augenblicks in der Gesellschaft empfinden. Die Neueintretenden, welche unmittelbar aus der Welt kamen, wie man sogar an ihren Kleidern, Gerätschaften und allen Umgebungen sehen konnte, machten gewissermaßen mit unsern Freunden, ihrem ländlichen und heimlich leidenschaftlichen Zustande eine Art von Gegensatz, der sich jedoch sehr bald verlor, indem alte Erinnerungen und gegenwärtige Teilnahme sich vermischten und ein schnelles, lebhaftes Gespräch alle geschwind zusammenverband.

Es währte indessen nicht lange, als schon eine Sonderung vorging. Die Frauen zogen sich auf ihren Flügel zurück und fanden daselbst, indem sie sich mancherlei vertrauten und zugleich die neuesten Formen und Zuschnitte von Frühkleidern, Hüten und dergleichen zu mustern anfingen, genugsame Unterhaltung, während die Männer sich um die neuen Reisewagen, mit vorgeführten Pferden, beschäftigten und gleich zu handeln und zu tauschen anfingen.

Erst zu Tische kam man wieder zusammen. Die Umkleidung war geschehen, und auch hier zeigte sich das angekommene Paar zu seinem Vorteile. Alles, was sie an sich trugen, war neu und gleichsam ungesehen und doch schon durch den Gebrauch zur Gewohnheit und Bequemlichkeit eingeweiht.

Das Gespräch war lebhaft und abwechselnd, wie denn in Gegenwart solcher Personen alles und nichts zu interessieren scheint. Man bediente sich der französischen Sprache, um die Aufwartenden von dem Mitverständnis auszuschließen, und schweifte mit mutwilligem Behagen über hohe und mittlere Weltverhältnisse hin. Auf einem einzigen Punkt blieb die Unterhaltung länger als billig haften, indem Charlotte nach einer Jugendfreundin sich erkundigte und mit einiger Befremdung vernahm, daß sie ehstens geschieden werden sollte.

„Es ist unerfreulich," sagte Charlotte, „wenn man seine abwesenden Freunde irgend einmal geborgen, eine Freundin, die man liebt, versorgt glaubt; eh man sichs versieht, muß man wieder hören, daß ihr Schicksal im Schwanken ist, und daß sie erst wieder neue und vielleicht abermals unsichre Pfade des Lebens betreten soll."

„Eigentlich, meine Beste," versetzte der Graf, „sind wir selbst schuld, wenn wir auf solche Weise überrascht werden. Wir mögen uns die irdischen Dinge und besonders auch die ehlichen Verbindungen gern so recht dauerhaft vorstellen, und was den letzten Punkt betrifft, so verführen uns die Lustspiele, die wir immer wiederholen sehen, zu solchen Einbildungen, die mit dem Gange der Welt nicht zusammentreffen. In der Komödie sehen wir eine Heirat als das letzte Ziel eines durch die Hindernisse mehrerer Akte verschobenen Wunsches, und im Augenblick, da es erreicht ist, fällt der Vorhang, und die momentane Befriedigung klingt bei uns nach. In der Welt ist es anders; da wird hinten immer fortgespielt, und wenn der Vorhang wieder aufgeht, mag man gern nichts weiter davon sehen noch hören."

„Es muß doch so schlimm nicht sein," sagte Charlotte lächelnd, „da man sieht, daß auch Personen, die von diesem Theater abgetreten sind, wohl gern darauf wieder eine Rolle spielen mögen."

„Dagegen ist nichts einzuwenden," sagte der Graf. „Eine neue Rolle mag man gern wieder übernehmen, und wenn man die Welt kennt, so sieht man wohl: auch bei dem Ehestande ist es nur diese entschiedene, ewige Dauer zwischen soviel Beweglichem in der Welt, die etwas Ungeschicktes an sich trägt. Einer von meinen Freunden, dessen gute Laune sich meist in Vorschlägen zu neuen Gesetzen hervortat, behauptete: eine jede Ehe solle nur auf fünf Jahre geschlossen werden. Es sei, sagte er, dies eine schöne, ungrade, heilige Zahl und ein solcher Zeitraum eben hinreichend, um sich kennenzulernen, einige Kinder heranzubringen, sich zu entzweien und, was das Schönste sei, sich wieder zu versöhnen. Gewöhnlich rief er aus: ‚Wie glücklich würde die erste Zeit verstreichen! Zwei, drei Jahre wenigstens gingen vergnüglich hin. Dann würde doch wohl dem einen Teil daran gelegen sein, das Verhältnis länger dauern zu sehen, die Gefälligkeit würde wachsen, je mehr man sich dem Termin der Aufkündigung näherte. Der gleichgültige, ja selbst der unzufriedene Teil würde durch ein solches Betragen begütigt und eingenommen. Man vergäße, wie man in guter Gesellschaft die Stunden vergißt, daß die Zeit verfließe, und fände sich aufs angenehmste überrascht, wenn man nach verlaufenem Termin erst bemerkte, daß er schon stillschweigend verlängert sei.‘“

So artig und lustig dies klang und so gut man, wie Charlotte wohl empfand, diesem Scherz eine tiefe moralische Deutung geben konnte, so waren ihr dergleichen Äußerungen, besonders um Ottiliens willen, nicht angenehm. Sie wußte recht gut, daß nichts gefährlicher sei als ein allzufreies Gespräch, das einen strafbaren oder halbstrafbaren Zustand als einen gewöhnlichen, gemeinen, ja löblichen behandelt; und dahin gehört doch gewiß alles, was die eheliche Verbindung antastet. Sie suchte daher nach ihrer gewandten Weise das Gespräch abzulenken; da sie es nicht vermochte, tat es ihr leid, daß Ottilie alles so gut eingerichtet hatte, um nicht aufstehen zu dürfen. Das ruhig aufmerksame Kind verstand sich mit dem Haushofmeister durch Blick und Wink, daß alles auf das trefflichste geriet, obgleich ein paar neue, ungeschickte Bedienten in der Livree staken.

Und so fuhr der Graf, Charlottens Ablenken nicht empfindend, über diesen Gegenstand sich zu äußern fort. Ihm, der sonst nicht gewohnt war, im Gespräch irgend lästig zu sein, lastete diese Sache zu sehr auf dem Herzen, und die Schwierigkeiten, sich von seiner Gemahlin getrennt zu sehen, machten ihn bitter gegen alles, was eheliche Verbindung betraf, die er doch selbst mit der Baronesse so eifrig wünschte.

„Jener Freund“, so fuhr er fort, „tat noch einen andern Gesetzvorschlag: Eine Ehe sollte nur alsdann für unauflöslich gehalten werden, wenn entweder beide Teile oder wenigstens der eine Teil zum drittenmal verheiratet wäre. Denn was eine solche Person betreffe, so bekenne sie unwidersprechlich, daß sie die Ehe für etwas Unentbehrliches halte. Nun sei auch schon bekannt geworden, wie sie sich in ihren frühern Verbindungen betragen, ob sie Eigenheiten habe, die oft mehr zur Trennung Anlaß geben als üble Eigenschaften. Man habe sich also wechselseitig zu erkundigen; man habe ebensogut auf Verheiratete wie auf Unverheiratete achtzugeben, weil man nicht wisse, wie die Fälle kommen können.“

„Das würde freilich das Interesse der Gesellschaft sehr vermehren," sagte Eduard; „denn in der Tat jetzt, wenn wir verheiratet sind, fragt niemand weiter mehr nach unsern Tugenden noch unsern Mängeln."

„Bei einer solchen Einrichtung", fiel die Baronesse lächelnd ein, „hätten unsere lieben Wirte schon zwei Stufen glücklich überstiegen und könnten sich zu der dritten vorbereiten."

„Ihnen ists wohl geraten," sagte der Graf; „hier hat der Tod willig getan, was die Konsistorien sonst nur ungern zu tun pflegen."

„Lassen wir die Toten ruhen," versetzte Charlotte mit einem halb ernsten Blicke.

„Warum?" versetzte der Graf, „da man ihrer in Ehren gedenken kann. Sie waren bescheiden genug, sich mit einigen Jahren zu begnügen für mannigfaltiges Gute, das sie zurückließen."

„Wenn nur nicht gerade", sagte die Baronesse mit einem verhaltenen Seufzer, „in solchen Fällen das Opfer der besten Jahre gebracht werden müßte!"

„Jawohl," versetzte der Graf, „man müßte darüber verzweifeln, wenn nicht überhaupt in der Welt so weniges eine gehoffte Folge zeigte. Kinder halten nicht, was sie versprechen, junge Leute sehr selten, und wenn sie Wort halten, hält es ihnen die Welt nicht."

Charlotte, welche froh war, daß das Gespräch sich wendete, versetzte heiter: „Nun! wir müssen uns ja ohnehin bald genug gewöhnen, das Gute stück- und teilweise zu genießen."

„Gewiß," versetzte der Graf, „Sie haben beide sehr schöner Zeiten genossen. Wenn ich mir die Jahre zurückerinnere, da Sie und Eduard das schönste Paar bei Hof waren; weder von so glänzenden Zeiten noch von so hervorleuchtenden Gestalten ist jetzt die Rede mehr. Wenn Sie beide zusammen tanzten, aller Augen waren auf Sie gerichtet, und wie umworben beide, indem Sie sich nur ineinander bespiegelten!"

„Da sich so manches verändert hat," sagte Charlotte, „können wir wohl soviel Schönes mit Bescheidenheit anhören."

„Eduarden habe ich doch oft im stillen getadelt," sagte der Graf, „daß er nicht beharrlicher war; denn am Ende hätten seine wunderlichen Eltern wohl nachgegeben; und zehn frühe Jahre gewinnen ist keine Kleinigkeit."

„Ich muß mich seiner annehmen," fiel die Baronesse ein. „Charlotte war nicht ganz ohne Schuld, nicht ganz rein von allem Umhersehen, und ob sie gleich Eduarden von Herzen liebte und sich ihn auch heimlich zum Gatten bestimmte, so war ich doch Zeuge, wie sehr sie ihn manchmal quälte, so daß man ihn leicht zu dem unglücklichen Entschluß drängen konnte, zu reisen, sich zu entfernen, sich von ihr zu entwöhnen."

Eduard nickte der Baronesse zu und schien dankbar für ihre Fürsprache.

„Und dann muß ich eins", fuhr sie fort, „zu Charlottens Entschuldigung beifügen: der Mann, der zu jener Zeit um sie warb, hatte sich schon lange durch Neigung zu ihr ausgezeichnet und war, wenn man ihn näher kannte, gewiß liebenswürdiger, als ihr andern gern zugestehen mögt."

„Liebe Freundin," versetzte der Graf etwas lebhaft, „bekennen wir nur, daß er Ihnen nicht ganz gleichgültig war, und daß Charlotte von Ihnen mehr zu befürchten hatte als von einer andern. Ich finde das einen sehr hübschen Zug an den Frauen, daß sie ihre Anhänglichkeit an irgendeinen Mann solange noch fortsetzen, ja durch keine Art von Trennung stören oder aufheben lassen."

„Diese gute Eigenschaft besitzen vielleicht die Männer noch mehr," versetzte die Baronesse; „wenigstens an Ihnen, lieber Graf, habe ich bemerkt, daß niemand mehr Gewalt über Sie hat als ein Frauenzimmer, dem Sie früher geneigt waren. So habe ich gesehen, daß Sie auf die Fürsprache einer solchen sich mehr Mühe gaben, um etwas auszuwirken, als vielleicht die Freundin des Augenblicks von Ihnen erlangt hätte."

„Einen solchen Vorwurf darf man sich wohl gefallen lassen," versetzte der Graf; „doch was Charlottens ersten Gemahl betrifft, so konnte ich ihn deshalb nicht leiden, weil er mir das schöne Paar auseinandersprengte, ein wahrhaft prädestiniertes Paar, das, einmal zusammengegeben, weder fünf Jahre zu scheuen, noch auf eine zweite oder gar dritte Verbindung hinzusehen brauchte."

„Wir wollen versuchen", sagte Charlotte, „wieder einzubringen, was wir versäumt haben."

„Da müssen Sie sich dazuhalten," sagte der Graf. „Ihre ersten Heiraten", fuhr er mit einiger Heftigkeit fort, „waren doch so eigentlich rechte Heiraten von der verhaßten Art, und leider haben überhaupt die Heiraten – verzeihen Sie mir einen lebhafteren Ausdruck – etwas Tölpelhaftes; sie verderben die zartesten Verhältnisse, und es liegt doch eigentlich nur an der plumpen Sicherheit, auf die sich wenigstens ein Teil etwas zugute tut. Alles versteht sich von selbst, und man scheint sich nur verbunden zu haben, damit eins wie das andere nunmehr seiner Wege gehe."

In diesem Augenblick machte Charlotte, die ein für allemal dies Gespräch abbrechen wollte, von einer kühnen Wendung Gebrauch; es gelang ihr. Die Unterhaltung ward allgemeiner, die beiden Gatten und der Hauptmann konnten daran teilnehmen; selbst Ottilie ward veranlaßt sich zu äußern, und der Nachtisch ward mit der besten Stimmung genossen, woran der in zierlichen Fruchtkörben aufgestellte Obstreichtum, die bunteste, in Prachtgefäßen schön verteilte Blumenfülle den vorzüglichsten Anteil hatte.

Auch die neuen Parkanlagen kamen zur Sprache, die man sogleich nach Tische besuchte. Ottilie zog sich unter dem Vorwande häuslicher Beschäftigungen zurück; eigentlich aber setzte sie sich nieder zur Abschrift. Der Graf wurde von dem Hauptmann unterhalten; später gesellte sich Charlotte zu ihm. Als sie oben auf die Höhe gelangt waren und der Hauptmann gefällig hinuntereilte, um den Plan zu holen, sagte der Graf zu Charlotten: „Dieser Mann gefällt mir außerordentlich. Er ist sehr wohl und im Zusammenhang unterrichtet. Ebenso scheint seine Tätigkeit sehr ernst und folgerecht. Was er hier leistet, würde in einem höhern Kreise von viel Bedeutung sein."

Charlotte vernahm des Hauptmanns Lob mit innigem Behagen. Sie faßte sich jedoch und bekräftigte das Gesagte mit Ruhe und Klarheit. Wie überrascht war sie aber, als der Graf fortfuhr: „Diese Bekanntschaft kommt mir sehr zu gelegener Zeit. Ich weiß eine Stelle, an die der Mann vollkommen paßt, und ich kann mir durch eine solche Empfehlung, indem ich ihn glücklich mache, einen hohen Freund auf das allerbeste verbinden."

Es war wie ein Donnerschlag, der auf Charlotten herabfiel. Der Graf bemerkte nichts; denn die Frauen, gewohnt, sich jederzeit zu bändigen, behalten in den außerordentlichsten Fällen immer noch eine Art von scheinbarer Fassung. Doch hörte sie schon nicht mehr, was der Graf sagte, indem er fortfuhr: „Wenn ich von etwas überzeugt bin, geht es bei mir geschwind her. Ich habe schon meinen Brief im Kopfe zusammengestellt, und mich drängts, ihn zu schreiben. Sie verschaffen mir einen reitenden Boten, den ich noch heute abend wegschicken kann."

Charlotte war innerlich zerrissen. Von diesen Vorschlägen sowie von sich selbst überrascht, konnte sie kein Wort hervorbringen. Der Graf fuhr glücklicherweise fort, von seinen Planen für den Hauptmann zu sprechen, deren Günstiges Charlotten nur allzusehr in die Augen fiel. Es war Zeit, daß der Hauptmann herauftrat und seine Rolle vor dem Grafen entfaltete. Aber mit wie andern Augen sah sie den Freund an, den sie verlieren sollte! Mit einer notdürftigen Verbeugung wandte sie sich weg und eilte hinunter nach der Mooshütte. Schon auf halbem Wege stürzten ihr die Tränen aus den Augen, und nun warf sie sich in den engen Raum der kleinen Einsiedelei und überließ sich ganz einem Schmerz, einer Leidenschaft, einer Verzweiflung, von deren Möglichkeit sie wenig Augenblicke vorher auch nicht die leiseste Ahnung gehabt hatte.

Auf der andern Seite war Eduard mit der Baronesse an den Teichen hergegangen. Die kluge Frau, die gern von allem unterrichtet sein mochte, bemerkte bald in einem tastenden Gespräch, daß Eduard sich zu Ottiliens Lobe weitläufig herausließ, und wußte ihn auf eine so natürliche Weise nach und nach in den Gang zu bringen, daß ihr zuletzt kein Zweifel übrigblieb, hier sei eine Leidenschaft nicht auf dem Wege, sondern wirklich angelangt.

Verheiratete Frauen, wenn sie sich auch untereinander nicht lieben, stehen doch stillschweigend miteinander, besonders gegen junge Mädchen, im Bündnis. Die Folgen einer solchen Zuneigung stellten sich ihrem weltgewandten Geiste nur allzugeschwind dar. Dazu kam noch, daß sie schon heute früh mit Charlotten über Ottilien gesprochen und den Aufenthalt dieses Kindes auf dem Lande, besonders bei seiner stillen Gemütsart, nicht gebilligt und den Vorschlag getan hatte, Ottilien in die Stadt zu einer Freundin zu bringen, die sehr viel an die Erziehung ihrer einzigen Tochter wende und sich nur nach einer gutartigen Gespielin umsehe, die an die zweite Kindesstatt eintreten und alle Vorteile mitgenießen solle. Charlotte hatte sichs zur Überlegung genommen.

Nun aber brachte der Blick in Eduards Gemüt diesen Vorschlag bei der Baronesse ganz zur vorsätzlichen Festigkeit, und um so schneller dieses in ihr vorging, um desto mehr schmeichelte sie äußerlich Eduards Wünschen. Denn niemand besaß sich mehr als diese Frau, und diese Selbstbeherrschung in außerordentlichen Fällen gewöhnt uns, sogar einen gemeinen Fall mit Verstellung zu behandeln, macht uns geneigt, indem wir soviel Gewalt über uns selbst üben, unsre Herrschaft auch über die andern zu verbreiten, um uns durch das, was wir äußerlich gewinnen, für dasjenige, was wir innerlich entbehren, gewissermaßen schadlos zu halten.

An diese Gesinnung schließt sich meist eine Art heimlicher Schadenfreude über die Dunkelheit der andern, über das Bewußtlose, womit sie in eine Falle gehen. Wir freuen uns nicht allein über das gegenwärtige Gelingen, sondern zugleich auch auf die künftig überraschende Beschämung. Und so war die Baronesse boshaft genug, Eduarden zur Weinlese auf ihre Güter mit Charlotten einzuladen und die Frage Eduards, ob sie Ottilien mitbringen dürften, auf eine Weise, die er beliebig zu seinen Gunsten auslegen konnte, zu beantworten.

Eduard sprach schon mit Entzücken von der herrlichen Gegend, dem großen Flusse, den Hügeln, Felsen und Weinbergen, von alten Schlössern, von Wasserfahrten, von dem Jubel der Weinlese, des Kelterns und so weiter, wobei er in der Unschuld seines Herzens sich schon zum voraus laut über den Eindruck freute, den dergleichen Szenen auf das frische Gemüt Ottiliens machen würden. In diesem Augenblick sah man Ottilien herankommen, und die Baronesse sagte schnell zu Eduard, er möchte von dieser vorhabenden Herbstreise ja nichts reden; denn gewöhnlich geschähe das nicht, worauf man sich so lange voraus freue. Eduard versprach, nötigte sie aber, Ottilien entgegen geschwinder zu gehen, und eilte ihr endlich, dem lieben Kinde zu, mehrere Schritte voran. Eine herzliche Freude drückte sich in seinem ganzen Wesen aus. Er küßte ihr die Hand, in die er einen Strauß Feldblumen drückte, die er unterwegs zusammengepflückt hatte. Die Baronesse fühlte sich bei diesem Anblick in ihrem Innern fast erbittert. Denn wenn sie auch das, was an dieser Neigung strafbar sein mochte, nicht billigen durfte, so konnte sie das, was daran liebenswürdig und angenehm war, jenem unbedeutenden Neuling von Mädchen keineswegs gönnen.

Als man sich zum Abendessen zusammengesetzt hatte, war eine völlig andre Stimmung in der Gesellschaft verbreitet. Der Graf, der schon vor Tische geschrieben und den Boten fortgeschickt hatte, unterhielt sich mit dem Hauptmann, den er auf eine verständige und bescheidene Weise immer mehr ausforschte, indem er ihn diesen Abend an seine Seite gebracht hatte. Die zur Rechten des Grafen sitzende Baronesse fand von daher wenig Unterhaltung, ebensowenig an Eduard, der, erst durstig, dann aufgeregt, des Weines nicht schonte und sich sehr lebhaft mit Ottilien unterhielt, die er an sich gezogen hatte, wie von der andern Seite neben dem Hauptmann Charlotte saß, der es schwer, ja beinahe unmöglich ward, die Bewegungen ihres Innern zu verbergen.

Die Baronesse hatte Zeit genug, Beobachtungen anzustellen. Sie bemerkte Charlottens Unbehagen, und weil sie nur Eduards Verhältnis zu Ottilien im Sinn hatte, so überzeugte sie sich leicht, auch Charlotte sei bedenklich und verdrießlich über ihres Gemahls Benehmen, und überlegte, wie sie nunmehr am besten zu ihren Zwecken gelangen könne.

Auch nach Tische fand sich ein Zwiespalt in der Gesellschaft. Der Graf, der den Hauptmann recht ergründen wollte, brauchte bei einem so ruhigen, keineswegs eitlen und überhaupt lakonischen Manne verschiedene Wendungen, um zu erfahren, was er wünschte. Sie gingen miteinander an der einen Seite des Saals auf und ab, indes Eduard, aufgeregt von Wein und Hoffnung, mit Ottilien an einem Fenster scherzte, Charlotte und die Baronesse aber stillschweigend an der andern Seite des Saals nebeneinander hin und wider gingen. Ihr Schweigen und müßiges Umherstehen brachte denn auch zuletzt eine Stockung in die übrige Gesellschaft. Die Frauen zogen sich zurück auf ihren Flügel, die Männer auf den andern, und so schien dieser Tag abgeschlossen.

EILFTES KAPITEL

Eduard begleitete den Grafen auf sein Zimmer und ließ sich recht gern durchs Gespräch verführen, noch eine Zeitlang bei ihm zu bleiben. Der Graf verlor sich in vorige Zeiten, gedachte mit Lebhaftigkeit an die Schönheit Charlottens, die er als ein Kenner mit vielem Feuer entwickelte: „Ein schöner Fuß ist eine große Gabe der Natur. Diese Anmut ist unverwüstlich. Ich habe sie heute im Gehen beobachtet; noch immer möchte man ihren Schuh küssen und die zwar etwas barbarische, aber doch tief gefühlte Ehrenbezeugung der Sarmaten wiederholen, die sich nichts Besseres kennen, als aus dem Schuh einer geliebten und verehrten Person ihre Gesundheit zu trinken.“

Die Spitze des Fußes blieb nicht allein der Gegenstand des Lobes unter zwei vertrauten Männern. Sie gingen von der Person auf alte Geschichten und Abenteuer zurück und kamen auf die Hindernisse, die man ehemals den Zusammenkünften dieser beiden Liebenden entgegengesetzt, welche Mühe sie sich gegeben, welche Kunstgriffe sie erfunden, nur um sich sagen zu können, daß sie sich liebten.

„Erinnerst du dich,“ fuhr der Graf fort, „welch Abenteuer ich dir recht freundschaftlich und uneigennützig bestehen helfen, als unsre höchsten Herrschaften ihren Oheim besuchten und auf dem weitläufigen Schlosse zusammenkamen? Der Tag war in Feierlichkeiten und Feierkleidern hingegangen; ein Teil der Nacht sollte wenigstens unter freiem, liebevollem Gespräch verstreichen.“

„Den Hinweg zu dem Quartier der Hofdamen hatten Sie sich wohl gemerkt,“ sagte Eduard. „Wir gelangten glücklich zu meiner Geliebten.“

„Die“, versetzte der Graf, „mehr an den Anstand als an meine Zufriedenheit gedacht und eine sehr häßliche Ehrenwächterin bei sich behalten hatte; da mir denn, indessen ihr euch mit Blicken und Worten sehr gut unterhieltet, ein höchst unerfreuliches Los zuteil ward.“

„Ich habe mich noch gestern,“ versetzte Eduard, „als Sie sich anmelden ließen, mit meiner Frau an die Geschichte erinnert, besonders an unsern Rückzug. Wir verfehlten den Weg und kamen an den Vorsaal der Garden. Weil wir uns nun von da recht gut zu finden wußten, so glaubten wir auch hier ganz ohne Bedenken hindurch und an dem Posten, wie an den übrigen, vorbei gehen zu können. Aber wie groß war beim Eröffnen der Türe unsere Verwunderung! Der Weg war mit Matratzen verlegt, auf denen die Riesen in mehreren Reihen ausgestreckt lagen und schliefen. Der einzige Wachende auf dem Posten sah uns verwundert an; wir aber, im jugendlichen Mut und Mutwillen, stiegen ganz gelassen über die ausgestreckten Stiefel weg, ohne daß auch nur einer von diesen schnarchenden Enakskindern erwacht wäre.“

„Ich hatte große Lust zu stolpern,“ sagte der Graf, „damit es Lärm gegeben hätte; denn welch eine seltsame Auferstehung würden wir gesehen haben!“

In diesem Augenblick schlug die Schloßglocke zwölf.

„Es ist hoch Mitternacht,“ sagte der Graf lächelnd, „und eben gerechte Zeit. Ich muß Sie, lieber Baron, um eine Gefälligkeit bitten: führen Sie mich heute, wie ich Sie damals führte; ich habe der Baronesse das Versprechen gegeben, sie noch zu besuchen. Wir haben uns den ganzen Tag nicht allein gesprochen, wir haben uns solange nicht gesehen, und nichts ist natürlicher, als daß man sich nach einer vertraulichen Stunde sehnt. Zeigen Sie mir den Hinweg, den Rückweg will ich schon finden, und auf alle Fälle werde ich über keine Stiefel wegzustolpern haben."

„Ich will Ihnen recht gern diese gastliche Gefälligkeit erzeigen," versetzte Eduard; „nur sind die drei Frauenzimmer drüben zusammen auf dem Flügel. Wer weiß, ob wir sie nicht noch beieinander finden, oder was wir sonst für Händel anrichten, die irgendein wunderliches Ansehn gewinnen."

„Nur ohne Sorge!" sagte der Graf; „die Baronesse erwartet mich. Sie ist um diese Zeit gewiß auf ihrem Zimmer und allein."

„Die Sache ist übrigens leicht," versetzte Eduard und nahm ein Licht, dem Grafen vorleuchtend eine geheime Treppe hinunter, die zu einem langen Gang führte. Am Ende desselben öffnete Eduard eine kleine Türe. Sie erstiegen eine Wendeltreppe; oben auf einem engen Ruheplatz deutete Eduard dem Grafen, dem er das Licht in die Hand gab, nach einer Tapetentüre rechts, die beim ersten Versuch sogleich sich öffnete, den Grafen aufnahm und Eduarden in dem dunklen Raum zurückließ.

Eine andre Türe links ging in Charlottens Schlafzimmer. Er hörte reden und horchte. Charlotte sprach zu ihrem Kammermädchen: „Ist Ottilie schon zu Bette?" – „Nein," versetzte jene, „sie sitzt noch unten und schreibt." – „So zünde Sie das Nachtlicht an," sagte Charlotte, „und gehe Sie nur hin: es ist spät. Die Kerze will ich selbst auslöschen und für mich zu Bette gehen."

Eduard hörte mit Entzücken, daß Ottilie noch schreibe. ‚Sie beschäftigt sich für mich!' dachte er triumphierend. Durch die Finsternis ganz in sich selbst geengt, sah er sie sitzen, schreiben; er glaubte zu ihr zu treten, sie zu sehen, wie sie sich nach ihm umkehrte; er fühlte ein unüberwindliches Verlangen, ihr noch einmal nahe zu sein. Von hier aber war kein Weg in das Halbgeschoß, wo sie wohnte. Nun fand er sich unmittelbar an seiner Frauen Türe, eine sonderbare Verwechselung ging in seiner Seele vor; er suchte die Türe aufzudrehen, er fand sie verschlossen, er pochte leise an, Charlotte hörte nicht.

Sie ging in dem größeren Nebenzimmer lebhaft auf und

ab. Sie wiederholte sich aber- und abermals, was sie seit jenem unerwarteten Vorschlag des Grafen oft genug bei sich um und um gewendet hatte. Der Hauptmann schien vor ihr zu stehen. Er füllte noch das Haus, er belebte noch die Spaziergänge, und er sollte fort, das alles sollte leer werden! Sie sagte sich alles, was man sich sagen kann, ja sie antizipierte, wie man gewöhnlich pflegt, den leidigen Trost, daß auch solche Schmerzen durch die Zeit gelindert werden. Sie verwünschte die Zeit, die es braucht, um sie zu lindern; sie verwünschte die totenhafte Zeit, wo sie würden gelindert sein.

Da war denn zuletzt die Zuflucht zu den Tränen um so willkommner, als sie bei ihr selten stattfand. Sie warf sich auf den Sofa und überließ sich ganz ihrem Schmerz. Eduard seinerseits konnte von der Türe nicht weg; er pochte nochmals, und zum drittenmal etwas stärker, so daß Charlotte durch die Nachtstille es ganz deutlich vernahm und erschreckt auffuhr. Der erste Gedanke war, es könne, es müsse der Hauptmann sein; der zweite, das sei unmöglich. Sie hielt es für Täuschung, aber sie hatte es gehört, sie wünschte, sie fürchtete es gehört zu haben. Sie ging ins Schlafzimmer, trat leise zu der verriegelten Tapetentür. Sie schalt sich über ihre Furcht. ‚Wie leicht kann die Gräfin etwas bedürfen!' sagte sie zu sich selbst und rief gefaßt und gesetzt: „Ist jemand da?" Eine leise Stimme antwortete: „Ich bins." – „Wer?" entgegnete Charlotte, die den Ton nicht unterscheiden konnte. Ihr stand des Hauptmanns Gestalt vor der Tür. Etwas lauter klang es ihr entgegen: „Eduard!" Sie öffnete, und ihr Gemahl stand vor ihr. Er begrüßte sie mit einem Scherz. Es ward ihr möglich, in diesem Tone fortzufahren. Er verwickelte den rätselhaften Besuch in rätselhafte Erklärungen. „Warum ich denn aber eigentlich komme," sagte er zuletzt, „muß ich dir nur gestehen. Ich habe ein Gelübde getan, heute abend noch deinen Schuh zu küssen."

„Das ist dir lange nicht eingefallen," sagte Charlotte. „Desto schlimmer," versetzte Eduard, „und desto besser!"

Sie hatte sich in einen Sessel gesetzt, um ihre leichte Nachtkleidung seinen Blicken zu entziehen. Er warf sich vor ihr nieder, und sie konnte sich nicht erwehren, daß er nicht ihren Schuh küßte, und daß, als dieser ihm in der Hand blieb, er den Fuß ergriff und ihn zärtlich an seine Brust drückte.

Charlotte war eine von den Frauen, die, von Natur mäßig, im Ehestande ohne Vorsatz und Anstrengung die Art und Weise der Liebhaberinnen fortführen. Niemals reizte sie den Mann, ja seinem Verlangen kam sie kaum entgegen; aber ohne Kälte und abstoßende Strenge glich sie immer einer liebevollen Braut, die selbst vor dem Erlaubten noch innige Scheu trägt. Und so fand sie Eduard diesen Abend in doppeltem Sinne. Wie sehnlich wünschte sie den Gatten weg; denn die Luftgestalt des Freundes schien ihr Vorwürfe zu machen. Aber das, was Eduarden hätte entfernen sollen, zog ihn nur mehr an. Eine gewisse Bewegung war an ihr sichtbar. Sie hatte geweint, und wenn weiche Personen dadurch meist an Anmut verlieren, so gewinnen diejenigen dadurch unendlich, die wir gewöhnlich als stark und gefaßt kennen. Eduard war so liebenswürdig, so freundlich, so dringend; er bat sie, bei ihr bleiben zu dürfen, er forderte nicht, bald ernst bald scherzhaft suchte er sie zu bereden, er dachte nicht daran, daß er Rechte habe, und löschte zuletzt mutwillig die Kerze aus.

In der Lampendämmerung sogleich behauptete die innre Neigung, behauptete die Einbildungskraft ihre Rechte über das Wirkliche: Eduard hielt nur Ottilien in seinen Armen, Charlotten schwebte der Hauptmann näher oder ferner vor der Seele, und so verwebten, wundersam genug, sich Abwesendes und Gegenwärtiges reizend und wonnevoll durcheinander.

Und doch läßt sich die Gegenwart ihr ungeheures Recht nicht rauben. Sie brachten einen Teil der Nacht unter allerlei Gesprächen und Scherzen zu, die um desto freier waren, als das Herz leider keinen Teil daran nahm. Aber als Eduard des andern Morgens an dem Busen seiner Frau erwachte, schien ihm der Tag ahnungsvoll hereinzublicken, die Sonne schien ihm ein Verbrechen zu beleuchten; er schlich sich leise von ihrer Seite, und sie fand sich, seltsam genug, allein, als sie erwachte.

ZWÖLFTES KAPITEL

Als die Gesellschaft zum Frühstück wieder zusammenkam, hätte ein aufmerksamer Beobachter an dem Betragen der einzelnen die Verschiedenheit der innern Gesinnungen und Empfindungen abnehmen können. Der Graf und die Baronesse begegneten sich mit dem heitern Behagen, das ein Paar Liebende empfinden, die sich nach erduldeter Trennung ihrer wechselseitigen Neigung abermals versichert halten, dagegen Charlotte und Eduard gleichsam beschämt und reuig dem Hauptmann und Ottilien entgegentraten. Denn so ist die Liebe beschaffen, daß sie allein recht zu haben glaubt und alle anderen Rechte vor ihr verschwinden. Ottilie war kindlich heiter, nach ihrer Weise konnte man sie offen nennen. Ernst erschien der Hauptmann; ihm war bei der Unterredung mit dem Grafen, indem dieser alles in ihm aufregte, was einige Zeit geruht und geschlafen hatte, nur zu fühlbar geworden, daß er eigentlich hier seine Bestimmung nicht erfülle und im Grunde bloß in einem halbtätigen Müßiggang hinschlendere. Kaum hatten sich die beiden Gäste entfernt, als schon wieder neuer Besuch eintraf, Charlotten willkommen, die aus sich selbst herauszugehen, sich zu zerstreuen wünschte; Eduarden ungelegen, der eine doppelte Neigung fühlte, sich mit Ottilien zu beschäftigen; Ottilien gleichfalls unerwünscht, die mit ihrer auf morgen früh so nötigen Abschrift noch nicht fertig war. Und so eilte sie auch, als die Fremden sich spät entfernten, sogleich auf ihr Zimmer.

Es war Abend geworden. Eduard, Charlotte und der Hauptmann, welche die Fremden, ehe sie sich in den Wagen setzten, eine Strecke zu Fuß begleitet hatten, wurden einig, noch einen Spaziergang nach den Teichen zu machen. Ein Kahn war angekommen, den Eduard mit ansehnlichen Kosten aus der Ferne verschrieben hatte. Man wollte versuchen, ob er sich leicht bewegen und lenken lasse.

Er war am Ufer des mittelsten Teiches nicht weit von einigen alten Eichbäumen angebunden, auf die man schon bei künftigen Anlagen gerechnet hatte. Hier sollte ein Landungsplatz angebracht, unter den Bäumen ein architektonischer Ruhesitz aufgeführt werden, wonach diejenigen, die über den See fahren, zu steuern hätten.

„Wo wird man denn nun drüben die Landung am besten anlegen?" fragte Eduard. „Ich sollte denken, bei meinen Platanen."

„Sie stehen ein wenig zu weit rechts," sagte der Hauptmann. „Landet man weiter unten, so ist man dem Schlosse näher; doch muß man es überlegen."

Der Hauptmann stand schon im Hinterteile des Kahns und hatte ein Ruder ergriffen. Charlotte stieg ein, Eduard gleichfalls und faßte das andre Ruder; aber als er eben im Abstoßen begriffen war, gedachte er Ottiliens, gedachte, daß ihn diese Wasserfahrt verspäten, wer weiß erst wann zurückführen würde. Er entschloß sich kurz und gut, sprang wieder ans Land, reichte dem Hauptmann das andre Ruder und eilte, sich flüchtig entschuldigend, nach Hause.

Dort vernahm er, Ottilie habe sich eingeschlossen, sie schreibe. Bei dem angenehmen Gefühle, daß sie für ihn etwas tue, empfand er das lebhafteste Mißbehagen, sie nicht gegenwärtig zu sehen. Seine Ungeduld vermehrte sich mit jedem Augenblicke. Er ging in dem großen Saale auf und ab, versuchte allerlei, und nichts vermochte seine Aufmerksamkeit zu fesseln. Sie wünschte er zu sehen, allein zu sehen, ehe noch Charlotte mit dem Hauptmann zurückkäme. Es ward Nacht, die Kerzen wurden angezündet.

Endlich trat sie herein, glänzend von Liebenswürdigkeit. Das Gefühl, etwas für den Freund getan zu haben, hatte ihr ganzes Wesen über sich selbst gehoben. Sie legte das Original und die Abschrift vor Eduard auf den Tisch. „Wollen wir kollationieren?" sagte sie lächelnd. Eduard wußte nicht, was er erwidern sollte. Er sah sie an, er besah die Abschrift. Die ersten Blätter waren mit der größten Sorgfalt, mit einer zarten weiblichen Hand geschrieben, dann schienen sich die Züge zu verändern, leichter und freier zu werden; aber wie erstaunt war er, als er die letzten Seiten mit den Augen überlief! „Um Gottes willen!" rief er aus, „was ist das? Das ist meine Hand!" Er sah Ottilien an und wieder auf die Blätter, besonders der Schluß war ganz, als wenn er ihn selbst geschrieben hätte. Ottilie schwieg, aber sie blickte ihm mit der größten Zufriedenheit in die Augen. Eduard hob seine Arme empor: „Du liebst mich!“ rief er aus, „Ottilie, du liebst mich!“ und sie hielten einander umfaßt. Wer das andere zuerst ergriffen, wäre nicht zu unterscheiden gewesen.

Von diesem Augenblick an war die Welt für Eduarden umgewendet, er nicht mehr, was er gewesen, die Welt nicht mehr, was sie gewesen. Sie standen voreinander, er hielt ihre Hände, sie sahen einander in die Augen, im Begriff, sich wieder zu umarmen.

Charlotte mit dem Hauptmann trat herein. Zu den Entschuldigungen eines längeren Außenbleibens lächelte Eduard heimlich. ‚O wie viel zu früh kommt ihr!‘ sagte er zu sich selbst.

Sie setzten sich zum Abendessen. Die Personen des heutigen Besuchs wurden beurteilt. Eduard, liebevoll aufgeregt, sprach gut von einem jeden, immer schonend, oft billigend. Charlotte, die nicht durchaus seiner Meinung war, bemerkte diese Stimmung und scherzte mit ihm, daß er, der sonst über die scheidende Gesellschaft immer das strengste Zungengericht ergehen lasse, heute so mild und nachsichtig sei.

Mit Feuer und herzlicher Überzeugung rief Eduard: „Man muß nur Ein Wesen recht von Grund aus lieben, da kommen einem die übrigen alle liebenswürdig vor!“ Ottilie schlug die Augen nieder, und Charlotte sah vor sich hin.

Der Hauptmann nahm das Wort und sagte: „Mit den Gefühlen der Hochachtung, der Verehrung ist es doch auch etwas Ähnliches. Man erkennt nur erst das Schätzenswerte in der Welt, wenn man solche Gesinnungen an Einem Gegenstande zu üben Gelegenheit findet.“

Charlotte suchte bald in ihr Schlafzimmer zu gelangen, um sich der Erinnerung dessen zu überlassen, was diesen Abend zwischen ihr und dem Hauptmann vorgegangen war.

Als Eduard ans Ufer springend den Kahn vom Lande stieß, Gattin und Freund dem schwankenden Element selbst überantwortete, sah nunmehr Charlotte den Mann, um den sie im stillen schon soviel gelitten hatte, in der Dämmerung vor sich sitzen und durch die Führung zweier Ruder das Fahrzeug in beliebiger Richtung fortbewegen. Sie empfand eine tiefe, selten gefühlte Traurigkeit. Das Kreisen des Kahns, das Plätschern der Ruder, der über den Wasserspiegel hinschauernde Windhauch, das Säuseln der Rohre, das letzte Schweben der Vögel, das Blinken und Widerblinken der ersten Sterne: alles hatte etwas Geisterhaftes in dieser allgemeinen Stille. Es schien ihr, der Freund führe sie weit weg, um sie auszusetzen, sie allein zu lassen. Eine wunderbare Bewegung war in ihrem Innern, und sie konnte nicht weinen.

Der Hauptmann beschrieb ihr unterdessen, wie nach seiner Absicht die Anlagen werden sollten. Er rühmte die guten Eigenschaften des Kahns, daß er sich leicht mit zwei Rudern von einer Person bewegen und regieren lasse. Sie werde das selbst lernen, es sei eine angenehme Empfindung, manchmal allein auf dem Wasser hinzuschwimmen und sein eigner Fähr- und Steuermann zu sein.

Bei diesen Worten fiel der Freundin die bevorstehende Trennung aufs Herz. ‚Sagt er das mit Vorsatz?' dachte sie bei sich selbst. ‚Weiß er schon davon? vermutet ers? Oder sagt er es zufällig, so daß er mir bewußtlos mein Schicksal vorausverkündigt?' Es ergriff sie eine große Wehmut, eine Ungeduld; sie bat ihn, baldmöglichst zu landen und mit ihr nach dem Schlosse zurückzukehren.

Es war das erstemal, daß der Hauptmann die Teiche befuhr, und ob er gleich im allgemeinen ihre Tiefe untersucht hatte, so waren ihm doch die einzelnen Stellen unbekannt. Dunkel fing es an zu werden; er richtete seinen Lauf dahin, wo er einen bequemen Ort zum Aussteigen vermutete und den Fußpfad nicht entfernt wußte, der nach dem Schlosse führte. Aber auch von dieser Bahn wurde er einigermaßen abgelenkt, als Charlotte mit einer Art von Ängstlichkeit den Wunsch wiederholte, bald am Lande zu sein. Er näherte sich mit erneuten Anstrengungen dem Ufer, aber leider fühlte er sich in einiger Entfernung davon angehalten; er hatte sich festgefahren, und seine Bemühungen, wieder loszukommen, waren vergebens. Was war zu tun? Ihm blieb nichts übrig, als in das Wasser zu steigen, das seicht genug war, und die Freundin an das Land zu tragen. Glücklich brachte er die liebe Bürde hinüber, stark genug, um nicht zu schwanken oder ihr einige Sorgen zu geben; aber doch hatte sie ängstlich ihre Arme um seinen Hals geschlungen.

Er hielt sie fest und drückte sie an sich. Erst auf einem Rasenabhang ließ er sie nieder, nicht ohne Bewegung und Verwirrung. Sie lag noch an seinem Halse; er schloß sie aufs neue in seine Arme und drückte einen lebhaften Kuß auf ihre Lippen; aber auch im Augenblick lag er zu ihren Füßen, drückte seinen Mund auf ihre Hand und rief: „Charlotte, werden Sie mir vergeben?"

Der Kuß, den der Freund gewagt, den sie ihm beinahe zurückgegeben, brachte Charlotten wieder zu sich selbst. Sie drückte seine Hand, aber sie hob ihn nicht auf. Doch indem sie sich zu ihm hinunterneigte und eine Hand auf seine Schultern legte, rief sie aus: „Daß dieser Augenblick in unserm Leben Epoche mache, können wir nicht verhindern; aber daß sie unser wert sei, hängt von uns ab. Sie müssen scheiden, lieber Freund, und Sie werden scheiden. Der Graf macht Anstalt, Ihr Schicksal zu verbessern; es freut und schmerzt mich. Ich wollte es verschweigen, bis es gewiß wäre; der Augenblick nötigt mich, dies Geheimnis zu entdecken. Nur insofern kann ich Ihnen, kann ich mir verzeihen, wenn wir den Mut haben, unsre Lage zu ändern, da es von uns nicht abhängt, unsre Gesinnung zu ändern." Sie hub ihn auf und ergriff seinen Arm, um sich darauf zu stützen, und so kamen sie stillschweigend nach dem Schlosse.

Nun aber stand sie in ihrem Schlafzimmer, wo sie sich als Gattin Eduards empfinden und betrachten mußte. Ihr kam bei diesen Widersprüchen ihr tüchtiger und durchs Leben mannigfaltig geübter Charakter zu Hülfe. Immer gewohnt, sich ihrer selbst bewußt zu sein, sich selbst zu gebieten, ward es ihr auch jetzt nicht schwer, durch ernste Betrachtung sich dem erwünschten Gleichgewichte zu nähern; ja sie mußte über sich selbst lächeln, indem sie des wunderlichen Nachtbesuches gedachte. Doch schnell ergriff sie eine seltsame Ahnung, ein freudig bängliches Erzittern, das in fromme Wünsche und Hoffnungen sich auflöste. Gerührt kniete sie nieder, sie wiederholte den Schwur, den sie Eduarden vor dem Altar getan. Freundschaft, Neigung, Entsagen gingen vor ihr in heitern Bildern vorüber. Sie fühlte sich innerlich wiederhergestellt. Bald ergreift sie eine süße Müdigkeit und ruhig schläft sie ein.

DREIZEHNTES KAPITEL

Eduard von seiner Seite ist in einer ganz verschiedenen Stimmung. Zu schlafen denkt er so wenig, daß es ihm nicht einmal einfällt, sich auszuziehen. Die Abschrift des Dokuments küßt er tausendmal, den Anfang von Ottiliens kindlich schüchterner Hand; das Ende wagt er kaum zu küssen, weil er seine eigene Hand zu sehen glaubt. ‚O daß es ein andres Dokument wäre!' sagt er sich im stillen; und doch ist es ihm auch schon die schönste Versicherung, daß sein höchster Wunsch erfüllt sei. Bleibt es ja doch in seinen Händen! und wird er es nicht immerfort an sein Herz drücken, obgleich entstellt durch die Unterschrift eines Dritten?

Der abnehmende Mond steigt über den Wald hervor. Die warme Nacht lockt Eduarden ins Freie; er schweift umher, er ist der unruhigste und der glücklichste aller Sterblichen. Er wandelt durch die Gärten; sie sind ihm zu enge; er eilt auf das Feld, und es wird ihm zu weit. Nach dem Schlosse zieht es ihn zurück; er findet sich unter Ottiliens Fenstern. Dort setzt er sich auf eine Terrassentreppe. ‚Mauern und Riegel', sagt er zu sich selbst, ‚trennen uns jetzt, aber unsre Herzen sind nicht getrennt. Stünde sie vor mir, in meine Arme würde sie fallen, ich in die ihrigen, und was bedarf es weiter als diese Gewißheit!' Alles war still um ihn her, kein Lüftchen regte sich; so still wars, daß er das wühlende Arbeiten emsiger Tiere unter der Erde vernehmen konnte, denen Tag und Nacht gleich sind. Er hing ganz seinen glücklichen Träumen nach, schlief endlich ein und erwachte nicht eher wieder, als bis die Sonne mit herrlichem Blick heraufstieg und die frühsten Nebel gewältigte.

Nun fand er sich den ersten Wachenden in seinen Besitzungen. Die Arbeiter schienen ihm zu lange auszubleiben. Sie kamen; es schienen ihm ihrer zu wenig und die vorgesetzte Tagesarbeit für seine Wünsche zu gering. Er fragte nach mehreren Arbeitern; man versprach sie und stellte sie im Laufe des Tages. Aber auch diese sind ihm nicht genug, um seine Vorsätze schleunig ausgeführt zu sehen. Das Schaffen macht ihm keine Freude mehr; es soll schon alles fertig sein, und für wen? Die Wege sollen gebahnt sein, damit

Ottilie bequem sie gehen, die Sitze schon an Ort und Stelle, damit Ottilie dort ruhen könne. Auch an dem neuen Hause treibt er, was er kann; es soll an Ottiliens Geburtstage gerichtet werden. In Eduards Gesinnungen wie in seinen Handlungen ist kein Maß mehr. Das Bewußtsein, zu lieben und geliebt zu werden, treibt ihn ins Unendliche. Wie verändert ist ihm die Ansicht von allen Zimmern, von allen Umgebungen! Er findet sich in seinem eigenen Hause nicht mehr. Ottiliens Gegenwart verschlingt ihm alles; er ist ganz in ihr versunken, keine andre Betrachtung steigt vor ihm auf, kein Gewissen spricht ihm zu; alles, was in seiner Natur gebändigt war, bricht los, sein ganzes Wesen strömt gegen Ottilien.

Der Hauptmann beobachtet dieses leidenschaftliche Treiben und wünscht den traurigen Folgen zuvorzukommen. Alle diese Anlagen, die jetzt mit einem einseitigen Triebe übermäßig gefördert werden, hatte er auf ein ruhig freundliches Zusammenleben berechnet. Der Verkauf des Vorwerks war durch ihn zustande gebracht, die erste Zahlung geschehen, Charlotte hatte sie der Abrede nach in ihre Kasse genommen. Aber sie muß gleich in der ersten Woche Ernst und Geduld und Ordnung mehr als sonst üben und im Auge haben; denn nach der übereilten Weise wird das Ausgesetzte nicht lange reichen.

Es war viel angefangen und viel zu tun. Wie soll er Charlotten in dieser Lage lassen! Sie beraten sich und kommen überein, man wolle die planmäßigen Arbeiten lieber selbst beschleunigen, zu dem Ende Gelder aufnehmen und zu deren Abtragung die Zahlungstermine anweisen, die vom Vorwerksverkauf zurückgeblieben waren. Es ließ sich fast ohne Verlust durch Zession der Gerechtsame tun; man hatte freiere Hand; man leistete, da alles im Gange, Arbeiter genug vorhanden waren, mehr auf einmal und gelangte gewiß und bald zum Zweck. Eduard stimmte gern bei, weil es mit seinen Absichten übereintraf.

Im innern Herzen beharrt indessen Charlotte bei dem, was sie bedacht und sich vorgesetzt, und männlich steht ihr der Freund mit gleichem Sinn zur Seite. Aber eben dadurch wird ihre Vertraulichkeit nur vermehrt. Sie erklären sich wechselseitig über Eduards Leidenschaft, sie beraten sich darüber. Charlotte schließt Ottilien näher an sich, beobachtet sie strenger, und je mehr sie ihr eigen Herz gewahr worden, desto tiefer blickt sie in das Herz des Mädchens. Sie sieht keine Rettung, als sie muß das Kind entfernen.

Nun scheint es ihr eine glückliche Fügung, daß Luciane ein so ausgezeichnetes Lob in der Pension erhalten; denn die Großtante, davon unterrichtet, will sie nun ein für allemal zu sich nehmen, sie um sich haben, sie in die Welt einführen. Ottilie konnte in die Pension zurückkehren, der Hauptmann entfernte sich wohlversorgt; und alles stand wie vor wenigen Monaten, ja um so viel besser. Ihr eigenes Verhältnis hoffte Charlotte zu Eduard bald wiederherzustellen, und sie legte das alles so verständig bei sich zurecht, daß sie sich nur immer mehr in dem Wahn bestärkte: in einen frühern, beschränktern Zustand könne man zurückkehren, ein gewaltsam Entbundenes lasse sich wieder ins Enge bringen.

Eduard empfand indessen die Hindernisse sehr hoch, die man ihm in den Weg legte. Er bemerkte gar bald, daß man ihn und Ottilien auseinanderhielt, daß man ihm erschwerte, sie allein zu sprechen, ja sich ihr zu nähern, außer in Gegenwart von mehreren; und indem er hierüber verdrießlich war, ward er es über manches andere. Konnte er Ottilien flüchtig sprechen, so war es nicht nur, sie seiner Liebe zu versichern, sondern sich auch über seine Gattin, über den Hauptmann zu beschweren. Er fühlte nicht, daß er selbst durch sein heftiges Treiben die Kasse zu erschöpfen auf dem Wege war; er tadelte bitter Charlotten und den Hauptmann, daß sie bei dem Geschäft gegen die erste Abrede handelten, und doch hatte er in die zweite Abrede gewilligt, ja er hatte sie selbst veranlaßt und notwendig gemacht.

Der Haß ist parteiisch, aber die Liebe ist es noch mehr. Auch Ottilie entfremdete sich einigermaßen von Charlotten und dem Hauptmann. Als Eduard sich einst gegen Ottilien über den letztern beklagte, daß er als Freund und in einem solchen Verhältnisse nicht ganz aufrichtig handle, versetzte Ottilie unbedachtsam: „Es hat mir schon früher mißfallen, daß er nicht ganz redlich gegen Sie ist. Ich hörte ihn einmal zu Charlotten sagen: ‚Wenn uns nur Eduard mit seiner Flötendudelei verschonte! Es kann daraus nichts werden und ist für die Zuhörer so lästig.‘ Sie können denken, wie mich das geschmerzt hat, da ich Sie so gern akkompagniere.“

Kaum hatte sie es gesagt, als ihr schon der Geist zuflüsterte, daß sie hätte schweigen sollen; aber es war heraus. Eduards Gesichtszüge verwandelten sich. Nie hatte ihn etwas mehr verdrossen; er war in seinen liebsten Forderungen angegriffen, er war sich eines kindlichen Strebens ohne die mindeste Anmaßung bewußt. Was ihn unterhielt, was ihn erfreute, sollte doch mit Schonung von Freunden behandelt werden. Er dachte nicht, wie schrecklich es für einen Dritten sei, sich die Ohren durch ein unzulängliches Talent verletzen zu lassen. Er war beleidigt, wütend, um nicht wieder zu vergeben. Er fühlte sich von allen Pflichten losgesprochen.

Die Notwendigkeit, mit Ottilien zu sein, sie zu sehen, ihr etwas zuzuflüstern, ihr zu vertrauen, wuchs mit jedem Tage. Er entschloß sich, ihr zu schreiben, sie um einen geheimen Briefwechsel zu bitten. Das Streifchen Papier, worauf er dies lakonisch genug getan hatte, lag auf dem Schreibtisch und ward vom Zugwind heruntergeführt, als der Kammerdiener hereintrat, ihm die Haare zu kräuseln. Gewöhnlich, um die Hitze des Eisens zu versuchen, bückte sich dieser nach Papierschnitzeln auf der Erde; diesmal ergriff er das Billet, zwickte es eilig, und es war versengt. Eduard, den Mißgriff bemerkend, riß es ihm aus der Hand. Bald darauf setzte er sich hin, es noch einmal zu schreiben; es wollte nicht ganz so zum zweitenmal aus der Feder. Er fühlte einiges Bedenken, einige Besorgnis, die er jedoch überwand. Ottilien wurde das Blättchen in die Hand gedrückt, den ersten Augenblick, wo er sich ihr nähern konnte.

Ottilie versäumte nicht, ihm zu antworten. Ungelesen steckte er das Zettelchen in die Weste, die, modisch kurz, es nicht gut verwahrte. Es schob sich heraus und fiel, ohne von ihm bemerkt zu werden, auf den Boden. Charlotte sah es und hob es auf und reichte es ihm mit einem flüchtigen Überblick. „Hier ist etwas von deiner Hand,“ sagte sie, „das du vielleicht ungern verlörest.“

Er war betroffen. ‚Verstellt sie sich?‘ dachte er. ‚Ist sie den Inhalt des Blättchens gewahr worden, oder irrt sie sich an der Ähnlichkeit der Hände?‘ Er hoffte, er dachte das letztre. Er war gewarnt, doppelt gewarnt; aber diese sonderbaren, zufälligen Zeichen, durch die ein höheres Wesen mit uns zu sprechen scheint, waren seiner Leidenschaft unverständlich; vielmehr, indem sie ihn immer weiter führte, empfand er die Beschränkung, in der man ihn zu halten schien, immer unangenehmer. Die freundliche Geselligkeit verlor sich. Sein Herz war verschlossen, und wenn er mit Freund und Frau zusammenzusein genötigt war, so gelang es ihm nicht, seine frühere Neigung zu ihnen in seinem Busen wieder aufzufinden, zu beleben. Der stille Vorwurf, den er sich selbst hierüber machen mußte, war ihm unbequem, und er suchte sich durch eine Art von Humor zu helfen, der aber, weil er ohne Liebe war, auch der gewohnten Anmut ermangelte.

Über alle diese Prüfungen half Charlotten ihr inneres Gefühl hinweg. Sie war sich ihres ernsten Vorsatzes bewußt, auf eine so schöne, edle Neigung Verzicht zu tun.

Wie sehr wünschte sie, jenen beiden auch zu Hülfe zu kommen! Entfernung, fühlte sie wohl, wird nicht allein hinreichend sein, ein solches Übel zu heilen. Sie nimmt sich vor, die Sache gegen das gute Kind zur Sprache zu bringen; aber sie vermag es nicht; die Erinnerung ihres eignen Schwankens steht ihr im Wege. Sie sucht sich darüber im allgemeinen auszudrücken; das Allgemeine paßt auch auf ihren eignen Zustand, den sie auszusprechen scheut. Ein jeder Wink, den sie Ottilien geben will, deutet zurück in ihr eignes Herz. Sie will warnen und fühlt, daß sie wohl selbst noch einer Warnung bedürfen könnte.

Schweigend hält sie daher die Liebenden noch immer auseinander, und die Sache wird dadurch nicht besser. Leise Andeutungen, die ihr manchmal entschlüpfen, wirken auf Ottilien nicht; denn Eduard hatte diese von Charlottens Neigung zum Hauptmann überzeugt, sie überzeugt, daß Charlotte selbst eine Scheidung wünsche, die er nun auf eine anständige Weise zu bewirken denke.

Ottilie, getragen durch das Gefühl ihrer Unschuld, auf dem Wege zu dem erwünschtesten Glück, lebt nur für

Eduard. Durch die Liebe zu ihm in allem Guten gestärkt, um seinetwillen freudiger in ihrem Tun, aufgeschlossener gegen andre, findet sie sich in einem Himmel auf Erden.

So setzen alle zusammen, jeder auf seine Weise, das tägliche Leben fort, mit und ohne Nachdenken; alles scheint seinen gewöhnlichen Gang zu gehen, wie man auch in ungeheuren Fällen, wo alles auf dem Spiele steht, noch immer so fortlebt, als wenn von nichts die Rede wäre.

VIERZEHNTES KAPITEL

Von dem Grafen war indessen ein Brief an den Hauptmann angekommen, und zwar ein doppelter, einer zum Vorzeigen, der sehr schöne Aussichten in die Ferne darwies; der andre hingegen, der ein entschiedenes Anerbieten für die Gegenwart enthielt, eine bedeutende Hof- und Geschäftsstelle, den Charakter als Major, ansehnlichen Gehalt und andre Vorteile, sollte wegen verschiedener Nebenumstände noch geheimgehalten werden. Auch unterrichtete der Hauptmann seine Freunde nur von jenen Hoffnungen und verbarg, was so nahe bevorstand.

Indessen setzte er die gegenwärtigen Geschäfte lebhaft fort und machte in der Stille Einrichtungen, wie alles in seiner Abwesenheit ungehinderten Fortgang haben könnte. Es ist ihm nun selbst daran gelegen, daß für manches ein Termin bestimmt werde, daß Ottiliens Geburtstag manches beschleunige. Nun wirken die beiden Freunde, obschon ohne ausdrückliches Einverständnis, gern zusammen. Eduard ist nun recht zufrieden, daß man durch das Vorauserheben der Gelder die Kasse verstärkt hat; die ganze Anstalt rückt auf das rascheste vorwärts.

Die drei Teiche in einen See zu verwandeln, hätte jetzt der Hauptmann am liebsten ganz widerraten. Der untere Damm war zu verstärken, die mittlern abzutragen und die ganze Sache in mehr als einem Sinne wichtig und bedenklich. Beide Arbeiten aber, wie sie ineinanderwirken konnten, waren schon angefangen, und hier kam ein junger Architekt, ein ehemaliger Zögling des Hauptmanns, sehr erwünscht, der teils mit Anstellung tüchtiger Meister, teils mit Verdingen der Arbeit, wo sichs tun ließ, die Sache förderte und dem Werke Sicherheit und Dauer versprach; wobei sich der Hauptmann im stillen freute, daß man seine Entfernung nicht fühlen würde. Denn er hatte den Grundsatz, aus einem übernommenen unvollendeten Geschäft nicht zu scheiden, bis er seine Stelle genugsam ersetzt sähe. Ja er verachtete diejenigen, die, um ihren Abgang fühlbar zu machen, erst noch Verwirrung in ihrem Kreise anrichten, indem sie als ungebildete Selbstler das zu zerstören wünschen, wobei sie nicht mehr fortwirken sollen.

So arbeitete man immer mit Anstrengung, um Ottiliens Geburtstag zu verherrlichen, ohne daß man es aussprach oder sichs recht aufrichtig bekannte. Nach Charlottens obgleich neidlosen Gesinnungen konnte es doch kein entschiedenes Fest werden. Die Jugend Ottiliens, ihre Glücksumstände, das Verhältnis zur Familie berechtigten sie nicht, als Königin eines Tages zu erscheinen. Und Eduard wollte nicht davon gesprochen haben, weil alles wie von selbst entspringen, überraschen und natürlich erfreuen sollte.

Alle kamen daher stillschweigend in dem Vorwande überein, als wenn an diesem Tage, ohne weitere Beziehung, jenes Lusthaus gerichtet werden sollte, und bei diesem Anlaß konnte man dem Volke sowie den Freunden ein Fest ankündigen.

Eduards Neigung war aber grenzenlos. Wie er sich Ottilien zuzueignen begehrte, so kannte er auch kein Maß des Hingebens, Schenkens, Versprechens. Zu einigen Gaben, die er Ottilien an diesem Tage verehren wollte, hatte ihm Charlotte viel zu ärmliche Vorschläge getan. Er sprach mit seinem Kammerdiener, der seine Garderobe besorgte und mit Handelsleuten und Modehändlern in beständigem Verhältnis blieb; dieser, nicht unbekannt sowohl mit den angenehmsten Gaben selbst als mit der besten Art, sie zu überreichen, bestellte sogleich in der Stadt den niedlichsten Koffer, mit rotem Saffian überzogen, mit Stahlnägeln beschlagen und angefüllt mit Geschenken, einer solchen Schale würdig.

Noch einen andern Vorschlag tat er Eduarden. Es war

ein kleines Feuerwerk vorhanden, das man immer abzubrennen versäumt hatte. Dies konnte man leicht verstärken und erweitern. Eduard ergriff den Gedanken, und jener versprach, für die Ausführung zu sorgen. Die Sache sollte ein Geheimnis bleiben.

Der Hauptmann hatte unterdessen, je näher der Tag heranrückte, seine polizeilichen Einrichtungen getroffen, die er für so nötig hielt, wenn eine Masse Menschen zusammenberufen oder- gelockt wird. Ja sogar hatte er wegen des Bettelns und andrer Unbequemlichkeiten, wodurch die Anmut eines Festes gestört wird, durchaus Vorsorge genommen.

Eduard und sein Vertrauter dagegen beschäftigten sich vorzüglich mit dem Feuerwerk. Am mittelsten Teiche vor jenen großen Eichbäumen sollte es abgebrannt werden; gegenüber unter den Platanen sollte die Gesellschaft sich aufhalten, um die Wirkung aus gehöriger Ferne, die Abspiegelung im Wasser, und was auf dem Wasser selbst brennend zu schwimmen bestimmt war, mit Sicherheit und Bequemlichkeit anzuschauen.

Unter einem andern Vorwand ließ daher Eduard den Raum unter den Platanen von Gesträuch, Gras und Moos säubern, und nun erschien erst die Herrlichkeit des Baumwuchses sowohl an Höhe als Breite auf dem gereinigten Boden. Eduard empfand darüber die größte Freude. ‚Es war ungefähr um diese Jahrszeit, als ich sie pflanzte. Wie lange mag es her sein?‘ sagte er zu sich selbst. Sobald er nach Hause kam, schlug er in alten Tagebüchern nach, die sein Vater, besonders auf dem Lande, sehr ordentlich geführt hatte. Zwar diese Pflanzung konnte nicht darin erwähnt sein, aber eine andre häuslich wichtige Begebenheit an demselben Tage, deren sich Eduard noch wohl erinnerte, mußte notwendig darin angemerkt stehen. Er durchblättert einige Bände, der Umstand findet sich. Aber wie erstaunt, wie erfreut ist Eduard, als er das wunderbarste Zusammentreffen bemerkt! Der Tag, das Jahr jener Baumpflanzung ist zugleich der Tag, das Jahr von Ottiliens Geburt.

FUNFZEHNTES KAPITEL

Endlich leuchtete Eduarden der sehnlich erwartete Morgen, und nach und nach stellten viele Gäste sich ein; denn man hatte die Einladungen weit umhergeschickt, und manche, die das Legen des Grundsteins versäumt hatten, wovon man soviel Artiges erzählte, wollten diese zweite Feierlichkeit um so weniger verfehlen.

Vor Tafel erschienen die Zimmerleute mit Musik im Schloßhofe, ihren reichen Kranz tragend, der aus vielen stufenweise übereinander schwankenden Laub- und Blumenreifen zusammengesetzt war. Sie sprachen ihren Gruß und erbaten sich zur gewöhnlichen Ausschmückung seidene Tücher und Bänder von dem schönen Geschlecht. Indes die Herrschaft speiste, setzten sie ihren jauchzenden Zug weiter fort, und nachdem sie sich eine Zeitlang im Dorfe aufgehalten und daselbst Frauen und Mädchen gleichfalls um manches Band gebracht, so kamen sie endlich, begleitet und erwartet von einer großen Menge, auf die Höhe, wo das gerichtete Haus stand.

Charlotte hielt nach der Tafel die Gesellschaft einigermaßen zurück. Sie wollte keinen feierlichen, förmlichen Zug, und man fand sich daher in einzelnen Partieen, ohne Rang und Ordnung, auf dem Platz gemächlich ein. Charlotte zögerte mit Ottilien und machte dadurch die Sache nicht besser; denn weil Ottilie wirklich die letzte war, die herantrat, so schien es, als wenn Trompeten und Pauken nur auf sie gewartet hätten, als wenn die Feierlichkeit bei ihrer Ankunft nun gleich beginnen müßte.

Dem Hause das rohe Ansehn zu nehmen, hatte man es mit grünem Reisig und Blumen, nach Angabe des Hauptmanns, architektonisch ausgeschmückt; allein ohne dessen Mitwissen hatte Eduard den Architekten veranlaßt, in dem Gesims das Datum mit Blumen zu bezeichnen. Das mochte noch hingehen; allein zeitig genug langte der Hauptmann an, um zu verhindern, daß nicht auch der Name Ottiliens im Giebelfelde glänzte. Er wußte dieses Beginnen auf eine geschickte Weise abzulehnen und die schon fertigen Blumenbuchstaben beiseitezubringen.

Der Kranz war aufgesteckt und weit umher in der Gegend sichtbar. Bunt flatterten die Bänder und Tücher in der Luft, und eine kurze Rede verscholl zum größten Teil im Winde. Die Feierlichkeit war zu Ende, der Tanz auf dem geebneten und mit Lauben umkreiseten Platze vor dem Gebäude sollte nun angehen. Ein schmucker Zimmergeselle führte Eduarden ein flinkes Bauermädchen zu und forderte Ottilien auf, welche danebenstand. Die beiden Paare fanden sogleich ihre Nachfolger, und bald genug wechselte Eduard, indem er Ottilien ergriff und mit ihr die Runde machte. Die jüngere Gesellschaft mischte sich fröhlich in den Tanz des Volks, indes die Ältern beobachteten.

Sodann, ehe man sich auf den Spaziergängen zerstreute, ward abgeredet, daß man sich mit Untergang der Sonne bei den Platanen wieder versammeln wolle. Eduard fand sich zuerst ein, ordnete alles und nahm Abrede mit dem Kammerdiener, der auf der andern Seite in Gesellschaft des Feuerwerkers die Lusterscheinungen zu besorgen hatte.

Der Hauptmann bemerkte die dazu getroffenen Vorrichtungen nicht mit Vergnügen; er wollte wegen des zu erwartenden Andrangs der Zuschauer mit Eduard sprechen, als ihn derselbe etwas hastig bat, er möge ihm diesen Teil der Feierlichkeit doch allein überlassen.

Schon hatte sich das Volk auf die oberwärts abgestochenen und vom Rasen entblößten Dämme gedrängt, wo das Erdreich uneben und unsicher war. Die Sonne ging unter, die Dämmerung trat ein, und in Erwartung größerer Dunkelheit wurde die Gesellschaft unter den Platanen mit Erfrischungen bedient. Man fand den Ort unvergleichlich und freute sich in Gedanken, künftig von hier die Aussicht auf einen weiten und so mannigfaltig begrenzten See zu genießen.

Ein ruhiger Abend, eine vollkommene Windstille versprachen das nächtliche Fest zu begünstigen, als auf einmal ein entsetzliches Geschrei entstand. Große Schollen hatten sich vom Damme losgetrennt, man sah mehrere Menschen ins Wasser stürzen. Das Erdreich hatte nachgegeben unter dem Drängen und Treten der immer zunehmenden Menge. Jeder wollte den besten Platz haben, und nun konnte niemand vorwärts noch zurück.

Jedermann sprang auf und hinzu, mehr um zu schauen als zu tun; denn was war da zu tun, wo niemand hinreichen konnte. Nebst einigen Entschlossenen eilte der Hauptmann herbei, trieb sogleich die Menge von dem Damm herunter nach den Ufern, um den Hülfreichen freie Hand zu geben, welche die Versinkenden herauszuziehen suchten. Schon waren alle teils durch eignes, teils durch fremdes Bestreben wieder auf dem Trocknen, bis auf einen Knaben, der durch allzu ängstliches Bemühen, statt sich dem Damm zu nähern, sich davon entfernt hatte. Die Kräfte schienen ihn zu verlassen, nur einigemal kam noch eine Hand, ein Fuß in die Höhe. Unglücklicherweise war der Kahn auf der andern Seite, mit Feuerwerk gefüllt, nur langsam konnte man ihn ausladen, und die Hülfe verzögerte sich. Des Hauptmanns Entschluß war gefaßt, er warf die Oberkleider weg, aller Augen richteten sich auf ihn, und seine tüchtige, kräftige Gestalt flößte jedermann Zutrauen ein; aber ein Schrei der Überraschung drang aus der Menge hervor, als er sich ins Wasser stürzte, jedes Auge begleitete ihn, der als geschickter Schwimmer den Knaben bald erreichte und ihn, jedoch für tot, an den Damm brachte.

Indessen ruderte der Kahn herbei, der Hauptmann bestieg ihn und forschte genau von den Anwesenden, ob denn auch wirklich alle gerettet seien. Der Chirurgus kommt und übernimmt den totgeglaubten Knaben; Charlotte tritt hinzu, sie bittet den Hauptmann, nur für sich zu sorgen, nach dem Schlosse zurückzukehren und die Kleider zu wechseln. Er zaudert, bis ihm gesetzte, verständige Leute, die ganz nahe gegenwärtig gewesen, die selbst zur Rettung der einzelnen beigetragen, auf das heiligste versichern, daß alle gerettet seien.

Charlotte sieht ihn nach Hause gehen, sie denkt, daß Wein und Tee und was sonst nötig wäre, verschlossen ist, daß in solchen Fällen die Menschen gewöhnlich verkehrt handeln; sie eilt durch die zerstreute Gesellschaft, die sich noch unter den Platanen befindet. Eduard ist beschäftigt, jedermann zuzureden: man soll bleiben; in kurzem gedenkt er das Zeichen zu geben, und das Feuerwerk soll beginnen. Charlotte tritt hinzu und bittet ihn, ein Vergnügen zu verschieben, das jetzt nicht am Platze sei, das in dem gegenwärtigen Augenblick nicht genossen werden könne; sie erinnert ihn, was man dem Geretteten und dem Retter schuldig sei. „Der Chirurgus wird schon seine Pflicht tun," versetzte Eduard. „Er ist mit allem versehen, und unser Zudringen wäre nur eine hinderliche Teilnahme."

Charlotte bestand auf ihrem Sinne und winkte Ottilien, die sich sogleich zum Weggehen anschickte. Eduard ergriff ihre Hand und rief: „Wir wollen diesen Tag nicht im Lazarett endigen! Zur barmherzigen Schwester ist sie zu gut. Auch ohne uns werden die Scheintoten erwachen und die Lebendigen sich abtrocknen."

Charlotte schwieg und ging. Einige folgten ihr, andere diesen; endlich wollte niemand der letzte sein, und so folgten alle. Eduard und Ottilie fanden sich allein unter den Platanen. Er bestand darauf, zu bleiben, so dringend, so ängstlich sie ihn auch bat, mit ihr nach dem Schlosse zurückzukehren. „Nein, Ottilie!" rief er, „das Außerordentliche geschieht nicht auf glattem, gewöhnlichem Wege. Dieser überraschende Vorfall von heute abend bringt uns schneller zusammen. Du bist die Meine! Ich habe dirs schon so oft gesagt und geschworen; wir wollen es nicht mehr sagen und schwören, nun soll es werden."

Der Kahn von der andern Seite schwamm herüber. Es war der Kammerdiener, der verlegen anfragte, was nunmehr mit dem Feuerwerk werden sollte. „Brennt es ab!" rief er ihm entgegen. „Für dich allein war es bestellt, Ottilie, und nun sollst du es auch allein sehen! Erlaube mir, an deiner Seite sitzend, es mitzugenießen." Zärtlich bescheiden setzte er sich neben sie, ohne sie zu berühren.

Raketen rauschten auf, Kanonenschläge donnerten, Leuchtkugeln stiegen, Schwärmer schlängelten und platzten, Räder gischten, jedes erst einzeln, dann gepaart, dann alle zusammen und immer gewaltsamer hintereinander und zusammen. Eduard, dessen Busen brannte, verfolgte mit lebhaft zufriedenem Blick diese feurigen Erscheinungen. Ottiliens zartem, aufgeregtem Gemüt war dieses rauschende, blitzende Entstehen und Verschwinden eher ängstlich als angenehm. Sie lehnte sich schüchtern an Eduard, dem diese

Annäherung, dieses Zutrauen das volle Gefühl gab, daß sie ihm ganz angehöre.

Die Nacht war kaum in ihre Rechte wieder eingetreten, als der Mond aufging und die Pfade der beiden Rückkehrenden beleuchtete. Eine Figur, den Hut in der Hand, vertrat ihnen den Weg und sprach sie um ein Almosen an, da er an diesem festlichen Tage versäumt worden sei. Der Mond schien ihm ins Gesicht, und Eduard erkannte die Züge jenes zudringlichen Bettlers. Aber so glücklich wie er war, konnte er nicht ungehalten sein, konnte es ihm nicht einfallen, daß besonders für heute das Betteln höchlich verpönt worden. Er forschte nicht lange in der Tasche und gab ein Goldstück hin. Er hätte jeden gern glücklich gemacht, da sein Glück ohne Grenzen schien.

Zu Hause war indes alles erwünscht gelungen. Die Tätigkeit des Chirurgen, die Bereitschaft alles Nötigen, der Beistand Charlottens, alles wirkte zusammen, und der Knabe ward wieder zum Leben hergestellt. Die Gäste zerstreuten sich, sowohl um noch etwas vom Feuerwerk aus der Ferne zu sehen, als auch um nach solchen verworrnen Szenen ihre ruhige Heimat wieder zu betreten.

Auch hatte der Hauptmann, geschwind umgekleidet, an der nötigen Vorsorge tätigen Anteil genommen; alles war beruhigt, und er fand sich mit Charlotten allein. Mit zutraulicher Freundlichkeit erklärte er nun, daß seine Abreise nahe bevorstehe. Sie hatte diesen Abend so viel erlebt, daß diese Entdeckung wenig Eindruck auf sie machte; sie hatte gesehen, wie der Freund sich aufopferte, wie er rettete und selbst gerettet war. Diese wunderbaren Ereignisse schienen ihr eine bedeutende Zukunft, aber keine unglückliche zu weissagen.

Eduarden, der mit Ottilien hereintrat, wurde die bevorstehende Abreise des Hauptmanns gleichfalls angekündigt. Er argwohnte, daß Charlotte früher um das Nähere gewußt habe, war aber viel zu sehr mit sich und seinen Absichten beschäftigt, als daß er es hätte übel empfinden sollen.

Im Gegenteil vernahm er aufmerksam und zufrieden die gute und ehrenvolle Lage, in die der Hauptmann versetzt werden sollte. Unbändig drangen seine geheimen Wünsche den Begebenheiten vor. Schon sah er jenen mit Charlotten verbunden, sich mit Ottilien. Man hätte ihm zu diesem Fest kein größeres Geschenk machen können.

Aber wie erstaunt war Ottilie, als sie auf ihr Zimmer trat und den köstlichen kleinen Koffer auf ihrem Tische fand! Sie säumte nicht, ihn zu eröffnen. Da zeigte sich alles so schön gepackt und geordnet, daß sie es nicht auseinanderzunehmen, ja kaum zu lüften wagte. Musselin, Batist, Seide, Schals und Spitzen wetteiferten an Feinheit, Zierlichkeit und Kostbarkeit. Auch war der Schmuck nicht vergessen. Sie begriff wohl die Absicht, sie mehr als einmal vom Kopf bis auf den Fuß zu kleiden; es war aber alles so kostbar und fremd, daß sie sichs in Gedanken nicht zuzueignen getraute.

SECHZEHNTES KAPITEL

Des andern Morgens war der Hauptmann verschwunden und ein dankbar gefühltes Blatt an die Freunde von ihm zurückgeblieben. Er und Charlotte hatten abends vorher schon halben und einsilbigen Abschied genommen. Sie empfand eine ewige Trennung und ergab sich darein; denn in dem zweiten Briefe des Grafen, den ihr der Hauptmann zuletzt mitteilte, war auch von einer Aussicht auf eine vorteilhafte Heirat die Rede, und obgleich er diesem Punkt keine Aufmerksamkeit schenkte, so hielt sie doch die Sache schon für gewiß und entsagte ihm rein und völlig.

Dagegen glaubte sie nun auch die Gewalt, die sie über sich selbst ausgeübt, von andern fordern zu können. Ihr war es nicht unmöglich gewesen, andern sollte das gleiche möglich sein. In diesem Sinne begann sie das Gespräch mit ihrem Gemahl, um so mehr offen und zuversichtlich, als sie empfand, daß die Sache ein für allemal abgetan werden müsse.

„Unser Freund hat uns verlassen," sagte sie; „wir sind nun wieder gegeneinander über wie vormals, und es käme nun wohl auf uns an, ob wir wieder völlig in den alten Zustand zurückkehren wollten."

Eduard, der nichts vernahm, als was seiner Leidenschaft schmeichelte, glaubte, daß Charlotte durch diese Worte den früheren Witwenstand bezeichnen und, obgleich auf unbestimmte Weise, zu einer Scheidung Hoffnung machen wolle. Er antwortete deshalb mit Lächeln: „Warum nicht? Es käme nur darauf an, daß man sich verständigte."

Er fand sich daher gar sehr betrogen, als Charlotte versetzte: „Auch Ottilien in eine andere Lage zu bringen, haben wir gegenwärtig nur zu wählen; denn es findet sich eine doppelte Gelegenheit, ihr Verhältnisse zu geben, die für sie wünschenswert sind. Sie kann in die Pension zurückkehren, da meine Tochter zur Großtante gezogen ist; sie kann in ein angesehenes Haus aufgenommen werden, um mit einer einzigen Tochter alle Vorteile einer standesmäßigen Erziehung zu genießen."

„Indessen", versetzte Eduard ziemlich gefaßt, „hat Ottilie sich in unserer freundlichen Gesellschaft so verwöhnt, daß ihr eine andere wohl schwerlich willkommen sein möchte."

„Wir haben uns alle verwöhnt," sagte Charlotte, „und du nicht zum letzten. Indessen ist es eine Epoche, die uns zur Besinnung auffordert, die uns ernstlich ermahnt, an das Beste sämtlicher Mitglieder unseres kleinen Zirkels zu denken und auch irgendeine Aufopferung nicht zu versagen."

„Wenigstens finde ich es nicht billig," versetzte Eduard, „daß Ottilie aufgeopfert werde, und das geschähe doch, wenn man sie gegenwärtig unter fremde Menschen hinunterstieße. Den Hauptmann hat sein gutes Geschick hier aufgesucht; wir dürfen ihn mit Ruhe, ja mit Behagen von uns wegscheiden lassen. Wer weiß, was Ottilien bevorsteht; warum sollten wir uns übereilen?"

„Was uns bevorsteht, ist ziemlich klar," versetzte Charlotte mit einiger Bewegung, und da sie die Absicht hatte, ein für allemal sich auszusprechen, fuhr sie fort: „Du liebst Ottilien, du gewöhnst dich an sie. Neigung und Leidenschaft entspringt und nährt sich auch von ihrer Seite. Warum sollen wir nicht mit Worten aussprechen, was uns jede Stunde gesteht und bekennt? Sollen wir nicht soviel Vorsicht haben, uns zu fragen, was das werden wird?"

„Wenn man auch sogleich nicht darauf antworten kann," versetzte Eduard, der sich zusammennahm, „so läßt sich doch soviel sagen, daß man eben alsdann sich am ersten entschließt abzuwarten, was uns die Zukunft lehren wird, wenn man gerade nicht sagen kann, was aus einer Sache werden soll."

„Hier vorauszusehen," versetzte Charlotte, „bedarf es wohl keiner großen Weisheit, und soviel läßt sich auf alle Fälle gleich sagen, daß wir beide nicht mehr jung genug sind, um blindlings dahin zu gehen, wohin man nicht möchte oder nicht sollte. Niemand kann mehr für uns sorgen; wir müssen unsre eigenen Freunde sein, unsre eigenen Hofmeister. Niemand erwartet von uns, daß wir uns in ein Äußerstes verlieren werden, niemand erwartet, uns tadelnswert oder gar lächerlich zu finden."

„Kannst du mirs verdenken," versetzte Eduard, der die offne, reine Sprache seiner Gattin nicht zu erwidern vermochte, „kannst du mich schelten, wenn mir Ottiliens Glück am Herzen liegt? und nicht etwa ein künftiges, das immer nicht zu berechnen ist, sondern ein gegenwärtiges? Denke dir aufrichtig und ohne Selbstbetrug Ottilien aus unserer Gesellschaft gerissen und fremden Menschen untergeben – ich wenigstens fühle mich nicht grausam genug, ihr eine solche Veränderung zuzumuten."

Charlotte ward gar wohl die Entschlossenheit ihres Gemahls hinter seiner Verstellung gewahr. Erst jetzt fühlte sie, wie weit er sich von ihr entfernt hatte. Mit einiger Bewegung rief sie aus: „Kann Ottilie glücklich sein, wenn sie uns entzweit, wenn sie mir einen Gatten, seinen Kindern einen Vater entreißt?"

„Für unsere Kinder, dächte ich, wäre gesorgt," sagte Eduard lächelnd und kalt; etwas freundlicher aber fügte er hinzu: „Wer wird auch gleich das Äußerste denken!"

„Das Äußerste liegt der Leidenschaft zu allernächst," bemerkte Charlotte. „Lehne, solange es noch Zeit ist, den guten Rat nicht ab, nicht die Hülfe, die ich uns biete. In trüben Fällen muß derjenige wirken und helfen, der am klarsten sieht. Diesmal bin ichs. Lieber, liebster Eduard, laß mich gewähren! Kannst du mir zumuten, daß ich auf mein wohlerworbenes Glück, auf die schönsten Rechte, auf dich so geradehin Verzicht leisten soll?"

„Wer sagt das?" versetzte Eduard mit einiger Verlegenheit.

„Du selbst," versetzte Charlotte; „indem du Ottilien in der Nähe behalten willst, gestehst du nicht alles zu, was daraus entspringen muß? Ich will nicht in dich dringen; aber wenn du dich nicht überwinden kannst, so wirst du wenigstens dich nicht lange mehr betriegen können."

Eduard fühlte, wie recht sie hatte. Ein ausgesprochnes Wort ist fürchterlich, wenn es das auf einmal ausspricht, was das Herz lange sich erlaubt hat; und um nur für den Augenblick auszuweichen, erwiderte Eduard: „Es ist mir ja noch nicht einmal klar, was du vorhast."

„Meine Absicht war," versetzte Charlotte, „mit dir die beiden Vorschläge zu überlegen. Beide haben viel Gutes. Die Pension würde Ottilien am gemäßesten sein, wenn ich betrachte, wie das Kind jetzt ist. Jene größere und weitere Lage verspricht aber mehr, wenn ich bedenke, was sie werden soll." Sie legte darauf umständlich ihrem Gemahl die beiden Verhältnisse dar und schloß mit den Worten: „Was meine Meinung betrifft, so würde ich das Haus jener Dame der Pension vorziehen aus mehreren Ursachen, besonders aber auch, weil ich die Neigung, ja die Leidenschaft des jungen Mannes, den Ottilie dort für sich gewonnen, nicht vermehren will."

Eduard schien ihr Beifall zu geben, nur aber, um einigen Aufschub zu suchen. Charlotte, die darauf ausging, etwas Entscheidendes zu tun, ergriff sogleich die Gelegenheit, als Eduard nicht unmittelbar widersprach, die Abreise Ottiliens, zu der sie schon alles im stillen vorbereitet hatte, auf die nächsten Tage festzusetzen.

Eduard schauderte, er hielt sich für verraten und die liebevolle Sprache seiner Frau für ausgedacht, künstlich und planmäßig, um ihn auf ewig von seinem Glücke zu trennen. Er schien ihr die Sache ganz zu überlassen; allein schon war innerlich sein Entschluß gefaßt. Um nur zu Atem zu kommen, um das bevorstehende unabsehliche Unheil der Entfernung Ottiliens abzuwenden, entschied er sich, sein Haus zu verlassen, und zwar nicht ganz ohne Vorbewußt Charlottens, die er jedoch durch die Einleitung zu täuschen verstand, daß er bei Ottiliens Abreise nicht gegenwärtig sein, ja sie von diesem Augenblick an nicht mehr sehen wolle. Charlotte, die gewonnen zu haben glaubte, tat ihm allen Vorschub. Er befahl seine Pferde, gab dem Kammerdiener die nötige Anweisung, was er einpacken und wie er ihm folgen solle, und so, wie schon im Stegreife, setzte er sich hin und schrieb.

Eduard an Charlotten

„Das Übel, meine Liebe, das uns befallen hat, mag heilbar sein oder nicht, dies nur fühle ich: wenn ich im Augenblicke nicht verzweifeln soll, so muß ich Aufschub finden für mich, für uns alle. Indem ich mich aufopfre, kann ich fordern. Ich verlasse mein Haus und kehre nur unter günstigern, ruhigern Aussichten zurück. Du sollst es indessen besitzen, aber mit Ottilien. Bei dir will ich sie wissen, nicht unter fremden Menschen. Sorge für sie, behandle sie wie sonst, wie bisher, ja nur immer liebevoller, freundlicher und zarter. Ich verspreche, kein heimliches Verhältnis zu Ottilien zu suchen. Laßt mich lieber eine Zeitlang ganz unwissend, wie ihr lebt; ich will mir das Beste denken. Denkt auch so von mir. Nur, was ich dich bitte, auf das innigste, auf das lebhafteste: mache keinen Versuch, Ottilien sonst irgendwo unterzugeben, in neue Verhältnisse zu bringen! Außer dem Bezirk deines Schlosses, deines Parks, fremden Menschen anvertraut, gehört sie mir, und ich werde mich ihrer bemächtigen. Ehrst du aber meine Neigung, meine Wünsche, meine Schmerzen, schmeichelst du meinem Wahn, meinen Hoffnungen, so will ich auch der Genesung nicht widerstreben, wenn sie sich mir anbietet."

Diese letzte Wendung floß ihm aus der Feder, nicht aus dem Herzen. Ja, wie er sie auf dem Papier sah, fing er bitterlich an zu weinen. Er sollte auf irgendeine Weise dem Glück, ja dem Unglück, Ottilien zu lieben, entsagen! Jetzt fühlte er, was er tat. Er entfernte sich, ohne zu wissen, was daraus entstehen konnte. Er sollte sie wenigstens jetzt nicht wiedersehen; ob er sie je wiedersähe, welche Sicherheit konnte er sich darüber versprechen? Aber der Brief war geschrieben; die Pferde standen vor der Tür; jeden Augenblick mußte er fürchten, Ottilien irgendwo zu erblicken und zugleich seinen Entschluß vereitelt zu sehen. Er faßte sich; er dachte, daß es ihm doch möglich sei, jeden Augenblick zurückzukehren und durch die Entfernung gerade seinen Wünschen näher zu kommen. Im Gegenteil stellte er sich Ottilien vor, aus dem Hause gedrängt, wenn er bliebe. Er siegelte den Brief, eilte die Treppe hinab und schwang sich aufs Pferd.

Als er beim Wirtshause vorbeiritt, sah er den Bettler in der Laube sitzen, den er gestern nacht so reichlich beschenkt hatte. Dieser saß behaglich an seinem Mittagsmahle, stand auf und neigte sich ehrerbietig, ja anbetend vor Eduarden. Eben diese Gestalt war ihm gestern erschienen, als er Ottilien am Arm führte; nun erinnerte sie ihn schmerzlich an die glücklichste Stunde seines Lebens. Seine Leiden vermehrten sich; das Gefühl dessen, was er zurückließ, war ihm unerträglich; nochmals blickte er nach dem Bettler: „O du Beneidenswerter!“ rief er aus; „du kannst noch am gestrigen Almosen zehren und ich nicht mehr am gestrigen Glücke!“

SIEBZEHNTES KAPITEL

Ottilie trat ans Fenster, als sie jemanden wegreiten hörte, und sah Eduarden noch im Rücken. Es kam ihr wunderbar vor, daß er das Haus verließ, ohne sie gesehen, ohne ihr einen Morgengruß geboten zu haben. Sie ward unruhig und immer nachdenklicher, als Charlotte sie auf einen weiten Spaziergang mit sich zog und von mancherlei Gegenständen sprach, aber des Gemahls, und wie es schien vorsätzlich, nicht erwähnte. Doppelt betroffen war sie daher, bei ihrer Zurückkunft den Tisch nur mit zwei Gedecken besetzt zu finden.

Wir vermissen ungern gering scheinende Gewohnheiten, aber schmerzlich empfinden wir erst ein solches Entbehren in bedeutenden Fällen. Eduard und der Hauptmann fehlten, Charlotte hatte seit langer Zeit zum erstenmal den Tisch selbst angeordnet, und es wollte Ottilien scheinen, als wenn sie abgesetzt wäre. Die beiden Frauen saßen gegeneinander über; Charlotte sprach ganz unbefangen von der Anstellung des Hauptmanns und von der wenigen Hoffnung, ihn bald wiederzusehen. Das einzige tröstete Ottilien in ihrer Lage, daß sie glauben konnte, Eduard sei, um den Freund noch eine Strecke zu begleiten, ihm nachgeritten.

Allein da sie von Tische aufstanden, sahen sie Eduards Reisewagen unter dem Fenster, und als Charlotte einigermaßen unwillig fragte, wer ihn hieher bestellt habe, so antwortete man ihr, es sei der Kammerdiener, der hier noch einiges aufpacken wolle. Ottilie brauchte ihre ganze Fassung, um ihre Verwunderung und ihren Schmerz zu verbergen.

Der Kammerdiener trat herein und verlangte noch einiges. Es war eine Mundtasse des Herrn, ein paar silberne Löffel und mancherlei, was Ottilien auf eine weitere Reise, auf ein längeres Außenbleiben zu deuten schien. Charlotte verwies ihm sein Begehren ganz trocken: sie verstehe nicht, was er damit sagen wolle; denn er habe ja alles, was sich auf den Herrn beziehe, selbst im Beschluß. Der gewandte Mann, dem es freilich nur darum zu tun war, Ottilien zu sprechen und sie deswegen unter irgendeinem Vorwande aus dem Zimmer zu locken, wußte sich zu entschuldigen und auf seinem Verlangen zu beharren, das ihm Ottilie auch zu gewähren wünschte; allein Charlotte lehnte es ab, der Kammerdiener mußte sich entfernen, und der Wagen rollte fort.

Es war für Ottilien ein schrecklicher Augenblick. Sie verstand es nicht, sie begriff es nicht; aber daß ihr Eduard auf geraume Zeit entrissen war, konnte sie fühlen. Charlotte fühlte den Zustand mit und ließ sie allein. Wir wagen nicht, ihren Schmerz, ihre Tränen zu schildern. Sie litt unendlich. Sie bat nur Gott, daß er ihr nur über diesen Tag weghelfen möchte; sie überstand den Tag und die Nacht, und als sie sich wiedergefunden, glaubte sie, ein anderes Wesen anzutreffen.

Sie hatte sich nicht gefaßt, sich nicht ergeben, aber sie war nach so großem Verluste noch da und hatte noch mehr zu befürchten. Ihre nächste Sorge, nachdem das Bewußtsein wiedergekehrt, war sogleich, sie möchte nun, nach Entfernung der Männer, gleichfalls entfernt werden. Sie ahnte nichts von Eduards Drohungen, wodurch ihr der Aufenthalt neben Charlotten gesichert war; doch diente ihr das Betragen Charlottens zu einiger Beruhigung. Diese suchte das gute Kind zu beschäftigen und ließ sie nur selten, nur ungern von sich; und ob sie gleich wohl wußte, daß man mit Worten nicht viel gegen eine entschiedene Leidenschaft zu wirken vermag, so kannte sie doch die Macht der Besonnenheit, des Bewußtseins, und brachte daher manches zwischen sich und Ottilien zur Sprache.

So war es für diese ein großer Trost, als jene gelegentlich mit Bedacht und Vorsatz die weise Betrachtung anstellte: „Wie lebhaft ist“, sagte sie, „die Dankbarkeit derjenigen, denen wir mit Ruhe über leidenschaftliche Verlegenheiten hinaushelfen! Laß uns freudig und munter in das eingreifen, was die Männer unvollendet zurückgelassen haben; so bereiten wir uns die schönste Aussicht auf ihre Rückkehr, indem wir das, was ihr stürmendes, ungeduldiges Wesen zerstören möchte, durch unsre Mäßigung erhalten und fördern.“

„Da Sie von Mäßigung sprechen, liebe Tante,“ versetzte Ottilie, „so kann ich nicht bergen, daß mir dabei die Unmäßigkeit der Männer, besonders was den Wein betrifft, einfällt. Wie oft hat es mich betrübt und geängstigt, wenn ich bemerken mußte, daß reiner Verstand, Klugheit, Schonung anderer, Anmut und Liebenswürdigkeit selbst für mehrere Stunden verlorengingen und oft statt alles des Guten, was ein trefflicher Mann hervorzubringen und zu gewähren vermag, Unheil und Verwirrung hereinzubrechen drohte! Wie oft mögen dadurch gewaltsame Entschließungen veranlaßt werden!“

Charlotte gab ihr recht, doch setzte sie das Gespräch nicht fort; denn sie fühlte nur zu wohl, daß auch hier Ottilie bloß Eduarden wieder im Sinne hatte, der zwar nicht gewöhnlich, aber doch öfter, als es wünschenswert war, sein Vergnügen, seine Gesprächigkeit, seine Tätigkeit durch einen gelegentlichen Weingenuß zu steigern pflegte.

Hatte bei jener Äußerung Charlottens sich Ottilie die Männer, besonders Eduarden, wieder herandenken können, so war es ihr um desto auffallender, als Charlotte von einer bevorstehenden Heirat des Hauptmanns wie von einer ganz bekannten und gewissen Sache sprach, wodurch denn alles ein andres Ansehn gewann, als sie nach Eduards frühern Versicherungen sich vorstellen mochte. Durch alles dies vermehrte sich die Aufmerksamkeit Ottiliens auf jede Äußerung, jeden Wink, jede Handlung, jeden Schritt Charlottens. Ottilie war klug, scharfsinnig, argwöhnisch geworden, ohne es zu wissen.

Charlotte durchdrang indessen das einzelne ihrer ganzen Umgebung mit scharfem Blick und wirkte darin mit ihrer klaren Gewandtheit, wobei sie Ottilien beständig teilzunehmen nötigte. Sie zog ihren Haushalt ohne Bänglichkeit ins Enge; ja, wenn sie alles genau betrachtete, so hielt sie den leidenschaftlichen Vorfall für eine Art von glücklicher Schickung. Denn auf dem bisherigen Wege wäre man leicht ins Grenzenlose geraten und hätte den schönen Zustand reichlicher Glücksgüter, ohne sich zeitig genug zu besinnen, durch ein vordringliches Leben und Treiben, wo nicht zerstört, doch erschüttert.

Was von Parkanlagen im Gange war, störte sie nicht. Sie ließ vielmehr dasjenige fortsetzen, was zum Grunde künftiger Ausbildung liegen mußte; aber dabei hatte es auch sein Bewenden. Ihr zurückkehrender Gemahl sollte noch genug erfreuliche Beschäftigung finden.

Bei diesen Arbeiten und Vorsätzen konnte sie nicht genug das Verfahren des Architekten loben. Der See lag in kurzer Zeit ausgebreitet vor ihren Augen und die neuentstandenen Ufer zierlich und mannigfaltig bepflanzt und beraset. An dem neuen Hause ward alle rauhe Arbeit vollbracht, was zur Erhaltung nötig war, besorgt, und dann machte sie einen Abschluß da, wo man mit Vergnügen wieder von vorn anfangen konnte. Dabei war sie ruhig und heiter; Ottilie schien es nur; denn in allem beobachtete sie nichts als Symptome, ob Eduard wohl bald erwartet werde oder nicht. Nichts interessierte sie an allem als diese Betrachtung.

Willkommen war ihr daher eine Anstalt, zu der man die

Bauerknaben versammelte und die darauf abzielte, den weitläufig gewordenen Park immer rein zu erhalten. Eduard hatte schon den Gedanken gehegt. Man ließ den Knaben eine Art von heiterer Montierung machen, die sie in den Abendstunden anzogen, nachdem sie sich durchaus gereinigt und gesäubert hatten. Die Garderobe war im Schloß; dem verständigsten, genausten Knaben vertraute man die Aufsicht an; der Architekt leitete das Ganze, und ehe man sichs versah, so hatten die Knaben alle ein gewisses Geschick. Man fand an ihnen eine bequeme Dressur, und sie verrichteten ihr Geschäft nicht ohne eine Art von Manöver. Gewiß, wenn sie mit ihren Scharreisen, gestielten Messerklingen, Rechen, kleinen Spaten und Hacken und wedelartigen Besen einherzogen, wenn andre mit Körben hinterdrein kamen, um Unkraut und Steine beiseitezuschaffen, andre das hohe, große, eiserne Walzenrad hinter sich herzogen, so gab es einen hübschen, erfreulichen Aufzug, in welchem der Architekt eine artige Folge von Stellungen und Tätigkeiten für den Fries eines Gartenhauses sich anmerkte; Ottilie hingegen sah darin nur eine Art von Parade, welche den rückkehrenden Hausherrn bald begrüßen sollte.

Dies gab ihr Mut und Lust, ihn mit etwas Ähnlichem zu empfangen. Man hatte zeither die Mädchen des Dorfes im Nähen, Stricken, Spinnen und andern weiblichen Arbeiten zu ermuntern gesucht. Auch diese Tugenden hatten zugenommen seit jenen Anstalten zu Reinlichkeit und Schönheit des Dorfes. Ottilie wirkte stets mit ein, aber mehr zufällig, nach Gelegenheit und Neigung. Nun gedachte sie es vollständiger und folgerechter zu machen. Aber aus einer Anzahl Mädchen läßt sich kein Chor bilden wie aus einer Anzahl Knaben. Sie folgte ihrem guten Sinne, und ohne sichs ganz deutlich zu machen, suchte sie nichts, als einem jeden Mädchen Anhänglichkeit an sein Haus, seine Eltern und seine Geschwister einzuflößen.

Das gelang ihr mit vielen. Nur über ein kleines, lebhaftes Mädchen wurde immer geklagt, daß sie ohne Geschick sei und im Hause nun ein für allemal nichts tun wolle. Ottilie konnte dem Mädchen nicht feind sein, denn ihr war es besonders freundlich. Zu ihr zog es sich, mit ihr ging und lief es, wenn sie es erlaubte. Da war es tätig, munter und unermüdet. Die Anhänglichkeit an eine schöne Herrin schien dem Kinde Bedürfnis zu sein. Anfänglich duldete Ottilie die Begleitung des Kindes; dann faßte sie selbst Neigung zu ihm; endlich trennten sie sich nicht mehr, und Nanny begleitete ihre Herrin überallhin.

Diese nahm öfters den Weg nach dem Garten und freute sich über das schöne Gedeihen. Die Beeren- und Kirschenzeit ging zu Ende, deren Spätlinge jedoch Nanny sich besonders schmecken ließ. Bei dem übrigen Obste, das für den Herbst eine so reichliche Ernte versprach, gedachte der Gärtner beständig des Herrn und niemals, ohne ihn herbeizuwünschen. Ottilie hörte dem guten alten Manne so gern zu. Er verstand sein Handwerk vollkommen und hörte nicht auf, ihr von Eduard vorzusprechen.

Als Ottilie sich freute, daß die Pfropfreiser dieses Frühjahrs alle so gar schön gekommen, erwiderte der Gärtner bedenklich: „Ich wünsche nur, daß der gute Herr viel Freude daran erleben möge. Wäre er diesen Herbst hier, so würde er sehen, was für köstliche Sorten noch von seinem Herrn Vater her im alten Schloßgarten stehen. Die jetzigen Herren Obstgärtner sind nicht so zuverlässig, als sonst die Kartäuser waren. In den Katalogen findet man wohl lauter honette Namen. Man pfropft und erzieht und endlich, wenn sie Früchte tragen, so ist es nicht der Mühe wert, daß solche Bäume im Garten stehen.“

Am wiederholtesten aber fragte der treue Diener, fast so oft er Ottilien sah, nach der Rückkunft des Herrn und nach dem Termin derselben. Und wenn Ottilie ihn nicht angeben konnte, so ließ ihr der gute Mann nicht ohne stille Betrübnis merken, daß er glaube, sie vertraue ihm nicht, und peinlich war ihr das Gefühl der Unwissenheit, das ihr auf diese Weise recht aufgedrungen ward. Doch konnte sie sich von diesen Rabatten und Beeten nicht trennen. Was sie zusammen zum Teil gesäet, alles gepflanzt hatten, stand nun im völligen Flor; kaum bedurfte es noch einer Pflege, außer daß Nanny immer zum Gießen bereit war. Mit welchen Empfindungen betrachtete Ottilie die späteren Blumen, die sich erst anzeigten, deren Glanz und Fülle dereinst an Eduards Geburtstag, dessen Feier sie sich manchmal versprach, prangen, ihre Neigung und Dankbarkeit ausdrücken sollten! Doch war die Hoffnung, dieses Fest zu sehen, nicht immer gleich lebendig. Zweifel und Sorgen umflüsterten stets die Seele des guten Mädchens.

Zu einer eigentlichen, offnen Übereinstimmung mit Charlotten konnte es auch wohl nicht wieder gebracht werden. Denn freilich war der Zustand beider Frauen sehr verschieden. Wenn alles beim alten blieb, wenn man in das Gleis des gesetzmäßigen Lebens zurückkehrte, gewann Charlotte an gegenwärtigem Glück, und eine frohe Aussicht in die Zukunft öffnete sich ihr; Ottilie hingegen verlor alles, man kann wohl sagen alles; denn sie hatte zuerst Leben und Freude in Eduard gefunden, und in dem gegenwärtigen Zustande fühlte sie eine unendliche Leere, wovon sie früher kaum etwas geahnet hatte. Denn ein Herz, das sucht, fühlt wohl, daß ihm etwas mangle; ein Herz, das verloren hat, fühlt, daß es entbehre. Sehnsucht verwandelt sich in Unmut und Ungeduld, und ein weibliches Gemüt, zum Erwarten und Abwarten gewöhnt, möchte nun aus seinem Kreise herausschreiten, tätig werden, unternehmen und auch etwas für sein Glück tun.

Ottilie hatte Eduarden nicht entsagt. Wie konnte sie es auch, obgleich Charlotte klug genug, gegen ihre eigne Überzeugung die Sache für bekannt annahm und als entschieden voraussetzte, daß ein freundschaftliches, ruhiges Verhältnis zwischen ihrem Gatten und Ottilien möglich sei. Wie oft aber lag diese nachts, wenn sie sich eingeschlossen, auf den Knieen vor dem eröffneten Koffer und betrachtete die Geburtstagsgeschenke, von denen sie noch nichts gebraucht, nichts zerschnitten, nichts gefertigt. Wie oft eilte das gute Mädchen mit Sonnenaufgang aus dem Hause, in dem sie sonst alle ihre Glückseligkeit gefunden hatte, ins Freie hinaus, in die Gegend, die sie sonst nicht ansprach. Auch auf dem Boden mochte sie nicht verweilen. Sie sprang in den Kahn und ruderte sich bis mitten in den See; dann zog sie eine Reisebeschreibung hervor, ließ sich von den bewegten Wellen schaukeln, las, träumte sich in die Fremde, und immer fand sie dort ihren Freund; seinem Herzen war sie noch immer nahe geblieben, er dem ihrigen.

ACHTZEHNTES KAPITEL

Daß jener wunderlich tätige Mann, den wir bereits kennengelernt, daß Mittler, nachdem er von dem Unheil, das unter diesen Freunden ausgebrochen, Nachricht erhalten, obgleich kein Teil noch seine Hülfe angerufen, in diesem Falle seine Freundschaft, seine Geschicklichkeit zu beweisen, zu üben geneigt war, läßt sich denken. Doch schien es ihm rätlich, erst eine Weile zu zaudern; denn er wußte nur zu wohl, daß es schwerer sei, gebildeten Menschen bei sittlichen Verworrenheiten zu Hülfe zu kommen als ungebildeten. Er überließ sie deshalb eine Zeitlang sich selbst; allein zuletzt konnte er es nicht mehr aushalten und eilte, Eduarden aufzusuchen, dem er schon auf die Spur gekommen war.

Sein Weg führte ihn zu einem angenehmen Tal, dessen anmutig grünen, baumreichen Wiesengrund die Wasserfülle eines immer lebendigen Baches bald durchschlängelte, bald durchrauschte. Auf den sanften Anhöhen zogen sich fruchtbare Felder und wohlbestandene Obstpflanzungen hin. Die Dörfer lagen nicht zu nah aneinander, das Ganze hatte einen friedlichen Charakter, und die einzelnen Partieen, wenn auch nicht zum Malen, schienen doch zum Leben vorzüglich geeignet zu sein.

Ein wohlerhaltenes Vorwerk mit einem reinlichen, bescheidenen Wohnhause, von Gärten umgeben, fiel ihm endlich in die Augen. Er vermutete, hier sei Eduards gegenwärtiger Aufenthalt, und er irrte nicht.

Von diesem einsamen Freunde können wir so viel sagen, daß er sich im stillen dem Gefühl seiner Leidenschaft ganz überließ und dabei mancherlei Plane sich ausdachte, mancherlei Hoffnungen nährte. Er konnte sich nicht leugnen, daß er Ottilien hier zu sehen wünsche, daß er wünsche, sie hieher zu führen, zu locken, und was er sich sonst noch Erlaubtes und Unerlaubtes zu denken nicht verwehrte. Dann schwankte seine Einbildungskraft in allen Möglichkeiten herum. Sollte er sie hier nicht besitzen, nicht rechtmäßig besitzen können, so wollte er ihr den Besitz des Gutes zueignen. Hier sollte sie still für sich, unabhängig leben; sie sollte glücklich sein und, wenn ihn eine selbstquälerische

Einbildungskraft noch weiter führte, vielleicht mit einem andern glücklich sein.

So verflossen ihm seine Tage in einem ewigen Schwanken zwischen Hoffnung und Schmerz, zwischen Tränen und Heiterkeit, zwischen Vorsätzen, Vorbereitungen und Verzweiflung. Der Anblick Mittlers überraschte ihn nicht. Er hatte dessen Ankunft längst erwartet, und so war er ihm auch halb willkommen. Glaubte er ihn von Charlotten gesendet, so hatte er sich schon auf allerlei Entschuldigungen und Verzögerungen und sodann auf entscheidendere Vorschläge bereitet; hoffte er nun aber von Ottilien wieder etwas zu vernehmen, so war ihm Mittler so lieb als ein himmlischer Bote.

Verdrießlich daher und verstimmt war Eduard, als er vernahm, Mittler komme nicht von dorther, sondern aus eignem Antriebe. Sein Herz verschloß sich, und das Gespräch wollte sich anfangs nicht einleiten. Doch wußte Mittler nur zu gut, daß ein liebevoll beschäftigtes Gemüt das dringende Bedürfnis hat, sich zu äußern, das, was in ihm vorgeht, vor einem Freunde auszuschütten, und ließ sich daher gefallen, nach einigem Hin- und Widerreden diesmal aus seiner Rolle herauszugehen und statt des Vermittlers den Vertrauten zu spielen.

Als er hiernach auf eine freundliche Weise Eduarden wegen seines einsamen Lebens tadelte, erwiderte dieser: „O, ich wüßte nicht, wie ich meine Zeit angenehmer zubringen sollte! Immer bin ich mit ihr beschäftigt, immer in ihrer Nähe. Ich habe den unschätzbaren Vorteil, mir denken zu können, wo sich Ottilie befindet, wo sie geht, wo sie steht, wo sie ausruht. Ich sehe sie vor mir tun und handeln wie gewöhnlich, schaffen und vornehmen, freilich immer das, was mir am meisten schmeichelt. Dabei bleibt es aber nicht; denn wie kann ich fern von ihr glücklich sein! Nun arbeitet meine Phantasie durch, was Ottilie tun sollte, sich mir zu nähern. Ich schreibe süße, zutrauliche Briefe in ihrem Namen an mich, ich antworte ihr und verwahre die Blätter zusammen. Ich habe versprochen, keinen Schritt gegen sie zu tun, und das will ich halten. Aber was bindet sie, daß sie sich nicht zu mir wendet? Hat etwa Charlotte die Grausamkeit gehabt, Versprechen und Schwur von ihr zu fordern, daß sie mir nicht schreiben, keine Nachricht von sich geben wolle? Es ist natürlich, es ist wahrscheinlich, und doch finde ich es unerhört, unerträglich. Wenn sie mich liebt, wie ich glaube, wie ich weiß, warum entschließt sie sich nicht, warum wagt sie es nicht, zu fliehen und sich in meine Arme zu werfen? Sie sollte das, denke ich manchmal, sie könnte das. Wenn sich etwas auf dem Vorsaale regt, sehe ich gegen die Türe. Sie soll hereintreten! denk ich, hoff ich. Ach! und da das Mögliche unmöglich ist, bilde ich mir ein, das Unmögliche müsse möglich werden. Nachts, wenn ich aufwache, die Lampe einen unsichern Schein durch das Schlafzimmer wirft, da sollte ihre Gestalt, ihr Geist, eine Ahnung von ihr vorüberschweben, herantreten, mich ergreifen, nur einen Augenblick, daß ich eine Art von Versicherung hätte, sie denke mein, sie sei mein.

Eine einzige Freude bleibt mir noch. Da ich ihr nahe war, träumte ich nie von ihr; jetzt aber, in der Ferne, sind wir im Traume zusammen, und sonderbar genug: seit ich andre liebenswürdige Personen hier in der Nachbarschaft kennengelernt, jetzt erst erscheint mir ihr Bild im Traum, als wenn sie mir sagen wollte: ‚Siehe nur hin und her! du findest doch nichts Schöneres und Lieberes als mich.' Und so mischt sich ihr Bild in jeden meiner Träume. Alles, was mir mit ihr begegnet, schiebt sich durch- und übereinander. Bald unterschreiben wir einen Kontrakt; da ist ihre Hand und die meinige, ihr Name und der meinige; beide löschen einander aus, beide verschlingen sich. Auch nicht ohne Schmerz sind diese wonnevollen Gaukeleien der Phantasie. Manchmal tut sie etwas, das die reine Idee beleidigt, die ich von ihr habe, dann fühl ich erst, wie sehr ich sie liebe, indem ich über alle Beschreibung geängstet bin. Manchmal neckt sie mich ganz gegen ihre Art und quält mich; aber sogleich verändert sich ihr Bild, ihr schönes, rundes, himmlisches Gesichtchen verlängert sich: es ist eine andre. Aber ich bin doch gequält, unbefriedigt und zerrüttet.

Lächeln Sie nicht, lieber Mittler, oder lächeln Sie auch! O ich schäme mich nicht dieser Anhänglichkeit, dieser, wenn Sie wollen, törigen, rasenden Neigung. Nein, ich habe noch nie geliebt; jetzt erfahre ich erst, was das heißt. Bisher war alles in meinem Leben nur Vorspiel, nur Hinhalten, nur Zeitvertreib, nur Zeitverderb, bis ich sie kennenlernte, bis ich sie liebte und ganz und eigentlich liebte. Man hat mir nicht gerade ins Gesicht, aber doch wohl im Rücken den Vorwurf gemacht: ich pfusche, ich stümpere nur in den meisten Dingen. Es mag sein; aber ich hatte das noch nicht gefunden, worin ich mich als Meister zeigen kann. Ich will den sehen, der mich im Talent des Liebens übertrifft.

Zwar ist es ein jammervolles, ein schmerzen-, ein tränenreiches; aber ich finde es mir so natürlich, so eigen, daß ich es wohl schwerlich je wieder aufgebe."

Durch diese lebhaften, herzlichen Äußerungen hatte sich Eduard wohl erleichtert; aber es war ihm auch auf einmal jeder einzelne Zug seines wunderlichen Zustandes deutlich vor die Augen getreten, daß er, vom schmerzlichen Widerstreit überwältigt, in Tränen ausbrach, die um so reichlicher flossen, als sein Herz durch Mitteilung weich geworden war.

Mittler, der sein rasches Naturell, seinen unerbittlichen Verstand um so weniger verleugnen konnte, als er sich durch diesen schmerzlichen Ausbruch der Leidenschaft Eduards weit von dem Ziel seiner Reise verschlagen sah, äußerte aufrichtig und derb seine Mißbilligung. Eduard – hieß es – solle sich ermannen, solle bedenken, was er seiner Manneswürde schuldig sei, solle nicht vergessen, daß dem Menschen zur höchsten Ehre gereiche, im Unglück sich zu fassen, den Schmerz mit Gleichmut und Anstand zu ertragen, um höchlich geschätzt, verehrt und als Muster aufgestellt zu werden.

Aufgeregt, durchdrungen von den peinlichsten Gefühlen, wie Eduard war, mußten ihm diese Worte hohl und nichtig vorkommen. „Der Glückliche, der Behagliche hat gut reden," fuhr Eduard auf; „aber schämen würde er sich, wenn er einsähe, wie unerträglich er dem Leidenden wird. Eine unendliche Geduld soll es geben, einen unendlichen Schmerz will der starre Behagliche nicht anerkennen. Es gibt Fälle, ja, es gibt deren! wo jeder Trost niederträchtig und Verzweiflung Pflicht ist. Verschmäht doch ein edler Grieche, der auch Helden zu schildern weiß, keineswegs, die seinigen bei schmerzlichem Drange weinen zu lassen. Selbst im Sprüchwort sagt er: ‚Tränenreiche Männer sind gut.' Verlasse mich jeder, der trocknen Herzens, trockner Augen ist! Ich verwünsche die Glücklichen, denen der Unglückliche nur zum Spektakel dienen soll. Er soll sich in der grausamsten Lage körperlicher und geistiger Bedrängnis noch edel gebärden, um ihren Beifall zu erhalten, und, damit sie ihm beim Verscheiden noch applaudieren, wie ein Gladiator mit Anstand vor ihren Augen umkommen. Lieber Mittler, ich danke Ihnen für Ihren Besuch; aber Sie erzeigten mir eine große Liebe, wenn Sie sich im Garten, in der Gegend umsähen. Wir kommen wieder zusammen. Ich suche gefaßter und Ihnen ähnlicher zu werden."

Mittler mochte lieber einlenken als die Unterhaltung abbrechen, die er so leicht nicht wieder anknüpfen konnte. Auch Eduarden war es ganz gemäß, das Gespräch weiter fortzusetzen, das ohnehin zu seinem Ziele abzulaufen strebte.

„Freilich", sagte Eduard, „hilft das Hin- und Widerdenken, das Hin- und Widerreden zu nichts; doch unter diesem Reden bin ich mich selbst erst gewahr worden, habe ich erst entschieden gefühlt, wozu ich mich entschließen sollte, wozu ich entschlossen bin. Ich sehe mein gegenwärtiges, mein zukünftiges Leben vor mir; nur zwischen Elend und Genuß habe ich zu wählen. Bewirken Sie, bester Mann, eine Scheidung, die so notwendig, die schon geschehen ist; schaffen Sie mir Charlottens Einwilligung! Ich will nicht weiter ausführen, warum ich glaube, daß sie zu erlangen sein wird. Gehen Sie hin, lieber Mann, beruhigen Sie uns alle, machen Sie uns glücklich!"

Mittler stockte. Eduard fuhr fort: „Mein Schicksal und Ottiliens ist nicht zu trennen, und wir werden nicht zugrunde gehen. Sehen Sie dieses Glas! Unsere Namenszüge sind dareingeschnitten. Ein fröhlich Jubelnder warf es in die Luft; niemand sollte mehr daraus trinken, auf dem felsigen Boden sollte es zerschellen; aber es ward aufgefangen. Um hohen Preis habe ich es wieder eingehandelt, und ich trinke nun täglich daraus, um mich täglich zu überzeugen, daß alle Verhältnisse unzerstörlich sind, die das Schicksal beschlossen hat."

„O wehe mir," rief Mittler, „was muß ich nicht mit meinen Freunden für Geduld haben! Nun begegnet mir noch gar der Aberglaube, der mir als das Schädlichste, was bei den Menschen einkehren kann, verhaßt bleibt. Wir spielen mit Voraussagungen und Träumen und machen dadurch das alltägliche Leben bedeutend. Aber wenn das Leben nun selbst bedeutend wird, wenn alles um uns sich bewegt und braust, dann wird das Gewitter durch jene Gespenster nur noch fürchterlicher."

„Lassen Sie in dieser Ungewißheit des Lebens," rief Eduard, „zwischen diesem Hoffen und Bangen dem bedürftigen Herzen doch nur eine Art von Leitstern, nach welchem es hinblicke, wenn es auch nicht darnach steuern kann."

„Ich ließe mirs wohl gefallen," versetzte Mittler, „wenn dabei nur einige Konsequenz zu hoffen wäre, aber ich habe immer gefunden: auf die warnenden Symptome achtet kein Mensch, auf die schmeichelnden und versprechenden allein ist die Aufmerksamkeit gerichtet und der Glaube für sie ganz allein lebendig."

Da sich nun Mittler sogar in die dunklen Regionen geführt sah, in denen er sich immer unbehaglicher fühlte, je länger er darin verweilte, so nahm er den dringenden Wunsch Eduards, der ihn zu Charlotten gehen hieß, etwas williger auf. Denn was wollte er überhaupt Eduarden in diesem Augenblicke noch entgegensetzen? Zeit zu gewinnen, zu erforschen, wie es um die Frauen stehe, das war es, was ihm selbst nach seinen eignen Gesinnungen zu tun übrigblieb.

Er eilte zu Charlotten, die er wie sonst gefaßt und heiter fand. Sie unterrichtete ihn gern von allem, was vorgefallen war; denn aus Eduards Reden konnte er nur die Wirkung abnehmen. Er trat von seiner Seite behutsam heran, konnte es aber nicht über sich gewinnen, das Wort Scheidung auch nur im Vorbeigehn auszusprechen. Wie verwundert, erstaunt und, nach seiner Gesinnung, erheitert war er daher, als Charlotte ihm in Gefolg so manches Unerfreulichen endlich sagte: „Ich muß glauben, ich muß hoffen, daß alles sich wieder geben, daß Eduard sich wieder nähern werde. Wie kann es auch wohl anders sein, da Sie mich guter Hoffnung finden."

„Versteh ich Sie recht?“ fiel Mittler ein. „Vollkommen,“ versetzte Charlotte. „Tausendmal gesegnet sei mir diese Nachricht!“ rief er, die Hände zusammenschlagend. „Ich kenne die Stärke dieses Arguments auf ein männliches Gemüt. Wie viele Heiraten sah ich dadurch beschleunigt, befestigt, wiederhergestellt! Mehr als tausend Worte wirkt eine solche gute Hoffnung, die fürwahr die beste Hoffnung ist, die wir haben können. Doch“, fuhr er fort, „was mich betrifft, so hätte ich alle Ursache, verdrießlich zu sein. In diesem Falle, sehe ich wohl, wird meiner Eigenliebe nicht geschmeichelt. Bei euch kann meine Tätigkeit keinen Dank verdienen. Ich komme mir vor wie jener Arzt, mein Freund, dem alle Kuren gelangen, die er um Gottes willen an Armen tat, der aber selten einen Reichen heilen konnte, der es gut bezahlen wollte. Glücklicherweise hilft sich hier die Sache von selbst, da meine Bemühungen, mein Zureden fruchtlos geblieben wären.“

Charlotte verlangte nun von ihm, er solle die Nachricht Eduarden bringen, einen Brief von ihr mitnehmen und sehen, was zu tun, was herzustellen sei. Er wollte das nicht eingehen. „Alles ist schon getan,“ rief er aus. „Schreiben Sie! ein jeder Bote ist so gut als ich. Muß ich doch meine Schritte hinwenden, wo ich nötiger bin. Ich komme nur wieder, um Glück zu wünschen; ich komme zur Taufe.“

Charlotte war diesmal, wie schon öfters, über Mittlern unzufrieden. Sein rasches Wesen brachte manches Gute hervor, aber seine Übereilung war schuld an manchem Mißlingen. Niemand war abhängiger von augenblicklich vorgefaßten Meinungen als er.

Charlottens Bote kam zu Eduarden, der ihn mit halbem Schrecken empfing. Der Brief konnte ebensogut für Nein als für Ja entscheiden. Er wagte lange nicht, ihn aufzubrechen, und wie stand er betroffen, als er das Blatt gelesen, versteinert bei folgender Stelle, womit es sich endigte:

„Gedenke jener nächtlichen Stunden, in denen du deine Gattin abenteuerlich als Liebender besuchtest, sie unwiderstehlich an dich zogst, sie als eine Geliebte, als eine Braut in die Arme schlossest. Laß uns in dieser seltsamen Zufälligkeit eine Fügung des Himmels verehren, die für ein neues

Band unserer Verhältnisse gesorgt hat in dem Augenblick, da das Glück unseres Lebens auseinanderzufallen und zu verschwinden droht."

Was von dem Augenblick an in der Seele Eduards vorging, würde schwer zu schildern sein. In einem solchen Gedränge treten zuletzt alte Gewohnheiten, alte Neigungen wieder hervor, um die Zeit zu töten und den Lebensraum auszufüllen. Jagd und Krieg sind eine solche für den Edelmann immer bereite Aushülfe. Eduard sehnte sich nach äußerer Gefahr, um der innerlichen das Gleichgewicht zu halten. Er sehnte sich nach dem Untergang, weil ihm das Dasein unerträglich zu werden drohte; ja es war ihm ein Trost zu denken, daß er nicht mehr sein werde und eben dadurch seine Geliebten, seine Freunde glücklich machen könne. Niemand stellte seinem Willen ein Hindernis entgegen, da er seinen Entschluß verheimlichte. Mit allen Förmlichkeiten setzte er sein Testament auf; es war ihm eine süße Empfindung, Ottilien das Gut vermachen zu können. Für Charlotten, für das Ungeborne, für den Hauptmann, für seine Dienerschaft war gesorgt. Der wieder ausgebrochene Krieg begünstigte sein Vorhaben. Militärische Halbheiten hatten ihm in seiner Jugend viel zu schaffen gemacht; er hatte deswegen den Dienst verlassen. Nun war es ihm eine herrliche Empfindung, mit einem Feldherrn zu ziehen, von dem er sich sagen konnte: unter seiner Anführung ist der Tod wahrscheinlich und der Sieg gewiß.

Ottilie, nachdem auch ihr Charlottens Geheimnis bekannt geworden, betroffen wie Eduard, und mehr, ging in sich zurück. Sie hatte nichts weiter zu sagen. Hoffen konnte sie nicht, und wünschen durfte sie nicht. Einen Blick jedoch in ihr Inneres gewährt uns ihr Tagebuch, aus dem wir einiges mitzuteilen gedenken.

ZWEITER TEIL

ERSTES KAPITEL

Im gemeinen Leben begegnet uns oft, was wir in der Epopöe als Kunstgriff des Dichters zu rühmen pflegen, daß nämlich, wenn die Hauptfiguren sich entfernen, verbergen, sich der Untätigkeit hingeben, gleich sodann schon ein Zweiter, Dritter, bisher kaum Bemerkter den Platz füllt und, indem er seine ganze Tätigkeit äußert, uns gleichfalls der Aufmerksamkeit, der Teilnahme, ja des Lobes und Preises würdig erscheint.

So zeigte sich gleich nach der Entfernung des Hauptmanns und Eduards jener Architekt täglich bedeutender, von welchem die Anordnung und Ausführung so manches Unternehmens allein abhing, wobei er sich genau, verständig und tätig erwies und zugleich den Damen auf mancherlei Art beistand und in stillen, langwierigen Stunden sie zu unterhalten wußte. Schon sein Äußeres war von der Art, daß es Zutrauen einflößte und Neigung erweckte. Ein Jüngling im vollen Sinne des Wortes, wohlgebaut, schlank, eher ein wenig zu groß, bescheiden ohne ängstlich, zutraulich ohne zudringend zu sein. Freudig übernahm er jede Sorge und Bemühung, und weil er mit großer Leichtigkeit rechnete, so war ihm bald das ganze Hauswesen kein Geheimnis, und überallhin verbreitete sich sein günstiger Einfluß. Die Fremden ließ man ihn gewöhnlich empfangen, und er wußte einen unerwarteten Besuch entweder abzulehnen oder die Frauen wenigstens dergestalt darauf vorzubereiten, daß ihnen keine Unbequemlichkeit daraus entsprang.

Unter andern gab ihm eines Tages ein junger Rechtsgelehrter viel zu schaffen, der, von einem benachbarten Edelmann gesendet, eine Sache zur Sprache brachte, die, zwar von keiner sonderlichen Bedeutung, Charlotten dennoch innig berührte. Wir müssen dieses Vorfalls gedenken, weil er verschiedenen Dingen einen Anstoß gab, die sonst vielleicht lange geruht hätten.

Wir erinnern uns jener Veränderung, welche Charlotte mit dem Kirchhofe vorgenommen hatte. Die sämtlichen Monumente waren von ihrer Stelle gerückt und hatten an der Mauer, an dem Sockel der Kirche Platz gefunden. Der übrige Raum war geebnet. Außer einem breiten Wege, der zur Kirche und an derselben vorbei zu dem jenseitigen Pförtchen führte, war das übrige alles mit verschiedenen Arten Klee besäet, der auf das schönste grünte und blühte. Nach einer gewissen Ordnung sollten vom Ende heran die neuen Gräber bestellt, doch der Platz jederzeit wieder verglichen und ebenfalls besäet werden. Niemand konnte leugnen, daß diese Anstalt beim sonn- und festtägigen Kirchgang eine heitere und würdige Ansicht gewährte. Sogar der betagte und an alten Gewohnheiten haftende Geistliche, der anfänglich mit der Einrichtung nicht sonderlich zufrieden gewesen, hatte nunmehr seine Freude daran, wenn er unter den alten Linden, gleich Philemon, mit seiner Baucis vor der Hintertüre ruhend, statt der holprigen Grabstätten einen schönen, bunten Teppich vor sich sah, der noch überdies seinem Haushalt zugute kommen sollte, indem Charlotte die Nutzung dieses Fleckes der Pfarre zusichern lassen.

Allein desungeachtet hatten schon manche Gemeindeglieder früher gemißbilligt, daß man die Bezeichnung der Stelle, wo ihre Vorfahren ruhten, aufgehoben und das Andenken dadurch gleichsam ausgelöscht; denn die wohlerhaltenen Monumente zeigen zwar an, wer begraben sei, aber nicht, wo er begraben sei, und auf das Wo komme es eigentlich an, wie viele behaupteten.

Von ebensolcher Gesinnung war eine benachbarte Familie, die sich und den Ihrigen einen Raum auf dieser allgemeinen Ruhestätte vor mehreren Jahren ausbedungen und dafür der Kirche eine kleine Stiftung zugewendet hatte. Nun war der junge Rechtsgelehrte abgesendet, um die Stiftung zu widerrufen und anzuzeigen, daß man nicht weiterzahlen werde, weil die Bedingung, unter welcher dieses bisher geschehen, einseitig aufgehoben und auf alle Vorstellungen und Widerreden nicht geachtet worden. Charlotte, die Urheberin dieser Veränderung, wollte den jungen Mann selbst sprechen, der zwar lebhaft, aber nicht allzu vorlaut seine und seines Prinzipals Gründe darlegte und der Gesellschaft manches zu denken gab.

„Sie sehen," sprach er nach einem kurzen Eingang, in welchem er seine Zudringlichkeit zu rechtfertigen wußte, „Sie sehen, daß dem Geringsten wie dem Höchsten daran gelegen ist, den Ort zu bezeichnen, der die Seinigen aufbewahrt. Dem ärmsten Landmann, der ein Kind begräbt, ist es eine Art von Trost, ein schwaches hölzernes Kreuz auf das Grab zu stellen, es mit einem Kranze zu zieren, um wenigstens das Andenken so lange zu erhalten, als der Schmerz währt, wenn auch ein solches Merkzeichen, wie die Trauer selbst, durch die Zeit aufgehoben wird. Wohlhabende verwandeln diese Kreuze in eiserne, befestigen und schützen sie auf mancherlei Weise, und hier ist schon Dauer für mehrere Jahre. Doch weil auch diese endlich sinken und unscheinbar werden, so haben Begüterte nichts Angelegeneres, als einen Stein aufzurichten, der für mehrere Generationen zu dauern verspricht und von den Nachkommen erneut und aufgefrischt werden kann. Aber dieser Stein ist es nicht, der uns anzieht, sondern das darunter Enthaltene, das daneben der Erde Vertraute. Es ist nicht sowohl vom Andenken die Rede als von der Person selbst, nicht von der Erinnerung, sondern von der Gegenwart. Ein geliebtes Abgeschiedenes umarme ich weit eher und inniger im Grabhügel als im Denkmal, denn dieses ist für sich eigentlich nur wenig; aber um dasselbe her sollen sich wie um einen Markstein Gatten, Verwandte, Freunde selbst nach ihrem Hinscheiden noch versammeln, und der Lebende soll das Recht behalten, Fremde und Mißwollende auch von der Seite seiner geliebten Ruhenden abzuweisen und zu entfernen.

Ich halte deswegen dafür, daß mein Prinzipal völlig recht habe, die Stiftung zurückzunehmen; und dies ist noch billig genug, denn die Glieder der Familie sind auf eine Weise verletzt, wofür gar kein Ersatz zu denken ist. Sie sollen das schmerzlich süße Gefühl entbehren, ihren Geliebten ein Totenopfer zu bringen, die tröstliche Hoffnung, dereinst unmittelbar neben ihnen zu ruhen."

„Die Sache ist nicht von der Bedeutung," versetzte Charlotte, „daß man sich deshalb durch einen Rechtshandel beunruhigen sollte. Meine Anstalt reut mich so wenig, daß ich die Kirche gern wegen dessen, was ihr entgeht, entschädigen will. Nur muß ich Ihnen aufrichtig gestehen: Ihre Argumente haben mich nicht überzeugt. Das reine Gefühl einer endlichen allgemeinen Gleichheit, wenigstens nach dem Tode, scheint mir beruhigender als dieses eigensinnige, starre Fortsetzen unserer Persönlichkeiten, Anhänglichkeiten und Lebensverhältnisse. – Und was sagen Sie hierzu?" richtete sie ihre Frage an den Architekten.

„Ich möchte", versetzte dieser, „in einer solchen Sache weder streiten noch den Ausschlag geben. Lassen Sie mich das, was meiner Kunst, meiner Denkweise am nächsten liegt, bescheidentlich äußern. Seitdem wir nicht mehr so glücklich sind, die Reste eines geliebten Gegenstandes eingeurnt an unsere Brust zu drücken, da wir weder reich noch heiter genug sind, sie unversehrt in großen, wohlausgezierten Sarkophagen zu verwahren, ja da wir nicht einmal in den Kirchen mehr Platz für uns und für die Unsrigen finden, sondern hinaus ins Freie gewiesen sind, so haben wir alle Ursache, die Art und Weise, die Sie, meine gnädige Frau, eingeleitet haben, zu billigen. Wenn die Glieder einer Gemeinde reihenweise nebeneinander liegen, so ruhen sie bei und unter den Ihrigen; und wenn die Erde uns einmal aufnehmen soll, so finde ich nichts natürlicher und reinlicher, als daß man die zufällig entstandenen, nach und nach zusammensinkenden Hügel ungesäumt vergleiche und so die Decke, indem alle sie tragen, einem jeden leichter gemacht werde."

„Und ohne irgendein Zeichen des Andenkens, ohne irgend etwas, das der Erinnerung entgegenkäme, sollte das alles so vorübergehen?" versetzte Ottilie.

„Keineswegs!" fuhr der Architekt fort; „nicht vom Andenken, nur vom Platze soll man sich lossagen. Der Baukünstler, der Bildhauer sind höchlich interessiert, daß der Mensch von ihnen, von ihrer Kunst, von ihrer Hand eine

Dauer seines Daseins erwarte; und deswegen wünschte ich gut gedachte, gut ausgeführte Monumente, nicht einzeln und zufällig ausgesäet, sondern an einem Orte aufgestellt, wo sie sich Dauer versprechen können. Da selbst die Frommen und Hohen auf das Vorrecht Verzicht tun, in den Kirchen persönlich zu ruhen, so stelle man wenigstens dort oder in schönen Hallen um die Begräbnisplätze Denkzeichen, Denkschriften auf. Es gibt tausenderlei Formen, die man ihnen vorschreiben, tausenderlei Zieraten, womit man sie ausschmücken kann."

„Wenn die Künstler so reich sind," versetzte Charlotte, „so sagen Sie mir doch: Wie kann man sich niemals aus der Form eines kleinlichen Obelisken, einer abgestutzten Säule und eines Aschenkrugs herausfinden? Anstatt der tausend Erfindungen, deren Sie sich rühmen, habe ich immer nur tausend Wiederholungen gesehen."

„Das ist wohl bei uns so," entgegnete ihr der Architekt, „aber nicht überall. Und überhaupt mag es mit der Erfindung und der schicklichen Anwendung eine eigne Sache sein. Besonders hat es in diesem Falle manche Schwierigkeit, einen ernsten Gegenstand zu erheitern und bei einem unerfreulichen nicht ins Unerfreuliche zu geraten. Was Entwürfe zu Monumenten aller Art betrifft, deren habe ich viele gesammelt und zeige sie gelegentlich; doch bleibt immer das schönste Denkmal des Menschen eigenes Bildnis. Dieses gibt mehr als irgend etwas anders einen Begriff von dem, was er war; es ist der beste Text zu vielen oder wenigen Noten; nur müßte es aber auch in seiner besten Zeit gemacht sein, welches gewöhnlich versäumt wird. Niemand denkt daran, lebende Formen zu erhalten, und wenn es geschieht, so geschieht es auf unzulängliche Weise. Da wird ein Toter geschwind noch abgegossen und eine solche Maske auf einen Block gesetzt, und das heißt man eine Büste. Wie selten ist der Künstler imstande, sie völlig wiederzubeleben!"

„Sie haben, ohne es vielleicht zu wissen und zu wollen," versetzte Charlotte, „dies Gespräch ganz zu meinen Gunsten gelenkt. Das Bild eines Menschen ist doch wohl unabhängig; überall, wo es steht, steht es für sich, und wir werden von ihm nicht verlangen, daß es die eigentliche Grabstätte bezeichne. Aber soll ich Ihnen eine wunderliche Empfindung bekennen? Selbst gegen die Bildnisse habe ich eine Art von Abneigung; denn sie scheinen mir immer einen stillen Vorwurf zu machen; sie deuten auf etwas Entferntes, Abgeschiedenes und erinnern mich, wie schwer es sei, die Gegenwart recht zu ehren. Gedenkt man, wieviel Menschen man gesehen, gekannt, und gesteht sich, wie wenig wir ihnen, wie wenig sie uns gewesen, wie wird uns da zumute! Wir begegnen dem Geistreichen, ohne uns mit ihm zu unterhalten, dem Gelehrten, ohne von ihm zu lernen, dem Gereisten, ohne uns zu unterrichten, dem Liebevollen, ohne ihm etwas Angenehmes zu erzeigen.

Und leider ereignet sich dies nicht bloß mit den Vorübergehenden. Gesellschaften und Familien betragen sich so gegen ihre liebsten Glieder, Städte gegen ihre würdigsten Bürger, Völker gegen ihre trefflichsten Fürsten, Nationen gegen ihre vorzüglichsten Menschen.

Ich hörte fragen, warum man von den Toten so unbewunden Gutes sage, von den Lebenden immer mit einer gewissen Vorsicht. Es wurde geantwortet: weil wir von jenen nichts zu befürchten haben und diese uns noch irgendwo in den Weg kommen könnten. So unrein ist die Sorge für das Andenken der andern; es ist meist nur ein selbstischer Scherz, wenn es dagegen ein heiliger Ernst wäre, seine Verhältnisse gegen die Überbliebenen immer lebendig und tätig zu erhalten."

ZWEITES KAPITEL

Aufgeregt durch den Vorfall und die daran sich knüpfenden Gespräche, begab man sich des andern Tages nach dem Begräbnisplatz, zu dessen Verzierung und Erheiterung der Architekt manchen glücklichen Vorschlag tat. Allein auch auf die Kirche sollte sich seine Sorgfalt erstrecken, auf ein Gebäude, das gleich anfänglich seine Aufmerksamkeit an sich gezogen hatte.

Diese Kirche stand seit mehrern Jahrhunderten, nach deutscher Art und Kunst in guten Maßen errichtet und auf eine glückliche Weise verziert. Man konnte wohl nachkommen, daß der Baumeister eines benachbarten Klosters mit Einsicht und Neigung sich auch an diesem kleineren Gebäude bewährt, und es wirkte noch immer ernst und angenehm auf den Betrachter, obgleich die innere neue Einrichtung zum protestantischen Gottesdienste ihm etwas von seiner Ruhe und Majestät genommen hatte.

Dem Architekten fiel es nicht schwer, sich von Charlotten eine mäßige Summe zu erbitten, wovon er das Äußere sowohl als das Innere im altertümlichen Sinne herzustellen und mit dem davorliegenden Auferstehungsfelde zur Übereinstimmung zu bringen gedachte. Er hatte selbst viel Handgeschick, und einige Arbeiter, die noch am Hausbau beschäftigt waren, wollte man gern so lange beibehalten, bis auch dieses fromme Werk vollendet wäre.

Man war nunmehr in dem Falle, das Gebäude selbst mit allen Umgebungen und Angebäuden zu untersuchen, und da zeigte sich zum größten Erstaunen und Vergnügen des Architekten eine wenig bemerkte kleine Seitenkapelle von noch geistreichern und leichtern Maßen, von noch gefälligern und fleißigern Zieraten. Sie enthielt zugleich manchen geschnitzten und gemalten Rest jenes älteren Gottesdienstes, der mit mancherlei Gebild und Gerätschaft die verschiedenen Feste zu bezeichnen und jedes auf seine eigne Weise zu feiern wußte.

Der Architekt konnte nicht unterlassen, die Kapelle sogleich in seinen Plan mit hereinzuziehen und besonders diesen engen Raum als ein Denkmal voriger Zeiten und ihres Geschmacks wiederherzustellen. Er hatte sich die leeren Flächen nach seiner Neigung schon verziert gedacht und freute sich, dabei sein malerisches Talent zu üben; allein er machte seinen Hausgenossen fürs erste ein Geheimnis davon.

Vor allem andern zeigte er versprochenermaßen den Frauen die verschiedenen Nachbildungen und Entwürfe von alten Grabmonumenten, Gefäßen und andern dahin sich nähernden Dingen, und als man im Gespräch auf die einfachern Grabhügel der nordischen Völker zu reden kam, brachte er seine Sammlung von mancherlei Waffen und Gerätschaften, die darin gefunden worden, zur Ansicht. Er hatte alles sehr reinlich und tragbar in Schubladen und Fächern auf eingeschnittenen, mit Tuch überzogenen Brettern, so daß diese alten, ernsten Dinge durch seine Behandlung etwas Putzhaftes annahmen und man mit Vergnügen darauf wie auf die Kästchen eines Modehändlers hinblickte. Und da er einmal im Vorzeigen war, da die Einsamkeit eine Unterhaltung forderte, so pflegte er jeden Abend mit einem Teil seiner Schätze hervorzutreten. Sie waren meistenteils deutschen Ursprungs: Brakteaten, Dickmünzen, Siegel und was sonst sich noch anschließen mag. Alle diese Dinge richteten die Einbildungskraft gegen die ältere Zeit hin, und da er zuletzt mit den Anfängen des Drucks, Holzschnitten und den ältesten Kupfern seine Unterhaltung zierte und die Kirche täglich auch, jenem Sinne gemäß, an Farbe und sonstiger Auszierung gleichsam der Vergangenheit entgegenwuchs, so mußte man sich beinahe selbst fragen, ob man denn wirklich in der neueren Zeit lebe, ob es nicht ein Traum sei, daß man nunmehr in ganz andern Sitten, Gewohnheiten, Lebensweisen und Überzeugungen verweile.

Auf solche Art vorbereitet, tat ein größeres Portefeuille, das er zuletzt herbeibrachte, die beste Wirkung. Es enthielt zwar meist nur umrissene Figuren, die aber, weil sie auf die Bilder selbst durchgezeichnet waren, ihren altertümlichen Charakter vollkommen erhalten hatten, und diesen, wie einnehmend fanden ihn die Beschauenden! Aus allen Gestalten blickte nur das reinste Dasein hervor; alle mußte man, wo nicht für edel, doch für gut ansprechen. Heitere Sammlung, willige Anerkennung eines Ehrwürdigen über uns, stille Hingebung in Liebe und Erwartung war auf allen Gesichtern, in allen Gebärden ausgedrückt. Der Greis mit dem kahlen Scheitel, der reichlockige Knabe, der muntere Jüngling, der ernste Mann, der verklärte Heilige, der schwebende Engel, alle schienen selig in einem unschuldigen Genügen, in einem frommen Erwarten. Das Gemeinste, was geschah, hatte einen Zug von himmlischem Leben, und eine gottesdienstliche Handlung schien ganz jeder Natur angemessen.

Nach einer solchen Region blicken wohl die meisten wie nach einem verschwundenen goldenen Zeitalter, nach einem verlorenen Paradiese hin. Nur vielleicht Ottilie war in dem Fall, sich unter ihresgleichen zu fühlen.

Wer hätte nun widerstehen können, als der Architekt sich erbot, nach dem Anlaß dieser Urbilder die Räume zwischen den Spitzbogen der Kapelle auszumalen und dadurch sein Andenken entschieden an einem Orte zu stiften, wo es ihm so gut gegangen war. Er erklärte sich hierüber mit einiger Wehmut; denn er konnte nach der Lage der Sache wohl einsehen, daß sein Aufenthalt in so vollkommener Gesellschaft nicht immer dauern könne, ja vielleicht bald abgebrochen werden müsse.

Übrigens waren diese Tage zwar nicht reich an Begebenheiten, doch voller Anlässe zu ernsthafter Unterhaltung. Wir nehmen daher Gelegenheit, von demjenigen, was Ottilie sich daraus in ihren Heften angemerkt, einiges mitzuteilen, wozu wir keinen schicklichern Übergang finden als durch ein Gleichnis, das sich uns beim Betrachten ihrer liebenswürdigen Blätter aufdringt.

Wir hören von einer besondern Einrichtung bei der englischen Marine. Sämtliche Tauwerke der königlichen Flotte, vom stärksten bis zum schwächsten, sind dergestalt gesponnen, daß ein roter Faden durch das Ganze durchgeht, den man nicht herauswinden kann, ohne alles aufzulösen, und woran auch die kleinsten Stücke kenntlich sind, daß sie der Krone gehören.

Ebenso zieht sich durch Ottiliens Tagebuch ein Faden der Neigung und Anhänglichkeit, der alles verbindet und das Ganze bezeichnet. Dadurch werden diese Bemerkungen, Betrachtungen, ausgezogenen Sinnsprüche und was sonst vorkommen mag, der Schreibenden ganz besonders eigen und für sie von Bedeutung. Selbst jede einzelne von uns ausgewählte und mitgeteilte Stelle gibt davon das entschiedenste Zeugnis.

Aus Ottiliens Tagebuche

Neben denen dereinst zu ruhen, die man liebt, ist die angenehmste Vorstellung, welche der Mensch haben kann, wenn er einmal über das Leben hinausdenkt. „Zu den Seinigen versammelt werden" ist ein so herzlicher Ausdruck.

Es gibt mancherlei Denkmale und Merkzeichen, die uns Entfernte und Abgeschiedene näher bringen. Keins ist von der Bedeutung des Bildes. Die Unterhaltung mit einem geliebten Bilde, selbst wenn es unähnlich ist, hat was Reizendes, wie es manchmal etwas Reizendes hat, sich mit einem Freunde streiten. Man fühlt auf eine angenehme Weise, daß man zu zweien ist und doch nicht auseinander kann.

Man unterhält sich manchmal mit einem gegenwärtigen Menschen als mit einem Bilde. Er braucht nicht zu sprechen, uns nicht anzusehen, sich nicht mit uns zu beschäftigen; wir sehen ihn, wir fühlen unser Verhältnis zu ihm, ja sogar unsere Verhältnisse zu ihm können wachsen, ohne daß er etwas dazu tut, ohne daß er etwas davon empfindet, daß er sich eben bloß zu uns wie ein Bild verhält.

Man ist niemals mit einem Porträt zufrieden von Personen, die man kennt. Deswegen habe ich die Porträtmaler immer bedauert. Man verlangt so selten von den Leuten das Unmögliche, und gerade von diesen fordert mans. Sie sollen einem jeden sein Verhältnis zu den Personen, seine Neigung und Abneigung mit in ihr Bild aufnehmen; sie sollen nicht bloß darstellen, wie sie einen Menschen fassen, sondern wie jeder ihn fassen würde. Es nimmt mich nicht wunder, wenn solche Künstler nach und nach verstockt, gleichgültig und eigensinnig werden. Daraus möchte denn entstehen, was wollte, wenn man nur nicht gerade darüber die Abbildungen so mancher lieben und teuren Menschen entbehren müßte.

Es ist wohl wahr, die Sammlung des Architekten von Waffen und alten Gerätschaften, die nebst dem Körper mit hohen Erdhügeln und Felsenstücken zugedeckt waren, bezeugt uns, wie unnütz die Vorsorge des Menschen sei für die Erhaltung seiner Persönlichkeit nach dem Tode. Und so widersprechend sind wir! Der Architekt gesteht, selbst solche Grabhügel der Vorfahren geöffnet zu haben, und fährt dennoch fort, sich mit Denkmälern für die Nachkommen zu beschäftigen.

Warum soll man es aber so streng nehmen? Ist denn alles, was wir tun, für die Ewigkeit getan? Ziehen wir uns nicht morgens an, um uns abends wieder auszuziehen? Verreisen wir nicht, um wiederzukehren? Und warum sollten wir nicht wünschen, neben den Unsrigen zu ruhen, und wenn es auch nur für ein Jahrhundert wäre?

Wenn man die vielen versunkenen, die durch Kirchgänger abgetretenen Grabsteine, die über ihren Grabmälern selbst zusammengestürzten Kirchen erblickt, so kann einem das Leben nach dem Tode doch immer wie ein zweites Leben vorkommen, in das man nun im Bilde, in der Überschrift eintritt und länger darin verweilt als in dem eigentlichen lebendigen Leben. Aber auch dieses Bild, dieses zweite Dasein verlischt früher oder später. Wie über die Menschen, so auch über die Denkmäler läßt sich die Zeit ihr Recht nicht nehmen.

DRITTES KAPITEL

Es ist eine so angenehme Empfindung, sich mit etwas zu beschäftigen, was man nur halb kann, daß niemand den Dilettanten schelten sollte, wenn er sich mit einer Kunst abgibt, die er nie lernen wird, noch den Künstler tadeln dürfte, wenn er über die Grenze seiner Kunst hinaus in einem benachbarten Felde sich zu ergehen Lust hat.

Mit so billigen Gesinnungen betrachten wir die Anstalten des Architekten zum Ausmalen der Kapelle. Die Farben waren bereitet, die Maße genommen, die Kartone gezeichnet; allen Anspruch auf Erfindung hatte er aufgegeben; er hielt sich an seine Umrisse: nur die sitzenden und schwebenden Figuren geschickt auszuteilen, den Raum damit geschmackvoll auszuzieren, war seine Sorge.

Das Gerüste stand, die Arbeit ging vorwärts, und da schon einiges, was in die Augen fiel, erreicht war, konnte es ihm nicht zuwider sein, daß Charlotte mit Ottilien ihn besuchte. Die lebendigen Engelsgesichter, die lebhaften Gewänder auf dem blauen Himmelsgrunde erfreuten das Auge, indem ihr stilles frommes Wesen das Gemüt zur Sammlung berief und eine sehr zarte Wirkung hervorbrachte.

Die Frauen waren zu ihm aufs Gerüst gestiegen, und Ottilie bemerkte kaum, wie abgemessen leicht und bequem das alles zuging, als sich in ihr das durch frühern Unterricht Empfangene mit einmal zu entwickeln schien, sie nach Farbe und Pinsel griff und auf erhaltene Anweisung ein faltenreiches Gewand mit soviel Reinlichkeit als Geschicklichkeit anlegte.

Charlotte, welche gern sah, wenn Ottilie sich auf irgendeine Weise beschäftigte und zerstreute, ließ die beiden gewähren und ging, um ihren eigenen Gedanken nachzuhängen, um ihre Betrachtungen und Sorgen, die sie niemanden mitteilen konnte, für sich durchzuarbeiten.

Wenn gewöhnliche Menschen, durch gemeine Verlegenheiten des Tags zu einem leidenschaftlich ängstlichen Betragen aufgeregt, uns ein mitleidiges Lächeln abnötigen, so betrachten wir dagegen mit Ehrfurcht ein Gemüt, in welchem die Saat eines großen Schicksals ausgesäet worden, das die Entwicklung dieser Empfängnis abwarten muß und weder das Gute noch das Böse, weder das Glückliche noch das Unglückliche, was daraus entspringen soll, beschleunigen darf und kann.

Eduard hatte durch Charlottens Boten, den sie ihm in seine Einsamkeit gesendet, freundlich und teilnehmend, aber doch eher gefaßt und ernst als zutraulich und liebevoll, geantwortet. Kurz darauf war Eduard verschwunden, und seine Gattin konnte zu keiner Nachricht von ihm gelangen, bis sie endlich von ungefähr seinen Namen in den Zeitungen fand, wo er unter denen, die sich bei einer bedeutenden Kriegsgelegenheit hervorgetan hatten, mit Auszeichnung genannt war. Sie wußte nun, welchen Weg er genommen hatte, sie erfuhr, daß er großen Gefahren entronnen war; allein sie überzeugte sich sogleich, daß er größere aufsuchen würde, und sie konnte sich daraus nur allzusehr deuten, daß er in jedem Sinne schwerlich vom Äußersten würde zurückzuhalten sein. Sie trug diese Sorgen für sich allein immer in Gedanken und mochte sie hin und wider legen, wie sie wollte, so konnte sie doch bei keiner Ansicht Beruhigung finden.

Ottilie, von alledem nichts ahnend, hatte indessen zu jener Arbeit die größte Neigung gefaßt und von Charlotten gar leicht die Erlaubnis erhalten, regelmäßig darin fortfahren zu dürfen. Nun ging es rasch weiter, und der azurne Himmel war bald mit würdigen Bewohnern bevölkert. Durch eine anhaltende Übung gewannen Ottilie und der Architekt bei den letzten Bildern mehr Freiheit; sie wurden zusehends besser. Auch die Gesichter, welche dem Architekten zu malen allein überlassen war, zeigten nach und nach eine ganz besondere Eigenschaft; sie fingen sämtlich an, Ottilien zu gleichen. Die Nähe des schönen Kindes mußte wohl in die Seele des jungen Mannes, der noch keine natürliche oder künstlerische Physiognomie vorgefaßt hatte, einen so lebhaften Eindruck machen, daß ihm nach und nach auf dem Wege vom Auge zur Hand nichts verlorenging, ja daß beide zuletzt ganz gleichstimmig arbeiteten. Genug, eins der letzten Gesichtchen glückte vollkommen, so daß es schien, als wenn Ottilie selbst aus den himmlischen Räumen heruntersähe.

An dem Gewölbe war man fertig; die Wände hatte man sich vorgenommen einfach zu lassen und nur mit einer hellern bräunlichen Farbe zu überziehen; die zarten Säulen und künstlichen bildhauerischen Zieraten sollten sich durch eine dunklere auszeichnen. Aber wie in solchen Dingen immer eins zum andern führt, so wurden noch Blumen und Fruchtgehänge beschlossen, welche Himmel und Erde gleichsam zusammenknüpfen sollten. Hier war nun Ottilie ganz in ihrem Felde. Die Gärten lieferten die schönsten Muster, und obschon die Kränze sehr reich ausgestattet wurden, so kam man doch früher, als man gedacht hatte, damit zustande.

Noch sah aber alles wüste und roh aus. Die Gerüste waren durcheinander geschoben, die Bretter übereinander geworfen, der ungleiche Fußboden durch mancherlei vergossene Farben noch mehr verunstaltet. Der Architekt erbat sich nunmehr, daß die Frauenzimmer ihm acht Tage Zeit lassen und bis dahin die Kapelle nicht betreten möchten. Endlich ersuchte er sie an einem schönen Abende, sich beiderseits dahin zu verfügen; doch wünschte er, sie nicht begleiten zu dürfen, und empfahl sich sogleich.

„Was er uns auch für eine Überraschung zugedacht haben mag," sagte Charlotte, als er weggegangen war, „so habe ich doch gegenwärtig keine Lust hinunterzugehen. Du nimmst es wohl allein über dich und gibst mir Nachricht. Gewiß hat er etwas Angenehmes zustande gebracht. Ich werde es erst in deiner Beschreibung und dann gern in der Wirklichkeit genießen."

Ottilie, die wohl wußte, daß Charlotte sich in manchen Stücken in acht nahm, alle Gemütsbewegungen vermied und besonders nicht überrascht sein wollte, begab sich sogleich allein auf den Weg und sah sich unwillkürlich nach dem Architekten um, der aber nirgends erschien und sich mochte verborgen haben. Sie trat in die Kirche, die sie offen fand. Diese war schon früher fertig, gereinigt und eingeweiht. Sie trat zur Türe der Kapelle, deren schwere, mit Erz beschlagene Last sich leicht vor ihr auftat und sie in einem bekannten Raume mit einem unerwarteten Anblick überraschte.

Durch das einzige hohe Fenster fiel ein ernstes, buntes Licht herein; denn es war von farbigen Gläsern anmutig zusammengesetzt. Das Ganze erhielt dadurch einen fremden Ton und bereitete zu einer eigenen Stimmung. Die Schönheit des Gewölbes und der Wände ward durch die Zierde des Fußbodens erhöht, der aus besonders geformten, nach einem schönen Muster gelegten, durch eine gegossene Gipsfläche verbundenen Ziegelsteinen bestand. Diese sowohl als die farbigen Scheiben hatte der Architekt heimlich bereiten lassen und konnte nun in kurzer Zeit alles zusammenfügen. Auch für Ruheplätze war gesorgt. Es hatten sich unter jenen kirchlichen Altertümern einige schön geschnitzte Chorstühle vorgefunden, die nun gar schicklich an den Wänden angebracht umherstanden.

Ottilie freute sich der bekannten, ihr als ein unbekanntes Ganze entgegentretenden Teile. Sie stand, ging hin und wider, sah und besah; endlich setzte sie sich auf einen der Stühle, und es schien ihr, indem sie auf- und umherblickte, als wenn sie wäre und nicht wäre, als wenn sie sich empfände und nicht empfände, als wenn dies alles vor ihr, sie vor sich selbst verschwinden sollte; und nur als die Sonne das bisher sehr lebhaft beschienene Fenster verließ, erwachte Ottilie vor sich selbst und eilte nach dem Schlosse.

Sie verbarg sich nicht, in welche sonderbare Epoche diese Überraschung gefallen sei. Es war der Abend vor Eduards Geburtstage. Diesen hatte sie freilich ganz anders zu feiern gehofft. Wie sollte nicht alles zu diesem Feste geschmückt sein! Aber nunmehr stand der ganze herbstliche Blumenreichtum ungepflückt. Diese Sonnenblumen wendeten noch immer ihr Angesicht gen Himmel, diese Astern sahen noch immer still bescheiden vor sich hin, und was allenfalls davon zu Kränzen gebunden war, hatte zum Muster gedient, einen Ort auszuschmücken, der, wenn er nicht bloß eine Künstlergrille bleiben, wenn er zu irgend etwas genutzt werden sollte, nur zu einer gemeinsamen Grabstätte geeignet schien.

Sie mußte sich dabei der geräuschvollen Geschäftigkeit erinnern, mit welcher Eduard ihr Geburtsfest gefeiert; sie mußte des neugerichteten Hauses gedenken, unter dessen Decke man sich soviel Freundliches versprach. Ja das Feuerwerk rauschte ihr wieder vor Augen und Ohren, je einsamer sie war, desto mehr vor der Einbildungskraft; aber sie fühlte sich auch nur um desto mehr allein. Sie lehnte sich nicht mehr auf seinen Arm und hatte keine Hoffnung, an ihm jemals wieder eine Stütze zu finden.

Aus Ottiliens Tagebuche

Eine Bemerkung des jungen Künstlers muß ich aufzeichnen: „Wie am Handwerker so am bildenden Künstler kann man auf das deutlichste gewahr werden, daß der Mensch sich das am wenigsten zuzueignen vermag, was ihm ganz eigens angehört. Seine Werke verlassen ihn so wie die Vögel das Nest, worin sie ausgebrütet worden."

Der Baukünstler vor allen hat hierin das wunderlichste Schicksal. Wie oft wendet er seinen ganzen Geist, seine ganze Neigung auf, um Räume hervorzubringen, von denen er sich selbst ausschließen muß! Die königlichen Säle sind ihm ihre Pracht schuldig, deren größte Wirkung er nicht mitgenießt. In den Tempeln zieht er eine Grenze zwischen sich und dem Allerheiligsten; er darf die Stufen nicht mehr betreten, die er zur herzerhebenden Feierlichkeit gründete, so wie der Goldschmied die Monstranz nur von fern anbetet, deren Schmelz und Edelsteine er zusammengeordnet hat. Dem Reichen übergibt der Baumeister mit dem Schlüssel des Palastes alle Bequemlichkeit und Behäbigkeit, ohne irgend etwas davon mitzugenießen. Muß sich nicht allgemach auf diese Weise die Kunst von dem Künstler entfernen, wenn das Werk wie ein ausgestattetes Kind nicht mehr auf den Vater zurückwirkt? Und wie sehr mußte die Kunst sich selbst befördern, als sie fast allein mit dem Öffentlichen, mit dem, was allen und also auch dem Künstler gehörte, sich zu beschäftigen bestimmt war!

Eine Vorstellung der alten Völker ist ernst und kann furchtbar scheinen. Sie dachten sich ihre Vorfahren in großen Höhlen ringsumher auf Thronen sitzend in stummer Unterhaltung. Dem Neuen, der hereintrat, wenn er würdig genug war, standen sie auf und neigten ihm einen Willkommen. Gestern, als ich in der Kapelle saß und meinem geschnitzten Stuhle gegenüber noch mehrere umhergestellt sah, erschien mir jener Gedanke gar freundlich und anmutig. „Warum kannst du nicht sitzenbleiben?“ dachte ich bei mir selbst, „still und in dich gekehrt sitzenbleiben, lange, lange, bis endlich die Freunde kämen, denen du aufstündest und ihren Platz mit freundlichem Neigen anwiesest.“ Die farbigen Scheiben machen den Tag zur ernsten Dämmerung, und jemand müßte eine ewige Lampe stiften, damit auch die Nacht nicht ganz finster bliebe.

Man mag sich stellen, wie man will, und man denkt sich immer sehend. Ich glaube, der Mensch träumt nur, damit er nicht aufhöre zu sehen. Es könnte wohl sein, daß das innere Licht einmal aus uns herausträte, so daß wir keines andern mehr bedürften.

Das Jahr klingt ab. Der Wind geht über die Stoppeln und findet nichts mehr zu bewegen; nur die roten Beeren jener schlanken Bäume scheinen uns noch an etwas Munteres erinnern zu wollen, so wie uns der Taktschlag des Dreschers den Gedanken erweckt, daß in der abgesichelten Ähre soviel Nährendes und Lebendiges verborgen liegt.

VIERTES KAPITEL

Wie seltsam mußte nach solchen Ereignissen, nach diesem aufgedrungenen Gefühl von Vergänglichkeit und Hinschwinden Ottilie durch die Nachricht getroffen werden, die ihr nicht länger verborgen bleiben konnte, daß Eduard sich dem wechselnden Kriegsglück überliefert habe. Es entging ihr leider keine von den Betrachtungen, die sie dabei zu machen Ursache hatte. Glücklicherweise kann der Mensch nur einen gewissen Grad des Unglücks fassen; was darüber hinausgeht, vernichtet ihn oder läßt ihn gleichgültig. Es gibt Lagen, in denen Furcht und Hoffnung eins werden, sich einander wechselseitig aufheben und in eine dunkle Fühllosigkeit verlieren. Wie könnten wir sonst die entfernten Geliebtesten in stündlicher Gefahr wissen und dennoch unser tägliches, gewöhnliches Leben immer so forttreiben.

Es war daher, als wenn ein guter Geist für Ottilien gesorgt hätte, indem er auf einmal in diese Stille, in der sie einsam und unbeschäftigt zu versinken schien, ein wildes Heer hereinbrachte, das, indem es ihr von außen genug zu schaffen gab und sie aus sich selbst führte, zugleich in ihr das Gefühl eigener Kraft anregte.

Charlottens Tochter, Luciane, war kaum aus der Pension in die große Welt getreten, hatte kaum in dem Hause ihrer Tante sich von zahlreicher Gesellschaft umgeben gesehen, als ihr Gefallenwollen wirklich Gefallen erregte und ein junger, sehr reicher Mann gar bald eine heftige Neigung empfand, sie zu besitzen. Sein ansehnliches Vermögen gab ihm ein Recht, das Beste jeder Art sein eigen zu nennen, und es schien ihm nichts weiter abzugehen als eine vollkommene Frau, um die ihn die Welt so wie um das übrige zu beneiden hätte.

Diese Familienangelegenheit war es, welche Charlotten bisher sehr viel zu tun gab, der sie ihre ganze Überlegung, ihre Korrespondenz widmete, insofern diese nicht darauf gerichtet war, von Eduard nähere Nachricht zu erhalten; deswegen auch Ottilie mehr als sonst in der letzten Zeit allein blieb. Diese wußte zwar um die Ankunft Lucianens; im Hause hatte sie deshalb die nötigsten Vorkehrungen getroffen; allein so nahe stellte man sich den Besuch nicht vor. Man wollte vorher noch schreiben, abreden, näher bestimmen, als der Sturm auf einmal über das Schloß und Ottilien hereinbrach.

Angefahren kamen nun Kammerjungfern und Bediente, Brancards mit Koffern und Kisten; man glaubte schon eine doppelte und dreifache Herrschaft im Hause zu haben; aber nun erschienen erst die Gäste selbst: die Großtante mit Lucianen und einigen Freundinnen, der Bräutigam gleichfalls nicht unbegleitet. Da lag das Vorhaus voll Vachen, Mantelsäcke und anderer lederner Gehäuse. Mit Mühe sonderte man die vielen Kästchen und Futterale auseinander. Des Gepäckes und Geschleppes war kein Ende. Dazwischen regnete es mit Gewalt, woraus manche Unbequemlichkeit entstand. Diesem ungestümen Treiben begegnete Ottilie mit gleichmütiger Tätigkeit, ja ihr heiteres Geschick erschien im schönsten Glanze; denn sie hatte in kurzer Zeit alles untergebracht und angeordnet. Jedermann war logiert, jedermann nach seiner Art bequem, und glaubte gut bedient zu sein, weil er nicht gehindert war, sich selbst zu bedienen.

Nun hätten alle gern, nach einer höchst beschwerlichen Reise, einige Ruhe genossen; der Bräutigam hätte sich seiner Schwiegermutter gern genähert, um ihr seine Liebe, seinen guten Willen zu beteuern; aber Luciane konnte nicht rasten. Sie war nun einmal zu dem Glücke gelangt, ein Pferd besteigen zu dürfen. Der Bräutigam hatte schöne Pferde, und sogleich mußte man aufsitzen. Wetter und Wind, Regen und Sturm kamen nicht in Anschlag; es war, als wenn man nur lebte, um naß zu werden und sich wieder zu trocknen. Fiel es ihr ein, zu Fuße auszugehen, so fragte sie nicht, was für Kleider sie anhatte und wie sie beschuht war: sie mußte die Anlagen besichtigen, von denen sie vieles gehört hatte. Was nicht zu Pferde geschehen konnte, wurde zu Fuß durchrannt. Bald hatte sie alles gesehen und abgeurteilt. Bei der Schnelligkeit ihres Wesens war ihr nicht leicht zu widersprechen. Die Gesellschaft hatte manches zu leiden, am meisten aber die Kammermädchen, die mit Waschen und Bügeln, Auftrennen und Annähen nicht fertig werden konnten.

Kaum hatte sie das Haus und die Gegend erschöpft, als sie sich verpflichtet fühlte, rings in der Nachbarschaft Besuch abzulegen. Weil man sehr schnell ritt und fuhr, so reichte die Nachbarschaft ziemlich fern umher. Das Schloß ward mit Gegenbesuchen überschwemmt, und damit man sich ja nicht verfehlen möchte, wurden bald bestimmte Tage angesetzt.

Indessen Charlotte mit der Tante und dem Geschäftsträger des Bräutigams die innern Verhältnisse festzustellen bemüht war und Ottilie mit ihren Untergebenen dafür zu sorgen wußte, daß es an nichts bei so großem Zugang fehlen möchte, da denn Jäger und Gärtner, Fischer und Krämer in Bewegung gesetzt wurden, zeigte sich Luciane immer wie ein brennender Kometenkern, der einen langen Schweif nach sich zieht. Die gewöhnlichen Besuchsunterhaltungen dünkten ihr bald ganz unschmackhaft. Kaum daß sie den ältesten Personen eine Ruhe am Spieltisch gönnte: wer noch einigermaßen beweglich war – und wer ließ sich nicht durch ihre reizenden Zudringlichkeiten in Bewegung setzen? –, mußte herbei, wo nicht zum Tanze, doch zum lebhaften Pfand-, Straf- und Vexierspiel. Und obgleich das alles, so wie hernach die Pfänderlösung, auf sie selbst berechnet war, so ging doch von der andern Seite niemand, besonders kein Mann, er mochte von einer Art sein, von welcher er wollte, ganz leer aus; ja es glückte ihr, einige ältere Personen von Bedeutung ganz für sich zu gewinnen, indem sie ihre eben einfallenden Geburts- und Namenstage ausgeforscht hatte und besonders feierte. Dabei kam ihr ein ganz eignes Geschick zustatten, so daß, indem alle sich begünstigt sahen, jeder sich für den am meisten Begünstigten hielt: eine Schwachheit, deren sich sogar der Älteste in der Gesellschaft am allermerklichsten schuldig machte.

Schien es bei ihr Plan zu sein, Männer, die etwas vorstellten, Rang, Ansehen, Ruhm oder sonst etwas Bedeutendes für sich hatten, für sich zu gewinnen, Weisheit und Besonnenheit zuschanden zu machen und ihrem wilden, wunderlichen Wesen selbst bei der Bedächtlichkeit Gunst zu erwerben, so kam die Jugend doch dabei nicht zu kurz; jeder hatte sein Teil, seinen Tag, seine Stunde, in der sie ihn zu entzücken und zu fesseln wußte. So hatte sie den Architekten schon bald ins Auge gefaßt, der jedoch aus seinem schwarzen, langlockigen Haar so unbefangen heraussah, so gerad und ruhig in der Entfernung stand, auf alle Fragen kurz und verständig antwortete, sich aber auf nichts weiter einzulassen geneigt schien, daß sie sich endlich einmal, halb unwillig halb listig, entschloß, ihn zum Helden des Tages zu machen und dadurch auch für ihren Hof zu gewinnen.

Nicht umsonst hatte sie so vieles Gepäcke mitgebracht, ja es war ihr noch manches gefolgt. Sie hatte sich auf eine unendliche Abwechselung in Kleidern vorgesehen. Wenn es ihr Vergnügen machte, sich des Tages drei-, viermal umzuziehen und mit gewöhnlichen, in der Gesellschaft üblichen Kleidern vom Morgen bis in die Nacht zu wechseln, so erschien sie dazwischen wohl auch einmal im wirklichen Maskenkleid, als Bäuerin und Fischerin, als Fee und Blumenmädchen. Sie verschmähte nicht, sich als alte Frau zu verkleiden, um desto frischer ihr junges Gesicht aus der Kutte hervorzuzeigen; und wirklich verwirrte sie dadurch das Gegenwärtige und das Eingebildete dergestalt, daß man sich mit der Saalnixe verwandt und verschwägert zu sein glaubte.

Wozu sie aber diese Verkleidungen hauptsächlich benutzte, waren pantomimische Stellungen und Tänze, in denen sie verschiedene Charaktere auszudrücken gewandt war. Ein Kavalier aus ihrem Gefolge hatte sich eingerichtet, auf dem Flügel ihre Gebärden mit der wenigen nötigen Musik zu begleiten; es bedurfte nur einer kurzen Abrede, und sie waren sogleich in Einstimmung.

Eines Tages, als man sie bei der Pause eines lebhaften Balls auf ihren eigenen heimlichen Antrieb gleichsam aus dem Stegereife zu einer solchen Darstellung aufgefordert hatte, schien sie verlegen und überrascht und ließ sich wider ihre Gewohnheit lange bitten. Sie zeigte sich unentschlossen, ließ die Wahl, bat wie ein Improvisator um einen Gegenstand, bis endlich jener Klavier spielende Gehülfe, mit dem es abgeredet sein mochte, sich an den Flügel setzte, einen Trauermarsch zu spielen anfing und sie aufforderte, jene Artemisia zu geben, welche sie so vortrefflich einstudiert habe. Sie ließ sich erbitten, und nach einer kurzen Abwesenheit erschien sie, bei den zärtlich traurigen Tönen des Totenmarsches, in Gestalt der königlichen Witwe, mit gemessenem Schritt, einen Aschenkrug vor sich hertragend. Hinter ihr brachte man eine große schwarze Tafel und in einer goldenen Reißfeder ein wohlzugeschnitztes Stück Kreide.

Einer ihrer Verehrer und Adjutanten, dem sie etwas ins Ohr sagte, ging sogleich den Architekten aufzufordern, zu nötigen und gewissermaßen herbeizuschieben, daß er als Baumeister das Grab des Mausolus zeichnen und also keineswegs einen Statisten, sondern einen ernstlich Mitspielenden vorstellen sollte. Wie verlegen der Architekt auch äußerlich erschien – denn er machte in seiner ganz schwarzen, knappen, modernen Zivilgestalt einen wunderlichen Kontrast mit jenen Flören, Kreppen, Fransen, Schmelzen, Quasten und Kronen –, so faßte er sich doch gleich innerlich, allein um so wunderlicher war es anzusehen. Mit dem größten Ernst stellte er sich vor die große Tafel, die von ein paar Pagen gehalten wurde, und zeichnete mit viel Bedacht und Genauigkeit ein Grabmal, das zwar eher einem longobardischen als einem karischen König wäre gemäß gewesen, aber doch in so schönen Verhältnissen, so ernst in seinen Teilen, so geistreich in seinen Zieraten, daß man es mit Vergnügen entstehen sah und, als es fertig war, bewunderte.

Er hatte sich in diesem ganzen Zeitraum fast nicht gegen die Königin gewendet, sondern seinem Geschäft alle Aufmerksamkeit gewidmet. Endlich, als er sich vor ihr neigte und andeutete, daß er nun ihre Befehle vollzogen zu haben glaube, hielt sie ihm noch die Urne hin und bezeichnete das Verlangen, diese oben auf dem Gipfel abgebildet zu sehen. Er tat es, obgleich ungern, weil sie zu dem Charakter seines übrigen Entwurfs nicht passen wollte. Was Lucianen betraf, so war sie endlich von ihrer Ungeduld erlöst; denn ihre Absicht war keineswegs, eine gewissenhafte Zeichnung von ihm zu haben. Hätte er mit wenigen Strichen nur hinskizziert, was etwa einem Monument ähnlich gesehen, und sich die übrige Zeit mit ihr abgegeben, so wäre das wohl dem Endzweck und ihren Wünschen gemäßer gewesen. Bei seinem Benehmen dagegen kam sie in die größte Verlegenheit; denn ob sie gleich in ihrem Schmerz, ihren Anordnungen und Andeutungen, ihrem Beifall über das nach und nach Entstehende ziemlich abzuwechseln suchte und sie ihn einigemal beinahe herumzerrte, um nur mit ihm in eine Art von Verhältnis zu kommen, so erwies er sich doch gar zu steif, dergestalt daß sie allzuoft ihre Zuflucht zur Urne nehmen, sie an ihr Herz drücken und zum Himmel schauen mußte, ja zuletzt, weil sich doch dergleichen Situationen immer steigern, mehr einer Witwe von Ephesus als einer Königin von Karien ähnlich sah. Die Vorstellung zog sich daher in die Länge; der Klavierspieler, der sonst Geduld genug hatte, wußte nicht mehr, in welchen Ton er ausweichen sollte. Er dankte Gott, als er die Urne auf der Pyramide stehn sah, und fiel unwillkürlich, als die Königin ihren Dank ausdrücken wollte, in ein lustiges Thema, wodurch die Vorstellung zwar ihren Charakter verlor, die Gesellschaft jedoch völlig aufgeheitert wurde, die sich denn sogleich teilte, der Dame für ihren vortrefflichen Ausdruck und dem Architekten für seine künstliche und zierliche Zeichnung eine freudige Bewunderung zu beweisen.

Besonders der Bräutigam unterhielt sich mit dem Architekten. „Es tut mir leid," sagte jener, „daß die Zeichnung so vergänglich ist. Sie erlauben wenigstens, daß ich sie mir auf mein Zimmer bringen lasse und mich mit Ihnen darüber unterhalte." – „Wenn es Ihnen Vergnügen macht," sagte der Architekt, „so kann ich Ihnen sorgfältige Zeichnungen von dergleichen Gebäuden und Monumenten vorlegen, wovon dieses nur ein zufälliger, flüchtiger Entwurf ist."

Ottilie stand nicht fern und trat zu den beiden. „Versäumen Sie nicht," sagte sie zum Architekten, „den Herrn

Baron gelegentlich Ihre Sammlung sehen zu lassen; er ist ein Freund der Kunst und des Altertums; ich wünsche, daß Sie sich näher kennenlernen."

Luciane kam herbeigefahren und fragte: „Wovon ist die Rede?"

„Von einer Sammlung Kunstwerke," antwortete der Baron, „welche dieser Herr besitzt und die er uns gelegentlich zeigen will."

„Er mag sie nur gleich bringen!" rief Luciane. „Nicht wahr, Sie bringen sie gleich?" setzte sie schmeichelnd hinzu, indem sie ihn mit beiden Händen freundlich anfaßte.

„Es möchte jetzt der Zeitpunkt nicht sein," versetzte der Architekt.

„Was!" rief Luciane gebieterisch, „Sie wollen dem Befehl Ihrer Königin nicht gehorchen?" Dann legte sie sich auf ein neckisches Bitten.

„Sein Sie nicht eigensinnig!" sagte Ottilie halb leise.

Der Architekt entfernte sich mit einer Beugung; sie war weder bejahend noch verneinend.

Kaum war er fort, als Luciane sich mit einem Windspiel im Saale herumjagte. „Ach!" rief sie aus, indem sie zufällig an ihre Mutter stieß, „wie bin ich nicht unglücklich! Ich habe meinen Affen nicht mitgenommen; man hat es mir abgeraten; es ist aber nur die Bequemlichkeit meiner Leute, die mich um dieses Vergnügen bringt. Ich will ihn aber nachkommen lassen, es soll mir jemand hin, ihn zu holen. Wenn ich nur sein Bildnis sehen könnte, so wäre ich schon vergnügt. Ich will ihn aber gewiß auch malen lassen, und er soll mir nicht von der Seite kommen."

„Vielleicht kann ich dich trösten," versetzte Charlotte, „wenn ich dir aus der Bibliothek einen ganzen Band der wunderlichsten Affenbilder kommen lasse." Luciane schrie vor Freuden laut auf, und der Folioband wurde gebracht. Der Anblick dieser menschenähnlichen und durch den Künstler noch mehr vermenschlichten abscheulichen Geschöpfe machte Lucianen die größte Freude. Ganz glücklich aber fühlte sie sich, bei einem jeden dieser Tiere die Ähnlichkeit mit bekannten Menschen zu finden. „Sieht der nicht aus wie der Onkel?" rief sie unbarmherzig, „der wie der

Galanteriehändler M–, der wie der Pfarrer S–, und dieser ist der Dings –, der – leibhaftig. Im Grunde sind doch die Affen die eigentlichen Incroyables, und es ist unbegreiflich, wie man sie aus der besten Gesellschaft ausschließen mag."

Sie sagte das in der besten Gesellschaft, doch niemand nahm es ihr übel. Man war so gewohnt, ihrer Anmut vieles zu erlauben, daß man zuletzt ihrer Unart alles erlaubte.

Ottilie unterhielt sich indessen mit dem Bräutigam. Sie hoffte auf die Rückkunft des Architekten, dessen ernstere, geschmackvollere Sammlungen die Gesellschaft von diesem Affenwesen befreien sollten. In dieser Erwartung hatte sie sich mit dem Baron besprochen und ihn auf manches aufmerksam gemacht. Allein der Architekt blieb aus, und als er endlich wiederkam, verlor er sich unter der Gesellschaft, ohne etwas mitzubringen und ohne zu tun, als ob von etwas die Frage gewesen wäre. Ottilie ward einen Augenblick – wie soll mans nennen? – verdrießlich, ungehalten, betroffen; sie hatte ein gutes Wort an ihn gewendet, sie gönnte dem Bräutigam eine vergnügte Stunde nach seinem Sinne, der bei seiner unendlichen Liebe für Lucianen doch von ihrem Betragen zu leiden schien.

Die Affen mußten einer Kollation Platz machen. Gesellige Spiele, ja sogar noch Tänze, zuletzt ein freudeloses Herumsitzen und Wiederaufjagen einer schon gesunkenen Lust dauerten diesmal, wie sonst auch, weit über Mitternacht. Denn schon hatte sich Luciane gewöhnt, morgens nicht aus dem Bette und abends nicht ins Bette gelangen zu können.

Um diese Zeit finden sich in Ottiliens Tagebuch Ereignisse seltner angemerkt, dagegen häufiger auf das Leben bezügliche und vom Leben abgezogene Maximen und Sentenzen. Weil aber die meisten derselben wohl nicht durch ihre eigene Reflexion entstanden sein können, so ist es wahrscheinlich, daß man ihr irgendeinen Heft mitgeteilt, aus dem sie sich, was ihr gemütlich war, ausgeschrieben. Manches Eigene von innigerem Bezug wird an dem roten Faden wohl zu erkennen sein.

Aus Ottiliens Tagebuche

Wir blicken so gern in die Zukunft, weil wir das Ungefähre, was sich in ihr hin und her bewegt, durch stille Wünsche so gern zu unsern Gunsten heranleiten möchten.

Wir befinden uns nicht leicht in großer Gesellschaft, ohne zu denken, der Zufall, der so viele zusammenbringt, solle uns auch unsre Freunde herbeiführen.

Man mag noch so eingezogen leben, so wird man, ehe man sichs versieht, ein Schuldner oder ein Gläubiger.

Begegnet uns jemand, der uns Dank schuldig ist, gleich fällt es uns ein. Wie oft können wir jemand begegnen, dem wir Dank schuldig sind, ohne daran zu denken!

Sich mitzuteilen ist Natur; Mitgeteiltes aufzunehmen, wie es gegeben wird, ist Bildung.

Niemand würde viel in Gesellschaften sprechen, wenn er sich bewußt wäre, wie oft er die andern mißversteht.

Man verändert fremde Reden beim Wiederholen wohl nur darum so sehr, weil man sie nicht verstanden hat.

Wer vor andern lange allein spricht, ohne den Zuhörern zu schmeicheln, erregt Widerwillen.

Jedes ausgesprochene Wort erregt den Gegensinn.

Widerspruch und Schmeichelei machen beide ein schlechtes Gespräch.

Die angenehmsten Gesellschaften sind die, in welchen eine heitere Ehrerbietung der Glieder gegeneinander obwaltet.

Durch nichts bezeichnen die Menschen mehr ihren Charakter als durch das, was sie lächerlich finden.

Das Lächerliche entspringt aus einem sittlichen Kontrast, der auf eine unschädliche Weise für die Sinne in Verbindung gebracht wird.

Der sinnliche Mensch lacht oft, wo nichts zu lachen ist. Was ihn auch anregt, sein inneres Behagen kommt zum Vorschein.

Der Verständige findet fast alles lächerlich, der Vernünftige fast nichts.

Einem bejahrten Manne verdachte man, daß er sich noch um junge Frauenzimmer bemühte. „Es ist das einzige

Mittel," versetzte er, „sich zu verjüngen, und das will doch jedermann."

Man läßt sich seine Mängel vorhalten, man läßt sich strafen, man leidet manches um ihrer willen mit Geduld; aber ungeduldig wird man, wenn man sie ablegen soll.

Gewisse Mängel sind notwendig zum Dasein des einzelnen. Es würde uns unangenehm sein, wenn alte Freunde gewisse Eigenheiten ablegten.

Man sagt: „Er stirbt bald", wenn einer etwas gegen seine Art und Weise tut.

Was für Mängel dürfen wir behalten, ja an uns kultivieren? Solche, die den andern eher schmeicheln als sie verletzen.

Die Leidenschaften sind Mängel oder Tugenden, nur gesteigerte.

Unsre Leidenschaften sind wahre Phönixe. Wie der alte verbrennt, steigt der neue sogleich wieder aus der Asche hervor.

Große Leidenschaften sind Krankheiten ohne Hoffnung. Was sie heilen könnte, macht sie erst recht gefährlich.

Die Leidenschaft erhöht und mildert sich durchs Bekennen. In nichts wäre die Mittelstraße vielleicht wünschenswerter als im Vertrauen und Verschweigen gegen die, die wir lieben.

FÜNFTES KAPITEL

So peitschte Luciane den Lebensrausch im geselligen Strudel immer vor sich her. Ihr Hofstaat vermehrte sich täglich, teils weil ihr Treiben so manchen erregte und anzog, teils weil sie sich andre durch Gefälligkeit und Wohltun zu verbinden wußte. Mitteilend war sie im höchsten Grade; denn da ihr durch die Neigung der Tante und des Bräutigams soviel Schönes und Köstliches auf einmal zugeflossen war, so schien sie nichts Eigenes zu besitzen und den Wert der Dinge nicht zu kennen, die sich um sie gehäuft hatten. So zauderte sie nicht einen Augenblick, einen kostbaren Schal abzunehmen und ihn einem Frauenzimmer umzuhängen, das ihr gegen die übrigen zu ärmlich gekleidet schien, und sie tat das auf eine so neckische, geschickte Weise, daß niemand eine solche Gabe ablehnen konnte. Einer von ihrem Hofstaat hatte stets eine Börse und den Auftrag, in den Orten, wo sie einkehrten, sich nach den Ältesten und Kränksten zu erkundigen und ihren Zustand wenigstens für den Augenblick zu erleichtern. Dadurch entstand ihr in der ganzen Gegend ein Name von Vortrefflichkeit, der ihr doch auch manchmal unbequem ward, weil er allzuviel lästige Notleidende an sie heranzog.

Durch nichts aber vermehrte sie so sehr ihren Ruf als durch ein auffallendes, gutes, beharrliches Benehmen gegen einen unglücklichen jungen Mann, der die Gesellschaft floh, weil er, übrigens schön und wohlgebildet, seine rechte Hand, obgleich rühmlich, in der Schlacht verloren hatte. Diese Verstümmlung erregte ihm einen solchen Mißmut, es war ihm so verdrießlich, daß jede neue Bekanntschaft sich auch immer mit seinem Unfall bekannt machen sollte, daß er sich lieber versteckte, sich dem Lesen und andern Studien ergab und ein für allemal mit der Gesellschaft nichts wollte zu schaffen haben.

Das Dasein dieses jungen Mannes blieb ihr nicht verborgen. Er mußte herbei, erst in kleiner Gesellschaft, dann in größerer, dann in der größten. Sie benahm sich anmutiger gegen ihn als gegen irgendeinen andern; besonders wußte sie durch zudringliche Dienstfertigkeit ihm seinen Verlust wert zu machen, indem sie geschäftig war, ihn zu ersetzen. Bei Tafel mußte er neben ihr seinen Platz nehmen; sie schnitt ihm vor, so daß er nur die Gabel gebrauchen durfte. Nahmen Ältere, Vornehmere ihm ihre Nachbarschaft weg, so erstreckte sie ihre Aufmerksamkeit über die ganze Tafel hin, und die eilenden Bedienten mußten das ersetzen, was ihm die Entfernung zu rauben drohte. Zuletzt munterte sie ihn auf, mit der linken Hand zu schreiben; er mußte alle seine Versuche an sie richten, und so stand sie, entfernt oder nah, immer mit ihm in Verhältnis. Der junge Mann wußte nicht, wie ihm geworden war, und wirklich fing er von diesem Augenblick ein neues Leben an.

Vielleicht sollte man denken, ein solches Betragen wäre dem Bräutigam mißfällig gewesen; allein es fand sich das

Gegenteil. Er rechnete ihr diese Bemühungen zu großem Verdienst an und war um so mehr darüber ganz ruhig, als er ihre fast übertriebenen Eigenheiten kannte, wodurch sie alles, was im mindesten verfänglich schien, von sich abzulehnen wußte. Sie wollte mit jedermann nach Belieben umspringen, jeder war in Gefahr, von ihr einmal angestoßen, gezerrt oder sonst geneckt zu werden; niemand aber durfte sich gegen sie ein Gleiches erlauben, niemand sie nach Willkür berühren, niemand auch nur im entferntesten Sinne eine Freiheit, die sie sich nahm, erwidern; und so hielt sie die andern in den strengsten Grenzen der Sittlichkeit gegen sich, die sie gegen andere jeden Augenblick zu übertreten schien.

Überhaupt hätte man glauben können, es sei bei ihr Maxime gewesen, sich dem Lobe und dem Tadel, der Neigung und der Abneigung gleichmäßig auszusetzen. Denn wenn sie die Menschen auf mancherlei Weise für sich zu gewinnen suchte, so verdarb sie es wieder mit ihnen gewöhnlich durch eine böse Zunge, die niemanden schonte. So wurde kein Besuch in der Nachbarschaft abgelegt, nirgends sie und ihre Gesellschaft in Schlössern und Wohnungen freundlich aufgenommen, ohne daß sie bei der Rückkehr auf das ausgelassenste merken ließ, wie sie alle menschlichen Verhältnisse nur von der lächerlichen Seite zu nehmen geneigt sei. Da waren drei Brüder, welche unter lauter Komplimenten, wer zuerst heiraten sollte, das Alter übereilt hatte; hier eine kleine, junge Frau mit einem großen, alten Manne; dort umgekehrt ein kleiner, munterer Mann und eine unbehülfliche Riesin. In dem einen Hause stolperte man bei jedem Schritt über ein Kind; das andre wollte ihr bei der größten Gesellschaft nicht voll erscheinen, weil keine Kinder gegenwärtig waren. Alte Gatten sollten sich nur schnell begraben lassen, damit doch wieder einmal jemand im Hause zum Lachen käme, da ihnen keine Noterben gegeben waren. Junge Eheleute sollten reisen, weil das Haushalten sie gar nicht kleide. Und wie mit den Personen, so machte sie es auch mit den Sachen, mit den Gebäuden wie mit dem Haus- und Tischgeräte. Besonders alle Wandverzierungen reizten sie zu lustigen Bemerkungen.

Von dem ältesten Hautelisseteppich bis zu der neusten Papiertapete, vom ehrwürdigsten Familienbilde bis zum frivolsten neuen Kupferstich, eins wie das andre mußte leiden, eins wie das andre wurde durch ihre spöttischen Bemerkungen gleichsam aufgezehrt, so daß man sich hätte verwundern sollen, wie fünf Meilen umher irgend etwas nur noch existierte.

Eigentliche Bosheit war vielleicht nicht in diesem verneinenden Bestreben; ein selbstischer Mutwille mochte sie gewöhnlich anreizen; aber eine wahrhafte Bitterkeit hatte sich in ihrem Verhältnis zu Ottilien erzeugt. Auf die ruhige, ununterbrochene Tätigkeit des lieben Kindes, die von jedermann bemerkt und gepriesen wurde, sah sie mit Verachtung herab; und als zur Sprache kam, wie sehr sich Ottilie der Gärten und der Treibhäuser annehme, spottete sie nicht allein darüber, indem sie uneingedenk des tiefen Winters, in dem man lebte, sich zu verwundern schien, daß man weder Blumen noch Früchte gewahr werde, sondern sie ließ auch von nun an so viel Grünes, so viel Zweige und was nur irgend keimte, herbeiholen und zur täglichen Zierde der Zimmer und des Tisches verschwenden, daß Ottilie und der Gärtner nicht wenig gekränkt waren, ihre Hoffnungen für das nächste Jahr und vielleicht auf längere Zeit zerstört zu sehen.

Ebensowenig gönnte sie Ottilien die Ruhe des häuslichen Ganges, worin sie sich mit Bequemlichkeit fortbewegte. Ottilie sollte mit auf die Lust- und Schlittenfahrten, sie sollte mit auf die Bälle, die in der Nachbarschaft veranstaltet wurden; sie sollte weder Schnee noch Kälte noch gewaltsame Nachtstürme scheuen, da ja soviel andre nicht davon stürben. Das zarte Kind litt nicht wenig darunter, aber Luciane gewann nichts dabei; denn obgleich Ottilie sehr einfach gekleidet ging, so war sie doch, oder so schien sie wenigstens immer den Männern die Schönste. Ein sanftes Anziehen versammelte alle Männer um sie her, sie mochte sich in den großen Räumen am ersten oder am letzten Platze befinden; ja der Bräutigam Lucianens selbst unterhielt sich oft mit ihr, und zwar um so mehr, als er in einer Angelegenheit, die ihn beschäftigte, ihren Rat, ihre Mitwirkung verlangte.

Er hatte den Architekten näher kennen lernen, bei Gelegenheit seiner Kunstsammlung viel über das Geschichtliche mit ihm gesprochen, in andern Fällen auch, besonders bei Betrachtung der Kapelle, sein Talent schätzen gelernt. Der Baron war jung, reich; er sammelte, er wollte bauen; seine Liebhaberei war lebhaft, seine Kenntnisse schwach; er glaubte in dem Architekten seinen Mann zu finden, mit dem er mehr als Einen Zweck zugleich erreichen könnte. Er hatte seiner Braut von dieser Absicht gesprochen; sie lobte ihn darum und war höchlich mit dem Vorschlag zufrieden, doch vielleicht mehr, um diesen jungen Mann Ottilien zu entziehen – denn sie glaubte so etwas von Neigung bei ihm zu bemerken –, als daß sie gedacht hätte, sein Talent zu ihren Absichten zu benutzen. Denn ob er gleich bei ihren extemporierten Festen sich sehr tätig erwiesen und manche Ressourcen bei dieser und jener Anstalt dargeboten, so glaubte sie es doch immer selbst besser zu verstehen; und da ihre Erfindungen gewöhnlich gemein waren, so reichte, um sie auszuführen, die Geschicklichkeit eines gewandten Kammerdieners ebensogut hin als die des vorzüglichsten Künstlers. Weiter als zu einem Altar, worauf geopfert ward, und zu einer Bekränzung, es mochte nun ein gipsernes oder ein lebendes Haupt sein, konnte ihre Einbildungskraft sich nicht versteigen, wenn sie irgend jemand zum Geburts- und Ehrentage ein festliches Kompliment zu machen gedachte.

Ottilie konnte dem Bräutigam, der sich nach dem Verhältnis des Architekten zum Hause erkundigte, die beste Auskunft geben. Sie wußte, daß Charlotte sich schon früher nach einer Stelle für ihn umgetan hatte; denn wäre die Gesellschaft nicht gekommen, so hätte sich der junge Mann gleich nach Vollendung der Kapelle entfernt, weil alle Bauten den Winter über stillstehn sollten und mußten; und es war daher sehr erwünscht, wenn der geschickte Künstler durch einen neuen Gönner wieder genutzt und befördert wurde.

Das persönliche Verhältnis Ottiliens zum Architekten war ganz rein und unbefangen. Seine angenehme und tätige Gegenwart hatte sie wie die Nähe eines ältern Bruders unterhalten und erfreut. Ihre Empfindungen für ihn blieben auf der ruhigen, leidenschaftslosen Oberfläche der Blutsverwandtschaft; denn in ihrem Herzen war kein Raum mehr; es war von der Liebe zu Eduard ganz gedrängt ausgefüllt, und nur die Gottheit, die alles durchdringt, konnte dieses Herz zugleich mit ihm besitzen.

Indessen je tiefer der Winter sich senkte, je wilderes Wetter, je unzugänglicher die Wege, desto anziehender schien es, in so guter Gesellschaft die abnehmenden Tage zuzubringen. Nach kurzen Ebben überflutete die Menge von Zeit zu Zeit das Haus. Offiziere von entfernteren Garnisonen, die gebildeten zu ihrem großen Vorteil, die roheren zur Unbequemlichkeit der Gesellschaft, zogen sich herbei; am Zivilstande fehlte es auch nicht, und ganz unerwartet kamen eines Tages der Graf und die Baronesse zusammen angefahren.

Ihre Gegenwart schien erst einen wahren Hof zu bilden. Die Männer von Stand und Sitten umgaben den Grafen, und die Frauen ließen der Baronesse Gerechtigkeit widerfahren. Man verwunderte sich nicht lange, sie beide zusammen und so heiter zu sehen; denn man vernahm, des Grafen Gemahlin sei gestorben, und eine neue Verbindung werde geschlossen sein, sobald es die Schicklichkeit nur erlaube. Ottilie erinnerte sich jenes ersten Besuchs, jedes Worts, was über Ehestand und Scheidung, über Verbindung und Trennung, über Hoffnung, Erwartung, Entbehren und Entsagen gesprochen ward. Beide Personen, damals noch ganz ohne Aussichten, standen nun vor ihr, dem gehofften Glück so nahe, und ein unwillkürlicher Seufzer drang aus ihrem Herzen.

Luciane hörte kaum, daß der Graf ein Liebhaber von Musik sei, so wußte sie ein Konzert zu veranstalten; sie wollte sich dabei mit Gesang zur Gitarre hören lassen. Es geschah. Das Instrument spielte sie nicht ungeschickt, ihre Stimme war angenehm; was aber die Worte betraf, so verstand man sie so wenig, als wenn sonst eine deutsche Schöne zur Gitarre singt. Indes versicherte jedermann, sie habe mit viel Ausdruck gesungen, und sie konnte mit dem lauten Beifall zufrieden sein. Nur ein wunderliches Unglück begegnete bei dieser Gelegenheit. In der Gesellschaft befand sich ein Dichter, den sie auch besonders zu verbinden hoffte, weil sie einige Lieder von ihm an sie gerichtet wünschte, und deshalb diesen Abend meist nur von seinen Liedern vortrug. Er war überhaupt, wie alle, höflich gegen sie, aber sie hatte mehr erwartet. Sie legte es ihm einigemal nahe, konnte aber weiter nichts von ihm vernehmen, bis sie endlich aus Ungeduld einen ihrer Hofleute an ihn schickte und sondieren ließ, ob er denn nicht entzückt gewesen sei, seine vortrefflichen Gedichte so vortrefflich vortragen zu hören. „Meine Gedichte?“ versetzte dieser mit Erstaunen. „Verzeihen Sie, mein Herr,“ fügte er hinzu; „ich habe nichts als Vokale gehört und die nicht einmal alle. Unterdessen ist es meine Schuldigkeit, mich für eine so liebenswürdige Intention dankbar zu erweisen.“ Der Hofmann schwieg und verschwieg. Der andre suchte sich durch einige wohltönende Komplimente aus der Sache zu ziehen. Sie ließ ihre Absicht nicht undeutlich merken, auch etwas eigens für sie Gedichtetes zu besitzen. Wenn es nicht allzu unfreundlich gewesen wäre, so hätte er ihr das Alphabet überreichen können, um sich daraus ein beliebiges Lobgedicht zu irgendeiner vorkommenden Melodie selbst einzubilden. Doch sollte sie nicht ohne Kränkung aus dieser Begebenheit scheiden. Kurze Zeit darauf erfuhr sie, er habe noch selbigen Abend einer von Ottiliens Lieblingsmelodien ein allerliebstes Gedicht untergelegt, das noch mehr als verbindlich sei.

Luciane, wie alle Menschen ihrer Art, die immer durcheinander mischen, was ihnen vorteilhaft und was ihnen nachteilig ist, wollte nun ihr Glück im Rezitieren versuchen. Ihr Gedächtnis war gut, aber, wenn man aufrichtig reden sollte, ihr Vortrag geistlos und heftig, ohne leidenschaftlich zu sein. Sie rezitierte Balladen, Erzählungen und was sonst in Deklamatorien vorzukommen pflegt. Dabei hatte sie die unglückliche Gewohnheit angenommen, das, was sie vortrug, mit Gesten zu begleiten, wodurch man das, was eigentlich episch und lyrisch ist, auf eine unangenehme Weise mit dem Dramatischen mehr verwirrt als verbindet.

Der Graf, ein einsichtsvoller Mann, der gar bald die Gesellschaft, ihre Neigungen, Leidenschaften und Unterhaltungen übersah, brachte Lucianen glücklicher- oder unglücklicherweise auf eine neue Art von Darstellung, die ihrer Persönlichkeit sehr gemäß war. „Ich finde", sagte er, „hier so manche wohlgestaltete Personen, denen es gewiß nicht fehlt, malerische Bewegungen und Stellungen nachzuahmen. Sollten sie es noch nicht versucht haben, wirkliche, bekannte Gemälde vorzustellen? Eine solche Nachbildung, wenn sie auch manche mühsame Anordnung erfordert, bringt dagegen auch einen unglaublichen Reiz hervor."

Schnell ward Luciane gewahr, daß sie hier ganz in ihrem Fach sein würde. Ihr schöner Wuchs, ihre volle Gestalt, ihr regelmäßiges und doch bedeutendes Gesicht, ihre lichtbraunen Haarflechten, ihr schlanker Hals, alles war schon wie aufs Gemälde berechnet; und hätte sie nun gar gewußt, daß sie schöner aussah, wenn sie still stand, als wenn sie sich bewegte, indem ihr im letzten Falle manchmal etwas störendes Ungraziöses entschlüpfte, so hätte sie sich mit noch mehrerem Eifer dieser natürlichen Bildnerei ergeben.

Man suchte nun Kupferstiche nach berühmten Gemälden, man wählte zuerst den Belisar nach van Dyck. Ein großer und wohlgebauter Mann von gewissen Jahren sollte den sitzenden blinden General, der Architekt den vor ihm teilnehmend traurig stehenden Krieger nachbilden, dem er wirklich etwas ähnlich sah. Luciane hatte sich, halb bescheiden, das junge Weibchen im Hintergrunde gewählt, das reichliche Almosen aus einem Beutel in die flache Hand zählt, indes eine Alte sie abzumahnen und ihr vorzustellen scheint, daß sie zuviel tue. Eine andre, ihm wirklich Almosen reichende Frauensperson war nicht vergessen.

Mit diesen und andern Bildern beschäftigte man sich sehr ernstlich. Der Graf gab dem Architekten über die Art der Einrichtung einige Winke, der sogleich ein Theater dazu aufstellte und wegen der Beleuchtung die nötige Sorge trug. Man war schon tief in die Anstalten verwickelt, als man erst bemerkte, daß ein solches Unternehmen einen ansehnlichen Aufwand verlangte und daß auf dem Lande mitten im Winter gar manches Erfordernis abging. Deshalb ließ, damit ja nichts stocken möge, Luciane beinah ihre sämtliche Garderobe zerschneiden, um die verschiedenen Kostüme zu liefern, die jene Künstler willkürlich genug angegeben hatten.

Der Abend kam herbei, und die Darstellung wurde vor einer großen Gesellschaft und zu allgemeinem Beifall ausgeführt. Eine bedeutende Musik spannte die Erwartung. Jener Belisar eröffnete die Bühne. Die Gestalten waren so passend, die Farben so glücklich ausgeteilt, die Beleuchtung so kunstreich, daß man fürwahr in einer andern Welt zu sein glaubte, nur daß die Gegenwart des Wirklichen statt des Scheins eine Art von ängstlicher Empfindung hervorbrachte.

Der Vorhang fiel und ward auf Verlangen mehr als einmal wieder aufgezogen. Ein musikalisches Zwischenspiel unterhielt die Gesellschaft, die man durch ein Bild höherer Art überraschen wollte. Es war die bekannte Vorstellung von Poussin: Ahasverus und Esther. Diesmal hatte sich Luciane besser bedacht. Sie entwickelte in der ohnmächtig hingesunkenen Königin alle ihre Reize und hatte sich klugerweise zu den umgebenden, unterstützenden Mädchen lauter hübsche, wohlgebildete Figuren ausgesucht, worunter sich jedoch keine mit ihr auch nur im mindesten messen konnte. Ottilie blieb von diesem Bilde wie von den übrigen ausgeschlossen. Auf den goldnen Thron hatten sie, um den Zeus gleichen König vorzustellen, den rüstigsten und schönsten Mann der Gesellschaft gewählt, so daß dieses Bild wirklich eine unvergleichliche Vollkommenheit gewann.

Als drittes hatte man die sogenannte „Väterliche Ermahnung" von Terburg gewählt, und wer kennt nicht den herrlichen Kupferstich unseres Wille von diesem Gemälde! Einen Fuß über den andern geschlagen, sitzt ein edler, ritterlicher Vater und scheint seiner vor ihm stehenden Tochter ins Gewissen zu reden. Diese, eine herrliche Gestalt im faltenreichen, weißen Atlaskleide, wird zwar nur von hinten gesehen, aber ihr ganzes Wesen scheint anzudeuten, daß sie sich zusammennimmt. Daß jedoch die Ermahnung nicht heftig und beschämend sei, sieht man aus der Miene und Gebärde des Vaters; und was die Mutter betrifft, so scheint diese eine kleine Verlegenheit zu verbergen, indem sie in ein Glas Wein blickt, das sie eben auszuschlürfen im Begriff ist.

Bei dieser Gelegenheit nun sollte Luciane in ihrem höchsten Glanze erscheinen. Ihre Zöpfe, die Form ihres Kopfes, Hals und Nacken waren über alle Begriffe schön, und die Taille, von der bei den modernen antikisierenden Bekleidungen der Frauenzimmer wenig sichtbar wird, höchst zierlich, schlank und leicht, zeigte sich an ihr in dem älteren Kostüm äußerst vorteilhaft; und der Architekt hatte gesorgt, die reichen Falten des weißen Atlasses mit der künstlichsten Natur zu legen, so daß ganz ohne Frage diese lebendige Nachbildung weit über jenes Originalbildnis hinausreichte und ein allgemeines Entzücken erregte. Man konnte mit dem Wiederverlangen nicht endigen, und der ganz natürliche Wunsch, einem so schönen Wesen, das man genugsam von der Rückseite gesehen, auch ins Angesicht zu schauen, nahm dergestalt überhand, daß ein lustiger, ungeduldiger Vogel die Worte, die man manchmal an das Ende einer Seite zu schreiben pflegt: „Tournez s'il vous plaît", laut ausrief und eine allgemeine Beistimmung erregte. Die Darstellenden aber kannten ihren Vorteil zu gut und hatten den Sinn dieser Kunststücke zu wohl gefaßt, als daß sie dem allgemeinen Ruf hätten nachgeben sollen. Die beschämt scheinende Tochter blieb ruhig stehen, ohne den Zuschauern den Ausdruck ihres Angesichts zu gönnen; der Vater blieb in seiner ermahnenden Stellung sitzen, und die Mutter brachte Nase und Augen nicht aus dem durchsichtigen Glase, worin sich, ob sie gleich zu trinken schien, der Wein nicht verminderte. – Was sollen wir noch viel von kleinen Nachstücken sagen, wozu man niederländische Wirtshaus- und Jahrmarktsszenen gewählt hatte!

Der Graf und die Baronesse reisten ab und versprachen, in den ersten glücklichen Wochen ihrer nahen Verbindung wiederzukehren, und Charlotte hoffte nunmehr, nach zwei mühsam überstandenen Monaten, die übrige Gesellschaft gleichfalls loszuwerden. Sie war des Glücks ihrer Tochter gewiß, wenn bei dieser der erste Braut- und Jugendtaumel sich würde gelegt haben; denn der Bräutigam hielt sich für den glücklichsten Menschen von der Welt. Bei großem Vermögen und gemäßigter Sinnesart schien er auf eine wunderbare Weise von dem Vorzuge geschmeichelt, ein Frauenzimmer zu besitzen, das der ganzen Welt gefallen mußte. Er hatte einen so ganz eigenen Sinn, alles auf sie und erst durch sie auf sich zu beziehen, daß es ihm eine unangenehme Empfindung machte, wenn sich nicht gleich ein Neuankommender mit aller Aufmerksamkeit auf sie richtete und mit ihm, wie es wegen seiner guten Eigenschaften besonders von älteren Personen oft geschah, eine nähere Verbindung suchte, ohne sich sonderlich um sie zu kümmern. Wegen des Architekten kam es bald zur Richtigkeit. Aufs Neujahr sollte ihm dieser folgen und das Karneval mit ihm in der Stadt zubringen, wo Luciane sich von der Wiederholung der so schön eingerichteten Gemälde sowie von hundert andern Dingen die größte Glückseligkeit versprach, um so mehr, als Tante und Bräutigam jeden Aufwand für gering zu achten schienen, der zu ihrem Vergnügen erfordert wurde.

Nun sollte man scheiden, aber das konnte nicht auf eine gewöhnliche Weise geschehen. Man scherzte einmal ziemlich laut, daß Charlottens Wintervorräte nun bald aufgezehrt seien, als der Ehrenmann, der den Belisar vorgestellt hatte und freilich reich genug war, von Lucianens Vorzügen hingerissen, denen er nun schon so lange huldigte, unbedachtsam ausrief: „So lassen Sie es uns auf polnische Art halten! Kommen Sie nun und zehren mich auch auf! und so geht es dann weiter in der Runde herum." Gesagt, getan: Luciane schlug ein. Den andern Tag war gepackt, und der Schwarm warf sich auf ein anderes Besitztum. Dort hatte man auch Raum genug, aber weniger Bequemlichkeit und Einrichtung. Daraus entstand manches Unschickliche, das erst Lucianen recht glücklich machte. Das Leben wurde immer wüster und wilder. Treibjagen im tiefsten Schnee, und was man sonst nur Unbequemes auffinden konnte, wurde veranstaltet. Frauen sowenig als Männer durften sich ausschließen, und so zog man jagend und reitend, schlittenfahrend und lärmend von einem Gute zum andern, bis man sich endlich der Residenz näherte; da denn die Nachrichten und Erzählungen, wie man sich bei Hofe und in der Stadt vergnüge, der Einbildungskraft eine andere Wendung gaben und Lucianen mit ihrer sämtlichen Begleitung, indem die Tante schon vorausgegangen war, unaufhaltsam in einen andern Lebenskreis hineinzogen.

Aus Ottiliens Tagebuche

Man nimmt in der Welt jeden, wofür er sich gibt; aber er muß sich auch für etwas geben. Man erträgt die Unbequemen lieber, als man die Unbedeutenden duldet.

Man kann der Gesellschaft alles aufdringen, nur nicht, was eine Folge hat.

Wir lernen die Menschen nicht kennen, wenn sie zu uns kommen; wir müssen zu ihnen gehen, um zu erfahren, wie es mit ihnen steht.

Ich finde es beinahe natürlich, daß wir an Besuchenden mancherlei auszusetzen haben, daß wir sogleich, wenn sie weg sind, über sie nicht zum liebevollsten urteilen; denn wir haben sozusagen ein Recht, sie nach unserm Maßstabe zu messen. Selbst verständige und billige Menschen enthalten sich in solchen Fällen kaum einer scharfen Zensur.

Wenn man dagegen bei andern gewesen ist und hat sie mit ihren Umgebungen, Gewohnheiten, in ihren notwendigen, unausweichlichen Zuständen gesehen, wie sie um sich wirken oder wie sie sich fügen, so gehört schon Unverstand und böser Wille dazu, um das lächerlich zu finden, was uns in mehr als einem Sinne ehrwürdig scheinen müßte.

Durch das, was wir Betragen und gute Sitten nennen, soll das erreicht werden, was außerdem nur durch Gewalt oder auch nicht einmal durch Gewalt zu erreichen ist.

Der Umgang mit Frauen ist das Element guter Sitten.

Wie kann der Charakter, die Eigentümlichkeit des Menschen, mit der Lebensart bestehen?

Das Eigentümliche müßte durch die Lebensart erst recht hervorgehoben werden. Das Bedeutende will jedermann, nur soll es nicht unbequem sein.

Die größten Vorteile im Leben überhaupt wie in der Gesellschaft hat ein gebildeter Soldat.

Rohe Kriegsleute gehen wenigstens nicht aus ihrem Charakter, und weil doch meist hinter der Stärke eine Gutmütigkeit verborgen liegt, so ist im Notfall auch mit ihnen auszukommen.

Niemand ist lästiger als ein täppischer Mensch vom Zivilstande. Von ihm könnte man die Feinheit fordern, da er sich mit nichts Rohem zu beschäftigen hat.

Wenn wir mit Menschen leben, die ein zartes Gefühl für das Schickliche haben, so wird es uns angst um ihretwillen, wenn etwas Ungeschicktes begegnet. So fühle ich immer für und mit Charlotten, wenn jemand mit dem Stuhle schaukelt, weil sie das in den Tod nicht leiden kann.

Es käme niemand mit der Brille auf der Nase in ein vertrauliches Gemach, wenn er wüßte, daß uns Frauen sogleich die Lust vergeht, ihn anzusehen und uns mit ihm zu unterhalten.

Zutraulichkeit an der Stelle der Ehrfurcht ist immer lächerlich. Es würde niemand den Hut ablegen, nachdem er kaum das Kompliment gemacht hat, wenn er wüßte, wie komisch das aussieht.

Es gibt kein äußeres Zeichen der Höflichkeit, das nicht einen tiefen sittlichen Grund hätte. Die rechte Erziehung wäre, welche dieses Zeichen und den Grund zugleich überlieferte.

Das Betragen ist ein Spiegel, in welchem jeder sein Bild zeigt.

Es gibt eine Höflichkeit des Herzens; sie ist der Liebe verwandt. Aus ihr entspringt die bequemste Höflichkeit des äußern Betragens.

Freiwillige Abhängigkeit ist der schönste Zustand, und wie wäre der möglich ohne Liebe.

Wir sind nie entfernter von unsern Wünschen, als wenn wir uns einbilden, das Gewünschte zu besitzen.

Niemand ist mehr Sklave, als der sich für frei hält, ohne es zu sein.

Es darf sich einer nur für frei erklären, so fühlt er sich den Augenblick als bedingt. Wagt er es, sich für bedingt zu erklären, so fühlt er sich frei.

Gegen große Vorzüge eines andern gibt es kein Rettungsmittel als die Liebe.

Es ist was Schreckliches um einen vorzüglichen Mann, auf den sich die Dummen was zugute tun.

Es gibt, sagt man, für den Kammerdiener keinen Helden. Das kommt aber bloß daher, weil der Held nur vom Helden anerkannt werden kann. Der Kammerdiener wird aber wahrscheinlich seinesgleichen zu schätzen wissen.

Es gibt keinen größern Trost für die Mittelmäßigkeit, als daß das Genie nicht unsterblich sei.

Die größten Menschen hängen immer mit ihrem Jahrhundert durch eine Schwachheit zusammen.

Man hält die Menschen gewöhnlich für gefährlicher, als sie sind.

Toren und gescheite Leute sind gleich unschädlich. Nur die Halbnarren und Halbweisen, das sind die Gefährlichsten.

Man weicht der Welt nicht sicherer aus als durch die Kunst, und man verknüpft sich nicht sicherer mit ihr als durch die Kunst.

Selbst im Augenblick des höchsten Glücks und der höchsten Not bedürfen wir des Künstlers.

Die Kunst beschäftigt sich mit dem Schweren und Guten.

Das Schwierige leicht behandelt zu sehen, gibt uns das Anschauen des Unmöglichen.

Die Schwierigkeiten wachsen, je näher man dem Ziele kommt.

Säen ist nicht so beschwerlich als ernten.

SECHSTES KAPITEL

Die große Unruhe, welche Charlotten durch diesen Besuch erwuchs, ward ihr dadurch vergütet, daß sie ihre Tochter völlig begreifen lernte, worin ihr die Bekanntschaft mit der Welt sehr zu Hülfe kam. Es war nicht zum erstenmal, daß ihr ein so seltsamer Charakter begegnete, ob er ihr gleich noch niemals auf dieser Höhe erschien. Und doch hatte sie aus der Erfahrung, daß solche Personen, durchs

Leben, durch mancherlei Ereignisse, durch elterliche Verhältnisse gebildet, eine sehr angenehme und liebenswürdige Reife erlangen können, indem die Selbstigkeit gemildert wird und die schwärmende Tätigkeit eine entschiedene Richtung erhält. Charlotte ließ als Mutter sich um desto eher eine für andere vielleicht unangenehme Erscheinung gefallen, als es Eltern wohl geziemt, da zu hoffen, wo Fremde nur zu genießen wünschen oder wenigstens nicht belästigt sein wollen.

Auf eine eigne und unerwartete Weise jedoch sollte Charlotte nach ihrer Tochter Abreise getroffen werden, indem diese nicht sowohl durch das Tadelnswerte in ihrem Betragen als durch das, was man daran lobenswürdig hätte finden können, eine üble Nachrede hinter sich gelassen hatte. Luciane schien sichs zum Gesetz gemacht zu haben, nicht allein mit den Fröhlichen fröhlich, sondern auch mit den Traurigen traurig zu sein und, um den Geist des Widerspruchs recht zu üben, manchmal die Fröhlichen verdrießlich und die Traurigen heiter zu machen. In allen Familien, wo sie hinkam, erkundigte sie sich nach den Kranken und Schwachen, die nicht in Gesellschaft erscheinen konnten. Sie besuchte sie auf ihren Zimmern, machte den Arzt und drang einem jeden aus ihrer Reiseapotheke, die sie beständig im Wagen mit sich führte, energische Mittel auf; da denn eine solche Kur, wie sich vermuten läßt, gelang oder mißlang, wie es der Zufall herbeiführte.

In dieser Art von Wohltätigkeit war sie ganz grausam und ließ sich gar nicht einreden, weil sie fest überzeugt war, daß sie vortrefflich handle. Allein es mißriet ihr auch ein Versuch von der sittlichen Seite, und dieser war es, der Charlotten viel zu schaffen machte, weil er Folgen hatte und jedermann darüber sprach. Erst nach Lucianens Abreise hörte sie davon; Ottilie, die gerade jene Partie mitgemacht hatte, mußte ihr umständlich davon Rechenschaft geben.

Eine der Töchter eines angesehenen Hauses hatte das Unglück gehabt, an dem Tode eines ihrer jüngeren Geschwister schuld zu sein, und sich darüber nicht beruhigen noch wiederfinden können. Sie lebte auf ihrem Zimmer beschäftigt und still und ertrug selbst den Anblick der

Ihrigen nur, wenn sie einzeln kamen; denn sie argwohnte sogleich, wenn mehrere beisammen waren, daß man untereinander über sie und ihren Zustand reflektiere. Gegen jedes allein äußerte sie sich vernünftig und unterhielt sich stundenlang mit ihm.

Luciane hatte davon gehört und sich sogleich im stillen vorgenommen, wenn sie in das Haus käme, gleichsam ein Wunder zu tun und das Frauenzimmer der Gesellschaft wiederzugeben. Sie betrug sich dabei vorsichtiger als sonst, wußte sich allein bei der Seelenkranken einzuführen und, soviel man merken konnte, durch Musik ihr Vertrauen zu gewinnen. Nur zuletzt versah sie es; denn eben weil sie Aufsehn erregen wollte, so brachte sie das schöne, blasse Kind, das sie genug vorbereitet wähnte, eines Abends plötzlich in die bunte, glänzende Gesellschaft; und vielleicht wäre auch das noch gelungen, wenn nicht die Sozietät selbst aus Neugierde und Apprehension sich ungeschickt benommen, sich um die Kranke versammelt, sie wieder gemieden, sie durch Flüstern, Köpfezusammenstecken irregemacht und aufgeregt hätte. Die zart Empfindende ertrug das nicht. Sie entwich unter fürchterlichem Schreien, das gleichsam ein Entsetzen vor einem eindringenden Ungeheuren auszudrücken schien. Erschreckt fuhr die Gesellschaft nach allen Seiten auseinander, und Ottilie war unter denen, welche die völlig Ohnmächtige wieder auf ihr Zimmer begleiteten.

Indessen hatte Luciane eine starke Strafrede nach ihrer Weise an die Gesellschaft gehalten, ohne im mindesten daran zu denken, daß sie allein alle Schuld habe, und ohne sich durch dieses und andres Mißlingen von ihrem Tun und Treiben abhalten zu lassen.

Der Zustand der Kranken war seit jener Zeit bedenklicher geworden, ja das Übel hatte sich so gesteigert, daß die Eltern das arme Kind nicht im Hause behalten konnten, sondern einer öffentlichen Anstalt überantworten mußten. Charlotten blieb nichts übrig, als durch ein besonder zartes Benehmen gegen jene Familie den von ihrer Tochter verursachten Schmerz einigermaßen zu lindern. Auf Ottilien hatte die Sache einen tiefen Eindruck gemacht; sie bedauerte das arme Mädchen um so mehr, als sie überzeugt war, wie sie auch gegen Charlotten nicht leugnete, daß bei einer konsequenten Behandlung die Kranke gewiß herzustellen gewesen wäre.

So kam auch, weil man sich gewöhnlich vom vergangenen Unangenehmen mehr als vom Angenehmen unterhält, ein kleines Mißverständnis zur Sprache, das Ottilien an dem Architekten irregemacht hatte, als er jenen Abend seine Sammlung nicht vorzeigen wollte, ob sie ihn gleich so freundlich darum ersuchte. Es war ihr dieses abschlägige Betragen immer in der Seele geblieben, und sie wußte selbst nicht warum. Ihre Empfindungen waren sehr richtig; denn was ein Mädchen wie Ottilie verlangen kann, sollte ein Jüngling wie der Architekt nicht versagen. Dieser brachte jedoch auf ihre gelegentlichen leisen Vorwürfe ziemlich gültige Entschuldigungen zur Sprache.

„Wenn Sie wüßten," sagte er, „wie roh selbst gebildete Menschen sich gegen die schätzbarsten Kunstwerke verhalten, Sie würden mir verzeihen, wenn ich die meinigen nicht unter die Menge bringen mag. Niemand weiß eine Medaille am Rand anzufassen; sie betasten das schönste Gepräge, den reinsten Grund, lassen die köstlichsten Stücke zwischen dem Daumen und Zeigefinger hin und her gehen, als wenn man Kunstformen auf diese Weise prüfte. Ohne daran zu denken, daß man ein großes Blatt mit zwei Händen anfassen müsse, greifen sie mit einer Hand nach einem unschätzbaren Kupferstich, einer unersetzlichen Zeichnung, wie ein anmaßlicher Politiker eine Zeitung faßt und durch das Zerknittern des Papiers schon im voraus sein Urteil über die Weltbegebenheiten zu erkennen gibt. Niemand denkt daran, daß, wenn nur zwanzig Menschen mit einem Kunstwerke hintereinander ebenso verführen, der einundzwanzigste nicht mehr viel daran zu sehen hätte."

„Habe ich Sie nicht auch manchmal", fragte Ottilie, „in solche Verlegenheit gesetzt? Habe ich nicht etwan Ihre Schätze, ohne es zu ahnen, gelegentlich einmal beschädigt?"

„Niemals," versetzte der Architekt, „niemals! Ihnen wäre es unmöglich; das Schickliche ist mit Ihnen geboren."

„Auf alle Fälle", versetzte Ottilie, „wäre es nicht übel, wenn man künftig in das Büchlein von guten Sitten nach den Kapiteln, wie man sich in Gesellschaft beim Essen und Trinken benehmen soll, ein recht umständliches einschöbe, wie man sich in Kunstsammlungen und Museen zu betragen habe."

„Gewiß", versetzte der Architekt, „würden alsdann Kustoden und Liebhaber ihre Seltenheiten fröhlicher mitteilen."

Ottilie hatte ihm schon lange verziehen; als er sich aber den Vorwurf sehr zu Herzen zu nehmen schien und immer aufs neue beteuerte, daß er gewiß gerne mitteile, gern für Freunde tätig sei, so empfand sie, daß sie sein zartes Gemüt verletzt habe, und fühlte sich als seine Schuldnerin. Nicht wohl konnte sie ihm daher eine Bitte rund abschlagen, die er in Gefolg dieses Gesprächs an sie tat, ob sie gleich, indem sie schnell ihr Gefühl zu Rate zog, nicht einsah, wie sie ihm seine Wünsche gewähren könne.

Die Sache verhielt sich also. Daß Ottilie durch Lucianens Eifersucht von den Gemäldedarstellungen ausgeschlossen worden, war ihm höchst empfindlich gewesen; daß Charlotte diesem glänzenden Teil der geselligen Unterhaltung nur unterbrochen beiwohnen können, weil sie sich nicht wohl befand, hatte er gleichfalls mit Bedauern bemerkt. Nun wollte er sich nicht entfernen, ohne seine Dankbarkeit auch dadurch zu beweisen, daß er zur Ehre der einen und zur Unterhaltung der andern eine weit schönere Darstellung veranstaltete, als die bisherigen gewesen waren. Vielleicht kam hierzu, ihm selbst unbewußt, ein andrer geheimer Antrieb: es ward ihm so schwer, dieses Haus, diese Familie zu verlassen, ja es schien ihm unmöglich, von Ottiliens Augen zu scheiden, von deren ruhig freundlich gewogenen Blicken er die letzte Zeit fast ganz allein gelebt hatte.

Die Weihnachtsfeiertage nahten sich, und es wurde ihm auf einmal klar, daß eigentlich jene Gemäldedarstellungen durch runde Figuren von dem sogenannten Präsepe ausgegangen, von der frommen Vorstellung, die man in dieser heiligen Zeit der göttlichen Mutter und dem Kinde widmete, wie sie in ihrer scheinbaren Niedrigkeit erst von Hirten, bald darauf von Königen verehrt werden.

Er hatte sich die Möglichkeit eines solchen Bildes vollkommen vergegenwärtigt. Ein schöner, frischer Knabe war gefunden; an Hirten und Hirtinnen konnte es auch nicht fehlen; aber ohne Ottilien war die Sache nicht auszuführen. Der junge Mann hatte sie in seinem Sinne zur Mutter Gottes erhoben, und wenn sie es abschlug, so war bei ihm keine Frage, daß das Unternehmen fallen müsse. Ottilie, halb verlegen über seinen Antrag, wies ihn mit seiner Bitte an Charlotten. Diese erteilte ihm gern die Erlaubnis, und auch durch sie ward die Scheu Ottiliens, sich jener heiligen Gestalt anzumaßen, auf eine freundliche Weise überwunden. Der Architekt arbeitete Tag und Nacht, damit am Weihnachtsabend nichts fehlen möge.

Und zwar Tag und Nacht im eigentlichen Sinne. Er hatte ohnehin wenig Bedürfnisse, und Ottiliens Gegenwart schien ihm statt alles Labsals zu sein; indem er um ihretwillen arbeitete, war es, als wenn er keines Schlafs, indem er sich um sie beschäftigte, keiner Speise bedürfte. Zur feierlichen Abendstunde war deshalb alles fertig und bereit. Es war ihm möglich gewesen, wohltönende Blasinstrumente zu versammeln, welche die Einleitung machten und die gewünschte Stimmung hervorzubringen wußten. Als der Vorhang sich hob, war Charlotte wirklich überrascht. Das Bild, das sich ihr vorstellte, war so oft in der Welt wiederholt, daß man kaum einen neuen Eindruck davon erwarten sollte. Aber hier hatte die Wirklichkeit als Bild ihre besonderen Vorzüge. Der ganze Raum war eher nächtlich als dämmernd und doch nichts undeutlich im Einzelnen der Umgebung. Den unübertrefflichen Gedanken, daß alles Licht vom Kinde ausgeht, hatte der Künstler durch einen klugen Mechanismus der Beleuchtung auszuführen gewußt, der durch die beschatteten, nur von Streiflichtern erleuchteten Figuren im Vordergrunde zugedeckt wurde. Frohe Mädchen und Knaben standen umher, die frischen Gesichter scharf von unten beleuchtet. Auch an Engeln fehlte es nicht, deren eigener Schein von dem göttlichen verdunkelt, deren ätherischer Leib vor dem göttlich-menschlichen verdichtet und lichtsbedürftig schien.

Glücklicherweise war das Kind in der anmutigsten Stellung eingeschlafen, so daß nichts die Betrachtung störte, wenn der Blick auf der scheinbaren Mutter verweilte, die mit unendlicher Anmut einen Schleier aufgehoben hatte, um den verborgenen Schatz zu offenbaren. In diesem Augenblick schien das Bild festgehalten und erstarrt zu sein. Physisch geblendet, geistig überrascht, schien das umgebende Volk sich eben bewegt zu haben, um die getroffnen Augen wegzuwenden, neugierig erfreut wieder hinzublinzen und mehr Verwunderung und Lust als Bewunderung und Verehrung anzuzeigen, obgleich diese auch nicht vergessen und einigen ältern Figuren der Ausdruck derselben übertragen war.

Ottiliens Gestalt, Gebärde, Miene, Blick übertraf aber alles, was je ein Maler dargestellt hat. Der gefühlvolle Kenner, der diese Erscheinung gesehen hätte, wäre in Furcht geraten, es möge sich nur irgend etwas bewegen; er wäre in Sorge gestanden, ob ihm jemals etwas wieder so gefallen könne. Unglücklicherweise war niemand da, der diese ganze Wirkung aufzufassen vermocht hätte. Der Architekt allein, der als langer, schlanker Hirt von der Seite über die Knieenden hereinsah, hatte, obgleich nicht in dem genauesten Standpunkt, noch den größten Genuß. Und wer beschreibt auch die Miene der neugeschaffenen Himmelskönigin? Die reinste Demut, das liebenswürdigste Gefühl von Bescheidenheit bei einer großen, unverdient erhaltenen Ehre, einem unbegreiflich unermeßlichen Glück bildete sich in ihren Zügen, sowohl indem sich ihre eigene Empfindung, als indem sich die Vorstellung ausdrückte, die sie sich von dem machen konnte, was sie spielte.

Charlotten erfreute das schöne Gebilde, doch wirkte hauptsächlich das Kind auf sie. Ihre Augen strömten von Tränen, und sie stellte sich auf das lebhafteste vor, daß sie ein ähnliches liebes Geschöpf bald auf ihrem Schoße zu hoffen habe.

Man hatte den Vorhang niedergelassen, teils um den Vorstellenden einige Erleichterung zu geben, teils eine Veränderung in dem Dargestellten anzubringen. Der Künstler hatte sich vorgenommen, das erste Nacht- und Niedrigkeitsbild in ein Tag- und Glorienbild zu verwandeln, und deswegen von allen Seiten eine unmäßige Erleuchtung vorbereitet, die in der Zwischenzeit angezündet wurde.

Ottilien war in ihrer halb theatralischen Lage bisher die größte Beruhigung gewesen, daß außer Charlotten und wenigen Hausgenossen niemand dieser frommen Kunstmummerei zugesehen. Sie wurde daher einigermaßen betroffen, als sie in der Zwischenzeit vernahm, es sei ein Fremder angekommen, im Saale von Charlotten freundlich begrüßt. Wer es war, konnte man ihr nicht sagen. Sie ergab sich darein, um keine Störung zu verursachen. Lichter und Lampen brannten, und eine ganz unendliche Hellung umgab sie. Der Vorhang ging auf, für die Zuschauenden ein überraschender Anblick: das ganze Bild war alles Licht, und statt des völlig aufgehobenen Schattens blieben nur die Farben übrig, die bei der klugen Auswahl eine liebliche Mäßigung hervorbrachten. Unter ihren langen Augenwimpern hervorblickend, bemerkte Ottilie eine Mannsperson neben Charlotten sitzend. Sie erkannte ihn nicht, aber sie glaubte die Stimme des Gehülfen aus der Pension zu hören. Eine wunderbare Empfindung ergriff sie. Wie vieles war begegnet, seitdem sie die Stimme dieses treuen Lehrers nicht vernommen! Wie im zackigen Blitz fuhr die Reihe ihrer Freuden und Leiden schnell vor ihrer Seele vorbei und regte die Frage auf: ‚Darfst du ihm alles bekennen und gestehen? Und wie wenig wert bist du, unter dieser heiligen Gestalt vor ihm zu erscheinen, und wie seltsam muß es ihm vorkommen, dich, die er nur natürlich gesehen, als Maske zu erblicken?‘ Mit einer Schnelligkeit, die keinesgleichen hat, wirkten Gefühl und Betrachtung in ihr gegeneinander. Ihr Herz war befangen, ihre Augen füllten sich mit Tränen, indem sie sich zwang, immerfort als ein starres Bild zu erscheinen; und wie froh war sie, als der Knabe sich zu regen anfing und der Künstler sich genötiget sah, das Zeichen zu geben, daß der Vorhang wieder fallen sollte!

Hatte das peinliche Gefühl, einem werten Freunde nicht entgegeneilen zu können, sich schon die letzten Augenblicke zu den übrigen Empfindungen Ottiliens gesellt, so war sie jetzt in noch größerer Verlegenheit. Sollte sie in diesem fremden Anzug und Schmuck ihm entgegengehn? Sollte sie sich umkleiden? Sie wählte nicht, sie tat das letzte und suchte sich in der Zwischenzeit zusammenzunehmen, sich zu beruhigen, und war nur erst wieder mit sich selbst in Einstimmung, als sie endlich im gewohnten Kleide den Angekommenen begrüßte.

SIEBENTES KAPITEL

Insofern der Architekt seinen Gönnerinnen das Beste wünschte, war es ihm angenehm, da er doch endlich scheiden mußte, sie in der guten Gesellschaft des schätzbaren Gehülfen zu wissen; indem er jedoch ihre Gunst auf sich selbst bezog, empfand er es einigermaßen schmerzhaft, sich so bald und, wie es seiner Bescheidenheit dünken mochte, so gut, ja vollkommen ersetzt zu sehen. Er hatte noch immer gezaudert, nun aber drängte es ihn hinweg; denn was er sich nach seiner Entfernung mußte gefallen lassen, das wollte er wenigstens gegenwärtig nicht erleben.

Zu großer Erheiterung dieser halb traurigen Gefühle machten ihm die Damen beim Abschiede noch ein Geschenk mit einer Weste, an der er sie beide lange Zeit hatte stricken sehen, mit einem stillen Neid über den unbekannten Glücklichen, dem sie dereinst werden könnte. Eine solche Gabe ist die angenehmste, die ein liebender, verehrender Mann erhalten mag; denn wenn er dabei des unermüdeten Spiels der schönen Finger gedenkt, so kann er nicht umhin, sich zu schmeicheln, das Herz werde bei einer so anhaltenden Arbeit doch auch nicht ganz ohne Teilnahme geblieben sein.

Die Frauen hatten nun einen neuen Mann zu bewirten, dem sie wohlwollten und dem es bei ihnen wohl werden sollte. Das weibliche Geschlecht hegt ein eignes, inneres, unwandelbares Interesse, von dem sie nichts in der Welt abtrünnig macht; im äußern, geselligen Verhältnis hingegen lassen sie sich gern und leicht durch den Mann bestimmen, der sie eben beschäftigt; und so durch Abweisen wie durch Empfänglichkeit, durch Beharren und Nachgiebigkeit führen sie eigentlich das Regiment, dem sich in der gesitteten Welt kein Mann zu entziehen wagt.

Hatte der Architekt, gleichsam nach eigener Lust und Belieben, seine Talente vor den Freundinnen zum Vergnügen und zu den Zwecken derselben geübt und bewiesen, war Beschäftigung und Unterhaltung in diesem Sinne und nach solchen Absichten eingerichtet, so machte sich in kurzer Zeit durch die Gegenwart des Gehülfen eine andere Lebensweise. Seine große Gabe war, gut zu sprechen und menschliche Verhältnisse, besonders in bezug auf Bildung der Jugend, in der Unterredung zu behandeln. Und so entstand gegen die bisherige Art zu leben ein ziemlich fühlbarer Gegensatz, um so mehr, als der Gehülfe nicht ganz dasjenige billigte, womit man sich die Zeit über ausschließlich beschäftigt hatte.

Von dem lebendigen Gemälde, das ihn bei seiner Ankunft empfing, sprach er gar nicht. Als man ihm hingegen Kirche, Kapelle und was sich darauf bezog, mit Zufriedenheit sehen ließ, konnte er seine Meinung, seine Gesinnungen darüber nicht zurückhalten. „Was mich betrifft," sagte er, „so will mir diese Annäherung, diese Vermischung des Heiligen zu und mit dem Sinnlichen keineswegs gefallen, nicht gefallen, daß man sich gewisse besondere Räume widmet, weihet und aufschmückt, um erst dabei ein Gefühl der Frömmigkeit zu hegen und zu unterhalten. Keine Umgebung, selbst die gemeinste nicht, soll in uns das Gefühl des Göttlichen stören, das uns überallhin begleiten und jede Stätte zu einem Tempel einweihen kann. Ich mag gern einen Hausgottesdienst in dem Saale gehalten sehen, wo man zu speisen, sich gesellig zu versammeln, mit Spiel und Tanz zu ergötzen pflegt. Das Höchste, das Vorzüglichste am Menschen ist gestaltlos, und man soll sich hüten, es anders als in edler Tat zu gestalten."

Charlotte, die seine Gesinnungen schon im ganzen kannte und sie noch mehr in kurzer Zeit erforschte, brachte ihn gleich in seinem Fache zur Tätigkeit, indem sie ihre Gartenknaben, welche der Architekt vor seiner Abreise eben gemustert hatte, in dem großen Saal aufmarschieren ließ, da sie sich denn in ihren heitern, reinlichen Uniformen, mit gesetzlichen Bewegungen und einem natürlichen, lebhaften Wesen sehr gut ausnahmen. Der Gehülfe prüfte sie nach seiner Weise und hatte durch mancherlei Fragen und Wendungen gar bald die Gemütsarten und Fähigkeiten der Kinder zutage gebracht und, ohne daß es so schien, in Zeit von weniger als einer Stunde sie wirklich bedeutend unterrichtet und gefördert.

„Wie machen Sie das nur?“ sagte Charlotte, indem die Knaben wegzogen. „Ich habe sehr aufmerksam zugehört; es sind nichts als ganz bekannte Dinge vorgekommen, und doch wüßte ich nicht, wie ich es anfangen sollte, sie in so kurzer Zeit, bei so vielem Hin- und Widerreden, in solcher Folge zur Sprache zu bringen.“

„Vielleicht sollte man“, versetzte der Gehülfe, „aus den Vorteilen seines Handwerks ein Geheimnis machen. Doch kann ich Ihnen die ganz einfache Maxime nicht verbergen, nach der man dieses und noch viel mehr zu leisten vermag. Fassen Sie einen Gegenstand, eine Materie, einen Begriff, wie man es nennen will; halten Sie ihn recht fest; machen Sie sich ihn in allen seinen Teilen recht deutlich, und dann wird es Ihnen leicht sein, gesprächsweise an einer Masse Kinder zu erfahren, was sich davon schon in ihnen entwickelt hat, was noch anzuregen, zu überliefern ist. Die Antworten auf Ihre Fragen mögen noch so ungehörig sein, mögen noch so sehr ins Weite gehen, wenn nur sodann Ihre Gegenfrage Geist und Sinn wieder hereinwärts zieht, wenn Sie sich nicht von Ihrem Standpunkte verrücken lassen, so müssen die Kinder zuletzt denken, begreifen, sich überzeugen, nur von dem, was und wie es der Lehrende will. Sein größter Fehler ist der, wenn er sich von den Lernenden mit in die Weite reißen läßt, wenn er sie nicht auf dem Punkte festzuhalten weiß, den er eben jetzt behandelt. Machen Sie nächstens einen Versuch, und es wird zu Ihrer großen Unterhaltung dienen.“

„Das ist artig,“ sagte Charlotte; „die gute Pädagogik ist also gerade das Umgekehrte von der guten Lebensart. In der Gesellschaft soll man auf nichts verweilen, und bei dem Unterricht wäre das höchste Gebot, gegen alle Zerstreuung zu arbeiten.“

„Abwechselung ohne Zerstreuung wäre für Lehre und Leben der schönste Wahlspruch, wenn dieses löbliche

Gleichgewicht nur so leicht zu erhalten wäre!" sagte der Gehülfe und wollte weiter fortfahren, als ihn Charlotte aufrief, die Knaben nochmals zu betrachten, deren munterer Zug sich soeben über den Hof bewegte. Er bezeigte seine Zufriedenheit, daß man die Kinder in Uniform zu gehen anhalte. „Männer", so sagte er, „sollten von Jugend auf Uniform tragen, weil sie sich gewöhnen müssen, zusammen zu handeln, sich unter ihresgleichen zu verlieren, in Masse zu gehorchen und ins Ganze zu arbeiten. Auch befördert jede Art von Uniform einen militärischen Sinn sowie ein knapperes, strackeres Betragen, und alle Knaben sind ja ohnehin geborne Soldaten; man sehe nur ihre Kampf- und Streitspiele, ihr Erstürmen und Erklettern."

„So werden Sie mich dagegen nicht tadeln," versetzte Ottilie, „daß ich meine Mädchen nicht überein kleide. Wenn ich sie Ihnen vorführe, hoffe ich Sie durch ein buntes Gemisch zu ergötzen."

„Ich billige das sehr," versetzte jener. „Frauen sollten durchaus mannigfaltig gekleidet gehen, jede nach eigner Art und Weise, damit eine jede fühlen lernte, was ihr eigentlich gut stehe und wohl zieme. Eine wichtigere Ursache ist noch die, weil sie bestimmt sind, ihr ganzes Leben allein zu stehen und allein zu handeln."

„Das scheint mir sehr paradox," versetzte Charlotte; „sind wir doch fast niemals für uns."

„O ja!" versetzte der Gehülfe, „in Absicht auf andere Frauen ganz gewiß. Man betrachte ein Frauenzimmer als Liebende, als Braut, als Frau, Hausfrau und Mutter, immer steht sie isoliert, immer ist sie allein und will allein sein. Ja die Eitle selbst ist in dem Falle. Jede Frau schließt die andre aus, ihrer Natur nach; denn von jeder wird alles gefordert, was dem ganzen Geschlechte zu leisten obliegt. Nicht so verhält es sich mit den Männern. Der Mann verlangt den Mann; er würde sich einen zweiten erschaffen, wenn es keinen gäbe; eine Frau könnte eine Ewigkeit leben, ohne daran zu denken, sich ihresgleichen hervorzubringen."

„Man darf", sagte Charlotte, „das Wahre nur wunderlich sagen, so scheint zuletzt das Wunderliche auch wahr. Wir wollen uns aus ihren Bemerkungen das Beste herausnehmen und doch als Frauen mit Frauen zusammenhalten und auch gemeinsam wirken, um den Männern nicht allzu große Vorzüge über uns einzuräumen. Ja, Sie werden uns eine kleine Schadenfreude nicht übelnehmen, die wir künftig um desto lebhafter empfinden müssen, wenn sich die Herren untereinander auch nicht sonderlich vertragen.“

Mit vieler Sorgfalt untersuchte der verständige Mann nunmehr die Art, wie Ottilie ihre kleinen Zöglinge behandelte, und bezeigte darüber seinen entschiedenen Beifall. „Sehr richtig heben Sie“, sagte er, „Ihre Untergebenen nur zur nächsten Brauchbarkeit heran. Reinlichkeit veranlaßt die Kinder, mit Freuden etwas auf sich selbst zu halten, und alles ist gewonnen, wenn sie das, was sie tun, mit Munterkeit und Selbstgefühl zu leisten angeregt sind.“

Übrigens fand er zu seiner großen Befriedigung nichts auf den Schein und nach außen getan, sondern alles nach innen und für die unerläßlichen Bedürfnisse. „Mit wie wenig Worten“, rief er aus, „ließe sich das ganze Erziehungsgeschäft aussprechen, wenn jemand Ohren hätte zu hören!“

„Mögen Sie es nicht mit mir versuchen?“ sagte freundlich Ottilie.

„Recht gern,“ versetzte jener; „nur müssen Sie mich nicht verraten. Man erziehe die Knaben zu Dienern und die Mädchen zu Müttern, so wird es überall wohlstehn.“

„Zu Müttern,“ versetzte Ottilie, „das könnten die Frauen noch hingehen lassen, da sie sich, ohne Mütter zu sein, doch immer einrichten müssen, Wärterinnen zu werden; aber freilich zu Dienern würden sich unsre jungen Männer viel zu gut halten, da man jedem leicht ansehen kann, daß er sich zum Gebieten fähiger dünkt.“

„Deswegen wollen wir es ihnen verschweigen,“ sagte der Gehülfe. „Man schmeichelt sich ins Leben hinein, aber das Leben schmeichelt uns nicht. Wieviel Menschen mögen denn das freiwillig zugestehen, was sie am Ende doch müssen? Lassen wir aber diese Betrachtungen, die uns hier nicht berühren!

Ich preise Sie glücklich, daß Sie bei Ihren Zöglingen ein richtiges Verfahren anwenden können. Wenn Ihre kleinsten Mädchen sich mit Puppen herumtragen und einige Läppchen für sie zusammenflicken, wenn ältere Geschwister alsdann für die jüngern sorgen und das Haus sich in sich selbst bedient und aufhilft, dann ist der weitere Schritt ins Leben nicht groß, und ein solches Mädchen findet bei ihrem Gatten, was sie bei ihren Eltern verließ.

Aber in den gebildeten Ständen ist die Aufgabe sehr verwickelt. Wir haben auf höhere, zartere, feinere, besonders auf gesellschaftliche Verhältnisse Rücksicht zu nehmen. Wir andern sollen daher unsre Zöglinge nach außen bilden; es ist notwendig, es ist unerläßlich und möchte recht gut sein, wenn man dabei nicht das Maß überschritte; denn indem man die Kinder für einen weiteren Kreis zu bilden gedenkt, treibt man sie leicht ins Grenzenlose, ohne im Auge zu behalten, was denn eigentlich die innere Natur fordert. Hier liegt die Aufgabe, welche mehr oder weniger von den Erziehern gelöst oder verfehlt wird.

Bei manchem, womit wir unsere Schülerinnen in der Pension ausstatten, wird mir bange, weil die Erfahrung mir sagt, von wie geringem Gebrauch es künftig sein werde. Was wird nicht gleich abgestreift, was nicht gleich der Vergessenheit überantwortet, sobald ein Frauenzimmer sich im Stande der Hausfrau, der Mutter befindet!

Indessen kann ich mir den frommen Wunsch nicht versagen, da ich mich einmal diesem Geschäft gewidmet habe, daß es mir dereinst in Gesellschaft einer treuen Gehülfin gelingen möge, an meinen Zöglingen dasjenige rein auszubilden, was sie bedürfen, wenn sie in das Feld eigener Tätigkeit und Selbständigkeit hinüberschreiten; daß ich mir sagen könnte: in diesem Sinne ist an ihnen die Erziehung vollendet. Freilich schließt sich eine andere immer wieder an, die beinahe mit jedem Jahre unsers Lebens, wo nicht von uns selbst, doch von den Umständen veranlaßt wird.“

Wie wahr fand Ottilie diese Bemerkung! Was hatte nicht eine ungeahnte Leidenschaft im vergangenen Jahr an ihr erzogen! Was sah sie nicht alles für Prüfungen vor sich schweben, wenn sie nur aufs Nächste, aufs Nächstkünftige hinblickte!

Der junge Mann hatte nicht ohne Vorbedacht einer Gehülfin, einer Gattin erwähnt; denn bei aller seiner Bescheidenheit konnte er nicht unterlassen, seine Absichten auf eine entfernte Weise anzudeuten; ja er war durch mancherlei Umstände und Vorfälle aufgeregt worden, bei diesem Besuch einige Schritte seinem Ziele näher zu tun.

Die Vorsteherin der Pension war bereits in Jahren; sie hatte sich unter ihren Mitarbeitern und Mitarbeiterinnen schon lange nach einer Person umgesehen, die eigentlich mit ihr in Gesellschaft träte, und zuletzt dem Gehülfen, dem sie zu vertrauen höchlich Ursache hatte, den Antrag getan, er solle mit ihr die Lehranstalt fortführen, darin als in dem Seinigen mitwirken und nach ihrem Tode als Erbe und einziger Besitzer eintreten. Die Hauptsache schien hiebei, daß er eine einstimmende Gattin finden müsse. Er hatte im stillen Ottilien vor Augen und im Herzen; allein es regten sich mancherlei Zweifel, die wieder durch günstige Ereignisse einiges Gegengewicht erhielten. Luciane hatte die Pension verlassen, Ottilie konnte freier zurückkehren; von dem Verhältnisse zu Eduard hatte zwar etwas verlautet, allein man nahm die Sache, wie ähnliche Vorfälle mehr, gleichgültig auf, und selbst dieses Ereignis konnte zu Ottiliens Rückkehr beitragen. Doch wäre man zu keinem Entschluß gekommen, kein Schritt wäre geschehen, hätte nicht ein unvermuteter Besuch auch hier eine besondere Anregung gegeben, wie denn die Erscheinung von bedeutenden Menschen in irgendeinem Kreise niemals ohne Folge bleiben kann.

Der Graf und die Baronesse, welche so oft in den Fall kamen, über den Wert verschiedener Pensionen befragt zu werden, weil fast jedermann um die Erziehung seiner Kinder verlegen ist, hatten sich vorgenommen, diese besonders kennenzulernen, von der soviel Gutes gesagt wurde, und konnten nunmehr in ihren neuen Verhältnissen zusammen eine solche Untersuchung anstellen. Allein die Baronesse beabsichtigte noch etwas anderes. Während ihres letzten Aufenthalts bei Charlotten hatte sie mit dieser alles umständlich durchgesprochen, was sich auf Eduarden und Ottilien bezog. Sie bestand aber- und abermals darauf: Ottilie müsse entfernt werden. Sie suchte Charlotten hiezu Mut einzusprechen, welche sich vor Eduards Drohungen noch immer fürchtete. Man sprach über die verschiedenen Auswege, und bei Gelegenheit der Pension war auch von der Neigung des Gehülfen die Rede, und die Baronesse entschloß sich um so mehr zu dem gedachten Besuch.

Sie kommt an, lernt den Gehülfen kennen, man beobachtet die Anstalt und spricht von Ottilien. Der Graf selbst unterhält sich gern über sie, indem er sie bei dem neulichen Besuch genauer kennengelernt. Sie hatte sich ihm genähert, ja sie ward von ihm angezogen, weil sie durch sein gehaltvolles Gespräch dasjenige zu sehen und zu kennen glaubte, was ihr bisher ganz unbekannt geblieben war. Und wie sie in dem Umgange mit Eduard die Welt vergaß, so schien ihr in der Gegenwart des Grafen die Welt erst recht wünschenswert zu sein. Jede Anziehung ist wechselseitig. Der Graf empfand eine Neigung für Ottilien, daß er sie gern als seine Tochter betrachtete. Auch hier war sie der Baronesse zum zweitenmal und mehr als das erstemal im Wege. Wer weiß, was diese in Zeiten lebhafterer Leidenschaft gegen sie angestiftet hätte! Jetzt war es ihr genug, sie durch eine Verheiratung den Ehefrauen unschädlicher zu machen.

Sie regte daher den Gehülfen auf eine leise, doch wirksame Art klüglich an, daß er sich zu einer kleinen Exkursion auf das Schloß einrichten und seinen Planen und Wünschen, von denen er der Dame kein Geheimnis gemacht, sich ungesäumt nähern solle.

Mit vollkommener Beistimmung der Vorsteherin trat er daher seine Reise an und hegte in seinem Gemüte die besten Hoffnungen. Er weiß, Ottilie ist ihm nicht ungünstig; und wenn zwischen ihnen einiges Mißverhältnis des Standes war, so glich sich dieses gar leicht durch die Denkart der Zeit aus. Auch hatte die Baronesse ihn wohl fühlen lassen, daß Ottilie immer ein armes Mädchen bleibe. Mit einem reichen Hause verwandt zu sein, hieß es, kann niemanden helfen; denn man würde sich selbst bei dem größten Vermögen ein Gewissen daraus machen, denjenigen eine ansehnliche Summe zu entziehen, die dem näheren Grade nach ein vollkommeneres Recht auf ein Besitztum zu haben scheinen. Und gewiß bleibt es wunderbar, daß der Mensch das große Vorrecht, nach seinem Tode noch über seine Habe zu disponieren, sehr selten zugunsten seiner Lieblinge gebraucht und, wie es scheint, aus Achtung für das Herkommen nur diejenigen begünstigt, die nach ihm sein Vermögen besitzen würden, wenn er auch selbst keinen Willen hätte.

Sein Gefühl setzte ihn auf der Reise Ottilien völlig gleich. Eine gute Aufnahme erhöhte seine Hoffnungen. Zwar fand er gegen sich Ottilien nicht ganz so offen wie sonst; aber sie war auch erwachsener, gebildeter und, wenn man will, im allgemeinen mitteilender, als er sie gekannt hatte. Vertraulich ließ man ihn in manches Einsicht nehmen, was sich besonders auf sein Fach bezog. Doch wenn er seinem Zwecke sich nähern wollte, so hielt ihn immer eine gewisse innere Scheu zurück.

Einst gab ihm jedoch Charlotte hierzu Gelegenheit, indem sie in Beisein Ottiliens zu ihm sagte: „Nun, Sie haben alles, was in meinem Kreise heranwächst, so ziemlich geprüft; wie finden Sie denn Ottilien? Sie dürfen es wohl in ihrer Gegenwart aussprechen.“

Der Gehülfe bezeichnete hierauf mit sehr viel Einsicht und ruhigem Ausdruck, wie er Ottilien in Absicht eines freieren Betragens, einer bequemeren Mitteilung, eines höheren Blicks in die weltlichen Dinge, der sich mehr in ihren Handlungen als in ihren Worten betätige, sehr zu ihrem Vorteil verändert finde, daß er aber doch glaube, es könne ihr sehr zum Nutzen gereichen, wenn sie auf einige Zeit in die Pension zurückkehre, um das in einer gewissen Folge gründlich und für immer sich zuzueignen, was die Welt nur stückweise und eher zur Verwirrung als zur Befriedigung, ja manchmal nur allzuspät überliefere. Er wolle darüber nicht weitläufig sein; Ottilie wisse selbst am besten, aus was für zusammenhängenden Lehrvorträgen sie damals herausgerissen worden.

Ottilie konnte das nicht leugnen; aber sie konnte nicht gestehen, was sie bei diesen Worten empfand, weil sie sich es kaum selbst auszulegen wußte. Es schien ihr in der Welt nichts mehr unzusammenhängend, wenn sie an den geliebten Mann dachte, und sie begriff nicht, wie ohne ihn noch irgend etwas zusammenhängen könne.

Charlotte beantwortete den Antrag mit kluger Freundlichkeit. Sie sagte, daß sowohl sie als Ottilie eine Rückkehr nach der Pension längst gewünscht hätten. In dieser Zeit nur sei ihr die Gegenwart einer so lieben Freundin und Helferin unentbehrlich gewesen; doch wolle sie in der Folge nicht hinderlich sein, wenn es Ottiliens Wunsch bliebe, wieder auf so lange dorthin zurückzukehren, bis sie das Angefangene geendet und das Unterbrochene sich vollständig zugeeignet.

Der Gehülfe nahm diese Anerbietung freudig auf; Ottilie durfte nichts dagegen sagen, ob es ihr gleich vor dem Gedanken schauderte. Charlotte hingegen dachte Zeit zu gewinnen; sie hoffte, Eduard sollte sich erst als glücklicher Vater wiederfinden und einfinden, dann, war sie überzeugt, würde sich alles geben und auch für Ottilien auf eine oder die andere Weise gesorgt werden.

Nach einem bedeutenden Gespräch, über welches alle Teilnehmenden nachzudenken haben, pflegt ein gewisser Stillstand einzutreten, der einer allgemeinen Verlegenheit ähnlich sieht. Man ging im Saale auf und ab, der Gehülfe blätterte in einigen Büchern und kam endlich an den Folioband, der noch von Lucianens Zeiten her liegengeblieben war. Als er sah, daß darin nur Affen enthalten waren, schlug er ihn gleich wieder zu. Dieser Vorfall mag jedoch zu einem Gespräch Anlaß gegeben haben, wovon wir die Spuren in Ottiliens Tagebuch finden.

Aus Ottiliens Tagebuche

Wie man es nur über das Herz bringen kann, die garstigen Affen so sorgfältig abzubilden! Man erniedrigt sich schon, wenn man sie nur als Tiere betrachtet; man wird aber wirklich bösartiger, wenn man dem Reize folgt, bekannte Menschen unter dieser Maske aufzusuchen.

Es gehört durchaus eine gewisse Verschrobenheit dazu, um sich gern mit Karikaturen und Zerrbildern abzugeben. Unserm guten Gehülfen danke ichs, daß ich nicht mit der Naturgeschichte gequält worden bin; ich konnte mich mit den Würmern und Käfern niemals befreunden.

Diesmal gestand er mir, daß es ihm ebenso gehe. „Von der Natur“, sagte er, „sollten wir nichts kennen, als was uns unmittelbar lebendig umgibt. Mit den Bäumen, die um uns blühen, grünen, Frucht tragen, mit jeder Staude, an der wir vorbeigehen, mit jedem Grashalm, über den wir hinwandeln, haben wir ein wahres Verhältnis; sie sind unsre echten Kompatrioten. Die Vögel, die auf unsern Zweigen hin und wider hüpfen, die in unserm Laube singen, gehören uns an, sie sprechen zu uns von Jugend auf, und wir lernen ihre Sprache verstehen. Man frage sich, ob nicht ein jedes fremde, aus seiner Umgebung gerissene Geschöpf einen gewissen ängstlichen Eindruck auf uns macht, der nur durch Gewohnheit abgestumpft wird. Es gehört schon ein buntes, geräuschvolles Leben dazu, um Affen, Papageien und Mohren um sich zu ertragen.“

Manchmal, wenn mich ein neugieriges Verlangen nach solchen abenteuerlichen Dingen anwandelte, habe ich den Reisenden beneidet, der solche Wunder mit andern Wundern in lebendiger, alltäglicher Verbindung sieht. Aber auch er wird ein anderer Mensch. Es wandelt niemand ungestraft unter Palmen, und die Gesinnungen ändern sich gewiß in einem Lande, wo Elefanten und Tiger zu Hause sind.

Nur der Naturforscher ist verehrungswert, der uns das Fremdeste, Seltsamste mit seiner Lokalität, mit aller Nachbarschaft jedesmal in dem eigensten Elemente zu schildern und darzustellen weiß. Wie gern möchte ich nur einmal Humboldten erzählen hören!

Ein Naturalienkabinett kann uns vorkommen wie eine ägyptische Grabstätte, wo die verschiedenen Tier- und Pflanzengötzen balsamiert umherstehen. Einer Priesterkaste geziemt es wohl, sich damit in geheimnisvollem Halbdunkel abzugeben; aber in den allgemeinen Unterricht sollte dergleichen nicht einfließen, um so weniger, als etwas Näheres und Würdigeres sich dadurch leicht verdrängt sieht.

Ein Lehrer, der das Gefühl an einer einzigen guten Tat, an einem einzigen guten Gedicht erwecken kann, leistet mehr als einer, der uns ganze Reihen untergeordneter Naturbildungen der Gestalt und dem Namen nach überliefert; denn das ganze Resultat davon ist, was wir ohnedies wissen können, daß das Menschengebild am vorzüglichsten und einzigsten das Gleichnis der Gottheit an sich trägt.

Dem einzelnen bleibe die Freiheit, sich mit dem zu beschäftigen, was ihn anzieht, was ihm Freude macht, was ihm nützlich deucht; aber das eigentliche Studium der Menschheit ist der Mensch.

ACHTES KAPITEL

Es gibt wenig Menschen, die sich mit dem Nächstvergangenen zu beschäftigen wissen. Entweder das Gegenwärtige hält uns mit Gewalt an sich, oder wir verlieren uns in die Vergangenheit und suchen das völlig Verlorene, wie es nur möglich sein will, wieder hervorzurufen und herzustellen. Selbst in großen und reichen Familien, die ihren Vorfahren vieles schuldig sind, pflegt es so zu gehen, daß man des Großvaters mehr als des Vaters gedenkt.

Zu solchen Betrachtungen ward unser Gehülfe aufgefordert, als er an einem der schönen Tage, an welchen der scheidende Winter den Frühling zu lügen pflegt, durch den großen, alten Schloßgarten gegangen war und die hohen Lindenalleen, die regelmäßigen Anlagen, die sich von Eduards Vater herschrieben, bewundert hatte. Sie waren vortrefflich gediehen in dem Sinne desjenigen, der sie pflanzte, und nun, da sie erst anerkannt und genossen werden sollten, sprach niemand mehr von ihnen; man besuchte sie kaum und hatte Liebhaberei und Aufwand gegen eine andere Seite hin ins Freie und Weite gerichtet.

Er machte bei seiner Rückkehr Charlotten die Bemerkung, die sie nicht ungünstig aufnahm. „Indem uns das Leben fortzieht," versetzte sie, „glauben wir aus uns selbst zu handeln, unsre Tätigkeit, unsre Vergnügungen zu wählen, aber freilich, wenn wir es genau ansehen, so sind es nur die Plane, die Neigungen der Zeit, die wir mit auszuführen genötigt sind."

„Gewiß," sagte der Gehülfe; „und wer widersteht dem Strome seiner Umgebungen? Die Zeit rückt fort und in ihr

Gesinnungen, Meinungen, Vorurteile und Liebhabereien. Fällt die Jugend eines Sohnes gerade in die Zeit der Umwendung, so kann man versichert sein, daß er mit seinem Vater nichts gemein haben wird. Wenn dieser in einer Periode lebte, wo man Lust hatte, sich manches zuzueignen, dieses Eigentum zu sichern, zu beschränken, einzuengen und in der Absonderung von der Welt seinen Genuß zu befestigen, so wird jener sodann sich auszudehnen suchen, mitteilen, verbreiten und das Verschlossene eröffnen."

„Ganze Zeiträume", versetzte Charlotte, „gleichen diesem Vater und Sohn, den Sie schildern. Von jenen Zuständen, da jede kleine Stadt ihre Mauern und Gräben haben mußte, da man jeden Edelhof noch in einen Sumpf baute und die geringsten Schlösser nur durch eine Zugbrücke zugänglich waren, davon können wir uns kaum einen Begriff machen. Sogar größere Städte tragen jetzt ihre Wälle ab, die Gräben selbst fürstlicher Schlösser werden ausgefüllt, die Städte bilden nur große Flecken, und wenn man so auf Reisen das ansieht, sollte man glauben, der allgemeine Friede sei befestigt und das goldne Zeitalter vor der Tür. Niemand glaubt sich in einem Garten behaglich, der nicht einem freien Lande ähnlich sieht; an Kunst, an Zwang soll nichts erinnern; wir wollen völlig frei und unbedingt Atem schöpfen. Haben Sie wohl einen Begriff, mein Freund, daß man aus diesem in einen andern, in den vorigen Zustand zurückkehren könne?"

„Warum nicht?" versetzte der Gehülfe; „jeder Zustand hat seine Beschwerlichkeit, der beschränkte sowohl als der losgebundene. Der letztere setzt Überfluß voraus und führt zur Verschwendung. Lassen Sie uns bei Ihrem Beispiel bleiben, das auffallend genug ist. Sobald der Mangel eintritt, sogleich ist die Selbstbeschränkung wiedergegeben. Menschen, die ihren Grund und Boden zu nutzen genötigt sind, führen schon wieder Mauern um ihre Gärten auf, damit sie ihrer Erzeugnisse sicher seien. Daraus entsteht nach und nach eine neue Ansicht der Dinge. Das Nützliche erhält wieder die Oberhand, und selbst der Vielbesitzende meint zuletzt auch das alles nutzen zu müssen. Glauben Sie mir: es ist möglich, daß Ihr Sohn die sämtlichen Parkanlagen vernachlässigt und sich wieder hinter die ernsten Mauern und unter die hohen Linden seines Großvaters zurückzieht."

Charlotte war im stillen erfreut, sich einen Sohn verkündigt zu hören, und verzieh dem Gehülfen deshalb die etwas unfreundliche Prophezeiung, wie es dereinst ihrem lieben, schönen Park ergehen könne. Sie versetzte deshalb ganz freundlich: „Wir sind beide noch nicht alt genug, um dergleichen Widersprüche mehrmals erlebt zu haben; allein wenn man sich in seine frühe Jugend zurückdenkt, sich erinnert, worüber man von älteren Personen klagen gehört, Länder und Städte mit in die Betrachtung aufnimmt, so möchte wohl gegen die Bemerkung nichts einzuwenden sein. Sollte man denn aber einem solchen Naturgang nichts entgegensetzen, sollte man Vater und Sohn, Eltern und Kinder nicht in Übereinstimmung bringen können? Sie haben mir freundlich einen Knaben geweissagt; müßte denn der gerade mit seinem Vater im Widerspruch stehen? zerstören, was seine Eltern erbaut haben, anstatt es zu vollenden und zu erheben, wenn er in demselben Sinne fortfährt?"

„Dazu gibt es auch wohl ein vernünftiges Mittel," versetzte der Gehülfe, „das aber von den Menschen selten angewandt wird. Der Vater erhebe seinen Sohn zum Mitbesitzer, er lasse ihn mitbauen, -pflanzen und erlaube ihm, wie sich selbst, eine unschädliche Willkür. Eine Tätigkeit läßt sich in die andre verweben, keine an die andre anstückeln. Ein junger Zweig verbindet sich mit einem alten Stamme gar leicht und gern, an den kein erwachsener Ast mehr anzufügen ist."

Es freute den Gehülfen, in dem Augenblick, da er Abschied zu nehmen sich genötigt sah, Charlotten zufälligerweise etwas Angenehmes gesagt und ihre Gunst aufs neue dadurch befestigt zu haben. Schon allzulange war er von Hause weg; doch konnte er zur Rückreise sich nicht eher entschließen als nach völliger Überzeugung, er müsse die herannahende Epoche von Charlottens Niederkunft erst vorbeigehen lassen, bevor er wegen Ottiliens irgendeine Entscheidung hoffen könne. Er fügte sich deshalb in die

Umstände und kehrte mit diesen Aussichten und Hoffnungen wieder zur Vorsteherin zurück.

Charlottens Niederkunft nahte heran. Sie hielt sich mehr in ihren Zimmern. Die Frauen, die sich um sie versammelt hatten, waren ihre geschlossenere Gesellschaft. Ottilie besorgte das Hauswesen, indem sie kaum daran denken durfte, was sie tat. Sie hatte sich zwar völlig ergeben; sie wünschte für Charlotten, für das Kind, für Eduarden sich auch noch ferner auf das dienstlichste zu bemühen; aber sie sah nicht ein, wie es möglich werden wollte. Nichts konnte sie vor völliger Verworrenheit retten, als daß sie jeden Tag ihre Pflicht tat.

Ein Sohn war glücklich zur Welt gekommen, und die Frauen versicherten sämtlich, es sei der ganze leibhafte Vater. Nur Ottilie konnte es im stillen nicht finden, als sie der Wöchnerin Glück wünschte und das Kind auf das herzlichste begrüßte. Schon bei den Anstalten zur Verheiratung ihrer Tochter war Charlotten die Abwesenheit ihres Gemahls höchst fühlbar gewesen; nun sollte der Vater auch bei der Geburt des Sohnes nicht gegenwärtig sein; er sollte den Namen nicht bestimmen, bei dem man ihn künftig rufen würde.

Der erste von allen Freunden, die sich beglückwünschend sehen ließen, war Mittler, der seine Kundschafter ausgestellt hatte, um von diesem Ereignis sogleich Nachricht zu erhalten. Er fand sich ein, und zwar sehr behaglich. Kaum daß er seinen Triumph in Gegenwart Ottiliens verbarg, so sprach er sich gegen Charlotten laut aus und war der Mann, alle Sorgen zu heben und alle augenblicklichen Hindernisse beiseitezubringen. Die Taufe sollte nicht lange aufgeschoben werden. Der alte Geistliche, mit einem Fuß schon im Grabe, sollte durch seinen Segen das Vergangene mit dem Zukünftigen zusammenknüpfen; Otto sollte das Kind heißen; es konnte keinen andern Namen führen als den Namen des Vaters und des Freundes.

Es bedurfte der entschiedenen Zudringlichkeit dieses Mannes, um die hunderterlei Bedenklichkeiten, das Widerreden, Zaudern, Stocken, Besser- oder Anderswissen, das Schwanken, Meinen, Um- und Wiedermeinen zu beseitigen, da gewöhnlich bei solchen Gelegenheiten aus einer gehobenen Bedenklichkeit immer wieder neue entstehen und, indem man alle Verhältnisse schonen will, immer der Fall eintritt, einige zu verletzen.

Alle Meldungsschreiben und Gevatterbriefe übernahm Mittler; sie sollten gleich ausgefertigt sein, denn ihm war selbst höchlich daran gelegen, ein Glück, das er für die Familie so bedeutend hielt, auch der übrigen mitunter mißwollenden und mißredenden Welt bekanntzumachen. Und freilich waren die bisherigen leidenschaftlichen Vorfälle dem Publikum nicht entgangen, das ohnehin in der Überzeugung steht, alles, was geschieht, geschehe nur dazu, damit es etwas zu reden habe.

Die Feier des Taufaktes sollte würdig, aber beschränkt und kurz sein. Man kam zusammen, Ottilie und Mittler sollten das Kind als Taufzeugen halten. Der alte Geistliche, unterstützt vom Kirchdiener, trat mit langsamen Schritten heran. Das Gebet war verrichtet, Ottilien das Kind auf die Arme gelegt, und als sie mit Neigung auf dasselbe heruntersah, erschrak sie nicht wenig an seinen offenen Augen; denn sie glaubte in ihre eigenen zu sehen; eine solche Übereinstimmung hätte jeden überraschen müssen. Mittler, der zunächst das Kind empfing, stutzte gleichfalls, indem er in der Bildung desselben eine so auffallende Ähnlichkeit, und zwar mit dem Hauptmann, erblickte, dergleichen ihm sonst noch nie vorgekommen war.

Die Schwäche des guten alten Geistlichen hatte ihn gehindert, die Taufhandlung mit mehrerem als der gewöhnlichen Liturgie zu begleiten. Mittler indessen, voll von dem Gegenstande, gedachte seiner frühern Amtsverrichtungen und hatte überhaupt die Art, sich sogleich in jedem Falle zu denken, wie er nun reden, wie er sich äußern würde. Diesmal konnte er sich um so weniger zurückhalten, als es nur eine kleine Gesellschaft von lauter Freunden war, die ihn umgab. Er fing daher an, gegen das Ende des Akts mit Behaglichkeit sich an die Stelle des Geistlichen zu versetzen, in einer muntern Rede seine Patenpflichten und Hoffnungen zu äußern und um so mehr dabei zu verweilen, als er Charlottens Beifall in ihrer zufriedenen Miene zu erkennen glaubte.

Daß der gute alte Mann sich gern gesetzt hätte, entging dem rüstigen Redner, der noch viel weniger dachte, daß er ein größeres Übel hervorzubringen auf dem Wege war; denn nachdem er das Verhältnis eines jeden Anwesenden zum Kinde mit Nachdruck geschildert und Ottiliens Fassung dabei ziemlich auf die Probe gestellt hatte, so wandte er sich zuletzt gegen den Greis mit diesen Worten: „Und Sie, mein würdiger Altvater, können nunmehr mit Simeon sprechen: ‚Herr, laß deinen Diener in Frieden fahren; denn meine Augen haben den Heiland dieses Hauses gesehen.'"

Nun war er im Zuge, recht glänzend zu schließen, aber er bemerkte bald, daß der Alte, dem er das Kind hinhielt, sich zwar erst gegen dasselbe zu neigen schien, nachher aber schnell zurücksank. Vom Fall kaum abgehalten, ward er in einen Sessel gebracht, und man mußte ihn ungeachtet aller augenblicklichen Beihülfe für tot ansprechen.

So unmittelbar Geburt und Tod, Sarg und Wiege nebeneinander zu sehen und zu denken, nicht bloß mit der Einbildungskraft, sondern mit den Augen diese ungeheuern Gegensätze zusammenzufassen, war für die Umstehenden eine schwere Aufgabe, je überraschender sie vorgelegt wurde. Ottilie allein betrachtete den Eingeschlummerten, der noch immer seine freundliche, einnehmende Miene behalten hatte, mit einer Art von Neid. Das Leben ihrer Seele war getötet; warum sollte der Körper noch erhalten werden?

Führten sie auf diese Weise gar manchmal die unerfreulichen Begebenheiten des Tags auf die Betrachtung der Vergänglichkeit, des Scheidens, des Verlierens, so waren ihr dagegen wundersame nächtliche Erscheinungen zum Trost gegeben, die ihr das Dasein des Geliebten versicherten und ihr eigenes befestigten und belebten. Wenn sie sich abends zur Ruhe gelegt und im süßen Gefühl noch zwischen Schlaf und Wachen schwebte, schien es ihr, als wenn sie in einen ganz hellen, doch mild erleuchteten Raum hineinblickte. In diesem sah sie Eduarden ganz deutlich, und zwar nicht gekleidet, wie sie ihn sonst gesehen, sondern im kriegerischen Anzug, jedesmal in einer andern Stellung, die aber vollkommen natürlich war und nichts Phantastisches an sich hatte: stehend, gehend, liegend, reitend. Die Gestalt, bis aufs kleinste ausgemalt, bewegte sich willig vor ihr, ohne daß sie das mindeste dazu tat, ohne daß sie wollte oder die Einbildungskraft anstrengte. Manchmal sah sie ihn auch umgeben, besonders von etwas Beweglichem, das dunkler war als der helle Grund; aber sie unterschied kaum Schattenbilder, die ihr zuweilen als Menschen, als Pferde, als Bäume und Gebirge vorkommen konnten. Gewöhnlich schlief sie über der Erscheinung ein, und wenn sie nach einer ruhigen Nacht morgens wieder erwachte, so war sie erquickt, getröstet; sie fühlte sich überzeugt, Eduard lebe noch, sie stehe mit ihm noch in dem innigsten Verhältnis.

NEUNTES KAPITEL

Der Frühling war gekommen, später, aber auch rascher und freudiger als gewöhnlich. Ottilie fand nun im Garten die Frucht ihres Vorsehens; alles keimte, grünte und blühte zur rechten Zeit; manches, was hinter wohlangelegten Glashäusern und Beeten vorbereitet worden, trat nun sogleich der endlich von außen wirkenden Natur entgegen, und alles, was zu tun und zu besorgen war, blieb nicht bloß hoffnungsvolle Mühe wie bisher, sondern ward zum heitern Genusse.

An dem Gärtner aber hatte sie zu trösten über manche durch Lucianens Wildheit entstandene Lücke unter den Topfgewächsen, über die zerstörte Symmetrie mancher Baumkrone. Sie machte ihm Mut, daß sich das alles bald wieder herstellen werde; aber er hatte zu ein tiefes Gefühl, zu einen reinen Begriff von seinem Handwerk, als daß diese Trostgründe viel bei ihm hätten fruchten sollen. So wenig der Gärtner sich durch andere Liebhabereien und Neigungen zerstreuen darf, so wenig darf der ruhige Gang unterbrochen werden, den die Pflanze zur dauernden oder zur vorübergehenden Vollendung nimmt. Die Pflanze gleicht den eigensinnigen Menschen, von denen man alles erhalten kann, wenn man sie nach ihrer Art behandelt. Ein ruhiger Blick, eine stille Konsequenz, in jeder Jahrszeit, in jeder Stunde das ganz Gehörige zu tun, wird vielleicht von niemand mehr als vom Gärtner verlangt.

Diese Eigenschaften besaß der gute Mann in einem hohen Grade, deswegen auch Ottilie so gern mit ihm wirkte; aber sein eigentliches Talent konnte er schon einige Zeit nicht mehr mit Behaglichkeit ausüben. Denn ob er gleich alles, was die Baum- und Küchengärtnerei betraf, auch die Erfordernisse eines ältern Ziergartens, vollkommen zu leisten verstand, wie denn überhaupt einem vor dem andern dieses oder jenes gelingt, ob er schon in Behandlung der Orangerie, der Blumenzwiebeln, der Nelken- und Aurikelnstöcke die Natur selbst hätte herausfordern können, so waren ihm doch die neuen Zierbäume und Modeblumen einigermaßen fremd geblieben, und er hatte vor dem unendlichen Felde der Botanik, das sich nach der Zeit auftat, und den darin herumsummenden fremden Namen eine Art von Scheu, die ihn verdrießlich machte. Was die Herrschaft voriges Jahr zu verschreiben angefangen, hielt er um so mehr für unnützen Aufwand und Verschwendung, als er gar manche kostbare Pflanze ausgehen sah und mit den Handelsgärtnern, die ihn, wie er glaubte, nicht redlich genug bedienten, in keinem sonderlichen Verhältnisse stand.

Er hatte sich darüber nach mancherlei Versuchen eine Art von Plan gemacht, in welchem ihn Ottilie um so mehr bestärkte, als er auf die Wiederkehr Eduards eigentlich gegründet war, dessen Abwesenheit man in diesem wie in manchem andern Falle täglich nachteiliger empfinden mußte.

Indem nun die Pflanzen immer mehr Wurzel schlugen und Zweige trieben, fühlte sich auch Ottilie immer mehr an diese Räume gefesselt. Gerade vor einem Jahre trat sie als Fremdling, als ein unbedeutendes Wesen hier ein; wieviel hatte sie sich seit jener Zeit nicht erworben! aber leider wieviel hatte sie nicht auch seit jener Zeit wieder verloren! Sie war nie so reich und nie so arm gewesen. Das Gefühl von beidem wechselte augenblicklich miteinander ab, ja durchkreuzte sich aufs innigste, so daß sie sich nicht anders zu helfen wußte, als daß sie immer wieder das Nächste mit Anteil, ja mit Leidenschaft ergriff.

Daß alles, was Eduarden besonders lieb war, auch ihre Sorgfalt am stärksten an sich zog, läßt sich denken; ja warum sollte sie nicht hoffen, daß er selbst nun bald wiederkommen, daß er die fürsorgliche Dienstlichkeit, die sie dem Abwesenden geleistet, dankbar gegenwärtig bemerken werde?

Aber noch auf eine viel andre Weise war sie veranlaßt, für ihn zu wirken. Sie hatte vorzüglich die Sorge für das Kind übernommen, dessen unmittelbare Pflegerin sie um so mehr werden konnte, als man es keiner Amme übergeben, sondern mit Milch und Wasser aufzuziehen sich entschieden hatte. Es sollte in jener schönen Zeit der freien Luft genießen; und so trug sie es am liebsten selbst heraus, trug das schlafende, unbewußte zwischen Blumen und Blüten her, die dereinst seiner Kindheit so freundlich entgegenlachen sollten, zwischen jungen Sträuchen und Pflanzen, die mit ihm in die Höhe zu wachsen durch ihre Jugend bestimmt schienen. Wenn sie um sich her sah, so verbarg sie sich nicht, zu welchem großen, reichen Zustande das Kind geboren sei; denn fast alles, wohin das Auge blickte, sollte dereinst ihm gehören. Wie wünschenswert war es zu diesem allen, daß es vor den Augen des Vaters, der Mutter aufwüchse und eine erneute, frohe Verbindung bestätigte!

Ottilie fühlte dies alles so rein, daß sie sichs als entschieden wirklich dachte und sich selbst dabei gar nicht empfand. Unter diesem klaren Himmel, bei diesem hellen Sonnenschein ward es ihr auf einmal klar, daß ihre Liebe, um sich zu vollenden, völlig uneigennützig werden müsse; ja in manchen Augenblicken glaubte sie diese Höhe schon erreicht zu haben. Sie wünschte nur das Wohl ihres Freundes, sie glaubte sich fähig, ihm zu entsagen, sogar ihn niemals wiederzusehen, wenn sie ihn nur glücklich wisse. Aber ganz entschieden war sie für sich, niemals einem andern anzugehören.

Daß der Herbst ebenso herrlich würde wie der Frühling, dafür war gesorgt. Alle sogenannten Sommergewächse, alles, was im Herbst mit Blühen nicht enden kann und sich der Kälte noch keck entgegenentwickelt, Astern besonders, waren in der größten Mannigfaltigkeit gesäet und sollten nun, überallhin verpflanzt, einen Sternhimmel über die Erde bilden.

Aus Ottiliens Tagebuche

Einen guten Gedanken, den wir gelesen, etwas Auffallendes, das wir gehört, tragen wir wohl in unser Tagebuch. Nähmen wir uns aber zugleich die Mühe, aus den Briefen unserer Freunde eigentümliche Bemerkungen, originelle Ansichten, flüchtige geistreiche Worte auszuzeichnen, so würden wir sehr reich werden. Briefe hebt man auf, um sie nie wieder zu lesen; man zerstört sie zuletzt einmal aus Diskretion, und so verschwindet der schönste, unmittelbarste Lebenshauch unwiederbringlich für uns und andre. Ich nehme mir vor, dieses Versäumnis wiedergutzumachen.

So wiederholt sich denn abermals das Jahresmärchen von vorn. Wir sind nun wieder, Gott sei Dank! an seinem artigsten Kapitel. Veilchen und Maiblumen sind wie Überschriften oder Vignetten dazu. Es macht uns immer einen angenehmen Eindruck, wenn wir sie in dem Buche des Lebens wieder aufschlagen.

Wir schelten die Armen, besonders die Unmündigen, wenn sie sich an den Straßen herumlegen und betteln. Bemerken wir nicht, daß sie gleich tätig sind, sobald es was zu tun gibt? Kaum entfaltet die Natur ihre freundlichen Schätze, so sind die Kinder dahinterher, um ein Gewerbe zu eröffnen; keines bettelt mehr, jedes reicht dir einen Strauß; es hat ihn gepflückt, ehe du vom Schlaf erwachtest, und das Bittende sieht dich so freundlich an wie die Gabe. Niemand sieht erbärmlich aus, der sich einiges Recht fühlt, fordern zu dürfen.

Warum nur das Jahr manchmal so kurz, manchmal so lang ist, warum es so kurz scheint und so lang in der Erinnerung! Mir ist es mit dem vergangenen so, und nirgends auffallender als im Garten, wie Vergängliches und Dauerndes ineinandergreift. Und doch ist nichts so flüchtig, das nicht eine Spur, das nicht seinesgleichen zurücklasse.

Man läßt sich den Winter auch gefallen. Man glaubt sich freier auszubreiten, wenn die Bäume so geisterhaft, so durchsichtig vor uns stehen. Sie sind nichts, aber sie decken auch nichts zu. Wie aber einmal Knospen und Blüten kommen, dann wird man ungeduldig, bis das volle Laub hervortritt, bis die Landschaft sich verkörpert und der Baum sich als eine Gestalt uns entgegendrängt.

Alles Vollkommene in seiner Art muß über seine Art hinausgehen, es muß etwas anderes, Unvergleichbares werden. In manchen Tönen ist die Nachtigall noch Vogel; dann steigt sie über ihre Klasse hinüber und scheint jedem Gefiederten andeuten zu wollen, was eigentlich singen heiße.

Ein Leben ohne Liebe, ohne die Nähe des Geliebten ist nur eine „Comédie à tiroir", ein schlechtes Schubladenstück. Man schiebt eine nach der andern heraus und wieder hinein und eilt zur folgenden. Alles, was auch Gutes und Bedeutendes vorkommt, hängt nur kümmerlich zusammen. Man muß überall von vorn anfangen und möchte überall enden.

ZEHNTES KAPITEL

Charlotte von ihrer Seite befindet sich munter und wohl. Sie freut sich an dem tüchtigen Knaben, dessen vielversprechende Gestalt ihr Auge und Gemüt stündlich beschäftigt. Sie erhält durch ihn einen neuen Bezug auf die Welt und auf den Besitz. Ihre alte Tätigkeit regt sich wieder; sie erblickt, wo sie auch hinsieht, im vergangenen Jahre vieles getan und empfindet Freude am Getanen. Von einem eigenen Gefühl belebt, steigt sie zur Mooshütte mit Ottilien und dem Kinde; und indem sie dieses auf den kleinen Tisch als auf einen häuslichen Altar niederlegt und noch zwei Plätze leer sieht, gedenkt sie der vorigen Zeiten, und eine neue Hoffnung für sie und Ottilien dringt hervor.

Junge Frauenzimmer sehen sich bescheiden vielleicht nach diesem oder jenem Jüngling um, mit stiller Prüfung, ob sie ihn wohl zum Gatten wünschten; wer aber für eine Tochter oder einen weiblichen Zögling zu sorgen hat, schaut in einem weitern Kreis umher. So ging es auch in diesem Augenblick Charlotten, der eine Verbindung des Hauptmanns mit Ottilien nicht unmöglich schien, wie sie doch auch schon ehemals in dieser Hütte nebeneinander gesessen hatten. Ihr war nicht unbekannt geblieben, daß jene Aussicht auf eine vorteilhafte Heirat wieder verschwunden sei.

Charlotte stieg weiter, und Ottilie trug das Kind. Jene überließ sich mancherlei Betrachtungen. Auch auf dem festen Lande gibt es wohl Schiffbruch; sich davon auf das schnellste zu erholen und herzustellen, ist schön und preiswürdig. Ist doch das Leben nur auf Gewinn und Verlust berechnet! Wer macht nicht irgendeine Anlage und wird darin gestört! Wie oft schlägt man einen Weg ein und wird davon abgeleitet! Wie oft werden wir von einem scharf ins Auge gefaßten Ziel abgelenkt, um ein höheres zu erreichen! Der Reisende bricht unterwegs zu seinem höchsten Verdruß ein Rad und gelangt durch diesen unangenehmen Zufall zu den erfreulichsten Bekanntschaften und Verbindungen, die auf sein ganzes Leben Einfluß haben. Das Schicksal gewährt uns unsre Wünsche, aber auf seine Weise, um uns etwas über unsere Wünsche geben zu können.

Diese und ähnliche Betrachtungen waren es, unter denen Charlotte zum neuen Gebäude auf der Höhe gelangte, wo sie vollkommen bestätigt wurden. Denn die Umgebung war viel schöner, als man sichs hatte denken können. Alles störende Kleinliche war ringsumher entfernt, alles Gute der Landschaft, was die Natur, was die Zeit daran getan hatte, trat reinlich hervor und fiel ins Auge, und schon grünten die jungen Pflanzungen, die bestimmt waren, einige Lücken auszufüllen und die abgesonderten Teile angenehm zu verbinden.

Das Haus selbst war nahezu bewohnbar, die Aussicht, besonders aus den obern Zimmern, höchst mannigfaltig. Je länger man sich umsah, desto mehr Schönes entdeckte man. Was mußten nicht hier die verschiedenen Tagszeiten, was Mond und Sonne für Wirkungen hervorbringen! Hier zu verweilen war höchst wünschenswert, und wie schnell ward die Lust zu bauen und zu schaffen in Charlotten wieder erweckt, da sie alle grobe Arbeit getan fand! Ein Tischer, ein Tapezier, ein Maler, der mit Patronen und leichter Vergoldung sich zu helfen wußte, nur dieser bedurfte man, und in kurzer Zeit war das Gebäude im Stande. Keller und

Küche wurden schnell eingerichtet; denn in der Entfernung vom Schlosse mußte man alle Bedürfnisse um sich versammeln. So wohnten die Frauenzimmer mit dem Kinde nun oben, und von diesem Aufenthalt, als von einem neuen Mittelpunkt, eröffneten sich ihnen unerwartete Spaziergänge. Sie genossen vergnüglich in einer höheren Region der freien, frischen Luft bei dem schönsten Wetter.

Ottiliens liebster Weg, teils allein, teils mit dem Kinde, ging herunter nach den Platanen auf einem bequemen Fußsteig, der sodann zu dem Punkte leitete, wo einer der Kähne angebunden war, mit denen man überzufahren pflegte. Sie erfreute sich manchmal einer Wasserfahrt, allein ohne das Kind, weil Charlotte deshalb einige Besorgnis zeigte. Doch verfehlte sie nicht, täglich den Gärtner im Schloßgarten zu besuchen und an seiner Sorgfalt für die vielen Pflanzenzöglinge, die nun alle der freien Luft genossen, freundlich teilzunehmen.

In dieser schönen Zeit kam Charlotten der Besuch eines Engländers sehr gelegen, der Eduarden auf Reisen kennengelernt, einigemal getroffen hatte und nunmehr neugierig war, die schönen Anlagen zu sehen, von denen er soviel Gutes erzählen hörte. Er brachte ein Empfehlungsschreiben vom Grafen mit und stellte zugleich einen stillen, aber sehr gefälligen Mann als seinen Begleiter vor. Indem er nun bald mit Charlotten und Ottilien, bald mit Gärtnern und Jägern, öfters mit seinem Begleiter und manchmal allein die Gegend durchstrich, so konnte man seinen Bemerkungen wohl ansehen, daß er ein Liebhaber und Kenner solcher Anlagen war, der wohl auch manche dergleichen selbst ausgeführt hatte. Obgleich in Jahren, nahm er auf eine heitere Weise an allem teil, was dem Leben zur Zierde gereichen und es bedeutend machen kann.

In seiner Gegenwart genossen die Frauenzimmer erst vollkommen ihrer Umgebung. Sein geübtes Auge empfing jeden Effekt ganz frisch, und er hatte um so mehr Freude an dem Entstandenen, als er die Gegend vorher nicht gekannt und, was man daran getan, von dem, was die Natur geliefert, kaum zu unterscheiden wußte.

Man kann wohl sagen, daß durch seine Bemerkungen der

Park wuchs und sich bereicherte. Schon zum voraus erkannte er, was die neuen, heranstrebenden Pflanzungen versprachen. Keine Stelle blieb ihm unbemerkt, wo noch irgendeine Schönheit hervorzuheben oder anzubringen war. Hier deutete er auf eine Quelle, welche, gereinigt, die Zierde einer ganzen Buschpartie zu werden versprach, hier auf eine Höhle, die, ausgeräumt und erweitert, einen erwünschten Ruheplatz geben konnte, indessen man nur wenige Bäume zu fällen brauchte, um von ihr aus herrliche Felsenmassen aufgetürmt zu erblicken. Er wünschte den Bewohnern Glück, daß ihnen so manches nachzuarbeiten übrigblieb, und ersuchte sie, damit nicht zu eilen, sondern für folgende Jahre sich das Vergnügen des Schaffens und Einrichtens vorzubehalten.

Übrigens war er außer den geselligen Stunden keineswegs lästig; denn er beschäftigte sich die größte Zeit des Tags, die malerischen Aussichten des Parks in einer tragbaren dunklen Kammer aufzufangen und zu zeichnen, um dadurch sich und andern von seinen Reisen eine schöne Frucht zu gewinnen. Er hatte dieses schon seit mehreren Jahren in allen bedeutenden Gegenden getan und sich dadurch die angenehmste und interessanteste Sammlung verschafft. Ein großes Portefeuille, das er mit sich führte, zeigte er den Damen vor und unterhielt sie teils durch das Bild, teils durch die Auslegung. Sie freuten sich, hier in ihrer Einsamkeit die Welt so bequem zu durchreisen, Ufer und Häfen, Berge, Seen und Flüsse, Städte, Kastelle und manches andre Lokal, das in der Geschichte einen Namen hat, vor sich vorbeiziehen zu sehen.

Jede von beiden Frauen hatte ein besonderes Interesse, Charlotte das allgemeinere, gerade an dem, wo sich etwas historisch Merkwürdiges fand, während Ottilie sich vorzüglich bei den Gegenden aufhielt, wovon Eduard viel zu erzählen pflegte, wo er gern verweilt, wohin er öfters zurückgekehrt; denn jeder Mensch hat in der Nähe und in der Ferne gewisse örtliche Einzelheiten, die ihn anziehen, die ihm seinem Charakter nach, um des ersten Eindrucks, gewisser Umstände, der Gewohnheit willen besonders lieb und aufregend sind.

Sie fragte daher den Lord, wo es ihm denn am besten gefalle und wo er nun seine Wohnung aufschlagen würde, wenn er zu wählen hätte. Da wußte er denn mehr als eine schöne Gegend vorzuzeigen und, was ihm dort widerfahren, um sie ihm lieb und wert zu machen, in seinem eigens akzentuierten Französisch gar behaglich mitzuteilen.

Auf die Frage hingegen, wo er sich denn jetzt gewöhnlich aufhalte, wohin er am liebsten zurückkehre, ließ er sich ganz unbewunden, doch den Frauen unerwartet, also vernehmen:

„Ich habe mir nun angewöhnt, überall zu Hause zu sein, und finde zuletzt nichts bequemer, als daß andre für mich bauen, pflanzen und sich häuslich bemühen. Nach meinen eigenen Besitzungen sehne ich mich nicht zurück, teils aus politischen Ursachen, vorzüglich aber, weil mein Sohn, für den ich alles eigentlich getan und eingerichtet, dem ich es zu übergeben, mit dem ich es noch zu genießen hoffte, an allem keinen Teil nimmt, sondern nach Indien gegangen ist, um sein Leben dort, wie mancher andere, höher zu nutzen oder gar zu vergeuden.

Gewiß, wir machen viel zu viel vorarbeitenden Aufwand aufs Leben. Anstatt daß wir gleich anfingen, uns in einem mäßigen Zustand behaglich zu finden, so gehen wir immer mehr ins Breite, um es uns immer unbequemer zu machen. Wer genießt jetzt meine Gebäude, meinen Park, meine Gärten? Nicht ich, nicht einmal die Meinigen: fremde Gäste, Neugierige, unruhige Reisende.

Selbst bei vielen Mitteln sind wir immer nur halb und halb zu Hause, besonders auf dem Lande, wo uns manches Gewohnte der Stadt fehlt. Das Buch, das wir am eifrigsten wünschten, ist nicht zur Hand, und gerade, was wir am meisten bedürften, ist vergessen. Wir richten uns immer häuslich ein, um wieder auszuziehen, und wenn wir es nicht mit Willen und Willkür tun, so wirken Verhältnisse, Leidenschaften, Zufälle, Notwendigkeit und was nicht alles."

Der Lord ahnete nicht, wie tief durch seine Betrachtungen die Freundinnen getroffen wurden. Und wie oft kommt nicht jeder in diese Gefahr, der eine allgemeine Betrachtung selbst in einer Gesellschaft, deren Verhältnisse ihm sonst bekannt sind, ausspricht! Charlotten war eine solche zufällige Verletzung auch durch Wohlwollende und Gutmeinende nichts Neues; und die Welt lag ohnehin so deutlich vor ihren Augen, daß sie keinen besondern Schmerz empfand, wenngleich jemand sie unbedachtsam und unvorsichtig nötigte, ihren Blick da- oder dorthin auf eine unerfreuliche Stelle zu richten. Ottilie hingegen, die in halbbewußter Jugend mehr ahnete als sah und ihren Blick wegwenden durfte, ja mußte von dem, was sie nicht sehen mochte und sollte, Ottilie ward durch diese traulichen Reden in den schrecklichsten Zustand versetzt; denn es zerriß mit Gewalt vor ihr der anmutige Schleier, und es schien ihr, als wenn alles, was bisher für Haus und Hof, für Garten, Park und die ganze Umgebung geschehen war, ganz eigentlich umsonst sei, weil der, dem es alles gehörte, es nicht genösse, weil auch der, wie der gegenwärtige Gast, zum Herumschweifen in der Welt, und zwar zu dem gefährlichsten, durch die Liebsten und Nächsten gedrängt worden. Sie hatte sich an Hören und Schweigen gewöhnt, aber sie saß diesmal in der peinlichsten Lage, die durch des Fremden weiteres Gespräch eher vermehrt als vermindert wurde, das er mit heiterer Eigenheit und Bedächtlichkeit fortsetzte.

„Nun glaub ich", sagte er, „auf dem rechten Wege zu sein, da ich mich immerfort als einen Reisenden betrachte, der vielem entsagt, um vieles zu genießen. Ich bin an den Wechsel gewöhnt, ja er wird mir Bedürfnis, wie man in der Oper immer wieder auf eine neue Dekoration wartet, gerade weil schon so viele dagewesen. Was ich mir von dem besten und dem schlechtesten Wirtshause versprechen darf, ist mir bekannt; es mag so gut oder so schlimm sein, als es will, nirgends find ich das Gewohnte, und am Ende läuft es auf eins hinaus, ganz von einer notwendigen Gewohnheit oder ganz von der willkürlichsten Zufälligkeit abzuhangen. Wenigstens habe ich jetzt nicht den Verdruß, daß etwas verlegt oder verloren ist, daß mir ein tägliches Wohnzimmer unbrauchbar wird, weil ich es muß reparieren lassen, daß man mir eine liebe Tasse zerbricht und es mir eine ganze Zeit aus keiner andern schmecken will. Alles dessen bin ich überhoben, und wenn mir das Haus über dem Kopf zu brennen anfängt, so packen meine Leute gelassen ein und auf, und wir fahren zu Hofraum und Stadt hinaus. Und bei allen diesen Vorteilen, wenn ich es genau berechne, habe ich am Ende des Jahres nicht mehr ausgegeben, als es mich zu Hause gekostet hätte."

Bei dieser Schilderung sah Ottilie nur Eduarden vor sich, wie er nun auch mit Entbehren und Beschwerde auf ungebahnten Straßen hinziehe, mit Gefahr und Not zu Felde liege und bei soviel Unbestand und Wagnis sich gewöhne, heimatlos und freundlos zu sein, alles wegzuwerfen, nur um nicht verlieren zu können. Glücklicherweise trennte sich die Gesellschaft für einige Zeit. Ottilie fand Raum, sich in der Einsamkeit auszuweinen. Gewaltsamer hatte sie kein dumpfer Schmerz ergriffen als diese Klarheit, die sie sich noch klarer zu machen strebte, wie man es zu tun pflegt, daß man sich selbst peinigt, wenn man einmal auf dem Wege ist, gepeinigt zu werden.

Der Zustand Eduards kam ihr so kümmerlich, so jämmerlich vor, daß sie sich entschloß, es koste, was es wolle, zu seiner Wiedervereinigung mit Charlotten alles beizutragen, ihren Schmerz und ihre Liebe an irgendeinem stillen Orte zu verbergen und durch irgendeine Art von Tätigkeit zu betriegen.

Indessen hatte der Begleiter des Lords, ein verständiger, ruhiger Mann und guter Beobachter, den Mißgriff in der Unterhaltung bemerkt und die Ähnlichkeit der Zustände seinem Freunde offenbart. Dieser wußte nichts von den Verhältnissen der Familie; allein jener, den eigentlich auf der Reise nichts mehr interessierte als die sonderbaren Ereignisse, welche durch natürliche und künstliche Verhältnisse, durch den Konflikt des Gesetzlichen und des Ungebändigten, des Verstandes und der Vernunft, der Leidenschaft und des Vorurteils hervorgebracht werden, jener hatte sich schon früher und mehr noch im Hause selbst mit allem bekannt gemacht, was vorgegangen war und noch vorging.

Dem Lord tat es leid, ohne daß er darüber verlegen gewesen wäre. Man müßte ganz in Gesellschaft schweigen, wenn man nicht manchmal in den Fall kommen sollte; denn nicht allein bedeutende Bemerkungen, sondern die trivialsten

Äußerungen können auf eine so mißklingende Weise mit dem Interesse der Gegenwärtigen zusammentreffen. „Wir wollen es heute abend wiedergutmachen," sagte der Lord, „und uns aller allgemeinen Gespräche enthalten. Geben Sie der Gesellschaft etwas von den vielen angenehmen und bedeutenden Anekdoten und Geschichten zu hören, womit Sie Ihr Portefeuille und Ihr Gedächtnis auf unserer Reise bereichert haben!"

Allein auch mit dem besten Vorsatze gelang es den Fremden nicht, die Freunde diesmal mit einer unverfänglichen Unterhaltung zu erfreuen. Denn nachdem der Begleiter durch manche sonderbare, bedeutende, heitere, rührende, furchtbare Geschichten die Aufmerksamkeit erregt und die Teilnahme aufs höchste gespannt hatte, so dachte er mit einer zwar sonderbaren, aber sanfteren Begebenheit zu schließen und ahnete nicht, wie nahe diese seinen Zuhörern verwandt war.

DIE WUNDERLICHEN NACHBARSKINDER

Novelle

Zwei Nachbarskinder von bedeutenden Häusern, Knabe und Mädchen, in verhältnismäßigem Alter, um dereinst Gatten zu werden, ließ man in dieser angenehmen Aussicht miteinander aufwachsen, und die beiderseitigen Eltern freuten sich einer künftigen Verbindung. Doch man bemerkte gar bald, daß die Absicht zu mißlingen schien, indem sich zwischen den beiden trefflichen Naturen ein sonderbarer Widerwille hervortat. Vielleicht waren sie einander zu ähnlich. Beide in sich selbst gewendet, deutlich in ihrem Wollen, fest in ihren Vorsätzen; jedes einzeln geliebt und geehrt von seinen Gespielen; immer Widersacher, wenn sie zusammen waren, immer aufbauend für sich allein, immer wechselsweise zerstörend, wo sie sich begegneten, nicht wetteifernd nach einem Ziel, aber immer kämpfend um einen Zweck; gutartig durchaus und liebenswürdig und nur hassend, ja bösartig, indem sie sich aufeinander bezogen.

Dieses wunderliche Verhältnis zeigte sich schon bei kindischen Spielen, es zeigte sich bei zunehmenden Jahren. Und wie die Knaben Krieg zu spielen, sich in Parteien zu sondern, einander Schlachten zu liefern pflegen, so stellte sich das trotzig mutige Mädchen einst an die Spitze des einen Heers und focht gegen das andre mit solcher Gewalt und Erbitterung, daß dieses schimpflich wäre in die Flucht geschlagen worden, wenn ihr einzelner Widersacher sich nicht sehr brav gehalten und seine Gegnerin doch noch zuletzt entwaffnet und gefangengenommen hätte. Aber auch da noch wehrte sie sich so gewaltsam, daß er, um seine Augen zu erhalten und die Feindin doch nicht zu beschädigen, sein seidenes Halstuch abreißen und ihr die Hände damit auf den Rücken binden mußte.

Dies verzieh sie ihm nie, ja sie machte so heimliche Anstalten und Versuche, ihn zu beschädigen, daß die Eltern, die auf diese seltsamen Leidenschaften schon längst achtgehabt, sich miteinander verständigten und beschlossen, die beiden feindlichen Wesen zu trennen und jene lieblichen Hoffnungen aufzugeben.

Der Knabe tat sich in seinen neuen Verhältnissen bald hervor. Jede Art von Unterricht schlug bei ihm an. Gönner und eigene Neigung bestimmten ihn zum Soldatenstande. Überall, wo er sich fand, war er geliebt und geehrt. Seine tüchtige Natur schien nur zum Wohlsein, zum Behagen anderer zu wirken, und er war in sich, ohne deutliches Bewußtsein, recht glücklich, den einzigen Widersacher verloren zu haben, den die Natur ihm zugedacht hatte.

Das Mädchen dagegen trat auf einmal in einen veränderten Zustand. Ihre Jahre, eine zunehmende Bildung und mehr noch ein gewisses inneres Gefühl zogen sie von den heftigen Spielen hinweg, die sie bisher in Gesellschaft der Knaben auszuüben pflegte. Im ganzen schien ihr etwas zu fehlen, nichts war um sie herum, das wert gewesen wäre, ihren Haß zu erregen. Liebenswürdig hatte sie noch niemanden gefunden.

Ein junger Mann, älter als ihr ehemaliger nachbarlicher Widersacher, von Stand, Vermögen und Bedeutung, beliebt in der Gesellschaft, gesucht von Frauen, wendete ihr seine ganze Neigung zu. Es war das erstemal, daß sich ein Freund, ein Liebhaber, ein Diener um sie bemühte. Der Vorzug, den er ihr vor vielen gab, die älter, gebildeter, glänzender und anspruchsreicher waren als sie, tat ihr gar zu wohl. Seine fortgesetzte Aufmerksamkeit, ohne daß er zudringlich gewesen wäre, sein treuer Beistand bei verschiedenen unangenehmen Zufällen, sein gegen ihre Eltern zwar ausgesprochnes, doch ruhiges und nur hoffnungsvolles Werben, da sie freilich noch sehr jung war: das alles nahm sie für ihn ein, wozu die Gewohnheit, die äußern, nun von der Welt als bekannt angenommenen Verhältnisse das Ihrige beitrugen. Sie war so oft Braut genannt worden, daß sie sich endlich selbst dafür hielt, und weder sie noch irgend jemand dachte daran, daß noch eine Prüfung nötig sei, als sie den Ring mit demjenigen wechselte, der so lange Zeit für ihren Bräutigam galt.

Der ruhige Gang, den die ganze Sache genommen hatte, war auch durch das Verlöbnis nicht beschleunigt worden. Man ließ eben von beiden Seiten alles so fortgewähren, man freute sich des Zusammenlebens und wollte die gute Jahreszeit durchaus noch als einen Frühling des künftigen ernsteren Lebens genießen.

Indessen hatte der Entfernte sich zum schönsten ausgebildet, eine verdiente Stufe seiner Lebensbestimmung erstiegen und kam mit Urlaub, die Seinigen zu besuchen. Auf eine ganz natürliche, aber doch sonderbare Weise stand er seiner schönen Nachbarin abermals entgegen. Sie hatte in der letzten Zeit nur freundliche, bräutliche Familienempfindungen bei sich genährt, sie war mit allem, was sie umgab, in Übereinstimmung; sie glaubte glücklich zu sein und war es auch auf gewisse Weise. Aber nun stand ihr zum erstenmal seit langer Zeit wieder etwas entgegen: es war nicht hassenswert; sie war des Hasses unfähig geworden, ja der kindische Haß, der eigentlich nur ein dunkles Anerkennen des inneren Wertes gewesen, äußerte sich nun in frohem Erstaunen, erfreulichem Betrachten, gefälligem Eingestehen, halb willigem halb unwilligem und doch notwendigem Annahen, und das alles war wechselseitig. Eine lange Entfernung gab zu längeren Unterhaltungen Anlaß. Selbst jene kindische Unvernunft diente den Aufgeklärteren zu scherzhafter Erinnerung, und es war, als wenn man sich jenen neckischen Haß wenigstens durch eine freundschaftliche, aufmerksame Behandlung vergüten müsse, als wenn jenes gewaltsame Verkennen nunmehr nicht ohne ein ausgesprochnes Anerkennen bleiben dürfe.

Von seiner Seite blieb alles in einem verständigen, wünschenswerten Maß. Sein Stand, seine Verhältnisse, sein Streben, sein Ehrgeiz beschäftigten ihn so reichlich, daß er die Freundlichkeit der schönen Braut als eine dankenswerte Zugabe mit Behaglichkeit aufnahm, ohne sie deshalb in irgendeinem Bezug auf sich zu betrachten oder sie ihrem Bräutigam zu mißgönnen, mit dem er übrigens in den besten Verhältnissen stand.

Bei ihr hingegen sah es ganz anders aus. Sie schien sich wie aus einem Traum erwacht. Der Kampf gegen ihren jungen Nachbar war die erste Leidenschaft gewesen, und dieser heftige Kampf war doch nur, unter der Form des Widerstrebens, eine heftige, gleichsam angeborne Neigung. Auch kam es ihr in der Erinnerung nicht anders vor, als daß sie ihn immer geliebt habe. Sie lächelte über jenes feindliche Suchen mit den Waffen in der Hand; sie wollte sich des angenehmsten Gefühls erinnern, als er sie entwaffnete; sie bildete sich ein, die größte Seligkeit empfunden zu haben, da er sie band, und alles, was sie zu seinem Schaden und Verdruß unternommen hatte, kam ihr nur als unschuldiges Mittel vor, seine Aufmerksamkeit auf sich zu ziehen. Sie verwünschte jene Trennung, sie bejammerte den Schlaf, in den sie verfallen, sie verfluchte die schleppende, träumerische Gewohnheit, durch die ihr ein so unbedeutender Bräutigam hatte werden können; sie war verwandelt, doppelt verwandelt, vorwärts und rückwärts, wie man es nehmen will.

Hätte jemand ihre Empfindungen, die sie ganz geheimhielt, entwickeln und mit ihr teilen können, so würde er sie nicht gescholten haben; denn freilich konnte der Bräutigam die Vergleichung mit dem Nachbar nicht aushalten, sobald man sie nebeneinander sah. Wenn man dem einen ein gewisses Zutrauen nicht versagen konnte, so erregte der andere das vollste Vertrauen; wenn man den einen gern zur

Gesellschaft mochte, so wünschte man sich den andern zum Gefährten; und dachte man gar an höhere Teilnahme, an außerordentliche Fälle, so hätte man wohl an dem einen gezweifelt, wenn einem der andere vollkommene Gewißheit gab. Für solche Verhältnisse ist den Weibern ein besonderer Takt angeboren, und sie haben Ursache sowie Gelegenheit, ihn auszubilden.

Je mehr die schöne Braut solche Gesinnungen bei sich ganz heimlich nährte, je weniger nur irgend jemand dasjenige auszusprechen im Fall war, was zugunsten des Bräutigams gelten konnte, was Verhältnisse, was Pflicht anzuraten und zu gebieten, ja was eine unabänderliche Notwendigkeit unwiderruflich zu fordern schien, desto mehr begünstigte das schöne Herz seine Einseitigkeit; und indem sie von der einen Seite durch Welt und Familie, Bräutigam und eigne Zusage unauflöslich gebunden war, von der andern der emporstrebende Jüngling gar kein Geheimnis von seinen Gesinnungen, Planen und Aussichten machte, sich nur als ein treuer und nicht einmal zärtlicher Bruder gegen sie bewies und nun gar von seiner unmittelbaren Abreise die Rede war, so schien es, als ob ihr früher kindischer Geist mit allen seinen Tücken und Gewaltsamkeiten wiedererwachte und sich nun auf einer höheren Lebensstufe mit Unwillen rüstete, bedeutender und verderblicher zu wirken. Sie beschloß zu sterben, um den ehemals Gehaßten und nun so heftig Geliebten für seine Unteilnahme zu strafen und sich, indem sie ihn nicht besitzen sollte, wenigstens mit seiner Einbildungskraft, seiner Reue auf ewig zu vermählen. Er sollte ihr totes Bild nicht loswerden, er sollte nicht aufhören, sich Vorwürfe zu machen, daß er ihre Gesinnungen nicht erkannt, nicht erforscht, nicht geschätzt habe.

Dieser seltsame Wahnsinn begleitete sie überallhin. Sie verbarg ihn unter allerlei Formen; und ob sie den Menschen gleich wunderlich vorkam, so war niemand aufmerksam oder klug genug, die innere, wahre Ursache zu entdecken.

Indessen hatten sich Freunde, Verwandte, Bekannte in Anordnungen von mancherlei Festen erschöpft. Kaum verging ein Tag, daß nicht irgend etwas Neues und Unerwartetes angestellt worden wäre. Kaum war ein schöner

Platz der Landschaft, den man nicht ausgeschmückt und zum Empfang vieler froher Gäste bereitet hätte. Auch wollte unser junger Ankömmling noch vor seiner Abreise das Seinige tun und lud das junge Paar mit einem engeren Familienkreise zu einer Wasserlustfahrt. Man bestieg ein großes, schönes, wohlausgeschmücktes Schiff, eine der Jachten, die einen kleinen Saal und einige Zimmer anbieten und auf das Wasser die Bequemlichkeit des Landes übertragen suchen.

Man fuhr auf dem großen Strome mit Musik dahin; die Gesellschaft hatte sich bei heißer Tageszeit in den untern Räumen versammelt, um sich an Geistes- und Glücksspielen zu ergötzen. Der junge Wirt, der niemals untätig bleiben konnte, hatte sich ans Steuer gesetzt, den alten Schiffsmeister abzulösen, der an seiner Seite eingeschlafen war; und eben brauchte der Wachende alle seine Vorsicht, da er sich einer Stelle nahte, wo zwei Inseln das Flußbette verengten und, indem sie ihre flachen Kiesufer bald an der einen, bald an der andern Seite hereinstreckten, ein gefährliches Fahrwasser zubereiteten. Fast war der sorgsame und scharfblickende Steurer in Versuchung, den Meister zu wecken, aber er getraute sichs zu und fuhr gegen die Enge. In dem Augenblick erschien auf dem Verdeck seine schöne Feindin mit einem Blumenkranz in den Haaren. Sie nahm ihn ab und warf ihn auf den Steuernden. „Nimm dies zum Andenken!“ rief sie aus. „Störe mich nicht!“ rief er ihr entgegen, indem er den Kranz auffing; „ich bedarf aller meiner Kräfte und meiner Aufmerksamkeit.“ – „Ich störe dich nicht weiter,“ rief sie; „du siehst mich nicht wieder!“ Sie sprachs und eilte nach dem Vorderteil des Schiffs, von da sie ins Wasser sprang. Einige Stimmen riefen: „Rettet! rettet! sie ertrinkt.“ Er war in der entsetzlichsten Verlegenheit. Über dem Lärm erwacht der alte Schiffsmeister, will das Ruder ergreifen, der jüngere es ihm übergeben, aber es ist keine Zeit, die Herrschaft zu wechseln: das Schiff strandet, und in eben dem Augenblick, die lästigsten Kleidungsstücke wegwerfend, stürzte er sich ins Wasser und schwamm der schönen Feindin nach.

Das Wasser ist ein freundliches Element für den, der

damit bekannt ist und es zu behandeln weiß. Es trug ihn, und der geschickte Schwimmer beherrschte es. Bald hatte er die vor ihm fortgerissene Schöne erreicht; er faßte sie, wußte sie zu heben und zu tragen; beide wurden vom Strom gewaltsam fortgerissen, bis sie die Inseln, die Werder weit hinter sich hatten und der Fluß wieder breit und gemächlich zu fließen anfing. Nun erst ermannte, nun erholte er sich aus der ersten zudringenden Not, in der er ohne Besinnung nur mechanisch gehandelt; er blickte mit emporstrebendem Haupt umher und ruderte nach Vermögen einer flachen, buschichten Stelle zu, die sich angenehm und gelegen in den Fluß verlief. Dort brachte er seine schöne Beute aufs Trockne; aber kein Lebenshauch war in ihr zu spüren. Er war in Verzweiflung, als ihm ein betretener Pfad, der durchs Gebüsch lief, in die Augen leuchtete. Er belud sich aufs neue mit der teuren Last, er erblickte bald eine einsame Wohnung und erreichte sie. Dort fand er gute Leute, ein junges Ehepaar. Das Unglück, die Not sprach sich geschwind aus. Was er nach einiger Besinnung forderte, ward geleistet. Ein lichtes Feuer brannte, wollne Decken wurden über ein Lager gebreitet, Pelze, Felle und was Erwärmendes vorrätig war, schnell herbeigetragen. Hier überwand die Begierde zu retten jede andre Betrachtung. Nichts ward versäumt, den schönen, halbstarren, nackten Körper wieder ins Leben zu rufen. Es gelang. Sie schlug die Augen auf, sie erblickte den Freund, umschlang seinen Hals mit ihren himmlischen Armen. So blieb sie lange; ein Tränenstrom stürzte aus ihren Augen und vollendete ihre Genesung. „Willst du mich verlassen," rief sie aus, „da ich dich so wiederfinde?" – „Niemals," rief er, „niemals!" und wußte nicht, was er sagte noch was er tat. „Nur schone dich," rief er hinzu, „schone dich! denke an dich um deinet- und meinetwillen."

Sie dachte nun an sich und bemerkte jetzt erst den Zustand, in dem sie war. Sie konnte sich vor ihrem Liebling, ihrem Retter nicht schämen; aber sie entließ ihn gern, damit er für sich sorgen möge; denn noch war, was ihn umgab, naß und triefend.

Die jungen Eheleute beredeten sich; er bot dem Jüngling

und sie der Schönen das Hochzeitskleid an, das noch vollständig dahing, um ein Paar von Kopf zu Fuß und von innen heraus zu bekleiden. In kurzer Zeit waren die beiden Abenteurer nicht nur angezogen, sondern geputzt. Sie sahen allerliebst aus, staunten einander an, als sie zusammentraten, und fielen sich mit unmäßiger Leidenschaft, und doch halb lächelnd über die Vermummung, gewaltsam in die Arme. Die Kraft der Jugend und die Regsamkeit der Liebe stellten sie in wenigen Augenblicken völlig wieder her, und es fehlte nur die Musik, um sie zum Tanz aufzufordern.

Sich vom Wasser zur Erde, vom Tode zum Leben, aus dem Familienkreise in eine Wildnis, aus der Verzweiflung zum Entzücken, aus der Gleichgültigkeit zur Neigung, zur Leidenschaft gefunden zu haben, alles in einem Augenblick – der Kopf wäre nicht hinreichend, das zu fassen; er würde zerspringen oder sich verwirren. Hiebei muß das Herz das Beste tun, wenn eine solche Überraschung ertragen werden soll.

Ganz verloren eins ins andere, konnten sie erst nach einiger Zeit an die Angst, an die Sorgen der Zurückgelassenen denken, und fast konnten sie selbst nicht ohne Angst, ohne Sorge daran denken, wie sie jenen wiederbegegnen wollten. „Sollen wir fliehen? sollen wir uns verbergen?“ sagte der Jüngling. „Wir wollen zusammenbleiben,“ sagte sie, indem sie an seinem Hals hing.

Der Landmann, der von ihnen die Geschichte des gestrandeten Schiffs vernommen hatte, eilte, ohne weiter zu fragen, nach dem Ufer. Das Fahrzeug kam glücklich einhergeschwommen; es war mit vieler Mühe losgebracht worden. Man fuhr aufs ungewisse fort, in Hoffnung, die Verlornen wiederzufinden. Als daher der Landmann mit Rufen und Winken die Schiffenden aufmerksam machte, an eine Stelle lief, wo ein vorteilhafter Landungsplatz sich zeigte, und mit Winken und Rufen nicht aufhörte, wandte sich das Schiff nach dem Ufer, und welch ein Schauspiel ward es, da sie landeten! Die Eltern der beiden Verlobten drängten sich zuerst ans Ufer; den liebenden Bräutigam hatte fast die Besinnung verlassen. Kaum hatten sie vernommen, daß die lieben Kinder gerettet seien, so traten diese in ihrer sonderbaren Verkleidung aus dem Busch hervor. Man erkannte sie nicht eher, als bis sie ganz herangetreten waren. „Wen seh ich?" riefen die Mütter. „Was seh ich?" riefen die Väter. Die Geretteten warfen sich vor ihnen nieder. „Eure Kinder!" riefen sie aus, „ein Paar." – „Verzeiht!" rief das Mädchen. „Gebt uns Euren Segen!" rief der Jüngling. „Gebt uns Euren Segen!" riefen beide, da alle Welt staunend verstummte. „Euren Segen!" ertönte es zum drittenmal, und wer hätte den versagen können!

EILFTES KAPITEL

Der Erzählende machte eine Pause oder hatte vielmehr schon geendigt, als er bemerken mußte, daß Charlotte höchst bewegt sei; ja sie stand auf und verließ mit einer stummen Entschuldigung das Zimmer; denn die Geschichte war ihr bekannt. Diese Begebenheit hatte sich mit dem Hauptmann und einer Nachbarin wirklich zugetragen, zwar nicht ganz wie sie der Engländer erzählte, doch war sie in den Hauptzügen nicht entstellt, nur im einzelnen mehr ausgebildet und ausgeschmückt, wie es dergleichen Geschichten zu gehen pflegt, wenn sie erst durch den Mund der Menge und sodann durch die Phantasie eines geist- und geschmackreichen Erzählers durchgehen. Es bleibt zuletzt meist alles und nichts, wie es war.

Ottilie folgte Charlotten, wie es die beiden Fremden selbst verlangten, und nun kam der Lord an die Reihe zu bemerken, daß vielleicht abermals ein Fehler begangen, etwas dem Hause Bekanntes oder gar Verwandtes erzählt worden. „Wir müssen uns hüten," fuhr er fort, „daß wir nicht noch mehr Übles stiften. Für das viele Gute und Angenehme, das wir hier genossen, scheinen wir den Bewohnerinnen wenig Glück zu bringen; wir wollen uns auf eine schickliche Weise zu empfehlen suchen."

„Ich muß gestehen," versetzte der Begleiter, „daß mich hier noch etwas anderes festhält, ohne dessen Aufklärung und nähere Kenntnis ich dieses Haus nicht gern verlassen möchte. Sie waren gestern, Mylord, als wir mit der tragbaren dunklen Kammer durch den Park zogen, viel zu beschäftigt, sich einen wahrhaft malerischen Standpunkt auszuwählen, als daß Sie hätten bemerken sollen, was nebenher vorging. Sie lenkten vom Hauptwege ab, um zu einem wenig besuchten Platze am See zu gelangen, der Ihnen ein reizendes Gegenüber anbot. Ottilie, die uns begleitete, stand an zu folgen und bat, sich auf dem Kahne dorthin begeben zu dürfen. Ich setzte mich mit ihr ein und hatte meine Freude an der Gewandtheit der schönen Schifferin. Ich versicherte ihr, daß ich seit der Schweiz, wo auch die reizendsten Mädchen die Stelle des Fährmanns vertreten, nicht so angenehm sei über die Wellen geschaukelt worden, konnte mich aber nicht enthalten, sie zu fragen, warum sie eigentlich abgelehnt, jenen Seitenweg zu machen; denn wirklich war in ihrem Ausweichen eine Art von ängstlicher Verlegenheit. ‚Wenn Sie mich nicht auslachen wollen,' versetzte sie freundlich, ‚so kann ich Ihnen darüber wohl einige Auskunft geben, obgleich selbst für mich dabei ein Geheimnis obwaltet. Ich habe jenen Nebenweg niemals betreten, ohne daß mich ein ganz eigener Schauer überfallen hätte, den ich sonst nirgends empfinde und den ich mir nicht zu erklären weiß. Ich vermeide daher lieber, mich einer solchen Empfindung auszusetzen, um so mehr, als sich gleich darauf ein Kopfweh an der linken Seite einstellt, woran ich sonst auch manchmal leide.' Wir landeten, Ottilie unterhielt sich mit Ihnen, und ich untersuchte indes die Stelle, die sie mir aus der Ferne deutlich angegeben hatte. Aber wie groß war meine Verwunderung, als ich eine sehr deutliche Spur von Steinkohlen entdeckte, die mich überzeugt, man würde bei einigem Nachgraben vielleicht ein ergiebiges Lager in der Tiefe finden.

Verzeihen Sie, Mylord, ich sehe Sie lächeln und weiß recht gut, daß Sie mir eine leidenschaftliche Aufmerksamkeit auf diese Dinge, an die Sie keinen Glauben haben, nur als weiser Mann und als Freund nachsehen; aber es ist mir unmöglich, von hier zu scheiden, ohne das schöne Kind auch die Pendelschwingungen versuchen zu lassen."

Es konnte niemals fehlen, wenn die Sache zur Sprache

kam, daß der Lord nicht seine Gründe dagegen abermals wiederholte, welche der Begleiter bescheiden und geduldig aufnahm, aber doch zuletzt bei seiner Meinung, bei seinen Wünschen verharrte. Auch er gab wiederholt zu erkennen, daß man deswegen, weil solche Versuche nicht jedermann gelängen, die Sache nicht aufgeben, ja vielmehr nur desto ernsthafter und gründlicher untersuchen müßte, da sich gewiß noch manche Bezüge und Verwandtschaften unorganischer Wesen untereinander, organischer gegen sie und abermals untereinander offenbaren würden, die uns gegenwärtig verborgen seien.

Er hatte seinen Apparat von goldnen Ringen, Markasiten und andern metallischen Substanzen, den er in einem schönen Kästchen immer bei sich führte, schon ausgebreitet und ließ nun Metalle, an Fäden schwebend, über liegende Metalle zum Versuche nieder. „Ich gönne Ihnen die Schadenfreude, Mylord," sagte er dabei, „die ich auf Ihrem Gesichte lese, daß sich bei mir und für mich nichts bewegen will. Meine Operation ist aber auch nur ein Vorwand. Wenn die Damen zurückkehren, sollen sie neugierig werden, was wir Wunderliches hier beginnen."

Die Frauenzimmer kamen zurück. Charlotte verstand sogleich, was vorging. „Ich habe manches von diesen Dingen gehört," sagte sie, „aber niemals eine Wirkung gesehen. Da Sie alles so hübsch bereit haben, lassen Sie mich versuchen, ob es mir nicht auch anschlägt."

Sie nahm den Faden in die Hand, und da es ihr Ernst war, hielt sie ihn stet und ohne Gemütsbewegung; allein auch nicht das mindeste Schwanken war zu bemerken. Darauf ward Ottilie veranlaßt. Sie hielt den Pendel noch ruhiger, unbefangener, unbewußter über die unterliegenden Metalle. Aber in dem Augenblicke ward das Schwebende wie in einem entschiedenen Wirbel fortgerissen und drehte sich, je nachdem man die Unterlage wechselte, bald nach der einen, bald nach der andern Seite, jetzt in Kreisen, jetzt in Ellipsen, oder nahm seinen Schwung in graden Linien, wie es der Begleiter nur erwarten konnte, ja über alle seine Erwartung.

Der Lord selbst stutzte einigermaßen, aber der andere konnte vor Lust und Begierde gar nicht enden und bat immer um Wiederholung und Vermannigfaltigung der Versuche. Ottilie war gefällig genug, sich in sein Verlangen zu finden, bis sie ihn zuletzt freundlich ersuchte, er möge sie entlassen, weil ihr Kopfweh sich wieder einstelle. Er, darüber verwundert, ja entzückt, versicherte ihr mit Enthusiasmus, daß er sie von diesem Übel völlig heilen wolle, wenn sie sich seiner Kurart anvertraue. Man war einen Augenblick ungewiß; Charlotte aber, die geschwind begriff, wovon die Rede sei, lehnte den wohlgesinnten Antrag ab, weil sie nicht gemeint war, in ihrer Umgebung etwas zuzulassen, wovor sie immerfort eine starke Apprehension gefühlt hatte.

Die Fremden hatten sich entfernt und, ungeachtet man von ihnen auf eine sonderbare Weise berührt worden war, doch den Wunsch zurückgelassen, daß man sie irgendwo wieder antreffen möchte. Charlotte benutzte nunmehr die schönen Tage, um in der Nachbarschaft ihre Gegenbesuche zu enden, womit sie kaum fertig werden konnte, indem sich die ganze Landschaft umher, einige wahrhaft teilnehmend, andre bloß der Gewohnheit wegen, bisher fleißig um sie bekümmert hatten. Zu Hause belebte sie der Anblick des Kindes; es war gewiß jeder Liebe, jeder Sorgfalt wert. Man sah in ihm ein wunderbares, ja ein Wunderkind, höchst erfreulich dem Anblick, an Größe, Ebenmaß, Stärke und Gesundheit; und was noch mehr in Verwunderung setzte, war jene doppelte Ähnlichkeit, die sich immer mehr entwickelte. Den Gesichtszügen und der ganzen Form nach glich das Kind immer mehr dem Hauptmann, die Augen ließen sich immer weniger von Ottiliens Augen unterscheiden.

Durch diese sonderbare Verwandtschaft und vielleicht noch mehr durch das schöne Gefühl der Frauen geleitet, welche das Kind eines geliebten Mannes, auch von einer andern, mit zärtlicher Neigung umfangen, ward Ottilie dem heranwachsenden Geschöpf soviel als eine Mutter oder vielmehr eine andre Art von Mutter. Entfernte sich Charlotte, so blieb Ottilie mit dem Kinde und der Wärterin allein. Nanny hatte sich seit einiger Zeit, eifersüchtig auf den Knaben, dem ihre Herrin alle Neigung zuzuwenden schien, trotzig von ihr entfernt und war zu ihren Eltern zurückgekehrt. Ottilie fuhr fort, das Kind in die freie Luft zu tragen, und gewöhnte sich an immer weitere Spaziergänge. Sie hatte das Milchfläschchen bei sich, um dem Kinde, wenn es nötig, seine Nahrung zu reichen. Selten unterließ sie dabei, ein Buch mitzunehmen, und so bildete sie, das Kind auf dem Arm, lesend und wandelnd, eine gar anmutige Penserosa.

ZWÖLFTES KAPITEL

Der Hauptzweck des Feldzugs war erreicht und Eduard, mit Ehrenzeichen geschmückt, rühmlich entlassen. Er begab sich sogleich wieder auf jenes kleine Gut, wo er genaue Nachrichten von den Seinigen fand, die er, ohne daß sie es bemerkten und wußten, scharf hatte beobachten lassen. Sein stiller Aufenthalt blickte ihm aufs freundlichste entgegen; denn man hatte indessen nach seiner Anordnung manches eingerichtet, gebessert und gefördert, sodaß die Anlagen und Umgebungen, was ihnen an Weite und Breite fehlte, durch das Innere und zunächst Genießbare ersetzten.

Eduard, durch einen raschen Lebensgang an entschiedenere Schritte gewöhnt, nahm sich nunmehr vor, dasjenige auszuführen, was er lange genug zu überdenken Zeit gehabt hatte. Vor allen Dingen berief er den Major. Die Freude des Wiedersehens war groß. Jugendfreundschaften wie Blutsverwandtschaften haben den bedeutenden Vorteil, daß ihnen Irrungen und Mißverständnisse, von welcher Art sie auch seien, niemals von Grund aus schaden und die alten Verhältnisse sich nach einiger Zeit wiederherstellen.

Zum frohen Empfang erkundigte sich Eduard nach dem Zustande des Freundes und vernahm, wie vollkommen nach seinen Wünschen ihn das Glück begünstigt habe. Halb scherzend vertraulich fragte Eduard sodann, ob nicht auch eine schöne Verbindung im Werke sei. Der Freund verneinte es mit bedeutendem Ernst.

„Ich kann und darf nicht hinterhaltig sein," fuhr Eduard fort; „ich muß dir meine Gesinnungen und Vorsätze sogleich entdecken. Du kennst meine Leidenschaft für Ottilien und hast längst begriffen, daß sie es ist, die mich in diesen Feldzug gestürzt hat. Ich leugne nicht, daß ich gewünscht hatte, ein Leben loszuwerden, das mir ohne sie nichts weiter nütze war; allein zugleich muß ich dir gestehen, daß ich es nicht über mich gewinnen konnte, vollkommen zu verzweifeln. Das Glück mit ihr war so schön, so wünschenswert, daß es mir unmöglich blieb, völlig Verzicht darauf zu tun. So manche tröstliche Ahnung, so manches heitere Zeichen hatte mich in dem Glauben, in dem Wahn bestärkt, Ottilie könne die Meine werden. Ein Glas mit unserm Namenszug bezeichnet, bei der Grundsteinlegung in die Lüfte geworfen, ging nicht zu Trümmern; es ward aufgefangen und ist wieder in meinen Händen. ‚So will ich mich denn selbst', rief ich mir zu, als ich an diesem einsamen Orte soviel zweifelhafte Stunden verlebt hatte, ‚mich selbst will ich an die Stelle des Glases zum Zeichen machen, ob unsre Verbindung möglich sei oder nicht. Ich gehe hin und suche den Tod, nicht als ein Rasender, sondern als einer, der zu leben hofft. Ottilie soll der Preis sein, um den ich kämpfe; sie soll es sein, die ich hinter jeder feindlichen Schlachtordnung, in jeder Verschanzung, in jeder belagerten Festung zu gewinnen, zu erobern hoffe. Ich will Wunder tun mit dem Wunsche, verschont zu bleiben, im Sinne, Ottilien zu gewinnen, nicht sie zu verlieren.' Diese Gefühle haben mich geleitet, sie haben mir durch alle Gefahren beigestanden; aber nun finde ich mich auch wie einen, der zu seinem Ziele gelangt ist, der alle Hindernisse überwunden hat, dem nun nichts mehr im Wege steht. Ottilie ist mein, und was noch zwischen diesem Gedanken und der Ausführung liegt, kann ich nur für nichts bedeutend ansehen."

„Du löschest", versetzte der Major, „mit wenig Zügen alles aus, was man dir entgegensetzen könnte und sollte; und doch muß es wiederholt werden. Das Verhältnis zu deiner Frau in seinem ganzen Werte dir zurückzurufen, überlasse ich dir selbst; aber du bist es ihr, du bist es dir schuldig, dich hierüber nicht zu verdunkeln. Wie kann ich aber nur gedenken, daß euch ein Sohn gegeben ist, ohne zugleich auszusprechen, daß ihr einander auf immer angehört, daß ihr um dieses Wesens willen schuldig seid, vereint zu leben, damit ihr vereint für seine Erziehung und für sein künftiges Wohl sorgen möget."

„Es ist bloß ein Dünkel der Eltern," versetzte Eduard, „wenn sie sich einbilden, daß ihr Dasein für die Kinder so nötig sei. Alles, was lebt, findet Nahrung und Beihülfe; und wenn der Sohn nach dem frühen Tode des Vaters keine so bequeme, so begünstigte Jugend hat, so gewinnt er vielleicht ebendeswegen an schnellerer Bildung für die Welt, durch zeitiges Anerkennen, daß er sich in andere schicken muß, was wir denn doch früher oder später alle lernen müssen. Und hievon ist ja die Rede gar nicht: wir sind reich genug, um mehrere Kinder zu versorgen, und es ist keineswegs Pflicht noch Wohltat, auf Ein Haupt so viele Güter zu häufen."

Als der Major mit einigen Zügen Charlottens Wert und Eduards lange bestandenes Verhältnis zu ihr anzudeuten gedachte, fiel ihm Eduard hastig in die Rede: „Wir haben eine Torheit begangen, die ich nur allzuwohl einsehe. Wer in einem gewissen Alter frühere Jugendwünsche und Hoffnungen realisieren will, betriegt sich immer; denn jedes Jahrzehnt des Menschen hat sein eigenes Glück, seine eigenen Hoffnungen und Aussichten. Wehe dem Menschen, der vorwärts oder rückwärts zu greifen durch Umstände oder durch Wahn veranlaßt wird! Wir haben eine Torheit begangen; soll sie es denn fürs ganze Leben sein? Sollen wir uns aus irgendeiner Art von Bedenklichkeit dasjenige versagen, was uns die Sitten der Zeit nicht absprechen? In wie vielen Dingen nimmt der Mensch seinen Vorsatz, seine Tat zurück, und hier gerade sollte es nicht geschehen, wo vom Ganzen und nicht vom Einzelnen, wo nicht von dieser oder jener Bedingung des Lebens, wo vom ganzen Komplex des Lebens die Rede ist!"

Der Major verfehlte nicht, auf eine ebenso geschickte als nachdrückliche Weise Eduarden die verschiedenen Bezüge zu seiner Gemahlin, zu den Familien, zu der Welt, zu seinen Besitzungen vorzustellen; aber es gelang ihm nicht, irgendeine Teilnahme zu erregen.

„Alles dieses, mein Freund," erwiderte Eduard, „ist mir vor der Seele vorbeigegangen, mitten im Gewühl der Schlacht, wenn die Erde vom anhaltenden Donner bebte, wenn die Kugeln sausten und pfiffen, rechts und links die

Gefährten niederfielen, mein Pferd getroffen, mein Hut durchlöchert ward; es hat mir vorgeschwebt beim stillen nächtlichen Feuer unter dem gestirnten Gewölbe des Himmels. Dann traten mir alle meine Verbindungen vor die Seele; ich habe sie durchgedacht, durchgefühlt; ich habe mir zugeeignet, ich habe mich abgefunden, zu wiederholten Malen, und nun für immer.

In solchen Augenblicken, wie kann ich dirs verschweigen, warst auch du mir gegenwärtig, auch du gehörtest in meinen Kreis; und gehören wir denn nicht schon lange zueinander? Wenn ich dir etwas schuldig geworden, so komme ich jetzt in den Fall, dir es mit Zinsen abzutragen; wenn du mir je etwas schuldig geworden, so siehst du dich nun imstande, mir es zu vergelten. Ich weiß, du liebst Charlotten, und sie verdient es; ich weiß, du bist ihr nicht gleichgültig, und warum sollte sie deinen Wert nicht erkennen! Nimm sie von meiner Hand, führe mir Ottilien zu! und wir sind die glücklichsten Menschen auf der Erde."

„Eben weil du mich mit so hohen Gaben bestechen willst," versetzte der Major, „muß ich desto vorsichtiger, desto strenger sein. Anstatt daß dieser Vorschlag, den ich still verehre, die Sache erleichtern möchte, erschwert er sie vielmehr. Es ist, wie von dir, nun auch von mir die Rede, und so wie von dem Schicksal, so auch von dem guten Namen, von der Ehre zweier Männer, die, bis jetzt unbescholten, durch diese wunderliche Handlung, wenn wir sie auch nicht anders nennen wollen, in Gefahr kommen, vor der Welt in einem höchst seltsamen Lichte zu erscheinen."

„Eben daß wir unbescholten sind," versetzte Eduard, „gibt uns das Recht, uns auch einmal schelten zu lassen. Wer sich sein ganzes Leben als einen zuverlässigen Mann bewiesen, der macht eine Handlung zuverlässig, die bei andern zweideutig erscheinen würde. Was mich betrifft, ich fühle mich durch die letzten Prüfungen, die ich mir auferlegt, durch die schwierigen, gefahrvollen Taten, die ich für andere getan, berechtigt, auch etwas für mich zu tun. Was dich und Charlotten betrifft, so sei es der Zukunft anheimgegeben; mich aber wirst du, wird niemand von meinem Vorsatze zurückhalten. Will man mir die Hand bieten, so bin ich auch wieder zu allem erbötig; will man mich mir selbst überlassen oder mir wohl gar entgegen sein, so muß ein Extrem entstehen, es werde auch, wie es wolle."

Der Major hielt es für seine Pflicht, dem Vorsatz Eduards solange als möglich Widerstand zu leisten, und er bediente sich nun gegen seinen Freund einer klugen Wendung, indem er nachzugeben schien und nur die Form, den Geschäftsgang zur Sprache brachte, durch welchen man diese Trennung, diese Verbindungen erreichen sollte. Da trat denn so manches Unerfreuliche, Beschwerliche, Unschickliche hervor, daß sich Eduard in die schlimmste Laune versetzt fühlte.

„Ich sehe wohl," rief dieser endlich, „nicht allein von Feinden, sondern auch von Freunden muß, was man wünscht, erstürmt werden. Das, was ich will, was mir unentbehrlich ist, halte ich fest im Auge; ich werde es ergreifen und gewiß bald und behende. Dergleichen Verhältnisse, weiß ich wohl, heben sich nicht auf und bilden sich nicht, ohne daß manches falle, was steht, ohne daß manches weiche, was zu beharren Lust hat. Durch Überlegung wird so etwas nicht geendet; vor dem Verstande sind alle Rechte gleich, und auf die steigende Waagschale läßt sich immer wieder ein Gegengewicht legen. Entschließe dich also, mein Freund, für mich, für dich zu handeln, für mich, für dich diese Zustände zu entwirren, aufzulösen, zu verknüpfen! Laß dich durch keine Betrachtungen abhalten; wir haben die Welt ohnehin schon von uns reden machen; sie wird noch einmal von uns reden, uns sodann, wie alles übrige, was aufhört neu zu sein, vergessen und uns gewähren lassen, wie wir können, ohne weitern Teil an uns zu nehmen."

Der Major hatte keinen andern Ausweg und mußte endlich zugeben, daß Eduard ein für allemal die Sache als etwas Bekanntes und Vorausgesetztes behandelte, daß er, wie alles anzustellen sei, im einzelnen durchsprach und sich über die Zukunft auf das heiterste, sogar in Scherzen erging.

Dann wieder ernsthaft und nachdenklich fuhr er fort: „Wollten wir uns der Hoffnung, der Erwartung überlassen, daß alles sich von selbst wieder finden, daß der Zufall uns leiten und begünstigen solle, so wäre dies ein sträflicher

Selbstbetrug. Auf diese Weise können wir uns unmöglich retten, unsre allseitige Ruhe nicht wiederherstellen; und wie sollte ich mich trösten können, da ich unschuldig die Schuld an allem bin! Durch meine Zudringlichkeit habe ich Charlotten vermocht, dich ins Haus zu nehmen, und auch Ottilie ist nur in Gefolg von dieser Veränderung bei uns eingetreten. Wir sind nicht mehr Herr über das, was daraus entsprungen ist, aber wir sind Herr, es unschädlich zu machen, die Verhältnisse zu unserm Glücke zu leiten. Magst du die Augen von den schönen und freundlichen Aussichten abwenden, die ich uns eröffne, magst du mir, magst du uns allen ein trauriges Entsagen gebieten, insofern du dirs möglich denkst, insofern es möglich wäre: ist denn nicht auch alsdann, wenn wir uns vornehmen, in die alten Zustände zurückzukehren, manches Unschickliche, Unbequeme, Verdrießliche zu übertragen, ohne daß irgend etwas Gutes, etwas Heiteres daraus entspränge? Würde der glückliche Zustand, in dem du dich befindest, dir wohl Freude machen, wenn du gehindert wärst, mich zu besuchen, mit mir zu leben? Und nach dem, was vorgegangen ist, würde es doch immer peinlich sein. Charlotte und ich würden mit allem unserm Vermögen uns nur in einer traurigen Lage befinden. Und wenn du mit andern Weltmenschen glauben magst, daß Jahre, daß Entfernung solche Empfindungen abstumpfen, so tief eingegrabene Züge auslöschen, so ist ja eben von diesen Jahren die Rede, die man nicht in Schmerz und Entbehren, sondern in Freude und Behagen zubringen will. Und nun zuletzt noch das Wichtigste auszusprechen: wenn wir auch unserm äußern und innern Zustande nach das allenfalls abwarten könnten, was soll aus Ottilien werden, die unser Haus verlassen, in der Gesellschaft unserer Vorsorge entbehren und sich in der verruchten, kalten Welt jämmerlich herumdrücken müßte! Male mir einen Zustand, worin Ottilie ohne mich, ohne uns glücklich sein könnte, dann sollst du ein Argument ausgesprochen haben, das stärker ist als jedes andre, das ich, wenn ichs auch nicht zugeben, mich ihm nicht ergeben kann, dennoch recht gern aufs neue in Betrachtung und Überlegung ziehen will."

Diese Aufgabe war so leicht nicht zu lösen, wenigstens fiel

dem Freunde hierauf keine hinlängliche Antwort ein, und es blieb ihm nichts übrig, als wiederholt einzuschärfen, wie wichtig, wie bedenklich und in manchem Sinne gefährlich das ganze Unternehmen sei, und daß man wenigstens, wie es anzugreifen wäre, auf das ernstlichste zu bedenken habe. Eduard ließ sichs gefallen, doch nur unter der Bedingung, daß ihn der Freund nicht eher verlassen wolle, als bis sie über die Sache völlig einig geworden und die ersten Schritte getan seien.

DREIZEHNTES KAPITEL

Völlig fremde und gegeneinander gleichgültige Menschen, wenn sie eine Zeitlang zusammenleben, kehren ihr Inneres wechselseitig heraus, und es muß eine gewisse Vertraulichkeit entstehen. Um so mehr läßt sich erwarten, daß unsern beiden Freunden, indem sie wieder nebeneinander wohnten, täglich und stündlich zusammen umgingen, gegenseitig nichts verborgen blieb. Sie wiederholten das Andenken ihrer früheren Zustände, und der Major verhehlte nicht, daß Charlotte Eduarden, als er von Reisen zurückgekommen, Ottilien zugedacht, daß sie ihm das schöne Kind in der Folge zu vermählen gemeint habe. Eduard, bis zur Verwirrung entzückt über diese Entdeckung, sprach ohne Rückhalt von der gegenseitigen Neigung Charlottens und des Majors, die er, weil es ihm gerade bequem und günstig war, mit lebhaften Farben ausmalte.

Ganz leugnen konnte der Major nicht und nicht ganz eingestehen; aber Eduard befestigte, bestimmte sich nur mehr. Er dachte sich alles nicht als möglich, sondern als schon geschehen. Alle Teile brauchten nur in das zu willigen, was sie wünschten; eine Scheidung war gewiß zu erlangen; eine baldige Verbindung sollte folgen, und Eduard wollte mit Ottilien reisen.

Unter allem, was die Einbildungskraft sich Angenehmes ausmalt, ist vielleicht nichts Reizenderes, als wenn Liebende, wenn junge Gatten ihr neues, frisches Verhältnis in einer neuen, frischen Welt zu genießen und einen dauernden Bund an soviel wechselnden Zuständen zu prüfen und zu bestätigen hoffen. Der Major und Charlotte sollten unterdessen unbeschränkte Vollmacht haben, alles, was sich auf Besitz, Vermögen und die irdischen wünschenswerten Einrichtungen bezieht, dergestalt zu ordnen und nach Recht und Billigkeit einzuleiten, daß alle Teile zufrieden sein könnten. Worauf jedoch Eduard am allermeisten zu fußen, wovon er sich den größten Vorteil zu versprechen schien, war dies: Da das Kind bei der Mutter bleiben sollte, so würde der Major den Knaben erziehen, ihn nach seinen Einsichten leiten, seine Fähigkeiten entwickeln können. Nicht umsonst hatte man ihm dann in der Taufe ihren beiderseitigen Namen Otto gegeben.

Das alles war bei Eduarden so fertig geworden, daß er keinen Tag länger anstehen mochte, der Ausführung näherzutreten. Sie gelangten auf ihrem Wege nach dem Gute zu einer kleinen Stadt, in der Eduard ein Haus besaß, wo er verweilen und die Rückkunft des Majors abwarten wollte. Doch konnte er sich nicht überwinden, daselbst sogleich abzusteigen, und begleitete den Freund noch durch den Ort. Sie waren beide zu Pferde, und in bedeutendem Gespräch verwickelt ritten sie zusammen weiter.

Auf einmal erblickten sie in der Ferne das neue Haus auf der Höhe, dessen rote Ziegeln sie zum erstenmal blinken sahen. Eduarden ergreift eine unwiderstehliche Sehnsucht; es soll noch diesen Abend alles abgetan sein. In einem ganz nahen Dorfe will er sich verborgen halten; der Major soll die Sache Charlotten dringend vorstellen, ihre Vorsicht überraschen und durch den unerwarteten Antrag sie zu freier Eröffnung ihrer Gesinnung nötigen. Denn Eduard, der seine Wünsche auf sie übergetragen hatte, glaubte nicht anders, als daß er ihren entschiedenen Wünschen entgegenkomme, und hoffte eine so schnelle Einwilligung von ihr, weil er keinen andern Willen haben konnte.

Er sah den glücklichen Ausgang freudig vor Augen, und damit dieser dem Lauernden schnell verkündigt würde, sollten einige Kanonenschläge losgebrannt werden und, wäre es Nacht geworden, einige Raketen steigen.

Der Major ritt nach dem Schlosse zu. Er fand Charlotten nicht, sondern erfuhr vielmehr, daß sie gegenwärtig oben auf dem neuen Gebäude wohne, jetzt aber einen Besuch in der Nachbarschaft ablege, von welchem sie heute wahrscheinlich nicht so bald nach Hause komme. Er ging in das Wirtshaus zurück, wohin er sein Pferd gestellt hatte.

Eduard indessen, von unüberwindlicher Ungeduld getrieben, schlich aus seinem Hinterhalte durch einsame Pfade, nur Jägern und Fischern bekannt, nach seinem Park und fand sich gegen Abend im Gebüsch in der Nachbarschaft des Sees, dessen Spiegel er zum erstenmal vollkommen und rein erblickte.

Ottilie hatte diesen Nachmittag einen Spaziergang an den See gemacht. Sie trug das Kind und las im Gehen nach ihrer Gewohnheit. So gelangte sie zu den Eichen bei der Überfahrt. Der Knabe war eingeschlafen; sie setzte sich, legte ihn neben sich nieder und fuhr fort zu lesen. Das Buch war eins von denen, die ein zartes Gemüt an sich ziehen und nicht wieder loslassen. Sie vergaß Zeit und Stunde und dachte nicht, daß sie zu Lande noch einen weiten Rückweg nach dem neuen Gebäude habe; aber sie saß versenkt in ihr Buch, in sich selbst, so liebenswürdig anzusehen, daß die Bäume, die Sträuche ringsumher hätten belebt, mit Augen begabt sein sollen, um sie zu bewundern und sich an ihr zu erfreuen. Und eben fiel ein rötliches Streiflicht der sinkenden Sonne hinter ihr her und vergoldete Wange und Schulter.

Eduard, dem es bisher gelungen war, unbemerkt so weit vorzudringen, der seinen Park leer, die Gegend einsam fand, wagte sich immer weiter. Endlich bricht er durch das Gebüsch bei den Eichen, er sieht Ottilien, sie ihn; er fliegt auf sie zu und liegt zu ihren Füßen. Nach einer langen, stummen Pause, in der sich beide zu fassen suchen, erklärt er ihr mit wenig Worten, warum und wie er hieher gekommen. Er habe den Major an Charlotten abgesendet, ihr gemeinsames Schicksal werde vielleicht in diesem Augenblick entschieden. Nie habe er an ihrer Liebe gezweifelt, sie gewiß auch nie an der seinigen. Er bitte sie um ihre Einwilligung. Sie zauderte, er beschwur sie; er wollte seine alten Rechte geltend machen und sie in seine Arme schließen; sie deutete auf das Kind hin.

Eduard erblickt es und staunt. „Großer Gott!" ruft er aus, „wenn ich Ursache hätte, an meiner Frau, an meinem Freunde zu zweifeln, so würde diese Gestalt fürchterlich gegen sie zeugen. Ist dies nicht die Bildung des Majors? Solch ein Gleichen habe ich nie gesehen."

„Nicht doch!" versetzte Ottilie; „alle Welt sagt, es gleiche mir." – „Wär es möglich?" versetzte Eduard, und in dem Augenblick schlug das Kind die Augen auf, zwei große, schwarze, durchdringende Augen, tief und freundlich. Der Knabe sah die Welt schon so verständig an; er schien die beiden zu kennen, die vor ihm standen. Eduard warf sich bei dem Kinde nieder, er kniete zweimal vor Ottilien. „Du bists!" rief er aus, „deine Augen sinds. Ach! aber laß mich nur in die deinigen schaun. Laß mich einen Schleier werfen über jene unselige Stunde, die diesem Wesen das Dasein gab. Soll ich deine reine Seele mit dem unglücklichen Gedanken erschrecken, daß Mann und Frau entfremdet sich einander ans Herz drücken und einen gesetzlichen Bund durch lebhafte Wünsche entheiligen können? Oder ja, da wir einmal so weit sind, da mein Verhältnis zu Charlotten getrennt werden muß, da du die Meinige sein wirst, warum soll ich es nicht sagen? Warum soll ich das harte Wort nicht aussprechen: dies Kind ist aus einem doppelten Ehbruch erzeugt! es trennt mich von meiner Gattin und meine Gattin von mir, wie es uns hätte verbinden sollen. Mag es denn gegen mich zeugen, mögen diese herrlichen Augen den deinigen sagen, daß ich in den Armen einer andern dir gehörte; mögest du fühlen, Ottilie, recht fühlen, daß ich jenen Fehler, jenes Verbrechen nur in deinen Armen abbüßen kann!

Horch!" rief er aus, indem er aufsprang und einen Schuß zu hören glaubte, als das Zeichen, das der Major geben sollte. Es war ein Jäger, der im benachbarten Gebirg geschossen hatte. Es erfolgte nichts weiter; Eduard war ungeduldig.

Nun erst sah Ottilie, daß die Sonne sich hinter die Berge gesenkt hatte. Noch zuletzt blinkte sie von den Fenstern des obern Gebäudes zurück. „Entferne dich, Eduard!" rief

Ottilie. „So lange haben wir entbehrt, so lange geduldet. Bedenke, was wir beide Charlotten schuldig sind. Sie muß unser Schicksal entscheiden, laß uns ihr nicht vorgreifen. Ich bin die Deine, wenn sie es vergönnt; wo nicht, so muß ich dir entsagen. Da du die Entscheidung so nah glaubst, so laß uns erwarten. Geh in das Dorf zurück, wo der Major dich vermutet. Wie manches kann vorkommen, das eine Erklärung fordert. Ist es wahrscheinlich, daß ein roher Kanonenschlag dir den Erfolg seiner Unterhandlungen verkünde? Vielleicht sucht er dich auf in diesem Augenblick. Er hat Charlotten nicht getroffen, das weiß ich; er kann ihr entgegengegangen sein, denn man wußte, wo sie hin war. Wie vielerlei Fälle sind möglich! Laß mich! Jetzt muß sie kommen. Sie erwartet mich mit dem Kinde dort oben."

Ottilie sprach in Hast. Sie rief sich alle Möglichkeiten zusammen. Sie war glücklich in Eduards Nähe und fühlte, daß sie ihn jetzt entfernen müsse. „Ich bitte, ich beschwöre dich, Geliebter!" rief sie aus, „kehre zurück und erwarte den Major!" – „Ich gehorche deinen Befehlen," rief Eduard, indem er sie erst leidenschaftlich anblickte und sie dann fest in seine Arme schloß. Sie umschlang ihn mit den ihrigen und drückte ihn auf das zärtlichste an ihre Brust. Die Hoffnung fuhr wie ein Stern, der vom Himmel fällt, über ihre Häupter weg. Sie wähnten, sie glaubten einander anzugehören; sie wechselten zum erstenmal entschiedene, freie Küsse und trennten sich gewaltsam und schmerzlich.

Die Sonne war untergegangen, und es dämmerte schon und duftete feucht um den See. Ottilie stand verwirrt und bewegt; sie sah nach dem Berghause hinüber und glaubte Charlottens weißes Kleid auf dem Altan zu sehen. Der Umweg war groß am See hin; sie kannte Charlottens ungeduldiges Harren nach dem Kinde. Die Platanen sieht sie gegen sich über, nur ein Wasserraum trennt sie von dem Pfade, der sogleich zu dem Gebäude hinaufführt. Mit Gedanken ist sie schon drüben wie mit den Augen. Die Bedenklichkeit, mit dem Kinde sich aufs Wasser zu wagen, verschwindet in diesem Drange. Sie eilt nach dem Kahn, sie fühlt nicht, daß ihr Herz pocht, daß ihre Füße schwanken, daß ihr die Sinne zu vergehen drohn.

Sie springt in den Kahn, ergreift das Ruder und stößt ab. Sie muß Gewalt brauchen, sie wiederholt den Stoß, der Kahn schwankt und gleitet eine Strecke seewärts. Auf dem linken Arme das Kind, in der linken Hand das Buch, in der rechten das Ruder, schwankt auch sie und fällt in den Kahn. Das Ruder entfährt ihr nach der einen Seite und, wie sie sich erhalten will, Kind und Buch nach der andern, alles ins Wasser. Sie ergreift noch des Kindes Gewand; aber ihre unbequeme Lage hindert sie selbst am Aufstehen. Die freie rechte Hand ist nicht hinreichend sich umzuwenden, sich aufzurichten; endlich gelingts, sie zieht das Kind aus dem Wasser, aber seine Augen sind geschlossen, es hat aufgehört zu atmen.

In dem Augenblicke kehrt ihre ganze Besonnenheit zurück, aber um desto größer ist ihr Schmerz. Der Kahn treibt fast in der Mitte des Sees, das Ruder schwimmt fern, sie erblickt niemanden am Ufer, und auch was hätte es ihr geholfen, jemanden zu sehen! Von allem abgesondert, schwebt sie auf dem treulosen, unzugänglichen Elemente.

Sie sucht Hülfe bei sich selbst. So oft hatte sie von Rettung der Ertrunkenen gehört. Noch am Abend ihres Geburtstags hatte sie es erlebt. Sie entkleidet das Kind und trocknets mit ihrem Musselingewand. Sie reißt ihren Busen auf und zeigt ihn zum erstenmal dem freien Himmel; zum erstenmal drückt sie ein Lebendiges an ihre reine nackte Brust, ach! und kein Lebendiges. Die kalten Glieder des unglücklichen Geschöpfs verkälten ihren Busen bis ins innerste Herz. Unendliche Tränen entquellen ihren Augen und erteilen der Oberfläche des Erstarrten einen Schein von Wärme und Leben. Sie läßt nicht nach, sie überhüllt es mit ihrem Schal, und durch Streicheln, Andrücken, Anhauchen, Küssen, Tränen glaubt sie jene Hülfsmittel zu ersetzen, die ihr in dieser Abgeschnittenheit versagt sind.

Alles vergebens! Ohne Bewegung liegt das Kind in ihren Armen, ohne Bewegung steht der Kahn auf der Wasserfläche; aber auch hier läßt ihr schönes Gemüt sie nicht hülflos. Sie wendet sich nach oben. Knieend sinkt sie in dem Kahne nieder und hebt das erstarrte Kind mit beiden Armen über ihre unschuldige Brust, die an Weiße und leider auch an Kälte dem Marmor gleicht. Mit feuchtem Blick sieht sie empor und ruft Hülfe von daher, wo ein zartes Herz die größte Fülle zu finden hofft, wenn es überall mangelt.

Auch wendet sie sich nicht vergebens zu den Sternen, die schon einzeln hervorzublinken anfangen. Ein sanfter Wind erhebt sich und treibt den Kahn nach den Platanen.

VIERZEHNTES KAPITEL

Sie eilt nach dem neuen Gebäude, sie ruft den Chirurgus hervor, sie übergibt ihm das Kind. Der auf alles gefaßte Mann behandelt den zarten Leichnam stufenweise nach gewohnter Art. Ottilie steht ihm in allem bei; sie schafft, sie bringt, sie sorgt, zwar wie in einer andern Welt wandelnd, denn das höchste Unglück wie das höchste Glück verändert die Ansicht aller Gegenstände; und nur, als nach allen durchgegangenen Versuchen der wackere Mann den Kopf schüttelt, auf ihre hoffnungsvollen Fragen erst schweigend, dann mit einem leisen Nein antwortet, verläßt sie das Schlafzimmer Charlottens, worin dies alles geschehen, und kaum hat sie das Wohnzimmer betreten, so fällt sie, ohne den Sofa erreichen zu können, erschöpft aufs Angesicht über den Teppich hin.

Eben hört man Charlotten vorfahren. Der Chirurg bittet die Umstehenden dringend, zurückzubleiben, er will ihr entgegen, sie vorbereiten; aber schon betritt sie ihr Zimmer. Sie findet Ottilien an der Erde, und ein Mädchen des Hauses stürzt ihr mit Geschrei und Weinen entgegen. Der Chirurg tritt herein, und sie erfährt alles auf einmal. Wie sollte sie aber jede Hoffnung mit einmal aufgeben! Der erfahrne, kunstreiche, kluge Mann bittet sie nur, das Kind nicht zu sehen; er entfernt sich, sie mit neuen Anstalten zu täuschen. Sie hat sich auf ihren Sofa gesetzt, Ottilie liegt noch an der Erde, aber an der Freundin Kniee herangehoben, über die ihr schönes Haupt hingesenkt ist. Der ärztliche Freund geht ab und zu; er scheint sich um das Kind zu bemühen, er bemüht sich um die Frauen. So kommt die

Mitternacht herbei, die Totenstille wird immer tiefer. Charlotte verbirgt sichs nicht mehr, daß das Kind nie wieder ins Leben zurückkehre; sie verlangt es zu sehen. Man hat es in warme wollne Tücher reinlich eingehüllt, in einen Korb gelegt, den man neben sie auf den Sofa setzt; nur das Gesichtchen ist frei; ruhig und schön liegt es da.

Von dem Unfall war das Dorf bald erregt worden und die Kunde sogleich bis nach dem Gasthof erschollen. Der Major hatte sich die bekannten Wege hinaufbegeben; er ging um das Haus herum, und indem er einen Bedienten anhielt, der in dem Angebäude etwas zu holen lief, verschaffte er sich nähere Nachricht und ließ den Chirurgen herausrufen. Dieser kam, erstaunt über die Erscheinung seines alten Gönners, berichtete ihm die gegenwärtige Lage und übernahm es, Charlotten auf seinen Anblick vorzubereiten. Er ging hinein, fing ein ableitendes Gespräch an und führte die Einbildungskraft von einem Gegenstand auf den andern, bis er endlich den Freund Charlotten vergegenwärtigte, dessen gewisse Teilnahme, dessen Nähe dem Geiste, der Gesinnung nach, die er denn bald in eine wirkliche übergehen ließ. Genug, sie erfuhr, der Freund stehe vor der Tür, er wisse alles und wünsche eingelassen zu werden.

Der Major trat herein; ihn begrüßte Charlotte mit einem schmerzlichen Lächeln. Er stand vor ihr. Sie hub die grünseidne Decke auf, die den Leichnam verbarg, und bei dem dunklen Schein einer Kerze erblickte er nicht ohne geheimes Grausen sein erstarrtes Ebenbild. Charlotte deutete auf einen Stuhl, und so saßen sie gegeneinander über, schweigend, die Nacht hindurch. Ottilie lag noch ruhig auf den Knieen Charlottens; sie atmete sanft; sie schlief, oder sie schien zu schlafen.

Der Morgen dämmerte, das Licht verlosch, beide Freunde schienen aus einem dumpfen Traum zu erwachen. Charlotte blickte den Major an und sagte gefaßt: „Erklären Sie mir, mein Freund, durch welche Schickung kommen Sie hieher, um teil an dieser Trauerszene zu nehmen?"

„Es ist hier," antwortete der Major ganz leise, wie sie gefragt hatte – als wenn sie Ottilien nicht aufwecken wollten –, „es ist hier nicht Zeit und Ort, zurückzuhalten, Einleitungen zu machen und sachte heranzutreten. Der Fall, in dem ich Sie finde, ist so ungeheuer, daß das Bedeutende selbst, weshalb ich komme, dagegen seinen Wert verliert."

Er gestand ihr darauf ganz ruhig und einfach den Zweck seiner Sendung, insofern Eduard ihn abgeschickt hatte, den Zweck seines Kommens, insofern sein freier Wille, sein eigenes Interesse dabei war. Er trug beides sehr zart, doch aufrichtig vor; Charlotte hörte gelassen zu und schien weder darüber zu staunen noch unwillig zu sein.

Als der Major geendigt hatte, antwortete Charlotte mit ganz leiser Stimme, so daß er genötigt war, seinen Stuhl heranzurücken: „In einem Falle, wie dieser ist, habe ich mich noch nie befunden, aber in ähnlichen habe ich mir immer gesagt: ‚Wie wird es morgen sein?' Ich fühle recht wohl, daß das Los von mehreren jetzt in meinen Händen liegt; und was ich zu tun habe, ist bei mir außer Zweifel und bald ausgesprochen. Ich willige in die Scheidung. Ich hätte mich früher dazu entschließen sollen; durch mein Zaudern, mein Widerstreben habe ich das Kind getötet. Es sind gewisse Dinge, die sich das Schicksal hartnäckig vornimmt. Vergebens, daß Vernunft und Tugend, Pflicht und alles Heilige sich ihm in den Weg stellen: es soll etwas geschehen, was ihm recht ist, was uns nicht recht scheint; und so greift es zuletzt durch, wir mögen uns gebärden, wie wir wollen. Doch was sag ich! Eigentlich will das Schicksal meinen eigenen Wunsch, meinen eigenen Vorsatz, gegen die ich unbedachtsam gehandelt, wieder in den Weg bringen. Habe ich nicht selbst schon Ottilien und Eduarden mir als das schicklichste Paar zusammengedacht? Habe ich nicht selbst beide einander zu nähern gesucht? Waren Sie nicht selbst, mein Freund, Mitwisser dieses Plans? Und warum konnte ich den Eigensinn eines Mannes nicht von wahrer Liebe unterscheiden? Warum nahm ich seine Hand an, da ich als Freundin ihn und eine andre Gattin glücklich gemacht hätte? Und betrachten Sie nur diese unglückliche Schlummernde! Ich zittere vor dem Augenblicke, wenn sie aus ihrem halben Totenschlafe zum Bewußtsein erwacht. Wie soll sie leben, wie soll sie sich trösten, wenn sie nicht hoffen kann, durch ihre Liebe Eduarden das zu ersetzen, was sie ihm als Werkzeug des wunderbarsten Zufalls geraubt hat? Und sie kann ihm alles wiedergeben nach der Neigung, nach der Leidenschaft, mit der sie ihn liebt. Vermag die Liebe, alles zu dulden, so vermag sie noch viel mehr, alles zu ersetzen. An mich darf in diesem Augenblick nicht gedacht werden.

Entfernen Sie sich in der Stille, lieber Major. Sagen Sie Eduarden, daß ich in die Scheidung willige, daß ich ihm, Ihnen, Mittlern die ganze Sache einzuleiten überlasse, daß ich um meine künftige Lage unbekümmert bin und es in jedem Sinne sein kann. Ich will jedes Papier unterschreiben, das man mir bringt; aber man verlange nur nicht von mir, daß ich mitwirke, daß ich bedenke, daß ich berate."

Der Major stand auf. Sie reichte ihm ihre Hand über Ottilien weg. Er drückte seine Lippen auf diese liebe Hand. „Und für mich, was darf ich hoffen?" lispelte er leise.

„Lassen Sie mich Ihnen die Antwort schuldig bleiben," versetzte Charlotte. „Wir haben nicht verschuldet, unglücklich zu werden, aber auch nicht verdient, zusammen glücklich zu sein."

Der Major entfernte sich, Charlotten tief im Herzen beklagend, ohne jedoch das arme abgeschiedene Kind bedauern zu können. Ein solches Opfer schien ihm nötig zu ihrem allseitigen Glück. Er dachte sich Ottilien mit einem eignen Kind auf dem Arm, als den vollkommensten Ersatz für das, was sie Eduarden geraubt; er dachte sich einen Sohn auf dem Schoße, der mit mehrerem Recht sein Ebenbild trüge als der abgeschiedene.

So schmeichelnde Hoffnungen und Bilder gingen ihm durch die Seele, als er auf dem Rückwege nach dem Gasthofe Eduarden fand, der die ganze Nacht im Freien den Major erwartet hatte, da ihm kein Feuerzeichen, kein Donnerlaut ein glückliches Gelingen verkünden wollte. Er wußte bereits von dem Unglück, und auch er, anstatt das arme Geschöpf zu bedauern, sah diesen Fall, ohne sichs ganz gestehen zu wollen, als eine Fügung an, wodurch jedes Hindernis an seinem Glück auf einmal beseitigt wäre. Gar leicht ließ er sich daher durch den Major bewegen, der ihm schnell den Entschluß seiner Gattin verkündigte, wieder nach jenem

Dorfe und sodann nach der kleinen Stadt zurückzukehren, wo sie das Nächste überlegen und einleiten wollten.

Charlotte saß, nachdem der Major sie verlassen hatte, nur wenige Minuten in ihre Betrachtungen versenkt; denn sogleich richtete Ottilie sich auf, ihre Freundin mit großen Augen anblickend. Erst erhob sie sich von dem Schoße, dann von der Erde und stand vor Charlotten.

„Zum zweitenmal“ – so begann das herrliche Kind mit einem unüberwindlichen, anmutigen Ernst – „zum zweitenmal widerfährt mir dasselbige. Du sagtest mir einst, es begegne den Menschen in ihrem Leben oft Ähnliches auf ähnliche Weise und immer in bedeutenden Augenblicken. Ich finde nun die Bemerkung wahr und bin gedrungen, dir ein Bekenntnis zu machen. Kurz nach meiner Mutter Tode, als ein kleines Kind, hatte ich meinen Schemel an dich gerückt; du saßest auf dem Sofa wie jetzt; mein Haupt lag auf deinen Knieen, ich schlief nicht, ich wachte nicht; ich schlummerte. Ich vernahm alles, was um mich vorging, besonders alle Reden sehr deutlich; und doch konnte ich mich nicht regen, mich nicht äußern und, wenn ich auch gewollt hätte, nicht andeuten, daß ich meiner selbst mich bewußt fühlte. Damals sprachst du mit einer Freundin über mich; du bedauertest mein Schicksal, als eine arme Waise in der Welt geblieben zu sein; du schildertest meine abhängige Lage und wie mißlich es um mich stehen könne, wenn nicht ein besondrer Glücksstern über mich walte. Ich faßte alles wohl und genau, vielleicht zu streng, was du für mich zu wünschen, was du von mir zu fordern schienst. Ich machte mir nach meinen beschränkten Einsichten hierüber Gesetze; nach diesen habe ich lange gelebt, nach ihnen war mein Tun und Lassen eingerichtet zu der Zeit, da du mich liebtest, für mich sorgtest, da du mich in dein Haus aufnahmst, und auch noch eine Zeit hernach.

Aber ich bin aus meiner Bahn geschritten, ich habe meine Gesetze gebrochen, ich habe sogar das Gefühl derselben verloren, und nach einem schrecklichen Ereignis klärst du mich wieder über meinen Zustand auf, der jammervoller ist als der erste. Auf deinem Schoße ruhend, halb erstarrt, wie aus einer fremden Welt vernehm ich abermals deine leise

Stimme über meinem Ohr; ich vernehme, wie es mit mir selbst aussieht; ich schaudere über mich selbst; aber wie damals habe ich auch diesmal in meinem halben Totenschlaf mir meine neue Bahn vorgezeichnet.

Ich bin entschlossen, wie ichs war, und wozu ich entschlossen bin, mußt du gleich erfahren. Eduards werd ich nie! Auf eine schreckliche Weise hat Gott mir die Augen geöffnet, in welchem Verbrechen ich befangen bin. Ich will es büßen; und niemand gedenke mich von meinem Vorsatz abzubringen! Darnach, Liebe, Beste, nimm deine Maßregeln. Laß den Major zurückkommen; schreibe ihm, daß keine Schritte geschehen. Wie ängstlich war mir, daß ich mich nicht rühren und regen konnte, als er ging. Ich wollte auffahren, aufschreien: du solltest ihn nicht mit so frevelhaften Hoffnungen entlassen."

Charlotte sah Ottiliens Zustand, sie empfand ihn; aber sie hoffte durch Zeit und Vorstellungen etwas über sie zu gewinnen. Doch als sie einige Worte aussprach, die auf eine Zukunft, auf eine Milderung des Schmerzes, auf Hoffnung deuteten: „Nein!" rief Ottilie mit Erhebung; „sucht mich nicht zu bewegen, nicht zu hintergehen! In dem Augenblick, in dem ich erfahre, du habest in die Scheidung gewilligt, büße ich in demselbigen See mein Vergehen, mein Verbrechen."

FUNFZEHNTES KAPITEL

Wenn sich in einem glücklichen, friedlichen Zusammenleben Verwandte, Freunde, Hausgenossen, mehr als nötig und billig ist, von dem unterhalten, was geschieht oder geschehen soll, wenn sie sich einander ihre Vorsätze, Unternehmungen, Beschäftigungen wiederholt mitteilen und, ohne gerade wechselseitigen Rat anzunehmen, doch immer das ganze Leben gleichsam ratschlagend behandeln, so findet man dagegen in wichtigen Momenten, eben da, wo es scheinen sollte, der Mensch bedürfe fremden Beistandes, fremder Bestätigung am allermeisten, daß sich die einzelnen auf sich selbst zurückziehen, jedes für sich zu handeln, jedes auf seine Weise zu wirken strebt und, indem man sich einander die einzelnen Mittel verbirgt, nur erst der Ausgang, die Zwecke, das Erreichte wieder zum Gemeingut werden.

Nach so viel wundervollen und unglücklichen Ereignissen war denn auch ein gewisser stiller Ernst über die Freundinnen gekommen, der sich in einer liebenswürdigen Schonung äußerte. Ganz in der Stille hatte Charlotte das Kind nach der Kapelle gesendet. Es ruhte dort als das erste Opfer eines ahnungsvollen Verhängnisses.

Charlotte kehrte sich, soviel es ihr möglich war, gegen das Leben zurück, und hier fand sie Ottilien zuerst, die ihres Beistandes bedurfte. Sie beschäftigte sich vorzüglich mit ihr, ohne es jedoch merken zu lassen. Sie wußte, wie sehr das himmlische Kind Eduarden liebte; sie hatte nach und nach die Szene, die dem Unglück vorhergegangen war, herausgeforscht und jeden Umstand teils von Ottilien selbst, teils durch Briefe des Majors erfahren.

Ottilie von ihrer Seite erleichterte Charlotten sehr das augenblickliche Leben. Sie war offen, ja gesprächig, aber niemals war von dem Gegenwärtigen oder kurz Vergangenen die Rede. Sie hatte stets aufgemerkt, stets beobachtet, sie wußte viel; das kam jetzt alles zum Vorschein. Sie unterhielt, sie zerstreute Charlotten, die noch immer die stille Hoffnung nährte, ein ihr so wertes Paar verbunden zu sehen.

Allein bei Ottilien hing es anders zusammen. Sie hatte das Geheimnis ihres Lebensganges der Freundin entdeckt; sie war von ihrer frühen Einschränkung, von ihrer Dienstbarkeit entbunden. Durch ihre Reue, durch ihren Entschluß fühlte sie sich auch befreit von der Last jenes Vergehens, jenes Mißgeschicks. Sie bedurfte keiner Gewalt mehr über sich selbst; sie hatte sich in der Tiefe ihres Herzens nur unter der Bedingung des völligen Entsagens verziehen, und diese Bedingung war für alle Zukunft unerläßlich.

So verfloß einige Zeit, und Charlotte fühlte, wie sehr Haus und Park, Seen, Felsen- und Baumgruppen nur traurige Empfindungen täglich in ihnen beiden erneuerten. Daß man den Ort verändern müsse, war allzu deutlich, wie es geschehen solle, nicht so leicht zu entscheiden.

Sollten die beiden Frauen zusammenbleiben? Eduards früherer Wille schien es zu gebieten, seine Erklärung, seine Drohung es nötig zu machen; allein wie war es zu verkennen, daß beide Frauen mit allem guten Willen, mit aller Vernunft, mit aller Anstrengung sich in einer peinlichen Lage nebeneinander befanden? Ihre Unterhaltungen waren vermeidend. Manchmal mochte man gern etwas nur halb verstehen, öfters wurde aber doch ein Ausdruck, wo nicht durch den Verstand, wenigstens durch die Empfindung mißdeutet. Man fürchtete sich zu verletzen, und gerade die Furcht war am ersten verletzbar und verletzte am ersten.

Wollte man den Ort verändern und sich zugleich, wenigstens auf einige Zeit, voneinander trennen, so trat die alte Frage wieder hervor, wo sich Ottilie hinbegeben solle. Jenes große, reiche Haus hatte vergebliche Versuche gemacht, einer hoffnungsvollen Erbtochter unterhaltende und wetteifernde Gespielinnen zu verschaffen. Schon bei der letzten Anwesenheit der Baronesse und neuerlich durch Briefe war Charlotte aufgefordert worden, Ottilien dorthin zu senden; jetzt brachte sie es abermals zur Sprache. Ottilie verweigerte aber ausdrücklich, dahin zu gehen, wo sie dasjenige finden würde, was man große Welt zu nennen pflegt.

„Lassen Sie mich, liebe Tante," sagte sie, „damit ich nicht eingeschränkt und eigensinnig erscheine, dasjenige aussprechen, was zu verschweigen, zu verbergen in einem andern Falle Pflicht wäre. Ein seltsam unglücklicher Mensch, und wenn er auch schuldlos wäre, ist auf eine fürchterliche Weise gezeichnet. Seine Gegenwart erregt in allen, die ihn sehen, die ihn gewahr werden, eine Art von Entsetzen. Jeder will das Ungeheure ihm ansehen, was ihm auferlegt ward; jeder ist neugierig und ängstlich zugleich. So bleibt ein Haus, eine Stadt, worin eine ungeheure Tat geschehen, jedem furchtbar, der sie betritt. Dort leuchtet das Licht des Tages nicht so hell, und die Sterne scheinen ihren Glanz zu verlieren.

Wie groß und doch vielleicht zu entschuldigen ist gegen solche Unglückliche die Indiskretion der Menschen, ihre alberne Zudringlichkeit und ungeschickte Gutmütigkeit! Verzeihen Sie mir, daß ich so rede; aber ich habe unglaublich mit jenem armen Mädchen gelitten, als es Luciane aus den verborgenen Zimmern des Hauses hervorzog, sich freundlich mit ihm beschäftigte, es in der besten Absicht zu Spiel und Tanz nötigen wollte. Als das arme Kind bange und immer bänger zuletzt floh und in Ohnmacht sank, ich es in meine Arme faßte, die Gesellschaft erschreckt, aufgeregt und jeder erst recht neugierig auf die Unglückselige ward, da dachte ich nicht, daß mir ein gleiches Schicksal bevorstehe; aber mein Mitgefühl, so wahr und lebhaft, ist noch lebendig. Jetzt kann ich mein Mitleiden gegen mich selbst wenden und mich hüten, daß ich nicht zu ähnlichen Auftritten Anlaß gebe."

„Du wirst aber, liebes Kind," versetzte Charlotte, „dem Anblick der Menschen dich nirgends entziehen können. Klöster haben wir nicht, in denen sonst eine Freistatt für solche Gefühle zu finden war."

„Die Einsamkeit macht nicht die Freistatt, liebe Tante," versetzte Ottilie. „Die schätzenswerteste Freistatt ist da zu suchen, wo wir tätig sein können. Alle Büßungen, alle Entbehrungen sind keineswegs geeignet, uns einem ahnungsvollen Geschick zu entziehen, wenn es uns zu verfolgen entschieden ist. Nur wenn ich im müßigen Zustande der Welt zur Schau dienen soll, dann ist sie mir widerwärtig und ängstigt mich. Findet man mich aber freudig bei der Arbeit, unermüdet in meiner Pflicht, dann kann ich die Blicke eines jeden aushalten, weil ich die göttlichen nicht zu scheuen brauche."

„Ich müßte mich sehr irren," versetzte Charlotte, „wenn deine Neigung dich nicht zur Pension zurückzöge."

„Ja," versetzte Ottilie, „ich leugne es nicht; ich denke es mir als eine glückliche Bestimmung, andre auf dem gewöhnlichen Wege zu erziehen, wenn wir auf dem sonderbarsten erzogen worden. Und sehen wir nicht in der Geschichte, daß Menschen, die wegen großer sittlicher Unfälle sich in die Wüsten zurückzogen, dort keineswegs, wie sie hofften, verborgen und gedeckt waren? Sie wurden zurückgerufen in die Welt, um die Verirrten auf den rechten Weg zu führen; und wer konnte es besser als die in den Irrgängen des Lebens schon Eingeweihten! Sie wurden berufen, den Unglücklichen beizustehen; und wer vermochte das eher als sie, denen kein irdisches Unheil mehr begegnen konnte!"

„Du wählst eine sonderbare Bestimmung," versetzte Charlotte. „Ich will dir nicht widerstreben; es mag sein, wenn auch nur, wie ich hoffe, auf kurze Zeit."

„Wie sehr danke ich Ihnen," sagte Ottilie, „daß Sie mir diesen Versuch, diese Erfahrung gönnen wollen. Schmeichle ich mir nicht zu sehr, so soll es mir glücken. An jenem Orte will ich mich erinnern, wie manche Prüfungen ich ausgestanden und wie klein, wie nichtig sie waren gegen die, die ich nachher erfahren mußte. Wie heiter werde ich die Verlegenheiten der jungen Aufschößlinge betrachten, bei ihren kindlichen Schmerzen lächeln und sie mit leiser Hand aus allen kleinen Verirrungen herausführen. Der Glückliche ist nicht geeignet, Glücklichen vorzustehen; es liegt in der menschlichen Natur, immer mehr von sich und von andern zu fordern, je mehr man empfangen hat. Nur der Unglückliche, der sich erholt, weiß für sich und andere das Gefühl zu nähren, daß auch ein mäßiges Gute mit Entzücken genossen werden soll."

„Laß mich gegen deinen Vorsatz", sagte Charlotte zuletzt nach einigem Bedenken, „noch einen Einwurf anführen, der mir der wichtigste scheint. Es ist nicht von dir, es ist von einem Dritten die Rede. Die Gesinnungen des guten, vernünftigen, frommen Gehülfen sind dir bekannt; auf dem Wege, den du gehst, wirst du ihm jeden Tag werter und unentbehrlicher sein. Da er schon jetzt seinem Gefühl nach nicht gern ohne dich leben mag, so wird er auch künftig, wenn er einmal deine Mitwirkung gewohnt ist, ohne dich sein Geschäft nicht mehr verwalten können. Du wirst ihm anfangs darin beistehen, um es ihm hernach zu verleiden."

„Das Geschick ist nicht sanft mit mir verfahren," versetzte Ottilie, „und wer mich liebt, hat vielleicht nicht viel Besseres zu erwarten. So gut und verständig als der Freund ist, ebenso, hoffe ich, wird sich in ihm auch die Empfindung eines reinen Verhältnisses zu mir entwickeln; er wird in mir eine geweihte Person erblicken, die nur dadurch ein ungeheures Übel für sich und andre vielleicht aufzuwiegen vermag, wenn sie sich dem Heiligen widmet, das, uns unsichtbar umgebend, allein gegen die ungeheuren zudringenden Mächte beschirmen kann."

Charlotte nahm alles, was das liebe Kind so herzlich geäußert, zur stillen Überlegung. Sie hatte verschiedentlich, obgleich auf das leiseste, angeforscht, ob nicht eine Annäherung Ottiliens zu Eduard denkbar sei; aber auch nur die leiseste Erwähnung, die mindeste Hoffnung, der kleinste Verdacht schien Ottilien aufs tiefste zu rühren, ja sie sprach sich einst, da sie es nicht umgehen konnte, hierüber ganz deutlich aus.

„Wenn dein Entschluß," entgegnete ihr Charlotte, „Eduarden zu entsagen, so fest und unveränderlich ist, so hüte dich nur vor der Gefahr des Wiedersehens. In der Entfernung von dem geliebten Gegenstande scheinen wir, je lebhafter unsere Neigung ist, desto mehr Herr von uns selbst zu werden, indem wir die ganze Gewalt der Leidenschaft, wie sie sich nach außen erstreckte, nach innen wenden; aber wie bald, wie geschwind sind wir aus diesem Irrtum gerissen, wenn dasjenige, was wir entbehren zu können glaubten, auf einmal wieder als unentbehrlich vor unsern Augen steht. Tue jetzt, was du deinen Zuständen am gemäßesten hältst; prüfe dich, ja verändre lieber deinen gegenwärtigen Entschluß: aber aus dir selbst, aus freiem, wollendem Herzen. Laß dich nicht zufällig, nicht durch Überraschung in die vorigen Verhältnisse wieder hineinziehen; dann gibt es erst einen Zwiespalt im Gemüt, der unerträglich ist. Wie gesagt, ehe du diesen Schritt tust, ehe du dich von mir entfernst und ein neues Leben anfängst, das dich wer weiß auf welche Wege leitet, so bedenke noch einmal, ob du denn wirklich für alle Zukunft Eduarden entsagen kannst. Hast du dich aber hierzu bestimmt, so schließen wir einen Bund, daß du dich mit ihm nicht einlassen willst, selbst nicht in eine Unterredung, wenn er dich aufsuchen, wenn er sich zu dir drängen sollte." Ottilie besann sich nicht einen Augenblick, sie gab Charlotten das Wort, das sie sich schon selbst gegeben hatte.

Nun aber schwebte Charlotten immer noch jene Drohung Eduards vor der Seele, daß er Ottilien nur so lange entsagen könne, als sie sich von Charlotten nicht trennte. Es hatten sich zwar seit der Zeit die Umstände so verändert, es war so mancherlei vorgefallen, daß jenes vom Augenblick ihm abgedrungene Wort gegen die folgenden Ereignisse für aufgehoben zu achten war; dennoch wollte sie auch im entferntesten Sinne weder etwas wagen noch etwas vornehmen, das ihn verletzen könnte, und so sollte Mittler in diesem Falle Eduards Gesinnungen erforschen.

Mittler hatte seit dem Tode des Kindes Charlotten öfters, obgleich nur auf Augenblicke, besucht. Dieser Unfall, der ihm die Wiedervereinigung beider Gatten höchst unwahrscheinlich machte, wirkte gewaltsam auf ihn; aber immer nach seiner Sinnesweise hoffend und strebend, freute er sich nun im stillen über den Entschluß Ottiliens. Er vertraute der lindernden, vorüberziehenden Zeit, dachte noch immer die beiden Gatten zusammenzuhalten und sah diese leidenschaftlichen Bewegungen nur als Prüfungen ehelicher Liebe und Treue an.

Charlotte hatte gleich anfangs den Major von Ottiliens erster Erklärung schriftlich unterrichtet, ihn auf das inständigste gebeten, Eduarden dahin zu vermögen, daß keine weiteren Schritte geschähen, daß man sich ruhig verhalte, daß man abwarte, ob das Gemüt des schönen Kindes sich wieder herstelle. Auch von den spätern Ereignissen und Gesinnungen hatte sie das Nötige mitgeteilt, und nun war freilich Mittlern die schwierige Aufgabe übertragen, auf eine Veränderung des Zustandes Eduarden vorzubereiten. Mittler aber, wohl wissend, daß man das Geschehene sich eher gefallen läßt, als daß man in ein noch zu Geschehendes einwilligt, überredete Charlotten, es sei das beste, Ottilien gleich nach der Pension zu schicken.

Deshalb wurden, sobald er weg war, Anstalten zur Reise gemacht. Ottilie packte zusammen, aber Charlotte sah wohl, daß sie weder das schöne Köfferchen noch irgend etwas daraus mitzunehmen sich anschickte. Die Freundin schwieg und ließ das schweigende Kind gewähren. Der Tag der Abreise kam herbei; Charlottens Wagen sollte Ottilien den ersten Tag bis in ein bekanntes Nachtquartier, den zweiten bis in die Pension bringen; Nanny sollte sie begleiten und ihre Dienerin bleiben. Das leidenschaftliche Mädchen hatte sich gleich nach dem Tode des Kindes wieder an Ottilien zurückgefunden und hing nun an ihr wie sonst durch Natur und Neigung, ja sie schien durch unterhaltende Redseligkeit das bisher Versäumte wieder nachbringen und sich ihrer geliebten Herrin völlig widmen zu wollen. Ganz außer sich war sie nun über das Glück, mitzureisen, fremde Gegenden zu sehen, da sie noch niemals außer ihrem Geburtsort gewesen, und rannte vom Schlosse ins Dorf, zu ihren Eltern, Verwandten, um ihr Glück zu verkündigen und Abschied zu nehmen. Unglücklicherweise traf sie dabei in die Zimmer der Maserkranken und empfand sogleich die Folgen der Ansteckung. Man wollte die Reise nicht aufschieben; Ottilie drang selbst darauf; sie hatte den Weg schon gemacht, sie kannte die Wirtsleute, bei denen sie einkehren sollte; der Kutscher vom Schlosse führte sie; es war nichts zu besorgen.

Charlotte widersetzte sich nicht; auch sie eilte schon in Gedanken aus diesen Umgebungen weg, nur wollte sie noch die Zimmer, die Ottilie im Schloß bewohnt hatte, wieder für Eduarden einrichten, gerade so wie sie vor der Ankunft des Hauptmanns gewesen. Die Hoffnung, ein altes Glück wiederherzustellen, flammt immer einmal wieder in dem Menschen auf, und Charlotte war zu solchen Hoffnungen abermals berechtigt, ja genötigt.

SECHZEHNTES KAPITEL

Als Mittler gekommen war, sich mit Eduarden über die Sache zu unterhalten, fand er ihn allein, den Kopf in die rechte Hand gelehnt, den Arm auf den Tisch gestemmt. Er schien sehr zu leiden. „Plagt Ihr Kopfweh Sie wieder?“ fragte Mittler. „Es plagt mich,“ versetzte jener; „und doch kann ich es nicht hassen, denn es erinnert mich an Ottilien. Vielleicht leidet auch sie jetzt, denk ich, auf ihren linken Arm gestützt, und leidet wohl mehr als ich. Und warum soll ich es nicht tragen wie sie? Diese Schmerzen sind mir heilsam, sind mir, ich kann beinah sagen, wünschenswert; denn nur mächtiger, deutlicher, lebhafter schwebt mir das

Bild ihrer Geduld, von allen ihren übrigen Vorzügen begleitet, vor der Seele, nur im Leiden empfinden wir recht vollkommen alle die großen Eigenschaften, die nötig sind, um es zu ertragen."

Als Mittler den Freund in diesem Grade resigniert fand, hielt er mit seinem Anbringen nicht zurück, das er jedoch stufenweise, wie der Gedanke bei den Frauen entsprungen, wie er nach und nach zum Vorsatz gereift war, historisch vortrug. Eduard äußerte sich kaum dagegen. Aus dem wenigen, was er sagte, schien hervorzugehen, daß er jenen alles überlasse; sein gegenwärtiger Schmerz schien ihn gegen alles gleichgültig gemacht zu haben.

Kaum war er allein, so stand er auf und ging in dem Zimmer hin und wider. Er fühlte seinen Schmerz nicht mehr, er war ganz außer sich beschäftigt. Schon unter Mittlers Erzählung hatte die Einbildungskraft des Liebenden sich lebhaft ergangen. Er sah Ottilien allein oder so gut als allein auf wohlbekanntem Wege, in einem gewohnten Wirtshause, dessen Zimmer er so oft betreten; er dachte, er überlegte, oder vielmehr er dachte, er überlegte nicht; er wünschte, er wollte nur. Er mußte sie sehn, sie sprechen. Wozu, warum, was daraus entstehen sollte, davon konnte die Rede nicht sein. Er widerstand nicht, er mußte.

Der Kammerdiener ward ins Vertrauen gezogen und erforschte sogleich Tag und Stunde, wann Ottilie reisen würde. Der Morgen brach an; Eduard säumte nicht, unbegleitet sich zu Pferde dahin zu begeben, wo Ottilie übernachten sollte. Er kam nur allzuzeitig dort an; die überraschte Wirtin empfing ihn mit Freuden; sie war ihm ein großes Familienglück schuldig geworden. Er hatte ihrem Sohn, der als Soldat sich sehr brav gehalten, ein Ehrenzeichen verschafft, indem er dessen Tat, wobei er allein gegenwärtig gewesen, heraushob, mit Eifer bis vor den Feldherrn brachte und die Hindernisse einiger Mißwollenden überwand. Sie wußte nicht, was sie ihm alles zuliebe tun sollte. Sie räumte schnell in ihrer Putzstube, die freilich auch zugleich Garderobe und Vorratskammer war, möglichst zusammen; allein er kündigte ihr die Ankunft eines Frauenzimmers an, die hier hereinziehen sollte, und ließ für sich eine Kammer hinten auf dem Gange notdürftig einrichten. Der Wirtin erschien die Sache geheimnisvoll, und es war ihr angenehm, ihrem Gönner, der sich dabei sehr interessiert und tätig zeigte, etwas Gefälliges zu erweisen. Und er, mit welcher Empfindung brachte er die lange, lange Zeit bis zum Abend hin! Er betrachtete das Zimmer ringsumher, in dem er sie sehen sollte; es schien ihm in seiner ganzen häuslichen Seltsamkeit ein himmlischer Aufenthalt. Was dachte er sich nicht alles aus, ob er Ottilien überraschen, ob er sie vorbereiten sollte! Endlich gewann die letztere Meinung Oberhand; er setzte sich hin und schrieb. Dies Blatt sollte sie empfangen.

Eduard an Ottilien

„Indem du diesen Brief liesest, Geliebteste, bin ich in deiner Nähe. Du mußt nicht erschrecken, dich nicht entsetzen; du hast von mir nichts zu befürchten. Ich werde mich nicht zu dir drängen. Du siehst mich nicht eher, als du es erlaubst.

Bedenke vorher deine Lage, die meinige. Wie sehr danke ich dir, daß du keinen entscheidenden Schritt zu tun vorhast; aber bedeutend genug ist er. Tu ihn nicht! Hier, auf einer Art von Scheideweg, überlege nochmals: Kannst du mein sein, willst du mein sein? O du erzeigst uns allen eine große Wohltat und mir eine überschwengliche.

Laß mich dich wiedersehen, dich mit Freuden wiedersehen. Laß mich die schöne Frage mündlich tun und beantworte sie mir mit deinem schönen Selbst. An meine Brust, Ottilie! hieher, wo du manchmal geruht hast und wo du immer hingehörst!"

Indem er schrieb, ergriff ihn das Gefühl, sein Höchstersehntes nahe sich, es werde nun gleich gegenwärtig sein. Zu dieser Türe wird sie hereintreten, diesen Brief wird sie lesen, wirklich wird sie wie sonst vor mir dastehen, deren Erscheinung ich mir so oft herbeisehnte. Wird sie noch dieselbe sein? Hat sich ihre Gestalt, haben sich ihre Gesinnungen verändert? Er hielt die Feder noch in der Hand, er wollte schreiben, wie er dachte; aber der Wagen rollte in den Hof. Mit flüchtiger Feder setzte er noch hinzu: „Ich höre dich kommen. Auf einen Augenblick leb wohl!“

Er faltete den Brief, überschrieb ihn; zum Siegeln war es zu spät. Er sprang in die Kammer, durch die er nachher auf den Gang zu gelangen wußte, und augenblicks fiel ihm ein, daß er die Uhr mit dem Petschaft noch auf dem Tisch gelassen. Sie sollte diese nicht zuerst sehen; er sprang zurück und holte sie glücklich weg. Vom Vorsaal her vernahm er schon die Wirtin, die auf das Zimmer losging, um es dem Gast anzuweisen. Er eilte gegen die Kammertür, aber sie war zugefahren. Den Schlüssel hatte er beim Hineinspringen heruntergeworfen, der lag inwendig; das Schloß war zugeschnappt, und er stund gebannt. Heftig drängte er an der Türe; sie gab nicht nach. O wie hätte er gewünscht, als ein Geist durch die Spalten zu schlüpfen! Vergebens! Er verbarg sein Gesicht an den Türpfosten. Ottilie trat herein, die Wirtin, als sie ihn erblickte, zurück. Auch Ottilien konnte er nicht einen Augenblick verborgen bleiben. Er wendete sich gegen sie, und so standen die Liebenden abermals auf die seltsamste Weise gegeneinander. Sie sah ihn ruhig und ernsthaft an, ohne vor- oder zurückzugehen, und als er eine Bewegung machte, sich ihr zu nähern, trat sie einige Schritte zurück bis an den Tisch. Auch er trat wieder zurück. „Ottilie,“ rief er aus, „laß mich das furchtbare Schweigen brechen! Sind wir nur Schatten, die einander gegenüberstehen? Aber vor allen Dingen höre! es ist ein Zufall, daß du mich gleich jetzt hier findest. Neben dir liegt ein Brief, der dich vorbereiten sollte. Lies, ich bitte dich, lies ihn! und dann beschließe, was du kannst.“

Sie blickte herab auf den Brief, und nach einigem Besinnen nahm sie ihn auf, erbrach und las ihn. Ohne die Miene zu verändern, hatte sie ihn gelesen, und so legte sie ihn leise weg; dann drückte sie die flachen, in die Höhe gehobenen Hände zusammen, führte sie gegen die Brust, indem sie sich nur wenig vorwärts neigte, und sah den dringend Fordernden mit einem solchen Blick an, daß er von allem abzustehen genötigt war, was er verlangen oder wünschen mochte. Diese Bewegung zerriß ihm das Herz. Er konnte den Anblick, er konnte die Stellung Ottiliens nicht ertragen. Es sah völlig aus, als würde sie in die Kniee sinken, wenn er beharrte. Er eilte verzweifelnd zur Tür hinaus und schickte die Wirtin zu der Einsamen.

Er ging auf dem Vorsaal auf und ab. Es war Nacht geworden, im Zimmer blieb es stille. Endlich trat die Wirtin heraus und zog den Schlüssel ab. Die gute Frau war gerührt, war verlegen, sie wußte nicht, was sie tun sollte. Zuletzt im Weggehen bot sie den Schlüssel Eduarden an, der ihn ablehnte. Sie ließ das Licht stehen und entfernte sich.

Eduard im tiefsten Kummer warf sich auf Ottiliens Schwelle, die er mit seinen Tränen benetzte. Jammervoller brachten kaum jemals in solcher Nähe Liebende eine Nacht zu.

Der Tag brach an; der Kutscher trieb, die Wirtin schloß auf und trat in das Zimmer. Sie fand Ottilien angekleidet eingeschlafen, sie ging zurück und winkte Eduarden mit einem teilnehmenden Lächeln. Beide traten vor die Schlafende; aber auch diesen Anblick vermochte Eduard nicht auszuhalten. Die Wirtin wagte nicht, das ruhende Kind zu wecken, sie setzte sich gegenüber. Endlich schlug Ottilie die schönen Augen auf und richtete sich auf ihre Füße. Sie lehnt das Frühstück ab, und nun tritt Eduard vor sie. Er bittet sie inständig, nur ein Wort zu reden, ihren Willen zu erklären. Er wolle allen ihren Willen, schwört er; aber sie schweigt. Nochmals fragt er sie liebevoll und dringend, ob sie ihm angehören wolle. Wie lieblich bewegt sie mit niedergeschlagenen Augen ihr Haupt zu einem sanften Nein! Er fragt, ob sie nach der Pension wolle. Gleichgültig verneint sie das. Aber als er fragt, ob er sie zu Charlotten zurückführen dürfe, bejaht sies mit einem getrosten Neigen des Hauptes. Er eilt ans Fenster, dem Kutscher Befehle zu geben; aber hinter ihm weg ist sie wie der Blitz zur Stube hinaus, die Treppe hinab in dem Wagen. Der Kutscher nimmt den Weg nach dem Schlosse zurück; Eduard folgt zu Pferde in einiger Entfernung.

SIEBZEHNTES KAPITEL

Wie höchst überrascht war Charlotte, als sie Ottilien vorfahren und Eduarden zu Pferde sogleich in den Schloßhof hereinsprengen sah! Sie eilte bis zur Türschwelle. Ottilie steigt aus und nähert sich mit Eduarden. Mit Eifer und Gewalt faßt sie die Hände beider Ehegatten, drückt sie zusammen und eilt auf ihr Zimmer. Eduard wirft sich Charlotten um den Hals und zerfließt in Tränen; er kann sich nicht erklären, bittet, Geduld mit ihm zu haben, Ottilien beizustehen, ihr zu helfen. Charlotte eilt auf Ottiliens Zimmer, und ihr schaudert, da sie hineintritt; es war schon ganz ausgeräumt, nur die leeren Wände standen da. Es erschien so weitläufig als unerfreulich. Man hatte alles weggetragen, nur das Köfferchen, unschlüssig, wo man es hinstellen sollte, in der Mitte des Zimmers stehengelassen. Ottilie lag auf dem Boden, Arm und Haupt über den Koffer gestreckt. Charlotte bemüht sich um sie, fragt, was vorgegangen, und erhält keine Antwort.

Sie läßt ihr Mädchen, das mit Erquickungen kommt, bei Ottilien und eilt zu Eduarden. Sie findet ihn im Saal; auch er belehrt sie nicht. Er wirft sich vor ihr nieder, er badet ihre Hände in Tränen, er flieht auf sein Zimmer, und als sie ihm nachfolgen will, begegnet ihr der Kammerdiener, der sie aufklärt, soweit er vermag. Das übrige denkt sie sich zusammen und dann sogleich mit Entschlossenheit an das, was der Augenblick fordert. Ottiliens Zimmer ist aufs baldigste wieder eingerichtet. Eduard hat die seinigen angetroffen, bis auf das letzte Papier, wie er sie verlassen.

Die dreie scheinen sich wieder gegeneinander zu finden, aber Ottilie fährt fort zu schweigen, und Eduard vermag nichts, als seine Gattin um Geduld zu bitten, die ihm selbst zu fehlen scheint. Charlotte sendet Boten an Mittlern und an den Major. Jener war nicht anzutreffen, dieser kommt. Gegen ihn schüttet Eduard sein Herz aus, ihm gesteht er jeden kleinsten Umstand, und so erfährt Charlotte, was begegnet, was die Lage so sonderbar verändert, was die Gemüter aufgeregt.

Sie spricht aufs liebevollste mit ihrem Gemahl. Sie weiß

keine andere Bitte zu tun als nur, daß man das Kind gegenwärtig nicht bestürmen möge. Eduard fühlt den Wert, die Liebe, die Vernunft seiner Gattin; aber seine Neigung beherrscht ihn ausschließlich. Charlotte macht ihm Hoffnung, verspricht ihm, in die Scheidung zu willigen. Er traut nicht; er ist so krank, daß ihn Hoffnung und Glaube abwechselnd verlassen; er dringt in Charlotten, sie soll dem Major ihre Hand zusagen; eine Art von wahnsinnigem Unmut hat ihn ergriffen. Charlotte, ihn zu besänftigen, ihn zu erhalten, tut, was er fordert. Sie sagt dem Major ihre Hand zu auf den Fall, daß Ottilie sich mit Eduarden verbinden wolle, jedoch unter ausdrücklicher Bedingung, daß die beiden Männer für den Augenblick zusammen eine Reise machen. Der Major hat für seinen Hof ein auswärtiges Geschäft, und Eduard verspricht, ihn zu begleiten. Man macht Anstalten, und man beruhigt sich einigermaßen, indem wenigstens etwas geschieht.

Unterdessen kann man bemerken, daß Ottilie kaum Speise noch Trank zu sich nimmt, indem sie immerfort bei ihrem Schweigen verharrt. Man redet ihr zu, sie wird ängstlich; man unterläßt es. Denn haben wir nicht meistenteils die Schwäche, daß wir jemanden auch zu seinem Besten nicht gern quälen mögen? Charlotte sann alle Mittel durch, endlich geriet sie auf den Gedanken, jenen Gehülfen aus der Pension kommen zu lassen, der über Ottilien viel vermochte, der wegen ihres unvermuteten Außenbleibens sich sehr freundlich geäußert, aber keine Antwort erhalten hatte.

Man spricht, um Ottilien nicht zu überraschen, von diesem Vorsatz in ihrer Gegenwart. Sie scheint nicht einzustimmen; sie bedenkt sich; endlich scheint ein Entschluß in ihr zu reifen, sie eilt nach ihrem Zimmer und sendet noch vor Abend an die Versammelten folgendes Schreiben.

Ottilie den Freunden

„Warum soll ich ausdrücklich sagen, meine Geliebten, was sich von selbst versteht? Ich bin aus meiner Bahn geschritten, und ich soll nicht wieder hinein. Ein feindseliger Dämon, der Macht über mich gewonnen, scheint mich von außen zu hindern, hätte ich mich auch mit mir selbst wieder zur Einigkeit gefunden.

Ganz rein war mein Vorsatz, Eduarden zu entsagen, mich von ihm zu entfernen. Ihm hofft ich nicht wieder zu begegnen. Es ist anders geworden; er stand selbst gegen seinen eigenen Willen vor mir. Mein Versprechen, mich mit ihm in keine Unterredung einzulassen, habe ich vielleicht zu buchstäblich genommen und gedeutet. Nach Gefühl und Gewissen des Augenblicks schwieg ich, verstummt ich vor dem Freunde, und nun habe ich nichts mehr zu sagen. Ein strenges Ordensgelübde, welches den, der es mit Überlegung eingeht, vielleicht unbequem ängstiget, habe ich zufällig, vom Gefühl gedrungen, über mich genommen. Laßt mich darin beharren, solange mir das Herz gebietet. Beruft keine Mittelsperson! Dringt nicht in mich, daß ich reden, daß ich mehr Speise und Trank genießen soll, als ich höchstens bedarf. Helft mir durch Nachsicht und Geduld über diese Zeit hinweg. Ich bin jung, die Jugend stellt sich unversehens wieder her. Duldet mich in eurer Gegenwart, erfreut mich durch eure Liebe, belehrt mich durch eure Unterhaltung; aber mein Innres überlaßt mir selbst!“

Die längst vorbereitete Abreise der Männer unterblieb, weil jenes auswärtige Geschäft des Majors sich verzögerte. Wie erwünscht für Eduard! Nun durch Ottiliens Blatt aufs neue angeregt, durch ihre trostvollen, hoffnunggebenden Worte wieder ermutigt und zu standhaftem Ausharren berechtigt, erklärte er auf einmal, er werde sich nicht entfernen. „Wie töricht,“ rief er aus, „das Unentbehrlichste, Notwendigste vorsätzlich, voreilig wegzuwerfen, das, wenn uns auch der Verlust bedroht, vielleicht noch zu erhalten wäre! Und was soll es heißen? Doch nur, daß der Mensch ja scheine, wollen, wählen zu können. So habe ich oft, beherrscht von solchem albernen Dünkel, Stunden, ja Tage zu früh mich von Freunden losgerissen, um nur nicht von dem letzten, unausweichlichen Termin entschieden gezwungen zu werden. Diesmal aber will ich bleiben. Warum soll ich mich entfernen? Ist sie nicht schon von mir entfernt? Es fällt mir nicht ein, ihre Hand zu fassen, sie an mein Herz zu drücken; sogar darf ich es nicht denken, es schaudert mir. Sie hat sich nicht von mir weg, sie hat sich über mich weg gehoben."

Und so blieb er, wie er wollte, wie er mußte. Aber auch dem Behagen glich nichts, wenn er sich mit ihr zusammenfand. Und so war auch ihr dieselbe Empfindung geblieben; auch sie konnte sich dieser seligen Notwendigkeit nicht entziehen. Nach wie vor übten sie eine unbeschreibliche, fast magische Anziehungskraft gegeneinander aus. Sie wohnten unter Einem Dache; aber selbst ohne gerade aneinander zu denken, mit andern Dingen beschäftigt, von der Gesellschaft hin und her gezogen, näherten sie sich einander. Fanden sie sich in Einem Saale, so dauerte es nicht lange, und sie standen, sie saßen nebeneinander. Nur die nächste Nähe konnte sie beruhigen, aber auch völlig beruhigen, und diese Nähe war genug; nicht eines Blickes, nicht eines Wortes, keiner Gebärde, keiner Berührung bedurfte es, nur des reinen Zusammenseins. Dann waren es nicht zwei Menschen, es war nur Ein Mensch im bewußtlosen, vollkommnen Behagen, mit sich selbst zufrieden und mit der Welt. Ja, hätte man eins von beiden am letzten Ende der Wohnung festgehalten, das andere hätte sich nach und nach von selbst, ohne Vorsatz, zu ihm hinbewegt. Das Leben war ihnen ein Rätsel, dessen Auflösung sie nur miteinander fanden.

Ottilie war durchaus heiter und gelassen, so daß man sich über sie völlig beruhigen konnte. Sie entfernte sich wenig aus der Gesellschaft, nur hatte sie es erlangt, allein zu speisen. Niemand als Nanny bediente sie.

Was einem jeden Menschen gewöhnlich begegnet, wiederholt sich mehr, als man glaubt, weil seine Natur hiezu die nächste Bestimmung gibt. Charakter, Individualität, Neigung, Richtung, Örtlichkeit, Umgebungen und Gewohnheiten bilden zusammen ein Ganzes, in welchem jeder Mensch wie in einem Elemente, in einer Atmosphäre schwimmt, worin es ihm allein bequem und behaglich ist. Und so finden wir die Menschen, über deren Veränderlichkeit so viele Klage geführt wird, nach vielen Jahren zu unserm Erstaunen unverändert und nach äußern und innern unendlichen Anregungen unveränderlich.

So bewegte sich auch in dem täglichen Zusammenleben unserer Freunde fast alles wieder in dem alten Gleise. Noch immer äußerte Ottilie stillschweigend durch manche Gefälligkeit ihr zuvorkommendes Wesen, und so jedes nach seiner Art. Auf diese Weise zeigte sich der häusliche Zirkel als ein Scheinbild des vorigen Lebens, und der Wahn, als ob noch alles beim alten sei, war verzeihlich.

Die herbstlichen Tage, an Länge jenen Frühlingstagen gleich, riefen die Gesellschaft um eben die Stunde aus dem Freien ins Haus zurück. Der Schmuck an Früchten und Blumen, der dieser Zeit eigen ist, ließ glauben, als wenn es der Herbst jenes ersten Frühlings wäre; die Zwischenzeit war ins Vergessen gefallen. Denn nun blühten die Blumen, dergleichen man in jenen ersten Tagen auch gesäet hatte; nun reiften Früchte an den Bäumen, die man damals blühen gesehen.

Der Major ging ab und zu; auch Mittler ließ sich öfter sehen. Die Abendsitzungen waren meistens regelmäßig. Eduard las gewöhnlich, lebhafter, gefühlvoller, besser, ja sogar heiterer, wenn man will, als jemals. Es war, als wenn er, so gut durch Fröhlichkeit als durch Gefühl, Ottiliens Erstarren wieder beleben, ihr Schweigen wieder auflösen wollte. Er setzte sich wie vormals, daß sie ihm ins Buch sehen konnte, ja er ward unruhig, zerstreut, wenn sie nicht hineinsah, wenn er nicht gewiß war, daß sie seinen Worten mit ihren Augen folgte.

Jedes unerfreuliche, unbequeme Gefühl der mittleren Zeit war ausgelöscht. Keines trug mehr dem andern etwas nach; jede Art von Bitterkeit war verschwunden. Der Major begleitete mit der Violine das Klavierspiel Charlottens, so wie Eduards Flöte mit Ottiliens Behandlung des Saiteninstruments wieder wie vormals zusammentraf. So rückte man dem Geburtstage Eduards näher, dessen Feier man vor einem Jahre nicht erreicht hatte. Er sollte ohne Festlichkeit in stillem, freundlichem Behagen diesmal gefeiert werden. So war man, halb stillschweigend halb ausdrücklich, miteinander übereingekommen. Doch je näher diese Epoche heranrückte, vermehrte sich das Feierliche in Ottiliens Wesen, das man bisher mehr empfunden als bemerkt hatte. Sie schien im Garten oft die Blumen zu mustern; sie hatte dem Gärtner angedeutet, die Sommergewächse aller Art zu schonen, und sich besonders bei den Astern aufgehalten, die gerade dieses Jahr in unmäßiger Menge blühten.

ACHTZEHNTES KAPITEL

Das Bedeutendste jedoch, was die Freunde mit stiller Aufmerksamkeit beobachteten, war, daß Ottilie den Koffer zum erstenmal ausgepackt und daraus verschiedenes gewählt und abgeschnitten hatte, was zu einem einzigen, aber ganzen und vollen Anzug hinreichte. Als sie das übrige mit Beihülfe Nannys wieder einpacken wollte, konnte sie kaum damit zustande kommen; der Raum war übervoll, obgleich schon ein Teil herausgenommen war. Das junge habgierige Mädchen konnte sich nicht satt sehen, besonders da sie auch für alle kleineren Stücke des Anzugs gesorgt fand. Schuhe, Strümpfe, Strumpfbänder mit Devisen, Handschuhe und so manches andere war noch übrig. Sie bat Ottilien, ihr nur etwas davon zu schenken. Diese verweigerte es, zog aber sogleich die Schublade einer Kommode heraus und ließ das Kind wählen, das hastig und ungeschickt zugriff und mit der Beute gleich davonlief, um den übrigen Hausgenossen ihr Glück zu verkünden und vorzuzeigen.

Zuletzt gelang es Ottilien, alles sorgfältig wieder einzuschichten; sie öffnete hierauf ein verborgenes Fach, das im Deckel angebracht war. Dort hatte sie kleine Zettelchen und Briefe Eduards, mancherlei aufgetrocknete Blumenerinnerungen früherer Spaziergänge, eine Locke ihres Geliebten und was sonst noch verborgen. Noch eins fügte sie hinzu – es war das Porträt ihres Vaters – und verschloß das Ganze, worauf sie den zarten Schlüssel an dem goldnen Kettchen wieder um den Hals an ihre Brust hing.

Mancherlei Hoffnungen waren indes in dem Herzen der Freunde rege geworden. Charlotte war überzeugt, Ottilie werde auf jenen Tag wieder zu sprechen anfangen; denn sie hatte bisher eine heimliche Geschäftigkeit bewiesen, eine

Art von heiterer Selbstzufriedenheit, ein Lächeln, wie es demjenigen auf dem Gesichte schwebt, der Geliebten etwas Gutes und Erfreuliches verbirgt. Niemand wußte, daß Ottilie gar manche Stunde in großer Schwachheit hinbrachte, aus der sie sich nur für die Zeiten, wo sie erschien, durch Geisteskraft emporhielt.

Mittler hatte sich diese Zeit öfters sehen lassen und war länger geblieben als sonst gewöhnlich. Der hartnäckige Mann wußte nur zu wohl, daß es einen gewissen Moment gibt, wo allein das Eisen zu schmieden ist. Ottiliens Schweigen sowie ihre Weigerung legte er zu seinen Gunsten aus. Es war bisher kein Schritt zu Scheidung der Gatten geschehen; er hoffte das Schicksal des guten Mädchens auf irgendeine andere günstige Weise zu bestimmen; er horchte, er gab nach, er gab zu verstehen und führte sich nach seiner Weise klug genug auf.

Allein überwältigt war er stets, sobald er Anlaß fand, sein Räsonnement über Materien zu äußern, denen er eine große Wichtigkeit beilegte. Er lebte viel in sich, und wenn er mit andern war, so verhielt er sich gewöhnlich nur handelnd gegen sie. Brach nun einmal unter Freunden seine Rede los, wie wir schon öfter gesehen haben, so rollte sie ohne Rücksicht fort, verletzte oder heilte, nutzte oder schadete, wie es sich gerade fügen mochte.

Den Abend vor Eduards Geburtstage saßen Charlotte und der Major Eduarden, der ausgeritten war, erwartend beisammen; Mittler ging im Zimmer auf und ab; Ottilie war auf dem ihrigen geblieben, den morgenden Schmuck auseinanderlegend und ihrem Mädchen manches andeutend, welches sie vollkommen verstand und die stummen Anordnungen geschickt befolgte.

Mittler war gerade auf eine seiner Lieblingsmaterien gekommen. Er pflegte gern zu behaupten, daß sowohl bei der Erziehung der Kinder als bei der Leitung der Völker nichts ungeschickter und barbarischer sei als Verbote, als verbietende Gesetze und Anordnungen. „Der Mensch ist von Hause aus tätig," sagte er; „und wenn man ihm zu gebieten versteht, so fährt er gleich dahinter her, handelt und richtet aus. Ich für meine Person mag lieber in meinem Kreise

Fehler und Gebrechen so lange dulden, bis ich die entgegengesetzte Tugend gebieten kann, als daß ich den Fehler los würde und nichts Rechtes an seiner Stelle sähe. Der Mensch tut recht gern das Gute, das Zweckmäßige, wenn er nur dazu kommen kann; er tut es, damit er was zu tun hat, und sinnt darüber nicht weiter nach als über alberne Streiche, die er aus Müßiggang und langer Weile vornimmt.

Wie verdrießlich ist mirs oft, mit anzuhören, wie man die Zehn Gebote in der Kinderlehre wiederholen läßt. Das vierte ist noch ein ganz hübsches, vernünftiges, gebietendes Gebot. ‚Du sollst Vater und Mutter ehren.' Wenn sich das die Kinder recht in den Sinn schreiben, so haben sie den ganzen Tag daran auszuüben. Nun aber das fünfte, was soll man dazu sagen? ‚Du sollst nicht töten.' Als wenn irgendein Mensch im mindesten Lust hätte, den andern totzuschlagen! Man haßt einen, man erzürnt sich, man übereilt sich, und in Gefolg von dem und manchem andern kann es wohl kommen, daß man gelegentlich einen totschlägt. Aber ist es nicht eine barbarische Anstalt, den Kindern Mord und Totschlag zu verbieten? Wenn es hieße: ‚Sorge für des andern Leben, entferne, was ihm schädlich sein kann, rette ihn mit deiner eigenen Gefahr; wenn du ihn beschädigst, denke, daß du dich selbst beschädigst': das sind Gebote, wie sie unter gebildeten, vernünftigen Völkern statthaben und die man bei der Katechismuslehre nur kümmerlich in dem ‚Was ist das?' nachschleppt.

Und nun gar das sechste, das finde ich ganz abscheulich! Was? Die Neugierde vorahnender Kinder auf gefährliche Mysterien reizen, ihre Einbildungskraft zu wunderlichen Bildern und Vorstellungen aufregen, die gerade das, was man entfernen will, mit Gewalt heranbringen! Weit besser wäre es, daß dergleichen von einem heimlichen Gericht willkürlich bestraft würde, als daß man vor Kirch und Gemeinde davon plappern läßt."

In dem Augenblick trat Ottilie herein. „‚Du sollst nicht ehebrechen'," fuhr Mittler fort. „Wie grob, wie unanständig! Klänge es nicht ganz anders, wenn es hieße: ‚Du sollst Ehrfurcht haben vor der ehelichen Verbindung; wo du Gatten siehst, die sich lieben, sollst du dich darüber freuen und teil daran nehmen wie an dem Glück eines heitern Tages. Sollte sich irgend in ihrem Verhältnis etwas trüben, so sollst du suchen, es aufzuklären; du sollst suchen, sie zu begütigen, sie zu besänftigen, ihnen ihre wechselseitigen Vorteile deutlich zu machen, und mit schöner Uneigennützigkeit das Wohl der andern fördern, indem du ihnen fühlbar machst, was für ein Glück aus jeder Pflicht und besonders aus dieser entspringt, welche Mann und Weib unauflöslich verbindet'?"

Charlotte saß wie auf Kohlen, und der Zustand war ihr um so ängstlicher, als sie überzeugt war, daß Mittler nicht wußte, was und wo ers sagte, und ehe sie ihn noch unterbrechen konnte, sah sie schon Ottilien, deren Gestalt sich verwandelt hatte, aus dem Zimmer gehen.

„Sie erlassen uns wohl das siebente Gebot," sagte Charlotte mit erzwungenem Lächeln. „Alle die übrigen," versetzte Mittler, „wenn ich nur das rette, worauf die andern beruhen."

Mit entsetzlichem Schrei hereinstürzend rief Nanny: „Sie stirbt! Das Fräulein stirbt! Kommen Sie! Kommen Sie!"

Als Ottilie nach ihrem Zimmer schwankend zurückgekommen war, lag der morgende Schmuck auf mehreren Stühlen völlig ausgebreitet, und das Mädchen, das betrachtend und bewundernd daran hin und her ging, rief jubelnd aus: „Sehen Sie nur, liebstes Fräulein, das ist ein Brautschmuck, ganz Ihrer wert!"

Ottilie vernahm diese Worte und sank auf den Sofa. Nanny sieht ihre Herrin erblassen, erstarren; sie läuft zu Charlotten; man kommt. Der ärztliche Hausfreund eilt herbei; es scheint ihm nur eine Erschöpfung. Er läßt etwas Kraftbrühe bringen; Ottilie weist sie mit Abscheu weg, ja sie fällt fast in Zuckungen, als man die Tasse dem Munde nähert. Er fragt mit Ernst und Hast, wie es ihm der Umstand eingab, was Ottilie heute genossen habe. Das Mädchen stockt; er wiederholt seine Frage; das Mädchen bekennt, Ottilie habe nichts genossen.

Nanny scheint ihm ängstlicher als billig. Er reißt sie in ein Nebenzimmer, Charlotte folgt, das Mädchen wirft sich auf die Kniee, sie gesteht, daß Ottilie schon lange so gut wie nichts genieße. Auf Andringen Ottiliens habe sie die Speisen an ihrer Statt genossen; verschwiegen habe sie es wegen bittender und drohender Gebärden ihrer Gebieterin, und auch, setzte sie unschuldig hinzu, weil es ihr gar so gut geschmeckt.

Der Major und Mittler kamen heran; sie fanden Charlotten tätig in Gesellschaft des Arztes. Das bleiche himmlische Kind saß, sich selbst bewußt, wie es schien, in der Ecke des Sofas. Man bittet sie, sich niederzulegen; sie verweigerts, winkt aber, daß man das Köfferchen herbeibringe. Sie setzt ihre Füße darauf und findet sich in einer halb liegenden, bequemen Stellung. Sie scheint Abschied nehmen zu wollen, ihre Gebärden drücken den Umstehenden die zarteste Anhänglichkeit aus, Liebe, Dankbarkeit, Abbitte und das herzlichste Lebewohl.

Eduard, der vom Pferde steigt, vernimmt den Zustand, er stürzt in das Zimmer, er wirft sich an ihre Seite nieder, faßt ihre Hand und überschwemmt sie mit stummen Tränen. So bleibt er lange. Endlich ruft er aus: „Soll ich deine Stimme nicht wieder hören? Wirst du nicht mit einem Wort für mich ins Leben zurückkehren? Gut, gut! ich folge dir hinüber; da werden wir mit andern Sprachen reden!"

Sie drückt ihm kräftig die Hand, sie blickt ihn lebevoll und liebevoll an, und nach einem tiefen Atemzug, nach einer himmlischen, stummen Bewegung der Lippen: „Versprich mir zu leben!" ruft sie aus, mit holder, zärtlicher Anstrengung; doch gleich sinkt sie zurück. „Ich versprech es!" rief er ihr entgegen, doch rief er es ihr nur nach; sie war schon abgeschieden.

Nach einer tränenvollen Nacht fiel die Sorge, die geliebten Reste zu bestatten, Charlotten anheim. Der Major und Mittler standen ihr bei. Eduards Zustand war zu bejammern. Wie er sich aus seiner Verzweiflung nur hervorheben und einigermaßen besinnen konnte, bestand er darauf, Ottilie sollte nicht aus dem Schlosse gebracht, sie sollte gewartet, gepflegt, als eine Lebende behandelt werden; denn sie sei nicht tot, sie könne nicht tot sein. Man tat ihm seinen Willen, insofern man wenigstens das unterließ, was er verboten hatte. Er verlangte nicht, sie zu sehen.

Noch ein anderer Schreck ergriff, noch eine andere Sorge beschäftigte die Freunde. Nanny, von dem Arzt heftig gescholten, durch Drohungen zum Bekenntnis genötigt und nach dem Bekenntnis mit Vorwürfen überhäuft, war entflohen. Nach langem Suchen fand man sie wieder, sie schien außer sich zu sein. Ihre Eltern nahmen sie zu sich. Die beste Begegnung schien nicht anzuschlagen, man mußte sie einsperren, weil sie wieder zu entfliehen drohte.

Stufenweise gelang es, Eduarden der heftigsten Verzweiflung zu entreißen, aber nur zu seinem Unglück; denn es ward ihm deutlich, es ward ihm gewiß, daß er das Glück seines Lebens für immer verloren habe. Man wagte es ihm vorzustellen, daß Ottilie, in jener Kapelle beigesetzt, noch immer unter den Lebendigen bleiben und einer freundlichen, stillen Wohnung nicht entbehren würde. Es fiel schwer, seine Einwilligung zu erhalten, und nur unter der Bedingung, daß sie im offenen Sarge hinausgetragen und in dem Gewölbe allenfalls nur mit einem Glasdeckel zugedeckt und eine immerbrennende Lampe gestiftet werden sollte, ließ er sichs zuletzt gefallen und schien sich in alles ergeben zu haben.

Man kleidete den holden Körper in jenen Schmuck, den sie sich selbst vorbereitet hatte; man setzte ihr einen Kranz von Asterblumen auf das Haupt, die wie traurige Gestirne ahnungsvoll glänzten. Die Bahre, die Kirche, die Kapelle zu schmücken, wurden alle Gärten ihres Schmucks beraubt. Sie lagen verödet, als wenn bereits der Winter alle Freude aus den Beeten weggetilgt hätte. Beim frühsten Morgen wurde sie im offnen Sarge aus dem Schloß getragen, und die aufgehende Sonne rötete nochmals das himmlische Gesicht. Die Begleitenden drängten sich um die Träger, niemand wollte vorausgehn, niemand folgen, jedermann sie umgeben, jedermann noch zum letztenmale ihre Gegenwart genießen. Knaben, Männer und Frauen, keins blieb ungerührt. Untröstlich waren die Mädchen, die ihren Verlust am unmittelbarsten empfanden.

Nanny fehlte. Man hatte sie zurückgehalten, oder vielmehr man hatte ihr den Tag und die Stunde des Begräbnisses verheimlicht. Man bewachte sie bei ihren Eltern in einer Kammer, die nach dem Garten ging. Als sie aber die Glocken läuten hörte, ward sie nur allzubald inne, was vorging, und da ihre Wächterin aus Neugierde, den Zug zu sehen, sie verließ, entkam sie zum Fenster hinaus auf einen Gang und von da, weil sie alle Türen verschlossen fand, auf den Oberboden.

Eben schwankte der Zug den reinlichen, mit Blättern bestreuten Weg durchs Dorf hin. Nanny sah ihre Gebieterin deutlich unter sich, deutlicher, vollständiger, schöner als alle, die dem Zuge folgten. Überirdisch, wie auf Wolken oder Wogen getragen, schien sie ihrer Dienerin zu winken, und diese, verworren, schwankend, taumelnd, stürzte hinab.

Auseinander fuhr die Menge mit einem entsetzlichen Schrei nach allen Seiten. Vom Drängen und Getümmel waren die Träger genötigt, die Bahre niederzusetzen. Das Kind lag ganz nahe daran; es schien an allen Gliedern zerschmettert. Man hob es auf; und zufällig oder aus besonderer Fügung lehnte man es über die Leiche, ja es schien selbst noch mit dem letzten Lebensrest seine geliebte Herrin erreichen zu wollen. Kaum aber hatten ihre schlotternden Glieder Ottiliens Gewand, ihre kraftlosen Finger Ottiliens gefaltete Hände berührt, als das Mädchen aufsprang, Arme und Augen zuerst gen Himmel erhob, dann auf die Kniee vor dem Sarge niederstürzte und andächtig entzückt zu der Herrin hinaufstaunte.

Endlich sprang sie wie begeistert auf und rief mit heiliger Freude: „Ja, sie hat mir vergeben! Was mir kein Mensch, was ich mir selbst nicht vergeben konnte, vergibt mir Gott durch ihren Blick, ihre Gebärde, ihren Mund. Nun ruht sie wieder so still und sanft; aber ihr habt gesehen, wie sie sich aufrichtete und mit entfalteten Händen mich segnete, wie sie mich freundlich anblickte! Ihr habt es alle gehört, ihr seid Zeugen, daß sie zu mir sagte: ‚Dir ist vergeben!' Ich bin nun keine Mörderin mehr unter euch, sie hat mir verziehen, Gott hat mir verziehen, und niemand kann mir mehr etwas anhaben."

Umhergedrängt stand die Menge; sie waren erstaunt, sie horchten und sahen hin und wider, und kaum wußte jemand, was er beginnen sollte. „Tragt sie nun zur Ruhe!" sagte das

Mädchen; „sie hat das Ihrige getan und gelitten und kann nicht mehr unter uns wohnen." Die Bahre bewegte sich weiter, Nanny folgte zuerst, und man gelangte zur Kirche, zur Kapelle.

So stand nun der Sarg Ottiliens, zu ihren Häupten der Sarg des Kindes, zu ihren Füßen das Köfferchen, in ein starkes eichenes Behältnis eingeschlossen. Man hatte für eine Wächterin gesorgt, welche in der ersten Zeit des Leichnams wahrnehmen sollte, der unter seiner Glasdecke gar liebenswürdig dalag. Aber Nanny wollte sich dieses Amt nicht nehmen lassen; sie wollte allein, ohne Gesellin bleiben und der zum erstenmal angezündeten Lampe fleißig warten. Sie verlangte dies so eifrig und hartnäckig, daß man ihr nachgab, um ein größeres Gemütsübel, das sich befürchten ließ, zu verhüten.

Aber sie blieb nicht lange allein; denn gleich mit sinkender Nacht, als das schwebende Licht, sein volles Recht ausübend, einen helleren Schein verbreitete, öffnete sich die Türe, und es trat der Architekt in die Kapelle, deren fromm verzierte Wände bei so mildem Schimmer altertümlicher und ahnungsvoller, als er je hätte glauben können, ihm entgegendrangen.

Nanny saß an der einen Seite des Sarges. Sie erkannte ihn gleich; aber schweigend deutete sie auf die verblichene Herrin. Und so stand er auf der andern Seite, in jugendlicher Kraft und Anmut, auf sich selbst zurückgewiesen, starr, in sich gekehrt, mit niedergesenkten Armen, gefalteten, mitleidig gerungenen Händen, Haupt und Blick nach der Entseelten hingeneigt.

Schon einmal hatte er so vor Belisar gestanden. Unwillkürlich geriet er jetzt in die gleiche Stellung; und wie natürlich war sie auch diesmal! Auch hier war etwas unschätzbar Würdiges von seiner Höhe herabgestürzt; und wenn dort Tapferkeit, Klugheit, Macht, Rang und Vermögen in einem Manne als unwiederbringlich verloren bedauert wurden, wenn Eigenschaften, die der Nation, dem Fürsten in entscheidenden Momenten unentbehrlich sind, nicht geschätzt, vielmehr verworfen und ausgestoßen worden, so waren hier soviel andere stille Tugenden, von der Natur erst kurz aus ihren gehaltreichen Tiefen hervorgerufen, durch ihre gleichgültige Hand schnell wieder ausgetilgt, seltene, schöne, liebenswürdige Tugenden, deren friedliche Einwirkung die bedürftige Welt zu jeder Zeit mit wonnevollem Genügen umfängt und mit sehnsüchtiger Trauer vermißt.

Der Jüngling schwieg, auch das Mädchen eine Zeitlang; als sie ihm aber die Tränen häufig aus dem Auge quellen sah, als er sich im Schmerz ganz aufzulösen schien, sprach sie mit so viel Wahrheit und Kraft, mit so viel Wohlwollen und Sicherheit ihm zu, daß er, über den Fluß ihrer Rede erstaunt, sich zu fassen vermochte und seine schöne Freundin ihm in einer höhern Region lebend und wirkend vorschwebte. Seine Tränen trockneten, seine Schmerzen linderten sich, knieend nahm er von Ottilien, mit einem herzlichen Händedruck von Nanny Abschied, und noch in der Nacht ritt er vom Orte weg, ohne jemand weiter gesehen zu haben.

Der Wundarzt war die Nacht über ohne des Mädchens Wissen in der Kirche geblieben und fand, als er sie des Morgens besuchte, sie heiter und getrosten Mutes. Er war auf mancherlei Verirrungen gefaßt; er dachte schon, sie werde ihm von nächtlichen Unterredungen mit Ottilien und von andern solchen Erscheinungen sprechen, aber sie war natürlich, ruhig und sich völlig selbstbewußt. Sie erinnerte sich vollkommen aller früheren Zeiten, aller Zustände mit großer Genauigkeit, und nichts in ihren Reden schritt aus dem gewöhnlichen Gange des Wahren und Wirklichen heraus als nur die Begebenheit beim Leichenbegängnis, die sie mit Freudigkeit oft wiederholte: wie Ottilie sich aufgerichtet, sie gesegnet, ihr verziehen und sie dadurch für immer beruhigt habe.

Der fortdauernd schöne, mehr schlaf- als todähnliche Zustand Ottiliens zog mehrere Menschen herbei. Die Bewohner und Anwohner wollten sie noch sehen, und jeder mochte gern aus Nannys Munde das Unglaubliche hören; manche, um darüber zu spotten, die meisten, um daran zu zweifeln, und wenige, um sich glaubend dagegen zu verhalten.

Jedes Bedürfnis, dessen wirkliche Befriedigung versagt ist, nötigt zum Glauben. Die vor den Augen aller Welt zerschmetterte Nanny war durch Berührung des frommen Körpers wieder gesund geworden; warum sollte nicht auch ein ähnliches Glück hier andern bereitet sein? Zärtliche

Mütter brachten zuerst heimlich ihre Kinder, die von irgendeinem Übel behaftet waren, und sie glaubten eine plötzliche Besserung zu spüren. Das Zutrauen vermehrte sich, und zuletzt war niemand so alt und so schwach, der sich nicht an dieser Stelle eine Erquickung und Erleichterung gesucht hätte. Der Zudrang wuchs, und man sah sich genötigt, die Kapelle, ja außer den Stunden des Gottesdienstes die Kirche zu verschließen.

Eduard wagte sich nicht wieder zu der Abgeschiedenen. Er lebte nur vor sich hin, er schien keine Träne mehr zu haben, keines Schmerzes weiter fähig zu sein. Seine Teilnahme an der Unterhaltung, sein Genuß von Speis und Trank vermindert sich mit jedem Tage. Nur noch einige Erquickung scheint er aus dem Glase zu schlürfen, das ihm freilich kein wahrhafter Prophet gewesen. Er betrachtet noch immer gern die verschlungenen Namenszüge, und sein ernstheiterer Blick dabei scheint anzudeuten, daß er auch jetzt noch auf eine Vereinigung hoffe. Und wie den Glücklichen jeder Nebenumstand zu begünstigen, jedes Ungefähr mit emporzuheben scheint, so mögen sich auch gern die kleinsten Vorfälle zur Kränkung, zum Verderben des Unglücklichen vereinigen. Denn eines Tages, als Eduard das geliebte Glas zum Munde brachte, entfernte er es mit Entsetzen wieder; es war dasselbe und nicht dasselbe; er vermißt ein kleines Kennzeichen. Man dringt in den Kammerdiener, und dieser muß gestehen, das echte Glas sei unlängst zerbrochen und ein gleiches, auch aus Eduards Jugendzeit, untergeschoben worden. Eduard kann nicht zürnen, sein Schicksal ist ausgesprochen durch die Tat; wie soll ihn das Gleichnis rühren? Aber doch drückt es ihn tief. Der Trank scheint ihm von nun an zu widerstehen; er scheint sich mit Vorsatz der Speise, des Gesprächs zu enthalten.

Aber von Zeit zu Zeit überfällt ihn eine Unruhe. Er verlangt wieder etwas zu genießen, er fängt wieder an zu sprechen. „Ach!" sagte er einmal zu dem Major, der ihm wenig von der Seite kam, „was bin ich unglücklich, daß mein ganzes Bestreben nur immer eine Nachahmung, ein falsches Bemühen bleibt! Was ihr Seligkeit gewesen, wird mir Pein; und doch, um dieser Seligkeit willen bin ich genötigt, diese Pein zu übernehmen. Ich muß ihr nach, auf diesem Wege nach; aber meine Natur hält mich zurück und mein Versprechen. Es ist eine schreckliche Aufgabe, das Unnachahmliche nachzuahmen. Ich fühle wohl, Bester, es gehört Genie zu allem, auch zum Märtyrertum."

Was sollen wir bei diesem hoffnungslosen Zustande der ehegattlichen, freundschaftlichen, ärztlichen Bemühungen gedenken, in welchen sich Eduards Angehörige eine Zeitlang hin und her wogten? Endlich fand man ihn tot. Mittler machte zuerst diese traurige Entdeckung. Er berief den Arzt und beobachtete, nach seiner gewöhnlichen Fassung, genau die Umstände, in denen man den Verblichenen angetroffen hatte. Charlotte stürzte herbei; ein Verdacht des Selbstmordes regte sich in ihr; sie wollte sich, sie wollte die andern einer unverzeihlichen Unvorsichtigkeit anklagen. Doch der Arzt aus natürlichen und Mittler aus sittlichen Gründen wußten sie bald vom Gegenteil zu überzeugen. Ganz deutlich war Eduard von seinem Ende überrascht worden. Er hatte, was er bisher sorgfältig zu verbergen pflegte, das ihm von Ottilien Übriggebliebene in einem stillen Augenblick vor sich aus einem Kästchen, aus einer Brieftasche ausgebreitet: eine Locke, Blumen, in glücklicher Stunde gepflückt, alle Blättchen, die sie ihm geschrieben, von jenem ersten an, das ihm seine Gattin so zufällig ahnungsreich übergeben hatte. Das alles konnte er nicht einer ungefähren Entdeckung mit Willen preisgeben. Und so lag denn auch dieses vor kurzem zu unendlicher Bewegung aufgeregte Herz in unstörbarer Ruhe; und wie er in Gedanken an die Heilige eingeschlafen war, so konnte man wohl ihn selig nennen. Charlotte gab ihm seinen Platz neben Ottilien und verordnete, daß niemand weiter in diesem Gewölbe beigesetzt werde. Unter dieser Bedingung machte sie für Kirche und Schule, für den Geistlichen und den Schullehrer ansehnliche Stiftungen.

So ruhen die Liebenden nebeneinander. Friede schwebt über ihrer Stätte, heitere, verwandte Engelsbilder schauen vom Gewölbe auf sie herab, und welch ein freundlicher Augenblick wird es sein, wenn sie dereinst wieder zusammen erwachen.

NOVELLE

Ein dichter Herbstnebel verhüllte noch in der Frühe die weiten Räume des fürstlichen Schloßhofes, als man schon mehr oder weniger durch den sich lichtenden Schleier die ganze Jägerei zu Pferde und zu Fuß durcheinander bewegt sah. Die eiligen Beschäftigungen der Nächsten ließen sich erkennen: man verlängerte, man verkürzte die Steigbügel, man reichte sich Büchse und Patrontäschchen, man schob die Dachsranzen zurecht, indes die Hunde ungeduldig am Riemen den Zurückhaltenden mit fortzuschleppen drohten. Auch hie und da gebärdete ein Pferd sich mutiger, von feuriger Natur getrieben oder von dem Sporn des Reiters angeregt, der selbst hier in der Halbhelle eine gewisse Eitelkeit, sich zu zeigen, nicht verleugnen konnte. Alle jedoch warteten auf den Fürsten, der, von seiner jungen Gemahlin Abschied nehmend, allzulange zauderte.

Erst vor kurzer Zeit zusammen getraut, empfanden sie schon das Glück übereinstimmender Gemüter; beide waren von tätig lebhaftem Charakter, eines nahm gern an des andern Neigungen und Bestrebungen Anteil. Des Fürsten Vater hatte noch den Zeitpunkt erlebt und genutzt, wo es deutlich wurde, daß alle Staatsglieder in gleicher Betriebsamkeit ihre Tage zubringen, in gleichem Wirken und Schaffen jeder nach seiner Art erst gewinnen und dann genießen sollten.

Wie sehr dieses gelungen war, ließ sich in diesen Tagen gewahr werden, als eben der Hauptmarkt sich versammelte, den man gar wohl eine Messe nennen konnte. Der Fürst hatte seine Gemahlin gestern durch das Gewimmel der aufgehäuften Waren zu Pferde geführt und sie bemerken lassen, wie gerade hier das Gebirgsland mit dem flachen Lande einen glücklichen Umtausch treffe; er wußte sie an Ort und Stelle auf die Betriebsamkeit seines Länderkreises aufmerksam zu machen.

Wenn sich nun der Fürst fast ausschließlich in diesen Tagen mit den Seinigen über diese zudringenden Gegenstände unterhielt, auch besonders mit dem Finanzminister anhaltend arbeitete, so behielt doch auch der Landjägermeister sein Recht, auf dessen Vorstellung es unmöglich war, der Versuchung zu widerstehen, an diesen günstigen Herbsttagen eine schon verschobene Jagd zu unternehmen, sich selbst und den vielen angekommenen Fremden ein eignes und seltnes Fest zu eröffnen.

Die Fürstin blieb ungern zurück; man hatte sich vorgenommen, weit in das Gebirg hineinzudringen, um die friedlichen Bewohner der dortigen Wälder durch einen unerwarteten Kriegszug zu beunruhigen.

Scheidend versäumte der Gemahl nicht, einen Spazierritt vorzuschlagen, den sie im Geleit Friedrichs, des fürstlichen Oheims, unternehmen sollte. „Auch lasse ich“, sagte er, „dir unsern Honorio als Stall- und Hofjunker, der für alles sorgen wird.“ Und im Gefolg dieser Worte gab er im Hinabsteigen einem wohlgebildeten jungen Mann die nötigen Aufträge, verschwand sodann bald mit Gästen und Gefolge.

Die Fürstin, die ihrem Gemahl noch in den Schloßhof hinab mit dem Schnupftuch nachgewinkt hatte, begab sich in die hintern Zimmer, welche nach dem Gebirg eine freie Aussicht ließen, die um desto schöner war, als das Schloß selbst von dem Flusse herauf in einiger Höhe stand und so vor- als hinterwärts mannigfaltige bedeutende Ansichten gewährte. Sie fand das treffliche Teleskop noch in der Stellung, wo man es gestern abend gelassen hatte, als man, über Busch, Berg und Waldgipfel die hohen Ruinen der uralten Stammburg betrachtend, sich unterhielt, die in der Abendbeleuchtung merkwürdig hervortraten, indem alsdann die größten Licht- und Schattenmassen den deutlichsten Begriff von einem so ansehnlichen Denkmal alter Zeit verleihen konnten. Auch zeigte sich heute früh durch die annähernden Gläser recht auffallend die herbstliche Färbung jener mannigfaltigen Baumarten, die zwischen dem Gemäuer ungehindert und ungestört durch lange Jahre emporstrebten. Die schöne Dame richtete jedoch das Fernrohr etwas tiefer nach einer öden, steinigen Fläche, über welche der Jagdzug weggehen mußte. Sie erharrte den Augenblick mit Geduld und betrog sich nicht, denn bei der Klarheit und Vergrößerungsfähigkeit des Instruments erkannten ihre glänzenden Augen deutlich den Fürsten und den Oberstallmeister; ja sie enthielt sich nicht, abermals mit dem Schnupftuche zu winken, als sie ein augenblickliches Stillhalten und Rückblicken mehr vermutete als gewahr ward.

Fürst Oheim, Friedrich mit Namen, trat sodann, angemeldet, mit seinem Zeichner herein, der ein großes Portefeuille unter dem Arm trug. „Liebe Cousine," sagte der alte, rüstige Herr, „hier legen wir die Ansichten der Stammburg vor, gezeichnet, um von verschiedenen Seiten anschaulich zu machen, wie der mächtige Trutz- und Schutzbau von alten Zeiten her dem Jahr und seiner Witterung sich entgegenstemmte und wie doch hie und da sein Gemäuer weichen, da und dort in wüste Ruinen zusammenstürzen mußte. Nun haben wir manches getan, um diese Wildnis zugänglicher zu machen, denn mehr bedarf es nicht, um jeden Wanderer, jeden Besuchenden in Erstaunen zu setzen, zu entzücken."

Indem nun der Fürst die einzelnen Blätter deutete, sprach er weiter: „Hier, wo man, den Hohlweg durch die äußern Ringmauern heraufkommend, vor die eigentliche Burg gelangt, steigt uns ein Felsen entgegen von den festesten des ganzen Gebirgs; hierauf nun steht gemauert ein Turm, doch niemand wüßte zu sagen, wo die Natur aufhört, Kunst und Handwerk aber anfangen. Ferner sieht man seitwärts Mauern angeschlossen und Zwinger terrassenmäßig herab sich erstreckend. Doch ich sage nicht recht, denn es ist eigentlich ein Wald, der diesen uralten Gipfel umgibt. Seit hundertundfunfzig Jahren hat keine Axt hier geklungen, und überall sind die mächtigsten Stämme emporgewachsen. Wo Ihr Euch an den Mauern andrängt, stellt sich der glatte Ahorn, die rauhe Eiche, die schlanke Fichte mit Schaft und Wurzeln entgegen; um diese müssen wir uns herumschlängeln und unsere Fußpfade verständig führen. Seht nur, wie trefflich unser Meister dies Charakteristische auf dem Papier ausgedrückt hat, wie kenntlich die verschiedenen Stamm- und Wurzelarten zwischen das Mauerwerk verflochten und die mächtigen Äste durch die Lücken durchgeschlungen sind! Es ist eine Wildnis wie keine, ein zufällig einziges Lokal, wo die alten Spuren längst verschwundener Menschenkraft mit der ewig lebenden und fortwirkenden Natur sich in dem ernstesten Streit erblicken lassen."

Ein anderes Blatt aber vorlegend, fuhr er fort: „Was sagt Ihr nun zum Schloßhofe, der, durch das Zusammenstürzen des alten Torturmes unzugänglich, seit undenklichen Jahren von niemand betreten ward? Wir suchten ihm von der Seite beizukommen, haben Mauern durchbrochen, Gewölbe gesprengt und so einen bequemen, aber geheimen Weg bereitet. Inwendig bedurft es keines Aufräumens, hier findet sich ein flacher Felsgipfel von der Natur geplättet, aber doch haben mächtige Bäume hie und da zu wurzeln Glück und Gelegenheit gefunden; sie sind sachte, aber entschieden aufgewachsen, nun erstrecken sie ihre Äste bis in die Galerien hinein, auf denen der Ritter sonst auf und ab schritt, ja durch Türen durch und Fenster in die gewölbten Säle, aus denen wir sie nicht vertreiben wollen; sie sind eben Herr geworden und mögens bleiben. Tiefe Blätterschichten wegräumend, haben wir den merkwürdigsten Platz geebnet gefunden, dessengleichen in der Welt vielleicht nicht wieder zu sehen ist.

Nach allem diesem aber ist es immer noch bemerkenswert und an Ort und Stelle zu beschauen, daß auf den Stufen, die in den Hauptturm hinaufführen, ein Ahorn Wurzel geschlagen und sich zu einem so tüchtigen Baume gebildet hat, daß man nur mit Not daran vorbeidringen kann, um die Zinne, der unbegrenzten Aussicht wegen, zu besteigen. Aber auch hier verweilt man bequem im Schatten, denn dieser Baum ist es, der sich über das Ganze wunderbar hoch in die Luft hebt.

Danken wir also dem wackern Künstler, der uns so löblich in verschiedenen Bildern von allem überzeugt, als wenn wir gegenwärtig wären; er hat die schönsten Stunden des Tages und der Jahrszeit dazu angewendet und sich wochenlang um diese Gegenstände herumbewegt. In dieser Ecke ist für ihn und den Wächter, den wir ihm zugegeben, eine kleine, angenehme Wohnung eingerichtet. Sie sollten nicht glauben, meine Beste, welch eine schöne Aus- und Ansicht er ins Land, in Hof und Gemäuer sich dort bereitet hat! Nun aber, da alles so rein und charakteristisch umrissen ist, wird er es hier unten mit Bequemlichkeit ausführen. Wir wollen mit diesen Bildern unsern Gartensaal zieren, und niemand soll über unsere regelmäßigen Parterre, Lauben und schattigen Gänge seine Augen spielen lassen, der nicht wünschte, dort oben in dem wirklichen Anschauen des Alten und Neuen, des Starren, Unnachgiebigen, Unzerstörlichen und des Frischen, Schmiegsamen, Unwiderstehlichen seine Betrachtungen anzustellen."

Honorio trat ein und meldete, die Pferde seien vorgeführt; da sagte die Fürstin, zum Oheim gewendet: „Reiten wir hinauf, und lassen Sie mich in der Wirklichkeit sehen, was Sie mir hier im Bilde zeigten! Seit ich hier bin, hör ich von diesem Unternehmen und werde jetzt erst recht verlangend, mit Augen zu sehen, was mir in der Erzählung unmöglich schien und in der Nachbildung unwahrscheinlich bleibt." – „Noch nicht, meine Liebe," versetzte der Fürst; „was Sie hier sahen, ist, was es werden kann und wird; jetzt stockt noch manches, die Kunst muß erst vollenden, wenn sie sich vor der Natur nicht schämen soll." – „Und so reiten wir wenigstens hinaufwärts, und wär es nur bis an den Fuß; ich habe große Lust, mich heute weit in der Welt umzusehen." – „Ganz nach Ihrem Willen." versetzte der Fürst. – „Lassen Sie uns aber durch die Stadt reiten," fuhr die Dame fort, „über den großen Marktplatz, wo eine zahllose Menge von Buden die Gestalt einer kleinen Stadt, eines Feldlagers angenommen hat. Es ist, als wären die Bedürfnisse und Beschäftigungen sämtlicher Familien des Landes umher nach außen gekehrt, in diesem Mittelpunkt versammelt, an das Tageslicht gebracht worden, denn hier sieht der aufmerksame Beobachter alles, was der Mensch leistet und bedarf; man bildet sich einen Augenblick ein, es sei kein Geld nötig, jedes Geschäft könne hier durch Tausch abgetan werden, und so ist es auch im Grunde. Seitdem der Fürst gestern mir Anlaß zu diesen Übersichten gegeben, ist es mir gar angenehm zu denken, wie hier, wo Gebirg und flaches Land aneinandergrenzen, beide so deutlich aussprechen, was sie brauchen und was sie wünschen. Wie nun der Hochländer das Holz seiner Wälder in hundert Formen umzubilden weiß, das Eisen zu einem jeden Gebrauch zu vermannigfaltigen, so kommen jene drüben mit den vielfältigsten Waren ihm entgegen, an denen man den Stoff kaum unterscheiden und den Zweck oft nicht erkennen mag."

„Ich weiß," versetzte der Fürst, „daß mein Neffe hierauf die größte Aufmerksamkeit wendet, denn gerade zu dieser Jahrszeit kommt es hauptsächlich darauf an, daß man mehr empfange als gebe; dies zu bewirken, ist am Ende die Summe des ganzen Staatshaushaltes so wie der kleinsten häuslichen Wirtschaft. Verzeihen Sie aber, meine Beste, ich reite niemals gern durch den Markt und Messe; bei jedem Schritt ist man gehindert und aufgehalten, und dann flammt mir das ungeheure Unglück wieder in die Einbildungskraft, das sich mir gleichsam in die Augen eingebrannt, als ich eine solche Güter- und Warenbreite in Feuer aufgehen sah. Ich hatte mich kaum –"

„Lassen Sie uns die schönen Stunden nicht versäumen!" fiel ihm die Fürstin ein, da der würdige Mann sie schon einigemal mit ausführlicher Beschreibung jenes Unheils geängstigt hatte, wie er sich nämlich, auf einer großen Reise begriffen, abends im besten Wirtshause auf dem Markte, der eben von einer Hauptmesse wimmelte, höchst ermüdet zu Bette gelegt und nachts durch Geschrei und Flammen, die sich gegen seine Wohnung wälzten, gräßlich aufgeweckt worden.

Die Fürstin eilte, das Lieblingspferd zu besteigen, und führte, statt zum Hintertore bergauf, zum Vordertore bergunter ihren widerwillig bereiten Begleiter; denn wer wäre nicht gern an ihrer Seite geritten, wer wäre ihr nicht gern gefolgt! Und so war auch Honorio von der sonst so ersehnten Jagd willig zurückgeblieben, um ihr ausschließlich dienstbar zu sein.

Wie vorauszusehen, durften sie auf dem Markte nur Schritt vor Schritt reiten; aber die schöne Liebenswürdige erheiterte jeden Aufenthalt durch eine geistreiche Bemerkung. „Ich wiederhole", sagte sie, „meine gestrige Lektion, da denn doch die Notwendigkeit unsere Geduld prüfen will." Und wirklich drängte sich die ganze Menschenmasse dergestalt an die Reitenden heran, daß sie ihren Weg nur langsam fortsetzen konnten. Das Volk schaute mit Freuden die junge Dame, und auf so viel lächelnden Gesichtern zeigte sich das entschiedene Behagen, zu sehen, daß die erste Frau im Lande auch die schönste und anmutigste sei.

Untereinander gemischt standen Bergbewohner, die zwischen Felsen, Fichten und Föhren ihre stillen Wohnsitze hegten, Flachländer von Hügeln, Auen und Wiesen her, Gewerbsleute der kleinen Städte, und was sich alles versammelt hatte. Nach einem ruhigen Überblick bemerkte die Fürstin ihrem Begleiter, wie alle diese, woher sie auch seien, mehr Stoff als nötig zu ihren Kleidern genommen, mehr Tuch und Leinwand, mehr Band zum Besatz. „Ist es doch, als ob die Weiber nicht brauschig und die Männer nicht pausig genug sich gefallen könnten!"

„Wir wollen ihnen das ja lassen," versetzte der Oheim; „wo auch der Mensch seinen Überfluß hinwendet, ihm ist wohl dabei, am wohlsten, wenn er sich damit schmückt und aufputzt." Die schöne Dame winkte Beifall.

So waren sie nach und nach auf einen freiern Platz gelangt, der zur Vorstadt hinführte, wo am Ende vieler kleiner Buden und Kramstände ein größeres Brettergebäude in die Augen fiel, das sie kaum erblickten, als ein ohrzerreißendes Gebrülle ihnen entgegentönte. Die Fütterungsstunde der dort zur Schau stehenden wilden Tiere schien herangekommen; der Löwe ließ seine Wald- und Wüstenstimme aufs kräftigste hören, die Pferde schauderten, und man konnte der Bemerkung nicht entgehen, wie in dem friedlichen Wesen und Wirken der gebildeten Welt der König der Einöde sich so furchtbar verkündige. Zur Bude näher gelangt, durften sie die bunten, kolossalen Gemälde nicht übersehen, die mit heftigen Farben und kräftigen Bildern jene fremden Tiere darstellten, welche der friedliche Staatsbürger zu schauen unüberwindliche Lust empfinden sollte. Der grimmig ungeheure Tiger sprang auf einen Mohren los, im Begriff ihn zu zerreißen, ein Löwe stand ernsthaft majestätisch, als wenn er keine Beute seiner würdig vor sich sähe; andere wunderliche, bunte Geschöpfe verdienten neben diesen mächtigen weniger Aufmerksamkeit.

„Wir wollen", sagte die Fürstin, „bei unserer Rückkehr doch absteigen und die seltenen Gäste näher betrachten!"

– „Es ist wunderbar," versetzte der Fürst, „daß der Mensch durch Schreckliches immer aufgeregt sein will. Drinnen liegt der Tiger ganz ruhig in seinem Kerker, und hier muß er grimmig auf einen Mohren losfahren, damit man glaube, dergleichen inwendig ebenfalls zu sehen; es ist an Mord und Totschlag noch nicht genug, an Brand und Untergang: die Bänkelsänger müssen es an jeder Ecke wiederholen. Die guten Menschen wollen eingeschüchtert sein, um hinterdrein erst recht zu fühlen, wie schön und löblich es sei, frei Atem zu holen."

Was denn aber auch Bängliches von solchen Schreckensbildern mochte übriggeblieben sein, alles und jedes war sogleich ausgelöscht, als man, zum Tore hinausgelangt, in die heiterste Gegend eintrat. Der Weg führte zuerst am Flusse hinan, an einem zwar noch schmalen, nur leichte Kähne tragenden Wasser, das aber nach und nach als größter Strom seinen Namen behalten und ferne Länder beleben sollte. Dann ging es weiter durch wohlversorgte Frucht- und Lustgärten sachte hinaufwärts, und man sah sich nach und nach in der aufgetanen, wohlbewohnten Gegend um, bis erst ein Busch, sodann ein Wäldchen die Gesellschaft aufnahm und die anmutigsten Örtlichkeiten ihren Blick begrenzten und erquickten. Ein aufwärts leitendes Wiesental, erst vor kurzem zum zweiten Male gemäht, sammetähnlich anzusehen, von einer oberwärts lebhaft auf einmal reich entspringenden Quelle gewässert, empfing sie freundlich, und so zogen sie einem höheren, freieren Standpunkt entgegen, den sie, aus dem Walde sich bewegend, nach einem lebhaften Stieg erreichten, alsdann aber vor sich noch in bedeutender Entfernung über neuen Baumgruppen das alte Schloß, den Zielpunkt ihrer Wallfahrt, als Fels- und Waldgipfel hervorragen sahen. Rückwärts aber – denn niemals gelangte man hierher, ohne sich umzukehren – erblickten sie durch zufällige Lücken der hohen Bäume das fürstliche Schloß links, von der Morgensonne beleuchtet, den wohlgebauten höhern Teil der Stadt, von leichten Rauchwolken gedämpft, und so fort nach der Rechten zu die untere Stadt, den Fluß in einigen Krümmungen mit seinen Wiesen und Mühlen, gegenüber eine weite nahrhafte Gegend.

Nachdem sie sich an dem Anblick ersättigt oder vielmehr, wie es uns bei dem Umblick auf so hoher Stelle zu geschehen pflegt, erst recht verlangend geworden nach einer weitern, weniger begrenzten Aussicht, ritten sie eine steinige, breite Fläche hinan, wo ihnen die mächtige Ruine als ein grüngekrönter Gipfel entgegenstand, wenig alte Bäume tief unten um seinen Fuß; sie ritten hindurch, und so fanden sie sich gerade vor der steilsten, unzugänglichsten Seite. Mächtige Felsen standen von Urzeiten her, jedem Wechsel unangetastet, fest, wohlgegründet voran, und so türmte sichs aufwärts; das dazwischen Herabgestürzte lag in mächtigen Platten und Trümmern unregelmäßig übereinander und schien dem Kühnsten jeden Angriff zu verbieten. Aber das Steile, Jähe scheint der Jugend zuzusagen; dies zu unternehmen, zu erstürmen, zu erobern, ist jungen Gliedern ein Genuß. Die Fürstin bezeigte Neigung zu einem Versuch, Honorio war bei der Hand, der fürstliche Oheim, wenn schon bequemer, ließ sichs gefallen und wollte sich doch auch nicht unkräftig zeigen; die Pferde sollten am Fuß unter den Bäumen halten, und man wollte bis zu einem gewissen Punkte gelangen, wo ein vorstehender mächtiger Fels einen Flächenraum darbot, von wo man eine Aussicht hatte, die zwar schon in den Blick des Vogels überging, aber sich doch noch malerisch genug hintereinander schob.

Die Sonne, beinahe auf ihrer höchsten Stelle, verlieh die klarste Beleuchtung; das fürstliche Schloß mit seinen Teilen, Hauptgebäuden, Flügeln, Kuppeln und Türmen erschien gar stattlich, die obere Stadt in ihrer völligen Ausdehnung; auch in die untere konnte man bequem hineinsehen, ja durch das Fernrohr auf dem Markte sogar die Buden unterscheiden. Honorio war immer gewohnt, ein so förderliches Werkzeug überzuschnallen; man schaute den Fluß hinauf und hinab, diesseits das bergartig terrassenweis unterbrochene, jenseits das aufgleitende flache und in mäßigen Hügeln abwechselnde fruchtbare Land, Ortschaften unzählige; denn es war längst herkömmlich, über die Zahl zu streiten, wieviel man deren von hier oben gewahr werde.

Über die große Weite lag eine heitere Stille, wie es am Mittag zu sein pflegt, wo die Alten sagten, Pan schlafe und alle Natur halte den Atem an, um ihn nicht aufzuwecken.

„Es ist nicht das erstemal," sagte die Fürstin, „daß ich auf so hoher, weitumschauender Stelle die Betrachtung mache, wie doch die klare Natur so reinlich und friedlich aussieht und den Eindruck verleiht, als wenn gar nichts Widerwärtiges in der Welt sein könne, und wenn man denn wieder in die Menschenwohnung zurückkehrt, sie sei hoch oder niedrig, weit oder eng, so gibts immer etwas zu kämpfen, zu streiten, zu schlichten und zurechtzulegen."

Honorio, der indessen durch das Sehrohr nach der Stadt geschaut hatte, rief: „Seht hin! seht hin! auf dem Markte fängt es an zu brennen!" Sie sahen hin und bemerkten wenigen Rauch; die Flamme dämpfte der Tag. „Das Feuer greift weiter um sich!" rief man, immer durch die Gläser schauend; auch wurde das Unheil den guten, unbewaffneten Augen der Fürstin bemerklich. Von Zeit zu Zeit erkannte man eine rote Flammenglut, der Dampf stieg empor, und Fürst Oheim sprach: „Laßt uns zurückkehren! Das ist nicht gut! Ich fürchtete immer, das Unglück zum zweiten Male zu erleben." Als sie, herabgekommen, den Pferden wieder zugingen, sagte die Fürstin zu dem alten Herrn: „Reiten Sie hinein, eilig, aber nicht ohne den Reitknecht! Lassen Sie mir Honorio! Wir folgen sogleich." Der Oheim fühlte das Vernünftige, ja das Notwendige dieser Worte und ritt, so eilig als der Boden erlaubte, den wüsten, steinigen Hang hinunter.

Als die Fürstin aufsaß, sagte Honorio: „Reiten Euer Durchlaucht, ich bitte, langsam! In der Stadt wie auf dem Schloß sind die Feueranstalten in bester Ordnung, man wird sich durch einen so unerwartet außerordentlichen Fall nicht irre machen lassen. Hier aber ist ein böser Boden, kleine Steine und kurzes Gras, schnelles Reiten ist unsicher; ohnehin, bis wir hineinkommen, wird das Feuer schon nieder sein." Die Fürstin glaubte nicht daran; sie sah den Rauch sich verbreiten, sie glaubte einen aufflammenden Blitz gesehen, einen Schlag gehört zu haben, und nun bewegten sich in ihrer Einbildungskraft alle die Schreckbilder, welche des trefflichen Oheims wiederholte Erzählung von dem erlebten Jahrmarktsbrande leider nur zu tief eingesenkt hatte.

Fürchterlich wohl war jener Fall, überraschend und eindringlich genug, um zeitlebens eine Ahnung und Vorstellung wiederkehrenden Unglücks ängstlich zurückzulassen, als zur Nachtzeit auf dem großen, budenreichen Marktraum ein plötzlicher Brand Laden auf Laden ergriffen hatte, ehe noch die in und an diesen leichten Hütten Schlafenden aus tiefen Träumen geschüttelt wurden, der Fürst selbst als ein ermüdet angelangter, erst eingeschlafener Fremder ans Fenster sprang, alles fürchterlich erleuchtet sah, Flamme nach Flamme, rechts und links sich überspringend, ihm entgegenzüngelte. Die Häuser des Marktes, vom Widerschein gerötet, schienen schon zu glühen, drohend sich jeden Augenblick zu entzünden und in Flammen aufzuschlagen; unten wütete das Element unaufhaltsam, die Bretter prasselten, die Latten knackten, Leinwand flog auf, und ihre düstern, an den Enden flammend ausgezackten Fetzen trieben in der Höhe sich umher, als wenn die bösen Geister in ihrem Elemente, um und um gestaltet, sich mutwillig tanzend verzehren und da und dort aus den Gluten wieder auftauchen wollten. Dann aber mit kreischendem Geheul rettete jeder, was zur Hand lag; Diener und Knechte mit den Herren bemühten sich, von Flammen ergriffene Ballen fortzuschleppen, von dem brennenden Gestell noch einiges wegzureißen, um es in die Kiste zu packen, die sie denn doch zuletzt den eilenden Flammen zum Raube lassen mußten. Wie mancher wünschte nur einen Augenblick Stillstand dem heranprasselnden Feuer, nach der Möglichkeit einer Besinnung sich umsehend, und er war mit aller seiner Habe schon ergriffen; an der einen Seite brannte, glühte schon, was an der andern noch in finsterer Nacht stand. Hartnäckige Charaktere, willensstarke Menschen widersetzten sich grimmig dem grimmigen Feinde und retteten manches mit Verlust ihrer Augenbraunen und Haare. Leider nun erneuerte sich vor dem schönen Geiste der Fürstin der wüste Wirrwarr, nun schien der heitere morgendliche Gesichtskreis umnebelt, ihre Augen verdüstert; Wald und Wiese hatten einen wunderbaren, bänglichen Anschein.

In das friedliche Tal einreitend, seiner labenden Kühle nicht achtend, waren sie kaum einige Schritte von der lebhaften Quelle des nahen fließenden Baches herab, als die Fürstin ganz unten im Gebüsche des Wiesentals etwas Seltsames erblickte, das sie alsobald für den Tiger erkannte; heranspringend, wie sie ihn vor kurzem gemalt gesehen, kam er entgegen, und dieses Bild zu den furchtbaren Bildern, die sie soeben beschäftigten, machte den wundersamsten Eindruck. „Flieht! gnädige Frau," rief Honorio, „flieht!" Sie wandte das Pferd um, dem steilen Berg zu, wo sie herabgekommen waren. Der Jüngling aber, dem Untier entgegen, zog die Pistole und schoß, als er sich nahe genug glaubte. Leider jedoch war gefehlt; der Tiger sprang seitwärts, das Pferd stutzte, das ergrimmte Tier aber verfolgte seinen Weg aufwärts, unmittelbar der Fürstin nach. Sie sprengte, was das Pferd vermochte, die steile, steinige Strecke hinan, kaum fürchtend, daß ein zartes Geschöpf, solcher Anstrengung ungewohnt, sie nicht aushalten werde. Es übernahm sich, von der bedrängten Reiterin angeregt, stieß am kleinen Gerölle des Hanges an und wieder an und stürzte zuletzt nach heftigem Bestreben kraftlos zu Boden. Die schöne Dame, entschlossen und gewandt, verfehlte nicht, sich strack auf ihre Füße zu stellen, auch das Pferd richtete sich auf, aber der Tiger nahte schon, obgleich nicht mit heftiger Schnelle; der ungleiche Boden, die scharfen Steine schienen seinen Antrieb zu hindern, und nur daß Honorio unmittelbar hinter ihm herflog, neben ihm gemäßigt heraufritt, schien seine Kraft aufs neue anzuspornen und zu reizen. Beide Renner erreichten zugleich den Ort, wo die Fürstin am Pferde stand; der Ritter beugte sich herab, schoß und traf mit der zweiten Pistole das Ungeheuer durch den Kopf, daß es sogleich niederstürzte und ausgestreckt in seiner Länge erst recht die Macht und Furchtbarkeit sehen ließ, von der nur noch das Körperliche übriggeblieben dalag. Honorio war vom Pferde gesprungen und kniete schon auf dem Tiere, dämpfte seine letzten Bewegungen und hielt den gezogenen Hirschfänger in der rechten Hand. Der Jüngling war schön, er war herangesprengt, wie ihn die Fürstin oft im Lanzen- und Ringelspiel gesehen hatte. Ebenso traf in der Reitbahn seine Kugel im Vorbeisprengen den Türkenkopf auf dem Pfahl gerade unter dem Turban in die Stirne, ebenso spießte er, flüchtig heransprengend, mit dem blanken Säbel das Mohrenhaupt vom Boden auf. In allen solchen Künsten war er gewandt und glücklich, hier kam beides zustatten.

„Gebt ihm den Rest," sagte die Fürstin; „ich fürchte, er beschädigt Euch noch mit den Krallen." – „Verzeiht!" erwiderte der Jüngling, „er ist schon tot genug, und ich mag das Fell nicht verderben, das nächsten Winter auf Eurem Schlitten glänzen soll." – „Frevelt nicht!" sagte die Fürstin; „alles, was von Frömmigkeit im tiefen Herzen wohnt, entfaltet sich in solchem Augenblick." – „Auch ich", rief Honorio, „war nie frömmer als jetzt eben; deshalb aber denk ich ans Freudigste; ich blicke dieses Fell nur an, wie es Euch zur Lust begleiten kann." – „Es würde mich immer an diesen schrecklichen Augenblick erinnern." versetzte sie. „Ist es doch", erwiderte der Jüngling mit glühender Wange, „ein unschuldigeres Triumphzeichen, als wenn die Waffen erschlagener Feinde vor dem Sieger her zur Schau getragen wurden." – „Ich werde mich an Eure Kühnheit und Gewandtheit dabei erinnern und darf nicht hinzusetzen, daß Ihr auf meinen Dank und auf die Gnade des Fürsten lebenslänglich rechnen könnt. Aber steht auf! Schon ist kein Leben mehr im Tiere. Bedenken wir das Weitere! Vor allen Dingen steht auf!" – „Da ich nun einmal kniee," versetzte der Jüngling, „da ich mich in einer Stellung befinde, die mir auf jede andere Weise untersagt wäre, so laßt mich bitten, von der Gunst und von der Gnade, die Ihr mir zuwendet, in diesem Augenblick versichert zu werden. Ich habe schon so oft Euren hohen Gemahl gebeten um Urlaub und Vergünstigung einer weitern Reise. Wer das Glück hat, an Eurer Tafel zu sitzen, wen Ihr beehrt, Eure Gesellschaft unterhalten zu dürfen, der muß die Welt gesehen haben. Reisende strömen von allen Orten her, und wenn von einer Stadt, von einem wichtigen Punkte irgendeines Weltteils gesprochen wird, ergeht an den Eurigen jedesmal die Frage, ob er daselbst gewesen sei. Niemanden traut man Verstand zu, als wer das alles gesehen hat; es ist, als wenn man sich nur für andere zu unterrichten hätte."

„Steht auf!" wiederholte die Fürstin; „ich möchte nicht gern gegen die Überzeugung meines Gemahls irgend etwas wünschen und bitten; allein wenn ich nicht irre, so ist die Ursache, warum er Euch bisher zurückhielt, bald gehoben. Seine Absicht war, Euch zum selbständigen Edelmann herangereift zu sehen, der sich und ihm auch auswärts Ehre machte wie bisher am Hofe, und ich dächte, Eure Tat wäre ein so empfehlender Reisepaß, als ein junger Mann nur in die Welt mitnehmen kann."

Daß anstatt einer jugendlichen Freude eine gewisse Trauer über sein Gesicht zog, hatte die Fürstin nicht Zeit zu bemerken, noch er seiner Empfindung Raum zu geben; denn hastig den Berg herauf, einen Knaben an der Hand, kam eine Frau geradezu auf die Gruppe los, die wir kennen, und kaum war Honorio, sich besinnend, aufgestanden, als sie sich heulend und schreiend über den Leichnam herwarf und an dieser Handlung sowie an einer obgleich reinlich anständigen, doch bunten und seltsamen Kleidung sogleich erraten ließ, sie sei die Meisterin und Wärterin dieses dahingestreckten Geschöpfes, wie denn der schwarzaugige, schwarzlockige Knabe, der eine Flöte in der Hand hielt, gleich der Mutter weinend, weniger heftig, aber tief gerührt neben ihr kniete.

Den gewaltsamen Ausbrüchen der Leidenschaft dieses unglücklichen Weibes folgte, zwar unterbrochen, stoßweise ein Strom von Worten, wie ein Bach sich in Absätzen von Felsen zu Felsen stürzt. Eine natürliche Sprache, kurz und abgebrochen, machte sich eindringlich und rührend. Vergebens würde man sie in unsern Mundarten übersetzen wollen; den ungefähren Inhalt dürfen wir nicht verfehlen: „Sie haben dich ermordet, armes Tier! ermordet ohne Not! Du warst zahm und hättest dich gern ruhig niedergelassen und auf uns gewartet; denn deine Fußballen schmerzten dich, und deine Krallen hatten keine Kraft mehr! Die heiße Sonne fehlte dir, sie zu reifen. Du warst der Schönste deinesgleichen; wer hat je einen königlichen Tiger so herrlich ausgestreckt im Schlaf gesehen, wie du nun hier liegst, tot, um nicht wieder aufzustehen! Wenn du des Morgens aufwachtest beim frühen Tagschein und den Rachen aufsperrtest, ausstreckend die rote Zunge, so schienst du uns zu lächeln, und wenn schon brüllend, nahmst du doch spielend dein Futter aus den Händen einer Frau, von den Fingern eines Kindes! Wie lange begleiteten wir dich auf deinen Fahrten, wie lange war deine Gesellschaft uns wichtig und fruchtbar! Uns, uns ganz eigentlich kam die Speise von den Fressern und süße Labung von den Starken. So wird es nicht mehr sein! Wehe! wehe!"

Sie hatte nicht ausgeklagt, als über die mittlere Höhe des Bergs am Schlosse herab Reiter heransprengten, die alsobald für das Jagdgefolge des Fürsten erkannt wurden, er selbst voran. Sie hatten, in den hintern Gebirgen jagend, die Brandwolken aufsteigen sehen und durch Täler und Schluchten, wie auf gewaltsam hetzender Jagd, den geraden Weg nach diesem traurigen Zeichen genommen. Über die steinige Blöße einhersprengend, stutzten und starrten sie, nun die unerwartete Gruppe gewahr werdend, die sich auf der leeren Fläche merkwürdig auszeichnete. Nach dem ersten Erkennen verstummte man, und nach einigem Erholen ward, was der Anblick nicht selbst ergab, mit wenigen Worten erläutert. So stand der Fürst vor dem seltsamen, unerhörten Ereignis, einen Kreis umher von Reitern und Nacheilenden zu Fuße. Unschlüssig war man nicht, was zu tun sei; anzuordnen, auszuführen war der Fürst beschäftigt, als ein Mann sich in den Kreis drängte, groß von Gestalt, bunt und wunderlich gekleidet wie Frau und Kind. Und nun gab die Familie zusammen Schmerz und Überraschung zu erkennen. Der Mann aber, gefaßt, stand in ehrfurchtsvoller Entfernung vor dem Fürsten und sagte: „Es ist nicht Klagenszeit; ach, mein Herr und mächtiger Jäger, auch der Löwe ist los, auch hier nach dem Gebirg ist er hin, aber schont ihn, habt Barmherzigkeit, daß er nicht umkomme wie dies gute Tier!"

„Der Löwe?" sagte der Fürst, „hast du seine Spur?" – „Ja, Herr! Ein Bauer dort unten, der sich ohne Not auf einen Baum gerettet hatte, wies mich weiter hier links hinauf, aber ich sah den großen Trupp Menschen und Pferde vor mir, neugierig und hülfsbedürftig eilt ich hierher." – „Also," beorderte der Fürst, „muß die Jagd sich auf diese Seite ziehen; ihr ladet eure Gewehre, geht sachte zu Werk, es ist kein Unglück, wenn ihr ihn in die tiefen Wälder treibt. – Aber am Ende, guter Mann, werden wir euer Geschöpf nicht schonen können; warum wart ihr unvorsichtig genug, sie entkommen zu lassen!" – „Das Feuer brach aus," versetzte jener; „wir hielten uns still und gespannt; es verbreitete sich schnell, aber fern von uns. Wir hatten Wasser genug zu unserer Verteidigung, aber ein Pulverschlag flog auf und warf die Brände bis an uns heran, über uns weg; wir übereilten uns und sind nun unglückliche Leute."

Noch war der Fürst mit Anordnungen beschäftigt, aber einen Augenblick schien alles zu stocken, als oben vom alten Schloß herab eilig ein Mann heranspringend gesehen ward, den man bald für den angestellten Wächter erkannte, der die Werkstätte des Malers bewachte, indem er darin seine Wohnung nahm und die Arbeiter beaufsichtigte. Er kam außer Atem springend, doch hatte er bald mit wenigen Worten angezeigt: oben hinter der höhern Ringmauer habe sich der Löwe im Sonnenschein gelagert, am Fuße einer hundertjährigen Buche, und verhalte sich ganz ruhig. Ärgerlich aber schloß der Mann: „Warum habe ich gestern meine Büchse in die Stadt getragen, um sie ausputzen zu lassen! Hätte ich sie bei der Hand gehabt, er wäre nicht wieder aufgestanden, das Fell wäre doch mein gewesen, und ich hätte mich dessen, wie billig, zeitlebens gebrüstet."

Der Fürst, dem seine militärischen Erfahrungen auch hier zustatten kamen, da er sich wohl schon in Fällen gefunden hatte, wo von mehreren Seiten unvermeidliches Übel herandrohte, sagte hierauf: „Welche Bürgschaft gebt Ihr mir, daß, wenn wir Eures Löwen schonen, er nicht im Lande unter den Meinigen Verderben anrichtet?"

„Hier diese Frau und dieses Kind", erwiderte der Vater hastig, „erbieten sich, ihn zu zähmen, ihn ruhig zu erhalten, bis ich den beschlagenen Kasten heraufschaffe, da wir ihn denn unschädlich und unbeschädigt wieder zurückbringen werden."

Der Knabe schien seine Flöte versuchen zu wollen, ein Instrument von der Art, das man sonst die sanfte, süße Flöte zu nennen pflegte; sie war kurz geschnäbelt wie die Pfeifen; wer es verstand, wußte die anmutigsten Töne daraus hervorzulocken. Indes hatte der Fürst den Wärtel gefragt, wie der Löwe hinaufgekommen. Dieser aber versetzte: „Durch den Hohlweg, der, auf beiden Seiten vermauert, von jeher der einzige Zugang war und der einzige bleiben soll; zwei Fußpfade, die noch hinaufführten, haben wir dergestalt entstellt, daß niemand als durch jenen ersten engen Anweg zu dem Zauberschlosse gelangen könne, wozu es Fürst Friedrichs Geist und Geschmack ausbilden will."

Nach einigem Nachdenken, wobei sich der Fürst nach dem Kinde umsah, das immer sanft gleichsam zu präludieren fortgefahren hatte, wendete er sich zu Honorio und sagte: „Du hast heute viel geleistet, vollende das Tagwerk! Besetze den schmalen Weg! – Haltet eure Büchsen bereit, aber schießt nicht eher, als bis ihr das Geschöpf nicht sonst zurückscheuchen könnt; allenfalls macht ein Feuer an, vor dem er sich fürchtet, wenn er herunter will! Mann und Frau möge für das übrige stehen." Eilig schickte Honorio sich an, die Befehle zu vollführen.

Das Kind verfolgte seine Melodie, die keine war, eine Tonfolge ohne Gesetz, und vielleicht eben deswegen so herzergreifend; die Umstehenden schienen wie bezaubert von der Bewegung einer liederartigen Weise, als der Vater mit anständigem Enthusiasmus zu reden anfing und fortfuhr:

„Gott hat dem Fürsten Weisheit gegeben und zugleich die Erkenntnis, daß alle Gotteswerke weise sind, jedes nach seiner Art. Seht den Felsen, wie er fest steht und sich nicht rührt, der Witterung trotzt und dem Sonnenschein! uralte Bäume zieren sein Haupt, und so gekrönt schaut er weit umher; stürzt aber ein Teil herunter, so will es nicht bleiben, was es war: es fällt zertrümmert in viele Stücke und bedeckt die Seite des Hanges. Aber auch da wollen sie nicht verharren, mutwillig springen sie tief hinab, der Bach nimmt sie auf, zum Flusse trägt er sie. Nicht widerstehend, nicht widerspenstig, eckig, nein, glatt und abgerundet gewinnen sie schneller ihren Weg und gelangen von Fluß zu Fluß, endlich zum Ozean, wo die Riesen in Scharen daherziehen und in der Tiefe die Zwerge wimmeln.

Doch wer preist den Ruhm des Herrn, den die Sterne loben von Ewigkeit zu Ewigkeit! Warum seht ihr aber im Fernen umher? Betrachtet hier die Biene! noch spät im Herbst sammelt sie emsig und baut sich ein Haus, winkel- und waagerecht, als Meister und Geselle. Schaut die Ameise da! sie kennt ihren Weg und verliert ihn nicht, sie baut sich eine Wohnung aus Grashalmen, Erdbröslein und Kiefernadeln, sie baut es in die Höhe und wölbet es zu; aber sie hat umsonst gearbeitet, denn das Pferd stampft und scharrt alles auseinander. Seht hin! es zertritt ihre Balken und zerstreut ihre Planken, ungeduldig schnaubt es und kann nicht rasten, denn der Herr hat das Roß zum Gesellen des Windes gemacht und zum Gefährten des Sturms, daß es den Mann dahin trage, wohin er will, und die Frau, wohin sie begehrt. Aber im Palmenwald trat er auf, der Löwe, ernsten Schrittes durchzog er die Wüste, dort herrscht er über alles Getier, und nichts widersteht ihm. Doch der Mensch weiß ihn zu zähmen, und das grausamste der Geschöpfe hat Ehrfurcht vor dem Ebenbilde Gottes, wornach auch die Engel gemacht sind, die dem Herrn dienen und seinen Dienern. Denn in der Löwengrube scheute sich Daniel nicht; er blieb fest und getrost, und das wilde Brüllen unterbrach nicht seinen frommen Gesang.“

Diese mit dem Ausdruck eines natürlichen Enthusiasmus gehaltene Rede begleitete das Kind hie und da mit anmutigen Tönen; als aber der Vater geendigt hatte, fing es mit reiner Kehle, heller Stimme und geschickten Läufen zu intonieren an, worauf der Vater die Flöte ergriff, im Einklang sich hören ließ, das Kind aber sang:

„Aus den Gruben, hier im Graben
Hör ich des Propheten Sang;
Engel schweben, ihn zu laben,
Wäre da dem Guten bang?
Löw und Löwin, hin und wider,
Schmiegen sich um ihn heran;
Ja, die sanften, frommen Lieder
Habens ihnen angetan!“

Der Vater fuhr fort, die Strophe mit der Flöte zu begleiten; die Mutter trat hie und da als zweite Stimme mit ein.

Eindringlich aber ganz besonders war, daß das Kind die Zeilen der Strophe nunmehr zu anderer Ordnung durcheinander schob und dadurch, wo nicht einen neuen Sinn hervorbrachte, doch das Gefühl in und durch sich selbst aufregend erhöhte.

„Engel schweben auf und nieder,
Uns in Tönen zu erlaben,
Welch ein himmlischer Gesang!
In den Gruben, in dem Graben
Wäre da dem Kinde bang?
Diese sanften, frommen Lieder
Lassen Unglück nicht heran;
Engel schweben hin und wider,
Und so ist es schon getan."

Hierauf mit Kraft und Erhebung begannen alle drei:

„Denn der Ewge herrscht auf Erden,
Über Meere herrscht sein Blick;
Löwen sollen Lämmer werden,
Und die Welle schwankt zurück.
Blankes Schwert erstarrt im Hiebe,
Glaub und Hoffnung sind erfüllt;
Wundertätig ist die Liebe,
Die sich im Gebet enthüllt."

Alles war still, hörte, horchte, und nur erst, als die Töne verhallten, konnte man den Eindruck bemerken und allenfalls beobachten. Alles war wie beschwichtigt, jeder in seiner Art gerührt. Der Fürst, als wenn er erst jetzt das Unheil übersähe, das ihn vor kurzem bedroht hatte, blickte nieder auf seine Gemahlin, die, an ihn gelehnt, sich nicht versagte, das gestickte Tüchlein hervorzuziehen und die Augen damit zu bedecken. Es tat ihr wohl, die jugendliche Brust von dem Druck erleichtert zu fühlen, mit dem die vorhergehenden Minuten sie belastet hatten. Eine vollkommene Stille beherrschte die Menge; man schien die Gefahren vergessen zu haben, unten den Brand und von oben das Erstehen eines bedenklich ruhenden Löwen.

Durch einen Wink, die Pferde näher herbeizuführen, brachte der Fürst zuerst wieder in die Gruppe Bewegung; dann wendete er sich zu dem Weibe und sagte: „Ihr glaubt also, daß Ihr den entsprungenen Löwen, wo Ihr ihn antrefft, durch Euren Gesang, durch den Gesang dieses Kindes, mit Hülfe dieser Flötentöne beschwichtigen und ihn sodann unschädlich sowie unbeschädigt in seinem Verschluß wieder zurückbringen könntet?“ Sie bejahten es, versichernd und beteuernd; der Kastellan wurde ihnen als Wegweiser zugegeben. Nun entfernte der Fürst mit wenigen sich eiligst, die Fürstin folgte langsamer mit dem übrigen Gefolge; Mutter aber und Sohn stiegen, von dem Wärtel, der sich eines Gewehrs bemächtigt hatte, begleitet, steiler gegen den Berg hinan.

Vor dem Eintritt in den Hohlweg, der den Zugang zu dem Schloß eröffnete, fanden sie die Jäger beschäftigt, dürres Reisig zu häufen, damit sie auf jeden Fall ein großes Feuer anzünden könnten. „Es ist nicht not,“ sagte die Frau; „es wird ohne das alles in Güte geschehen.“

Weiter hin, auf einem Mauerstücke sitzend, erblickten sie Honorio, seine Doppelbüchse in den Schoß gelegt, auf einem Posten als wie zu jedem Ereignis gefaßt. Aber die Herankommenden schien er kaum zu bemerken; er saß wie in tiefen Gedanken versunken, er sah umher wie zerstreut. Die Frau sprach ihn an mit Bitte, das Feuer nicht anzünden zu lassen; er schien jedoch ihrer Rede wenig Aufmerksamkeit zu schenken. Sie redete lebhaft fort und rief: „Schöner junger Mann, du hast meinen Tiger erschlagen, ich fluche dir nicht; schone meinen Löwen, guter junger Mann! ich segne dich.“

Honorio schaute gerad vor sich hin, dorthin, wo die Sonne auf ihrer Bahn sich zu senken begann. „Du schaust nach Abend,“ rief die Frau; „du tust wohl daran, dort gibts viel zu tun; eile nur, säume nicht, du wirst überwinden. Aber zuerst überwinde dich selbst!“ Hierauf schien er zu lächeln; die Frau stieg weiter, konnte sich aber nicht enthalten, nach dem Zurückbleibenden nochmals umzublicken; eine rötliche Sonne überschien sein Gesicht, sie glaubte nie einen schönern Jüngling gesehen zu haben.

„Wenn Euer Kind“, sagte nunmehr der Wärtel, „flötend und singend, wie Ihr überzeugt seid, den Löwen anlocken und beruhigen kann, so werden wir uns desselben sehr leicht bemeistern, da sich das gewaltige Tier ganz nah an die durchbrochenen Gewölbe hingelagert hat, durch die wir, da das Haupttor verschüttet ist, einen Eingang in den Schloßhof gewonnen haben. Lockt ihn das Kind hinein, so kann ich die Öffnung mit leichter Mühe schließen, und der Knabe, wenn es ihm gut deucht, durch eine der kleinen Wendeltreppen, die er in der Ecke sieht, dem Tiere entschlüpfen. Wir wollen uns verbergen; aber ich werde mich so stellen, daß meine Kugel jeden Augenblick dem Kinde zu Hülfe kommen kann."

„Die Umstände sind alle nicht nötig; Gott und Kunst, Frömmigkeit und Glück müssen das Beste tun." – „Es sei," versetzte der Wärtel; „aber ich kenne meine Pflichten. Erst führ ich Euch durch einen beschwerlichen Stieg auf das Gemäuer hinauf, gerade dem Eingang gegenüber, den ich erwähnt habe; das Kind mag hinabsteigen, gleichsam in die Arena des Schauspiels, und das besänftigte Tier dort hereinlocken!" Das geschah; Wärtel und Mutter sahen versteckt von oben herab, wie das Kind die Wendeltreppen hinunter in dem klaren Hofraum sich zeigte und in der düstern Öffnung gegenüber verschwand, aber sogleich seinen Flötenton hören ließ, der sich nach und nach verlor und verstummte. Die Pause war ahnungsvoll genug; den alten, mit Gefahr bekannten Jäger beengte der seltene menschliche Fall. Er sagte sich, daß er lieber persönlich dem gefährlichen Tiere entgegenginge; die Mutter jedoch, mit heiterem Gesicht, übergebogen horchend, ließ nicht die mindeste Unruhe bemerken.

Endlich hörte man die Flöte wieder; das Kind trat aus der Höhle hervor mit glänzend befriedigten Augen, der Löwe hinter ihm drein, aber langsam und, wie es schien, mit einiger Beschwerde. Er zeigte hie und da Lust, sich niederzulegen; doch der Knabe führte ihn im Halbkreise durch die wenig entblätterten, buntbelaubten Bäume, bis er sich endlich in den letzten Strahlen der Sonne, die sie durch eine Ruinenlücke hereinsandte, wie verklärt niedersetzte und sein beschwichtigendes Lied abermals begann, dessen Wiederholung wir uns auch nicht entziehen können:

„Aus den Gruben, hier im Graben
Hör ich des Propheten Sang;
Engel schweben, ihn zu laben,
Wäre da dem Guten bang?

Löw und Löwin, hin und wider,
Schmiegen sich um ihn heran;
Ja, die sanften, frommen Lieder
Habens ihnen angetan!“

Indessen hatte sich der Löwe ganz knapp an das Kind hingelegt und ihm die schwere rechte Vordertatze auf den Schoß gehoben, die der Knabe fortsingend anmutig streichelte, aber gar bald bemerkte, daß ein scharfer Dornzweig zwischen die Ballen eingestochen war. Sorgfältig zog er die verletzende Spitze hervor, nahm lächelnd sein buntseidenes Halstuch vom Nacken und verband die greuliche Tatze des Untiers, sodaß die Mutter sich vor Freuden mit ausgestreckten Armen zurückbog und vielleicht angewohnterweise Beifall gerufen und geklatscht hätte, wäre sie nicht durch einen derben Faustgriff des Wärtels erinnert worden, daß die Gefahr nicht vorüber sei.

Glorreich sang das Kind weiter, nachdem es mit wenigen Tönen vorgespielt hatte:

„Denn der Ew'ge herrscht auf Erden,
Über Meere herrscht sein Blick;
Löwen sollen Lämmer werden,
Und die Welle schwankt zurück.
Blankes Schwert erstarrt im Hiebe,
Glaub und Hoffnung sind erfüllt;
Wundertätig ist die Liebe,
Die sich im Gebet enthüllt.“

Ist es möglich zu denken, daß man in den Zügen eines so grimmigen Geschöpfes, des Tyrannen der Wälder, des Despoten des Tierreiches, einen Ausdruck von Freundlichkeit, von dankbarer Zufriedenheit habe spüren können, so geschah es hier, und wirklich sah das Kind in seiner Verklärung aus wie ein mächtiger, siegreicher Überwinder, jener zwar nicht wie der Überwundene, denn seine Kraft blieb in ihm verborgen, aber doch wie der Gezähmte, wie der dem eigenen friedlichen Willen Anheimgegebene. Das Kind flötete und sang so weiter, nach seiner Art die Zeilen verschränkend und neue hinzufügend:

„Und so geht mit guten Kindern
Sel'ger Engel gern zu Rat,
Böses Wollen zu verhindern,
Zu befördern schöne Tat.
So beschwören, fest zu bannen
Liebem Sohn ans zarte Knie
Ihn, des Waldes Hochtyrannen,
Frommer Sinn und Melodie."

KOMMENTARTEIL

DIE LEIDEN DES JUNGEN WERTHER

QUELLEN UND DATEN ZUR GESCHICHTE DES „WERTHER"-ROMANS

Einzeichnung in die Matrikel des Reichs-Kammer-Gerichts zu Wetzlar.
Johann Wolfgang Goethe von Frankfurt am Main. 25. Mai 1772.

1772, Ende Mai – 11. September: Goethe in Wetzlar; Umgang mit dem Schriftsteller Gotter, dem Juristen und Schriftsteller Friedrich August v. Goué und mehreren jüngeren Juristen am Reichskammergericht. Gelegentlich sieht Goethe den Braunschweigischen Legationssekretär Carl Wilhelm Jerusalem (geb. 1747), den er schon aus seiner Leipziger Studentenzeit kennt. Jerusalem ist ebenso wie Goethe am 9. Juni auf dem Ball in Volpertshausen. Hier lernt Goethe Charlotte Buff (geb. 1753) und deren Verlobten, den Hannoverschen Gesandtschafts-Sekretär Johann Christian Kestner (geb. 1741), kennen; bald darauf Lottes Vater, den verwitweten Amtmann des Deutschen Ordens Henrich Adam Buff (1710 bis 1795), und seine Kinder; außer Lotte, der Zweitältesten, sind es noch 10: die Älteste ist Caroline (geb. 1751), nach Lotte folgt Hans (geb. 1757), der Jüngste ist Ernst (geb. 1767).

Vgl. Goethes Briefe, Hbg. Ausg., Bd. I, S. 134ff.

Aus Kestners Tagebuch.

Le 9me Juin fut un bal à Volpertshausen, village à deux lieues de Wetzlar. Il était composé de 25 personnes. On s'y rendit le soir en carosses et à cheval et on en revint le lendemain matin ... Je partis à 7 heures du soir à cheval tout seul ...

(Ende Juni:) Nachher und wie ich meine Arbeit getan, geh' ich zu meinem Mädchen, ich finde den Dr. Goethe da ... Er liebt sie, und ob er gleich ein Philosoph und mir gut ist, sieht er mich doch nicht gern kommen, um mit meinem Mädchen vergnügt zu sein. Und ich, ob ich ihm gleich recht gut bin, so sehe ich doch auch nicht gern, daß er bei meinem Mädchen allein bleiben und sie unterhalten soll ...

9. August. Morgens ging ich mit dem Dr. Goethe dem Lottchen entgegen. Sie begegnete uns jenseits Garbenheim ... Nachmittags waren wir wieder bei ihr, lasen im Garten ... unterhielten uns ... Dann ging ich mit Goethe nach Garbenheim ... Unterwegs handelten wir ein ganzes System von des Menschen Bestimmung hier und dort ab; eine merkwürdige wichtige Unterredung ...

15. August ... Ich ging mit Goethe noch Nachts bis 12 Uhr auf der Gasse spazieren. Merkwürdiges Gespräch, da er voll Unmut war und allerhand Phantasien hatte, worüber wir am Ende im Mondschein an eine Mauer gelehnt lachten.

16. August. Bekam Goethe von Lottchen gepredigt: sie declariert ihm daß er nichts als Freundschaft hoffen dürfe; er ward blaß und sehr niedergeschlagen. Wir gingen aus dem Neustädter Tor spazieren ...

10. September. Mittags aß Dr. Goethe bei mir im Garten. Ich wußte nicht, daß es das letzte Mal war ... Abends kam Dr. Goethe nach dem Deutschen Hause. Er, Lottchen und ich hatten ein merkwürdiges Gespräch von dem Zustand nach diesem Leben, vom Weggehen und Wiederkommen usw., welches nicht er, sondern Lottchen anfing. Wir machten miteinander aus, wer zuerst von uns stürbe, sollte, wenn er könnte, den Lebenden Nachricht von dem Zustande jenes Lebens geben. Goethe wurde ganz niedergeschlagen, denn er wußte, daß er am andern Morgen weggehen wollte.

11. September. Morgens um 7 Uhr ist Goethe weggereiset, ohne Abschied zu nehmen ... Unter den Kindern im Deutschen Hause sagte jedes: „Doktor Goethe ist fort!“ ... Nachmittags brachte ich die Billets von Goethe an Lottchen. Sie war betrübt über seine Abreise, es kamen ihr die Tränen beim Lesen in die Augen. Doch war es ihr lieb, daß er fort war, da sie ihm das nicht geben konnte, was er wünschte ... Wir sprachen nur von ihm. Ich konnte auch nicht anders als an ihn denken, verteidigte die Art seiner Abreise, welche von einem Unverständigen getadelt wurde ...

12. September. Nach dem Essen begleitete ich Lottchen bis gegen Garbenheim ... Auf dem Berge sah ich ihr mit Perspektiv nach, ich sah sie mit einer Bauersfrau unterwegs, die bei ihr stillstand, reden. Es war des Dr. Goethe Freundin in Garbenheim, eine Frau, welche ziemlich gut aussieht, eine freundliche unschuldige Miene hat und gut, jedoch ganz ohne Kunst reden kann; sie hat drei Kinder, welchen Dr. Goethe oft etwas mitbrachte, daher sie ihn lieb hatten, die Frau sah ihn auch gern ...

Kestner an seinen Freund August v. Hennings. 1772.

Kestner hat über Goethe und über die Beziehung von Leben und Dichtung in „Werther“ ausführlich an seinen Freund Hennings berichtet. Bisher kannte man lange nur Entwürfe zu diesen Briefen, die sich in Kestners Nachlaß erhalten haben. (Schon 1854 von A. Kestner S. 35–41, 74–82, 224–231, 236–239 gedruckt, dann bei Morris.) Hennings hat sich von einigen Briefen Kestners genaue Abschriften hergestellt; diese befinden sich in seinem Nachlaß in der Staats-Bibliothek Hamburg und sind hier herangezogen worden.

Im Frühjahr kam hier ein gewisser Goethe aus Frankfurt, seiner Hantierung nach Dr. Juris, 23 Jahre alt, einziger Sohn eines sehr reichen Vaters, um sich hier – dies war seines Vaters Absicht – in Praxi umzusehen, der seinigen nach aber, den Homer, Pindar usw. zu studieren, und was sein Genie, seine Denkungsart und sein Herz ihm weiter für Beschäftigungen eingeben würden. ...

Den 9. Juni 1772 fügte es sich, daß Goethe mit bei einem Ball auf dem Lande war, wo mein Mädchen und auch ich waren. Ich konnte erst nachkommen und ritt dahin. Mein Mädchen fuhr also in einer andern Gesellschaft hin. Der Dr. Goethe war mit im Wagen und lernte Lottchen hier zuerst kennen ... Er wußte nicht, daß sie nicht mehr frei war. Ich kam ein paar Stunden später. Und es ist nie unsere Gewohnheit, an öffentlichen Orten mehr als Freundschaft gegen einander zu äußern. Er war den Tag ausgelassen lustig – dieses ist er manchmal, dagegen zur andern Zeit melancholisch –, Lottchen eroberte ihn ganz, um desto mehr, da sie sich keine Mühe gab, sondern sich nur dem Vergnügen überließ. Andern Tags konnte es nicht fehlen, daß Goethe sich nach Lottchens Befinden nach dem Ball erkundigte. Vorhin hatte er in ihr ein fröhliches Mädchen kennen gelernt, das den Tanz und das ungetrübte Vergnügen liebt; nun lernte er sie auch erst von der Seite, wo sie ihre Stärke hat, von der häuslichen Seite kennen ...

Es konnte ihm nicht lange unbekannt bleiben, daß sie ihm nichts als Freundschaft geben konnte; und ihr Betragen gegen ihn gab wiederum ein Muster ab. Dieser gleiche Geschmack, und da wir uns näher kennen lernten, knüpfte zwischen ihm und mir das festeste Band der Freundschaft, so daß er bei mir gleich auf meinen lieben Hennings folgt ... Lottchen wußte ihn so kurz zu halten und auf eine solche Art zu behandeln, daß keine Hoffnung bei ihm aufkeimen konnte und er sie in ihrer Art, zu verfahren, noch selbst bewundern mußte. Seine Ruhe litt sehr dabei. Es gab mancherlei merkwürdige Szenen, wobei Lottchen bei mir gewann und er mir als Freund auch werter werden mußte, ich aber doch manchmal bei mir erstaunen mußte, wie die Liebe so gar wunderliche Geschöpfe selbst aus den stärksten und sonst für sich selbständigen Menschen machen kann ... Er fing nach einigen Monaten an einzusehen, daß er zu seiner Ruhe Gewalt brauchen mußte. In einem Augenblick, da er sich darüber völlig determiniert hatte, reisete er ohne Abschied davon, nachdem er schon öfters vergebliche Versuche zur Flucht gemacht hatte. Er ist zu Frankfurt, und wir reden fleißig durch Briefe miteinander. Bald schrieb er, nunmehr wieder seiner mächtig zu sein, gleich darauf fand ich wieder Veränderungen bei ihm. Kürzlich konnte er es doch nicht lassen, mit einem Freunde, der hier Geschäfte hatte, herüber zu kommen; er würde vielleicht noch hier sein, wenn seines Begleiters Geschäfte nicht in einigen Tagen beendet worden wären, und dieser gleiche Bewegungsgründe gehabt hätte, zurückzueilen; denn er folgt seiner nächsten Idee und bekümmert sich nicht um die Folgen, und dieses fließt aus seinem Charakter, der ganz Original ist.

Goethe, Aus einer Rezension in den „Frankfurter Gelehrten Anzeigen".

Das besprochene Buch ist: „Gedichte von einem Polnischen Juden. Mitau, 1772." Goethe findet die Gedichte konventionell und leer. Er fügt ziemlich unvermittelt dann folgendes an:

Laß, o Genius unsers Vaterlandes, bald einen Jüngling aufblühen, der voller Jugendkraft und Munterkeit zuerst für seinen Kreis der beste Gesellschafter wäre, das artigste Spiel angäbe, das freudigste Liedchen sänge, im Rundgesange den Chor belebte, dem die beste Tänzerin freudig die Hand reichte, den neuesten mannigfaltigsten Reihen vorzutanzen, den zu fangen die Schöne, die Witzige, die Muntre alle ihre Reize ausstellten, dessen empfindendes Herz sich auch wohl fangen ließe, sich aber stolz im Augenblicke wieder losriß, wenn er aus dem dichtenden Traum erwachend fände, daß seine Göttin nur schön, nur witzig, nur munter sei ... Aber dann, o Genius, daß offenbar werde, nicht Fläche, Weichheit des Herzens sei an seiner Unbestimmtheit schuld, laß ihn ein Mädchen finden, seiner wert! Wenn ihn heiligere Gefühle ... in die Einsamkeit leiten, laß ihn auf seiner Wallfahrt ein Mädchen entdecken, deren Seele ganz Güte, zugleich mit einer Gestalt ganz Anmut, sich in stillem Familienkreis häuslicher tätiger Liebe glücklich entfaltet hat; die Liebling, Freundin, Beistand ihrer Mutter, die zweite Mutter ihres Hauses ist, deren stets liebwirkende Seele jedes Herz unwiderstehlich an sich reißt ... Ja, wenn sie in Stunden einsamer Ruhe fühlt, daß ihr bei all dem Liebeverbreiten noch etwas fehlt, ein Herz, das jung und warm wie sie, mit ihr ... nach all den goldnen Aussichten von ewigem Beisammensein, daurender Vereinigung, unsterblich webender Liebe fest angeschlossen hinstrebte – laß die beiden sich finden! Beim ersten Nahen werden sie dunkel und mächtig ahnden, was jedes für einen Inbegriff von Glückseligkeit in dem andern ergreift ... Wahrheit wird in seinen Liedern sein und lebendige Schönheit, nicht bunte Seifenblasenideale ... Doch ob's solche Mädchen gibt? Ob's solche Jünglinge geben kann?

11. September 1772. Goethe verläßt Wetzlar und reist durch das Lahntal nach Ehrenbreitstein, wo er Sophie v. La Roche (geb. 1731) und ihre Tochter Maximiliane (geb. 1756) besucht. Weiterfahrt nach Frankfurt.

21.–23. September 1772: Kestner in Frankfurt bei Goethe.

Goethe an Kestner. 10. Oktober 1772.

Seit der Abreise aus Wetzlar ist Goethe mit Kestner und Lotte durch einen lebhaften Briefwechsel verbunden, der erst in den Weimarer Jah-

ren allmählich ins Stocken kommt. (Hierher gehören u.a. die Briefgedichte Bd. I, S. 87 und 88.) Anfang Oktober 1772 erhält Goethe die Nachricht – die sich später als falsch herausstellt –, Goué in Wetzlar habe Selbstmord begangen.

Schreiben Sie mir doch gleich, wie sich die Nachrichten von Goué konfirmieren. Ich ehre auch solche Tat und bejammre die Menschheit und laß alle Scheißkerle von Philistern Tobakrauchsbetrachtungen drüber machen ... Ich hoffe nie meinen Freunden mit einer solchen Nachricht beschwerlich zu werden.

Kestners Tagebuch. 30. Oktober 1772. (Selbstmord Jerusalems.)

Aujourd'hui est arrivée cette malheureuse catastrophe de Mr. Jerusalem. Toute la ville le regrette généralement.

Goethe an Kestner. Anfang November 1772.

Der unglückliche Jerusalem! Die Nachricht war mir schröcklich und unerwartet; es war gräßlich: zum angenehmsten Geschenk der Liebe diese Nachricht zur Beilage ... Der arme Junge! Wenn ich zurückkam vom Spaziergang und er mir begegnete hinaus im Mondschein, sagt ich: er ist verliebt ... Gott weiß, die Einsamkeit hat sein Herz untergraben, und – seit 7 Jahren kenn' ich die Gestalt, ich habe wenig mit ihm geredt; bei meiner Abreise nahm ich ihm ein Buch mit, das will ich behalten und sein gedenken, so lang ich lebe.

6.–11. November 1772: Goethe mit Johann Georg Schlosser in Wetzlar.

Goethe an Kestner. Friedberg, 11. November 1772.

... Gewiß, Kestner, es war Zeit, daß ich ging. Gestern Abend hatt' ich rechte hängerliche und hängenswerte Gedanken, auf dem Canapee ...

Aus: Kestners Bericht über Jerusalem an Goethe. November 1772. (Vollständiger Abdruck: Goethe und Werther. Hrsg. v. A. Kestner. Stuttg. u. Tüb. 1854. S. 86–99 und in: Fischer-Lamberg Bd. 4, 1968, S. 351–356.)

Jerusalem ist die ganze Zeit seines hiesigen Aufenthalts mißvergnügt gewesen, es sei nun überhaupt wegen der Stelle, die er hier bekleidete und daß ihm gleich anfangs (bei Graf Bassenheim) der Zutritt in den großen Gesellschaften auf eine unangenehme Art versagt worden, oder insbesondere wegen des Braunschweigischen Gesandten, mit dem er bald nach seiner Ankunft kundbar heftige Streitigkeiten hatte, die ihm Verweise vom Hofe zuzogen und noch weitere verdrießliche Folgen für ihn gehabt haben. Er wünschte längst, und arbeitete daran, von hier wieder wegzukommen; sein hiesiger Aufenthalt war ihm verhaßt, wie er oft gegen seine Bekannte geäußert hat; und durch meinen Bedienten, dem es der seinige oft gesagt, wußte ich dieses längst ... Neben dieser Unzufriedenheit war er auch in des Pfälzischen Sekretärs Herd Frau verliebt. Ich glaube nicht, daß diese zu dergleichen Galanterien aufgelegt ist; mithin, da der Mann noch dazu sehr eifersüchtig war, mußte diese Liebe vollends seiner Zufriedenheit und Ruhe den Stoß geben. – Er entzog sich allezeit der menschlichen Gesellschaft und den übrigen Zeitvertreiben und Zerstreuungen, liebte einsame Spaziergänge im Mondenscheine, ging oft viele Meilen weit und hing da seinem Verdruß und seiner Liebe ohne Hoffnung nach ... Oft beklagte er sich gegen Kielmannsegge über die engen Grenzen, welche dem menschlichen Verstande gesetzt wären, wenigstens dem seinigen; er konnte äußerst betrübt werden, wenn er davon sprach, was er wissen möchte, was er nicht ergründen könne etc ... Mendelssohns „Phädon" war seine liebste Lektüre; in der Materie vom Selbstmorde war er aber immer mit ihm unzufrieden; wobei zu bemerken ist, daß er denselben auch bei der Gewißheit von der Unsterblichkeit der Seele, die er glaubte, erlaubt hielt. Leibnitzens Werke las er mit großem Fleiße. Als letzthin das Gerücht vom Goué sich verbreitete, glaubte er diesen zwar nicht zum Selbstmorde fähig, stritt aber in Thesi eifrig für diesen, wie mir Kielmannsegge und viele, die um ihn gewesen, versichert haben. Ein paar Tage vor dem unglücklichen, da die Rede vom Selbstmorde war, sagte er zu Schleunitz, es müsse aber doch eine dumme Sache sein, wenn das Erschießen mißriete ... Diesen Nachmittag (Mittwochs) ist Jerusalem allein bei Herds gewesen, was da vorgefallen, weiß man nicht; vielleicht liegt hierin der Grund zum Folgenden ... Donnerstags ... isset er zu Haus, schickt um 1 Uhr ein Billet an mich ... Ich war inzwischen zu Haus gekommen, es mochte 1/4 Uhr sein, als ich das Billet bekam: „Dürfte ich Ew. Wohlgeb. wohl zu einer vorhabenden Reise um Ihre Pistolen gehorsamst ersuchen? J." – Da ich nun von alle dem vorher Erzählten und von seinen Grundsätzen nichts wußte, indem ich nie besonderen Umgang mit ihm gehabt – so hatte ich nicht den mindesten Anstand, ihm die Pistolen sogleich zu schicken ... Den ganzen Nachmittag war Jerusalem für sich allein beschäftigt, kramte in seinen Papieren, schrieb, ging, wie die Leute unten im Hause gehört, oft im Zimmer heftig auf und nieder. Er ist auch verschiedene Mal ausgegangen, hat seine kleinen Schulden ... bezahlt ... Etwa um 7 Uhr kam der Italienische Sprachmeister ... Vor 9 Uhr kommt er zu Haus, sagt dem Bedienten, es müsse im Ofen noch etwas nachgelegt werden, weil er so bald nicht zu Bette ginge, auch solle er auf Morgen früh 6 Uhr alles zurecht machen; läßt sich auch noch einen Schoppen Wein geben ... Da nun Jerusalem allein war, scheint er alles zu der schrecklichen Handlung vorbereitet zu haben ... Er hat zwei Briefe, einen an seine Verwandte, den andern an

Herd geschrieben. Erster, den der Medicus andern Morgens gesehen, hat überhaupt nur folgendes enthalten, wie Dr. Held, der ihn gelesen, mir erzählt: „Lieber Vater, liebe Mutter, liebe Schwestern und Schwager, verzeihen Sie Ihrem unglücklichen Sohn und Bruder; Gott, Gott segne Euch!“ In dem zweiten hat er Herd um Verzeihung gebeten, daß er die Ruhe und das Glück seiner Ehe gestört ... Er soll drei Blätter groß gewesen sein und sich damit geschlossen haben: „Um 1 Uhr. In jenem Leben sehen wir uns wieder.“ (vermutlich hat er sich sogleich erschossen, da er diesen Brief geendigt.) Diesen ungefähren Inhalt habe ich von jemand, dem der Gesandte Höfler ihn im Vertrauen gesagt ... Der Gesandte, deucht mich, sucht auch die Aufmerksamkeit ganz von sich auf diese Liebesbegebenheit zu lenken, da der Verdruß von ihm wohl zugleich Jerusalem determiniert hat ... Nach diesen Vorbereitungen, etwa gegen 1 Uhr, hat er sich denn über das rechte Auge hinein durch den Kopf geschossen. Man findet die Kugel nirgends. Niemand im Hause hat den Schuß gehört sondern der Franziskaner Pater Guardian, der auch den Blick vom Pulver gesehen, weil es aber stille geworden, nicht darauf geachtet hat. Der Bediente hatte die vorige Nacht wenig geschlafen und hat sein Zimmer weit hinten hinaus, wie auch die Leute im Haus, welche unten hinten hinaus schlafen. – Es scheint sitzend im Lehnstuhl vor seinem Schreibtisch geschehen zu sein. Der Stuhl hinten im Sitz war blutig, auch die Armlehnen. Darauf ist er vom Stuhle heruntergesunken, auf der Erde war noch viel Blut ... Er war in völliger Kleidung, gestiefelt, im blauen Rock mit gelber Weste. Morgens vor 6 Uhr geht der Bediente zu seinem Herrn ins Zimmer, ihn zu wekken. Das Licht war ausgebrannt, es war dunkel, er sieht Jerusalem auf der Erde liegen ..., ruft: „Mein Gott, Herr Assessor, was haben Sie angefangen?“, schüttelt ihn, er gibt keine Antwort und röchelt nur noch. Er läuft zu Medicis und Wundärzten ... Dr. Held erzählt mir, als er zu ihm gekommen, habe er auf der Erde gelegen, der Puls noch geschlagen; doch ohne Hülfe ... Zum Überflusse habe er ihm eine Ader am Arm geöffnet ... Das Gerücht von dieser Begebenheit verbreitete sich schnell; die ganze Stadt war in Schrecken und Aufruhr. Ich hörte es erst um 9 Uhr, meine Pistolen fielen mir ein, und ich weiß nicht, daß ich kurzens so sehr erschrocken bin. Ich zog mich an und ging hin. Er war auf das Bett gelegt, die Stirne bedeckt, sein Gesicht schon wie eines Toten ... Von dem Wein hatte er nur ein Glas getrunken. Hin und wieder lagen Bücher und von seinen eignen schriftlichen Aufsätzen. „Emilia Galotti“ lag auf einem Pult am Fenster aufgeschlagen; daneben ein Manuskript, ohngefähr fingerdick in Quart, philosophischen Inhalts, der I. Teil oder Brief war überschrieben: „Von der Freiheit“ ... Gegen 12 Uhr starb er. Abends ¾11 Uhr ward er auf dem gewöhnlichen Kirchhof begraben ... in der Stille mit 12 Lanternen und einigen

Begleitern; Barbiergesellen haben ihn getragen; das Kreuz ward vorausgetragen; kein Geistlicher hat ihn begleitet. – Es ist ganz außerordentlich, was diese Begebenheit für einen Eindruck auf alle Gemüter gemacht ...

Goethe an Kestner. 28. November 1772.

Ich dank Euch, lieber Kestner, für die Nachricht von des armen Jerusalems Tod, sie hat uns herzlich interessiert. Ihr sollt sie wiederhaben, wenn sie abgeschrieben ist ... Gestern fiel mir ein, an Lotten zu schreiben. Ich dachte aber, alle ihre Antwort ist doch nur: wir wollen's so gut sein lassen. Und erschießen mag ich mich vor der Hand noch nicht ...

Goethe an Sophie v. La Roche. 19. Januar 1773.

Von Jerusalems Tode schrieb ich nur das pragmatische Resultat meiner Reflexionen, das war freilich nicht viel. Ich hoffte auf eine umständliche authentische Nachricht, die ich nun überschicken kann. Sie hat mich so oft innig gerührt, als ich sie las, und das gewissenhafte Detail der Erzählung nimmt ganz hin.

1773. Anfang Februar: Goethe beginnt die 2. Fassung des „Götz" auszuarbeiten. Im April beginnt der Druck.

1773. Ende März: Goethe besorgt Trauringe für Kestner und Lotte. – 4. April: Kestner und Lotte heiraten. Goethe erfährt es erst nachträglich. – Mai: Kestner und Lotte ziehen nach Hannover.

Goethe an Kestner. 21. April 1773. (Nach dem Tode Henriettes v. Roussillon.)

Der Tod einer teuer-geliebten Freundin ist noch um mich. Heute früh ward sie begraben, und ich bin immer an ihrem Grabe ... Lieber Kestner, der Du hast Lebens in Deinem Arm ein Füllhorn, lasse Dir Gott Dich freun. Meine arme Existenz starrt zum öden Fels ... Wenn ich kein Weib nehme oder mich erhänge, so sagt, ich habe das Leben recht lieb ...

Goethe an Betty Jacobi. Anfang Februar 1774.

Im Januar heiratet Maximiliane v. La Roche 18jährig den 20 Jahre älteren Kaufmann Peter Brentano und zieht zu ihm nach Frankfurt. Goethe verkehrt im Hause, zieht sich dann aber zurück (worüber er Ende Juni an Sophie v. La Roche berichtet).

Die Max ist noch immer der Engel, der mit den simpelsten und wertesten Eigenschaften alle Herzen an sich zieht, und das Gefühl, das ich für sie habe ... macht nun das Glück meines Lebens ..

Goethe an Sophie v. La Roche. Mitte Februar 1774.

Das liebe Weibchen *(Maximiliane Brentano-v. La Roche)* hat Ihnen was von einer Arbeit geschrieben, die ich angefangen habe, seit Sie weg sind, wirklich angefangen – denn ich hatte nie die Idee, aus dem Sujet ein einzelnes Ganze zu machen. Sie sollen's haben, sobald's fertig ist.

Goethe an Kestner. März 1774.

Anfang Februar hatte die Niederschrift des „Werther" begonnen.

Die Max La Roche ist hierher verheiratet, und das macht einem das Leben noch erträglich, wenn anders dran was erträglich zu machen ist. Wie oft ich bei Euch bin – heißt das: in Zeiten der Vergangenheit –, werdet Ihr vielleicht ehestens ein Dokument zu Gesichte kriegen.

Goethe an Charlotte Kestner. März 1774.

... Du bist diese ganze Zeit, vielleicht mehr als jemals ... mit mir gewesen. Ich lasse es Dir eh'stens drucken. Es wird gut, meine Beste. Denn ist mir's nicht wohl, wenn ich an Euch denke?

Goethe an Lavater. 26. April 1774.

Ich will verschaffen, daß ein Manuskript Dir zugeschickt werde. Denn bis zum Druck währt's eine Weile. Du wirst großen Teil nehmen an den Leiden des lieben Jungen, den ich darstelle. Wir gingen nebeneinander an die sechs Jahre, ohne uns zu nähern. Und nun hab ich seiner Geschichte meine Empfindungen geliehen, und so macht's ein wunderbares Ganze.

Goethe an Sophie v. La Roche. (Mai oder Juni 1774.)

Sie werden sehn, wie Sie meinem Rad Schwung geben, wenn Sie meinen „Werther" lesen. Den fing ich an, als Sie weg waren, den andern Tag – und an einem fort! – fertig ist er.

Sophie v. La Roche war am 31. Januar 1774 von Frankfurt abgereist.

Goethe an Sophie v. La Roche. Ende Mai 1774.

Meinen „Werther" mußt' ich eilend zum Drucke schicken.

Goethe an Gottlieb Friedrich Ernst Schönborn. 1. Juni 1774.

Allerhand Neues hab ich gemacht. Eine Geschichte des Titels „Die Leiden des jungen Werthers", darin ich einen jungen Menschen darstelle, der, mit einer tiefen reinen Empfindung und wahrer Penetration begabt, sich in schwärmende Träume verliert, sich durch Speculation untergräbt, bis er zuletzt durch dazutretende unglückliche Leidenschaften, besonders eine endlose Liebe zerrüttet, sich eine Kugel vor den Kopf schießt.

Goethe an Charlotte Kestner. 16. Juni 1774.

Adieu, liebe Lotte, ich schick' Euch ehstens einen Freund, der viel Ähnliches mit mir hat, und hoffe, Ihr sollt ihn gut aufnehmen – er heißt Werther ...

Goethe an Sophie v. La Roche. 16. Juni 1774.

Glauben Sie mir, daß das Opfer, das ich Ihrer Max mache, sie nicht mehr zu sehn, werter ist als die Assiduität des feurigsten Liebhabers, daß es im Grunde doch Assiduität ist. Ich will gar nicht anrechnen, was es mich gekostet hat, denn es ist ein Kapital, von dem wir beide Interessen ziehen.

Kestner in Hannover an Goethe. Ende September oder Anfang Oktober 1774. Brief-Entwurf. (Briefe an Goethe, HA, Bd. I, S. 36f.)

Euer „Werther" würde mir großes Vergnügen machen können, da er mich an manche interessante Szene und Begebenheit erinnern könnte. So aber, wie er da ist, hat er mich in gewissem Betracht schlecht erbaut. Ihr wißt, ich rede gern, wie es mir ist. – Ihr habt zwar in jede Person etwas Fremdes gewebt oder mehrere in eine geschmolzen ... Aber wenn Ihr bei dem Verweben und Zusammenschmelzen Euer Herz ein wenig mit raten lassen, so würden die wirklichen Personen, von denen Ihr Züge entlehnet, nicht dabei so prostituiert sein ...

Goethe an das Ehepaar Kestner. Oktober 1774.

Ich muß Euch gleich schreiben, meine Lieben, meine Erzürnten, daß mir's vom Herzen komme. Es ist getan, es ist ausgegeben. Verzeiht mir, wenn Ihr könnt. – Ich will nichts – ich bitte Euch – ich will nichts von Euch hören, bis der Ausgang bestätigt haben wird, daß Eure Besorgnisse zu hoch gespannt waren, bis Ihr dann auch im Buche selbst das unschuldige Gemisch von Wahrheit und Lüge reiner an Euerm Herzen gefühlt haben werdet ...

Friedrich Heinrich Jacobi an Goethe. 21. Oktober 1774.

Da bin ich zurück! Ich war hinausgegangen anzubeten, habe angebetet, gepriesen mit süßen wonnevollen Tränen den, der da schuf Dich, Deine Welt und für ebendiese Welt den glühenden, kräftigen Sinn in mir ... Ich habe „Werthers Leiden" und habe sie dreimal gelesen. Dein Herz, Dein Herz ist mir alles. Dein Herz ist's, was Dich erleuchtet, kräftiget, gründet. Ich weiß, daß es so ist, denn auch ich höre die Stimme, die Stimme des Eingebornen Sohns Gottes, des Mittlers zwischen dem Vater und uns. Meine Seele ist zu voll, Lieber, alles unaussprechlich; drum für heut Adieu! *(Briefe an Goethe HA, Bd. 1, S. 40)*

Lessing an Johann Joachim Eschenburg. 26. Oktober 1774.

Haben Sie tausend Dank für das Vergnügen, welches Sie mir durch Mitteilung des Goetheschen Romans gemacht haben ... Wenn aber ein so warmes Produkt nicht mehr Unheil als Gutes stiften soll: meinen Sie nicht, daß es noch eine kleine kalte Schlußrede haben müßte?

Kestner an seinen Freund August v. Hennings. 7. November 1774.

Im 1. Teile des „Werthers" ist Werther Goethe selbst. In Lotte und Albert hat er von uns, meiner Frau und mir, Züge entlehnt. Viele von den Szenen sind ganz wahr, aber doch zum Teil verändert; andere sind, in unserer Geschichte wenigstens, fremd. Um des 2. Teils willen und um den Tod des Werthers vorzubereiten, hat er im ersten Teile Verschiedenes hinzugedichtet, das uns garnicht zukommt. Lotte hat z. B. weder mit Goethe noch mit sonst einem anderen in dem ziemlich genauen Verhältnis gestanden, wie da beschrieben ist. Dies haben wir ihm allerdings sehr übelzunehmen, indem verschiedene Nebenumstände zu wahr und zu bekannt sind, als daß man nicht auf uns hätte fallen sollen ... Sonst ist in Werthern viel von Goethes Charakter und Denkungsart. Lottens Porträt ist im Ganzen das von meiner Frau. Albert hätte ein wenig wärmer sein mögen. So viel vom 1. Teile. Der zweite geht uns garnichts an. Da ist Werther der junge Jerusalem, Albert der Pfälzische Legations-Sekretär und Lotte des letzteren Frau, was nämlich die Geschichte anbetrifft; denn die Charaktere sind diesen drei Leuten größtenteils nur angedichtet ... Jerusalem kannte ich nur wenig und meine Frau noch weniger; denn er entfernte sich die mehrste Zeit von den Menschen ... Er war nur zweimal bei mir gewesen ... Er schrieb mir das eingerückte Billet *(118,5 f.)* wirklich, und aus Höflichkeit schickte ich ihm die Pistolen, ohne Bedenken; sie waren nicht geladen, ich hatte nie damit geschossen ... Diese Jerusalemische Geschichte, die ich möglichst genau erforschte, weil sie merkwürdig war, schrieb ich mit allen Umständen auf und schickte sie Goethen nach Frankfurt; der hat dann den Gebrauch im 2. Teil seines „Werthers" davon gemacht und nach Gefallen etwas hinzugetan ... Goethe hat's gewiß nicht übel gemeint; er schätzte meine Frau und mich dazu zu hoch. Seine Briefe und seine andern Handlungen beweisen es. Er betrug sich auch viel größer, als er sich im Werther zum Teil geschildert hat. Übrigens kann uns die Geschichte bei denen, die uns nur halb kennen, nicht schaden. Der Augenschein ist zu sichtbar für uns, da unser gutes Verständnis unter einander bekannt ist.

Auguste Gräfin Stolberg an Heinr. Chr. Boie. 14. November 1774.

Die 21jährige Comtesse, in einem adligen Damenstift lebend, war durch ihre Brüder Christian und Friedrich Leopold in Berührung mit dem literarischen Leben der Zeit. Ihre Brüder waren als Mitglieder des Göttinger „Hains" befreundet mit Boie, der den Göttinger „Musenalmanach" herausgab. (Abgedruckt nach: Briefe an H. Chr. Boie. Mitteilungen aus dem Literaturarchiv in Berlin, Bd. 3. 1905. S. 335f.)

Sagen Sie mir, ich bitte Sie, was sagen Sie zu „Die Leiden des jungen Werther"? Ich kann Ihnen versichern, daß ich fast nichts – ich nehme allein unsern Klopstock aus – mit dem Entzücken gelesen habe. Ich weiß fast das ganze Buch auswendig. Der erste Teil insonderheit hat ganz göttliche Stellen, und der zweite ist schrecklich schön. – Goethe muß ein trefflicher Mann sein! Sagen Sie mir, kennen Sie ihn? Ich möchte ihn wohl kennen. Welches warme, überfließende Herz! Welche lebhafte Empfindungen! Wie offen muß sein Herz jeder Schönheit der Natur, des Geistes und des Herzens sein! Man fühlt es ihm in jeder Zeile ab, wie mich dünkt, daß er so und eben so denkt und empfindet, als er schreibt. – Nur wollte ich, daß er die Irrtümer in Werthers Art zu denken widerlegte oder zum wenigsten es den Leser fühlen lassen, daß es Irrtümer sind. Ich fürchte, viele werden glauben, daß Goethe selbst so denkt ...

Goethe an Kestner. 21. November 1774.

Da hab ich Deinen Brief, Kestner! ... habe Deinen Brief und muß Dir zurufen: Dank, Dank, Lieber! Du bist immer der Gute! O, könnt ich Dir an Hals springen, mich zu Lottens Füßen werfen ... Könntet Ihr den tausendsten Teil fühlen, was „Werther" tausend Herzen ist, Ihr würdet die Unkosten nicht berechnen, die Ihr dazu hergebt! ... Ich wollt' um meines eignen Lebens Gefahr willen „Werthern" nicht zurückrufen ... „Werther" muß – muß sein! Ihr fühlt ihn nicht, Ihr fühlt nur mich und Euch, und was Ihr „angeklebt" heißt und was – trutz Euch und andern – eingewoben ist. – Wenn ich noch lebe, so bist Du's, dem ich's danke – bist also nicht Albert. Und also – Gib Lotten eine Hand ganz warm von mir, und sag' ihr: Ihren Namen von tausend heiligen Lippen mit Ehrfurcht ausgesprochen zu wissen, sei doch ein Äquivalent gegen Besorgnisse ... Lotte, leb wohl – Kestner, Du – Habt mich lieb – und: Nagt mich nicht ...

Christian Daniel Schubart in: Deutsche Chronik, 1774, 5. Dezember.

Da sitz' ich mit zerfloßnem Herzen, mit klopfender Brust und mit Augen, aus welchen wollüstiger Schmerz tröpfelt, und sag Dir, Leser, daß ich eben „Die Leiden des jungen Werthers" von meinem lieben Goethe – gelesen? – nein, verschlungen habe. Kritisieren soll ich? Könnt' ich's, so hätt' ich kein Herz ... Soll ich einige schöne Stellen herausheben? Kann nicht. Das hieße mit dem Brennglas Schwamm anzünden und sagen: Schau, Mensch, das ist Sonnenfeuer! – Kauf's Buch und lies selbst! Nimm aber dein Herz mit! – Wollte lieber ewig arm sein, auf Stroh liegen, Wasser trinken und Wurzeln essen, als einem solchen sentimentalischen Schriftsteller nicht nachempfinden können.

Im Anfang des Jahres 1775 erscheint bereits die erste französische „Werther"-Übersetzung, der bald weitere Übersetzungen und deren neue Auflagen folgen.

Friedrich Nicolai, Freuden des jungen Werthers. Berlin 1775.

Satire auf Empfindsamkeit und Sturm und Drang, auch auf deren Stil: Formen wie 's von 'em *karikieren die von Herder empfohlenen und von den Sturm-und-Drang-Dichtern zeitweilig übertriebenen Apostrophierungen.*

Als Albert aus seinem Zimmer zurückkam, wo er mehr hin- und hergegangen war und sich gesammelt als seine Pakete durchgesehen hatte, kam er wieder zu Lotten und fragte lächelnd: „Und was wollte Werther? Sie wußten ja so gewiß, daß er vor Weihnachten nicht wiederkommen würde!" – Nach Hin- und Widerreden gestand Lotte aufrichtig wie ein edles deutsches Mädchen den ganzen Vorgang des gestrigen Abends ... Lotte weinte bitterlich. Albert nahm sie bei der Hand und sagte sehr ernsthaft: „Beruhigen Sie sich, liebstes Kind. Sie lieben den Jungen; er ist's wert, daß Sie ihn lieben, Sie haben's ihm gesagt, mit dem Munde oder mit den Augen, 's ist einerlei." – Lotte fiel ihm schluchzend in die Rede ... Indem kam der Knabe, der Werthers Zettelchen brachte, worin er Alberten um die Pistolen bat. – Albert las den Zettel, murmelte vor sich hin: „Der Querkopf!", ging in sein Zimmer, ergriff die Pistolen, lud sie selbst und gab sie dem Knaben. „Da, bring sie" sagt' er „deinem Herrn. Sage ihm, er soll sich wohl damit in acht nehmen, sie wären geladen. Und ich ließe ihm eine glückliche Reise wünschen."

Lotte staunte. – Albert erklärte ihr nun weitläufig, er gebe nach reifer Überlegung alle Ansprüche an sie auf. Er wolle eine zärtliche wechselseitige Liebe nicht stören ... Aber er wolle ihr Freund bleiben ...

Werther erhielt indessen die Pistolen, setzt' eine vor den Kopf, drückte los, fiel zurück auf den Boden. Die Nachbarn liefen zu, und weil man noch Leben an ihm verspürte, ward er auf sein Bette gelegt ... Albert ... fand ihn auf dem Bette liegend, das Gesicht und das Kleid mit Blut bedeckt ... Die Umstehenden traten weg und ließen beide allein ... Werther stieß – für einen so hart Verwundeten beinahe mit zu heftiger Stimme – viel unzusammenhängendes garstiges Gewäsche aus zum Lobe des süßen Gefühls der Freiheit, diesen Kerker zu verlassen, wenn man will. – Albert: „Armer Tor, der du alles so gering achtest, weil du so klein bist! Konnt'st nicht? 's war keine Hülfe da? Konnt' ich nicht, der ich dich liebe, weil ein braver Junge bist, dir Lotten abtreten? Faß'n Mut, Werther, 'ch will's noch itzt tun!" – Werther richtete sich halb auf: ,,Wie? Was? Du könntest, du wolltest?" ...

Albert: ,,Guter Werther, bist'n Tor! ... Da, laß dir's Blut abwischen! ... Da lud ich dir die Pistolen mit 'ner Blase voll Blut, 's von 'em Huhn, das heute abend mit Lotten verzehren sollt'." – Werther sprang auf: ,,Seligkeit – Wonne!" usw. – Er umarmte Alberten. Er wollte es noch kaum glauben, daß sein Freund so großmütig gegen ihn handeln könne ... Und so gingen sie zum Abendessen. – In wenigen Monaten ward Werthers und Lottens Hochzeit vollzogen. Ihre ganzen Tage waren Liebe, warm und heiter wie die Frühlingstage, in denen sie lebten ... Nach zehn Monaten war die Geburt eines Sohnes die Losung unaussprechlicher Freude.

Goethe an F. H. Jacobi. März 1775, nach der Lektüre von Nicolai, „Freuden des jungen Werthers". (Goethes Gedicht Freuden des jungen Werthers *ist abgedruckt Bd. 1, Kommentar zu „Die Künstlergedichte".)*

Vor Werthers Leiden,
Mehr noch vor seinen Freuden
Bewahr' uns, lieber Herre Gott.

Auguste Gräfin Stolberg an Heinrich Christian Boie. 7. März 1775.

Ich weiß meinen ,,Werther" bald auswendig. O, es ist doch ein gar zu göttliches Buch! Und doch geht es mir oft, wie es Ihnen geht: ich wollte, daß es nicht gedruckt wäre; ich denke immer, es ist zu gut für diese Welt ... Sie kennen meine Liebe zum Englischen. Die ist noch immer dieselbe. ,,Werther" aber hat die deutsche Waagschale sehr sinken machen. Als ein Meisterstück des Genies ist der Roman doch von allen englischen, selbst Richardson seinen, wie mich dünkt, so unendlich unterschieden, daß man sie gar nicht vergleichen kann.

Mit dem Erscheinen des ,,Werther" hat eine Fülle von Rezensionen eingesetzt. Ebenso spielt das Werk in den Briefwechseln der Zeit jetzt überall eine überragende Rolle. (Vgl. die Bibliographie.) Rezensionen findet man zusammengestellt in den Sammlungen von Braun, Blumenthal und Mandelkow; Rezensionen und Briefe bei Gräf; eine Fundgrube für Brief-Äußerungen ist die Sammlung von Bode, ,,Goethe in vertraulichen Briefen seiner Zeitgenossen". (Darin auch der obige Brief, S. 115.)

Johann Melchior Goeze in: Freiwillige Beiträge zu den Hamburgischen Nachrichten aus dem Reiche der Gelehrsamkeit. 1775, 4. April. – Auch als Sonderdruck. Hamburg 1775.

Einem jeden Christen, der für das Wort des Heilandes „Ich sage euch, wer ein Weib ansiehet, ihrer zu begehren, der hat schon die Ehe mit ihr gebrochen in seinem Herzen.“ (Matth. 5,28) noch einige Ehrerbietung hat, der die Worte des heiligen Johannes „Wir wissen, daß ein Totschläger nicht hat das ewige Leben bei ihm bleibend.“ (1. Joh. 3,15) als einen Lehrsatz ansiehet, welcher sich auf ein unveränderliches Urteil unsers allerheiligsten und allerhöchsten Richters gründet, muß notwendig das Herz bluten, wenn er „Die Leiden des jungen Werthers“ lieset ... Man bedenke um Gottes willen, wie viele unsrer Jünglinge mit Werthern in gleiche Umstände geraten können und solches insonderheit in der gegenwärtigen Epoche, da es als höchste Weisheit angesehen wird, junge Seelen nicht sowohl durch Gründe der Religion in eine recht christliche Fassung zu setzen als vielmehr dieselben mit lauter phantastischen Bildern anzufüllen und die Empfindungen in ihnen weit über ihre Grenzen hinaus zu treiben ...

Christian Garve in: Der Philosoph für die Welt. 1775, I. Teil, 2. Stück.

... Man hat die „Leiden Werthers“ hie und da für ein gefährliches Buch gehalten, das zum Selbstmord verführte ... Zum Selbstmord wird man schwerlich verführt. Aber dennoch ... war es freilich unrecht, die spitzfindigsten Scheingründe für die Tat mit aller Stärke der Beredsamkeit vorzutragen, indes die wahren Gründe dawider übergangen oder ungeschickt verfochten wurden.

Anonyme Rezension in: Auserlesene Bibliothek der neuesten deutschen Literatur. Lemgo, 1775. Bd. 8, S. 500–510.

Dieses Buch gehört unter diejenigen, die dem ganzen Publikum schon bekannt sind, ehe sie irgend ein Rezensent ankündigen kann. Durch seine Vortrefflichkeit verdiente das freilich dieser kleine Roman. Allein es sind noch andere Umstände hinzugekommen, die die Neugier des ganzen lesenden Deutschlands von einem Ende bis zum andern nach diesem Buche so erstaunlich rege gemacht haben, als es seit langer Zeit bei keinem anderen geschehen ist ... Der Hauptvorzug dieses Romans besteht in der vollkommnen Bearbeitung des Charakters der Hauptperson, der so ein Ganzes ausmacht ..., daß man sich kein wahreres und nach der Natur getreuer gezeichnetes Bild eines menschlichen Charakters vorstellen kann. Die Schlußkatastrophe, worauf alles abzweckt, entspringt nicht nur natürlich aus dem Charakter und läßt sich wohl damit zusammenreimen – das findet man in mehrern Romanen und Gedichten – hier aber (und dazu gehört gewiß ein besonderes Genie) sieht man, daß es unmöglich ist, daß die Katastrophe nicht erfolge. Kurz, „Die Leiden des jungen Werthers“ sind die allervortrefflichste Erläuterung durch ein Beispiel von dem Satze: Die Menschen werden zu ihren jedesmaligen Handlungen durch die zusammengesetzte Wirkung der Umstände und ihres Charakters unwiderstehlich bestimmt ... Die Kunst, womit der Hauptcharakter angelegt ist, so, daß er bei vielen Fehlern höchst interessant bleibt, die Energie des Ausdrucks, die frappanten Gedanken, die Werthers eigentümliche Art, die Dinge der Welt zu betrachten, an unzähligen Orten hervorbringt – das alles sind Dinge, die gewiß keinem Leser von Gefühl entgangen sind ... Wir wollen dafür zwo Klagen erörtern, die man gegen das Buch geführt hat: erstlich, daß es gefährlich sei, indem es den Selbstmord lehre und dazu anreize; zweitens, daß der Verfasser Unrecht getan hat, eine gewisse wahre Geschichte zum Grunde seines Werks zu legen ... Ein Buch sei deswegen gefährlich, weil es zum Selbstmord ermuntere ... O, man braucht gewiß nicht zu besorgen, daß diese Sünde jemals unter den Menschen Mode werde, dafür hat die Natur wohl gesorgt. In der Tat, es gehören besondre Umstände, eine ganz besondre, einem Krankheitszustande sehr ähnliche Gemütsbeschaffenheit dazu ... Und so eine Gemütsbeschaffenheit bringt kein Buch hervor ... Zudem lobt und verteidigt der Verfasser nirgend seines Helden Tat ... Noch unbilliger erscheint uns die zwote gegen denselben erregte Klage ... Es ist dies so wenig das Bild des bewußten Jünglings, als der Roman dessen Geschichte enthält. Einige Umstände sind daher genommen, die Schilderung einiger Örter gleicht denen, wo die Geschichte sich zugetragen hat. Das hat hirnlosen Anekdotenjägern Gelegenheit gegeben, in die Welt zu schreien: „Die Leiden des jungen Werthers" ist die Geschichte von dem und dem. Es ist hart, wenn das nicht diesen Anekdotenjägern, sondern dem Verfasser zur Last gelegt werden soll. Jene muß man schelten, nicht ihn.

Goethe, Motto-Verse zur 2. Auflage des „Werther". 1775.

(vor dem 1. Buch:)

Jeder Jüngling sehnt sich, so zu lieben,
Jedes Mädchen, so geliebt zu sein.
Ach, der heiligste von unsern Trieben,
Warum quillt aus ihm die grimme Pein?

(vor dem 2. Buch:)

Du beweinst, du liebst ihn, liebe Seele,
Rettest sein Gedächtnis von der Schmach;
Sieh, dir winkt sein Geist aus seiner Höhle;
Sei ein Mann und folge mir nicht nach.

Die Verse wurden in späteren Auflagen nicht wieder verwendet. (Vgl. Bd. 1, S. 92 und die Anmkg. dazu.)

Jakob Michael Reinhold Lenz, Briefe über die Moralität der „Leiden des jungen Werthers". 1775 im Freundeskreis von Goethe, Lenz, Jacobi und Wagner handschriftlich verbreitet. (Gedruckt erst 1918.)

Lieber Freund! Wie, Sie wünschen in ganzem Ernste, Goethe hätte die „Leiden des jungen Werthers" nie sollen drucken lassen? Verzeihen Sie, der Wunsch ist zu seltsam, als daß ich von einem Freunde, dessen Verstand und Herz ich hochzuschätzen habe, nicht mit Recht fordern könnte, er solle und müsse ihn verantworten ... Ich weiß, daß die Schönen Künste den höchsten Reiz Ihres Lebens ausmachen ... Nun sehen Sie Werthers Leiden nur als Produkt des Schönen an ... – und wagen Sie es noch einmal, einen so ungerechten Urteilsspruch mit Ihrem Namen zu unterschreiben. – Sie halten ihn für eine subtile Verteidigung des Selbstmords? Das gemahnt mich, als ob man Homers Iliade für eine subtile Aufmunterung zu Zorn, Hader und Feindschaft ausgeben wollte ... Die Darstellung so heftiger Leidenschaften wäre dem Publikum gefährlich? ... Laßt uns also einmal die Moralität dieses Romans untersuchen, nicht den moralischen Endzweck, den sich der Dichter vorgesetzt (denn da hört er auf, Dichter zu sein), sondern die moralische Wirkung, die das Leben dieses Romans auf die Herzen des Publikums haben könne und haben müsse ... Eben darin besteht Werthers Verdienst, daß er uns mit Leidenschaften und Empfindungen bekannt macht, die jeder in sich dunkel fühlt, die er aber nicht mit Namen zu nennen weiß. Darin besteht das Verdienst jedes Dichters ... Die Gleichgültigkeit gegen alles, was schön und fürtrefflich ist, ist das einzige Laster auf der Welt ... Und ich weiß dem Dichter für kein Geheimnis seiner Kunst größeren Dank, als daß er ebenda, wo die Herren das Gift zu finden fürchten, das Gegengift für dies verzehrende Feuer gütig hingelegt hat ... Bedenkt ihr denn nicht, daß der Dichter nur eine Seite der Seele malen kann, die zu seinem Zweck dient, und die andere dem Nachdenken überlassen muß? ... Daß Werther ein Bild ist, welchem vollkommen nachzuahmen eine physische und metaphysische Unmöglichkeit ist? Daß, eh ihr das aus euch macht, was er war, eh er anfing zu leiden, und was er doch sein mußte, um so leiden zu können, euer halbes Leben hingehen könnte? Daß ihr also nicht sogleich von Nachahmung schwatzen müßt, eh ihr die Möglichkeit in euch fühlt, ihm nachahmen zu können? Und daß es alsdann mit der Nachahmung keine Gefahr haben würde?

Christian Friedrich v. Blankenburg in: Neue Bibliothek der Schönen Wissenschaften und der freien Künste. Lpz. 1775. Bd. 18, I. Stück.

Wie konnte der Dichter den Mann, der nichts war und sein sollte als Gefühl, besser in Handlung setzen, d. h. wann konnten alle seine Eigenschaften tätiger sein und uns also anschauender dargelegt werden, als wann dieser Mann sein Herz reden und sich ergießen läßt? Und gegen wen kann er dies, oder gegen wen sonst kann er es als gegen seinen Freund? Daher dünkt uns hier die Wahl der Einkleidung in Briefen dem Manne, der sie schreibt und was er schreibt und schreiben soll, so wohl angemessen, als wir diesen Roman für einen der ersten halten, dem diese Einkleidung ganz zupasse.

Es folgt eine ausführliche Auslegung des Romans als Kunstwerk.

1779 erscheint die erste englische „Werther"-Übersetzung.

Goethe an Charlotte v. Stein. 2. November 1779. Genf.

Daß man bei den Franzosen auch von meinem „Werther" bezaubert ist, hätt' ich mir nicht vermutet. Man macht mir viel Komplimente, und ich versichre dagegen, daß es mir unerwartet ist; man fragt mich, ob ich nicht mehr dergleichen schriebe, und ich sage: Gott möge mich behüten, daß ich nicht je wieder in den Fall komme, einen zu schreiben und schreiben zu können.

Goethe, Tagebuch. 30. April 1780.

Las meinen „Werther", seit er gedruckt ist, das erstemal ganz und verwunderte mich.

1781 erscheint die erste italienische „Werther"-Übersetzung.

Goethe an Knebel. 21. November 1782.

Meinen „Werther" hab ich durchgegangen und lasse ihn wieder in's Manuskript schreiben; er kehrt in seiner Mutter Leib zurück; Du sollst ihn nach seiner Wiedergeburt sehen. Da ich sehr gesammelt bin, so fühle ich mich zu so einer delikaten und gefährlichen Arbeit geschickt.

An Johann Christian Kestner. 2. Mai 1783.

Ich habe in ruhigen Stunden meinen „Werther" wieder vorgenommen und denke, ohne die Hand an das zu legen, was so viel Sensation gemacht hat, ihn noch einige Stufen höher zu schrauben. Dabei war unter andern meine Intention, Alberten so zu stellen, daß ihn wohl der leidenschaftliche Jüngling, aber doch der Leser nicht verkennt. Dies wird den gewünschten und besten Effekt tun. Ich hoffe, Ihr werdet zufrieden sein.

An Charlotte v. Stein. 25. Juni 1786.

Ich korrigiere am „Werther" und finde immer, daß der Verfasser übel getan hat, sich nicht nach geendigter Schrift zu erschießen.

Goethe an Charlotte v. Stein. Karlsbad, 22. August 1786.

Nun muß ich auch meiner Liebsten schreiben, nachdem ich mein schwerstes Pensum geendigt habe. Die Erzählung am Schlusse ,,Werthers" ist verändert. Gebe Gott, daß sie gut geraten sei. Noch weiß nichts *(d.h.: niemand)* davon, Herder hat sie noch nicht gesehn.

1786–1788. Goethe auf seiner italienischen Reise wird immer wieder als Autor des ,,Werther" angesprochen, und immer wieder bemerkt er, daß man seinen Roman nicht als Kunstwerk sieht, sondern wissen will, ,,ob auch alles wahr sei". Er berichtet darüber in Briefen nach Weimar; und dementsprechend enthält auch das später zusammengestellte Buch ,,Italienische Reise" viele auf ,,Werther" bezügliche Stellen (Bd. 11, S. 142, 223, 242, 324f., 427, 443, 516). Sein Unmut machte sich in Versen Luft, die er aber nicht zum Druck brachte. (In unserer Ausgabe abgedruckt im Kommentar zu den ,,Römischen Elegien", Bd. 1.) Auch eins der ,,Venetianischen Epigramme" spricht von der Wirkung des Romans. (Bd. 1, S. 179, Nr. 17, V. 11–16.) – Typisch sind folgende Worte aus einem Brief (Rom, 1. Februar 1788) und aus einem zurückgehaltenen Elegien-Text:

Hier sekkieren sie mich mit den Übersetzungen meines ,,Werthers" ... und fragen, welches die beste sei und ob auch alles wahr sei! Das ist nun ein Unheil, was mich bis nach Indien verfolgen würde. *(Bd. 11, S. 516.)*

Ob denn auch Werther gelebt? Ob denn auch alles fein wahr sei?
  Welche Stadt sich mit Recht Lottens, der einzigen, rühmt?
Ach, wie hab' ich so oft die törichten Blätter verwünschet,
  Die mein jugendlich Leid unter die Menschen gebracht! ...

(Bd. 1, Anmerkungen zu S. 157ff.)

Wilhelm v. Humboldt an seine Braut Caroline v. Dacheröden. 30. Mai 1789.

,,Werther" las ich diesen Winter zum erstenmal. Ich fand ihn einen Abend auf dem Tisch eines meiner Freunde, und ich konnte nicht aufhören, bis ich am Morgen damit fertig war. O, Lina, welch ein Buch! Nicht sowohl seine Liebe, seine daraus entspringende Melancholie, seine Verzweiflung, überhaupt nicht sowohl Teilnahme an seinem Schicksal reißt mich so hin, aber die Fülle der Empfindung und der Ideen, mit der er alle Gegenstände umfaßt, die Bemerkungen über Menschen, Leben, Schicksal, die herrlichen Naturbeschreibungen, die Wahrheit, die so gerade, ohne Umweg ans Herz geht, und dann die unnachahmliche Darstellung, die meisterhafte Zeichnung des Charakters bis in seine kleinsten Züge hinein, die Sprache so wahr, so einfach, so eingreifend, so bezaubernd. Mehr als alles haben mich die Kinderszenen gerührt. Es ist so viel Einfachheit, Unschuld, Reinheit der Seele darin, so garnichts Verstimmtes, Überspanntes, Verdrehtes ... Verzeih die lange Stelle über ein so bekanntes, so oft beurteiltes Buch. Aber mir war's neu, und es freut mich, daß es mir neu war. Ich hätt' es verschlungen, wäre mir's früher in die Hände gefallen. Nun hab' ich's genossen.

Hemsterhuis an Amalia v. Gallitzin. 1. Dezember 1789.

J'ai lu pour la première fois Das Leiden des jungen Werthers de Goethe. J'ai été souvent frappé de sa grande connoissance de l'homme et du cœur humain ... D'ailleurs il me paroît que ce brillant auteur n'a pas eu le bonheur d'avoir un ami ou une amie (qui aurait dû être à la vérité à peu près de son étage) pour tenir la bride à son imagination quelque fois trop ardente et fougueuse et surtout à son génie qui souvent est indocile à tout frein.

Hemsterhuis knüpft daran weitere Betrachtungen über den Charakter des Romans, seine Stellung in Goethes Werk und in der euopäischen Literatur der Zeit. Er hat den Eindruck, daß Goethe hier stark – zu stark – die zeitgenössische englische Weltschmerz-Dichtung habe auf sich wirken lassen. (Briefe vom 1. und 4. Dezember 1789. Gedruckt in: Goethe und der Kreis von Münster. 1971. 2. Aufl. 1975. S. 71.)

Schiller, Über naive und sentimentalische Dichtung. Erstdruck in: Die Horen. 1795.

Ein Charakter, der mit glühender Empfindung ein Ideal umfaßt und die Wirklichkeit fliehet, um nach einem wesenlosen Unendlichen zu ringen, der, was er in sich selbst unaufhörlich zerstört, unaufhörlich außer sich suchet, dem nur seine Träume das Reelle, seine Erfahrungen ewig nur Schranken sind, der endlich in seinem eigenen Dasein nur eine Schranke sieht und auch diese, wie billig ist, noch einreißt, um zu der wahren Realität durchzudringen – dieses gefährliche Extrem des sentimentalischen Charakters ist der Stoff eines Dichters geworden, in welchem die Natur getreuer und reiner als in irgendeinem andern wirkt, und der sich unter modernen Dichtern vielleicht am wenigsten von der sinnlichen Wahrheit der Dinge entfernt. – Es ist interessant zu sehen, mit welchem glücklichen Instinkt alles, was dem sentimentalischen Charakter Nahrung gibt, im „Werther" zusammengedrängt ist: schwärmerische unglückliche Liebe, Empfindsamkeit für Natur, Religionsgefühle, philosophischer Kontemplationsgeist, endlich, um nichts zu vergessen, die düstre, gestaltlose, schwermütige Ossianische Welt. Rechnet man dazu, wie wenig empfehlend, ja wie feindlich die Wirklichkeit dagegen gestellt ist und wie von außen her alles sich vereinigt, den Gequälten in seine Idealwelt zurückzudrängen, so sieht man keine Möglichkeit, wie ein solcher Charakter aus einem solchen Kreise sich hätte retten können.

1799 erscheint in Italien von Ugo Foscolo (1778–1827) der Roman „Ultime Lettere di Jacopo Ortis" (Letzte Briefe des Jacopo Ortis), ein bedeutendes, selbständiges Werk, das aber zugleich deutlich sich an „Werther" anschließt, die Geschichte eines jungen schwärmerischen Mannes, der durch politische Enttäuschung und Verzweiflung und durch unglückliche Liebe zum Selbstmord getrieben wird; in Briefen an einen Freund.

Friedrich Gottlieb Welcker, Bericht über ein Gespräch mit Goethe. Herbst 1805. (Gräf S. 573f.)

Das Gespräch fiel auch auf Wetzlar, und da ich naiv genug war, auch Werthersche Lokalitäten zu berühren, sagte er: „Ja, das war ein Stoff, bei dem man sich zusammenhalten oder zu Grunde gehen mußte."

Gespräch zwischen Goethe und Napoleon in Erfurt. 2. Oktober 1808.

Auch für Napoleon ist Goethe der Dichter des „Werther", und er bringt das Gespräch auf dieses Werk. Über dieses Gespräch hat Goethe später, 1824, einen Bericht geschrieben. Er hat außerdem dem Kanzler v. Müller über das Gespräch erzählt, und dieser hat in seinen „Erinnerungen" mitgeteilt, was ihm in der Erinnerung geblieben war. (Bd. 10, S. 543–547)

Goethes Bericht:

... Er wandte sodann das Gespräch auf den „Werther", den er durch und durch mochte studiert haben. Nach verschiedenen ganz richtigen Bemerkungen bezeichnete er eine gewisse Stelle und sagte: Warum habt Ihr das getan? Es ist nicht naturgemäß – welches er weitläufig und vollkommen richtig auseinandersetzte. Ich hörte ihm mit heiterem Gesichte zu und antwortete mit einem vergnügten Lächeln, daß ich zwar nicht wisse, ob mir irgend jemand denselben Vorwurf gemacht habe, aber ich finde ihn ganz richtig und gestehe, daß an dieser Stelle etwas Unwahres nachzuweisen sei. Allein, setzte ich hinzu, es wäre dem Dichter vielleicht zu verzeihen, wenn er sich eines nicht leicht zu entdeckenden Kunstgriffs bediene, um gewisse Wirkungen hervorzubringen, die er auf einem einfachen natürlichen Wege nicht hätte erreichen können. Der Kaiser schien damit zufrieden ...

Friedrich v. Müllers Bericht:

„Werthers Leiden" versicherte er, siebenmal gelesen zu haben, und machte zum Beweise dessen eine tief eindringende Analyse dieses Romans, wobei er jedoch an gewissen Stellen eine Vermischung der Motive des gekränkten Ehrgeizes mit denen der leidenschaftlichen Liebe finden wollte. „Das ist nicht naturgemäß und schwächt bei dem Leser die Vorstellung von dem übermächtigen Einfluß, den die Liebe auf Werther gehabt. Warum haben Sie das getan?" – Goethe fand die weitere Begründung dieses kaiserlichen Tadels so richtig und scharfsinnig, daß er ihn späterhin oftmals gegen mich mit dem Gutachten eines kunstverständigen Kleidermachers verglich, der an einem angeblich ohne Naht gearbeiteten Ärmel sobald die fein versteckte Naht entdeckt. – Dem Kaiser erwiderte er, es habe ihm noch niemand diesen Vorwurf gemacht, allein er müsse ihn als ganz richtig anerkennen; einem Dichter dürfte jedoch zu verzeihen sein, wenn er sich mitunter eines nicht leicht zu entdeckenden Kunstgriffs bediene, um eine gewisse Wirkung hervorzubringen, die er auf einfachem, natürlichem Wege nicht hervorbringen zu können glaube.

Caroline Sartorius an ihren Bruder. 27. Oktober 1808.

Der Göttinger Historiker Georg Sartorius und seine Gattin Caroline, geb. v. Voigt, waren im Oktober 1808 eine Woche lang Hausgäste bei Goethe, mit dem sie seit 1801 befreundet waren. Christiane war zu dieser Zeit in Frankfurt. Goethe bat Frau Sartorius, bei Besuchen die Honneurs an Stelle der Hausfrau zu machen. Am 15. Oktober waren der berühmte französische Schauspieler Talma und seine Gattin bei Goethe zum Essen geladen. Auch für Talma ist Goethe der Dichter des „Werther". Caroline Sartorius hat mit gespannter Aufmerksamkeit dem Gespräch zugehört; und da ihr Bericht nur wenige Tage später geschrieben ist, dürfte er besonders zuverlässig sein. (Goethes Briefwechsel mit Georg u. Caroline Sartorius. Hrsg. v. Else v. Monroy. Weimar 1931. S. 75f.)

Talmas baten ihn dringend, nach Paris zu kommen und bei ihnen zu logieren. Das Glück, den Autor von „Werther" bei sich zu besitzen, würde ganz Frankreich ihnen beneiden ... in allen Boudoirs würde er sein Buch finden, das immer von neuem gelesen, von neuem übersetzt, jetzt wie vor 30 Jahren den Reiz der Neuheit besäße ... Talma fragte jetzt ziemlich indiskret, ob es wahr sei, wie man allgemein versichere, daß eine wahre Geschichte dem Roman zugrunde läge. Besorgt über die Wirkung dieser Frage blickte ich auf Goethe, auf dessen Gesicht aber sich keine Spur von Verstimmung zeigte. „Diese Frage", erwiderte er freundlich, „ist mir schon oft vorgelegt worden; und da pflege ich zu antworten, daß es zwei Personen in einer gewesen, wovon die eine untergegangen, die andere aber lebengeblieben ist, um die Geschichte der ersteren zu schreiben, so wie es im Hiob (1,16) heißt: Herr, alle

Deine Schafe und Knechte sind erschlagen worden, und ich bin allein entronnen, Dir Kunde zu bringen.“ Unser lautester Beifall lohnte den herrlichen Einfall. Ernsthafter, mit einem unbeschreiblich tiefen Ausdruck setzte er hinzu, so etwas schreibe sich indes nicht mit heiler Haut. Er hatte bisher französisch gesprochen, diese Worte aber sprach er deutsch . . .

Goethe an Zelter, als dessen Stiefsohn Selbstmord begangen hatte. 3. Dezember 1812.

Wenn das „taedium vitae“ den Menschen ergreift, so ist er nur zu bedauern, nicht zu schelten. Daß alle Symptome dieser wunderlichen, so natürlichen als unnatürlichen Krankheit auch einmal mein Innerstes durchrast haben, daran läßt „Werther“ wohl niemand zweifeln. Ich weiß recht gut, was es mich für Entschlüsse und Anstrengungen kostete, damals den Wellen des Todes zu entkommen, so wie ich mich aus manchem spätern Schiffbruch auch mühsam rettete und mühselig erholte . . . Ich getraute mir, einen neuen „Werther“ zu schreiben, über den dem Volke die Haare noch mehr zu Berge stehn sollten als über den ersten.

Goethe, Dichtung und Wahrheit.

„Dichtung und Wahrheit“ berichtet im 3. Teil ausführlich über „Werther“. Goethe hat diese Partien in den Jahren 1812 und 1813 geschrieben. Er verteilt die Darstellung auf zwei Stellen. Er schreibt im 12. Buch über: Naturschwärmerei, Kestner (ohne Namensnennung, nur „der Bräutigam“ genannt), Lotte und Jerusalem (Bd. 9, S. 541–546); im 13. Buch über: Fortspinnen von Erlebtem in dichterischer Phantasie (allgemein); sentimental-pessimistische Zeitströmung; Ossian; Selbstmordgedanken; Jerusalems Tod; Maxe v. La Roche; Entstehung, Druck und Wirkung des „Werther“ (Bd. 9, S. 577–593). – Der Bericht über den biographischen Hintergrund wahrt rücksichtsvollste Zurückhaltung, und der Leser wird mehrfach aufgefordert, nicht aus der Dichtung das heraussondern zu wollen, was „wahr“ sei, sondern sie als Ganzes zu nehmen und in ihrem Kunstcharakter zu würdigen.

Goethe an Zelter, als dessen jüngster Sohn gestorben war. 26. März 1816.

Dir war freilich abermals eine harte Aufgabe zugedacht. Leider bleibt das immer die alte Leier, daß lange leben soviel heißt als viele überleben; und zuletzt weiß man denn doch nicht, was es hat heißen sollen. Vor einigen Tagen kam mir zufälligerweise die erste Ausgabe meines „Werthers“ in die Hände, und dieses bei mir längst verschollene Lied fing wieder an zu klingen. Da begreift man denn nun nicht, wie es ein

Mensch noch 40 Jahre in einer Welt hat aushalten können, die ihm in früher Jugend schon so absurd vorkam ... Beseh' ich es recht genau, so ist es ganz allein das Talent, das in mir steckt, was mir durch alle die Zustände durchhilft, die mir nicht gemäß sind und in die ich mich durch falsche Richtung, Zufall und Verschränkung verwickelt sehe.

Gespräch mit Eckermann, 2. Januar 1824.

Über die eigene Beziehung zu „Werther"; Napoleon und „Werther"; „Werther" in Beziehung zu einer Zeitepoche (Empfindsamkeit); „Werther", in Beziehung zu einer Entwicklungsepoche jedes einzelnen Menschen.

Das ist auch so ein Geschöpf, das ich gleich dem Pelikan mit dem Blute meines eigenen Herzens gefüttert habe ... Es sind lauter Brandraketen! Es wird mir unheimlich dabei, und ich fürchte, den pathologischen Zustand wieder durchzuempfinden, aus dem es hervorging ... Auch hätte ich kaum nötig gehabt, *(in „Dichtung und Wahrheit")* meinen eigenen jugendlichen Trübsinn aus allgemeinen Einflüssen meiner Zeit und aus der Lektüre einzelner englischer Autoren herzuleiten. Es waren vielmehr individuelle, naheliegende Verhältnisse, die mir auf die Nägel brannten und mir zu schaffen machten ... Ich hatte gelebt, geliebt und sehr viel gelitten! ... es müßte schlimm sein, wenn nicht jeder einmal in seinem Leben eine Epoche haben sollte, wo ihm der „Werther" käme, als wäre er bloß für ihn geschrieben.

Goethe, An Werther. (Bd. I, S. 380f.)

Im März 1824 trat der Leipziger Verlag Weygand, in welchem im Herbst 1774 „Werther" erschienen war, an Goethe heran mit der Bitte, zur 50jährigen Wiederkehr jenes Tages eine besonders schön ausgestattete Ausgabe des „Werther" zu genehmigen und, wenn möglich, ein Vorwort dazu zu schreiben. Die Ausgabe kam zustande, Goethe erhielt von ihrem Titelblatt und ihrem Text Korrekturbogen, sah diese mit Freude und Sorgfalt an und hieß sie gut. Später hat er gern Exemplare dieser Ausgabe verschenkt. – Auf Grund dieser Anregung las er neu in dem alten Roman; bisher hatte er es immer vermieden, in diese Abgründe wieder hineinzublicken, und nun, wie gefürchtet, öffneten sie sich gefährlich. Jetzt riß die Wunde wieder auf, die kaum vernarbte, welche er im Sommer 1823 empfangen hatte, als er aus Marienbad und Karlsbad geschieden war. Mit Erschütterung fühlte er, daß er immer noch Werther sei; das einst Gestaltete und jüngst Erlebte schob sich bei ihm ineinander, und es bildete sich das Gedicht „An Werther", das mehr als jedes Vorwort sagt, was dieses Werk für den Dichter bedeutete. Er fügte es an Stelle eines Vorworts dem Drucke bei, und bald darauf stellte er es mit zwei anderen Gedichten zusammen zu der „Trilogie der Leidenschaft" (Bd. 1, S. 380–386). – Das Tagebuch verzeichnet:

24. März. Nachts für mich; an die neue Ausgabe von „Werthers Leiden" gedenkend. – 25. März. War das Gedicht zur neuen Ausgabe von „Werther" fertig geworden.

Friedrich Bouterwek, Geschichte der Poesie und Beredsamkeit. Band 11, Göttingen 1819, S. 385

Der „Torquato Tasso" ... konnte für einen dramatisierten „Werther" in höherem Stil angesehen werden.

Gespräch mit Eckermann. 3. Mai 1827.

Ampère ... beurteilt die verschiedenen poetischen Produktionen als verschiedene Früchte verschiedener Lebensepochen des Dichters ... Sehr treffend nennt er ... den „Tasso" einen gesteigerten „Werther".

Bei Ampère kommt ein Satz über Tasso als gesteigerten Werther nicht vor. „Steigern" (und „Steigerung") gehört zu den Formelwörtern des Goetheschen Alters.

Henry Crabb Robinson, Bericht über ein Gespräch mit Goethe. 2. August 1829. (Robinson, Diary. Ed. by Th. Sadler. Vol. 2. London 1869. S. 432. – Gräf S. 687f.)

Something led him to speak of Ossian with comtempt. I remarked: The taste for Ossian is to be ascribed to you in a great measure. It was "Werther" that set the fashion. He smiled and said: "That's partly true; but it was never perceived by the critics that Werther praised Homer while he retained his senses, and Ossian when he was going mad. But reviewers do not notice such things." I reminded Goethe that Napoleon loved Ossian. "It was the contrast with his own nature," Goethe replied, "He loved soft and melancholy music. 'Werther' was among his books at St. Helena."

NACHWORT

Goethe war ein Dichter des Lebens in seiner Ganzheit. Diese Ganzheit ist polarer Rhythmus: Ich und Welt, Einatmen und Ausatmen.

Im Atemholen sind zweierlei Gnaden:
Die Luft einziehn, sich ihrer entladen.
Jenes bedrängt, dieses erfrischt;
So wunderbar ist das Leben gemischt.
Du danke Gott, wenn er dich preßt,
Und dank' ihm, wenn er dich wieder entläßt. (Bd. 2, S. 10.)

So heißt es im *Divan.* So erlebt es Faust, wenn ihn nach bitterster Not die Naturgeister heilen und er im *Abglanz* das Unendliche gewahrt (Bd. 3, S. 146–149). Es ist der Rhythmus des Lebens.

Wie aber, wenn dieser Rhythmus stockt? Wenn nur noch das Bedrängende da ist und das Erfrischende ausbleibt? Wenn der Mensch nur noch *gepreßt* wird? Wenn ihm aus seiner Enge kein Weg zur Welt mehr offen steht? – Dies ist der Fall Werthers. Er fühlt: *Wenn ... es mich an die Gurgel faßt wie ein Meuchelmörder ...* (55,11–17.) *Es ist ein inneres, unbekanntes Toben, das ... mir die Gurgel zupreßt ...* (98,31 f.) Und was ihn so preßt, ist keine feindliche irdische Macht. Es ist ein höheres Schicksal. In dem großen Brief der religiösen Verzweiflung (vom 15. Nov.) mit dem Bild der *in sich gedrängten Kreatur* (86,25 f.) scheut sich Werther nicht, das Bibelwort zu brauchen: *Mein Gott! warum hast du mich verlassen?* (86,27 f.).

Der Rhythmus, von dem Goethe sonst immer spricht, hört hier auf. Der Mensch stirbt. Hieraus erklärt sich die Stellung, die Goethe selbst zu seinem *Werther*-Roman einnahm. Gegen kein anderes Werk hat er sich so wie gegen dieses verhalten. Aus seinen anderen Werken las er vor, aus *Werther* nie. Er las ihn auch nicht für sich selbst, außer in den 80er Jahren, als er ihn für die Ausgabe seiner Schriften umarbeiten mußte. Und dann las er ihn noch einmal viele Jahrzehnte danach, 1824, und da war es ein düsteres, schwermütiges Lesen. Er umging ihn scheu. Mitten im plaudernden, witzigen Gespräch, wenn die Rede auf *Werther* kommt, wird er ernst: *So etwas schreibt sich nicht mit heiler Haut* (Oktober 1808). Oder zu Eckermann: *Es sind lauter Brandraketen! Es wird mir unheimlich dabei ...* (2. Jan. 1824). Er schreibt im Alter das düstere Gedicht *An Werther* (Bd. 1, S. 380), welches Werther wie einen Jugendgefährten anspricht, nicht wie eine Dichtungsgestalt. An keine andere seiner Gestalten hat Goethe ein solches Gedicht gemacht; es ist ein Selbstbildnis mit Werther; erst gingen sie zusammen, dann kam die

Trennung: *zum Bleiben ich, zum Scheiden du erkoren. ...* Doch die Leidenschaft, welche Werther beseelte, war auch in dem, der blieb, und sie ist nicht gewichen. Das Gedicht *An Werther* steht in der *Trilogie der Leidenschaft,* die noch einmal Wertherische Klänge enthält. Da ist wie in dem Jugendroman das Herz das einzige Organ der Verbindung zur Welt; und es ist *verschlossen in sich selbst, als hätte dies Herz sich nie geöffnet* (Bd. 1, S. 382); und damit stockt der Rhythmus des Lebens: *Mir ist das All, ich bin mir selbst verloren.* – Noch einmal also Werther, wieder Werther – war es ein Krankheitsherd, der mühsam verkapselt, im Innern weiterlebte? Trug nicht auch Tasso diese Gefahr in sich? Und auch Mignon? Doch neben Tasso steht Antonio, neben Mignon steht Natalie. Und der Verzweifelte der *Elegie* sagt zu sich:

Ist denn die Welt nicht übrig? Felsenwände,
Sind sie nicht mehr gekrönt von heiligen Schatten?

Trotz der Verzweiflung: die Welt ist da. Und die Natur als Felsenwand und Farbe ist *heilig,* sie offenbart ein Unendliches; der Dichter der *Elegie* weiß es, auch wenn im Augenblick sein Sinn tot ist. Die Natur bleibt wahr und rein und bleibt Offenbarung. Für Werther bleibt sie es nicht.

Immer also eine Werther-Gefahr, aber letztlich doch deren Überwindung. Was also unterscheidet den Dichter des *Faust,* des *Meister,* der *Trilogie der Leidenschaft,* den Dichter des *Werther* von der Person Werthers? Letztlich dies, daß er immer wieder auf vielen Wegen den Abglanz des Unendlichen im Endlichen findet, Werther aber nicht.

Für Goethes Weltschau ist die Welt Abglanz des Absoluten. Dieser Abglanz offenbart sich zunächst als Natur. Goethe beginnt mit dem leidenschaftlich-gefühlvollen Naturerleben des Gedichtes *Ganymed* (Bd. 1, S. 46), und es wandelt sich allmählich zu dem scharfen Hinblikken des Naturforschers, der aber zugleich immer religiös bleibt (Bd. 1, S. 357 u. 367, Bd. 13, S. 305, 26ff.). Dieses Wissen um die Heiligkeit der Natur wird ihm zum steten Besitz. Anders Werther: zu Beginn erscheint ihm die Natur als Offenbarung der Unendlichkeit (9,2–30), später aber nur als Spiegel seines Ich, *ein lackiertes Bildchen,* das nur wiedergibt, was er hineinlegt. (85,8f.).

Noch einen anderen Weg gibt es für Goethe und seine Zeit, im Endlichen das Unendliche zu erfahren. Im Menschen ist das sittliche Gesetz. Es enthält Wahrheiten, die göttlich sind. Mit ihm, mit dem sittlichen Imperativ, hat der Mensch Anteil an einer Welt, die über menschlichen Bereich hinausgeht. Goethe spricht davon im Gedicht *Das Göttliche* (Bd. 1, S. 147ff.) und in der Sternwarten-Szene der *Wanderjahre* (Bd. 8, S. 119,16–120,5). Er sah diese Berührung des Unendlichen in Kants und Schillers Philosophie. Aber Werther, der Gefühlsmensch, ist kein sittlicher Philosoph, kein Denker in Kants oder Schillers Art. Auch dieser

Weg, um im Endlichen das Unendliche zu finden, ist für ihn nicht möglich.

Neben Natur und Idee tritt die Tätigkeit. Hier wird das eine, was man recht tut, zum Gleichnis von allem, was recht getan wird; man fragt nicht, ob das Tun groß oder klein sei, sondern ob es richtig oder falsch sei. Goethe hat diese Haltung seinen Gestalten in *Hermann und Dorothea,* in den *Lehrjahren* und *Wanderjahren* mitgegeben. Aber Werther ist dieser Haltung ganz fern. Tätigkeit ist ihm Zwang und Last. Seine Berufsarbeit gibt ihm nie das Gefühl, sinnvoll an einem Platze zu stehen und eine Funktion zu erfüllen. Es gäbe noch eine andere Art von Tätigkeit: die des Künstlers, der für das Werk da ist, der sein Schaffen empfindet als Bewegung in der großen kosmischen Bewegung des Weltgeistes. Aber auch diese Tätigkeit ist für Werther nicht möglich. Er bleibt Dilettant. Das Zeichnen ist für ihn da, nicht er für das Zeichnen. Nie gehört seine Leidenschaft einem Werk, das er schaffen muß.

In diesen Bereichen also empfand Goethe den Abglanz des Unendlichen: in Natur, Idee und Tätigkeit. Es waren Wege, um dem Ich seinen Ort im All zu gewinnen. Aber Werther findet diese Wege nicht. Es ist müßig, zu fragen, ob er in reiferem Alter sie gefunden hätte. In der Lebensspanne, in der wir ihn sehen, ist er jung. In ihm sind die Organe für jene Wege noch wenig entfaltet. Zwar trägt das soziale Gefüge Aufgaben an ihn heran (61,8 ff., 66,21 ff.), doch sie sind nicht derart, daß er in ihnen einen verpflichtenden Sinn sehen könnte.

Aber ist Werther denn überhaupt imstande, im Endlichen das Unendliche zu sehen und dadurch für sich seinen Ort in der Welt zu finden? Natur, Idee, Tätigkeit sind nicht seine Wege – aber nun öffnet sich ein Bereich, der ihn weiterführt: die Liebe. Weil kein anderer Weg für ihn Geltung hat, hängt nun sein ganzes Dasein davon ab, wohin dieser Weg ihn führt. Was Werther letztlich sucht, ist eine neue Existenz mit einer religiösen Dimension. Der Weg dazu ist für ihn die Liebe. Darin besteht das Besondere dieses Romans, daß in seinem Mittelpunkt die religiöse Bedeutung der Liebe steht. Dieser Zusammenhang macht den Roman zu einem durchaus neuzeitlichen Werk. Denn er ist nur möglich in einem Gefüge, in welchem der Mensch im Endlichen das Unendliche erfahren kann, d. h. in der neuzeitlichen säkularisierten Religiosität.

Werther hat als Knabe und Jüngling Unterricht in der Religion erhalten; Bilder und Wendungen aus der Bibel und dem kirchlichen Leben bestimmen auch jetzt, nachdem er sich von der Kirche entfernt hat, weitgehend seine Ausdrucksweise (vgl. 86,6ff. und die Anmkg. dazu). Er hat außerdem die geistige Welt des Rationalismus kennen gelernt, doch er sieht ihre Einseitigkeit und betont ihre Grenzen (12,23–31; 30,12f.; 61,23–37; 74,25–37 u. ö.). Werther ist einen Weg gegangen, den im 18. Jahrhundert nicht wenige gegangen sind; die Kirche wird nur mehr als eine symbolische Form aufgefaßt, die zu einer freieren Religiosität hinführt. Werther sagt: *Ich ehre die Religion ..., ich fühle, daß sie manchem Verschmachtenden Erquickung ist. Nur – muß sie denn das einem jeden sein?* (85,37 ff.) Er geht für sich persönlich an dem Mittlertum des Kreuzestodes vorüber: *Wenn mich nun der Vater für sich behalten will, wie mir mein Herz sagt?* (86,9 f.). Die unmittelbare religiöse Beziehung gibt ihm also sein *Herz*, nicht die geschichtlich überlieferte Lehre. In Werther ist eine echte und starke Religiosität, aber ihr Weg ist der des Herzens, und dieses ergreift Erlebnisse in der diesseitigen Welt und läßt zugleich empfinden, daß sie hinausweisen in eine absolute, für die er das Wort von dem *Vater* beibehält, wobei er dann freilich hinzufügt: *Vater, den ich nicht kenne* (90,38 f.). Immer wieder spricht sich Werthers Religiosität aus. Es ist die Sehnsucht, *aus dem schäumenden Becher des Unendlichen jene schwellende Lebenswonne zu trinken* (52,21 ff.). *Ein großes dämmerndes Ganze ruht vor unserer Seele ... und wir sehnen uns, ach! unser ganzes Wesen hinzugeben ...* (29,12 ff.). Eine Werthersche Sehnsucht – aber doch auch eine allgemein Goethesche, eine schlechthin menschliche. Im hohen Alter, Werther-fern, hat Goethe geschrieben:

Im Grenzenlosen sich zu finden,
Wird gern der Einzelne verschwinden,
Da löst sich aller Überdruß;
Statt heißem Wünschen, wildem Wollen,
Statt läst'gem Fordern, strengem Sollen,
Sich aufzugeben ist Genuß. (Bd. 1, S. 368.)

Auch Werther will *im Grenzenlosen sich finden*, es ist ihm *Genuß, sich aufzugeben*, er will fort von dem irdischen *heißen Wünschen*. Es ist eine religiöse Sehnsucht, die Goethe aus dem Kern seines Wesens immer wieder aussprechen mußte. Auch Faust hat sie, aber als er himmelstürmend versucht, über die Grenzen seines Ich hinauszugelangen, weist ihn der Erdgeist in seine Schranken zurück. Faust sagt nun:

Den Göttern gleich' ich nicht! Zu tief ist es gefühlt;
Dem Wurme gleich' ich, der den Staub durchwühlt ...
(Bd. 3, S. 28, V. 652 f.)

Und aus dieser weltanschaulichen Verzweiflung, aus dem Anrennen an die Grenzen des Menschseins entsteht Fausts Selbstmordgedanke: *Ich grüße dich, du einzige Phiole ...* (Vers 690). Faust wird aber vom Selbstmord zurückgehalten. Der Grund, warum er ihn wünschte, war ein rein weltanschaulicher; nicht Beruf, Liebe, Krankheit oder Schicksal trieben ihn, sondern das Gefühl der Begrenztheit menschlichen Wesens, letztlich eine religiöse Verzweiflung.

Ähnlich ist die Situation Werthers. Die erste Stelle, an welcher er von Selbstmord spricht, steht in einem seiner ersten Briefe. Es ist, bevor er Lotte kennen lernt. Und was er hier sagt, zeigt, daß die Möglichkeit des Selbstmordes für ihn ein Element seines Lebensgefühls ist, das er stets einbezieht und stets nötig hat. Er sagt hier – gleich zu Beginn –, er habe *im Herzen das süße Gefühl der Freiheit, und daß er diesen Kerker verlassen kann, wann er will* (14,16ff.). Zu diesem Satz treiben ihn nicht Enttäuschung, Beruf, Liebe oder Krankheit, sondern nur sein Leiden unter der Begrenztheit des Menschen. Er hat dafür das Wort *Einschränkung* (13,11) und bezeichnet damit, daß ihm das Absolute ungreifbar ist, daß er immer an die engen Grenzen seines Menschseins stößt, die sich erst im Tode öffnen werden. Darum: *so eingeschränkt er ist, hält er doch immer im Herzen das süße Gefühl der Freiheit* ... So steht hier ganz am Beginn Werthers Selbstmord-Gedanke, Selbstmord aus religiöser Verzeiflung. Am Ende des Romans wird der Selbstmord dann Wirklichkeit. Und er hat noch genau den gleichen Sinn wie hier am Beginn: *Vater, den ich nicht kenne! ... Schweige nicht länger! ... Zürne nicht, daß ich die Wanderschaft abbreche* ... (90,38ff.)

Werther empfindet den Tod als Entgrenzung. Es ist Freitod aus religiöser Verlassenheit; aber auch aus Liebe. Die Liebe ist hier mit dem Religiösen untrennbar vermischt. Wir kommen hier in den Kernbereich der Dichtung, wo die Auslegung ihre Grenzen hat. (Denn Auslegung kann nur eine Struktur erhellen, aber nicht Erlebnisse ersetzen.) Das Mysterium der Einheit von Religion und Liebe war Goethe zu zart, zu geheimnisvoll, um viel darüber zu sprechen. Im Alter, noch einmal *Werther* nahe, schrieb er in der Marienbader *Elegie* die Strophe, welche alle religiöse Sehnsucht ausspricht:

In unsers Busens Reine wogt ein Streben,
Sich einem Höhern, Reinern, Unbekannten
Aus Dankbarkeit freiwillig hinzugeben ... (Bd. 1, S. 384.)

Und diese Sehnsucht findet hier einen Weg. Der Dichter der *Elegie* findet ihn, indem er der menschlichen Gestalt der Geliebten begegnet:

Solcher seligen Höhe
Fühl' ich mich teilhaft, wenn ich vor ihr stehe.

Die liebende Beziehung weist weit über sich hinaus in einen absoluten Bereich. Diese Verbindung, eine Urerfahrung des menschlichen Herzens, sofern es zu Erlebnissen dieser Art fähig ist, hat bei Liebenden, Religiösen und Mystikern immer wieder nach Worten gesucht. Der

Religiöse empfindet die Gottheit als Liebendes und Geliebtes und greift nach der Sprache irdischer Liebe. Der Liebende erfährt, daß sein Erlebnis ihn in kosmische und religiöse Sphären führt, und greift zu Worten, die er hier findet. Als Goethe persische Dichtung las, überfiel es ihn mit Entzücken, daß gebildete Herzen auch dort dieses Erleben gehabt hatten und in ihrer dichterischen Liebesmystik in freier Beweglichkeit dazu kamen, *uns von der Erde in den Himmel zu erheben und von da wieder herunterzustürzen oder umgekehrt* (Bd. 2, S. 163 u. 539). So bleibt dieses Geheimnis später einer der Hintergründe des *Divan,* geistvoll, zart, aus dem Abstand des Alters angedeutet. Anders in *Werther.* Hier (und nur hier) spricht es sich mit Leidenschaft aus, und die Verbindung von Liebe und religiöser Sehnsucht bildet gleichsam die doppelte Thematik, die als cantus firmus allem zugrunde liegt. Anfangs sind beide Themen noch getrennt, dann schließen sie sich mehr und mehr ineinander – *ich habe kein Gebet mehr als an sie* (55,6) –, und am Ende zeigt Werthers Abschiedsbrief in edler Ekstase die völlige Verbindung.

Werther sind also die Wege der Natur, der Idee, der Tat nicht gegeben, doch er findet seine Beziehung zum Absoluten in der Liebe. Aber eben dieser Weg wird, als er zur Wirklichkeit werden soll, versperrt – Lotte gehört einem anderen. Die Liebe wäre für Werther die Entgrenzung, wäre seliges Aufgehen im anderen, wäre eine Vereinigung, in der das Seelische sein Symbol findet im Körperlichen und dieses über sich hinausweist ins Seelische, Geistige, Religiöse. Wenn Werther sich zurückziehen und Lotte zum reinen Ideal erheben könnte, müßte er nicht sterben. Aber er trennt nicht – wie Dante und das Mittelalter es taten – die Bereiche des Irdischen und Himmlischen, der Wirklichkeit und des Ideals, um nur mit diesem zu leben – nein, er vermischt sie: seine Liebe ist eine Ganzheit. Das erscheint uns heute selbstverständlich, aber die Jahrhunderte vor *Werther* empfanden keineswegs so wie er. Noch Rousseau trennte hohe und niedere Liebe, und im Grunde hat gerade die *Werther*-Dichtung die moderne Auffassung der Liebe als allumfassender Ganzheit durchgesetzt. Wenn für Werther nicht Religiosität und Liebe verbunden wären, könnte er am Leben bleiben; und wenn Lotte für ihn eine *Heilige* wäre, könnte er es auch. Er nennt sie zwar gelegentlich so (122,28) – in dem etwas leichtfertigen Sprachgebrauch der Empfindsamkeit –; aber sie ist es für ihn nicht. Zwar ist sie für ihn ein Geschöpf unmittelbar aus Gottes Hand, das zu erleben ihn in religiöse Bereiche führt, aber zugleich ist sie ihm auch eine sehr sinnenhaft geliebte wirkliche Frau, und seine Briefe geben sich keine Mühe, das zu verhüllen. Werthers Liebe ist eine Ganzheit. Eine Verbindung mit Lotte in diesem Sinne ist aber nicht möglich. Der einzige Weg, der sich ihm ergeben hat, um in der Welt seinen Platz zu finden, der der Liebe, ist ihm also genommen. Jetzt ist es vollends so, daß es ihm *die Gurgel zupreßt* (98,32). Jetzt kann er nicht mehr atmen, seine Seele erstickt, er muß sterben.

Werther empfindet den Tod als Befreiung aus einem Kerker (99,17f.), als Entgrenzung des Ich. Hier endlich wird die *Eingeschränktheit* durchbrochen, an der er so qualvoll litt. Weil außer dem Tod nur die Liebe aus dieser Einschränkung hinausführt, verbinden sich Liebe und Tod als Weg der Freiheit. Ist das eine Grundthema des Romans das Mysterium von Liebe und Religion, so ist das andere, damit zusammenhängende das von Liebe und Tod; auch dieses eins der letzten Geheimnisse menschlichen Erlebens und also eins der größten Themen der Weltliteratur; gemäß seiner Tiefe immer nur abstandhaltend ausgesprochen, denn dem Wissenden genügen wenige Worte, und dem Unwissenden würden auch viele nichts sagen. In seinem langen Leben und reichen Werk hat Goethe nur selten über dieses Mysterium gesprochen. In seiner Jugend riß er einmal den Schleier von diesem Abgrund und sprach davon in dem Drama *Prometheus,* das aber, weil es auf Unerreichbares zielte, Fragment bleiben mußte. Er spricht da von der Entgrenzung des Ich in der Liebe und im Tod, beide sind ein Zurückkehren zum Ursprünglichen – Zurückfließen in den Weltgeist, aus dem die Menschen entstanden sind (Bd. 4, S. 185–187). – Viele Jahre später hat er dann wieder davon gesprochen, in dem Gedicht von der *Seligen Sehnsucht,* in welchem im Erlebnis der Liebesnacht, der irdischen Vereinigung, die Vision einer höheren Vereinigung, einer liebenden Vermischung mit der Gottheit auftaucht (Bd. 2, S. 18f.). Dieses große Thema, selten und zurückhaltend angedeutet, ist nun in *Werther* mitten in den Alltag gestellt und in Werthers Briefen erschöpfend ausgesprochen. Der Tod ist für ihn gleichzeitig religiöse Entgrenzung und Liebesvollzug. *Du bist von diesem Augenblicke mein!* (117,29). Und darum wird er ihm zum rauschhaften Glück, so daß er vom *Taumel des Todes* sprechen kann (123,6).

In allem, was Werther erlebt (darin, daß Lotte die Liebe seines Lebens schlechthin sei, daß er zu Gott, aber nicht dem Mittler gehöre, daß er alle Berufsarbeiten ablehnen könne, daß er sich das Leben nehmen dürfe), in allem verläßt er sich auf seine Stimme, die er zur Grundlage seines Daseins macht: auf sein Herz. Er schreibt: *dies Herz, das doch mein einziger Stolz ist ... was ich weiß, kann jeder wissen – mein Herz habe ich allein* (74,7ff.). Werther wächst auf in einer Zeit, da man die Menschen nach ihrem Wissen beurteilt. Wir können uns heute schwer vorstellen, welche Bedeutung in der Zeit des Rationalismus das Wissen besaß und welche Revolution es dann war, als eine junge Generation begann, das Gefühl, das Herz in seiner Bedeutung zu entdecken. Werther bemerkt ganz richtig, erst damit werde der Mensch eigentlich als Individuum erkannt. Der neuzeitliche Subjektivismus hängt mit der

Bewertung des Herzens zusammen. Nie vorher hat es in der deutschen Dichtung ein Werk gegeben, das mit solcher Ausschließlichkeit wie *Werther* ein Roman des Herzens ist. Auch in Goethes eigenem Schaffen hat das Buch in dieser Beziehung eine ganz eigene Stellung. Die *Faust*-Dichtung hat als Leitwort das *Streben*, in den *Lehrjahren* ist es das Wort *Bildung*, in den *Wanderjahren* sind es *Tätigkeit* und *Entsagung*, im *Divan* ist es *Geist*. Für den *Werther*-Roman ist das Wort, das sich durch alles hindurchzieht, das Wort *Herz*, ob Werther nun von Natur, Liebe, Gott oder Tod spricht. Weil er vom Herzen ausgeht, entdeckt er Bereiche und Seligkeiten, die vor ihm niemand aussprach, aber er muß die menschliche Bedingtheit und Tragik erfahren, daß mit jeder Verfeinerung eine Gefährdung, mit jedem Reichtum auch ein Mangel verbunden ist. Darum ist hier Größe und Gefahr zugleich. Es ist groß, wie Werther die Liebe erfährt und wie das Erleben der Kunst ihm *alle Sinne ausfüllt* (37,16ff.). Aber diese Kraft des Gefühls steigert sich ins Krankhaft-Einseitige – und wo ist die Grenze, um beides gegeneinander abzuwägen? Wenn Goethe uns auch bis ans Ende nur Briefe Werthers lesen läßt – zwischen den Zeilen steht die Kritik. Werthers Freunde, Wilhelm, Albert, Lotte, sind, weil sie ihn lieben und kennen, langmütig und gütig. Werther beschuldigt sie völlig zu Unrecht, sobald er Verdruß hat (62,30f.; 67,28 u. ö.); als Albert und Lotte ihm ihre Hochzeit mitteilen, schreibt er einen Brief, der vor allem über das eigene Ich spricht, und zwar klagend und beunruhigend (67, 10–24). Schrittweise steigert sich das Krankhafte. Werther sieht das selbst. Nach außen hin behält er noch seine Haltung. Für Bekannte und Freunde ist er zwar exzentrisch, aber sie ahnen nicht seinen wahren Zustand. Er selbst weiß, daß er sich dem Punkt nähert, wo er nicht mehr die Haltung bewahren kann und wo das Pathologische oder das Kriminelle einsetzt. Als er diesen Punkt kommen sieht, nimmt er sich das Leben.

Die Größe dieses Entschlusses und die Tragik von Werthers Existenz werden nun durch einen Zug, der untrennbar zu seinem Wesen gehört, modifiziert und in gewisser Weise verkleinert: durch seine Sentimentalität. Wenn Werther in einem Satze über das Höchste spricht – über den Sinn seines Todes –, dann spricht er im nächsten davon, er wolle in blauem Frack und gelber Weste begraben sein. Er schreibt nicht nur, er müsse und wolle sich töten, sondern sogleich auch von dem Grab, dem Gras im Wind, von Lottes Blick nach dem Friedhof (104,36–105,3). Das ist empfindsam, und diese Verknüpfung der Tragik mit wortreicher Zeitsprache verbindet Werther mit Ossian. Werther ist ein geistiger Typ, der in der Neuzeit auch anderswo möglich wäre. Doch in einem späteren Jahrzehnt hätte man ihn weniger beachtet. Jede Zeit bevorzugt gewisse Menschentypen, und eine Form des Empfindens und Lebens findet meist dann ihre deutlichste Gestaltung, wenn sie neu ist und sich gegen das Frühere absetzt. Obgleich also das tiefere Problem des Romans überzeitlich ist, ist Werther als Mensch eine Gestalt des 18. Jahrhunderts und der Empfindsamkeit. In der Zeit, als der Subjektivismus beginnt, durchlebt Werther beispielhaft dessen Größe, aber auch dessen Gefahr, Einsamkeit und Schrecken.

Es ist der Roman des Subjektivismus, und doch ist darin die Ganzheit der Welt, und in allen seinen Partien sind die Gegengewichte gegen den Subjektivismus deutlich vorhanden. Hier liegt das künstlerische Geheimnis des Werks, seine Komposition; in einem bis ins Feinste abgewogenen Verhältnis vereinigt sie die Motive zu einem symphonischen Aufbau, der in dieser Vollendung nur möglich ist durch eine geniale Konzeption, verbunden mit einem hohen Kunstverstand. Goethe sagt in *Dichtung und Wahrheit,* er habe den Roman *ziemlich unbewußt, einem Nachtwandler ähnlich, geschrieben* (Bd. 9, S. 587,39). Diese erste Niederschrift besitzt bereits die Fülle der Motive, verbunden zum Geflecht des Ganzen. Die Umarbeitung von 1786 gestaltete diese Komposition noch reicher und ausgewogener, ohne die ursprüngliche Kraft des Ganzen zu beeinträchtigen.

Da *Werther* der Roman des Subjektivismus ist, hat er eine Form, die vom Ich ausgeht: es ist ein Briefroman. Alle Briefe stammen von dem Helden selbst; sie werden zur Geschichte einer Seele. Alle geschilderten Geschehnisse sind also nur solche, die den Schreiber innerlich berühren. Ein Brief kann von Ereignissen überspringen zu Gefühlen, Betrachtungen, Gedanken; er kann Stimmungen durch Klang und Form vermitteln; er kann fragmentarisch sein. Die Briefform des *Werther*-Romans ist also die gemäße Form, um den Charakter und die innere Entwicklung Werthers zu zeigen. Wir spüren aus den Briefen aber auch die Person des Empfängers, Wilhelm, mit dem Werther engstens befreundet ist (7,15f.) und der dem feinsinnigen Freunde seine leidenschaftlichen Stimmungen zwar nicht vorwirft, aber doch lieber *historische Briefe* (13,6f.) erbittet; man merkt aus Werthers Briefen Wilhelms begütigend-kluge Antworten (43,12–29; 56,2ff.; 60,17; 85,34f.; 101,2ff.); man kann auch nicht sagen, Wilhelm sei ein schlechter Freund, der aus Werthers Briefen den Weg zur Katastrophe sehe und nichts tue; Wilhelm weiß, daß seine Briefworte nichts mehr nützen, er will daher Werther abholen – und vermutlich ist das für ihn ein Opfer –, aber Werther täuscht ihn absichtlich, indem er den Reisetermin hinausschiebt und in dieser Zeit den Selbstmord ausführt (101,7–10). Der Leser, der die Briefe liest – wie Wilhelm sie las –, empfindet sich gleichsam als den Freund, an den sie gerichtet sind; Wilhelm hat etwa die Funktion, die auf manchen Gemälden, die uns weite Bereiche zeigen, eine Rückenfigur im Vordergrund hat: wir sehen von ihr selbst nicht viel, aber wir blicken mit ihr ins Bild, und ihre Haltung wird auch zu der unseren; und so blicken wir mit freundschaftlichen, verstehend-besorgten Augen auf Werthers Erlebnisse. – Zu den Briefen an Wilhelm treten nur ganz wenige Briefe an Lotte (41,11–16; 64,25–66,2; 67,10–24); sie zeigen, wie schwer Werther es seinen Freunden macht und wie weit er davon entfernt ist, sich in ihre Lage einzufühlen, er, der so gern anderen vorwirft, daß sie sich nicht einfühlen könnten (in die Seele der Selbstmörderin, des Bauernknechtes usw.). – Hätten wir Werthers Tagebuch (von dem er sagt, daß er es vernachlässige, 44,6), so belauschten wir ein Selbstgespräch; der Brief aber richtet sich immer noch an die Welt, will Einblick geben und Ausdruck sein.

Werther ist leicht von Eindrücken hingerissen, seine Sinne sind offen; seine Briefe schildern gegenständlich-anschaulich die kleine Stadt, den ländlichen Ball, das Amtmannshaus und Lotte mit den Kindern; sie ziehen sich dann anderseits wieder ganz zusammen zum Bilde des Ich mit seinen Stimmungen und Gedanken. Die Landschaftsbilder sind intensiv, aber nicht breit. Vom Naturbild gehen sie über zum Zustand der Seele (wie das Gedicht *Ganymed* Bd. 1, S. 46f.). Dadurch, daß alles Gegenständliche in Briefform gegeben ist, wirkt es wie in einen Rahmen gefügt, und das Bildhafte, Idyllische tritt besonders hervor: der Brunnen vor der Stadt (9,35ff.), die wasserholende Magd (11,11ff.), der Wirtshausgarten in Wahlheim (29,26ff.), das Obstpflücken bei Lotte (54,36ff.); besonders auch die Kinderszenen (30,8–31,3; 35,29ff.; 50,30ff. u. a. m.). Für Werther verbinden sich diese einfachen ländlichen Situationen mit homerischen Motiven. Der Umstand, daß er als der Sentimentalische das Gesunde, Einfache, Schöne sucht, bringt in seine Briefe diese gegenständliche Welt hinein, bringt sie freilich auch in ganz bestimmten Rahmen. Obgleich es also ein Roman vom Ich aus ist, ist in ihm doch die Ganzheit der Welt durch die geschilderten Szenen, durch Lotte, Albert und Wilhelm; und am Schluß ist diese Ganzheit da durch den Bericht des *Herausgebers*. Es ergibt sich ein Geflecht, in welchem Bilder mit Stimmungen und Gedanken wechseln, gewisse Motive sich wiederholen und steigern und Parallelhandlungen auftauchen, welche die Haupthandlung spiegeln (oder in denen Werther selbst sich spiegelt), bis alles mit strengster Folgerichtigkeit am Ende zur Katastrophe führt. Die Welt Alberts, Lottens, der Kinder usw. ist wie eine durch das Ganze hindurchführende gleichmäßige Linie, die als Koordinate dient, und Werthers Entwicklung führt davon fort wie die Linie eines Parabelastes. Die Tragödie der religiösen Verzeiflung, das Mysterium von Liebe und Tod, spielt mitten im deutschen bürgerlichen Alltag zwischen dem 4. Mai 1771 und dem 23. Dezember 1772. Alle Briefe sind datiert. Um das Gefüge des Aufbaus, der Teile, Leitmotive, Bilder und Beziehungen zu erkennen, ist es von Vorteil, sich den Gang der Handlung durch diese anderthalb Jahre deutlich zu machen.

Anfang Mai 1771 kommt Werther in der kleinen Stadt an, lebt sich rasch ein, empfindet innig die Frühlingsnatur und fühlt sich wohl. Dennoch taucht in dieser Zeit schon das Selbstmord-Motiv auf, entstanden aus dem Leiden an der *Einschränkung* des Menschen (Brief vom *22. Mai*). Nach sechs Wochen, am *16. Juni*, schreibt Werther von der Bekanntschaft mit Lotte bei dem ländlichen Ball. Es folgt ein häufiges Zusammensein im Amtmannshause, für Werther eine Zeit des reinsten Glücks. Nach weiteren sechs Wochen, am 30. Juli, kommt Albert. Er ist gegen Werther ohne Eifersucht, freundschaftlich und großzügig. Dennoch wird diesem die Beziehung zu dritt unerträglich; auch diese Epoche dauert sechs Wochen, dann reist er ab, am 10. September. Am 20. Oktober tritt er eine Stellung bei einer Gesandtschaft an, in einer süddeutschen Stadt (die nicht näher geschildert wird). Hier bleibt er den ganzen Winter über. Im Februar heiraten Albert und Lotte; Werthers Brief an sie zeigt, daß die Wunde nicht vernarbt ist. Am 15. März meldet er, er habe in einem adligen Kreise eine peinliche und kränkende Situation erlebt. Er nimmt sie sich so sehr zu Herzen, daß er eine Woche später um seinen Abschied bittet. Er erhält diesen am 19. April. Jetzt ist er frei: Er hat begonnen, seinem Herzen nachzugeben, und er tut es auch weiterhin. Wieder ist es Frühling wie damals, als er an den Ort Lottens kam. Die Briefe haben gezeigt, daß die seit dem Herbst verstrichene Zeit sein Gefühl für sie nicht verwandelt hat. Werther reist ab und ist am 6. Mai 1972 in seinem Geburtsort, den er wiedersehen will. Er ist auf ein ländliches Schloß eines Fürsten eingeladen und trifft dort am 9. Mai ein. Aber nach sechs Wochen hält er es bei dem Fürsten, der ihn schätzt, nicht mehr aus: Der Fürst ist ihm in Dingen der Kunst zu sehr Verstandesmensch. Er reist fort und tut seinem Herzen seinen Willen: er fährt zu Lotte und Albert. Im Juli ist er dort. Seit seinem Abschied sind ungefähr zehn Monate verflossen. Werther möchte gern mit beiden so weiterleben wie im Sommer davor. Aber seit fünf Monaten sind sie verheiratet, Lotte wohnt nicht mehr im Amtmannshause; beider Leben hat neue Formen angenommen. Werther kann sich nicht verhehlen, ein Außenstehender zu sein; zugleich wächst sein Gefühl, daß niemand Lotte so sehr liebt wie er und daß dieser Umstand doch eigentlich ein seelisches Recht gebe. Seine Leidenschaft steigt, sein Geist zieht sich völlig in sich zusammen. Als er fühlt, daß er die nach außen noch mühsam gewahrte Form eines normalen Lebens nicht mehr lange aufrechterhalten kann, faßt er den Entschluß, zu sterben. Er ist einerseits völlig in seiner Innenwelt eingesponnen, andererseits regelt er nüchtern, daß Wilhelm nicht zu früh ankommt, und ordnet, eine Reise vorschützend, sorgfältig seine Sachen. Am 21. Dezember geht er gegen Lottens Wunsch zu ihr; es ist der Augenblick größter Nähe. Am 22. Dezember bittet er Albert um die Pistolen und erschießt sich abends. Am 23. Dezember stirbt er.

Werthers Katastrophe dauert ein und ein halbes Jahr. In dieser Zeit schreitet seine innere Zerrüttung allmählich fort. Die Pause von zehn Monaten tut dabei viel. Sie heilt ihn nicht, und er ist nach ihr willenloser als davor. Als er zurückkehrt, ahnt man das Ende voraus. Der Beginn spielt im Frühling; der Winter bringt die Pause; der neue Frühling reißt die Wunden auf. Und der neue Winter wird zum Spiegel der wachsenden inneren Düsternis.

Der ganze Stoff ist in zwei Bücher geteilt. Das *1. Buch* endet mit Werthers Abreise am 10. September. Hier liegt ein Abschnitt im Geschehen. Diese scheinbar äußerlich begründete Teilung hebt aber tiefere Elemente heraus. Am Ende jedes Buches steht das Motiv des Todes, im *1. Buch* als Ahnung und Idee, im *2. Buch* als Tat. Am Ende des *1. Buches* rafft Werther sich auf und läßt Lotte und Albert allein. Am Ende des *2. Buches* rafft er sich wieder auf und läßt sie allein – freilich in anderer Weise. In der Zwischenzeit hat es für ihn kein Aufraffen mehr gegeben, er wurde immer willenloser.

In jedem Buche wechseln Schilderungen von Ereignissen mit solchen von Stimmungen und Gedanken. Beide halten sich etwa die Waage. Jedes Buch hat einige große gegenständliche Szenen. Das *1. Buch:* Ballszene, Besuch beim Landpfarrer, Abschiedsgespräch; das *2. Buch:* Einladung beim Gesandten; der Blumensucher im Winter; der Bauernknecht; der letzte Besuch bei Lotte. Fast alle Gestalten, mit denen Werther zu tun hat, sind anders als er. Dadurch ist in der Gesamtkomposition immer das Gegengewicht gegen seine Innenwelt vorhanden: Lotte, Albert, der Amtmann, die Bauersfrau sind die Naiven gegenüber Werther, dem Sentimentalen; sie sind in sich gerundet, harmonisch, gleichmäßig, er dagegen innerlich gespannt bis zum Zerreißen. Aber eben wegen dieser seiner Art muß Werther diesen gegensätzlichen Typ von Menschen lieben, und deswegen sind sie so zahlreich in seinen Briefen geschildert. Es gibt zu Werthers spannungsreicher Innenwelt keinen größeren Gegensatz als die Welt der Kinder; und Kinderszenen ziehen sich durch das ganze Buch. Mit Recht hat man die Lebendigkeit dieser Bilder immer wieder bewundert. Anschaulich stehen Lotte, die Kinder, die Mägde am Brunnen vor uns, und in diesen Bildern beruht viel von des Buches bezaubernder und beglückender Kraft.

Den Gegensatz zu den gegenständlichen Berichten bildet Werthers Innenwelt. Das Selbstmord-Motiv kommt schon ganz zu Beginn vor, als Werther noch nichts von Lotte weiß. Es folgt bei ihm aus dem Leiden an der Begrenztheit der menschlichen Natur (14,16–18). Später kehrt es leitmotivisch wieder (39,21 ff.; 43,32 f.; 46,6–50,26) und beginnt allmählich sich mit der Liebesverzweiflung zu verbinden. Im *2. Buch* taucht es zunächst noch einmal in ganz anderem Zusammenhang auf: Auch als Werther gesellschaftlich verletzt ist, möchte er sich *ein Messer ins Herz bohren* (69,30ff.); doch aus welchen Ursachen auch der Gedanke aufsteigt, das gleiche bleibt: der Tod als *ewige Freiheit.* Nach Werthers Rückkehr zu Lotte und Albert wird das Selbstmord-Motiv immer häufiger, und jetzt verknüpft es sich immer enger mit dem Liebesmotiv (83,30f.; 84,2f.; 84,20f.; 91,6ff.). Am Schluß sind beide dann völlig verbunden, und während bisher der Gedanke, zu sterben, nur von Zeit zu Zeit erwähnt wird, bildet er jetzt das Hauptthema (100,11ff.). Werthers Ende im *2. Buch* hat eine Entsprechung im *1. Buch* in der Gestalt der Selbstmörderin, an welcher die Struktur des Nur-Ich-Seins, des Erstickens durch Weltlosigkeit deutlich wird (48,38–50,3); dadurch, daß Werther selbst diese Geschichte schildert, zeigt er, daß er völlig in dieser Geistigkeit zu Hause ist, und die Beziehung zu ihm selbst wird besonders deutlich. Auch dieses Mädchen, das in den Tod geht, hat nur noch kämpfende Kräfte im Ich und keinen Ausgleich mehr im Wechselverhältnis zur Welt. Werther sagt von ihr: *Sie sieht nicht die weite Welt, die vor ihr liegt.* (49,33f.) Diese Situation tritt dann im *2. Buch* für ihn selbst ein: *Meine Sinne verwirren sich …* (100,7ff.).

Mit der hellsichtigen Klugheit seines Zustandes sieht Werther zwei Möglichkeiten vor sich, wenn seine Katastrophe fortschreitet: er kann, sobald der Damm nach außen nicht mehr hält, pathologisch oder kriminell werden. Jenes spiegelt die Nebenhandlung mit dem Schreiber, dieses die mit dem Bauernburschen. Da Werther das an sich heranzieht, was er als verwandt empfindet, ist es leicht erklärlich, daß er von beiden Schicksalen berichtet. Manches, was er über seine Liebe nicht unmittelbar ausspricht, sagt er mittelbar in der Bauernburschen-Geschichte (zumal ihre erotische Seite); ebenso spiegelt sich in ihr das Verhältnis zu Albert. Unmittelbar nachdem von Werthers *heimlichem Unwillen* die Rede war (94,16), folgt die Geschichte von dem Mord. Werthers *unsägliche Begierde,* den Mörder zu retten (96,6ff.), ist Begierde sich selbst zu retten. Als er sieht, daß er nichts für ihn tun kann, ist er auch selbst verfallen und läßt sich fallen; die Brücke zur Außenwelt bricht ab; er weiß nun, daß er sich töten muß; ihn packt die Angst, zu werden wie jener. – Die andere eigene Möglichkeit zeigt der irre Blumensucher, der glücklich war, als er tobte; da ist das Welt-Ich-Verhältnis völlig zerstört. Werther sagt hier nur: *Das fiel mir auf wie ein Donnerschlag* (89,37f.).

Ähnlich wie diese großen Motive werden eine Anzahl kleinerer Motive in die Haupthandlung hineinverwoben. Werthers Zeichnen als Beziehung zur Welt (15,11ff.; 40,30ff.; 74,30) hört auf, je mehr sein Geist sich verdüstert. Ebenso hören die Homer-Motive auf, es folgen die Ossian-Motive, die immer mit dem Todes-Motiv sich vermischen. Die motivischen Beziehungen erstrecken sich bis in Einzelheiten. Von Alberts Pistolen wird schon im *1. Buch* gesagt, daß Werther sie sich zu einer Reise leihen will (45,12 ff.); Lottes Melodie auf dem Klavier verbindet die erste und die letzte Zeit in zerreißendem Schmerz (39,15; 91,29 f.). – In den Briefen vermischen sich Motive aus den Bereichen der Liebe, Natur, Religion, Kunst, sozialer Problematik usw. Jeder Brief enthält erstaunlich viele Einzelmotive dieser Art; dadurch wird das Ganze besonders dicht und das Geflecht der Motivik einheitlich und fest; und doch wirkt keiner der Briefe lakonisch-gedrängt: hierin liegt die besondere Kunst dieser lyrischen, gefühlsgetragenen Prosa.

Werthers Briefe enden mit einem allgemeinen großen Satz. *Was ist der Mensch, der gepriesene Halbgott! Ermangeln ihm nicht eben da die Kräfte, wo er sie am nötigsten braucht? ... da er sich in der Fülle des Unendlichen zu verlieren sehnte?* (92,15–21). Hier sind noch einmal sein Bild des Menschen und seine tiefste Not ausgesprochen. Der Satz ist durch seine Anordnung stark herausgehoben. Denn nun folgt ein Einschnitt. Und dann: *Der Herausgeber an den Leser.* Werthers Weltlos-Werden äußert sich in dem Verschwinden aller Gegenständlichkeit in seinen Briefen. Da setzt nun der Bericht des *Herausgebers* ein. Anfangs waren in Werthers Briefen Ich und Welt verbunden. Diese beiden Bereiche entfernen sich mit der wachsenden Katastrophe immer mehr voneinander; am Ende ist die Beziehung zerrissen; dieses Auseinander-Führen der Linien zeigt, daß Werther zugrunde gehen muß. Seine Briefe sind am Ende nur noch Ich. Die Welt aber geht weiter, und da, wo sie in Werthers Briefen aufhört, wird sie nun gegeben durch den Herausgeber-Bericht. Dieser Herausgeber will sachlich Tatsachen mitteilen, er enthält sich der Kritik; und auch sein Schlußsatz, der im Klang so scharf gezielt ist, bleibt im Inhalt nur ein Bericht und nichts sonst.

Die Sprache des Herausgeber-Berichtes bildet einen Gegenpol zu der Briefsprache Werthers, die immer ihren höchst persönlichen gefühlsgetragenen Ton hat. Doch sind Werthers Briefe in sich wiederum reich an verschiedenen Klängen, teils sind sie gegenständlich (wie der Brief über den Ball), teils lyrisch (wie der Frühlingsbrief: *Wenn das liebe Tal um mich dampft ...* 9,1–30), mitunter pathetisch als Ausdruck religiöser Sehnsucht, aber auch gelegentlich satirisch (wie die Schilderung der Adelsgesellschaft, 68,8–69,11). Werthers liebende Verschmelzung mit Natur und Kunst spricht sich aus in Wendungen wie *mein Wald* (9,12), *mein Homer* (10,21), welche den Rationalisten jener Zeit höchst lächerlich erschienen (man sieht es in den *Werther*-Kritiken). – Zu den Lieblingswörtern der Empfindsamkeit gehört ein Wort wie *dämmern* (29,12), das hier vom Bild der Natur zu dem der Seele wird, und *heilig*, das jetzt alles bezeichnet, was höchsten Wert hat: Natur, Liebe, Freundschaft, Kunst; darum nennt Werther Lotte und sein Gefühl für sie *heilig* (39,12; 64,36; 85,2; 117,2; 122,24; 122,28; 123,18). Wo Werther von seiner religiösen Sehnsucht spricht, zeigt sein Wortschatz viel aus der Sprache der Bibel und der Kirche (vgl. 86,6ff. u. die Anmkg.); wo er gegenständlich ausmalt, zeigt sich der Stil des Sturm und Drang: da sind burschikose Wendungen (*Schlucker* 26,29; *Kerlchen, leicht und lüftig* 36,38) und volkstümliche Wörter (*Scharre* 16,37; *Quakelchen* 31,21), wie die Jugend um 1772 sie im Gegensatz zu der älteren Generation liebte. Werthers Leidenschaft in der Liebe wird nicht nur Wort, sondern auch Klang, und das war für die deutsche Roman-Prosa jener Zeit neu. Werther schreibt abgerissene Sätze, stammelnde, sich nicht genugtunkönnende Wiederholungen, und er bringt freie Wortstellungen, die das Wesentliche herausreißen und die nach der Schulgrammatik der Zeit unrichtig sind (61,33 u. d. Anmkg.). Stellenweise steigert sich die Sprache in ihrer Gefühlskraft so weit, daß sie zu rhythmischer Prosa wird (27,28–35; 74,9f.; 82,10–35; 99,1–5). Der ganze Roman hat stark lyrischen Charakter, das Hinreißende der Liebesklage wird Rhythmus und Klang. Und ein Rhythmus anderer Art liegt in der Brieffolge, die zwischen idyllischen Bildern und zehrender Verzweiflung wechselt; doch aus den idyllischen Bildern werden düstere Bilder und zugleich wird die Schilderung der Außenwelt immer geringer, so daß am Ende nur noch das Ich mit seiner verzweifelten Innenwelt übrigbleibt.

Durch diesen Prosastil war der Roman – ähnlich wie durch seinen Gehalt – in seiner Zeit etwas gänzlich Neues. Briefromane hatte es zahlreich auch schon vor *Werther* gegeben. Richardson hatte damit begonnen, Rousseau in seiner „Nouvelle Héloïse" war ihm gefolgt. In diesen Werken korrespondieren aber immer eine ganze Anzahl von Briefschreibern, während bei Goethe nur der Held allein zu Worte kommt. Hierin hat sein Werk nur in Richardsons „Pamela" eine Vorläuferin, aber dort sind Ereignisse und Reflexionen außerordentlich breit und zerfließend; Goethes Briefroman ist zum Unterschied von allen seinen Vorläufern straff und knapp: etwa 120 Druckseiten waren im 18. Jahrhundert für einen Roman recht wenig. Und in dieser kurzen Form ist das Werk fast dramatisch aufgebaut; mit zwangsläufiger Folgerichtigkeit steigert es sich zur Katastrophe. Daß es lebendige Bilder aus dem bürgerlichen Leben mit der Geschichte einer Seele verbindet, war neu. Bilder des bürgerlichen Lebens gab es im Roman in England aus dem Geist der scharfen und humorvollen Beobachtung eines Goldsmith, Fielding und ihrer Zeitgenossen. Die Geschichte einer großen Leidenschaft hatte Rousseau in seiner „Nouvelle Héloïse" geschildert. Die Verbindung beider Elemente, wie der *Werther*-Roman sie schuf, war für Europa neu und für Deutschland schlechthin überwältigend. Denn die Erzeugnisse der deutschen Romanschriftstellerei waren in der Zeit, als *Werther* erschien, noch recht dürftig. Während in der Lyrik

Klopstock innerliche und edle Klänge geschaffen hatte, während im Drama Johann Elias Schlegel und Lessing eine würdige Höhe erreicht hatten, war der Roman unbedeutendes Unterhaltungsschrifttum, und die wenigen Werke, die aus der Masse hervorragten, Gellerts „Schwedische Gräfin", 1764, und Wielands „Agathon", 1766–67, waren breit, unlebendig, wirklichkeitsfern, moralisierend. Durch *Werther* ist der neuzeitliche deutsche Roman eigentlich erst geschaffen; er erscheint hier als Roman der Seele und zugleich und damit zusammenhängend als bildhafte Beobachtung des Lebens und der Welt.

Für den deutschen Roman des 18. Jahrhunderts bedeutete *Werther* das erste Auftreten hoher und edler Leidenschaft; für den europäischen Roman gab es dies schon durch Rousseau. Aber Rousseaus Auffassung der Liebe ist eine andere, er trennt die Seelenliebe von der Ehe, und sein Roman der Leidenschaft, die „Nouvelle Héloïse", bringt im dritten und vierten Teil geradezu ein Gegenbild von *Werther:* die Heldin ist mit ihrem Manne glücklich verheiratet und zugleich mit einem anderen in Seelenliebe vereint, nachdem dieser gelernt hat, seine Leidenschaft zu überwinden. Werthers Liebe ist eine psychophysische Ganzheit; und Lottes Liebe zu Albert ist es auch. In dieser Liebesauffassung (die sich seither so allgemein durchgesetzt hat, daß sie heutigen Lesern selbstverständlich erscheint) war *Werther* neu und bahnbrechend.

Das andere Neue war: Es ist der erste große tragische Roman, nicht nur für Deutschland, sondern auch für Europa. Die tragische Epik, die einst bis zum Nibelungenlied dagewesen war, war längst verschollen. Von der tragischen Prosa Alt-Islands war nichts nach dem Süden gedrungen. Die Gestaltung des Tragischen, welche Geschichte machte, hatten die Griechen geschaffen in ihrer Tragödie; hier hatte das französische Drama angeknüpft. Shakespeare hatte als genialer Schöpfer eine neue Tragik im Bühnenspiel hingestellt. Im 18. Jahrhundert galt als Darstellungsform des Tragischen immer das Drama. Die moderne Form des Prosa-Romans war dafür neu. Sie war in *Werther* innerlich begründet, weil es sich um eine Tragik handelt, die vor allem durch den inneren Seelenzustand verursacht ist. Das Entscheidende ist nicht die äußere Situation, daß Lotte verheiratet ist, sondern die innere, daß Werther die Liebe zu etwas Absolutem macht. Das Tragische ist, daß Werthers Größe zugleich auch seine Krankheit ist. Hier liegt der innere Grund seiner Katastrophe. Weil die Liebe für ihn schlechthin alles bedeutet, bedeutet die Verlegung dieses Weges schlechthin das Nichts, d. h. den Tod. Werther muß sich das Leben nehmen, weil er sonst seine Liebe relativieren würde. Erst sein freiwilliger Tod bedeutet das reine Absolut-Setzen der Liebe; und daß er hierzu fähig ist, unterscheidet seine Tat von der eines gewöhnlichen Lebensmüden und hebt sie aus dem Bereich des Unglücks in das der Tragik. Um diesen inneren Zusammenhang darzustellen, war die Form des Briefromans sehr viel geeigneter als die des Dramas.

Auch durch das Thema des Selbstmordes war das Buch etwas Neues. In der Welt des 18. Jahrhunderts, die in festen kirchlichen Bahnen lebte und in ihren geistigen Kreisen von den optimistischen Gedanken der Aufklärung durchformt war (den Gedanken eines Fortschritts durch Vernunft), war der Selbstmord eine Ungeheuerlichkeit, die allenfalls möglich war bei *einfältigen* Menschen, wie Albert im Gespräch mit Werther sagt (50,15). Gellert traf den Geschmack der Zeit in seiner Schilderung eines Jünglings, der seiner spröden Geliebten sagt, er wolle sich umbringen, das dann aber keineswegs tut („Der Selbstmord" in „Fabeln und Erzählungen" 1746). Daß Goethe den Selbstmord hier als Tat eines geistigen, hochgebildeten Menschen schilderte und ihn gerade aus der Verfeinerung und Geistigkeit entspringen ließ, machte das Buch zu einem Einbruch in das Weltbild der Aufklärung und der Orthodoxie, aus deren Kreisen man dementsprechend auch mit Abscheu darauf reagierte. Dieser Roman der Tragik und des freiwilligen Todes war etwas anderes als die empfindsame Grabdichtung bei Young und anderen Zeitgenossen, die bei elegischen Klagen und weitschweifigen Betrachtungen blieben.

So war dieses Werk in allen seinen entscheidenden Zügen etwas Neues. Es ist der erste Roman, in welchem ein Mensch das Absolute sucht durch Erlebnisse in dieser Welt, durch Naturerleben und Liebe; es ist also der erste Roman der neuen Weltfrömmigkeit, wie es später Hölderlins „Hyperion", Jean Pauls große Romane und Goethes *Wanderjahre* sind. Es ist ein Roman, der zwei Mysterien ausspricht: das der Einheit von Liebe und Religion und das der Verbindung von Liebe und Tod. Durch alle diese Züge ist *Werther* nicht nur groß als Kunstwerk, sondern ist auch in der geschichtlichen Entwicklung etwas Umstürzendes. In den Bereich des deutschen Romanschaffens der Zeit kommt durch *Werther* plötzlich ein Werk von tiefem Gehalt und vollendeter Form. Die Folge war, daß hinfort für Deutschland eine neue Epoche der Prosadichtung begann.

Aber die geschichtliche Bedeutung des Werks wird noch nicht genügend deutlich, wenn man es nur in die Entwicklung des Romans hineinstellt. Man muß es in der allgemeinen geistigen Entwicklung seines Jahrhunderts sehen. Vor *Werther* waren Orthodoxie und Pietismus und Aufklärung; nach *Werther* entstand die weltliche Religiosität von Goethes, Schillers und Hölderlins Reifezeit, vielfach anknüpfend an den philosophischen Idealismus, wie er besonders von Kant ausgesprochen wurde. Als man aus den alten Bindungen (Orthodoxie, Aufklärung) heraustrat und die neuen (Idealismus) noch nicht gefunden hatte, kam man in eine Leere, in der man sich nur auf das Gefühl verließ: dies ist die Empfindsamkeit; sie war eine Krisis. Diese Krisis wurde am tiefsten durchempfunden von dem feinfühligsten Dichter dieser Zeit, von Goethe. Und er sprach sie aus in diesem Werk. Insofern ist sein *Werther* ein Zeitroman.

Für Werther, den schwärmerischen und zugleich revolutionären Jüngling, gelten die Begriffe der Orthodoxie und der Aufklärung nicht mehr; aber er weiß anderseits noch sehr wenig von einer neuen Religiosität, denn diese erhielt erst in den nun folgenden Jahrzehnten ihre Ausprägung. Er steht in der gefährlichen Situation, sich einer Gefühlsseligkeit des Herzens zu ergeben und dadurch keinen festen Boden unter sich zu fühlen. Das 18. Jahrhundert hatte seit seinem Beginn von der menschlichen Innerlichkeit gesprochen. Zunächst im Rationalismus: man suchte nicht mehr die Weltordnung im All wie die Pansophie des Barock, sondern die Weltordnung im Innern des Menschen, die Vernunft. Es zeigte sich aber, daß die Vernunft, für sich genommen, allzu leicht nur dem praktischen Leben, dem Streben nach Glück, dem Wunsch nach Naturbeherrschung diente und keinen metaphysischen Sinn besaß. Im Innern des Menschen fand man aber noch andere Kräfte: die des Gefühls; sie schienen gemacht, um zu Gott, Liebe und Tugend hinzuführen. Der Pietismus richtete den Geist nicht mehr auf Bibel und Kirche, sondern auf das religiös-christliche Erleben im eigenen Innern; hier fand der Mensch sich erleuchtet von Gott, fand sich und die Welt von ihm getragen; er empfand seine inneren sittlichen Entscheidungen und gefühlsmäßigen Erlebnisse in Beziehung zu der zentralen göttlichen Kraft. Diese Wendung ins eigene Innere brachte mit sich, daß sich nun ein religiöser Individualismus entwickelte. Und ein zweites kam hinzu: Das Gefühl, von Gott getragen und erleuchtet zu sein, stellte sich nicht nur ein beim Beten und Bibellesen, sondern auch bei Erforschung des Gewissens, ja bei Betrachtung der Natur. Man ließ sich zunächst als Christ führen durch „Zeugen der Wahrheit", religiöse Menschen, aber es kam, daß man diese bald sehr allgemein nahm: man verehrte auch Denker und Künstler; so entstand die Kunstfrömmigkeit und Genieverehrung. Seit der Jahrhundertmitte erfährt das durch den Pietismus verfeinerte Gefühlsleben eine Verweltlichung: Naturempfinden, Freundschaft, Liebe und Kunst werden Gebiete, auf die man jetzt das Wort „heilig" anwendet. Noch freilich macht man es sich nicht deutlich, wie sehr man dabei bereits aus dem kirchlichen Weltbild heraustritt. An diesem Punkte steht Klopstock. Er ist der Dichter eines verfeinerten Gefühls für Natur, Liebe und Freundschaft, gleichzeitig aber der des streng-christlichen „Messias". Die Jugend der Zeit kultivierte das Gefühl für Natur, Freundschaft und Liebe schwärmerisch weiter, rückte der Kirche aber ferner. An diesem Punkte steht Werther. (Bei ihm merkt man nur noch aus dem Wortschatz, daß die Empfindsamkeit verweltlichter Pietismus ist; bezeichnend seine Anwendung von *heilig* 40,6; von *Pilgrim* 72,17 und von biblischen Wendungen wie 86,6ff.) Seine Situation wird noch deutlicher, wenn wir sie vorausblikkend vergleichen mit der Entwicklung, zu der sie später hinführte. Für Hölderlins Hyperion genügt das Erleben der Natur, der Liebe und der Freundschaft, um im irdischen Dasein ein festes Wissen von der Anwesenheit des Göttlichen und der eigenen inneren Beziehung zu ihm zu haben. Kant und Schiller schaffen den sittlichen Idealismus, der im Innern des Menschen ein sittliches Gesetz feststellt, das ihn mit dem Weltgeist verbindet. Goethe seit seinen Weimarer Gedichten wie *Edel sei der Mensch* ... (Bd. 1, S. 147ff.) sieht ebenfalls den Menschen in Beziehung zu einer göttlichen Welt. Er faßt die Welt als *Abglanz* des Absoluten (Bd. 3, S. 149, V. 4727), die Natur ist das *heilig öffentlich Geheimnis* (Bd. 1, S. 358). Auf diese Art bringt die Zeit um 1800 das Bild des Menschen in ein Gleichgewicht: Er ist nicht im Dunkel der Erkenntnislosigkeit, aber hat auch nicht den unmittelbaren Glanz des Göttlichen, sondern er ist ein Geschöpf der Mitte; als solchem sind ihm Kräfte der Vernunft und des Gefühls gegeben, um sich zu bewähren und seinem Dasein Sinn und Steigerung zu geben. Dazu gehört vor allem auch die Tätigkeit im sozialen Gefüge.

Die Zeit Werthers war von diesem Denkbild mit seiner Klarheit, Ausgewogenheit und seiner Richtung zur Tat noch weit entfernt. Anderseits hatte sie sich von der erstarrten Orthodoxie und dem leeren Rationalismus fortentwickelt. Die jungen Menschen wurden nicht durch gemeinsame politische Aufgaben gefordert, die sie zu begeistern vermochten und ihnen einen Mittelpunkt außerhalb des Ich gaben. Sie lebten ihr privates Dasein und entfalteten sich zumal in persönlichen Freundschaften. Hier pflegte man ein schwärmerisches Gefühlsleben, dessen Inhalte, Natur, Liebe, Freundschaft und Kunst, literarisch festgehalten wurden in Briefwechseln, Tagebüchern und Dichtungen. Man empfand die Natur wie Geßner und die Freundschaft wie Klopstock und den Tod wie Young. Die Empfindsamkeit brachte einen eigenen Lebensstil hervor, zu dem es gehörte, daß Freunde einander umarmen und küssen und nicht ohne einander leben mögen; und einen eigenen Briefstil, der als ein Seismogramm des Herzens in überschwenglicher Sprache nur von Gefühlen berichtet.

Als Beispiel diene ein Brief von Lavater an Herder vom 10. Nov. 1772: „Noch niemals habe ich das empfunden, was ich jetzt empfinde, da ich mich hinsetze – an Sie, mein ausgewähltester Freund – zu schreiben. O, wie sorgtest du für mich, Kennerin des Herzens, Freudeschöpferin! Fürsehung! wie wenig hab' ich dir noch umsonst geglaubt! ... Itzt, Freund, kann ich nicht antworten – aber schreiben muß ich – und wollte lieber weinen – hinübergeistern – zerfließen – an Deiner Brust liegen – meine Herzensfreunde, zwei Freundinnen mit mir Dir zuführen – und sogar – nicht sagen, blicken, drücken, atmen: ‚Du bist und wir sind.' Aber früh, früh muß ich's Dir sagen, Du einziger – ich bin nicht so gut, als Du mich glaubst – wenigstens nicht durchaus – und dann – doch was sollte das Herdern sagen ..." (Deutsche Freundesbriefe. Hrsg. v. J. Zeitler. Lpz. 1909, S. 77f.)

Und noch ein zweites Beispiel, ein Brief Pfenningers an Herder vom 22. April 1774: „O Herder! o Engel Gottes! Ihre Güte gegen mich, wie macht sie mein Herz so stolz! Ach, wann werd' ich Sie sehen, Ihnen die Hand zu küssen, voll Dank, voll Ehrfurcht, voll Liebe und – Anbetung! Schönste Wohltat meines Lebens, daß ich bin in der Zeit, da Herder ist und da mein Lavater ist. Ach, ich darf doch mein Herz leichtern gegen Sie in einem eignen Briefchen nächster Gelegenheit? Ich wohne und ruhe in diesem Gedanken, bis er ins Werk gesetzt ist." (Ebd. S. 81).

Dies sind Briefe aus der Zeit kurz bevor *Werther* erschien. Sie sind für ihre Zeit typisch. Vergleicht man sie mit dem *Werther*-Roman, so bemerkt man: Werther schreibt weniger sentimental als diese Briefschreiber. Auch im Stil ist er ruhiger und gleichmäßiger. Goethe hat also den Zeitstil durchaus ins Künstlerische erhoben und geläutert. Die Briefe der Empfindsamen sind Selbstbildnisse des Herzens. Der geliebte andere Mensch ist „Engel Gottes", man empfindet für ihn „Anbetung"; die Beziehung zur Welt ist das Herz. Der Überschwang äußert sich sprachlich in den unvollendeten Sätzen, apostrophierten Endungen, Wortumstellungen usw.; es ist eine stammelnde Sprache, die sich steigert zu rhythmischer Stilisierung – alles stilistische Eigenschaften, die gemäßigt und künstlerisch geformt auch in Werthers Briefen vorkommen.

Dieser Briefstil ist damals nicht nur die Ausdrucksweise der Jugend, sondern Wieland nimmt mit 40 Jahren genau so daran Anteil wie Lavater mit (1772) 31 Jahren. Wieland schreibt am 4. März 1776 an Lavater: „Engel Gottes! Lieber, bester Lavater! Mein Herz nennt Deinen Namen! Glaube nicht, Bester, daß ich zu gut von Dir denke. Gewiß, ich tue es nicht. Aber ein großes seliges Gefühl dessen, der Dich gemacht hat, dessen Organ Du bist, durchdringt mich fast allezeit, so oft ich an Dich denke! Verzeihen Sie mir diese Vertraulichkeit! O Lavater, Sie können auch Menschen, die nichts als natürliche Menschen sind, lieben und Bruder nennen. Ich bin Ihr Bruder! Ich fühl' es, daß ich's bin! ... Könnte ich nur drei Wochen bei Ihnen sein! Aber ich fühl' es voraus, Sie würden mir zu lieb werden. Ich würde im eigentlichen Sinne vor Liebe krank werden; und sterben, wenn ich Sie wieder verlassen müßte ..." (Ebd. S. 68ff.) Solche Briefe schrieb Wieland damals mehrfach. Er hat indes Freunde und Freundinnen besucht, und diese besuchten ihn, sie trennten sich wieder, und er ist keineswegs vor Liebe krank geworden und auch nicht daran gestorben. Werther stirbt wirklich daran. Und hier liegt der Unterschied. Werthers Gefühl ist nicht Modestil, sondern es ist Ernst. Der zeitgenössischen Empfindsamkeit fehlen die innere Konsequenz und die Tragik, die Werthers Leben kennzeichnet. Denn während die Empfindsamen im Strom ihrer Gefühle schwimmen, schildert Goethe in seinem Roman die Gefahr, welche in diesem Nur-Gefühl-Sein liegt. Goethe ist der einzige, der einerseits gefühlsgetragen ist wie die Empfindsamen, aber anderseits sieht, daß hier jede Sicherheit fehlt und daß es zur Katastrophe kommen muß. Er tadelt nicht von außen her wie die Rationalisten, sondern stellt von innen her die Gefahr und Tragik dieser Lage dar.

Das aber haben die Zeitgenossen nicht gesehen. Sie meinten – und dies war das erste Mißverständnis –, *Werther* sei eine Verherrlichung der Empfindsamkeit. Die Sentimentalen nahmen das Buch begeistert auf, und die Aufklärer und Orthodoxen liefen dagegen Sturm. Das zweite Mißverständnis war, daß man in ihm eine Verteidigung des Selbstmords sah. Schon Jerusalems Tod, 1772, hatte in Deutschland unerhörtes Aufsehen erregt. Jetzt erschien dieser Roman, der aufforderte, dem Selbstmörder *Bewunderung, Liebe* und *Tränen* zu widmen (7,6f.), und also die Volkserzieher auf den Plan rief, um zu widersprechen. Man erkannte in ihm Jerusalems Schicksal wieder, aber – da die Schicht der Gebildeten klein war und man gegenseitig von einander wußte – man erfuhr auch sofort, daß Lotte Buff, Kestner und Goethe die Vorbilder seien. Und so kam sogleich das dritte Mißverständnis: man betrachtete das Buch als Schlüsselroman, fragte, was daran „wahr" sei, und sah es nicht als Kunstwerk. – Kein anderes Werk der deutschen Dichtung erregte im 18. Jahrhundert solches Aufsehen wie der *Werther*-Roman. Und wegen seiner Neuheit und Problemhaltigkeit wurde er ein Werk, an welchem die Geister sich schieden. Indem sie urteilten, zeigten sie ihre Standpunkte, die Orthodoxen, die Aufklärer und die Sentimentalen. Zu einer künstlerischen Würdigung waren nur die wenigsten imstande. Um das Werk besser zu verstehen, helfen uns die zeitgenössischen Kritiken nichts. Aber sie lassen uns erkennen, wie fremdartig das Buch war, als es erschien, fremdartig von der Wortwahl bis zu den Ideen.

Werther wurde Goethes größter Bucherfolg, nicht nur in Deutschland, sondern auch in Europa. Goethe, 1772 ein unbekannter junger Jurist, 1773 in Deutschland bekannt werdend durch *Götz*, ist 1775 dank *Werther* eine europäische Berühmtheit. Und er bleibt hinfort für Europa der Dichter des *Werther*. Während man von *Iphigenie, Tasso, Hermann und Dorothea* im Ausland kaum Notiz nahm, wurde *Werther* immer wieder übersetzt und neu gedruckt. Das Werk erschien in allen europäischen Sprachen. Als Frau v. Staël 1804 nach Weimar kam, war

Goethe für sie der Dichter des *Werther*, und als Napoleon 1808 in Erfurt war, sprach er mit Goethe über dieses Werk, das er genau kannte. Er sah, wie fast alle, in *Werther* nur den Liebesroman. Zur Kenntnis des *Werther* gesellte sich dann in Europa die des *Faust I* und einiger Hauptwerke der Romantik, und man sah von hier aus Goethe als Beginner einer deutschen Romantik, einer Dichtung des Gefühls.

Goethe selbst hatte sich inzwischen längst in ganz anderer Richtung entwickelt. Im Alter beschrieb er abstandhaltend, zögernd die Zeit und die Entstehung seines Jugendromans in *Dichtung und Wahrheit*. Im Laufe des 19. Jahrhunderts traten dann aus den handschriftlichen Nachlässen – zumal dem Kestners – Urkunden zur Entstehung des Werkes hervor. Jene schreibselige Zeit hatte vieles aufgezeichnet und aufbewahrt, was nun plötzlich in diesem Zusammenhange Bedeutung gewann. Und so ist *Werther* eins von den wenigen Werken der Weltliteratur, deren motivische Anregungen wir bis in die Einzelheiten kennen. Im Februar 1774 schrieb Goethe den Roman in einem Zuge nieder. Die Wetzlarer Zeit lag damals fast zwei Jahre zurück. Er malte sich aus, wie es gekommen wäre, wenn . . . – aber es war anders gekommen. Er liebte noch – und hatte die Liebe halb schon überwunden; er schreibt, wie ihm zumute ist – aber zugleich auch schon aus Abstand. Die Wochen und Monate, in denen diese zwei Schichten sich überschneiden, sind der Bereich für das Entstehen des Werks. Und indem er schrieb, brachte er das Erlebte durch die geheimnisvolle Wirkung des Schaffens hinter sich.

Die Entstehung des Werks weist auf drei verschiedene Kreise von Tatsachen; aber diese sind bereits so zu einander gestellt, als habe ein Dämon heimlich auf eine Verbindung hingewiesen. Das erste Element ist: Goethe in Wetzlar im Sommer 1772, Charlotte Buff und Kestner; Goethes Abreise und Aufenthalt in Frankfurt, Selbstmordideen. Das zweite Element ist: Jerusalems Selbstmord. Nun geschieht dieser aber nicht irgendwo, als ein Ereignis für sich, sondern da, wo Goethe als Liebender war, in dem Bereich jener Straßen, jener Spazierwege, die Goethe gegangen war, ja es sind Kestners Pistolen, die er sich leiht. In dem Augenblick, als Goethe diesen Raum verlassen hat, führt ein anderer dort das aus, wovon Goethe träumt. Jerusalem liebte eine verheiratete Frau. Goethe hat sich gehütet, Lotte und Kestner nach ihrer Hochzeit wiederzusehn. Indes er grübelt, wie es wäre, wenn er ihre junge Ehe sähe, sieht er nun eine andere junge Ehe, die Brentanos, und erlebt hier, was er dort zu erleben fürchtete. So verknüpfte das Leben bereits eins mit dem andern. Und nun vermischte es sich in dem Dichter immer inniger zum Kunstwerk. – Kleinliche Philologen haben zuerst die biographischen Quellen gelesen, danach den Roman, und dann behauptet, sie sähen an ihm die „Nähte“ der Zusammensetzung. So aber kommt man einem Kunstwerk nicht bei. Man sollte es lieber machen wie Theodor Fontane, der erst den Roman las, dann die Quellen und danach in heller Bewunderung sagte, es sei überwältigend, wie aus so verschiedenartigen Elementen ein so einheitliches nahtloses Kunstwerk geworden sei.

Der Roman, im Beginn des Jahres 1774 entstanden, wurde im Sommer gedruckt und erschien zur Herbstmesse. Im Winter 1774/75 war er schon in aller Händen. Die Fassung, in der er damals Sensation machte, blieb aber nicht die endgültige. Goethe in Weimar, bereichert um die inneren Erfahrungen der Liebe zu Charlotte v. Stein, arbeitete das Werk in einer Epoche besonderer innerer Sammlung um, als er seine *Schriften* gesammelt herausgeben wollte, und 1787 erschien die 2. Fassung im Druck. Gegenüber der 1. Fassung ist hier die Form etwas geglättet, einige Spracheigentümlichkeiten aus der Zeit des Sturm und Drang sind fortgefallen. Die Episode mit dem Bauernburschen ist hinzugekommen, sie hatte in der 1. Fassung noch gefehlt. Die Gestalt Alberts wird sympathischer gehalten als in der 1. Fassung, und erst in der 2. Fassung erkennt Werther im *2. Buche* deutlich, daß er beider Glück stört; dadurch wird seine innere Einsamkeit vollkommen. Goethes Absicht, das Werk *noch einige Stufen höher zu schrauben* (an Kestner 2. 5. 1783), war mit dieser Umarbeitung gelungen. Die psychologische und tragische Gesetzlichkeit erscheint erst in der 2. Fassung in reinster Gestalt, und somit hatte die Dichtung hier ihre vollendete Form erreicht. In seinen weiteren 45 Lebensjahren hat der Dichter noch viele Drucke des Romans erlebt. Aber er hat fast nie mehr einen Blick in das Werk geworfen und kein Wort mehr darin verändert.

Die deutsche Dichtung aber stieg in diesen Jahren auf einen Gipfelpunkt. Und dem rückschauenden Blick zeigte sich, daß der Roman *Werther*, zusammen mit der gleichzeitigen Lyrik (den großen Hymnen, Bd. 1, S. 33–52), der Beginn dieser Epoche gewesen war. Die Dichtung um 1800 brachte ein neues Bild des Menschen. Schiller stellt ihn dar in seinem Ringen um das absolute Gesetz im irdisch bedingten Leben. Goethe und Hölderlin zeigen die Natur als Offenbarung der Gottheit und die Welt schlechthin als Symbol des Unendlichen, wie es zum ersten Mal das Gedicht *Ganymed* ausspricht und dann weiterhin Hölderlins Gedichte und sein großer Roman. In diesen Zusammenhang gehört als einer der wesentlichsten Züge, daß die liebenden Beziehungen von Mensch zu Mensch als Familie, Liebe, Freundschaft einen metaphysischen Sinn erhalten. Hölderlins „Hyperion“ zeigt das Bild eines Menschen, der durch einen älteren Weisen, durch den Freund und durch die Geliebte seine Stellung in der Welt findet. Jean Paul sagt, die Freundschaft bringe „geistige Bande“, welche „diese Welt mit einer anderen und den Menschen mit Gott verweben“ (Hesperus, 3. Kap.). Schiller macht im „Lied an die Freude“ aus dem Bild der zwischenmenschlichen Beziehungen, der „Sympathie", einen großen kosmischen Mythos: die Liebe führt aus unserer Welt in eine höhere: „Zu den Sternen leitet sie, wo der Unbekannte thronet." Dieses Bild, daß der Liebe ein religiöser Sinn innewohne, war zum ersten Male gestaltet in *Werther*.

Goethe, um nicht werthergleich ohne Aufgabe zu sein, wurde in Weimar zum Beamten, der in den Jahren bis zur Italien-Reise pausenlos für das Herzogtum arbeitete. Schiller, um nicht wertherisch im Gefühl steckenzubleiben, beschäftigte sich 10 Jahre mit idealistischer Philosophie und mit Geschichte, bevor er zu den Werken seiner Mannesjahre ansetzte. Werther ist kein Genie, das neue Wege findet und im Schaffen lebt. Er ist nur ein gefühlvoller Mensch seiner Zeit. Und da er noch vor jener Epoche steht, die das neue Bild des Menschen brachte, da er aber auch weder orthodox noch aufklärerisch ist, kann er gar nicht anders als empfindsam sein. Und hier treffen sich, wie in jedem bedeutenden Kunstwerk, das Zeitbedingte und das Bleibende. Die Art, wie Werther fühlt und spricht, ist empfindsam. Aber die Empfindsamkeit war besonders aufgeschlossen für eine Problematik, die weit über sie hinausragt. Was Werther in sich erlebt, den Zusammenhang von Schönheit und Tragik des Lebens, von Liebe, Religion und Tod, das geht weit über alle Empfindsamkeit hinaus. Und darum ist das Werk lebendig geblieben; immer wieder strömt es das Leben aus, das es unvergänglich enthält.

ANMERKUNGEN

7,1. Titel: *Die Leiden des jungen Werther.* Einige heutige Ausgaben behalten die alte Form *Die Leiden des jungen Werthers* bei, die Goethe in seiner Jugend anwandte. Im Alter bevorzugte er im allgemeinen die modernere Form ohne *-s* (die schwache Flexion); die Ausgabe von 1824 hat *Werther.*

Erstes Buch.

7,19. *Die arme Leonore.* Die hier genannte Gestalt kommt in dem Roman später nicht mehr vor. Je mehr Werther von den Eindrücken an dem neuen Ort gefesselt ist, desto weniger denkt er an den früheren. Zu Beginn, als er den neuen Menschenkreis noch nicht kennt, denkt er an den alten zurück, daher als Überleitung dieses Motiv. Es zeigt, daß Werther durchaus reizvoll für eine Frau sein kann. Es hat Ähnlichkeit mit der Geschichte von den zwei Töchtern des Tanzlehrers in *Dichtung und Wahrheit* (Bd. 9, S. 391–397).

8,31. *Der Garten.* Der folgende Satz zeigt, daß es sich um einen Park im englischen Stil handelt, wie er in Deutschland seit etwa 1760 eingeführt war. – Vgl. Anm. zu 287,35.

9.9. *und bin nie ein größerer Maler gewesen* ... Anklang an Lessings „Emilia Galotti", wo in der 4. Szene Conti sagt, „daß ich wirklich ein großer Maler bin, daß es aber meine Hand nur nicht immer ist"; doch das Wesentliche ist der Unterschied: bei Lessing spricht ein Maler, der im Schaffen lebt; Werther dagegen bleibt Dilettant, der träumt, der aber niemals vom inneren Zwang des Schaffens besessen ist und für das Werk lebt.

9,10–30. *Wenn das liebe Tal um mich dampft* ... Die erste Partie des Romans, die sich stark der lyrischen Sprache nähert. Manche Sätze könnte man fast in Freie Rhythmen umsetzen, wenn man das Schriftbild dementsprechend änderte. Es ist bezeichnend, daß diese Form zum ersten Mal da auftritt, wo Werthers religiöse Sehnsucht sich zum ersten Mal ausspricht. Der Abschnitt endet mit dem Motiv der *Seele* als *Spiegel des unendlichen Gottes,* das, auf mittelalterliche Tradition zurückgehend, im Pietismus häufig war (A. Langen, Der Wortschatz des dt. Pietismus. 2. Aufl. 1968. S. 316–319) und deswegen von Goethe auch in den *Bekenntnissen einer Schönen Seele* benutzt wird (Bd. 7, S. 361,5f.). Eine andere im 18. Jahrhundert vielbeachtete Quelle für das Bild war Leibniz. Auch Schiller verwendet es in seiner Jugend, am Ende des Gedichts „Die Freundschaft".

9,36. *Melusine*: Wasserjungfrau, in Deutschland bekannt durch das Volksbuch von Melusine, das Goethe schon in seiner Kindheit las (Bd. 9, S. 36,8). Er nennt das Motiv mehrfach (Bd. 6, S. 165,37; Bd. 9, S. 463,5) und benutzte es später für seine Novelle *Die neue Melusine* (Bd. 8, S. 359–376).

10,4 und 11,21. *Anzügliches* = Anziehendes. – GWb. 1, Sp. 764.

10,10. *Altväter*: Die biblischen Patriarchen; sie stehen für Werther als Gestalten einfacher Seinsformen neben den Gestalten Homers. Goethe spricht über die Bedeutung der *Altväter* für seine jugendliche Bildungswelt in *Dichtung und Wahrheit* (Bd. 9, S. 129–140 u. Anm.).

10,22. *Homer.* Es ist bezeichnend für Werther, daß er eine leidenschaftliche Begeisterung für Dichtung hat. Während am Ende Ossian in den Vordergrund tritt, ist es am Anfang Homer; er bildet eines der Leitmotive des Romans (15,2; 29,29; 29,33; 54,20; 69,10; 73,29; 82,9). Homer ist für Werther das Einfache, Patriarchalische, Volkstümlich-Schlichte, Unreflektierte. Aber er sieht ihn aus Abstand als der Sentimentalische, der zu dem Naiven hinüberschaut: letztlich vermag er doch aus Homer keine Kraft zu schöpfen, und zum Schluß fällt das Wort *Ossian hat in meinem Herzen den Homer verdrängt* (82,9). Diese Entwicklung gehört zu Werthers Charakter und dem künstlerischen Aufbau des Werks. Werther wendet sich anfangs zu Homer, dann zu Ossian, und zwar aus inneren Gründen. Goethe wandte sich anfangs zu Ossian, und zwar aus äußerem Anlaß, weil Herder, unter dessen Einfluß er damals in Straßburg stand, ihm Ossian übermäßig lobte. Dann wandte er sich zu Homer, und dieser blieb ihm fortan unverlierbarer Besitz. Ossian dagegen war abgetan. Er nahm, als er *Werther* dichtete, noch einmal seine alte Ossian-Übersetzung vor, aber nur als brauchbaren Baustein für das Gefüge des Kunstwerks. Innerlich blieb er bei Homer; und er sieht diesen umfassender, als Werther ihn sieht. Werther nennt immer nur die „Odyssee", und aus ihr vorwiegend idyllische Züge; Goethe liebte auch damals schon die „Ilias", machte in *Künstlers Morgenlied* (Bd. 1, S. 54–56) eine Kampfszene aus ihr lebendig und schrieb im Juli 1772 den Brief an Herder mit dem großen Bilde des Wagenlenkers und den Worten *Dreingreifen, Packen ist das Wesen jeder Meisterschaft* (Briefe HA 1, S. 131–134). Hier ist das, was Werther fehlt. Schon in der Epoche seiner Jugend hat Goethe Züge, die auf die Klassik weisen. (Vgl. Bd. 1, S. 36–42 u. die Anmkg.) Schon in dieser Zeit wird ihm Homer der Bändigende, Klare, der die Ganzheit des Lebens hat. Er bleibt in stetem Umgang mit ihm, als er Leidenschaft, Wirrnis und Pessimismus überwindet. Und wann immer er später gesundet, er gedenkt dabei Homers. Werther aber erkrankt immer schlimmer und vergißt die Sonne der Griechen. Die Homer-Motive hören im 2. Teile des Werkes nach und nach auf. – Bd. 14, Namen-Register. – Ernst Grumach, Goethe und die Antike. Potsdam 1949. Bd. 1. S. 117–214. – Wolfgang Schadewaldt, Goethe-Studien. Zürich 1963. S. 127–157.

10,23 *so ungleich, so unstet.* Sätze wie dieser zeigen den gefährdeten inneren Zustand Werthers, den der Leser hier sieht, bevor Werther Lotte kennen lernt.

10,27f. *Auch halte ich mein Herzchen wie ein krankes Kind ...* Ein für Werthers Wesen bezeichnender Satz, für vieles Folgende ein Schlüssel. Alle Gefahren, die darin liegen, daß Werther nur vom Herzen aus entscheidet und handelt, sind hier bereits ausgesprochen. Werther als Empfindsamer spricht immer wieder von seinem *Herzen.* Schon die 2. Zeile des Buches bringt dieses Motiv (7,15). Und viele weitere Stellen schließen sich an (8,33; 9,18; 10,23; 10,27; 12,2; 12,12; 14,16; 15,32; 19,22), so daß Werthers Art gleich von vornherein deutlich gekennzeichnet wird. Doch dann fehlt das Wort eine Zeitlang: es folgt die Partie gegenständlicher Schilderungen, der ländliche Ball, Besuch beim Pfarrer, die Szene am Brunnen. Doch Werther wendet sich bald wieder nach innen, und nun ist wieder vom *Herzen* die Rede (39,25; 44,17; 50,23; 51,18; 52,2; 53,22; 55,11; 56,12). Das *Zweite Buch* macht dann darin überhaupt keine Pause mehr. Gerade an entscheidenden Stellen wird oft das Herz genannt: *dies Herz, das doch mein einziger Stolz ist ... mein Herz habe ich allein* (74,7–10; bei dem Entschluß, sich nirgendwo zu binden); *Wenn mich nun der Vater für sich behalten will, wie mir mein Herz sagt?* (86,9f.); *Der Gedanke ... steht noch stark in meinem Herzen: ich will sterben!* (104,26–30). Und leitmotivisch zieht sich das Wort durch alle Briefe Werthers bis ans Ende. (65,3; 70,28; 72,21f.; 72,26; 75,10; 80,21; 83,29; 84,6; 85,20; 88,7; 90,17; 91,35; 104,34; 114,29; 116,23; 117,3 u. a. m.) – Vgl. auch die Häufigkeit des Wortes „Herz" in den im Nachwort angeführten Briefen aus der Empfindsamkeit.

11,3. *Flüchtling*: nur flüchtig hinsehender, leichtsinniger, unbedachter Mensch.
11,17. *Kringe*: der gepolsterte Tragring, um auf dem Kopf Lasten zu tragen.

12,4. *die Freundin meiner Jugend.* Werther denkt an eine ältere Frau, die für ihn, als er jünger war, Beichtigerin, Führerin seiner Seele, Helfende und Heilige war. Er spricht später über sie noch einmal 116,24–34. In den geistigen jungen Menschen des 18. Jahrhunderts, in denen die weltanschaulichen Probleme ihrer Zeit erwacht waren, entstand die Sehnsucht, einen Halt zu haben; nicht eine Lehre, sondern ein Vorbild. Darum beginnen die großen Dichtungen, welche von Erziehung des Herzens sprechen, oft mit diesem Motiv. In Jean Pauls „Hesperus" finden Viktor und Klothilde Rat und Vorbild bei dem alten weisen Immanuel. Bei Hölderlin erhält Hyperion seine Erziehung des Herzens durch den älteren reifen Adamas. Goethe hat weniger männliche Gestalten dieser Art geschaffen als weibliche: Werthers ältere Freundin, die *Schöne Seele* in den *Lehrjahren* und Makarie in den *Wan-*

derjahren. Die Sehnsucht, einen reiferen Menschen zu finden, dem man das ganze Ich vertrauend hinstellen kann, um es besser von ihm zurückzuempfangen, formte Goethes Beziehung zu Susanne v. Klettenberg. (Vgl. Bd. 9, S. 338–340.) Die Sehnsucht des jüngeren Menschen nach dem reiferen, helfenden ist eins der bedeutenden Motive in den zwischenmenschlichen Beziehungen der Goethezeit, und Leben und Dichtung formen einander hier wechselseitig. Werther als empfindsamer Mensch muß mit seiner Seele an Menschen hängen, die er liebt und verehrt. Er erlebt drei Formen solcher Bindungen: die an die reifere ältere Freundin, die an den altersgleichen männlichen Freund (Wilhelm) und die der Liebe zu Lotte. Eine nahe Bindung an die Mutter fehlt. Aber drei von den großen Formen zwischenmenschlicher Beziehungen, wie sie später zumal in „Hyperion" Gestalt gewinnen, hat Werther durchlebt. Doch zu der Zeit, als der Roman spielt, ist die ältere Freundin bereits tot, ihre Hand kann nicht mehr entwirrend eingreifen. Darum ist die Erwähnung dieses Motivs hier so bedeutend: Werther brauchte einen solchen Menschen, aber hat ihn nicht. Und die Bindung an Wilhelm ist nicht derart, daß sie ihm aus der Krisis helfen könnte. Werther hat keine Makarie. Anderseits kann der Roman um Makarie *(Wilhelm Meisters Wanderjahre)* nicht tragisch sein wie *Die Leiden des jungen Werther.* – Erich Trunz, Weltbild und Dichtung im Zeitalter Goethes. Weimar 1993. Insbesondere S. 17–20.

12,15. *Genie.* Das Wort kommt in *Werther* nur noch S. 16,9 vor, und zwar beidemal in der Bedeutung, wie es um 1773 benutzt wurde; es steht nahe dem Wort „Genius", bedeutet den Geist, der kraftvoll hervortritt und sich möglichst unmittelbar äußert. Es hat noch nicht die Bedeutung wie im 19. und 20. Jahrhundert: „ein Mensch von höchster, seltener Begabung". – Dt. Wb. 4,1. Lpz. 1897. Sp. 3396–3450.

12,22. *Akademien* : Universitäten.

12,27–30. *Batteux, Wood* usw. Werther, dem sein Herz das Organ ist, das ihm am meisten gilt, nimmt Kunst mit der Kraft seines unmittelbaren Erlebens auf und verachtet alle theoretischen Erörterungen, wie man sie in der Zeit des Rationalismus liebte. *Charles Batteux* (1713 bis 1780) schrieb: Cours de belles lettres ou Principes de la littérature, 5 Bde., 1747–50, deutsch von Ramler, 4 Bde., 1756–58, ein Werk, das noch zur Zeit Werthers als maßgeblich für literarische Betrachtung galt. *Robert Wood* (1716–1771), An Essay on the original genius and writings of Homer, London 1768, war übersetzt durch J. P. Michaelis, Frankf. 1773. *Roger de Piles* (1635–1709) hatte theoretische Schriften über die Malerei verfaßt, die noch in den 60er Jahren des 18. Jahrhunderts in französischen und deutschen Ausgaben erschienen. *Johann Joachim Winckelmann* (1717–1768) war seit seinen „Gedanken über die Nachahmung der griechischen Werke", 1755, der große Name in der deutschen

Kunstwissenschaft, und seine „Geschichte der Kunst des Altertums", 1764, gab nicht nur Geschichte, sondern im Sinne des 18. Jahrhunderts auch Systematik, Ästhetik. *Johann Georg Sulzer* (1720–79) hatte von seiner „Allgemeinen Theorie der Schönen Künste" zu der Zeit, als Werther schreibt, gerade den 1. Teil erscheinen lassen, 1771. Der junge Goethe beurteilte Sulzers zu seiner Zeit vielbeachtetes Werk recht kritisch, weil es den Zweck der Kunst darin sieht, Moral und Glückseligkeit zu fördern. – Auf Werthers Negierung der theoretisierenden Kunstkritik an dieser Stelle folgt bald als positive Ergänzung sein Kunstbekenntnis im Sinne der Generation des Sturm und Drang: 15,18–16,15. Das Motiv des Gegensatzes zur theoretischen Kunstbetrachtung kommt dann noch mehrmals vor, zumal im *Zweiten Buch*, als Werther es auf dem Schlosse des Fürsten nicht mehr aushält, weil dieser über Kunst redet in der Art des *garstigen wissenschaftlichen Wesens* und der *gestempelten Kunstworte* 74,2–5 und 30–37). Zahlreiche Parallelen hierzu gibt es in Goethes ungefähr gleichzeitigen Gedichten, die das Problem der Kunst und des Künstlers behandeln (Bd. 1, S. 53–77).

12,30. *ein Manuskript von Heynen.* Christian Gottlob Heyne, 1729–1812, der klassische Philologe an der Universität Göttingen, war zu Beginn der siebziger Jahre der aufsteigende Stern in der Deutung des Griechentums, und Nachschriften seiner Vorlesungen, die vieles brachten, was in seinen gedruckten Schriften noch nicht hervorgetreten war, wurden von Kennern als Kostbarkeiten geschätzt. Goethe hat in Frankfurt zeitweilig selbst daran gedacht, in Göttingen bei Heyne zu studieren (Bd. 9, S. 241,17). In der Bibliothek seines Vaters befand sich eine Nachschrift von Heynes Vorlesungen über das Studium der Antike; Goethe übernahm dieses Manuskript später aus Frankfurt in seine Bibliothek in Weimar, wo es noch heute vorhanden ist (Ruppert Nr. 2056). – NDB 9, 1972, S. 93–95.

13,9. *das Leben ... ein Traum.* Seit dem Dramentitel von Calderon „La vida es sueno", 1635, eine häufig vorkommende Formulierung, u. a. auch bei Gryphius.

13,11. *Einschränkung.* Mit diesem Wort ist ein Stichwort gegeben für ein zentrales Thema des ganzen Romans. Werther leidet ganz allgemein an der *Einschränkung* (oder: *Eingeschränktheit*) des Menschen, der das Unendliche ergreifen will und immer nur an seine Grenzen stößt. Weil es für ihn kein Weiterschreiten gibt, sondern die Wände der Begrenzung sich ihm immer enger ziehen, wird diese *Einschränkung* schließlich sein Verderben, und nur der Tod löst sie. Darum kommen dieses Motiv und dieses Wort immer wieder vor. (29,19; 48,29; 50,21; 52,24; 99,17f.; 116,16–18.) – Während bei Werther das Bewußtsein der *Einschränkung* zum Selbstmord führt, bleibt es in dem *Faust*-Drama, das in der gleichen Epoche sich zu entwickeln begann, beim Plan zum Selbstmord, bei dem Ergreifen der Gift-Phiole; der Grund ist auch hier die Verzweiflung über die menschliche Begrenztheit. – In späteren Jahren hat Goethe dann versucht, bei dem Gefüge von *Einschränkung* und *Freiheit*, das die menschliche Existenz ausmacht, beide Pole zugleich herauszuarbeiten. Ein Aufsatz-Fragment aus der Zeit von 1784/85 sagt: *Wir können nur Dinge denken, die entweder beschränkt sind oder die sich unsre Seele beschränkt. Wir haben also insofern einen Begriff vom Unendlichen, als wir uns denken können, daß es eine vollständige Existenz gebe, welche außer der Fassungskraft eines beschränkten Geistes ist. Man kann nicht sagen, daß das Unendliche Teile habe. Alle beschränkte Existenzen sind im Unendlichen, sind aber keine Teile des Unendlichen, sie nehmen vielmehr Teil an der Unendlichkeit.* (Bd. 13, S. 7,10–18). In späteren Werken ist Goethe diesen Fragen weiter nachgegangen, und demgemäß gehören zu den weltanschaulichen Formelwörtern, die bei ihm immer wiederkehren, die Wörter *Einschränkung, eingeschränkt, Bedingung, Begrenzung, beschränkt, bestimmt* und als Gegensatz *unbedingt, frei, Unendlichkeit* usw. Zumal die Alterswerke entwickeln ein genaues Bild von Bedingtheit und Freiheit des Menschen; Goethe hat für sich diese Fragen anders beantwortet als Werther. (Vgl. Bd. 7, S. 420,24; 521,1 und die Anmkg.; Bd. 8, S. 286, Nr. 21; S. 312,19f.; S. 426,5–13. Ferner das Gedicht *Urworte, orphisch* in Bd. 1, S. 359f. mit den Worten über *Bedingung und Gesetz.* Bd. 14, Sachregister „Bedingtheit, Freiheit" usw.) In *Dichtung und Wahrheit*, bei der bedeutsamen Stelle über Religion, am Ende des *8. Buches*, heißt es: . . . *und so wurde der Mensch hervorgebracht, der . . . sich . . . in dem Falle Lucifers befand, zugleich unbedingt und beschränkt zu sein . . .* Über das gleiche Thema sprechen viele Worte aus den *Maximen und Reflexionen* und späte Briefe wie der an Graf Brühl vom 23. Oktober 1828: *Betrachten wir uns in jeder Lage des Lebens, so finden wir, daß wir äußerlich bedingt sind vom ersten Atemzug bis zum letzten; daß uns aber jedoch die höchste Freiheit übrig geblieben ist, uns innerhalb unsrer selbst dergestalt auszubilden, daß wir uns mit der sittlichen Weltordnung in Einklang setzen und, was auch für Hindernisse sich hervortun, dadurch mit uns selbst zum Frieden gelangen können. Dies ist bald gesagt und geschrieben, steht aber auch nur als Aufgabe vor uns, deren Auflösung wir unsere Tage durchaus zu widmen haben. Jeder Morgen ruft zu, das Gehörige zu tun und das Mögliche zu erwarten.* Wie anders klingen diese Worte als die Werthers! Und doch, auch in seiner Jugend war in Goethe schon dunkel gefühlt die Ganzheit des Lebens, Werther ist nur eine Seite von ihm, und wenn man genau hinsieht, findet man auch im *Werther*-Roman den anderen Pol mit angelegt, in der Art der Darstellung, im Bericht des Herausgebers und nicht zuletzt in der harmonischen Gestalt Lottens, die, schön und seelenhaft, in ihrer Begrenztheit eine Unendlichkeit repräsentiert. – Briefe Bd. 4, S. 306,4–14. – Vollzählige Aufzählung aller Stellen mit *Einschränkung, Eingeschränktheit, einschränken, eingeschränkt* im Wörterbuch zu *Werther*, 1966.

14,17. *diesen Kerker verlassen* ... Erstes Hervortreten des Selbstmord-Motivs. Bedeutsam ist, daß es im Anfangs-Teil des Romans steht, noch bevor Werther Lotte kennen lernt.

14,21. *Hüttchen*: ein Lieblingswort der Empfindsamkeit, Bildmotiv für den Vorstellungskreis der Idylle, der Geborgenheit und natürlichen Lebens. Vgl. Bd. 1, S. 36 *Wandrers Sturmlied*, V. 115; und Bd. 1, S. 36–42 *Der Wandrer*, V. 23, 45, 119, 132, 165. – Bd. 14, Sachregister. – W. Rehder, Das Symbol der Hütte bei Goethe. Dt. Vjs. 15, 1937.

15,25. *Wohlstand*: Anstand, gute Sitte. Wie Bd. 4, S. 16; Bd. 7, S. 227.

15,30. *geile Reben*: allzu üppig wuchernde Reben.

16, 7. *Kollegium*: Kreis von Mitgliedern eines Amts; ein im 18. Jahrhundert häufiges Wort (damals aber mit C geschrieben), zumal in Zusammensetzungen wie Justiz-Kollegium, Schul-Kollegium, Rats-Kollegium usw. – Adelung, Wörterbuch.

16,37. *Scharre* = der Rest, der im Kochtopf zusammengekratzt („gescharrt") werden muß. In südwestdeutschen Mundarten gebräuchlich.

17,6f. *betriegen*: eine bei Goethe in seiner Jugend und auch im Alter häufige Wortform.

17,17f. *in glücklicher Gelassenheit den engen Kreis seines Daseins* ... Das Gegenbild des Sentimentalen und Gefährdeten. Ähnlich in dem Gedicht *Der Wandrer* die Gestalt der Frau mit dem Kind (Bd. 1, S. 36ff.).

17,28. *ergetze*: bei Goethe bis ins Alter häufige Form neben *ergötze*, auch im Reim (z. B. *Divan, Freisinn* Bd. 2, S. 9 unten).

18,2. *gebosselt*: gekünstelt, zurechtgemacht. GWb. 2, Sp. 843.

20,35. *Versorgung*: Berufliche Stellung, Lebensunterhalt, ein *Amt mit einem artigen Auskommen* (45,3f.). – 21,7 *verziehen*: warten.

21,27. *Bestellungen*: vorsorgliche Maßnahmen, Tätigkeiten. GWb. 2, Sp. 522.

23,9. *Miß Jenny*. Anspielung auf einen der empfindsam-moralischen Moderomane der Zeit, die, seitdem Richardson seine großen Erfolge gehabt hatte, gern in England spielten. Vermutlich ist das Werk einer damals beliebten französischen Schriftstellerin gemeint: Marie-Jeanne Riccoboni, Histoire de Miss Jenny Glanville. Übersetzt ins Deutsche von Gellius, 1764. – Lawrence M. Price, Charlotte Buff, Madame Riccoboni und Sophie v. La Roche. The Germanic Review 6, 1931, S. 1–7. – Walther Gebhardt, Goethes „Werther" und Madame Riccoboni. Germanisch-Romanische Monatsschrift 23, 1935, S. 147f. und 479.

23,20f. *Landpriester von Wakefield*. Des englischen Schriftstellers Oliver Goldsmith Roman „The Vicar of Wakefield", 1766, war rasch nach Deutschland gedrungen und begeisterte hier alle Herzen, die Einfachheit, Natur und Seelenwärme suchten, nicht minder als in England. Goethe lernte das Werk in Straßburg durch Herder kennen, er lieh es Johanna Fahlmer (Brief vom März 1773) und behielt es sein Leben lang lieb. In *Dichtung und Wahrheit* hat er später ausführlich darüber gesprochen (Bd. 9, S. 426–430 u. Anm.); und seine Schilderung des Sesenheimer Idylls ist hier ein wenig im Sinne des „Landpriesters von Wakefield" stilisiert. – Was Lotte an diesem Buche anzieht, ist wohl die moderne Idylle, das anschauliche bürgerlich-ländliche Leben und seine harmonische Sittlichkeit – ein Spiegel ihres eigenen Lebens. – Für Goethe mag das Werk besonders insofern fruchtbar gewesen sein, als es ihn darin bestärkte, einen Stoff aus der Gegenwart und deren Menschen im Rahmen der Kleinstadt und der sie umgebenden Natur gegenständlich, bildhaft und idyllisch zu schildern, und er ist in *Werther* hierin ja dann sogleich weit über Goldsmith hinausgelangt. Auch dessen übrige Werke haben Goethe in diesen Jahren lebhaft interessiert. – Fritz Strich, Goethe und die Weltliteratur. Bern 1946. S. 117f. – E. Feise in The Journal of English and Germanic Philology 13, 1914, S. 1–36.

23, 32. *Contretanz.* Modetanz des 18. Jahrhunderts, von mehreren Paaren getanzt, mit einer Reihe von ,,Figuren"; Vorläufer der Quadrille. – MGG 2, 1952, Sp. 1646–1651.

23,36. *die Namen einiger vaterländischen Autoren.* Es ist die Zeit, in welcher der deutsche Roman sich zu entwickeln beginnt und man stolz ist auf dessen neue Erzeugnisse; man darf etwa denken an: Wieland, Agathon, 1766–67; Hermes, Sophiens Reise, 1769–1773; Sophie v. La Roche, Geschichte des Fräuleins v. Sternheim, 1771.

24,13. *Menuett.* Bevorzugter Tanz der Barockzeit, noch im 18. und 19. Jahrhundert beliebt. Die Tanzpaare machen gleichzeitig alle die gleichen Bewegungen. Vgl. 107,32. – MGG 9, 1961, Sp. 106–110 (mit Abb.).

24,27. *daß sie … gern deutsch tanze.* Die verschiedenen Arten des Tanzes auf dem ländlichen Ball sind das alte französische Menuett, das immer noch viel getanzt wurde, der englische Contretanz, der damals am beliebtesten war, und der deutsche Walzer, der eben anfing, in den Kreisen der Gesellschaft sich durchzusetzen. – Zu den Einzelheiten sagt Max Herrmann in der Jub.-Ausg. Bd. 16, S. 385f.: ,,Das Menuett ist Einzelpaartanz (nicht was wir heute Menuett nennen); in Gesellschaft dehnte man ihn nicht zu sehr aus – daher Werthers Beschwerde über die Damen, die zu spät durch Handreichen das Zeichen zum Aufhören geben. (24,15f.) Dann folgt ein *Englischer* oder Contretanz, dem nachher noch ein zweiter und dritter sich anschließen, von allen Paaren und zwar hier nach bürgerlicher Art getanzt, wie die Figur der *großen Achte* (25,33) beweist. Der Contretanz ist aber schon entartet, da er sich nicht auf solche Figuren und die *Promenade* (25,37) beschränkt, sondern schon (24,22f.) eine Walzertour einschiebt. Das *Walzen* ist bereits die Hauptsache *beim Deutschen* (24, 29), der Allemande, die, zunächst eine besondere Form des Contres, doch dem Einzelpaartanz den weitesten Spielraum gibt; hier zuerst liegt die Dame im Arm ihres *Chapeaus,* und so gehört in Bezug auf diesen neumodischen Tanz ein gewisser Freimut Lottens dazu (24,26), einzugestehen, *daß sie herzlich gern deutsch tanze.*" Der Walzer hieß „Deutscher Tanz", weil er auf volkstümliche Formen des Tanzes, den „Ländler", zurückgeht. Als „Allemande" kam er von Frankreich nach Deutschland zurück. – MGG, Art. „Allemande", „Ländler", „Walzer". – Oskar Bie, Der Tanz. Bln. 1906, S. 193 bis 231, (3. Aufl. 1925.)

24,30. *Chapeau* = Tänzer, Herr. – Kestner schreibt in seinem Tagebuch über den Ball in Wolpertshausen am 9. Juni 1772: ,,12 Chapeaux: Mr. Nieper, Jerusalem, Dr. Goede …(usw.), 13 Dames …"

26, 10. *Wetterkühlen* = Wetterleuchten, von dem man annahm, daß es eine Abkühlung der Luft bringe. Zedler, Universal-Lex. 55. Bd., Lpz. 1748. Sp. 1070f.

26,29. *Schlucker.* Werther, der vor kurzem auf der Universität gewesen ist, benutzt in burschikoser Weise öfters Wörter, die ein wenig spöttisch sind, ohne scharf oder tadelnd zu sein, z.B. nennt er die gleichen Personen, die er hier *Schlucker* nennt, später *Kerlchen* (36,38). – Dt. Wb. 9, 1899, Art. „Schlucker".

26,39. *Vortrag* = Vorschlag oder auch nähere Anweisungen zu etwas. Dt. Wb. 12,2, S. 1754f. – Fischer S. 715.

27,31. *der herrlichen Ode.* Gemeint ist Klopstocks Ode „Die Frühlingsfeier", entstanden 1759, im gleichen Jahre gedruckt und 1771 in die große Ausgabe der „Oden" aufgenommen, die Klopstock damals in Hamburg veranstaltete. Doch auch schon vor dieser Ausgabe war das Gedicht in den Kreisen der Klopstock-Verehrer allgemein bekannt. Überhaupt war Klopstock, seitdem 1748 sein „Messias" zu erscheinen begann, der große Name in der deutschen Literatur, und die Jugend hatte in ihm ihren Dichter, der sie begeisterte und der ihr seelische Bereiche erschloß, für die bisher niemand Worte gefunden hatte. Mit ihm setzt die neuzeitliche Erlebnislyrik für Deutschland in vollem Maße ein; zu den Erlebnissen, die er gestaltet, gehört neben der religiösen Erhebung, der Liebe und der Freundschaft vor allem das Erlebnis der Natur. Werther und Lotte haben sich schon vorher im Gespräch in gemeinsamem Interesse für Goldsmith und neue deutsche Romane gefunden. Jetzt, als Lotte den größten Lyriker nennt, erkennen beide eine Gemeinsamkeit in einem noch höheren Bereich. Klopstock empfand sein dichterisches Schaffen als eine hohe Aufgabe, und er schuf sich seine Gemeinde in denen, die sein Werk liebten und deren Seelen er nun weiterführte in die Bereiche, welche er erschloß. Indem Lotte seinen Namen nennt, erkennen sie und Werther einander als Angehörige dieser geistigen Gemeinde, welche damals die Besten der jungen Generation umfaßte. Zugleich finden sie sich in einem Naturgefühl, das für alle Schönheiten einer Landschaft sich öffnet und sie mit religiöser Innigkeit erfaßt. Das Gedicht „Die Frühlingsfeier" spricht in feierlicher beschwingter Sprache von einem Gewitter und von dem, was dabei in der Seele des anbetenden Betrachters vorgeht. Der Dichter denkt zunächst an die Erde als Stern im All, er geht von diesem Größten weiter zum Kleinsten, einem Frühlingswürmchen – Gott ist überall –, und sieht dann ein Gewitter mit Sturm, Blitz und Regen, schließlich die abziehenden Wolken und einen Regenbogen. Dieses Bild der erquickten Landschaft nach dem Gewitter ist es vor allem, an das Lotte hier denkt; es sind die beiden Schlußstrophen der Ode:

Ach, schon rauscht, schon rauscht
Himmel und Erde vom gnädigen Regen!

Nun ist – wie dürstete sie! – die Erd' erquickt,
Und der Himmel der Segensfüll' entlastet!
  Siehe, nun kommt Jehova nicht mehr im Wetter,
In stillem sanftem Säuseln
Kommt Jehova,
Und unter ihm neigt sich der Bogen des Friedens!

Für Werther bedeutet es besonders viel, daß er sich mit Lotte in der Empfindung für Kunst trifft. Später führt er dies geradezu als Beweismittel an, um zu zeigen, daß sie mit ihm glücklicher geworden wäre als mit Albert, denn bei der Stelle eines Buches treffen die *Herzen* zusammen (75,25ff.). Die Gemeinsamkeit durch Goldsmith und Klopstock wird von ihm infolge seiner Geistesart besonders innig, fast mit erotischem Unterton, erlebt. Später reißt er Lotte mit, über Ossian Tränen zu vergießen. Doch es ist nie davon die Rede, daß er ihr Homer nahebringt. Und im Umgang mit Albert scheinen literarische Dinge keine Rolle zu spielen. Die moderne Kunstbegeisterung ist im 18. Jahrhundert erst durch die Empfindsamkeit geschaffen. Insofern ist Lottes Ausruf typisch für die damalige Zeit. Vorher gab es das nicht, daß das einfache Nennen eines Dichternamens Ausdruck sein konnte für ein Erlebnis, für eine Seelenlage. – R. Alewyn, ,,Klopstock!". In: Euphorion 73, 1979, S. 357–364.

28,31. *zum Zwecke* = zum Ziele. (Ähnlich 98,20).

29,33. *Freier der Penelope*: in der ,,Odyssee", im 20. Gesang.

30,14. *Kräusel*: die Halskrause, die im 18. Jahrhundert zur Tracht gehörte. Adelung Bd. 2, Wien 1808, S. 1759: „Der krause Busenstreif an einem Oberhemde". – Ausführlich über diese Stelle: Jubil.-Ausg. Bd. 16, S. 386f. – Max v. Boehn, Die Mode. Menschen und Moden im 18. Jahrhundert. 5. Aufl. 1963. S. 178f.

30,31. *Wenn ihr nicht werdet* ... Matthäus 18,3.

31,3. *radotieren*: viel Worte machen, schwatzen (frz. ,,radoter").

31,21. *Quakelchen*: ,,Kleiner Schreihals, Nestküken; übertragen von der jungen Vogelbrut auf das jüngste Kind der Familie" (Erna Merker, Wörterbuch zu Goethes *Werther*).

32,20. *Humor* in der alten Bedeutung von Stimmung, Laune. Die Bedeutung des Worts wird aus dem folgenden Zusammenhang vollkommen deutlich. – Dt. Wb. 4,2, S. 1906.

32,31. *Fratzen.* Goethe hat die Wörter *Fratze, fratzenhaft* bis ins Alter benutzt, immer da, wo sich eine Karikatur, etwas Disproportioniertes zeigte statt eines schlichten, klaren, natürlichen Bildes. – Bd. 14, Sachregister; Briefe HA, Bd. 4, Begriffsregister. – Boucke, Wort und Bedeutung in Goethes Sprache. Bln. 1901. S. 172–174, 295, 312. – GWb 3, 869ff.

33,17. *hängt sehr dahin*: neigt sehr dazu.

33, 38f. *von Lavatern ... über das Buch Jonas.* Lavaters „Predigten über das Buch Jonas" erschienen in 2 Teilen in Zürich 1773. Goethe schätzte in der Zeit, als er *Werther* schrieb, Lavaters Schriften, und in seinen Predigten fesselten ihn die für ihre Zeit neuartigen psychologischen Einsichten. Die Fußnote spielt an auf die Predigt „Mittel gegen Unzufriedenheit und üble Laune". – Stuart Pratt Atkins, J.C. Lavater and Goethe: Problems of Psychology and Theology in Die Leiden des jungen Werthers. PMLA 63, 1948, S. 520–576. Wiederabgedruckt in: Atkins, Essays on Goethe. 1995. – Beutler in (Jb.) Goethe 5, 1940, S. 155. – O. Guinaudeau, Les rapports de Goethe et de Lavater. Etudes Germaniques 4, 1949, S. 213–226.

35,18. *das gegenwärtige ... Geschöpf*: ein Mensch, der zur Stelle ist, wenn man ihn braucht. – Dt. Wb. 4,2, S. 2292–2298.

37,17. *Ossian*. Dies ist die erste Erwähnung Ossians, der dann am Ende des Werks eine so bedeutende Rolle spielt. – Vgl. die Anm. zu 82,9 und 108,5 ff.

37,20. *schlecht* = krank.

37,23. *rangig* = habgierig.

38,4. *Losung*: das für das Verkaufte eingenommene Bargeld, Erlös.

38,15 f. *des Propheten ewiges Ölkrüglein*: 1. Kön. 17,14–16. (Prophet Elia.)

39,19. *Zauberkraft der alten Musik*. In das Weltbild des Altertums, Mittelalters und noch des Barock gehörte die Vorstellung, daß Musik auf Menschen und Tiere magische Wirkung ausübe. Seit der Geschichte von David und Saul (1. Sam. 16,14–23) und der griechischen Orpheus- und Amphion-Sage wurde dies immer wieder ausgesprochen, bei Theophrast, in musiktheoretischen und medizinischen Schriften des Mittelalters, auch noch des Barock. Werther kennt diese Vorstellungen wohl teils aus der antiken, teils aus der barocken Literatur (denn er gehört zu der Generation, die in den väterlichen Bücherschränken noch viel Erbe des 17. Jahrhunderts vorfand, vgl. Bd. 7, S. 359,32 ff. und 558,8 ff. und die Anmerkungen dazu). Und es ist bezeichnend, daß er, der Vor-Romantiker, diese Gedanken vorbringt, die in seiner Zeit sonst keine Rolle spielten und dann in der Romantik noch einmal zu Ehren kamen. – Handwörterbuch des dt. Aberglaubens, hrsg. v. E. Hoffmann-Krayer u. H. Bächtold-Stäubli. Bd. 6. Bln. u. Lpz. 1934/35. S. 633–690. Art. „Musik" von E. Seemann.

40,1. *Bononischen Steine*: Bologneser Schwerspat. Goethe hat sich später genauer mit ihm beschäftigt und in der *Italienischen Reise* darüber berichtet (Bd. 11, S. 110,5–111, 13). Dieser Bericht geht auf ausführlichere Aufzeichnungen zurück, die erst aus dem Nachlaß ans Licht kamen (WA 30, 1903, S. 291–293; Leopoldina-Ausg. 1, 1947, S. 132–134). – Goethe, Über den Bologneser Spat. Mit Erläuterungen von Günther Schmid. Burg Giebichenstein 1937. (45 S.)

40,5. *Surtout* = Überrock, Jacke. (Wie in Hermann und Dorothea I, 36.)

41,7. *prostituiert*: blamiert, bloßgestellt.

41,9. *Schattenriß*. Im Vergleich zu den künstlerischen Versuchen, das *Porträt* zu zeichnen, ist das Herstellen des *Schattenrisses* eine fast rein technische Sache. Man besaß im 18. Jahrhundert Übung darin. Man hatte auf einem Gestell stehende Rahmen, in welche ein Papier gespannt wurde. Neben das Papier wurde die zu silhouettierende Person gesetzt und in gewisser Entfernung eine punktuelle Lichtquelle angebracht (eine Kerze genügte). Der Zeichner zog dann die Umrißlinien des Schattens auf dem Papier nach. Diese wurden ausgetuscht, und das Bild war fertig. Eine Silhouette dieser Art von Lotte Buff hatte Goethe 1773 in Frankfurt in seinem Zimmer hängen (Briefe HA 1, S. 144,14 und 158,3). – Die Goethezeit in Silhouetten. Hrsg. v. H. T. Kroeber. Weimar 1911. – Viel Material über Silhouetten und deren Herstellung im Goethe-Museum in Düsseldorf.

41,30. *Märchen vom Magnetenberg.* In „Tausend und eine Nacht" (Histoire du troisième Calender, fils du Roi), auch in dem deutschen Volksbuch von Herzog Ernst. – Kath. Mommsen, Goethe und 1001 Nacht. Bln. 1960. S. XIII, 3f., 33, 223.

42,35. *der Fratze.* Werther benutzt dieses Wort in Bezug auf sich selbst; es nimmt vorweg, was in den folgenden Sätzen mit den Wörtern *närrisch* und *verwirrtes Zeug* bezeichnet wird. Er beobachtet also an sich selbst etwas verzerrtes. Vgl. 32,31 u. Anm.

45,22. *Terzerolen*: Pistolen.

45,27–30. *dahlt* (volkstümlich): albert, scherzt (vgl. Bd. II, S. 290; 34; GWb. 2, Sp. 1046); *Gewehr*: Waffe; *Maus*: Daumenmuskel im Handballen.

46,21f. *daß gewisse Handlungen lasterhaft bleiben.* Der ganze Roman ist von Selbstmord-Motiven durchzogen, von der ersten Erwähnung, daß der Gedanke dieser Möglichkeit zu Werthers Lebensgefühl gehöre (14,16–18) bis zu dem Vollzug des Selbstmords am Schluß. Meist sind es verzweifelte Stimmungen Werthers, die das Motiv hervortreten lassen. In diese Reihe ist nun aber auch ein Abschnitt gesetzt, welcher die theoretische Rechtfertigung bringt, das Gespräch mit Albert (45,8–50,26). Albert findet Selbstmord *lasterhaft* (46,22) und hat kein Verständnis dafür, daß *ein Mensch von Verstande* so handeln könne (50,15f.). Albert ist ein gebildeter Mann und ist geistig keineswegs eng. Selbstmord wurde in Deutschland im 18. Jahrhundert fast allgemein so beurteilt wie hier, meist noch strenger. Werther lebt in dieser Umwelt mit ihren traditionellen Begriffen. Wer studiert hatte, wußte zwar, daß in der Antike die Stoiker den Selbstmord anders beurteilt hatten und daß in neuerer Zeit Philosophen wie Montesquieu (Lettres Persanes, 1721, lettre 76) ihn gerechtfertigt hatten; das konnte man schon in Zedlers Universal-Lexikon im Artikel „Selbstmord" nachlesen; doch diese Urteile einzelner Geister früherer Zeit waren in keiner Weise wirksam in dem deutschen Bürgertum des 18. Jahrhunderts. Die Kirchen verurteilten den Selbstmord nach wie vor. Während man bis zur Zeit der Aufklärung Selbstmörder wie Verbrecher, die am Galgen endeten, außerhalb des Friedhofs beerdigt hatte, duldete man im 18. Jahrhundert meist die Beerdigung auf dem Kirchhof, dabei freilich „nicht alle Solennitäten", wie Zedler schreibt. – Zedlers Universal-Lexikon, Art. „Begräbnis" Bd. 3, 1733, Sp. 927–937, und „Selbstmord"

Bd. 36, 1743, Sp. 1595–1614. – D. G. Morhof, Polyhistor. Editio tertia. Lubecae 1732. S. 994. – RGG, Art. „Begräbnis" und „Selbstmord". – Handwörterbuch des dt. Aberglaubens. Hrsg. von Hoffmann-Krayer und Bächtold-Stäubli. Bd. 7, 1936, Art. „Selbstmord" Sp. 1627–1633. – Lester G. Crocker, The Discussion of Suicide in the Eighteenth Century. Journal of History of Ideas 13, 1952, S. 47–72. – Reiches Material, insbesondere auch zum 18. Jahrhundert, bietet: Hans Rost, Bibliographie des Selbstmords. Augsburg 1927. Darin nicht nur Titel von Büchern und Aufsätzen, sondern auch instruktive textliche Einführungen zu jedem Abschnitt, z. B. „Der Selbstmord und die Moral", „Der Selbstmord und die Begräbnisfrage", „Der Selbstmord in der Wertherperiode" usw. – Gellerts Gedicht „Der Selbstmord" in seinen „Fabeln und Erzählungen". – Stichwort „Selbstmord" in Bd. 14, Sachregister; und in Briefe Bd. 4, Begriffsregister.

47,4f. *geht vorbei wie der Priester* ...: im Anschluß an Lukas 10,31 und 18,11. (Vgl. Anm. zu 86,6ff.)

48,6f. *Radotage* (frz.): Rede ohne Zusammenhang, Geschwätz, Unsinn.

48,23. *Krankheit zum Tode.* Der Ausdruck stammt aus Joh. 11,4, ist also einer der zahlreichen Anklänge an den Wortschatz der Lutherbibel. Vorbereitet ist das Motiv bereits 43,30–32, – E. Beutler in der Zeitschrift Goethe 5, 1940, S. 138f. ist der Meinung, diese Stelle habe Kierkegaard den Titel seines Buches „Die Krankheit zum Tode" gegeben und ebenso habe ihn die *Werther*-Stelle 43,18 zu seinem Titel „Entweder-Oder" angeregt. Dagegen betont Walther Rehm, Kierkegaard und der Verführer, München 1949, S. 559, daß diese Beziehung zu *Werther* sehr fraglich sei, und nennt alle diesbezüglichen bisherigen Untersuchungen. Kierkegaards Titel „Krankheit zum Tode" knüpft wohl unmittelbar an die Bibel an, und der andere Titel kann sehr leicht aus ganz anderen Zusammenhängen als der *Werther*-Stelle entstanden sein.

48,38f. *Ich erinnerte ihn an ein Mädchen* ... Über eine motivische Anregung zu diesem Abschnitt: E. Beutler in (Jb.) Goethe 5, 1940, S. 138–144.

50,37. *Prinzessin, die von Händen bedient wird.* Motiv aus dem Märchen „La chatte blanche" von Marie Cathérine d'Aulnoy aus den „Contes de Fées". – Kath. Mommsen, Goethe und 1001 Nacht. Bln. 1960. S. 21.

51,2f. *Inzidentpunkt*: Zwischenfall, Punkt im Gefüge der Handlung, Nebenpunkt. (Aus der juristischen Sprache).

53,29f. *Wenn wir uns selbst fehlen, fehlt uns doch alles.* Eins der Motive, die bei Goethe in ganz verschiedenen Epochen wieder auftauchen. Später im *Diwan* heißt es: *Jedes Leben sei zu führen,/Wenn man sich nicht selbst vermißt* (Bd. 2, S. 71), und an der gleichen Stelle ist die Rede von der Dialektik der Liebe: Indem das Ich sich aufgibt und sich verliert im Du, gewinnt es sich selbst erst voll und glücklich wieder. Werther fehlt hier etwas, dem er sich hingeben kann, sei es die Kunst, die Arbeit oder ein geliebter Mensch, und also fehlt er sich selbst. Das Motiv kehrt gesteigert wieder in der Katastrophe am Schluß: *die Stim-*

me der ganz in sich gedrängten, sich selbst ermangelnden ... Kreatur (86,24ff.).

54,5f. *die Fabel vom Pferde.* Sie kommt bei Horaz, Episteln I,10 vor und in den im 18. Jahrhundert sehr bekannten Fabeln von La Fontaine IV,13: „Le Cheval s'étant voulu venger du Cerf".

54,14. *mein Geburtstag.* Der 28. August ist auch Goethes Geburtstag.

54,19. *zwei Büchelchen in Duodez,* also in ganz kleinem Taschenformat, aus der Offizin des Amsterdamer Buchdruckers *J. H. Wetstein* (1649–1726). Die Homer-Ausgabe von *J. A. Ernesti,* dem berühmten Leipziger Theologen und Philologen, Lpz. 1759–1764, enthält neben dem griechischen Text eine lateinische Übersetzung, weil Kenntnis des Griechischen im 18. Jahrhundert sehr selten war und die Kenntnis des Lateinischen so verbreitet, daß man sie bei jemandem, der Homer lesen wollte, voraussetzen konnte. Auch die kleine Ausgabe, welche Werther jetzt geschenkt erhält, „Homeri opera ... graece et latine, curante I. H. Lederlino et post eum S. Berglero, ex officina Wetsteniana, Amstelaedami 1707", ist zweisprachig. Sie setzt die Tradition der musterhaften holländischen handlichen Klassikerdrucke des 17. Jahrhunderts fort. – 55,14. *aufgespannt*: erregt. GWb 1,1020.

55,35. *das härene Gewand.* Anklang an Matthäus 3,4 zur Bezeichnung eines Einsiedlers.

56,30. *romantisch.* Das um 1773 noch seltene Wort, in dem zu dieser Zeit noch die Herkunft von der Bedeutung „romanhaft" nachklingt, kommt in dem Roman nur noch einmal vor, S. 104,10. – Dt. Wb. 8, 1893.

56,35. *Boskett* (frz.): Baumgruppe, parkartig angelegtes Wäldchen.

57,27f. *Wir werden uns wiedersehn.* Das Wiedersehn im Jenseits kommt im 18. Jahrhundert nicht nur in der speziell kirchlichen Literatur (Kirchenlieder, Erbauungsbücher) vor, sondern auch ganz allgemein in der Dichtung und Popularphilosophie, z. B. bei Young und Richardson, die auch in Deutschland sehr beliebt waren, bei Mendelssohn in seinem „Phädon", 1767, und bei Klopstock in seinen Oden, z. B. „An Fanny". Werther kennt Klopstocks Oden, und er weiß, daß Lotte in ihnen gelesen hat. – In dem Bericht Kestners über Jerusalem heißt es: „Mendelssohns Phädon war seine liebste Lektüre". – Vgl. 117,32ff. u. Anm. – E. C. Mason, „Wir sehen uns wieder!" Zu einem Leitmotiv des Dichtens und Denkens im 18. Jahrhundert. Literaturwiss. Jahrbuch der Görres-Ges. 5, 1964, S. 79–109.

58,13. Die Anreden mit *Sie* und *Du* (58,15) wechseln hier. Das gehört zum Stil der Zeit. Noch in Goethes Briefen an Frau v. Stein wechseln beide Formen.

Zweites Buch.

60,4. *sich ... einhalten*: zu Hause bleiben, im Zimmer bleiben.

61,24. *Der Gesandte macht mir viel Verdruß.* Wir sehen Werther im *2. Buch* zum ersten Mal beruflich tätig. Die Episode bei der Gesandtschaft ist innerhalb der Erzählung unentbehrlich, um zu zeigen, daß

Tätigkeit nicht Werthers Weg ist, um dem Leben Sinn zu geben. Werther spricht niemals von einer Aufgabe, sondern immer nur von der Person seines Vorgesetzten, mit dem er *Verdruß* hat. Er hat es freilich mit seiner Stellung nicht eben gut getroffen. Aber das liegt daran, daß er sie sich nicht selbst gesucht hat, sondern sich durch Freund und Mutter dazu hat bestimmen lassen (40,18 bis 28; 53,35ff.). Die Episode bei der Gesandtschaft ist außerdem diejenige Partie, in welcher die sozialen Motive, die durch den ganzen Roman verstreut sind, ihre stärkste Ausprägung finden. Werthers Liebe für die *geringen Leute* (10,31ff.; 78,37ff.) wird hier zur Abneigung gegen die *Gebildeten, zu Nichts Verbildeten* (79,1) und gipfelt in der Satire auf die Adelsgesellschaft (68,8–30). Aber Werther ist weniger revolutionär als manche Gestalten in den Dramen von Lenz; er bedenkt, *wie nötig der Unterschied der Stände ist* (63,16f.). Er ist empfindsamer Subjektivist, haßt die Subordination (40,19f.) und empfindet berufliche Tätigkeit als ein *um anderer willen ... sich um Geld oder Ehre oder sonstwas abarbeiten ...* (40,26ff.) Das Gegen-Motiv gegen alles das, was Werther *Joch, Aktivität* nennt (62,30f.), wird dann – absichtlich mitten in dieser Partie – angedeutet mit dem Stichwort *Fülle des Herzens* (65,3). – Bezeichnend für Werthers Charakter ist es auch, daß der Ausgangspunkt für seinen Streit mit dem Gesandten eine ästhetische Frage, eine Stilfrage ist. (61,32–36.)

61,26. *Base*: Bedeutung hier etwa: „umständliche alte Tante". GWb. 2, Sp. 80.

61,30. *Aufsatz*: Schriftstück. GWb. 1, Sp. 1003.

61,34. *Inversionen:* Wortumstellungen im Satz. Das kleine Motiv sagte in der Zeit, als der Roman erschien, den Lesern recht viel, denn die Inversion ist damals das Zeichen einer jungen Generation, die Ausdruck und Gefühl in der Sprache will, es ist der Stil der Empfindsamkeit und des Sturm und Drang im Gegensatz zum Stil des Rationalismus und seiner grammatischen Regeln. (Vgl. die Beispiele von empfindsamen Briefen im obigen Nachwort, sie sind voll von Inversionen, mehr als Werthers Briefe es sind.) Herder schrieb 1767 in seinen ,,Fragmenten": ,,Je mehr sich die Aufmerksamkeit, die Empfindung, der Affekt auf einen Augenpunkt heftet, je mehr will er dem andern auch eben diese Seite zeigen, am ersten zeigen, im hellsten Lichte zeigen – und dies ist der Ursprung der Inversion." (Fragmente über die neuere dt. Lit., 1. Sammlung, 12. Abhandlung.) Goethe las dies in Wetzlar und schrieb an Herder im Juli 1772: *Seit 14 Tagen les' ich Eure „Fragmente" ... aber doch ist nichts wie eine Göttererscheinung über mich herabgestiegen, hat mein Herz und Sinn mit warmer heiliger Gegenwart durch und durch belebt als das, wie Gedank' und Empfindung den Ausdruck bildet.* Demgemäß formt Goethe nun eine freie Wortfolge, die sich dem Gang der Vorstellungsbilder des Geistes anschließt. Er tut dies vor allem in seinen großen Hymnen dieser Jahre, gelegentlich aber auch in *Werther*. Werthers Satz *Das alles, Wilhelm, von ihr zu hören, mit der Stimme der wahrsten Teilnehmung – ich war zerstört* ...(70,34ff.) hat vom Standpunkt der Regel aus zwei Fehler: erstens ist die Reihenfolge der Wörter falsch, und zweitens ist der Satz unvollendet. Inversionen, wie sie den Regeln des 18. Jahrhunderts widersprechen, sind z. B. auch: *so ungleich, so unstet hast du nichts gesehn als dieses Herz* ... (10,22f.) oder: *So vertraulich, so heimlich hab' ich nicht leicht ein Plätzchen gefunden.* (14,33–35.) Vergleicht man Goethes genial hingeworfene Jugendbriefe mit den Briefen Werthers in dem Roman, so sieht man, daß dort die Inversionen und unvollendeten Sätze viel, viel häufiger sind als hier. Vergleicht man Goethes Jugendbriefe mit den gleichzeitigen Schriftstücken, welche er als Rechtsanwalt verfaßte, so glaubt man zunächst kaum, daß überhaupt derselbe Mensch sie geschrieben hat: die Distanz ist so groß, daß diese zwei Stile schlechterdings nichts mehr miteinander zu tun haben, als daß sie beide deutsche Prosa sind, hier Kanzleiprosa aus barocker Tradition, dort Ausdrucksprosa des Sturm und Drang. Später in der Weimarer Zeit haben beide Schichten sich einander genähert, und das gilt nicht nur für Goethe, sondern für die deutsche Prosa der Zeit allgemein: das Deutsch der Amts- und Gelehrtensprache wurde durchblutet und das der Geniesprache gebändigt. – Der Gesandte hat recht, daß er die Geniesprache im Amtsstil ablehnt; aber Werther hat recht, daß er die verschnörkelte und vertrocknete Amtssprache beleben möchte und die allzugroße, völlig unorganische Spanne zwischen den Stilen verringern und überbrücken will. – Das Motiv des Streits um die Inversion gehört in die Reihe der Motive von Werthers Streit gegen die rationalistische Kunstauffassung (12,27–30; 15,18–16,15; 74,2–5; 74,30–37), ein Punkt, in welchem er besonders empfindlich ist. – Vgl. Bd. 1, Kommentar zum Abschnitt ,,Die großen Hymnen". – Erich Schmidt, Richardson, Rousseau und Goethe. S. 244–261.

61,35. *seinen Period* (1. Fassung) bzw. *seinen Perioden* (2. Fassung), beides in der Sprache des 18. Jahrhunderts korrekt. Im Mittel- und Neulatein ist ,,periodus" Masculinum, ebenso im Französischen ,,le période"; daraus war im Deutschen des 18. Jahrhunderts geworden ,,der Period" oder ,,der Periode", stark- und schwachformig. Bei Goethe nicht selten als schwaches Masculinum. – Dt. Wb. 7, 1889, S. 1545. – Fischer S. 474.

62,17. *Belletristen* = Liebhaber der „belles lettres", der Dichtung; Schriftsteller, Schöngeister. GWb. 2, Sp. 353.

62,26. *gemeine Leben*: tägliche Leben, allgemeine Leben. Der Graf ist also tätig für einen Menschenkreis, der ihm unterstellt ist; ein Motiv wie später in den *Lehrjahren* die Tätigkeit des Grafen Lothario.

62,28f. *Deraisonnement*. Eins der vielen französischen Fremdwörter im 18. Jahrh.: unvernünftiges Reden, Geschwätz (ohne „raison"). GWb. 2, Sp. 1144.

64,3–5. *das eherne Jahrhundert* und das *eiserne* sind für Werther und seinen Freund, dem er schreibt, geläufige Wendungen, da ihnen seit ihrer Schülerzeit Ovid bekannt ist. Das antike Motiv der vier Weltalter, deren letzte das eiserne und das eherne sind, war in die Dichtung und Bildkunst des 17. und 18. Jahrhunderts eingegangen; hier ist es auf die menschlichen Lebensalter übertragen.

65,3. *Fülle des Herzens.* Dieser Ausdruck, der so bezeichnend für Werther ist, kehrt bald darauf wieder bei Friedrich Leopold Stolberg. Sein Prosa-Dithyrambus „Von der Fülle des Herzens", 1777, spricht von der Eigenschaft, welche der Mensch vor allem haben muß, um im Endlichen das Unendliche zu erfahren, und die darum zugleich die „menschlichste" und die „göttlichste" aller Gaben ist; „Fülle des Herzens", sagt Stolberg, sei nicht weinerliche Empfindsamkeit, sondern innere Kraft, die sich entfaltet im Seelenleben der Familie, in der Liebe, in der Freundschaft, im Naturgefühl und im Kunstempfinden. Stolberg war beeinflußt durch Goethes *Werther*, und er seinerseits übte wieder Einfluß auf Hölderlin. Die Entdeckung des seelischen Reichtums des Menschen im 18. Jahrhundert konnte nur in dieser Art sich vollziehen als ein Hineinwachsen des einen in die von dem anderen eroberten seelischen Bereiche; darum ergab sich diese Verbindungskette der an sich so verschiedenartigen und selbständigen Dichter, von Klopstock über Goethe und Stolberg zu Hölderlin. – Stolberg, Von der Fülle des Herzens. Deutsches Museum, 7. Stück, 1777, S. 1ff. Neudruck: F. L. Stolberg, Ges. Werke, Bd. 10, S. 355ff. Und: Kürschners dt. Nationalliteratur, Bd. 50, 2. Abt. = Göttinger Dichterbund, Bd. 3. Hrsg. v. A. Sauer. S. 18–27. Leicht zugänglich in dem Neudruck von J. Behrens. Reclam Universal-Bibl. Nr. 7901. Stuttg. 1970.

65,4f. *Raritätenkasten*: Guckkasten, wie er im 18. Jahrhundert auf Jahrmärkten und in Schaubuden gezeigt wurde. Der Vergleich kommt bei Goethe in seiner Periode des Sturm und Drang mehrmals vor, z. B.: *Shakespeares Theater ist ein schöner Raritätenkasten, in dem die Geschichte der Welt vor unsern Augen an dem unsichtbaren Faden der Zeit vorbeiwallt. (Bd. 12, S. 226,19 Zum Shakespeares*-Tag.) Oder: *Tausend Menschen ist die Welt ein Raritätenkasten, die Bilder gaukeln vorüber und verschwinden ... (Bd. 12, S. 29,31 Dritte Wallfahrt nach Erwins Grabe.)* Meist Hinweis auf eine Bilderreihe, im Gegensatz zu der komponierenden, systematisierenden Sehweise des Rationalismus. – Abbildung eines Guckkastens: Meyers Lexikon. 7. Aufl. Bd. 5. Lpz. 1926. S. 776. – Ausführlich über Guckkästen im 18. Jahrhundert: August Langen, Anschauungsformen in der dt. Dichtung des 18. Jahrhunderts. Jena 1934.

66,18. *Eingeweide*: in der Goethezeit häufig für Herz, Seele, Inneres; so 97,18; auch: Bd. 7, Anm. zu 241,7. – GWb. 2, Sp. 1456.

68,1. *die noble Gesellschaft.* Hier beginnt die Szene des kränkenden Erlebnisses in der Adelsgesellschaft. Für den Verlauf der Handlung bringt sie die Begründung von Werthers Ausscheiden aus dem Amt, und diese Trennung von der Berufsarbeit (die er sich finanziell gestatten kann), bringt für ihn wiederum die Möglichkeit, zu reisen und in die Stadt, wo Albert und Lotte wohnen, zurückzukehren. Darüber hinaus zeigt dieses Motiv die Verletzlichkeit von Werthers Seele und die besondere Art ihrer Reaktion; denn auch dieses Erlebnis löst den Gedanken an Selbstmord aus: *da möchte man sich ein Messer ins Herz bohren* (69,30f.); *ich möchte mir eine Ader öffnen, die mir die ewige Freiheit schaffte.* (71,5f.) Die Verletzung, die er hier empfängt, hat ihre besonders starke Wirkung deswegen, weil seine Seele bereits durch das mit Lotte Erlebte verletzt ist, und: *Ein kleines Übel, das auf die größeren folgt, erfüllt das Maß.* (136,30f.) Das Motiv des kränkenden Erlebnisses stammt aus Kestners Bericht. Es steht dort ganz am Anfang, als eine Erklärung alles Folgenden: „Jerusalem ist die ganze Zeit seines hiesigen Aufenthalts mißvergnügt gewesen, es sei nun überhaupt wegen der Stelle, die er hier bekleidete, und daß ihm gleich anfangs (bei Graf Bassenheim) der Zutritt zu den großen Gesellschaften auf eine unangenehme Weise versagt worden, oder insbesondere wegen des Braunschweigischen Gesandten, mit dem er bald nach seiner Ankunft kundbar heftige Streitigkeiten hatte ..." Goethe hat aus der Geschichte Jerusalems manches entnommen, anderes ließ er weg. Jerusalem war in Wolfenbüttel aufgewachsen. Dort war sein Vater Hofprediger, und nicht nur das, er war der persönliche Freund des Fürsten. Es war in Norddeutschland üblich, daß die Adligen gegenüber den hohen Geistlichen keine Standesgrenzen spüren ließen, in diesem Falle galt das besonders. Die Situation, daß der Hofprediger der Freund des Fürsten war, wirkte sich auf den Sohn aus. Der junge Jerusalem konnte in Wolfenbüttel in allen Kreisen verkehren, ob es Gelehrte oder Adlige waren. Er war vielseitig begabt und philosophisch interessiert. Lessing schätzte ihn sehr. Nun kam er nach Wetzlar. In der kleinen Stadt gab es eine für diesen Ort viel zu große Zahl von Vertretern aller deutschen Kleinstaaten am Reichkammergericht, die leitenden Männer waren sämtlich Adlige. Sie grenzten sich ab gegen das Wetzlarer Bürgertum und gegen die bürgerlichen Mitarbeiter. Es war bekannt, daß nirgendwo in Deutschland ein so kleinlicher Standesdünkel tonangebend war wie in Wetzlar (H. Gloël, Goethe und Lotte. 1922. S. 3–7). Kestner tönt seinen Bericht gut ab: er nennt als Gründe für Jerusalems Depressionen die Ablehnung durch den Adel, den Ärger mit seinem Vorgesetzten und die unglückliche Liebe zu Frau Herd. Diese Motive wurden nach Jerusalems Tode auch von anderen genannt. Goethe erinnert später in *Dichtung und Wahrheit* daran: *Jedermann fragte nun, wie das möglich gewesen, und als man von einer unglücklichen Liebe vernahm, war die ganze Jugend, als man von kleinen Verdrießlichkeiten, die ihm in vornehmerer Gesellschaft begegnet, sprach, der ganze Mittelstand aufgeregt, und jedermann wünschte, das Genauere zu erfahren.* (Bd. 9, S. 592,29–34) In bezug auf seine Übernahme des Motivs in den Roman sagt er dann weiterhin: *In dieser Zeit war meine Stellung gegen die oberen Stände sehr günstig. Wenn auch im „Werther" die Unannehmlichkeiten an der Grenze zweier bestimmter Verhältnisse mit Ungeduld ausgesprochen sind, so ließ man das in Betracht der übrigen Leidenschaftlichkeit des Buches gelten, indem jedermann wohl fühlte, daß es hier auf keine unmittelbare Wirkung abgesehen sei.* (Bd. 10, S. 116,9–15) Werther ist empört über das Benehmen der Adelsgesellschaft, aber er sagt: *Zwar weiß ich so gut als einer, wie nötig der Unterschied der Stände ist.* (63,16f.) Er schätzt, ja *verehrt* den Grafen C. (61,12f.), dieser bedauert den kränkenden Vorfall (69,4ff.). Der Minister schreibt ihm einen Privatbrief (66,30), der Erbprinz und der Minister bedauern ehrlich sein Ausscheiden aus dem Dienst (71,35ff.); ein Fürst lädt ihn ein (71,21ff.), *schätzt seine Talente* (74,6) und hält ihn *so gut man nur kann* (74,23f.). Diese Motive lassen das Motiv der Kränkung in seinem besonderen Zusammenhang erkennen. Zwischen den Abschnitten über *das glänzende Elend, die Langeweile, die Rangsucht* (62,36ff.) und über die Kränkung in der Adelsgesellschaft (67,26–69,11) steht das Wort, das den Gegenpol bezeichnet: *Fülle des Herzens* (65,3). Wenn man die Menschen unter diesem Gesichtspunkt beurteilt, fallen alle Rangunterschiede fort. Goethe wußte diese Einsicht in Wetzlar und in Weimar in Leben umzusetzen; Werther weiß es nicht.

Über Jerusalem (Vater und Sohn): NDB 10, 1974, S. 415–418. – Rosa Kaulitz-Niedeck, Goethe und Jerusalem. Gießen 1908. – Heinrich Gloël, Goethe und Lotte. Bln. 1922. S. 144–189. – Über das Reichskammergericht: Rudolf Smend, Das Reichskammergericht. Weimar 1911. – Karl Demeter, Das Reichskammergericht in Wetzlar zu Goethes Zeit. Goethe-Kalender 33, 1940, S. 41–68. – Kestners Bericht über Jerusalem an Goethe ist vollständig abgedruckt in: Fischer-Lamberg 4, 1968, S. 351–356.

68,12. *Nation*: Menschenklasse; von lat. „natio": Geburt, Gattung, Klasse, Sippschaft, Menschenschlag. Im gleichen Sinne in Briefen an Frau v. Stein 1. Jan. 1780 und 5. Juni 1784. HA. Briefe 1, S. 291,4.

68,20. *angestochen*: verletzt (wie durch einen Stich). GWb 1, Sp. 702.

68,24f. *Krönungszeiten Franz des Ersten.* Franz I. wurde 1745 gekrönt. Der Roman spielt, wie die darin angegebenen Daten sagen, in den Jahren 1771/72.

68,25f. *in qualitate* (lat.): entsprechend seinem Rang als Adliger (nicht als Inhaber eines Amts).

68,27. *übel fourniert*: schlecht, minderwertig ausgestattet (von frz. „fournir").

68,33. *zirkulierte*: die Runde machte; und zwar, nachdem das zunächst bei den Damen geschehen war, nun auch bei den Herren (*auf die Männer*).

69,10. *Ulyß* = Odysseus. Die Bewirtung bei dem Schweinehirten steht im 14. Gesang der „Odyssee". Obgleich Werther Homer im Urtext liest, bleibt er – ebenso wie Goethe sein Leben lang – bei der lateinischen Namensform *Ulyß* oder *Ulysses,* die dieser Generation geläufig war durch alles, was sie seit ihrer Jugend lateinisch, französisch und deutsch gelesen hatte. Die griechische Form setzte sich erst in den folgenden Jahrzehnten durch, zumal durch die Vossische „Odyssee"-Übersetzung, 1781, und dadurch, daß das Griechische nun immer mehr neben dem bis dahin allein herrschenden Lateinischen an den Gymnasien gelehrt wurde. Goethe ist in der griechischen Sprache nie ganz sattelfest gewesen, er hat bei seiner Homer-Lektüre immer auch auf die nebenstehende lateinische Übersetzung geblickt. Wahrscheinlich muß man sich Werthers Homer-Lektüre ähnlich denken, denn die Homer-Ausgaben, die er benutzt, sind beide zweisprachig. (Vgl. die Anm. zu 54,19.) – 69,7. *Kabriolett*: leichter einspänniger Wagen. GWb 2, 965.

70,23. *gestern nacht,* wie häufig bei Goethe: gestern abend (da *Nacht* in seinem süddeutschen Sprachgebrauch den Abend nach dem Dunkelwerden bezeichnet); parallel dazu in derselben Zeile *heute früh.*

71,5. *ich möchte mir die Ader öffnen* ... Das Selbstmord-Motiv erklingt hier im Zusammenhang des Leidens durch Kränkung und böses Geschwätz. Es ist keineswegs nur mit der Liebe zu Lotte verbunden. Das ist auch schon zu Beginn des Romans betont, dadurch daß das erste Auftreten dieses Motivs (14,16–18) vor der Bekanntschaft mit Lotte liegt.

71,13. *Säftchen.* Wie eine bittre Medizin, die in wohlschmeckendem Saft gereicht wird.

71,17. *Halte.* Das Wort *die Halte* (das Haltmachen) ist hier formelhaft ohne das Verbum „machen" benutzt. Dt. Wb. 4,2 (1877), Sp. 274.

72,16. *die Wallfahrt nach meiner Heimat.* Die Episode von Werthers Fahrt nach der Kleinstadt, in der er seine Kindheit verbrachte, bringt noch einmal einen Aufschub, bevor er zu Lotte fährt. Sie zeigt, daß er völlig seinen Stimmungen hingegeben ist und sich empfindsam treiben läßt. (Wörter wie *Wallfahrt* und *Pilgrim,* aus der kirchlichen Sprache übernommen, waren Lieblingsausdrücke der Empfindsamkeit geworden). Zugleich erfahren wir etwas über Werthers Jugend. Schon als Knabe gab er sich gern Stimmungen hin; der Schulstube gedenkt er mit Schauder (73,8–13). Doch ihm blieb harter Zwang erspart. Wir erfahren, daß sein Vater früh starb (72,12) und daß seine Mutter dann mit ihm in eine größere Stadt umzog. Er wuchs also nur bei der Mutter auf, aber es stellte sich zu ihr kein herzliches und nahes Verhältnis ein. Werther pflegt seiner Mutter anscheinend am liebsten auf dem Umweg über Wilhelm, der am gleichen Orte lebt, Nachricht zu geben, auch in wichtigen Sachen. (8,5; 71,12f.; 72,4f.; 121,26f.) Daß Werther ohne

Vater ist und seiner Mutter fernsteht, ist von Bedeutung für seinen späteren Entschluß zum Selbstmord, denn er fühlt sich so gut wie frei. Man male sich einmal aus, was geschähe, wenn in den *Wanderjahren* Odoard Selbstmord beginge (auch ihm bringt die Liebe Schmerzen), als Hunderte von Menschen darauf warten, von ihm in einer neuen Provinz angesiedelt zu werden und zu Arbeit und Brot zu gelangen. Männer wie Odoard, Lenardo, der Abbé haben ihren Mittelpunkt in objektiven Aufgaben, und damit ist für sie im Bereich ihrer persönlichen Möglichkeiten der Selbstmord gar nicht vorhanden. Dagegen ist der Harfner in den *Lehrjahren,* der sich das Leben nimmt, ein Einsamer ohne Aufgabe. Werther lehnt das kirchliche Gesetz, daß Selbstmord eine Sünde sei, für sich ab; über das ungeschriebene Gesetz, daß man Menschen, denen man etwas schuldig ist, nicht im Stiche läßt, denkt er wenig nach, weil er in diesem Punkte sich weitgehend ohne Bindungen fühlt. Die Episode der Reise dient also unter anderem auch dazu, diese seine Isoliertheit, die für den nun folgenden Teil der Erzählung bedeutsam wird, noch deutlicher zu machen, und sie ist darum an dieser Stelle paßrecht eingefügt.

73,29f. *ungemeßnen Meer*: z.B. Odyssee X,195; *unendliche Erde*: z.B. Odyssee XV,79.

73,31. *Was hilft mich's.* Goethe benutzt das Verbum *helfen* gewöhnlich mit dem Dativ, wie es im Neuhochdeutschen üblich ist, z.B. 11,14 und 11,15. Aber ein alter Akkusativ der Person, der in der Wendung *was hilft mich's* formelhaft erstarrt war, kommt gelegentlich bei ihm vor, wenn er lässig schreibt; an Charlotte v. Stein, 7. 2. 1776: *Was hilft mich's, daß Sie in der Welt sind* ... Werther schreibt Brief-Stil, und so liegt diese Wendung hier bei ihm nahe. – Dt. Wb. 4,2. Lpz. 1877. S. 956f. – Fischer S. 330.

74,24. *nicht in meiner Lage*: nicht in meiner geordneten, richtigen Lage. Hier in übertragenem Sinne: nicht in meinem seelischen Gleichgewicht.

74,26. *von ganz gemeinem Verstande*: von durchschnittlicher Intelligenz, wie auch viele andere sie haben; darin liegt auch wohl: ohne eine starke Persönlichkeit zu sein.

77,12. *kränkt* = krank macht. Das Motiv, die Vereinsamung des Unglücklichen als Krankheit zu sehen, auch 48,23 und 54,13.

78,4. *Protestationen* (aus dem mittleren und neueren Latein): Bezeugungen, Darlegungen.

79,24ff. *blauen Frack ... gelbe Weste und Beinkleider dazu.* eine um 1772 häufige Zusammenstellung in der Herrenmode. Kestner in seinem Bericht an Goethe schreibt, daß Jerusalem so gekleidet war, als er sich das Leben nahm. Dadurch, daß Goethe seinem empfindsamen Helden diese Tracht gab, wurde sie dann plötzlich für eine Zeitlang zur Mode der empfindsamen Jugend.

79,26f. *unscheinbar*: unansehnlich, unschön.

81,9. *Zutrauen.* So in allen Drucken aus Goethes Zeit. Fischer-Lamberg macht die Konjektur *Zutragen,* „da ja von den realen Aufgaben der Dorfbewohner die Rede ist“ (Bd. 4, S. 361).

81,14 ff. *Untersuchung des Kanons ..., Lavaters Schwärmereien ..., Kennikot, Semler und Michaelis.* Der *Kanon* sind die Bücher, die in der Bibel zusammengestellt und offiziell-kirchlich anerkannt sind (im Gegensatz zu den Apokryphen). Während im Mittelalter alle Teile der Bibel in gleicher Weise als gottgegeben und alle als ein großer systematischer zeitloser Zusammenhang galten, begannen im 18. Jahrhundert Forscher, diese Schriften als Erzeugnisse aus verschiedenen Jahrhunderten zu betrachten, die mehr oder minder mit der Kultur des alten Orients zusammenhängen und deren Wert für die Gegenwart verschieden groß ist. Außerdem begann man sie philologisch-kritisch anzusehen in bezug auf Textfehler, Textvarianten, Wiederholungen, spätere Zusätze usw. Es begann also eine Kritik des Kanons und seiner einzelnen Texte und eine historische Betrachtungsweise, wie sie dann auch Herder handhabte. Der englische Theologe Benjamin *Kennicot* (1718–1783) war seit 1753 bahnbrechend für die alttestamentliche Textkritik. Johann David *Michaelis* (1717–1791), Professor für orientalische Sprachen in Göttingen, erforschte Brauch und Sitte im alten Morgenland und begann von da aus eine undogmatische, historisch-kritische Betrachtungsweise der biblischen Schriften. Johann Salomo *Semler* (1725–1791), Professor der Theologie in Halle, stellte im biblischen Kanon stellenweise ,,jüdische Lokalideen" fest und sah den Wert der biblischen Bücher mannigfach abgestuft. – Goethe fühlte, daß diese neue historische Richtung der Religiosität – auch in ihrem allgemeinsten Sinne – gefährlich werden könne; deswegen seine Zurückhaltung da, wo er fürchtete, man könne zerstören, ohne zugleich etwas anderes, Gleichwertiges aufzubauen. *Lavater* (81,17; vgl. auch 33,38) mit seinem unhistorischen Gefühlschristentum wird hier der historisch-kritischen Richtung entgegengestellt. Goethes persönliche Urteile erscheinen bei Werther alle in übersteigerter Art, denn diese Äußerungen dienen zur Charakteristik Werthers; zu ihm paßt es, daß er alles Gelehrte, alles Vernunftgemäße ablehnt, alles Schwärmerische schätzt. Goethe hat sich später von Lavater abgewandt und hat an der historischen Bibelkritik selbst teilgenommen, die ihn übrigens schon in seiner Jugend interessiert hatte und ihm durch Herder geläufig geworden war. (*Noten und Abhandlungen zu besserem Verständnis der West-östlichen Divans,* Bd. 2, S. 126–264, insbesondere S. 128 f., 206–225). – HA Goethes Briefe und Briefe an Goethe, mit zahlreichen Texten aus dem Briefwechsel Goethe-Lavater und Anmerkungen dazu. – Die Religion in Geschichte und Gegenwart. 2. Aufl. 5 Bde. u. 1 Register-Bd. Tüb. 1927–1932. Artikel ,,Bibelwiss.", „Michaelis", „Semler" u. a. – E. Beutler in: (Jb.) Goethe 5, 1940, S. 144 bis 157. – Karl Aner, Die Theologie der Lessingzeit. Halle 1929.

81,35. *Prätensionen* : Ansprüche.

82,9. *Ossian.* Nachdem schon vorher (37,17) Ossian einmal erwähnt ist, spricht Werther hier seine Begeisterung für ihn aus und gibt eine treffende Schilderung der Ossianischen Welt, nur stark gesehen aus seiner eigenen empfindsamen Haltung. Die Motive, welche er nennt (82,10–35), sind typische Motive der Ossianischen Dichtungen; sie kehren später wieder in den „Gesängen von Selma", welche Werther vorliest, und haben Beziehung zu seinem eigenen Schicksal: *die Wehklagen des Mädchens* (82,15f. entsprechend 108,35–110,14 und 114,1–11) das empfindsame Lied an den Abendstern (82,20f. entsprechend 108,5–14) und vor allem das Vorausdenken an den eigenen Tod: die Stelle *Der Wanderer wird kommen* ... (82,31–35) wird von Werther hier zitiert, weil sie für Ossian typisch ist und ihn selbst persönlich besonders berührt. Werther zitiert aus dem Kopfe, d.h. nicht genau; eine genaue Übersetzung dieser Stelle, auf Grund des englischen Textes (aus dem Lied „Berrathon"), liest Werther dann später vor (114,34–37). Es ist bezeichnend, daß dieses erste Ossian-Zitat, das wir vernehmen, das Motiv des Todes bringt; das letzte Ossian-Zitat, das wir später hören (114,31–37), bringt das gleiche. Hier liegt die Berührung zwischen Werthers Gedankenkreisen und Ossians Welt: es ist eine Welt, in welcher der Mensch, schuldlos in tragischer Lage, nichts kann als würdig sterben. Einsam ruft er sein Leid hinaus in die düstere Landschaft, und ihm antwortet nichts als ein Echo. Er ist allein gelassen, allein mit seinem Gefühl. Ja, es antwortet ihm nicht einmal ein Gott. Die jenseitigen Bereiche bleiben unerforschlich, unerreichbar. Daß die Ossianischen Dichtungen diese Motive und Stimmungen bringen, in denen Werther sich spiegeln kann, liegt daran, daß sie aus der gleichen geistesgeschichtlichen Situation heraus entstanden sind, aus der Strömung der Empfindsamkeit. Jede geistige Strömung der Neuzeit suchte Bundesgenossenschaft, indem sie aus der Vorzeit Verwandtes heranzog. Die Strömung um 1760, 1770 suchte alte Volksdichtung und glaubte diese zu finden in Ossian. Hier waren einerseits die Gefühle und Stimmungen, die man selbst empfand; anderseits aber eine Welt alter Helden und Heldinnen, mannhaft, kampfesmutig und stark; dies alles in vorchristlicher Zeit. Macpherson hatte aus der Not, daß er nicht wußte, welche Götter er seinen alten Helden andichten solle, eine Tugend gemacht: er schildert Menschen, die ohne den Trost der Götter leben und ihr Menschsein darum desto ernsthafter empfinden. Damit hängt zusammen, welche ungeheure Bedeutung für sie die Dichtung hat: der Tote hat nur Ruhe, wenn die Barden ihn besingen; und diese besingen ihn nur, wenn er würdig und groß gelebt hat. (Macphersons Menschen sind nicht unreligiös und glauben auch nicht, mit dem Tode völlig zu vergehen.) Ossians Dichtung ist zum großen Teil Preislied und Beklagung der Toten. Sie bot sich dar in gefühlsgeladener, leidenschaftlicher Sprache und in freien Rhythmen, so daß sie dem neuen Kunstwollen entgegenkam, das die alten Zierlichkeiten und Schulregeln der Dichtung überwinden wollte. Kein Wunder also, daß man, als seit 1760 die Ossian-Dichtungen erschienen, sie sogleich begeistert aufnahm. Das, wofür man sie hielt, waren sie nun freilich nicht. Man sah sie als alte schottische Gesänge von Barden der Vorzeit. In Wirklichkeit sind sie Dichtungen des 18. Jahrhunderts, welche alte Sagen-Motive benutzen. Die überall in Europa lebendig gewordene Suche nach alten Liedern und Epen war auch nach Schottland gedrungen. Gelehrte und Schriftsteller hofften hier, daß es noch Reste alter nationaler Dichtung gäbe; aber die meisten beherrschten die gälische Sprache nicht mehr. In Edinburgh lebte damals als armer Hauslehrer der 23jährige James Macpherson, dichterisch begabt, sehr belesen, voll Ehrgeiz und beseelt von dem Wunsch, an bedeutende Männer und an Geldquellen zu gelangen. Er war im Hochland auf dem Lande geboren und konnte Gälisch. Man drängte ihn, alte Lieder zu suchen. Er dichtete, alte Sagen-Motive benutzend, etwas Eigenes und sagte, er habe es aus dem Gälischen übersetzt. Als der Edinburgher Professor Hugh Blair dieses Werk sah, war er begeistert und machte sich zum Künder dieser – nach seiner Meinung – alten großen Dichtung. Für den jungen Macpherson winkten Ruhm, Geld und bürgerliche Stellung. Blair und sein Kreis trieben ihn, weiter zu suchen. Und er brachte ihnen in den folgenden Jahren weitere „Übersetzungen"; sie alle zusammen wurden von Blair gedeutet als Fragmente von ein oder zwei großen alten Epen, deren Held Fingal, deren Verfasser Ossian ist. Ossian ist ein alter Sänger, er ist (wie Homer) blind. Er blickt auf die Zeiten seiner Jugend zurück, auf die Taten seines Vaters Fingal und seines früh gestorbenen Sohnes Oscar und die anderer Helden, die meist früh und tragisch dahingerafft sind. Von diesen Ossianischen Werken brachte Macpherson 20 mehr oder minder lange Lieder episch-lyrischen Charakters, eins davon sind die „Gesänge von Selma", ein anderes „Berrathon". 1765 erschien eine erste Gesamtausgabe in 2 Bänden, 1773 eine umgearbeitete Ausgabe. Die Dichtung als Ganzes zeigt eine Verbindung von verschiedenen Einflüssen. Da sind Motive aus alten irischen und schottischen Sagen und Volksballaden; sodann Motive und Bilder aus Homer; sprachliche Wendungen aus den Psalmen und anderen Teilen der Bibel; manches aus Milton; Elemente moderner Naturdichtung von Thomson bis Young; sodann die allgemeine empfindsame Seelenhaltung der Zeit; und schließlich Macphersons persönliche, nicht geringe dichterische Fähigkeit und Eigenart. Das alles ist hier zu einer seltsamen und eindrucksvollen Mischung gelangt. Das Werk wurde ein europäischer Erfolg. Klopstock und die Dichter des Göttinger „Hains" begeisterten sich dafür und machten sich, da man germanische und keltische Vorzeit noch nicht unterscheiden gelernt hatte, ein höchst phantasievolles Bild von Ossian als einem dichterischen Ahnherrn. Herder, der in dieser Zeit das Programm des Sturm und Drang von Echtheit, Gefühlskraft und Volkstümlichkeit der Dichtung verkündigte, sah in Ossian alle seine Ideale verkörpert. Er kannte ihn seit seinen Rigaer Jahren aus Übersetzungen und war überschwenglich von ihm begeistert. Im Winter 1770/71, in Straßburg, war Goethe Herders ständiger Besucher und wurde von dem weiten neuen Geistesbereich des Älteren eine Zeitlang völlig verzaubert. Er ließ sich in diesem Zusammenhange auch für Ossian interessieren und übersetzte in dieser Zeit oder bald danach Ossians „Gesänge von Selma". Im Juli und August 1771, in Bückeburg, faßte Herder das, was er in Straßburg seinen jungen Freunden mündlich mitgeteilt hatte, zusammen in dem Aufsatz „Über Oßian und die Lieder der alten Völker", gedruckt 1773 in dem Sammelband „Von Deutscher Art und Kunst", welcher auch Goethes Aufsatz *Von deutscher Baukunst* enthält. Goethe hat sich nie so häufig und so begeistert über Ossian geäußert wie Herder. Er hat wohl deutlicher als dieser die modern-empfindsamen Stimmungen, aber unter dieser Hülle auch den Kern tragischer Geschehnisse und männlichen Heldentums herausgefühlt. Wieviel Sinn er in diesen Jahren für volkstümlich-balladeske Tragik hatte (in mancher Hinsicht mehr als sein damaliger Meister), zeigen die Balladen, die er selbst im Elsaß sammelte, und seine Übertragung der südslawischen Asan-Aga-Ballade *Klaggesang von der edlen Frauen des Asan Aga* (Bd. 1, S. 82–85). – Vgl. 108,5 ff. und die Anmerkung dazu. –

Rudolf Tombo, Ossian in Germany. New York 1901. = Columbia University Germanic Studies, I,2. – Paul van Tieghem, Ossian et l'Ossianisme dans la Littérature Européenne au 18e siècle. Groningen 1920. – Hans Hecht, James Macpherson's Ossian-Dichtung. German.-Roman. Monatsschrift 10, 1922, S. 220–237. – Rudolf Horstmeyer, Die dt. Ossian-Übersetzungen des 18. Jhs. Diss. Greifswald 1926. – Lawrence M. Price, The Reception of English Literature in Germany. Berkeley, California, 1932. = Univ. of California Publications. – Lyrische Weltdichtung in dt. Übertragungen aus sieben Jahrhunderten. Hrsg. v. J. Petersen u. E. Trunz. Bln. 1933. = Literarhistor. Bibliothek, 9. S. 142–149, 188. – Alexander Gillies, Herder und Ossian. Bln. 1933. = Neue Forschung, 19. – A. Gillies, Herder. Oxford 1945. Deutsch von W. Löw. Hamburg 1949. S. 70–79. – Elisabeth Büscher, Ossian in der Sprache des 18. Jhs. Diss. Königsberg 1938. – Herbert Schöffler, Ossian. Hergang und Sinn eines großen Betrugs. Goethe-Kalender 34, 1941, S. 123–163. – Ernst Beutler, Bilder zu Ossian. Goethe-Kalender 34, 1941, S. 163–169.

85,12. *ein verlechter Eimer*: ein rissiger Eimer; *lechen* (eine Weiterbildung ist „lechzen"), altes Wort für: Risse bekommen von Trockenheit (davon das heutige „leck"); zu Goethes Zeiten bekannt durch Bibelstellen (Prediger 12,6) und Mundart (Hessen). – Dt. Wb. 12,1, S. 754. – Fischer S. 886.

85,36. *Müdseligkeit* steht im Erstdruck 1774, *Mühseligkeit* in den Himburgschen Raubdrucken. Da Goethe für die Herstellung der Fassung von 1787 einen Himburgschen Druck benutzte, ging *Mühseligkeit* in alle seine Drucke seit 1787 über. Zu der Fassung des Erstdrucks vgl. 98,23 das Substantiv *Lebensmüde*. Also wohl nicht Druckfehler, sondern einmalige Neubildung im Zusammenhang dieses Briefs.

86,6ff. *sagt nicht selbst der Sohn Gottes, daß die um ihn sein würden, die ihm der Vater gegeben hat? Wenn ich ihm nun nicht gegeben bin?* Sehr eigenwillige Weiterbildung von Motiven aus Joh. 6,44 und 6,65. – Dieser Brief, in welchem Werthers religiöse Sehnsucht und Verzweiflung sich noch einmal voll ausspricht, hat zahlreiche Anklänge an Worte der Bibel. Auch wenn Werther sich in ehrlicher Weise von der Kirche absetzt (85,37–86,16) – er hat religiöse Anschauung und religiöse Sprache nur durch die kirchliche Überlieferung gelernt. Im Vergleich mit den motivischen und sprachlichen Anklängen an Homer und Ossian sind die Beziehungen zur Bibel sehr viel zahlreicher. Und es ist bezeichnend für die Intensivierung von Werthers religiöser Sehnsucht, daß diese Anklänge sich steigern, je mehr sein Tod naherückt.

10,10ff. *wie sie, alle die Altväter, am Brunnen Bekanntschaft machen und freien ...*	1. Mos. 24,13f. Herr, siehe, ich stehe hier bei dem Wasserbrunnen, und der Leute Töchter in dieser Stadt werden heraus kommen, Wasser zu schöpfen. Wenn nun eine Dirne kommt, zu der ich spreche „Neige deinen Krug ...", und sie wird sprechen „Trinke, ich will deine Kamele auch tränken"; daß sie die sei, die du deinem Diener Isaak bescheret habest ...
30,22ff. *meinem Herzen sind die Kinder am nächsten ... immer wieder hole ich dann die goldenen Worte ... „Wenn ihr nicht werdet wie eines von diesen!"*	Matth. 18,3. Wahrlich, ich sage euch, es sei denn, daß ihr euch umkehret und werdet wie die Kinder, so werdet ihr nicht ins Himmelreich kommen.
38,15ff. *ich habe selbst Leute gekannt, die des Propheten ewiges Ölkrüglein ohne Verwunderung in ihrem Hause angenommen hätten.*	1. Könige 17,16. und dem Ölkruge mangelte nichts, nach dem Wort des Herrn, das er geredet hatte durch Elia.
46,29. *Wer hebt den ersten Stein auf ...*	Ev. Johannis 8,7. Wer unter euch ohne Sünde ist, der werfe den ersten Stein auf sie.
47,2ff. *Ihr steht so gelassen, so ohne Teilnehmung da, ihr sittlichen Menschen ... geht vorbei wie der Priester und dankt Gott wie der Pharisäer, daß er euch nicht gemacht hat wie einen von diesen.*	Luk. 10,31. Es begab sich aber ohne gefähr, daß ein Priester dieselbige Straße hinabzog, und da er ihn sahe, ging er vorüber. Luk. 18,11. Der Pharisäer stund und betete bei sich selbst also: Ich danke dir, Gott, daß ich nicht bin wie die andern ...

48,22f. *wir nennen das eine Krankheit zum Tode ...*

Joh. 11,4. Da Jesus das hörte, sprach er: Die Krankheit ist nicht zum Tode ...

55,35. *das bärene Gewand und der Stachelgürtel*

Matth. 3,4. Johannes hatte ein Kleid von Kamelhaaren und einen ledernen Gürtel um seine Lenden ...

85,10ff. *und der ganze Kerl vor Gottes Angesicht steht ... wie ein verlechter Eimer.*

Prediger 12,6. Ehe denn ... der Eimer zerleche am Born ...

85,14f. *wenn der Himmel ehern über ihm ist*

5. Mose 28,23. Dein Himmel, der über deinem Haupte ist, wird ehern sein.

86,6ff. *Sagt nicht selbst der Sohn Gottes, daß die um ihn sein würden, die ihm der Vater gegeben hat?*

Joh. 6,44. Es kann niemand zu mir kommen, es sei denn, daß ihn ziehe der Vater ...

Joh. 6,65. Darum habe ich euch gesagt: Niemand kann zu mir kommen, es sei ihm denn von meinem Vater gegeben.

86,16ff. *Und ward der Kelch dem Gott vom Himmel auf seiner Menschenlippe zu bitter, warum soll ich großtun ...*

Matth. 26,39. ... fiel nieder auf sein Angesicht und betete und sprach: Mein Vater, ist's möglich, so gehe dieser Kelch von mir ...

86,27f. *Mein Gott! mein Gott! warum hast du mich verlassen?*

Matth. 27,46. Und um die neunte Stunde schrie Jesus laut und sprach: Mein Gott, mein Gott, warum hast du mich verlassen?

86,30f. *der die Himmel zusammenrollt wie ein Tuch*

Psalm 104,2. Du breitest aus den Himmel wie einen Teppich.

Jesaia 34,4. Der Himmel wird zusammengerollt werden. Offenbarung Johannis 6,14. der Himmel entwich wie ein zusammengerolltes Buch.

117,30. *Ich gehe voran! gehe zu meinem Vater.*

Joh. 14,28. Ich gehe zum Vater; denn der Vater ist größer denn ich.

Joh. 13,1. ... da Jesus erkannte, daß seine Zeit kommen war, daß er aus dieser Welt ginge zum Vater ...

123,3ff. *daß Priester und Levit vor dem bezeichneten Steine sich segnend vorübergingen und der Samariter eine Träne weinte.*

Luk. 10,31–33. Es begab sich aber ohngefähr, daß ein Priester dieselbige Straße hinabzog, und da er ihn (den von Räubern Überfallenen und Zerschlagenen) sahe, ging er vorüber. Desselbigen gleichen auch ein Levit, da er kam bei der Stätte und sahe ihn, ging er vorüber. Ein Samariter aber reiste und kam dahin; und da er ihn sahe, jammerte ihn sein ...

123,6f. *Ich schaudre nicht, den kalten, schrecklichen Kelch zu fassen ...*	Joh. 18,11. Soll ich den Kelch nicht trinken, den mir mein Vater gegeben hat?

Die wesentlichsten dieser Stellen beziehen sich auf Werthers unmittelbares Verhältnis zu dem *Vater*, und zugleich auf die scharfe Ablehnung der selbstgerechten *Priester*. Zu diesen Anklängen an Bibelworte kommen zahlreiche weitere Beziehungen zur Sprache der Kirche: *Taufhandlung* 36,12; *Prophet* 36,14; *Gnade* und deren *sichtbare Zeichen* (Sakramente) 117,13ff.; *Pilger im heiligen Lande* 73,14; *Zelle* und *Gewand* des Mönchs 55,35 und anderes mehr. Aber gerade durch die Anklänge werden auch wieder die Unterschiede deutlich. Werther spricht immer nur von dem Vater, und bewußt nicht von der Mittlerschaft und Erlösungstat des Sohnes. Wo Jesus genannt wird, ist er der *Lehrer der Menschen*, der *goldene Worte* spricht (30,30), ist also von der humanen „natürlichen" Religion des 18. Jahrhunderts aus gesehen; eine zweite Stelle weist auf ihn als Geschöpf, als *Kreatur* (86,26), nicht als Mittler. Bibelanklänge sind nicht auch immer Bibelnähe. Dem Gläubigen wären die Worte Christi am Kreuz zu heilig, als daß er sie auf sich selbst in solcher Weise anwenden könnte, wie Werther es tut (86,27f.); manche zeitgenössischen Kritiken haben die Bibel-Anklänge als Profanierung getadelt. Da, wo Werther von dem Weg zu dem Vater spricht, von der Freiheit, in die er geht, da verbindet sich ihm dieser Weg mit dem Bilde Lottens: *Ich schaudre nicht, den kalten, schrecklichen Kelch zu fassen ... Du reichtest mir ihn ...* (123,6ff.) Denn für ihn wird die Liebe zum religiösen Weg; sie wird vergeistigt – aber sie bleibt Liebe. An anderen Stellen hat die Beziehung zu dem *Alliebenden* (90,34f.) Züge von Naturfrömmigkeit (9,10–30; 52,2ff.) und auch sprachliche Ausdrücke, die dem Gedicht *Ganymed* (Bd. 1, S. 46f.) nahe kommen. In ausgesprochenem Gegensatz zum Christentum steht Werther darin, daß er zu den Grundelementen seiner Existenz (unentbehrlich für sein Lebensgefühl) die Freiheit rechnet, die Stunde seines Todes selbst bestimmen zu können. – Bei sprachlichen Anklängen an die Bibel muß man ausgehen von Bibeldrucken des 17. und frühen 18. Jahrhunderts, nicht von sprachlich modernisierten Texten der Gegenwart. – Gertrud Janzer, Goethe und die Bibel. Lpz. 1929. (Auch: Theol. Diss. Heidelberg 1929.) – Hanna Fischer-Lamberg, Das Bibelzitat beim jungen Goethe. In: Gedenkschrift für Ferdinand Josef Schneider. Weimar 1956. S. 201–221.

89,11. *die Generalstaaten*: die niederländische Regierung, die als besonders reich galt.

90,15. *einer irdischen Hindernis.* Das Wort *Hindernis* ist bei Goethe und anderen Schriftstellern seiner Zeit meist Femininum. – Dt. Wb. 4,2, S. 1410. – Fischer S. 345.

91,29f. *Und auf einmal fiel sie in die alte, himmelsüße Melodie ein* ... Es ist die Melodie, von der Werther einmal im Anfang seiner Liebe berichtete (39,15–23). Wie leicht vermischt Liebe sich mit einer Melodie – und mehr als alles andere vermag die Melodie dann den ganzen Kreis des Erlebens plötzlich in überwältigender Kraft lebendig zu machen. Der *Werther*-Roman als Inbild einer liebenden Seele hat sich diesen Zug nicht entgehen lassen, wennschon das Motiv untergeordnet bleibt. Goethe in seiner Jugend hatte also innere Erfahrungen auch in diesem Bereich. Sie haben sich viele Jahre später in gesteigerter Form wiederholt in jener Krisis, die ihm *Werther* wieder so nahe brachte und aus der das Gedicht *An Werther* entstand: die Marienbader Leidenschaft von 1823 verband sich ihm mit Melodien, welche die Pianistin Szymanowska dort spielte, und als sie ihm einige Monate später auf einem Besuch in Weimar das gleiche wieder vortrug, erlitt er eine Erschütterung bis an die Grenze eines Zusammenbruchs.

98,8f. *in seinem wirksamen Leben*: in seinem Leben, sofern dieses Wirksamkeit, Tätigkeit war.

102,9. *geschickt*: so handelnd, wie es der Schicklichkeit (dem Anstand, der Notwendigkeit) entspricht; zuvorkommend, artig, sich schickend (= sich fügend). – Dt. Wb. 4,1, 2. Teil, S. 3884. – Fischer S. 285.

103,4. *Politisch.* Das Wort hat hier die alte Bedeutung, die um 1700 allgemein war und noch zu Goethes Zeit häufig vorkam: weltklug, praktisch, schlau, diplomatisch, und zwar in bezug auf den einzelnen, das Individuum.

105,36. *Kleider einnähen*: in Schutzhüllen, für eine Reise.

107,32. *eine Menuett.* Das aus dem Italienischen und Französischen herkommende Wort ist hier als Femininum gebraucht, ebenso Bd. 9, S. 394,3; dagegen Bd. 11, S. 511,6 als Maskulinum.

108,5ff. *Stern der dämmernden Nacht* ... Werther liest Lotte ein Stück aus Ossian vor, das er übersetzt hat. Es ist das Werk, das bei Ossian den Titel hat „Songs of Selma", eines der kürzeren Ossian-Gedichte, sehr viel kürzer als die umfangreichen Epen „Fingal" und „Temora". Goethe hat diesen Gesang vermutlich im Herbst 1771 übersetzt, als er durch Herder für Ossian interessiert war. Eine sorgfältige Reinschrift (betitelt *Die Gesänge von Selma,* jetzt im Goethe-Museum Düsseldorf) wurde als Geschenk an Friedrike Brion übersandt (wahrscheinlich auf dem Wege über Salzmann in Straßburg). Goethe maß dieser Arbeit bald darauf wohl nicht mehr viel Bedeutung bei. Doch 1774 nahm er sie wieder vor, nicht um Ossians willen, sondern weil sie in *Werther* paßte als Element zur Charakterisierung des empfindsamen Helden. Er arbeitete nun die alte Übertragung sprachlich um, und das ganze lyrische Können, das ihm seither erwachsen war, wurde dabei fruchtbar; es äußert sich in der Wortwahl und vor allem in dem Rhythmus, der weit hinausgeht über die Klänge der Übersetzung von 1771, auch über die des englischen Textes, dessen rhythmische Prosa er weicher, melodischer und wandlungsreicher ins Lyrische steigert. Die „Songs of Selma“ sind typisch für die Ossianische Welt. Am Beginn steht Naturlyrik, dann erscheinen, schattenhaft, Gestalten der Heldenzeit. Sie singen von vergangenen tragischen Ereignissen. Dabei werden die Menschen mit der Natur, mit Felsen, Blumen und Wind verglichen. Eine Anzahl Namen taucht auf und neue Geschichten folgen fast ohne Übergang. Der Zusammenhang bleibt undeutlich, sofern man sich nicht sehr genau den verschachtelten Aufbau klarmacht. Was Werther und Lotte ergreift – und die ganze Zeit ergriff –, sind einige tragische Einzelmotive und ist vor allem der klagende sehnsuchtsvolle lyrische Klang. Ossian, der greise Sänger, beginnt mit einem Gesang auf den Abendstern. (108,5 ff.) Er erinnert sich dann an seine *geschiedenen Freunde* (108,15 f.) und gedenkt einer Zusammenkunft in der Königshalle seines Vaters Fingal auf Selma (108,21 f.). Die Ossianischen Dichtungen gehen von der Vorstellung aus, daß bei solchen Zusammenkünften *Barden* (108,18 f.) Lieder sangen und daß diejenigen Lieder, welche besonderen Anklang fanden, von den Sängern im Gedächtnis behalten und später wieder vorgetragen wurden. So singt Ossian nun, was er einst auf Selma gehört hat, und zwar sind es drei balladeske Lieder. Das erste ist ein Lied, das Minona sang. Minonas Lied stellt die Klage Colmas dar. Diese Klage Colmas wird in direkter Rede gebracht. Wir haben also hier (der Text umfaßt bisher noch nicht einmal eine Druckseite) bereits eine zweifache Schachtelung: Ossian trägt vor, was Minona sang, Minona das, was Colma sang. Colma singt davon, wie ihr Geliebter und ihr Bruder sich wechselseitig töteten. Das Gedicht bringt sein Geschehen nicht knapp-balladesk wie alte Volksdichtungen, sondern es ist subjektive Klage im empfindsamen Zeitstil, eingefügt in die Naturstimmung mit Nacht, Wind und Mond. Als Kern bleibt das alte tragische Handlungsmotiv. – Nach Minona tritt der Barde Ullin auf (110,18). Er hat einst einen Wechselgesang zwischen Ryno und Alpin gehört, welche den Tod Morars beklagten. Dieser Wechselgesang wird jetzt wiederholt, und zwar singt Ullin die Partie Alpins, Ossian selbst die Rynos, beide begleiten ihren Gesang mit Harfen. Diesmal also dreifache Schachtelung: Ossian singt von seinem und Ullins damaligem Gesang, sie wiederholten damals Rynos und Alpins Gesänge, diese beide sangen von Morar. Wieder ist es Totenklage. Durch sie wurde damals Armin angeregt (112,12 ff.), das traurige Schicksal seiner Kinder zu besingen. Daura, die Tochter, wird von Erath entführt; ihr Bruder Arindal nimmt Erath gefangen; Armar, Dauras Verlobter, glaubt den Entführer Erath vor sich zu sehen, tötet aus Versehen Arindal und kommt selbst im Wasser um. Daura stirbt. – Hier bricht Werthers Lesung ab. Weder Lotte noch ein anderer Hörer, wenn man ihm diese

Übersetzung vorläse, überblickt sogleich den verschachtelten Zusammenhang. Doch es kommt auf ihn nicht an. Was sofort haftenbleibt, sind ein paar Situationen: Die junge Heldin, deren Bruder und Geliebter infolge einer unheilvollen Fügung einander töten; die andere junge Heldin, deren Bruder versehentlich von ihrem Geliebten getötet wird und die dann auf dem Inselfelsen umkommt, indes ihr alter Vater hilflos am Ufer steht. Die Parallele ist nicht aufdringlich, aber deutlich: auch um Lotte sind zwei Männer und ist schuldlose Schuld, Verzweiflung und Todesnähe. Die Tragik des Lebens, welche Werther und Lotte nie unmittelbar gegen einander aussprechen, sagen sie sich jetzt in der übertragenen Form der Dichtung. Und welches andere Werk außer Ossian hätten sie dafür nehmen können? Wie einst Klopstock für sie das Stichwort war für religiöses Naturgefühl, so ist Ossian nun das Stichwort für Tragik. Bei diesem vermischt sich das tragische Motiv, das auf alte Dichtungen und Sagen zurückgeht, nun mit der Empfindsamkeit zeitgenössischen Geistes, langen Klagen, Naturstimmungen, lyrisch-ergreifender Sprache. In allen Geschichten, die hier verknüpft sind, handelt es sich um den Tod junger Männer und die Klage junger Frauen, und Werther denkt dabei an seinen eigenen Tod. Wenn Colma und ebenso Daura erleben, daß von den Jünglingen, welche einander die Nächsten sein sollten, einer den anderen tötet, wird Werther vorlesend an seinen Schreckensgedanken erinnert: *in diesem zerrissenen Herzen ist es wütend herumgeschlichen, oft – deinen Mann zu ermorden.* (104,34f.) Schon als er zu lesen beginnt, ist er innerlich zum Zerreißen gespannt. (108,2–4.) In seiner ganzen Vorlesung spricht seine Stimme aus, was ihn innerlich bewegt, auch wenn seine Worte nur den geschriebenen Text bringen. Lotte empfindet diesen Klang, und damit vermischen sich ihr dunkel die Hauptmotive des vorgelesenen Gedichts: schuldlose Schuld, unentrinnbares Schicksal, ein verzweifeltes Mädchen, ein toter Jüngling, hilflose Klage. Mit dem Bild des ertrinkenden Mannes und des einsamen verzweifelten Mädchens bricht die Lesung ab. (113,36 bis 114,16.) Werther setzt dann nach kurzer Pause nochmals mit Lesen an, und diesmal spricht der Text davon, daß jemand – der Sänger – den eigenen Tod voraussagt (114,31–37). Werther empfindet hier die Parallele zu dem, was er selbst erlebt und vorhat, überwältigend stark. Und hier führt das Zusammenfallen des Gelesenen und Gelebten nun zu dem Ausbruch gestauten Gefühls, das den Höhepunkt bringt. – Für den Roman als Kunstwerk ist die letzte gelesene Partie (114,31–37) die unmittelbare Fortsetzung der vorigen (die 114,16 endete). Betrachtet man dagegen die Entstehung des Werkes, so sieht man: die Partie 114,31–37 stammt aus dem Ossian-Liede „Berrathon" und ist mit Bedacht hier eingefügt als lyrische Steigerung, knappste Formulierung des Todesmotivs und Wendung zum eigenen Tod. Sie wiederholt außerdem, was schon in Werthers erstem Brief über Ossian erklang (82,31–35): das Denken ans eigene Grab. Sie steigert also alle bisherigen Ossian-Motive zum Höhepunkt (sowohl in bezug auf die Partie 82,9–39 wie die Partie 108,5–114,16), und wie deren Beginn betont sie: Ossian-Welt ist Todeserwartung. – Dagegen hat Goethe das, was in den *Gesängen von Selma* noch folgt, absichtlich weggelassen. Es lautet in seiner Übersetzung von 1771 folgendermaßen: *Will keins von euch aus Mitleiden reden? Sie sehen ihren Vater nicht an. Ich bin trüb, o Carmor; aber nicht gering die Ursach meines Schmerzens! – So waren die Worte der Barden in den Tagen des Gesangs, da der König den Klang der Harfen hörte und die Geschichten vergangener Zeiten. Die Fürsten erschienen von allen ihren Hügeln und hörten den lieblichen Ton. Sie priesen die Stimme von Cona (Ossianen), des ersten unter tausend Barden. Aber das Alter ist nun auf meiner Zunge, mein Geist ist weggeschwunden. Ich höre manchmal die Geister der Barden und lerne ihren lieblichen Gesang. Aber das Gedächtnis schwindet in meiner Seele. Ich höre den Ruf der Jahre. Sie sagen, wie sie vorübergehn: Wie, singt Ossian? Bald wird er liegen im engen Haus, kein Barde seinen Ruhm erheben. Rollt hin, ihr dunkelbraunen Jahre, ihr bringt mir keine Freude in eurem Lauf. Eröffnet Ossian sein Grab, denn seine Stärke ist dahin. Die Söhne des Gesangs sind zur Ruhe gegangen, meine Stimme bleibt über wie ein Hauch, der fern um den seeumgebenen Felsen saust, wenn sich der Sturm gelegt hat. Das finstere Moos rauscht, und aus der Ferne sieht der Schiffer die wallenden Bäume.* – Es handelt sich auch hier um Vorblick auf den eigenen Tod, aber bei einem alten Manne; die „Berrathon"-Stelle bringt das gleiche Motiv viel knapper, lyrischer und ergreifender. – Für Werther und Lotte ist die Ossian-Dichtung ein Spiegel ihres eigenen Schicksals, nicht in den Einzelheiten, aber als Tragik und Gefühl. Werther wird ergriffen, weil es eine Dichtung voll empfindsamen Gefühlsausdrucks ist, und seine Ergriffenheit überträgt sich auf Lotte. Die tragischen Geschehnismotive allein hätten diese Wirkung nicht erreicht; läse Werther ein tragisches Geschehnis vor, das die herbe Sprache der Asan-Aga-Ballade hat (Bd. 1, S. 82–85), es würde beide nicht so in Tränen versetzen. Hier dagegen kommt der lyrische Klang der modern-empfindsamen Sprache hinzu. In dieser Zeit lag die Edda gedruckt vor in der Ausgabe von Petrus Resenius, 1665, und im Anhang von Mallets „Introduction à l'histoire de Dannemarc", 1755/56; von dem Nibelungenlied hatte Bodmer 1759 den zweiten Teil, die großartig-tragische Geschichte des Burgundenuntergangs, zum Druck gebracht. Das waren alte Volksdichtungen mit großen tragischen Situationen. Aber die Zeit ging an ihnen achtlos vorüber; der Abstand war zu groß. Macpherson dagegen mit seiner Verbindung tragisch-balladesker Handlungsmotive und moderner Gefühlssprache traf genau den Geschmack der empfindsamen Zeit und machte in dieser Form seiner Gegenwart die alten Stoffe schmackhaft. Noch 50 Jahre später, in der Romantik, mußte erst eine halb moderne, halb mittelalterliche Fassung des Nibelungenliedes, von F. H. v. d. Hagen, 1807, erscheinen, bevor man es wagte, zu dem echten alten Werk weiterzuschreiten. Als man dann das Tragische in der alten Dichtung erkannte und es zugleich in neuen Dichtungen wieder neu erschuf, war die Rolle Ossians zu Ende. Aber in der Epoche davor hat er – als Verbindung von Tragik und Empfindsamkeit – den Zeitgenossen viel bedeutet. Deswegen greift Werther als empfindsamer und zugleich tragischer Mensch zu diesem Werk. Goethe schiebt in den Roman die Ossian-Vorlesung ein, weil sie mehrere Funktionen zugleich erfüllt: sie charakterisiert Werther, sie führt ihn und Lotte mittelbar zusammen, sie spricht die Tragik der Situation aus, sie bildet ein Ritardando vor der Katastrophe und deutet zugleich als Spiegelung auf sie voraus; sie zeigt auch, wie sehr Werthers Liebe von geistiger Art ist und was es für den modernen Menschen bedeutet, in künstlerischen Bereichen einig zu sein: wie das erste Einander-Finden mit Lotte im Zeichen einer Dichtung sich ereignete, so auch dieses letzte. – Eine Wirkung, die mit dem Roman als Kunstwerk nichts zu tun hat, war dann die, daß Ossian hierdurch mehr als durch alles andere berühmt bei den Empfindsamen wurde. So aber hatte der Dichter es nicht gemeint. Die Ossian-Vorlesung ist für ihn ein Roman-Motiv, nicht Verherrlichung eines Dichters; für ihn selbst war Homer viel bedeutender. –

Goethes Übersetzung in der Fassung von 1771: Der junge Goethe. Hrsg. v. M. Morris. Bd. 2. Lpz. 1910. S. 84–91. – Fischer-Lamberg 2, 1963, S. 76–81, 327. – Weim. Ausg., Bd. 37, 1896, S. 66–77. – Abdruck der Übersetzungen von 1771 und 1774 nebeneinander: Der junge Goethe. Goethes Gedichte. Hrsg. v. Eugen Wolff. Oldenburg u. Lpz. (1907.) S. 95–108 und dazu der Kommentar S. 452–455. – Über die Handschrift: Katalog d. Sammlung Kippenberg. Bd. 1. 2. Aufl. Lpz. 1928. S. 3, Nr. 5. – Über Goethes Übersetzungen: John Hennig, Goethe's Translations of Ossian's Songs of Selma. The Journal of English and Germanic Philology 45, 1946, S. 77–87. – John Hennig, Goethe's Translation from Macpherson's Berrathon. Modern Language Review 42, 1947, S. 127–130. – Vgl. außerdem die Anmkg. zu 82,9.

109,6. *schnobend.* Heute gebräuchlicher „schnobernd". Nebeneinander vorkommend: schnoben, schnobern, schnopern, schnuppern u. a. Formen.

109,7f. *des verwachsenen Stroms* = des Stroms, in und an welchem Pflanzen wachsen. – Dt. Wb. 12,1, S. 2067f.

116,24ff. *Ich hatte eine Freundin* ... Von ihr war in einem der ersten Briefe die Rede (12,4–19). Dort spricht Werther von der Sehnsucht, einen älteren weisen Menschen zu haben, dem er sich ganz anvertrauen könne; jetzt spricht er von der Sehnsucht, ihr im Tode nachzufolgen. Es gehört zu der Tragik von Werthers Existenz, daß er keinen Menschen hat, der so wie diese Verstorbene die verwirrten Fäden seines Innern ergreift, sie ordnet und ihn sich selbst wiedergibt. – Vgl. die Anm. zu 12,4ff.

117,12. *versiegelten*: waren ein Zeichen für . . ., bestätigten.

117,32ff. *ich fliege dir entgegen ... in ewigen Umarmungen.* Die Formulierung erinnert an ähnliche Stellen bei Klopstock. Damit ist nicht gesagt, daß Werther hier an Klopstock denkt oder in Lotte Erinnerungen an diesen wecken will, sondern nur, daß Werthers Unsterblichkeitsvorstellungen und deren sprachliche Formulierungen weitgehend von Klopstock (nicht von den Theologen) beeinflußt sind. In Klopstocks Ode, die in der Darmstädter Ausgabe, 1771, ,,An Daphne" heißt, in der Hamburger Ausgabe, 1773, ,,An Fanny", wird ausgemalt:

Dann wird ein Tag sein, den werd ich auferstehn!
Dann wird ein Tag sein, den wirst du auferstehn!
Dann trennt kein Schicksal mehr die Seelen
Die du einander, Natur, bestimmtest.

Klopstock wagt hier das heikle Thema des Zueinanderfindens derer im Jenseits, welche ,,Natur" für einander bestimmt hat. Fanny hatte einen anderen Mann gewählt, Klopstock aber glaubte, daß sie von Natur ihm selbst bestimmt sei. Das wird in der Ode folgendermaßen ausgesprochen:

Ach, wenn du dann auch einen beglückteren
Als mich geliebt hast, laß den Stolz mir,
Einen Beglückteren, doch nicht edlern!

Und ähnlich wie in Werthers Worten vollzieht sich dann eine Vereinigung im Jenseits vor dem Auge Gottes:

Dann wägt, die Waagschal in der gehobenen Hand,
Gott Glück und Tugend gegen einander gleich;
Was in der Dinge Lauf jetzt mißklingt,
Tönet in ewigen Harmonien!
Wenn dann du dastehst, jugendlich auferweckt,
Dann eil ich zu dir . . .

117,36f. *Wir werden sein! wir werden uns wieder sehen!* Werther zitiert hier wörtlich Sätze aus dem Gespräch mit Lotte und Albert am Abend vor seiner Abreise im September 1771 (57,22f. und 57,27f.). Dort war von Tod und Wiedersehen im Jenseits die Rede, Lotte hatte selbst die Sprache darauf gebracht, als sie von ihrer Mutter erzählte. Werther weiß, daß Lotte bei den Worten, die er hier schreibt, an jenes Gespräch zurückdenken wird, und wie dort wird hier das Reich der Seelen bezeichnet, indem er ihre Mutter nennt.

118,5f. *Ihre Pistolen leihen?* Werther hat schon im August 1771 davon gesprochen, sich für eine Reise diese Pistolen zu leihen (45,13f.); auf diese Weise ist das Motiv schon vorbereitet. Es war im 18. Jahrhundert nicht ungewöhnlich, daß man wegen der Gefahr, angefallen zu werden, Pistolen auf eine Reise mitnahm. – Daß Werther, der Albert sonst in den Briefen duzt, hier *Sie* schreibt, entspricht dem Stil der Zeit, denn es ist ein unpersönlich formuliertes Billett, und man wechselte damals je nach Art und Ton des Schreibens vielfach zwischen ,,Du" und ,,Sie". (Vgl. den im Nachwort zitierten Brief Wielands an Lavater vom 4. März 1776.)

120,5f. *wie sie mehr zu tun pflegte*: wie sie öfters zu tun pflegte.

120,18. *Die Erscheinung von Werthers Knaben*: die Ankunft von Werthers Diener. Das Wort *Knabe* bezeichnet im 18. Jahrhundert anders als im 20. Jahrhundert auch Burschen, junge Männer, zumal sofern sie Bedienstete sind. (Bei dem Wort „Mädchen" hat sich die entsprechende Bedeutung länger erhalten.)

122,23f. *aufgehabenen.* In Übereinstimmung mit allen Goetheschen Drucken; kein Druckfehler für „aufgehobenen". Die Form *aufgehaben,* durch die Lutherbibel bekannt, kommt im 18. Jahrhundert auch bei Goeckingk, Heinse, Moritz, Musäus u.a. vor. Während das Simplex im 18. Jahrhundert meist „gehoben" lautete, hielt sich im Kompositum noch die Form *aufgehaben;* und in adjektivischem Gebrauch „erhaben" hielt sich bis heute. – Dt.Wb. 1, S. 663. – GWb. 1, Sp. 947.

123,2ff. *daß Priester und Levit*... Anklang an das Gleichnis vom barmherzigen Samariter, Lukas 10,30–37. Mit den Wörtern *Priester* und *Levit* (Tempeldiener) meint Werther hier die Theologen und ihren Anhang, mit *Samariter* den undogmatischen, weichherzigen, empfindsamen Menschen. – Vgl. Anm. zu 86,6ff.

123,32. *den Blick vom Pulver.* Das Wort *Blick* bedeutet bis ins 18. Jahrhundert: Blitz, heller Strahl. In diesem Sinne auch in dem (*Werther* zeitlich nahestehenden) *Mahomets-Gesang: Seht den Felsenquell, / Freudehell, / Wie ein Sternenblick!* (Bd. 1, S. 42 und die Anm. dazu.) – Dt. Wb. 2, S. 113f.

124,21f. *„Emilia Galotti" lag auf dem Pulte* ... „Emilia Galotti" ist zu Werthers Zeit die einzige moderne deutsche Dichtung, die auf einer hohen Ebene Tragik darstellt. Das aufgeschlagene Buch ist Hinweis, daß es Situationen gibt, die zum Tode führen müssen, nicht als Ausfluß sentimentaler Schwärmerei, sondern als Rettung sittlicher Freiheit. Aus Werthers Feder wäre ein solcher Hinweis denen, die seinen Tod sehen, belanglos, aus Lessings Feder müssen sie ihn anerkennen. Emilia bittet den Vater, sie zu erstechen, und es geschieht. Ein verwandtes Motiv erwähnt Werther einmal früher, einen *edlen Waffenträger,* der einen Fürsten *von der zückenden Qual des langsam absterbenden Lebens ... befreit* (82,36 bis 38). Es ist Tod auf Wunsch an Stelle von Selbstmord. Nach den Anschauungen der Orthodoxie und auch der Aufklärung war beides verwerflich. Aber für Emilia Galotti und ihren Vater besteht das Ziel ihrer Tat darin, die Tugend zu bewahren und Böses zu verhüten. Emilia wie Werther wünschen aus einem Schuldgefühl heraus den eigenen Tod. Werther deutet hier an, daß man auch seinen Tod in solchem Lichte sehen solle. Darum Lessing, der kühle, klare, nicht Ossian. Das erklärende Wort an Lotte ist der nur für sie bestimmte Abschiedsbrief. Das erklärende Wort an die übrige Welt – ein sehr zurückhaltendes, taktvolles Wort, das ganz offen läßt, wieviel hier Zufall, wieviel Absicht sei – ist „Emilia Galotti". – In Kestners Bericht an Goethe heißt es: „Emilia Galotti lag auf dem Pult am Fenster aufgeschlagen." Goethe hat diesen Satz also leicht verkürzt übernommen. Er hätte es nicht getan, wenn er nicht in das innere Gefüge des Romans gepaßt hätte.

E. Feise, Zu Entstehung, Problem u. Technik von Goethes „Werther". The Journal of English and Germanic Philology 13, 1914, S. 1–36. – E. Feise, Lessing's Emilia Galotti and Goethe's Werther. Modern Philology 15, 1917, S. 321–338. – J. Petersen, Goethe u. Lessing. Euphorion 30, 1929, S. 175–188. Auch in: Petersen, Aus der Goethezeit. 1932. S. 1–18. – R. T. Ittner, Werther and „Emilia Galotti". The Journal of English and Germanic Philology 41, 1942, S. 418–426. – L. Forster, Werthers's reading of „Emilia Galotti". Publ. of the English Goethe Society N. S. XXVII, 1958, S. 33–45. – Ilse Appelbaum-Graham, Minds without medium. Reflections on „Emilia Galotti" and „Werthers Leiden". Euphorion 56, 1962, S. 3–24.

124,33. *tuschten* = stillten, beschwichtigten.

124,34f. *Nachts gegen eilfe ließ er ihn ... begraben.* Es war im Ausgang des 18. Jahrhunderts üblich, daß Beerdigungen am späten Abend oder nachts stattfanden und daß Gesellen einer Handwerkerzunft den Sarg trugen. Darin also weicht Werthers Beerdigung in nichts von dem Gebräuchlichen ab. Aber das Fehlen eines Geistlichen ist ein Unterschied von dem üblichen, der im 18. Jahrhundert stark ins Auge fiel, denn hierdurch wird Werther zum Mörder gestempelt. Geistliche des 18. Jahrhunderts beerdigten keinen Selbstmörder, und es wurde erst in der 2. Hälfte des 18. Jahrhunderts auf Grund der nun sich durchsetzenden milderen Anschauungen möglich, in solchem Falle eine Grabstelle auf dem Friedhof zu erhalten. Werther bittet in seinen Abschiedsbriefen – der an den Amtmann wird nur indirekt erwähnt (122,34–37) –, *auf dem Kirchhofe ... hinten in der Ecke nach dem Felde zu* beerdigt zu sein. Der Bericht formuliert nun nicht: „Werther wurde an der Stätte begraben", sondern macht den *Amtmann* zum Subjekt: ... *ließ er ihn an die Stätte begraben, die er sich erwählt hatte.* Die Leser des 18. Jahrhunderts verstanden diese knappe, zurückhaltende Sprache: Ohne den Amtmann wäre schwerlich alles so nach Wunsch verlaufen. – Goethe hat aus Kestners Bericht den Satz „Das Kreuz ward voraus getragen" nicht übernommen, jedoch den folgenden Satz *Kein Geistlicher hat ihn begleitet,* und zwar wörtlich; doch dadurch, daß er ihn zum Schlußsatz des Romans macht, hat er ihm einen Nachdruck verliehen, den er in Kestners Bericht nicht besitzt. – Über Jerusalems Beerdigung: H. Gloël, Goethe und Lotte. Bln. 1922. S. 170–172. Oder: H. Gloël, Goethes Wetzlarer Zeit. Bln. 1911. S. 233f. – Allgemein über Beerdigung von Selbstmördern im 18. Jahrhundert: Zedler, Universal-Lexikon 2, 1733, Art. „Begräbnis" Sp. 927–937, und Bd. 36, 1743, Art. „Selbstmord" Sp. 1595–1614. – RGG Art. „Begräbnis" und „Selbstmord". – Hans Rost, Bibliographie des Selbstmords. Augsburg 1927. Insbesondere S. 39–42 und 316–326.

Abkürzungs-Verzeichnis und Bibliographie:
am Ende des Bandes.

ZUR TEXTGESTALT DES „WERTHER“

Unser Text bringt das Werk in der 2. Fassung, in der es Goethe von 1787 an immer zum Druck brachte. – Textgeschichtlich gehört diese Fassung zu den schwierigsten Werken, die es gibt.

Der *Werther* erschien im Erstdruck in 2 Teilen 1774 bei dem Verleger Weygand in Leipzig. Der Verleger brachte rasch hintereinander im gleichen Jahre noch zwei weitere Drucke, wobei er z. T. Goethes Handschrift noch einmal verglich.

1775 begann der Berliner Verleger Himburg unrechtmäßig „Goethes Schriften“ herauszugeben und druckte als „Ersten Teil“ *Die Leiden des jungen Werther.* Er druckte in den folgenden Jahren das Werk noch zwei weitere Male nach. Himburgs Drucke enthalten Angleichungen an den Berliner Sprachgebrauch, aber auch willkürliche Änderungen und zahlreiche Fehler. Beispielsweise wurde aus *meine* (7,19) *meinige;* aus *nachher* (63,32) *hernach;* aus *verlassen von aller Welt* (49,35) *verlassen von der Welt;* aus *Deine Stimme glich dem Waldstrome* (111,17f.) *gleich dem ...* usw.

1781 begann Goethe für die von ihm geplante Sammlung seiner Schriften *Werther* neu zu bearbeiten. Er besaß kein Exemplar der Weygandschen Drucke mehr und lieh sich von Frau v. Stein einen Himburgschen Nachdruck. Diesen ließ er von einem Schreiber ganz abschreiben und trug in diese Handschrift (H) seine Veränderungen und Ergänzungen ein. Fast alle Fehler und Änderungen des Himburgschen Drucks wurden dabei übernommen; einiges wurde korrigiert, teils von Goethe, teils von Herder. An dieser Handschrift hat Goethe in den folgenden Jahren mehrfach Ergänzungen angebracht; sie ist erhalten geblieben und wird im Weimarer Archiv aufbewahrt; diese Handschrift diente als Vorlage des Drucks von 1787 , von welchem Goethe keine Korrekturbogen sah. Dieser Druck wurde dann maßgeblich für alle folgenden Drucke.

Offensichtlich sind in diese Fassung eine Menge Himburgsche Fehler und Willkürlichkeiten übernommen, die nie und nimmer hineingekommen wären, wenn Goethe einen authentischen Weygandschen Druck benutzt hätte. – Seit Seufferts *Werther*-Edition in der Weimarer Ausgabe, 1899, sehen es die wissenschaftlichen Herausgeber als ihre Aufgabe an, aus Goethes 2. Fassung dasjenige auszuscheiden, was eindeutig auf Himburg zurückgeht. Das läßt sich weitgehend tun, aber in einigen Punkten bleiben unlösbare Fragen; denn manche Sprachformen, die Himburg einsetzte, hat Goethe in seinen ersten Weimarer Jahren auch von sich aus in seine Prosa eingeführt; denn er verließ damals die Schreibweise seiner Jugend, welche nach süddeutscher Mundart vielfach die Endungs-e fortließ und in Art des Sturm und Drang sich dem gesprochenen Wort nahe hielt. Aus diesem Grunde ergibt sich also bei manchen Einzelheiten der 2. Fassung die Frage, ob nicht Himburgs Form Goethes neuem Stil entsprach, von ihm autorisiert ist und also nicht in die Urfassung zurückgeändert werden darf.

Im folgenden sind die Cottaschen Ausgaben bezeichnet mit den für sie üblichen Siglen:

A = Werke 1806–1810.
B = Werke 1815–1819.
C = Ausgabe letzter Hand 1827–1830.

Die Weimarer Ausgabe (W) erwarb sich ein bleibendes Verdienst, indem sie ihrem Druck erstmalig die Handschrift (H) zugrunde legte, die eindeutigen Himburgschen Fehler und Willkürlichkeiten ausmerzte und in einem großen Lesarten-Apparat alle Varianten mitteilte. Doch weil darüber hinaus noch einiges zu tun blieb, weichen die Jubiläums-Ausgabe (J), die Fest-Ausgabe (F) und die Welt-Ausgabe (Wl) in Einzelheiten von der Weimarer Ausgabe ab. Wer fortan die 2. Fassung des *Werther* druckt, muß sich mit diesen Ausgaben auseinandersetzen. F und Wl nennen in Lesarten-Anhängen ihre Abweichungen von W. Leider tut J das nicht. Die Akademie-Ausgabe bringt in einem Band, Bln. 1954, einen sorgfältigen Parallel-Druck beider Fassungen. Die neue Edition „Der junge Goethe", bearbeitet von Hanna Fischer-Lamberg, enthält in Bd. 4, Bln. 1968, einen Abdruck der 1. Fassung. – Der Text hat sich nicht nur von der 1. zur 2. Fassung geändert, sondern in Kleinigkeiten auch noch in der 2. Fassung von deren Erstdruck 1787 bis zur *Ausg. l. Hd.* 1828. Im Jahre 1787 schrieb Goethe *ahnden* und *Ahndung;* in Weimar ging er, dem Zeitgebrauch entsprechend, zu *ahnen* und *Ahnung* über, so in den Texten von 1817 und 1828. Da wir heute *Werther* aus historischem Abstand lesen, spricht vieles dafür, die Formen *ahnden* und *Ahndung* zu belassen (57,2; 73,22; 80,11; 100,30; 115,4; 120,35); da aber in der Erstausgabe des vorliegenden Bandes die Formen der *Ausg. l. Hd.* und der Weim. Ausg. gedruckt sind, sind diese auch in der vorliegenden Auflage beibehalten.

Ein Lesarten-Apparat, der alle Unterschiede der alten Drucke anführt, befindet sich in der Weimarer Ausgabe und füllt dort 125 Seiten. Bei den meisten Varianten sind sich alle modernen kritischen Herausgeber einig darin, welche Fassung zu wählen sei; doch bleiben eine Anzahl problematischer Fälle übrig, in welchen die modernen Ausgaben untereinander verschieden sind. Diese werden im folgenden verzeichnet. (Dieser Grundsatz gilt auch für die Lesarten-Anhänge zu den *Unterhaltungen,* den *Wahlverwandtschaften* und der *Novelle.*) Eine Sonderstellung unter den modernen kritischen Ausgaben nimmt die Jubiläums-Ausgabe ein, weil sie in ihrem (sorgfältig redigierten) Text auch die zahlreichen Apostrophierungen der Erstausgabe wiederherstellt (z.B.: *sagt' ich* statt *sagte ich* 46,9; *und ich fühl's* statt *und ich fühle es* 121,17f.). Diese passen an manchen Stellen – z.B. in dem Brief, der beginnt *Es hetzt mich alles* ... (69,36ff.), und in den Abschiedsbriefen – so sehr zum Klang und Stil des Ganzen, daß man sie nur ungern mißt. Goethe hätte schwerlich sämtliche Apostrophierungen aufgehoben, wenn nicht Himburgs Druck ihm so gründlich vorgearbeitet hätte. Er hätte sie aber – auch ohne Himburg – keineswegs alle stehengelassen: das tat er bei keinem seiner Jugendwerke in späteren Drucken. So bleibt hier eine editorisch nie ganz befriedigend zu lösende Frage; man kann apostrophieren (wie J), man kann aber auch die langen, normalen Formen stehen lassen (wie F), und man kann schließlich auch einen mittleren Weg einschlagen.

Titel. Der Titel der meisten Ausgaben zu Goethes Zeit lautet: *Die Leiden des jungen Werthers,* doch hat aber z.B. die Ausgabe von 1824, welche der Verlag Weygand zum 50jährigen Jubiläum des Erstdrucks herausgab – Goethe betreute sie sorgfältig und sah ihr Titelblatt in der Korrektur –, die Form *Werther;* da diese Form (ohne *s*) Goethes vorwaltendem Sprachgebrauch in der Zeit seiner Klassik und des Alters entspricht, wurde sie für die Fassung von 1787 von der Weimarer Ausgabe übernommen, ebenso von der Fest-Ausgabe und Welt-Ausgabe.

Erstes Buch. 8,24. *Maienkäfer* W, J, F; *Maikäfer* Wl. – 8,29. *einen Garten* 1. Fassung, J und Wl; *seinen* 2. Fassung, W und F. – 10,10. *wie sie, alle die Altväter* J und F; *wie sie alle, die* W und Wl. – 10,32f. *Eine traurige Bemerkung hab' ich gemacht.* Dieser Satz fehlt in W, J und F, da er in der Handschrift von 1786 fehlt; doch ist er vermutlich nur aus Versehen ausgefallen. Von Wl wieder eingesetzt. – 13,10. *manchem* J, F, Wl; *manchen* W. – 13,27. *hochgelahrten* W, Wl; *hochgelahrte* J, F. – 14,28. *einmal* J, F. *Einmal* in den alten Drucken, W, Wl; Großschreibung wirkte in der Goethezeit nicht so stark hervorhebend wie heute. – 16,31f. *weiß Brot* W, F; *Weißbrot* J, Wl. – 19,20. *einer.* 1. Fassung, J und F; *einer?* 2. Fassung, W und Wl. – 22,16. *hinten* fehlt in der 2. Fassung – wohl versehentlich – und in W. Auf Grund der 1. Fassung eingefügt in J, F und Wl. – 23,22. *mußte* in der Erstausgabe und deren 2. Auflage. In den Himburgschen Nachdrucken *wußte;* diese Form ging dann in Goethes spätere Ausgaben ein, auch in W. *mußte* wieder in J, F und Wl. – 24,21. *eine* (gesperrt) J und F; *Eine* (großgeschrieben, ohne Sperrung) ist die Art der Hervorhebung in der Goethezeit, beibehalten in W und Wl. – 30,5. *einem* (gesperrt) J, F; *Einem* W, Wl; vgl. 24,21. – 30,19. *beklagte, des* Wl; *beklagte: des* W, J, F. – 32,14. *die kurze* Zeit in der Handschrift von 1786 und allen folgenden Drucken: *die Kurzeit* in der 1. Fassung (Druckfehler?). – 32,22. *ward* J, F und Wl, weil in den Drucken der 1. Fassung, auch in der Handschrift H und dem Druck von 1787; *war* W, weil in A, B, C. – 33,35. *müßten* J und Wl nach der 1. Fassung; *müssen* W und F nach H bis C. – 34,38. *erbärmlichsten* in den Himburgschen Drucken, übernommen in H und allen Drucken der 2. Fassung (vgl. F, S. 284); *erbärmlichen* in den ersten 3 Weygandschen Drucken, auch in W, J, Wl. – 35,10f. Wl interpungiert – meines Erachtens fehlerhaft – als direkte Rede: *die mir rief, „Wir wollten fort," brachte ...* – 36,20. *den Kindern* Himburgs 3. Druck, die Handschrift H und alle folgenden Goetheschen Drucke, auch Wl (vgl. W, Seite 373); *die Kinder* Weygands Drucke der 1. Fassung, W, J, F. – 45,33–35. Die Drucke aus Goethes Zeit setzen keine Anführungsstriche. Daher ist Beginn und Ende von direkter Rede nicht immer eindeutig erkennbar. W und J schreiben auf Grund der alten Drucke: *ungeladen. Lieber Schatz, was ist Vorsicht? die Gefahr läßt sich nicht auslernen! Zwar – Nun weißt du ...* F setzt Anführungszeichen und endet die direkte Rede mit *Zwar*"; dagegen endet sie Wl schon mit *ungeladen.*" – 51,11. *ihn* Himburg und fortan alle Goetheschen Drucke; Düntzer (im Text); W und F; dagegen *ihm* Erstdruck; von J wieder eingesetzt; auch in unserem Text hätte besser *ihm* gestanden. – 54,15. *Päckchen* (bzw. *Päckgen*) in allen frühen Drucken von dem Erstdruck bis zur Ausgabe A (1808), auch in F; dagegen in den späten Drucken B und C die Form *Päcktchen,* aufgenommen in W, aber mit der Bemerkung „Setzerwillkür?" (S. 384), auch in J und Wl. – 56,32. *zwischen den Kastanienbäumen* in allen Drucken der 1. Fassung, J, F und Wl; wohl versehentlich ist *den* bei der Abschrift für die 2. Fassung fortgefallen, es fehlt in H, S, A, B, C und W.

Zweites Buch. 61,3. *ihrem* in Handschrift und Drucken der 2. Fassung, W und Wl. Dagegen *ihren* in der 1. Fassung, J und F. – 61,34. *seinen Period* in der 1. Fassung; *seinen Perioden* in der 2. Fassung, W, J, F und Wl. – 73,31. *mich's* W, F, Wl; *mir's* J (vgl. W, Seite 397). – 76,21. *Wenn ich zum Tor* W, J, F; *Wenn ich so zum Tor* Wl (vgl. W, Seite 399). – 81,9. *Zutrauen.* So alle Drucke. Fischer-Lamberg 4,361 *Zutragen* (Konjektur). – 83,18. *Er ist schon geschwollen* 1. Fassung, J. Wl; *Er ist geschwollen* 2. Fassung, W, F. – 88,16. *seh' ich* 1. Fassung, W, J, F; *sah ich* 2. Fassung, Wl. – 89,30. *Ihnen* W und F als Konjektur, die sich aus dem Zusammenhang ergibt; alle alten Drucke haben *ihm* bzw. *Ihm,* ebenso J und Wl. – 99,11. *meine Leiden* Goethes Drucke seit 1787, F, Wl; *all mein Leiden* Weygands erste

4 Drucke, *mein Leiden* J, W. – 99,26 *Ehrenämtern* in allen Drucken aus Goethes Zeit; die Konjektur *Ährenfeldern* bei Morris Bd. 6, S. 412 im Lesartenapparat, bei Fischer-Lamberg Bd. 4, S. 168 im Text. – 107,21. *unser* W, J, F; *unserer* Weygands Drucke der 1. Fassung; *unsrer* Himburg und die späteren Goethischen Drucke, Wl. – 111,11f. Die 1. Fassung lautet hier: *und wird der Traurende sitzen auf deinem Grabe.* Goethes Drucke der 2. Fassung und W haben: *und auf deinem Grabe der Trauernde sitzen.* Das hier vermutlich aus Versehen ausgefallene *wird* ist eingeschoben in J, F und Wl, dieser Einschub bereits erwogen in W, Seite 423. – 118,31. *gestanden und* alle Goetheschen Drucke, J, F; *gestanden war und* die Handschrift für den Druck von 1787, W, Wl. – 122,23f. *aufgehabenen.* Kein Druckfehler in unserem Text. Alle Goetheschen Drucke haben die alte, im 19. Jahrhundert abgekommene Form *aufgehabenen.* Vgl. die Anmerkung zu dieser Stelle. – 123,18f. *ich habe auch deinen Vater darum gebeten.* 2. Fassung, W, F; *ich habe auch darum deinen Vater gebeten* 1. Fassung, J.

Erste Fassung. Die 1. Fassung, die wir in allen Drucken vor 1787 sehen, war kürzer als die 2. Fassung. Die neuen Partien der 2. Fassung sind vor allem: 17,33–19,17; 38,24–26; 41,11–16; 44,5–11; 65,9–16; 66,3–19; 73,37–74,2; 75,1–3; 76,35–79,21; 79,31–80,24; 84,8–10; 87,11–16; 88,3–8. Starke Änderungen erfuhren zumal die Partien 92,22–120,17. Vielfach geändert und größtenteils neu ist 92,23–100,35; ganz neu ist 101,18–34. Von 106,7 bis 107,11 haben starke Veränderungen und Einschübe stattgefunden, ebenso 118,7–120,17. – Die 1. Fassung ist heute in zahlreichen Neudrucken leicht erreichbar (vgl. die Bibliographie). Vergleichende Tabellen, in welchen die beiden Fassungen in allen Einzelheiten nebeneinandergestellt werden, bringt die Fest-Ausgabe, Bd. 9, S. 296–301; knapper Gräf S. 554–556.

UNTERHALTUNGEN DEUTSCHER AUSGEWANDERTEN

GOETHE UND SEINE ZEITGENOSSEN ÜBER DIE „UNTERHALTUNGEN DEUTSCHER AUSGEWANDERTEN"

Goethe an Schiller. 26. Oktober 1794.

Schreiben Sie mir doch, was Sie noch etwa zu den „Horen" von mir wünschen und wann Sie es brauchten.

Schiller an Goethe. 28. Oktober 1794.

Da Sie mich auffordern, Ihnen zu sagen, was ich für die ersten Stücke noch von ihrer Hand wünsche, so erinnere ich Sie an Ihre Idee, die Geschichte des ehrlichen Prokurators aus dem Boccaz zu bearbeiten.

Goethe an Schiller. 27. November 1794.

Zu den kleinen Erzählungen habe ich große Lust, nach der Last, die einem so ein Pseudo-Epos, als der Roman ist, auflegt.

Goethe an Schiller. 17. August 1795.

Ich wünschte noch von Ihnen zu wissen, was Sie zu den „Horen" bedürfen. Soviel ich übersehe, könnte ich Folgendes leisten:

August: „Unterhaltungen", Schluß der letzten Geschichte.

September: „Das Märchen". Ich würde die „Unterhaltungen" damit schließen, und es würde vielleicht nicht übel sein, wenn sie durch ein Produkt der Einbildungskraft gleichsam ins Unendliche ausliefen.

Goethe an Schiller. 24. August 1795.

Ich wünsche zu vernehmen, daß der gute Effekt des Märchens nachgekommen ist und die Folge den anfänglichen bösen Eindruck wieder ausgelöscht hat.

Schiller an Goethe. 29. August 1795.

Das „Märchen" ist bunt und lustig genug, und ich finde die Idee, deren Sie einmal erwähnten, „das gegenseitige Hülfeleisten der Kräfte und das Zurückweisen auf einander" recht artig ausgeführt. Meiner Frau hat es viel Vergnügen gemacht. Sie findet es im Voltairischen

Geschmack, und ich muß ihr Recht geben. Übrigens haben Sie durch diese Behandlungsweise sich die Verbindlichkeit auferlegt, daß alles Symbol sei. Man kann sich nicht enthalten, in allem eine Bedeutung zu suchen. Die vier Könige präsentieren sich gar prächtig, und die Schlange als Brücke ist eine charmante Figur. Sehr charakteristisch ist die schöne Lilie mit ihrem Mops. Das Ganze zeigt sich überhaupt als die Produktion einer sehr fröhlichen Stimmung.

Goethe an Schiller. 7. September 1795.

Die gute Aufnahme meines Märchens erfreut mich und muntert mich auf. Wenn nur einer von den hundert Kobolden des Alten von Ferney *(Voltaire)* drinne spukt, so bin ich schon zufrieden. Wenn es zusammen ist, wünsche ich über Intention und das Gelingen Ihre Gedanken zu hören.

Goethe an Schiller. 26. September 1795.

Wie ernsthaft jede Kleinigkeit wird, sobald man sie kunstmäßig behandelt, hab' ich auch diesmal wieder erfahren. Ich hoffe, die 18 Figuren dieses Dramatis sollen, als soviel Rätsel, dem Rätselliebenden willkommen sein.

Schiller an Goethe. 2. Oktober 1795.

Das Märchen hat uns recht unterhalten, und es gefällt gewiß allgemein. Mündlich ein Mehreres.

Körner an Schiller. 6. November 1795.

Goethes Märchen gehört, deucht mir, zu den vorzüglichsten Produkten von dieser Gattung. Mit aller Leichtigkeit der Erzählung und dem Reichtum der Phantasie, wodurch sich die Hamiltonschen Märchen auszeichnen, verbindet es einen Sinn, der auch den Geist nicht unbefriedigt läßt.

August Wilhelm Schlegel an Schiller. 9. November 1795.

Goethe scheint in diesem artigsten aller Märchen die Reichtümer der lieblichsten und mutwilligsten Phantasie erschöpft zu haben, und doch ist es auch wieder, als ob ihn dieser ganze Aufwand nichts gekostet hätte.

Humboldt an Schiller. 20. November 1795.

Das „Märchen" hat alle Eigenschaften, die ich von dieser Gattung erwartete, es deutet auf einen gedankenvollen Inhalt hin, ist behend und artig gewandt und versetzt die Phantasie in eine so bewegliche oft wechselnde Szene, in einen so bunten, schimmernden und magischen Kreis, daß ich mich nicht erinnere, in einem deutschen Schriftsteller sonst etwas gelesen zu haben, das dem gleich käme.

Goethe an Prinz August von Gotha. 21. Dezember 1795.

Ich finde in der belobten Schrift, welche nur ein so frevelhaftes Zeitalter als das unsrige für ein Märchen ausgeben kann, alle Kennzeichen einer Weissagung ... denn man sieht offenbar, daß sie sich auf das Vergangene wie auf das Gegenwärtige und Zukünftige bezieht ... wie Ihro Durchlaucht aus meiner Auslegung sehen werden, die ich aber nicht eher herauszugeben gedenke, als bis ich 99 Vorgänger vor mir sehen werde.

A. W. Schlegel in seiner Rezension des 1. Jahrgangs der „Horen" in der Jenaer „Allg. Literatur-Zeitung", Januar 1796.

Die „Unterhaltungen deutscher Ausgewanderten" sind das, wofür der Verfasser sie gibt, eine leichte, angenehme Erholung, welche nicht sowohl den ermüdeten Geist von sich selbst ablenkt und zerstreut, als durch den ruhigen Ton, der darin herrscht, zur Sammlung einladet, womit ihm oft der größere Dienst geschieht ... Die Einleitung bringt dem Gedächtnisse die Gegenstände sehr nahe, welche man sich zu entfernen vorsetzte ... Die Erwähnung des Galgens und der Guillotine berührt eben den Gipfel beider entgegengesetzten Denkarten, und man ist nicht betrübt, den braven Mann abreisen zu sehen, der sie herbeiführte. Nun gewinnt man Raum, sich an den folgenden Gesprächen zu erfreuen, worin Vernunft und Witz, allgemeine und besondre Wahrheiten aufs glücklichste gemischt sind, wo es der Namen nicht bedarf, um die Sprechenden von einander abzusondern, und ein jeder seinen Charakter behauptet. Ja, bis in die kleinste der kleinen Geschichten, welche vorgetragen werden, läßt sich jene feine und lebhafte dramatische Wendung nicht verkennen. Auch die Spuren dessen, was man Manier nennen möchte, gefallen noch daran; warum sollte man eine zierliche Manier nicht lieben? Diese hier ist nicht karg mit Worten und Aufzählung kleiner Umstände, aber sie haben alle Leben und Grazie und werden durch einen einfachen Gang zusammengehalten ... Was aber alles Belehrende und Ergötzende in den vorigen Unterhaltungen dahinten läßt, was ein sanftes Wohlgefallen in das lebhafteste Vergnügen verwandelt, ist das „Märchen", zu dem wir durch treffende Winke über das Wesen der Phantasie vorbereitet werden. Sie gaukelt uns alsdann das lieblichste Märchen vor, das je von ihrem Himmel auf die dürre Erde herabgefallen ist. Alle ihre Jugend und Fröhlichkeit scheint wach geworden zu sein. So bunt sie aber ihr Gemälde mischt, so gemildert ist es dennoch in seiner Haltung. Eine Reihe der lieblichsten Bilder zieht uns fort; sie gehen zuweilen in eine lächelnde Charakteristik und dann wieder ins Rührende über ... Dazwischen bringt irgend ein komischer Zug, wie die Verlegenheit der guten Alten um ihre Hand, zum Lächeln, oder man erheitert sich bei den Irrlichtern, einem Völkchen, das hier in seiner ganzen Beweglichkeit ergriffen und wie festgezaubert ist, ohne still zu stehn ... So schwebt das ganze Märchen hin, und wer sich nicht an ihm erfreuen wollte, müßte wenigstens nicht mit unbefangenem Geist sich belustigen können, oder alle Werke, woran die Einbildungskraft allen Teil hat, lästig finden ... Es ist kaum nötig zu bemerken, daß nirgends Überladung, weder in der Sprache noch in den Beschreibungen, stattfindet.

Aus den „Xenien" von Schiller und Goethe. 1796.

Mehr als zwanzig Personen sind in dem Märchen geschäftig.
„Nun, und was machen sie denn alle?" Das Märchen, mein Freund.

Johann Friedrich Reichardt in seiner Rezension des 1. Jahrgangs der „Horen" in seiner Zeitschrift „Deutschland". 1796.

In dem „Märchen" staunen wir mit allen uns bekannten Lesern der „Horen" die unerschöpfliche Phantasie, den reichen Witz des Dichters an, vergeblich auf Deutung des Ganzen sinnend, so unverkennbar auch einzelne Züge auf die innere und äußere Naturgeschichte des Menschen deuten ... Die Sprache, die in den verschiedenen Abteilungen der „Unterhaltungen" einen absichtlich vorgezeichneten Kreis zu durchlaufen scheint und im erzählenden Vortrage Muster verschiedener Art aufstellt, scheint in diesem Aufsatze die höchste Höhe des edeleinfachen prosaischen Ausdrucks erreicht zu haben.

Humboldt schreibt am 9. Febr. 1796 an Goethe sehr ausführlich über das Märchen. *Abgedruckt: Briefe an Goethe. Hbg. Ausg. Bd. 1, S. 218,4–220,39.*

Goethe an Humboldt. 27. Mai 1796.

Was Sie über das „Märchen" sagen, hat mich unendlich gefreut. Es war freilich eine schwere Aufgabe, zugleich bedeutend und deutungslos zu sein. Ich habe noch ein anderes im Sinne, das aber, gerade umgekehrt, ganz allegorisch werden soll und das also ein sehr subordiniertes Kunstwerk geben müßte, wenn ich nicht hoffte, durch eine sehr lebhafte Darstellung die Erinnerung an die Allegorie in jedem Augenblick zu tilgen.

Novalis. Aus einer „Fragmenten"-Handschrift des Jahres 1798. (Novalis, hrsg. v. Samuel, Mähl u. Schulz, Bd. 2, 1960, S. 535)

Goethes „Märchen" ist eine erzählte Oper.

Aus Friedrich Wilhelm Riemers Tagebuch. 21. März 1809. (Riemer hrsg. v. A. Pollmer. Lpz. 1921. S. 302)

Bei Gelegenheit der Deutung, die man von der Apokalypse noch heutzutage auf Napoleon mache, äußerte Goethe, sein ,,Märchen" komme ihm gerade so vor wie die Offenbarung Sankt Johannis. Schubert hatte es gedeutet, andere anders. ,,Es fühlt ein jeder, daß noch etwas drin steckt, er weiß nur nicht, was."

Ludwig Tieck, Phantasus. 1. Teil, 1. Abteilung. 1811. (Neudruck: Tieck, Schriften. 4. Bd. Bln. 1828. S. 119f.)

,,Es ist schwer," sagte Anton, ,,zu bestimmen, worin denn ein Märchen eigentlich bestehen und welchen Ton es halten soll ... Sie verlangen einen still fortschreitenden Ton der Erzählung, eine gewisse Unschuld der Darstellung ..., die wie sanft phantasierende Musik ohne Lärm und Geräusch die Seele fesselt, und ich glaube, daß ich mit Ihnen derselben Meinung bin. Darum ist das Goethesche Märchen ein Meisterstück zu nennen." – ,,Gewiß," sagte Rosalie, ,,insofern wir mit einem Gedicht zufrieden sein können, das keinen Inhalt hat ... dieses verfliegt und zersplittert aber noch mehr als ein Traum ..."

Thomas Carlyle an Goethe. 23. Mai 1830.

Hier in unsrer Bergeseinsamkeit weilen Sie oft als unser Hausgenosse unter uns und können weise Lehren und anmutige Erzählungen in das Ohr der Hausfrau selbst flüstern. Sie bringt manchen Abend mit Ihnen zu ... Eine ihrer letzten Leistungen war, die ,,Deutschen Ausgewanderten" und jenes herrliche ,,Märchen" zu lesen, ein wahres Universum der Phantasie, für dessen mannigfaltige, unerschöpfliche Bedeutung (denn das weibliche Auge vermutete Bedeutung darin) ich häufiger um Erklärung angegangen wurde, als ich sie geben konnte, und schließlich, das Dringen zu beschwichtigen, versprechen mußte, später einen Kommentar darüber zu schreiben als über eines der tiefsten, poetischsten Dinge, die selbst Goethe je geschrieben hat.

Goethe an Thomas Carlyle. 6. Juni 1830.

Ihrer lieben Gattin das Allerfreundlichste! ... Es freut mich, daß jenes famose ,,Märchen" auch dort seine Wirkung nicht verfehlt. Es ist ein Kunststück, das zum zweiten Male schwerlich gelingen würde. Eine geregelte Einbildungskraft fordert unwiderstehlich den Verstand auf, ihr etwas Gesetzliches und Folgerechtes abzugewinnen, womit er nie zu Stande kommt ...

NACHWORT

Im Sommer 1794 vollzog sich der folgenreiche Zusammenschluß Goethes und Schillers. Schiller plante damals, mit dem Beginn des Jahres 1795 eine Zeitschrift, „Die Horen", herauszugeben, und er bat Goethe um seine Mitarbeit. Goethe sagte zu. Schiller wollte in den ersten Heften der „Horen" philosophische Aufsätze bringen, eigene und solche von Humboldt, aber da die Zeitschrift für einen möglichst breiten gebildeten Kreis bestimmt war, sollte sie notwendig auch leichter Zugängliches, Unterhaltendes, Erzählendes bieten. Goethe versprach – zunächst mündlich in Weimar, dann brieflich –, er wolle eine kleine Erzählung liefern; bald darauf ist dann schon von mehreren Geschichten und einer Rahmenerzählung die Rede.

Goethe war damals beschäftigt mit der Ausarbeitung von *Wilhelm Meisters Lehrjahren*. Die ersten Bücher waren vollendet, die weiteren waren im Werden. Gleichzeitig wurden die alten Studien zur Farbenlehre weitergeführt, sie waren an einen entscheidenden Punkt gekommen. (Brief an H. Meyer vom 7. 7. 1794.) In dieser Zeit standen auch die Forschungen zur Knochenlehre auf ihrem Höhepunkt und wurden im Januar 1795 in einem ausführlichen Grundschema skizziert. Viel Arbeit forderte ferner das Weimarer Theater. Dies alles brachte mit sich, daß die kleinen Erzählungen für die „Horen" nur ein Nebenwerk sein konnten. Der Erzähler in der Rahmengeschichte nennt sie *leichten Nachtisch* (146,3); sie geben sich nur als gute Unterhaltungsliteratur. Aber sie sind mit echt künstlerischer Freude am guten Erzählen geschrieben; Goethe empfand es als höchst reizvolle Aufgabe, sich hier in dem Handwerk des Novellisten zu üben und es zur Meisterschaft zu entwickeln. Er verschmäht es keineswegs, einmal Unterhaltungsschriftsteller zu sein – und wer der Meinung ist, ein „Klassiker" dürfe nur der „Bildung", nie der „Unterhaltung" dienen, erkennt nicht die konkrete Situation, aus der heraus Goethe schrieb, und die Freude am Handwerklichen, die jeden Künstler beseelt.

Das Werk nennt sich *Unterhaltungen* und bringt Gespräche in einem geselligen Kreise. Am Beginn ist von der Französischen Revolution die Rede; die durch sie dringlich gewordenen gesellschaftlichen, weltanschaulichen und politischen Probleme der Zeit sollen hier freilich nicht beantwortet werden (das geschah erst in den *Wanderjahren*), aber es soll eine persönliche Haltung gefunden werden, um würdig und human allem, was es auch sei, zu begegnen. Der Bildungsbegriff des alten Geistlichen und der Baronin (128,21–24; 137,24–138,9; 139,7–13; 139,35 f.) denkt an einen Menschen, den keine äußere Katastrophe und keine innere Leidenschaft verwirren kann, der immer den *guten Ton* wahrt (139,10) und *der wirklich für andere zu leben, für andere sich aufzuopfern getrieben wird* (129,3f.). Das Geschichten-Erzählen, zu dem die Baronin und der Alte die jungen Leute hinführen, scheint zunächst ein Ausweichen vor den Zeitproblemen zu sein. Aber in Wirklichkeit ist es nur ein Ablenken von der Oberfläche, den politischen Zänkereien, und ein Hinführen zu den tieferen Fragen der Gesinnung und Gesittung. In der Prokurator-Erzählung und der Ferdinand-Geschichte werden sittliche Entscheidungen gezeigt. Und in dem *Märchen* wird der für die Gesamtheit segensreiche Zustand nur erreicht, indem ein einzelner (die Schlange) sich überwindet und sich opfert und alle anderen sich in gemeinsamer harmonischer Tätigkeit vereinen (230,28f.; 231,29–32; 238,30–37). Damit ist – wenn auch nur in leiser Andeutung – am Ende eine Antwort auf die Fragen des Anfangs gegeben, freilich innerhalb einer anderen Schicht. Der Erzähler weicht den Fragen der Zeit nicht aus, aber seine Stellungnahme besteht darin, daß er – ähnlich wie in *Hermann und Dorothea* – allgemeine Klarheit über das Wesen des Menschen sucht und daß er Gesittung und Bändigung fordert. Wo Elemente zu solcher Bildung gefunden werden, sind sie willkommen; in *Hermann und Dorothea* werden uns Gestalten aus dem Bürgertum gezeigt, hier aus dem Adel. Gute Traditionselemente sind also überall zu finden. Andeutungsweise wird außerdem auf Bildungselemente der Kirche verwiesen durch die für die Unterhaltungen zentrale Gestalt des *Alten,* eines Geistlichen. Er ist ein philosophierender Abbé der Aufklärungszeit, und den Dialog zwischen den Erzählungen belebt er durch Anspielungen auf die soeben berühmt gewordene Kantische Philosophie (186,4–187,7). Aber er spricht nirgends davon, daß er durch die Folge seiner Geschichten erziehen wolle; denn er ist ein Weltmann wie der Abbé der *Lehrjahre.* Eben damals schrieb Goethe an deren *4. Buch,* in welchem Aurelie sagt: *Es ist der Charakter der Deutschen, daß sie über allem schwer werden ...* (Bd. 7, S. 278). Die Baronin mit ihrer adlig-geselligen Kultur und ihr alter Hausfreund mit seinem geistvollen Witz werden nicht *schwer.* Kein Wort von „ästhetischer Erziehung" – und doch: Überwindung des Chaos durch geformte Geistigkeit. Gegen die rohen Kräfte wird die humane Bildung gestellt, wie sie sich unter anderem auch in der Form des Gespräches zeigt. Gespräch und Erzählung sind also nicht nur Ablenkung, Zerstreuung, sondern auch Sammlung, Formung. Die Meisterschaft der Erzählung ist nur möglich aus der inneren Freiheit und Überlegenheit des Erzählers heraus, aus seiner persönlichen Kultur. Der Alte erzählt die Prokurator-Novelle und die Ferdinand-Geschichte ausgesprochen formstreng, und im *Märchen* wird sein Erzählen, von der Wirklichkeit gelöst, reines Spiel, Form schlechthin – etwas, was in der Dichtung sonst fast nie vorkommt, dagegen aber zum Wesen der Musik gehört. Goethe hatte damals gerade in Schillers Manuskript gelesen, daß dieser ebenfalls das Chaos der Zeit durch geformte Geistigkeit zu überwinden suchte – „Der Mensch ist nur da ganz Mensch, wo er spielt.“ (Über die ästhetische Erziehung des Menschen, 15. Brief) – und von Gegenwartsfragen ausgehend sich in ganz abgezogene Bereiche verlor, um von dort aus jene zu beantworten. Der Charakter der Novellen und besonders der des *Märchens* erinnert mitunter an diese Gedankengänge – aber Goethe selbst hat niemals auf diese Beziehungen hingewiesen. Der Gesamtton des Werkes sollte leicht und unterhaltend bleiben. -

Nicht nur die einzelnen Novellen sind formvollendet erzählt, sondern auch die Gesamtkomposition ist klar und sicher gegliedert. Während der Rahmen ganz vorwiegend Dialog ist, sind die Novellen es desto weniger, sie sind vorwiegend Erzählung. Über die Gestalten der Rahmengeschichte, ihre Schicksale und Charaktere, wird nur das Notwendigste berichtet, denn alsbald setzt der Dialog ein (131,25 ff.). Es ist nur konsequent, daß dafür die Schreibform des Dramas (direkte Rede, davor nur der Name des Sprechers) eingeführt wird (135,20 ff.), wie es übrigens im Roman des 18. Jahrhunderts schon mehrfach geschehen war. – Die eingestreuten Erzählungen sind untereinander sehr verschieden. Das hängt damit zusammen, von wem sie erzählt werden und wer ihnen zuhört. Das eigentliche Erzählen beginnt, nachdem die Baronin ihre Forderungen an eine gute Erzählung ausgesprochen hat (166,23 bis 167,13); alle sind um sie versammelt, sie selbst als Mittelpunkt gibt dem Ganzen den Geist. Jetzt erzählt der Abbé – vormittags – die Geschichte vom Prokurator und die von Ferdinands Verirrung und Wandlung, und – am gleichen Abend – das *Märchen.* Alles, was vorher erzählt wird, gehört zu dem Vorabend. Hier ist die Baronin nicht anwesend, nur die Jugend ist da; man langweilt sich, und deswegen erzählt der Geistliche die Geschichte von der Sängerin Antonelli (146,36–157,10); ob er sie wohl auch in Gegenwart der Baronin erzählt hätte? Fritz, der künstlerischen Dingen recht fern steht, berichtet gesprächsweise von dem Klopfgeist (157,22 – 158,26); dann erzählt Karl die Bassompierre-Geschichte von der schönen Krämerin (161,37–164,38); und da Luise diese Geschichte *gar zu schrecklich* findet (165,9 f.), hängt er die liebliche Geschichte vom Schleier an (165,15–35), damit der Abend einen versöhnlichen Ausklang habe. Dies alles also ist Vorabend: die Baronin ist abwesend, der Geistliche tritt noch wenig hervor. Erst am folgenden Morgen beginnt das eigentliche Erzählen. Am Vorabend hat man Geistergeschichten und Liebesabenteuer berichtet; jetzt steigert sich die Erzählung zu sittlichen Problemen und zu der geheimnisvollen Symbolik und spielerischen Kunst des *Märchens.* Aus dem Umstand, daß uns nur ein einziger richtiger Erzähltag vorgeführt wird (166,11–241,30) und daß fast ein Drittel des Ganzen dem Vorabend gehört

(146,12–166,10), wird deutlich, daß die Komposition darauf angelegt war, weitergeführt zu werden. Anscheinend war z. B. auch der Hofmeister (128,5; 139,20–23) dazu bestimmt, als Erzähler aufzutreten. Aber das Werk ist nicht so ausgesponnen, wie die Proportionen des Anfangs es erwarten lassen. Mit den drei Erzählungen des Geistlichen, die in aufsteigender Linie einander folgen, findet es schon am Abend des ersten Erzähltages sein Ende. – Bedeutungsvoll für die Gesamtkomposition ist, daß der Alte – fast unmerklich – in die Folge seiner Erzählungen eine Steigerung bringt. Anfangs sagt er (um die Jugend zu fesseln), der Reiz einer Geschichte sei ihre *Neuheit* (141,17–36), doch bald danach nennt er als *reineren, schönern Reiz* den *Charakter* (143,2–15). Er läßt die Gespräche mit ziemlich oberflächlichen Gespenstergeschichten beginnen, erhebt sich dann zu moralischen Erzählungen und steigert sich weiter mit dem *Märchen,* das in symbolischer Form geheimnisvolle Werdegesetze des Lebens und Geistes andeutet.

Die Novellen der *Unterhaltungen* werden mündlich erzählt, nicht vorgelesen. Während später bei Stifter oder Storm in der Rahmengeschichte oft berichtet wird, jemand habe eine alte Handschrift gefunden und läse sie, handelt es sich hier um unmittelbares Erzählen in geselligem Kreise. In den Worten der Baronin – *lassen Sie uns wenigstens an der Form sehen, daß wir in guter Gesellschaft sind* (167,1 f.) – wird deutlich, daß man sich der Verbindung von Erzählung und Gesellschaft durchaus bewußt ist. Von diesem Gesichtspunkt geht die knappe Definition der Novelle aus, welche die Baronin gesprächsweise äußert (167,2–13). Durch die Baronin und den alten Geistlichen befinden wir uns in der klaren Luft des 18. Jahrhunderts; Ironie und Spiel machen hier von vornherein jedes falsche Schwer-Nehmen unmöglich. Die Meisterschaft der Form hängt zusammen mit Charakter und Bildung des Erzählers, mit seinem Weitblick für Leben und Menschen. Der Geistliche führt die Novellen-Definition weiter, indem er von seiner Ferdinand-Geschichte sagt: *eine Begebenheit, die seinen ganzen Charakter ins Licht setzt und in seinem Leben eine entschiedene Epoche machte* (188,23–25).

Solche knappen, schlanken Erzählungen, sich drehend um eine Wendung, die Licht wirft auf einen ganzen Menschen, ein ganzes Leben, hatte Goethe bis dahin nicht versucht. Und in Deutschland hatte noch niemand vor ihm im 18. Jahrhundert dergleichen unternommen. Die herrschende Prosa war der große Roman. Im Anschluß an Richardson, Fielding und Sterne hatten Gellert, Wieland u. a. ihn entwickelt; Goethe hatte mit *Werther* und den *Lehrjahren* ebenfalls diese Gattung ergriffen. Es gab daneben zwar vielerlei Prosa in kleinerer Form, doch das alles waren keine Novellen. Die kleinen Prosaerzählungen des ausgehenden 18. Jahrhunderts erschienen entweder gesammelt in Buchform wie die

„Moralischen Erzählungen" von Sophie v. La Roche, 1782–1784, und die „Skizzen" von August Gottlieb Meißner, 1778–1792, oder sie erschienen in Zeitschriften. Blätter wie „Der teutsche Merkur", seit 1772, und „Deutsches Museum", seit 1776, brauchten außer den Aufsätzen auch unterhaltende und erzählende Stücke, also kurze, fesselnde Erzählungen. An diese Tradition knüpft Schiller in den „Horen" an. Auch er bringt Erzählungen, Goethe schreibt sie, und wenn man auf den Stoff blickt, sieht man, daß dabei die Tradition fortgesetzt wird: Gespenstergeschichten, Liebesgeschichten, Erzählungen von Schuld und Sühne und schließlich Märchen. Dergleichen gab es schon vorher, doch durch die Art, wie Goethe seine Themen behandelt, macht er etwas anderes daraus. Die Zeitschriften-Erzählungen berichten nicht straff und flüssig das Geschehen, sondern sagen zwischendurch breit moralisierend, wie der Leser es beurteilen solle. Das gilt auch für die besten unter ihnen, „Zerbin" von Lenz (Deutsches Museum 1776) und „Der Verbrecher aus verlorener Ehre" von Schiller (Thalia 1787), die beide den Typ des „Charaktergemäldes" mit dem der Kriminalgeschichte vermischen. Auch die gut und warmherzig erzählte „Geschichte des Herrn Oheim" von Merck (Teutscher Merkur 1778) ist stark lehrhaft. Geringere Erzähler wie Meißner beschreiben ein merkwürdiges Ereignis oder eine seltsame Gestalt, doch es fehlt das, was dann Goethes Erzählungen auszeichnet: der innere Zusammenhang von Charakter und Schicksal. In Frankreich war zu dieser Zeit die kurze Prosageschichte schon reifer entwickelt als in Deutschland. Manches davon wurde in Deutschland gelesen, unter anderem dank der „Cahiers de lecture", welche H. A. O. Reichard in Gotha herausgab. Da erschien z. B. 1789 die anmutig-tiefsinnige Novelle „La folle an pélerinage", die in Weimar sofort *an der Tagesordnung war* (Goethe an Knebel 27. Juli 1798) und welche Goethe dann später übersetzte (*Die pilgernde Törin,* 1807). Manches Französische erschien in Übersetzungen, z. B. die „Moralischen Erzählungen" von Marmontel, von denen zwei deutsche Ausgaben fast gleichzeitig erschienen (1792–94 in Winterthur; 1794 in Leipzig). Aus Frankreich kamen auch die Feenmärchen, die seit Perrault, 1697, eine beliebte Gattung waren, phantasievolle und witzige Rokoko-Kunst, fesselnd und unterhaltend. Wieland nahm die Form auf in seinem geistsprühenden Märchen vom Prinzen Biribinker (eingeschoben in den Roman „Die Abenteuer des Don Sylvio de Rosalva", 1772), welches in das Gebiet der Erotica gehört. Eine ganz andere Richtung gab der treuherzige Musäus dieser Gattung. In seinen „Volksmärchen der Deutschen", 1782–86, benutzt er heimische Märchenmotive, erzählt aber witzig und heiter im Stil des 18. Jahrhunderts. Ihm folgte Benedikte Naubert mit „Neuen Volksmärchen", 1789–1793, die altes Volksgut, zeitgenössische Moral und eigenwillige Phantasie vermischen. Verglichen mit diesen

Werken zeigt sich die Besonderheit von Goethes *Märchen* sehr deutlich: das reine Spiel der Phantasie, die konsequente Durchführung der Handlung, die Anschaulichkeit der Darstellung, der Tiefsinn des Gehalts. Was Goethe in den *Unterhaltungen* bringt, sind also die in der deutschen Literatur des 18. Jahrhunderts üblichen Typen, er hat aber etwas anderes daraus gemacht durch seine Form; dadurch erst werden es Novellen. Erzählt wird knapp und straff, das Ganze ausgewogen komponiert; im Mittelpunkt steht eine Wende, die Licht wirft auf einen Charakter, ein Leben, ein allgemeines Problem. Und erst recht ist das *Märchen* anders als das, was es vorher in dieser Gattung gab, dank seiner farbigen Bildfolge und folgerechten Entwicklung.

Für die Form seiner Novellen konnte Goethe in Deutschland keine Vorbilder finden. Und nun ist es bezeichnend für ihn, daß er, als er Formanregungen brauchte, sogleich den rechten Griff tat. Die Novelle war entwickelt in den romanischen Literaturen seit dem Beginn der Renaissance. Und Goethe übersetzt nun drei Werke, an denen ihm die ganze Art der romanischen Novellenkunst deutlich werden konnte: die Prokurator-Geschichte aus dem 15. Jahrhundert, Bassompierres Erzählung aus dem 17. Jahrhundert und – allerdings erst später – die Novelle von der *Pilgernden Törin* aus dem 18. Jahrhundert. Indem er sie übersetzt und bearbeitet, lernt er und macht sich die Form zu eigen. Er knüpft auf diese Weise unmittelbar an die klassische Novellistik Italiens und Frankreichs an und begründet zugleich die deutsche Novellistik des 19. Jahrhunderts.

Die Prokurator-Geschichte steht erstmalig in den „Cent Nouvelles nouvelles" aus dem 15. Jahrhundert, die dann im 16., 17. und 18. Jahrhundert immer neue Auflagen erlebten. Vergleicht man die früheste Fassung mit Goethes Erzählung, so sieht man, daß die Struktur der Novelle die gleiche geblieben ist. In knappen Zügen wird das Geschehen erzählt; da, wo eine Wendung eintritt, steht entweder ein Selbstgespräch, rhetorisch geformt, in welchem dem Leser die Gründe für einen Entschluß auseinandergesetzt werden, oder es steht ein Dialog, nicht als rasches Wechselgespräch, sondern als kleine abgerundete rhetorische Darlegung. Dazwischen wird in zügigem Bericht das Geschehen weitergeführt. Dies alles hat Goethe genau dem romanischen Vorbild nachgebildet und damit die Struktur der alten italienischen und französischen Novellen sich zu eigen gemacht. Diese Tradition führte in Frankreich weiter ins 17. Jahrhundert. In dieser Zeit erzählte Bassompierre, durchaus novellesk, seine Geschichten, und Goethe hat sich eng an ihn angeschlossen. – Goethe kannte Boccaccio schon in seiner Leipziger Studentenzeit (H A, Briefe, Bd. 1, S. 23, 30f.). Genauer beschäftigte er sich mit romanischer Novellistik erst in der Zeit der *Unterhaltungen*. Da las er nicht nur italienische und französische Novellen, sondern auch spanische. An Schiller schreibt er am 17. Dezember 1795: *Dagegen habe ich an den Novellen des Cervantes einen wahren Schatz gefunden, sowohl der Unterhaltung als der Belehrung. Wie sehr freut man sich, wenn man das anerkannte Gute auch anerkennen kann, und wie sehr wird man auf seinem Wege gefördert, wenn man Arbeiten sieht, die nach eben den Grundsätzen gebildet sind, nach denen wir nach unserm Maß und in unserm Kreise selbst verfahren.* (Briefe HA Bd. 2, S. 210.) Es handelte sich, wie aus Knebels Briefen an Goethe (17. und 22. Dez. 1795) hervorgeht, um französische Übersetzungen; eine deutsche Übertragung gab es zu dieser Zeit noch nicht.

Goethes Beschäftigung mit der romanischen Novellistik war eine produktive Begegnung, wie früher die mit Shakespeare und Euripides, später die mit Hafis. Goethe stand, als er die *Unterhaltungen* schrieb, mit seiner Hochschätzung der romanischen Novellenkunst noch allein; später, in der Romantik, wußten alle davon. Für Goethe waren die *Unterhaltungen* Studien in einer ihm neuen Form. Die eigentlichen Früchte dieser Bemühungen folgten erst später. In seine Romane schob Goethe fortan Novellen oder novellenartige Einlagen ein (er kannte diese Kompositionsweise aus „Don Quixote“): in die *Lehrjahre* kamen die *Bekenntnisse einer schönen Seele,* in die *Wahlverwandtschaften* die Novelle *Die wunderlichen Nachbarskinder* (S. 434–442). Auch die autobiographischen Schriften erhalten solche Einlagen. *Dichtung und Wahrheit* bringt das Märchen *Der neue Paris,* und in die *Italienische Reise* ist die Geschichte von der schönen Mailänderin wie eine aufgelöste Novelle eingestreut (Bd. 11, S. 421–429; 457f.; 520f.; 553f.). Den Gipfel erreicht Goethes Novellistik in seinen Alterswerken, in den Erzählungen der *Wanderjahre* und der zarten, ganz ins Symbolische sich auflösenden *Novelle.* In diesen späten Novellen hat sich die Form weit über die einstigen Anfänge in den *Unterhaltungen* hinausentwickelt. An die Schlichtheit und Gebundenheit der Prokurator-Novelle erinnert nur noch wenig (etwa die glasklare Komposition von *Wer ist der Verräter?*), die Novelle entwickelt sich nun bis zum Zustandsbild, mit breitem Pinsel virtuos hingeworfen, scheinbar fragmentarisch wie *Nicht zu weit* (dies ist wohl der Meisterwurf des Altersstils), oder sie löst sich auf in zarte Hintergründigkeit, in die Unendlichkeit des Symbols wie die vollkommenste aller Goetheschen Novellen, die Geschichte von Honorio und dem Löwen. Während die zyklische Beziehung, das System der *Parallelgeschichten* (187,15) in den *Unterhaltungen* locker bleibt, ist es in den *Wanderjahren* dann beziehungsreich durchgeführt und dient dazu, ein einheitliches Bild des Menschen zu geben und es von vielen Seiten her zu beleuchten. Jeder einzelne Fall wird zum Symbol, und die Darstellung solcher symbolischer Fälle ergibt die Novellen. Eine so starke zentrale Idee haben die *Unterhaltungen* noch nicht; und dies ist wohl einer der Gründe, warum Goethe sie nicht weiter ausführte. Entwicklungsgeschichtlich waren sie für ihn von höchster Bedeutung, denn sie wurden zur Vorstufe für das große Alterswerk, die *Wanderjahre*.

Die Arbeit an den *Unterhaltungen* bedeutete also ebenso wie die gleichzeitige Arbeit an den *Lehrjahren* die Aneignung epischen Stils. Epischer Stil ist nicht nur eine Form der Darstellung, sondern zugleich eine Haltung der Welt. Während *Werther* als Jugendwerk und Briefroman stark lyrisch gefärbt ist, herrscht hier durchaus der Abstand des Erzählers. Er scheint oft so teilnahmlos zu sein wie das Schicksal selbst, er erzählt mit nüchterner Weltbetrachtung und zugleich mit bewußter Freude an der Form. Das Thema bildet ein merkwürdiger Vorfall, welcher eine Wendung bringt; der Bericht erweckt Spannung; der Aufbau wird genau komponiert, Wiederholungen werden so abgewandelt, daß sie steigernd wirken; immer bleibt der Erzähler bei knappen Umrissen; je nach seinem Stoff ist er sparsam oder ausführlicher in psychologischen Bemerkungen und Ausmalung der Umwelt; er wechselt organisch zwischen Erzählung und direkter Rede. Wenn eine Wendung sich vorbereitet und deren psychische Gründe mitgeteilt werden sollen, benutzt er nicht selten noch das jahrhundertealte Mittel des Selbstgesprächs, zumal wo er sich eng an die alten romanischen Vorbilder anschließt. Wo er aber selbständiger ist, tritt, gewissermaßen als die moderne, psychologische Form dessen, was einst das Selbstgespräch war, jetzt das Mittel des Gedankenreferats hervor, das später in den *Wanderjahren* noch weiter Raum gewinnt (z. B. in der Novelle *Der Mann von funfzig Jahren*). Die Prokurator-Geschichte zeigt in ihrem schlichten Wechsel von Bericht, Monolog und Dialog die älteste, einfachste Form; die Ferdinand-Novelle in ihrer Benutzung von indirekter Rede, Gedankenreferat, Milieuschilderung die modernste; darum bot sie auch die meisten Ansatzpunkte für die Fortentwicklung der Novelle in der Folgezeit. In ihrer Technik steht die eine von den Geschichten der *Unterhaltungen* ganz nah bei den Novellen des 15. Jahrhunderts, die andere ebenso nah bei denen des 19. Jahrhunderts – dennoch erscheinen sie nicht völlig verschiedenartig, sondern fügen sich in dem Gesamt recht gut zusammen, und man gewahrt, was also die gleichmäßige Sprache, Goethes milde, flüssige, prägnante Prosa, hier mit unbewußter Selbstverständlichkeit bewirkt.

Die Prokurator-Novelle (167,27–185,21) wahrt genau den Aufbau ihrer Vorlage, die durchaus typisch ist für den Stil alter italienischer und französischer Novellen. Im Mittelpunkt: die Hungerkur durch den Prokurator. Vom Beginn bis zum Schluß finden mehrere Wendungen des Geschehens statt. Jede Wendung ist bezeichnet durch einen längeren Monolog oder Dialog. Das Geschehen selbst wird dazwischen knapp und kühl berichtet, auch wo es wichtige Dinge wie die Heirat oder die Fahrt nach Alexandria sind. Der Aufbau ist also: Bericht: Leben des

Kaufmanns – Selbstgespräch: Entschluß zur Ehe – Bericht: Hochzeit und Ehe – Selbstgespräch: Entschluß zur Reise – Dialog: Regeln für die Zurückbleibende – Selbstgespräch: Sehnsucht der Einsamen – Bericht: der Prokurator wird geholt – Dialog: der Prokurator und die Schöne – Bericht: die Entsagungskur – Rede: die Erfahrungen der Frau. – In der Novelle von der Sängerin Antonelli (146,36–157,10) besteht die Pointe in der allmählichen Milderung der Gespenstererscheinung, die zunächst entsetzenerregend wirkt und am Ende ein Lächeln abnötigt; in dieser negativen Steigerung liegt Ironie des Erzählers. Zugleich aber spart er eine zweite Pointe, die Erklärung der Ursache, auf. Er macht sehr bewußt am Ende des Geschehens eine Pause (156,14) und gibt dann die Erklärung erst als Anhang (156,26–157,10). – Die Ferdinand-Novelle (188,3–208,5) bringt eine psychische Wandlung in allen ihren Phasen. Das Diebstahls-Motiv und das Liebes-Motiv werden anfangs ineinander verknüpft, dann getrennt und zum Schluß wieder verbunden. Da die gesellschaftliche Umwelt einen wesentlichen Einfluß auf das Geschehen hat, ist ihrer Schilderung verhältnismäßig viel Raum gegeben. Als die erste Wendung sich vorbereitet, wird noch das alte Mittel des Selbstgesprächs benutzt (191,38–192,22). Später aber werden Ferdinands Gedanken in der Form des Gedanken-Referats gebracht (202,31–203,22). An der spannendsten Stelle der Novelle, als die Mutter das erlösende Wort spricht, ist dieses direkte Rede (203,27–38); davor, als noch alles im Fluß ist, werden nur die Hauptpunkte in Form von indirekter Rede mitgeteilt (201,31–202,29). So sind in dieser Novelle alte und neue Formbestandteile verschmolzen und jeder organisch verwendet.

Das kleine Werk, das 1795 als Unterhaltungsstoff in den „Horen" erschien, hat den Anfang der deutschen Novellenkunst des 19. Jahrhunderts gemacht. Nicht nur Goethes eigene spätere Novellen gehen von hier aus, sondern auch die der Romantiker. Man kannte zwar die Form der Rahmengeschichte von Boccaccio her, aber in Deutschland war sie noch nicht versucht; nach Goethes Vorangehen griffen nun auch Wieland („Das Hexameron von Rosenhain" 1805), Arnim („Der Wintergarten" 1809), Tieck („Phantasus" 1811) und andere sie auf. Die kurze Erzählung wurde als Form beliebt und bedeutend. Und das Kunstmärchen, das bei Musäus vom aufklärerischen Stilprinzip des Witzes geformt war, war durch Goethe zum Werk reiner Phantasie geworden, und darum bestand dann hier der Anknüpfungspunkt für Novalis.

Das Märchen, das Goethe an das Ende der *Unterhaltungen* stellte, hat mehr als die Novellen das Interesse der Leser hervorgerufen. Daß es etwas anderes sei als die Kunstmärchen des 18. Jahrhunderts, war allen sogleich klar. Sein Wesen aber ist zeitgenössischen und späteren Lesern ein Rätsel geblieben. Goethe selbst hat über dieses Erzeugnis seiner Phantasie fast völliges Stillschweigen bewahrt. Gegen Humboldt äußerte er deutlich, es sei symbolisch, nicht allegorisch aufzufassen (27. 5. 1796); aber über die Symbolik selbst sagte er nichts. Im Grunde besagen die Einleitungsworte des Alten wohl das gleiche, wenn er sagt, daß es *an nichts und an alles erinnert* (209,22f.): Symbolik, beziehungsreich, aber nicht rational ausschöpfbar. Schiller hätte gern ein erklärendes Wort gehört – aber Goethe blieb stumm (bis auf ein kurzes mündliches Wort, das Schiller am 29. 8. 1795 erwähnt). Und als er im Alter Fragen erhielt von Carlyle, dem er so gern Auskunft gab und dem er Dank schuldig war, blieb die Antwort ebenfalls ausweichend. Goethe hat sich über manche anderen eigenen Werke gelegentlich geäußert (z. B.: Bd. 1, S. 392–410), aber er erklärt dann einzelne biographische Bezüge oder gibt Paraphrasen zum Inhalt oder macht sachliche Erläuterungen. Er rührt niemals an das Geheimnis des Kunstwerks, er gibt niemals eigentliche Interpretation, vor allem keine Symbol-Interpretation; dies allein aber hätte hier helfen können; kein Wunder also, daß er deutende Worte nicht geben wollte, ja auch gar nicht geben konnte.

Das Märchen ist ernst und sachlich erzählt, zum Schluß sogar mit einer leichten Feierlichkeit. Keine einzige Stelle fällt aus diesem Stil heraus. (In den Märchen des 18. Jahrhunderts gab es immmer ein Augenzwinkern des witzigen Erzählers zum Hörer hinüber, daß alles nur Fabel sei.) Mit den ersten Worten sind wir in einer fremden Welt, die beschrieben wird, als sei sie bekannt: *der* Fluß, *der* Fährmann usw.; sie ist so selbstverständlich da wie die Welt eines Traums, wenn wir schlafen. Es gibt Geister, Menschen, Tiere, Pflanzen und anorganische Gegenstände; sie alle zusammen machen die Welt des Märchens aus. Keiner dieser Teile kann allein bestehen, jeder steht in einem Gefüge, und es zeigt sich, daß diese Welt ihre festen Gesetze hat: das Gesetz des Stroms, der kein Gold annimmt (210,19–22), das Gesetz des Fährmanns, der alle nur in einer Richtung fährt (213,22f.), das Gesetz des Riesen, von dem nur der Schatten Kraft hat (213,30–34), das Gesetz der Lampe (216,39ff.), das Gesetz der Lilie (218,24f.) u. a. m.; es gibt sehr viele solche Gesetze, und sie sind streng und drückend. Als Gegenmotiv geht durch das ganze Märchen das Thema *Es ist an der Zeit* (216,32f.; 226,24; 235,4f.), *Erlösung sei nahe* (218,27), *Unglück als Vorbote des Glücks* (224,8f.), *Zeichen ..., die Hoffnung einflößen* (225,6f.; ähnlich 231,5), *die Weissagung ... ist erfüllt* (225,25). Am Ende vollzieht sich die große Wandlung: Getrenntes wird vereinigt, Starres wird gelöst, und wo alle Kräfte harmonisch sich vereinen, entsteht neues Leben. Auf diese Wende führt alles hin in einem sehr klar sich steigernden Aufbau, der zunächst zum tiefsten Punkt des Unglücks führt (228,22–29), dann zum Höhepunkt des Glücks (238,11–37), dem als Ausklang sich ein breiter Ausblick anreiht. Drei Motive, sehr verschiedener Art, untereinander verknüpft, treiben die Handlung vorwärts, spannend alle drei: Welche Erlösung ist nahe? Was wird mit der verdorrenden Hand? Was wird die Schlange tun? Das Motiv der verdorrenden Hand, da es einen Termin setzt, tritt äußerlich als spannend hervor. Das Motiv der Schlange tritt eine Zeitlang scheinbar dahinter zurück, ergibt sich dann aber wegen seiner inneren Bedeutung als das viel wesentlichere. Die Schlange überbrückt die von Anbeginn herrschende Getrenntheit der Ufer, indem sie sich hinüberwölbt (222,6–20); sie ist stolz darauf (225,25–31); aber dann muß sie erfahren, daß dies nicht genügt; hier bezieht sich die Spannung nun auf eine innere Entscheidung: die Schlange kann das Getrennte nicht ständig und gänzlich verbinden und zugleich als Schlange erhalten bleiben; sie muß sich selbst opfern, sich aufgeben, um etwas anderes zu werden – wird sie es tun? (233,4.) So ist in das farbiganschauliche Märchengeschehen das Thema der sittlichen Steigerung eingefügt, das man in diesem Zusammenhang zunächst wohl schwerlich erwartet. Am Ende wird deutlich, daß das Motiv der sich opfernden Schlange nur ein Teil in dem Gefüge der allgemeinen Erlösung ist; und das Motiv der verdorrenden Hand findet in dieser allgemeinen Wandlung dann ganz von selbst seine Lösung. So hängt das Kleinste mit dem Größten zusammen, und die Handlung erfaßt wachsend immer größere Zusammenhänge.

In der Darstellung dieses Geschehens herrscht vollkommene Schlüssigkeit. Kein Glied kann fehlen. Damit die Lilie und das Heiligtum der Könige zusammenkommen, muß die Schlange im Heiligtum geleuchtet haben, sie muß also das Gold gefressen haben, dieses hat sie von den Irrlichtern, und dafür war notwendig, daß diese über den Fluß kamen. Jedes Glied des Geschehens setzt die vorhergehenden voraus. Am Ende, als alle sich helfend vereinigen (230,28f.; 231,29–31) – wobei nun sogar die Irrlichter gesittet und hilfreich werden –, ist das alte Gesetz überwunden und ein neuer Glückszustand erreicht – und das ist vielleicht das Märchenhafteste an allem, denn solches Glück gibt es nur im Märchen und in Träumen von einem neuen Weltzustand am Ende der Zeiten.

Alles geschilderte Geschehen ist bildhaft; die optischen Vorstellungen sind von größter Prägnanz und von höchster Leuchtkraft der Farbe. Der Habicht in der Luft, purpurrot von den letzten Strahlen der Sonne (230,11–13), oder die Brücke, die im Dunkel der Nacht hell erstrahlt (232,22–35) – solche Bilder sind fast überscharf gesehen. Zu dieser räumlich klaren Traumlandschaft gehören auch die Bewegungsmotive, z.B. daß der unterirdische Tempel wie ein Fahrzeug seinen Ort zu verändern beginnt. Durch alle Bilder zieht sich das Motiv des *heiligen Lichtes* (222,3f.), und alle Gestalten haben zu ihm eine Beziehung, abgestuft , jede in ihrer Art. Das Gold-Motiv hat ein leitmotivisches Widerspiel in dem Früchte-Motiv. Es sind dies symbolische Themen, die in verwandter Art in *Faust II* (V. 5569–5986) und anderen Werken wiederkehren. Einige wenige Stellen gibt es, an denen verdichten sich die symbolischen Bilder zur Allegorie, so wenn die Schlange sich rundet – ein uraltes Bild-Motiv, das Gesundheit, Leben, Unvergänglichkeit bedeutet (228,33–36). Allegorisch ist auch die Darstellung der drei Könige (215,1–32), deren Metalle *Gold – Silber – Erz* genau parallel gesetzt sind mit *Eichenkranz – Krone – Lorbeer*, mit *Weisheit – Schein – Gewalt* (236,31) und mit *Geist – unaussprechlichem Reiz – Kraft* (237,29–36). Aber von solchen Punkten bewegt die Bildfolge sich sogleich wieder fort, und schon die nächsten Motive lassen sich nicht mehr in solcher Art auf eine Bedeutung festlegen. Ebenso zieht sich das, was gesprochen wird, gelegentlich zu Kernsätzen zusammen, die auch für sich genommen tiefsinnig und bedeutend sind: *„Was ist erquicklicher als Licht?“ „Das Gespräch.“* (215,14f.) *„Was hast du beschlossen?“ „Mich aufzuopfern, ehe ich aufgeopfert werde.“* (233,2–4.) *„Die Liebe herrscht nicht, aber sie bildet, und das ist mehr.“* (238,11f.) Der Bezug dieser Sätze zum Ganzen wird kaum angedeutet. Das *Gespräch* ist seelisches Einander-Verstehen, Auf-einander-Gerichtet-Sein; es steigert sich in der *Liebe;* und diese führt dazu, sich *aufzuopfern.* Am Ende steht das große Opfer der Schlange und das helfende Miteinander aller anderen.

Alles, was geschieht, gemischt aus Schönem, Seltsamem, Lächerlichem, Feierlichem, wird in völlig ebenmäßiger Art erzählt, gleichsam als seien das Lächerliche und das Feierliche nur Kategorien des Alltags, die für diese Märchenwelt nicht zutreffen. Bei aller Phantastik hat die Darstellung zugleich etwas von der Kühle der Goetheschen Klassik. Aber anderseits ist dieses Traumspiel von Farbe und Bewegung weitest entfernt von jener Klassik, die an Homer und antike Gemmen dachte, an altüberlieferte Bildmotive und sinnreiche Allegorien. Denn hier herrscht ein Griff in eigenste Phantasie, in Urschichten des symbolischen Empfindens. Überraschend, unvorhersehbar wie alles Geniale ist es, daß Goethe in der Zeit, als er leichte Novellen bearbeitet und mit Schiller sehr theoretische Kunstgespräche führt, plötzlich diesen Griff in Urtiefen zu machen vermag; ähnlich wie einige Jahre später dann *Die Wahlverwandtschaften,* durch äußere Eindrücke nur in geringem Maße zu erklären, gleichsam wie ein Wunder, aus seinem Innern emportauchen. *Das Märchen* ist ein so freies Spiel der Phantasie, daß es einen ganz eigenen neuen Typ von Dichtung verkörpert, der kaum Nachfolge gefunden hat, und anmutet wie Musik oder Phantasiekompositionen von Malern. Goethe hat den Vergleich mit einem Musikstück – also gegenstandsfreier Kunst – selbst gebracht (209,6). Das *Märchen* ist in seiner magischen Bildfolge frei von den Gesetzen der Wirklichkeit (denen die Novellen unterliegen), aber nicht frei von denen der Idee; das Sittliche gilt hier wie dort, ja es erscheint gesteigert: das gegenseitige Helfen und das Opfer für die Allgemeinheit gibt es in reiner Form nur hier. Ein Traumreich also, und zugleich Bild einer höheren Vernunft, doch märchenhaft, nicht lehrhaft, gleichsam ein Spiel. Die Beziehung zu den übrigen Erzählungen muß der Leser zum Schluß selber finden. Schon die Prokurator-Geschichte drehte sich um eine Wendung der

Gesinnung, in der Ferdinand-Novelle kommt sie bereits mehr aus dem Innern, und hier am Ende wächst sie über alles Alltagsmaß hinaus. Die Erzählungen schienen wegzuführen von den Einleitungsgesprächen über das Verhalten des einzelnen in der aufgewühlten Zeit, aber zum Schluß geben sie nun doch eine Antwort – freilich in einer ganz anderen Sprache; und so können die *Unterhaltungen* mit dem *Märchen*, wie Goethe an Schiller schrieb, *ins Unendliche auslaufen* (17. 8. 1795).

ANMERKUNGEN

125,1 f. *Unterhaltungen deutscher Ausgewanderten* lautet der Titel in allen Goetheschen Drucken entsprechend seinem Sprachgebrauch; wir würden heute sagen „Ausgewanderter".

125,3 ff. *In jenen unglücklichen Tagen* ... Die französische Revolutionsarmee begann 1792 ihren Kampf gegen Österreich und Preußen. Zunächst wurde sie zurückgeschlagen, die Preußen drangen bis Verdun und Valmy vor, dann aber zwangen Verluste, dauerndes Regenwetter und Seuchen die Preußen zum Rückzug. Die Franzosen drangen vor und besetzten Speyer, Worms, Mainz und am 22. Oktober 1792 auch Frankfurt. Goethe hat die Rheingegenden zu dieser Zeit gesehen. Am 8. August 1792 reiste er von Weimar ab, um den Herzog, der preußischer Offizier war, im Feldzug zu begleiten. Am 12.–20. August war er in Frankfurt, am 20. August in Mainz, am 23. August in Trier. Dann war er im Oktober in Luxemburg, Trier und Koblenz. Im Jahre 1793 nahm er im Gefolge des Herzogs teil an der Belagerung von Mainz, vom Mai bis August. Er hat diese Epoche seines Lebens ausführlich in *Campagne in Frankreich* und *Belagerung von Mainz* (Bd. 10) dargestellt. Er kannte die Verhältnisse am Rhein zu der geschilderten Zeit also genau.

125,5. *übelverwahrte Lücke*: die Gegend von Landau, durch welche die Armee des Generals Custine eindrang.

125,25. *Humor*: Stimmung.

125,29. *aufgespannt*: erregt. – Goethe-Wörterbuch 1, Sp. 1020.

126,23. *alliierte Armee*: Österreicher und Preußen, unterstützt von Hessen, Sachsen und französischen Emigranten.

126,32. *Geistlichen.* Erst 208,2 erfahren wird, daß es ein *katholischer Geistlicher* ist, da es Goethe nicht darauf ankommt, dies zu betonen. Für den zeitgenössischen Leser war es wohl von vorn herein klar. Der linksrheinische Adel war größtenteils katholisch. Wenn eine adlige Familie einen Geistlichen *als Hausfreund* (126,32) bei sich hatte, deutete das auf Katholizismus. Die protestantischen Theologen wurden als Geistliche erst ordiniert, wenn sie ein Pfarramt als Gemeindepfarrer erhielten. Sofern keins frei war, mußten sie als Hofmeister oder Gymnasiallehrer ihr Geld verdienen. Die katholischen Theologen wurden zu Priestern geweiht, wenn sie mit ihrem Studium fertig waren. Wenn keine Pfarrstelle für sie frei war, nahmen sie Stellen in adligen Häusern an, wo sie nicht nur geistliche Funktionen hatten, sondern als Sekretäre, Verwalter usw. tätig waren. Eine solche Stelle hat der Geistliche hier und hat auch der Abbé in den *Lehrjahren*. – Bd. 7, S. 419,22 u. Anm.

126,36. *Halbchaise*: offener Wagen. – Goethe benutzte im Herbst 1792 selbst eine *Halbchaise*, wie er in der *Campagne* schreibt (Bd. 10, S. 255,3).

126,36. *Brancards*: Gepäckwagen.

127,32. *Neufranken*: die revolutionären Franzosen. Dasselbe Wort 134,6. Es war zu dieser Zeit häufig, z.B. bei Wieland; unter anderem schrieb dieser einen Aufsatz „über den neufränkischen Staatseid" (Der neue teutsche Merkur, März 1798).

128,5 f. *Der Hofmeister* ist für die Ideen der französischen Revolution, weil er als bürgerlicher Intellektueller sich in dem Adelskreise nicht seiner Bildung entsprechend gewürdigt fühlt; *der Geistliche* ist dagegen, weil die Revolution sich gegen die Kirche richtet, von den Geistlichen den Treueid verlangt und bei den Septembermorden rund 300 eidverweigernde Priester umgebracht hat.

128,15 f. *die große Anzahl französischer und deutscher Ausgewanderten.* Viele Franzosen flohen, zumal Adlige und Geistliche, da sie vom Tode bedroht waren. Auch viele Deutsche flohen aus den Gebieten, in welche die Revolutionsarmee eindrang. Da sie auf Rückkehr hofften, blieben sie zunächst im rechtsrheinischen Gebiet, so daß dort die Zahl der Emigranten besonders groß war. Erst in den folgenden Jahren zogen sie weiter nach Nord- und Mitteldeutschland. – Goethe-Handbuch Bd. 1, 1961, Art. „Emigration" von A. Fuchs.

129,9. *Frankfurt befreit*: 2. Dezember 1792.

129,9 f. *Mainz eingeschlossen*: 14. April 1793. – Goethe hat die *Belagerung von Mainz* ausführlich dargestellt (Bd. 10, S. 363–400).

129,30. *Geschäfte*: Arbeit im Staatsdienst, Amtsgeschäfte.

130,14 f. *bedenklich*: vielerlei Nachdenken erregend und erfordernd. – Bd. 1, S. 374 *Wandersegen*. – GWb. 2, Sp. 149f.

131,12. *Blockade*: Einschließung, seit dem 14. April 1793. *Belagerung*: Kampfhandlungen, um die eingeschlossene Stadt zu erobern, seit dem 16. Juni 1793.

131,17. *Klubbisten.* In Mainz gab es Freunde der Französischen Revolution, die es begrüßten, daß die Stadt im Oktober 1792 von den Franzosen erobert wurde. Sie schlossen sich nach Art der französischen Revolutions-Klubs der Jakobiner zu einer „Gesellschaft der Freunde der Gleichheit und Freiheit" zusammen, deren Mitglieder man kurz *Klubbisten* oder *Klubisten* nannte. Goethe erwähnt sie mehrfach in seiner *Belagerung von Mainz* Bd. 10, S. 374,15; 386,5ff.; 391,24; 393,27. Zu den Mainzer Klubisten gehörte Johann Georg Forster, der zeitweilig dort eine führende Stellung einnahm und deswegen nach Paris entsandt wurde, so daß er die Belagerung von Mainz nicht miterlebte (Bd. 10, S. 189,13 u. Anm.).

132,4. *Munizipalbeamter*: Städtischer Beamter der Revolutionsregierung. Diese trugen *Schärpen* als Abzeichen, was auch Bd. 10, S. 394,7 vermerkt ist.

132,5 f. *widerlich*: mit Widerstreben aufgenommen, unpassend, Widerwillen erregend.

137,31 und 143,10. *gemein*: allgemein, üblich. – Boucke, Wort u. Bedeutung in Goethes Sprache. 1901. S. 176, 285, 322.

146,36–156,14 und 156,26–157,10. Die Geschichte von der Sängerin Antonelli. Goethe kannte den Stoff aus der „Correspondance littéraire" von 1794, auf die Prinz August von Gotha abonniert war. Die Begebenheit wird dort erzählt von der Pariser Schauspielerin Hippolyte Clairon, die sie später, 1799, auch in ihren Memoiren mitgeteilt hat. Goethe versetzt die Geschichte nach Neapel, macht die Heldin zur Sängerin, läßt den Stoff aber im allgemeinen unverändert. – Ernst Fedor Hoffmann, Die Geschichte von der Sängerin Antonelli. GJb. 102, 1985.

150,17. *Aufwartung*: Bedienung, Betreuung. – GWb 1, Sp. 1040.

153,19. *Knabe*: junger Mann; in dieser Bedeutung häufig, z. B. *Faust* 79, 832, 3019, 6514 u. ö.

155,21. *Chiaja*: breite Uferstraße in Neapel. Goethe erzählt in der *Italienischen Reise*, daß er selbst dort *die Herrlichkeit einer Vollmondnacht* erlebt habe (Bd. 11, S. 191, 17–23). Um die Geschichte mühelos erzählen zu können, brauchte Goethe einen Ort, den er kannte. Neapel kannte er, in Paris war er niemals gewesen.

157,22–158,26. Die Geschichte von dem rätselhaften Klopfen. Quelle: Mündliche Erzählung in Weimar. Charlotte v. Stein schreibt am 19. Februar 1795 an Charlotte v. Schiller, Herr v. Pannwitz habe ihr vor drei Jahren diese Geschichte als Vorkommnis in seinem Elternhause erzählt, und sie sei verwundert, daß Goethe sie in ein „so respektables Journal wie die Horen" hineingenommen habe.

159,31. *Röntgen*: berühmtester deutscher Kunsthandwerker der Goethezeit. Auch Bd. 8, S. 372,22 genannt. – Hans Huth, Abraham und David Roentgen. 2. Aufl. München 1973.

160,5. *Hygrometer*: Instrument zur Messung der Luftfeuchtigkeit.

160,18. *Belvedere*: Turm oder Balkon zur Aussicht.

161,37–164,38. Bassompierres Geschichte von der schönen Krämerin. Das alte Ausleihbuch der Bibliothek in Weimar verzeichnet, Goethe habe im Winter 1794/95 entliehen: François de Bassompierre, Mémoires contenant l'histoire de sa vie. Vol. 1 und 2. Cologne 1666. (E. v. Keudell, Goethe als Benutzer der Weimarer Bibliothek. Weimar 1931. S. 10.) Dort steht die Geschichte von der schönen Krämerin S. 158–162. Dieses Buch war auch die Quelle für die folgende Erzählung (und auch für die Ballade *Ritter Kurts Brautfahrt* Bd. 1, S. 279 f.). – Den gleichen Stoff behandelt Hofmannsthal in einer Novelle, die erstmalig erschien in dem Band: H. v. H., Das Erlebnis des Marschalls von Bassompierre ... und andere Erzählungen. Wien 1905. Seither oft neu gedruckt in den verschiedenen Ausgaben von Hofmannsthals Werken. Hofmannsthal hat Goethes Text zum Teil wörtlich übernommen, zum Teil sprachlich modernisierend umgeformt, und zum Teil ganz neue Szenen dazuerfunden, die dem Thema neue psychologische Aspekte geben. – F. Meyer von Waldeck, Die Memoiren des Marschalls von Bassompierre und Goethes Unterhaltungen deutscher Ausgewanderten. Herrigs Archiv

87, 1891, S. 252–255. – Werner Kraft, Von Bassompierre zu Hofmannsthal. Revue de littérature comparée 15, 1935, S. 481–490 und 694–725. – Henry H. Remak, Novellistische Struktur. Bern 1982.

162,37. *Pudermantel*: Frisierumhang. So auch Bd. 7, S. 93, 39.

165,15–35. Bassompierres Geschichte vom Schleier. Quelle wie zu der vorigen Erzählung; in der Ausgabe von 1666 Bd. 1, S. 4–6. – Den gleichen Stoff behandelte Emil Strauß in der Novelle „Der Schleier", geschrieben 1912, gedruckt 1920.

166,34 f. *aufzuspannen*: zu erregen. Vgl. 125,29.

167,5. *gemein*: alltäglich.

167,27–185,21. Die Geschichte vom Prokurator. – Die Quelle ist nicht, wie Schiller in seinem Brief vom 28. 10. 1794 versehentlich annimmt, Boccaccio, sondern: „Cent Nouvelles nouvelles", und zwar ist es dort die letzte Geschichte: „Le sage Nicaise ou l'amant vertueux". Sie schließt sich im Stil sehr eng an die italienische Novellistik an. Die „Cent Nouvelles nouvelles" erschienen erstmalig 1482, anonym. Sie wurden im 16., 17. und auch noch im 18. Jahrhundert mehrfach neugedruckt. Goethe besaß die Ausgabe: Les cent nouvelles nouvelles. Suivent les cent histoires nouveaux ... Nouvelle édition ... Tome 1–4. Cologne, Pierre Gaillard. 1786. Darin die Prokuratorgeschichte in Bd. 4, S. 126–157. Das Exemplar befindet sich noch heute im Weimarer Goethehaus unter Goethes Büchern. – Goethe behält in seiner Prokurator-Geschichte die Struktur der französischen Fassung vollkommen bei (Monolog, Dialog, Bericht, Aufbau), vielfach hat er Satz für Satz übersetzt, mitunter hat er gekürzt, zumal bei den langen Reden; mehrfach im Ausdruck und sittlichen Charakter gemildert; gelegentlich Einzelheiten eingefügt; im ganzen hat er der Gestalt der jungen Schönen mehr Charakter verliehen und ihr am Ende eine innere Entwicklung gegeben, durch welche er die Geschichte vom Schwank zur *moralischen Erzählung* wandelt. Im allgemeinen aber bleibt er der Quelle recht nahe – Goethes Übersetzungen französischer Novellen sind der Punkt, wo die große romanische Novellistik des 15.–18. Jahrhunderts entscheidend nach Deutschland herüberwirkt und die große deutsche Novellistik des 19. Jahrhunderts ihren Ausgang nimmt. Diese romanischen Novellen hatten nachhaltige Wirkung auf Goethes eigene spätere Novellen, zumal die der *Wanderjahre*. – Wissenschaftliche Neudrucke des ersten Drucks der „Cent nouvelles nouvelles" erschienen in Paris 1893 und 1928. – Über den Stoff der Prokurator-Novelle in der Weltliteratur (lat., frz., dt., ital. Fassungen): Max Herrmann, Die lateinische „Marina". Vierteljahresschrift für Literaturgesch. 3, 1890, S. 1–27. – Über Goethes Prokurator-Novelle: Johannes Pfeiffer, Wege zur Erzählkunst, 1959, S. 53–56.

177,6 f. *Prokurator*: Anwalt, Geschäftsträger, Verwalter.

179,2. *Teppich*: Decke.

180,21. *derelinquiert* (von lat. derelinquere): zurückläßt. Das Fremdwort gehört in die Sprache des Juristen, der soeben gesagt hat: *Lassen Sie mich ihnen zuerst als Rechtsgelehrter antworten* (180,15 f.).

180,24. *ins Freie gefallene Sache*: herrenlos gewordene Sache; hier bezogen auf *Besitztum* (180,21). Auch dies eine juristische Wendung. Adelung schreibt: ,,frei: keinen eigentlichen Besitzer habend. Eine Zeche fällt ins Freie, wenn sie von ihren Besitzern verlassen wird.“

184,23. *Taburett*: Schemel, Hocker; Sitzmöbel ohne Lehne.

185,5. *entsagen.* Das Thema der Entsagung spielt in Goethes Denken und Schaffen eine große Rolle, in den *Wanderjahren* wird es zu einem der Hauptthemen. Aber auch in den *Unterhaltungen* hat es bereits seine Bedeutung, hier in der Geschichte vom Prokurator, noch mehr in der dann folgenden Geschichte von Ferdinands Schuld und Wandlung, und vor allem in dem *Märchen*. – Bd. 14, Sachregister.

185,21. *Vater des Vaterlandes*: Verdeutschung des römischen Ehrentitels „pater patriae“, der aus Seneca, Ovid und anderen Schriftstellern bekannt war. – Der kleine Pauly, Bd. 4.

185,27. *moralische Erzählung.* Im letzten Viertel des 18. Jahrhunderts waren in Deutschland ,,moralische Erzählungen“ Mode. Die Moral war in ihnen meist recht deutlich und lehrhaft, die Art der Erzählung ohne viel Kunst. Im Vergleich mit diesen Werken sind Goethes Novellen lebendiger und geschmeidiger erzählt, zugleich gehaltvoller, aber ohne ausdrückliche Lehrhaftigkeit. – In Frankreich waren die,,Contes moraux“ von Jean-François Marmontel, 1761, bekannt. Sie erschienen auch in deutschen Übersetzungen: Marmontel, Neue moralische Erzählungen, 2 Bde. Winterthur 1792–1794. Und: Marmontels Moralische Erzählungen. 2 Bde. Lpz. 1794. – Beispiele selbständiger deutscher Werke dieser Art sind: Sophie v. La Roche, Moralische Erzählungen im Geschmack Marmontels. 2 Bde. Mannheim 1782–1784. – Sophie v. La Roche, Neuere moralische Erzählungen, Altenburg 1786. – August H. J. Lafontaine, Moralische Erzählungen. Bln. 1794–1802. 6 Bde. – Sachregister zum Kayser'schen Bücher-Lexikon. Lpz. 1838. S. 121 (Zahlreiche Titel). – Goedeke, Grundriß, Bd. 4,1 (1916), S. 575–627 und Bd. 5, 1893, S. 473–486. – Reallexikon der dt. Literaturgesch. Bd. 1. Bln. 1925/26. Art. ,,Familienroman“ von Chr. Touaillon. (In der 2. Aufl., 1958, nicht mehr vorhanden.) – Hugo Beyer, Die moralische Erzählung in Deutschland bis zu Heinrich v. Kleist. Frankf. 1941

186,7. *selbst gegen seine Neigung zu handeln.* Das Gespräch, das hier anschließt, führt über die popularphilosophische Moral der Aufklärung, wie sie in den ,,moralischen Erzählungen“ üblich war, hinaus. Was der Geistliche 186,4ff. äußert, sind Kantische Gedanken. Kants Rigorismus, wie er hier 186,10–27 ausgesprochen wird, war nun von Schiller mit Recht angegriffen worden („Über Anmut und Würde", 1793; vgl. Bd. 1, S. 221 Nr. 93–94 u. Anm.) und dahin ergänzt, daß das Gute nicht immer aus einem Kampf der Pflicht gegen die Neigung hervorgehe; in der „schönen Seele" fallen Pflicht und Neigung zusammen. Um das zu erkennen, bedarf es freilich nicht philosophischer Schulung. Eine lebenskluge und warmherzige Frau wie die Baronin weiß es aus Erfahrung; darum ihre Worte, die nun folgen (187, 10–13). Es ist wohl kein Zufall, daß wir die Worte über den Kampf von Pflicht und Neigung aus dem Munde eines in einem entsagungsreichen Stande lebenden Mannes hören, die über die Harmonisierung beider aus dem einer im Leben stehenden, gefühlssicheren Frau.

187,15. *Parallelgeschichten.* Dieses Wort sowie die folgenden – *eine deutet auf die andere hin* – ist Hinweis auf ein Bauprinzip, das Goethe in den *Wahlverwandtschaften,* vor allem aber in den *Wanderjahren* zu hoher Bedeutung erhoben hat und das dann für seinen Altersstil bezeichnend wurde. In diesem Sinne schreibt er an Iken am 23. Sept. 1827: *Da sich gar manches unserer Erfahrungen nicht rund aussprechen und direkt mitteilen läßt, so habe ich seit langem das Mittel gewählt, durch einander gegenübergestellte und sich gleichsam ineinander abspiegelnde Gebilde den geheimeren Sinn dem Aufmerkenden zu offenbaren.* (Briefe HA Bd. 4, S. 250.) In den *Unterhaltungen* ist dieses Prinzip der *Parallelgeschichten* im Vergleich zu Goethes Alterswerken erst in Ansätzen vorhanden, im Vergleich zu den Erzählungen des 18. Jahrhunderts aber ein schöpferischer Fortschritt.

187,30. *Familiengemälde.* Das Wort wird hier auf die erzählende Dichtung angewandt. Werke dieser Art gab es vielfach, z. T. angeregt durch Goldsmith, The Vicar of Wakefield, 1766, ein Werk, das in Deutschland durch Übersetzungen sehr bekannt war. Meist waren es Romane wie die von Sophie v. La Roche, J. T. Hermes, Johann Karl Wezel, Karl Philipp Moritz u. a.; auch Pestalozzis „Lienhard und Gertrud", 1781–1785, kann man dazu rechnen. Seltener waren kurze Erzählungen wie die „Skizzen" von August Gottlieb Meißner, 1778–1788, oder Mercks „Geschichte des Herrn Oheims" im „Teutschen Merkur" 1778.

Sachregister zum Kayser'schen Bücher-Lexikon, Lpz. 1838, S. 122 „Familiengemälde". – Karl Heinrich Jördens, Lexikon dt. Dichter und Prosaisten. Bd. 3, 1808, S. 473–504 und Bd. 6, 1811, S. 523–526 Art. „Meißner". – Goedeke, Grundriß, Bd. 4, 1. 1916. S. 575–627. Und Bd. 5, 1893, S. 473–486. – Reallex. der dt. Literaturgesch. Bd. 1, 1925/26, S. 349–353 Art. „Familien-Roman".

187,35 f. *wir haben fast alle Verhältnisse derselben schon gut bearbeitet auf unsern Theatern gesehen.* Gedacht ist hier an Werke wie: Otto v. Gemmingen, Der teutsche Hausvater. Mannheim 1780. – Friedrich W. Großmann, Nicht mehr als sechs Schüsseln. Ein Familien-Gemälde in 5 Aufzügen. Bonn 1780. – W. A. Iffland, Die Jäger, Bln. 1785. – Friedrich Ludwig Schröder, Das Porträt der Mutter. 1786. – F. L. Schröder, Der Vetter aus Lissabon. 1784. – Dramen dieser Art, welche deutsche bürgerliche Verhältnisse darstellten, waren am Ende des 18. Jahrhunderts auf den deutschen Bühnen sehr beliebt. – Das Drama der klass. Periode. 3 Bde. Hrsg. von Adolf Hauffen. Stuttg. o. J. = KDN Bd. 138–139. Insbes. Einleitung S. XVII–XXV. – Das dt. Drama. Hrsg. von Robert F. Arnold. München 1925. Insbes. S. 412–436. – Reallex. der dt. Literaturgesch. Bd. 1, 1925/26, Art. „Familienschauspiel".

188,3–204,18 und 205,3–208,5. Die Geschichte von Ferdinands Schuld und Wandlung. Eine Quelle wie bei den anderen Novellen liegt nicht vor; selbständige Erzählung Goethes; motivische Anklänge mehrfach in der bürgerlichen Dichtung der Zeit (vgl. die vorige Anmkg.). – Formanalyse: Myra R. Jessen in PMLA 55, S. 446–455.

193,11. *reizende Gelegenheit* – aufreizende, anlockende, verführerische Gelegenheit.

193,35. *nicht übel ließ*: nicht schlecht aussah. Gegenteil von *gut lassen* wie Bd. 7, S. 210,35.

195,39. *aufs genaueste*: besonders sparsam.

199,6. *zurückkehrenden Sünder*: Lukas 15,7.

201,3. *Agio*: Aufgeld beim Einkauf fremder Währung, Aufschlag beim Geldwechseln. – GWb. 1, Sp. 287.

204,20. *gemein* = allgemein, alltäglich, bürgerlich, mittelmäßig.

208,34. *Märchen*. Hier wird zum ersten Mal die Gattung des Märchens erwähnt. Karl denkt bei seiner Frage an das, was zu seiner Zeit als Märchen bekannt ist, also an die Kunstmärchen des 18. Jahrhunderts, die es zahlreich in Zeitschriften und auch in Buchform gab. Der Leser wird dann in Erstaunen versetzt, wenn er in dem auf der nächsten Seite folgenden *Märchen* etwas weit darüber Hinausgehendes wahrnimmt.

Feenmärchen der Gräfin von Aulnoy, übersetzt von F. Jacobs. Gotha und Weimar 1790–96. = Blaue Bibliothek aller Nationen, Bd. 2–4. – Karl August Musäus, Volksmärchen der Deutschen. Gotha 1782–86. – Benedikte Naubert, Neue Volksmärchen der Deutschen. Lpz. 1789–1793. – Rudolf Fürst, Die Vorläufer der modernen Novellen im 18. Jahrhundert. Halle 1897. Insbes. S. 37–101. – Ursula Borchmeyer, Die dt. Prosaerzählungen des 18. Jahrhunderts unter besonderer Berücksichtigung des ,,Teutschen Merkur" und des ,,Deutschen Museums". Diss. Münster 1955. – Reallex. der dt. Literaturgesch., 2. Aufl., Bd. 1, 1958, S. 909–912 Art. ,,Kunstmärchen" von H. Lobeck.

209,27. *Das Märchen*. Der Titel ist die Bezeichnung der Gattung, wie der Titel *Novelle*. Als Goethe *Das Märchen* schrieb, hatte er noch kein anderes Märchen verfaßt. Später folgten *Der neue Paris* (Bd. 9, S. 51–64) und *Die neue Melusine* (Bd. 8, S. 352–376). – *Das Märchen* wurde geschrieben im August und September 1795, wie aus dem Briefwechsel mit Schiller (17. August bis 23. September) hervorgeht, und es wurde bereits im Oktober in den „Horen" gedruckt. Deutungsversuche setzten sofort nach dem Erscheinen ein und waren auch in der Folgezeit zahlreich. Im 19. Jahrhundert deutete man vielfach allegorisch, im 20. Jahrhundert achtete man mehr auf Symbole. Diese wollen behutsamer angefaßt sein als Allegorien, und sie weisen oft in mehrere Richtungen zugleich. Es gibt bei Goethe Motive, die an verschiedenen Stellen seiner Werke als Symbole vorkommen, das Licht, die Erde, das Gold, die Farbe usw. *Faust* ist ein Beispiel dafür, auch insofern als hier die Vieldeutigkeit deutlich wird: das Gold hat verschiedenartige Funktionen, und das Motiv des entstehenden Berges in der *Klassischen Walpurgisnacht* weist sowohl ins Geologische wie ins Soziologische. – Das *Märchen* ist meist von Gelehrten interpretiert, seltener von Dichtern. Diese neigten dazu, es als Spiel der Phantasie zu sehen, das sich genauer Deutung entzieht und ihrer auch nicht bedarf. Bezeichnend dafür Hugo v. Hofmannsthal: „Der Knabe Goethe erzählte gerne Märchen, der Mann, der Greis nicht minder. Es sind Träume, die aus einer wunderbar erfüllten Seele heraustreten, sie sind phantastisch einfach wie jener Fasanentraum (Bd. 11, S. 108, 19–39) oder sie sind bunt und vielgestaltig verwoben: so jener reichste, das *Märchen* aus den *Unterhaltungen deutscher Ausgewanderten*, worin die Elemente des Daseins tiefsinnig spielend nebeneinander gebracht sind und eine undeutbare innere Musik aus schönen Bildern und Lebensbezügen entsteht, deren Deutung aber auch das Gemüt nicht verlangt, da es sich an der Harmonie des Vorgestellten völlig zur Genüge ergötzt ... Der Leser fühlt sich tausendfach sanft berührt und bewegt, niemals aufgeregt: ihm ist zumute, als ströme eine Symphonie dahin, die seine Seele ganz erfüllt, worin sich gar manches lieblich verkettet, sich aneinander läutert und erhöht, um sich schließlich in einer innigen letzten Verschlingung sanft aufzulösen." (Einleitung zu: Goethes Sämtl. Werke. Hrsg. von K. Noch u. P. Wiegler. Bln. 1925. Neugedruckt in: H. v. H., Die Berührung der Sphären. Bln. 1931. S. 283–290. Und in den neueren großen Hofmannsthal-Ausgaben.) – Einige frühe Deutungen sind abgedruckt im GJb. 25, 1904, S. 37–44. – Alle Deutungen bis 1879 sind zusammengestellt in dem ausführlichen Werk von Friedrich Meyer v. Waldeck, 1879. – Eine Aufzählung der wichtigsten Deutungen des 19. Jahrhunderts in: Goethes Werke. Hrsg. von K. Heinemann. Bd. 10. Hrsg. von H. Maync. Lpz. u. Wien (1904). S. 471–475. – Deutungen bis 1925 sind zusammengestellt in der gründlichen Ausgabe von Th. Friedrich, 1925. – Weitere Deutungen sind aufgezählt in der Bibliographie am Ende des vorliegenden Bandes.

209,34. *Irrlichter.* Auch in *Faust* kommen *Irrlichter* vor (Vers 3860ff.; 11741), und in *Dichtung und Wahrheit* beschreibt Goethe, wie er selbst in seiner Jugend auf der Fahrt nach Leipzig Irrlichter gesehen habe (Bd. 9, S. 243), *ein Naturphänomen, das wohl höchst selten sein mag.* Seither scheinen infolge Trockenlegung der Sümpfe und Verwandlung des Bodens in Kulturlandschaft die Irrlichter ganz aufgehört zu haben. Goethe konnte bei seinen Lesern aber damit rechnen, daß sie einen Begriff davon hatten, sei es aus eigener Anschauung, sei es vom Hörensagen. – Günther Schmidt, Irrlicht und Sternschnuppe. (Jb.) Goethe 13, 1951, S. 268–277.

211,16, *mit großer Begierde verschlang.* Im Weimarer Park gibt es den „Schlangenstein", 1787 von Klauer geschaffen. Eine Schlange windet sich um einen Stein, auf welchem etwas liegt, was sie fressen will. Vermutlich haben Klauer und seine Auftraggeber nicht an Goldstücke gedacht, sondern an die altrömische Auffassung der Schlange als häuslicher Schutzgeist, so daß die vor ihr liegenden Brocken als Brotstücke (Dankopfer) zu deuten sind. Die Inschrift „Genio huius loci" – dem Genius dieses Ortes – bezeichnet dann also ein Opfer für den Schutzgeist des Parks, der an der Ilm liegt. Faßt man die steinernen Brocken, welche die steinerne Schlange verschlingen will, als Goldstücke auf, so hat man das Motiv aus dem *Märchen.* – Park um Weimar. Hrsg. von W. Huschke und W. Vulpius. Weimar 1955. S. 41 und Abb. 42. – Über die antike Auffassung der Schlange als Schutzgeist: Pauly-Wissowa, Realenzyklopädie, 2. Reihe, Bd. 2, 1923, Art. „Schlange" Sp. 518f. – Lexikon der antiken Welt. Zürich 1965. Sp. 2717.

212,14. *Schein*: das Leuchten; etwa wie in den Wörtern „Sonnenschein" und „Heiligenschein". Zugleich ist es ein In-Erscheinung-Treten durch das Licht. Durch die Erzählung von S. 211,13 an ist deutlich, was hier mit *Schein* gemeint ist, diese Anschaulichkeit gehört zum Wesen des *Märchens.* Nun kommt *Schein* aber im *Märchen* noch einmal vor, an bedeutender Stelle: *Drei sind, die da herrschen auf Erden: die Weisheit, der Schein und die Gewalt.* (236,30f.) An dieser Stelle ist *Schein* ebenfalls das Leuchten, und zwar im Sinne von Augenschein, Sichtbar-Sein, Eindruck-Machen. Beide Bedeutungen gehen in einander über. Goethe schrieb das *Märchen* im Herbst 1795, mitten zwischen der Arbeit an den *Lehrjahren.* Dort spielen die Wörter *Schein* (Bd. 7, S. 435,3) und *scheinen* (Bd. 7, S. 291,21) eine wichtige Rolle in der Charakteristik von Menschen, die sich vor anderen darstellen und von denen Glanz ausgeht. Das Wort *Schein* in diesem Sinne gehört zu Goethes Sprachschatz. Vermutlich ist es ähnlich wie bei der Formulierung *Schöne Seele:* sie war ihm schon lange aus der Tradition zu eigen, bevor Schillers Definition von 1793 veröffentlicht wurde, und er benutzte sie in den *Lehrjahren* in seiner alten Weise. (Bd. 7, S. 358, 2 u. Anm.) So auch das Wort *Schein.* Er ließ sich in seinem Sprachgebrauch wohl kaum beeinflussen durch das, was Schiller im 26. und 27. der Briefe „Über die ästhetische Erziehung des Menschen" über den „Ästhetischen Schein" geschrieben hatte. Dagegen hängt sein individueller Sprachgebrauch eng zusammen mit dem allgemeinen seiner Zeit und der davor liegenden Zeit, wie die zahlreichen Beispiele der Verwendung des Wortes *Schein* im Dt. Wb. 8, 1893, Sp. 2419–2427 zeigen. – Bd. 7, S. 291,21 u. Anm.

213,35. *so darf man nur* ... und 214,3 *dürfen*: wie oft bei Goethe und seinen Zeitgenossen in der Bedeutung „so braucht man nur", „so hat man nur nötig" oder „so muß man nur die Gelegenheit wahrnehmen".

214,35ff. *das Heiligtum* der Könige. Ein ähnliches Motiv in den *Wahlverwandtschaften* S. 375,20–23.

214,35. *Rotonde*: Rundbau. In Rom nannte man das Pantheon einfach *Rotonda,* auch Goethe benutzt dieses Wort (Bd. 11, S. 134,13), meist aber die Bezeichnung *Pantheon* (Bd. 11, S. 147,8; 168,25).

216,25ff. *Geheimnisse ... das offenbare.* Ähnliche Formulierungen kommen mehrfach vor. Schon 1777 in der *Harzreise im Winter* heißt es: *geheimnisvoll-offenbar* (Bd. 1, S. 52); später: *Heilig öffentlich Geheimnis* (Bd. 1, S. 358); im *Westöstlichen Divan* gibt es die Gedichtüberschrift *Öffentlich Geheimnis* (Bd. 2, S. 24). Fernerhin: *Gewissen Geheimnissen, und wenn sie offenbar wären, muß man durch Verhüllen und Schweigen Achtung erweisen* (Bd. 8, S. 150,39f.); *indem die Natur das offenbare Geheimnis ihrer Schönheit entfaltete* (Bd. 8. S. 229,24f.); *Symmetrie, verflochten, versteckt, in Gegensätzen abgewechselt, als ein offenbares Geheimnis* (Bd. 12, S. 148,16); *Wem die Natur ihr offenbares Geheimnis zu enthüllen anfängt, der empfindet eine unwiderstehliche Sehnsucht nach ihrer würdigsten Auslegerin, der Kunst.* (Bd. 12, S. 467) – Ähnlich Bd. 8, S. 424,29; Bd. 9, S. 499,30 usw. Mehrfach auch in den Briefen. – Bd. 14, Sachregister; Briefe Bd. 4, Begriffsregister.

216,31. *das vierte.* Das vierte Geheimnis hat hier eine besondere Bedeutung und überragt die drei ersten. Es gibt bei Goethe mehrfach Dreiheiten, die von einem Vierten überwölbt werden, z. B. in der *Pädagogischen Provinz* die *drei Ehrfurchten,* die von der vierten *obersten Ehrfurcht* zusammengefaßt werden (Bd. 8, S. 157,21–31). In *Dichtung und Wahrheit* werden *natürliche Religion, positive Religion* und *Zusammenziehung in sich* selbst überwölbt durch den *allgemeinen Glauben* (Bd. 10, S. 175,11–18). Ähnliche Beispiele gibt es noch mehr. – Wolfgang Binder, Goethes Vierheiten. In: Binder, Aufschlüsse. Zürich 1976. S. 119–130. – Friedrich Ohly, Goethes Ehrfurchten. Euphorion 55, 1961, S. 406ff.

216,32f. *Es ist an der Zeit.* Formelhafte Wendung für „Es ist so weit; es ist der rechte Augenblick; jetzt wird das Erwartete eintreten" (Dt. Wb. 15, Sp. 543). Das Märchen ist von der Spannung auf besondere Ereignisse durchzogen, ein erhofftes Geschehnis steht bevor, also ist diese Formulierung hier vom Sprachgebrauch der Zeit her naheliegend. Da in der Bibel ebenfalls von erwarteten Ereignissen die Rede ist – Geburt des Heilands und Weltende – kommen ähnliche Wendungen in der Luther-Bibel vor: „Da die Zeit erfüllet war" (Lukas 9,51; Galater 4,4; Epheser 1,10); „Die Zeit ist nahe" (Offenbarung Johannis 22,10); „Die Zeit zu ernten ist gekommen" (Ebd. 14,15) u.a.m.

217,38. *Mops.* Die Schauspielerin Friederike Unzelmann, die Goethe aus Karlsbad kannte, schreibt am 1. April 1798 an Goethe: „Der dicke Musch, der Mopshund nämlich, von Ihnen Onyx genannt, lebt noch und freut sich mit mir des Glücks, Sie zu sehn." (J. Wahle, Das Weimarische Hoftheater unter Goethes Leitung. 1892. Schr. G. Ges., 6. S. 121.) Es ist für den Stil des *Märchens* bezeichnend, daß das Sachliche, Tiefsinnige und Feierliche vermischt ist mit Heiterem, Komischem und Groteskem, so hier durch den *Mops,* der dann zu *Onyx* wird (218,16).

218,16. *Onyx*: farbiger Stein, eine Art des Chalzedons. Der folgende Satz beschreibt ihn näher: *braun und schwarz.*

222,12. *Jaspis*: farbiger Stein, Abart des Quarzes, rot, gelb oder braun. Er war besonders dadurch bekannt, daß in der Offenbarung des Johannes 21,11–19 das Himmlische Jerusalem aus Jaspis erbaut ist.

222,12. *Prasem*: grüner Edelstein.

222,13. *Smaragd*: Edelstein, grün, durchsichtig.

222,13. *Chrysopras*: Halbedelstein, goldgelb oder lauchgrün.

222,14. *Chrysolith*: durchsichtiger Edelstein von Goldfarbe, schon im griechischen Altertum beliebt, ebenfalls im 17. und 18. Jahrhundert. – Goethe kannte diese Steine alle aus seiner Beschäftigung mit Mineralogie. Der Herzog von Weimar besaß eine mineralogische Sammlung, in welcher auch Exemplare der wichtigsten Edelsteine und Schmucksteine vorhanden waren. Goethe interessierte sich für diese Steine auch wegen der Lichtbrechung; hier berührten sich seine optischen und seine mineralogischen Studien, außerdem hatten die Steine ästhetischen Reiz. Zu der Zeit, als das *Märchen* entstand, besaß Goethe auch selbst bereits eine reichhaltige mineralogische Sammlung (darüber: Wolf v. Engelhardt in: Neue Hefte zur Morphologie 4, 1962, S. 100–128). Später wurde diese noch erweitert. Schuchardt stellte ein Verzeichnis von ihr her: Goethes Sammlungen. Bd. 3. Jena 1849. Da findet man alle im *Märchen* genannten Steine: *Onyx* S. 23 Nr. 354; *Jaspis* S. 3 Nr. 54; S. 22 Nr. 348, 350; S. 26 Nr. 487; *Prasem* S. 21 Nr. 325; S. 22 Nr. 333–335; *Smaragd* S. 15 Nr. 156 u. 158; *Chrysopras* S. 25 Nr. 451 u. 457; S. 26 Nr. 458, 459, 461, 465, 473, 476; *Chrysolith* S. 11 Nr. 26; *Beryll* S. 15 Nr. 159–165. – Goethes Sammlungen zur Mineralogie, Geologie und Paläontologie. Katalog. Bearb. von Hans Prescher. Berlin 1978.

223,7ff. *die lieblichen Töne zeigten sich erst als Ringe auf der Oberfläche des stillen Sees, dann wie ein leiser Hauch setzten sie Gras und Büsche in Bewegung.* Die Wirkung des Gesangs auf anorganische und organische Welt gibt es in der antiken Orpheus-Sage. Goethe hat diese Sage geliebt und mehrfach genannt. In den *Maximen und Reflexionen* heißt es: *Man denke sich den Orpheus, der, als ihm ein großer wüster Bauplatz angewiesen war, sich weislich an dem schicklichsten Ort nie-*

dersetzte und durch die belebenden Töne seiner Leier den geräumigen Marktplatz um sich her bildete. Die von kräftig gebietenden, freundlich lockenden Tönen schnell ergriffenen, aus ihrer massenhaften Ganzheit gerissenen Felssteine mußten, indem sie sich enthusiastisch herbeibewegten, sich kunst- und handwerksgemäß gestalten, um sich sodann in rhythmischen Schichten und Wänden gebührend hinzuordnen. (Bd. 12, S. 474.) Und in *Faust*, Vers 6447f.: *Der Säulenschaft, auch die Triglyphe klingt, / Ich glaube gar, der ganze Tempel singt.* – Herbert v. Einem, „Man denke sich den Orpheus ..." Goethes Reflexion über die Architektur als verstummte Tonkunst. In: Jahrb. des Wiener Goethe-Vereins Bd. 81–83, 1977–79, S. 103–116.

225,30. *Beryll*: Schmuckstein, durchsichtig, grün oder blau. Er ist der letzte in der Reihe der Schmucksteine, die Goethe nennt. Es sind im Ganzen sieben: *Onyx, Jaspis, Prasem, Smaragd, Chrysopras, Chrysolith, Beryll.* Eine ähnliche Zusammenstellung gibt es in der Offenbarung Johannis 21, 19–20. Dort ist das Himmlische Jerusalem geschmückt durch Jaspis, Saphir, Chalcedon, Smaragd, Sardonyx (Onyx), Sardis (Karneol), Chrysolith, Beryll, Topas, Chrysopras, Hyazinth und Amethyst. Es sind 12 Edelsteine gemäß der Bedeutung der Zahl 12 in dem ganzen Abschnitt. Die Anklänge an die Offenbarung Johannis wurden schon von einigen Zeitgenossen gesehen, z. B. von Prinz August von Gotha (GJb. 25, 1904, S. 39–43). Edelsteine kamen aber auch in den Feenmärchen des 18. Jahrhunderts vor.

228,35. *Die Schlange ... faßte das Ende ihres Schwanzes mit den Zähnen und blieb ruhig liegen.* Das gleiche Motiv kommt in Briefen vor. An Prinz August von Gotha 6. August 1804: *Unter manchen anderen Dingen beschäftigt mich gegenwärtig die Umarbeitung des Götz von Berlichingen* (für die Bühne), *wobei ich mir wie eine Schlange, die sich in den Schwanz beißt, als ein wahres Symbol der zeitlichen Ewigkeit vorkomme.* An F.W.H. v. Tebra 7. Januar 1814: *Man bedient sich als Symbol der Ewigkeit der Schlange, die sich in einen Reif abschließt, ich betrachte dies hingegen gern als Gleichnis einer glücklichen Zeitlichkeit. Was kann der Mensch mehr wünschen, als daß ihm erlaubt sei, das Ende an den Anfang anzuschließen.* (Briefe, HA, Bd. 3, S. 252.) – Das Motiv stammt aus der Antike und ist schon dort Sinnbild der Ewigkeit (Pauly-Wissowa, 2. Reihe, Bd. 2, 1923, Sp. 550), es wurde dann mehrfach in der Emblematik des 16. und 17. Jahrhunderts verwendet (Emblemata, hrsg. von Henkel und Schöne, Stuttg. 1967, Sp. 652–658. – Ph. Picinelli, Mundus symbolicus. Col. Agr. 1694. S. 492 „Serpens in gyrum convolutus").

229,6ff. *Spiegel ... das angenehmste Bild ...* Das Motiv der schönen Frau und des Spiegels auch im *Divan* Bd. 2, S. 41: *Der Spiegel sagt mir, ich bin schön ...* Und auch dort endet das Bild mit dem Gedanken der Zeitlosigkeit, allerdings tiefer begründet als hier, wo der Wunsch folgt, *ihr Bild ewig, wie es gegenwärtig erschien, festzuhalten* (229,11f.).

230,23. *spratzelt*: spritzt, mit knatterndem oder knisterndem Geräusch. – Dt. Wb. 10,1. 1905. Sp. 2795.

236,31. *Schein.* Das Wort *Schein* kommt schon 212,14 vor, ebenfalls spielt es in den in der gleichen Epoche entstehenden *Lehrjahren* eine Rolle. Vgl. Anm. zu 212,14 und zu Bd. 7, S. 291,21.

240,20f. *sein Schatten zeigte die Stunden.* Das Motiv stammt von antiken Obelisken, die diese Funktion hatten. Goethe hatte sich in Rom mit dem Obelisk Psammetichs II. aus Heliopolis beschäftigt. Er beschreibt diesen ausführlich in der *Italienischen Reise,* er *stand als Zeiger der großen Sonnenuhr* (Bd. 11, S. 393,25–394,5 und 404,3–22).

241,10. *Bescheidenheit.* Adelung schreibt: „Das Vermögen, Gutes und Böses, Nützliches und Schädliches gehörig zu unterscheiden; Einsicht". Das Wort war in dieser Bedeutung zu Goethes Zeit bereits selten geworden, war aber noch bekannt durch die Lutherbibel, wo z. B. im 2. Petrusbrief 1,5 und 1,6 von „Der Tugend Bescheidenheit" die Rede ist.

ZUR TEXTGESTALT DER „UNTERHALTUNGEN"

Die *Unterhaltungen deutscher Ausgewanderten* erschienen zuerst in Schillers Zeitschrift „Die Horen" 1795, dann in den verschiedenen Ausgaben von Goethes Werken, und zwar 1808 (sog. Ausgabe A), 1817 (genannt B) und in der *Ausgabe letzter Hand* 1828 (C). Der Erstdruck enthielt mehrere Druckfehler; jeder folgende Druck bemühte sich, Fehler auszumerzen, und brachte zugleich neue hinein. Da der Wiener Druck von 1817 (B 1) auf Grund der gleichen Druckvorlage hergestellt ist wie der Cottasche Druck von 1817, hat er gleichen Wert und ist zur Korrektur jenes Drucks heranzuziehen. Einen kritischen revidierten Text unter Zugrundelegung aller Goetheschen Drucke gaben 1895 die Weimarer Ausgabe (W), 1906 die Jubiläums-Ausgabe (J), 1926 die Fest-Ausgabe (F) und 1932 die Welt-Ausgabe (Wl). Da die Varianten nicht zahlreich und nicht erheblich sind, werden im folgenden nur einige Abweichungen von diesen 4 kritischen Texten vermerkt, ohne weitere Begründung unserer Fassung aus der Textgeschichte. Wie die ganze „Hamburger Ausgabe" ist auch dieser Text in heutiger Schreibweise gesetzt – ein Vorhaben, das niemals ganz rein erfüllbar ist: Zusammensetzungen wie *wiedergutmachen,* welche die Goethezeit in drei Wörtern schrieb, bleiben höchst problematisch (135,1; 138,8; 177,12; 203,3f.; 206,2; 219,13), zumal man an anderen Stellen bei der getrennten Schreibung bleiben muß (178,13). Die Anführungszeichen sind immer moderne Hinzufügung. –

125,36. *in* Erstdruck, J, F, Wl; *und* A, B, C, W. – 126,16f. *von völliger Abwesenheit* F; *von völligen Abwesenheit* Erstdruck, Wl; *von Abwesenheit* A, B, C, W, J. – 126,37. *einer* Erstdruck, J, F, Wl; *Einer* C, W.– 127,27. *Dessen ungeachtet* J, F, Wl; *Demungeachtet* W. – 131,8. *diese* J, F, Wl; *die* W. – 133, 33. *hoffe*

J, F. Wl; *hoffte* W. – 134,36. *meiner* J, F, Wl; *meine* W. – 135,7. *so* Erstdruck, J, F, Wl; das Wort fehlt in A, B, C, W. – 137,20. *euren Zimmern* Erstdruck W, F, Wl; *eurem Zimmer* B, C; *euern Zimmern* J. – 145,9. *Einem* groß gedruckt zur Hervorhebung in C, W, Wl; klein geschrieben aber gesperrt in J und F. – 149,20. *dieser* Erstdruck, J, F, Wl; *diese* C, W. – 151,20 *einem* Wl; gesperrt J, F; *Einem* W. – 152,35 f. *Bekannte* Goethes Drucke, J; *Bekannten* W, F, Wl. – 155, 19. *zu* J, F, Wl; *mit* Goethes Drucke, W. Im Zusammenhang damit die folgende Stelle: 155,23. *Eine Dame* Goethes Drucke, J, F, Wl; *Die Dame* W. (Vgl. den Lesarten-App. in W.) – 160,39. *Einer Zeit aus Einem Holze* und ähnlich 161,1 und 161,13 f. Großschreibungen: W, Wl; kleingeschrieben aber gesperrt: J, F. – 170,7. *ward* Erstdruck, Wl; *war* A, B, C, W, J, F. – 172,31. *ganzen* Erstdruck, J, F, Wl; das Wort fehlt in A, B, C und W. – 174,34. *ganze* A, B, C, W, Wl; *ganz* Erstdruck, J, F. – 179,7. *Ruhebett* BCC[1] *Ruhebette* WJ nach dem Erstdruck. – 191,19. *jeder* Erstdruck, J, F, Wl; *jener* A, B, C, W. – 197,5. *und ihn so.* Hier ist das Wort *ihn* eingesetzt von J. Es fehlt in A, B, C, W, auch F. – 204,10. *soeben* Erstdruck, J, F, Wl; *eben so* B, C, W. – 206,2. *Fäden* Erstdruck, A, J, F; *Faden* B, C, W, Wl. – 206,10. *es* Erstdruck, J, F, Wl; das Wörtchen fehlt in B, C, W. – 207,5. *jene* Erstdruck, J, F, Wl; *seine* A, B, C, W. – 211,8. *gebirgigten* Erstdruck, A, J, F; *gebirgigen* B, C, W, Wl. – 221,4. *Einen* W, Wl; Kleinschrift, gesperrt J, F. – 237,13. *konnte* ohne Sperrung: Erstdruck, J, F, Wl; mit Sperrung: A, B, C, W. – 237,31. *das Zepter* Wl, da sonst meist bei Goethe als Neutrum, zumal im *Märchen;* vgl. 237,22 und 237,23 sowie 240,7; *den Zepter* Goethes Drucke, W, J, F. – 240,21. *in einen Kreis auf dem Boden* A, B, C, Wl; *in einem Kreis auf den Boden* Erstdruck, W, F; *in einem Kreis auf dem Boden* J.

DIE WAHLVERWANDTSCHAFTEN

„DIE WAHLVERWANDTSCHAFTEN" IM URTEIL GOETHES UND SEINER ZEITGENOSSEN

GOETHE

Friedrich Wilhelm Riemer, Tagebuch vom 28. August 1808.

Goethes Geburtstag. Mit ihm über den neueren Roman, besonders den seinigen.

Er äußerte, seine Idee bei dem neuen Roman „Die Wahlverwandtschaften" sei: sociale Verhältnisse und die Conflicte derselben symbolisch gefaßt darzustellen.

Goethe an Karl Friedrich Zelter. Jena, 1. Juni 1809.

Da es noch nicht rätlich war nach Karlsbad zu gehen, so befind' ich mich in Jena, wo ich einen Roman fertig zu schreiben suche, den ich vor'm Jahre in den böhmischen Gebirgen concipiert und angefangen hatte. Wahrscheinlich kann ich ihn noch in diesem Jahre herausgeben und ich eile um so mehr damit, weil es ein Mittel ist, mich mit meinen auswärtigen Freunden wieder einmal vollständig zu unterhalten. Ich hoffe, sie sollen meine alte Art und Weise darin finden. Ich habe viel hineingelegt, manches hinein versteckt. Möge auch Ihnen dies offenbare Geheimnis zur Freude gereichen.

Goethe an Charlotte v. Stein. Jena 6. Juni 1809.

Über die Hauptschwierigkeiten bin ich hinaus, und wenn ich noch vierzehn Tage weder rechts noch links hinsehe, so ist dieses wunderliche Unternehmen geborgen.

Gespräch mit Riemer. Jena, 24. Juli 1809.

„Die sittlichen Symbole in den Naturwissenschaften (zum Beispiel das der ‚Wahlverwandtschaft', vom großen Bergman erfunden und gebraucht) sind geistreicher und lassen sich eher mit Poesie, ja mit Societät verbinden, als alle übrigen, die ja auch, selbst die mathematischen, nur anthropomorphisch sind, nur daß jene dem Gemüt, diese dem Verstande angehören."

Goethes Selbstanzeige im „Morgenblatt für gebildete Stände" vom 4. September 1809.

Notiz.

Wir geben hiermit vorläufige Nachricht von einem Werke, das zur Michaelismesse im Cottaschen Verlage herauskommen wird:

Die Wahlverwandtschaften, ein Roman
von Goethe
In zwei Teilen.

Es scheint, daß den Verfasser seine fortgesetzten physikalischen Arbeiten zu diesem seltsamen Titel veranlaßten. Er mochte bemerkt haben, daß man in der Naturlehre sich sehr oft ethischer Gleichnisse bedient, um etwas von dem Kreise menschlichen Wissens weit Entferntes näher heranzubringen, und so hat er auch wohl in einem sittlichen Falle eine chemische Gleichnisrede zu ihrem geistigen Ursprunge zurückführen mögen, um so mehr, als doch überall nur eine Natur ist und auch durch das Reich der heitern Vernunftfreiheit die Spuren trüber, leidenschaftlicher Notwendigkeit sich unaufhaltsam hindurchziehen, die nur durch eine höhere Hand und vielleicht auch nicht in diesem Leben völlig auszulöschen sind.

Goethe an Karl Friedrich Zelter. Jena, 26. August 1809.

Wo Ihnen auch mein neuer Roman begegnet, nehmen Sie ihn freundlich auf. Ich bin überzeugt, daß Sie der durchsichtige und undurchsichtige Schleier nicht verhindern wird, bis auf die eigentlich intentionierte Gestalt hineinzusehen.

Goethe an Bettina Brentano. Jena, 11. September 1809.

Wenn das Büchlein das man Ihnen angekündigt hat, zu Ihnen kommt, so nehmen Sie es freundlich auf. Ich kann selbst nicht dafür stehen, was es geworden ist.

Goethe an Johann Friedrich Cotta. Jena, 1. Oktober 1809.

Es ist manches hineingelegt, das, wie ich hoffe, den Leser zu wiederholter Betrachtung auffordern wird.

Goethe an Zelter. Weimar, 30. Oktober 1809.

Mit diesen wenigen Worten erhalten Sie meinen Roman. Tun Sie, als wenn der größte Teil Ihnen zugeschrieben wäre, und verzeihen mir mein übriges Schweigen und Stocken. Es wird beinahe jetzt unmöglich mit dem Einzelnen von einzelnen Dingen zu sprechen; faßt man aber breitere Verhältnisse ins Auge, so mag man wohl noch manches darstellend aussprechen.

Gespräch mit Riemer. Weimar, Dezember 1809.

Unter andern Philister-Kritiken über die ,,Wahlverwandtschaften", gleich nach ihrer Erscheinung, war auch die: daß man keinen Kampf des Sittlichen mit der Neigung sehe. – Goethe bemerkte dabei gegen mich: ,,Dieser Kampf ist aber hinter die Scene verlegt, und man sieht, daß er vorgegangen sein müsse. Die Menschen betragen sich wie vornehme Leute, die bei allem innern Zwiespalt doch das äußere Decorum behaupten. Der Kampf des Sittlichen eignet sich niemals zu einer ästhetischen Darstellung: denn entweder siegt das Sittliche oder es wird überwunden. Im ersten Falle weiß man nicht, was und warum es dargestellt worden; im andern ist es schmählich, das mitanzusehen. Denn am Ende muß doch irgend ein Moment dem Sinnlichen das Übergewicht geben, und dieses Moment gibt der Zuschauer gerade nicht zu, sondern verlangt ein noch schlagenderes, das der Dritte immer wieder eludiert, je sittlicher er selbst ist. In solchen Darstellungen muß stets das Sinnliche Herr werden, aber bestraft durch das Schicksal, das heißt: durch die sittliche Natur, die sich durch den Tod ihre Freiheit salviert. So muß der Werther sich erschießen, nachdem er die Sinnlichkeit Herr über sich werden lassen; so muß Ottilie karterieren[1]) und Eduard desgleichen, nachdem sie ihrer Neigung freien Lauf gelassen. Nun feiert erst das Sittliche seinen Triumph."

Goethe an Karl Friedrich v. Reinhard. Weimar, 31. Dezember 1809.

Die ,,Wahlverwandtschaften" schickte ich eigentlich als ein Zirkular an meine Freunde, damit sie meiner wieder einmal an manchen Orten und Enden gedächten. Wenn die Menge dieses Werkchen nebenher auch liest, so kann es mir ganz recht sein. Ich weiß, zu wem ich eigentlich gesprochen habe, und wo ich nicht mißverstanden werde . . .

Das Publicum, besonders das deutsche, ist eine närrische Caricatur des demos; es bildet sich wirklich ein, eine Art von Instanz, von Senat auszumachen, und im Leben und Lesen dieses oder jenes wegvotieren zu können, was ihm nicht gefällt. Dagegen ist kein Mittel als stilles Ausharren. Wie ich mich denn auf die Wirkung freue, welche dieser Roman in ein paar Jahren auf manchen bei'm Wiederlesen machen wird. Wenn ungeachtet alles Tadelns und Geschreis das, was das Büchlein enthält, als ein unveränderliches Faktum vor der Einbildungskraft steht, wenn man sieht, daß man mit allem Willen und Widerwillen daran doch nichts ändert, so läßt man sich in der Fabel zuletzt auch so ein apprehensives Wunderkind gefallen, wie man sich in der Geschichte nach

[1]) *Anmerkung Riemers:* ,,Nach dem griechischen karteréin, sich enthalten (der Speise, des Schlafs u. s. w.), von Goethe der Kürze wegen gebraucht, wie öfter solche fremdsprachige Worte in dem Cotterie-Jargon, den wir unter uns führten."

einigen Jahren die Hinrichtung eines alten Königs und die Krönung eines neuen Kaisers gefallen läßt. Das Gedichtete behauptet sein Recht, wie das Geschehene.

Varnhagen von Ense, Tagebuch vom 28. Juni 1843.

General von Rühle erzählte mir, Goethe selbst habe ihm einmal gesagt, er habe die erste Anregung zu den „Wahlverwandtschaften" durch Schelling erhalten, wie Kapp in seinem Buche[1]) richtig bemerkt ... Goethe sagte einmal zu Rühle: „Ich heidnisch? Nun, ich habe doch Gretchen hinrichten und Ottilien verhungern lassen, ist denn das den Leuten nicht christlich genug? Was wollen sie noch Christlicheres?" – Das erinnert an die empörte Antwort, die er Knebeln wegen der sittlichen Bedenken desselben gegen die „Wahlverwandtschaften" gab: „Ich hab's auch nicht für Euch, ich hab's für die jungen Mädchen geschrieben!"

Gespräch im Hause Frommann (aus „Das Frommannsche Haus und seine Freunde" von F. J. Frommann, 2. Aufl. Jena 1872).

Goethe selbst, der im Allgemeinen ungern über seine Dichtungen sprach, war mit Rudolf Abekens Recension ..., welche die sittliche Tendenz des Romans ausdrücklich darlegte, ganz einverstanden, äußerte auch gegen meine Mutter: „daß es zu bösen Häusern hinausgehn muß, sieht man ja gleich im Anfang."

Goethe an Karl Friedrich von Reinhard. Weimar, 21. Februar 1810.

Da Sie mir meine liebe Ottilie so echt, gut und freundlich nehmen und auch dem Eduard Gerechtigkeit widerfahren lassen, der mir wenigstens ganz unschätzbar scheint, weil er unbedingt liebt, so gewinnen Sie gewiß diesem zweiten Teile des Farbenwesens so viel ab, daß er dem ersten, der Ihre Gunst erwerben konnte, die Waage hält.

Gespräch mit Abeken. Jena, 27. März 1810.

Doch schien er sich in Hinsicht auf meine „Fragmente"[2]) besonders darüber zu freuen, daß ich das Buch als ein für sich bestehendes, mit eigenem Leben begabtes Ganzes angesehen. „Ein solches Werk", sagte er ungefähr, „wächst einem unter den Händen und legt einem die Notwendigkeit auf, alle Kraft aufzubieten, um seiner Meister zu bleiben und es zu vollenden; wo denn die Schere nicht gespart werden darf."

[1]) *Erschienen anonym Leipzig, Verlag von Otto Wigand, 1843: Friedrich Wilhelm Joseph von Schelling. Ein Beitrag zur Geschichte des Tages von einem vieljährigen Beobachter.*

[2]) *Gemeint ist A.s anonyme Besprechung der „Wahlverwandtschaften" im „Morgenblatt" vom 22.–24. Januar 1810.*

Dichtung und Wahrheit, III, 11.

(Fahrt des einundzwanzigjährigen Goethe als Student von Straßburg aus – wahrscheinlich im Juli 1770 – zum Fest der Erhebung der Gebeine der hl. Odilie; der Odilienberg liegt im nördlichen Teile des Wasgau im Niederelsaß.)

Einer mit hundert, ja tausend Gläubigen auf den Ottilienberg begangenen Wallfahrt denk' ich noch immer gern. Hier, wo das Grundgemäuer eines römischen Kastells noch übrig, sollte sich in Ruinen und Steinritzen eine schöne Grafentochter aus frommer Neigung aufgehalten haben. Unfern der Kapelle, wo sich die Wanderer erbauen, zeigt man ihren Brunnen und erzählt gar manches Anmutige. Das Bild, das ich mir von ihr machte, und ihr Name prägte sich tief bei mir ein. Beide trug ich lange mit mir herum, bis ich endlich eine meiner zwar spätern, aber darum nicht minder geliebten Töchter damit ausstattete, die von frommen und reinen Herzen so günstig aufgenommen wurde.

Gespräch mit Sulpiz Boisserée. Auf der Fahrt von Karlsruhe nach Heidelberg, 5. Oktober 1815.

Unterwegs kamen wir dann auf die „Wahlverwandtschaften" zu sprechen ... Er legte Gewicht darauf, wie rasch und unaufhaltsam er die Katastrophe herbeigeführt. Die Sterne waren aufgegangen; er sprach von seinem Verhältnis zu Ottilie, wie er sie lieb gehabt, und wie sie ihn unglücklich gemacht. Er wurde zuletzt fast rätselhaft ahndungsvoll in seinen Reden.

Goethe an Joseph Stanislaus Zauper. Eger, 7. September 1821.

Das Publicum lernt niemals begreifen, daß der wahre Poet eigentlich doch nur, als verkappter Bußprediger, das Verderbliche der Tat, das Gefährliche der Gesinnung an den Folgen nachzuweisen trachtet. Doch dieses zu gewahren, wird eine höhere Cultur erfordert, als sie gewöhnlich zu erwarten steht. Wer nicht seinen eigenen Beichtvater macht, kann diese Art Bußpredigt nicht vernehmen.

Der sehr einfache Text dieses weitläufigen Büchleins sind die Worte Christi: Wer ein Weib ansieht, ihrer zu begehren pp. Ich weiß nicht, ob irgend jemand sie in dieser Paraphrase wieder erkannt hat.

Aus den Tag- und Jahresheften, 1809 (Weimar, Dezember 1822 oder Januar 1823). (Bd. 10, S. 505, 19–24.)

Niemand verkennt an diesem Roman eine tief leidenschaftliche Wunde, die im Heilen sich zu schließen scheut, ein Herz, das zu genesen fürchtet. Schon vor einigen Jahren war der Hauptgedanke gefaßt, nur die Ausführung erweiterte, vermannigfaltigte sich immerfort und drohte die Kunstgrenze zu überschreiten ...

Gespräch mit Eckermann. 21. Januar 1827.

(Anläßlich eines Gesprächs über Solgers Brief „Über die ‚Wahlverwandtschaften'", der Goethe durch „Solgers nachgelassene Schriften und Briefwechsel" von 1826 zugänglich wurde.)

„Ich kann ihm *(Solger)* nicht verdenken", sagte Goethe, „daß er den Eduard nicht leiden mag, ich mag ihn selber nicht leiden, aber ich mußte ihn so machen, um das Factum hervorzubringen. Er hat übrigens viele Wahrheit, denn man findet in den höhern Ständen Leute genug, bei denen ganz wie bei ihm der Eigensinn an die Stelle des Charakters tritt." ...

Ich habe, sagte ich *(Eck.)*, den Charakter des Architekten auch immer sehr bedeutend und liebenswürdig gefunden, allein daß er eben deswegen so vortrefflich sei, daß er vermöge seiner Natur in jene Verwickelungen der Liebe nicht hineingeraten könne, daran habe ich freilich nicht gedacht. – „Wundern Sie sich darüber nicht", sagte Goethe, „denn ich habe selber nicht daran gedacht, als ich ihn machte. Aber Solger hat recht, es liegt allerdings in ihm."

Gespräch mit Eckermann. Weimar, 6. Mai 1827.

„Es war im ganzen", fuhr Goethe fort, „nicht meine Art, als Poet nach Verkörperung von etwas Abstractem zu streben ...

Wollte ich jedoch einmal als Poet irgendeine Idee darstellen, so tat ich es in kleinen Gedichten, wo eine entschiedene Einheit herrschen konnte und welches zu übersehen war, wie zum Beispiel die ‚Metamorphose der Tiere', die ‚der Pflanzen', das Gedicht ‚Vermächtnis', und viele andere.

Das einzige Product von größerem Umfang, wo ich mir bewußt bin nach Darstellung einer durchgreifenden Idee gearbeitet zu haben, wären etwa meine ‚Wahlverwandtschaften'. Der Roman ist dadurch für den Verstand faßlich geworden; aber ich will nicht sagen, daß er dadurch besser geworden wäre! Vielmehr bin ich der Meinung: je incommensurabler und für den Verstand unfaßlicher eine poetische Production, desto besser."

Gespräch mit Eckermann. Weimar, 21. Juli 1827.

„Sie wissen, Aristoteles sagt vom Trauerspiele, es müsse Furcht erregen, wenn es gut sein solle. Es gilt dieses jedoch nicht blos von der Tragödie, sondern auch von mancher andern Dichtung ... Diese Furcht nun kann doppelter Art sein: sie kann bestehen in Angst, oder sie kann auch bestehen in Bangigkeit. Diese letztere Empfindung wird in uns rege, wenn wir ein moralisches Übel auf die handelnden Personen heranrücken und sich über sie verbreiten sehen, wie zum Beispiel in den ‚Wahlverwandtschaften". Die Angst aber entsteht im Leser oder Zuschauer, wenn die handelnden Personen von einer physischen Gefahr bedroht werden ... "

Gespräch mit Eckermann. Weimar, 9. Februar 1829.

Goethe sprach viel über die „Wahlverwandtschaften", besonders daß jemand sich in der Person des Mittler getroffen gefunden, den er früher im Leben nie gekannt und gesehen. „Der Charakter", sagte er, „muß also wohl einige Wahrheit haben und in der Welt mehr als einmal existieren. Es ist in den ‚Wahlverwandtschaften' überall keine Zeile, die ich nicht selber erlebt hätte, und es steckt darin mehr, als irgend jemand bei einmaligem Lesen aufzunehmen im Stande wäre."

Gespräch mit Eckermann. Weimar, 17. Februar 1830.

Von seinen „Wahlverwandtschaften" sagt er, daß darin kein Strich enthalten, der nicht erlebt, aber kein Strich so, wie er erlebt worden.

Goethe an Zelter. Weimar, zwischen dem 13. und 25. Januar 1830.

(Gelegentlich des Meinungsaustausches über Goethes Aufsatz „Nachlese zu Aristoteles' Poetik" in „Kunst und Altertum", Band 6.)

Zum Scherz und Überfluß laß mich in Gefolg des Vorigen erwähnen: daß ich in meinen „Wahlverwandtschaften" die innige, wahre Katharsis so rein und vollkommen als möglich abzuschließen bemüht war; deshalb bild' ich mir aber nicht ein, irgend ein hübscher Mann könne dadurch von dem Gelüst, nach eines Andern Weib zu blicken, gereinigt werden. Das sechste Gebot, welches schon in der Wüste dem Elohim-Jehova so nötig schien, daß er es, mit eigenen Fingern, in Granittafeln einschnitt, wird in unsern löschpapiernen Katechismen immerfort aufrecht zu halten nötig sein ...

ZEITGENOSSEN

Rudolf Abeken, Über Goethes Wahlverwandtschaften.
(Fragmente aus einem Brief.)

1.

– Daß die „Wahlverwandtschaften" viele Menschen nicht ansprechen, daß so sonderbare Urteile über sie gefällt werden, befremdet mich nicht. In der Tat, man sieht es oft genug, wie Gegenstände, welche dem Menschen nahe liegen und ein fast allgemeines Interesse haben, leicht und oberflächlich dargestellt, ihre Wirkung nicht verfehlen; wie sie aber die Menge und die für die Welt Gebildeten kalt lassen, wie sie oft gar nicht begriffen werden, wenn ein großer Geist sie klar in ihrem tiefsten Grunde und in ihrer höchsten Bedeutung ausspricht. – Ist es nicht so mit dem Gegenstande, mit dem jener herrliche Roman sich beschäftigt? – Daß es Menschen gibt, die ihrer Natur nach verwandt sind, daß diese Verwandtschaft Liebe erzeugt, welchen Kampf, welches Unglück diese veranlaßt, wenn menschlicher Irrtum und irdische Verhältnisse ihren Weg durchkreuzen, das ist das Thema fast aller Romane. Wenigstens liegt der Gedanke einer natürlichen Verwandtschaft, wenn auch dunkel, dem zum Grunde, was von Sympathie geredet wird. Solche Bücher werden immer geschrieben und immer gelesen werden; jeder Leser hat dergleichen gesehen und erlebt; er wird bewegt, und fühlt, daß auch er dem Lose unterworfen ist, welches die Liebe trifft. –

Dasselbe Thema finden wir in den „Wahlverwandtschaften“; aber wie anders behandelt! wie klar bis in die tiefsten Geheimnisse, wie selbständig und voll innern heiligen Lebens liegt es vor uns da! – Hier sehen wir, wie dieselben ewigen Gesetze, die in dem walten, was wir Natur nennen, auch über den Menschen ihre Herrschaft üben und ihm oft mit unwiderstehlicher Strenge gebieten; wie es eine, nur gesteigerte, Kraft ist, die leblose Stoffe zu einander zwingt und diesen Menschen zu einem andern zieht. Schilt mich nicht um dieser Äußerung Willen. Ruht doch auch die Liebe der Eltern zu dem Kinde auf der Natur und entspringt aus ihr; und doch wird dieser Trieb durch Freiheit zu einem schönen sittlichen Verhältnisse. – Die neuere Naturlehre wird noch manches Geheimnis in Bezug auf den Menschen enthüllen, vor dessen Offenbarung dem grauen möchte, welcher die Kräfte der Natur nicht als lebendige und ewige erkennt, und welchen die Beobachtung der Menschen und ihrer Schicksale nicht gelehrt hat, daß etwas in ihrem tiefsten Innern liegt, was über jenen Kräften ist, was vielleicht einer höheren Welt angehört. – Das sind die heiligen hohen Gedanken, die im tiefsten Grunde der Seele entspringen, welche der Mensch mit freier Gewalt festhält, die ihm ewig vorschweben als höchste Muster, als Sitte, als unveränderliches Gebot. Wo wir solche Gedanken wahrnehmen, da ist unser Interesse für den Menschen entschieden; und wenn der Gang der Dinge auf Erden und irdische Verhältnisse mit ihnen jene Gesetze der Natur in Streit bringen, der nicht rein zu schlichten ist, da werden wir zur höchsten Teilnahme bewegt. Das Mächtigste führt ihn, und das Liebste, dem wir die längste Dauer unter uns wünschten, soll ihm zum Opfer fallen. Es ergreift uns ein Gefühl, nicht unähnlich dem, was jene köstlichen Worte in der „Euphrosyne“ in uns erwecken:

Ach, Natur, wie groß und sicher in allem erscheinst du!
Himmel und Erde befolgt ewiges festes Gesetz.
Alles entsteht und lebt ihm gemäß; – nur über den Menschen
– – – – herrschet ein schwankendes Loos.

Wo in den übrigen Wesen die Natur ihre Kräfte walten läßt, da entsteht Leben, da ist Dauer; und den Menschen vernichtet sie oft durch eben diese Kräfte. – Das ist das tragische Prinzip, das in den „Wahlverwandtschaften" herrscht, und das unwiderstehlich uns ergreift und die Menschheit in uns erschüttert.

2.

Hier sehen wir zwei Naturen vor uns, durch das Geschick getrennt, durch Verwandtschaft gewaltsam zu einander gezogen, durch natürliche Verwandtschaft. Das wunderbare Kopfweh der beiden Liebenden ist von großem Gewichte. Eduard fühlt alsbald, wie nahe er Ottilien angehört; er gibt sich dem Zuge hin, ohne Widerstand zu leisten, und seine Leidenschaft ist mit Bewußtsein vermählt. – Anders Ottilie. Nicht von bewußter Leidenschaft, sie wird vom Schicksal hingerissen, und findet sich von seinem Strome gefaßt, ehe sie weiß, daß sie hineingeraten ist. Es mußte also sein. – Da beginnt das Tragische der Geschichte, und schon im Anfange des Buches, wir wissen nicht wie, ergreift uns der Schmerz und die bange Ahnung – welche ihre höchste Höhe erreicht an Ottiliens Geburtstage, da Eduard das Feuerwerk in die Lüfte rauschen läßt.

Hier ist das erhabene Gedicht in seiner Begeisterung, in einem heiligen Wahnsinne, in einer Gärung, von welcher aus sich das glühendste Leben in alle Enden verbreitet. Es ergreift uns ein Schwindel, und doch erkennen wir die ruhige Weisheit, die nüchterne Mäßigung, die alles lenkt und alles ordnet, wodurch das Werk ein vollendetes, selbständiges Ganzes wird, das sich selbst trägt und erhält. So tut sich der Schöpfer in seinen Werken kund.

Und jener Wahnsinn ist zugleich ein Symbol für das Geschick der Liebenden. Eduards Leidenschaft hat zu Ottiliens Fest das Feuerwerk bereitet; nichts auf der Welt vermag ihn von der Ausführung zurückzuhalten. Und wie die Feuerkugel, mit brennbarem Stoffe gefüllt, wenn sie einmal in Brand geraten ist, sausend durch die Luft fährt und ihre Bahn durchstürmt und keinen Halt kennt – bis sie zerstiebt und sich vernichtet, – so fährt das Geschick mit den Liebenden dahin, da es sie ergriffen und dem Untergange geweiht hat.

Was vermögen hier menschliche Klugheit und Verstand? Der Mittler spricht wohlmeinend und verständig; aber wo nach menschlichem Ansehn noch zu raten ist, da entfernt er sich, aus Prinzip, wie er's nennt, und er selbst wird am Ende ein Diener des Geschicks:

Denn wer sich vermißt, es klüglich zu wenden,
Der muß es selber erbau'n und vollenden.
[*Schillers „Braut von Messina"*, *V. 2490f.*]

3.

Einen schönen Gegensatz gegen Eduards und Ottiliens leidenschaftliche Liebe macht Charlottens Neigung zu dem Hauptmann. Auch sie werden von einander angezogen; aber des Hauptmanns fester Sinn und Verstand und Charlottens Mäßigung und Vernunft sind von der Art, daß ein nicht zu schlichtender Kampf zwischen diesen und der Leidenschaft nicht entstehen konnte. In des edeln Weibes Seele wohnt das Recht und das Maß; das schöne Gleichgewicht in ihr, wie zart es gebildet sein mag, widersteht dem andrängenden Ungestüm andrer Gewalten. Daher kommt die himmlische Milde, die Klarheit der Vernunft, mit welcher Charlotte durch die ganze Geschichte waltet. – Wodurch sie sich von Ottilien unterscheidet, das hat der Dichter am deutlichsten durch den Pendel ausgedrückt, der in ihrer Hand ruhig, unbeweglich schwebt, da er hingegen, von Ottilien berührt, in die heftigsten Schwingungen gerät.

4.

Halte ja manche Nebenpersonen, vor allem die, welche gegen eine der Hauptpersonen eine Anziehungskraft beweisen, nicht für unbedeutend. So ziehen sich, wenn wir Stoffe von geringerer oder größerer Verwandtschaft in die Lage bringen, daß sie ihre Kräfte gegen einander äußern können, auch die weniger verwandten an, aber nur ein wenig, und sie kommen zu keinem vereinten Leben. Laß die inniger verwandten Raum gewinnen, sie vermählen sich und vor ihnen verschwinden die Kräfte der übrigen.

5.

Einen herrlichen Gegensatz gegen Charlottens Gesinnung machen die Weltgebildeten, der Graf und die Baronesse mit ihrem Raisonnement; und das tolle Treiben Lucianens, ihr weltliches Rasen hebt die himmlische Ruhe Ottiliens, in welcher sie, wie auch ihr Geschick raset, beharret und zunimmt.

Es ist nicht ohne Bedeutung, daß Luciane die Affen so liebt, und dieser Zug macht uns auf eine neue Verwandtschaft aufmerksam, die in dem reichen Buche uns dargelegt wird. Denn wie dieses mit eigener Lust und schöner Begeisterung die fernsten Grenzen berührt und vor die Seele bringt, welche der Mensch erreichen kann, so zeigt es auch im Contraste, welche niedrige Neigungen und Ähnlichkeiten selbst den gebildeten Menschen unter seine Sphäre hinabziehen können. Luciane ergötzt sich an Affen und vergleicht sie mit Menschen, während Ottilie Engel malt und selbst ein Engel wird in dieser Umgebung.

6.

Welch ein herrliches, reiches Bild hat uns der Dichter vor die Augen gebracht in der Scene, da Ottilie die Mutter Gottes vorstellt! – Ich möchte diese, in Rücksicht auf die Wirkung, die sie in dem Gedichte hervorbringt, das Gegenstück zu jener Nacht-Scene nennen, da Ottiliens Geburtstag mit dem Feuerwerke gefeiert wird. – Charlotte sitzt vor dem Heiligen-Bilde und betrachtet das schlafende heilige Kind; und sie gedenkt dessen, das sie unter dem Herzen trägt, denkt, was in ihrem Hause werden soll, in der Zeit der Not, und Tränen treten in ihre Augen. – Ach, es soll kein Versöhner für sie sein; es wird geboren, und seinem Gesichte ist das aufgeprägt, was den nicht zu lösenden Streit erzeugt und erhält. Es kommt in die Welt, aber nicht als Bote des Lebens, sondern des Todes; und der Greis, der es in seine Arme nimmt, fährt hin, aber ach! nicht in Frieden – Als eine wahre Versöhnerin dagegen steht Ottilie da in dem herrlichen Bilde; sie ist die Schmerzenreiche, die Betrübte, der das Schwert durch die Seele dringt; aber wir ahnen in ihr auch die Heilige. Die Nacht verschwindet, und das heilige Licht bricht herein.

7.

Man hat es befremdend gefunden, daß in Ottiliens Tagebuche keine Reflexionen über ihre Liebe zu Eduard vorkommen. Aber ist Ottilie in einem Zustande, daß sie Betrachtungen über ihre Liebe anstellen kann? – Sie wird fortgerissen von ihrem Geschicke und ist, ohne Schuld, einer fremden Macht anheimgefallen. – Und konnte die hohe, seltene Bildung ihres Geistes, konnte die himmlische Ruhe, in der ihre Seele bei allen Stürmen beharrt, besser dargestellt werden, als durch dieses Tagebuch? – Und ihre Blätter offenbaren, was in ihrer Seele vorgeht, was ihr selbst nicht bewußt ist; und wunderbar ergreift es uns, wenn wir sehen, in welcher nahen Verbindung der menschliche Geist, der nur auf die Gegenwart, und höchstens auf die Vergangenheit angewiesen scheint, mit der Zukunft steht. – Hier sitzt Ottilie im alten Kirchenstuhle in der heiligen Capelle, wie im Totenreiche, und erwartet die Geliebten, die das heilige ernste Leben mit ihr beginnen sollen. Sie ist dem Tode geweiht, und auch ihr Jahr ist fast abgeklungen.

„Wir blicken so gern in die Zukunft, weil wir das Ungefähre, das sich in ihr hin- und herbewegt, durch stille Wünsche so gern zu unsern Gunsten heranleiten möchten" [*2. Teil, 4. Kap., S. 384*]. Blickst du auch in die Zukunft, herrliche Ottilie! und weißt du, was du wünschest, und weißt du, was es ist, das dich heranbewegt? – Der unerbittliche Tod hat seine Sichel schon geschärft; der Halm muß fallen.

„Doch in der abgesichelten Ähre liegt überschwänglich viel Nährendes und Lebendiges" [*2. Teil, 3. Kap., S. 376*].

So beginnt das herrliche Tagebuch. Es nimmt fast einen umgekehrten Gang mit Ottiliens Tagen. Es wird heitrer, macht tiefe zarte Bemerkungen über das Leben, und in den Ansichten vom Werte des Menschen und von seiner Erziehung offenbart sich eine schöne Geistesverwandtschaft jener edeln Natalie. – Warum konnte der beiden Geschick nicht verwandt sein? – Zarte, innige Beziehungen sind überall in den Blättern zerstreut; wer vermöchte sie alle zu enthüllen? und wer wollte sie erläutern? – Das hieße von der schwellenden Traube den zarten Duft abwischen, mit dem der frische Morgen sie angehaucht, oder den Staub vom Schmetterlingsflügel streifen, um ihn unter dem Mikroskope zu betrachten.

Gegen das Ende wird die Stimmung wieder ernster. Zwar ist der Frühling gekommen; „das Jahresmärchen ist an seinem artigsten Capitel, dessen Vignetten Veilchen und Maiblumen sind" [*2. Teil, 9. Kap., S. 426*]. Aber wir ahnen die Astern als Schlußvignette des letzten, ernsten Capitels.

Das Tagebuch ist an seinem Ziele; es schließt mit dem schönen Gedanken: „daß ein Leben ohne Liebe ein schlechtes Schubladenstück ist, wo man überall von vorn anfangen muß und überall enden möchte" [*2. Teil, 9. Kap., S. 427*]. – Ist es Ottilie, die diese Bemerkung macht? – Ist es das Buch selbst, das hier in seine Tiefen blickt und die Gottheit erkennt, die in ihm waltet? – wie eine alte Sage spricht, daß Menschen kurz vor ihrer Vollendung ihr eignes Selbst erblicken. – Ich weiß es nicht. Aber dem Ende nahet sich das Buch, der Vollendung; und eine schmerzliche Ungeduld ergreift uns. Denn „wenn Knospen und Blüten kommen, dann wird man ungeduldig, bis das volle Laub hervortritt, und der Baum sich als eine Gestalt uns entgegendrängt". „Und alles Vollkommene in seiner Art muß über seine Art hinausgehen, daß es etwas anders, etwas Unvergleichbares werde" [*2. Teil, 9. Kap., S. 426f.*].

8.

Denn was ist es, das bei der tiefen Trauer, die uns erfüllt, bei dem herzzerreißenden Schmerze uns beruhigt und eine Ahnung des Himmels gibt? – Das ist es, was jeglicher wahren Tragödie die Kraft verleiht, uns zu erheitern und in die seligen Regionen zu erheben, was bei den ungeheuern Schicksalen der wirklichen Welt den edeln Menschen aufrecht erhält und mit dem Leben versöhnt. – Die Würde der menschlichen Natur, die in dem furchtbaren Drange der Not und des Leids erst recht hervortritt, siegreich, anbetungswürdig. – Siehe Ottilie an. Sie ist der Naturnotwendigkeit unterworfen; ihr Geschick reißt sie blind dahin; da sie von Eduard schon entfernt ist, wird sie unwillkürlich wieder in seine Nähe gezogen; und da sie schon wie ein abgeschiedener Geist in den Gemächern des einst so freudenreichen Hauses wandelt, bewegt sich jene Kraft noch sichtbar in ihrem Innern; es ist, als ob dieses durchsichtig vor unsern Augen läge.

Aber wie groß und frei erhebt sie sich über diese Notwendigkeit in ihrem festen Anhalten an die heiligen Gedanken, die ihr selbstgeschaffenes Gesetz und ihr höheres Leben sind. Ergriffen konnte sie werden von jener Notwendigkeit, beherrscht konnte sie werden von ihr, sie, die sogar das dringendste, furchtbarste Bedürfnis der Speise sich verwehren kann; vernichtet werden konnte sie, aber nicht überwunden. – Man liest in den Leben der Heiligen, daß sie zu ihrer Heiligkeit durch Buße gelangten; hier hast Du eine solche Buße und eine Heilige, die sich kühn unter die Herrlichsten stellen kann.

Dieser Triumph des Menschen mußte, sollte anders das Gedicht zu unsrer völligen, seligen Befriedigung sich schließen, klar vor unsere Seele gebracht werden; das war die letzte Aufgabe des Meisters, und er hat sie herrlich gelöst. Wir nennen diejenigen Heilige, die durch ihre Tugend die niedere Welt überwinden, und als Heilige tut sich Ottilie uns kund in ihrem Scheiden, und der Himmel selbst verklärt sie, und umgibt sie mit dem heiligen Scheine, da sie wundertätig wirkt und den Sterblichen Trost und Genesung in ihrer Nähe zu Teil wird. – Engel umgeben sie, wie sie in ihrem Sarge, mit Blumen geschmückt, daliegt, und lächeln ihr freundlich zu; das wunderbar genesene Kind kniet zu ihren Füßen; und zur Seite der Verklärten, in der heiligen Capelle, steht der liebenswürdige Freund und weint über ihr, und mit ihm weinen die Edeln der ganzen Erde, trauernd über das verlorene Kleinod.

9.

Wirf nun noch einen Blick auf den „Werther", der mit dem vor uns liegenden Gedichte in mehr als einer Hinsicht verwandt ist, des Meisters frühestes Werk, das ihn schon ankündigt in seiner Kraft; und erfreue Dich mit mir an der Betrachtung, zu welcher Höhe die Kunst steigen kann, wenn der Künstler sich, seiner Kraft vertrauend, mutig ein fernes Ziel steckt, nach dem er unablässig wandelt, und wenn ihm die belebende Wärme der Seele zu Teil geworden ist, die auch auf dem weitesten Wege nicht erkaltet.

Und laß mich noch Eines hinzusetzen, um deswillen mir eben in dieser Zeit dieses Buch eine herrliche Erscheinung ist. Vielleicht spricht ein individuelles Gefühl aus mir. Vielleicht daß mehrere hierüber gleiche Gedanken und Empfindungen mit mir hegen. – Die großen politischen Begebenheiten des Tages ziehen alle unsre Aufmerksamkeit auf sich, und wir vergessen darüber, daß wir noch in einer andern Hinsicht in einer bedenklichen Zeit leben. – Was hat die neuere Naturlehre, obgleich sie erst ihre großen Entdeckungen verbreitet, nicht für Wunder ans's Licht gebracht? und wen hat wohl nicht, vorübergehend oder dauernder, ein Schauer erfaßt, wenn er von den Organen des Gehirns, von den magnetischen Curen, von der Gewalt, die ein menschlicher Körper gegen den andern übt, gehört hat? – Ist nicht wohl manchem das alte Gespenst des Materialismus wieder erschienen? – Da ist es gut, wenn der Mensch überzeugend auf eine Kraft in seinem Innern aufmerksam gemacht wird, die über die Natur erhaben ist, die ihn zum Herrn der Welt macht. Der Philosoph wirkt mit seiner Wissenschaft nur auf einen engen Kreis; aber des Dichters Wort verbreitet sich weit und dringt gewaltig in die Seele jedes Menschen, dem Sinn und Gefühl verliehen sind. – Und siehe, hier zeigt uns der Dichter in Charlotten, wie Maß und ruhige Vernunft eine Stimmung der Seele erzeugen, an der die Gewalt der Natur sich bricht; und ist diese heftiger und lebendiger im Menschen – wirf einen Blick auf Ottilien. Es gibt eine Kraft in der menschlichen Seele, die nicht zu berechnen ist, die auch das Ungeheuerste überwindet. Ottilie erfreuet uns und tröstet uns, wenn wir uns versucht fühlen, auf Eduard zu zürnen, der, besonders in den letzten Scenen, in der Tat nur ihre Folie ist und nur durch einzelne liebenswürdige Eigenschaften und durch den Mut, mit dem er Gefahren entgegengeht, unser Interesse gewinnt. Wir freuen uns, daß er im Tode in der Nähe der Geliebten ruht; die heilige Ottilie wird alsbald für ihn bitten können am Throne des Richters. – Um so natürlicher kommt mir dieser Gedanke, da in dem Buche so viele Winke vorkommen, die auf ein künftiges Leben deuten. Wird dort das Heilige, das Ottilie mit hinüber nimmt, Gesetz und Element sein? – Doch sei dem, wie ihm wolle; die höchste der Aufgaben ist mir in dem Buche auch für diese Welt befriedigend gelöst. – Und Ottilie selbst weiset mit ihren letzten Worten in das Leben zurück; und da wir ihre Hülle in der heiligen Capelle liegen sehen, und uns verlangt, dem verklärten Geiste in jene Regionen zu folgen, da erinnert uns der liebenswürdige Künstler, der an ihrem Sarge steht, wieviel Edles und Schönes auf Erden wohnt, und daß in des Menschen Seele eine Kraft lebt, die einen Himmel auf der Erde zu schaffen vermag.

[*Mitgeteilt in H. G. Gräf: Goethe über seine Dichtungen I, I, S. 438–447.*]

[*Erschienen anonym im „Morgenblatt für gebildete Stände" am 22., 23. und 24. Januar 1810*]

Karl Wilhelm Ferdinand Solger,
Über die Wahlverwandtschaften
(undatierter und unadressierter Brief aus Solgers nachgelassenen Schriften)

Wenn ich meine vorläufige Meinung über die „Wahlverwandtschaften" sagen soll, so muß ich schon diesmal nach Art der Recensenten, die freilich nicht meine Lieblingsart ist, mit etwas allgemeiner Theorie anfangen. Doch bitte ich recht sehr, dies nur als ein vorläufiges Wort anzusehen. Es ist hier wieder ein unerschöpfliches Kunstwerk, ein immensum infinitumque, und ich kann noch bloß vom ersten Eindruck sprechen.

... Ich möchte die Hoffnung fassen, daß aus diesem Werke, dergleichen ich lange eins gewünscht habe, den Menschen einmal ein Licht aufgehen werde über das Schicksal überhaupt, und besonders in der antiken Kunst, worüber alle neueren Kunstrichter unaufhörlich sprechen, und das keiner so verstanden hat, wie ich. Was ich aber darüber denke, ziehe ich nicht bloß aus der Gestalt der Kunstwerke ab, sondern ich sehe es in seinen innersten Gründen ein, welche ich hier nicht entwickeln kann.

Die ganze alte Welt ist die Welt der Gattung als eins und aus Einem Stücke. Das Ebenbild Gottes in ihr ist als die Idee der gesamten Menschheit erschienen, und es gab nur Menschen innerhalb der Nationen. Es gab also auch nur ein Geschick der Menschheit: denn diese war die erste Erzeugung Gottes, die zweite erst setzte einzelne Menschen ab. Diese Einzelnen konnten daher nur bestehen, solange sie das Geschick der Menschheit zu dem ihrigen machten: wollten sie ihr eigenes für sich haben, so wurden sie von jenem allgemeinen ergriffen und zertrümmert. Dies beweist nicht allein die Kunst, welche es in seinen tiefsten Keimen darstellt, sondern auch die Geschichte in den höchsten Resultaten mit ihren Verbannungen, Ostracismen[1]) u. s. w. Kein großer Mann Griechenlands, der es durch seine Individualität war, ist anders als im Elende gestorben.

Was ist nun aber jenes allgemeine Geschick der Menschheit? Äußerlich, was das Geschlecht begrenzt, die physischen Gebrechen, denen jeder unterworfen ist; innerlich die notwendige Art zu denken, die unwillkürliche Verknüpfung der Gedanken, die in dem Großen und Kleinen, dem Edlen und Schlechten dieselbe ist. Und daß er diesen allgemeinen Gesetzen nicht entweichen kann, das stürzt eben den Einzelnen. Das Drama ist die wahrste Darstellung der Gattung als des Erstgeborenen und des Individuums als des Zweiten. Die alte Kunst ist

[1]) *Ostrazismus,* ὀστρακισμός, *das durch Kleisthenes eingeführte Scherbengericht in Athen.*

also in ihren innersten Gründen dramatisch; selbst in der Erzählung, wie bekannt, im Homer.

Ich übergehe die sogenannte romantische Welt, welches mich zu weit führen würde, und komme auf die moderne. Hier ist das Erstgeborne das Individuum, welches das Ebenbild Gottes in sich trägt. Und zwar trägt es dasselbe in sich nicht als das Allgemeine oder als den absoluten Gott, sondern als das, welches gerade diesen bestimmten Punkt endlicher Erscheinung (welchen wir eben Individuum nennen) mit seinem eigenen, durchaus nur ihm gehörigen Wesen beseelt. Es kann also heut zu Tage jeder seinen Gott nur in sich selbst finden und auch seine Philosophie und seine Kunst, oder wie Ihr es nennen wollt. Das Zweite ist die Gattung, und um kurz zu sein, sage ich nur, der Mensch lebt in der Gattung durch Anschauung aller übrigen Individualitäten, welches das System der Ehre und der zweckmäßigen Staatseinrichtungen bildet. Sein Geschick aber ist seine Individualität, oder (recht verstanden) sein Charakter, und der Ausdruck dieses Geschicks die Liebe und Freundschaft. Nur dadurch kann ihm das Ebenbild in ihm zugleich wirklich werden. Der Mensch hat jetzt kein anderes Geschick als die Liebe. Wer seiner Individualität sein Verhältnis zu der Gattung unterwirft, oder dies mit ihr vereinigt, der kommt durch. Und das stellt die Kunst im Roman dar. Alle heutige Kunst beruht auf dem Roman, selbst das Drama („Iphigenia", „Tasso"). Wer seine Individualität falsch versteht und meistert, oder ... die Stimme des Gewissens überhört und dem klügelnden Verstande folgt, der geht unter. Und das ist der Gipfel der heutigen Kunst, der tragische Roman. Bei den Alten gibt es dagegen eine (so zu sagen) romantische Tragödie, wo der Charakter gerechtfertigt und im Sturze selbst verklärt wird („Ödipus in Kolonos").

Alles dies ist von mir sehr roh hingestellt. Ihr werdet Euch das Wahre herausfühlen. Die prótarchos átē[1]) liegt hier nicht bloß in dem Entschlusse, den Hauptmann und Ottilien kommen zu lassen, sondern schon in dem schwankenden Zustande, in dem die weislich von Gott getrennte Verbindung Eduards zu seiner ehemaligen Geliebten, die ihm noch dazu selbst Ottilien bestimmte, doch geschlossen wird. Aber hier sind eben die Motive gerade in einander gewirrt, wie es sein muß, wo Unheil entstehen soll. Ich denke, niemand wird hier verkennen, wie im Verlaufe der Handlung selbst alles von den Individualitäten ausgeht, und diese immer einseitiger werden (besonders Eduard), je mehr sie gegen die Umgebungen zu kämpfen haben. Diese Betrachtung, daß sie dadurch einseitiger werden, rechtfertigt mir auch den Eduard, der mir sonst zu wenig seiner selbst mächtig ist. Und doch bin ich nicht ganz

[1]) *Der erste Frevel, der alles folgende Unheil beschwört; nach dem „Agamemnon" des Äschylus, V. 1151.*

mit ihm zufrieden. Ich glaube, alles würde gewonnen haben, wenn er innerlich größer wäre, und doch fallen müßte. Aber das Größte und Heiligste darin ist wahrlich die so tief innerliche Ottilie, die ihr keusches Inneres herausgeben muß an den Tag des Schicksals, der dieser Sturm ihre Knospe aufweht und ihren heiligen Blütenstaub verstreut. Und göttlich ist es, daß auch ihr erhabener Vorsatz und ihr Gelübde nichts mehr hilft. Sie kann ihre eigene innere Macht nur noch dazu anwenden, sich durch sich selbst zu vernichten. So ist es gründlich durchgeführt.

Die vielen Reflexionen und Beobachtungen sind recht charakteristisch. Sie gehen immer auf Beobachtung und Untersuchung menschlicher Individualität, selbst wenn sie von der Natur ausgehen. Seht, wohin selbst das Studium der Natur diesen wahrhaften Dichter des Zeitalters geführt hat! In der Natur selbst erkennt er die Liebe, das sind die Wahlverwandtschaften.

Eben dazu gehören die Details der Umgebungen, wovon ich mir auch nicht ein Jota rauben lasse. Gerade diese sind das sichtbare Kleid der Persönlichkeiten. Und sie haben noch eine andere hohe Bedeutung. Sie sind das tägliche Leben, worin sich die Persönlichkeit ausdrückt, sofern sie mit andern in äußere Berührung kommt und sich von ihnen unterscheidet. Diese bleiben immer der eigentümliche gleichartige Ausdruck desselben, während das Innere sich gewaltsam umkehrt. Diese Umkehrung ist eben schrecklich einleuchtend, wenn einmal der Blick zugleich auf die eigentümlichen Umgebungen fällt, die immer dieselben blieben oder gleichartig fortschritten.

Es könnte vielleicht scheinen, als wenn manches von dem, was ich zuerst gesagt habe, einen Widerspruch erlitte durch die Art, wie hier die Natur behandelt ist, ja wie sich dieses ganze Buch auf die Natur gründet. Der geheime innere Zusammenhang zwischen Eduard und Ottilien, „die sich sogar in den Kopfschmerz geteilt haben", der zuletzt, wo sie so still neben einander zu sitzen pflegen, zur wahren Anziehungskraft wird, Ottiliens Auffinden des Steinkohlenlagers durch bloße hohe Sensibilität, die Tätigkeit des Pendels in ihrer Hand, endlich überhaupt die Wahlverwandtschaften selbst zeigen deutlich, daß hier die allgemeine Verwandtschaft der Natur mit sich selbst das Schicksal ist, welches alles hervorbringt. Nun könnte man sagen: also geht es nicht von den Individuen aus, sondern von jener allgemeinen Macht.

Aber bei tieferer Ansicht wird jeder entdecken, daß dieser Macht in der Hervorbringung der einzelnen Begebenheiten, Handlungen, Verhältnisse auch nicht der geringste Spielraum verstattet ist, sondern sie nur im Hintergrunde liegt, nicht als wirkliche Erscheinung hervortritt, sondern als das Wesen, welches innerhalb der Erscheinungen ist. Und wie das durchgeführt ist, das ist wieder eine der alleraußerordentlichsten Vollendungen der Kunst, der fast nichts aus irgend einer Zeit vorgezogen werden darf. Jede einzelne Regung oder Bewegung in dem ganzen Verlaufe ist unmittelbar in dem Charakter der Personen gegründet, und wo jenes Naturverhältnis ausdrücklich erwähnt wird, erscheint es entweder als zufällig bemerkt, oder gar als Folge der persönlichen Verhältnisse, wie eben jene gegenseitige Anziehung der beiden Liebenden. Ich muß noch einmal zurückgehn auf die Vergleichung mit den Alten. Bei ihnen beruht das Geschick nicht auf Gesetzen der sogenannten physischen Natur, sondern der sittlichen, und diese sondert sich auch schon ganz als Princip des Schicksals von jener ab. Bei ihnen werden auch die Handlungen der einzelnen Personen gänzlich vom Geschick selbst hervorgebracht, und der Charakter der Menschen suppliert jenes erst; hier ist es gerade umgekehrt.

Die Größe des Gegenstandes und die erhabene und reine Ansicht desselben hat eine solche Einfachheit der äußeren Hilfsmittel der Darstellung hervorgebracht, daß sich auch hierin das Werk der alten Tragödie sehr nähert, und daß man nach gemeiner Ansicht die Geschichte selbst fast nur das Gerippe eines Romans nennen könnte. Daher rührt auch die große Kürze der Erzählung gegen die langen und häufigen Reflexionen, und auch dieses, daß die Erzählung oft in das Präsens übergeht und mit kurzen, auf den ersten Anblick hart erscheinenden Zügen Zustände der Personen umreißt.

Über die Details der Umgebungen habe ich mich schon geäußert. So wie diese das ganz tägliche wirkliche Leben der Personen immer in gleicher Schwebung erhalten und gleichsam als Folie dienen, so verhält sich die Einflechtung von allem, was jetzt Mode ist, als Gartenkunst, Liebhaberei an der Kunst des Mittelalters, Darstellung von Gemälden durch lebende Personen und was sonst dahin gehört, zu dem Leben der Leser und des gesamten Zeitalters. In der Behandlung dieser Dinge liegt ebenfalls eine Kunst, die ich nicht genug bewundern kann. Sie sind als vollkommen gültig, wahr und in der Zeit lebendig aufgefaßt und von dem höchsten und reinsten Standpunkt aus dargestellt. Sie sind sogar in die Handlung selbst als bedeutend verflochten: wenn zum Beispiel der Architekt am Ende beim Sarge Ottiliens dieselbe Stellung annimmt, die er einst als Hirte in dem Gemälde halten mußte. So sind wir ganz auf einheimischem und frischem Boden der Zeit. In diesem Roman ist, wie im alten Epos, alles was die Zeit Bedeutendes und Besonderes hat, enthalten, und nach einigen Jahrhunderten würde man sich hieraus ein vollkommenes Bild von unserm jetzigen täglichen Leben entwerfen können.

Eben dazu gehören die überall ausgestreuten Reflexionen. Es ist heut zu Tage fast kein anderes Mittel da, auf Menschen zu wirken und in höherem Sinne in der menschlichen Gesellschaft gesellig zu leben, als eben das Privatgespräch und die Reflexionen darin. Wir müssen jetzt wahrlich unsere ganze Welt und unsere ganze Lebenstätigkeit hauptsächlich darin suchen. Diese aber sind auch hier wieder recht, was sie im gemeinen Leben sein sollen, Betrachtungen über das Nächste, das was in den täglichen Sitten liegt, Betrachtungen aber, welche nie in Philosophie übergehen, und doch im wirklichen Leben selbst allemal tief in das Wesentliche und wahrhaft Bedeutende eingreifen. Ja diese Reflexionen sind eigentlich das wahre Leben, das wir führen, insofern wir uns über das ganz Gemeine und Sinnliche erheben. Es trägt also in ihrer Darstellung recht die höchste Aufgabe der Kunst, nämlich das Tiefe und Innere in den Gestaltungen der reinen Wirklichkeit selbst zum Sein zu bringen. Und wie vollkommen ist sie hier gelöst! Diese Reflexionen sind das Element, worin der Einzelne atmet, sie sind das Accompagnement zu den Arien der Begebenheiten und Handlungen. Wer aber nicht einen Sinn hat, gebildet für Goethe und durch ihn, der wird sie ohne Zweifel sehr langweilig finden.

Was Hagen[1]) über Ottilie sagt, finde ich vortrefflich. An Zurechnung ihres Vergehens kann niemand denken, der diese reine verschlossene Knospe zu verstehen fähig ist. Sie weiß es ja in der Tat nicht, wie es mit ihr und Eduard steht, sondern es ist so, ja sie selbst ist das ganze Verhältnis. Daß dieses hervorspringt und wirklich von dem verstehenden Leser gefaßt werden kann, ist allein eine Glorie um Goethes Haupt. Eduard bleibt mir immer noch ein wenig zu weichlich. Was mir dieses allein rechtfertigt, ist, daß Ottilie rein die Hauptperson ist und sein muß. Sie ist ja das wahre Kind der Natur und ihr Opfer zugleich. Mit diesen zwei Worten ist alles Schöne und Große ausgesprochen, was von Frauen zu sagen ist. Und wie unendlich und unerschöpflich ist dies! Es mußte notwendig hier eine Frau die Hauptperson sein.

Ich eile, nur noch einige Bemerkungen über die Nebenpersonen beizufügen. Vor allen liebe ich nur den Architekt. Dieses ist eine großartige Figur, eine der höchsten vielleicht im ganzen Werke, wie voll Grazie und Größe. Weise ist er nur unter die Nebenfiguren gestellt; ich möchte sagen, er war zu trefflich zum Haupthelden der Tragödie. Wohlverstanden, diese Trefflichkeit liegt zugleich mit in dem zufällig erscheinenden Umstand, daß ihn keine überwiegende Gewalt an den Tag des Schicksals reißt. Aber solche Umstände liegen mit in der Person. Ich muß innerlich lachen, wenn es heißt: „Ja wie würde sich der nun zeigen, wenn er in diese oder jene Lage käme?" Er kommt aber nicht darein, und das gehört schon mit zu ihm. Also ist diese stille innerliche Größe eines jugendlichen Heros etwas sehr Hohes, selbst mit dadurch, daß sie an Umständen nicht geprüft wird. Denn beim Prüfen freilich wird immer etwas von einer solchen Ganzheit abgerieben. Nur entzieht er sich

[1]) *Friedrich Heinrich von der Hagen.*

der Prüfung freilich nicht durch absichtliche Beschränkung, sondern durch seine Natur. Er gehört zu dem, was bei den Alten der Chor war.

Der Gehilfe der Pensionsanstalt hat einen Anstrich von Pedanterie. Sein Verhältnis zu Ottilien ist aus unserm heutigen eigensten Leben heraus gegriffen. Er gehört zu den einsichtsvollen, verständigen Personen, die Goethe so sehr liebt, und streift an das Erhabene einer solchen Art von Bildung, wie es im „Wilhelm Meister" einigemal hervortritt.

[*Ebenfalls abgedruckt in H. G. Gräf, Goethe über seine Dichtungen I, 1, S. 474–480.*]

Aus einem Brief von Rochlitz an Goethe vom 5. November 1809.

Ich bemühe mich um keine Einkleidung, auch um keine Ordnung, sondern gebe, was und wie sich's mir von selbst eben darstellt.

Ich bin auf's innigste durchdrungen, ich bin erschüttert bis zum Schmerz; und gleichwohl ist mein ganzes Wesen Leben, Freude und schöner Genuß: ja selbst jener Schmerz ist ein notwendiger Teil meines Glücks. Ich kenne Werke dieser Gattung, welche Höheres und Größeres wollen; aber durchaus keins, das, was es will, so vollkommen leistet. Ich bewundere den so leise, aber so bestimmt in allen seinen Linien angelegten Plan: ich bewundere jedoch noch mehr die Umsicht, die Klarheit und die Ausdauer in der Ausführung dieses Plans bis in's Kleinste. Die Begebenheiten, die Charaktere, die Situationen, selbst die Scene, worauf sich jedes zeigt – alles ist in reiner Harmonie und wirkt mithin vollkommen eins und dasselbe. So sehr die Ausbeugungen, betrachtet man sie einzeln für sich, diesem zu widersprechen scheinen, so sehr bestätigen sie es, siehet man sie im Ganzen und aus dem Ganzen an ...

... Bewundernswert und äußerst kunstreich finde ich dabei, daß die Personen nur in Gruppen einander entgegengestellt sind; daß nun die Teile jeder Gruppe, wie billig, einander nicht wenig verwandt, und doch so weit, so sicher, so consequent geschieden sind, ja auch in dieser Verschiedenheit wieder so geistreich unter sich gruppiert erscheinen.

Im Einzelnen, die Situationen – sie sind so natürlich nicht nur gewählt, sondern auch herbeigeführt und hingestellt, daß man sie täglich selbst zu erwarten sich berechtigt glaubt, und eben dadurch noch mehr, eben dadurch wahrhaftig unwiderstehlich in sie hineingezogen wird. Selbst das Schwierigste und Häkelichste in der Behandlung ist da mit einer Vollständigkeit, Fülle und Gegenwart, und doch zugleich mit einer Delicatesse gegeben, welche vereint noch kein Romandichter, außer Ihnen, erreicht hat ...

In den letzten tragischen Situationen ist etwas so Ungeheures, und doch so Nahes, daß es einen hinreißt, wie Lears Geschick. Wird jedoch nicht die für viele gewiß wirksamste dieser Scenen, der Tod des Kindes, zu schnell von den Personen und fast auch vom Dichter vergessen? – Ist es befriedigend, daß Charlotte und der Major am Ende stillschweigend aufgegeben werden?

Freilich wüßte ich mit ihnen nichts weiter zu tun – denn die Sterbenden zu häufen, oder nach dem Tode jenes Paares für dieses, wenn auch noch so leise, heitere Aussichten zu eröffnen, wäre gleich unstatthaft: aber ich bin auch nicht der Dichter, und der Dichter kann alles.

Das Episodische ist wunderschön, ist auch äußerst bequem herbeigeführt und greift dann trefflich zurück und hinüber in die Hauptsache. Nur zu Anfang des zweiten Teils geschieht dies vielleicht etwas zu spät...

Ich komme auf die Summe echter Lebensweisheit, welche einem, und nicht etwa allein aus Ottiliens Tagebuche, zugespielt wird. Das muß ein schlechter Leser sein, dem nicht mehrere ihrer Aussprüche lebenslang gegenwärtig bleiben, wie die Kernsprüche der Bibel, die er in Knabenjahren erlernet hat.

Am treffendsten und ergreifendsten wirken unter diesen Aussprüchen freilich die, welche gleichsam halb verdeckt, nur aus der Sache selbst notwendig hervorzugehn, und ohne alle Gewichtigkeit vertraulich hingesprochen scheinen. Indem sie nur für den Augenblick sich geltend machen wollen, gehen sie desto sicherer und tiefer ein, wie ein unerwartet freundlicher Zuspruch, der uns nicht zum Empfang in Parade findet.

Nun die Haltung des Ganzen in Ton und Farbe; und diese Vollendung der Sprache, dies Wort in weitestem Umfang und aller Fülle genommen! In diesen Vorzügen, und besonders im letzten, halte ich dieses Werk selbst unter allen den Ihrigen, welche erzählen, für das vollendetste; und wenn in den frühern eine gewisse gemütliche Unbesorgtheit allerdings sehr wohl tut, leichter gewinnet und auch mehr Effect macht: so muß diese classische Gediegenheit, Rundung, Sicherheit und Harmonie, wenigstens auf den gebildeten Mann, von der erwünschtesten Wirkung sein... Daß Sie in Ihren Gleichnissen einzig sind, muß selbst Ihr Gegner eingestehen...

Aber auch den Adel der Gesinnung, die Reinheit der außerpoetischen Absichten neben der poetischen, das große, schöne Herz des Verfassers, das sich an so vielen Orten dieses Werkes so unverkennbar zeigt und den Leser auch von dieser Seite seines bessern Selbst erfasset... auch diese muß ich hoch *(schätzen)*...

Endlich erwähne ich noch das Verhältnismäßige in der Ausführung der meisten Teile zum Ganzen, welches mir hier weit vollkommener zu sein scheint, als im „Meister"; wodurch denn auch hier noch sicherer, als dort erreicht wird, daß man immerfort, selbst ohne sich besonders zusammen zu nehmen, das Einzelne im Ganzen und das Ganze im Einzelnen anschaut, durchdringt und genießet.

[*Goethes Briefwechsel mit Friedrich Rochlitz. Herausgegeben von Woldemar Freiherrn von Biedermann ... Leipzig, F. W. v. Biedermann. 1887. S. 106–114. Abgedruckt auch in H. G. Gräf, Goethe über seine Dichtungen I, 1, S. 417–421.*]

Wilhelm Grimm an seinen Bruder Jakob, 28. Okt. 1809.

Goethes „Wahlverwandtschaften" haben wir [*Grimm, Arnim, Brentano*] gelesen. Die erste Hälfte des ersten Bandes ist über alle Begriffe langweilig. Das Andere aber herrlich, rührend und von einer seltenen Gewalt der Darstellung. Aber jenen Fehler vergißt man nicht.

[*Bode S. 217*]

Antwort Jakob Grimms, 11. Nov. 1809.

Von dem Buche bin ich sehr eingenommen worden und kann gar nicht in Deinen Tadel einstimmen. Es ist mir nämlich begreiflich, daß man in dergleichen Geschichten aus moderner Zeit recht leis in das eigentliche Leben, durch alle Konvenienzen hindurch, durch alles förmliche Wesen einbrechen muß. Im „Wilhelm Meister" ist es nicht anders gemacht. Ohne diesen Eingang wäre die Charlotte sicher nicht interessant. Die Luciane hätte meinetwegen ganz wegbleiben mögen und auch der Mittler, der nichts Rechtes zu tun hat. Beim Architekten hat vielleicht Goethe an die Gestalt des Engelhard gedacht. Auffallend ist, wie Goethe den Zufall und ein heimliches Schicksal gegen seine sonstige Art mannigfaltig hat walten lassen. [*Bode S. 218.*]

Wilhelm Grimm, 24. Nov. 1809 (an Jakob).

Auch darin bewährt sich sein großer Geist, daß seine Werke so verschiedenartige Urteile erzeugen und unendliche Ansichten zulassen. Steffens *(und)* Reichardt haben wieder ganz abweichende, seltsame Meinungen; aber noch Jeder meint: es habe doch nur Goethe schreiben können. Und Jeder hat Etwas gefunden, das ihm besonders wert gewesen, so daß schon jeder Charakter seinen Freund und Feind gehabt hat und Alles schon gut und schlecht gewesen. Ich zum Beispiel finde nun die Luciane (Jagemann) wieder sehr reizend und ganz notwendig, indem durch sie der Charakter der Ottilie erst recht deutlich und entgegen gestellt wird. Dagegen ist mir der verfluchte Gehülfe ganz unausstehlich.

Ich begreife auch, daß das ganze Verhältnis sehr langsam und sorgfältig mußte entwickelt werden, nur nicht langweilig, wie es durchaus ist. Ich erkläre mir es aus der Art der Entstehung des Buchs, weil es durchaus diktiert ist, wo der Faden wohl nicht streng angehalten worden, sondern ganz gemächlich abgehaspelt worden und zuweilen auf die

Lehne des Schlafsessels herabgefallen ist. Dann aber soll auch Goethe Mehreres von Riemer haben ausarbeiten lassen und ihm nur den Entwurf gegeben haben, wie Rafael malte – wenn es wahr ist.

[*Bode S. 218f.*]

Am 3. Dez.

Über die ,,Wahlverwandtschaften" habe ich noch mehrere Stimmen gehört. Am originellsten ist die des Genialen [*Reichardt*], der in diesem Buch die Studien zu den andern Teilen der ,,Eugenie", die Goethe aufgegeben, angewendet sieht. Steffens meint, das Kind sterbe wie ein Hund. Und doch ist die Szene so rührend und die Nacht darauf recht mit der Stille dargestellt, in welcher man vor oder nach einem großen Unglück angstvoll und bang eine solche zubringt. [*Bode S. 219.*]

Arnim an Bettina Brentano, 5. Nov. 1809.

Ich will von etwas anderm Schmerzlichen reden ... von Goethes ,,Wahlverwandtschaften". Klemens kam ganz tückisch verstört davon: wie Goethe sich hinsetzen könne, den Leuten so viel Kummer zu bereiten! Was kann er dafür? Doch mögen wir den Himmel entschuldigen mit der Langenweile, die auf Erden entstehen würde, wenn er nicht zuweilen allerlei Trübsal auf unschuldige Häupter häufte.

Diese Langeweile des unbeschäftigten, unbetätigten Glückes, die Goethe in der ersten Hälfte des ersten Bandes so trefflich dargestellt, hat er mit vieler Beobachtung in das Haus eines gebildeten Landedelmannes unserer Zeit einquartiert. Ich habe Manchen der Art kennen gelernt, und Alle leiden an einer ganz eigentümlichen Hypochondrie. Durch ihre Bildung von dem Kreise eigentlicher Landleute geschieden, so viel Wohlwollen und Wirklichkeit sie in sich sammeln mögen, ohne eine mögliche Richtung ihrer Tätigkeit zur allgemeinen Verwaltung, kochen sie ihre häusliche Suppe meist so lange über, bis Nichts mehr im Topfe. Nirgends finden sich mehr Ehescheidungen als unter diesen Klassen; alles Neuhinzutretende muß sie stören in dem Zustande gegenseitigen Überdrusses ...

Unendlich schmerzlich ist, daß Ottilie Wunder tut und daß die Kirche, um sie zu hindern, zugeschlossen wird. Wessen Schuld ist diese Härte, da Eduard noch lebt? Ich will Das durchaus nicht leiden. Will einer Wunder tun, so soll ihn niemand daran hindern.

Übrigens wollen wir unserm Herrgott und seinem Diener Goethe danken, daß wieder ein Teil untergehender Zeit für die Zukunft in treuer, ausführlicher Darstellung aufgespeichert ist. [*Bode S. 219f.*]

Passow an Knebel, 11. Nov. 1809.

Die göttlichen ,,Wahlverwandtschaften" haben Sie wahrscheinlich schon gekannt, ehe wir diesen Schatz von Verstand und von Liebe, von klassischer Vollendung und ewiger Jugendglut nur ahneten. Goethe fängt an, zu Apollinischer Jugend zurückzuleben. [*Bode S. 221.*]

Heinrich Voß an Charlotte von Schiller, 12. Nov. 1809.

Bei Cottas bin ich vierzehn Tage gewesen ... Da habe ich denn auch Goethes ,,Wahlverwandtschaften" gelesen, von denen ich viel erwartete und doch noch viel mehr fand. Die Erzählung beginnt so einfach, in so kleinem Raume, und wie erweitert sich Das alles! Mir ist, als wenn Goethe den ganzen Reichtum seiner Erfahrungen und Lebensansichten hier niederlegen wolle. Aber der Mann ist unerschöpflich wie die Gottheit: von jedem seiner künftigen Werke werde ich Dasselbige sagen müssen. Ottilie ist ein lieblicher Engel. Ein bloßes Geschöpf der Einbildungskraft? Das glaube ich nimmermehr. Aber das arme Kind jammert mich, so oft ich daran denke. Soeben hat es noch ,,so vernünftig in die Welt geguckt", und nun dieser Tod! ... So weit habe ich gelesen; die folgenden Bogen fehlen Cottan noch; meine Sehnsucht nach dem Ende ist unbegrenzt. [*Bode S. 221.*]

Böttiger an Rochlitz, Mitte November 1809.

Wie treffend ist Ihr Urteil über Goethes ,,Wahlverwandtschaften"! Die ganze Komposition hängt an einem losen Faden und entbehrt doch zuweilen der innern psychologischen Wahrscheinlichkeit; selbst die so bewunderte Charakter-Entwicklung Ottiliens scheint mir zu kranken. Doch muß ich Alles noch einmal lesen.

Allein man kommt bei den Schönheiten des Details, bei der himmlischen Klarheit des Stils, bei den tiefgeschöpften Lebens- und Klugheits-Reflexionen, bei dem Zauber leiser Geister-Anklänge in Ahndungen usw. gar nicht zur nüchternen, prüfenden Besonnenheit. Wie werden sich die Anempfinderinnen, wie Goethe sie wohl sonst nennt, hineinherauslesen! [*Bode S. 222.*]

Karoline v. Wolzogen an Charlotte v. Schiller, 16. Nov. 1809.

Er [*der Roman*] hat mich unaussprechlich ergriffen und mir meine eigene Natur wieder vereint und in allen Tiefen aufgeschlossen.

Wie können die Menschen an So-etwas meistern und tadeln, was ewig wahr ist wie die Aussprüche der Natur selbst! [*Bode S. 223.*]

Fouqué an Rahel Levin, 30. Nov. 1809.

Nur noch einige Worte über Goethes ,,Wahlverwandtschaften". So etwas Herrliches, finde ich, hat der alte Meister noch nicht erschaffen. Diese tiefe künstlerische Besonnenheit bei diesem jugendinnigen Gefühl und stillem, heiligem Glauben! Ich habe mich noch nie so zu ihm hingezogen gefühlt.

Daß nun der Mann Exzellenz sein muß, ich ein Schriftsteller! Und vor allem, daß viele der besten Worte durch unwürdigen Gebrauch nichtsnutzig geworden sind oder gar verdächtig! Das tut mir jetzt recht von Herzen leid; ich schriebe ihm sonst. Ist es aber nicht ebensoviel, wenn ich mich vor ihm neige und im stillen Gemüte sage: ,,Lieber alter Vater, du bist doch vielmal mehr als wir Andern alle zusammengenommen, die wir heutzutage der Dichtkunst pflegen." [*Bode S. 225.*]

Therese Huber an Böttiger, 20. Dez. 1809.

Und Goethes ,,Wahlverwandtschaften"? – Mir tönte bei dem Nachdenken über diesen Geist Händels ,,Bachus ever young and fair" aus dem ,,Alexanderfest" in das Ohr. Aber die sittsamen Leute, Die schreien! Jacobis Schwestern meinen: ,,ihr Bruder würde sich schämen, so ein unanständiges, unsittliches Buch geschrieben zu haben." Und so meint auch der sehr sittliche Verfasser von den ,,Reisen im südlichen Frankreich", Thümmel. – Ja, mein werter Herr, Das sind Wächter Zions! [*Bode S. 230.*]

Therese Huber an ihre Tochter Therese Forster. (Ohne Datum.)

Goethes ,,Wahlverwandtschaften" können gewissermaßen als ein Nebenstück zu Goethes ,,Werther" angesehen werden. Beide zeigen uns Menschen, zu deren Leidenschaft sich das Schicksal gleichsam zugesellet, um sie ihrem bessern Wissen und Wollen zum Trotze ins Verderben zu ziehen ... Die Diktion ist wieder so leicht, so einfach; die Gruppen so abgerundet, so lebendig, und die Farben von einer Lebendigkeit, daß man immer glaubt, eine italienische Landschaft zu sehen, die kein Duft einhüllt. Lebensweisheit und Lebenskraft, Ruhe und Herrschaft atmet in dem Ganzen. Gegen das Machwerk, das Ausfüllen der einzelnen Teile wäre wohl noch Manches zu sagen; allein die Schönheit der ganzen Erscheinung überwiegt diese einzelne Unvollendung. [*Bode S. 230.*]

Friedrich Jacobi an Voß, 18. Dez. 1809.

Was sagst Du zu Goethes ,,Wahlverwandtschaften"? Schelling ist davon ganz entzückt. Mir ist das Buch im Ganzen ein Ärgernis, ob ich gleich das darin einzeln zerstreute Gute und Schöne wohl zu schätzen weiß. [*Bode S. 229.*]

Jacobi an Köppen, 12. Jan. 1810.

Ihr Urteil über die ,,Wahlverwandtschaften" stimmt mit dem unsrigen sehr überein; nur scheint das Ärgernis, welches wir von dem Buche genommen haben, größer und stärker zu sein als Das, welches Sie und Meta davon genommen. Die zwiefache Ähnlichkeit des Kindes und ihre

Ursache hat uns im höchsten Grade empört, und diese Angelegenheit ist doch die Seele des Buchs.

Wir können das Göttliche und Himmlische an Ottilia nicht finden und sprechen es ihr geradezu ab, weil sie den armseligen Eduard so überschwenglich lieben kann. In dem ganzen Roman ist keine Figur, an der man ein wahres Wohlgefallen haben könnte. Charlotte und der Hauptmann werden sich nur aus lieber langer Weile gut, denn sie können im Grunde sich nicht leiden. Desto ärgerlicher und ekelhafter wird der doppelte Ehebruch durch Phantasie, der den Knoten des Stücks ausmacht.

Dieses Goethesche Werk ist durch und durch materialistisch oder, wie Schelling sich ausdrückt, rein physiologisch. Was mich vollends empört, ist die scheinbare Verwandlung am Ende der Fleischlichkeit in Geistigkeit; man dürfte sagen: die Himmelfahrt der bösen Lust.

Ob Bettina Goethen als Ottilia oder Luciane oder als beide zusammen gesessen habe, darüber lohnt es nicht der Mühe, zu streiten. Bei einigen Narrheiten der Luciane können einem Narrheiten der Bettina einfallen, und Das ist nicht nur hier, sondern auch in Frankfurt geschehen. Metas Plutarchische Vergleichung zwischen Bettina und Luciane ist vortrefflich.

(Friedrich Köppen, 1775–1858, seit 1807 Professor der Philosophie in Landshut, Meta seine Frau.) [*Bode S. 232f.*]

Riemers Tagebuch, 28. Jan. 1810.

Mittags Frommann zu Tisch, der allerlei Deraisonnements von Philistern über die „Wahlverwandtschaften" erzählte. Unter Anderem hat sich auch ein Philister gewundert: er könne nicht begreifen, wie Goethe zwei Bände über diese chemische Sache schreiben möge, da er ja nichts als das Bekannte, was in einem Kapitel der Chemie vorkäme, abhandle. [*Bode S. 236.*]

Wieland an seine Tochter Charlotte Geßner, 10. Febr. 1810.

Verzeihe, liebes Kind, daß ich Dein Verlangen, mein Urteil von den „Wahlverwandtschaften", an welchen dieser Titel, dünkt mich, das einzige Alberne ist, zu wissen, diesmal nicht stillen kann. Das Werk wird von den Einen zu übermäßig gelobt, von den Andern vielleicht zu scharf getadelt; auch gehört es von einer Seite unter die besten, von der andern unter die tadelnswürdigsten Produkte seines genialischen, aber das Publikum gar zu sehr verachtenden Urhebers. Das Buch muß, wie Goethe selbst sagt, dreimal gelesen werden ... [*Bode S. 238f.*]

Therese Huber an Reinhold, 19. Febr. 1810.

Ich habe gegen Sie nur gelobt, weil Ihnen so wie mir die Mängel nicht entgehen konnten.

Über das vornehme Verruchtsein und verruchte Vornehmsein [*bin ich*] nicht Ihrer Meinung. Um diese Verkettungen der Schicksale, diese Verirrungen der Einbildungskraft zu schildern, konnte er nicht below stairs bleiben. Bei einem Logis über drei Stiegen, wenn die Frau die Eier selbst einkauft und der Mann erst in die Wirklichkeit versetzt werden soll, nimmt das Gute und Böse eine andere Gestalt an. Diese Willkür und diese Notwendigkeit trägt sich above stairs zu. Verruchtheit? Ist das Geschilderte innerhalb der Bedingungen der Wahrheit und der Schönheit, so ist keine Verruchtheit darin.

Die völlige Rücksichtslosigkeit im Mechanischen ist wohl nicht der Eile schuldzugeben, sondern andern Ursachen. Entweder geht's Goethen jetzt mit dem Mechanischen wie mir mit manchem Detail weiblicher Arbeit: ich mache das Schwerste, aber überfahre das Geschniegelte, gebe mich gern nur mit großen Massen ab. Oder er macht sich einen Spaß mit dem Tier Publikum. [*Bode S. 239f.*]

Wilhelm v. Humboldt an seine Frau, 6. März 1810.

Schicksal und innere Notwendigkeit vermisse ich vor allen Dingen darin. Auch glaube ich im Gespräch mit Goethe entdeckt zu haben, daß sehr viel Reminiszenzen in dem Roman aus dem wirklichen Leben angebracht sind, die er nun nicht genug Kraft oder poetische Stimmung gehabt hat, in ein Ganzes gehörig zu verschmelzen. Ihm aber darf man So-etwas nicht sagen. Er hat keine Freiheit über seine eigenen Sachen und wird stumm, wenn man im mindesten tadelt. [*Bode S. 242f.*]

Zacharias Werner an Goethe, 23. April 1811.
(Werner war am 19. April zum Katholizismus übergetreten.)

Sie werden von mir gar nichts mehr hören noch wissen wollen! Warum, das wissen Sie schon jetzt, indem ich dies schreibe:

Keimt ein Glaube neu,
Wird oft Lieb' und Treu'
Wie ein altes Unkraut ausgerauft!

so heißt es in dem Gedicht [„*Die Braut von Korinth*" *V. 12–14*], welches, nächst Gott und Ew. Excellenz, niemand so gut versteht als ich! Nicht in mir wird Lieb' und Treue gegen Sie ausgerauft werden, kein Glaube kann und wird meine Liebe, meine Treue, meine Dankbarkeit gegen Sie ausraufen, am wenigsten der christliche, den ich, nachdem ich ihm lange heimlich auf den schändlichsten Irrwegen nachgerannt bin, endlich gefunden und öffentlich bekannt habe. Beides verdanke ich – o zürnen Sie nicht, Huldvollster! – Ihren „Wahlverwandtschaften". „Nur unter der Bedingung einer völligen Entsagung", heißt es darin, „hatte Ottilie sich verziehen, nur diese Bedingung war für ihre ganze Lebenszeit unerläßlich". Diese von Gottes Geist Ihnen in die Feder dictierten, und als ich sie zuerst, vor Ihrer Herrlichkeit erstarrend las, von Gottes Blitz auf der nämlichen Stelle, an der ich jetzt dieses schreibe, illuminierten ewigen Worte, sie sind es und – was auch der deutsche Pöbel über mich lügen mag – sie, diese Worte, (und nicht der Sinnentand, die Phantasterei, die Gaukelei, womit man alles Heilige und auch die Kirche, die ewig heilige überkleistert hat) sind es, die mich katholisch gemacht haben und mich zwingen, es, mag auch über mich ergehen, mag auch dabei von mir zu Grunde gehen, was da wolle, es lebenslang und ewiglich zu bleiben!

[*Gräf I, S. 409f., nach: Schriften d. Goethe-Gesellschaft 14, 61f.*]

(Diesem Brief ist neben anderen folgendes Sonett beigefügt:)

Die Wahlverwandtschaften.

Vorbei an Gräbern und an Leichensteinen
Die schön vermummt die sichre Beut' erwarten
Hin schlängelt sich der Weg nach Edens Garten
Wo Jordan sich und Acheron vereinen.

Erbaut auf Triebsand will getürmt erscheinen
Jerusalem; allein die gräßlich zarten
Meernixen, die sechstausend Jahr schon harrten
Lechzen im See, durch Opfer sich zu reinen.

Da kommt ein heilig freches Kind gegangen,
Des Heiles Engel trägts, den Sohn der Sünden,
Der See schlingt alles! Weh uns! – Es war Scherz!

Will Helios die Erde denn entzünden?
Er glüht ja nur sie liebend zu umfangen!
Du darfst den Halbgott lieben, zitternd Herz!

[*Z. Werner, Sämtl. Werke, Bd. 2, Grimma (1840) S. 24*]

Wieland an ?

Mit lebhaftem Interesse habe ich Ihr Urteil über Goethes „Wahlverwandtschaften" gelesen und wie so oft den Scharfsinn Ihres Verstandes bewundert, der immer dem Herzen die Waagschale hält und wo Sie wollen dominiert. Dies scheint mir der Fall mit Goethens genialischem Geistesproduct gewesen zu sein. Da Ihnen die moralische Tendenz so wenig als mir gefallen konnte, wollten Sie sich auch durch [*„nichts" scheint ausgefallen*] mehr rühren lassen, und Ihr feiner Witz behielt die Oberhand. – Gerne gebe ich Ihnen zu, daß die Stellen, welche Sie vorzüglich choquiert haben, auch mein Gefühl beleidigten, allein ich bin toleranter im Punkte der Liebe, als meine strenge Freundin. Was ich nicht selbst erfahren, kann ich mir dennoch als möglich denken – und ich finde die Nüancen der Entstehung dieser im Anfang so unschuldigen Neigung so zart und fein, daß sie, wie mich dünkt, die zartesten Saiten des menschlichen Herzens berühren. – Mir schauderte innerlich davor, daß ein so reines unschuldiges Kind als diese Ottilie so verstrickt werden konnte, und ich finde den Gang ihrer Empfindung nicht [*Schreibfehler für „recht"?*] natürlich. Auch die Liebe, welche sie dem neuen Ankömmling beweist, alles bürgt für die Reinheit ihrer Gefühle für Eduard. Dieser Eduard aber wäre mein Mann auch nicht, er zeigt am unrechten Ort Kraft und Festigkeit, doch scheint es mir, Goethe wollte auch keinen Helden aus ihm machen. Er schildert ihn wie alle übrigen Personen mit allen Mängeln und Gebrechen und liebenswürdigen Eigenschaften. Das Leben und Weben dieser Person [*„Personen"?*] geht so natürlich an uns vorüber. Wir glauben sie spielend auftreten zu sehen, und ich gestehe Ihnen, meine Freundin, daß ich dieses wirklich schauerliche Werk nicht ohne warmen Anteil zu nehmen gelesen habe.

[*Gräf I, S. 423 f., nach „Heinr. v. Kleist in der Schweiz" von Theophil Zolling, Stuttg. 1882, S. 98.*]

Wieland an K. A. Böttiger, 13. Jan. 1812.

Sagen Sie mir doch sub rosa, was für eine Wirkung haben ... Goethes „Wahlverwandtschaften" in Dresden, Wien, Leipzig und überhaupt im Publicum gemacht, und was urteilen die sani von „Aus meinem Leben Wahrheit und Dichtung"? Das erstemal verkümmerte mir alles, was mir mißfiel, den Genuß dessen, was mir gefiel; doch hielt das Eine dem Andern ziemlich das Gleichgewicht; das zweitemal gab ich mir alle Mühe, mich selbst zu täuschen und mir alles gefallen zu lassen. Das drittemal legte ich die „Wahlverwandtschaften" in die eine Waagschale und mein Ideal eines guten Romans in die andere, und siehe da, von dem ersten Augenblicke an, da die junge Heldin des Stücks erscheint, fing die Schale des Goethischen Romans an zu steigen, und stieg, mit wenigen Abwechselungen, immer höher, bis sie endlich an den Waagebalken anstieß und dort wie an einem künstlichen Magnet hängen blieb. – Dafür habe ich hingegen den ersten Teil seiner sogenannten Biographie mit großem Vergnügen gelesen ...

[*Gräf I, S. 424, nach „Hist. Taschenbuch ...", hrsg. von Fr. v. Raumer, 10. Jg., Lpz. 1839 (Brockhaus), S. 460 f.*]

Zelter an Goethe, 27. Okt. 1809,

Es gibt gewisse Symphonien von Haydn, die durch ihren losen liberalen Gang mein Blut in behagliche Bewegung bringen und den freien Teilen meines Körpers die Neigung und Richtung geben, wohltätig nach außen zu wirken. Meine Finger werden dann weicher und länger, meine Augen möchten etwas ersehen, das noch kein Blick berührt hat, die Lippen öffnen sich, mein Inneres will hinaus in's Freie.

So geht mir's, wenn ich Ihre Romane lese, und so ist's mir geworden, wie ich heute Ihre „Wahlverwandtschaften" las. Das mutwillige geheimnisvolle Spiel mit den Dingen der Welt und den Figuren, die darinnen angestellt und geleitet werden, kann Ihnen niemals mißlingen, mag auch zwischen durchlaufen, was Platz hat, oder sich Platz macht.

Dazu eignet sich endlich noch eine Schreibart, welche wie das klare Element beschaffen ist, dessen flinke Bewohner durcheinander schwimmen, blinkelnd oder dunkelnd auf und abfahren, ohne sich zu verirren oder zu verlieren.

Man könnte zum Poeten werden über eine solche Prosa, und ich möchte des Teufels werden, daß ich keine solche Zeile schreiben kann.

Der Titel Ihres Romans macht eine ganz besondere Sensation auch unter Ihren Freunden. Manche können gar nicht darüber wegkommen, daß ihnen alles Urteil wie abgeschnitten ist; sie möchten doch gern ihre Meinung sagen und können eigentlich zu keiner gelangen ...

[Gräf I, S. 415f., nach „Briefwechsel zw. G. u. Zelter in d. Jahren 1796 bis 1832", hrsg. v. Riemer, Teil 1–6, Bln. 1833/34; Teil I, S. 373f.]

Am 10. Dez. 1824.

„... doch ist es [„*Die Mitschuldigen*"] eben darum von keiner angenehmen Wirkung, weil es vor jede Tür tritt, weil es die Guten mittrifft, und so habe ich es mit den „Wahlverwandtschaften" verglichen, wo auch die Besten was zu verheimlichen haben und sich selber anklagen müssen nicht auf dem rechten Weg zu sein.

[Gräf I, S. 470, nach „Briefwechsel G.–Zelter ...", Teil 3, S. 474.]

Bettina an Goethe, 9. Nov. 1809.

Du bist in sie [*Ottilie*] verliebt, Goethe, es hat mir schon lange geahnt, jene Venus ist dem brausenden Meer Deiner Leidenschaft entstiegen, und nachdem sie eine Saat von Tränenperlen ausgesät, da verschwindet sie wieder in überirdischem Glanz. Du bist gewaltig, Du willst, die ganze Welt soll mit Dir trauern, und sie gehorcht weinend Deinem Wink ... Blumen einer fernen fremden Welt, wo ich nicht fremd bin wie hier, in dem Buch, wo ein gieriger Tiger das feine Gebild geistiger Liebe verschlingt; ich verstehe es nicht, dieses grausame Rätsel, ich begreife nicht, warum sie alle sich unglücklich machen, warum sie alle einem tückischen Dämon mit stachelichem Scepter dienen; und Charlotte, die ihm täglich, ja stündlich Weihrauch streut, die mit mathematischer Consequenz das Unglück für alle vorbereitet. Ist die Liebe nicht frei? – sind jene beiden nicht verwandt? – warum will sie es ihnen wehren, dies unschuldige Leben mit- und neben einander? Zwillinge sind sie; in einander verschränkt reifen sie der Geburt in's Licht entgegen, und sie will diese Keime trennen, weil sie nicht glauben kann an eine Unschuld; das ungeheure Vorurteil der Sünde impft sie der Unschuld ein, o, welche unselige Vorsicht!

Weißt Du was? keiner ist vertraut mit der idealischen Liebe, jeder glaubt an die gemeine, und so pflegt, so gönnt man kein Glück, das aus jener höheren entspringt, oder durch sie zum Ziel geführt könnte werden ...

[*Gräf I, S. 449f., nach „Goethes Briefwechsel mit einem Kinde. Seinem Denkmal" Teil 1. 2 ... Bln. 1835; 2, 134–137.*]

28. bis 30. Nov. 1809.

Ach, wie konnte doch Ottilie früher sterben wollen? – O ich frage Dich: ist es nicht auch Buße, Glück zu tragen, Glück zu genießen? – O Goethe, konntest Du keinen erschaffen, der sie gerettet hätte? – Du bist herrlich, aber grausam, daß Du dies Leben sich selbst vernichten läßt; nachdem nun einmal das Unglück hereingebrochen war, da mußtest Du decken, wie die Erde deckt, und wie sie neu über den Gräbern erblüht, so mußten höhere Gefühle und Gesinnungen aus dem Erlebten erblühen, und nicht durfte der unreife jünglinghafte Mann so entwurzelt weggeschleudert werden; und was hilft mich aller Geist und alles Gefühl in Ottiliens Tagebuch? nicht kindlich ist's, daß sie den Geliebten verläßt und nicht von Ihm die Entfaltung ihres Geschicks erwartet; nicht weiblich ist's, daß sie nicht bloß sein Geschick beratet, und nicht mütterlich, da sie ahnen muß die jungen Keime alle, deren Wurzeln mit den ihrigen verwebt sind, daß sie ihrer nicht achtet und alles mit sich zu Grunde richtet.

... die ganze Welt kommt mir vor wie am Strand versammelt und einer Überfahrt harrend, durch alle Vorurteile, böse Begierden und Laster hindurch zum Land, da einer himmlischen Freiheit gepflegt werde. Wir tun unrecht, zu glauben, dazu müsse der Leib abgelegt werden, um in den Himmel zu kommen. Wahrhaftig! wie die ganze Natur von Ewigkeit zu Ewigkeit sich vorbereitet, ebenso bereitet sich der Himmel vor, in sich selbsten, in der Erkenntnis eines keimenden geistigen Lebens, dem man alle seine Kräfte widmet, bis es sich von selbst in die Freiheit gebäre; dies ist unsre Aufgabe, unsre geistige Organisation, es kommt drauf an, daß sie sich belebe, daß der Geist Natur werde, damit dann wieder ein Geist, ein weissagender, sich aus dieser entfalte. Der Dichter (Du Goethe) muß zuerst dies neue Leben entfalten, er hebt die Schwingen und schwebt über den Sehnenden und lockt sie und zeigt ihnen, wie man über dem Boden der Vorurteile sich erhalten könne; aber ach! Deine Muse ist eine Sappho; statt dem Genius zu folgen, hat sie sich hinabgestürzt.

[*Gräf I, S. 450f., nach „G.s B. m. e. Kinde", 2, S. 143–145.*]

13. Dez. 1809.

Beiliegende Zeichnung ist das Porträt von Tiedemann, eines hiesigen Professors der Medicin, er interessiert sich so sehr für die Fische, daß er ein schönes Werk über die Fischherzen schrieb, ... da Du nun in Deinen „Wahlverwandtschaften" gezeigt, daß Du Herz und Nieren genau prüfst, so werden Dir Fischherzen auch interessant sein, und vielleicht entdeckst Du, daß Deine Charlotte das Herz eines Weißfisches hat; ... O wie ist das traurig, Sklave der Vortrefflichkeit zu sein; da bringt man es nicht weiter, wie Charlotte es gebracht hat, man ketzert sich und andere mit der Tugend ab. Verzeih nur, daß ich immer wieder von Deinem Buch anfange; ich sollte lieber schweigen, da ich nicht Geist genug habe es ganz zu fassen.

[*Gräf I, S. 451f., nach „G.s B. m. e. Kinde", 2, S. 150f.*]

K. F. v. Reinhard an Goethe, 16. Febr. 1810.

Was Sie vom Wiederlesen der „Wahlverwandtschaften" voraussagen, ist bei mir bereits eingetroffen. Ich habe sie wiedergelesen und ich bin leicht dahin gelangt, mir von Ottiliens Eigentümlichkeit (denn um diese Hauptfigur scheinen mir alle andern sich zu gruppieren) eine deutliche Rechenschaft abzulegen. Dieses liebliche Wesen steht unter einer Art von Naturnotwendigkeit, die von ihr auf alle ihre Umgebungen ausgeht, durch Anziehen und Zurückstoßen. Sie existiert so zu sagen in einem beständigen Zustand der Magnetisation. Weder in ihrem Wirken noch in ihrem Leiden ist volles, helles Bewußtsein; sie handelt und empfindet, sie lebt und stirbt so und nicht anders, weil sie nicht anders kann. Dieser Roman hat mir manche Ihrer Äußerungen in Karlsbad wieder in's Angedenken gebracht, und ich glaubte darin die Befugnis zu finden, sie besser zu verstehen als mancher Andere. Was Eduard betrifft, so versieht er sich freilich darin, daß er sich etwas nachsieht, aber wer sieht sich nicht etwas nach, und wer hätte darum das Recht, ihn einen ärmlichen Charakter zu schelten? Aber unser verfeinertes Lesepublicum hat sich, wie das französische für's Theater, für Moralität und Drang gewisse conventionelle Regeln geschaffen, nach denen die Charaktere wie Puppen am Drahte sich bewegen sollen, und in diesem Sinne haben Sie vollkommen recht, daß das Gedichtete sein Recht behaupte wie das Geschehene, um so mehr, wenn das Gedichtete so tief aus der Natur gegriffen ist, daß es sogleich lebendig in die Reihe des Geschehenen eintritt. Spiritualistisch freilich sind Ihre Charaktere und Ereignisse nicht, und für Jacobi werden sie ein Ärgernis sein, sowie für Schelling eine himmlische Erscheinung. Indessen, wenn wir jemals zu einer tieferen Erkenntnis der Geheimnisse unserer Natur gelangen, so daß wir im Stande sind, uns davon Rechenschaft abzulegen, so ist es möglich, daß Ihr Buch alsdann als eine wunderbare Anticipation von Wahrheiten dastehe, von denen wir jetzt nur eine dunkle Ahnung haben.

[*Gräf I, S. 430f., nach „Briefwechsel zwischen Goethe und Reinhard in den Jahren 1807 bis 1832", Stuttg. u. Tüb., Cotta 1850, S. 68f.*]

Johanna Frommann an ihren Gatten, 18. Okt. 1809.

Wie hat mich die Stelle ergriffen, wo das Kind in's Wasser fällt und der Ruf des Schicksals, den man lange vernommen, immer deutlicher wird! Und doch muß ich glauben, wir ahnden nur erst, was der Dichter meint und bezweckt. Mir war es oft, als stiegen alte Griechen und Juden aus ihren Gräbern und freuten sich des neuen Werks und sagten: Für euch ist es zuviel. Ach schon die Ahnung ist uns so viel! – Ich fühle eine sonderbare contrastierende Empfindung in mir: indem immer gesagt wird von Eduard, er mußte, fühl' ich meine Kraft sich stählen, nicht zu müssen. Ich rufe mir immer zu: sei nicht vermessen, und mir ist, als müßt' ich knien vor dem Bilde der Liebe, weil nur die wahre Liebe in allen Nöten hilft.

[*Gräf I, S. 436, nach „D. Frommannsche Haus und seine Freunde" v. F. J. Frommann, 2. Aufl. Jena (Frommann) 1872, S. 111.*]

Cotta an Charlotte v. Schiller, 20. Okt. 1809.

Goethes „Wahlverwandtschaften", die ich leider noch nicht ganz besitze, sind mir ein Schatz von Weisheit, ein wahres Lebensbuch, wie alles von Goethe.

[*Gräf I, S. 407, nach „Briefwechsel zw. Schiller u. Cotta", hrsg. v. Wilh. Vollmer, Stuttg. (Cotta) 1876, S. 563.*]

Abeken über Wieland.

Von Wieland, dem das Buch ziemlich excentrisch und von dem Maß, das er sich gebildet und angeeignet, abweichend erscheinen mochte, wurden meine „Fragmente" nicht so gut aufgenommen. Ich mußte einen schalkhaften Tadel von ihm hinnehmen, als ich (am 10. April [*1810*]) mit Griesbachs, ... Mittags bei ihm speisete. Übrigens war er nicht so ungerecht, daß er das Kind mit dem Bade hätte verschütten sollen. Einzelnes entzückte ihn, so das von Eduard über Ottilie am ersten Morgen nach ihrer Ankunft auf seinem Schlosse ausgesprochene

Wort: „Sie ist ein angenehmes, unterhaltendes Mädchen," worauf Charlotte antwortet: „Unterhaltend? sie hat ja noch nicht den Mund aufgetan". „Für dieses eine Wort, sagte Wieland, würde ich, wenn ich der Herzog wäre, Goethen ein Rittergut schenken." Sollte wohl Wieland in seiner Bewunderung das volle Gewicht, das Goethe in diese Worte gelegt, erkannt haben? Wie sehr Wieland auch das Maß ehrte und beachtete – wo er auf etwas ihm besonders Zusagendes und Schönes stieß, konnte er im Lob überschwänglich sein.

[*Gräf I, S. 453f., nach „Erinnerungen B. R. Abekens aus den beiden letzten Jahrzehnten des vorigen und dem ersten dieses Jahrhunderts. Mitgeteilt v. Dr. A. Heuermann" (in: Festschrift z. dreihundertjähr. Jubelfeier des Ratsgymnasiums zu Osnabrück 1895 ... Osnabrück 1895; S. 58).*]

Aus: Karl Ernst Schubarth, Zur Beurteilung Goethes mit Beziehung auf verwandte Literatur und Kunst. 1818. Teil I. S. 32f.

Und so ist das Verhältnis der „Wahlverwandtschaften" das nämliche zum „Faust", wie der „Lehrjahre Wilhelm Meisters" zu „Werthers Leiden". Sie lösen auf dieselbe Weise denselben, noch einmal anders geknüpften Knoten. Bildung stellt das Gleichgewicht und ein ebenes Verhältnis des Menschen zur Natur her, wie Übung der Tugend und höchsten Pflicht es allein abwendet, daß das Gefühl und Bewußtsein von der Gottheit und dem Göttlichen für den Menschen nicht verderblich werde, ihn verwüste und zerstöre.

Diese vier Richtungen, in einem gewissen Ebenmaße, nicht in so gewaltigen Gegensätzen, nur sehr gelinde, gegen einander sich bewegend, die im „Werther" und „Meister", im „Faust" und in den „Wahlverwandtschaften" einzeln veranschaulicht sind, zu einer Gesamtanschauung wiederholt, in die Anschauung des, bei allen seinen verschiedenen, bald unzulänglich, bald widersprechend erscheinenden Kräften dennoch sich harmonisch hervortuenden, auf diesen Widerstreit gegründeten und hierdurch allbegabten und allbegabenden Weltganzen aufgelöst, erzeugten jene eigentümliche, von allen vorigen späteste Production der „Pandora", die auch noch in einem anderen, zweiten Sinne Allgabe des Goetheschen Vermögens genannt werden kann, wie jene frühern vorgehenden Leistungen einzelne Gaben des Goetheschen Talents sind.

NACHWORT

Der Roman *Die Wahlverwandtschaften* ist das undurchdringlichste und vielleicht vieldeutigste Buch, das Goethe geschrieben hat. Schon die Zeitgenossen standen ihm meist ratlos gegenüber. Auch noch die – hier besonders spärlichen – Selbstdeutungen verbergen die Dichtung wie hinter einem *durchsichtigen und undurchsichtigen Schleier* (an Zelter, 26. August 1809). Die wiederholte Lektüre vertieft nur das Geheimnis. Zwar scheint der Stil des klassischen Goethe noch nachzuwirken; alles ist Gegenwart, Bild und Gestalt, nichts ist bloß gedacht, aber die rätselhafte Gelassenheit und geheime Ironie des Erzählers gewinnt bereits den Abstand des Alters. Immer wieder schaltet der Autor sich selbst ein, aber auf diskrete Weise, mit liebenswürdiger Skepsis, mit gesellschaftlicher Verhaltenheit; freilich an den entscheidenden Stellen überläßt er den Leser sich selbst. Stets ist hinter der Aussage mehr verborgen, als der Stil verrät, in dem der Erzähler sie gibt. Dinge und Geschehnisse werden zu Zeichen für ein undurchschaubar Waltendes, die Personen des Romans sind Mächten unterworfen, die wir nur ahnen, aber niemals verstehen können. Der Autor verwickelt uns in eine Spannung, indem er nacheinander berichtet, was er als Ganzes stets schon gegenwärtig hat. Aber auch die Spannung behandelt er noch mit Ironie, niemals ist sie ihm das Letzte und Gültige. Hinter dieser so sprengenden und zugleich so gebändigten Dichtung spüren wir den Willen zur bleibenden geistigen Aussage, der in *Wilhelm Meisters Wanderjahren* bis zur wechselseitigen Spiegelung von Bild und Lehre führt.

Gerade weil *Die Wahlverwandtschaften* so völlig in der Bild-Wirklichkeit bleiben und sie dennoch, fast unmerkbar, überschreiten, verlokken sie zur Auslegung. Die Interpreten umkreisen das Überpersönliche dieses Romanes – sie nennen es das „Gesetz", die „Idee", das „Schicksal", sie suchen es dialektisch zu spalten in „Trieb" und „Vernunft", in „Elementares" und „Geistiges", in „Leidenschaft" und „Ehe", in „Notwendigkeit" und „Freiheit", in „Dämonisches" und „Heiliges"; aber der Roman scheint ihrer zu spotten. Die zu verhängnisvollem Müssen getriebenen Paare – oder wählen sie noch selbst ihr tragisches Los? – lassen sich ihre Einmaligkeit, ihre Gegenwart nicht rauben, sie begleiten uns wie gute Bekannte, ja wie Freunde, denen etwas Unfaßbares geschieht, das wir niemals angemessen zu deuten vermögen. Alle gesellschaftlichen, alle sittlichen, ja selbst noch alle religiösen Kategorien bleiben hier allzu bedingt. In der verhaltenen Ironie des Erzählers schwingt ein ständiger Vorbehalt mit. Dennoch erzählt er nicht ohne Pathos. Denn der Dichter selbst weiß um das Ungeheure von den ersten Zeilen an. Er gibt sich nicht in seine Gestalten hinein, sich mit ihnen identifizierend, er steht ihnen auch nicht eifernd und richtend gegenüber, um sie an gültigen Maßen zu messen, er erzählt gelassen ihre Geschichte – Wahn und Verblendung seiner Gestalten gehören mit dazu –, aber er erzählt sie so, daß das Rätsel unseres irdischen Loses an ihnen exemplarisch wird. Er kann und will dieses Rätsel nicht selber auflösen; nur am Ende deutet er mit einer dichterischen Zeichensprache, die sich auch noch des Wunders bedienen darf, auf die *höhere Hand* hin. Sie allein vermag die Widersprüche völlig auszulöschen, die sich durch die eine Natur hindurchziehen, aber *vielleicht auch nicht in diesem Leben* (Goethes Selbstanzeige im „Morgenblatt für gebildete Stände“ vom 4. September 1809). Solches aber bleibt nur Andeutung, Vorwegnahme des Ewigen, Unbekannten im dichterischen Gleichnis. Der Roman selbst vermißt sich nicht, die Wege Gottes zu entschleiern. Er erzählt die Geschichte von modernen Menschen, diesseitsverhaftet, zwiespältig, gesellschaftsgebunden, die im Gespräch sich gegenseitig in Frage stellen, die meist das Beste wollen und dennoch gerade dadurch das Unheil heraufbeschwören, die mehr oder weniger ahnungslos in eine Falle hineinlaufen, welche hinter ihnen zuschlägt. Nur die Gestalt der Ottilie wächst darüber hinaus. Davon sei später die Rede. So gesehen sind *Die Wahlverwandtschaften* das modernste Buch, das Goethe geschrieben hat. Sie sind modern in der Alltäglichkeit ihrer Menschen und in der Art ihrer Konflikte, bei der alle Idealisierung vermieden wird; in ihrer Gesellschaftskritik, für die eine Institution wie die Ehe stellvertretend wird; in der sittlichen Ambivalenz, der seelischen Subtilität, die zur Analyse verlockt; in der Ding-Symbolik, die Seelisches nicht direkt, sondern auf dem Umwege über gegenständliche Zeichen ausspricht.

Aber Goethe erzählt dabei mit einer Unerbittlichkeit, die wiederum gar nichts von dem Interessanten und Subjektiven der Moderne hat. Wohl ist sein Roman eine Fundgrube für die verstehende Psychologie, aber er arbeitet nicht selber mit den Mitteln des „psychologischen Perspektivismus“. Goethe steht seinen Gestalten vielmehr mit der liebenden Ruhe und dem geistigen, ja exakten Sehen des großen Naturforschers gegenüber, der die *Urphänomene* des Lebens in jeder einzelnen Szene im besonderen anschaulich zur Darstellung bringt. *Lieben und Hassen, Hoffen und Fürchten sind auch nur differente Zustände unseres trüben Inneren, durch welches der Geist entweder nach der Licht- oder Schattenseite hinsieht. Blicken wir durch diese trübe organische Umgebung nach dem Lichte hin, so lieben und hoffen wir; blicken wir nach dem Finstern, so hassen und fürchten wir (Chromatische Betrachtung und Gleichnisse*, Tagebuch Goethes vom 25. Mai 1807). Die Nähe des Romans zur Goetheschen Farbenlehre mit ihren mannigfaltigen, zarten und flüchtigen Polaritätsverhältnissen im Spiel der Farben, bei denen sich unter der leisesten Bedingung das Plus in Minus, das Minus in Plus verwandeln kann, hat Grete Schaeder in ihrem Buch „Gott und Welt" (Hameln 1947) überzeugend nachgewiesen.

Nicht psychologisch, sondern symbolisch ist dieser Stil. Das Einzelne steht in voller Anschaulichkeit für sich, aber es erhält seine eigentliche Bedeutung erst in der Spiegelung durch alles übrige. Daher kann man den Roman nicht im einmaligen Nacheinander lesen, sondern jeder Einzelzug gewinnt erst im Verlauf des Ganzen sein volles Gewicht. Das stilistische Mittel solcher Darstellung, das Goethe hier besonders meisterhaft handhabt, ist die Wiederholung. Die von Eduard gepflanzten Platanen, Ottiliens Geste der Ablehnung, ihre Handschrift, Eduards und Ottiliens Kopfschmerzen, die Rettung Ertrinkender, Eduards Musikspiel, das als Zeichen des Glückes mißdeutete Glas, die lebenden Bilder, die Kapelle, die Astern des Gartens, ja selbst noch die Anlage des Parks, des Dorfs, der Gebäude bis zu den Requisiten von Ottiliens Köfferchen, Kleidern und Kettchen; alle diese Einzelzüge erhalten erst in der Wiederkehr jene Verdichtung, die ihr Zufälliges ins Symbolische erhebt. Durch das Mittel solcher Wiederkehr wird auch die Stellung des Menschen im Romangeschehen selbst beleuchtet, der zunächst frei und wählend in den Fluß des Geschehens einzugreifen scheint, aber sich dann unentrinnbar festgehalten und nicht mehr freigegeben sieht. Auch die scheinbar toten und stummen Dinge, mit denen die Menschen beliebig zu schalten wähnen, gewinnen in der Wiederkehr eine unheimliche Sprache, sie werden zu Gleichnissen, Chiffren für das Spiel der Mächte und Verhängnisse mit dem Menschen. Solche Darstellung ist zyklisch, sie setzt immer bereits das Ganze voraus, sie ist an eine unsichtbare Mitte gebunden, von der aus alles Geschehen zum Gleichnis wird. Das soll nicht heißen, Goethe entkörpere und allegorisiere die Menschen und Vorgänge. Vielmehr bleibt alles leibhaft und einmalig. Aber es ist trotzdem mit allem übrigen verknüpft. Der symbolische Stil begreift mit dem einen Fall zugleich alle Fälle (vgl. Bd. 12, S. 471, Nr. 752). Für diese zugleich auf das Ganze und das Einzelne gehende Darstellungsform kann auf ein Wort aus den *Maximen und Reflexionen* hingewiesen werden: *Jedes Existierende ist ein Analogon alles Existierenden; daher erscheint uns das Dasein immer zu gleicher Zeit gesondert und verknüpft. Folgt man der Analogie zu sehr, so fällt alles identisch zusammen; meidet man sie, so zerstreut sich alles ins Unendliche. In beiden Fällen stagniert die Betrachtung, einmal als überlebendig, das andere Mal als getötet* (Nr. 23). Nirgends hat Goethe den symbolischen Stil so rein entwickelt wie in den *Wahlverwandtschaften*. Es war ihm hier ein Äußerstes vergönnt, weil er an der Grenze der Mannesjahre zum Alter stand. Noch ist er ganz dem Bereich der Erscheinungen verhaftet, aber dennoch bleibt die Idee im Bilde *unendlich wirksam und unerreichbar* (vgl. *Maximen und Reflexionen* Nr. 749). Die Phänomene selbst sind die Lehre. Auch wo der Erzähler reflektiert, sucht er sie nicht nachträglich zu erklären oder zu deuten. Aber das einzelne Bild gewinnt gerade in der Wiederholung stellvertretende Kraft, es wird immer transparenter für das, was sich im Bilde allein nicht sagen läßt. Der Dichter fährt hier fort, wo der Naturforscher aufhört. Er sieht den Phänomenen auf den Grund, er erkennt sie gestaltend als Urphänomene. Das war nur durch eine Stilgebung möglich, die wirklichkeitsnah und symbolisch zugleich ist.

Goethe hat seinem Roman einen Titel gegeben, der aus dem Bereich der Naturwissenschaften stammt. Das Bild der Wahlverwandtschaften kommt aus der Chemie. Den lateinischen Ausdruck „attractio electiva" gab es schon lange. Seit 1779 wurde dafür in mehreren deutschen Werken das Wort „Wahlverwandtschaft" benutzt. (Vgl. Anm. zu 270,7.) Welch eine dichterische Kühnheit gehörte dazu, ein „Gesetz", gewonnen aus dem Bereich exakter Natur-Analyse, auf die strömende und unruhige Welt menschlicher Leidenschaften gleichnishaft zu übertragen! Wieviel Abstand und Reserve werden damit zugleich gewonnen, die für den Dichter des *Werther* noch völlig unmöglich gewesen wären! Im Bereich der anorganischen Natur gehen die Elemente verschiedene Verbindungen miteinander ein, die sie zugunsten anderer wiederum auflösen. Solche Vorgänge sehen geradezu *wie eine Art von Neigung aus, deswegen die Chemiker auch ihnen die Ehre einer Wahl bei solchen Verwandtschaften zuschreiben* (Vorträge über die ersten drei Kapitel des Entwurfs einer allgemeinen Einleitung in die vergleichende Anatomie, Goethes Werke, Jub.-Ausgabe, Bd. 3, 179ff.). Aber offensichtlich ist den Elementen nur der Schein der Freiheit gegeben, während sich in Wahrheit ein Müssen vollzieht. *In diesem Fahrenlassen und Ergreifen, in diesem Fliehen und Suchen glaubt man wirklich eine höhere Bestimmung zu sehen; man traut solchen Wesen eine Art von Wollen und Wählen zu und hält das Kunstwort „Wahlverwandtschaften" für vollkommen gerechtfertigt (I,4).* Der Mensch unterlegt hier dem Tun der Elemente eine Sinndeutung, die aus seiner eignen Sphäre stammt. Wie steht es aber mit dem „Gesetz" der Wahlverwandtschaften, wenn man es umgekehrt auf den Bereich der menschlichen „Sozietät" überträgt? Was ist hier Freiheit? Was ist hier Notwendigkeit? Wohl ist es die eine Natur, die in allen Lebensgebieten wirkt. Aber ihre einzelnen Sphären dürfen dennoch nicht miteinander vermischt werden. Kristallisation, Vegetation und animalische Organisation stehen unter anderen Bildungsgesetzen. *Die Gipfel der Reiche der Natur sind entschieden voneinander getrennt und aufs deutlichste zu unterscheiden. Ein Salz ist kein Baum, ein Baum kein Tier; hier können wir die Pfähle feststecken, wo uns die Natur den Platz selbst angewiesen hat (Naturlehre* im „Teutschen Merkur" 1789, Leop.-Ausg. 11, S. 28. Über Kristallisation und Lebenserscheinungen). Das Gleichnis der Wahlverwandtschaften ist also nicht so gemeint, daß ein Naturgesetz in seiner ausweglosen Allmacht und Blindheit sich auf den Bereich des Menschlichen problemlos anwenden läßt. Die Bedingungen, unter denen dieses Gesetz innerhalb der Menschenwelt waltet, sind offensichtlich verwickelter und schwerer durchschaubar. Eine einfache Unterscheidung bietet sich an. Die Elemente müssen, sie scheinen nur zu „wählen"; der Mensch ist frei und kann sich gegen den Zwang des Elementaren behaupten. Nimmt nun Goethe an, daß das Müssen der zueinander strebenden Elemente im Menschlichen durch sittliche Entscheidung entmächtigt werden kann und soll? Gerade für Ottilie ist das immer wieder behauptet worden. Aber so einfach und untragisch liegen die Verhältnisse im Menschlichen nicht. Auch nach Ottiliens Versuch zum *Entsagen* und *zum Schweigen*, noch ganz am Ende des Romans (II,17), ist von der *unbeschreiblichen, fast magischen Anziehungskraft* die Rede, die Ottilie und Eduard *nach wie vor gegen einander ausübten.* Die Wahlverwandtschaft zwischen diesem Paar behält also bis zum Tode ihren elementaren Charakter, und nirgends ist davon die Rede, daß sie böse, daß sie widergöttlich sei. Vielmehr heißt es: *Das Leben war ihnen ein Rätsel, dessen Auflösung sie nur miteinander fanden (II,17).* Die sittliche Entscheidung macht hier gerade nicht von der Unentrinnbarkeit der Wahlverwandtschaft frei. Im Gespräch mit Karl Ernst von Hagen bemerkt Goethe bereits Mitte August 1805: *Der Kantische Imperativ setzt die Menschen autonomisch und autokratisch voraus, in welchen die Leidenschaften kaum entstehen, viel weniger siegen können. Nun aber sehen wir die Menschen oft in der Gewalt unsichtbarer Mächte, denen sie nicht widerstehen können, die ihnen ihre Richtung geben; und oft scheinen ihre Neigungen in einem über alles Gesetz hinausliegenden Gebiete willkürlich zu walten. Alles, auch das sittlich Abnormste, bietet eine Seite dar, von wo es als groß erscheinen kann.* (Biedermann, Goethes Gespräche, Bd. 1, S. 401.) Auch Charlotte und der Hauptmann sind kein Gegenbeweis. Gewiß, sie bezwingen sich und gewinnen ihre Seelenruhe zurück. Aber die leise ironische Distanz, die Goethe zu beiden Gestalten behält, ist unverkennbar. Ihre Bemühungen, das Verhängnis abzuwenden, sind ohne Erfolg. Am Ende bleibt ihnen nur die Vereinsamung. Der Grad, in dem sie für einander bestimmt sind, ist offensichtlich schwächer als bei Eduard und Ottilie. Von diesen aber heißt es im letzten Absatz des Romans: *So ruhen die Liebenden nebeneinander. Friede schwebt über ihrer Stätte, heitere, verwandte Engelsbilder schauen vom Gewölbe auf sie herab, und welch ein freundlicher Augenblick wird es sein, wenn sie dereinst wieder zusammen erwachen.* Das ist geradezu eine Apotheose. Man könnte einwenden, Eduard sei doch ein recht fragwürdiger und im

Sittlichen problematischer Charakter. Seine Charakterschwächen sind oft genug mit Scharfsinn analysiert worden, das passive Getriebensein, der Mangel an väterlicher Führung sind unverkennbar, auch in seiner liebenswerten Kindlichkeit ist er noch ein Egoist des Glückes, der alles zu seinen Gunsten ausdeutet. Aber gerade von Eduard hat Goethe im Brief an Karl Friedrich von Reinhard vom 21. Februar 1810 ausdrücklich bemerkt, daß er ihm *ganz unschätzbar sei, weil er unbedingt liebt.*

Das Entscheidende ist hier so deutlich gesagt, daß unbegreiflich bleibt, wie es so oft verkannt werden konnte. Die Wahlverwandtschaft zwischen Eduard und Ottilie ist nicht nur „Trieb", sie ist Liebe. Liebe aber bedeutet für Goethe nicht weniger, sondern mehr als Pflicht. Wohl ist auch die Liebe Natur, aber vom blinden Müssen der Elemente dennoch unterschieden. Was sie mit dem Elementaren verknüpft, ist ihre „Unschuld", an die das moralische Sollen nicht mehr heranreicht. Aber das hat nichts mit einer „Emanzipation des Fleisches", mit einer „Himmelfahrt der bösen Lust", wie sie Jacobi den *Wahlverwandtschaften* vorwarf, zu tun. Dieser Roman will weder den Ehebruch noch die Ehe verteidigen. So unentrinnbar, tief ins Unbewußte hinabreichend, die magnetische Anziehung zwischen Ottilie und Eduard auch ist, sie reicht weit über das nur Körperliche hinaus. In dieser Atmosphäre der Liebe gibt es nichts Schwüles oder Laszives. Nur ein einziges Mal im ganzen Roman, bei der leidenschaftlichen Wiederbegegnung am See, bricht das Erotische unmittelbar durch. Aber auch dort wie rein, wie kindlich! *Die Hoffnung fuhr wie ein Stern, der vom Himmel fällt, über ihre Häupter weg. Sie wähnten, sie glaubten einander anzugehören; sie wechselten zum erstenmal entschiedene, freie Küsse und trennten sich gewaltsam und schmerzlich* (II,13).

Was jedoch die Liebe von der Anziehung der Elemente unterscheidet, ist die Verknüpfung des Unbewußten mit dem Bewußten. Der Mensch kann der Macht der Natur nicht entrinnen, gerade dort nicht, wo sie ihm im holden Wahnsinn der Liebe begegnet, aber er kann sich verschieden zu ihr verhalten. Es ist vielleicht die eigentliche Schwäche Eduards, daß er sich nur treiben läßt und alle Warnungen des Schicksals in Glückssymbole umfälscht. Er will immer wieder im Unbewußten untertauchen und antwortet nicht als eigne Person auf die Mächte, die ihn so verwirrend und beseligend zugleich in den Strudel ziehen. Solche Antwort freilich ist nur durch den Geist möglich: auf niederer Stufe bei Charlotte und dem Hauptmann, die der Gewalt des Elementaren allerdings weniger ausgeliefert sind und sich Vernunft und Maß zu bewahren vermögen, auf höchster bei Ottilie, die ganz wehrlos und preisgegeben ist und dennoch zur letzten Geistesklarheit gelangt.

Ottilie und Eduard scheinen von der „Natur" selbst füreinander bestimmt, gerade darin spricht für Goethe noch die unbekannte Stimme

Gottes, aber ihre Liebe ist in der Welt dieses Romanes unerfüllbar. Sie ist zum Tragischen verurteilt. Sie stößt auf eine Schranke, die durch die menschliche „Sozietät" aufgerichtet ist. Sie stößt auf die Ordnung der Ehe. Man hat *Die Wahlverwandtschaften* immer wieder als einen Eheroman bezeichnet. Das ist nur bedingt richtig. Gegenstand des Romanes ist zwar auch die Ehe und die Gesellschaft, aber nicht minder die Natur, die Liebe, das Schicksal, ja sogar das Wunder. Aber die Ehe war besonders geeignet, diese so verschiedenen Mächte miteinander zu verknüpfen und in ihren wechselseitigen Spannungen zu zeigen. Es fragt sich nur, was Ehe für Goethe in diesem Roman bedeutet und wie er den Konflikt der Liebe mit der Ehe gestaltet hat. Er nimmt sie ernst, viel ernster als fast alle Gestalten des Romans selbst. Sie ist ihm Treff- und Schnittpunkt, wo sich Natur und Geist tragisch begegnen. Sie ist ihm nicht nur ein gesellschaftlicher Vertrag, sondern ein Heiligtum, ja ein Sakrament. Sie gehört zu dem *Reich der heitern Vernunftfreiheit,* durch das sich *die Spuren trüber, leidenschaftlicher Notwendigkeit unaufhaltsam hindurchziehen* (Selbstanzeige), aber Goethe hat sie darüber hinaus auch im Sinne der Worte Christi verstanden: „Wer ein Weib ansieht, ihrer zu begehren" (vgl. Goethe an Josef Stanislaus Zauper, Eger, 7. Sept. 1821). Wir wissen aus manchen Äußerungen des alten Goethe, welche verbindliche Kraft das sechste Gebot für ihn gehabt hat. Andrerseits erhält aber gerade die Ehe in den *Wahlverwandtschaften* eine gesellschaftskritische Beleuchtung. Da haben wir die frühen, vor der Romanhandlung liegenden Konventionsehen Eduards und Charlottens, da haben wir die lebenskluge und etwas abenteuerliche, aber auch gewissenlose Atmosphäre von Graf und Baronin, die die gesellschaftliche und moralische Problematik der Ehe beleuchtet, da haben wir endlich die Ehe Eduards mit Charlotte, deren Spätherbststimmung das Ursprüngliche längst abhanden gekommen ist und in der sich die Menschen allzu stilisiert, allzu uneigentlich bewegen. Ehe ist hier bestenfalls Gesittung, nirgends Mysterium. Auf das Morbide, Unfromme, Künstliche dieser ganzen Gesellschaftsordnung ist mit Recht wiederholt hingewiesen worden. Auch die laute und nach außen glänzende Luciane mit ihrem Schwarm gehört in dieses Gesamtbild hinein: *Affenwesen* (383,11)! Je mehr sie rast, je geschäftiger sie in ihrer Weltlichkeit ist, um so nachdrücklicher hebt sich die himmlische Ruhe Ottiliens dagegen ab, die so ergreifend zu ihrem ruhelosen Geschick kontrastiert. Wie schnell und unverbindlich werden in der Atmosphäre dieses Landedelsitzes Scheidungen oder vorteilhafte Verbindungen erörtert und bis ans Ende – in völliger Blindheit gegen das Unabänderliche des zur Katastrophe eilenden Ablaufes – geplant und erwogen! Am bezeichnendsten hierfür ist die Gestalt Mittlers, der mit redlichem Willen und biederem Eifer die Ehe um jeden Preis proklamiert, aber eben damit auf unheimliche Weise überall nur die zerstörerischen Kräfte entbindet. Ihm fehlt das, was Ottilie besitzt, das Wissen um die Hilfsbedürftigkeit des Menschen, die liebende und sorgende Anteilnahme. Gerade das Fragwürdige und Unfromme dieser Gesellschaftsordnung macht sie für den Einbruch der ungeheuren Mächte so reif. Lange setzt sich die gesunde, freilich auch beschränkte Vernunft der Charlotte dagegen zur Wehr. Am Ende kapituliert auch sie: *„Ich willige in die Scheidung ... Es sind gewisse Dinge, die sich das Schicksal hartnäckig vornimmt. Vergebens, daß Vernunft und Tugend, Pflicht und alles Heilige sich ihm in den Weg stellen: es soll etwas geschehen, was ihm recht ist, was uns nicht recht scheint; und so greift es zuletzt durch, wir mögen uns gebärden, wie wir wollen" (II, 14).* Trotzdem kann Charlotte auch nachher nicht aufhören zu planen und, wie schon früher, zu hoffen, *ein gewaltsam Entbundenes wieder ins Enge zu bringen (I, 13).* Mit der Novelle von den *wunderlichen Nachbarskindern (II, 10)* wird dann eine Geschichte in der Geschichte erzählt, die als ein Gegen-Bild zu der Welt des Romans gesehen werden muß. Hier geht es nicht um die späte Gesellschaft und ihre naturferne, zweideutige „Gesittung", sondern um ursprüngliche Formen der menschlichen Gemeinschaft. Hier fallen Liebe und Ehe noch nicht auseinander. So wird das Abgeleitete, Späte, Künstliche vom Anfänglichen, Archaischen, Echten aus beleuchtet. Ehe ist hier noch keine Institution, sondern der „Segen" der Eltern führt die Liebenden für immer zusammen.

Aber auch im Roman selbst begegnet uns mit Ottilie eine Gestalt, die als einzige den Anspruch der Ehe rein und unbedingt versteht und die am Ende um ihren unauflösbaren Charakter weiß. Welche ergreifende Geste, als sie zum letzten Male zurückkehrt und sich Eduard nähert! *Mit Eifer und Gewalt faßt sie die Hände beider Ehegatten, drückt sie zusammen und eilt auf ihr Zimmer (II, 17).* Nicht Charlotte, wohl aber Ottilie wird die Trägerin einer „Idee" der Ehe. Nur die Liebende, bis ans Ende ihrer im Konflikt zur Ehe erlebten Liebe unterworfen, vermag das ewig Gültige der Ehe sichtbar zu machen. Nur in dieser Gestalt feiert das Sittliche auch der Ehe seinen Triumpf. Freilich vermag ihr das nur in der Preisgabe an das Ungeheure zu gelingen. *Die Wahlverwandtschaften* sind – das haben schon frühzeitig die besten Kenner des Romans erkannt; bereits Abeken, Solger und Hebbel gehören dazu – ein tragischer Roman. Das muß auch gegen Benjamin festgehalten werden (in: Spiegelungen Goethes in unserer Zeit). In der Unerbittlichkeit des Ablaufs – auf das Rasche und Unaufhaltsame der Katastrophe legte Goethe besonderes Gewicht (vgl. Gespräch mit Boisserée 5. Okt. 1815) – erkennt man früh, *daß es zu bösen Häusern hinausgehen muß* (Goethe, Gespräch im Hause Frommann). Nur die Romanfiguren selbst bleiben ahnungslos. Allein Ottilie erfaßt es am Ende und liefert sich ihm aus. Der Autor jedoch weiß es von Anfang an und zieht den Leser immer stärker hinein. Das Unabdingliche, Eherne im dramatisch gegliederten Geschehen erinnert an die Erbarmungslosigkeit einer griechischen Tragödie. Goethe selbst hat die Nähe seines Romans zur Tragödie und *die innige, wahre Katharsis,* die er hier *so rein und vollkommen als möglich abzuschließen bemüht war,* hervorgehoben (Gespräch mit Eckermann, Weimar, 21. Juli 1827 und Goethe an Zelter, zwischen dem 13. und 25. Januar 1830). Lediglich das Ende des Romans gibt im Hinübergreifen auf einen nicht mehr diesseitigen Bereich der zum Ewigen gewandten Hoffnung den Blick frei.

Das Tragische aber durchwaltet die Liebe und die Ehe; es ist das dunkle Erz, das auf dem Grunde unseres menschlichen Schicksals zu finden ist. Es ist das Unauflösliche in unseren irdischen Verhältnissen, es ist nicht der Widerstreit des Guten mit dem Bösen, sondern der des Guten mit dem Guten, ja des Göttlichen mit dem Göttlichen selbst, der Natur mit dem Geist. Das Unbegreifliche und für die menschliche Vernunft nicht mehr Verstehbare an einem solchen Geschehen hat Goethe unter der Kategorie des *Dämonischen* verstanden. *Es ist dasjenige, was durch Verstand und Vernunft nicht aufzulösen ist.* Wohl dürfen wir es noch als *ein Werkzeug einer höheren Weltregierung* betrachten, aber die rätselhaften Wege der Vorsehung bleiben für uns undurchschaubar. Fast scheint es so, als ob das Dämonische noch eine Auseinandersetzung Gottes mit sich selbst wäre, in der Gott sich von sich selbst abwendet und doch immer wieder zu sich zurückkehrt. Diese rätselhafte Macht beginnt bereits im Reich der Elemente; aber sie reicht bis in die Höhe des menschlichen Geistes hinauf. Es ist das Verdienst Paul Hankamers gewesen, daß er für *Die Wahlverwandtschaften* die zentrale Bedeutung dieser Goetheschen Kategorie des Dämonischen nachgewiesen hat. „Gerade durch die Tatsache, daß dieses Schicksalsspiel völlig zwecklos erscheint, gerade daß das Dämonische nicht böse, nicht teuflisch ist, nur übermächtig und unmenschlich, rückt Goethes Schicksalsidee ganz in die Nähe des griechischen Begriffes vom tragischen Schicksal als einem Spiel, das Götter mit Menschen und gerne mit Menschen besonderen Ranges treiben, so daß im Grunde der Gott nicht weniger, nur anders fragwürdig wird als der Mensch und sein Los“ (Hankamer, Spiel der Mächte, S. 312). Hinter dem Dämonischen muß jede menschliche Vernunft zurückbleiben. Am stärksten wirkt es in Ottilie, der ein ungeheures Schicksal auferlegt wird, das sie aus ihrer vorgezeichneten Bahn treten läßt. Aber es durchwaltet darüber hinaus in diesem Roman den gesamten Umkreis der Naturnotwendigkeit und der sittlichen Welt des Menschen und verschmilzt so mit der Idee des Schicksals. Es rückt den Menschen an jene geheimnisvolle Schwelle, an der sich nicht mehr klar entscheiden läßt, wie weit er den Mächten unterworfen ist, wie weit er aus der Freiheit seiner geistigen Person ihnen Widerstand leisten kann. Es führt bis in jenen unbegreiflichen Bereich, wo die Gottheit selber rätselhaft wird, mit sich selbst im Streite liegt. Sie redet in der heiteren Vernunftsfreiheit der Ehe zu uns und im sittlichen Gewissen als der *Sonne* unseres *Sittentages* (Bd. 1, S. 370), aber sie ist, seltsam verhüllt, auch in der Naturnotwendigkeit der Liebe lebendig. Daß sie in beiden redet und so für unser menschliches Erkennen widerspruchsvoll wird, macht den tragischen Gehalt dieses Romanes aus, der ihn von der Moderne wieder fort-, aber an die Antike heranrückt. Wir suchen dieses Tragische zu verstehen, indem wir nunmehr die Komposition des Ganzen nachzeichnen und die Gestalt der Ottilie als den Gipfelpunkt begreifen.

Ursprünglich waren *Die Wahlverwandtschaften* als eine Novelle geplant, die Goethe in den Novellen-Zyklus von *Wilhelm Meisters Wanderjahren* mit aufnehmen wollte. Die erste Erwähnung im Tagebuch vom 11. April 1808 nennt sie zusammen mit dem *Mann von funfzig Jahren.* In ihrer endgültigen Gestalt stehen sie zwischen Novelle und Roman und nehmen damit einen im gesamten deutschen Schrifttum ungewöhnlichen Platz ein. Das Thema erinnert noch an die Novellen der *Wanderjahre,* bei denen es in allen Fällen um die Spannung zwischen Leidenschaft und gesellschaftlicher Ordnung geht. Sie schildern Krankheitserscheinungen der modernen Kultur, stellen die Diagnose und suchen Wege der Heilung. Die Rahmengeschichte der *Wanderjahre,* der eigentliche Roman behandelt den „Bereich derer, die zu Entsagung und Vergeistigung gelangt sind, die Novellen" den „Bereich derer, die noch davor stehen oder erst dazu kommen". Der Rahmen umfaßt den „Bereich der großen Gemeinschaften, während die Novellen die Formen privaten Miteinanderseins darstellen: Freundschaft, Liebe, Ehe, Familie" (Bd. 8, Nachwort, Abschnitt „Gehalt und Form"). Ebenso gehen *Die Wahlverwandtschaften* als Novelle auf das Individuelle, auf das Private und Intime, auf den Umkreis von Liebe und Ehe. „Der Mensch hat jetzt kein anderes Geschick als die Liebe" (Solger). Aber die neue Dichtung sprengt die Thematik der *Wanderjahre,* da der Ausgleich zwischen Leidenschaft und Gesellschaft hier nicht mehr gelingt. Die *Wanderjahre* sind im Gegensatz zu den *Wahlverwandtschaften* ein Buch, in dem das Tragische mit vollem Bewußtsein ausgeklammert ist. Es zeigt, wie der Mensch trotz aller Gefährdung – ihre verschiedenen Spielarten werden gerade in den Novellen sichtbar – zu leben vermag. Die *Wahlverwandtschaften* hingegen sind schon im Beginn todesüberschattet; man hat mit Recht von dem „dämmerhaften Hades" dieses Romans gesprochen (W. Benjamin). Er zeigt, wie der Mensch trotz aller gesellschaftlichen Vernunft zum Untergang reif ist. Je mehr das gesellig Verbindende, das gesellschaftliche Milieu und seine Lebensformen in diese Thematik mit einbezogen werden, erweitert sich die Novelle zum Roman. Gehalt und Form des Ganzen überschreiten die Stilgesetze, die für die Novellen der *Wanderjahre* gelten; ein eignes, selbständiges Gebilde mußte entstehen.

Aber dennoch ist der *erste Teil* des Romans eigentlich eine Novelle. Es gehörte eine nur Goethe geschenkte Meisterschaft dazu, die Verwandlung dieser Novellen-Konzeption in einen Roman durchhalten zu können. In den Gesprächen mit Eckermann heißt es am 29. Januar 1827: *Was ist eine Novelle anderes als eine sich ereignete unerhörte Begebenheit. ... In jenem ursprünglichen Sinne einer unerhörten Begebenheit kommt auch die Novelle in den „Wahlverwandtschaften" vor.* Was ist gemeint? Man könnte an den Schluß des Romans denken, der dem Einbruch des Wunderbaren offen steht. Aber hier nähert sich der Gegenwartsroman der Zeitlosigkeit der Legende. Das Gesellschaftliche wird überschritten. Kunst und Religion gehen die innigste Verbindung miteinander ein. Die Goethesche Idee der *Steigerung* greift über das Diesseits hinaus und bedient sich dafür der Stilform der Legende. „Goethe übersetzt hier das, was er selbst empfindet, in eine andere Sprache. Was er dem Leser vermittelt, ist nicht Religion, sondern die Anschauung, wie eine Legende entsteht" (Grete Schaeder, S. 318). Die Novelle hingegen ist für Goethe noch eine gesellschaftsgebundene Form, in der sich etwas Wunderbares als Wirkliches ereignet, keineswegs aber das Phantastische mit dem Wirklichen vermischt wird (vgl. die Gespräche in der *Unterhaltung deutscher Ausgewanderten*).

Die *unerhörte Begebenheit* in den *Wahlverwandtschaften* kann nur jene verhängnisvolle Nacht sein, in der das seltsame Kind gezeugt wird *I, 11),* das dann später in seiner Bildung eine so auffallende Ähnlichkeit mit dem Hauptmann hat, in seinen Augen aber der Ottilie gleicht *(II, 8).* Paul Stöcklein hat den unerhörten „Fall" als echtes Novellenthema gesehen: „Untreue in der Treue, Ehebruch im Ehebett" (Wege zum späten Goethe, S. 13). Aber das bedarf noch des näheren Verständnisses. Die Gatten begehen die Sünde der Phantasie, sie umarmen sich leibhaftig, aber das Bild der Abwesenden steht vor ihrer Seele. Eigentlich ist das eine doppelte Untreue, die sich hier ereignet, Untreue gegen die Liebe, die mißbraucht und zum bloßen Phantasiebild entwertet wird, Untreue aber auch gegen die Ehe, die dieses Surrogates bedarf, um sich über die Gegenwart hinwegzulügen. Die Ehe wird in einer geistigen Sünde gebrochen – wiegt sie nicht schwerer als jede körperliche? – ; aber auch die Liebe wird zweideutig und frevelhaft durch das unwirkliche Spiel, in das sie hineingezogen wird. Welche Vermischung und Vertauschung der Gefühle! Sie betrügt wechselseitig den Ehepartner mit dem Liebespartner und den Liebespartner mit dem Ehepartner. So bleibt von „Treue" hier nichts mehr übrig. Die aufgehende Sonne scheint Eduard *ein Verbrechen zu beleuchten*, Charlotte aber *fand sich, seltsam genug, allein, als sie erwachte.* Beide treten dem Hauptmann und Ottilie *beschämt und reuig* gegenüber.

Wenn irgendwo, dann ist an dieser Stelle der Einbruch des *Dämonischen* in den *Wahlverwandtschaften* erzählt, die Menschen sind als schuldiger Spielball eines Geschehens dargestellt, das weit über sie hinwegreicht und in dem Ertrinken des todgeweihten Kindes und dem *Entsagen* der Ottilie gipfelt. Selbst die gescheite und lebenskluge Charlotte verfällt hier den Mächten, die sie, genau wie Eduard, bis ans Ende niemals begreift. Was im dunklen Schoß der Nacht geschah, ist nicht mehr zurückzunehmen; es findet in dem Kinde und seinem Schicksal das Symbol, das Zeugung und Tod auf geheimnisvolle Weise verknüpft. Durch beides grenzt die Ehe an das Geheimnis der Mächte.

In der Begebenheit der Nacht erreicht das Verhängnis der Überkreuzungen seinen Höhepunkt. Die ,,Novelle" des *ersten Teils* ordnet die Paare noch wechselseitig einander zu. Noch hebt sich die Gestalt der Ottilie nicht in ihrer vollen Bedeutung heraus. Jede Figur findet in der Gegenfigur ihre Spiegelung, die ihre Schwäche als Wert zurückstrahlt (vgl. Grete Schaeder, Gott und Welt, S. 304). Das Verständnis der Gestalten läßt sich nur aus den Polaritäten gewinnen, in denen sie sich anziehen und abstoßen, Plus in Minus, Minus in Plus verwandeln. Bereits Rochlitz bemerkt in seinem Brief an Goethe vom 5. November 1809: ,,Bewundernswert und äußerst kunstreich finde ich dabei, daß die Personen nur in Gruppen einander entgegengestellt sind; daß nun die Teile jeder Gruppe, wie billig, einander nicht wenig verwandt, und doch so weit, so sicher, so konsequent geschieden sind, ja auch in dieser Verschiedenheit wieder so geistreich unter sich gruppiert erscheinen". Als die Wahlverwandtschaften zum ersten Male erwähnt werden, da ist es ein scherzhaftes Gespräch, in welchem die Hausgenossen die Verhältnisse der Elemente auf die menschlichen Partner übertragen, nicht mehr als ein phantasievolles Gesellschaftsspiel, das sich geistreich variieren läßt. Aber durch die Ironie des Erzählers wird die unverbindliche Konversation hintergründig. Weiß er doch schon hier voraus, wie ganz anders sich die magischen Anziehungen in der Wirklichkeit vollziehen werden, gipfelnd in der schaudervollen Nacht, in der sich Bewußtes und Unbewußtes, Gegenwart und Phantasie zu einem geisterhaften Spuk der Dämonen verschlingen.

Die *unerhörte Begebenheit* bildet die innere Mitte dieses Novellengeschehens; die Kapitel, die ihr vorausgehen, bereiten vor, zeigen die unheilvolle Veränderung der Lage, die durch das Hinzutreten Dritter und Vierter entsteht. Noch geschieht alles leise, fast unmerklich. Die Vorgänge der Seele sind ganz ins Unbewußte verlegt und spiegeln sich nur in Symbolen wie in Eduards und Ottiliens Musizieren, in dem

Medaillon, in dem Glas der Grundsteinlegung. Noch können die werdenden Leidenschaften in die Familie *wie in ein Gefäß* aufgenommen werden, noch gerät die Ordnung der Ehe nur leise ins Schwanken. Erst der Wendepunkt der Nacht, bei dem das Unterbewußte im Akt der Zeugung abgründig durchbricht, entbindet das Bewußtsein der Liebe. Nicht die Ehegatten finden sich wieder, sondern die Liebenden erkennen sich gegenseitig. Eduards ganzes Wesen *strömt gegen Ottilien; kein Gewissen spricht ihm zu;* Charlotte hingegen sucht Schutz in bewußter Selbstkontrolle, in Zucht und Gesittung, sie verkennt das Ungeheure, das so nicht zu bannen ist; sie hofft, alles wieder ins rechte Lot bringen zu können. Aber die Zeichen des Verhängnisses mehren sich. Sinnbildlich dafür sind der ertrinkende, in letzter Minute vom Hauptmann gerettete Knabe und das Feuerwerk zu Ottiliens Geburtstag. „Wie die Feuerkugel, mit brennbarem Stoffe gefüllt, wenn sie einmal in Brand geraten ist, sausend durch die Luft fährt und ihre Bahn durchstürmt und keinen Halt kennt – bis sie zerstiebt und sich vernichtet, – so fährt das Geschick mit den Liebenden dahin, da es sie ergriffen und dem Untergange geweiht hat" (Abeken). Der Ausgang des *ersten Teiles* läßt noch alles in der Schwebe, der Hauptmann ist abgereist, auch Eduard hat längst das Haus verlassen und sucht verzweifelt den Untergang im Krieg. Ottilie und Charlotte sind allein zurückgeblieben.

Der *zweite Teil* unterscheidet sich von dem *ersten* durch die Verwandlung der Novelle zum Roman. Beide Teile sind freilich durch die Verwendung der „symbolischen" Zeichen miteinander verknüpft. Der Erzähler nimmt sich zu allem jetzt viel mehr Zeit. Neue Gestalten aus der Welt der Berufe werden einbezogen wie der Architekt und der Gehilfe. Sie sind stärker gegen das *Dämonische* gefeit, das von Ottilie auszugehen und alles in seinen Bannkreis zu ziehen scheint. Die *Sozietät* erhält einen sehr viel breiteren Raum, Gespräche über bedeutende Fragen und Gegenstände spielen eine nicht unerhebliche Rolle; Tätigkeiten wie die Beschäftigung mit *alten und ernsten Dingen* und Bildern oder die Ausschmückung und Ausmalung der Kapelle werden ausführlich geschildet; die Reflexionen in Ottiliens Tagebuch geben Pausen im Geschehen, die bei geistiger Bildung, allgemeiner Überschau und gültiger Aussage verweilen; die Novelle von den *wunderlichen Nachbarskindern* stellt das Romangeschehen unter eine neue Perspektive der Deutung. Hingegen tritt das Novellen-Thema der polaren Anziehung und wechselseitigen Spiegelung nunmehr zurück. Dafür rückt Ottilie jetzt ganz in den Mittelpunkt. Der Roman zeigt in ihrer Gestalt ein Äußerstes an *Steigerung*, das sich nur noch mit der Makarie der *Wanderjahre* vergleichen läßt. Wir lesen in ihrem Tagebuch die entscheidende Stelle, mit der sie unbewußt ihr eignes Wesen und die ihm auferlegte Metamorphose deutet: *Alles Vollkommene in seiner Art muß über seine*

Art hinausgehen, es muß etwas anderes, Unvergleichbares werden. In manchen Tönen ist die Nachtigall noch Vogel; dann steigt sie über ihre Klasse hinüber und scheint jedem Gefiederten andeuten zu wollen, was eigentlich singen heiße (II, 9).

Noch etwas anderes charakterisiert den *zweiten Teil.* Er steht von Anfang an unter dem Zeichen des Todes. Die ersten drei Kapitel geben mit Kirchhof und Kapelle den ebenso realen wie symbolischen Raum, der erst am Ende des Romans seine volle Bedeutung enthüllt. Das wahnsinnige Mädchen, der Tod des alten Geistlichen bei der Taufe des Kindes, das tragische Ende des Kindes selbst, es sind nur Stationen auf dem Wege bis zu Ottiliens und Eduards Tod. Novelle und Roman sind zur Einheit verbunden durch das geheimnisvolle, nur zum Sterben geborene Kind. Es deutet nicht nur auf Charlottens Mutterschaft zurück, sondern ebenso auf die geistige der Ottilie. Vor allem aber ist es das sinnbildliche Zeichen für die Verschuldung der Ehegatten, eine ebenso sittliche wie tragische Schuld, die sie selbst nicht zu erkennen vermögen und an der sie blind vorbeileben. Mit dem Tode des Kindes haben Mächte gesprochen, über die Menschen nicht mehr verfügen können. Hier erfüllt sich nur, was bereits in der Stunde der Zeugung ahnungslos vorweggenommen war. Wie sehr bleibt das menschliche Planen dahinter zurück! Eduard legt wieder einmal das Schicksal zu seinen Gunsten aus, wenn er den Tod seines Kindes gerne *als eine Fügung* ansehen möchte, *wodurch jedes Hindernis an seinem Glück auf einmal beseitigt wäre (II, 14),* so wie er bereits vorher den *doppelten Ehbruch, jenen Fehler, jenes Verbrechen nur in* Ottiliens *Armen* glaubt *abbüßen* zu können *(II, 13).* Aber auch Charlotte deutet den Wink des Schicksals als den Weg zu Scheidung und neuer Verbindung.

Nunmehr aber beginnt die Gestalt der Ottilie ins Rätselhafte und Unvergleichliche zu wachsen. Jetzt wird sie zu dem *herrlichen,* dem *himmlischen Kind,* bei dem der Dichter seine Ergriffenheit nicht mehr verbergen kann, wenn er von ihr redet. Bereits vorher wurde die Gestalt aus dem Elementaren ins Geistige gehoben. Sie ist auserwählt, gezeichnt, weil *die Saat eines großen Schicksals in* ihr *ausgesäet* wurde, deren *Entwicklung* sie *abwarten muß. Weder das Gute noch das Böse, weder das Glückliche noch das Unglückliche, was daraus entspringen soll, darf und kann sie beschleunigen (II, 3).* Sie ist ein Fremdling in der modernen Gesellschaft und ihren bereits unwahr gewordenen Formen. Ihr allein ist es vergönnt, noch unter den heiligen Gestalten des reinsten Daseins, nach denen wir *wie nach einem verschwundenen goldenen Zeitalter, nach einem verlorenen Paradiese* blicken, *sich unter ihresgleichen zu fühlen (II, 2).* Ihr Weltgefühl wurzelt in der Epoche des späten Mittelalters. Nur in einer Welt der echten Ordnung kann sie gedeihen. ,,Den mädchenhaften Madonnen der Frührenaissance scheint sie verwandt" (Stöcklein, Wege zum späten Goethe, S. 15). Darum vermag sie auch ohne Blasphemie die Himmelskönigin als lebendes Bild darzustellen. *Die reinste Demut, das liebenswürdigste Gefühl von Bescheidenheit bei einer großen, unverdient erhaltenen Ehre, einem unbegreiflich unermeßlichen Glück bildete sich in ihren Zügen, sowohl in dem sich ihre eigene Empfindung, als indem sich die Vorstellung ausdrückte, die sie sich von dem machen konnte, was sie spielte (II, 6).*

Ottilie reicht ebenso ins Elementare, Pflanzenhafte und Unbewußte hinab, wenn die *Strahlung* der Elemente beim Pendelversuch, beim Erspüren der Kohle sie durchklingt *(II, 11),* wie sie auch wieder sich zum *Heiligen* hinaufhebt. Das bereitet sich schon in dem reinen und klaren Gefühl vor, *daß ihre Liebe, um sich zu vollenden, völlig uneigennützig werden müsse (II, 9).* Ottilie ist ganz und nur Liebende, lange Zeit in fast schlafwandlerischer Unschuld; aber je mehr sie erwacht und ein geistiges Bewußtsein ihrer so zarten, so fragilen, so wehmütig duldenden Natur gewinnt, um so stärker weiß sie auch um den Anspruch des Sittlichen an ihre Person. Das hat nichts mit bloßer Gesittung zu tun. Auch das Sittliche ist für sie noch Natur, aber auf einer erhöhten, gesteigerten Stufe. Es ist die Tragik ihres Loses, daß sie den Einklang zweier entgegengesetzter Forderungen in sich erreichen muß, Gehorsam gegen die ihr auferlegte Bahn und Gehorsam gegen ihre Liebe. Gerade darin ist ihre Gestalt so ergreifend, daß sie beide Ansprüche durchtragen muß. Das Gesetz ihres Wesens verlangt die freie Übereinstimmung mit dem Sittlichen, aber zugleich ist ihre Liebe jene dämonische Flamme, die schon im Entstehen der dunklen Todesgöttin angehört, deren tragischer Hauch auf allen Stufen dieses Romans spürbar ist. Hier liegt die Voraussetzung für ihren Entschluß, der gerade durch den Tod des Kindes, auch ihres Kindes, geweckt wird. *„Gott hat mir die Augen geöffnet, in welchem Verbrechen ich befangen bin". „Ich bin aus meiner Bahn geschritten, ich habe meine Gesetze gebrochen, ich habe sogar das Gefühl derselben verloren" (II, 14).* Sie schaudert vor sich selbst, aber im gleichen Augenblick zeichnet sie sich eine *neue Bahn* vor. Sich selbst „Gesetze" geben, sich selbst „Bahnen" vorzeichnen heißt geistig und nicht nur elementar leben. Ottilie erfaßt als einzige, daß der Tod des Kindes verpflichtet und nicht freigibt, daß die Mächte, die hier gewaltet haben, die „Sühne" des Menschen verlangen. So wie sie sich früher *Einschränkung* und *Dienstbarkeit* als *Gesetz* vorgezeichnet hatte *(II, 15),* so nunmehr das *völlige Entsagen für alle Zukunft.* Entsagung heißt aber nicht, daß Ottilie aufgehört hat, zu lieben. Sie entsagt nicht der Liebe, sondern der Erfüllung der Liebe in diesem Leben, weil die *heilige Ordnung* ihrer Liebe eine unüberwindliche, vom Geist her bejahte Schranke gesetzt hat. So erst wird sie zu der *geweihten Person, die nur dadurch ein ungeheures Übel für sich und andre viel-*

leicht aufzuwiegen vermag, wenn sie sich dem Heiligen widmet, das, uns unsichtbar umgebend, allein gegen die ungeheuren zudringenden Mächte beschirmen kann (II, 15).

Die gleiche Gestalt, die dem Einbruch der *zudringenden Mächte* so wehrlos offenstand und noch eine ganze Welt mit hineinzuziehen schien, wird damit zu einer Gegenfigur des Dämonischen. Sie übernimmt stellvertretend die im Kinde sichtbar gewordene Schuld und bringt sich selbst zum Opfer. Auch als Entsagende hebt sie sich nicht von Eduard weg, sondern über ihn hinweg (vgl. *II, 17*); sie reicht in jenen unbegreiflichen Sternenraum hinein, dem auch Makarie angehört und der noch jenseits der dunklen Mächte liegt.

Gibt es noch einen Weg zurück in die Welt? Als ein Mensch, der sich selbst Gesetze zu geben, Bahnen vorzuzeichnen vermochte, scheint Ottilie zum Erzieherberuf bestimmt. Hieß es doch bereits zu Beginn des Romans: *Sie lernt nicht als eine, die erzogen werden soll, sondern als eine, die erziehen will; nicht als Schülerin, sondern als künftige Lehrerin (I, 3).* Aber Ottiliens eigentliche Tragödie beginnt erst, als sie den Entschluß, sich dem *Heiligen* zu widmen, bereits gefaßt hat. Ein Leben des tätigen Opfers sollte die Sühne sein für die von den Mächten verhängte und dennoch frei vom Geiste bejahte Schuld. Hatte Ottilie den Menschen früher unter dem Bilde eines abgesetzten Königs gesehen *(I, 6)*, so versteht sie ihn nunmehr als das unter das Ungeheure verstoßene Wesen, welches des Schutzes von oben bedarf. Aber keine Gottheit antwortet hilfreich und gnädig dieser menschlichen Not. Vielmehr entfaltet das unheimliche und zwecklose Spiel des Dämonischen erst jetzt seine ganze Gewalt. Es scheint sich noch des Zufalls einer versperrten Tür zu bedienen *(II, 16)*, wenn es die Liebenden von neuem zueinander treibt und dabei das *mächtige Dritte* ist, das *jede Leidenschaft zu begleiten pflegt.* Nochmals wird Ottilie aus ihrer *Bahn* geworfen. Ist es nicht so, als ob ein *feindseliger Dämon* von außen eingriffe, auch wo sie gerade beginnt, den Einklang ihres Wesens wiederzufinden? Der Weg zurück bleibt versperrt. Jede Sinnordnung der Welt scheint in Frage gestellt.

Nun ist nur noch das Hinwegsterben, der Verzicht auf Sprache und Speise möglich, um am Vorgezeichneten festhalten zu können. Ottilie entzieht sich freiwillig der irdischen Welt, damit die *Geisteskraft* noch über alle *Schwachheit* des Leibes triumphiere. Jetzt ist die höchste – wenn auch tragische – Versöhnung mit der sittlichen Idee erreicht, die dem Menschen vergönnt ist. Aber was hier geschieht, ist unsäglich, steht jenseits des Leibes und des Wortes. Wenn man versucht, das mit psychologischen, gesellschaftlichen und moralischen Kategorien zu verstehen, muß es sinnlos, ja absurd bleiben. Goethe selbst konnte die äußerste Grenze, an die hier ein auserwählter Mensch gelangt, nur noch mit den künstlerischen Mitteln der Legende sichtbar machen, in der

Ottiliens Tod durch Wunder verklärt wird. *Heilige* ist Ottilie, weil sie die irdische Welt, den Willen zum Leben überwunden hat. Das läßt sich nicht nachahmen, Eduard muß es mit Bitterkeit erfahren *(II, 18)*. Aber auch sein *zu unendlicher Bewegung aufgeregtes Herz* darf den Frieden des Todes finden. Was im Irdischen unauflösbar bleibt, läßt sich als Unbegreifliches nur mit Ehrfurcht verehren. Dann deutet es auf jenen Bereich der *Hoffnung* hinüber, der dem Todesopfer der Ottilie seinen einzigen Sinn gibt. Vom Diesseits aus gesehen entschwindet es im Unverständlichen. Klingt es nicht wie eine Vorwegnahme dieses Schicksals, wenn es schon in ihrem Tagebuche zu Beginn hieß, daß auch *in der abgesichelten Ähre soviel Nährendes und Lebendiges verborgen liegt (II, 3)?* Unmerklich hat Goethe hier christliche Symbole eingeschmolzen, wo die Frage über das Irdische hinausgreift und der Roman sich in die Legende verwandelt.

ENTSTEHUNGSGESCHICHTE

Der Name *Wahlverwandtschaften* erscheint zuerst – im Zusammenhang der Novellenentwürfe für die *Wanderjahre* – im Tagebuch vom 11. April 1808: *An den kleinen Erzählungen schematisiert, besonders den „Wahlverwandtschaften" und dem „Mann von funfzig Jahren".* Auf die Arbeit an Novellen zu den *Wanderjahren* weisen schon verschiedene Tagebuchnotizen des Jahres 1807, und rückblickend heißt es auch in den *Tag- und Jahresheften* 1807: *Die ... kleinen Erzählungen* [Die neue Melusine, Der Mann von funfzig Jahren, Die pilgernde Törin] *beschäftigten mich in heitern Stunden, und auch die „Wahlverwandtschaften" sollten in der Art kurz behandelt werden. Allein sie dehnten sich bald aus; der Stoff war allzubedeutend, und zu tief in mir gewurzelt, als daß ich ihn auf eine so leichte Weise hätte beseitigen können.*

„Pandora" sowohl als die „Wahlverwandtschaften" drücken das schmerzliche Gefühl der Entbehrung aus, und konnten also nebeneinander gar wohl gedeihen ... das Schema der „Wahlverwandtschaften" war weit gediehen, und manche Vorarbeiten teilweise vollbracht. (Allerdings wird hier die Arbeit der Jahre 1807 und 1808 zusammengefaßt – beide Werke werden in den *Tag- und Jahresheften* 1808 nicht mehr erwähnt; jedoch heißt es auch in den *Tag- und Jahresheften* 1809: *Schon vor einigen Jahren war der Hauptgedanke gefaßt ...)*

Am 1. Mai 1808 erzählt Goethe auf der Fahrt zwischen Jena und Weimar *Hofrat Meyern die erste Hälfte der „Wahlverwandtschaften"* (Tagebuch). Darüber berichtet Schuchardt später: „Meyer ... erzählte mir sogar, Goethe habe ihm auf einer Fahrt von Jena nach Weimar im

Wagen ganze Abschnitte aus den ‚Wahlverwandtschaften', von denen damals noch nichts niedergeschrieben gewesen, so geläufig vorgetragen, als ob er von einem Buche abgelesen habe." (Gräf I, S. 365, nach: Robert Springer, Die klassischen Stätten von Jena und Ilmenau, Bln. 1869, S. 68).

In Karlsbad beginnt Goethe zu diktieren. Tagebuch, 29. Mai 1808: *Angefangen an den „Wahlverwandtschaften" zu schematisieren;* 1. Juni: *Die zwei ersten Capitel der „Wahlverwandtschaften" dictiert.* Während des ganzen Juni und Juli folgen nun Eintragungen über Diktate und Schemata. Vom 1. bis 14. Juni werden Kapitel „*1–10*, am 25. Juli wird bereits am „*17.*" und „*18.*" diktiert. Am 28. Juli: *Die „Wahlverwandtschaften" bis zu Ende schematisiert. Vorarbeiten zu völliger Durcharbeit;* am 29. Juli: *Schema des Schlusses der „Wahlverwandtschaften"*, und am 30. Juli: *Früh Schluß der „Wahlverwandtschaften"*.

Diese Kapitelzählung 1–18 des Tagebuchs aber entspricht nicht etwa den Kapiteln *1–18* des späteren *1. Teils.* Das zeigt neben den Tagebucheintragungen vom 28. bis 30. Juli besonders die vom 25. Juli: *Die „Wahlverwandtschaften". Capitel 17. 18 ... Mit Frau von Eybenberg spazieren ... derselben die „Wahlverwandtschaften" bis zu Ottiliens Brief an die Freunde* [vorgelesen]. Dieser Brief steht jetzt im *17. Kapitel des 2. Teils,* und so scheinen diese 18 Kapitel des ersten Diktats eine geschlossene „Handlung" schon umfaßt zu haben (von den letzten Kapiteln des Diktats heißt es in einem Brief an Marianne v. Eybenberg vom 16. Januar 1809: *die ich so geschwind zusammenschrieb, um Ihnen keinen fragmentarischen Eindruck zu hinterlassen),* eben das stärker Erzählerisch-Novellistische des späteren Komplexes, wobei vor allem wohl große Strecken des späteren *zweiten Teils* noch nicht konzipiert waren: *Vor'm Jahre in den böhmischen Gebirgen concipiert und angefangen* nennt Goethe später den Roman in einem Brief an Zelter vom 1. Juni 1809, an Charlotte v. Stein schreibt er am 30. Mai 1809 von der *guten Aufnahme seiner ersten Hälfte* (bei Vorlesungen im Zirkel der Herzogin), die ihm Mut geben konnte, *das Übrige, was noch zwischen Sein und Nichtsein schwebte, hervorzurufen und festzuhalten,* und schließlich heißt es (nachdem das Tagebuch vom 7. Juni 1809 zum erstenmal von einem „*ersten Teil*" sprach) am 16. Juni an Marianne v. Eybenberg: *Der zweite Teil des Romans hat in dieser Zeit* (im Mai und Juni 1809 in Jena) *einigen Bestand gewonnen.*

Den Charakter jener ersten Karlsbader Konzeption bezeichnet vielleicht Riemers Bemerkung: „. . . ich [war] hier [in Karlsbad und Jena] nicht nur Augenzeuge, sondern auch Gehülfe . . . indem ich mit rascher Feder die Dictate des Dichters auffaßte und sie zur äußern Erscheinung, zur nähern Übersicht, zur fernen Überarbeitung und Ausbildung in Wort und Stil, in reinlicher Hinschrift vor Augen legen konnte."

Im August und September 1808 wird der Roman noch einige Male erwähnt (Tagebuch, 28. August: *Die „Wahlverwandtschaften" wieder vorgenommen und sie in verschiedenen Beziehungen durchgedacht,* 29. August: *Die „Wahlverwandtschaften" studiert;* 30. August: ... *über die „Wahlverwandtschaften" gesprochen und gedacht;* 11. September: *Die „Wahlverwandtschaften" überlegt).* Die regelmäßige Arbeit beginnt jedoch erst wieder im April 1809. Tagebuch vom 15. April: *„Wahlverwandtschaften". Spazieren in Überlegung des Schemas zur Ausfüllung und Ausführung.* 16. April: *Die „Wahlverwandtschaften",* und so fort.

Am 18. und 28. April liest Goethe im Zirkel der Herzogin die *erste Hälfte* des Romans (vgl. o., an Charlotte v. Stein, 30. Mai 1809). Er zieht sich Ende April nach Jena zurück, und hier werden die *Wahlverwandtschaften* in den folgenden Monaten bis zum Anfang Oktober (mit einer einzigen Unterbrechung vom 13. Juni bis zum 23. Juli in Weimar) in strenger Zurückgezogenheit vollendet. Tagebuch und Briefe spiegeln die ununterbrochene Arbeit. Zunächst war, nach zwei Tagebuchnotizen vom 26. und 29. Mai *(Der „Wahlverwandtschaften" drittes Buch angefangen; Das erste Buch der „Wahlverwandtschaften" besonders durchgegangen),* noch an eine Einteilung in wenigstens drei Bücher gedacht, über deren inhaltliche Grenzen allerdings nirgends etwas gesagt ist (s. dazu Gräfs – nicht überzeugende – Theorie, Gräf, Goethe über seine Dichtungen I, S. 1098ff.). Später – seit dem 7. Juni – ist nur noch von den zwei Teilen die Rede.

Noch während der Arbeit läßt Goethe mit dem Druck beginnen: *An dem Roman revidiert und den Anfang in die Druckerei geschickt* (Tagebuch, 28. Juli); an Christiane, 1. August: *Wir haben den Druck des Romans angefangen, ohne zu wissen, wie wir damit zu Ende kommen wollen;* an H. Meyer, 11. August: *Der neue Roman ist bis zum siebenten Bogen gedruckt in unsern Händen. Es wird sorgfältig daran redigiert, corrigiert und revidiert und ist kaum abzusehen, wie bis Michael das Ganze fertig sein soll. Indessen ohne eine solche Nötigung käme man gar nicht zu Stande.* An Karl Friedrich v. Reinhard, 13. September: *Ich befinde mich seit länger als sieben Wochen hier und komme mir vor wie jene Schwangere, die weiter nichts wünscht, als daß das Kind zur Welt komme, es sei übrigens und entstehe was will.* Am 15. September kann Goethe den fertigen *ersten Teil* des Romans an Christiane schicken. ... *der 3. Oktober befreit mich von dem Werke, ohne daß die Empfindung des Inhalts sich ganz hätte verlieren können (Tag- und Jahreshefte 1809;* Goethe las am 4. Oktober den letzten Revisionsbogen).

Ein Brief Marianne v. Eybenbergs an Goethe vom 24. Februar 1810 schildert das Erscheinen des Romans: ,,Nie habe so enthusiastisch, so gescheut und so dumm und absurd über etwas sprechen hören, als über diesen Roman, und nie sind die Buchhändler so bestürmt worden, – es war wie vor einem Bäckerhause, in einer Hungersnot – die ersten vier Sendungen waren so vergriffen, daß sie nicht einmal Zeit hatten, es in den Zeitungen setzen zu lassen."

Schema von Riemers Hand zu den ,,Wahlverwandtschaften", im Goethe-Schiller-Archiv, Weimar.

I Theil.

1. Exposition überhaupt
   Beratschlagung wegen des Hauptmanns Aufnahme in die Familie
2. Ottiliens Verhältniß wird eingeführt
   Mittler kommt.
   Es wird entschieden, den Hauptmann aufzunehmen.
3. Der Hauptmann kommt.
   Unterhaltung in der Mooshütte.
   Aussicht von der Höhe.
   Einleitung der Geschäfte.
   Tadel von Charlottens Anlagen.
   Erste Nachricht von der Pension.
4. Die Charte wird fertig.
   Die Geschäfte förmlicher betrieben.
   Allerley nützliche Anstalten werden gemacht.
   Vorlesung und daraus entspringender Vortrag von den Wahlverwandtschaften.
   Es entscheidet sich, daß Ottilie aufgenommen wird.
5. Zweyte Briefe aus der Pension
   Die beyden Männer ziehen zusammen.
6. Ottilie kommt.
   Die beyden Frauen schließen sich aneinander.
   Die beyden Männer handeln immerfort gemeinsam.
   Größeres Parkwesen in Bewegung gebracht.
   Dadurch Annäherung Charlottens zum Hauptmann.
7. Eduard schließt sich an Ottilien
   Die Geschäfte der beyden Freunde leiden
   Großer Spaziergang um die Teiche.
   Aussichten u. Vorsätze zu neuen größeren Anlagen.
   Die Neigungen wachsen.
8. Charlottens Geburtstag.
   Ankündigung der Gäste.
   Erscheinung Mittlers.
9. Der Graf und die Baronesse kommen an.
   Tischgespräche über Heirat u. Scheidung

Spazirgang nach Tisch.
Charlotten eröffnet der Graf seine Absichten auf den Hauptmann.
Die Baronesse forscht Eduarden aus wegen Ottilien.
Abendtisch und Unterhaltung.

10. Nachtscene zwischen dem Grafen und Eduard.
Abenteuerlicher Gang der beyden.
Eduard bringt bey seiner Frau die Nacht zu.

11. Frühstück.
Zerstreuter Tag.
Wasserfahrt des Hauptmanns und Charlottens.
Vollendete Abschrift durch Ottilien und Erklärung zwischen ihr u. Eduard.
Abendessen der Viere.
Ereignisse zwischen dem Hauptmann und Charlotten nacherzählt.

12. Eduards Leidenschaft bricht aus.
Der Hauptmann bereitet sich zu einer Entfernung.
Eduard und Ottilie verstricken sich immer tiefer.
Charlotte u. der Hauptmann resigniren sich.

13. Der Graf beruft den Hauptmann ab.
Verwandlung der Teiche in einen See wird betrieben.
Ottiliens Geburtstag wird vorbereitet.
Kommt heran.
Das Haus wird gerichtet.
Unglück durch Einsinken des Damms.
Feuerwerk.
Bettler.

14. Der Hauptmann ist abgereist
Erklärung Eduards mit seiner Frau.
Entschluß sein Haus zu verlassen
Abreise.
Bettler.

15. Ottilie vermißt Eduarden.
Wird seiner Entfernung gewiß.
Schmerzlicher Zustand.
Fassung
Charlottens Betragen
Gegen Ottilien
Gegen das Haus- u. Parkwesen.

16. Mittler besucht Eduarden,
Eduards Leidenschaft.
Hoffnung einer Scheidung
Mittler besucht Charlotten.
Entdeckung ihrer Schwangerschaft

Eduards weitere Reise.
Ottiliens dunkle Entsagung.
Erwähnung des Tagebuchs.

Zum Schema von Riemers Hand
(Kapitelangaben des Schemas: S 1), S 2) ... ; der endgültigen Fassung:
I. 1, I. 2 ...)

Die Gliederung des Schemas stimmt bis zu S 7) durchaus mit der endgültigen Kapiteleinteilung *I. 1–I. 7* überein. Dann folgt – S 8) – im Schema: ,,Charlottens Geburtstag. Ankündigung der Gäste. Erscheinung Mittlers.“ Dieses Kapitel erscheint in der letzten Fassung erst als *I. 9*, während in *I. 8* das im Schema nicht erwähnte Konzert Eduards und Ottiliens eingefügt ist. Dadurch verschiebt sich in der endgültigen Fassung zunächst alles um ein Kapitel: S 8) = *I. 9* usw. Es fällt auf, daß in S 8), ,,Charlottens Geburtstag“, die so bedeutende Grundsteinlegung nicht besonders erwähnt wird – auch S 7) spricht ganz allgemein von ,,Vorsätzen zu neuen größeren Anlagen“ ohne Erwähnung des Hausplans, der ja schon *I. 6* auftaucht –, während in S 13) das Haus ,,gerichtet“ wird.

Bis S 12) = *I. 13* stimmen die Kapitel wieder überein. S 13) jedoch enthält zwei, die späteren Kapitel *I. 14* und *I. 15* (*I. 14* schildert die Vorbereitungen, *I. 15* den Geburtstag Ottiliens). Von hier verschiebt sich also die endgültige Fassung um zwei Kapitel – S 14) = *I. 16* usw. –, so daß mit S 16) bereits der Schluß des *ersten Teiles* auch in der endgültigen Fassung erreicht ist.

Das Schema ist überschrieben ,,I. Theil“. Eine Einteilung in Bücher (von der noch das Tagebuch am 26. und 29. Mai 1809 spricht) ist nicht angegeben. Wir dürfen also das Schema wohl in der Reihe der neuen Schemata des Frühsommers 1809 *zur Ausfüllung und Ausführung* ansetzen, und zwar in einem verhältnismäßig späten Stadium der Gesamtplanung. Darauf deutet auch der Charakter des Schemas, das im ganzen weniger den Eindruck des Entwurfs als den einer erneuten Gliederung eines schon bekannten (und hier zum größten Teil auch schon ausgeführten) Stoffes erweckt. So kann es etwa S 13) heißen ,,Das Haus wird gerichtet“, während es zuvor noch gar nicht erwähnt wurde.

Nur an zwei Stellen weicht die endgültige Fassung ab: vor Kapitel 8 des Schemas ist ein neues eingefügt, Kapitel 13 ist in zwei geteilt worden. Außerdem scheint die Grundsteinlegung erst später ihren besonderen Akzent erhalten zu haben.

ÜBER SPRACHE UND STIL

Friedrich Gottlieb Welcker an Caroline von Humboldt, 21. 12. 1809: ,,Der Zweig des Geheimnisvollen und Wunderbaren kann nicht leicht feiner, knapper und bescheidner auf den Stamm des wirklichen Lebens geimpft werden, als hier geschieht ... die ganze Fabel ist wie mit Zauberstabeswinken unmerklich dirigiert und die wichtigsten Absichten scheinen sich so zu verstecken, als wollte der Dichter sie niemals anerkennen“. – Jakob Wassermann, Bekenntnisse und Begegnungen, S. 71: ,,Es beruhen alle diese Wirkungen, vom Boden des Metiers aus gesprochen, auf einer bewundernswerten Einfachheit und Sparsamkeit der Mittel. Was wir Detail zu nennen pflegen, die Geste, das malende Wort, Charakteristik der Stimmen, der Mienen, der Blicke, ... wird hier auf das schlechthin Notwendige und Unentbehrliche beschränkt. Die Folge ist eine Klarheit der Fläche, die nur mit einem herrlich geschliffenen Spiegel zu vergleichen ist. Jene Worte, die eine mittlere Stimmung und mittlere Zustände kennzeichnen, fehlen ganz. Alles sogenannte Gemütliche, Bürgerliche, gemein Vertraute, ist ausgeschlossen. In der Wiedergabe der Empfindungen herrscht eine kaum zu übertreffende Simplizität, die alles Flüchtige, Rudimentäre, Technische und Hilfsmittelhafte verzehrt hat." – Thomas Mann, Zu Goethes „Wahlverwandtschaften", Die Neue Rundschau, Jahrgang 36, 1925, Bd. 1, S. 393 ff., spricht von „der Gewandtheit und Präzision der Goetheschen Prosa, ihrem rhythmischen Zauber, der ein vernünftiger Zauber, die klarste Mischung von Eros und Logos ist und uns so wohlig-unwiderstehlich führt und trägt". Diese Menschen sind „Symbole, ebenmäßig angeordnete und durcheinander bewegte Schachfiguren einer hohen Gedankenpartie, Repräsentanten einer Naturmystik, die ihnen die Namen Otto und Ottilie, korrespondierende Kopfschmerzen zuspielt, sie andrer Leute Kinder zur Welt bringen läßt ... Es handelt sich um ein Ineinander von Plastik und Idee, von Vergeistigung und Verleiblichung, eine wechselseitige Durchdringung des naiven und sentimentalischen Wesens, wie sie sich, sollten wir denken, so glücklich in aller Kunstgeschichte nicht wieder ereignet hat". – Hankamer, S. 212: „Mehr aber als alle Fragwürdigkeit des Inhalts im einzelnen sind es der Ton und die Haltung des Erzählers, die verwirren. Man übertreibt nur wenig, wenn man behauptet, jedes der anscheindend ein Letztes klärenden Worte werde hier durch ein entgegengesetztes paralysiert. Dem Roman ist eine abgründige Ironie eigen, eine verschweigende und verhüllende Undeutlichkeit, die um so verstörender wirkt, als die Geschichte mit Notwendigkeit auf letzte Fragen hinführt und hinführen soll." S. 229: „Sieht man von einigen Einschüben ab, die man ohne besonderen Schaden für die Handlung aus der Erzählung ausscheiden kann und die beinahe zu deutlich ‚retardierende' Kunstmittel sind, so schreitet das äußere wie innere Geschehen mit dem szenischen Schritt des Dramas, jeder durch seinen Vorgang genau begründet, rhythmisch weiter, und wenn auch nicht einfach geradeaus, so doch mit wachsender Notwendigkeit zum schicksalhaften Ende fort." – Grete Schaeder, S. 281: „In der vorliegenden Fassung steht die Dichtung zwischen Roman und Novelle, sie zeigt eine sonst in der Literatur kaum wiederkehrende Eigenform." Die vielen Dialoge betonen „die innere Verwandtschaft, die zwischen Novelle und Drama besteht und die auch für den Aufbau der ‚Wahlverwandtschaften' zutrifft – man könnte den Gang der Handlung ohne große Mühe in eine fünfaktige Tragödie gliedern". S. 304: „Es gibt in dieser Dichtung keine Idealgestalt, wie sie Goethe in Iphigenie oder Natalie dargestellt hatte. Die vier Personen sind einander so zugeordnet, daß im Spiegel der Gegenfigur die Schwäche jedes einzelnen Charakters zugleich als sein eigentlicher menschlicher Wert zurückstrahlt." S. 311: „Goethe hat in den ‚Wahlverwandtschaften' eine hohe Kunst darin entwickelt, die einzelnen Gestalten durch gegenseitige Spiegelung zu steigern. Nicht nur die beiden Paare, sondern auch das Nebeneinander der männlichen und weiblichen Figuren ist so angelegt, daß jeder, der sich in die eine Gestalt versenkt, unbewußt die Gegenfigur als Ergänzung ‚fordert'." – Benjamin, S. 56f.: „Nur die völlige Meisterschaft Goethes, welche darin auf einem Gipfel sich zeigt, wußte es zu verhindern, daß die eingeborene novellistische Tendenz die Romanform zerbrochen hätte. Mit Gewalt scheint der Zwiespalt gebändigt und die Einheit erreicht, indem er die Form des Romans durch die der Novelle gleichsam veredelt. Der bezwingende Kunstgriff ... liegt darin, daß der Dichter die Teilnahme des Lesers in das Zentrum des Geschehens selbst hineinzurufen verzichtet ... Wenn der Roman wie ein Mahlstrom den Leser unwiderstehlich in sein Inneres zieht, drängt die Novelle auf den Abstand hin, drängt aus ihrem Zauberkreise jedweden Lebenden hinaus. Darin sind die Wahlverwandtschaften trotz ihrer Breite novellistisch geblieben." – Stöcklein, S. 7ff.: „Der Roman ... befremdet den heutigen, zumeist Stimmung suchenden Leser durch eine analytische, fast wissenschaftlich-lehrhafte, kühl antiromantische Erzählweise ... Vordergrund ist das fast ‚wissenschaftlich' gebotene Schachspiel des Gesellschaftsromans, Hintergrund ist die in diesem ‚Mittel' erscheinende, aus Symbolen gewobene Traumlegende ... Etwas Graphisches und Profilierendes liegt in seiner [Goethes] Erzählweise. Er beschreibt niemals Zustände, nie Farben, nie das Firmament ... ; er beschreibt aber auch niemals ein Gesicht; er beschwört mittels charakteristischer, sozusagen anekdotischer Vorgänge. – Er ist übrigens weniger Künstlerpersönlichkeit als Sammler, Wissenschaftler und Gesellschaftsmensch ... Er ist so diskret, daß selbst seine lebenskundlichen und philosophischen Bonmots und Betrachtungen mehr rhythmisch gesetzt zu sein scheinen als aus lehrhaftem oder bekennendem Drang; so endet er mit Vorliebe ein Kapitel elegant mit einem solchen Bonmot, so beginnt er gerne ein Kapitel mit einer solchen gesellschaftlich verbindenden Sentenz und Betrachtung ... Welche Spannungsweite liegt zwischen dem verworren süßen Geheimnis des sehnend irrenden Herzens und der wasserkühlen Klarheit dieses Stilelements, zwischen der Welt der Ahnungen, Warnungen, Mirakel und der Weisheit dieses wohlwollend skeptischen Erzählers ... Welche Spannungsweite zwischen der bangerregenden Schwüle intimer Verirrung und der durchschauenden Geistigkeit des Erzählers, der das Erzählte entgiftet, der alles wie hinter Glas zeigt, so daß kein Hauch der Schwüle mehr den Leser erreichen kann." – Friedrich Gundolf, Goethe (9. Aufl., 1920, S. 576): „Die Prosa der Wahlverwandtschaften hält die Mitte zwischen der überquellenden Sinnlichkeit der Jugendprosa mit dem pathetischen Auf und Ab, den bewegten Tempowechseln, und der oft schematisierenden Geistigkeit der Greisenprosa mit der künstlichen Distanzierung, der zeremoniellen Behaglichkeit ... Der Stil der Wahlverwandtschaften ist schlicht und gefüllt, ruhig und bewegt, hell und tief, männlich und zart, gewichtig und deutlich: die vollkommenste deutsche erzählende Prosa, die es gibt, nicht die reizendste erhabenste und hinreißendste, nicht die farbigste und erschütterndste, nicht die reichste und stärkste."

ANMERKUNGEN

242,34. *Treibebeete:* Beete, in denen durch besondere Wärme und Dünger Pflanzen zu frühem Wachstum getrieben werden. Zur Zeit der *Wahlverwandtschaften* gab es schon Beete unter Glas. – Adelung, Wörterbuch. Wien 1808. Bd. 4, Sp. 661f. – Dt. Wb. 11,1,2 Sp. 1f. – An den Jenaer Botaniker Batsch schreibt Goethe am 15. März 1795 über *Treibekästen* für das Botanische Institut.

243,1ff. *der Pfad nach den neuen Anlagen* ... Bereits hier setzt die Todessymbolik fast unmerklich ein, die sich dann durch den ganzen Roman hindurchzieht. Eduard nimmt ungern den Weg über den Friedhof (vgl. auch *I,2,* 254,3ff.). Mittler betritt ihn gar nicht. Im *4. Kapitel* (267,39ff.) ist dann von den Vorkehrungen zur Hilfe für Ertrinkende die Rede; das Motiv deutet auf *I,15,* 336,32ff., das Unglück beim Damm, voraus, wo der Hauptmann den ertrinkenden Knaben rettet; es erreicht mit *II,10,* der Novelle von den wunderlichen Nachbarskindern (vgl. besonders 439,31), und mit dem Tode des Kindes im See *II,13,* 457,11ff. seinen Höhepunkt. In den Bereich der Todessymbolik gehören ferner der Spaziergang zu der Mühle und den Teichen *(I, 7)*, die Grundsteinlegung *I, 9)*: *Es ist ein ernstes Geschäft ...; denn diese Feierlichkeit wird in der Tiefe begangen* (300,11ff.), und *I, 10,* 311,12: *„Lassen wir die Toten ruhen"*, schließlich *I, 18,* 359,23ff., Eduards Sehnsucht nach Krieg und Untergang: *Nun war es ihm eine herrliche Empfindung, mit einem Feldherrn zu ziehen, von dem er sich sagen konnte: unter seiner Anführung ist der Tod wahrscheinlich.* Die eigentliche Verdichtung der Todessymbole geschieht erst im *2. Teil*, schon in den ersten drei Kapiteln, bei denen Kirchhof, Kapelle und Grabschmuck im Mittelpunkt stehen; das Motiv der Einebnung des Kirchhofs ist bereits in *I, 2* vorbereitet. Auch die Gespräche und Reflexionen in Ottiliens Tagebuch, besonders in diesen Kapiteln, gehören hierhin. In *II,4,* 380,4ff. klingt die Thematik in Lucianens Improvisation, dem Trauermarsch der Artemisia und in der Zeichnung des Grabmals des Mausolus nochmals an; *II, 10* wird das todesgezeichnete Kind *auf den kleinen Tisch als auf einen häuslichen Altar niedergelegt* (427,24f.). Auch die Besorgnis Charlottens (429,12f.), das Kind auf Wasserfahrten mitzunehmen, deutet voraus. *II, 12* ist wiederum für Eduards Todestrieb bezeichnend: *„mich selbst will ich an die Stelle des Glases zum Zeichen machen, ob unsre Verbindung möglich sei oder nicht. Ich gehe hin und suche den Tod, nicht als ein Rasender, sondern als einer, der zu leben hofft"* (447,13ff.). Ottiliens Sterben wiederum ist besonders mit dem mehrfach wiederkehrenden Bild der Astern verknüpft (z.B. *II, 9, II, 17* und *II, 18*): der *Kranz von Asterblumen, die wie traurige Gestirne ahnungsvoll glänzten* (485,23–25). Am deutlichsten aber ist im ganzen

Roman die Symbolik von Wasser und Tod miteinander verbunden. Vgl. zu diesen Motiven: Theodor Lockemann, Der Tod in Goethes „Wahlverwandtschaften", Jahrbuch der Goethe-Gesellschaft 19, 1933, S. 37–61.

244,17. *geschäftlos*: ohne Beruf, ohne Tätigkeit.

246,3. *Planen*: die Mehrzahl von „Plan", bei Goethe mehrfach in der nicht umgelauteten Form, vgl. 417,32.

246,18f. *so bin ich als Frau wohl älter geworden, du nicht als Mann.* Dasselbe Motiv Bd. 1, S. 195 *Das Wiedersehn.*

247,20. *so artig, so gemütlich*: „artig" häufig bei Goethe im Sinne von: angenehm, hübsch, freundlich; GWb 1, Sp. 839. *gemütlich* hier in heutiger Bedeutung, dagegen 383,35: *was ihr gemütlich war:* was ihrem Gemüt entsprach, zusagte.

247,21. *heimlich*: traulich, anheimelnd, vertraut. Dt. Wb. 4 B, Sp. 874.

249,33. *fühlte ... sich ... widersprochen*: „widersprechen" transitiv gebraucht wie das folgende „hindern", „sich" Objekt zu „fühlte er".

250,9. *bedeutenderes*: Hier im Sinne von: bedeutsam, gehaltvoll, aussagekräftig. GWb. 2, Sp. 154–156.

256,38. *angesehen*: abgesehen, gezielt auf. GWb. 1, Sp. 674.

257,1. *aufrege*: in Bewegung setze, anrege. GWb. 1, Sp. 990.

257,10. *mit einer Art von Hast.* „Hastig" ist im Roman der Gegensatz etwa zur *stillen Konsequenz* des Gärtners, vor allem aber zur *himmlischen* (464,15) Ruhe der Ottilie. Hastig reagieren die Menschen dieser modernen Gesellschaft. Vgl. auch *I, 9,* 302, 12–14, als *Eduard mit einiger Hast veranstaltete, daß der wohlgefugte Deckel* bei der Grundsteinlegung *sogleich aufgestürzt und eingekittet wurde.* Hier zeigt die Eile des Zudeckens zugleich auch eine Spur des schlechten Gewissens, daß die goldne Kette, an der das Bild von Ottiliens Vater gehangen hatte, mitversenkt wurde.

257,27. *bequem*: gewandt, gekonnt, virtuos. GWb. 2, Sp. 385.

258,37 f. *als Kinder hießen wir beide so.* Zu der Namensgebung des Romans vgl. Benjamin, S. 21 f.: „Die Kargheit der Namensgebung ... gehört ... innigst zum Wesen einer Ordnung, deren Glieder unter einem namenlosen Gesetze dahinleben, einem Verhängnis, das ihre Welt mit dem matten Licht der Sonnenfinsternis erfüllt. Alle Namen, bis auf den des Mittler, sind bloße Taufnamen ... Sechs Namen finden sich außer dem seinen in der Erzählung: Eduard, Otto, Ottilie, Charlotte, Luciane und Nanny. Von diesen ist aber der erste gleichsam unecht. Er ist willkürlich, seines Klanges wegen gewählt worden, ein Zug, in dem durchaus eine Analogie zum Versetzen der Grabsteine erblickt werden darf." Anders dagegen deutet Stöcklein, S. 54, Anm. 4: „An einer Stelle ist seine Seele noch schöpfungsjung, morgendlich unbestaubt und ungebeugt ... das Kind in ihm: es ist der gute Otto; so hieß er als Knabe" usw.

260,8f. *Eine Masse Pappeln und Platanen.* Die von Eduard in seiner Jugend gepflanzten *Platanen* gehören zu den Ding-Symbolen des Romans. Vgl. ihre Wiederkehr in *I, 9,* 303,33. Sie stehen etwa so lange, als Ottilie auf der Welt ist. In *I, 12,* 323,3ff. schlägt Eduard die Landung bei seinen Platanen vor; *I, 14,* 334,36ff. enthüllt, daß Tag und Jahr der Baumpflanzung mit Tag und Jahr von Ottiliens Geburt zusammenfällt; *II, 10,* 429,8f. heißt es: *Ottiliens liebster Weg ... ging herunter nach den Platanen.* In *II, 13,* 456,32 spielen sie nochmals eine Rolle im Zusammenhang mit der Kahnfahrt und der Katastrophe. Am Ende treibt das Boot *nach den Platanen* (458,6). Sie verknüpfen nicht nur die Lebensschicksale Eduards und Ottiliens auf eine geheimnisvolle Weise, sondern werden auch zu einem symbolischen Zeichen für Geburt und Tod (Ottiliens Geburtstag, Tod des Kindes).

261,5. *laviert und illuminiert*: lavieren: mit dünner Wasserfarbe schattieren (z.B. eine Federzeichnung), tuschen (frz. laver, dessin au lavis, Tuschzeichnung); illuminieren: farbig ausmalen.

264,9f. *Kopfweh auf der linken Seite.* Hier wird zum ersten Male Ottiliens *Kopfweh* erwähnt; auch das ist ein gegenständliches Symbol, das – in Korrespondenz zu Eduard – durch den ganzen Roman hindurchgeht. Vgl. dazu *I, 5,* 279,20 Ottiliens Kopfweh während und nach der Prüfung, ferner 281,2f. Eduards Kopfweh auf der rechten Seite: *„so muß das ein Paar artige Gegenbilder geben“* (281,6). *I, 8* sieht man Ottilie wirklich *Eduarden zur Rechten, wohin er auch das Licht schob, wenn er las* (296,34f.). Im *zweiten Teil, Kapitel II,* 443,20ff. ist von Ottiliens *Nebenweg* und von ihrem Kopfschmerz im Zusammenhang mit der Entdeckung des Steinkohlenlagers die Rede, ebenso in Verbindung mit den Pendelversuchen (445,4). Eduards Kopfweh wird *II, 16,* 470,28–30 im Gespräch mit Mittler noch einmal erwähnt: *„Es plagt mich; und doch kann ich es nicht hassen, denn es erinnert mich an Ottilien“.* Die so symmetrisch einander zugeordneten Kopfschmerzen der beiden Liebenden sind nicht nur ein Sinnbild für ihre im Elementaren wurzelnde Zugehörigkeit, sondern sie verdeutlichen auch, wie Goethe das Seelische immer wieder auf indirektem Wege durch „Zeichen“ sichtbar macht.

265,1. *stöckisch*: gelegentlich auch „stockig“, „stöckig“: steif, unempfindlich, ja halsstarrig, verstockt.

266,26. *Folge*: häufig im Sinne von Folgerichtigkeit. – GWb 3,789.

266,31ff. Eduard wird hier als Dilettant eingeführt. Vgl. dazu die Bemerkungen Goethes zu seiner *Abhandlung über den Dilettantismus* (Weim. Ausg. 47,326): *Was dem Dilettanten eigentlich abgeht, ist Architektonik im höchsten Sinne, diejenige ausübende Kraft, welche erschafft, bildet, konstituiert; er hat davon nur eine Art von Ahndung, gibt sich aber durchaus dem Stoff dahin, anstatt ihn zu beherrschen. Man wird finden, daß der Dilettant zuletzt vorzüglich auf Reinlichkeit ausgeht, welches die Vollendung des Vorhandenen ist, wodurch eine Täuschung entsteht, als wenn das Vorhandne zu existieren wert sei; eben so ist es mit der Accuratesse und mit allen letzten Bedingungen der Form, welche eben so gut die Unform begleiten können.* Vgl. dazu auch Karl Viëtor, Goethe (Bern 1941), S. 209ff.

267,6. *Repositur:* Aufbewahrungsort, Ablegeplatz.
267,14. *Nacht:* der Abend nach dem Dunkelwerden.
268,17. *Feldchirurgus:* Militärarzt.

270,7ff. *Wahlverwandtschaft* (vgl. auch Dt. Wb. 13, Sp. 597–599): Das Wort bezeichnet in der Chemie der Goethezeit die Eigenschaft zweier Körper, von denen der eine oder beide anderweit verbunden sind, sich zu vereinigen. Über die Geschichte dieses Begriffs und seine Anwendung bei Goethe berichtet ausführlich: Jeremy Adler, Eine fast magische Anziehungskraft. Goethes Wahlverwandtschaften und die Chemie seiner Zeit. München 1987. In der Fachliteratur gab es die Wörter „attractio electiva“ (lat.) und „affinité“ (frz.). Als erster hat Chr. Ehr. Weigel den Bergmanschen Terminus „attractio electiva“ durch Wahlverwandtschaften wiedergegeben: „Wenn zween Stoffe mit einander vereiniget sind, und ein dritter, der hinzukömmt, einen derselben aus einer Verbindung trennt und ihn zu sich nimmt, so wird solches eine einfache Wahlverwandtschaft (enkel frändskap), attractio electiva simplex genannt ... eine zweifache Verwandtschaft (dubbel frändskap), attractio electiva duplex, oder affinitas composita, nennt man das, wenn zween Körper, die beide in zween nächste Bestandteile zerlegt werden können, ihre nächsten Grundstoffe, bei der Vermischung mit einander, verwechseln.“ (Vorrede T. Bergmans zu G. T. Scheffers Chemischen Vorlesungen, übs. von Chr. Ehr. Weigel, Greifswald 1779, XVII u. XIX.) – Die Ausdrücke „Verwandtschaft“ und „Wahl“ finden sich erstmalig bei Goethe 1796 im dritten Abschnitt der *Vorträge über die ersten drei Kapitel des Entwurfs einer allgemeinen Einleitung in die vergleichende Anatomie* (Weim. Ausg., 2. Abt., 8. Bd., S. 78ff.): *So vereinen und trennen sich die einfachen Stoffe, zwar nicht nach Willkür, aber doch mit großer Mannigfaltigkeit, und die Teile der Körper, welche wir unorganisch nennen, sind, ohngeachtet ihrer Anneigung zu sich selbst, doch immer wie in einer suspendierten Gleichgültigkeit, indem die nächste, nähere oder stärkere Verwandtschaft sie aus dem vorigen Zusammenhange reißt und einen neuen Körper darstellt, dessen Grundteile, zwar unveränderlich, doch wieder auf eine neue, oder unter andern Umständen, auf eine Rückzusammensetzung zu warten scheinen. Zwar bemerkt man, daß die mineralischen Körper, insofern sie ähnliche oder verschiedene Grundteile enthalten, auch in sehr abwechselnden Gestalten erscheinen; aber eben diese Möglichkeit, daß der Grundteil einer neuen Verbindung unmittelbar auf die Gestalt wirke und sie sogleich bestimme, zeigt das Unvollkommene dieser Verbindung, die auch eben so leicht wieder aufgelös't werden kann ... Sie haben nach ihrer Grundbestimmung gewisse stärkere oder schwächere Verhältnisse, die, wenn sie sich zeigen, wie eine Art von Neigung aussehen; deswegen die Chemiker auch ihnen die Ehre einer Wahl bei solchen Verwandtschaften zuschreiben, und doch sind es oft nur äußere Determinationen, die sie da- oder dorthin stoßen oder reißen, wodurch die Mineralkörper hervorgebracht werden, ob wir ihnen gleich den zarten Anteil, der ihnen an dem allgemeinen Lebenshauche der Natur gebührt, keineswegs absprechen wollen.* – Hankamer (S. 215) weist auf die *Unterhaltungen deutscher Ausgewanderten*, 1795, hin (Naturphänomen der „Sympathie"). Boucke (Ewald A. Boucke, Goethes Weltanschauung auf historischer Grundlage, Stuttgart 1907, S. 361f.) zitiert Goethes Tagebuch vom 15. Juni 1797: *Verwandtschaft und Trennung. Anwendung auf unsere Individuen*, Goethes Brief an Schiller vom 29. Okt. 1799 (Kritik an der Darstellung der menschlichen Leidenschaften bei Crébillon): *Es ist keine Spur von der zarten chemischen Verwandtschaft, wodurch sie sich anziehen und abstoßen, vereinigen, neutralisieren, sich wieder scheiden und herstellen.* Ferner Goethes Äußerungen über das Hohelied; er spricht von dem *Zartesten und Unnachahmlichsten, was uns von Ausdruck leidenschaftlicher, anmutiger Liebe zugekommen ... Das Hauptthema jedoch bleibt glühende Neigung jugendlicher Herzen, die sich suchen, finden, abstoßen, anziehen, unter mancherlei höchst einfachen Zuständen. (Noten und Abhandlungen zu besserem Verständnis des West-östlichen Divans. Hebräer.* H. A. Bd. 2, S. 128f.) Vgl. ferner *Italienische Reise, Zweiter Römischer Aufenthalt, Oktober 1787. Bericht* (Hamb. Ausg., Bd. 11, S. 421): *Lustpartien, ernst- und scherzhafte Unterhaltung bewirken schnell Bekanntschaft und Vertraulichkeit; da es denn ein Wunder wäre, wenn ... sich nicht die entschiedensten Wahlverwandtschaften zunächst hervortun sollten.* Außerdem *Dichtung und Wahrheit* (Bd. 9, S. 561, 31–35; Bd. 10, S. 35, 23–34): *Hier entstanden sogleich neue Wahlverwandtschaften: denn indem die beiden Frauen sich einander näherten, hatte Merck mit Herrn von La Roche ... nähere Berührung ... Übrigens möge auch hier nicht verkannt werden, daß eigentlich die innigsten Verbindungen nur aus dem Entgegengesetzten folgen. Die alles ausgleichende Ruhe Spinozas kontrastierte mit meinem alles aufregenden Streben, seine mathematische Methode war das Widerspiel meiner poetischen Sinnes- und Darstellungsweise ... Geist und Herz, Verstand und Sinn suchten sich mit notwendiger Wahlverwandtschaft ...* – An Zelter am 17. 4. 1815: *Bei öfterer Wiederholung* (einer

Vorstellung) ... *entstehen ohne Blasebalg und Flammen, ohne Kunst und Vorsatz, die zartesten Wahlverwandtschaften, welche jene abgesondert scheinenden Glieder* (Arbeit des Dichters, Komponist, Orchester, Schauspieler, Sänger, Publikum) *auf die gefälligste Weise zu einem Ganzen verbinden.* – In den *Tag- und Jahresheften* (Weim. Ausg. Bd. 36, S. 64): *Was ich vor einem Jahre meine Hauskapelle zu nennen wagte, fühlte ich im Innersten bedroht. Niemand merkte einige Veränderung, aber es hatten sich gewisse Wahlverwandtschaften eingefunden, die mir sogleich gefährlich schienen, ohne daß ich ihren Einfluß hätte hindern können.* – Gespräch mit Riemer vom 24. Juli 1809: *Die sittlichen Symbole in den Naturwissenschaften (z. B. das der „Wahlverwandtschaft" vom großen Bergman erfunden und gebraucht) sind geistreicher und lassen sich eher mit Poesie, ja mit Sozietät verbinden, als alle übrigen, die ja auch, selbst die mathematischen, nur anthropomorphisch sind, nur daß jene dem Gemüt, diese dem Verstande angehören.* – An Zelter am 28. Juni 1831: *Wodurch betätigt sich denn zuletzt der Charakter, als daß er sich in der Tagesbewegung, im Hin- und Widerwirken bildet? Wer unterstünde sich den Wert der Zufälligkeiten, der Anstöße, der Nachklänge zu bestimmen? Wer getraute sich die Wahlverwandtschaften zu würdigen?* – Das Wort „Wahlverwandtschaften" tritt vor Goethe schon bei Jean Paul 1795: Hesperus, 34. Hundsposttag (Hempelsche Ausgabe 7–10, S. 494) auf: „Ihre aszetischen Bestandteile setzten sich auf eine sonderbare Weise in einige Wahlverwandtschaft mit Emanuels indischen." – Vgl. auch J. G. Herder, Gott, zweite verkürzte und vermehrte Auflage 1800, Werke, hrsg. von B. Suphan, Bd. 16, S. 558f.: „Alles sucht und findet sich, was sich einander liebet und die Naturlehre selbst hat nicht umhin gekonnt, den Ausdruck einer Wahl-Anziehung bei den Verbindungen ihrer Körper anzunehmen; was einander entgegengesetzt ist, entfernt sich von einander und kommt nur durch den Punkt der Gleichgültigkeit zusammen." – Zum Begriff der Wahlverwandtschaft bei Goethe vgl. ferner Thomas Mann S. 400: „Auch heute noch ist kaum die Kühnheit ganz nachzufühlen, die in der Konzeption lag, die Naturgebundenheit des Menschen, seine leidenschaftliche Notwendigkeit in ein Symbol jener Wissenschaft zu kleiden, in der das Exakte mit dem Mystischen sich von jeher, wie in keiner anderen, vermischte, – und ihm die Freiheit des Menschen entgegenzusetzen: jene unberechenbaren Kräfte der Menschenseele, die das Ungeheuerste, das Natürliche zu überwinden vermögen, die über seinen ‚Gesetzen' sind und vielleicht einer höheren Ordnung angehören." – Hankamer S. 237: „Durch das ominöse, ironische Spiel, das von den Opfern des Schicksals mit dem Verhängnishaften getrieben wird, erhält das Gleichnis von Anfang an tragische Bedeutungsschwere. Zugleich treten im Fortgang der Geschichte alle Worte dieser Unterhaltung ... in ein verwischendes Zwielicht. Was hier Wahn und was hier Wahrheit ist, wird immer ungewisser, und die Grenze zwischen Ernst und Scherz beginnt unheimlich zu fließen." S. 276: „Das Urphänomen der Wahlverwandtschaft war ihm" (Goethe) „eine der bezeichnendsten Formen, in welchen das Dämonische erscheinen kann, möchte man doch gerne das rätselhafte Phänomen der chemischen Verwandtschaft geradezu ein Urphänomen des Dämonischen in der Natur nennen, eine der deutlichsten Manifestationen dessen, was Goethe als schaffende Dämonie ersah." – Grete Schaeder, S. 288: „Das Titelgleichnis der ‚Wahlverwandtschaften' kann nur aus dem Ganzen der wissenschaftlichen Haltung Goethes, aus dem Zusammenhang zwischen Naturerkenntnis und Natursymbolik erschlossen werden. Die Frage nach dem Sinn des Romans fällt zusammen mit der Frage nach der ‚Idee', die in ihm ‚durchgreifend' zur Anschauung gebracht wird." S. 294f.: „Es gibt kein anderes Urphänomen, das sich im Ganzen eines Romans und ‚in jeder einzelnen Szene im besondern' durchgreifend zur Anschauung bringen ließ, als das Gesetz des geistigen Sehens, die in jedem Lebensaugenblick vollzogene ‚Wahl' des Menschen, ob er sich durch die Farben der Gefühle und Leidenschaften hindurch dem Licht oder der Finsternis zuwendet ... Farbenlehre und ‚Wahlverwandtschaften' wachsen zu einem einzigen lebendigen Ganzen zusammen." Vgl. auch S. 289f. Ferner Benjamin S. 80.

272,28f. *in unserer chemischen Welt.* Goethes Beschäftigung mit Naturwissenschaft bezog sich vor allem auf Optik, Farbenlehre, Morphologie der Pflanzen und Tiere und Geologie (vgl. Bd. 13 u. 14). Die Chemie war aber für seinen umfassenden Blick ebenfalls wichtig, schon seit seiner Straßburger Zeit, vor allem aber in den Jahren 1790–1800, als er sich um einen Gesamtüberblick über die Naturbereiche bemühte. Durch die Beziehungen zur Universität Jena war er seit 1789 in Verbindung mit dem dortigen Chemiker Joh. Friedrich August Göttling (1755–1809), den er sehr schätzte. In Goethes Bibliothek gibt es 8 chemische Werke von Göttling (Ruppert, Goethes Bibliothek. 1958. Sp. 1626–1631.), alle aus der Zeit vor den *Wahlverwandtschaften,* darunter auch das „Handbuch der theoretischen und praktischen Chemie", 3 Bde., Jena 1798–1800. Göttling wird in Goethes Tagebuch oft erwähnt. – Über Goethe und die Chemie knapp zusammenfassend der Artikel „Chemie" im Goethe-Handbuch 1961, Sp. 1626–1631. – Ausführlich dazu: Jeremy Adler, Eine fast magische Anziehungskraft. Goethes „Wahlverwandtschaften" und die Chemie ihrer Zeit. München 1987.

272,32. *Laugensalz.* Adelung, Wörterbuch der hochdt. Mundart, Bd. 2, Wien 1808, erläutert: „Die Pottasche, das Weinsteinsalz und die Soda sind solche Laugensalze und werden, sofern sie aus der Asche gelauget werden, auch Aschensalz genannt".

273,3. *einander entgegengesetzt.* Hier spielen wohl Goethes Gedanken über Polarität (vgl. Bd. 14, Sachregister) eine Rolle. In dem Buch von Jeremy Adler ist S. 82 und 101 dargestellt, daß Goethe „den Polaritätsgedanken auf die Chemie anwendet".

273,9. *unser chemisches Kabinett.* Man konnte zu dieser Zeit eine Ausstattung für chemische Versuche als ganzes kaufen. Der Jenaer Chemiker Göttling, den Goethe gut kannte, schrieb dazu: „Ankündigung eines sicheren und bequemen chemischen Probier-Cabinetts", in dem in Weimar erschienenen „Almanach für Scheide-Künstler und Apotheker auf das Jahr 1789". Ein Sonderdruck dieses Aufsatzes befindet sich in Goethes Bibliothek (Ruppert Nr. 4607). Aus dem Text 273,9f. geht hervor, daß man ein solches *chemisches Kabinett* bestellt hat. Es ist aber später nie davon die Rede, daß es ankommt und benutzt wird. – In einem Brief an Reinhard erwähnt Goethe am 22. Juli 1810 *Göttlings chemische Kabinette.* (Briefe HA 3, S. 133, 2f.)

274,15. *Wahlverwandtschaft.* Der Begriff (attractio electiva, affinité) kommt in zahlreichen Werken des 18. Jahrhunderts vor, wie Jeremy Adler dargestellt hat, so daß man nicht genau sagen kann, aus welchem Werk Goethe das Wort übernommen hat, denn er hat mehrere dieser Werke benutzt. In seiner Bibliothek, wie sie erhalten ist, befinden sich unter anderen: Pierre Joseph Macquer, Chymisches Wörterbuch. Übers. von J. G. Leonhardi. Lpz. 1781–1783. – Joseph Black, Vorlesungen über die Grundlehren der Chemie. Übers. von L. v. Crell. Hamburg 1804. – Vor allem aber acht Werke von Johann Friedrich August Göttling, dem Chemiker in Jena, mit dem Goethe in den Jahren vor der Vollendung des Romans oft zusammen war. – Goethes Bibliothek. Katalog. Von Hans Ruppert. Weimar 1958. – Göttling im Register der Tagebücher und Briefe. – Dem französischen Wort „affinité" entsprach das deutsche Fremdwort *Affinität,* das Goethe mehrfach benutzte (GWb. 1, Sp. 282). Während die Wörter *Verwandtschaft* und *verwandt* heute für Familienzusammenhänge benutzt werden, bezeichneten sie in der Goethezeit einfach Zugehörigkeit zu einer Gruppe. Es gibt bei Goethe *Hausverwandte, Kanzleiverwandte, Gesandschaftsverwandte* usw., in den *Wanderjahren* kommen *Stallverwandte* vor, in *Faust II* sind es *Himmelsverwandte.* Vgl. Bd. 8, S. 104,18 u. Anm., Bd. 9, S. 477,9 u. Anm., 561,31f. u. Anm.

275,3. *refraktär*: von frz. „réfractaire" – widerspenstig. So auch in Goethes Brief an Zelter 17.4.15. Der Ausdruck wird in den Naturwissenschaften des 18. Jahrhunderts im Sinne von Reaktionsträgheit gebraucht. So kann also hier der Gips gegenüber dem gebrannten Kalk durchaus als „refraktär" bezeichnet werden, weil er im Gegensatz zu ihm mit Wasser der Umgebung keine stürmische Reaktion eingeht. Kommt gebrannter Kalk mit Schwefelsäure in Verbindung, so wird er in den relativ reaktionsträgen, „refraktären" Gips verwandelt. Der Ausdruck

„refraktär" verschwindet später aus der Chemie und bleibt in der allgemeinen Reizphysiologie des 19. und 20. Jahrhunderts erhalten, wo er den Zustand der Reaktionsträgheit oder gar des Reaktionsunvermögens eines Organismus bezeichnet, wenn eine Reizung und Reizreaktion im selben Sinne kurz vorher bereits eingetreten ist. Hier vergleicht sich also Eduard in seinem neuen Zustande Charlotte gegenüber ironischerweise dem „refraktären" Gips!

279,25. *nach dem Schlafe*: nach der Schläfe; die alte Form noch teilweise bei Goethe und Wieland; die neue kommt im 18. Jahrhundert auf.

280,17. *Sie tut das mit einer Gebärde* ... Ottiliens Gebärde der Ablehnung wird erst am Ende des Romans (vgl. *II, 16*, 473,34 ff.) wieder erwähnt, gewinnt aber dort die höchste symbolische Bedeutung. Zum Beginn des Kapitels vgl. die Interpretation bei Stöcklein, S. 15 f.: „Ottilie tritt in die unfromme Zeit. Sie kommt siebzehnjährig, nach der Qual der Schule und des Internats, nach der Enttäuschung der nichtbestandenen Schlußprüfung, auf den Landedelsitz ihrer Pflegemutter. Sie vertraut sich ganz diesen Menschen zur Führung an." Was dann zunächst geschieht, deutet Stöcklein folgendermaßen: „Der Leser ist überrascht. Er kennt Ottilie aus den Pensionsberichten; ihre Enthaltsamkeit konnte auf Kränklichkeit deuten, ihr Mädchensinn auf Eigensinn. Nun erblickt der Leser einen ganz ursprünglich empfindenden und stürmisch sich äußernden Menschen: Überwältigt von Gefühl stürzt sie ihrer Pflegemutter entgegen, selig, wieder Kind sein zu dürfen ... Charlotte ist dem schönen großen Augenblick nicht gewachsen – sie steht steif, sie begreift nicht sofort, sie umarmt zu spät – so wie sie überhaupt dem Ungewöhnlichen, Unkonventionellen nie recht gewachsen ist. In diesem Augenblick der Verlegenheit tritt Ottiliens Güte sofort hervor; mit zartem Humor überbrückt sie den Moment, mit freier Enthüllung ihrer Gefühle, fast ist es liebenswürdig lächelnde Selbstüberlegenheit, Selbstironie, womit sie die Situation entspannt. Solche Schlagfertigkeit kommt aus gütigem Herzen. Die starr stehende Charlotte, das nicht aufgefangene, nicht aufgehobene, ‚hingestürzte' Kind: Ihre erste Begegnung ist ein Sinnbild."

284,31 ff. *Karl der Erste von England* ... Zu dieser Anekdote vgl. Stöcklein S. 17: Ottiliens „Güte, ihre Hilfsbereitschaft beruht auf einem Weltgefühl. Der Mensch scheint überhaupt in einer Lage wie jener König, so beklagenswert ausgesetzt, hilfsbedürftig. Der Mensch ein abgesetzter König, das alte christliche Bild (von Pascal erneuert), steht wohl im Hintergrund. In der Schlußwendung ... wieder jene lächelnde Überlegenheit über das eigene Gefühl, jene zarte Bewußtheit, die ein besonders zwingender Ausdruck gütiger Demut ist. Von hier wird ihre Enthaltsamkeit tief verständlich; daß sie wertvolle Kleider nicht will, daß sie wenig ißt, daß sie wenig trinkt, daß sie behaglicher Gesprächigkeit wenig Raum gibt. In einer Welt, die so tragisch eingerichtet ist, scheint es nicht gut zu sein, in ahnungsloser Selbstbezogenheit, in Sattheit und Genuß es sich wohl sein zu lassen. In einer solchen Welt scheint nur helfende Güte am Platz.“

286,22 ff. *bettelte sie ein Mensch an.* Dieses Motiv wird in *I, 15* und *I, 16* wiederaufgenommen (339,8 f.; 345,13 ff.).

287,35. *die englischen Parkbeschreibungen.* Seit etwa 1740 gestaltete man in England Gärten und Parkanlagen anders als bisher; die strengen, der Architektur ähnlichen Formen wichen unregelmäßigen Anlagen mit Büschen, Bäumen, Wiesen, Durchblicken. In Deutschland nannte man diesen neuen Typ „englischen Garten“, und in München hat sich dieser Name bis heute erhalten. Auch der Weimarer Park an der Ilm wurde in diesem Stil gestaltet. Goethe schätzte den Park von Wörlitz (Bd. 9, S. 328,37 u. Anm.), den er im Dezember 1776 und genauer im Mai 1778 sah und über den er sich damals sehr lobend in einem Brief an Charlotte v. Stein äußerte (14. Mai 1778. HA Briefe Bd. 1, S. 249). Über die neue Kunst der Park-Gestaltung schrieb Christian Cay Lorenz Hirschfeld sein Werk „Theorie der Gartenkunst“, das in 5 Bänden, Leipzig 1779–1785, erschien, geziert mit vielen Bildern. In Weimar kannte man es natürlich. Goethe plante im Alter zeitweilig, auch seine ersten zehn Weimarer Jahre darzustellen, denn *Dichtung und Wahrheit* hört mit dem Übergang nach Weimar auf. Er notierte sich unter anderem: *Hirschfeld. Tendenz nach der Natur ... Engländer vorausgegangen. Parkanlagen. Dessau.* (Zu Dessau gehörte der Park von Wörlitz.) *Anstoß bei uns. Gelegenheit, dem Natursinne zu folgen ... Die wirkliche Landschaft wird idealisiert.* (WA 53, S. 385.) Unter den englischen Werken fand in Weimar Beachtung: Humphrey Repton, Sketches and Hints on Landscape-Gardening. London 1794, denn es wurd rezensiert in Bertuchs „Journal des Luxus und der Moden“ 11,1796, S. 454–464. An Werke dieser Art ist mit dem Wort *die englischen Parkbeschreibungen* erinnert. Goethe hat zeitweilig zusammen mit Schiller einen Aufsatz *Über den Dilettantismus* geplant, der aber nicht über Entwürfe hinausgelangt ist. Dort ist auch von der *Gartenkunst* die Rede. Da Besitzer von Grundstücken, die sich zum Garten und Park ausgestalten lassen, in den seltensten Fällen künstlerisch begabt und durch Erfahrung geschult sind, machte sich hier der Dilettantismus bemerkbar, das wird von Goethe vermerkt (WA 47, S. 300, 310, 319). Deswegen ist in dem Roman trotz aller Sympathie für die Gestalten wohl auch eine leise Kritik des Dilettantismus spürbar. –

Marie Luise Gothein, Gesch. der Gartenkunst. 2 Bde. Jena 1914 u. 1926. – Derek Clifford, A History of Garden Design. London 1962. – Alfred Hoffmann, Der Landschaftsgarten. Hamburg 1963. = Hennebo-Hoffmann, Gesch. d. Gartenkunst, 3. – Park und Garten im 18. Jahrhundert. Heidelberg 1978. Darin S. 125–129: Claudia Brosé, Park und Garten in Goethes „Wahlverwandtschaften“.

– Dieter Hennebo, Goethes Beziehungen zur Gartenkunst seiner Zeit. Jahrb. d. fr. dt. Hochstifts 1979. S. 90–119. – Michael Niedermeier, Das Ende der Idylle. „Gartenrevolution" in Goethes „Wahlverwandtschaften". Bern 1992. (261 S.) – Siegmar Gerndt, Idealisierte Natur. Stuttg. 1981. – Stefanie Geißler-Latussek, Der Landschaftsgarten in Goethes „Wahlverwandtschaften". GJb. 109, 1992. – Wolfgang Kehn, Die Gartenkunst der dt. Spätaufklärung. Internationales Archiv f. Sozialgesch. der dt. Literatur 10, 1985, S. 195–224. – Wolfgang Huschke, Die Gesch. des Parks von Weimar. Weimar 1951. = Thür. Archivstudien, 2. (214 S., 20 Taf.) – Park um Weimar. Text von Wolfgang Huschke und Wolfgang Vulpius. Bilder von Günther Beyer. Weimar 1955. (88 S. u. 80 Tafeln.)

288,10f. *zum Grunde zu legen*: bei Goethe noch gewöhnlich für „zugrunde". Vgl. auch 348,24f.: *zum Grunde liegen*.

288,16. *angenehmen*: im 18. Jahrhundert häufig von Gegenden im Sinne von „anmutig". GWb. 1, Sp. 557–561. *Hölzchen:* kleines Gehölz, Baumbestand.

288,19. *bestreichen*: hier im Sinne von: überblicken, als Ganzes überschauen. GWb. 2, Sp. 536.

290,16. *Sie bestellten sich*: sie verabredeten sich, hinzugehn. – Fischer, Goethe-Wortschatz. – Adelung. – GWb. 2, Sp. 521.

291,15ff. *Eines Tages leitete sie ihr Spaziergang* ... Zur Darstellung der Landschaft in den *Wahlverwandtschaften* vgl. Kurt May, Die Wahlverwandtschaften als tragischer Roman, Jahrbuch des Freien Deutschen Hochstifts, 1936–1940, S. 151: „Die Menschen halten sich zunächst im Umkreis von Schloß und Park und Dorf, in der Nähe des Schlosses, das die Väter gebaut haben ‚mit Vernunft', geschützt vor den Winden, nah' allen täglichen Bedürfnissen. Mit dem Erwachen der ‚Natur' im Innern wächst der Drang, sich ins Freie, ins Weite der Landschaft und eben dorthin, wo sie die menschliche Hand sich noch nicht dienstbar gemacht hat, zu bewegen. Mit den Wanderungen der Liebenden immer weiter weg vom Sitz der Ordnung, des Nutzens und der künstlichen Schönheit verändert die Landschaft langsam ihr Gesicht. Ihre Gewächse rücken dichter zusammen, und es ist, als wachten sie auf aus einer Erstarrung. Sie beginnen sich, zunächst nur ganz leise vibrierend, zu regen und zu bewegen. In der Szene des Spaziergangs zur Mühle, der Eduard und Ottilien, zum ersten Mal allein, näher zusammen führt, wird die natürlich gewachsene Landschaft heimlich, sie spricht den Menschen an ... Landschaft und Menschen wachsen ineinander, zusammen mit dem Wachstum der Leidenschaften." Ferner Stöcklein S. 21: „Im siebenten Kapitel führt ein Spaziergang die in erste Neigung einander Genäherten in die einsame Wildnis, aus überfeinerter Kultur in freiblühende Natur. Verwachsener Weg im Wald, wucherndes Dikkicht, Geröll, plötzliche Abgründe, hohe, steile Klippen, moosiger Felsgrund, der unter der heißen Maisonne dampft. Tief unten ein feucht duftiger Grund, aus dem der unsichtbare Wildbach rauscht, der zur morschen, schwarzen Mühle eilt. Eine symbolische Landschaft in jedem

Zug! Kraft des Frühlings und der Wildnis durchströmt auch den Körper – sie treten bis an den Rand des Felsens, genießen den Kitzel des saugenden Abgrunds: romantischer Eros."

Goethe gibt im Beginn des Romans keine zusammenhängende Schilderung der Szene, des Schloßbereichs und der umgebenden Landschaft. Unsere Kenntnis davon wächst allmählich. „C'est parce qu'il ne nous le montre que par les yeux de ses personnages. Il emploie, pour le décrire, le même procédé que dans Hermann et Dorothée" (vgl. François-Poncet, S. 126ff.). Die in den ersten Kapiteln verstreuten Bemerkungen aber fügen sich zu einem Bild von solcher Bestimmtheit und Geschlossenheit, daß es *vielleicht möglich wäre*, einen Plan danach zu skizzieren. Der Umkreis erweitert sich stetig. Wir ergänzen hier sogleich einige Details aus anderen Kapiteln:

Eduard in seiner *Baumschule* (242,6) (im eigentlichen alten Schloßgelände), *drüben* (auf der anderen Seite des *beschränkten Tals* 259,23) die *neuen Anlagen* (242,15); diesseits, am Hange des Schloßberges, *geschützt vor den Winden* (295,22), das Schloß, mit zwei Flügeln gegen das Tal geöffnet; in *Terrassen* (242,33) fällt der Schloßberg *in einen vorspringenden Winkel herunter; das Dorf ist ziemlich regelmäßig im Halbzirkel gegenüber gebaut; dazwischen fließt der Bach* (285,22ff.), der dem vorspringenden Schloßberg in einem Bogen ausweicht; hier – auf der Seite des Dorfes – soll die *Mauer im Halbkreis* zum Schutz gegen das Anschwellen des Wassers aufgeführt werden (285,32f.). Zwei Wege führen vom Schloß über den Bach zu den beiden Ausgängen des Dorfes (*da die beiden Häuser* – an beiden Ausgängen des Dorfs – *zugleich an den Wegen stehen, die auf das Schloß führen* ... 287,10f.). Der linke führt über den Steg zu den neuen Anlagen; er teilt sich jenseits: ein Arm führt *über den Kirchhof* (an der einen Seite des Dorfes, gegen die Ebene zu) *ziemlich gerade nach der Felswand* hin, der andere windet sich weiter links durch Gebüsch empor; beide vereinen sich und führen dann im *eigentlichen Stieg* zur Mooshütte (243,2–9). Durch Tür und Fenster, *gleichsam im Rahmen* (243,12f.), genießt man hier von der anderen Talseite die umgekehrte Aussicht: *unten das Dorf, ein wenig rechter Hand die Kirche, über deren Turmspitze man fast hinwegsieht, gegenüber das Schloß und die* (alten) *Gärten* (242,19–21). *Dann öffnet sich rechts das Tal, und man sieht über die reichen Baumwiesen in eine heitere Ferne* (242,24–26), in der der Bach sich verliert. Von Charlottens Hütte mit ihrer anmutigen Aussicht von halber Höhe aus dem sich öffnenden Tal gegen die Ebene (wie ein Blatt Claude Lorrains) führt ein Pfad *über Felsen, durch Busch und Gesträuch zur letzten Höhe* (259,30f.) über das *beschränkte Tal* hinaus. *Der Blick wird oben freier und die Brust erweitert sich* (259,23f.), man fühlt sich *wie in einer andern und neuen Welt* (295,3f.). Die Landschaft hat ihr Gesicht verändert. *Dorf und Schloß hinterwärts* sind nicht mehr zu sehen (das *Wäldchen* verdeckt sie), der Blick aber weitet sich, wie gegen die Ebene, so über bewaldete Hügel und Höhenrücken gegen das ferne Gebirge. Zu Füßen im Tal die drei Teiche, die der Bach an seinem Oberlauf nacheinander bildet. Am mittleren Teich, am diesseitigen Ufer steht die Pappel- und Platanengruppe (die Vorstellung ist ganz präzis – vom jenseitigen Ufer aus sagt der Hauptmann: *„Sie stehen ein wenig zu weit rechts ... Landet man weiter unten, so ist man dem Schlosse näher"*, 323,6–8). Die waldigen Hügel am jenseitigen Ufer der Teiche werden bachaufwärts immer unzugänglicher, steile Felsen begrenzen den letzten Teich, um sich endlich zur Schlucht zu verengen, aus der der Bach vom Gebirge den Teichen zufällt: hier liegt die Mühle (259,39). Von dort her steigen die Freunde bei ihrem großen Spaziergang – vorbei am Vorwerk *an der Höhe mitten im Holze* (293,17) – auf zu dieser Höhe, nachdem sie die Mühle zuvor, am jenseitigen Ufer entlang den Teichen vordringend, erreichten. Sie treten dann durch das Wäldchen und erblicken nun wieder das Schloß gegenüber und die Mooshütte unter sich. *Sie hatten eine kleine Welt umgangen* (293,24). An dieser Stelle ist zuerst das Haus geplant. Es wird auf Ottiliens Vorschlag ganz auf der Höhe, hinter dem Wäldchen gebaut, mit der eben beschriebenen *Aussicht auf die Teiche, nach der Mühle, auf die Höhen, in die Gebirge, nach dem Lande zu* (295,5–7).

May bemerkt, daß sich die Menschen zunächst „im Umkreis von Schloß und Park und Dorf" halten und daß die Landschaft bei den Spaziergängen langsam ihr Gesicht verändert. Deutlich unterschieden sind im Roman aber auch die *alten* und die *neuen Anlagen.* Im strengen französischen Stil sind jene gehalten, im neuen englischen Geschmack diese (*die englischen Parkbeschreibungen mit Kupfern* werden zur Abendunterhaltung vorgenommen, 287,35f.). Eigenartig verwischen sich hier die Grenzen, unmerklich geht der Park in die freie Landschaft über, so daß der Lord, der die Gegend vorher nicht kannte, *was man daran getan, von dem, was die Natur geliefert, kaum zu unterscheiden wußte* (429,37f.). *„Wenn wir es genau ansehen"*, sagt Charlotte, *„so sind es nur die Plane, die Neigungen der Zeit, die wir mit auszuführen genötigt sind ... Niemand glaubt sich in einem Garten behaglich, der nicht einem freien Lande ähnlich sieht; an Kunst, an Zwang soll nichts erinnern; wir wollen völlig frei und unbedingt Atem schöpfen"* (417f.). Von Schillers Hand findet sich in dem gemeinsamen Schema *Über den Dilettantismus* von 1799 unter *Gartenkunst, Schaden fürs Subjekt* folgende Eintragung: *Die Gartenliebhaberei geht auf etwas endloses hinaus ... Sie verewigt die herrschende Unart der Zeit, im ästhetischen unbedingt und gesetzlos sein zu wollen und willkürlich zu phantasieren, indem sie sich nicht, wie wohl andere Künste corrigieren und in der*

Zucht halten läßt (Weim. Ausg. Bd. 47, S. 310). Im gleichen Zusammenhang spricht der Erzähler von den *regelmäßigen Anlagen, die sich von Eduards Vater herschrieben,* und bemerkt: ... *man besuchte sie kaum und hatte Liebhaberei und Aufwand gegen eine andere Seite hin ins Freie und Weite gerichtet* (417,20ff.). Mit diesen Worten *ins Freie und Weite* wird hier das Landschaftliche noch einmal in deutliche Beziehung gebracht zu dem durch den ganzen Roman hin (auch die Wassersymbolik gehört mit hierher) variierten Gegensatz des Sicheren und Freien, des Begrenzten und Grenzenlosen, des Bindens und Lösens (Wahlverwandtschaften), des Beschränkten und Losgebundenen, des Gesetzlichen und Ungebändigten (diese und ähnliche Gegensatzpaare finden sich in auffallender Zahl). Im ersten Kapitel bereits spricht Charlotte verschiedentlich von dem *Zusammenhängenden* (245,35ff.). – Am Beginn des 4. Kapitels erhält dieses Grundthema dann seine zwingende Formulierung; der Hauptmann spricht von der Trennung von Geschäft und Leben: *„Bist du bei dem einen sicher, so kannst du in dem andern desto freier sein, anstatt daß bei einer Vermischung das Sichre durch das Freie weggerissen und aufgehoben wird"* (266,27ff.). Das Gespräch über die Wahlverwandtschaften nimmt den Gegensatz sogleich auf: *eine innige, unauflöslich scheinende Verbindung ... aufgehoben und eins der erst so schön verbundenen in lose Weite hinausgetrieben* (275,13ff.) und: *wenn du nicht ins Unbestimmte entweichen sollst* (276,32ff.). Vor dem Spaziergang zu den Teichen und zur Mühle: *alles, was man tut und vornimmt, hat eine Richtung gegen das Unermeßliche. So waren auch die Freunde nicht mehr in ihrer Wohnung befangen* (291,6–8). Am stärksten freilich wird Eduard davongerissen: *In Eduards Gesinnungen wie in seinen Handlungen ist kein Maß mehr. Das Bewußtsein, zu lieben und geliebt zu werden, treibt ihn ins Unendliche ... alles, was in seiner Natur gebändigt war, bricht los, sein ganzes Wesen strömt gegen Ottilien* (328,4ff.; die ungeheure Gewalt der Bewegung: *treiben, losbrechen, strömen*!). Er empfindet *die Beschränkung, in der man ihn zu halten schien, immer unangenehmer* (331,8f.). *Eduards Neigung war aber grenzenlos. Wie er sich Ottilien zuzueignen begehrte, so kannte er auch kein Maß des Hingebens* (333,27ff.). *Er hätte jeden gern glücklich gemacht, da sein Glück ohne Grenzen schien* (339,13f.). *Unbändig drangen seine geheimen Wünsche den Begebenheiten vor* (339,39f.). Sehr Bezeichnendes wird über Charlottes Spiel gesagt: ... *sie hielt an und ließ sich wieder von ihm fortreißen und versah also die doppelte Pflicht eines guten Kapellmeisters und einer klugen Hausfrau, die im ganzen immer das Maß zu erhalten wissen, wenn auch die einzelnen Passagen nicht immer im Takt bleiben sollten* (257,35ff.). Sie ist später in dem Wahne, *in einen früheren, beschränkten Zustand könne man zurückkehren, ein gewaltsam Entbundenes lasse sich wieder ins Enge* *bringen* (329,15 ff.). *Sie zog ihren Haushalt ohne Bänglichkeit ins Enge ... auf dem bisherigen Wege wäre man leicht ins Grenzenlose geraten* (348,15 ff.). Zu Eduard: *„Niemand erwartet von uns, daß wir uns in ein Äußerstes verlieren werden"* ... *„Das Äußerste liegt der Leidenschaft zu allernächst"* (342,13 ff.). – Ottilie gehört zu den *verschlossenen Früchten, die erst die rechten, kernhaften sind* (264,29 f.). Das *Unzusammenhängende* faßt sie nicht. *Ihre ganze Sinnesweise* war *dem Hause und dem Häuslichen mehr als der Welt, mehr als dem Leben im Freien zugewendet. Eduard bemerkte bald, daß sie eigentlich nur aus Gefälligkeit in die Gegend mitging, daß sie nur aus geselliger Pflicht abends länger draußen verweilte, auch wohl manchmal einen Vorwand häuslicher Tätigkeit suchte, um wieder hineinzugehen* (296,19 ff.). Hier erfahren wir von verschwiegenen seelischen Vorgängen wieder auf einem Umwege: *Wie oft eilte das gute Mädchen mit Sonnenaufgang aus dem Hause, in dem sie sonst alle ihre Glückseligkeit gefunden hatte, ins Freie hinaus, in die Gegend, die sie sonst nicht ansprach. Auch auf dem Boden mochte sie nicht verweilen. Sie sprang in den Kahn und ruderte sich bis mitten in den See; dann zog sie eine Reisebeschreibung hervor, ließ sich von den bewegten Wellen schaukeln, las, träumte sich in die Fremde* (351,30 ff.). Gerade entgegengesetzt ist die Bewegungsrichtung in der Novelle von den wunderlichen Nachbarskindern: *vom Wasser zur Erde, vom Tode zum Leben* (441,11). Den Begleiter des Lords, der die Novelle vorliest, interessiert nichts mehr als *die sonderbaren Ereignisse, welche durch natürliche und künstliche Verhältnisse, durch den Konflikt des Gesetzlichen und des Ungebändigten ... hervorgebracht werden* (433,29 ff.).

Die in diesem ganzen Zusammenhang immer wieder auftauchende Raumvorstellung gewinnt an einigen Stellen eine ungeheure, beklemmende Perspektive. Das Schreiben des unglücklichen Mädchens schien *gleichsam ein Entsetzen vor einem eindringenden Ungeheuren auszudrücken* (400,21 ff.). Ganz ähnlich Ottiliens Worte von dem Heiligen, *das, uns unsichtbar umgebend, allein gegen die ungeheuren zudringenden Mächte beschirmen kann* (467,39 ff.); auch: *„Ich bin aus meiner Bahn geschritten, und ich soll nicht wieder hinein. Ein feindseliger Dämon, der Macht über mich gewonnen, scheint mich von außen zu hindern"* (476,34 ff.). – Das „Thema" vom Sicheren und Freien usw. ist von einer ganz besonderen Bedeutung auch bei der Grundsteinlegung (*das Gesetz*, die *bindenden Kräfte;* das Versenken der Kette durch Ottilie gehört hierher, wie überhaupt das Motiv des Medaillons im 7. Kapitel). Es taucht in den verschiedensten Variationen noch an anderen Stellen des Romans auf, etwa beim Bau der Mauer gegen das Anschwellen des Baches oder in einem Satze wie dem folgenden: *Überhaupt nimmt die gewöhnliche Lebensweise einer Familie ... auch wohl eine außerordent-*

liche Neigung, eine werdende Leidenschaft in sich wie ein Gefäß auf, und es kann eine ziemliche Zeit vergehen, ehe dieses neue Ingrediens eine merkliche Gärung verursacht und schäumend über den Rand schwillt (290,32 ff.). Es klingt noch in den pädagogischen Gesprächen mit dem Gehilfen an: *Sein* (des Lehrers) *größter Fehler ist der, wenn er sich von den Lernenden mit in die Weite reißen läßt, wenn er sie nicht auf dem Punkte festzuhalten weiß* ... (408,27 ff.). ... *denn indem man die Kinder für einen weiteren Kreis zu bilden gedenkt, treibt man sie leicht ins Grenzenlose, ohne im Auge zu behalten, was denn eigentlich die innere Natur fordert* (411,11 ff.).

292,16. *ein Miniaturbild.* Zu diesem Motiv Stöcklein S. 22: „... Alles ist Vorwand. ... Aber er" (Eduard) „lügt keineswegs. Eduard ist ein so unbewußter Mensch, daß er nichts von der Kraft und Schlauheit seines Triebes ahnt. Kindlicherweise wähnt er sich immer besonders frei, während er völlig im Schlepptau des Triebes sich bewegt." Eine ähnliche Eduard-Deutung bei Stöcklein auch S. 20f.: „In ihm hat sich die ganze Schlauheit des Kindes, das für alles, was es möchte, einen beschönigenden Grund findet, verknüpft mit einem hochentwickelten Geist, der nun in den Dienst der Selbsttäuschungsfunktion tritt. Immer führt der Trieb; der Geist ist sein Hofjurist, sein ‚Philosoph' ... Das Weltbild, das hinter allem ruht, es ist das vertrauensselige, sozusagen idealistische des Knabenalters: letztlich ist die Welt gut und schön eingerichtet, und ‚man erreicht, was man will'. Das Gegenteil von Ottiliens Weltgefühl, von Ottiliens Frommsein, von ihrer Überzeugung der hilfsbedürftigen Ausgesetztheit des Menschen."

294,31. *gegen dem Schloß über*: bei Goethe noch meist mit dem abhängigen Dativ zwischen beiden Bestandteilen: 459,28 *gegeneinander über.*

297,23 f. *anzupassen wußte.* Über die leise Verfehltheit in den gegenseitigen unbewußten Anpassungen zwischen Eduard und Ottilie vgl. Benjamin S. 21, S. 84; ferner Grete Schaeder S. 284: „Das falsche und doch so seltsam einmütige musikalische Zusammenspiel der beiden Liebenden erinnert an die Bedenklichkeit dieser Wesensharmonie, die im Ganzen der Weltmusik einen Mißakkord darstellt"; ähnlich ist S. 306 von der „Musik der Naturen" die Rede, „die zwar mit der Weltharmonie nicht übereinstimmt, aber deshalb nicht weniger wirklich und notwendig ist".

298,37. *mehrere*: die verlängerte Form „mehrer" (die man auch als erneute Komparativbildung fassen kann) ist bei Goethe häufig auch in der Einzahl, vgl. auch 392,20; 421,28.

299 ff. Das *neunte Kapitel* bringt die im Symbolzusammenhang des ganzen Werkes wichtige Grundsteinlegung des Hauses. Sie versinnbild-

licht die bindenden Kräfte in Natur und Sozietät. Nicht nur die Steine werden verkittet, auch das Gesetz *verkittet* (300,28). Die Gründung des Hauses – sie bedeutet Dasein und Halt – steht im bewußten Gegensatz zu dem dämonisch Auflösenden der elementaren Kräfte. Goethe sieht die Welt der Steine, *deren Form schon zuammenpaßt* und die *noch besser* durch *diese bindenden Kräfte* (300,29f.) vereinigt werden, und die Welt der Menschen, *einander von Natur geneigt* und *noch besser* durch das Gesetz verkittet, in wechselseitiger Spiegelung. Zur Bedeutung des Hauses und der Hausfrömmigkeit muß auch auf die Joseph-Legende am Eingang von *Wilhelm Meisters Wanderjahren* hingewiesen werden. Das Bleibende und Dauernde, im Haus symbolisiert, ist aber zugleich mit der *Tiefe* verknüpft. *Es ist ein ernstes Geschäft, und unsre Einladung ist ernsthaft; denn diese Feierlichkeit wird in der Tiefe begangen.* (300,11ff.) Die *Tiefe*, das Ernste und Geheimnisvolle des Geschäftes deutet wiederum auf die Mächte hin; sie sind zugleich Mächte des Todes, die den Bestand der menschlichen Gemeinschaft bedrohen. Wenn Ottilie die goldne Kette, *an der das Bild ihres Vaters gehangen hatte* (302,11) mit in die Tiefe versenkt, versenkt sie damit nicht auch den Teil ihres Selbst, der dem Gründenden, Gesicherten angehört, und ist nun um so schutzloser dem Einbruch des Elementaren preisgegeben? Daß hier etwas Unrechtes geschieht, darauf deutet auch die Hast hin, mit der Eduard sogleich den wohlgefugten Deckel aufstürzen und einkitten läßt.

300,8. *Gewerke*: vgl. Fischer S. 293: das Gewerk = Handwerk, der Gewerke = Werkmann im Baugewerbe.

300.22f. *Lot und Waage*: die von Lot und Wasserwaage bestimmte Richtung; *wasserrecht:* waagerecht.

301,27. *Köcher*: Gefäße, rollenförmige Behälter.

303,10f. *wurde von einem aufgefangen, der diesen Zufall als ein glückliches Zeichen für sich ansah.* Der Zufall des aufgefangenen Glases als ein glückliches Zeichen, damit beginnt wiederum eine Reihe von symbolischen Verklammerungen, die sich an ein bestimmtes Ding knüpfen. Vgl. *I, 18,* 356,32ff.; *auf die warnenden Symptome achtet kein Mensch* (357,16f.), und *II, 12,* 447,8ff.; schließlich *II, 18:* das Glas ist vertauscht.

305,5. *genaue Freunde*: nahe Freunde, gute Freunde. Dt. Wb. 4,1,2 Sp. 3355f.

306,28ff. *Wer mir den Ehstand angreift ...* Mittlers Rede über den Ehestand behandelt Goethe mit Ironie, weil sie im Grunde leere Rhetorik ist und an der Wirklichkeit des Lebens vorbeiredet. Eine winzige Andeutung genügt dem Erzähler, um sich zu distanzieren: *So sprach er lebhaft und hätte wohl noch lange fortgesprochen.* (307,13f.)

307,25ff. *Den Grafen sowie die Baronesse* ... vgl. Hankamer S. 239f.: „Dies Paar, von einer leicht abenteuerlichen, erregend erotischen Atmosphäre umgeben, belichtet in seinen Gesprächen lebensklug und sehr weitherzig die gesellschaftliche und moralische Problematik der Ehe und weckt des weiteren durch die bald mögliche Abberufung des Hauptmanns wie durch eine Einladung allein an Charlotte und Eduard bei beiden Gruppen der Verzauberten den nie gedachten, jäh steigernden Gedanken der Trennung ... Was gerade im Kreise der vier schicksalgefährdeten Menschen unmöglich schien oder doch ganz unwahrscheinlich, will hier als eine durchaus mögliche menschliche Lebensform gelten, als sittliches Recht der Persönlichkeit gegenüber der äußerlichen Regelung der Liebe. So bringen Worte wie Dasein dieser Menschen die Ordnung leise ins Schwanken; die Gefüge scheinen gelockert und vieles möglich." Vgl. auch Grete Schaeder S. 312.

308,14. *Frühkleider*: Morgenkleider. Dt. Wb. 4,1 Sp. 294.

308,32f. *ehestens geschieden werden*: Ehescheidungen waren im 18. Jahrhundert und beginnenden 19. Jahrhundert äußerst selten. Es gab noch nicht die Ehe vor dem staatlichen Standesamt, sondern nur die kirchliche Trauung, die staatlich gültig war. Eduard meint 452,30, eine *Scheidung* sei *gewiß zu erlangen.* Die Scheidungen wurden von weltlichen staatlichen Gerichten ausgesprochen und dann von der Kirche anerkannt. Die *Wahlverwandtschaften* spielen in protestantischer Umwelt. – Handwörterbuch zur dt. Rechtsgeschichte. Bd. 1, 1971, Art. „Ehescheidungsprozeß" Sp. 843–846. – Allg. Encyclopädie der Wiss. und Künste. Hrsg. von Ersch u. Gruber. Bd. 31. Lpz. 1838. Artikel „Ehe", insbes. S. 369–382, dort auch S. 373, Anm. 53 über die Seltenheit der Ehescheidungen.

315,17. *besaß sich*: sich besitzen = sich beherrschen, in der Gewalt haben, im 18. Jahrhundert geläufig nach dem frz. se posséder. GWb. 2, Sp. 416.

316,4f. *vorhabenden Herbstreise*: in passivischem Sinn verschiedentlich in Goethes Briefen und Tagebüchern, zuerst im *Werther* (118,5: *zu einer vorhabenden Reise*); dieser Gebrauch des 18. Jahrhunderts ist der Amtssprache entlehnt.

317,14ff. Das *11. Kapitel* bringt mit der Sünde der Phantasie den novellistischen Höhepunkt. Vgl. dazu die Einleitung des Herausgebers. Stöcklein weist mit Recht darauf hin, daß es sich bei dieser „Untreue in der Treue, dem Ehebruch im Ehebett" um ein echtes Novellenthema handelt; vgl. S. 13: „Die Gatten finden zueinander, weil sie zu ihren fernen Geliebten streben; einander gehörend, gehören sie den Fernen." Nach Grete Schaeder, S. 306 ist hier „Lebensschwäche und Sünde" zu einer „unerhörten Begebenheit" verdichtet. Auch das „Dämonische", das sich noch des Zufalls bedient, ist mit im Spiele.

319,35. *seiner Frauen Türe*: Diese Form des Genetivs ist in Goethes Dichtungen häufig. Fischer, Goethe-Wortschatz S. 243f.

320,13. *den Sofa*: ist im 18. Jahrhundert noch fast regelmäßig männlich. Vgl. auch 458,19 und 483,27.

323,28f. *das Original und die Abschrift.* Zur Handschrift vgl. Stöcklein S. 19: „Wie ihr" (Ottiliens) „persönlicher Rhythmus gestört wurde, mag man vom Dichter dadurch symbolisiert finden, daß sie die unrhythmische Wiedergabe der Sonate durch Eduard schön und richtig findet, daß sie später, hineinverwandelt in Eduards Rhythmus, ihre kindlich schöne Handschrift nach dem geliebten Vorbild unwillkürlich umwandelt. Daß sie das ‚kann'! Welche Weichheit und kindliche Suggestibilität und schon unkindliche Einverwandlung in den Mann ...; welch bang machender Vorgang! Wie blind ist die Umgebung, die hier nicht erschrickt!" – Das Motiv der Handschrift Ottiliens zieht sich durch den *ersten Teil* des Romans hindurch. Zuerst wie sie im *3. Kapitel* 265,12f. erwähnt: *Man hat über ihre Handschrift geklagt,* dann im *5.* 278,12f.: *Im Schreiben hatten andere kaum so wohlgeformte Buchstaben, doch viel freiere Züge;* im *6.*, 282,14f., schiebt Charlotte *abgeschriebene Federn unter*, um Ottilie *auf einen freieren Zug der Handschrift zu leiten;* im *12.*, 323,36f., erfolgt die Anpassung an Eduards Züge; im *13.*, 330,38, verwechselt Charlotte beider Schrift. Im *18.*, 354,26ff., heißt es noch einmal: *da ist ihre Hand und die meinige, ihr Name und der meinige; beide löschen einander aus, beide verschlingen sich.* Die Handschrift gehört also zu den gegenständlichen Zeichen, die symbolische Bedeutung gewinnen. Das Seelische wird nicht direkt, sondern auf dem Umwege über die Hand sichtbar. Vgl. Goethe an Christiane, 6. Juni 1813: *Wenn du meinen Brief nicht lesen kannst, so wird Uli aushelfen, ich gewöhne mir fast ihre Hand an, es sieht fast aus als wenn ich in sie verliebt wäre.* (Weim. Ausg., 4. Abt., Bd. 23, S. 361)

323,30. *kollationieren*: die Abschrift mit der Urschrift vergleichen.

327,29. *gewältigte*: bewältigen, bemeistern, bezwingen. Goethes Neigung für das Verbum ist vielleicht durch den Einfluß des bergmännischen Terminus zu erklären (= einen Stollen reinigen, instand setzen). – Dt. Wb. 4,1,3 Sp. 5177 und Boucke, Wort u. Bedeutung in Goethes Sprache, 1901, S. 265.

328,31. *Zession*: Abtretung, Übertragung.

329,11. *entfernte sich*: würde sich entfernen. Die grammatische Form der Verben ist hier der Indikativ Imperfekti, der in der Goethezeit als Bezeichnung des nur Gedachten benutzt werden konnte, wo man heute den Konjunktiv setzt, also: Ottilie könnte in die Pension zurückkehren, der Hauptmann würde sich wohlversorgt entfernen, und alles stünde wie vor wenigen Monaten.

331,4f. *diese sonderbaren, zufälligen Zeichen*: vgl. Goethes Gespräch mit Riemer vom 2. Juni 1811: *Zufälle nennt man in der Natur, was beim Menschen Freiheit heißen würde.* Ferner Gespräch mit Riemer vom

25. Nov. 1807: *Was die Menschen bei ihren Unternehmungen nicht in Anschlag bringen und nicht bringen können, und was da, wo ihre Größe am herrlichsten erscheinen sollte, am auffallendsten waltet – der Zufall nachher von ihnen genannt, – das ist eben Gott, der hier unmittelbar mit seiner Allmacht eintritt und sich durch das Geringfügigste verherrlicht* (Biedermann, Gespräche, Bd. 1, S. 513). – Vgl. auch Grete Schaeder S. 296: „In den ‚Wahlverwandtschaften' ist dem Zufall nicht weniger Spielraum gegeben als der Veränderlichkeit der menschlichen Gefühle, die doch nur einer unbekannten oder schwer erkennbaren Gesetzmäßigkeit gehorcht. Die unwahrscheinlichsten Zufälle ereignen sich, aber die Heftigkeit, mit der das menschliche Gemüt sie ergreift, zeigt sie ‚notwendig in Absicht der Folgen'; Innen- und Außenwelt sind nur die ‚Doppelingredienzien' ein und desselben unendlichen Lebens. Auch hier ist es ein ‚Pandämonium', das der Dichter durch das Gesetz beschwört." – Bd. 14, Sachregister *Zufall.*

332,15. *Charakter als Major*: Rang eines Majors, Einstufung als Major. GWb. 2, Sp. 985 f.

333,11. *Selbstler*: seltner deutscher Ausdruck für Egoist, schon bei Kant und Wieland, bei Jean Paul u.a. auch „Selbstling". – Dt. Wb. 10,1 Sp. 483.

333,36f. *bestellte sogleich in der Stadt den niedlichsten Koffer.* Im *14. Kapitel* wird von Eduard Ottiliens *Köfferchen* bestellt. Es stammt von *Handelsleuten und Modehändlern* (333,33). Eduard *kannte kein Maß des Hingebens, Schenkens, Versprechens* (333,28 f.). Das Köfferchen bleibt ein Ding-Symbol bis ans Ende des Romans. Im *15. Kapitel,* 340,4 ff., erhält es Ottilie, *alles so schön gepackt und geordnet,* als Geburtstagsgeschenk; auf eine nicht uninteressante Parallele im *2. Kapitel* des *2. Teils* (367,3 ff.) weist W. Benjamin hin (S. 24). Der Architekt zeigt seine Funde aus den *Grabhügeln der nordischen Völker.* Bei dieser Gelegenheit heißt es: *Er hatte alles sehr reinlich und tragbar in Schubladen und Fächern . . ., sodaß diese alten, ernsten Dinge . . . etwas Putzhaftes annahmen und man mit Vergnügen darauf wie auf die Kästchen eines Modehändlers hinblickte.* Im *17. Kapitel* des *1. Teils,* 351,27 ff., lag Ottilie oft des Nachts, *wenn sie sich eingeschlossen, auf den Knieen vor dem eröffneten Koffer und betrachtete die Geburtstagsgeschenke, von denen sie noch nichts gebraucht, nichts zerschnitten, nichts gefertigt.* Im *15. Kapitel* des *2. Teils,* 469,33, nimmt Ottilie *das schöne Köfferchen* bei der Abreise in die Pension nicht mit, auch das ein sinnbildliches Zeichen ihrer „Entsagung"; erst im *18. Kapitel* (480,7 ff.) wird zum ersten Mal der Koffer ausgepackt *und daraus verschiedenes gewählt und abgeschnitten, was zu einem einzigen, aber ganzen und vollen Anzug hinreichte.* Das Köfferchen ist hier mit der Todessymbolik verknüpft; Ottilie entnimmt dem Köfferchen – es wird nur dieses eine Mal verwandt –

lediglich das, was zur Herstellung ihres Totengewandes und -schmukkes nötig ist. Vgl. dazu Nannys Äußerung in *II, 18,* 483,25 f.: „*Das ist ein Brautschmuck, ganz Ihrer wert!*" Im gleichen Kapitel, 484,10f., winkt die schweigende Ottilie, *daß man das Köfferchen herbeibringe. Sie setzt ihre Füße darauf.* Auch nach ihrem Tode spielt es noch eine Rolle: *So stand nun der Sarg Ottiliens, zu ihren Häupten der Sarg des Kindes, zu ihren Füßen das Köfferchen, in ein starkes eichenes Behältnis eingeschlossen* (487,4ff.). Es ist ganz unverkennbar, wie das Ding-Symbol hier Träger der Liebe und des Todes ist, beides zu einer geheimnisvollen Einheit verschmelzend.

335 ff. Das *15. Kapitel:* Fest des Hauses (Ottiliens Geburtstag) entspricht genau spiegelbildlich dem 9., der Grundsteinlegung (Charlottens Geburtstag).

337,21. *für tot*: scheinbar tot; vgl. 337,25 u. 339,17f.

338,10. *barmherzigen Schwester*: man bezeichnete Nonnen, die sich hauptsächlich der Krankenpflege widmeten, als *Barmherzige Schwestern,* so die Vinzentinerinnen. Die evangelischen Diakonissen gibt es erst seit 1836. – Die Religion in Gesch. u. Gegenwart, Art. „Barmherzige Schwestern".

338,26ff. Zum *Feuerwerk* vgl. Stöcklein S. 23: „Merkwürdig genau schildert der Erzähler die ‚gewaltsamen' Stöße und die dramatisch gesteigerten Explosionen ... Nachdem der Erzähler gezeigt hat, wie Eduards kindlich-berauschtes Auge das Elemtarereignis trinkt, die Hochzeit in der Phantasie vorauskostend (denn so ist hier zu deuten), da richtet er zuletzt einen Blick auf Ottilie ... Schon sein Wort, bevor das Feuerwerk beginnt, deutet voraus, daß seine Phantasie ahnungsvoll sich ein Hochzeitsfest bereiten will, das freilich gar nicht nach der Wirklichkeit, auch nicht nach der der Geliebten, fragt, deren Schüchternheit ja sein rauschhaftes Gefühl mißversteht und genießt." Vgl. zum Feuerwerk auch Abschnitt 2 bei Rudolf Abeken auf S. 646 dieser Ausgabe.

340,8. *lüften*: ein wenig emporheben. Dt. Wb. 6, Sp. 1250.

342,13. *Hofmeister*: Erzieher, Ratgeber. Dt. Wb. 4 B, Sp. 1694.

344,8. *wie schon im Stegreife*: in diesem Ausdruck ist die Grundbedeutung noch deutlicher (spätahd. stegareif Steigbügel) als in dem geläufigeren *aus dem Stegereife,* 379,39f.

349,4. *heiterer*: hell, freundlich; ein Lieblingswort Goethes.

349,11. *Manöver*: im Sinne von: Kunstgriff, wie frz. „manoeuvre".

349,12. *Scharreisen*: Eisen zum Scharren, Kratzen. Dt. Wb. 8, Sp. 2214.

349,23. *zeither*: bisher, in letzter Zeit; seit dem Anfang des 17. Jahrhunderts, vor allem im 18. dann von „seither" verdrängt.

349,39. *zog es sich*: fühlte es sich hingezogen, in Richtung auf sie bewegte es sich.

350,23. Die *Kartäuser* hatten berühmte Baumschulen in Paris.

350,38. *die späteren Blumen.* Hier werden zum ersten Maße die Astern erwähnt. Das Motiv wird in 425,37–39 wiederaufgenommen: *Astern ... in der größten Mannigfaltigkeit gesäet ... sollten nun ... einen Sternhimmel über die Erde bilden;* ferner 480,3 f., wo Astern *gerade dieses Jahr in unmäßiger Menge blühten,* schließlich 485,23 ff. den *Kranz von Asterblumen ..., die wie traurige Gestirne ahnungsvoll glänzten.* Vgl. dazu auch Abeken, Abschnitt 7, S. 649 dieses Bandes.

354,18 ff. *sind wir im Traume zusammen.* Zu den Träumen Eduards vgl. 422,31 ff. die Träume Ottiliens – darüber Grete Schaeder S. 305 f.: „Schon Dilthey hat in ‚Das Erlebnis und die Dichtung' die Wichtigkeit dieser Traumvorstellungen hervorgehoben, sie aber nur nach der positiven Seite gesehen. Ihr Sinn erschließt sich, wenn wir eine Stelle aus der Farbenlehre (HA Bd. 13, S. 334,15–20) zu Hilfe nehmen: *Daß Bilder sich bei Augenkrankheiten vierzehn bis siebzehn Minuten, ja länger* sich *auf der Retina erhielten, deutet auf äußerste Schwäche des Organs, auf dessen Unfähigkeit sich wieder herzustellen, so wie das Vorschweben leidenschaftlich geliebter oder verhaßter Gegenstände aus dem Sinnlichen ins Geistige deutet. (§ 28)* In den Traumerscheinungen der beiden Liebenden ist die äußerste Schwäche des Gemütes, das sich von dem ihm eingeprägten Bild nicht mehr loslösen kann, angedeutet, aber nicht minder all die Herrlichkeit, die Sehen bedeuten kann: die ‚Gestalt' des andern erkennen, seine geheime Vollkommenheit, die allen andern verborgen bleibt. – Dazu Goethe in seinem Aufsatz *Das Sehen in subjektiver Hinsicht: Ich hatte die Gabe, wenn ich die Augen schloß und mit niedergesenktem Haupte mir in der Mitte des Sehorgans eine Blume dachte, so verharrte sie nicht einen Augenblick in ihrer ersten Gestalt, sondern sie legte sich aus einander und aus ihrem Innern entfalteten sich wieder neue Blumen aus farbigen, auch wohl grünen Blättern; es waren keine natürlichen Blumen, sondern phantastische, jedoch regelmäßig wie die Rosetten der Bildhauer. Es war unmöglich die hervorquellende Schöpfung zu fixieren, hingegen dauerte sie so lange als mir beliebte, ermattete nicht und verstärkte sich nicht. Dasselbe konnt' ich hervorbringen, wenn ich mir den Zierrat einer bunt gemalten Scheibe dachte, welcher denn ebenfalls aus der Mitte gegen die Peripherie sich immerfort veränderte, völlig wie die in unsern Tagen erst erfundenen Kaleidoskope.* (WA, 2. Abt., Bd. 11, S. 282; Die Schriften zur Naturwiss., Leopoldina-Ausg., Bd. 9, S. 351). Dilthey bemerkt darüber: „Diese Gabe, in einer modifizierten Form, überträgt er," (Goethe) „in den *Wahlverwandtschaften,* welche ja ganz von den Darlegungen unserer physiologischen Bedingtheit auch in den höchsten Offenbarungen des Gemütslebens durchdrungen sind, auf die von ihm so geliebte Gestalt der Ottilie; die Darstellung erinnert hier an das was Cardanus von sich erzählt; zwischen Schlaf und Wachen blickt sie in einen mild erleuchteten

Raum, in dem sie den im Krieg abwesenden Eduard gewahrt. Die Gewalt, die die Gebilde der Phantasie über den Dichter selber üben, ist in mehreren Stellen des *Tasso* mit tiefer Kenntnis ausgesprochen" (Wilhelm Dilthey, Das Erlebnis und die Dichtung, 8. Aufl., Göttingen 1922, S. 190f.).

354,24f. *begegnet*: „ist" ist zu ergänzen; das 18. Jahrhundert liebt die Unterdrückung des Hilfsverbs, wo es nicht unbedingt erforderlich ist.

354,39. *törigen*: die Form *törig* kommt bei Goethe häufig vor, obgleich Adelung im Artikel „thöricht" sie tadelt. – Bd. 2, S. 30, 33 u.ö.

355,37f. *Jeder Trost* ... Hier die wörtlicheÜbereinstimmung mit dem Paralipomenon zum *Faust:*

Jeder Trost ist niederträchtig
Und Verzweiflung nur ist Pflicht.

(Weim. Ausg., Bd. 15, II, S. 183, Nr. 83.)

355,38. *ein edler Grieche*: Homer, Ilias I, 348ff.; Herodot VII, 45. – Vgl. Bd. 2, S. 124 *Laß mich weinen! das ist keine Schande./Weinende Männer sind gut.* Und Bd. 1, S. 316 *Ein Mann, der Tränen streng entwöhnt* ... Dazu Christa Dill, Wörterbuch zu Goethes West-östl. Divan, 1987, S. 427.

356,5. *Spektakel*: im ursprünglichen Sinn: Schauspiel.

360ff. Zum *zweiten Teil* sagt Hankamer S. 250f.: „Indem der Fluß der Erzählung, der sich am Ende des *ersten Teils* fortwährend beschleunigt hatte, nun sich staut, tritt die rätselhafte Gestalt Ottiliens beherrschend hervor. Nicht nur, daß ihr Tagebuch wie der Monolog oder der Chor in der Tragödie die Geschehnisse reflektiert und sie klärt oder bedeutsam macht, immer deutlicher zeigt sich auch ihre bannende Kraft, durch welche sie zum Mittelpunkt jedes Kreises wird, der sich in dem Hause Charlottens bildet ..." S. 259: „... So geht also zugleich mit dem Erweitern des Erzählungsraumes eine Erhöhung Ottiliens Hand in Hand, so daß sie wie ein Held im heroischen Epos Gipfel und Blickpunkt des weltweit gewordenen Raumes wird. Vor unseren Augen wächst ihre Gestalt über die zunächst nur sachlich-interessante Schicksalfabel ... hinaus in das persönlich Bedeutende und menschlich Stellvertretende. Zuvor eher weniger denn mehr als die anderen belichtet und gewertet, erreicht im *zweiten Teil* Ottilie durch Goethes Darstellung gleich dem Helden des heroischen Epos Schritt um Schritt jene Fallhöhe, auf der wir sie mit Furcht und Mitleid sehen, wie sie nachtwandlerisch am Abgrund ihren Weg sucht." – Vgl. auch die Einleitung des Herausgebers.

Benjamin, S. 23f.: „Die drei ersten Kapitel des *zweiten Teils* sind ganz erfüllt von Zurüstungen und Gesprächen um das Grab. Merkwürdig ist im Verlauf der letzteren die frivole, ja banale Deutung des de mortuis nihil nisi bene. *Ich hörte fragen, warum man von den Toten so unbewunden Gutes sage, von den Lebenden immer mit einer gewisssen*

Vorsicht. Es wurde geantwortet: weil wir von jenen nichts zu befürchten haben und diese uns irgendwo in den Weg kommen könnten. Wie scheint auch hier ironisch sich ein Schicksal zu verraten, durch das die Redende, Charlotte, es erfährt, wie strenge ihr zwei Verstorbene den Weg vertreten. Tage, die auf den Tod vordeuten, sind die drei, auf welche das Geburtstagsfest der Freunde fällt. Wie die Grundsteinlegung an Charlottens, so muß auch das Richtfest an Ottiliens Geburtstag unter unglücklichen Zeichen sich vollziehen. Dem Wohnhaus ist kein Segen verheißen. Friedlich aber weiht an Eduards Geburtstag seine Freundin das vollführte Grabhaus. Ganz eigen wird gegen ihr Verhältnis zur entstehenden Kapelle, der Bestimmung freilich noch unausgesprochen ist, das der Luciane zu dem Grabmal des Mausolos gestellt. Mächtig bewegt den Erbauer Ottiliens Wesen, unvermögend bleibt Lucianens Bemühen bei verwandtem Anlaß seinen Anteil zu wecken. Dabei ist das Spiel am Tage und der Ernst geheim".

364,2. *Monumente.* Goethe hatte in Weimar auch mit Grabdenkmälern zu tun, weil man seinen Rat auch auf diesem Gebiet einholte und weil er mit produktiver Phantasie darauf einging. Besonders beschäftigt haben ihn die Grabdenkmäler für Christiane Becker *(Euphrosyne)*, J. L. B. v. Koppenfels und Graf Karl Wilhelm v. Schmettau, wie Briefe und Tagebücher bezeugen. Unter seinen Zeichnungen dieser Zeit gibt es 11 Skizzen mit Entwürfen für Grabdenkmäler, reproduziert und ausführlich erläutert in: Corpus der Goethe-Zeichnungen. Hrsg. von Gerhard Femmel. Bd. IV B. Lpz. 1968, Nr. 199–208.

365,19f. *unbewunden*: häufig bei Goethe und Herder für „unumwunden".

365,25. *wenn ... dagegen*: mehrfach schon bei Lessing, für „während".

366,3f. *nachkommen*: etwas einsehen, verstehen; für diese Bedeutung von *nachkommen* bringt Grimm nur Belege aus Goethe.

366,12. *im altertümlichen Sinne herzustellen.* Hier beginnt das Motiv der Kapelle und ihrer Wiederherstellung, welche für den Architekten und Ottilie ein Hineindenken in die religiöse Welt früherer Jahrhunderte bedeutet. Dem Abschnitt 366,12–368,13 folgen weitere Abschnitte zu diesem Motiv, so 370,11–20; 370,28–371,14; 372,7–374,9; 375,20–34; sie gipfeln in den Schluß-Abschnitten 487,4–489,8 und 490,30–490,39. Es ist also ein auf mehrere Kapitel verteiltes und zum Schluß sich steigerndes Thema, während das Thema des Gesprächs über die *Wahlverwandtschaften* 270,7–277,10 nie wieder aufgenommen wird außer im Titel. Die religiöse Bedeutung des Kapellen-Motivs wird in Sätzen wie *Ottilie war in dem Fall, sich unter ihresgleichen zu fühlen* (368,3f.) deutlich, vollends in den Schlußsätzen des Romans. – Goethe hat, um diese religiöse Beziehung darzustellen, christliche Motive gewählt, aber anders als am Schluß des *Faust II*, er wählt ein Gebiet aus dem zeitgenössischen Leben, die Erneuerung des Christentums durch die Romantik und deren Anknüpfen an das Mittelalter. Der Architekt arbeitet im Sinne der Romantik, wie sich aus der folgenden Darstellung ergibt. Bisher gab es dieses liebevolle Erhalten mittelalterlicher Werke nicht. Goethe hat später viel damit zu tun gehabt, zumal seit seiner Bekanntschaft mit Sulpiz Boisserée, der ihn erstmalig 1811 in Weimar besuchte. Das Problem der Restaurierung alter Kunstwerke beschäftigte ihn seit langem, aber nicht in Bezug auf das Mittelalter. In Goethes Zeitschrift „Die Propyläen" hatte Heinrich Meyer in Bd. 2, 1799, S. 92–123 einen Aufsatz „Über Restauration von Kunstwerken" veröffentlicht, der aber nur auf antike Plastik und auf Gemälde des 16. und 17. Jahrhunderts einging, aus den Erfahrungen heraus, die Meyer in Rom gesammelt hatte. Als Goethe die *Wahlverwandtschaften* schrieb, war das Restaurieren spätmittelalterlich-kirchlicher Kunst etwas ganz Neues. Später hat Goethe sich mehrfach mit diesem Fragenkreis beschäftigt, so mit den gotischen Ruinen in Paulinzella in Thüringen, die er 1817 besuchte, und mit den Externsteinen, über die er einen Aufsatz schrieb (Bd. 12, S. 206–209). Seine Aufsätze *Kunst und Altertum am Rhein und Main* (Bd. 12, S. 142–168) und *Von deutscher Baukunst* (Bd. 12, S. 177–182) sprechen von der Beschäftigung mit diesem Gebiet. Als er die *Wahlverwandtschaften* schrieb, war dies alles noch ganz neu. Vielleicht hat der junge Architekt Johann Daniel Engelhard (1788–1856) aus Kassel, der mit den Brüdern Grimm und mit Bettina Brentano bekannt war, bei seinem Aufenthalt in Weimar vom Spätherbst 1808 bis Ende Januar 1809, wo er zum Kreise von Johanna Schopenhauer gehörte, Goethe von seiner Begeisterung für mittelalterliche Kunst berichtet. Goethe schrieb später in seinen *Tag- und Jahresheften* im Abschnitt 1811: *Man wollte behaupten, ich habe ihn in früherer Zeit als Musterbild seines Kunstgenossen in den „Wahlverwandtschaften" im Auge gehabt* (WA 36, S. 70). Die Arbeitsweise des Architekten wird im folgenden geschildert. Er hat Umrißzeichnungen von Heiligenfiguren, die er anderswo kopiert hat, mitgebracht. Diese dienen jetzt als Vorlagen, werden neu zusammengesetzt und erhalten neues Kolorit, weil von den Farben der Vorbilder nichts in die gepausten Kopien aufgenommen ist. Die Kapelle erhält also Figuren, die dort ursprünglich nicht waren, die aber in ihren Motiven mittelalterlich sind, in Farben, wie sie dem Restaurator – und Ottilie 371,11 ff. – passend erscheinen. Ist das noch Wiederherstellung? Goethe deutet die Problematik an, indem er sagt, daß hier der Künstler *über die Grenze seiner Kunst hinaus in einem benachbarten Felde sich zu ergehen Lust hat* (370,26 f.). Für das Restaurieren mittelalterlicher Kunst gab es 1809 noch keinerlei Überlegungen und Regeln. Antike Statuen restaurierte man in Rom seit 300 Jahren, hatte Erfahrungen gesammelt und leitende Gesichtspunkte formuliert. Auch die großen

Gemälde des 16. und 17. Jahrhunderts wurden restauriert, man hatte Erfahrungen über Mittel und Grenzen. Heinrich Meyers Aufsatz in Goethes „Propyläen“, 1799, spricht zusammenfassend davon. Für die Kunst des Mittelalters, speziell die Wandmalerei, gab es nichts. Deswegen tadelt Goethe das Werk des Architekten nicht sogleich als Dilettantismus, denn zu diesem gehört immer als Gegenbild die Meisterschaft des Fachmanns. Die aber gab es auf diesem Gebiet noch nicht. Goethe stand trotz seiner Kritik an vielen Ideen der Romantiker dem Anknüpfen an mittelalterlich-kirchliche Kunst nicht ablehnend gegenüber. Als 1808 Lithographien von Dürers Randzeichnungen zum Gebetbuch des Kaisers Maximilian erschienen, schrieb er sofort eine begeisterte Rezension für die „Jenaische Allgemeine Literaturzeitung“, in der es unter anderem heißt: *Madonnen, Engel, Heilige, kurz alles, was aus innigem Gefühle, aus frommem Herzen, aus keuschem Sinne, aus altväterlicher Einfalt und Redlichkeit nur aufgeht, ist sehr tüchtig, nachahmenswert möchten wir sagen, wenn nämlich reproduziert werden könnte, was dem Geist einer längst vergangenen Zeit entquollen ist.* (Goethes Werke, Münchner Ausgabe, Bd. 9, 1987, S. 603.) Goethe kannte, als er die *Wahlverwandtschaften* schrieb, Arnim, Bettine Brentano, Zacharias Werner und andere junge Romantiker persönlich, er schätzte „Des Knaben Wunderhorn“ (Bd. 12, S. 270–284), er kannte Arnims „Zeitschrift für Einsiedler“. Aber dort war nie von dem Restaurieren mittelalterlicher Kirchen die Rede. Auch der Heidelberger Romantikerkreis und ebenso der Dresdener Kreis um Adam Müller waren vorwiegend literarisch gerichtet. Ein Vertreter der romantischen Malerei war Runge, mit dem Goethe seit 1803 Briefe wechselte, doch in diesen handelt es sich um Farbenlehre und um Zeichnungen, nie um mittelalterliche Bauwerke. Die Darstellung der Ausgestaltung der Kapelle 366,12 ff., 370,28 ff. war also für ihre Zeit etwas ganz Neues und weist voraus auf das, was später Goethe mit Boisserée verband. – GHb. 1, 1961, Art. „Boisserée“ und „Engelhard“. – Thieme-Becker 10, 1914, S. 539 f. Art. „Engelhard“. – Goethe und die Romantik. Hrsg. von Schüddekopf und Walzel. 2 Bde. 1898–99. = Schr. G. Ges., 13 u. 14. – Ph. Otto Runges Briefwechsel mit Goethe. Hrsg. von Hellmuth Frhrr. v. Maltzahn. Weimar 1940. = Schr. G. Ges., 51. – Richard Benz, Goethe und die romantische Kunst. München 1940.

366,13. *Auferstehungsfeld*: Friedhof. Vgl. 490,38 f. – GWb. 1, Sp. 925.

366,18. *war ... in dem Falle*: war in der Lage, hatte die Möglichkeit. – Dt. Wb. 3, Sp. 1274.

366,21. *Seitenkapelle.* Hier sind, wie die folgenden Sätze sagen, geschnitzte und gemalte Reste aus der vorreformatorischen Zeit erhalten. In der Epoche, in welcher Goethe die *Wahlverwandtschaften* schrieb, wandten sich die jungen Romantiker mit besonderem Interesse Werken dieser Art zu.

367,11. *Brakteaten*: nummi bracteati, meist aus dünnem Silberblech bestehende Münzen des Mittelalters, nur auf einer Seite geprägt, während die Dickmünzen doppelseitig geprägt waren.

367,23 ff. *Auf solche Art vorbereitet* ... Diese Stelle, die Ottiliens Weltgefühl bereits deutlich vom späten Mittelalter her versteht, deutet schon auf Ottilie als lebendes Bild 402,38 ff. voraus.

367,25. *umrissene Figuren*. Die Figuren sind nur durch Umrißlinien dargestellt. Diese Art der Umrißzeichnung war zu Goethes Zeit häufig, wir sehen sie z.B. auch in einem Standard-Werk wie Charles Paul Landon, Vies et oeuvres des peintres les plus célèbres. Paris 1803 ff.

367,26. *durchgezeichnet*: auf Pauspapier gezeichnet, wobei das Original die Unterlage bildete. – GWb. 2, Sp. 1343.

368,6. *nach dem Anlaß*: angeregt durch. GWb. 1, Sp. 604.

369 ff. *Aus Ottiliens Tagebuche*. Über die Bedeutungsgeschichte des Wortes *Tagebuch* vgl. Kluge-Götze, Etymologisches Wörterbuch der deutschen Sprache, S. 608 und Dt. Wb. 11, 1, Sp. 61. *Tagebuch* ist hier nicht im Sinne persönlicher Herzensergießungen zu verstehen, sondern als diarium, als Merkbuch. 383,29 ff. gibt einen deutlichen Hinweis: *Um diese Zeit finden sich in Ottiliens Tagebuch Ereignisse seltner angemerkt, dagegen häufiger auf das Leben bezügliche und vom Leben abgezogene Maximen und Sentenzen. Weil aber die meisten derselben wohl nicht durch ihre eigene Reflexion entstanden sein können, so ist es wahrscheinlich, daß man ihr irgendeinen Heft mitgeteilt, aus dem sie sich, was ihr gemütlich war, ausgeschrieben. Manches Eigene von innigerem Bezug wird an dem roten Faden wohl zu erkennen sein.* Zu Beginn des Tagebuchs stehen Gedanken, die sich mit dem Tod und dem Weiterleben im Bilde beschäftigen, durchaus im Vordergrund. Es kann nicht im einzelnen kommentiert werden, wie reizvoll manche Ideen noch unmittelbar mit dem Geschehen verknüpft sind, andere sich wiederum zu völlig freier Betrachtung abgelöst haben. – Vgl. Grete Schaeder S. 316: Ottiliens Tagebuch „trägt dazu bei, den Stil der ‚*Wahlverwandtschaften*' in seiner unwiederholbaren Eigenart zu beleuchten ... Erst bei wiederholter und eingehender Aneignung des Romans wird der Leser gewahr, mit welcher Kunst die Tagebuchblätter motiviert und in die Darstellung verwoben sind. Goethe hat diese Aufzeichnungen in den Zeitraum verlegt, in dem zahlreiche Gäste im Haus weilen und Ottilie vieles an sich aufnehmen und verarbeiten kann – immer wieder knüpfen ihre Gedanken an die Unterhaltungen der Schloßgesellschaft an. In diesem Teil des Romans beginnt Ottilie, die bisher schwach und hilflos erschien, in ihrer Seelenstärke sichtbar zu werden; die Anwesenheit der Gäste zwingt sie, mehr aus sich herauszugehen und ihre Umsicht und Tatkraft in der Leitung des Haushalts zu bewähren." – Vgl.

auch Abeken, Abschnitt 7, S. 648 dieser Ausgabe: „Ihre Blätter offenbaren, was in ihrer Seele vorgeht, was ihr selbst nicht bewußt ist; und wunderbar ergreift es uns, wenn wir sehen, in welcher nahen Verbindung der menschliche Geist, der nur auf die Gegenwart, und höchstens auf die Vergangenheit angewiesen scheint, mit der Zukunft steht." Das Tagebuch „nimmt fast einen umgekehrten Gang mit Ottiliens Tagen. Es wird heiter, macht tiefe zarte Bemerkungen über das Leben, und in den Ansichten vom Werte des Menschen und von seiner Erziehung offenbart sich eine schöne Geistesverwandtschaft jener edeln Natalie ... Zarte, innige Beziehungen sind überall in den Blättern zerstreut; wer vermöchte sie alle zu enthüllen? und wer wollte sie erläutern? – Das hieße von der schwellenden Traube den zarten Duft abwischen, mit dem der frische Morgen sie angehaucht, oder den Staub vom Schmetterlingsflügel streifen, um ihn unter dem Mikroskope zu betrachten." (S. 649) – Vgl. auch Rochlitz auf S. 658 dieser Ausgabe und die Bibliographie.

370,24. *Dilettanten.* Der Dilettantismus ist ein Fragenkreis, mit dem Goethe sich zeitweilig viel beschäftigt hat, zumal in den Jahren um 1800, als er einen Aufsatz über den Dilettantismus plante (WA 47, S. 299–326). Im Briefwechsel mit Schiller und mit Humboldt ist oft davon die Rede. In den *Wahlverwandtschaften* ist oft von Dilettantismus die Rede, bei Hausmusik, Parkgestaltung, Ausmalung der Kapelle, Rezitation (391,30) usw. – Anm. zu 266,31 ff. – *Dilettantismus* in den Sachregistern von Bd. 14 und von Briefe HA Bd. 4. – GWb 2, Sp. 1205–1207.

372,17ff. *Eindruck ... in*: diese Wendung weicht schon während des 18. Jahrhunderts langsam dem heutigen „Eindruck machen auf". – GWb 2, Sp. 1436.

377,15. *Brancards*: Packwagen. Wie S. 126,36. – GWb. 2, Sp. 851.

377,19. *Vachen*: Lederkoffer, die auf den Reisewagen geschnallt werden.

377,25. *Geschick*: Geschicklichkeit, Fertigkeit (in dieser Bedeutung seit dem Beginn des 17. Jahrh.).

378,5. *abgeurteilt*: ein endgültiges Urteil fällen, gelegentlich auch absprechende Kritik enthaltend. GWb. 1, Sp. 211.

378,21. *da denn*: häufige Wendung Goethes, im Sinne von: wobei, so daß. – GWb. 2, Sp. 1033.

378,30. *Vexierspiel*: „Spiel, das auf eine Neckerei, mehr oder minder harmlose Täuschung hinausläuft" (Dt. Wb. 12,2 Sp. 45). Adelung unter „vexieren".

378,36. *einfallenden*: fälligen; oft auch im Sinne von rasch und unerwartet eintreten. – GWb. 2, Sp. 1445.

379,29f. *sich ... verwandt ... zu sein glaubte.* Latinismus (se cognatum esse credere); besonders nach „glauben" und „meinen" ist diese Konstruktion im 18. Jahrh. geläufig.

379,30. *Saalnixe*: unter diesem Titel bearbeitete Vulpius K. Fr. Henslers Singspiel „Das Donauweibchen" (1792) für die Weimarer Bühne. Dieses Singspiel, das in Weimar häufig aufgeführt wurde, ist in Goethes Tagebuch mehrfach vermerkt, seit 26. Oktober 1802. Der Komponist war Ferdinand Kauer (1751–1831) in Wien. Eine Anspielung auf das Singspiel „Die Saalnixe" brachte Goethe in seinem Vorspiel *Was wir bringen*, indem er dort eine *Nymphe der Saale* auftreten läßt. – C. A. H. Burkhardt, Das Repertoire des Weimarischen Theaters unter Goethes Leitung. Hamburg u. Lpz. 1891. S. 129. – Otto Rommel, Die alt-wiener Volkskomödie. Wien 1952.

379,32. *pantomimische Stellungen.* Meist nannte man sie „Attitude". Goethe hatte dergleichen in Neapel gesehn, als Lady Hamilton antike Figuren vorführte (Bd. 11, S. 209,5 ff. u. Anm.). Nahm man noch weitere Gestalten hinzu, so ergab sich das „lebende Bild", wie es im Folgenden 392,7ff. geschildert wird. – August Langen, Attitude und Tableau in der Goethezeit. Jahrbuch der dt. Schillergesellschaft 12, 1968, S. 194–258.

380,8. *Artemisia*: Königin von Karien (350 v. Chr.), Gattin des Mausolos, dem sie das berühmte Mausoleum als Grabmal errichtete.

381,17. *Witwe von Ephesus*: ihre Geschichte ist in den „Contes et Nouvelles" Lafontaines erzählt: ihrem Vorsatz nach dem Tode des Gatten freiwillig zu verhungern, wird sie sehr schnell untreu (Ed. Grisebach: Wanderung der Novelle von der treulosen Witwe, Bln. 1889.) Lessing hat diesen Stoff in einem dramatischen Fragment behandelt. Elis. Frenzel, Stoffe der Weltliteratur. 1970 u. ö.

383,3. *Incroyables*: unter dem Direktorium in Frankreich Bezeichnung der Stutzer nach ihren großen zweispitzigen, breitkrempigen Hüten. Ausführlich über dieses Motiv sprechen Goethes Notizen zu französischen zeitgenössischen satirischen Kupferstichen. Goethe hat sie nie ausgearbeitet. Erster Druck: WA Bd. 47, 1896, S. 351–361.

383,22. *Kollation*: kleine Mahlzeit, Erfrischung.

383,34. *einen Heft*: bei Goethe stets Maskulinum. – Dt. Wb. 4,2 Sp. 767f.

384,35. *Der Verständige*: hier in der Bedeutung: der nüchterne Verstandesmensch.

386,28. *durfte*: in der Bedeutung „nötig hatte", wie häufig bei Goethe. Vgl. S. 213,35 und 214,3 u. Anm.

388,1. *Hautelisseteppich*: mit aufgezogener Kette (lisse) gewobenes Gobelin.

389,16. *Ressourcen*: Hilfen, Hilfsmittel, Aushilfen.

389,18. *gemein*: im damals gewöhnlichen Sinne von: alltäglich, nicht hervorragend.

391,14. *Unterdessen*: leise gegensätzlich: indes, jedoch.

392,7f. *wirkliche, bekannte Gemälde vorzustellen.* Die Mode der „lebenden Bilder" war noch neu, als Goethe dies schrieb, erst in den folgenden Jahren hatte sie ihre große Zeit. Die „lebenden Bilder" waren um 1808 besonders in Wien beliebt. Goethe hatte bei seinen Badeaufenthalten in Karlsbad davon gehört, und Marianne v. Eybenberg hatte ihm am 3. April 1805 in einem Brief ausführlich darüber berichtet (GJb. 14, 1893, S. 42). Der Reiz der Darstellung besteht zum Teil darin, daß Bilder, die man schwarz-weiß als Kupferstiche gesehen hat, nun pla-

Der blinde Belisarius. Kupferstich von Jean-Baptiste Scotin. Mit dem Vermerk „Vandyke Pinxit". Die heutige Kunstgeschichte sagt, daß nicht Van Dyck der Maler ist, vermutlich war es Luciano Borzone. (Christian Schuchardt, Goethes Kunstsammlungen. Bd. 1, 1848, S. 154 Nr. 83.) Reproduktion nach dem Exemplar aus Goethes Besitz, Stiftung Weimarer Klassik, Museen.

stisch und farbig dem Auge geboten werden. Um Luciane zur Geltung zu bringen, muß auf jedem Bild eine junge weibliche Gestalt sein. Viele bekannte Gemälde des 16. und 17. Jahrhunderts kommen aber nicht in Frage, denn man durfte keine wenig bekleideten Figuren zeigen, wie sie in mythologischen Darstellungen häufig waren. Außerdem fallen für den modern-protestantischen Kreis der Veranstalter alle kirchlichen, zumal katholischen Bilder weg. Man wählt hier: 1.) Der blinde Belisarius. Gestochen von Jean-Baptiste Scotin. Der Stich trägt die Bezeichnung „Vandyke pinxit", heute aber schreibt niemand mehr Van Dyck dieses Gemälde zu, man vermutet als Maler Luciano Borzone. Goethes Exemplar ist noch heute in seiner Sammlung in Weimar. 2.) Nicolas

Poussin, Esther und Ahasverus. Goethes Exemplar ist beschnitten, es fehlt die Unterschrift. Als Christian Schuchardt 1848 den 1. Band „Goethes Kunstsammlungen" herausgab, verzeichnete er dieses Exemplar S. 207, setzte aber versehentlich hinzu, es sei von Audran gestochen. Der Stich stammt aber von Jean Pesne (1632–1700), der auch andere Bilder von Poussin gestochen hat. 3.) Gerard Terborch, Die väterliche Ermahnung. Kupferstich v. J. G. Wille, 1765. Dieser Stich war sehr verbreitet, das Originalgemälde aber kannten nur sehr wenige. Der Stich verändert die Gestalt des sitzenden Mannes. Er ist im Original jünger und wirkt dort nicht wie ein Vater. – In Goethes Kunstsammlung sind heute noch die Stiche von Scotin und von Pesne vorhanden. Da Goethe Bildbeschreibungen nach Exemplaren, die er selbst besaß, zu machen pflegte, darf man annehmen, daß er auch den dritten Kupferstich besessen hat. Diesen Stich *unseres Wille* (393,32) hatte er vielleicht unter Glas und Rahmen im Obergeschoß seines Hauses, wo zunächst Heinrich Meyer wohnte und wo dann August und Ottilie wohnten. Nach Goethes Tode haben Ottilie und die Enkel alles Inventar dieser oberen Wohnung anderswohin mitgenommen oder verschenkt, es ist heute nichts mehr davon vorhanden. Heinrich Meyer hat in seiner „Geschichte der Kunst", die sich auf das Wesentliche beschränken mußte, nur einen einzigen Reproduktionsstich genannt, Willes „Väterliche Ermahnung". – Die Darstellung der lebenden Bilder gelingt gut, weil der Fachmann den Dilettanten hilft. Sie erfordern zunächst Proben. Bei diesen steht der Spielleiter – in diesem Falle der Architekt (392,33 ff., 394,11 ff.) – im Saal und vergleicht das Bild auf der Bühne mit dem Kupferstich. Bei der Aufführung ist es anders. Der Spielleiter kann nicht vom Saal aus das Bild ordnen, sondern muß dies hinter dem Vorhang aus unmittelbarer Nähe tun, aber jemand, der optisch empfindet, versteht es auch dann, alles richtig zu gestalten. – August Langen, Attitude und Tableaux in der Goethezeit. Jahrbuch der dt. Schillerges. 12, 1968, S. 194–258. – Schr. G. Ges. 61, 1980, S. 203–217.

392,22. *Belisar* (Belisarius), gest. 565, war ein byzantinischer Feldherr, der mit Erfolg gegen Perser, Vandalen und Ostgoten kämpfte. Er fiel aber später in Ungnade. Es wurde erzählt, man habe ihn verurteilt und geblendet, so daß der einstige Feldherr als blinder Bettler um Münzen gebeten habe. „Date obolum Belisario": Gebt einen Groschen dem Belisarius. Ein beliebtes Thema in der Dichtung und Malerei des 17. Jahrhunderts. – Elis. Frenzel, Stoffe der Weltliteratur. Stuttgart 1970 u. ö. – Anton Pigler, Barockthemen. 2. Aufl. Budapest 1974. S. 445 f.

392,22. *van Dyck* ist nicht der Maler des in dem Kupferstich wiedergegebenen Gemäldes. Eine falsche Zuschreibung des 18. Jahrhunderts.

392,24 f. *der Architekt den ... traurig stehenden Krieger.* Das Motiv enthüllt seine symbolische Bedeutung erst am Schluß 487,29 ff., wo der

Instruction paternelle (Die väterliche Ermahnung).
Kupferstich von Johann Georg Wille, 1765, nach einem Gemälde
von Gerard Terborch.

Architekt unbewußt die gleiche Stellung am Sarge von Ottilie wiederholt. Es deutet zugleich darauf hin, daß sich in den lebenden Bildern – so ja auch bei Ottilie – immer auch etwas von dem Wesen derer enthüllt, die die großen Vorbilder darstellen. Vgl. hierzu 404,11 ff. Ottilie als Maria. Stöcklein S. 39: „Wie die Berge den Glanz der schon untergegangenen Sonne noch zurückwerfen, so erscheint in Ottilien ein letztes Herüberglänzen der versunkenen Glaubenszeiten". – Über die heilige Odilie äußert sich Goethe in *Dichtung und Wahrheit* Bd. 9, S. 497,20 ff.

393,18. *Poussin*, Nicolas, 1593–1665, französischer Maler. Seine Werke waren zu Goethes Zeit sehr berühmt und deswegen in Reproduktionsstichen verbreitet. – Georges Wildenstein, Les Graveurs de Poussin au 17e siècle. Paris 1957.

393,18. *Ahasverus und Esther.* Ein Stoff aus dem Alten Testament, Buch Esther. Der persische König Ahasverus ist verheiratet mit Esther, ohne zu wissen, daß diese aus dem Judentum stammt. Als man in Persien alle Juden vernichten will, tritt sie, von zwei Mägden begleitet, vor den König und bittet ihn, den Juden nichts zu tun. Da sie unaufgefordert erscheint und gegen den Willen des Königs spricht, ist sie so erregt, daß sie ohnmächtig wird. Diese Szene ist im Buch Esther und ausführlicher in der „Septuaginta" dargestellt. Das Esther-Thema war in der Malerei und in der Dichtung des 17. Jahrhunderts beliebt. – Die Apokryphen des Alten Testaments. Übers. von E. Kautzsch. Bd. 1. Tübingen 1900. S. 206f. – A. Pigler, Barockthemen. 2. Aufl. Bd. 1. 1974. S. 199–202. – Elis. Frenzel, Stoffe der Weltliteratur. 1970 u.ö. – Schr. G. Ges. 61, 1980, S. 206f.

393,31. *Terburg:* der holländische Maler Gerard Terborch, 1617–1681. – Einzelheiten zu dem Gemälde und Kupferstich „Instruction paternelle": Schr. G. Ges. 61, 1980, S. 203–217.

393,32. *Wille*, Johann Georg, 1715–1808, war ein deutscher Kupferstecher, der in Paris lebte und dort für den internationalen Kunsthandel Reproduktionsstiche anfertigte. Als Carl August von Weimar 1775 nach Paris reiste, besuchte er dort den Kupferstecher Wille. In Heinrich Meyers „Geschichte der Kunst" wird er sehr gelobt.

394,21. *Tournez ...*: Bitte sich umdrehen.

396,8 – 398,27. *Aus Ottiliens Tagebuche.* Dieser Teil von Ottiliens Tagebuch enthält einzelne Sprüche, die Ähnlichkeit haben mit anderen Goetheschen Sprüchen, die er mitunter *Maximen und Reflexionen nannte.* Alle Sätze 396,8–398,27 sind auch in Band 12 in den *Maximen und Reflexionen* abgedruckt und dort zum Teil erläutert. Ein Kommentar dazu ferner in: Goethe, Maximen und Reflexionen. Hrsg. von Max Hecker, 1907. = Schr. G. Ges., 21. S. 296–300.

397,12. *Ungeschicktes*: Unschickliches. – Dt. Wb. 11,3 Sp. 844.

398,5. *für den Kammerdiener keinen Helden.* Der Satz ist in verschiedener Form seit Montaigne überliefert. Nach den „Lettres de Mademoiselle Aisée", Paris 1787, soll im 17. Jahrhundert Anna Cornuel im Kreise der Preziösen diesen Satz geprägt haben. Hegel zitiert ihn in seiner „Phänomenologie des Geistes", 1807, in dem Kapitel „Der seiner selbst gewisse Geist; das Gewissen, die schöne Seele". Goethe erhielt dieses Werk im März 1807 von Hegel als Geschenk. Hegel

Esther und Ahasverus.
Kupferstich von Jean Pesne nach einem Gemälde von Nicolas Poussin.
(Schuchardt Bd. 1, S. 207 Nr. 128)
Reproduktion nach dem Exemplar aus Goethes Besitz,
Stiftung Weimarer Klassik, Museen.

hatte seit 1801 in Jena gelebt. – Bd. 12, S. 523 Nr. 1146 u. Anm. – G. Büchmann, Geflügelte Worte. 22. Aufl. Bln. 1905. S. 534. – Goethe, Maximen u. Reflexionen. Hrsg. von M. Hecker, 1907. Schr. G. Ges., 21. S. 299. – Hegel, Phänomenologie des Geistes. Hrsg. von H.-F. Wessels u. H. Clairmont. Hbg. 1988. S. 437 u. 612f.

400,12. *versah sie es*: sah sie es falsch, machte sie einen Fehler. – Dt. Wb. 12, 1 Sp. 1254.

400,17. *Apprehension*: Besorgnis, Furcht, Abneigung; wie 445,11. GWb. 1, Sp. 778f.

402,5f. *Kustoden*: Wächter, Aufseher.

402,33. *Präsepe* (lat. praesepe, ital. presepe): Krippe, die Darstellung von Maria, Josef und dem Christuskind im Stall, oft mit den Hirten. Goethe erwähnt in der *Italienischen Reise* (Bd. 11, S. 331, 28) die *Kripp-chen* der Neapolitaner, die sie zu Weihnachten aufstellten. Es gab die Darstellung dieser Szene in der Malerei, in der Plastik, in der Dichtung und in spätmittelalterlichen Weihnachtsspielen. In den katholischen Gegenden lebten sie weiter. Die Reformatoren, vor allem die Calvinisten, schafften diese Spiele ab als Profanierung des Heiligen. Diese Ideen waren um 1800 aber wieder unbedeutend geworden. Die *Wahl-*

verwandtschaften spielen in einer modern-lutherischen Umwelt. Der Architekt vertritt die Gedanken der jungen Romantik mit ihrer Schätzung mittelalterlicher und kirchlicher Kunst, an die man gern wieder anknüpft. Der Unterschied zu den lebenden Bildern 392,7ff. ist deutlich: dort *die Darstellung vor einer großen Gesellschaft* (393,5f.), hier nur *Charlotte und wenige Hausgenossen* (405,2f.), dort eine beliebige Zeit, hier der Festtag, zu dem dieses Bild gehört, *am Weihnachtsabend* (403,10f.). – Dt. Wb. 5, Sp. 2324 „Krippe".

405,3f. *Kunstmummerei*: Verkleidung in Kunstform, für künstlerische Zwecke.

409,11. *strackeres*: das Wort *strack* in der Bedeutung „stramm, gerade" kommt bei Goethe öfter vor, z.B. Bd. 8, S. 155,24.

410,10f. *heranheben*: verbindet die Bedeutung „heranziehen" mit dem Sinn des Erziehens, Emporführens.

417,5f. *das eigentliche Studium* ... Übersetzt aus einem damals oft zitierten Vers Popes: „The proper study of mankind is man" (Essay on man, II,2).

420,6. *denken durfte*: zu denken brauchte. – Vgl. Bd. 9, S. 222,10 u. Anm.

421,29ff. *Mittler indessen ... hatte überhaupt die Art.* ... An dieser Stelle wird die fatale Rolle Mittlers besonders deutlich; vgl. über Mittler Stöcklein S. 52f.: „Die Problemlinie des modernen Selbstbertrugs, wie sie den Roman durchzieht, gipfelt in dieser Figur. Der Bibelfeste spricht die Worte des Lebens, aber sie sind ohne Leben; ohne helfende Kraft. Sie hindern, verwirren, töten ... Sein Selbstbetrug ist noch tiefer als der Eduards. Sein Gespräch reproduziert Worte Gottes oder Lehrworte der Gesittung. Es gehört in die Welt der abgelösten Nachahmungen, Vervielfältigungen. Er hat die fertigen Lösungen für die Konflikte, die es geben kann. Er denkt und handelt fast maschinell. Die Vorzüglichkeit seiner Grundsätze erspart ihm das wirkliche Eingehen auf die konkrete Situation, erspart ihm die Liebe. Er benützt die christliche Lehre, um sich der christlichen Pflicht zu entheben. – Seinem ahnungslosen Frevel, als die Phraseologie seiner Taufpredigt das Kind als Heiland des Hauses begrüßt, antwortet der Himmel sofort auf mirakulöse Weise mit der Todesschickung. Er warnt die Menschen: Hütet euch vor diesem Menschen! Niemand versteht es. Charlotte wird ihn weiter mit Mittler-Geschäften beauftragen, deren jedes Unheil sät. Der Name des Entzweiers ist Mittler." – Vgl. auch Grete Schaeder S. 303: „Die dämonischen Kräfte sind auf mannigfaltige Weise im einzelnen Menschen angelegt und werden oft nur an den seltsamsten Wirkungen erkannt. Sie sind in keiner Figur des Romans abgründiger und unheimlicher am Werk als in der merkwürdigen Gestalt, die stets das Gute will und stets das Böse schafft: Mittler".

423,15. *ihres Vorsehens*: ihrer Vorsorge, Fürsorge.

423,25. *zu ein*: diese Vorausstellung vor den unbestimmten Artikel (auch bei „so", „gar") ist beim jungen Goethe häufig, in späteren Werken selten.

425,25 f. *Unter diesem klaren Himmel, bei diesem hellen Sonnenschein ward es ihr auf einmal klar.* Vgl. dazu Kurt May, Die Wahlverwandtschaften als tragischer Roman, S. 155. Die Naturgestaltung im *zweiten Teil* geht mehr und mehr ins Kosmologische und Allegorische über. S. 154: „Kosmische Vorgänge und Erscheinungen treten auf und sprechen abgelöst von der leidenschaftlichen Bewegung der Menschen, über diese weg erhoben, in allegorischer Zeichensprache, das weise und gerechte Walten einer ‚höheren Hand' aus, welche den Zwiespalt von Ordnung und Leidenschaft hervorgerufen hat und durch Entsagung, Buße, Tod und höheres Leben die Lösung schafft."

427,9. *Comédie à tiroir*: Schubladenstück. – Das Dt. Wb. 9, Sp. 1820 erläutert: „ein Theaterstück, dessen Teile Schubladen gleichen, das eine bloße Folge von Szenen ohne innere Einheit und Entwicklung bietet."

428,36. *Tischer.* Goethe benutzt diese ihm aus seiner Jugend geläufige Form häufiger als die Form *Tischler.* Adelungs Wörterbuch läßt beide Formen zu. – Dt. Wb. 11,1,1 Sp. 513.

428,37. *Patronen*: Schablonen. Dt. Wb. 7, Sp. 1506.

430,17f. *tragbaren dunklen Kammer*: ein zur Zeit um 1800 beliebter Apparat, um realistische Zeichnungen zu machen. Die „Camera obscura" ist ein Kasten, in den nur durch ein kleines Loch Licht fällt, so daß auf der anderen Seite auf einer Mattscheibe ein umgekehrtes seitenverkehrtes Bild erscheint, das man nachzeichnen kann. Die Camera obscura wurde vorwiegend von Dilettanten benutzt, so z.B. von Charles Gore, der von 1791 bis zu seinem Tode 1807 in Weimar lebte. Goethe schildert dessen Arbeiten mit der Camera obscura mehrfach (Bd. 10, S. 382,20f.; 395,25). Er erwähnt sie in seiner *Geschichte der Farbenlehre* (Bd. 14, S. 100,14f.; 121,26). In den Aufzeichnungen Hackerts, die Goethe 1810 redigierte und 1811 herausgab, wird erörtert, warum Künstler die Camera obscura lieber nicht benutzen sollten (WA 46, S. 360). Goethe besaß Apparate dieser Art für seine Studien zur Optik und Farbenlehre, er hat sie aber niemals für seine Landschaftszeichnungen benutzt. In Weimar gibt es noch heute zwei Exemplare der Camera obscura aus Goethes Besitz, ferner viele mit Hilfe eines solchen Instruments gemachte Zeichnungen von Charles Gore, da Carl August seinerzeit dessen Nachlaß angekauft hat. Im Zusammenhang des Romans ist das Zeichnen mit Hilfe dieses Instruments eins der vielen Beispiele für Dilettantismus. – Goethe-Handbuch Bd. 1, 1961, Art. „Camera obscura". – GWb. 2, Sp. 968. – Willi Ehrlich, Goethes Beziehungen zu Charles Gore. GJb. 91, 1974, S. 117–135 (mit Abb.).

430,23. *Ein großes Portefeuille*: eine große Mappe, die der Aufbewahrung von Zeichnungen dient.

434,18 ff. *Die wunderlichen Nachbarskinder.* Wenn der Erzähler an dieser Stelle eine Erzählung in das Ganze des Romans einlegt, so gibt er uns damit einen Schlüssel an die Hand, die Bildwelt des Romans in wechselseitiger Spiegelung zur Bildwelt der neuen Novelle zu verstehen. Das heißt aber nicht, man könne aus der einen Geschichte, die gut ausgeht, Rezepte für die andere entnehmen, die den tragischen Ablauf hätten verhindern können. Denn die Sphäre, in der sich die Gestalten bewegen, ist jedesmal eine ungleich andere. Jüngling und Mädchen der Novelle, bzw. Braut und Bräutigam, können nur sehr bedingt mit Eduard und Ottilie oder mit Charlotte und dem Hauptmann verglichen werden. Schon die dichterische Gattung, deren besonderer Formeigentümlichkeiten Goethe sich immer bewußt blieb, setzt jedesmal einen anderen exemplarischen Rahmen. In der Novelle steht die wunderbare Begebenheit im Mittelpunkt, eine Katastrophe, die aber gerade die Wende der Not herbeiführt; die Novelle nähert sich in ihrer Zeitlosigkeit reiner Natur dem Urbild des goldnen Zeitalters, das heißt dem Märchen. Nur die verhaltene Ironie des Erzählers schafft eine novellistische Distanz. Die umgebende Welt ist hier nicht eine im Fühlen unsichere und in ihren Formen überverfeinerte „Sozietät", sondern „angeborene" Zusammengehörigkeit, Familie, urtümliches Für- und Miteinander, das des „Segens" bedarf und aus dem auch das Kraftvolle und „Wunderliche" nicht herausfällt. Der Roman hingegen setzt nicht nur die Gesellschaft als ein höchst verwickeltes und im Sittlichen und Natürlichen widerspruchsvolles Gebilde voraus, er komponiert die Katastrophe ans Ende, sprengt den irdischen Raum und nimmt in unergründlicher Zeichensprache „Hoffnung" und „Ewigkeit" vorweg. Das Urphänomen der Wahlverwandtschaften muß hier ebenso wie das der Novelle und dem Roman gemeinsame Symbol des Wassers einen verwandelten Sinn gewinnen. In der Novelle steht das Elementare der Wahlverwandtschaften nur scheinbar im Gegensatz zur Ordnung der Sippe; es behält seine Unschuld und wird in seiner Ursprünglichkeit in die hegende, auf Treue und Ehrfurcht ruhende Welt der Gemeinschaft mit aufgenommen. Im Roman hingegen ist die tragische Kluft zwischen dem *Reich der heitren Vernunftfreiheit* und dem Walten *leidenschaftlicher Notwendigkeit* nicht zu schließen und nur *durch eine höhere Hand und vielleicht auch nicht in diesem Leben* aufzulösen (S. 639). Die Novelle bleibt diesseitige Natur, der Roman greift über den Menschen hinaus auf ein Göttliches zu. Die Kategorie des „Dämonischen", die für das Verständnis der *Wahlverwandtschaften* unerläßlich ist, läßt sich auf die bei aller Leidenschaft helle und klare Welt der Novelle nicht anwenden. Wahlverwandtschaft braucht also nicht immer dämonisch zu sein. Das spiegelt sich im Sinnbild des Wassers. In der Novelle tauchen die Liebenden „hinab in den lebendigen Strom, dessen segensreiche Gewalt nicht minder groß in diesem Geschehen erscheint, als die todbringende Macht der stehenden Gewässer im anderen" (Benjamin S. 60). Vgl. zum Wassersymbol auch Stöcklein S. 57: „Das Sinnbild des Wassers durchzieht den Roman. Der Trieb, den es symbolisiert, ‚*trägt*' den ‚*mit ihm Bekannten*', verschlingt den Ahnungslosen, Schwachen ... ‚*Das Wasser ist ein freundliches Element für den, der damit bekannt ist und es zu behandeln weiß. Es trug ihn, und der geschickte Schwimmer beherrschte es ... er faßte sie, wußte sie zu heben und zu tragen ... er blickte mit emporstrebendem Haupt umher und ruderte ...*' (439,39ff.). Der Erzähler weiß, warum er hier breiter als sonst wird, und gibt im letzten Satz ein vollkommen deutliches Symbol. Schon vorher: er faßt und trägt sie; dieses väterliche Vermögen fehlt Eduard vollkommen. Er ist überhaupt nie Fassender, immer nur Erfaßter." Vgl. auch Benjamin S. 58f.: „Und doch waltet in dieser Novelle das helle Licht. Alles steht, scharf umrissen, von Anfang an auf der Spitze. Es ist der Tag der Entscheidung, der in den dämmerhaften Hades des Romans hereinscheint. So ist denn die Novelle prosaischer als der Roman. In einer Prosa höheren Grades tritt sie ihm entgegen. Dem entspricht die echte Anonymität in ihren Gestalten und die halbe unentschiedene in denen des Romans." Kurt May, S. 146: „Wenn man sich darauf besinnt, daß im Raum der Welt des Romans eine so ideale Ehe nicht vorhanden ist, wie sie hier zustande kommt – Leidenschaft, von der Ordnung durchdringend gebändigt, reine und starke Triebe, vom Gesetz, von der Vernunft bestätigt zugleich und begrenzt –, wird die Märchenwirkung des Inhalts der Novelle doppelt spürbar; hier löst sich ein Märchen als Wunschtraumerfüllung ab von einer (poetischen) Wirklichkeit." – Hankamer S. 261f. – Georg Guntermann, die Novelle von den wunderlichen Nachbarskindern. GJb. 109, 1992.

442,33ff. Zum Gestein- und Metallfühlen sowie zu den Pendelversuchen an Ottilie vgl. Otto Brahm, Eine Episode in Goethes Wahlverwandtschaften (Ztschr. f. dt. Altertum 26, 1882, S. 194–197): „Im Herbst 1806 gelangte nach München die Nachricht von einem Erz- und Wasserfühler in Italien. Franz Baader, J. W. Ritter und Schelling gaben sich Mühe, die Sache zur Untersuchung zu bringen ... der Freiherr von Montgelas bewilligte eine Summe Geldes und Ritter begab sich auf die wundersame Forschungsreise nach Italien. Er findet in dem jungen Campetti einen Menschen ganz nach seinem Herzen, schlicht, fröhlich, brav und einfältiglich und nimmt ihn mit sich nach München. Großer Lärm. Die romantischen Naturphilosophen jubeln über die herrliche Entdeckung, alle Briefwechsel sind voll von der großen Neuigkeit ... In die Öffentlichkeit dringt dann die Nachricht durch einen kurzen Aufsatz im Morgenblatt (1807 Nr. 26) und einen ausführlicheren in dem Intelligenzblatt der Jenaischen allgemeinen Literaturzeitung (1807 Nr. 36): ‚Notiz von den neuen Versuchen über die Eigenschaften der Erz- und Wasserfühler und die damit zusammenhängenden Erscheinungen.' Beide Aufsätze rühren von Schelling her und sind in der Sammlung seiner Werke (I, 7, 487ff.) wieder abgedruckt ... ‚Herr Ritter erhielt die Nachricht', so berichtet Schelling in der Literaturzeitung, ‚daß zu Guarignano am Gardasee ein junger Mensch vielfache Proben seines Gefühls für Wasser und Metalle unter der Erde abgelegt habe ... Es scheint, daß die eigentümliche Fähigkeit der Erz- und Wasserfühler nur als ein geringerer Grad des Somnambulismus angesehen werden könne, und daß, da auch das Vermögen, fremde Körper zu bewegen, eben den Wasser- und Metallfühlern am stärksten beiwohnt, dieses ganze Phänomen sich auflösen werde in jene tief verkannte, aber bald nicht länger verkennbare Erscheinung, die seit einigen Jahrzehnten unter dem Namen des tierischen Magnetismus so verschiedene Schicksale gehabt hat ...' ... Zu diesem ... Aufsatz liefern mehrere Briefstellen, sowie die Nachschrift an den Herrn Herausgeber der Jenaer Allg. Literaturzeitung willkommene Ergänzung. Es erhellt daraus zunächst daß, wie bei Goethe, die Fähigkeit, Metalle zu fühlen, und die besondere Fähigkeit, die Pendelschwingungen zu executieren, nach dem Vorgang von Ritter, mit einander in Zusammenhang gebracht wurden. ‚Ritter sann darauf', schreibt Caroline, ‚wie dies individuell scheinende Phänomen (des Metallfühlens) an ein allgemeiner verbreitetes Vermögen geknüpft sein möchte, und es kam ihm der höchst glückliche Gedanke, es mit den Schwefelkiespendeln des Abbé Fortis in Verbindung zu setzen. Dieser Versuch gelang ihm.' Genau so verbindet sich bei Ottilie das Metallfühlen mit der ausgesprochenen Fähigkeit, ‚fremde Körper zu bewegen' und die besondere Art, in der das Experiment beschrieben wird, ist ähnlich hier und dort. ‚Nehme', schreibt Schelling an Hegel, ‚einen Würfel von Schwefelkies, Metall, Gold, hänge ihn waagerecht an einem nassen Faden auf, den du stets zwischen den Fingern hältst, und über Wasser und Metall gerät der Körper bald in elliptische immer mehr der Kreisform sich annähernde Schwingungen.' Und bei Goethe heißt es: *Er hatte seinen Apparat von goldenen Ringen und anderen metallischen Substanzen ausgebreitet und ließ nun Metalle, an Fäden schwebend, über liegende Metalle nieder ... Sie nahm den Faden in die Hand; aber in dem Augenblick wurde das schwebende wie in einem entschiedenen Wirbel fortgerissen und drehte sich bald nach der einen, bald nach der anderen Seite, jetzt in Kreisen, jetzt in Ellipsen oder nahm seinen Schwung in geraden Linien, wie es der Begleiter nur erwarten konnte, ja über alle seine Erwartung.* Zuletzt ersuchte Ottilie ihn freundlich, *er möge sie entlassen, weil ihr Kopfweh sich wieder einstellte.* Dieser Empfindung von Kopfweh entspricht es, wenn Schelling als Symptome beim Metallfühlen angibt: ‚vermehrter Puls, Zusammenziehungen in der unteren Stirngegend, Erweiterungen der Pupille usw.' und wenn er berichtet, daß ‚Kohle sich ganz dem Metall gleich stellt' und hinzufügt: Amoretti habe sich, durch das Gefühl eines gewissen Anfossi belehrt ein Stück Landes erworben, das jener als von Steinkohlen durchzogen erkannt habe, und es sei der Bau desselben von ihm mit Vorteil betrieben worden – so stimmt dazu aufs Beste der Bericht des Begleiters, der wie folgt lautet: *ich untersuchte die Stelle, die* Ottilie *mir aus der Ferne deutlich angegeben hatte. Aber wie groß war meine Verwunderung, als ich eine sehr deutliche Spur von Steinkohlen entdeckte, die mich überzeugt, man würde bei einigem Nachgraben vielleicht ein ergiebiges Lager in der Tiefe finden.*" (Vgl. ferner die in Bd. 8 zu Buch 3, Kap. 15 genannte Literatur.)

Ottiliens unbewußt innige Verbindung mit dem Elementaren – wie ganz anders ist das bei Charlotte! – hängt mit dem „Dämonischen" ihres Wesens zusammen; vgl. dazu Hankamer S. 282f.: „Ottilie ist eine Natur, die dem Dämonischen offner steht als das Normale. Sie ist es, die das Dämonische in ihren ganzen Kreis beschwört, einfach durch ihr Sosein. Sie hat die Macht, das Verhängnis über fast alle zu bringen, die ihr nahekommen; um es volkstümlich auszudrücken: in ihrer Nähe ist es nicht geheuer, und sie kann einen verhexen." – Vgl. auch Stöcklein S. 30f.: „Daß die ‚Strahlung' der Elemente das Mädchen Ottilie so reibungslos durchklingt beim Pendelversuch, beim Erspüren der Kohle u.ä., weist auf die Zartheit, Dünnheit, Vibrationsfähigkeit ihrer psychophysischen Persönlichkeit, die leicht zum Somnambul-Kränkelnden entarten könnte. (Gegensatz: die gesunde, schwingungslose Festigkeit Charlottens.)" – Zu dem verwandten Problem bei der Makarie der *Wanderjahre* vgl. Bd. 8, Kommentar zum *3. Buch, 15. Kapitel;* vgl. ferner: *Wir wandeln alle in Geheimnissen. Wir sind von einer Atmosphäre umgeben, von der wir noch gar nicht wissen, was sich alles in ihr regt und wie es mit unserem Geiste in Verbindung steht. So viel ist wohl gewiß, daß in besonderen Zuständen die Fühlfäden unserer Seele über ihre körperlichen Grenzen hinausreichen können und ihr ein Vorgefühl, ja auch ein wirklicher Blick in die nächste Zukunft gestattet ist ...*

Auch kann eine Seele auf die andere durch bloße stille Gegenwart entschieden einwirken, wovon ich mehrere Beispiele erzählen könnte ... So habe ich einen Mann gekannt, der, ohne ein Wort zu sagen, durch bloße Geistesgewalt eine in heiteren Gesprächen begriffene Gesellschaft plötzlich still zu machen imstande war. Ja, er konnte auch eine Verstimmung hineinbringen, so daß es allen unheimlich wurde.

Wir haben alle etwas von elektrischen und magnetischen Kräften in uns und üben wie der Magnet selber eine anziehende und abstoßende Gewalt aus, je nachdem wir mit etwas Gleichem oder Ungleichem in Berührung kommen ... (Eckermanns Gespräche mit Goethe, III. Teil, 7. Oktober 1827.)

443,7. *stand an*: zögerte. Zahlreiche Beispiele GWb. 1, Sp. 704.

443,38. *Pendelschwingungen.* Diese sind hier verbunden mit dem gefühlsmäßigen Wahrnehmen von Steinkohle, Gold usw. Dieser Fragenkreis war von den Münchner Romantikern Schelling, Ritter und Baader aufgeworfen. Schelling veröffentlichte darüber in der Jenaischen Allgemeinen Literatur-Zeitung 1807 einen Aufsatz. Goethe las ihn sogleich, weil er an Schelling und an der für Jena wichtigen Literatur-Zeitung interessiert war. Als er im Herbst 1807 in Jena war, notierte er in seinem Tagebuch am 24. November: *Spazieren mit Seebeck ... Verschiedenes über die Ritter-Campettischen Versuche. Nachricht von einem Wünschelrutengänger, der sich hier aufgehalten hatte.* Das Problem der Wünschelrute war Goethe zu dieser Zeit nahegebracht durch Jacobi; dieser schickte ihm aus München am 19. Oktober: Joh. Chr. A. M. v. Aretin, Beiträge zur literärischen Geschichte der Wünschelrute. München 1807. Goethe schreibt am 4. November 1807 an Eichstädt, den Herausgeber der „Jenaischen allgemeinen Literatur-Zeitung“: *Über Aretins Arbeit hätte ich wohl etwas zu sagen, doch wünschte ich, daß sie erst ein Literator ansähe.* Das Buch von Aretin steht noch jetzt unter Goethes Büchern in Weimar (Ruppert 4335). Es enthält Äußerungen verschiedener Autoren zum Problem der Wünschelrute. Goethes Tagebuch notiert dann am 5. April 1808: *Mittags zu Dr. Seebeck. Über Siderismus, Wünschelrute und anderes.* Und 6. April: *Über Galvanismus, Mystizismus und dergleichen.* Goethe blieb für den Fragenkreis auch weiterhin interessiert. Er kommt noch in den *Wanderjahren*, Buch III, Kap. 15, vor. In den Briefwechseln der Zeit wird mehrfach davon gesprochen. Jacobi an Goethe 19. Okt. 1807 und 19. Febr. 1808 (Jb. Goethe 8, 1943, S. 72–78); Caroline Schelling an ihre Schwester Luise Wiedemann 31. Jan. 1807 (Caroline, hrsg. von Erich Schmidt, Bd. 2, 1913, S. 491–497 und 657); Schelling an Hegel 11. Jan. 1807 und Ritter an Baader 18. Nov. 1807 (Romantikerbriefe, hrsg. von Willi A. Koch. Lpz. 1938. S. 210–216). Schellings Aufsatz aus der Jenaischen Allg. Lit.-Ztg. von 1807 wurde später abgedruckt in seinen Sämtlichen Werken, 1. Abt., Bd. 7, 1860, S. 487–497.

444,12. *Markasiten*: Eisen- und Schwefelkies.

445,10 *gemeint war*: beabsichtigte, geneigt war. Fischer, Goethe-Wortschatz S. 428. – Dt. Wb. 6, Sp. 1934 und 1926.

445,25. *doppelte Ähnlichkeit.* Nachdem 420,13f. *die Frauen versicherten, es sei der ganze leibhafte Vater,* wird hier die Ähnlichkeit mit dem Hauptmann und Ottilie ausgesprochen, nicht als subjektiver Eindruck von Romanpersonen. Dazu: Friedrich Nemec, Die Ökonomie der „Wahlverwandtschaften“. München 1973. S. 272–274. Und: David E. Wellbery in: Goethes Erzählwerke. Hrsg. von P. M. Lützeler u. J. E. McLeod. Stuttg. 1985. (= Reclam 8081) S. 313ff. Auch: Jeremy Adler, Eine fast magische Anziehungskraft. München 1987, S. 187.

446,5 *Penserosa*: der „pensieroso“, der Gedankenvolle, ein Lieblingsgegenstand älterer Malerei; hier vielleicht auch eine Erinnerung an Miltons bekanntes Gedicht „Il penseroso“.

447,6ff. *so manches heitere Zeichen*... Eduard wird die Welt voll Zeichen. Dazu Grete Schaeder S. 312: „Die Zweiseitigkeit als Darstellungsprinzip des Romans äußert sich in einer Stileigentümlichkeit, welche die ‚*Wahlverwandtschaften*' unter allen Dichtungen Goethes hervorhebt: auffallend häufig wird hier nicht ein Ereignis symbolisch bedeutsam, sondern ein Paar von Begebenheiten, das zusammengesehen werden muß; das sich an die ‚Furcht' oder ‚Hoffnung' der handelnden Personen und durch sie an die gleichen Empfindungen des Lesers wendet. Es ist vor allem die Gestalt Eduards, der die Welt voll von Zeichen wird, indem die an sich zufälligen oder belanglosen Geschehnisse von seinem wechselnden Seelenzustand die Farbe empfangen."

451,16. *übertragen*: übernehmen in den neuen Zustand.

451,23. *Weltmenschen*: Mensch von Weltkenntnis, Weltklugheit und Weltgewandtheit, Dt. Wb. 14, 1, 1 Sp. 1661. – Vgl. 465,22 *große Welt*.

456,27ff. Zu der Katastrophe am See vgl. Benjamin S. 19f.: „Nirgends verleugnet der See seine unheilvolle Natur unter der toten Fläche des Spiegels. Von dem ‚dämonischen Schicksal, das um den Lustsee waltet', spricht bezeichnend eine ältere Kritik. Das Wasser als das chaotische Element des Lebens droht hier nicht im wüsten Wogen, das dem Menschen den Untergang bringt, sondern in der rätselhaften Stille, die ihn zu Grunde gehen läßt. Die Liebenden gehen, soweit Schicksal waltet, zu Grunde. Sie verfallen, wo sie den Segen des festen Grundes verschmähen, dem Unergründlichen, das im stehenden Gewässer erscheint. Buchstäblich sieht man dessen alte Macht sie beschwören. Denn zuletzt läuft jene Vereinigung der Wasser, wie sie schrittweis festem Land Abbruch tut, auf die Wiederherstellung des einstigen Bergsees hinaus, der sich in der Gegend befand. In alledem ist die Natur es selbst, die unter Menschenhänden sich übermenschlich regt. In der Tat: sogar der Wind, ‚der den Kahn zu den Platanen treibt, erhebt sich' – wie der Rezensent der ‚Kirchenzeitung' höhnisch mutmaßt –, wahrscheinlich auf Befehl der Sterne'."

462,8ff. *„Zum zweitenmal" – so begann das herrliche Kind mit einem unüberwindlichen, anmutigen Ernst – „zum zweitenmal widerfährt mir dasselbige."* Die hier besonders gehobene, ja pathetische Rede der Ottilie – es ist eine Nachtszene der Einweihung – zeigt sich in ihrer Bedeutsamkeit auch darin, daß hier Charlotte zum ersten Mal von Ottilie geduzt wird. Etikette und Abstand ist hier nicht mehr am Platz. Die Stilform hat eine bezeichnende Parallele in *Wilhelm Meisters Lehrjahren (5. Buch, 13. Kapitel,* H.A., Bd. 7, S. 331) in der Rede Mignons an Wilhelm: *„Meister", sagte sie (noch niemals, als diesen Abend, hatte sie ihm diesen Namen gegeben, denn anfangs pflegte sie ihn Herr und nachher Vater zu nennen), „Meister! wir sind einer großen Gefahr entronnen,* *dein Felix war am Tode.*“ – Zur Parallele Ottilie-Mignon vgl. auch Stöcklein S. 26. – Jul. Schiff, Mignon, Ottilie, Makarie im Lichte der Goetheschen Naturphilosophie. Jb. G. Ges. 9, 1922, S. 133–147.

463,7 ff. *Auf eine schreckliche Weise hat Gott mir die Augen geöffnet, in welchem Verbrechen ich befangen bin. Ich will es büßen.* Vgl. Hankamer S. 293 ff. Hankamer vergleicht die Verschuldung der Ottilie mit der Paria-Legende (Bd. 1, S. 361), noch jenseits aller menschlich-sittlichen Ordnungsbegriffe: „*Verführung von oben*“. Daher können Ottilie und die Brahmanin als besondre und reinste Naturen „nicht mehr in ihre Menschlichkeit zurück“. – Zur Paria-Legende auch Stöcklein, S. 24 f. – Vgl. auch die Deutung bei Kurt May, S. 156 f.: „... erschreckend ist die Erkenntnis, daß hier ein Zwiespalt aufklafft, von göttlichem Leben und göttlichem Geist und Willen. Denn es wird ja die Liebe Ottiliens, in der die Gottheit waltet, die alles durchdringt, zum Grund ihrers ‚Verbrechens‘. Hier steht nicht ein sündiger Mensch gegen das göttliche Gesetz, sondern: deus contra deum, wie einst Prometheus gegen Jupiter ... Die Erlösung, die Harmonie fällt aus der irdischen Existenz heraus, bleibt für eine höhere zu erhoffen ... Es gibt hier ... nicht wie in so vielen Goethischen Dichtungen eine Läuterung. Nicht geläutert wird das Dämonische in Ottilien, vielmehr ausgetilgt mit ihrem Leben aus der Welt. Im christlichen Märtyrerdrama wird der sündige, von Gott abgefallene Mensch von seinen Leidenschaften gereinigt. Hier dagegen ist die Spannung so viel heftiger und schmerzlicher. Denn in der notwendigen Erhebung über die Naturgewalt der Leidenschaft wird das Leben in ‚seliger Notwendigkeit‘ vernichtet.“ – Im Gegensatz zu diesen Deutungen sieht Benjamin in Liebe, Sühne und Tod der Ottilie nur ein „Scheitern“ (vgl. S. 66 f., 75 f., 78, 89).

464,10. *ahnungsvollen*: „vorverkündend, zukunftsträchtig, schicksalhaft, oft auch: schicksaldrohend“ (GWb. 1, Sp. 301).

467,39. *wenn sie sich dem Heiligen widmet.* Vgl. dazu Benjamin S. 27: „Vom Geschick her ermessen ist jede Wahl ‚blind‘ und führt blindlings ins Unheil. Ihr steht mächtig genug die verletzte Satzung entgegen, um zur Sühne der gestörten Ehe das Opfer zu fordern. Unter der mythischen Urform des Opfers also erfüllt sich die Todessymbolik in diesem Geschick. Dazu vorbestimmt ist Ottilie.“ Ganz anders deutet Stöcklein S. 34: „Ein neues Bild des Menschen scheint sich in Ottilie gebildet zu haben. War es früher das Bild des abgesetzten Königs, so ist es jetzt das Bild des von zudringenden Mächten umringten hilflosen Wesens, dem allein im *Heiligen* der Bannspruch gegeben ist, die Mächte, die auf ihn eindringen, abzuhalten ... eine zweite Vorstellung ... scheint gestaltend mitzuwirken: der von lüsternen, ausgehungerten Raubtieren umringte Daniel in der Grube, der nur durch die von seinem

Wesen ausstrahlende Heiligkeit die Tiere von sich abhalten, ja sie sich befreunden kann." Ferner S. 38f.: „Im Christlichen bleibt dabei ein heidnischer Einschlag leise fühlbar: wie sich Ottilie als geweihte Person empfindet, wie die Sühne fast als vitale Notwendigkeit gefühlt wird für verletzte Ordnung, als ob die Laren durch das Selbstopfer des Schuldigen versöhnt werden müßten, auch als ob ein böser Alastor durch Blut begütigt werden müßte, und auch fast als ob die Wassergeister die Schuldige verlangten: ... *so büße ich in demselbigen See mein Vergehen, mein Verbrechen.* In diesem Einschlag gründet der dumpfe, fast verwirrende Klang, der in den Schlußakkorden der Dichtung mittönt." Vor allem: C.F. von Weizsäcker, Natur und Moral im Lichte der Kunst. In: Weizsäcker, Wahrnehmung der Neuzeit. München 1983. S 36–50.

468,5. *angeforscht*: vorsichtig nachgefragt. GWb. 1, Sp. 532.
471,6. *Anbringen*: Anliegen; das, was er mitteilen will. GWb. 1, Sp. 486.
473,12. *war zugefahren*: hatte sich schnell geschlossen. Dt. Wb. 16, Sp. 341.

477,8ff. *Nach Gefühl und Gewissen des Augenblicks schwieg ich.* Zur Enthaltsamkeit und zum Schweigen der Ottilie vgl. Hankamer S. 318f.: „In jenem Schweigen erwuchs der Märtyrerin die unausdenkbare Erkenntnis: ‚Nemo contra deum, nisi deus ipse'; der Mensch als Mensch kann den Zwiespalt nie überwinden, steigt er doch aus Tiefen empor, die sein Wort nie ermißt, und was er erleidet in dieser zerreißenden Spannung, ist un- und übermenschlich. Darum wird das Schweigen Ottiliens auch künstlerisch zur absoluten Notwendigkeit; denn anders hätte der Erzähler den tragischen Gehalt nicht mehr in seine gewählte epische Form bannen können." Durchaus entgegengesetzt dazu Benjamin S. 66ff.: „Wenn irgendwo, so zeigt sich im Entschluß die moralische Welt vom Sprachgeist erhellt. Kein sittlicher Entschluß kann ohne sprachliche Gestalt und streng genommen ohne darin Gegenstand der Mitteilung geworden zu sein ins Leben treten. Daher wird in dem vollkommenen Schweigen der Ottilie, die Moralität des Todeswillens, welcher sie beseelt, fragwürdig. Ihm liegt in Wahrheit kein Entschluß zugrunde, sondern ein Trieb. Daher ist nicht, wie sie es zweideutig auszusprechen scheint, ihr Sterben heilig ... Ottiliens" [Tod] „ist, wie ihre Unberührtheit, nur der letzte Ausweg der Seele, welche vor dem Verfallensein entflieht. In ihrem Todestriebe spricht die Sehnsucht nach Ruhe ... Darum ist es leeres Reden, ihre ‚tragische Läuterung' zu rühmen. Untragischer kann nichts ersonnen werden als dieses trauervolle Ende." – Ganz anders die schon herangezogenen Deutungen bei Hankamer und May, aber auch bei Stöcklein S. 26: „Mit einer unaufhaltsamen Kraft wird ein unter Wasser gepreßter Mensch in die Luft zu tauchen streben; so muß auch Ottilie, in einer instinktiven Befreiung, den Äther suchen."

480,16. *Strumpfbänder mit Devisen*: mit kleinen Wahlsprüchen. Dazu Dt. Wb. 10,4 Sp. 121: „Im 18. Jahrhundert werden die Strumpfbänder mit litterarischem Schmuck verziert". Mit Beispielen aus Eschenburg, J. E. Schlegel, Jean Paul.

483,22. *morgend*: morgig; meist in der Zusammensetzung *der morgende Tag* wie Bd. 1, S. 287,37 und Bd. 11, S. 155,36. – Dt. Wb. 6, Sp. 2565 f.

485,37 ff. Zu *Nanny* vgl. die Charakteristik bei Stöcklein S. 41 f.: „Wir sehen vor uns das primitive, dumpfe, zuerst tierhaft-scheue, dann tierhaft-treue halbwüchsige Wesen, mit dem inständigen Tierblick ihrer Augen, unerlöst und rührend, mit ihren habgierigen, geschwinden Händen, mit ihrem genäschigen Mund in dem grobknochigen Gesicht. Sie ist nie geschildert, aber doch sehen wir das unruhige Wesen genau vor uns, triebhaft und unbeherrscht in der Eßlust, im Ergreifen schöner Dinge, sie scheint primitiv schwatzhaft, unerhört erregbar, phantastisch, in der Erschütterung vorübergehenden Wahnsinnszuständen ausgeliefert ... Unersättlich anschlußbedürftig scheint sie, und wie von dumpfer Liebe, dunkler Erlösungssehnsucht zum lichten Wesen Ottiliens hingetrieben ... so möchte man fast an Bilder der Legenden denken, die Goethe geliebt hat: das Tier, das sich dem Heiligen treu angeschlossen hat, nach ihm inständig hinaufblickend, sich hinaufsehnend zu einer neuen Form der Existenz ... Mit Nanny geschieht noch mehr: sie wird zum geistigen Menschen, sie vermag am Sarg den Architekten zu trösten, zu erhellen. Welche Umkehrung! ... In einer tieferen Schicht: Das vogelgleiche Herabstürzen und Herzustreben, das Zerschmettertsein, die Auferstehung durch Berührung, das entzückte Aufspringen – so erschüttert den Trieb das ‚Lichte'. Es ist der bildhaft erzählte Erlösungsweg der erdgebundenen Schwere durch ein ‚Stirb und werde' hindurch." – Zu den Wundern an der Leiche Ottiliens vgl. S. Humphry Trevelyan, Ottilie und Sperata. (Jb.) Goethe, N. F. 11, 1949, S. 78–80.

488,29 ff. Zum Schluß des Romans vgl. Grete Schaeder S. 318 ff.: „Die christliche Form bringt diesen [Goetheschen] Unsterblichkeitsglauben nur symbolisch-stellvertretend zum Ausdruck ... Wenn Goethe die christlichen Namen und Symbole gebraucht, um das allbewegende Leben zu bezeichnen, so tut er es, weil sie für ihn echte Symbole sind, über die nicht hinauszugelangen ist ... Was er dem Leser vermittelt, ist nicht Religion, sondern die Anschauung, wie eine Legende entsteht." S. 322: „Die Legende ist diejenige Stilform, in der sich Kunst und Religion am unmittelbarsten durchdringen, in der beide aus dem gleichen schöpferischen Leben und Weben der Gemütskräfte hervorgehen. So ist auch die Legende am Schluß der ‚*Wahlverwandtschaften*' Kunst und Religion zugleich. Die über das Diesseits hinausdrängende Idee der Steigerung, an die Goethe glaubte, wird hier mit den Mitteln der Dichtkunst nachgebildet und als ein Stilphänomen hervorgebracht. Die Darstellung wird transparent und rückt die Begebenheiten in größere Ferne. Das Erzählte wird lockerer aneinandergeschlossen, die Zusammenhänge sind nur angedeutet, damit sich Wirklichkeit und Glaube im Leser umso inniger durchdringen – ein Glaube freilich, der sich auf ein Unaussagbares richtet, den jeder selbständig in sich erwecken muß und zu dem die Bilder der Legende nur die symbolische Begleitmusik darstellen." Diese Deutung ist am schärfsten der Benjamins S. 66,79 entgegengesetzt. Vgl. auch Kurt May S. 147. – „Die ideale Ehe" wird durch die tragische Situation der Ottilie entscheidend sichtbar.

490,36. *verwandte Engelsbilder.* Nachdem in dem Roman die *Verwandtschaft* eine so große Rolle gespielt hat, kommt das Wort *verwandt* im Schlußsatz nochmals vor, diesmal in einer neuen, vielsagenden Bedeutung. Wie wichtig Goethe das Schluß-Motiv war, geht aus seiner kurzen Anzeige des Romans im „Morgenblatt", 1809, hervor (im vorliegenden Band in dem Abschnitt „*Die Wahlverwandtschaften* im Urteil Goethes und seiner Zeitgenossen" S. 639). Die Anzeige hat nur zwei Sätze und hebt hervor, daß die dargestellten Probleme *nur durch eine höhere Hand und vielleicht auch nicht in diesem Leben völlig auszulöschen sind.*

ZUR TEXTGESTALT DER „WAHLVERWANDTSCHAFTEN"

Eine Handschrift der *Wahlverwandtschaften* ist nicht vorhanden. Der Roman erschien 1809 im Erstdruck (E), dann in den verschiedenen Ausgaben der *Werke*, 1810 (A), 1817 (B) und in den zwei Drucken der *Ausgabe letzter Hand* (C^1 und C). Alle diese Ausgaben differieren in Kleinigkeiten; die Wichtigkeit des Werkes verpflichtete die neueren kritischen Ausgaben zu sorgfältiger Durchsicht. Es sind dies die Weimarer Ausgabe (W) 1892, die Jubiläums-Ausgabe (J) 1904, die Fest-Ausgabe (F) 1926 und die Welt-Ausgabe (Wl) 1932. Im folgenden werden die Hauptabweichungen unseres Druckes von diesen 4 kritischen Ausgaben bezeichnet und gelegentlich Lesarten der Gedenkausgabe des Artemisverlags (Ged), 1949, hinzugefügt. Auch der Vergleich mit Düntzers Text (Dt. Nat.-Lit.) ist lohnend. – Die modernen Ausgaben außer der Weimarer benutzen die heutige Schreibweise. Es hat sich im 20. Jahrhundert eingebürgert, die zahlreichen Apostroph-Zeichen, die in der Goethezeit üblich waren, fortzulassen; auch der vorliegende Druck hat sich dieser nicht immer befriedigenden Schreibweise angeschlossen. In den Original-Drucken steht also 250,37 *hör' ich* und 254,32 *ist's* und entsprechend an allen anderen Stellen. Moderne Schreibweise bringt ferner viele Wortzusammenziehungen, wo die Goethezeit zwei oder drei Wörter schrieb, so steht in den Originaldrucken 250,39 *von einander;* 251,33 *so viel;* anderseits haben die Originaldrucke selbst eine Fülle von Zusammensetzungen wie 278,3 *allzuwohl* und 315,3 *allzugeschwind.* Moderne Zusammenziehungen, die künftigen Herausgebern die Frage aufgeben, ob etwas davon wieder zu reduzieren sei, sind vor allem: 250,39; 251,33; 288,24; 315,20; 336,8; 352,27; 372,7; 388,30; 390,36; 412,31 *(kennen zu lernen ... so viel);* 421,9; 426,11; 433,9; 447,13; 453,2; 470,21. Andere Ausgaben gehen im Punkte der Zusammenziehungen noch weiter; so schreibt die Welt-Ausgabe z. B. 479,21 f. nicht *Ottiliens Erstarren wieder beleben* sondern *wiederbeleben* und läßt 403,35 sogar den Bindestrich fort. – Die Druckgestalt des Romans geht in allen alten Drucken auf Goethes Verleger, Drucker und seine Mitarbeiter, vor allem Göttling, zurück – nicht auf ihn selbst. Starres Festhalten an der alten Schreibweise und Interpunktion reproduziert also die Eigenheiten des Cottaschen Verlags oder Göttlings, nicht die Goethes, z. B. setzte Göttling sehr viele Kommata, Goethe sehr wenige. – Über B^1 vgl. den Abschnitt „Zur Textgestalt der Unterhaltungen." – Zur Textkritik allgemein: B. Seuffert im Goethe-Jahrbuch 14, 1893, S. 314–317.

Erster Teil. 243,9. *bald weniger* Goethes Texte; *oder weniger* W (Druckfehler). – 243,13. *einen* Goethes Drucke, J, F, Wl; *Einen* W. – 243,15. *eines* Goethes Drucke; gesperrt F; *Eines* W, J, Wl. – 244,6. *einer;* nur W hat *Einer.* – 246,13. *im* E, A, B, C^1, J, F, Wl; *in* C, W. – 246,16. *wir konnten* E, A, B, C^1, J, F, Wl; *und konnten* C, W. – 247,36. *benutzten* E, A, J, F, Wl; *benutzen* B, C, W. – 250,27. *Ehemann* B, C, W, J, F, Wl; *Ehmann* E, A,; in Goethes Sprachgebrauch kommen beide Formen vor. – 254,10. *gerne* B, C, W, Wl; *gern* E, A, J, F. – 258,33. *ein;* nur Wl hat *Ein.* – 266,23. *Eines* W, J, Wl; klein und gesperrt F. – 267,12. *Hierbei* E, A, B, C, J, F, Wl; *Hiebei* W, Ged. – 267,25. *öfters* B, C, W, Wl; *öfter* E, A, B^1, J, F. – 267,39. *dessen ungeachtet* C, W, J, F, Wl; *demungeachtet* E, A, B (vgl. 361,25). – 271,32. *gern* B, C, W; *schnell* E, A, J, F, Wl. – 273,28 f. *nähern, stärkern, entfern-*

tern, geringern E, A, B, C, J, F, Wl; dagegen interpungieren W und Ged *nähern stärkern, entferntern geringern.* – 274,10f. *solchen Steines* W, J, F, Wl (vgl. W, Seite 422); *solches Steines* E, A, B, C. – 278,3. *nur* alle Originaldrucke; *nun* W (Druckfehler). – 284,6. *eine* E, A, B[1], J, F, Wl; *die* B, C, W, Ged. – 284,10. *viele* E, A, B, J, F; *viel* C, W, Wl, Ged. – 287,6. *einen* alle Originaldrucke; *einem* W (Druckfehler), Ged. – 290,35. *wie ein Gefäß* C, W; *wie in ein Gefäß* E, A, B, J, F, Wl. – 292,5. *einer;* nur W hat *Einer.* – 292,21. *Ängste* C, W, F, Wl; *Ängsten* E, A, B, J. – 292,37. *mir es* alle Goetheschen Drucke, J, F, Wl; *es mir* W (wohl Druckfehler), Ged. – 292,38. *bezeugen* C, W, Wl; *bezeigen* E, A, B, J, F. – 293,14. *abwechselndes* alle Goetheschen Drucke, J, F, Wl; *ein abwechselndes* W (wohl Druckfehler), Ged. – 293,19. *sanft-erstiegenen* W, J, Wl; *sanft erstiegenen* F. – 299,36. *beachten* C, W, Wl; *beobachten* E, A, B, J, F. – 300,8. *Gewerke* B, C, W; *Gewerken* E, A, J, F, Wl. – 301,20. *alles* E, A, B, C, J, F; *allen* W, Wl (da Goethe im Alter grundsätzlich für diese Form war; vgl. 274,10). – 303,34. *Teiche* C, W, Wl; *Teich* E, A, B, J, F. – 317,33. *welch* E, A, B[1], J, F, Wl; *welche* B, C, W. – 318,4. *freiem, liebevollem* F, Wl in Angleichung an viele Parallelstellen, z.B. 257,5; 302,28; 338,19; 338,37 u.a.m.; *freiem, liebevollen* E, A, B, C, W, J. – 319,19f. *Eduarden.* Die Goetheschen Drucke, W und J schreiben hier *Eduard.* Aber Wahle in F, Seite 260, weist darauf hin, daß 51 mal der Name mit flektiertem Dativ bzw. Akkusativ vorkommt und nur dieses eine Mal unflektiert, sodaß man ein Versehen annehmen und die Stelle den übrigen angleichen kann. – 320,21. *Tapetentür* B, C, W, Wl; *Tapetentüre* E, A, J, F. – 320,22. *ihre* Goethes Drucke, J, F, Wl; *die* W (wohl Druckfehler), Ged. – 320,22. *Gräfin* E, A, B, C, J, Wl; *Baronesse* (Konjektur) W, F, Ged. Aber ist es nicht gut möglich, daß Charlotte in ihrer augenblicklichen Erregung *Gräfin* sagt, gewissermaßen legalisierend, als verkürzender Ausdruck des Gedankens, daß Graf und Baronesse zueinander gehören? (Vgl. 305,1f.) – 322,11. *recht* bzw. *Recht* E, A, B[1], J, F, Wl; *Rechte* B, C, W. – 324,22. *Ein* und 324,28 *Einem* W, Wl; klein geschrieben und gesperrt F, J. – 327,19. *sagt* W, J, F; *sagte* Wl (Druckfehler?). – 331,2. *worden* B, C, W, Wl (entsprechend 329,4); – *geworden* E, A, J, F. – 331,20. *wünschte* C, W, Wl; *wünscht* E, A, B, J, F. – 334,30. *diese* E, A, J, F, Wl; *dieser* B, C, W. – 336,7. *Bauermädchen* E, A, B, J, F, Wl (entsprechend 349,1 *Bauerknaben*); *Bauernmädchen* C, W. – 337,4. *herbei* wurde von Wl als Konjektur eingefügt. – 338,19. *gewöhnlichem* und 338,37 *aufgeregtem* B, C, W, F, Wl; *gewöhnlichen* und *aufgeregten* E, A. – 339,39. *sollte* E, A, J, F, Wl; *solle* B, C, W. – 342,33. *gleich* E, A, J, F, Wl; *sogleich* B, C, W. – 346,21. *ja* E, A, B, J, F, Wl; das Wörtchen fehlt (versehentlich?) in C, W, Ged. – 349,30. *Chor;* hier setzt Ged statt dessen *Korps;* aber *Chor* (immer als Neutrum) entspricht Goetheschem Sprachgebrauch zur Bezeichnung einer Gruppe, die gemeinsame Bewegungen ausführt, z.B. Bd. 1, S. 199, V. 6.

Zweiter Teil. 361,20. *Hintertüre* E, A, B[1], J, F, Wl; *Hintertür* B, C, W. – 361,25. *desungeachtet* B, C, W, Wl; *demungeachtet* E, A; *dessen ungeachtet* (analog 267,39) J, F. – 367,32. *war* E, A, B, C[1], J, F, Wl; das Wörtchen fehlt (wohl versehentlich) in C, auch in W, Ged. – 370,5. *nehmen?* E, A, B, C, J, F, Wl; *nehmen!* W (wohl Druckfehler), Ged. – 370,18. hinter *Dasein* ein Komma in C, W, Wl; ohne Komma E, A, B, J, F. – 373,13f. *in der* E, J, F; *in* A, B, C, W, Wl. – 374,14. *sein!* J, F, Wl; *sein?* E, A, B, C, W. – 378,32. *andern* E, A, B, C, J, F, Wl; *andren* W, Ged. – 387,30. *Schritt über* B, C, W (Goethe pflegte den Hiatus zu meiden); *Schritte über* E, A, J, F, Wl. – 390,36. *sonsteine* (in diesem Falle wirkt die Zusammenziehung verdeutlichend); *sonst eine* W, J, F, Wl. – 392,19. *störendes Ungraziöses* E, A, B, C[1], J, F, Wl; *Störendes, Ungraziöses* C, W. – 393,4. *hatten* E, A, B, J, F; *haben* C, W, Wl. – 393,25. *hatten* E, A, B, J, F, Wl; *hatte* C, W. – 395,29. *der* E, A, B, J, F, Wl; *die* C, W. – 396,27. *einem;* nur W hat *Einem.* – 410,20. *sagte;* statt dessen *fragte* W (Druckfehler), Ged. – 413,13. *in der Gegenwart;* alle Goetheschen Drucke haben *an der Gegenwart,* ebenso J, Wl; doch schlagen W und F im Lesarten-Apparat *in* als Konjektur vor. – 425,21. *allen* E, A, B, J, F, Wl; *allem* C, W; die Parallelstelle 248,24 hat in sämtlichen Drucken *allen.* – 429,8. *Kinde* E, A, B, J, F, Wl; *Kind* C, W. – 433,10. *alles* E, A, B[1], J, F, Wl; *alle* B, C, W. – 433,11. *nicht;* hier setzt Wl als Konjektur *nichts;* aber *nicht* widerspricht keineswegs Goetheschem Sprachgebrauch. – 443,12. *Fährmanns* W im Apparat, J, F, Wl; *Fuhrmanns* E, A, B, C, W im Text. – 444,32. *Schwebende* C, W, Wl; *schwebende* E, A, B, J, F. – 445,37. *alle* E, A, B[1], J, F, Wl; *allein* B, C, W. – 448,11. *Ein* W, Wl; klein, gesperrt F; klein, ohne Sperrung J. – 449,10. *lange* B, C, W; *so lange* E, A, J, F, Wl. – 450,33. *daß er* E, A; *als er* B, C. – 457,14. *kehrt* E, A, B[1], J, F, Wl; *kehrte* B, C, W. – 457,27. *verkälten* E, A, B, J, F, Wl; *verkälteten* C, W. – 463,23f. *mein Vergehen, mein Verbrechen* C, W und Düntzer (mit Hinweis auf 464,30); *meine Vergehen, meine Verbrechen* E, A, J, F; *mein Vergehen, meine Verbrechen* B; *meine Vergehen, mein Verbrechen* Wl. – 472,5. *lange, lange Zeit* E, J, F, Wl; *lange Zeit* A, B, C, W. – 472,22. *erzeigst* E, A, B, J, F, Wl; *erzeigest* C, W. – 474,30f. *zurückführen* E, A, B[1], J, F, Wl; *zurückfahren* B, C, W. – 478,10. *Einem Dache,* 478,13 *Einem Saale,* 478,19 *Ein Mensch* W; dasselbe klein und gesperrt J, F; *einem Dache* (Druckfehler?), *Einem Saale, Ein Mensch* Wl. – 479,35. *stillem, freundlichem* C, W, F, Wl (vgl. 318,4); *stillem freundlichem* J im Anschluß an E, A, B. – 481,30 *welche* E *welches* A, B, C, C, – 488,15. *jemand weiter* E, A, B, J, F, Wl; *weiter jemand* C, W. – 488,24f. *gewöhlichen* E, A, B, J, F, Wl; das Wort fehlt in C, W. – 488,29. *todähliche* E, A, B, J, F, Wl; *totenähnliche* C, W. – 488,39. *bereitet sein* E, A, B, J, F; *bereitet werden* C, W, Wl. – 489,35. *zu dem Major* C, W, Wl; *zum Major* E, A, B, J, F.

NOVELLE

NACHWORT

Goethes *Novelle* hat die verschiedensten Beurteilungen erfahren. Friedrich Gundolf behandelt sie in seinem „Goethe" (Berlin 1918) fast geringschätzig. „Sie gehört zu den absoluten Bildungspoesien, die aus der ästhetischen Freude an der gattungsmäßigen Ausfaltung eines Motivs, nicht aus einer seelischen Erschütterung oder einem Zweck stammen. Schon der abstrakte Titel, *Novelle,* verrät, daß Goethe hier das Muster einer Gattung hat aufstellen wollen, nicht ein Erlebnis gestalten" (S. 743). Auch André Gide erklärt in seinem Tagebuch, hier triumphiere das Künstliche (25. Juli 1940). Solchen Abwertungen stehen ganz andere Urteile gegenüber. Hinter dem scheinbaren „Formalismus" leuchtet ein humaner und darüber hinaus ein religiöser Gehalt auf. Ernst Beutler (Dt. Vjs. 16, 1938) versteht die kleine, aber bedeutende Dichtung aus ihrer religiösen Wurzel: „Ich sehe in der *Novelle* das Bestreben, ja man kann sagen, die Anstrengung Goethes, christliche Gläubigkeit zu Naturfrömmigkeit zu wandeln; hier geht es um eine Metamorphose des Religiösen, bei der aber der ursprüngliche Gehalt, Glaubensstärke und schöpferische Kraft nicht geopfert werden sollen: Säkularisation ohne Verluste" (S. 343). Emil Staiger arbeitete den Gegensatz der höfischen Gesellschaft und der archaischen Besitzer der Tiere heraus (Trivium 1942) und zeigte, „daß in dem bescheidenen Umfang der *Novelle* der ganze Goethesche Kosmos aufbewahrt ist" (Goethe Bd. 3, S. 197). Paul Stöcklein interpretierte das Gesamtgefüge in seiner Verschiedenheit und die Symbolik und Kraft der Musik (Wege zum späten Goethe. 1949 u.ö.). Detlev W. Schumann aus USA zeigte 1961 bei den westlichen Menschen den „Mangel an Ehrfurcht vor dem Lebendigen" im Gegensatz zu den „ins universale Leben verflochtenen Naturmenschen". Der Niederländer Herman Meyer betonte 1973 die Besonderheit der Prosa der Tierbesitzer und den lyrischen Zauber des Gedichts, in welchem das Werk endet. So weisen mehrere neuere Arbeiten – jede in ihrer Art – auf das Problem von Mensch und Natur, das zunächst als die ausnutzende Haltung neuerer Volkswirtschaft gezeigt ist und dann durch die religiös-schlichte Naturnähe der drei primitiven Gestalten eine Ergänzung erfährt. Erst in dieser Epoche – bei Beutler, Staiger, Stöcklein und anderen – wurde das Außerordentliche dieser Erzählung ganz sichtbar. Stuart Atkins arbeitete 1995 die Bildhaftigkeit (pictorial narrative) der *Novelle* heraus.

Goethe selbst hat die *Novelle* immer geliebt. An Schultz in Berlin schreibt er am 10. Januar 1829: *Man fühlt es ihr an, daß sie sich vom tiefsten Grunde meines Wesens losgelöst hat.* (Briefe an Goethe 4, S. 311). Der nachfolgende Durchblick durch die Entstehungsgeschichte wird zeigen, wie sie ihn durch sein Leben – wenn auch mit Unterbrechungen – begleitet. Im Gespräch mit Eckermann vom 18. Januar 1827 spricht er die Grundidee des Ganzen aus: *Zu zeigen, wie das Unbändige, Unüberwindliche oft besser durch Liebe und Frömmigkeit als durch Gewalt bezwungen werde, war die Aufgabe dieser Novelle, und dieses schöne Ziel, welches sich im Kinde und Löwen darstellt, reizte mich zur Ausführung. Dies ist das Ideelle, dies die Blume. Und das grüne Blätterwerk der durchaus realen Exposition ist nur dieserwegen etwas wert. Denn was soll das Reale an sich? Wir haben Freude daran, wenn es mit Wahrheit dargestellt ist, ja es kann uns auch von gewissen Dingen eine deutlichere Erkenntnis geben; aber der eigentliche Gewinn für unsere höhere Natur liegt doch allein im Idealen, das aus dem Herzen des Dichters hervorging.* Der Kern der *Novelle* ist also das *Ideelle*, keineswegs ein bloß Gedachtes, sondern ein vom Herzen Empfundenes, das freilich dann in den distanzierenden Stil Goethescher Altersprosa umgesetzt wurde, nicht direkt ausgesprochen, sondern auf dem Umwege dichterischer, wirklichkeitsgesättigter Bilder ins „Symbol" verwandelt. Darin liegt der Zauber dieser Dichtung, daß sie sich mit zwingender künstlerischer Notwendigkeit aus dem *grünen Blätterwerk* des Realen entfaltet, aber in ihrer Verdichtung zur „unerhörten Begebenheit" eine geradezu märchenhafte Wirkung hinterläßt. Nichts ist im einzelnen wunderbar, vielmehr ist alles sorgfältig motiviert, selbst der Schrecken wird noch in den Ängsten der Einbildungskraft vorbereitet; jede Einzelheit bleibt umrissen und gegenständlich, aber das Ganze beglückt und befremdet wie ein Wunder.

Das Hauptmotiv der Erzählung – wir stimmen darin Beutler und Herman Meyer durchaus zu – ist religiös: die Überwindung der Gewalt durch Liebe und Frömmigkeit. Die Figuren aus dem Morgenlande – sie erinnern in ihrem prophetischen Ton beinahe an eine Patriarchengruppe –, der Mann, die Frau, vor allem das Kind sind seine Träger. Die Sprache dieser Gestalten ist kindlich, naturhaft, biblisch. Inmitten einer späten geschichtlichen Welt bleiben sie archaisch. Sie stehen außerhalb der aristokratischen Gesellschaftsordnung, sie leben unmittelbar zu Gott und das heißt zugleich unmittelbar zur Natur. Das Elemantare ist ihnen vertraut, aber nicht als eine feindliche, „dämonische" Macht, sondern durch Frömmigkeit und Gesang gebändigt. *Aber im Palmenwald trat er auf, der Löwe, ernsten Schritts durchzog er die Wüste, dort herrscht er über alles Getier, und nichts widersteht ihm. Doch der Mensch weiß ihn zu zähmen, und das grausamste der Geschöpfe hat*

Ehrfurcht vor dem Ebenbilde Gottes, wornach auch die Engel gemacht sind, die dem Herrn dienen und seinen Dienern. Denn in der Löwengrube scheute sich Daniel nicht; er blieb fest und getrost, und das wilde Brüllen unterbrach nicht seinen frommen Gesang (508, 10–18). Frömmigkeit bedeutet hier Einverständnis mit allem Lebendigen. Das eigentliche Wunder ist nicht die Zähmung des Löwen, sondern die Reinheit des kindlichen Herzens, die Macht des Liedes, dem solche Zähmung zu gelingen vermag. „Die metaphysische Rückversicherung des Menschen, seine Geborgenheit in Natur und Gott, die wie eine Blume aus dem realen Boden seiner Existenz hervorgeht, ist das geistige Grundmotiv der Novelle" (Erwin Wäsche, Honorio und der Löwe, 1947, S. 26). Das Elementare, obgleich es oft blind zerstörerisch ist und Naturkatastrophen hervorbringt, wird hier besänftigt und gezähmt. *Wirklich sah das Kind in seiner Verklärung aus wie ein mächtiger, siegreicher Überwinder, jener zwar nicht wie der Überwundene, denn seine Kraft blieb in ihm verborgen, aber doch wie der Gezähmte, wie der dem eignen friedlichen Willen Anheimgegebene* (512, 31–35). Dieser Vorgang hat nichts mit Gesellschaft und Sitte zu tun, sondern gelingt nur aus einer ganz unmittelbaren Seinsfrömmigkeit heraus, die Natur und Gott zugleich ergreift.

Aber das Elementare droht auch im menschlichen Herzen als Dämon der Leidenschaft, den die gesellschaftliche Ordnung immer nur unzulänglich einzudämmen vermag. Hierin ist das Motiv vom Knaben und dem Löwen mit dem begleitenden, aber untergeordneten Nebenmotiv von Honorio und der Fürstin verbunden. In diesem Teil der Erzählung geht es um *Entsagung*, wie sie bereits die Novellen der *Wanderjahre* als Lebenslehre gefordert haben. Die Bedrohung, unter der Honorio steht – auch sie ist eine Bedrohung des Elementaren –, deutet der Dichter nur ganz zart an. Er überläßt es dem Leser, sie zu erraten. Aber die Frau aus dem Morgenlande kennt sie trotzdem. *Du schaust nach Abend, rief die Frau, du tust wohl daran, dort gibt's viel zu tun; eile nur, säume nicht, du wirst überwinden. Aber zuerst überwinde dich selbst.* (510, 25–28). Deutet nicht die Verknüpfung der beiden Gestalten, die sonst gar nichts miteinander zu tun haben, darauf hin, daß die Überwindung des Gewaltsamen – es komme von außen oder von innen – immer nur mit Frömmigkeit möglich ist! Die formenden Kräfte der Gesellschaft reichen hier allein nicht aus; es bedarf dafür einer ursprünglicheren, noch gottnahen Schicht der menschlichen Seele, die allen Wandel geschichtlicher Erscheinungsformen überdauert und auf die Goethes *Novelle* wie auf einen ewigen Bestand zurückgreift. „Entsagen ist kein Willensakt, sondern Ergebnis einer Anschauung des Wahren, die der Seele ungewollt gelingt, einer Anschauung des Ganzen, so des eigenen Lebens wie der reinen Ordnung in der Welt, einer Anschauung Gottes also, die nach Goethes Sprachgebrauch nichts anderes ist als Frömmigkeit“ (Staiger, S. 161). Das „Wunder“ der *Novelle* ist diese Wiederherstellung des ersten Schöpfungstages inmitten einer gesitteten Welt.

Dennoch wird die gesellschaftliche Ordnung hier nicht, wie in den *Wahlverwandtschaften*, kritisch gesehen, sondern vorbildlich. Aber gerade das macht auch ihre notwendigen Grenzen sichtbar. In der Schilderung der Landschaft symbolisieren sich die Gegensätze: Flachland und Gebirge, dazwischen der Marktplatz zu *einem glücklichen Umtausch*. Was dem Menschen als gesellschaftlichem Wesen aufgetragen ist, Wirken und Schaffen, Gewinnen und Genießen, das entfaltet sich in der Natur, wo er der Wildnis die menschliche Ordnung erst abringt. Neben dem Unbändigen, Widerwärtigen und Vernunftlosen (der Brand, die Tigertötung usw.) steht das Geordnete, Gefügte und Gebaute (das Schloß, die Stammburg, *wohlversorgte Frucht- und Lustgärten* (498, 18f.). Selbst die Wildnis bleibt noch menschlich, *ein zufällig einziges Lokal, wo die alten Spuren längst verschwundener Menschenkraft mit der ewig lebenden und fortwirkenden Natur sich in dem ernstesten Streit erblicken lassen* (493, 38ff.). Aber urtümliche Landschaft und durchformte, bis zur Kunst gesteigerte Menschenwelt sind hier keineswegs bloße Gegensätze. Spiegelt sich doch das Walten einer höheren Vernunft ebenso im sittlichen Gewissen des Menschen wie in der freien, unberührten Natur. (Vgl. dazu Erwin Wäsche S. 37.) Erst am Ausgang der *Novelle* wird dieses gemeinsam Waltende ganz sichtbar, in dem suggestiven Preisgesang auf die Gottesmacht in Felsen, Bäumen, Tieren und Menschen. Hier ist Natur Fülle und Herrlichkeit der Schöpfung in ihrer unendlichen Bewegtheit, „in welcher alle einzelnen Dinge oder Wesen wie Felsen, Bäume, Tiere, Menschen von einer einzigen erzeugend-erhaltenden Kraft getrieben sind“ (Kurt May, S. 298). Ob nun Natur oder Gesellschaft, ob Gesteins- oder Pflanzenwelt, überall geht es in dieser Dichtung um das Wahre und Ewige, das alle diese verschiedenen Erscheinungsformen durchdringt. „Ein Gesetz der Bildung wird von Steinen, Pflanzen, Tieren, Menschen auf immer höherer Stufe erfüllt. Jede Stufe ist vom Wilden, Ungebändigten gefährdet“ (Staiger, S. 148). „So gerinnen Raum und Zeit. Das Bewußtsein reiner Dauer, das im Anfang der *Novelle* unbeweglich auf Bestehendes gerichtet war, verwandelt sich in geisterhaftes Anschauen des Lebendigst-Ewigen“ (Staiger, S. 158).

Auch die *Novelle* behandelt noch wie die *Wahlverwandtschaften* jene *natürlichen und künstlichen Verhältnisse, durch den Konflikt des Gesetzlichen und des Ungebändigten, des Verstandes und der Vernunft, der Leidenschaft und des Vorurteils hervorgebracht* (*Wahlverwandtschaften*, II, 10 S. 433, 30ff.) Aber dieser Konflikt hat jetzt nichts Tragisches mehr. Vielmehr wird das *Ungebändigte* nunmehr selbst in das

Gesetzliche aufgenommen, weil das Gesetz über Sitte und Gesellschaft hinausreicht und wieder eins zu werden vermag mit dem ewig Lebendigen. Die auf das Bleibende gerichtete Ordnung der Gesellschaft erfährt die Ankunft der archaischen Familie aus dem Osten nicht als zerstörerischen Einbruch, sondern als Ergänzung und Überhöhung ihrer eigenen Bildungsgesetze, die von der Gefahr des Unbeweglichen und Starren bedroht wären, wenn ihnen hier nicht das ewig Lebendige begegnete. Beides gehört für den alten Goethe zusammen. Beides ergänzt sich gegenseitig, beides ist im Recht. Nur so vermag der Mensch mit dem *Widerwärtigen* (500,6) des Elementes fertig zu werden. Diese Leistung des Menschen aber, die bereits mit Ordnung und Kunst beginnt, wird gekrönt durch das dopppelte Überwinden des Kindes und des Jünglings, das dem Menschen seine höchste Stufe erst anweist: die von Gott durchwaltete Welt in Hut und Pflege zu nehmen.

ENTSTEHUNGSGESCHICHTE DER „NOVELLE“

Die *Novelle* gehört zu den Werken Goethes, deren Entwurf Jahrzehnte vor dem endgültigen Abschluß liegt. Das soll nicht heißen, daß Plan und dichterische Gestaltung der *Novelle* Goethe durch Jahrzehnte hindurch unausgesetzt beschäftigt haben, wie das etwa beim *Faust* der Fall war. Vielmehr bewegte ihn der Gedanke nachweislich nur 1797, trat dann in den folgenden 30 Jahren in seinen Selbstaussagen und Briefen völlig zurück; erst 1826–28 hören wir wieder von der Idee zur *Novelle,* die zu der Zeit in einer von dem ursprünglichen Plan durchaus abweichenden Form gestaltet wurde. Die Geschichte der *Novelle,* die sich mit der großen Unterbrechung fast über ein Menschenalter erstreckte, läßt sich an Hand der Goetheschen Tagebücher, Briefe und Gespräche aus den angegebenen Jahren zusammenstellen als die Geschichte eines langsamen Wachstumsprozesses.

Zum erstenmal taucht der Plan in einer Zeit auf, in der Goethe gemeinsam mit Schiller die Gesetze epischer und dramatischer Kunst zu klären versuchte. Als eigentlicher Motivkern der Handlung scheint nur die Tiger- und Löwengeschichte, noch nicht die Honorio-Episode, vorhanden gewesen zu sein. Im Gegensatz zur späteren Novellenfassung sollte es sich ursprünglich um ein episches Gedicht handeln. Bei seinem Aufenthalt in Jena (Februar-März 1797) besprach Goethe mit Schiller kurz nach dem vorläufigen Abschluß von *Hermann und Dorothea* die *neue Idee zu einem epischen Gedichte* (Tagebuch vom 23. März 1797), nachdem am 13. März schon zwischen Goethe und Schiller *viel über epische Gegenstände und Vorsätze* diskutiert worden war. Das neue Ergänzungsstück zu *Hermann und Dorothea* in Hexametern sollte den Titel *Die Jagd* tragen. Riemer vermutete, das *Jagdgedicht*, das in der Novelle *der Mann von funfzig Jahren* Erwähnung findet (deren stoffliche Konzeption ebenfalls aus dem Jahre 1797 stammt, wenn auch die Äußerung zum *Jagdgedicht* erst in der Ausgabe der *Wanderjahre* von 1829 erscheint), sei mit dem geplanten *epischen Gedichte* identisch. Das ist schwer zu beweisen. Aus der Äußerung im *Mann von funfzig Jahren* geht hervor, daß es sich dort um reine Zustandsschilderung, um Charakterisierung der Jagdveranstaltung und Jagdlust handelte, also um eine Schilderung mit viel retardierenden Momenten, die von Goethe und Schiller in den Gesprächen und Briefen von 1797 als unbedingt notwendig für das Epos angesehen wurden. Anläßlich der Frage solcher retardierender Momente tauchten bei Goethe auch die ersten Bedenken zu seinem neuen Plan auf: Goethe an Schiller, Weimar, 19. April 1797:

Sollte dieses Erfordernis des Retardierens ... wirklich wesentlich und nicht zu erlassen sein, so würden alle Plane, die grade hin nach dem Ende zu schreiten, völlig zu verwerfen oder als eine subordinierte historische Gattung anzusehen sein. Der Plan meines zweiten Gedichts hat diesen Fehler, wenn es einer ist, und ich werde mich hüten, bis wir hierüber ganz im klaren sind, auch nur einen Vers davon niederzuschreiben.

Schiller antwortete am 21. April 1797:

„Ihre Idee von dem retardierenden Gange des epischen Gedichtes leuchtet mir ganz ein. Doch begreife ich noch nicht ganz, nach dem was ich von Ihrer Epopöe weiß, daß jene Eigenschaft bei dieser fehlen soll."

Darauf Goethe am 22. April 1797:

Mein neuer Stoff hat keinen einzigen retardierenden Moment, es schreitet alles von Anfang bis zu Ende in einer graden Reihe fort, allein er hat die Eigenschaft, daß große Anstalten gemacht werden, daß man viele Kräfte mit Verstand und Klugheit in Bewegung setzt, daß aber die Entwicklung auf eine Weise geschieht, die den Anstalten ganz entgegengesetzt ist, und auf einem ganz unerwarteten, jedoch natürlichen Wege.

In einem ausführlichen Brief vom 25. April 1797 nahm Schiller zu Goethes Plan im Zusammenhang mit den Gattungsgesetzen Stellung:

„Daß die Forderung des Retardierens aus einem höheren epischen Gesetze folgt, dem auch noch wohl auf einem anderen Wege Genüge geschehen kann, scheint mir außer Zweifel zu sein. Auch glaube ich, es gibt zweierlei Arten zu retardieren, die eine liegt in der Art des Wegs, die andere in der Art des Gehens, und diese däucht mir, kann auch bei dem gradesten Wege und folglich auch bei einem Plan, wie der Ihrige ist, sehr gut stattfinden.

Indessen möchte ich jenes höhere epische Gesetz doch nicht ganz so aussprechen, wie Sie getan haben. In der Formel: daß eigentlich nur das Wie und nicht das Was in Betrachtung komme etc., dünkt es mir viel zu allgemein und auf alle pragmatischen Dichtungsarten ohne Unterschied anwendbar zu sein. Wenn ich meinen Gedanken darüber kurz heraussagen soll, so ist er dieser. Beide, der Epiker und der Dramatiker, stellen uns eine Handlung dar, nur daß diese bei dem Letztern der Zweck, bei Ersterem bloßes Mittel zu einem absoluten ästhetischen Zwecke ist. Aus diesem Grundsatz kann ich mir vollständig erklären, warum der tragische Dichter rascher und direkter fortschreiten muß, warum der epische bei einem zögernden Gange seine Rechnung besser findet. Es folgt auch, wie mir däucht, daraus, daß der epische sich solcher Stoffe wohl tut zu enthalten, die den Affekt, sei es der Neugierde oder der Teilnahme, schon für sich selbst stark erregen, wobei also die Handlung zu sehr als Zweck interessiert, um sich in den Grenzen eines bloßen Mittels zu halten. Ich gestehe, daß ich dieses letztere bei Ihrem neuen Gedicht einigermaßen fürchte, obgleich ich Ihrer poetischen Übermacht über den Stoff das Mögliche zutrauen darf.

Die Art, wie Sie Ihre Handlung entwickeln wollen, scheint mir mehr der Komödie als dem Epos eigen zu sein. Wenigstens werden Sie viel zu tun haben, ihr das Überraschende, Verwunderung Erregende zu nehmen, weil dieses nicht so recht episch ist. Ich erwarte Ihren Plan mit großer Begierde. Etwas bedenklich kommt es mir vor, daß es Humboldten damit auf dieselbe Art ergangen ist wie mir, ungeachtet wir vorher nicht darüber kommuniziert haben. Er meint nämlich: daß es dem Plan an individueller epischer Handlung fehle. Wie Sie mir zuerst davon sprachen, so wartete auch ich immer auf die eigentliche Handlung; alles was Sie mir erzählten, schien mir nur der Eingang und das Feld zu einer solchen Handlung zwischen einzelnen Hauptfiguren zu sein, und wie ich nun glaubte daß diese Handlung angehen sollte, waren Sie fertig. Freilich begreife ich wohl, daß die Gattung, zu welcher der Stoff gehört, das Individuum mehr verläßt und mehr in die Masse und ein Ganzes zu gehen zwingt, da doch einmal der Verstand der Held darin ist, der weit mehr unter sich als in sich faßt.

Übrigens mag es mit der epischen Qualität Ihres neuen Gedichtes bewandt sein wie es will, so wird es gegen Ihren Hermann gehalten immer eine andere Gattung sein, und wäre also der Hermann ein reiner Ausdruck der epischen Gattung, und nicht bloß einer epischen Species, so würde daraus folgen, daß das neue Gedicht um soviel weniger episch wäre. ...

Ich würde Ihr neues Gedicht geradezu ein komisch-episches nennen, wenn nämlich von dem gemeinen eingeschränkten und empirischen Begriff der Komödie und des komischen Heldengedichts ganz abstrahiert wird. Ihr neues Gedicht, kommt mir vor, verhält sich ungefähr ebenso zu der Komödie, wie der Hermann zu dem Trauerspiel: mit dem Unterschied nämlich, daß dieser es mehr durch seinen Stoff tut, jenes mehr durch die Behandlung."

Aus diesem Brief Schillers geht hervor, daß auch schon die Überraschung des Schlusses im ersten Plan vorgesehen war.

Goethe erkannte selbst bald, daß der Stoff, der ihm vorschwebte, kein rein epischer war, und er suchte nach einer anderen, besser geeigneten Form: Goethe an Schiller, Weimar, 26. April 1797:

... ich muß Ihnen meinen Plan schicken oder selbst bringen. Es werden dabei sehr feine Punkte zur Sprache kommen, von denen ich jetzt im allgemeinen nichts erwähnen mag. Wird der Stoff nicht für rein episch erkannt, ob er gleich in mehr als Einem Sinne bedeutend und interessant ist, so muß sich dartun lassen, in welcher andern Form er eigentlich behandelt werden müßte.

Um die Mitte des Jahres schien Goethe von der Unmöglichkeit epischer Gestaltung für seinen Stoff überzeugt. Nachdem er Schillers „Handschuh" erhalten hatte, schrieb er an den Freund am 22. Juni 1797:

... das Interessante meines neuen epischen Plans geht vielleicht auch in einem solchen Reim- und Strophendunst in die Luft, wir wollen es noch ein wenig cohobieren lassen.

In dem Antwortbrief Schillers vom 26. Juni betont dieser noch einmal das Außerordentliche des Goetheschen Stoffes, von dem wir hier Einzelheiten hören, und unterstreicht alle künsterlich-formalen Bedenken, die Goethe auch schon gekommen waren:

„Wenn ich Sie neulich recht verstanden habe, so haben Sie die Idee, Ihr neues episches Gedicht, Die Jagd, in Reimen und Strophen zu behandeln ... Zugleich partizipiert es alsdann in neuer metrischer Form von gewissen Rechten des romantischen Gedichts, ohne daß es eigentlich eines wäre, es darf sich, wo nicht des Wunderbaren, doch des Seltsamen und Überraschenden mehr bedienen, und die Löwen- und Tiger-Geschichte, die mir immer außerordentlich vorkam, erweckt dann gar kein Befremden mehr. Auch ist von den fürstlichen Personen und Jägern nur ein leichter Schritt zu den Ritterfiguren, und überhaupt knüpft sich der vornehme Stand, mit dem Sie es in diesem Gedicht zu tun haben, an etwas Nordisches und Feudalisches an. Die griechische Welt, an die der Hexameter unausbleiblich erinnert, nimmt diesen Stoff daher weniger an, und die mittlere und neue Welt, also auch die moderne Poesie, kann ihn mit Recht reklamieren."

Im Zusammenhang mit den Balladenschöpfungen des Jahres dachte Goethe dann auch an die Balladenform für seinen Stoff: Goethe an Schiller, Weimar, 27. Juni 1797:

Da ich durch meinen „Faust" bei dem Reimwesen gehalten werde, so werde ich gewiß auch noch einiges liefern [zum „Musenalmanach für das Jahr 1798"]. *Es scheint mir jetzt auch ausgemacht, daß meine Tiger und Löwen in diese Form gehören, ich fürchte nur fast, daß das eigentlich Interessante des Sujets sich zuletzt gar in eine Ballade auflösen möchte. Wir wollen abwarten an welches Ufer der Genius das Schifflein treibt.*

Der Stoff, soweit uns die damaligen Äußerungen darüber Auskunft geben, scheint tatsächlich der konzentrierten Form der handlungsträchtigen Ballade angemessener gewesen zu sein als der breit angelegten und langsam dahinfließenden epischen Form.

Für Goethe aber geriet der Plan mit der Wiederaufnahme der Arbeiten am *Faust* und dem Beginn der Schweizer Reise am 30. Juni 1797 in Vergessenheit. Am 6. Februar 1798 erinnerte Schiller ihn noch einmal an die „neue Epoche", die er in den Arbeitspensen Goethes für das Jahr vermisse. Goethe aber wartete geduldig auf das Ufer, an das *der Genius das Schifflein* treiben sollte. Rückblickend schreibt er im Anfang der zwanziger Jahr in den *Tag- und Jahresheften* für das Jahr 1797: *„Hermann und Dorothea" erschien als Taschenbuch, und ein neues epischromantisches Gedicht wurde gleich darauf entworfen. Der Plan war in allen seinen Teilen durchgedacht, den ich unglücklicherweise meinen Freunden nicht verhehlte. Sie rieten mir ab, und es betrübt mich noch, daß ich ihnen Folge leistete: denn der Dichter allein kann wissen, was in einem Gegenstande liegt und was er für Reiz und Anmut bei der Ausführung daraus entwickeln könne.* (Bd. 10, S. 447,26–33.)

Die Freunde, denen er den Plan mitgeteilt hatte, sind Schiller und Wilhelm von Humboldt (vgl. Schiller an Goethe am 25. April 1797 oben und Goethe an Wilhelm von Humboldt 22. Oktober 1826 und Gespräch mit Eckermann am 18. Januar 1827 unten). Wilhelm von Humboldt berichtete am 7. April 1797 an seine Frau über den Handlungsverlauf in Goethes Plan:

„Aber dafür hat er mir seinen anderen Plan erzählt, von dem mir schon Schiller sagte. Dieser Stoff ist aus höhern Ständen genommen, und damit er doch alles Förmliche los wird und eine reine und volle Natur bekommt, hat er eine Jagdpartie gewählt. Nur bei der Jagd, meint er, zeigt sich noch etwas dem Heldenalter gleichsam Ähnliches, weil doch da jeder selbst tätig sein, selbst Hand anlegen muß. Er läßt einen deutschen Erbprinzen, der mit im Kriege gewesen ist, im Winter zu seiner Familie zurückkommen. Der erste Gesang fängt mit einem Frühstück an, das nach einer geendigten Schweinsjagd genommen wird. In den Gesprächen, die bei dieser Gelegenheit entstehen, findet er Veranlassung, über den Krieg, über das Schicksal der Staaten u. s. w. zu reden und so das Interessante auf einen weiten Schauplatz hinauszuspielen. Plötzlich kommt die Nachricht, daß in einem benachbarten kleinen

Städtchen beim Jahrmarkt Feuer ausgekommen sei und bei der Verwirrung, die dadurch entsteht, wilde Tiere losgekommen wären, die man da sehen ließ. Nun macht sich der Prinz und sein Gefolge auf, und die heroische Handlung dieses epischen Gedichts ist nun eigentlich die Bekämpfung dieser Tiere ... Mehr vom Detail hat er mir noch nicht gesagt."

Erst als Goethe sich im Sommer 1826 an die neue Bearbeitung und Vollendung der *Wanderjahre* machte, kam ihm der Plan *zur wunderbaren Jagd* wieder in den Sinn. Nun gelang ihm fast in einem Zuge die Gestaltung des Stoffes als Novelle, in einer Vollendung, wie sie weder die epische noch die Balladenform zu erreichen vermocht hätte. Erst jetzt scheint die gesamte Honorio-Handlung zu dem Motivkern der Löwen- und Tiger-Geschichte hinzukomponiert worden zu sein. Einen Überblick über die ununterbrochene Arbeit an der Novelle geben die Tagebücher der Jahre 1826–28, die hier im Zusammenhang aufgeführt seien:

1826.

2. Oktober: *Papiere durchsucht. Geordnet ...*
3. Oktober: *Ältere Aufsätze und Schemata gesucht.*
4. Oktober: *Erneuertes Schema der wunderbaren Jagd.*
8. Oktober: *An der Jagdgeschichte schematisiert. Eine Reinabschrift des Schema diktiert.*
9. Oktober: *Die Jagd, teilweise Ausführung.*
10. Oktober: *Kleines Gedicht zum Abschluß der projektierten Novelle.*
11. Oktober: *Betrachtung der Novelle.*
14. Oktober: *Abends John diktiert an der Novelle.*
15. Oktober: *An der Novelle diktiert.*
16. Oktober: *Einiges an der Novelle diktiert ... Schrieb an der Novelle fort ... Brandlärm.*
17. Oktober: *Erster Entwurf der Novelle abgeschlossen.*
18. Oktober: *An der Novelle redigiert ... Überdachte das morgen früh zu bearbeitende.*
19. Oktober: *Einiges an der Novelle.*
20. Oktober: *Einiges an der Novelle redigiert ... John mundierte die Novelle.*
21. Oktober *John schrieb an der Novelle fort.*
22. Oktober: *John schrieb an der Novelle fort.* [Jetzt rückt die Arbeit am *Mann von funfzig Jahren* in den Vordergrund.]
19. November: *Retouchierte das Jagdstück.*
20. November: *Revision der Jagd-Novelle fortgesetzt.*

1827.

11. Januar:	*Dr. Eckermann. Demselben die Terzinen vorgelegt. Auch die ersten Hefte des romantischen Jagdstücks.*
15. Januar:	*Abends Dr. Eckermann ... Er las den mittleren Teil der romantischen Jagd.*
18. Januar:	*Abends Dr. Eckermann ... Auch die Jagdnovelle zu Ende gelesen.*
24. Januar:	*Mittag Dr. Eckermann. Nachher mit demselben einige verständige Worte über die Novelle.*
25. Januar:	*Abends Dr. Eckermann. Sehr fördernde Gespräche über die Novelle u. sonst.*
13. Februar:	*Einiges zur Novelle an John.*
19. Februar:	*Mittag zu vieren. Sodann die Novelle vorgenommen.*
24. Februar:	*An der Novelle retouchiert und die Abschrift heften lassen ... Beschäftigte mich mit der Novelle.*
25. Februar:	*Abschluß der Novelle um solche Prof. Riemer zu senden.*
27. Februar:	*Abends Prof. Riemer, über die Novelle gesprochen, und über die Eigenschaften dieser Dichtart überhaupt.*
17. April:	*Mittag zu drei. Kam die Novelle zur Sprache.*
28. Dezember:	*Die Novelle vorgenommen.*
29. Dezember:	[Brief an] *Hr. Prof. Göttling. Mit Paket und einer Rolle. Nebenstehendes abgesendet.*

1828.

19. Januar:	*Kam von Hr. Prof. Göttling die Novelle, mit einem anmutig teilnehmenden Schreiben zurück.*
26. Januar:	*Ich wendete einige Aufmerksamkeit auf die Korrektur der Novelle. Das zunächst Obliegende war ziemlich beseitigt.*
27. Januar:	*An der Novelle korrigiert.*
29. Januar:	*An der Novelle korrigiert und ajustiert.*
12. Februar:	*Abends Prof. Riemer. Die Novelle abschließlich durchgegangen.*
15. Februar:	*Hr. Factor Reichel eine Rolle enthaltend die Novelle u. eine Scene zu Faust.*
3. März:	*Hr. Factor Reichel in Augsburg wegen einiger Anfragen ... Nebenstehendes abgeschlossen und ausgefertigt.*

Am 22. Oktober 1826 teilte Goethe Wilhelm von Humboldt mit, daß er den damals verworfenen Plan nunmehr in Prosa auszuführen beschäftigt sei:

Sie erinnern sich wohl noch eines epischen Gedichts, das ich gleich nach Beendigung von „Hermann und Dorothea“ im Sinn hatte: Bei einer modernen Jagd kamen Tiger und Löwe mit in's Spiel; damals rieten Sie mir die Bearbeitung ab und ich unterließ sie; jetzt, beim Untersuchen alter Papiere, finde ich den Plan wieder und enthalte mich nicht, ihn prosaisch anzuführen, da es denn für eine Novelle gelten mag, eine Rubrik unter welcher gar vieles wunderliche Zeug kursiert.

Die *Novelle* kommt verhältnismäßig oft und ausführlich in Eckermanns „Gesprächen“ vor. So wertvoll diese Aufzeichnungen sind, man darf dabei daran denken, daß viele dieser Texte erst monatelang oder jahrelang nach den Gesprächen auf Grund knapper Tagebuch-Notizen formuliert sind. Sie sind also nie so unmittelbare Quellen wie Goethes Briefe. (Julius Petersen, Die Entstehung der Eckermannschen Gespräche. 1925. Neudruck 1973.)

Am 11., 15. und 18. Januar 1827 konnte Eckermann die fertige Arbeit lesen. Am 15. Januar kam er bis zu der Stelle, ,,wo alle um den toten Tiger herumstehen und der Wärtel die Nachricht bringt, daß der Löwe oben an der Ruine sich in die Sonne gelegt hat“, und er fährt fort:

,,Während des Lesens hatte ich die außerordentliche Deutlichkeit zu bewundern, womit alle Gegenstände bis auf die kleinste Lokalität vor die Augen gebracht waren. Der Auszug zur Jagd, die Zeichnungen der alten Schloßruine, der Jahrmarkt, der Feldweg zur Ruine, alles trat entschieden vor die Anschauung, so daß man genötigt war, sich das Dargestellte gerade so zu denken, wie der Dichter es gewollt hatte. Zugleich war alles mit einer solchen Sicherheit, Besonnenheit und Herrschaft geschrieben, daß man vom Künftigen nichts vorausahnen und keine Zeile weiter blicken konnte als man las.

,Euer Exzellenz‘, sagte ich, ,müssen nach einem sehr bestimmten Schema gearbeitet haben.‘

,Allerdings habe ich das‘, antwortete Goethe; *,ich wollte das Sujet schon vor dreißig Jahren ausführen, und seit der Zeit trage ich es im Kopfe. Nun ging es mir mit der Arbeit wunderlich. Damals, gleich nach »Hermann und Dorothea«, wollte ich den Gegenstand in epischer Form und Hexametern behandeln und hatte auch zu diesem Zwecke ein ausführliches Schema entworfen. Als ich nun jetzt das Sujet wieder vornehme, um es zu schreiben, kann ich jenes alte Schema nicht finden und bin also genötigt, ein neues zu machen, und zwar ganz gemäß der veränderten Form, die ich jetzt dem Gegenstande zu geben willens war. Nun aber nach vollendeter Arbeit findet sich jenes ältere Schema wieder, und ich freue mich nun, daß ich es nicht früher in Händen gehabt, denn es würde mich nur verwirrt haben. Die Handlung und der Gang der Entwicklung war zwar unverändert, allein im Detail war es doch ein ganz anderes; es war ganz für eine epische Behandlung in Hexametern*

gedacht und würde also für diese prosaische Darstellung gar nicht anwendbar gewesen sein.'

Das Gespräch lenkte sich auf den Inhalt. ‚Eine schöne Situation', sagte ich, ‚ist die, wo Honorio der Fürstin gegenüber am tot ausgestreckten Tiger steht, die klagende, weinende Frau mit dem Knaben herzugekommen ist, und auch der Fürst mit dem Jagdgefolge zu der seltsamen Gruppe soeben herbeieilt. Das müßte ein treffliches Bild machen, und ich möchte es gemalt sehen.'

‚*Gewiß*', sagte Goethe, ‚*das wäre ein schönes Bild; – doch*', fuhr er nach einigem Bedenken fort, ‚*der Gegenstand wäre fast zu reich und der Figuren zu viele, so daß die Gruppierung und Verteilung von Licht und Schatten dem Künstler sehr schwer werden würde. Allein den früheren Moment, wo Honorio auf dem Tiger kniet und die Fürstin am Pferde gegenübersteht, habe ich mir wohl als Bild gedacht; und das wäre zu machen.*' Ich empfand, daß Goethe recht hatte, und fügte hinzu, daß ja dieser Moment auch eigentlich der Kern der ganzen Situation sei, worauf alles ankomme.

Noch hatte ich an dem Gelesenen zu bemerken, daß diese Novelle von allen übrigen der ‚*Wanderjahre*' einen ganz verschiedenen Charakter trage, indem darin alles Darstellung des Äußeren, alles real sei. ‚*Sie haben recht*', sagte Goethe, ‚*Innerliches finden Sie in dem Gelesenen fast gar nicht, und in meinen übrigen Sachen ist davon fast zu viel.*'"

Das verlorene und wiederaufgefundene Schema von 1797, von dem in diesem Gespräch die Rede ist, ist uns nicht erhalten. Wohl aber das ausführliche Schema, das Goethe während der Prosabearbeitung 1826 anlegen ließ (s. d.). – Am 18. Januar 1827 hatte Eckermann bis zu Ende gelesen und äußerte einige Bedenken:

„Doch wußte ich nicht, was ich sagen sollte, ich war überrascht, aber nicht befriedigt. Es war mir, als wäre der Ausgang zu einsam, zu ideal, zu lyrisch, und als hätten wenigstens einige der übrigen Figuren wieder hervortreten und, das Ganze abschließend, dem Ende mehr Breite geben sollen.

Goethe merkte, daß ich einen Zweifel im Hezen hatte, und suchte mich ins Gleiche zu bringen. ‚*Hätte ich*', sagte er, ‚*einige der übrigen Figuren am Ende wieder hervortreten lassen, so wäre der Schluß prosaisch geworden. Und was sollten sie handeln und sagen, da alles abgetan war? Der Fürst mit den Seinigen ist in die Stadt geritten, wo seine Hilfe nötig sein wird; Honorio, sobald er hört, daß der Löwe eben in Sicherheit ist, wird mit seinen Jägern folgen; der Mann aber wird sehr bald mit dem eisernen Käfig aus der Stadt da sein und den Löwen darin zurückführen. Dieses sind alles Dinge, die man voraussieht und die deshalb nicht gesagt und ausgeführt werden müssen. Täte man es, so würde man prosaisch werden.*

Aber ein ideeller, ja lyrischer Schluß war nötig und mußte folgen; denn nach der pathetischen Rede des Mannes, die schon poetische Prosa ist, mußte eine Steigerung kommen, ich mußte zur lyrischen Poesie, ja zum Liede selbst übergehen.

Um für den Gang dieser Novelle ein Gleichnis zu haben', fuhr Goethe fort, ,*so denken Sie sich aus der Wurzel hervorschießen ein grünes Gewächs, das eine Weile aus einem starken Stengel kräftige grüne Blätter nach den Seiten austreibt und zuletzt mit einer Blume endet. Die Blume war unerwartet, überraschend, aber sie mußte kommen; ja das grüne Blätterwerk war nur für sie da und wäre ohne sie nicht der Mühe wert gewesen.*'

Bei diesen Worten atmete ich leicht auf, es fiel mir wie Schuppen vom Auge, und eine Ahnung von der Trefflichkeit dieser wunderbaren Komposition fing an sich in mir zu regen.

Goethe fuhr fort. ,*Zu zeigen, wie das Unbändige, Unüberwindliche oft besser durch Liebe und Frömmigkeit als durch Gewalt bezwungen werde, war die Aufgabe dieser Novelle, und dieses schöne Ziel, welches sich im Kinde und Löwen darstellt, reizte mich zur Ausführung. Dies ist das Ideelle, dies die Blume. Und das grüne Blätterwerk der durchaus realen Exposition ist nur dieserwegen da und nur dieserwegen etwas wert. Denn was soll das Reale an sich? Wir haben Freude daran, wenn es mit Wahrheit dargestellt ist, ja es kann uns auch von gewissen Dingen eine deutlichere Erkenntnis geben; aber der eigentliche Gewinn für unsere höhere Natur liegt doch allein im Idealen, das aus dem Herzen des Dichters hervorging.*'

Wie sehr Goethe recht hatte, empfand ich lebhaft, da der Schluß seiner Novelle noch in mir fortwirkte und eine Stimmung von Frömmigkeit in mir hervorgebracht hatte, wie ich sie lange nicht in dem Grade empfunden. Wie rein und innig, dachte ich bei mir selbst, müssen doch in einem so hohen Alter noch die Gefühle des Dichters sein, daß er etwas so Schönes hat machen können! Ich enthielt mich nicht, mich darüber gegen Goethe auszusprechen, sowie überhaupt mich zu freuen, daß diese in ihrer Art einzige Produktion doch nun existiere.

,*Es ist mir lieb*', sagte Goethe, ,*wenn Sie zufrieden sind, und ich freue mich nun selbst, daß ich einen Gegenstand, den ich seit dreißig Jahren in mir herumgetragen, nun endlich los bin. Schiller und Humboldt, denen ich damals mein Vorhaben mitteilte, rieten mir ab, weil sie nicht wissen konnten, was in der Sache lag, und weil nur der Dichter allein weiß, welche Reize er seinem Gegenstand zu geben fähig ist. Man soll daher nie jemand fragen, wenn man etwas schreiben will ... Schiller war gegen eine Behandlung meines Gegenstandes in Hexametern, wie ich es damals, gleich nach »Hermann und Dorothea« willens war; er riet zu den achtzeiligen Stanzen. Sie sehen aber wohl, daß ich mit der Prosa jetzt am besten gefahren bin. Denn es kam sehr auf genaue Zeichnung der Lokalität an, wobei man doch in solchen Reimen wäre geniert gewesen. Und dann ließ sich auch der anfänglich ganz reale und am Schluß ganz ideelle Charakter der Novelle in Prosa am besten geben, so wie sich auch die Liederchen jetzt gar hübsch ausnehmen, welches doch so wenig in Hexametern als in den achtzeiligen Reimen möglich gewesen wäre.*'"

In diesem wichtigen Gespräch hatte Goethe alles Notwendige und Wesentliche, alles Erhellende und Deutende zu seiner Novelle selbst gesagt.

Zu klären blieb noch der eigentliche Titel des Werkes. Noch während der Arbeit 1826 und 1827 sprach Goethe von der *Jagd* und der *Jagdgeschichte* ebenso wie ganz allgemein von seiner Novelle (vgl. Tagebücher 1826/27). Am 25. Januar 1827 äußerte er sich zu Eckermann über die Überschrift seiner fertigen Arbeit, zusammen mit dem berühmten Ausspruch über das Wesen einer Novelle:

„Es kam sodann zur Sprache, welchen Titel man der Novelle geben sollte; wir taten manche Vorschläge, einige waren gut für den Anfang, andere gut für das Ende, doch fand sich keiner, der für das Ganze passend und also der rechte gewesen wäre. ‚*Wissen Sie was*', sagte Goethe, ‚*wir wollen es die »Novelle« nennen; denn was ist eine Novelle anders als eine sich ereignete unerhörte Begebenheit. Dies ist der eigentliche Begriff, und so vieles, was in Deutschland unter dem Titel Novelle geht, ist gar keine Novelle, sondern bloß Erzählung oder was Sie sonst wollen. In jenem ursprünglichen Sinne einer unerhörten Begebenheit kommt auch die Novelle in den »Wahlverwandtschaften« vor.*'"

Die Überschrift lautete dann zunächst – nach Göttlings Brief vom 15. Januar 1828, mit dem er die Arbeit an Goethe zurücksandte – *Die Novelle.* Am 28. Februar 1828 äußerte Reichel Zweifel über den Titel und fragte an, ob es „Die Novelle" oder nicht besser „Eine Novelle" heißen sollte. Goethe antwortete Reichel am 4. März 1828: *Die Überschrift der kleinen Erzählung, welche das Ganze schließt, hieße ganz einfach: Novelle. Ich habe Ursache, das Wort Eine nicht davorzusetzen.*

Der Titel war nunmehr endgültig.

Die *Novelle* erschien bereits 1828 im *15. Band* der 3. Auflage der Cottaschen Ausgabe von Goethes Werken, an gleicher Stelle in der Ausgabe von 1829.

Am 7. November 1828 sprach Soret zu Goethe in ähnlichem Sinne wie Eckermann zuvor und späterhin:

„Il m'a beaucoup parlé de ses ouvrages; je lui ai dit tout le plaisir que m'a fait la lecture de sa Nouvelle insérée pour la première fois dans l'édition générale de ses œuvres tome XV ... Ce petit récit qui commence d'une manière si naturelle et se termine sous des formes si mystiques offre dans sons ensemble un intérêt d'un génie tout particulier; on ne la croirait pas sortie d'une plume octogénaire."

Bald nach dem Erscheinen des Werkes äußerte Goethe schon seine Freude darüber, daß es so gute Aufnahme gefunden habe, so an Staatsrat Christoph Friedrich Ludwig Schulz am 10. Januar 1829:

Indes gereicht es mir zur angenehmsten Empfindung, daß die „Novelle" freundlich aufgenommen wird; man fühlt es ihr an, daß sie sich vom tiefsten Grunde meines Wesens losgelöst hat. Die Konzeption ist über dreißig Jahre alt.

Und an denselben am 29. Juni 1829:

Ruf' ich mir jenen Gegenstand zurück, so war er wahrlich ein Objekt, an dem man fast ein halbes Jahrhundert abspinnen konnte, und es tut mir leid, daß ich mich damals davon abwendete.

Aus allen Äußerungen Goethes zu seinem Werk kann man ersehen, wie wichtig ihm die *Novelle* sowohl ihres Gehaltes als auch der künstlerischen Bewältigung des Stoffes wegen gewesen ist. Zum Schluß muß noch die zusammenfassende Würdigung Eckermanns vom 15. März 1831 berichtet werden, aus der ein so schönes Verständnis des Werkes und seines Dichters spricht:

„Mittags zu Tisch mit dem Prinzen und Herrn Soret. Wir reden viel über Courier und sodann über den Schluß von Goethes Novelle, wobei ich die Bemerkung mache, daß Gehalt und Kunst darin viel zu hoch stehen, als daß die Menschen wüßten was sie damit anzufangen haben. Man will immer wieder hören und wieder sehen, was man schon einmal gehört und gesehen hat; und wie man gewohnt ist, die Blume Poesie in durchaus poetischen Gefilden anzutreffen, so ist man in diesem Falle erstaunt, sie aus einem durchaus realen Boden hervorwachsen zu sehen. In der poetischen Region läßt man sich alles gefallen und ist kein Wunder zu unerhört, als daß man es nicht glauben möchte; hier aber, in diesem hellen Lichte des wirklichen Tages, macht uns das Geringste stutzen, was nur ein Weniges vom gewöhnlichen Gange der Dinge abweicht; und von tausend Wundern umgeben, an die wir gewohnt sind, ist uns ein einziges unbequem, das uns bis jetzt neu war ...

Zu dem Schluß von Goethes Novelle wird im Grunde weiter nichts verlangt, als die Empfindung, daß der Mensch von höheren Wesen nicht ganz verlassen sei, daß sie ihn vielmehr im Auge haben, an ihm Teil nehmen, und in der Not ihm helfend zur Seite sind."

SCHEMATA, HANDSCHRIFTEN UND DRUCKE ZUR „NOVELLE"

Eine ganze Reihe wesentlicher Handschriften zur *Novelle* sind uns im Goethe-Schiller-Archiv zu Weimar erhalten. (Die Numerierung geschieht im Anschluß an die Weimarer Ausgabe, Bd. 18, S. 453ff.)

Es liegen vor: Drei Schemata-Entwürfe von Goethes eigener Hand aus dem Jahre 1826 (es fehlt das Schema zum epischen Gedicht *Die Jagd* aus dem Jahre 1797; s. Entstehungsgeschichte): H^1, H^2 und H^3, letzteres mit dem Datum 4. Oktober 1826 (H^1 und H^2 sind in den voraufgehenden Tagen entstanden). H^4 ist ein vollständiges Schema in der Reinschrift von Goethes Schreiber John (Text s. u.) mit dem Datum 8. Oktober 1826.

Es folgen weiter die einzelnen Textniederschriften H^5, H^6, H^7, H^8 – Teilniederschriften von Goethes eigener Hand;

H^9 ist die umfänglichste und wichtigste Niederschrift des Textes durch John, entspricht dem Diktat, das Goethe im Tagebuch für den 14.–17. Oktober 1826 erwähnt;

H^{10} ist ebenfalls eine Reinschrift Johns, doch nur unvollständig erhalten;

H^{11}, H^{12}, H^{13} stellen unvollständige Niederschriften von Schreiberhand dar.

Das Druckmaterial für den ersten Druck 1828 befindet sich heute im Schiller-National-Museum in Marbach. Für die WA ist es seinerzeit nicht benutzt.

Gedruckt wurde die *Novelle* erstmalig in der *Ausgabe letzter Hand* von 1828 *(15. Bd.)* = C^1, und 1829 *(15. Bd.)* = C.

Text des vollständigen Schemas H^4:

1. Nebel Morgen.
2. Halb bedeckter Schloßhof.
3. Versammelte Jäger.
4. Halbgesehenes Gewimmel.
5. Des Fürsten Abschied von der Gemahlin.
6. Dame allein.
7. Reit-Toilette.
8. Anmeldung des Oheims.
9. und des Malers.
10. Zeichnungen des alten Schlosses.
11. Lage im Allgemeinen.
12. Über den Wald hervorragend.
13. Als Wald.
14. Auf und mit dem Felsen gebaut.
15. Festestes Gestein.
16. Gestreift.
17. Ewige Dauer.
18. Durchaus von uralten Bäumen bewachsen.
19. Vorsätze des Ausbildens
20. Lust dahin zu reiten
21. Vielleicht die Jagd von weiten zu sehen.
22. Alfreds Tätigkeit.
23. Sie reiten durch die Stadt.

24. *Durch den Jahrmarkt.*
25. *Buden, Handel und Wandel.*
26. *Wilde Tiere.*
27. *Ausgehängte Bilder.*
28. *Vorsatz nachher einzutreten.*
29. *Oheim Reminiszenz eines Brandes.*
30. *Umständlich erzählt.*
31. *Allgemein referiert.*
32. *Fürstin kennt schon die Geschichte.*
33. *Unangenehmer Eindruck.*
34. *Abgeschüttelt.*
35. *Ins Freie.*
36. *Anmutiger Weg.*
37. *Gärten.*
38. *Stieg.*
39. *Gebüsch.*
40. *Darauf Wald.*
41. *Erste Höhe.*
42. *Rückblick.*
43. *Schöne Gegend.*
44. *Oberer Teil des alten Schlosses sichtbar aber umnebelt.*
45. *Abwärts.*
46. *Halb von Wald bedeckt.*
47. *Neues Schloß.*
48. *Oberer Stadtteil.*
49. *Fluß hie und da.*
50. *Herrliche Landschaft.*
51. *Zweite Höhe.*
52. *Voller Anblick des alten Schlosses.*
53. *Wunsch eines dortigen Aufenthalts.*
54. *Stadt fast ganz zu übersehen.*
55. *Land.*
56. *Fluß im ganzen Lauf.*
57. *Ferne gegenüber.*
58. *Friedlicher Eindruck.*
59. *Betrachtung des reinen Überblicks.*
60. *Im Gegensatz des bürgerlichen Wesens.*
61. *Ein Brand entsteht in der Mitte der Stadt.*
62. *Auf dem Markte.*
63. *Oheim mit einem Reitknecht zurück.*
64. *Fürstin und Alfred allein.*
65. *Sie sieht die längst bekannte Beschreibung des Oheims.*
66. *Alfreds Sorge sie zurück zu führen.*
67. *Tiger aus dem Gebüsch.*
68. *Flucht der Fürstin.*
69. *Alfred ihm entgegen.*
70. *Schießt.*
71. *Fehlt.*

72. *Tiger vorbei.*
73. *Der Fürstin nach.*
74. *Vorsprung vor Alfred.*
75. *Verfolgung.*
76. *Tiger retardiert bergauf.*
77. *Fürstin stürzt.*
78. *Erhebt sich.*
79. *Steht neben dem Pferd.*
80. *Tiger heran.*
81. *Alfred auch.*
82. *Schießt.*
83. *Der Tiger fällt.*
84. *Alfred vom Pferde.*
85. *Bewegung beider.*
86. *Er kniet auf dem Tiger.*
87. *Äußerer Anstand.*
88. *Zugesagte Gnade.*
89. *Ausgesprochener Wunsch zu reisen.*
90. *Schon oft wiederholt und motiviert.*
91. *Warum sich entfernen jetzt eben da er so hülfreich geworden.*
92. *Höhere Bildung als Vorwand.*
96. *Ankunft der Frau mit dem Knaben.*
97. *Jammer.*
93. *Die Jagd naht sich.*
94. *Sie haben den Brand gesehen.*
95. *Eilen nach der Stadt.*
98. *Zusammentreffen aller.*
99. *Der Mann kommt.*
100. *Nachricht von dem entwichenen Löwen.*
101. *Anstalt eines Kreiszugs.*
102. *Wächter von der Burg.*
103. *Erhöhte Jagdlust.*
104. *Einhalt der Familie.*
105. *Kapitulation.*
106. *Frau Kind und Wächter.*
107. *Idyllische Darstellung.*

(Nr. *96* und *97* sind in der Reinschrift von Goethes Hand vor Nr. *93* verwiesen, ohne daß die Zahlen geändert worden sind.)

Auf der Rückseite von H^{11} steht noch:

Vorletzter S. Bl.
Honorio
Letzter Sonnenblick
Kind

Der in dem Gesamtschema sehr kurze Schluß hat in H^8 streckenweise sein besonderes Schema bekommen:

Mann ab
Der Fürst Aufb(bruch)
Pferde vorführen

Anrede an die Frau
Ihr get(traut) *euch*
Bejahung
Kind und Frau vom Wartel begleit(et)
Machen sich auf den Weg
Reisig am engen Weg zusam(men) *getrag*(en)
finden Junker Honorio
Sitzend (?) und nachdenk(end) (?)
Anrede der Frau
Schön(er) *junger Herr*
Bitte
Weissagung von Reise
Und große Taten

ANMERKUNGEN

491,22. *alle Staatsglieder in gleicher Betriebsamkeit.* Hinweis auf die Volkswirtschaftslehren des 18. Jahrhunderts. Goethe befaßte sich, seitdem er im Beraterkreis des Herzogs saß, auch mit diesem Gebiet. Am 16. Nov. 1777 schrieb er an seine Mutter, man möge ihm das große Werk von S. J. Stewart über die Grundsätze der Staatswirtschaft senden. Er erhielt es und kaufte weitere Werke hinzu, von J. G. Büsch, J. Nekker und anderen. Es handelt sich um die Volkswirtschaftslehre, die unter dem Einfluß von Adam Smith entstanden war. Das Verzeichnis seiner Bibliothek von 1788 (gedruckt in Jahrbuch Goethe 21, 1962, S. 253–287) enthält 16 nationalökonomische Werke, doch könnte man manche Bücher aus der Abteilung „Staatskunde und Politik“ noch hinzuzählen. In der Bibliothek Goethes, wie sie heute erhalten ist, gibt es 45 Werke zur Nationalökonomie, darunter Justus Möser (Nr. 2952) und eine Adam-Smith-Ausgabe von Sartorius von Waltershausen (Nr. 2966). – Goethes Bibliothek. Katalog von H. Ruppert. 1958. – Hans Tümmler, Goethe in Staat und Politik. Köln 1964. – Bibliographie in Bd. 14, Abschnitt 37.

491,28. *Messe*: Großmarkt.

491,36. *zudringenden*: dringenden, durch die Situation gegebenen. In Goethes Briefen ist oft von *zudringender Arbeit* die Rede, z. B. Briefe HA 3, S. 442, 35.

492,8f. *die friedlichen Bewohner der dortigen Wälder durch einen unerwarteten Kriegszug zu beunruhigen.* Detlev W. Schumann in seinem Aufsatz von 1961 macht darauf aufmerksam, daß Goethe hier einen auffallenden Ausdruck benutzt, um die Haltung dieser Menschen zu zeigen, den „Mangel an Ehrfurcht vor dem Lebendigen“ (S. 135). Beachtet man daraufhin die folgenden Szenen bis zum Auftreten der drei „ins universale Leben verflochtenen Naturmenschen“ (138), so zeigt sich immer wieder „der Mensch der Natur gegenüber als Benutzer und Ausnutzer, als ichbezogener selbstgenügsamer ästhetischer Genießer und gar als Feind“. Durch die Herausarbeitung dieser Züge kommt Schumann zu dem Schluß: „Die *Novelle* führt aus begrenztem Bereich in die Unendlichkeit, aus der Realität westlicher Gegenwart zu östlich-urzeitlicher und zugleich überzeitlicher Magie, von einer menschenbezogenen ästhetischen Kultur (auf soliden ökonomisch-sozialen Grundlagen) zu gottbezogener Transzendenz.“ (140)

492,23. *Teleskop*: Fernglas.

492,26. *Stammburg*: Burg der Familie, als Wohnsitz benutzt bis man in das moderne Stadtschloß umzog, in welchem diese Szene spielt.

493,7. *Cousine*: weibliche Verwandte, hier: Nichte. Sonst meist: Base.

493,8. *Ansichten*: Die vorgelegten Blätter zeigen den Ort, der später zum Schauplatz des Hauptgeschehens der *Novelle* wird.

493,25. *Zwinger*: Gebiet zwischen dem wehrhaften Burggebäude und einer Außenmauer der Vorburg. – Dt.Wb. 16, 1270f.

493,38. *Lokal*: Lokalität, Örtlichkeit.

494,10. *geplättet*: platt gemacht. – Dt.Wb. 7, 2910.

495,1. *ausführen*: auf Grund der Zeichnungen sollen nun Gemälde hergestellt werden.

495,3. *Parterre*: Das Wörterbuch von Adelung, von welchem Goethe ein Exemplar in seinem Arbeitszimmer stehen hatte, sagt: „In den Gärten sind Parterre Luststücke, welche in Felder von verschiedenen Figuren geteilet und mit Blumen, geschnittenen Taxusbäumen usf. ausgezieret werden."

496,14. *Güter- und Warenbreite*: die ausgebreiteten Güter und Waren.

496,32. *durften*: konnten; mit dem Nebensinn: hatte es Sinn, war es rücksichtsvoll.

497,12f. *brauschig*: wulstig (von Brausche = Geschwulst); *pausig*: gebauscht.

497,21f. Eckermann notiert hierzu unter dem Datum 31. Januar 1827: *Aber eins muß doch noch in der Exposition geschehen. Der Löwe nämlich muß brüllen, wenn die Fürstin an der Bude vorbeireitet; wobei ich denn einige gute Reflexionen über die Furchtbarkeit des gewaltigen Tiers anstellen lassen kann.* – J. Petersen in seiner Untersuchung „Die Entstehung der Eckermannschen Gespräche und ihre Glaubwürdigkeit", 1925, Neudruck 1973, S. 139 rechnet diese Gesprächsdarstellung zu der Gruppe „freie Ausgestaltung in späterer Zeit auf Grund dürftiger Überlieferung".

498,7. *Bänkelsänger*: Fahrende Sänger, die auf Märkten usw. für Geld sangen und dabei gern Greueltaten darstellten. – GWb 2,50f.

498,28. *Stieg*: Anstieg, Aufstieg.

498,31. *Wallfahrt.* Hier in der Bedeutung: Fahrt zu einem besonders geschätzten Ort. – Dt.Wb. 13, 1302f.

499,39. *Pan*: griechischer Naturgott, der mittags zu ruhen pflegt.

500,16. *unbewaffneten Augen*: ohne Fernglas oder Brille.

502,20. *strack*: meist „gerade, aufrecht"; gelegentlich aber auch „im Augenblick, sofort", wie „stracks". – Dt.Wb. 10,3 Sp. 591–598.

502,34f. *Hirschfänger*: Langes Messer in einer Scheide, um dem Hirsch den „Fang" (Todesstoß) zu geben; Seitengewehr. – Adelung.

503,9. *Frömmigkeit.* Die Szene 503,4–505,10 ist ausführlich interpretiert in dem Buch von Günter Niggl, „Fromm" bei Goethe. Tübingen 1967. S. 121–122. Dort heißt es u.a.: „Zuerst also will die Fürstin das Ansinnen des jungen Mannes ablehnen, um nicht eine stete Erinnerung an ein äußeres Schreckereignis zu gewinnen; dann aber verlegt sie den Grund ihrer Weigerung ganz ins Innere, Sittliche. Dabei wählt sie bewußt eine Sprache, die unter dem zunächst Hörbaren Tieferliegendes, Unausgesprochenes mitmeint. Wenn die Fürstin hier von *Frömmigkeit* spricht, so versteht sie darunter zunächst ein Gefühl der Dankbarkeit gegenüber einem höheren Retter im *Augenblick* der Befreiung. Solche Dankbarkeit hat aber für sie von vornherein demütigen Charakter, ihr ist Gott nicht ein Helfershelfer, sondern der eigentlich Schenkende. Darum erschiene solchem Rettungsdank die Trophäe auf dem Schlitten als das frevelhafte Zeichen eines anmaßlich für selbsterrungen erklärten Sieges. Aber auch diese demütige Dankbarkeit ist für die Fürstin noch nicht *alles, was von Frömmigkeit im tiefen Herzen wohnt*: Unlöslich verbunden erscheint ihr diese Dankbarkeit mit dem Gehorsam gegen Gott und das von ihm herrührende Gebot der Sittlichkeit; gerade diese doppelte Bedeutung ihres Begriffs *Frömmigkeit* will sie mit ihren Worten (und wohl noch mehr mit ihrem Blick) Honorio zum Ausdruck bringen, dessen knieende Haltung nicht minder als sein Angebot sich ihr schon allzu deutlich erklären."

504,27. *den ungefähren Inhalt.* Die Frau spricht eine *natürliche Sprache* (504,24), und der Erzähler teilt nur den *ungefähren Inhalt* mit. Damit ist die dichterische Sprache der Frau hinreichend eingeleitet, vor allem aber auch die später folgende Verssprache des Kindes. Der Dichter spricht in seiner Weise aus, was zu der Situation gehört. Die Äußerungen dieser Gestalten sind also nicht so aufzufassen wie die der Fürstin und Honorios. Der Schriftsteller übersetzt sie in seine Sprache. Der bisherige Realismus wird verlassen.

505,3 f. *Speise von den Fressern.* Bezeichnend für die Sprache der Frau sind biblische Wendungen. Im Alten Testament, Buch der Richter 14,14 heißt es in Luthers Übersetzung: „Speise ging von dem Fresser und Süßigkeit von dem Starken."

505,13. *Blöße*: Lichtung, kahles Gelände, freier Platz. – GWb 2,795.

505,27. *mein Herr und mächtiger Jäger.* Anklang an 1. Buch Mose 10,8ff.: „Nimrod fing an, ein gewaltiger Herr zu sein auf Erden und war ein gewaltiger Jäger vor dem Herrn."

505,27. *der Löwe.* Von hier an spielt der Löwe eine wichtige Rolle in der *Novelle.* Löwen kommen bei Goethe am Schluß des *Faust II* vor, bei den *Anachoreten,* wo es heißt

Löwen, sie schleichen stumm-
freundlich um uns herum.

Das Motiv des zahmen Löwen geht auf Jesaia 11,6 und 65,25 zurück. Es ist daran anknüpfend oft bildlich dargestellt, Goethe besaß den Holzschnitt von Tizian mit den drei zahmen Löwen (reproduziert Schr.G.Ges. 61, Abb. 12). Das Motiv kommt bei Goethe aber noch an ganz anderer Stelle vor, in dem Aufsatz *Landschaftliche Malerei* (Bd. 12, S. 220f.). Dort wird berichtet, wie die Maler und Graphiker des 16. und 17. Jahrhunderts die deutsche Landschaft darstellten, *Schlösser, tiefe Täler, Wälder und Wasserfälle.* Dann aber: *Hieronymus mit dem Löwen, Magdalene mit dem Haargewande fehlen selten.* Das hat Goethe geschrieben auf Grund von Kupferstichen in seiner Sammlung wie Pieter Brueghel, „Hieronymus in deserto", und Roelant Saverij, „Landschaft mit Heiligem Hieronymus" (Reproduziert in Schr.G.Ges. 61, Abb. 19 u. 27). Das Besondere dieser Bilder ist, daß der zahme Löwe sich hier in einer weiten deutschen Landschaft befindet.

506,34. *die sanfte, süße Flöte,* ital. flauto dolce. Blockflöte, die wegen ihres sanften Tons um 1800 von der Querflöte verdrängt wurde. Sie ist leicht zu spielen und paßt deswegen zu dem Knaben.

507,3. *entstellt*: verstellt, versperrt. – GWb 3,189.

507,20. *anständigem*: der Situation entsprechend, würdevoll (GWb 1,696f.); *Enthusiasmus*: das GWb 3,153 erläutert: „alttestamentliche Frömmigkeit einer Gott lobpreisenden Rede".

507,21. *Gott hat dem Fürsten* ... Hier beginnt die Rede des Vaters, die bis 508,18 reicht. Sie ist ausführlich behandelt von Herman Meyer in seinem Buch „Natürlicher Enthusiasmus". Heidelberg 1978 (101 S.). Dort heißt es u.a.: „Die Rede des Mannes ist gewiß nicht weniger leidenschaftlich als die Klage der Frau. ... Die Klage der Frau ist bloßer Gefühlserguß und haftet im Hier und Jetzt; der Mann blickt umher und empor, ins Nahe und Weite, ins Zeitliche und Ewige. Die Klage ist chaotisch, die Rede gegliedert. Jene ist dem Liede der primitiven Völker benachbart und weist nur schwächere Anklänge an Biblisches auf; diese ist biblisch im eminentesten Sinne ... Symptomatisch hierfür ist die durchgehende Verwendung des grammatischen Präsens ... Im „natürlichen Enthusiasmus" der Sprechweise sinken die Zeitunterschiede als unwesentlich dahin." (S. 26f.) „So hat die Rede des Tierwärters ihren festen Platz im Übergang vom Realen der Exposition zum Idealen des Novellenschlusses." (S. 71)

508,17. *Daniel.* Anschließend an das Buch Daniel 6,16ff. Das Daniel-Motiv klingt in den folgenden Liedstrophen wieder an.

508,26. *des Propheten Sang*: gemeint ist Daniel in der Löwengrube wie 508,17. Das Motiv des zahmen Löwen neben einem Heiligen war oft in der bildenden Kunst dargestellt; Goethe besaß in seiner Graphik-Sammlung mehrere Werke dieser Art, z.B. Dürer, „Der heilige Hieronymus" und Tizian „Der heilige Hieronymus mit drei Löwen" (Schuchardt I, S. 93; Schr.G.Ges. 61, Abb. 13).

508,39. *aufregend*: anregend, belebend. – GWb 1, 992.

509,10. *Hierauf mit Kraft und Erhebung begannen alle drei*: Dazu Herman Meyer S. 28f.: „Der allmähliche Übergang vom gesprochenen zum gesungenen Wort ist sorgfältig gestuft ... Das gemeinsame Tun erreicht seinen Höhepunkt, als alle drei, nach dem Solo und Duett der ersten und zweiten Strophe *mit Kraft und Erhebung* die dritte Strophe beginnen *Denn der Ew'ge herrscht auf Erden.* Auf das anfängliche Parlando der Mutter folgt als melodramatische Darbietung die Rede des Vaters, worauf sich der Übergang in vollstimmiger Musik kontinuierlich und durch reigenartige Verschmelzung der Einzelrollen vollzieht."

509,13 ff. *Löwen sollen Lämmer werden*: nach Jesaia 11,6f. und 65,25. – *Und die Welle schwankt zurück*: nach 2. Mose 14,21 f. und Hiob 38,11. – *Blankes Schwert*: nach 1. Mose 22,1–14.

509,16f. *Glaub und Hoffnung ... die Liebe*: 1. Korintherbrief 13,13: „Nun aber bleibt Glaube, Hoffnung, Liebe, diese drei, aber die Liebe ist die größte unter ihnen." Ähnlich 1. Thessalonicher-Brief 1,3.

510,16f. *er saß wie in tiefen Gedanken versunken.* Honorio ist also weniger beschäftigt mit den Vorgängen um den Löwen als mit dem Nachdenken über sein Gespräch mit der Fürstin. Er hat erkannt, daß er entsagen muß. Die Fau sagt *Aber zuerst überwinde dich selbst* – ohne genauen Bezug (510,28). Honorio weiß es auf sich selbst anzuwenden und *lächelt.* Goethe deutet das Thema der Entsagung hier nur an, in seinem großen Altersroman, den *Wanderjahren,* ist es ein Hauptthema und ist schon durch den Untertitel *Die Entsagenden* betont.

511,35. *Aus den Gruben, hier im Graben.* Die Wendung *Aus den Gruben* weist auf die Daniel-Situation, *hier im Graben* auf den Burggraben des verfallenen Schlosses.

512,9f. *Sorgfältig zog er die verletzende Spitze hervor.* Das Motiv kommt bei Dichtern und Malern öfters vor, z.B. auf Dürers Holzschnitt „St. Hieronymus mit dem Löwen". Auf diesem zieht der Heilige dem Löwen einen Dorn aus der rechten Vordertatze, genau wie in der *Novelle* (512,6). Damit soll nicht gesagt sein, daß Goethe hier an diesen Holzschnitt gedacht habe, aber er kannte dieses Motiv aus seiner reichhaltigen Sammlung von Büchern, Holzschnitten und Kupferstichen.

512,35. *Anheimgegebene*: Anvertraute, Hingegebene. – GWb. 1,584f.

ZUR TEXTGESTALT DER „NOVELLE“

Die *Novelle* erschien erstmalig in der *Ausgabe letzter Hand,* Bd. 15, 1828. Handschriften sind verhältnismäßig zahlreich im Goethe-Schiller-Archiv in Weimar erhalten; vieles daraus ist in der Weimarer Ausgabe, Bd. 18, S. 451–490, und Fest-Ausgabe, Bd. 14, S. 442–448, mitgeteilt. – Die *Ausg. l. Hd.* (C) gibt eine sichere Grundlage für jeden Textabdruck. Die neueren Wissenschaftlichen Drukke, die Weimarer Ausgabe (W), Jubiläums-Ausgabe (J), Fest-Ausgabe (F) und Welt-Ausgabe (Wl), haben sorgfältig die *Ausg. l. Hd.* mit den Handschriften verglichen und in einigen wenigen Einzelheiten die handschriftliche Fassung in ihren Text aufgenommen. (Rechenschaft darüber: Fest-Ausg. S. 442; Welt-Ausg. S. 446–447.) – Die Anführungszeichen sind immer moderne Zutat.

492,35. *steinigen* Handschr., W, J, F, Wl; *steinichten* C; der Wortgebrauch wechselt bei Goethe. – 494,28. *wunderbar* C, W, J, F; *wundersam* in einer Handschr., aufgenommen in Wl; in einer anderen Handschr. fehlt das Wort überhaupt.– 497,1. *so viel* C, W, J, F, *soviel* Wl. – 497,18. *freiern* Handschr., Wl; *freien* C, W, J, F. – 497,19. *kleiner* C, F, Wl; *kleinen* Handschr., W, J. – 499,4,. *steinige* in Handschriften und Drucken wechselnd mit *steinichte,* beide Formen Goethescher Schreibgebrauch. – 499,9. *jedem Wechsel* C, W, J, F; als Konjektur setzt Wl *von jedem Wechsel* (anfechtbar). – 503,11. *nie* J, F, schon Konjektur von Düntzer 1873; *nicht* C, W, Wl. – 507,17. *eben deswegen;* Wl. schreibt *ebendeswegen.* – 507,28. *Seite* C, W, J, F; *Seiten* eine Handschrift und Wl. – 509,38. *seinem* Handschrift (eigenhändig von Goethe), Wl; *seinen* C, W, J, F. – 510,6. *begleitet,* fehlt in allen Goetheschen Handschriften und Drucken, weil es handschriftlich zunächst hieß *mit dem Wärtel,* bei der Änderung in *von* aber vergessen wurde, das Verbum einzusetzen. W, J, F, Wl haben daher *begleitet,* eingefügt.

503,8–13. Die Worte *alles ... kann* stehen in H^9 auf einem nachträglich eingeklebten Blatt, und statt *Frevelt nicht!* hieß es zunächst *Behüte!* (geändert in H^9).

BIBLIOGRAPHIE

Die folgende Bibliographie enthält – wie alle Bibliographien der Hamburger Ausgabe – nur eine Auswahl aus der zahlreichen Literatur. Ausführlichere Angaben findet man in: Goethe-Bibliographie, begründet von Hans Pyritz. Bd. I. Heidelberg 1965. Bd. 2. 1968. – Internationale Bibliographie zur dt. Klassik. Hrsg. von Hans Henning u. Siegfried Seifert. Weimar 1964ff. (jährlich). – Bibliographie in: Goethejahrbuch (jährlich). – Helmut G. Hermann, Goethe-Bibliographie. Stuttgart 1991. (Reclam 8692).

DIE LEIDEN DES JUNGEN WERTHER

Abkürzungen

Adelung = Joh. Chr. Adelung, Versuch eines vollständigen grammatisch-kritischen Wörterbuchs. 5 Bde. Lpz. 1774–1786.

Dt. Vjs. = Deutsche Vierteljahrsschrift für Literaturwiss. und Geistesgesch.

Dt. Wb. = Deutsches Wörterbuch. Hrsg. v. Jacob Grimm und Wilhelm Grimm. 1854ff.

Fischer = Paul Fischer, Goethe-Wortschatz. Lpz. 1929.

Fischer-Lamberg = Der junge Goethe. Hrsg. von Hanna Fischer-Lamberg. 5 Bde. u. 1 Register-Bd. Bln. 1963–1974.

(Jb.) Goethe = Goethe. Vierteljahrsschrift, seit 1944 Jahrbuch der Goethegesellschaft. Weimar 1936ff.

Gräf = Goethe über seine Dichtungen. Hrsg. v. Hans Gerhard Gräf 1. Teil, 2. Bd. Frankf. a. M. 1902.

GWb. = Goethe-Wörterbuch. Stuttg. 1978ff.

HA = Hamburger Ausgabe.

Jb. = Jahrbuch.

MGG = Die Musik in Geschichte und Gegenwart. Hrsg. von Friedrich Blume. Kassel 1949–1979.

Morris = Der junge Goethe, Hrsg. v. Max Morris 6 Bde. Lpz. 1909–1912

NDB = Neue deutsche Biographie. Berlin 1953ff.

PMLA = Publications of the Modern Language Association of America.

RGG = Die Religion in Geschichte und Gegenwart. 2. Aufl. Tüb. 1927–1932. – 3. Aufl. 1957–1962.

Ruppert = Goethes Bibliothek. Katalog. Bearbeitet von Hans Ruppert. Weimar 1958. (XVI, 826 S.)

WA = Goethes Werke. Weimarer Ausgabe. 4 Abteilungen mit insgesamt 133 (in 143) Bänden. Weimar 1887–1919. Bandweise bibliographiert: HA Bd. 14. –

Ausgaben

Erste Fassung

Die Leiden des jungen Werthers. Teil 1.2. Lpz., Weygand, 1774.
Faksimile-Druck der Erstausgabe: Insel-Verlag, Lpz. 1907. – Vgl. Katalog d. Sammlg. Kippenberg. Bd. 2, 2. Aufl. 1928. S. 293.
Der junge Goethe. Neue Ausgabe, besorgt von Max Morris. Bd. 4. Lpz. 1910. S. 220–329.
Goethes Werke. Fest-Ausgabe. Bd. 9. Werther. Krit. durchgesehen von J. Wahle, eingel. v. O. Walzel. Lpz. (1926). S. 179–281.
Goethes Werke. Welt-Goethe-Ausgabe Bd. 16. Hrsg. v. Fritz Adolf Hünich. Mainz u. Lpz. 1938. S. 9–111: Werther 1774.
Goethe. Berliner Ausgabe. Bd. 9. Hrsg. von Margot Böttcher, Werner Liersch u. Annemarie Noelle. Bln. 1961. – 3. Aufl. 1976.
Der junge Goethe. Hrsg. von Hanna Fischer-Lamberg. Bd. 4. Berlin (West) 1968.
Goethe, Sämtl. Werke. Münchner Ausg. Bd. 1,2. Hrsg. von G. Sauder. 1987.
Goethe, Sämtl. Werke. Frankfurter Ausg. Bd. 8. Hrsg. von Waltraud Wiethölter. 1994.

Zweite Fassung

Goethes Schriften. 1. Band. Lpz., Göschen, 1787.
Goethes Werke. 11. Bd. Tübingen, Cotta, 1808.
Goethes Werke. 12. Bd. Stuttg. u. Tübingen, Cotta, 1817.
Goethes Werke. Ausg. letzter Hand, Bd. 16. Cotta. Stuttg. u. Tüb. 1828
Goethes Werke. Weimarer Ausgabe. Bd. 19. Werther. Hrsg. v. Bernhard Seuffert. Weimar 1899.
Goethes Werke. Jubiläums-Ausgabe. Bd. 16. Hrsg. v. Max Herrmann. Stuttg. u. Bln. (1906).
Goethes Werke. Ausg. in 40 Teilen, hrsg. v. Karl Alt u. a. Berlin, Lpz., Wien, Stuttg. Verlag Bong. Bd. 17. Werther. Hrsg. v. K. Alt. (1912.) Und dazu Anmerkungs-Bd. 1 (1913).
Goethe, Die Leiden des jungen Werthers. Ed. with notes and a critical essay by Ernst Feise. New York 1916.
Goethe, Die Leiden des jungen Werther. Hrsg. v. Max Hecker. Mit 71 Abb. nach zeitgenöss. Vorlagen u. einer Einführung in Werther u. seine Zeit von F. A. Hünich. Lpz. 1922.
Goethes Werke. Festausgabe. 9. Bd. Werther. Krit. durchgesehen v. J. Wahle, eingel. v. O. Walzel. Lpz. (1926.) S. 39–150.
Goethes Werke. Welt-Goethe-Ausgabe. Bd. 16. Hrsg. v. Fritz Adolf Hünich. Mainz u. Lpz. 1938. S. 115–232, 261–265: Werther 1787.
Goethe. Gedenkausgabe. Bd. 4. Hrsg. v. Ernst Beutler. Zürich 1953.
Goethe, Die Leiden des jungen Werther. 1. und 2. Fassung. Hrsg. von Erna Merker, Bln. 1954 = Werke Goethes, hrsg. v. d. dt. Akad. d. Wiss. zu Berlin.
Goethe. Berliner Ausgabe. Bd. 9. Hrsg. von Margot Böttcher, Werner Liersch u. Annemarie Noelle. Bln. 1961 – 3. Aufl. 1976.
Goethe, Sämtl. Werke. Münchner Ausg. Bd. 2,2. 1987.
Goethe, Sämtl. Werke. Frankf. Ausgabe. Bd. 8. Hrsg. von W. Wiethölter. 1994.

Bibliographie

Goedeke Karl, Grundriß zur Gesch. d. dt. Dichtung. 3. Aufl., 4. Bd., 3. Abt. Dresden 1912. S. 163–221. – 4. Abt. Dresden 1913. S. 88–94.

Katalog der Sammlung Kippenberg. 2. Auflage. Lpz. 1928. Bd. 1, S. 255–289. Bd. 2, S. 293–317.

Gesamtkatalog der Preußischen Bibliotheken. (Sonderband:) Goethe. Hrsg. von der Preußischen Staatsbibliothek. Bln. 1932.

Goethes's Works with the exception of „Faust". A catalogue by Carl Friedrich Schreiber. New Haven, Yale University Press, 1940.

Bibliography of Comparative Literature. By Fernand Baldensperger and Werner Paul Friedrich. Chapel Hill 1950. = University of North Carolina Studies in Comparative Literature, 1. S. 628–642.

Goethe-Bibliographie, begründet von Hans Pyritz. Bd. 1. Heidelberg 1965. – Bd. 2. 1968.

Goethe-Bibliographie. In: Goethe-Jahrbuch (jährlich).

Hermann, Helmut G.: Goethe-Bibliographie. Stuttg. 1991. (Reclam 8692.)

Entstehung

Goethe und Werther. Briefe Goethes, meist aus seiner Jugendzeit, mit erläuternden Dokumenten. Hrsg. v. A. Kestner. Stuttg. u. Tüb. 1854. – 3. Aufl. (1910).

Herbst, Wilhelm: Goethe in Wetzlar. Gotha 1881.

Jerusalem, Karl Wilhelm: Philosophische Aufsätze (1776) mit Lessings Vorrede und Zusätzen. Neu hrsg. v. P. Beer. Bln. 1900. = Dt. Literaturdenkmäler des 18. und 19. Jahrhunderts, Bd. 88–89.

Goethe über seine Dichtungen. Hrsg. v. H. G. Gräf. 1. Teil, Bd. 2. Frankf. a. M. 1902. S. 493–695.

Fontane, Theodor: Werthers Leiden. In: Th. Fontane, Aus dem Nachlaß. Hrsg. v. J. Ettlinger. Bln. 1908. S. 221–223. – Mehrfach wiederabgedruckt.

Kaulitz-Niedeck, Rosa: Goethe und Jerusalem. Gießen 1908.

Der junge Goethe. Hrsg. v. H. Fischer-Lamberg. Bd. 4. Bln. 1968.

Gloël, Heinrich: Goethes Wetzlarer Zeit. Bln. 1911. (Eine teils gekürzte, teils ergänzte Neubearbeitung dieses Buches ist:) Heinrich Gloël, Goethe und Lotte. Bln. 1922.

Goethe, Kestner und Lotte. Hrsg. v. Eduard Berend. München 1914. = Goethe und seine Zeitgenossen. Hrsg. von Friedrich v. d. Leyen. Bd. 1.

Ulrich, Oskar: Charlotte Kestner. Ein Lebensbild. Bielefeld 1921.

Bode, Wilhelm: Goethes Leben. II. 1771–1774. Der Erste Ruhm. Bln. 1921.

Jerusalem, Karl Wilhelm: Aufsätze und Briefe. Hrsg. v. Heinrich Schneider. Heidelberg 1925.

Price, Lawrence Marsden: Richardson, Wetzlar and Goethe. Mélanges d'Histoire Littéraire offerts à F. Baldensperger. Tom. II. Paris 1930. S. 174–187.

Rose, William: The historical background of Goethe's Werther. In: W. Rose, Men, Myths and Movements in German Literature. London 1931. S. 125–155.

Krogmann, Willy: Goethes Ringen mit Wetzlar. Bln. 1932 = Germanische Studien, 116.

Beutler, Ernst: Wertherfragen. (Jb.) Goethe 5, 1940, S. 138–160.

Kayser, Wolfgang: Die Entstehung von Goethes „Werther“. Dt. Vjs. 19, 1941, S. 430–457.
Elschenbroich, A.: K. W. Jerusalem. In: NDB 10, 1974, S. 416–418.

Text, Fassungen, Stil

Lauterbach, Martin: Das Verhältnis der zweiten zur ersten Ausgabe von Werthers Leiden. Straßburg 1910. = Quellen u. Forschungen zur Sprach- u. Culturgesch. der german. Völker, Bd. 110.
Fittbogen, Gottfried: Die Charaktere in den beiden Fassungen von Werthers Leiden. Euphorion 17, 1910, S. 556–582.
Feise, Ernst: Zu Entstehung, Problem und Technik von Goethes ,,Werther“. The Journal of English and Germanic Philology 13, 1914, S. 1–36.
Gerhard, Melitta: Die Bauernburschenepisode in ,,Werther“. Zeitschr. für Ästhetik u. allg. Kunstwiss. 11, 1916, S. 61–74.
Rieß, Gertrud: Die beiden Fassungen von Goethes ,,Die Leiden des jungen Werthers“. Breslau 1924.
Witkowski, Georg: Textkritik und Editionstechnik neuerer Schriftwerke. Lpz. 1924. S. 33–37.
Diez, Max: The Principle of the Dominant Metaphor in Goethe's ,,Werther“. PMLA 51, 1936, S. 821–841, 985–1006.
Langen, August: Der Wortschatz des dt. Pietismus. Tübingen 1954, 2. Aufl. 1968. Insbes. S. 458–465.
Lange, Victor: Die Sprache als Erzählform in Goethes ,,Werther“. In: Formwandel. Festschr. f. P. Böckmann. Hamburg 1964. S. 261–272.
Stenzel, Jürgen: Zeichensetzung. Göttingen 1966. = Palaestra 241. S. 40–54: Werther.
Merker, Erna: Wörterbuch zu Goethes ,,Werther“. Bln. 1966. (X, 324 S.).
Rothmann, Kurt: Erläuterungen und Dokumente zu „Die Leiden des jungen Werther“. Stuttg. 1971 u.ö. (Reclam 8113.)

Geistesgeschichtliche Zusammenhänge

Schmidt, Erich: Richardson, Rousseau und Goethe. Jena 1875. Neudruck: 1924.
Waldberg, Max Freiherr v.: Goethe und die Empfindsamkeit. Berichte des freien dt. Hochstifts. Bd. 15. Frankfurt a. M. 1899. S. 1*–21*. (Auch als Sonderdruck.)
Brüggemann, Fritz: Die Ironie als entwicklungsgeschichtliches Moment. Jena 1909. S. 39–56.
Kluckhohn, Paul: Die Auffassung der Liebe in der Literatur des 18. Jahrhunderts und in der dt. Romantik. Halle 1922. 2. Aufl. 1931.
Rehm, Walther: Der Todesgedanke in der dt. Dichtung. Halle 1928 = Dt. Vjs., Buchreihe, Bd. 14.
Tieghem, Paul van: Le Romantisme dans la littérature Européenne. Paris 1948. = L'évolution de l'humanité, 76.
Atkins, Stuart Pratt: J. C. Lavater and Goethe: Problems of Psychology and Theology in ,,Die Leiden des jungen Werthers“. PMLA 63, 1948, S. 520–576. Wieder abgedruckt: Atkins, Essays on Goethe. Columbia 1995.

Voisine, J.: L'influence de la „Nouvelle Héloïse" sur la génération de „Werther". Etudes Germaniques 5, 1950, S. 120–133.

Trunz, Erich: Seelische Kultur. Eine Betrachtung über Freundschaft, Liebe und Familiengefühl im Schrifttum der Goethezeit. Dt. Vjs. 24, 1950, S. 214–242. Wieder abgedruckt in: Trunz, Weltbild und Dichtung im Zeitalter Goethes. 1993. = Schr.G.Ges., 63.

Bémol, Maurice: Goethe et Rousseau, ou la double influence. Etudes Germaniques 9, 1954, S. 257–277.

Kahn, Ludwig W.: Literatur und Glaubenskrise. Stuttg. 1964.

Schings, Hans-Jürgen: Melancholie und Aufklärung. Stuttg. 1977.

Sauder, Gerhard: Empfindsamkeit. Stuttgart 1974ff.

Brinkmann, Richard: Zur Genese und Aporie des modernen Individualitätsbegriffs. Goethes „Werther" und Arnolds „Kirchen- und Ketzer-Historie". In: Brinkmann, Wirklichkeiten. Tüb. 1982. S. 91–126.

Deutung

Gundolf, Friedrich: Goethe. Bln. 1916 u. ö. S. 162–184.

Korff, H. A.: Geist der Goethezeit. Bd. 1. Lpz. 1923. S. 297 bis 317.

Viëtor, Karl: Der junge Goethe. Lpz. 1930. – Neue Ausgabe: Bern u. München 1950.

Schöffler, Herbert: Die Leiden des jungen Werther. Frankf. a. M. 1938. – Neudruck in: Schöffler, Dt. Geist im 18. Jahrh. Göttingen 1956.

Schaeder, Grete: Gott und Welt, Hameln 1947. S. 59–82.

Flitner, Wilhelm: Goethe im Spätwerk. Hamburg 1947. S. 52–56.

Anstett, J.-J.: La crise religieuse de Werther. Etudes Germaniques 4, 1949, S. 221–128.

Staiger, Emil: Goethe. Bd. 1. Zürich u. Freiburg 1952. S. 147–173.

Lange, Victor: Goethe's Craft of Fiction. Publ. of the English Goethe Society, N. S. 22. 1953. S. 31–63.

Storz, Gerhard: Goethe-Vigilien. Stuttg. 1953. S. 19–60.

Haß, Hans-Egon: Werther-Studie. In: Gestaltprobleme der Dichtung. Günther Müller zum 65. Geburtstag. Hrsg. von R. Alewyn, H. E. Haß u. C. Heselhaus. Bonn 1957. S. 83–125.

Appelbaum-Graham, Ilse: Minds without Medium. Reflections on Emilia Galotti and Werthers Leiden. Euphorion 56, 1962, S. 3–24.

Reiss, Hans: Goethes Romane. Bern u. München 1963.

Ryder, Frank G.: Season, Day and Hour. Time as Metaphor in Goethe's „Werther". Journal of English and Germanic Philology 63, 1964, S. 389–407.

Michéa, René: Les notions de „coeur" et d' „âme" dans „Werther". Etudes Germaniques 23, 1968, S. 1–11.

Müller, Peter: Zeitkritik und Utopie in Goethes „Werther". Bln. (Ost), 1969. (308 S.)

Kaschnitz, Marie Luise: Zwischen Immer und Nie. Frankf. 1971. – S. 110–118: Werther.

Goethe ‚Die Leiden des jungen Werther'. Erläuterungen, Dokumente. Hrsg. von Kurt Rothmann. Stuttgart, Reclams Univ.-Bibl. 8113/13a (181 S.).

Graham, Ilse: Goethes eigener Werther. Eines Künstlers Wahrheit über seine

Dichtung. Jahrbuch d. dt. Schiller-Ges. 18, 1974, S. 268 bis 303. – Dasselbe, engl.: Graham, Goethe, Portrait of the Artist. Bln. New York, 1977. S. 7–33.

Blackall, Eric A.: Goethe and the novel. Ithaca, New York, 1976.

Thomé, Horst: Roman und Naturwissenschaft. Frankfurt u. Bern 1978. = Regensburger Beiträge, Reihe B, Bd. 15.

Blesin, Stefan: Die Romane Goethes. Königstein 1979. Insbesondere S. 269–301.

Zimmermann, Rolf Chr.: Das Weltbild des jungen Goethe. Bd. 2. München 1979. S. 167–212.

Grathoff, Dirk: Natur im thematischen Gefüge des ,,Werther"-Romans. GJb. 102, 1985, S. 184–198.

Flaschka, Horst: Goethes Werther. Werkkontextuelle Deskription und Analyse. München 1987.

Goethes „Werther". Kritik und Forschung. Hrsg. von Hans Peter Herrmann. Darmstadt 1994. = Wege der Forschung 607.

Niggl, Günter: Erzählspiegel in Goethes „Werther". In: Exempla. Hrsg. von B. Engler u. Kurt Müller. Bln. 1995. S. 199–214.

Wirkung

Allgemeines

Appell, Johann Wilhelm: Werther und seine Zeit. Lpz. 1855. 4., vermehrte Aufl. Oldenburg 1896.

Hillebrand, K.: Die Wertherkrankheit in Europa. In: Hillebrand, Zeiten, Völker und Menschen. Bd. 7. Bln. 1885. S. 102–142.

Hünich, Fritz Adolf: Aus der Wertherzeit. Jb. der Sammlg. Kippenberg 4, 1924, S. 249–281.

Rost, Hans: Bibliographie des Selbstmords. Augsburg 1927. S. 316–326.

Gesamtregister zur Zeitschrift für Bücherfreunde 1897–1931. Von Hans Ruppert. Bd. 1. Weimar 1933. S. 210f.

Jahresbericht über die wissenschaftlichen Erscheinungen auf dem Gebiet der neueren dt. Literatur. N.F. XII. Bibliographie 1932. Bln. u. Lpz. 1935. S. 165–170. (Auslands-Wirkung.)

Strich, Fritz: Goethe und die Weltliteratur. Bern 1946.

Bibliography of Comparative Literature. By F. Baldensperger and W.P. Friedrich. Chapel Hill 1950. = University of North Carolina Studies in Comparative Literature, 1. S. 628–642.

Atkins, Stuart Pratt: The Testament of Werther in Poetry and Drama. Cambridge, Mass., 1949. = Harvard Studies in Comparative Literature, XIX.

Deutschland

Goethe im Urteil seiner Zeitgenossen. Hrsg. v. Julius W. Braun. Bd. 1–3. Bln. 1883–1885. = Schiller und Goethe im Urteil ihrer Zeitgenossen, hrsg. v. J. W. Braun, 2. Abteilung.

Das Wertherfieber in Österreich. Eine Sammlung von Neudrucken. Eingeleitet von Gustav Gugitz. Wien 1908.

Goue, August Siegfried v.: Auswahl (seiner Schriften) von Karl Schüddekopf. Einführung von Heinrich Gloël. Weimar 1917.

Goethe in vertraulichen Briefen seiner Zeitgenossen. Hrsg. v. Wilhelm Bode. 3 Bde. Bln. 1918–1923. – Neu-Ausgabe mit Quellennachweisen und Registern von Regine Otto. Bln. u. Weimar 1979, München 1982.

Lenz, J. M. R.: Briefe über die Moralität der „Leiden des jungen Werther". Hrsg. v. L. Schmitz-Kallenberg. Münster 1918. (Auch abgedruckt in: Zeitgenössische Rezensionen, hrsg. v. H. Blumenthal. 1935.)

Die deutschen Werther-Gedichte. Hrsg. v. Fritz Adolf Hünich. Jb. d. Sammlg. Kippenberg 1, 1921, S. 181–254. – Ergänzungen dazu: Ebd., Nd. 5, 1925, S. 293–301; Bd. 7, 1927/28, S. 316–320.

Sommerfeld, Martin: Nicolai und der Sturm und Drang. Halle 1921.

Nicolai, Friedrich: Freuden des jungen Werthers. Bln. 1775. Faksimile-Neudruck. München 1922.

Sommerfeld, Martin: I. M. R. Lenz und Goethes Werther. Euphorion 24, 1922, S. 68–107. Wieder abgedruckt in: M. Sommerfeld, Goethe in Umwelt und Folgezeit. Leiden 1935.

Hünich, Fritz Adolf: Werther und seine Zeit. In: Goethe, Die Leiden des jungen Werther. Hrsg. v. M. Hecker. Lpz. 1922. S. V–XXXIV. (Mit 48 Seiten Abbildungen.)

Sauerlandt, Max: Werther-Porzellane. Jb. d. Sammlg. Kippenberg 3, 1923, S. 100–106.

Werther-Schriften (von 8 Autoren). Hrsg. von Fritz Adolf Hünich. Lpz. 1924.(Vgl. Katalog d. Sammlg. Kippenberg Bd. 1, 2. Aufl., 1928, S. 287, Nr. 3364.)

Die Wertherillustrationen des Johann David Schubert. Hrsg. v. Wolfgang Pfeiffer. Weimar 1933. = Schriften d. Goethe-Ges., 46.

Nollau, Alfred: Das literarische Publikum des jungen Goethe. Mit einem Anhang: Neudrucke zeitgenöss. Götz- u. Werther-Kritiken. Weimar 1935. = Literatur u. Leben, 5. – Dazu die Rezension von Hermann Blumenthal: Anzeiger für dt. Altertum 54, 1935, S. 123–125.

Zeitgenössische Rezensionen und Urteile über Goethes „Götz" und „Werther". Hrsg. von Hermann Blumenthal. Bln. 1935. = Literarhistor. Bibliothek, Bd. 14.

Blumenthal, Hermann: Karl Philipp Moritz und Goethes „Werther". Zeitschr. f. Ästhetik u. allg. Kunstwiss. 30, 1936, S. 28–64.

Der junge Goethe im zeitgenöss. Urteil. Bearb. von Peter Müller. Bln. (Ost), Akademie-Verlag. = Dt. Bibliothek, 2. – S. 119 bis 231: Werther.

Scherpe, Klaus R.: Werther und Wertherwirkung. Bad Homburg 1970. – Dazu: R. Alewyn in: Germanistik 1970, S. 756f. – Peter Müller in: Weimarer Beiträge 1973, S. 109ff. – Gerhard Kaiser in: Euphorion 65, 1971, S. 194–199.

Die Leiden des jungen Werthers. Ausstellung des Goethe-Museums Düsseldorf. 1972. Katalog, hrsg. von Jörn Göres. (200 S. mit Abb.).

Goethe im Urteil seiner Kritiker. Hrsg. von K. R. Mandelkow. Bd. 1. 1773–1832. München 1975. – Bd. 2. 1832–1870. München 1977. – Bd. 3. 1870–1918. München 1979. Bd. 4. 1918–1982. 1984.

England, Amerika, Niederlande, Schweden

Withington, Robert: The Letters of Charlotte – an Antidote to Die Leiden des jungen Werthers. PMLA 27, 1912, S. 26–46.

Long, Orie W.: English Translations of Goethe's Werther. The Journal of English and Germanic Philology 14, 1915, S. 109–203.

Long, O. W.: The Attitude of Eminent Englishmen and Americans toward Werther. Modern Philology 14, 1916, S. 455–466.

Long, O. W.: English and American Imitations of Goethe's Werther. Modern Philology 14, 1916, S. 193–216.

Carré, J. M.: Goethe en Angleterre. Paris 1920.

Klippenberg, Anton: Die erste englische Ausgabe des „Werther". Jb. d. Sammlg. Kippenberg 5, 1925, S. 13–21.

Mac Killop, Alan D.: The first English Translator of Werther. Modern Language Notes 43, 1928, S. 36–38.

Hill, Charles J.: The first English Translation of Werther. Modern Language Notes 47, 1932, S. 8–12.

A Critical Bibliography of German Literature in English Translations. By Bayard Quincy Morgan. 2. Edition. Stanford University Press. London, Oxford 1938. S. 156–159.

Long, O. W.: Werther in America. Studies in Honour of John Albrecht Walz. Lancaster, Pa. 1941. S. 86–116.

Rose, William: Goethe's Reputation in England during his Lifetime. In: Essays on Goethe. Ed. by W. Rose. London (1949). S. 141–185.

Zeydel, Edwin H.: Goethe's Reputation in America. In: Essays on Goethe. Ed. by W. Rose. London (1949). S. 207–232.

Menne, Karl: Goethe's „Werther" in der niederländischen Literatur. Lpz. 1905. = Breslauer Beiträge zur Literaturgesch., 6.

Wrangel, Ewert: Werther und das Wertherfieber in Schweden. Goethe-Jb. 29, 1908, S. 128–146.

Frankreich, Italien, Spanien

Baldensperger, Fernand: Goethe en France. Paris 1904. 2. Aufl. 1920.

Morel, Louis: Werther au théâtre en France. Archiv f. d. Stud. d. neueren Spr. u. Lit., Bd. 118. 1907. S. 352–370.

Morel, L.: Les principales imitations françaises de Werther. 1788–1813. Archiv f. d. Stud. d. neueren Spr. u. Lit., Bd. 121. 1909. S. 368–390.

Morel, L.: La fortune de „Werther" en France dans la poésie et le roman. 1778–1816. Arch. f. d. Stud. d. neueren Spr. u. Lit., Bd. 125. 1910. S. 347–372.

Hainrich, Paul: Werther und René. Greifswald 1921. = Romanisches Museum, Bd. 18.

Sondheim, Moritz: Werther und der Weltschmerz in Frankreich. Frankfurter Gesellschaft der Goethefreunde, Bd. 9. 1928. (Privatdruck.)

Evans, D.-C.: Une supercherie littéraire: le Werther français de Pierre Leroux. Revue de littérature comparée 18, 1938, S. 312–325.

Seeber, Edward D.: Literature and the Question of Suicide: Werther in France. Goethe Bicentennial Studies. Bloomington 1950. = Indiana University Publications, 22. S. 49–59.

Zschech, F.: Sografis Komödie „Werther" und Ugo Foscolos Roman „Letzte Briefe des Jacopo Ortis". Germanisch-Romanische Monatsschrift 3, 1911, S. 597–614.

Tecchio, Giovanni: Ugo Foscolo. Straßburg 1914. = Einführung in die romanischen Klassiker, Heft 8.

Pieper, K.: Werther und Jacopo Ortis. Archiv f. d. Stud. d. neueren Spr. u. Lit., Bd. 148. 1925. S. 207–220.

Borgese, G. A.: Leopardi wertheriano e l'Omero di Ugo Foscolo. Mélanges d'Histoire Littéraire offerts à F. Baldensperger. Tom. I. Paris 1930. S. 63–69.

Bertrand, J.-J. A.: Goethe en Espagne. Mélanges d'Histoire Littéraire offerts à F. Baldensperger. Tom. 1. Paris 1930. S. 39–53.

Pageard, Robert: Werther en Espagne. In: Gesammelte Aufsätze zur Kulturgesch. Spaniens Bd. 11. Münster 1955. S. 215–220. (span. Forsch. d. Görres-Ges.)

Polnische, tschechische, russische, jugoslawische Literatur

Wojciechowski, Konstanty: Werter w Polsce. (Werther in Polen.) Lwów (Lemberg) 1904. – Wyd. 2 (2. Aufl.) Lwów, Warsuawa, Kraków 1925.

Falkowski, Zygmunt: Orgień i lzy Wertera, Przeglad Powszechny 49, 1932, Heft 580.

Ciechanowska, Zofja: Die Anfänge der Goethe-Kenntnis in Polen. Germanoslavica 1, 1931–1932, S. 387–407; 2, 1932 bis 1933, S. 14–43.

Kraus, Arnošt V.: Goethe a Čechy. (Goethe und Böhmen.) V Praze (Prag) 1896. (Der 2. Teil behandelt Goethes Wirkung auf die tschechische Literatur.)

Sipovskij, V. V.: Vlijanie „Vertera" na russkij roman XVIII st. (Der Einfluß des „Werther" auf den russischen Roman des 18. Jahrhunderts.) Žurnal Ministerstava Narodnogo Prosveščenija (Journal des Ministeriums für Volksaufklärung) 1906, Nr. 1, otd. (Abt.) 2. Auch als Einzelschrift. St. Petersburg 1906.

Literaturnaja Änciklopedija (Literaturenzyklopedie) 2. Moskau 1929. Sp. 184–187: B. Puriščev, Verter i Verterizm.

Berkow, P. N.: Werther in Puškins „Eugen Onegin". Germanoslavika 2, 1932–33, S. 72–76.

Bem, A.: Der russische Antiwertherismus. Germanoslavica 2, 1932–33, S. 357–359.

Žirmunskij, V. M.: Rossijskij Verter. (Der russische Werther.) In: Sbornik statej, posvjascennych akademiku A. S. Orlovu. Moskau 1934. S. 547–556.

Žirmunskij, Viktor Maksimovič: Gete v russkoj literature. (Goethe in der russischen Literatur.) Leningrad 1937.

Mojaševič, Miljan: Deutsch-jugoslawische Begegnungen. Wien 1970. – S. 168–183: Die Leiden des jungen Werther.

Eggeling, Wolfram u. Schneider, Martin: Der russische Werther. München 1988.

Japan

Kimura, Naoji: Werther in japanischer Übersetzung. In: Sprache und Bekenntnis. Festschr. f. H. Kunisch. Berlin 1971, S. 57–77.

Hoshino, Schin-ichi: Goethe und das japanische Publikum. Goethe-Jahrbuch der Goethe-Ges. in Japan (Nippon-Universität) Bd. 20, Tokio 1978, S. 29–51.

Kimura, Naoji: Die Wertherwirkung in Japan. Goethe-Jahrbuch der Goethe-Ges. in Japan (Nippon-Universität) Bd. 20, Tokio 1978, S. 69–95.

UNTERHALTUNGEN DEUTSCHER AUSGEWANDERTEN

Abkürzungen

Adelung = Joh. Chr. Adelung, Versuch eines grammatisch-kritischen Wörterbuchs. 5 Bde. Lpz. 1774–1786 u.ö.
Dt. Wb. = Deutsches Wörterbuch. Von J. Grimm u. W. Grimm. Lpz. 1854–1971.
GJb. = Goethe-Jahrbuch.
GWb. = Goethe-Wörterbuch. Stuttg. 1966ff.
KDN = Deutsche Nationalliteratur. Hrsg. von J. Kürschner. 164 Bde. 1882–1899.
PMLA = Publications of the Modern Language Association.

Ausgaben und Nachschlagewerke

(Erstdruck:) Die Horen, eine Monatsschrift, hrsg. von Schiller. Jahrgang 1795. 1.–10. Stück. – Fotomechan. Neudruck: Stuttg. u. Darmstadt 1959.
Goethes Werke. Ausgabe letzter Hand. Bd. 15. Stuttg. u. Tüb. 1828.
Goethes Werke. Weimarer Ausgabe. Bd. 18. Weimar 1895. Darin S. 93–273 und 413–423 die „Unterhaltungen“, hrsg. von Adolf Strack.
Goethes Werke. Jubiläums-Ausgabe. Bd. 16. Hrsg. von Max Herrmann. Stuttg. u. Berlin, Cotta, 1906.
Goethes Werke. Fest-Ausgabe. Bd. 14. Krit. durchgesehen von J. Wahle, erläutert von O. Walzel. Lpz. (1926).
Goethe. Berliner Ausgabe. Bd. 12. Hrsg. von Regine Otto. Bln. 1963 u.ö.
Goethe, Sämtl. Werke. Münchner Ausg. Bd. 4, 1. Hrsg. von Karl Richter. München 1988.
Goethe, Sämtl. Werke. Dt. Klassiker Verlag. Bd. 9. Hrsg. von Wilhelm Voßkamp u. Herbert Jaumann. Frankfurt 1992. (Mit ausführlicher Bibliographie.)
Goethe über seine Dichtungen. Hrsg. von H. G. Gräf. 1. Teil, Bd. 1. Frankf. a.M., 1901, S. 316–361.
Goedeke, Karl: Grundriß zur Gesch. der dt. Dichtung. Bd. 4. 3. Aufl., Abt. 3. Dresden 1912. S. 312–314. – Abt. 4. Dresden 1913. S. 99. – Bd. 4, 5. Abt. Berlin 1960. S. 663–666.
Goethe-Bibliographie. Hrsg. von Hans Pyritz u.a. Bd. 1. Heidelberg 1965. – Bd. 2. 1968.

Literaturgeschichtliche Zusammenhänge

Deutsche Erzähler des 18. Jahrhunderts. Hrsg. von Rudolf Fürst. Lpz. 1897. = Dt. Literaturdenkmale des 18. u. 19. Jahrhunderts, Nr. 66–69.
Fürst, Rudolf: Die Vorläufer der modernen Novelle im 18. Jahrhundert. Halle 1897.
Borchmeyer, Ursula: Die dt. Prosaerzählungen des 18. Jahrhunderts unter beson-

cerer Berücksichtigung des „Teutschen Merkur" und des „Deutschen Museums". Diss. Münster 1955.
Klein, Johannes: Gesch. der dt. Novelle von Goethe bis zur Gegenwart. Wiesbaden 1954 u.ö.
Wiese, Benno v.: Novelle. (Sammlung Metzler.) Stuttg. 1963 u.ö.
Kunz, Josef: Die dt. Novelle zwischen Klassik und Romantik. Bln. 1966 u.ö.

Die Novellen

Schlegel, A. W.: (Rezension von:) Die Horen, 1. Jahrgang. In: Allg. Literatur-Zeitung 1796, Nr. 6. – Neugedruckt: Schlegel, Werke, Bd. 10. Lpz. 1846. S. 59 bis 90. – Gräf S. 342–345. – Goethe im Urteil seiner Kritiker. Hrsg. von K. R. Mandelkow. Bd. 1, 1975, S. 122–124.
Bastier, Paul: La Nouvelle individualiste en Allemagne de Goethe à Keller. Paris 1910. (450 S.)
Ernst, Paul: Zu Goethes Novellen und Märchen. Nachwort zu: Goethe, Novellen und Märchen. Hrsg. von Paul Ernst. Bln. 1914. Wieder abgedruckt in: P. Ernst, Tagebuch eines Dichters. München 1934. S. 78–85.
Kraft, Werner: Von Bassompierre zu Hofmannsthal. Revue de litterature comparée 15, 1935, S. 481–490, 694–725.
Raabe, August: Der Begriff des Ungeheuren in den „Unterhaltungen deutscher Ausgewanderten". (Jb.) Goethe 4, 1939, S. 23–39.
Jessen, Myra R.: Spannungsgefüge und Stilisierung in den Goetheschen Novellen. PMLA (Publikations of the Modern Language Association) 55, 1940, S. 445–471.
Müller, Günther: Nachwort zu: Goethe, Unterhaltungen deutscher Ausgewanderten. Krefeld 1947.
Pfeiffer, Johannes: Wege zur Erzählkunst. Hamburg 1953. Darin S. 53–56 „Der Prokurator".
Jürgens, Ilse: Die Stufen der sittlichen Entwicklung in Goethes „Unterhaltungen deutscher Ausgewanderten". Wirkendes Wort 6, 1955/56, S. 336–340.
Ziolkowski, Theodore: Goethe's Unterhaltungen deutscher Ausgewanderten. Monatshefte (Madison, Univ. of Wisconsin) 50, 1958, S. 57–74.
Popper, H.: Goethes Unterhaltungen deutscher Ausgewanderten. In: Affinities. Essays ... dedicated to the memory of Oswald Wolff. London 1971. S. 206–245.
Remak, Henry H.: Novellistische Struktur. Bassompierre, Goethe, Hofmannsthal. Bern 1982. (130 S.)
Träger, Christine: Novellistisches Erzählen bei Goethe. Bln. (Ost) 1984.
Bauschinger, Sigrid: Unterhaltungen dt. Ausgewanderten. In: Goethes Erzählwerk. Interpretationen. Reclam 8081. Stuttg. 1985. S. 134–167.
v. Wilpert, Gero: Die dt. Gespenstergeschichte. Stuttg. 1994. S. 158–167.

Das Märchen

Meyer von Waldeck, Friedrich: Goethes Märchendichtungen. Heidelberg 1879.
Steiner, Rudolf: Goethes geheime Offenbarung. Das Magazin für Literatur 68, 1899, S. 793–802. – Wieder abgedruckt in: Steiner, Goethes Geistesart in ihrer

Offenbarung durch seinen ,,Faust" und durch das Märchen von der Schlange und der Lilie. Bln. 1918 u. ö. S. 100–119. – Mehrfach neugedruckt. – Englische Übersetzung: Steiner, Goethe's standard of the soul as illustrated in ,,Faust" and the fairy story of The Green Snake. Translated by D. Osmond. London 1925. – Französisch: L'esprit de Goethe d'après Faust et le conte du Serpent vert. Trad. par Claretie. Paris 1926.

Wahle, Julius: Auslegungen des Märchens. GJb 25, 1904, S. 37–44.

Lucerna, Camilla: Das Märchen. Goethes Naturphilosophie als Kunstwerk. Lpz. 1910.

Obenauer, Karl Justus: Der faustische Mensch. Jena 1922. S. 9–26.

Goethe: Märchen. Mit einer Einführung und einer Stoffsammlung zur Geschichte und Nachgeschichte des ,,Märchens". Von Theodor Friedrich. Lpz. 1925. = Reclams Universal-Bibliothek, 6581–6583.

Walzel, Oskar: Einleitung zu: Goethe, Werke. Fest-Ausgabe. Bd. 14. Lpz. 1926. S. 33–42.

Wukadinović, Spiridon: Das Märchen. In: Wukadinović, Goethe-Probleme. Halle 1926. S. 35–65.

Weinhandl, Ferdinand: Die Metaphysik Goethes. Bln. 1932. S. 338–356.

Lucerna, Camilla: Studien zu Goethes Rätseldichtung ,,Das Märchen". In: Lucerna, Proteus Goethe. Zagreb 1932. S. 8–26.

Dzialas, Ingrid: Auffassung und Darstellung der Elemente bei Goethe. Bln. 1939. = German. Studien, 226. S. 134–141: ,,Das Märchen".

Hippel, Ernst v.: Mensch und Gemeinschaft bei Platon und Goethe. (Jb.) Goethe 6, 1941, S. 306–314. (Deutungsversuch des ,,Märchens".)

Emrich, Wilhelm: Die Symbolik von Faust II. Bln. 1943 u. ö. S. 229–233, 319, 490 u. ö.

Hoffmeister, Johannes: Die Heimkehr des Geistes. Hameln 1946. S. 94–161.

Hiebel, Frederick: Goethe's ,,Märchen" in the Light of Novalis. PMLA 63, 1948, S. 918–934.

Stöcklein, Paul: Nachwort zu: Goethe, Novellen und Märchen. Mit einem Nachwort von P. Stöcklein. Hamburg 1949.

Stöcklein, Paul: Nachwort zu Bd. 9 der Gedenk-Ausgabe. Zürich, Artemis-Verlag, 1949, S. 727–737.

Pannwitz, Rudolf: Goethes Märchen. In: Pannwitz, Der Nihilismus und die werdende Welt. Nürnberg 1951. S. 206–216.

Danckert, Werner: Goethe. Der mythische Urgrund seiner Weltschau. Bln. 1951. S. 494–498.

Mayer, Hans: Das ,,Märchen". Goethe und Gerhart Hauptmann. In: Gestaltung – Umgestaltung. Festschr. für H. A. Korff. Lpz. 1957. S. 92–107. – Wiederabgedruckt in: Hans Mayer, Von Lessing bis Thomas Mann. Pfullingen 1959. S. 356–382.

Mommsen, Katharina: Goethe und 1001 Nacht. Bln., Akademie-Verlag, 1960. Insbesondere S. 57–64. – Neuauflage: Frankfurt 1981.

Marache, Maurice: Le Symbole dans la pensée et l'oeuvre de Goethe. Paris 1960. Insbes. S. 155–175.

Ohly, Friedrich: Römisches und Biblisches in Goethes „Märchen". Zeitschrift f. dt. Altertum 91, 1961, S. 147–166. Wieder abgedruckt in: Ohly, Ausgewählte und neue Schriften. Stuttg. u. Lpz. 1995.

Lucerna, Camilla: Wozu dichtete Goethe „Das Märchen"? (Jb.) Goethe 25, 1963, S. 206–219.
Tecchi, Bonaventura: Goethe scrittore di fiabe. Torino 1966.
Solbrig, Ingeborg H.: Symbolik und ambivalente Funktion des Goldes in Goethes „Märchen". Jahrb. des Wiener Goethe-Vereins 73, 1969, S. 40–59.
Kobayashi, Kensuke: Einführung in die Interpretation des „Märchens" von Goethe. In: Gête Nenkan. Goethe-Jahrbuch der japan. Goethe-Gesellschaft in Tokio. Bd. 17. 1970. S. 133–154.
Oesterreich, Christian: Zur Sprache von Goethes „Märchen". DtVjs. 44, 1970, S. 489–495.
Fink, Gonthier-Louis: Das Märchen. Goethes Auseinandersetzung mit seiner Zeit. (Jb.) Goethe 33, 1971, S. 96–122.
Kreuzer, Ingrid: Strukturprinzipien in Goethes „Märchen". Jb. d. dt. Schillerges. 21, 1977, S. 216–246.
Mommsen, Katharina: Goethes Botschaft an Schiller im „Märchen". In: Theatrum Europaeum. Festschr. f. E.M. Szarota. München 1982. S. 491–516.
Klotz, Volker: Das europäische Kunstmärchen. Stuttg. 1985.
Niggl, Günter: Verantwortliches Handeln als Utopie? Überlegungen zu Goethes „Märchen". In: Verantwortung und Utopie. Hrsg. von Wolfg. Wittkowski. Tübingen 1988. S. 91–108.
Vietor, Sophia: Das Wunderbare in den Märchen von Goethe und Novalis. Oberwiederstedt 1995.

DIE WAHLVERWANDTSCHAFTEN

Abkürzungen

Benjamin = Walter Benjamin: Goethes Wahlverwandtschaften. In: Spiegelungen Goethes in unserer Zeit. Hrsg. v. Hans Mayer. Wiesbaden 1949.
Bode = Goethe in vertraulichen Briefen seiner Zeitgenossen. Zusammengestellt von Wilhelm Bode. Bd. 2. Berlin 1921.
Dt. Akad. d. Wiss. = Deutsche Akademie der Wissenschaften.
DVjs. = Deutsche Vierteljahresschrift für Literaturwissenschaft und Geistesgeschichte.
Fischer = Paul Fischer: Goethe-Wortschatz. Leipzig 1929.
François-Poncet = André François-Poncet: Les Affinités Electives de Goethe. Paris 1910.
Goethe = Goethe. Vierteljahrsschrift (bzw. Viermonatsschrift und seit 1944 Jahrbuch) der Goethe-Gesellschaft. Weimar 1936ff.
Gräf = Hans Gerhard Gräf (Hrsg.): Goethe über seine Dichtungen. Teil 1. Bd. 1. Frankfurt 1901.
GWb. = Goethe-Wörterbuch. Stuttg. 1978ff.
Hankamer = Paul Hankamer: Spiel der Mächte. Tübingen 1948.
HA = Goethes Werke. Hamburger Ausgabe in 14 Bänden.
Jb. d. fr. dt. Hochstifts = Jahrbuch des Freien Deutschen Hochstifts.
May = Kurt May: Goethes „Wahlverwandtschaften" als tragischer Roman. In: Jb. d. fr. dt. Hochstifts 1936.

Rösch = Ewald Rösch (Hrsg.): Goethes Roman „Die Wahlverwandtschaften". Darmstadt 1975. = Wege der Forschung Bd. 113.
Schaeder = Grete Schaeder: Gott und Welt. Hameln 1947.
Stöcklein = Paul Stöcklein: Wege zum späten Goethe. Hamburg 1949.
Zs. f. dt. Phil. = Zeitschrift für deutsche Philologie.

Ausgaben und Bibliographien

Goethe: Die Wahlverwandtschaften. Ein Roman. Erster Teil. Zweiter Teil. Tübingen, Cotta 1809.
Goethes Werke. Bd. 13. Tübingen, Cotta 1810. (Ausgabe A).
Goethe: Die Wahlverwandtschaften. Ein Roman. 2. Aufl. Tübingen, Cotta 1810.
Goethes Werke. Bd. 14. Stuttgart u. Tübingen, Cotta 1817. (Ausgabe B).
Goethes Werke. Vollständige Ausgabe letzter Hand. Bd. 17. Stuttgart u. Tübingen, Cotta 1828. (Ausgabe C).
Goethes Werke. Weimarer Ausgabe. Bd. 20. Hrsg. v. Max Freiherr v. Waldberg u. Bernhard Seuffert. Weimar 1892.
Goethes Werke. Jubiläums-Ausgabe. Bd. 21. Hrsg. v. F. Muncker. Stuttgart u. Berlin 1903.
Goethes Werke. Fest-Ausgabe. Bd. 13. Kritisch durchgesehen von Julius Wahle, eingeleitet von O. Walzel. Leipzig 1926.
Goethe: Die Wahlverwandtschaften. Hrsg. v. Helmut Praschek. Berlin, Akademie-Verlag 1963. = Werke Goethes. Hrsg. von der Dt. Akad. d. Wiss. zu Berlin. Mit einem Anhangsheft: Überlieferung, Varianten u. Paralipomena.
Goethes Werke. Berliner Ausgabe. Bd. 12. Die Wahlverwandtschaften. Hrsg. v. Regine Otto. Berlin 1963. = 3. Aufl. 1976.
Goethes Werke. Münchner Ausgabe. Bd. 9. Hrsg. von Christoph Siegrist. München 1987.
Goethe, Sämtl. Werke. Dt. Klass. Verlag. Bd. 8. Hrsg. von Chr. Brecht u. Waltraud Wiethölter. Frankfurt 1994.
Goethe über seine Dichtungen. Hrsg. v. H. G. Gräf. Teil 1. Bd. 1. Frankfurt 1901.
Goedeke, Karl: Grundriß zur Geschichte der deutschen Dichtung. 3. Aufl. Bd. 4. Abt. 3. Dresden 1912. – Bd. 4. Abt. 5. Berlin 1960.
Goethe-Bibliographie. Begründet v. Hans Pyritz. Bd. 1. Heidelberg 1965, S. 765–768. Bd. 2. 1968, S. 237–240.
Hermann, Helmut G.: Goethe-Bibliographie. 1991. S. 226–237.

Deutung

Abeken, Rudolf: Über Goethes „Wahlverwandtschaften". Rezension im „Morgenblatt für gebildete Stände" am 22., 23. u. 24. 1. 1810. Abgedr. in: H. G. Gräf: Goethe über seine Dichtungen. I. 1. Frankfurt 1901, S. 438–447. – Und in: O. Fambach: Goethe und seine Kritiker. 1955, S. 160–167. – Und in: K. R. Mandelkow: Goethe im Urteil seiner Kritiker. Bd. I. München 1975, S. 262–267.
Eckermann, J. P.: Bemerkungen über Goethe's Wahlverwandtschaften. In: J. P. E.: Beyträge zur Poesie mit besonderer Hinweisung auf Goethe. Stuttgart 1824, S. 150–189. – Neudruck: Berlin 1911, S. 135–170.

Solger, Friedrich: Über die Wahlverwandtschaften. In: F. S.: Nachgelassene Schriften. Hrsg. v. L. Tieck u. F. v. Raumer. Leipzig 1826. Bd. 1, S. 175–185. – Repr. Nachdruck: Heidelberg 1973. – Und in: H. G. Gräf: Goethe über seine Dichtungen. Teil 1. Bd. 1, S. 474–480. – Und in: K. R. Mandelkow: Goethe im Urteil seiner Kritiker. Bd. 1. München 1975, S. 257–261.

Rötscher, Heinrich Th.: Die „Wahlverwandtschaften" von Goethe in ihrer weltgeschichtlichen Bedeutung. In: H. Th. R.: Abhandlungen zur Philosophie der Kunst. 2. Abt. Berlin 1838, S. 1–195.

Walzel, Oskar: Goethes Wahlverwandtschaften im Rahmen ihrer Zeit. In: Goethe-Jb. 27, 1906, S. 166–206. – Und in: O. W.: Vom Geistesleben des 18. und 19. Jahrhunderts. Leipzig 1911, S. 195 bis 255. – Und in: O. W.: Vom Geistesleben alter und neuer Zeit. Leipzig 1922, S. 390–439. – Und in: Rösch.

François-Poncet, André: Les Affinités Electives de Goethe. Essai de commentaire critique. Paris 1910. – Deutsche Übersetzung: A. F.-P.: Goethes Wahlverwandtschaften. Mainz 1951.

Wassermann, Jakob: Vorrede zu Goethes Wahlverwandtschaften. In: Österreichische Rundschau 37, 1913, S. 133–138. – Und in: J. W.: Lebensdienst. Gesammelte Studien aus drei Jahrzehnten. Leipzig u. Zürich 1928, S. 279–289. – Und in: J. W.: Bekenntnisse und Begegnungen. Hrsg. v. P. Stöcklein. Bamberg 1950, S. 65–72. – Und in: Rösch.

Gabetti, Guiseppe: Le affinità elletive del Goethe, Milano 1914.

Gundolf, Friedrich: Goethe. Berlin 1916 u. ö., S. 548–576.

Schiff, Julius: Mignon, Ottilie, Makarie im Lichte der Goetheschen Naturphilosophie. In: Jb. d. Goethe-Ges. 9, 1922, S. 133–147.

Benjamin, Walter: Goethes Wahlverwandtschaften. In: H. v. Hofmannsthal (Hrsg.): Neue deutsche Beiträge. 2. Folge, H. 1, 1924, S. 83–138 und H. 2, 1925, S. 134–168. – Zahlreiche Neudrucke. – Auch als Einzelveröffentlichung: Inselbücherei 812. Frankfurt 1964.

Mann, Thomas: Zu Goethe's „Wahlverwandtschaften". In: Die Neue Rundschau 36, 1925, S. 391–401. – Zahlreiche Neudrucke.

Korff, H. A.: Geist der Goethezeit. Bd. 2. Leipzig 1930, S. 374–392.

Spranger, Eduard: Der psychologische Perspektivismus im Roman. In: Jb. d. fr. dt. Hochstifts 1930, S. 70–90. – Wiederabgedruckt in: E. S.: Goethe, Tübingen 1967, S. 207–232.

Reitz, Gertrud: Die Gestalt des Mittlers in Goethes Dichtung. Frankfurt 1932. – Repr. Nachdruck: Hildesheim 1973.

Lockemann, Theodor: Der Tod in Goethes Wahlverwandtschaften. In: Jb. d. Goethe-Ges. 19, 1933, S. 37–61. – Wiederabgedruckt in: Rösch.

Simon, Lilli: Verantwortung und Schuld in Goethes Roman. Erlangen 1934, S. 38–60.

Meessen, Hubert J.: Goethes Polaritätsidee und die Wahlverwandtschaften. In: Publications of the Modern Language Association of America 54, 1939, S. 1105–1123.

May, Kurt: Goethes „Wahlverwandtschaften" als tragischer Roman. In: Jb. d. fr. dt. Hochstifts 1936–1940, S. 139–158. – Veränderte Fassung in: K. M.: Form und Bedeutung. Stuttgart 1957. 2. Aufl. 1963, S. 107–115. – Wiederabgedruckt in: Rösch.

Schaeder, Grete: Die Idee der „Wahlverwandtschaften". In: Goethe. NF d. Jb. d.

Goethe-Ges. 6, 1941, S. 182–215. – Veränderte Fassung in: G. Sch.: Gott und Welt. Drei Kapitel Goethescher Weltanschauung. Hameln 1947, S. 276–323.
Hankamer, Paul: Spiel der Mächte. Ein Kapitel aus Goethes Leben und Goethes Welt. Tübingen 1943 u. ö. – Teilabdruck in: J. Schillemeit (Hrsg.): Interpretationen 3. Deutsche Romane von Grimmelshausen bis Musil. Frankfurt 1966 u. ö., S. 49–81.
Stahl, Ernest L.: „Die Wahlverwandtschaften“. In: Publications of the English Goethe Society NF 15, 1946, S. 71–95.
Hatfield, Henry C.: Towards the interpretation of „Die Wahlverwandtschaften“. In: The Germanic Review 23, 1948, S. 104–114. – Deutsche Übersetzung in: Rösch.
Angelloz, Joseph-François: Goethe. Paris 1949, S. 254–267.
Stöcklein, Paul: Wege zum späten Goethe. Dichtung/Gedanke/Zeichnung. Hamburg 1949, S. 7–55. 2. Aufl. Hamburg 1960. – Nachdruck Darmstadt 1973.
Trevelyan, Humphry: Ottilie und Sperata. In: Goethe. NF d. Jb. d. Goethe-Ges. 11, 1949, S. 78–80.
Viëtor, Karl: Goethe. Dichtung/Wissenschaft/Weltbild. Bern 1949, S. 205–217.
Wiese, Benno von: Das Dämonische in Goethes Weltbild und Dichtung. Münster 1949.
Stöcklein, Paul: Stil und Geist der „Wahlverwandtschaften“. In: Zs. f. dt. Phil. 71, 1951, S. 47–63. – Wiederabgedruckt in: Rösch.
Drake, Patricia: Ottilie revisited. In: German Quarterly 26, 1953, S. 248–257.
Hochheimer, Wolfgang: Zur Psychologie von Goethes „Wahlverwandtschaften“. In: Psyche 7, 1953, S. 32–54.
Lange, Victor: Goethe‘s Craft of Fiction. In: Publ. of the Engl. Goethe Society NF 22, 1953, S. 31–63.
Clark, Robert T.: The Metamorphosis of Character in „Die Wahlverwandtschaften“. In: The Germanic Review 29, 1954, S. 243–253.
Jeremias, Brigitte: Symbolik in Goethes „Wahlverwandtschaften“. Diss. Köln 1955 (Masch.).
Barnes, H. G.: Bildhafte Darstellung in den „Wahlverwandtschaften“. In: DVjs. 30, 1956, S. 41–70.
Schrimpf, Hans Joachim: Das Weltbild des späten Goethe. Stuttgart 1956, S. 46–62.
Staiger, Emil: Goethe. Bd. 2. Zürich 1956, S. 475–515.
Milch, Werner: Ottilie. In: W. M.: Kleine Schriften zur Literatur- und Geistesgeschichte. Hrsg. v. G. Burkhardt. Heidelberg 1957, S. 138–144.
Geerdts, Hans Jürgen: Goethes Roman „Die Wahlverwandtschaften“. Analyse seiner künstlerischen Struktur, seiner historischen Bezogenheiten und seines Ideengehaltes. Weimar 1958. 2. Aufl. Berlin u. Weimar 1966.
Holmberg, Olle: „Leidenschaft – Mäßigung – Entsagung“. Tre motiv i „Die Wahlverwandtschaften“. In: En Goethebok till Algot Werin. Lund 1958, S. 76–88.
Barnes, H. G.: Ambiguity in „Die Wahlverwandtschaften“. In: The Era of Goethe. Essays presented to James Boyd. Oxford 1959. S. 1–16. – Deutsche Übersetzung in: Rösch.
Mazzucchetti, Lavinia: Le ‚Affinità elettive‘ e il ‚Werther‘. In: L. M.: Novecento in Germania. Verona 1959, S. 5–18.

Weber, Walter: Zum Hauptmann in Goethes „Wahlverwandtschaften". In: Goethe. NF d. Jb. d. Goethe-Ges. 21, 1959, S. 290–292.

Stopp, F. J.: „Ein wahrer Narziss". Reflections on the Eduard-Ottilie relationship in Goethe's „Wahlverwandtschaften". In: Publ. of the Engl. Goethe Society 29, 1960, S. 72–85.

Killy, Walther: Wirklichkeit und Kunstcharakter. Über die „Wahlverwandtschaften" Goethes. In: Die Neue Rundschau 72, 1961, S. 636–650. – Wiederabgedruckt in: W. K.: Wirklichkeit und Kunstcharakter. Neun Romane des 19. Jahrhunderts. München 1963, S. 19–35.

Staroste, Wolfgang: Raumgestalt und Raumsymbolik in Goethes „Wahlverwandtschaften". In: Etudes Germaniques 16, 1961, S. 209–222. – Wiederabgedruckt in: Raum und Realität in dichterischer Gestaltung. Studien zu Goethe und Kafka. Heidelberg 1971, S. 89–103.

Ammann, Peter: Schicksal und Liebe in Goethes Wahlverwandtschaften. Bern 1962. = Basler Studien zur dt. Sprache u. Literatur 25.

Stopp, Frederic J.: Ottilie and „das innere Licht". In: German Studies presented to Walter H. Bruford. London 1962, S. 117–122.

Zagari, Liciano: Gusto psicologico e stile simbolico nelle affinità elettive. In: (Istituto Orientale di Napoli) Annali. Sezione Germanica 5, 1962, S. 183–212. – Und in: L. Z.: Studi di letteratura tedesca dell' Ottocento. Roma 1965, S. 51–80.

Danckert, Werner: Offenes und geschlossenes Leben. Zwei Daseinsaspekte in Goethes Weltschau. Bonn 1963.

Reiss, Hans: Goethes Romane. Bern 1963, S. 143–205 u. S. 304–310.

Dickson, Keith: Spatial concentration and themes in „Die Wahlverwandtschaften". In: Forum for Modern Languages Studies 1, 1965, S. 159–174. – Deutsche Übersetzung: Raumverdichtung in den „Wahlverwandtschaften". In: Rösch.

Mayer, Gerhart: Eros and Agape im Spätwerk Goethes. In: Goethe. NF d. Jb. d. Goethe-Ges. 28, 1966, S. 122–153.

Barnes, H. G.: Goethe's Wahlverwandtschaften. A literary interpretation. Oxford 1967.

Hühold, Hildegard: Studien zum Romanschauplatz in Goethes „Wahlverwandtschaften", Mörikes „Maler Nolten" und Eichendorffs „Dichter und ihre Gesellen". Diss. Kiel 1967.

Böckmann, Paul: Naturgesetz und Symbolik in Goethes Wahlverwandtschaften. In: Jb. d. fr. dt. Hochstifts 1968, S. 166–190.

Köhnke, Klaus: Untersuchungen zur Deutung der Welt in Goethes „Wahlverwandtschaften". In: Acta Germanica. Jb. d. Südafrikanischen Germanistenverbandes 3, 1968, S. 111–136. – Wiederabgedruckt in: Rösch.

Langen, August: Attitude und Tableau in der Goethezeit. In: Jb. d. dt. Schiller-Ges. 12, 1968, S. 194–258.

Nisbet, H. B.: Die Wahlverwandtschaften. Explanation and its Limits. In: DVjs. 43, 1969, S. 458–486.

Loeb, Ernst: Liebe und Ehe in Goethes „Wahlverwandtschaften". In: Weimarer Beiträge 16, 1970, H. 8, S. 163–180. – Wiederabgedruckt in: Rösch.

Fink, Gonthier-Louis: Les „Wahlverwandtschaften" de Goethe. Structure du roman et aspects du temps. In: Recherches Germaniques 1, 1971, S. 58–100. – Wiederabgedruckt in: Rösch.

Allemann, Beda: Zur Funktion der chemischen Gleichnisrede in Goethes „Wahlverwandtschaften". In: Untersuchungen zur Literatur als Geschichte. Festschr. f. Benno v. Wiese. Bln. 1973. S. 199–218.
Nemec, Friedrich: Die Ökonomie der Wahlverwandtschaften. München 1973. = Münchner Germanistische Beiträge 10.
Rösch, Ewald (Hrsg.): Goethes Roman „Die Wahlverwandtschaften". Darmstadt 1975. = Wege der Forschung Bd. 113.
Binder, Wolfgang: Zum Ironie-Problem in den „Wahlverwandtschaften". In: W. B.: Aufschlüsse. Zürich 1976, S. 131–145.
Neumann, Gerhard: Ideenparadiese. Aphoristik bei Lichtenberg, Novalis, Schlegel und Goethe. München 1976. Insbes. S. 683–736.
Blackall, Eric A.: Goethe and the Novel. Ithaca and London 1976.
Blessin, Stefan: Die Romane Goethes. Königstein 1979. Insbesondere S. 59–109.
Atkins, Stuart: Die Wahlverwandtschaften. Novel of German Classicism. German Quarterly 53, 1980, S. 1–45. Wiederabgedr. in: Atkins, Essays on Goethe. 1995.
Vaget, Hans R.: Ein reicher Baron. Zum sozialgeschichtlichen Gehalt der „Wahlverwandtschaften". In: Jb. d. dt. Schiller-Ges. 25, 1980, S. 123–161.
Weizsäcker, Carl Friedrich v.: Natur und Moral im Lichte der Kunst. Zu Goethes „Wahlverwandtschaften". In: Studien zur Goethezeit, hrsg. von H.-J. Mähl u. E. Mannack. Heidelberg 1981. S. 218–292. – Wiederabgedruckt in: Weizsäcker, Wahrnehmung der Neuzeit. München 1983. S. 36–50.
Allemann, Beda: Goethes „Wahlverwandtschaften" als Transzendentalroman. In: Studien zur Goethezeit. Festschr. E. Trunz. Heidelberg 1981. S. 9–32.
Wiethölter, Waltraud: Legenden. Zur Mythologie von Goethes „Wahlverwandtschaften". Dt.Vjs. 56, 1982, S. 1–64.
Casalis-Thurneysen, Monica: Le problème de la sociabilité dans les romans de vieillesse de Goethe. Bern 1984. (266 S.)
Feuerlicht, Ignace: Der Erzähler und das Tagebuch in den „Wahlverwandtschaften". GJb. 103, 1986, S. 316–343. (Mit Nennung zahlreicher neuer Literatur.)
Wellbury, David E.: Die Wahlverwandtschaften. In: Goethes Erzählwerk. Interpretationen. Reclam 8081. Stuttg. 1985.
Graham, Ilse: Goethe. Schauen und Glauben. Bln. 1988.
Erläuterungen und Dokumente zu „Die Wahlverwandtschaften". Hrsg. von U. Ritzenhoff. Stuttg. 1982. = Reclam 8156.
Steer, A. G.: Goethe's Elective Affinities. Heidelberg 1990.

Entstehung, Form, Sprache, Motive

Riemann, Robert: Goethes Romantechnik. Leipzig 1902.
Aulhorn, Edith: Der Aufbau von Goethes Wahlverwandtschaften. In: Zeitschrift f. d. dt. Unterricht 32, 1918, S. 337–355. – Teilabdruck in: Rösch.
Hankamer, Paul: Zur Genesis von Goethes Wahlverwandtschaften. In: Festschrift für Berthold Litzmann zum 60. Geburtstag. Bonn 1920, S. 36–62. – Wiederabgedruckt in: Rösch.
Wolff, Hans M.: Goethe in der Periode der „Wahlverwandtschaften". Bern u. München 1952.
Brinkmann, Hennig: Zur Sprache der „Wahlverwandtschaften". In: Festschrift f. Jost Trier zum 60. Geburtstag. Meisenheim/Glan 1954, S. 254–276. – Wieder-

abgedruckt in: H. B.: Studien zur Geschichte der dt. Sprache u. Literatur. Düsseldorf 1966. – Und in: Rösch.
Raabe, Paul (Hrsg.): Goethe und Sylvie. Briefe, Gedichte, Zeugnisse. Stgt. 1961.
Lange, Victor: Zur Entstehungsgeschichte von Goethes „Wahlverwandtschaften". In: German Life and Letters 23, 1969, S. 47–54.
Kahn, Ludwig W.: Erlebte Rede in Goethes „Wahlverwandtschaften". PMLA 89, 1974, S. 268–277.
Trunz, Erich: Die Kupferstiche zu den „Lebenden Bildern" in den „Wahlverwandtschaften". In: Trunz, Weimarer Goethe-Studien. Schr. G. Ges., 61. Weimar 1980. (2. Aufl. 1984) S. 203–217. Mit 3 Abbildungen.
Gerndt, Siegmar: Idealisierte Natur. Der Landschaftsgarten in der dt. Lit. des 18. und des frühen 19. Jahrhunderts. Stuttg. 1981.
Adler, Jeremy: „Eine fast magische Anziehungskraft". Goethes „Wahlverwandtschaften" und die Chemie seiner Zeit. München 1987. (260 S.)
Niedermeier, Michael: Das Ende der Idylle. Symbolik und Zeitbezug in Goethes „Wahlverwandtschaften". Bern 1992.
Guntermann, Georg: Die Novelle von den wunderlichen Nachbarskindern in den „Wahlverwandtschaften". GJb. 109, 1992. S. 77–89.

Wirkungsgeschichte

Braun, Julius W. (Hrsg.): Goethe im Urteil seiner Zeitgenossen. Bd. 3 (1802–1812). Berlin 1885.
Geiger, Ludwig: Zeitgenössische Urteile über die Wahlverwandtschaften. In: Goethe-Jb. 27, 1906, S. 251–254.
Bertram, Ernst: Nietzsches Goethebild. In: Festschrift für Berthold Litzmann. Berlin 1921, S. 318–361.
Goethe in vertraulichen Briefen seiner Zeitgenossen. Zusammengestellt von Wilhelm Bode. Bd. 2. Berlin 1921. – Neuausgabe mit Quellenverweisen von Regine Otto. Berlin und Weimar 1979, München 1982.
Sommerfeld, Martin: Goethes Wahlverwandtschaften im 19. Jahrhundert. In: Jb. d. fr. dt. Hochstifts 1926, S. 203–250. – Erw. Fassung in: M. S.: Goethe in Umwelt und Folgezeit. Gesammelte Studien. Leiden 1935, S. 209–257 u. S. 278–281.
Fambach, Oscar: Goethe und seine Kritiker. Düsseldorf 1953.
Barnes, H. G.: Goethes Wahlverwandtschaften vor der katholischen Kritik. In: Literaturwissenschaftliches Jahrbuch der Görres-Ges. NF 1, 1960, S. 53–65.
Kolbe, Jürgen: Goethes Wahlverwandtschaften und der Roman des 19. Jahrhunderts. Stuttgart 1968.
Stopp, Elisabeth: A Romantic Reaction to Die Wahlverwandtschaften. Zacharias Werner and Goethe. In: Literaturwissenschaftliches Jahrbuch der Görres-Ges. NF 11, 1970, S. 67–85.
Mandelkow, Karl Robert (Hrsg.): Goethe im Urteil seiner Kritiker. Teil 1: 1773 bis 1832. München 1975. Teil 2: 1832–1870. Ebd. 1977. Teil 3: 1870–1918. Ebd. 1979. Teil 4: 1918–1982. 1984.
Härtl, Heinz: Die Wahlverwandtschaften. Eine Dokumentation der Wirkung 1808–1832. Weinheim 1983. (474 S.)

NOVELLE

Abkürzungen

Dt. Vjs. = Deutsche Vierteljahresschrift für Literaturwiss. und Geistesgeschichte.
GJb. = Goethe-Jahrbuch.
Kurt May = K. May, Goethes „Novelle". Euphorion 33, 1932, S. 277–299.
Staiger = Emil Staiger, Meisterwerke deutscher Sprache. 2. Aufl. Zürich 1948.
Erwin Wäsche = E. Wäsche, Honorio und der Löwe. Säckingen 1947.

Ausgaben und Nachschlagewerke

Goethes Werke. Ausgabe letzter Hand. Bd. 15. Stuttg. u. Tübingen. (Taschenausgabe) 1828. (Oktav-Ausgabe) 1829.
Goethes Werke. Weimarer-Ausgabe. Bd. 18. Hrsg. von G. Roethe. Weimar 1895.
Goethes Werke. Jubiläums-Ausgabe. Bd. 16. Hrsg. von Max Herrmann. Stuttg. u. Bln. (1906.)
Goethes Werke. Fest-Ausgabe. Bd. 14. Krit. durchgesehen von Julius Wahle, eingeleitet von O. Walzel. Lpz. (1926.)
Goethes Werke. Gedenk-Ausgabe. Hrsg. v. E. Beutler. Bd. 9. Hrsg. von Paul Stöcklein. Zürich 1949.
Goethe. Berliner Ausgabe. Bd. 12. Hrsg. von Regine Otto. Bln. 1963 u.ö.
Werke Goethes. Hrsg. von der Akad. d. Wiss. zu Berlin. Erzählungen, Bd. 1 u. 2. Hrsg. von H. Praschek. Bln. 1975.
Goethe, Sämtl. Werke. Dt. Klass. Verlag. Bd. 8. Hrsg. von Waltraud Wiethölter. Frankf. 1994.
Goethe, Novelle. Erläuterungen und Dokumente. Hrsg. von Christian Wagenknecht. Reclam 8159. Stuttg. 1982.
Goethe über seine Dichtungen. Hrsg. von H. G. Gräf. 1. Teil: Die epischen Dichtungen. Bd. 1. Frankfurt 1901. S. 211–240.
Goedeke, Karl: Grundriß zur Gesch. d. dt. Dichtung. Bd. 4, Abt. 3. Dresden 1912. S. 522f. – Bd. 4, Abt. 5. Berlin 1960. S. 754–756.
Goethe-Bibliographie. Hrsg. von H. Pyritz u.a. Bd. 1. Heidelberg 1965. Bd. 2 Ebd. 1968.

Abhandlungen

Baumgart, Hermann: Goethes „Weissagungen des Bakis" und die „Novelle". Halle 1886.
Seuffert, Bernhard: Goethes „Novelle". GJb. 19, 1898, S. 133–166.
Wukadinović, Spiridon: Goethes „Novelle". Halle 1909.
Gundolf, Friedrich: Goethe. Berlin 1916 u.ö. S. 743f.
May, Kurt: Goethes „Novelle". Euphorion 33, 1932, S. 277–299. Wieder abgedruckt in: May, Form und Bedeutung. Stuttg. 1957. S. 116–136. – Auch in: Die Werkinterpretation. Hrsg. von Horst Enders. Darmstadt 1967.
Beutler, Ernst: Ursprung und Gehalt von Goethes „Novelle". Dt. Vjs. 16, 1938, S. 324–352.
Staiger, Emil: Goethes „Novelle". Trivium 1, 1942, S. 4–30. – Wieder abgedruckt in: Staiger, Meisterwerke deutscher Sprache. Zürich 1943 u.ö.

Wäsche, Erwin: Honorio und der Löwe. Säckingen 1947.
Stöcklein, Paul: Wege zum späten Goethe. Hamburg 1949. – 2. Aufl. 1960.
Meyer, Herman: Raumgestaltung und Raumsymbolik in der Erzählkunst. Studium Generale 10, 1957, S. 620–630. – Wieder abgedruckt in: Meyer, Zarte Empirie. Stuttg. 1963. S. 33–56.
Staiger, Emil: Goethe. Bd. 3. Zürich 1959. S. 179–198.
Staroste, Wolfgang: Zur Darstellung der Realität in Goethes ,,Novelle". Neophilologus 44, 1960, S. 322–333.
Himmel, Hellmuth: Metamorphose der Sprache. Das Bild der Poesie in Goethes ,,Novelle". Jahrb. des Wiener Goethe-Vereins 65, 1961, S. 86–100.
Schumann, Detlev W.: Mensch u. Natur in Goethes ,,Novelle". In: Dichtung und Deutung. Gedächtnisschrift f. Hans M. Wolff. Hrsg. von K. S. Guthke. Bern (1961). S. 131–142.
Praschek, Helmut: Zur Entstehungsgeschichte der ,,Novelle". Forschungen und Fortschritte 35, 1961, S. 302–306.
Wiese, Benno v.: Novelle. Stuttg. 1963. Darin über Goethes „Novelle" S. 48f.
Hahn, Karl-Heinz: Aus der Werkstatt deutscher Dichter. Halle 1963. S. 111–193.
Zagari, Luciano: Studi di letteratura tedesca dell'Ottocento. Roma 1965. S. 81–119: Sovramondo melodrammatico e pericolo estetizzante nell'ultimo Goethe. A proposito della ,,Novelle".
Praschek, Helmut: Bemerkungen zu Goethes Arbeitsweise im Bereich seiner Erzählungen. In: Siegfried Scheibe u. a., Goethe-Studien. Berlin 1965. S. 97–122.
Mayer, Gerhart: Eros und Agape im Spätwerk Goethes. (Jb.) Goethe 28, 1966, S. 122–153.
Niggl, Günther: ,,Fromm" bei Goethe. Eine Wortmonographie. Tübingen 1967. Insbesondere S. 239–243.
Brummack, Jürgen: „Blankes Schwert erstarrt im Hiebe". Eine motivgeschichtliche Bemerkung zu Goethes „Novelle". Festschrift f. W. Mohr. „Getempert und gemischet". Hrsg. v. F. Hundsnurscher u.a. Göppingen 1972. S. 355–376.
Meyer, Herman: Natürlicher Enthusiasmus. Das Morgenländische in Goethes ,,Novelle". Heidelberg 1973. (103 S.)
Steer, A. G.: Goethes ,,Novelle" as a Document of its Time. Dt. Vjs. 50, 1976, S. 414–433.
Balfour, Rosemary P.: The Field of View in Goethes „Novelle". In: Seminar 12,2. 1976. S. 63–72.
Erläuterungen und Dokumente zu Goethes „Novelle". Hrsg. von Chr. Wagenknecht. 1982. = Reclam 8159. (Mit ausführlichem Kommentar.)
Atkins, Stuart: Goethe's Novelle as Pictorial Narrative. In: Atkins, Essays on Goehte. Columbia 1995. S. 220–229.

Die Kommentare zu *Die Wahlverwandtschaften* und *Novelle* verfaßte Benno v. Wiese. Die Kommentare zu *Werther* und *Unterhaltungen deutscher Ausgewanderten* schrieb Erich Trunz. Dieser besorgte auch für den ganzen Band die Textkritik und die Bibliographien und überarbeitete nach Benno v. Wieses Tod dessen Kommentar. In der Inhalts-Übersicht formulierte jeder Kommentator die Stichworte zu den von ihm behandelten Werken.

INHALTSÜBERSICHT

KOMMENTARTEIL